国家出版基金项目
NATIONAL PUBLICATION FOUNDATION

國家出版基金項目

教育部哲學社會科學研究重大課題攻關項目

「十一五」國家重點圖書出版規劃項目·重大工程出版規劃

國家社會科學基金重大項目

北京大學「九八五工程」重點項目

儒藏

精華編二七九冊

集部

儒藏

精華編

北京大學《儒藏》編纂與研究中心

《儒藏》精華編第二七九册

首席總編纂　季羡林

項目首席專家　湯一介

總　編　纂　湯一介　龐　樸　孫欽善　安平秋（按年齡排序）

本册主編　趙伯雄

《儒藏》精華編凡例

一、中國傳統文化以儒家思想爲中心。《儒藏》爲儒家經典和反映儒家思想、體現儒家經世做人原則的典籍的叢編。收書時限自先秦至清代結束。

二、《儒藏》精華編爲《儒藏》的一部分，選收《儒藏》中的精要書籍。

三、《儒藏》精華編所收書籍，包括傳世文獻和出土文獻。傳世文獻按《四庫全書總目》經史子集四部分類法分類，大類、小類基本參照《中國叢書綜録》和《中國古籍善本書目》，於個別處略作調整。凡單書已收入入選的個人叢書或全集者，僅存目録，並注明互見。出土文獻單列爲一個部類，原件以古文字書寫者一律收其釋文文本。韓國、日本、越南儒學者用漢文寫作的儒學著作，編爲海外文獻部類。

四、所收書籍的篇目卷次，一仍底本原貌，不選編，不改編，保持原書的完整性和獨立性。

五、對入選書籍進行簡要校勘。以對校爲主，確定内容完足、精確率高的版本爲底本，精選有校勘價值的版本爲校本。出校堅持少而精，以校正誤爲主，酌校異同。校記力求規範、精煉。

六、根據現行標點符號用法，結合古籍標點通例，進行規範化標點。專名號除書名號用角號（《》）外，其他一律省略。

七、對較長的篇章，根據文字内容，適當劃分段落。正文原已分段者，不作改動。千字以内的短文一般不分段。

八、各書卷端由整理者撰寫《校點説明》，簡要介紹作者生平、該書成書背景、主要内容及影響，以及整理時所確定的底本、校本（舉全稱後括注簡稱）及其他有關情況。重複出現的作者，其生平事蹟按出現順序前詳後略。

九、本書用繁體漢字豎排，小注一律排爲單行。

《儒藏》精華編第二七九册

集部

古微堂集

〔清〕魏源 撰
秦世龍
王寅 校點

目録

古微堂外集卷三

校點説明

魏源（一七九四—一八五七），字默深，湖南邵陽人。近代著名思想家、文學家、經學家、史學家。少時究心王陽明之學，好讀史。二十歲求學於京師，從胡承珙習漢儒家法，又問宋儒之學於姚學塽，學公羊《春秋》於劉逢禄，並與董桂敷、龔自珍等人切磋古文辭。道光二年（一八二三）中舉，先後入賀長齡、陶澍、陳鑾、裕謙等兩江要員幕府近二十年之久。二十五年中進士，以知州用，分發江蘇，先後任東臺、興化知縣，期間改革鹽政、築堤治水，有治績。後官至高郵知州。晚年棄官歸隱，手訂生平著述。後潛心佛學、輯刻佛經並皈依佛門，法號承貫。

魏源學識淵博，著述頗豐，且多與其生平經歷有關。如《孔子年表》、《孟子年表》、《孟子年表考》等作於入京求學前，與其少時專攻史學有關；在京師求學、交遊的經歷使其偏好今文經學而反對古文經學，《詩古微》、《書古微》、《董子春秋發微》等著述皆與此有關；考進士未中而補爲内閣中書舍人，得以觀内閣典藏，爲其撰寫《聖武記》準備了第一手資料；而江南幕僚的經歷，又促使他於籌辦漕、河、鹽、兵政的同時，還編纂了《皇朝經世文編》，撰寫了《籌漕篇》、《籌河篇》、《籌鹺篇》、《軍儲篇》、《明代兵食二政録》等經世濟民之作；與林則徐的交往，不但使他的經世致用思想得以提升，而且得以在林氏所著《四洲志》基礎上編成其影響力最大的著作《海國圖志》。魏源《海國圖志敘》指出編寫此書的目的是「爲以夷攻夷而作，爲以夷款夷而作，爲師夷長技以制夷而作」。該書的出版使魏源成爲近代中國學習西方、尋求救亡圖存之路的先驅。魏源的學術經歷了由理學向子學、漢學、今文經學、佛學的轉變，在相當長的時間裏，同時兼治多種學問，善於從各種不同的學問中吸取營養。

光緒四年（一八七八）八月，淮南書局刊成的《古微堂集》是魏源的短論著作集，分爲内集三卷、外集七卷。

内集取魏源於道光十五年至十九年居揚州絜園時所撰《默觚》，析爲三卷：卷一言爲學之道，分條説理，文體似語録，亦以總括《學》、《治》二篇。卷二分爲《學篇》十三篇，各篇所論大抵言爲學之内容，如爲仁、作德、積善、立信、效忠、行孝；以及修身之方法，如格物、自反、惜時、勤奮、謙虚等。卷三分爲《治篇》十六篇，主要闡述其歷史觀、人才觀及爲政思想等，對於古今歷史以及人才鑒别、選拔等提出了獨到的見解，對教化、諍諫、立法、刑賞、卜筮等事分别予以論述。内集集中反映了魏源經世致用的思想及躬行實踐的理念，例如他在《學篇一》有云：「披五岳之圖，以爲知山，不如樵夫之一足；談滄溟之廣，以爲知海，不如估客之一瞥；疏八珍之譜，以爲知味，不如庖丁之一啜。」並感慨「烏有不行而能知者乎」，極力推崇先行後知的知行觀。他主張：「立能行之法，禁能革之事，而求治太速，疾惡太嚴，革除太盡，亦有激而反之者矣；用人太驟，聽言太輕，處己太峻，亦有能發不能收之者矣。兼黄、老、申、韓之所長而去其所短，斯治國之庖丁乎。」（見《治篇三》），可見其兼取黄、老、申、韓的治國理念。

外集則廣搜魏源所作書序、考據、經濟、碑銘、書後、書信等雜文，編爲七卷。此類文章雖短，卻頗能反映作者的學術宗旨與政經思想。如《書古微例言上》云：「夫黜東晉梅賾之僞以返於馬、鄭古文本，此齊一變至魯也；知並辨馬、鄭古文説之臆造無師授以返於伏生、歐陽、夏侯及馬遷、孔安國問故之學，此魯一變至道也。」明言其作《書古微》之目的在於黜東晉梅賾之僞並返於西漢伏生所傳之學，堅定地表明了自己的今文學立場。又如《董子春秋發微序》一篇，擡高董仲舒《春秋繁露》的地位，説「其書三科、九旨燦然大備，且弘通精渺，内聖而外王，蟠天而際地，遠在胡毋生、何邵公《章句》之上」，尤其是「其《三代改制質文》一篇，上下古今，貫五德、五行於三統，可謂窮天人之絶學，視胡毋生《條例》有大巫小巫之嘆」。魏源的意圖，在於借董氏「《春秋》作新王之事，變周之制」的改制觀點，寄托自己變法圖强的政治理想。他如《湖廣水利論》，據作者歷年對長江流域河流、湖泊的調查勘察，指出上游人口增長所致的耕地增加，河流壅塞是造成湖廣、江西等省水災的主要原因，據此設計出一套解决水災的整體方案，並指出興修水利的關鍵在於「除其奪水奪利之人」，以此闡述其革除弊政的思想。《籌鹺篇》作於任兩江總督陶澍幕中，因其所主張的淮北票鹽法已收到奇效，鹽販、政府、百姓得以三贏，遂作文肯定實行新鹽法的成績，總結其經驗，並進一步闡述其革除弊政的思想。

光緒二十三年，豐城余廷誥將《古微堂内集》、《外集》刻入所輯《寶墨齋叢書》，仍名「古微堂集」。其内集二卷實爲重分淮南書局刻本内集三卷，外集則對淮南書局刻本有所增删。宣統元年（一九○九），長沙黄象離依據《寶墨齋叢書》刻本增補重編《古微堂集》，編爲内集二卷、外集八卷，付國學扶輪社印行，改名爲「魏默深文集」。

本次整理，以《魏默深文集》（簡稱「國學本」）作底本，以淮南書局刻本《古微堂集》（簡稱「淮南本」）和《寶墨齋叢書》刻本（簡稱「寶墨本」）爲校本，並保留底本中黄象離的案語（以小字號排）。之所以採取國學本作底本，是基於以下考量：第一，國學本内容最全，相較其他二種，增加的篇章最多；第二，國學本在篇章目録次序上編排較爲科學，以類相從，編排系統化。

本書由秦世龍、王寅合作校點整理，具體分工爲：秦世龍承擔《古微堂集》内篇及外篇卷一至卷三，王寅承擔《古微堂集》外篇卷四至卷八。校點過程中，我們參考了中華書局一九七六年版《魏源集》以及嶽麓書社二○○四年版《魏源全集》的部分成果，在此謹對以上二書的作者表示感謝。底本寧、弘、玄、曆諸字因避清諱而改字或缺筆者，整理時一律予以回改，不一一出校。底本文字之顯著錯誤，根據上下文或根據常識即可斷定其是非者（如「鱗介」之作「鱗合」，「盱眙」之作「盱貽」，民趨「若鶩」之作「若騖」之類），逕改不出校。

校點者　秦世龍　王　寅

重刊古微堂集序

成童後學作詩古文辭，從兄丙薰授予《古微堂集》，讀之，篤嗜之不厭，因求魏先生所爲《清夜齋文集》，竟不可得。適豐城余氏有《珤墨齋叢書》之刻，因以是編畀之。竊疑其攟綴篇章，凌雜釽析，而未敢有以易之。同學楊君淑壬，亦嗜魏氏書，與之商訂篇次，亦謂決非魏氏手訂本，乃麤爲釐定耑序，正其卷袠行格。尋繹魏氏《大學古本》、《孝經集傳》、《海國圖志》、《元史新編》諸書意指，次第區分畦畛，文以類從，又爲之校正訛奪，乙其魚豕。其有古書原本可證者，則據而直改之補之；其涉疑似者，則別注而存之。又蒐集遺文三十五篇，以次增入卷中。書凡十卷。原刻本名曰「古微堂內外集」。攷魏氏之《詩古微》之作，所以發揮齊、魯、韓三家之微言大誼，而揭周公、孔子制禮作樂之用心於來世也。《書古微》之作，所以發明西漢《尚書》今古文之微言大誼，而闢東漢馬、鄭古文之鑿空無師傳也。其所爲《序》，已明揭其恉，以顏其集，於義無取。《皇朝經世文編》爲魏氏手輯本，其生存姓名録，署曰「清夜齋文集」，録其文十餘首，如《曾子章句》、《孫子集注序》諸篇，❶皆其手訂集中文。今復編入此編，是一文而入二集也，附贅懸疣也；若一集而二名，不幾蹈《春秋》仲孫何忌之譏乎？今易其名曰「魏默深文集」，所以正名也。

❶「注」，原作「句」，今據本集篇目改。

竊惟古人校讐之學，如優人舞於堂下，堂上人以目治之，而形神畢見，固未可以輕心掉之也。魏氏《大學古本敍》詆朱子誤分經傳，加以移補，遂留後人之疑，謂宜以古本頒學宮，以復《石經》孔、曾千年之書。《董子春秋發微》七卷，則謂「繁露」者首篇之名，以其兼掇三科九旨，爲全書之冠冕，故以「繁露」名篇，後人妄以「繁露」爲全書之名，復妄移《莊王》一章於全書之首，矯誣之甚。故今仍以「繁露」名首篇，其全書但稱曰「董子春秋」，以還其舊。夫《大學》古本，有明王文成、高忠憲、國朝李文貞輩皆力主之，毛西河得之而視爲球圖，聚訟數百年，魏氏復之，則改朱子之改本也。董子《春秋繁露》沿襲既久，無異詞，魏氏改之，似改古本矣，而曰「復其名以還其舊」。蓋古本可據者也，《繁露》不可據者也；古本聖經也，《繁露》疏通聖經之大詣，非古本比也。復古本，所以正宋儒之僭亂而不爲泥；攻《繁露》，正以見學者之明通而不爲專。非魏氏抉經之微，執聖之權，有以矚其幽而見其大，其能免於操觚之誚乎！今魏氏之書，非必皆《大學》、《春秋》微言大誼之遺也；象離之空疏寡效，又豈敢附於魏氏之末乎！執柯而索之，摩壘而度之，曰治其棼，匪歸其朔，惟其居之安，而去其部之瘼。以之餉好魏氏書者，其亦有取於斯與？

宣統元年重九後二日，長沙黄象離序於旅蕪湘學。

古微堂内集卷一

邵陽魏源著

默觚上

學篇一

學之言覺也，以先覺覺後覺，故莘野以畎畝樂堯舜君民之道；學之言效也，以後人師前人，故傅巖以稽古陳恭默思道之君，覺伊尹之所覺，是爲尊德性；學傅説之所學，是爲道問學。自周以前，言學者莫先於伊、傅二聖，君子觀其會通焉。

「沈潛剛克，高明柔克。」箕《範》言學，開孔門「賢知過之，愚柔不及」之先也。「敬勝怠吉，義勝欲從。」《丹書》陳道，括《周易》「敬以直内，義以方外」之全也。剛柔克而性不畸，敬義立而德不孤。自孔、孟以前，言學者莫粹於《丹》、《範》二謨，君子體諸旦明焉。

同一爲仁也，而有好仁、惡不仁之分。好仁者以順入，見善如不及焉；惡不仁者以逆入，見不善如探湯焉。顔、閔氏好仁，曾氏惡不仁；一由高明入中行，一由篤實入高明。《儒行》言「自立」、言「特立」、言「特立獨行」者三，言「温良」、「敬慎」、「寬裕」、「孫接」、「禮節」者各一，故入德則殊，而成功則一也。曾皙不禁曾參之狷，曾參不師曾皙之狂，斯聖道之所以龐。

攻他人之異端，不如攻一身之異端。氣稟離案：「氣稟」二字疑有誤。氣不得言本性所無，且十二篇明明言「氣質之性，君子所不性」，亦何得自相矛盾？物欲，皆爲性分所本無。去本無以還其固有，損之又損，以至於無。始而以道德戰紛華，既而以中行繩過、不及，内禦日强，外侮日退，則人我一矣，則自身之異端盡矣。舍己而芸人，夫我則不暇。《禮》不云乎：「王中心無爲也，以守至正。」

先天無極之説，君子所不道也。周子《通書》未嘗及，程子未嘗言，而忽有圖傳世，皆《參同契》坎離交搆之象。《禮運》曰：❶「本於太乙，分爲陰陽，其降曰命。」「人也者，天地之德，陰陽之會，五行之秀氣也。」「政必本於天，殽以降命。」三代之言天人也如此，豈等於「無極之真，二五之精，妙合而凝」也乎？

《孔子閒居》一篇，深明禮樂之原，與《易繫》、《中庸》相表裏，中人以下不得聞也。無聲之樂，無體之禮，無服之喪，極其所至，無至無不至。正明目而視之不可得而見，傾耳而聽之不可得而聞，志氣塞乎天地，此之謂五至、三無。由是發皆中節，溥博淵泉而時出之，猶天時風雨霜露無非教，地載形氣風霆流行無非教焉。其在我者，惟清明在躬，志氣如神而已。時行物生，天何言哉！此聖人無言之言也。非子夏下學上達，其孰與聞於斯！與其譚無極譚先天也，曷洗心於斯！

古人言學，惟對勘於君子小人，未有勘及禽獸者。惟孟子始言人禽幾希之界，又於雞鳴善利分舜、跖之界。始知一念之中，有屢舜而屢跖者，有俄人而俄禽者；一日之中，有人多而禽少者，有跖多而舜少者。

❶「禮運」下，原衍「禮器」二字，今據《禮記·禮運》删。

日在歧途兩界之中，去禽而人，由常人而善人，而賢人，而聖人，而人道始盡。烏乎，嚴矣哉！

古人言學，惟自勘於旦晝，未有勘及夢寐者。惟孟子始言夜氣平旦之養，好惡與人幾希。始知夢寐者旦晝之影，夢寐無可用力，用力在旦晝，而功效則必於清夜時驗之。故曰：「晝觀諸妻子，夜卜諸夢寐。」夢覺一則晝夜一，晝夜一而生死一矣。烏乎，密矣哉！

世有兩不朽之說。一則曰儒以名教爲宗，令聞廣譽美於文繡，千駟之景不如首陽之薇，故疾没世無稱焉。豈知三皇之事，若有若無；五帝之事，若存若滅；三王之事，若明若昧：時愈古則傳愈少，其與天地不朽者，果何物乎？又有子孫薪傳爲不朽之說，宗廟享保，氣降馨香，虛墓知哀，魂魄旁皇。豈知延陵有言，「骨肉歸於土，魂氣則無不之」乎？

以鬼神爲二氣之良能者，意以爲無鬼也。豈知洋洋在上，在左右，使天下齊明承祀，「相在爾室，尚不愧於屋漏」，即後儒「天知、地知、人知、我知」之所本，謂天神知、地祇知也。商人尚鬼神，「乃祖乃父丕乃告我高后，崇降不祥」。❶《皋謨》、《洪範》之言天，無非以命討、刑威、禍福、錫咎皆出上帝之祐怒。聖人敬鬼神而遠之，非闢鬼神而無之也。如曰「太虛聚爲氣，氣散爲太虛」，賢愚同盡，則何謂「原始反終，故知生死之說」乎？何謂「精氣游魂，知鬼神之情狀」乎？何必「朝聞而夕死」？何謂「與鬼神合其吉凶」？何謂「帝謂文王」、「文王陟

❶ 此段文字出自《尚書·盤庚中》，有刪節。

降，在帝左右」乎？鬼神之説，其有益於人心，陰輔王教者甚大，王法顯誅所不及者，惟陰教足以懾之。宋儒矯枉過正，而不知與六經相違。《詩》曰：「敬天之怒，無敢戲豫。敬天之渝，無敢馳驅。昊天曰明，及爾出往；昊天曰旦，及爾游衍。」

何謂大人之學格本末之物？曰：意之所構，一念一慮皆物焉；心之所構，四端五性皆物焉；身之所構，五事五倫皆物焉；家國天下所構，萬幾百慮皆物焉。夫孰非理耶，性耶，上帝所以降衷耶？圖諸意，而省察皆格焉；圖諸心，而體驗皆格焉；圖諸身，而閱歷講求皆格焉；圖諸家國天下，而學問思辨識大識小皆格焉，夫孰非擇善耶，明善耶，先王所以復性耶？常人不著不察之倫物，異端不倫不物之著察，合之而聖學出焉。日進無疆，宥密皇皇，是爲宅心之王。

豪傑而不聖賢者有之，未有聖賢而不豪傑者也。賈生得王佐之用，董生得王佐之體，合之則漢世顔、伊之儔，不善學之則爲揚雄、王通之比。

伊川其聖中之伯夷乎，得其清，并得其隘。康節其聖中之柳下乎，得其和，并得其不恭。使伯夷而用世，其才未必如伊尹；使柳下而用世，其功不亞於太公。

墨子非樂，異乎先王，然後儒亦未聞以樂化天下。是儒即不非樂，而樂同歸於廢矣。墨子明鬼，後儒遂主無鬼。無鬼非聖人宗廟祭祀之教，徒使小人爲惡無忌憚，則異端之言反長於儒者矣。孟子闢墨，止闢其薄葬、短喪、愛無差等，而未嘗一言及於明鬼、非樂、節用、止攻。夫豈爲反唇角口之《孔叢》，夫豈同草《玄》寂寞之揚雄乎？

萬事莫不有本，衆人與聖人皆何所本乎？人之生也，有形神，有魂魄。於魂魄合離聚散，謂之生死；於其生死，謂之人鬼；於其魂魄、靈蠢、壽夭、苦樂、清濁，謂之升降；於其升降，謂之勸戒。雖然，其聚散、合離、升降、勸戒，以何爲本，以何爲歸乎？曰：以天爲本，以天爲歸。黄帝、堯、舜、文王、箕子、周公、仲尼、傅説，其生也自上天，其死也反上天。其生也教民，語必稱天，歸其所本，反其所自生，取舍於此。大本本天，大歸歸天，天故爲群言極。

原本以「學之爲言覺也」至此題曰「默觚一」，以後篇「敏者」云云題曰「默觚中學篇一」，以下篇題第幾，循此而推。今按「默觚」係大名，「學篇」、「治篇」是子目，特爲移定。象離志。

學篇二

敏者與魯者共學，敏不獲而魯反獲之，敏者日魯，魯者日敏。豈天人之相易耶？曰：是天人之參也。溺心於邪，久必有鬼憑之；潛心於道，久必有神相之。管子曰：「思之思之，又重思之，思之不通，鬼神將告之。」非鬼神之力也，精誠之極也。道家之言曰：「千周燦彬彬兮，萬偏將可覿。神明或告人兮，靈魂忽自悟。」技可進乎道，藝可通乎神；中人可易爲上智，凡夫可以祈天永命，造化自我立焉。「用志不分，乃凝於神」，己之靈爽，天地之靈爽也。「俛焉孳孳，斃而後已」，何微之不入，何堅之不劘，何心光之不發乎？是故人能與造化相通，則可自造自化。《詩》云：「天之牖民，如壎如箎，如璋如珪，如取如攜。」

聖賢志士，未有不夙興者也。清明在躬，志氣如神，求道則易悟，爲事則易成。故相士相家相國之道，觀其寢興之蚤晏而決矣。《讒鼎之銘》曰：「昧爽丕顯，後世猶怠。」康王晏朝，《關雎》諷焉；宣王晏起，《庭燎》刺焉；蟲薨同夢，《齊風》警焉。是以「夙夜匪懈」，大夫之孝也。「夙興夜寐」，士之孝也。「夙夜浚明有家」，大夫之職也。「朝而受業」，士之職也。「鷄初鳴，咸盥漱櫛縰」，人子事親之職也。堯民日出而作，舜徒鷄鳴而起，夜氣於是乎澄焉，平旦之氣於是乎復焉。人生於寅，凡草木滋長，皆於昧爽之際，亦知吾心之機於斯生息，於斯長養乎？旦而憧擾，與長寐同；旦而牿亡，與晝寢同。《詩》曰：「女曰鷄鳴，士曰昧旦。」

用智如水，水濫則溢；用勇如火，火烈則焚。故知勇有時而困，且有時而自害。求其多而不溢，積而不焚者，其惟君子之德乎！德善積而不苑，其德彌積，其服彌廣，其行彌遠而不困。《詩》曰：「百爾君子，不知德行。不忮不求，何用不臧！」

克己之謂强，天爵之謂貴，備萬物之謂富，通晝夜知生死之謂壽；反是之謂至困、大辱、甚窮、極夭。故君子者，佚樂而爲君子者也。小人者，憂勞而成小人者也。論是非不論利害，有時或是與利俱；論利害不論是非，有時或非與害俱。《詩》曰：「彼醉不臧，不醉反恥。」

草木之長，不見其有予而日脩，爲善日益也似之。礱磨之砥，不見其有奪而日薄，爲不善日損也似之。然則君子無損乎？曰：君子損文以益質，小人損質以益名。

《管子》曰：「日益之而不足者，忠也；日損之而不足者，欲也。」《詩》曰：「他山之石，可以爲錯。」

「及之而後知，履之而後艱」，烏有不行而能知者乎？繙十四經之編，無所觸發，聞師友一言而終身服膺者，今人益於古人也。耳聒義方之灌，若罔聞知，覩一行之善而中心惕然者，身教親於言教也。披五岳之圖，以爲知山，不如樵夫之一足；談滄溟之廣，以爲知海，不如估客之一瞥；疏八珍之譜，以爲知味，不如庖丁之一啜。《詩》曰：「如匪行邁，❶則靡所臻。」

同言而人信，信在言前；同令而民從，從在令外。懷璧之子，未必能惠，而人競親之者，有惠人之資也。被褐之夫，身儉能施，而人皆疏之者，無濟人之具也。身無道德，雖吐辭爲經，不可以信世。主無道德，雖襲法古制，不足以動民。揚子曰：「聖人之言可能也，言之而使人信，不可能也。」《詩》曰：「弗躬弗親，庶民弗信。」

交道非人益我，即我益人。求人益我者，進德之事，子夏之言近之；以我益人者，成德之事，子張之言近之。非能自受天下之益者，不能以益人，故學者當先子夏而後子張。《詩》曰「載色載笑，匪怒伊教」，益人之謂也。「他山之石，可以攻玉」，益己之事也。

末世小人多而君子少，人以獨善之難爲也，而不知秉彝之不改也。幸一遇焉，心夷疾瘳。烏有德立而鄰尚孤，道脩而人不聞者乎？逃空谷者，聞人足音，跫然而喜矣。流於海者，行之旬月，見似人者而喜

❶「匪」，《詩經·小雅·雨無正》作「彼」。

矣。及其期年也，見其所嘗見物於中國者而喜矣。去人滋久，思人滋深。叔世之民，其去聖哲亦久矣，其願見之，日夜無間。故行脩於一鄉者鄉必崇，德昭於一國者國必宗，道高於一世者世必景從。《詩》曰：「風雨如晦，雞鳴不已。既見君子，云胡不喜？」

有鳳皇之德，而後其羽可用爲儀，未有燕雀其質而鸞皇其章者。飄風不可以調宮商，巧婦不可以主中饋，文章之士不可以治國家。將文章之罪歟？文之用，源於道德而委於政事，百官萬民，非此不醜；君臣上下，非此不牖；師弟友朋，守先待後，非此不壽。夫是以內亹其性情而外綱其皇極，緼之也有原，其出之也有倫，其究極之也，動天地而感鬼神，文之外無道，文之外無治也。經天緯地之文，由勤學好問之文而入，文之外無學，文之外無教也。執是以求今日售世譁世之文，文哉文哉！《詩》曰：「巧言如簧，顔之厚矣。」

學篇三

《大雅》曰：「小心翼翼。」《小雅》曰：「惴惴小心。」心量之廓然也，而顧小之，何哉？世有自命君子，而物望不孚、德業不進者，無不由於自是而自大。自大則廉而劌物，才而陵物，議論高而拂物，方且是己非人，不知其心易盈者，正由其器小乎！小則偏愎狹隘，而一物不能容，奚其大！誠能自反而心常畏，畏生謙，謙生虛，虛生受，而無一物不可容，奚其小！齊桓葵丘之震矜，叛者九國；考甫三命滋益恭，明德奕世。然則人之自大也，適所以自小與！

君子惟不自大，斯能成其大。

作僞之事千萬端，皆從不自反而生乎！作德之事千萬端，皆從自反而起乎！不自反，則終日見人之尤也；誠反己，則終日見己之尤也。終日自反，則放心不收而自收；終日不自反，則心雖强收而愈放。愈內斂則愈無物我，而與天地同其大；愈外騖則愈歧畛域，而與外物同其小。《詩》曰：「唐棣之華，翩其反而。」子曰：「未之思也，夫何遠之有。」

聖其果生知乎，安行乎？孔何以發憤而忘食，姬何以夜坐而待旦，文何以憂患而作《易》，孔何以假年而學《易》乎？聖人之過，聖人知之，賢人不知也。賢人之過，賢人知之，衆人不知也。假年學《易》，可無大過，小過雖聖人不免焉。衆人之過，過於既形；聖人之過，過於未形。故惟聖人然後能知過，惟聖然後能改過。「不遠復，无祗悔。」「顔氏之子，其殆庶幾乎」，「其心三月不違仁，其餘則日月至焉」。知過密不密之別也，復道遠不遠之別也。故志士惜年，賢人惜日，聖人惜時。《詩》曰：「夙夜基命宥密，於緝熙，單厥心，肆其靖之。」

竹萌能破堅土，不旬日而等身，荷蕖生水中，一晝夜可長數寸，皆以中虛也。故虛空之力，能持天載地。土讓水，水讓火，火讓風，愈虛則力愈大。人之學虛空者如之何？曰：去其中之窒塞而已矣。中無可欲則自虛，無可恃則自虛，虛則自靈矣。《詩》曰：「瞻彼淇澳，菉竹猗猗。」「瞻彼淇澳，菉竹如簀。」《大學》格竹之法如是，彼格之不悟而生疾者，何爲哉？

專爲攻玉之石而不爲受攻之玉，專爲磨鏡之藥而不爲受磨之鏡，專爲鍛金之冶而不爲受鍛之金，世情類然也。爲人何其厚，爲己何其薄？《詩》云：「如切如磋，如琢如磨。」

學篇四

一陰一陽者天之道，而聖人常扶陽以抑陰。一治一亂者天之道，而聖人必撥亂以反正。何其與天道相左哉？天左旋，日月五星右轉，一經一緯而成文，故人之目右明，手右强，人之髮與蛛之網、螺之紋、瓜之蔓，無不右旋而成章，惟不順天，乃所以爲大順也。物之涼者，火之使熱，去火即復涼；物之熱者，冰之使涼，去冰不可復熱。自然常勝者陰乎！故道心非操不存，人心不引自熾。政教之治亂，賢奸之進退，亦然。《詩》曰「天之方懠」，「天之方虐」。彼以縱任爲順天者，隨其懠而助其虐也，奚參贊裁成之有！

常人畏學道，畏其與形逆也。逆身之偷而使重，逆目之治而使闇，逆口之蕩而使默，逆肝腎之横佚而使平，逆心之機械而使樸，無事不與形逆。矯之，强之，拂之，閑之，其不終敗者幾希矣。語有之：「懲忿如摧山，窒欲如填壑。」烏有終日摧山填壑而可長久者乎？君子之學，不主逆而主復。復目於心，不期闇而自不治矣；復口於心，不期默而自不欺矣；復肝腎於心，不期懲窒而自節矣；復形於心，不期重而自重矣；復外馳之心於内，不期誠而自不僞矣。「帝謂文王，無然畔援，無然歆羨，誕先登於岸。」先登於岸者，先立其大之謂也。「小心翼翼，昭事上帝」，有以立於歆羨畔援之先，夫是故口、耳、百體無不順正以從其令，夫何逆之有？《詩》曰：「不識不知，順帝之則。」

《易》言懲忿、窒欲，忿亦欲也。忿起於好勝，故好勇、好鬬與貨、色同病，好即欲也。凡不學之人，患莫甚貨、色；學道之人，患莫甚好名，而皆起於我見。世儒多謂孟子言寡欲，不言無欲，力排宋儒無欲之説爲出於二氏。不知孔子言無我，非無欲之極乎？「不忮不求，何用不臧」，寡欲之謂也。「無然畔援，無然歆羨，誕先登於岸」，無欲之謂也。彼以寡欲爲足、無欲爲非者，何足以臧乎？

「《詩》三百，一言以蔽之，曰：思無邪。」曷可以能令思無邪？説之者曰：「發乎情，止乎禮義。」烏乎！情與禮義，果一而二、二而一耶？何以能發能收，自制其樞耶？吾讀《國風》，始二《南》終《豳》，而知聖人治情之政焉；讀大、小《雅》文王、周公之詩，而知聖人反情于離案：「于性」，當據下文改「復」字。性之學焉；讀大、小《雅》文王、周公之詩，而知聖人盡性至命之學焉。烏乎！盡性至命之學，不可以語中人明矣；反情復性之學，不可語中人以下又明矣。是以天祖之頌，止以格鬼神，詔元后，不用之公卿諸侯焉；大、小《雅》樂章，用於兩君相見之燕享，不用之士庶人焉。其通用於鄉黨邦國而化天下者，惟二《南》、《豳風》，而無算樂肆業及於《國風》。然則發情止禮義者，惟士庶人是治，非王侯大人性命本原之學明矣。洛邑明堂既成，周公會千有七百國諸侯進見於清廟，然後與升歌而絃文、武，諸侯莫不玉色金聲，汲然淵其志，和其情，愀然若復見文、武之身焉。性與天道，貫幽明禮樂於一原，此豈可求之鄉黨士庶人哉？古之學者，「歌詩三百」，「弦詩三百」，「舞詩三百」，未有離禮樂以爲詩者。禮樂而崩喪矣，誦其詞，通其詁訓，論其世，逆其志，果遂能反情復性，同功於古之詩教乎？善哉管子之言學也，曰：「止怒莫若詩，去憂莫若樂，節樂莫若禮，守禮莫若敬，守敬莫若静。外敬内静，能反其性，性將大定。」後世之學詩理性情者，舍是曷以焉！《詩》曰「蕭蕭馬鳴，悠悠旆旌」，動中有静也；「風雨蕭蕭，鷄鳴膠膠」，幽闇不忘其敬也。

學篇五

人知地以上皆天，不知一身内外皆天也。「天聰明自我民聰明，天明威自我民明威。」人之心即天地之心，誠使物交物引之際，回光反顧，而天命有不赫然方寸者乎？「毋曰高高在上，陟降厥士，日監在兹」，故聖人之言敬也，皆敬天也。「昭事上帝」，顧諟明命也。「文王陟降，在帝左右」，「帝謂文王」，「丘之禱久」，臨在上，質在旁，一秩敍，一命討，一爾室屋漏，何在而非天？羑里明夷，匡人、桓魋、南子、王孫賈，何一造次顛沛而非天？故觀天心者於《復》，「有不善未嘗不知，知之未嘗復行也」；觀人心者於獨，獨知獨覺之地，人所不覩聞，天地之所覩聞也。至隱至微，莫見莫顯。《詩》曰：「昊天曰明，及爾出王；昊天曰旦，及爾游衍。」

聖人之瞰天下，猶空谷之於萬物也，泬寥之氣滿乎中，而鞺鞳之聲應乎外。是故「君子居其室，出其言善，則千里之外應之」，「出其言不善，則千里之外違之」，居室之於千里，千里之於居室，猶空谷之於萬物也。地本陰竅於山川，口耳人之竅，空谷天地之竅，山澤其小谷與？天地其大谷與？曾子曰：「實之與實，若膠之與漆；虛之與實，若空谷之覩白日。」人之心其白日乎！人知心在身中，不知身在心中也。「萬物皆備於我矣」，是以神動則氣動，氣動則聲動。以神召氣，以母召子，不疾而速，不呼而至，大哉神乎！一念而赫日，一言而雷霆，一舉動而氣滿大宅。《詩》曰：「命之不易，無遏爾躬。」知天人之不二者，可與言性命矣。

人賴日月之光以生，抑知身自有其光明與生俱生乎？靈光如日，心也；神光如月，目也。光明聚則生，散則死；寤則晝，寐則夜；全則哲，昧則愚。火非此不明，水非此不清，金非此不瑩，木石非此，火則不生成。故光明者，人身之元神也。神聚於心而發於目，心照於萬事，目照於萬物。目不能容一塵，而心能容多垢乎？誠能心不受垢如目之不受塵者，於道幾矣。回光反照，則爲獨知獨覺；徹悟心源，萬物備我，則爲大知大覺。自非光明全復，烏能「與天地合德，與日月合明」哉！《詩》曰：「我心匪鑒，不可以茹。」又曰：「君子萬年，介爾昭明。」

《詩》頌文王，一則曰「緝熙」，再則曰「緝熙」。熙者，人心本覺之光明乎！「帝謂文王，予懷明德。」《書》曰：「文王，若日若月，乍光顯於西土。」夫豈離人人靈覺之本明而別有光明也哉？「天之生斯民也，使先覺覺後覺」，而覺之小大、恒暫分焉。大覺如日，明覺如月，獨覺如星，偏覺如燎炬，小覺如燈燭，偶覺如電光，妄覺如燐火。日光，聖也；月，賢也；星，君子也；燎，豪傑也；燈，儒生也；電，常人也；燐，小點也。星月借日以爲光，燈燎假物以爲光，電燐乍隱乍見，有光如無光，豈知光之本體得於天，人人可以爲日，可以爲月乎？胡爲小之而星、燎、燈、燭也，胡爲暫之而電光、石火、螢火也，緝熙不緝熙而已。《詩》曰：「日就月將，學有緝熙於光明。」

學篇六

君子之言孝也，敬而已矣；君子之言敬也，孝而已矣。「一舉足不敢忘父母，一出言不敢忘父母」，雖言行滿天下，而猶有失足、失口、失色於人者乎？「敬親者不敢慢於人」，「愛親者不敢惡於人」，而猶有怨於家邦、恫於神鬼者乎？「天地之性人爲貴」，人之爲道也，敬天地之性而不敢褻，全天地之性而不敢虧。「事親如事天，事天如事親」，「濟濟漆漆」，「如執玉，如奉盈」，不必言敬、言誠、言仁，而誠、敬、仁有不在其中者乎？「至德要道以順天下，民用和睦」，不必言性、言命、言天道，而性、命、道德有不全其中者乎？大哉，孝之外無學，孝之外無道也。塞天地，横四海，亘古今，通聖凡，無有乎或外者也。徹精粗，兼體用，合内外，無有乎弗貫者也。《詩》曰：「夙興夜寐，無忝爾所生。」

孝子亦天其親而已，天何嘗有不是之風雷哉？人不敢怨天而敢怨親，是人其親而未嘗天其親也。未天其親，由未嘗以道求其身也。誠以道求其身，則但見身有不盡之子職，何暇見親之聖善不聖善哉！彼責善者，皆不自責其不善也；傷愛者，皆不自傷其不愛也。孤臣孽子，終日在尤咎之中，則無不可進之道誼，無不可宅之境遇，無不可格之骨肉。不能使妻子生敬，而能父母兄弟無間言者，無有也。不能見信於父母兄弟，而能見信於國人，無怨恫于家邦者，無有也。「有子七人，莫慰母心。」「惟順于父母，可以解憂。」不順乎親，不可以爲子；不得于天，不可以爲人。暑雨祁寒，疇咨疇怨，夫是之謂天其親也。《詩》曰：「敬天之怒，無敢戲豫；敬天之渝，無敢馳驅。」

「雍雍在宫，肅肅在廟，不顯亦臨，無射亦保」，敬以直内之學也。「肆戎疾不殄，烈假不瑕，不聞亦式，不諫亦入」，義以方外之學也。「肆成人有德，小子有造，古之人無斁，譽髦斯士」，成己以成物之學也。而冠之曰「惠于宗公，神罔時怨，神罔時恫，刑于寡妻」，何哉？衽席寢奥之地，百官萬民所不及見者，惟鬼神得而知之，惟夫婦得而見之。寡妻可刑，而鬼神無不可格者矣；妻子鬼神格，而百官萬民無不可格者矣。文王之學，造端乎夫婦，其惟《關雎》乎！及其至也，察乎天地，惠宗公，享神鬼，御家邦之謂乎！子夏讀《詩》，歎曰：「《關雎》至矣乎！仰則天，俯則地。幽幽冥冥，德之所藏；紛紛沸沸，道之所行。大哉萬物之所繫，群生之所託命也！」情欲無介乎儀容，燕安不形於動静，然後足以配天地而奉神靈之統，握萬福之原。《詩》曰：「不顯亦臨，無射亦保。」吾於《關雎》見之矣。

中淺外易者，不足以當大事。是故君子之容，愓乎若處四鄰之中，儼乎常有介冑之容，瑟乎其中之莫縫焉，僩乎其外之莫訌焉。「肅肅兔罝」，言其瑟也；「赳赳武夫」，言其僩也。觀大於細，觀變於常，觀謹於忽。冀缺耨而如賓，可以爲大夫矣。日磾養馬而嚴威，可以託孤寄命矣。有大賢，有中賢，有小賢。小賢君役，中賢君弼，大賢君師。可干城者不可爲好仇，可好仇者不可爲腹心。《書》曰：「文王尚克修和有夏，亦惟有若虢叔、閎夭、泰顛、散宜生、南宮适。」「文王蔑德，降於國人。」謂五臣能以道輔文王，使以其精微之德降於國人，「公侯腹心」之謂也。

船漏水入，内虚也；壺漏水出，外罅也。外欲之接，内欲之萌，皆以戲言戲動爲之端。有一罅之乘焉，鍼芒泄元氣，蟻漏潰江河，而全體不守矣。《淇澳》之詩，再言「瑟兮僩兮」，學道之士，必密栗其中而武毅其外，「德盛不狎侮」，始能彌爾性而固道基焉。「不重則不威」，出口入耳，若存若亡，始勤終怠，進鋭退速，而德之存焉者寡矣，其能德音孔昭，儀一心結，以底大成乎？《淇澳》卒章，始以善謔不虐爲寬綽，則德盛禮恭之流溢也。無蚤歲之嚴密，遽襲暮年之寬綽，不流晉人之曠達者幾希。無身過易，無口過難；無口過易，無心過難。口者介身心之間，故存誠自不妄語始。

登高使人欲望，臨深使人欲窺，處使然也。射使人端，釣使人恭，琴使人和，棋使人競，事使然也。出林不得直趨，行險不得履繩，勢使然也。函矢巫匠，殊欲人之生死，蓄穀蓄帛，分冀歲之饑豐，擇術使然也。故詩書禮樂皆外益之事，而性情心術賴焉，無外之非内也。晉人歧而二之，高者索諸冥冥，蕩者曰「禮豈爲我輩設」，豈知先王所以爲教乎，左規右矩，前準後繩，而中權衡焉。《詩》曰：「抑抑威儀，爲德之隅。」

學篇七

心爲天君，神明出焉。衆人以物爲君，以身爲臣，以心爲使令，故終身役役而不知我之何存。聖人以心爲君，以身爲城，以五官爲臣，故外欲不入謂之關，内欲不出謂之扃，終身泰然而不知物之可營，未有天君不居其所而能基道凝道者也。豪放之心，非道之所凝，凝道者其必基於寧静乎！泰宇寧只，天光發啓；「虚室生白，吉祥止止」。神不守舍，物乃爲菑；敬除其舍，道將自來。内蹦外蠱，亟鍵其户；忠信甲胄，禮義干櫓。《詩》曰：「瑟兮僩兮，赫兮喧兮。」

暑極不生暑而生寒，寒極不生寒而生暑。屈之甚者信必烈，伏之久者飛必決。故不如意之事，如意之所伏也；快意之事，忤意之所乘也。衆所福，君子不福，不福其禍中之福也；衆所利，君子不利，不利其害中之利也。消與長聚門，禍與福同根。豈惟世事物理有然哉？學問之道，其得之不難者，失之必易；惟艱難以得之者，斯能兢業以守之。《詩》曰：「戰戰兢兢，如臨深淵，如履薄冰。」

松棟雲牖，不能樂堯、舜之憂，痌瘝忘富貴也。在陳畏匡，不能憂仲尼之樂，道義勝顛沛也。故聖人之道，不在豪放高遠，而在枯槁寂寞之中。《易》曰：「雲上於天，需，君子以飲食燕樂。」此惟懷德未施之君子，韞雨爲雲者能之。不然，豈含哺之民，皆東海、北海就養之老；酒荒之士，皆南陽、東山抱膝之吟乎？耕蒼莽之野，釣寂寞之濱，而樂堯、舜之道焉，故可以達，可以窮，可以夷狄患難。故顔回、禹、稷同道。

《詩》曰「泌之洋洋，可以樂飢」，先憂後樂之謂也。

不亂離，不知太平之難；不疾痛，不知無病之福。故君子於安思危，❶於治憂亂。望華膴，斯享有餘若不足；念凍餒，斯享不足若有餘。故世人處富如貧，君子處貧如富。與人之取，則天下無競人；取人之舍，斯天下無困境。故君子辟豐如辟患，得歉如得福。《詩》曰：「温温恭人，如集於木；惴惴小心，如臨於谷。」

「天下雷行，物與无妄。」迅雷風烈，有一人不肅然者乎？有一念敢妄萌者乎？即無良之人，有不恐懼修省者乎？誠莫誠於斯，敬莫敬於斯矣。常人之情，動忍於安樂時者十之一，動忍於憂懼時者十之九。人心能常如洊雷震虩之時，何患不與天合一？《詩》曰：「敬天之怒，無敢戲豫。」

學篇八

「子所雅言：《詩》、《書》、執禮。」「夫子之文章，可得而聞也。」「子罕言利與命與仁。」「夫子之言性與天道，不可得而聞也。」仁其性乎？命其天道乎？利其天人之參乎？聖人利、命、仁之教，不諄諄於《詩》、《書》、《禮》而獨諄諄於《易》。《易》其言利、言命、言仁之書乎？「濟川」、「攸往」、「建侯」、「行師」、「取女」、「見大人」，曷爲不言其當行不當行，而屑屑然惟利不利是詔？聖人若曰，天下無不吉之善，無不凶之惡，無不悔且吝之小惡。世疑天人之不合一久矣，惟舉天下是非、臧否、得失一決之於利

❶「思」，原作「恕」，今據淮南本改。

不利，而後天與人合。故曰：「乾始能以美利利天下，不言所利，大矣哉！」甚哉，是非之與利害一也，天道之與人事一也。知是非與利害一，而後可由利仁以幾於安仁；知天道之與人事一，而後可造命立命以成其安命。王道之外無坦途，舉皆荆棘，而不仁者安仁矣。仁義之外無功利，舉皆禍殃，而不知命者安命矣。然則聖人何以罕言《易》？曰：《易》者，卜筮之書也，天道之書也。中古以後，地天之通絶矣，天與人日遠矣，人且膜視乎天，且漸不信天敬天，聖人縱欲諄諄以天道詔人，天何言哉？使非空空然叩諸卜筮，受命如響，鬼神來告，曷以舍其偏是偏非，而信吉凶悔吝、易知易從哉？故卜筮者，天人之參也，地天之通也。《詩》、《書》、《禮》皆人道設教，惟《易》則以神道設教。夫神道非專言禍福吉凶而不言是非者乎？《詩》曰：「奏假無言，時靡有爭。」是故君子不賞而民勸，不怒而民威於鈇鉞。

命貧賤夭，而欲其貴富壽，難矣哉！命貴富壽，而欲其貧賤夭，奚難矣！命所不能拘者三，有君子焉，有小人焉。忿山欲壑，立乎巖牆，「下民之孽，匪降自天」，此恃命之小人，非命所拘者乎？誠知足，天不能貧；誠無求，天不能賤；誠外形骸，天不能病；誠身任天下萬世，天不能絶。匪直是也，命當富而一介不取，命當貴而三公不易，命當壽而殺身成仁，舍生取義。匹夫碻然其志，天子不能與之富，上帝不能使之壽，此立命之君子，豈命所拘者乎？人定勝天，既可轉貴富壽爲貧賤夭，則貧賤夭亦可轉爲貴富壽。《詩》三百篇，福禄壽考，子孫昌熾，頌禱嘏祝而不疑。祈天永命，造化自我，此造命之君子，豈天所拘者乎？烏乎！聖人之教，詳戒禍，畧求福；及其求之也，惟修天爵，迓天庥，俟天命，抑亦異乎人之求之矣。《詩》曰：「豈弟君子，求福不回。」

人之受福澤于天也，或鍾焉，或螽焉，或勺焉。內自嗇而外日積之，則挹彼注兹，一卮之福，或可至螽至鍾，用之而不盡；不外益而內日狼籍之，則盈鍾之福，❶漸至爲螽爲勺，立涸而無餘。故曰：尊酌者衆則速盡。萬物之酌大貴之生者衆矣，故大貴之生常速盡，非徒萬物酌之也，又自酌其生以資天下之人。《詩》曰：「假以溢我，我其收之。」夫惟彌性孔固，「自求多福」者，則其克承天祐，「如川之方至，以莫不增」，福愈溢，收愈多，又何日損之有？

爲徼幸而輒成者，非小人之幸，天所以棄之而厚其疢乎！爲徼幸而輒不成者，非君子之不幸，天所以厚之而戒其偷乎！必使雨露不膏荆棘，瑞雪不周污巷，雷霆日殷于三家之市，春風不及于空隧之谷，銖量寸度，石丈必差，操券責償，曷以見天地之大哉？恢恢之網，疏而不失；石量尋度，徑而寡失。「物之不齊，物之情也。」恩生害，害生恩，天地之苦心也。若夫不必困衡孤孽而後進，不以富貴燕安而輒溺者，尤君子中之君子哉！《詩》曰：「攜無曰益，❷牖民孔易。」

❶「福」，原誤作「禍」，今據淮南本改。

❷「益」，原誤作「易」，今據《詩經·大雅·板》改。

學篇九

立德，立功，立言，立節，謂之四不朽。自夫雜霸爲功，意氣爲節，文詞爲言，而三者始不皆出于道德；而崇道德者，又或不盡兼功、節、言，大道遂爲天下裂。君子之言，有德之言也；君子之功，有體之用也；君子之節，仁者之勇也。故無功、節、言之德，於世爲不曜之星；無德之功、節、言，于身心爲無原之雨，君子皆弗取焉。《詩》曰：「瑟兮僩兮，赫兮喧兮，有斐君子，終不可諼兮。」

至德以爲道本，顏淵、仲弓以之；敏德以爲行本，孝德以知逆惡，曾子、子羔、子路之徒以之：後世「道學」、「獨行」二傳所由分與？師以賢得民，子思、孟子當仁于齊、魯；儒以道得民，諸子身通六藝，友教于西河：後世「道學」、「儒林」二傳所由分與？惟周公、仲尼，内聖外王，以道兼藝，立師儒之大宗。天下後世，學焉而得其性之所近，仁者見仁焉，知者見知焉，用焉而各效其材之所宜。三公坐而論道，德行之任也；士大夫作而行之，政事、言語、文學之職也。如必欲責尊德性者以問學之不周，責問學者以德性之不篤，是火日外曜者而欲其内涵，金水内涵者必兼其外曜乎？體用一原，匪聖曷全？《詩》曰：「德輶如毛，民鮮克舉之。」「肫肫其仁，淵淵其淵。」

三代以上，君師道一而禮樂爲治法；三代以下，君師道二而禮樂爲虚文。古者豈獨以君兼師而已，自冢宰、司徒、宗伯下至師氏、保氏、卿、大夫，何一非士之師表？「小德役大德，小賢役大賢」，有位之君子，即有德之君子也，故道德一而風俗同。自孔、孟出有儒名，而世之有位君子始自外于儒矣。宋賢出有道學名，而世之儒者又自外于學道矣。《雅》、《頌》述文、武作人養士之政，瞽宗、辟雍，《振鷺》西雍，《棫樸》、《菁莪》，至詳且盡。而十三《國風》上下數百年，刺學校者，自《子衿》一詩外無聞焉，《春秋》列國二百四十年，自鄭人游鄉校以議執政外無聞焉，功利興而道德教化皆土苴矣。有位與有德，泮然二涂；治經之儒與明道之儒、政事之儒，又泮然三涂。荀子曰：「昊天不復，憂無疆也。千歲必反，古之常也。弟子勉學，天不忘也。」《詩》曰：「縱我不往，子寧不嗣音！」

曷謂道之器？曰「禮樂」。曷謂道之斷？曰「兵刑」。曷謂道之資？曰「食貨」。道形諸事謂之治；以其事筆之方策，俾天下後世得以求道而制事，謂之經；藏之成均、辟雍，掌以師氏、保氏、大樂正，謂之師儒。師儒所教育，由小學進之國學，由侯國貢之王朝，謂之士。士之能九年通經者，以淑其身，以形爲事業，則能以《周易》決疑，以《洪範》占變，以《春秋》斷事，以《禮》、《樂》服制興教化，以《周官》致太平，以《禹貢》行河，以「三百五篇」當諫書，以出使專對，謂之以經術爲治術。曾有以通經致用爲詬厲者乎？以詁訓音聲蔽小學，以名物器服蔽三《禮》，以象數蔽《易》，以鳥獸草木蔽《詩》，畢生治經，無一言益己，無一事可驗諸治者乎？烏乎！古此方策，今亦此方策，古此學校，今亦此學校，賓賓焉以爲先王之道不在是。吾不謂先王之道不在是也，如國家何？《詩》曰：「匪先民是程，匪大猶是經，維邇言是爭。」

學篇十

懷傳國之寶者，不屑角千金之璧；懷千金之璧者，不屑角百金之璞；懷百金之璞者，不屑角碔砆之石。動與物角，惟恐不勝者，其所挾庸也。瓶笙之水，愈沸則響愈微；彼惟恐人不聞者，中不足也。明珠藏千仞之淵，黄金韞萬仞之厓，珊瑚沈大海之底，采者不避虓虓而致之；彼炫鬻于市，而人莫顧者，贗且賤也。鍾磬之器愈厚者，則聲愈從容，薄者反是。故德薄者無卑辭，德厚者無盈色。《詩》曰：「漢有游女，不可求思。漢之廣矣，不可泳思。」

人必有終身之憂，而後能有不改之樂。君子所憂樂如之何？曰：所憂生于所苦。不苦行險，不知居易之樂也；不苦耆欲，不知澹泊之樂也；不苦馳騖，不知收斂之樂也；不苦争競，不知恬退之樂也；不苦憧擾，不知寧静之樂也。苦生憂，憂生耆，耆生樂。豈惟君子之性分然哉？即世俗亦有終身之憂樂焉，憂利欲之不遂其身也，憂利禄之不及其子孫也，憂謏聞之不譁于一世也。庸詎知吾所謂苦，非彼所謂甘；吾所謂憂，非彼所謂樂乎？《詩》曰：「誰謂荼苦？其甘如薺。」

君子以道爲樂，則但見欲之苦焉；小人以欲爲樂，則但見道之苦焉。欲求孔、顔之所樂，先求孔、顔之所苦。忿、欲皆火也，未有炎上而不苦者也。澹莫澹于五穀之甘乎，樂莫樂于道誼之湛乎！故世味不澹者，道味不濃；熟處不生者，生處不熟。道念苟同情念，何凡不聖矣；道味苟同世味，何愚不哲矣！《詩》曰：「求之不得，寤寐思服。」

「理義説我心，猶芻豢之説我口。」不言「猶聲色之説我耳目」，何耶？耳目于聲色，吾見人亦見之，吾聞人亦聞之；口之于味，甘苦濃澹，惟自喻而人莫與焉，貴其自得之也；自得之而人不知，斯真自得矣。其寐澄然，其俛仰浩然，施諸四體，四體不言而喻，豈與夫飾文章，華聲帨，殫一生之力説人耳目，而惟恐人之不知者乎？「既醉以酒，既飽以德」，「人不知而不愠」，幾見醉飽而患人之不知者？《詩》曰：「考槃在澗，碩人之寬。獨寐寤言，永矢弗諼。」

學篇十一

君子之于道也，始于一，韜于一，積于一，優游般樂于一。一生變，變生化，化生無窮。所謂一者何也？地之中也有土圭，道之中也有土圭。九流諸子裂道一隅而自霸，道其任裂與？事在四方，道在中央，聖人執要，四方來效。故曰：「其儀一兮，心如結兮。」然則樹之一以爲的而號于衆歟？櫝玉者不炫，舟玉者不飾，惡其文之著也。故曰「衣錦尚絅」。然則株守夫一者，何以適夫千變，全乎大用歟？舉一隅，不足，反三隅，望之盡，挹之無餘，何以陰噏而陽呿，何以海涵而坤負歟？觀乎天文以察變，觀乎地文以理孫，觀乎人文以化成，語乎其并包無垠者也。故君子之道，始于一，韜于一，積于一，優游般樂于一。一生變，變生化，化生無窮。《詩》曰：「沔彼流水，朝宗于海。」

天下物無獨必有對，而又謂兩高不可重，兩大不可容，兩貴不可雙，兩勢不可同，重、容、雙、同，必争其功。何耶？有對之中必一主一輔，則對而不失爲獨。乾尊坤卑，天地定位，萬物則而象之，此尊無二上之誼焉。是以君令臣必共，父命子必宗，夫唱婦必從。天包地外，月受日光。雖相反如陰陽、寒暑、晝夜，而春非冬不生，四夷非中國莫統，小人非君子莫爲帡幪，相反適以相成也。手足之左不如右强，目不兩視而明，耳不並聽而聰，鼻息不同時而妨，形雖兩而體則一也。是以君子之學，先立其大而小者從，令致專於一，則殊涂同歸。道以多歧亡羊，學以多方喪生，其爲治也亦然。《書》曰：「一人有慶，兆民賴之。」《詩》曰：「其儀不忒，正是四國。」

君子用世之學，自外入者其力弸，自内出者其力宏。力之小大，由于心之翕散，天地人之所同也。天地之氣，翕則靈，不翕則不靈；小翕則小靈，大翕則大靈。風、雲、雷、雨之氣翕，則爲震動之能，而鬱鬯摧茂分焉；水、火、土、石之氣翕，則爲嶽瀆之神，而淑慝章癉分焉；耳、目、手、足、口、腹之氣翕，則爲心性之用，而是非好惡分焉。雷雨少者震動少，山川小者神示卑，人物細者知覺運動蠢而微。視其翕聚之小大，而作用之小大因之，孰謂發揚之不由于翕聚哉？人能翕其數十年之精力于技藝，則技藝且必通神，而況翕聚之於道德者乎？天地鬼神且莫違，而況於人乎？不厚其本而求其末，是土偶作威福以求食也，徒勞日拙矣。《詩》曰：「鼓鍾於宫，聲聞於外。」「與之齒者去其角，傅之翼者兩其足。」非天以是限之也，齒即角所變，翼即足所化也。人之智慮亦然。豐于此則必嗇于彼，詳于末則必荒於本。故勞心者不勞力，尚武者不修文，文學每短於政事，政事多絀于文學。惟本原盛大者，能時措出之而不窮，故君子務本，專用力于德性而不敢外騖，恐其分吾德性之功而兩失之也。羽翼美者傷其骸，枝葉茂者傷其荄。經霜雪而後彫之木，必非有灼灼夭豔之材也。故飾其外，傷其内；扶其情，害其神；見其文，蔽其真。能兩美者，天下無之。《抑》戒之詩，「修爾車馬，弓矢戎兵」者，不過數言，而惟諄諄于身心言動之際，豈非貫用于體之聖學哉！

舉足者，舉左則止右，舉右則止左，動根于所止也。舉手者，左畫圓則右不成方，左畫方則右不成圓，有二形無二心也。夢盜簞食而恥，夢盜萬金而恥，夢盜一國之寶而恥：事有小大，心無小大也。君子觀于舉足，知動静之不二；觀于舉手，知内外之不二；觀于舉念，知大小之不二。故舊習一銷者百銷，本體一復者百復。《詩》曰：「淑人君子，其儀一兮。其儀一兮，心如結兮。」

學篇十二

天地，是非之域也。身心，是非之舍也。智愚賢不肖，是非之果也。古往今來，是非之場壘也。方隅之士，入主出奴，日相鬬戰，物而不化，豈知大人殊途共歸，百慮一致，無不代行而錯明乎？孔、老異學而相敬，夷、惠異德而同聖，箕、比異迹而同仁，四科並出于尼山，九流同宗乎古帝。使孟子而用世，必用楊、墨，不用儀、秦也。韓愈謫潮，寧友大顛，不友俗士也。朱、陸論學，砥礪不遺餘力，而南渡來，泰山喬嶽，不爲功利術數所汩没者，兩相推無異詞也。

其軌轍不同者，道之並育並行所以大；其同是堯而非桀者，性善秉彝之無二也。孰渾融斯？孰默識斯？孰一神而兩化斯？《詩》曰：「周道如砥」，「君子所履，小人所視」。

柳下聖之和，和之極爲不恭，其敝也鄰于老；❶伯夷聖之清，清之極爲隘，其敝也鄰于楊；伊尹聖之任，任極而殉身救民太過，亦可鄰于墨。雖然，老子治天下亦何可得哉！墨子治天下亦何可得哉！柳下、伯夷、伊尹，方以內之聖也；老聃、墨翟，方以外之聖也。惟聖人時乘六龍以御天，潛龍飛躍，無有定在，時惠、時夷、時尹，而非惠、夷、尹也；有時似老、似墨、似楊，而非老、墨、楊也。「溥博淵泉而時出之」，聖人之治天下，更何可得哉！若夫學者循焉而得其性之所近，即偏至一詣焉，或狷而隘，或狂而不恭，能祛利欲而未能化其氣質，已超鄉愿倍蓰矣，超少正卯、儀、秦萬萬矣。胡廣中庸，非聖之時也。《詩》曰：「魚潛在淵，或在于渚。」言必淵乎道、渚乎道也。

氣質之性，其猶藥性乎，各有所宜，即各有所偏。非煅製不能入品，非劑和衆味，君臣佐使互相生克，不能調其過不及。故氣質之性，君子有不性者焉。仁義禮智，孤行偏發，皆足以僨事。賢智之過，有時與愚不肖相去唯阿，況以利欲濟其氣質，但有不及無太過乎？今夫迂、厚、剛、介、寬、審，賢者之過也。今世之士，患迂、患厚、患剛、患介、患寬、患審者幾何人？患俗、患薄、患柔、患濫、患隘、患牿疏者，則滔滔皆是。求如賢智之過且不可得，矧望其純德性之

❶「敝」，原作「敞」，今據淮南本改。

用而無氣質之偏耶？非學胡匡？非學胡成？《詩》曰：「庶人之愚，亦職維疾。哲人之愚，亦維斯戾。」

學篇十三

因樹以爲榮枯者華也，華之内有果，果之内有仁，迨仁既成，而不因樹以榮枯矣。因氣以爲生死者身也，身之内有心，心之内有仁，迨仁既成，而不因形氣以生死矣。性根于心，萌芽于意，枝分爲念，鬯茂爲情，則性之華也。善其果實之熟，惡其荆棘之歧乎！果復其核，情返乎性，核復生果。由一至萬，則果徧天下，衆善齊歸而性大成矣。故曰：「天下歸仁焉。」聖人以天下萬世爲果，善人君子以一國數百年爲果，衆人以一身一家爲果。《詩》曰：「實種實褎，實堅實好。」

更色而不更葉者松柏也，更葉而不更條者衆木也，更條而不更根者百草也，更根而不更種者五穀也。穀種曰仁，實函斯活。仁者天地之心也，天生一人，即賦以此種子之仁，油然浡然不容已于方寸。故一粒之仁，可蓄衍化育，成千百萬億之仁于無窮，横六合，亘古今，無有乎不同，無有乎或變者也。仁種之不成熟奈何？曰：荑稗奪之也。地力、雨露、人事，滋于彼則耗于此。功利之稗一，記醜之稗一，詞章之稗一，技藝耆好之稗一，生氣滲泄，外强中乾，而仁之存者寡矣。自非旋其地力、雨露、人事畢注于斯，日夜滋息于斯，其能膏液融渥油然浡然不容已乎？《詩》曰：「毋田甫田，維莠驕驕。」又曰：「荼蓼朽止，黍稷茂止。」

禾未熟而登場，穫者棄之矣。果未熟

而登盤，食者吐之矣。是故治之因者，政之熟者也；俗之龐者，化之熟者也；功之成者，慮之熟者也；名之歸者，德之熟者也。政未熟而急求治，治必亂；化未熟而急變俗，俗必駭；慮未熟而急圖功，功必阻；德未熟而急知名，名必辱。《詩》曰：「既方既皁，既堅既好。」

孔子登東山而小魯，登泰山而小天下，況君子登顏、孟之東山，登周公、孔子之泰山乎？犧、農、黄、唐、禹、湯、文、武，聖之高、曾也；周、孔，聖之祖父也；顏、曾，聖之宗子也；孟子，聖之別子也。使我後人道腴而義粱，詩冠而禮裳，非數聖人，孰菑畬之而衣被之乎？口之匪艱，性之爲艱。尼日堯牆，有覿斯皇，亦足以發憤忘食矣。寧學聖人而未至，不欲以一善成名。豈曰仁之爲數重，爲道遠，莫殫莫究，而姑畫中道、廢半涂乎？《詩》曰：「高山仰止，景行行之。」

寧學聖人而未至，不欲以一善成名，君子之立志也有然；寧以一善成名，毋學聖人而未至，君子之下學也有然。故未能爲言不必信、行不必果之大人，未可輕硜硜信果之小人，與貌爲言不顧行、行不顧言之狂士，寧爲慥慥篤實之君子。《詩》曰：「無田甫田，維莠驕驕。」

至神無不化也，至誠無不格也。精神全而光氣發，則傅巖、渭濱能入明王之夢卜。《詩》曰：「鶴鳴于九皋，聲聞于天。」至誠積而風教移，則箕子、泰伯能開絶域之文明。《詩》曰：「鶴鳴于九皋，聲聞于野。」

喧而愈寂者流泉也，君子之言似也，故終日言而未嘗言。動而愈虚者白雲也，君子之行似之，故終日事而未嘗事。雖然，二者亦各有本焉。山虛則雲生，谷虛則泉出，故曰「澤山咸，君子以虛受人」，聚天下之善而時出之，其惟心之無我者乎！《詩》曰：「不大聲以色。」「不識不知，順帝之則。」

學篇十四

問：「如何知晝夜之道？」曰：「知寤寐則知晝夜矣。」「如何知生死之説？」曰：「知寤寐則知生死矣。」「如何知鬼神之情狀？」曰：「知寤寐則知鬼神矣。」未達。曰：「寐時之夢，寤時之心景也。夜者晝之景，死者生之景，鬼神者人之景。夢中之境，游魂爲變，鬼神之情狀也。境界心所顯，情狀念所幻，惟至人無念則無夢，蓋境泯于心而寤寐一矣。寤寐一則晝夜一，生死一，幽明一，古今一，故《易》言知晝夜，知生死，知鬼神。舍盡心知性何以知天，舍存心養性曷以事天哉？」「然則文王何以夢帝錫，孔子何以夢周公？」曰：「有主之夢，夢境皆真；無主之夢，夢境皆妄。『清明在躬，志氣如神，耆欲將至，有開必先，天降時雨，山川出雲。』至誠前知，先覺覺後覺，此非大人所能占也。彼熊羆、蛇虺、旟旐、衆魚之幻，何足語知道！」

其道而純陽與，其生也，與日月合其明；其殁也，其氣發揚于上爲昭明。「文王在上，於昭于天」，五方之帝之佐，皆聖賢既没之神爲之。堯乘白雲而歸帝鄉，傅説騎箕尾而爲列星。其次者猶祀于瞽宗、方社、四嶽，各如其德業之大小爲秩之尊卑，地祇與天神相升降焉。❶故曰「君子上達」。其

❶「天」，原作「鬼」，今據淮南本改。

道而純陰與，其生也，與鬼蜮合其幽；其沒也，魄降于地，精氣爲物，游魂爲變。鯀化黄熊，伯有爲厲，彭生爲豕，方相氏儺厲而毆之，鼎鑄神奸而象之。故曰「小人下達」。惟聖人通于幽明之理，故制禮作樂，饗帝饗親，進退百神五祀，聲氣合莫，流動充滿于天地之間，則天神降，地祇出，人鬼享，而制作與造化參焉，陰教與王治輔焉。孰謂太虚聚爲氣，氣散爲太虚，而賢愚同盡乎？禮樂皆芻狗，而神道無設教乎？《詩》曰：「明明在下，赫赫在上。」❶

爲生計而不爲死計，爲子孫計而不爲身心計者，好利之通蔽也；爲身後名字計而不爲身後性命計者，好名之通蔽也。「朝聞道，夕死可矣」，不聞道而死，曷異蜉蝣之朝生暮死乎？人生十五以前，惟知爲身計；三十以前，惟知爲家計；四十以往，惟知爲子孫計，爲身後名計；其爲性命計者，千萬中無一焉。《詩》曰：「蜉蝣之羽，衣裳楚楚。心之憂矣，于我歸處。」不知此身之所歸者，豈獨百年爲蜉蝣，即數百年、數千年之名，亦孰非楚楚如雲之蜉蝣乎？

太虚之精氣流動，充盈于天地間，必有入也。集于列星，與爲光芒；集于水火，與爲潤暘；集于金木，與爲柔剛；集于珠玉，與爲精英；集于聖人，與爲敻明。藏于胸中爲之智，啓于耳目之間謂之聰明，藏于腎則骨堅强，刑于志則材茂剛。人之生也不過數十年，天地之水火在人身用之，經數十年，食飲益之，七情六淫沴之，始而壯，既而衰矣。衰則將去，于是乎水不滋骨而材志

❶「下」，原誤作「上」；「上」，原誤作「下」，今據《詩經·大雅·大明》改。

籥矣，火不發智而聰明損矣。天之所降，山川之所鍾，及其衰也，天與山川不能留。盡其才而智日劭者，志之成（離案：成宜作盛。）乎！不盡才而智益囿者，志之羸乎！才不才而智不智者，志奚志乎？夫惟聖人君子，翫心于高明，嗇其精，崇其志，俛焉孳孳，日去人遠，去天近，耄而德業愈巍奂，卒能歸根復命以反于於穆之天。故此數十年中，惟人所自用也，用之天則天矣，用之物則物矣。太虛者萬物之真宅也。《詩》曰：「百歲之後，歸于其室。」視其生之所安而歸宅焉耳。

有豢身之學，爵祿而止矣；有華身之學，諛聞而止矣；有以身濟身之學，猷效邦國而止矣；有踐形盡性之學，耄老不足，死生夭壽不可離，則未知所止矣。由濃華而進于澹泊，可以爲達士，未若由澹泊而進于恐懼也。由固陋而進于淹通，可以爲碩儒，未若反淹通而會于本原也。《詩》曰「高山仰止，景行行止」，《詩》之好仁如是夫！不知年數之不足，「俛焉日有孳孳，斃而後已」。

古微堂内集卷壹終

古微堂內集卷二

邵陽魏源著

默觚下

治篇一

人有恒言曰「才情」，才生于情，未有無情而有才者也。慈母情愛赤子，自有能鞠赤子之才；手足情衛頭目，自有能捍頭目之才。無情于民物而能才濟民物，自古至今未之有也。小人于國、于君、于民，皆漠然無情，故其心思智力不以濟物而專以傷物，是鷙禽之爪牙，蠭蠆之芒刺也。才乎，才乎！《詩》曰：「凡民有喪，匍匐救之。」

人有恒言曰「學問」，未有學而不資于問者也。土非土不高，水非水不流，人非人不濟，馬非馬不走。絶世之資，必不如專門之夙習也；獨得之見，必不如衆議之參同也。巧者不過習者之門，合四十九人之智，智于堯、禹，豈惟自視欿然哉？道固無盡藏，人固無盡益也。是以《鹿鳴》得食而相呼，《伐木》同聲而求友。

讀《皇皇者華》之詩，喟然曰：爲此詩者，其知治天下乎！一章曰「周爰咨諏」，二章曰「周爰咨謀」，三章曰「周爰咨度」，四章曰「周爰咨詢」。世固有負蒼生之望，爲道德之宗，起而應事，望實並損者，何哉？以匡居之虛理驗諸實事，其效者十不三四；以一己之意見質諸人人，其合者十不五六。古今異宜，南北異俗，自非設身處地，烏能隨盂水爲方圓也？自非衆議參同，烏能閉户造車出門合轍也？歷山川，但壯游覽而不考其形勢；閲井疆，但觀市肆而不察其風俗；攬人材，但取文采而不審其才德。一旦身預天下之事，利不知孰興，害不知孰革，薦黜委任不知孰賢不肖，自非持方枘納圓鑿而何以哉？夫士而欲任天下之重，必自其勤訪問始；勤訪問，必自其無事之日始，《皇華》之詩知之矣。

自古有不王道之富强，無不富强之王道。王伯之分，在其心，不在其迹也。心有公私，迹無胡越。《易》十三卦述古聖人制作，首以田漁、耒耜、市易，且舟車致遠以通之，擊柝弧矢以衛之；禹平水土，即制貢賦而奮武衛；《洪範》八政，始食貨而終賓師：無非以足食足兵爲治天下之具。後儒特因孟子義利、王伯之辯，遂以兵食歸之五伯，諱而不言，曾亦思足民、治賦皆聖門之事，農桑、樹畜即孟子之言乎？抑思屈原志三后之純粹，而亦曰「惜往日之曾信兮」，❶「國富强而法立」，孔明王佐之才而自比管、樂乎？王道至纖至悉，井牧、徭役、兵賦，皆性命之精微流行其閒。使其口心性，躬禮義，動言萬物一體，而民瘼之不求，吏治之不習，國計邊防之不問，一旦與人家國，上不足制國用，外不足靖疆圉，下不足蘇民困，舉平日胞與民物之空談，至此無一事可效諸民物，天下亦安用此無用之王道哉？《詩》曰：「監觀四方，求民之莫。」

工騷墨之士，以農桑爲俗務，而不知俗學之病人，更甚于俗吏；託玄虚之理，以政事爲粗才，而不知腐儒之無用，亦同于異

❶「信」，原作「言」，今據淮南本改。

端。彼錢穀簿書不可言學問矣，浮藻餖飣，可爲聖學乎？釋、老不可治天下國家矣，心性迂談，可治天下乎？《詩》曰：「民之質矣，日用飲食。」

爲治者不專注其大而但事節目，則安危否泰之大端失之目睫矣。用人者不務取其大而專取小知，則卓犖俊偉之材失之交臂矣。故爲國家釐細務百，不若定大計一；爲國家得能吏百，不若得碩輔一。君子以細行律身，不以細行取人，不以剸劇理繁塞艱鉅。國於天地，有與立焉，斯見小欲速之弊祛，而百年苞桑之業固也。《詩》曰：「出話不然，爲猶不遠。」

天地之生才也，「予之齒者去其角，兩其足者傅之翼」，是以造化無全功，陰陽無全能。以虞廷五臣皆聖人之材，而明刑、教稼、治水、典胄，終身不易其官。吾知孔子用世，必不使游、夏司繁劇而由、求典文章，必不使曾、冉專對使命而宰、贛師保坐論。天地有所不能强，而況于人乎？後世之養人用人也不然。其造之試之也，專以無益之畫餅，無用之雕蟲，不識兵農、禮樂、工虞、士師爲何事；及一旦用之也，則又一人而徧責以六官之職，或一歲而徧歷四方民夷之風俗；舉孔門四科所不兼，唐虞九官所不攝者，而望之科舉兔册之人。始也桃李望其松栢，繼也綵勝望其桃李，及事不治，則拊髀而歎天下之無才。烏乎！天下果真無才哉？《詩》曰：「螟蛉有子，果蠃負之。教誨爾子，式穀似之。」言所用必所養，所養必所用也。又曰：「維南有箕，不可以簸揚。」言所用非所養，所養非所用也。

山林之人欲濟物，必分己之財；鄉閭之子欲去弊，必資官之勢。不必己財而可以惠物，不藉人勢而可以袪蠹者，其惟在位君子乎？操刀而不割，擁檝而不度，世無此惷愚之人。故君子用世，隨大隨小，皆全力赴之，爲其事而無其功者，未之有也。彼穡而我飧之，彼織而我温之，彼狩而我貆之，彼馭而我軒之，彼匠搆而我軿之，彼賦税商賈而我便之，彼干盾扞衛而我安之。彼于我何酬，我于彼何功？天于彼何嗇，于我何豐？思及此而猶泄泄于民上者，非人心也。《詩》曰：「彼君子兮，不素食兮！」

治篇二

《大雅》言文王之伐密也，先之曰「無然畔援，無然歆羨，誕先登于岸」；述文王之伐崇也，先之曰「予懷明德，不大聲以色，不長夏以革，不識不知，順帝之則」。烏乎！事功純乎道德，有若是哉！禮樂兵刑出于喜怒哀樂，賜予其宫室，亦猶慶賞于國也；忿怒其臣妾，亦猶用刑罰于萬民也。夫然後可以修大刑而奉天之命，夫然後可以一怒而安天下之民。武王、周公繼志述事，《緜》詩頌牧野之役曰：「上帝臨女，毋貳爾心。」❶「天命有德，五服五章哉！天討有罪，五刑五用哉！」❷成周之征誅，猶之唐、虞之命討也，事功之蹟俱化矣。

君子讀二《雅》至厲、宣、幽、平之際，讀《國風》至二《南》、《豳》之詩，喟然曰：六經其皆聖人憂患之書乎！天下之生久矣，一治一亂。治久習安，安生樂，樂生亂；亂久

❶ 此二句乃《大雅・大明》句，不在《緜》中。

❷ 「天命」至「五用哉」，出自《尚書・臯陶謨》。

習患，患生憂，憂生治。《洪範》貴不列于五福，崇高者憂勞之地，非安享之地也。康莊之仁我也，不如太行。故真人之養生，聖人之養性，帝王之祈天永命，皆憂懼以爲本焉。真人逆精以反氣，聖人逆情以復性，帝王逆氣運以撥亂反治。逆則生，順則夭矣。逆則聖，順則狂矣。草木不霜雪，則生意不固；人不憂患，則智慧不成。大哉《易》之爲逆數乎！五行不順生，相克乃相成乎！魚逆水則鱗不頳，禽逆風則毛不横。《詩》曰：「譬彼舟流，不知所届。心之憂矣，不遑假寐。」順流之可畏也如是夫！

人主修德之難也，倍于士庶乎！奸聲在堂，諛舌在旁，曼靡在牀，醲醴在觴，娱獸在埸，所以蠱我心者，四面伺之，雖有憂勤聰智之君，不能無一罅之閒也。天下之責望主德也，亦倍于士庶乎！高明之瞰者千計，中澤之嗷者億計，敵國肘腋之環伺者萬計，無一瑕玷而可匿也，無一體用而可缺也。守專城之材，不可以相；長千夫之勇，不可以將。一將一相之任，不可以君四海，況于乃逸、乃諺、既誕，以天位爲敖樂者乎！《卷阿》之詩，言「俾爾彌爾性」者三，❶言履天位之君子，非性與天合，德足配天，即不足主百神而綱四方也。知此而不戰戰兢兢于上者，非人情也。《詩》曰：「天難諶斯，不易維王。」

一圍之木持千鈞之廈，五寸之鍵而制闔開者，所居要也。大匠不斲，大庖不豆，大勇不鬭，大政不險。天下大器也，君相大官也。處大官者，不欲小察，不欲小智，不矜小藝，據其要，制其總，若攝氣母于北斗

❶「彌」，原脱，今據《詩經·大雅·卷阿》補。

之樞，以斠萬物有餘矣。王者之道猶龍首，高居而遠望，深視而審聽，示其形，恌其情，若天之高不可極也，若淵之深不可測也。賞罰于衆人所及見，而所不及見者潛化焉；端默于衆人所不加意，而人所加意者莫遁焉。彼鋪張于條教號令之末，矜詡于發姦摘覆之神，曷足語知道？《詩》曰：「之子于征，有聞無聲。」

《詩》言「豈弟君子」者十有八，説者曰：「豈弟，樂易也。」「乾以易知，坤以簡能。易則易知，簡則易從。易知則有親，易從則有功。」大哉豈弟之爲德乎！世言王道無近功，此不知王道之言也。知者知之，愚者不知，不可以教民。巧者能之，拙者不能，不可以治民。非令下如流水之原，不可爲善政；非立效如時雨之降，不可以爲聖功。謂王道無近功者，未得其要也。主好要則百事詳，主好詳則百事荒。知豈弟不豈弟之分，則知王伯矣；知豈弟不豈弟者，分，則知君子小人矣。後世人主之豈弟者，其漢文帝、宋仁宗乎！反乎豈弟者，其漢武帝之桑弘、宋神宗之安石乎！《詩》曰：「誰能烹魚？溉之釜鬵。」言烹魚煩則碎，治民煩則亂，是以「治大國若烹小鮮」。

鄧析、子產，同一竹刑也，鄧析受誅而鄭人不憐，子產則遺愛衆母，興歌誰嗣。商君、諸葛，同一嚴法也，商君車裂而秦人不憐，武侯則巷祭路哭，白帽成俗。《詩》曰：「豈弟君子，民之父母。」豈弟之反爲苦難，鄧析、商君之謂也；豈以强教之，弟以説安之，子產、武侯之謂也。

秦湯方燠，九州爲爐，故漢初曹參、蓋公沐之清風而清静以治。若乃席豐履豫，泰久包荒，萬幾叢脞于上，百慝養癰于下，乃不厲精圖治以使民無事，而但以清譚清静爲無事，有不轉多事者乎？ 皇春帝夏，王秋伯冬，氣化日禪，雖犧、黄復生，不能返于太古之淳。 是以堯步舜趨，禹馳湯驟，世愈降則愈勞。 況欲以過門不入、日昃不食之世，反諸標枝野鹿，其不爲西晉者幾希。《詩》曰：「民莫不逸，我獨不敢休。」是以「夙夜匪懈」，山甫之佐中興；「夙興夜寐」，衛武之相王室。

「桑之未落，其葉沃若」，其文、武、成、康之盛乎！ 「桑之落矣，其黄而隕」，其周室之東乎！ 文王有二《南》而歌頌始拱把矣，成王有《雅》、《頌》而歌頌始尋丈矣。 至康王而頌聲寢，珮玉有晏起之刺，《伐木》有鳥鳴之刺。 宣王中興而《沔水》、《鶴鳴》、《庭燎》、《祈父》、《白駒》、《黄鳥》，刺詩半于變《雅》。 何詩人之責備賢辟若此哉？ 漢武建元之盛，未聞其再建元也；唐玄開元之盛，未聞其再開元也。《乾》六爻不言吉而悔亢，《泰》六爻不言泰而憂陂，《豐》之象曰：「勿憂宜日中。」盈虚消息，天地四時鬼神不能違，而況于人乎！ 漢文帝日謹一日，以考終爲幸；光武日謹一日，以十年爲遠。三代既往，聖賢兢業之心，惟二君有焉。文帝拊髀頗、牧，而以李廣、周亞夫貽之景、武；光武閉關拒質，甘以西域付之荒外。二君豈真不能戡匈奴者哉，豈真無雄才大略者哉？ 功業之心，不勝其愛民之心也；才智自雄之心，不勝其持盈憂盛之心也。《頌》聲寢于康王，二《雅》變于宣王，其道德之終，而功業才智之竭乎！ 故不明四始、五際之義，不可以讀《詩》。

治篇三

三代以上之天下，禮樂而已矣。三代以下之天下，賦役而已矣。然變《風》變《雅》，多哀行役之苦，刺征役之煩，而刺重斂者惟一《碩鼠》。則知井田什一尚存，履畝未税，民惟困役，不困賦焉。春秋以前之諸侯，朝聘而已矣；春秋以後之諸侯，攻戰而已矣。然陳、鄭介大國之閒，受兵無寧歲，而民俗佚治晏如。則知其時車戰之制尚存，師行所至，井堙木刊，而無擾臣妾、燬廛廬之患；且請服則盟，未嘗如狄之入衛，財賄牲畜蕩然一空焉。春秋以前，有流民而無流寇；春秋以後，流寇皆起于流民，往往鼿宗社，痛四海。讀《詩》則《碩鼠》「適彼樂郊」，《黃鳥》「復我邦族」，《鴻雁》勞來中澤，未聞潢池揭竿之患，此封建長于郡縣者一也。春秋以後，夷狄與中國爲二；春秋以前，夷狄與中國爲一。讀《詩》與《春秋》，知古者名山大澤不以封，列國無守險之事，故西戎、徐戎、陸渾之戎、赤狄、白狄、姜戎、太原之戎，乘虛得錯處其閒。後世關塞險要，盡屬王朝，而長城以限華、夷，戎、狄擾諸塞外，此郡縣之優乎封建者一也。由前三説觀之，五伯者，三王之罪人，中夏之功臣；由後一説觀之，七雄、嬴秦者，罪在一時，功在萬世。

禮樂征伐，先王治世之大物也，自天子出則王，自諸侯出則伯。然王世以禮樂統征伐，故《彤弓》、《車攻》、《吉日》之詩，雖事主征伐，莫不本禮樂以行之。伯世以征伐統禮樂，故冠裳必載誓盟，聘享無非師捷，雖事鄰禮樂，亦莫不參征伐以出之。禮樂勝則純乎道德，如春風之長萬物而不知；征伐勝則純乎威力，如夏日威天下而不得不循其法。惟其所假猶先王之仁義，故《曹風》思郇伯，《春秋》予桓、文焉。及其衰也，仁義去而詐力獨存，于是周雖久王，有禮樂，無征伐，王室聲靈不行，徒托重于先王典制名器以覊縻列國。晉之久伯也，有征伐，無禮樂，士鞅、欒黶惟賄是求，虒祈宮成，徒以甲車四千乘恫喝攜貳。夏日往而秋霜栗冽，物不能堪，于是裂爲七國，爲嬴秦，詈天下于冰霜中者二百餘載，暨西漢文、景而始息。甚哉功利之殃人，而王道不可一日熄乎！三皇以後，秦以前，一氣運焉。漢以後，元以前，一氣運焉。其歷年有遠近，即其得于先王維持之道有厚薄。故漢、唐、宋，女禍、夷狄、亂臣、賊子迭出而不至遽亡，民生其閒，得少休息十餘世，披其牒，考其享祚歷年之久近，而其所得于道之分數可知也。《詩》曰：「汎汎楊舟，紼纚維之。」「樂只君子，福禄膍之。」

治天下之具，其非勢、利、名乎！井田，利乎；封建，勢乎；學校，名乎！聖人以其勢、利、名公天下，身憂天下之憂而無天下之樂，故褰裳去之，而樽俎揖讓興焉。後世以其勢、利、名私一身，窮天下之樂而不知憂天下之憂，故慢藏守之，而奸雄覬奪興焉。爭讓之分，帝王之憂樂，天下爲之也。「天地之大德曰生，聖人之大寶曰位，何以守位曰仁，古「人」、「仁」字通用，如《論語》「井有仁焉」之「仁」。何以聚人曰財，理財正辭，禁民爲非曰義。」人所聚而勢生焉，財所在而人聚焉，名義所禁遏而治亂生焉。聖人乘天下之勢，猶蛟龍之乘雲霧，不崇朝雨天下，而莫知誰尸其權。大哉神器，億萬生靈之所托命也，而智可闇奸，而力可覬圖乎？夫惟使勢、利、名純出乎道德者，可以治天下矣。故曰：「天大，地大，道大，王亦大。域中有四大，而王處一焉。」《詩》曰：「立我烝民，莫匪爾極。」「無此疆爾界，❶陳常于時夏。」

人者，天地之仁也。人之所聚，仁氣積焉；人之所去，陰氣積焉。山谷之中，屯兵十萬，則窮冬若春；邃宇華堂，悄無綦蹟，❷則幽陰襲人。人氣所縕，橫行爲風，上泄爲雲，望氣吹律而吉凶占之。南陽、洛陽、晉陽、鳳陽，今日寥落之區，昔日雲龍風虎之地，地氣隨人氣而遷徙也。「天地之性人爲貴」，天子者，衆人所積而成，而侮慢人者，非侮慢天乎？人聚則强，人散則尪，人静則昌，人訟則荒，人背則亡，故天子自視爲衆人中之一人，斯視天下爲天下之天下。《詩》曰：「無競惟人，四方其訓之。」

聖人以名教治天下之君子，以美利利天下之庶人。求田問舍，服賈牽牛，以卿大夫爲細民之行則譏之。細民不責以卿大夫之行也，故《國風》刺淫者數十篇，而刺民好利者無一焉。變雅《節南山》、《正月》、《十月之交》、《桑柔》，無非刺姻亞之膴仕，富禄之洽比，徂向之車馬，貪人之敗類，「如賈三倍，君子是識」，以利爲厲戒，而刺好名者無一焉。「國君過市則刑人赦，夫人過市罰一幕，世子過市罰一帟，命夫過市罰一蓋，命婦過市罰一帷。」「禮義廉恥，國之四維」，故于士大夫則開之于名而塞之于利，于百姓則開之于利而坊之于淫。雖然，「民之秉彝，好是懿德」，中人以上，何必名譽始足勸

❶「疆」，原作「彊」，今據《詩經·周頌·思文》改。
❷「蹟」，原作「賾」，今據淮南本改。

乎？孔孟論學，始并名利而兼戒之，首嚴克伐，次嚴義利，而無一言及于遠色。故曰：刑以坊淫，庶民之事也；命以坊欲，士大夫之事也；禮以坊德，聖賢自治之學也。世之極盛也，使天下以義爲利，其次則以民爲利。《詩》曰：「庶人之愚，亦職維疾。哲人之愚，亦維斯戾。」

强人之所不能，法必不立；禁人之所必犯，法必不行。雖然，立能行之法，禁能革之事，而求治太速，疾惡太嚴，革弊太盡，亦有激而反之者矣。用人太驟，聽言太輕，處己太峻，亦有能發不能收之者矣。兼黄、老、申、韓之所長而去其所短，斯治國之庖丁乎！《詩》曰：「伐木掎矣，析薪扡矣。」❶

治篇四

醫之活人，方也；殺人，亦方也。人君治天下，法也；害天下，亦法也。不難于得方而難得用方之醫，不難于立法而難得行法之人。青苗之法，韓琦、程伯子所部，必不至厲民；周家徹法，陽貨、榮夷公行之，斷無不爲暴。弓矢，中之具也，而非所以中也；法令，治之具也，而非所以治也。買公田省餉之策，出于葉適，而賈似道行之，遂以亡國。是以《郡縣》、《生員》二論，顧亭林之少作，《日知録》成而自删之；《限田》三篇，魏叔子三年而後成，友朋詰難而卒燬

❶「掎」，原作「椅」；「扡」，原作「杝」，今據《詩經·小雅·小弁》改。

之。君子不輕爲變法之議，而惟去法外之弊，弊去而法仍復其初矣。不汲汲求立法而惟求用法之人，得其人自能立法矣。《詩》曰：「不失其馳，舍矢如破。」

山居難與論舟行之險，澤居難與論梯陟之艱。處富不可與論貧，處暇不可與慮猝，處亨不可與言困，處平世不可與論患難。況立乎後世以指往古，所聞異詞，所傳聞又異詞。曾不設身以處地，不平心以衡其輕重，而徒以事後之成敗讞局中之當否，古人其如汝何哉？ 郅都、甯成，古之酷吏也；胡寅父子，世之酷儒也。《詩》曰：「他人有心，予揣度之。」又曰：「伐柯伐柯，其則不遠。」《詩》之忠恕也如是夫！

同儉也，或以之養廉，或以之濟貪；同禮也，或以之將孫，或以之濟争。同一下人也，出自富貴，人以爲謙；出自貧賤，人以爲諂。辟穀與市田宅不同，同歸于免禍之智；閉户與坐懷不同，同歸于闇昧之清。狂者東走，逐狂者亦東走；溺者入水，拯溺者亦入水。或吹火而然，或吹火而滅，所以吹者異也。故以蹟觀人，則不足以知人；以蹟師古，則不足以希古。《詩》曰：「唐棣之華，翩其反而。」

秦以盡壞古制敗，莽以動襲古制敗，何其異軌而同歸耶？ 秦之暴，不封建亡，即封建亦亡；兩晉八王之事可見已。莽之悖，復井田亡，不復井田亦亡；隋煬、朱梁之轍是矣。《詩》曰：「枝葉未有害，本實先撥。」

治篇五

三代以上，天皆不同今日之天，地皆不同今日之地，人皆不同今日之人，物皆不同今日之物。天官之書，古有而今無者若干星，古無而今有者若干星。天差而西，歲差而東。是天不同後世之天也。濁河徙決，淤閼千里。滎澤、鉅野，塞爲平原；濟、汳莫辨源流，碣石淪於渤澥。井田廢而溝洫爲墟，雲夢竭而洞庭始大。十藪湮其九，三江闕其二，九河、九江不存其一。雍州田上上，今但平蕪；揚州田下下，今稱陸海。「高岸爲谷，深谷爲陵。」是地不同于後世之地也。燕、趙、衛、鄭，昔繁佳冶；齊、魯、睢、涣，古富綺紈。三楚今誰長鬣？勾吴豈有文身？淮、徐孰戎夷之種？伊川疇被髮之倫？茶、黄互市，爲制夷之要；疹、痘有無，區中外之坊。豈可例諸唐宋以前，求其臟府之故？是人變于古矣。黍稷五穀之長，數麻菽而不數稻；亨葵五菜之主，芼蓼藿而不及菘。枌榆養老之珍，今荒饉始食其皮。荇藻蕢蘩，以共祭祀；堇荼荁薇，恒佐饔飧。蜉蝣蠐螬，古實甘美之羹；陸璣言蜉蝣，陶弘景言螬蟦可食，皆異于今。蚳蝸蝎蝱，禮則燕食之醢。今疇登鼎俎，薦齒牙？布有麻葛而無吉貝，幣有黄金而無白銀，紈綺稱睢、涣而無吴、越，今皆反之，是物遷于古矣。媵娣姪于昏禮，登孫尸于祭祀。跪地以坐，摶飯以食。跣足舞蹈以爲敬，刀漆以爲書，貝幣以爲貨，霤奥以爲宫，四面左右个以爲堂，芻靈明器以爲葬，乘車以戰，肉刑以治，不謂大愚，則謂大戾，豈獨封建之于郡縣，井田之于阡陌哉？故氣化無一息不變者也，其不變者道而已，勢則日變而不可復者也。天有老物，人有老物，文有老物。柞薪之木，傳其火而化其火；代嬗之孫，傳其祖而化其祖。古乃有古，執古以繩今，是爲誣今；執今以律古，是爲誣古。誣今不可以爲治，誣古不可以語學。《詩》曰：「豈其食魚，必河之魴？豈其取妻，必齊之姜？」

租、庸、調變而兩税，兩税變而條編。變古愈盡，便民愈甚，雖聖王復作，必不舍條編而復兩税，舍兩税而復租、庸、調也。鄉舉里選變而門望，門望變而考試，丁庸變而差役，差役變而僱役，雖聖王復作，必不舍科舉而復選舉，舍僱役而爲差役也。丘甲變而府兵，府兵變而彍騎，而營伍，雖聖王復作，必不舍營伍而復爲屯田、爲府兵也。天下事，人情所不便者變可復，人情所群便者變則不可復。江河百源，一趨于海，反江河之水而復歸之山，得乎？履不必同，期于適足；治不必同，期于利民。是以忠、質、文異尚，子、丑、寅異建，五帝不襲禮，三王不沿樂。況郡縣之世而談封建，阡陌之世而談井田，笞杖之世而談肉刑哉！「禮，時爲大，順次之，體次之，宜次之。」《周頌・勺》篇，美成王能酌先祖之道以養天下也。《詩》曰：「物其有矣，維其時矣。」

莊生喜言上古，上古之風必不可復，徒使晉人糠秕禮法而禍世教。宋儒專言三代，三代井田、封建、選舉必不可復，徒使功利之徒以迂疏病儒術。君子之爲治也，無三代以上之心則必俗，不知三代以下之情勢則必迂。讀父書者不可與言兵，守陳案者不可與言律，好剿襲者不可與言文。善琴奕者不視譜，善相馬者不按圖，善治民者不泥法。無他，親歷諸身而已。讀黃、農之書，用以殺人，謂之庸醫；讀周、孔之書，用以誤天下，得不謂之庸儒乎？靡獨無益一時也，又使天下之人不信聖人之道。《詩》

曰：「爰有樹檀，其下維蘀。」❶君子學古之道，猶食筍而去其籜也。

治篇六

明月之夜，可遠視而不可近書，猶清談玄虛之士不可以治民。霧霜之朝，可近書而不可遠視，猶小察綜練之材不可以慮遠。得諸天者固已殊矣，即學聖人之學而性所各近者，何獨不然？火日外照而内闇，故足民治賦之才，不可以語性命，此親民而未明德者也。金水内照而外闇，故潛修養性之儒，未可皆共事功，此明德而未能親民者也。學道者宜各自知所短，用人者宜各因其所長。勿以師儒治郡國，勿以方面之材責師儒，非體用之殊途，乃因材之難强也。若乃志伊學顏之君子，固以内聖外王爲準鵠，夫何本末偏枯之有！《詩》曰：「左之左之，君子宜之；右之右之，君子有之。惟其有之，是以似之。」

一介一和惠與夷，一去一奴微與箕，一生一死嬰與臼，一覆一復申與伍，一榮一辱李與蘇，一默一言介與狐，一亮一瑾蜀與吴，一攻一守墨與輸。相反相成狷與狂，相嘲相得惠與莊，羊、陸相仇而相睦，葛、馬相敵而相服，尹、邢相愛始相妒。故君子之用世也，道不必盡同；智士之同朝也，轍不必相合。然大人致一用兩，未嘗不代明而錯行也。《詩》曰：「涇以渭濁，湜湜其止。」

輕諾似烈而寡信，多藝似能而寡效，進鋭似精而去速，訐細似察而煩苛，妹姁似惠

❶「爰」，原作「園」；「蘀」，原作「籜」，今據《詩經·小雅·鶴鳴》改。

而無實，此似是而非者也。大權似專而有功，大智似愚而内明，執法似嚴而成物，正諫似激而情忠，此似非而是者也。非御情之相反，乃近理之多似也。聽言察貌，或失其真；詭情御物，或失其實。將何道以全之乎？《詩》曰：「析薪如之何？匪斧不克。」又曰：「伐柯伐柯，其則不遠。」觀其生者，不在于先觀我生乎？

有以兼聽而得，有以兼聽而失；有以獨斷而成，有以獨斷而敗。晉武平吳，晉明平王敦，唐憲宗討淮、蔡，周世宗征澤、潞，皆以獨斷而成。昭烈伐吴，苻堅伐晉，皆以獨斷而敗。漢祖、唐宗以兼聽君子而興，漢元、唐代以兼聽小人而亂。然則如之何而可？曰「知己知彼，百戰百勝」，彼驕兵、憤兵、貪兵，可謂知彼知己乎？「爲政在人，取人以身」，彼賢奸雜用者，非其心之公私霧淆乎？《詩》曰：「誰秉國成，不自爲政。」言當以執兩爲兼聽，而不以狐疑爲兼聽也。「國雖靡止，或聖或否；民雖靡膴，或哲或謀，或肅或乂。」言當以達聰爲獨斷，而不以臆決爲獨斷也。

國家有一讜議，則必有數庸議以持之；有一偉略，則必有數庸略以格之。故聖人惡似是而非之人，國家忌似是而非之論。其言之有故，其持之成理，上傅會乎經義，使人主中其腊毒而不自知，君子所深惡也。漢成帝因天變，言者多攻王氏，就決于張禹。此西漢存亡一大機，以張禹以「天道不可得聞」解之，王氏遂不得復動。晉孝武欲廢會稽王道子，此東晉存亡一大機，而徐邈以「恐傷太后」阻之，道子遂復柄用而不可救。西晉亡于吏蠹民困，元帝南度，遣巡察郡邑之使分別黜陟，而顧和以燒梁獄詞梶其行。唐李德裕收吐番維州千餘里之地，而僧孺以《春秋》納叛人撓其議。宋夏元昊死，子幼國內亂，邊臣請乘釁，而宋臣以《春秋》不伐喪格其謀。論卑而易行，苟安而不犯難，其迹何嘗不近忠厚長者，其稱引比附何嘗不託于六藝，夫孰知其誤人家國壹至此哉！《詩》曰：「維號斯言，❶有倫有脊。」

治篇七

不知人之短，不知人之長，不知人長中之短，不知人短中之長，則不可以用人，不可以教人。用人者，取人之長，辟人之短；教人者，成人之長，去人之短也。惟盡知己之所短而後能去人之短，惟不恃己之所長而後能收人之長。不然，但取己所明而已，但取己所近而已。語有之，夜行者前其手，然而橋足也。開明于東而萬有皆燭，其不在窮理乎？《詩》曰：「他人有心，予揣度之。」知己知人之謂耶？

度內之事，中人可能；度外之功，非豪傑不能。世俗所謂度外，君子所謂性分內也。天下大事，或利于千萬世者，不必利于一時；或利于千萬人者，不必利于一夫；或利于千萬事者，不必利于一二端。故非任事之難，而排庸俗衆議之難。《詩》大、小二《雅》，言「大猷」者二，言「遠猷」者二，言「壯猷」者一。何謂「大猷」？批郤導窾，迎刃而解，棋局一著勝人千百者是也。何謂「遠猷」？事機出耳目之表，利害及百十年之後者是也。何謂「壯猷」？非常之策，陳湯

❶「維」，原作「誰」，今據《詩經·小雅·正月》改。

不奏于公卿，破格之功，班超不謀于從事，出奇冒險，不拘文法，不顧利害者是也。器不宏者不能勝大猷，識不裕者不能燭遠猷，識遠器大而無雄氣膽決者不能具壯猷。壯猷天授不可學，器識可學而擴焉。彼安常習故之流，所安者目前，所知者陳例，所辟者嫌疑，得不震而疑，同聲而撓格者乎？《詩》曰「匪先民是程，匪大猶是經」，歎大猶之難成也；「出話不然，爲猶不遠」，歎遠猶之多阻也。

古豪傑之用世，有行事可及而望不可及者，何哉？ 同恩而獨使人感，同威而獨使人畏，同功而其名獨震，同位而其勢獨崇，此必有出于事業名位之外者矣。 有德望，有才望，有清望。 晏平仲、柳下惠、汲黯、霍光、羊祜、謝安、高允，其德望歟！ 子臧、季札、魯仲連、楊震、李固、楊綰、元德秀，其清望歟！ 管仲、子產、信陵君、樂毅、賈誼、陳湯、祖逖、姚崇、李德裕，其才望歟！ 不寧惟是，鄧禹、孔融、劉備、劉琨，百戰百敗，而當時奸雄畏之，豪傑慕之，所至從者如歸市，此豈他人可强致者乎？ 國于天地，有與立焉。 以天下之大，祖宗數百年之培養，而無一二魁壘耆碩之望，足係海内之人心，備國家之緩急，爲四夷所讋服者，隱然鎮壓中外，如喬嶽干城之可恃，故國喬木之謂何？《詩》曰「行歸于周，萬民所望」，國有人之謂也；「洵有情兮，而無望兮」，國無人之謂也。

臨大事然後見才之難。 何以見其難？ 曰：難其敏，難其周，難其暇也。 事變之來，機不容髮，事後追悟，與不悟同。 人躊躇旬日始決者，此一見而立決之；人反復數百言不剖者，此片言立剖之：非天下至敏，其孰能與于斯？是非大較，可望而知也；利害曲折，非一望可知也。人僅悉其形，此并悉其情；人僅區處目前，此并旁燭未然，若數計而著卜：非天下至周，其孰能與于斯？震驚百里，匕鬯皆失，竭力應之，事應而力已殫，疇則行所無事，沛若有餘者乎？非天下至暇，其孰能與于斯？天下無事，庸人不庸人；天下非多難，豪傑不豪傑。九死之病，可以試醫；萬變之乘，可以試智。昭烈與曹操，張説與姚崇，料事同而遲速不同，一敏一不敏也。司馬懿服諸葛之營壘，亞夫備吴楚于西北，一周一不周也。王坦之倒笏，而謝安賭碁，一暇一不暇也。三者亦出于天，亦成于學。成于學者，能晞其敏周，終難晞其暇豫。周公流言東征，《詩》不頌其多才多藝之敏、三吐三握之周，而惟曰：「公孫碩膚，赤舄几几。」几几，安也，安即暇之謂也。

有才臣，有能臣。世人動以能爲才，非也。小事不糊塗之謂能，大事不糊塗之謂才。才臣疏節闊目，往往不可小知；能臣又近燭有餘，遠猷不足，可以佐承平，不可以勝大變。夫惟用才臣于廟堂，而能臣供其臂指，斯兩得之乎！臨大事，決大計，識足以應變，量足以鎮猝，氣足以攝衆，若張良、霍光、龐士元、謝安、陸贄、寇準、韓琦、李綱，其才臣與！理繁剸劇，萬夫之稟，一目十行，五官並用，無留牘，無遁情，若趙廣漢、張敞、陶侃、劉晏，其能臣歟！至若兼才能而有之，若管仲、子産、蕭何、諸葛亮，尤古今不數人也；姚崇、張詠，抑其次也。欲求救時之相，非才臣不可。《詩》曰：「訏謨定命，遠猶辰告。」

治篇八

人主與忠信道德之士處，若服蘭芍然，久而不知其芳也；若食五穀然，久而不覺其益也。彼其所益者在本原，非枝葉之末也。天下陰被其賜，而史臣莫書其功。故宣王在内之臣曰張仲孝友，而蕭望之謂張敞材輕非師傅之器。《詩》曰：「有馮有翼，有孝有德。」

國家之賴賢才也，功莫大于成君德，而立政次之，故有内匡，有外匡。與離婁同楫罔不濟，與師冕同轍罔不蹶。成王與周公同居，故成王化而爲周公；管、蔡與禄父同居，故管、蔡化而爲禄父：此内匡之益也。得一后夔，天下無難正之五音；得一伯樂，天下無難馭之良馬；得一頗、牧，天下無難禦之外侮：此外匡之益也。國以一人興，以一人亡。亡國之主，莫不忠其所親而賢其所任，夫孰知其究安極哉！《詩》曰：「尹氏大師，維周之氐。四方是維，天子是毗。」❶

星非能自高也，引而高之者天也；物非能自浮也，載而浮之者水也；臣非能自遇也，引而進之者君也。天下奇士不常有，而天下之明君不世出。故天之降才也，千夫而一人；才之遇主也，千載而一君。然微揚側陋之堯，則雷澤之漁父耳；微夢良弼之高宗，則築巖之胥靡耳。世非無爨桐之患而患無蔡邕，世非無牛鐸之患而患無張華。自古及今，遺逸之賢，十倍于遇主之賢，則奇才之難得，又不如明君之難得也。

❶「毗」，原作「眦」，今據淮南本改。

故與其臣求君，不如君求臣。箕子、膠鬲盈朝，而不能使商辛爲高宗；家父、凡伯盈朝，而不能使幽王爲周宣。《詩》曰：「念彼共人，涕零如雨。」

孤舉者難起，衆行者易趨。傾厦非一木之支也，決河非捧土之障也。一蕭何而助之者良、平、信、越，一鄧禹而助之者二十七將，一玄齡而助之者十七學士，馬曳輪也。羽、飛死，法正、龐士元死，而孔明自將以出祁山，身曳輪也。哀哉！《詩》曰：「終其永懷，又窘陰雨。其車既載，乃棄爾輔。載輸爾載，將伯助予。」

博奕之交不日，飲食之交不月，勢利之交不年，意氣聲名之交不世，惟道義之交萬古如一堂也，四海如一室也。爵禄羈之者可臣，金帛啗之者可役，飲食乾餱之者可畜。壯士不可飲食致也，豪傑不可金帛致也，君子不可好爵縻也。是以朋友君臣，以類相親；舜有羶行，取人以身。《詩》曰：「敝笱在梁，其魚魴鰥。」「白駒空谷，生芻一束。」

天下小人不可盡誅，小人之有才者尤不能不用，但止可驅策于邊疆，而不可用于腹心密勿之地。故《易》言「内君子而外小人」也。寇萊公、趙汝愚、于忠肅，再造之功，得主之專，皆千載一時。使寇公留王欽若于方面，何至進城下孤注之讒！趙公予侂胄一節鉞，何至釀内批黨禁之禍！于公出石亨于九邊，何至生中夜奪門之變！置虎狼于肘腋，誰之過與？烏乎！賢人而得主，曠世難逢。有魚水之遇，有逐小人之權，而反爲小人倒持阿柄，使善治敗于垂成，奇勛翻爲禍首，詎不惜哉！周之皇父，漢之上官桀，唐之李勣，元末之伯顔，皆邊塞將材，而不可秉鈞當軸，則又君上用人之鑒也。《詩》曰：「赳赳武夫，公侯干城。」末章曰：「赳赳武夫，公侯腹心。」干城之武夫不可爲腹心明矣，矧并不可干城者而腹心之乎？

治篇九

國家之有人材，猶山川之有草木，蔚然羽儀，而非山麓高大深厚之氣不能生也。夫惟人君不以高危自處，而以謙卑育物爲心，人人得而親近之，亦人人得而取給之。地山之謙卑不可踰，豈弟如此，而何匱竭散亡險哀之有？「天地變化，草木蕃；天地閉，賢人隱。」故人材者，求之則愈出，置之則愈匱。唐陸贄言：「天后以寬得人，德宗以苛失士。」宋慶曆中培養之人材，數世用之不盡，而況乎側席賢人之主乎？《詩》曰：「瞻彼旱麓，榛楛濟濟。豈弟君子，干禄豈弟。」

文王之辟雍、明堂、三靈同地，凡治岐之大政，皆行其中。《大雅·棫樸》、《旱麓》、《思齊》、《靈臺》，皆頌文王作人之盛，孟子亦言「待文王而興」，是古今作人莫盛于文王。而孟子告齊宣以文王治岐關市、澤梁、罪孥、鰥寡之政，祇及養不及教，何哉？戰國救民水火之世，所急者養民，故未暇及辟雍之禮樂。雖然，文王之作人也，有造士之政焉，有求賢之政焉。《棫樸》琢髦士，《旱麓》興鳶魚，《思齊》造成人小子，皆即《文王世子》所述辟雍大學造士之政也。《小雅·皇華》教使臣以咨才、咨事、咨義、咨難，必周訪四方之賢士，歸言于朝，此則輶軒四出，而八虞、二號之友教，二老西歸之就養，閎夭、散宜生之見知，殷士抱器之來歸，奔走疏附，後先禦侮，故曰「三分天下有其二」，蓋先得天下人材三分之二也。天下之士說而歸之，其民焉往？斯求賢之政也。造士之作人也密，求賢之作人也神。聞風而興，嚮化而奮，如蟄啓于春霆，雖中林野人，伐枚婦女，翼羆虞人，皆振振蟄蟄，有士君子之行，神矣哉！盛矣哉！文王一世所造之材，子孫數十世用之不盡；後之爲人君者，其亦盍監于斯！

當武王崩，三監叛，商、奄五十國並起，周公何以能化殷頑于期月？何以東征而四國是吪耶？何以作新大邑于東國洛，四方民大和會，侯甸男邦采衛百工播民和耶？《書》一不言其所由，但曰「見士于周，周公咸勤，乃洪大誥治」。烏乎！周公得多士之心，先于得多方之心矣。七族、三族之豪，皆膚敏之彥也，皆故家遺俗六七王所培養也。爲政不爲巨室所慕，而能爲四方慕者寡矣。周公自居東以來，過師衽席之上，無日不與殷士民相親，然方在軍中，晝接不暇。及還師度河之後，遷殷民于洛邑，始日日進其士而見之，一飯三吐哺，一沐三握髮；而又擇其中之賢材，贄而師見者十人，友見者十二人，窮巷白屋先見者四十九人，進善百人，教士千人。《說苑》。朝讀書百篇，莫見七十士。《墨子》。朝所讀者，即多士所上之書也，計旬月之間，士之一善一藝罔不悉，閭左一利一害罔不畢陳于前矣。然後量能而授之職，授之田宅，又率以祀文王，黼冔裸將，駿奔走于廟。其客歟，其一家之人歟！於是殷士憾見周公之晚也，曰「我覯之子，袞衣繡裳」，「我覯之子，籩豆有踐」，惟恐公之西歸而不得復見焉。古之得人家國者，先得其賢才，士心之歸如此，而民心有不景從者乎？豈惟殷士，蓋豳、岐從征之士，亦無一不與殷士相兄弟友朋焉，道德一而風俗同矣。周公訓魯公曰：「平易近民，民必歸之。」平，地道也；易，天道也。易則易親，簡則易從。易簡，天下之理得矣。豳人頌之曰：「公孫碩膚，赤舄几几。」此必非衢謠巷諺所能道也，非辟雍振鷺之士不足以知公德之盛也。公一身所育之才，周家八百年用之不盡，後世爲相者，其亦盍鑒于斯！

封建之世，喜分而惡合，故晉、楚蠶食，《春秋》惡之，嘗欲衆建諸侯而少其力；郡縣之世，喜合而惡分，故三國、五季、十六國之世，不如一統之息争。二者皆所以尊王，而治法本于治人，則又皆以用賢用親爲得失。其在封建之世，一于用親者，國可久而勢恒弱；一于用賢者，國勢强而或先亡。周之興也，親賢並用，閎、顛、吕、散、八虞與周、召、榮、畢夾輔；流及後世，則魯、衛、宋、鄭專用親，齊、晉專用賢。故三桓、七穆、六卿之屬，維持宋、魯、鄭，相忍爲國，至春秋後猶百餘歲，而衛尤後亡，則用親之明效也。齊之同姓有國、崔、欒、高，而不如管氏、陳氏之專國，晉自獻公後，詛無畜群公子，而所用狐、趙、韓、魏、范，其始足以創伯，其卒足以奪國，則用賢之明效也。兩除其弊而兼收其利者，惟楚乎！其令尹、司馬執兵柄者皆同姓，而一有罪則刑之無赦，又參以鬬穀、叔敖、葉公、伯州犂、巫臣異姓之賢材，故其國勢半天下而與周相終始。至郡縣一統之世，其勢雖合，而秦以不用親速亡，晉以用親速亡，隋以親賢皆不用速亡，則其開基創業，本實先撥，又有立于用人之先者哉！《詩》曰「价人維藩，大師維垣」，言用賢也；「大邦維屏，大宗維翰」，言用親也。

後世之事，勝于三代者三大端：文帝廢肉刑，三代酷而後世仁也。柳子非封建，三代私而後代公也。世族變爲貢舉，與封建之變爲郡縣何異？三代用人，世族之弊，貴以襲貴，賤以襲賤，與封建並起于上古，皆不公之大者。雖古人教育有道，其公卿胄子多通六藝，豈能世世皆賢于草野之人？古聖王未必不灼知其弊，而封建不變，則世族亦不能變。莘野、傅巖、渭濱之舉，閒世一出，不數見也。以展季之聖，孔子之聖，通國皆知之，而士師、司寇不安其位。使二聖人生于三桓之族，何患不大行其道乎？春秋諸卿，有公族，有世族，其執政之卿，謀國之大夫，無非此二族者。公族有魯之三桓，宋之七穆，鄭之六卿，世族則晉之欒、郤、智、范、韓、趙、魏，齊之高、鮑、陳、田，衛之孫、甯，皆世執國柄，單寒之子無聞焉。秦人崛起，乃廣求異國之人而用之，由余、蹇叔、百里奚、丕豹、公孫枝、衛鞅之屬，無非疏遠。由是六國效之，游士大起，樂毅、蘇、張、范雎、李斯、蔡澤、虞卿，皆徒步而取相印。氣運自此將變，不獨井田、封建之將爲郡縣、阡陌而已。孔子得位行道，必蚤有以大變其法，舉四科以代豪宗，故深贊公叔文子之舉僎，而《春秋》書尹氏卒以著世卿之戒。秦、漢以後，公族雖更，而世族尚不全革，九品中正之弊，至于上品無寒門，下品無世族，以魏孝文之賢而不能用李彪、李沖之議。自唐以後，乃仿佛立賢無方之誼，至宋、明而始盡變其轍焉。雖所以教之未盡其道，而其用人之制，則三代私而後世公也。《詩》曰「殊異乎公路」，「殊異乎公族」。

以衡泌爲静而城市爲囂，以薖軸爲尊而城邑爲俗，其起于東周之叔世乎！古之遯世者，必傅巖、莘、渭之天民大人，或抱至德而遯焉，或抱命世之材而遯焉，或抱禮樂而遯焉，無所抱則無可遯者。聖王求士與士之求道，固不于野而于城邑也。城中曰都，人萃則氣萃，氣萃斯材藪焉。野外曰鄙，人涣則氣涣，氣涣斯材少焉。處農就田埜，處商就市井，處工就官府，處士就燕閒。小學在公宫南之左，大學在郊，瞽宗、辟雍、泮宫、柱下，固册府禮樂之淵渚，師友講習之林囿也。山林之氣雖清，而禮樂不在，師友無資。都邑學未成之士而即入山中，則去昭曠而就封蔀矣。是以青衿必于城闕，議論必于鄉校，聞見廣則聰明闢，勝友多而學易成。其野處不匿之秀，則遷之都中，而鄉大夫賓興之，未聞授書名之閭里塾師、農子恒農者而有可賓興之賢能也，烏有舍國士、天下士而友一鄉、一閭之士者乎？烏有舍國士、天下士而求一鄉、一閭之士者乎？《伐木》求友之詩曰：「出自幽谷，遷于喬木。」

治篇十

人各有能有不能。孔融名節重一世，而敵遇袁、吕，每戰輒衄；張昭謇諤于東吳，而曹兵南下，惟勸迎降；石星直節震明代，及任本兵，日本之役，惟調停賄款。故知承平直諒之士，難盡責以臨危應變之才也。有守不必有爲，有爲不皆有守。使責陳湯、桑維翰、趙普、劉鋋以廉介，責李勣、韋孝寬以忠義，其可覬乎？太師皇父，中興名將，蕩平淮夷，媲美方、召。而幽王之世，「擇三有事」，「以居徂向」，❶「不憖遺一老，俾守我王」，是猶上官桀力戰敢深入而不可託孤寄命也。是以明王任忠亮于台輔，付赳武于干城，易地則皆敗。《詩》曰：「人知其一，莫知其他。」

專以才取人，必致取利口；專以德取人，必致取鄉愿。雖然，利口有二，鄉愿亦有二。有不可大受而可小知之利口，君子在上，可驅策用之。若夫辯足以飾非炫聽，智足以舞文樹黨，警敏彊記，口若河縣，如張湯、荀勗、朱異、吕惠卿者，不可一日近，而究誰能不近之？有不可臨大節而可佐承平之鄉愿，孔光、馮道、范質，平時不失爲賢相。若夫深中厚貌，以小忠小信結主知，以曲謹小廉拒物議，欺世盜譽，静言庸違，明主亦傾任而不疑，如龐萌、林甫、杞、檜者，不可一日容，而究誰能不容之？烏乎！世有君子，能遠無才之小人，未必能遠有才之小人也；能識毗陽之小人，未必能識毗陰之小人也。天生尤物，足以移人，堯、舜畏之，仲尼惡之，而欲獨神姦于後世之中主，不其難哉！《詩》曰：「荏苒柔木，君子樹之。往來行言，心焉數之。」《書》曰：「何畏乎巧言令色孔壬。」

馬融之附梁冀，彈李固，絳帷女樂爲之與？潘岳之附賈謐，陷愍、懷，園林絲竹爲之與？蘇子所謂廉儉者士人之小節，而道誼大坊必以之爲本，烏有宫室妻妾窮乏之不忘而能勿易其本心者乎？雖然，尚有不貪財色而獨貪權勢，如公孫弘、王衍、王敦、

❶「居」，原作「車」，今據《詩經·小雅·十月之交》改。

盧杞、王安石、蔡卞其人者，尚有不貪權勢而獨惜身命，如孔光、譙周、馮道、范質其人者，廉絜尚不足恃，矧不廉絜者乎？是以但輕財色爲有廉，並輕權勢爲有恥；辭受取予不苟爲有廉，進退出處不苟爲有恥。孔、孟之學，言恥不言廉，有以夫！《詩》曰：「尚不愧于屋漏。」

「既明且哲，以保其身」，何以異于孔光、公孫弘、胡廣之保身，而夫子獨許《蒸民》之詩爲知道耶？曰「邦國若否，仲山甫明之」，則模稜非所以保身矣；「衮職有闕，維仲山甫補之」，則逢長緘默非所以保身矣；柔不茹，剛不吐，彊禦矜寡不畏侮，則優柔養奸非所以保身矣。彼孔光、胡廣、公孫弘，何嘗不柔嘉而令色儀乎？何嘗不小心而式古訓，力威儀乎？是非、利害、進退、出處之間，金錫、珉瑜立判焉。故知明哲保身，必大德不踰閑以爲本。

費仲、飛廉不日蠱其君，則夏、商不亡，而身亦不戮；囊瓦、宰嚭、李斯不賣國媚賢，則吳、楚、秦不亡，而身亦免族；豎刁、易牙、王甫、曹節、李輔國、仇士良不日導人主于邪，則漢、唐離案：「漢唐」上疑脱「齊」字，然豎刁、易牙不見誅于齊，疑衍此四字爲是。不亂而宦官亦不誅；林甫、杞、檜即不爲奸臣，亦必位宰相，而臣主俱榮，身名俱泰，無冰山萬年之臭。小人亦何利而爲此哉，君子亦何負而不爲哉？烏乎！帝王利民，即所以利國也；大臣利國，即所以利家也；士庶人利人，即所以利己也。自王公大人下至馬庸沽保，未有終日濟人利物其心而不要天之祐者；自王公大人下至馬庸沽保，未有終日自私自利其心而不爲天人之所惡者。《詩》曰「南有樛木，甘瓠纍之」，「蔦與女蘿，施于松上」，烏有木僨而瓠不窳，柏僵而蘿不悴者乎？「雨我公田，遂及我私」，烏有公田如雲，私田如焚者乎？

公孫弘以薦仲舒者傾仲舒，石顯以薦京房者擠京房，盧杞以薦顏真卿者陷真卿，以薦李揆者危李揆，皇甫鎛以薦韓愈者坑韓愈，世主墮其術中而不悟。不寧惟是，鄧騭以朝歌賊横，遂出虞詡長朝歌，梁冀以廣陵盜熾，遂出張綱守廣陵，其假手以快毒，今古固一轍也。而仲舒卒格驕主，李揆卒款吐蕃，韓愈卒服叛鎮，綱、詡卒平盜賊，皆適以成其功名。即京房、真卿，亦適以成其忠義，争光日月。小人所爲，亦何往不福君子哉！《詩》曰：「嘉我未老，鮮我方將，膂力方剛，經營四方。」

治篇十一

三代以上之人材，由乎教化；三代以下之人材，乘乎氣運。乘氣運而生者，運盡則息，惟教化出之無窮。氣運所生亦有二：國之將昌也，其人材皆如霆啓蟄，乘春陽憤盈，而所至百物受其祥；衰則反是，其人材如蟄墐户，湫閉槁窳，所至而百物受其愴悢。是以入其國，觀其條教號令，聆其謡議文章，占其山川雲物，而國之休悴可知也。豈天地生材之心久而息乎，抑人力物力久而愛其寶乎？岡陵川阜，與宗社之培植，相摩盪，相推移，滃勃鬱積，日出而不窮，奚其息也，奚其愛也？疆蔓未虧，人民未變，水土未絪。糟者猶糟，實者猶實，玉者猶玉，酒者猶酒，穹然者猶穹于上，磧然者猶積于下，林林總總者猶日奔攘于側。問其光岳之鍾，則芻靈焉；問其山澤之藏，則枵朽焉。稽其籍，陳其器，考其數，諏諸百執事之人，巵何以漏？根何以蠹？高岸何以谷？荃茅何以蕕？堂詢諸庭，庭詢諸户，户詢諸國門，國門詢諸郊野，郊野詢諸四荒，無相復者。及其復之，則已非子、姬之氏矣。《詩》曰：「池之竭矣，不云自頻；泉之竭矣，不云自中。」

《蟋蟀》之詩，三曰「無已太康」，「好樂無荒」。荒者亂之萌也，亂不生于亂而生于太康之時。堂陛翫愒，其一荒；政令叢瑣，其二荒；物力耗匱，其三荒；人材嵬籋，其四荒；謠俗澆酗，其五荒；邊埸弛警，其六荒。大荒之萌，未有不由此六荒者也。去草昧愈遠，人心愈溺，其朝野上下莫不翫細娱而苟近安，安其危而利其菑，職思其居者容有之矣，疇則職思其憂者乎？疇則職思其外者乎？以持禄養驕爲鎮静，以深慮遠計爲狂愚，以繁文縟節爲足黼太平，以科條律例爲足勦奸蠹，甚至闒茸爲才，模稜爲德，畫餅爲文，養癰爲武，頭會箕斂爲富，「出話不然，爲猶不遠」，舉物力、人材、風俗盡銷鑠于泯泯之中，方以爲泰之極也。《泰》之九五曰：「無平不陂，無往不復。」霜未冰，月幾望，氣數與人事合并，沈溺而不可救，奈之何哉！誠欲傾否而保泰，必自堂陛之不太康始。《詩》曰「民莫不逸，我獨不敢休」，「無已太康」之謂哉！

歷代亡天下之患有七：暴君、强藩、女主、外戚、宦寺、權奸、鄙夫也。暴君無論矣，强藩、女主、外戚、宦寺、奸相，皆必乘亂世闇君而始得肆其毒，人人得而知之，人人得而攻之。惟鄙夫則不然，雖當全盛之世，有願治之君，而鄙夫胸中，除富貴而外不知國計民生爲何事，除私黨而外不知人材爲何物，所陳諸上者，無非膚瑣不急之談，紛飾潤色之事。以宴安酖毒爲培元氣，以養癰貽患爲守舊章，以緘默固寵爲保明哲。人主被其薰陶漸摩，亦潛化于痿痺不仁而莫之覺。豈知久之又久，無職不曠，無事不蠹，其害且在强藩、女禍、外戚、宦寺、權奸之上。其人則方託老成文學，光輔升平，攻之無可攻，刺之無可刺，使天下陰受其害，而已不與其責焉。古之庸醫殺人，今之庸醫，不能生人，亦不敢殺人，不問寒熱虚實、内傷外感，概予温補和解之劑，致人于不生不死之間，而病日深日痼。故鄙夫之害治也，猶鄉愿之害德也。聖人不惡小人而惡鄙夫鄉愿，豈不深哉！《詩》曰：「多將熇熇，不可救藥。」

人材之高下，下知上易，上知下難。政治之得失，上達下易，下達上難。君之知相也不如大夫，相之知大夫也不如士，大夫之知士也不如民。誠使上之知下同于下之知上，則天下無不當之人材矣。政治之疾苦，民間不能盡達之守令，達之守令者不能盡達之諸侯，達之諸侯者不能盡達之天子。誠能使壅情之人皆爲達情之人，則天下無不起之疾苦矣。雖然，更有懷才抱道之士，君相不知，臣下亦不知者，更有國家之大利大害，上下非有心壅之，而實亦無人深悉之者，更何如哉？《詩》曰：「知我者謂我心憂，不知我者謂我何求。」

治篇十二

天下其一身與！后元首，相股肱，諍

臣喉舌。然則孰爲其鼻息？夫非庶人與！九竅百骸四支之存亡，視乎鼻息，口可以終日閉而鼻不可一息柅。古聖帝明王，惟恐庶民之不息息相通也，故其取于臣也畧而取于民也詳。天子争臣七人而止，諸侯争臣五人而止。至于徹膳之宰，進善之旌，誹謗之木，敢諫之鼓，師箴，瞍賦，矇誦，百工諫，庶人傳語，士傳言，遒人木鐸以狥于路，登其歌謡，審其詛祝，察其謗議，于以明目達聰，而元首良焉，股肱康焉。士者庶民之首也，漢、宋太學之士皆得上書，明初耆老皆得召見，往往關係國家大計，公議無不上達，斯私議息，夫是之謂「天下有道，庶人不議」也。《詩》曰「出内王命，王之喉舌」，其争臣也夫！又曰「如彼遡風，亦孔之僾。民有肅心，荓云不逮」，其惟庶人也夫！

古無諫諍之官，人人皆諫官也，不惟廣受天下之言，亦所以廣收天下之才。自後世立諫官，而人之無言責者始不得盡其言。自諫官不選天下英才，惟取諸科目資格，上焉不知君國遠猶爲何事，下焉藉以市恩、報怨、希進，否則摭膚詞瑣事塞責，愈不足動人主之信。知者不必言，言者不必知，自諫官之設始也。張一目之羅以求禽，張一面之網以覬麟，自諫官之設始也。古聖之聽言也，不問其疏近，并不問其公私，而惟其理之是非，即有吁有咈，未聞以其吁咈而罪之也，是謂「不以人廢言」。瞽史、百工、庶人、芻蕘皆得進言，未聞工瞽芻蕘一言可采，即擢以崇高之位，是謂「不以言舉人」。不以言舉人，故能明試以功而廣收天下之人；不以人廢言，故能敷奏以言而廣聞天下之言。《詩》曰「鴥彼晨風，鬱彼北林」，林茂則烏歸矣，萋萋噰喈，衆賢聚于本朝，尚何材不足、言不達之有？

景運之世，言在都俞，其次言在旌木，其次言在庭陛，其次言在疏牘，其次言在歌謡，其次言在林藪，其次言在腹臆。言在腹臆，其世可知矣。至治之世，士在公孤；小康之世，士在僚采；傾危之世，士在游寓；亂亡之世，士在阿谷。士在阿谷，其世又可知矣。言室滿室，言堂滿堂。天子穆穆，諸侯皇皇。故世昌則言昌，言昌則才愈昌；世幽則言幽，言幽則才愈幽。《詩》曰：「鳳皇鳴矣，于彼高岡；梧桐生矣，于彼朝陽。」

受光于隙見一牀，受光于牖見室央，受光于庭户見一堂，受光于天下照四方。君子受言以達聰明也亦然。或爲一隅之偏聽，或爲一室之邇聽，或爲一堂之公聽，或爲旌木、鼓鐸、矇瞽、芻蕘之徧聽，所受愈小則所炤愈狹，所受彌曠則所炤彌博。《詩》曰：「不明爾德，時無背無側。爾德不明，以無陪無卿。」

治篇十三

君子之事君也，以言諫不若以身諫。以身諫者從，以言諫者凶。楚莊好獵，則樊姬不食鳥獸之肉；唐宗好兵，則魏徵不視破陣之舞。踞厠之冠，憚汲黯之見；苑中之游，畏韓休之聞。彼其潛乎默憚，有存乎折檻、補牘之先者矣。不然，三歸之卿，豈能禁六嬖之霸？簸珠之相，何能止天書之惑？法孝直、魏徵不在，孰能止伐吴、征遼之行乎？惟人臣有如山之力，始可回人主如天之威。《詩》曰：「不聞亦式，不諫亦入。」

教以言相感，化以神相感。有教而無化，無以格頑；有化而無教，無以格愚。聖人在上，以《詩》、《書》教民，以禮樂化民；聖人在下，以無體之禮、無聲之樂化民。善氣迎人，人不得而敖之；静氣迎人，人不得而聒之；正氣迎人，人不得而干之。其德盛者化自神，其氣足以動物也。積學未至而暴之遽，積誠未至而教之强，學之通弊矣。故言立不如默成，强入不如積感。《詩》曰：「載色載笑，匪怒伊教。」

「猛虎在山，藜藿不采」，才臣之益國也似之。故季梁在隨而隨重，宮之奇在虞而虞存。陽烏麗空，陰邪斂迹，正人之柱國也似之。故汲黯在朝，淮南不敢輕漢；司馬相宋，契丹不敢窺邊。《詩》曰：「人之云亡，邦國殄瘁。」

「人有不爲也而後可有爲」，人臣所禆于國者，固不獨廉儉已也。然儉如晏嬰，足服崔、慶之凶；直如汲黯，足寢淮南之謀；廉若杜黄裳，足折李師古之跋扈。拒馬金如張奂，足懷叛羌之貳心；食魚飱如趙宣，足感鉏麑之勇士。❶清如楊綰，足省黎京兆之騶從，毁崔中丞之第舍。清廉之禆人國者，豈淺乎！「人有不爲也而後可以有爲」，能輕衆人所共貪者，而後能爲衆人之所服，故《羔羊》之詩，惟節儉然後能正直。

秦之暴不在長城，隋之惡不在敖倉，元之亂不在治河，安石之弊政不在經義取士。惟其人既得罪萬世，則功在天下者，世亦以此罪之。伏波、諸葛征蠻之功，非史册所無，而銅柱、銅鼓必傅之二公以爲神。昌黎、子瞻海外之謫，非有異政，而潮陽、瓊島

❶「鉏麑」，原倒，今據《左傳·宣公二年》乙正。

至今崇之以成俗。其人既争光日月，雖所至無功者，世亦以此功之。故君子爲政，當正其本而務其大，立身當孚于素而觀其全。《詩》曰：「在彼無惡，在此無斁。庶幾夙夜，以永終譽。」

治篇十四

萬事莫不有其本，守其本者常有餘，失其本者常不足。宫室之設，本庇風雨也；飲食之設，本慰飢渴也；衣裳之設，本禦寒暑也；器物之設，本利日用也。風雨已庇而求輪奂，輪奂不已而競雕藻，于是棟宇之本意亡。飢渴已慰而求甘旨，甘旨不已而錯山海，于是飽腹之本意亡。寒暑已衞而辨章服，章服不已而尚珍奇，于是裘葛之本意亡。利用已備而貴精麗，精麗不已而尚淫巧，于是制器之本意亡。主奢一則下奢一，主奢五則下奢五，主奢十則下奢十，是合十天下爲一天下也。以一天下養十天下，則不足之勢多矣。不足生覬覦，覬覦生僭越，僭越生攘奪，王者常居天下可憂之地矣。禍莫大于不知足，不知足莫大于忘本，故禮樂野人從先進，欲反周末之文于忠、質也。炳兮煥兮，日益之患兮；寂兮寞兮，日損之樂兮。能知損之益、益之損者，可以治天下矣。帝王之道貴守一，質、儉非一也，而去一近，故可守焉，非若奢、文之去一遠也。《詩》曰：「不思其反，反是不思，亦已焉哉！」

神氣化形體，形體化衣食，衣食化語言，語言化酬酢，酬酢化尊卑，尊卑化軒冕，軒冕化宫室，宫室化城郭，❶城郭化市井，市

❶「宫室」，原倒，今據淮南本乙正。

井化賦税，賦税化燕饗，燕饗化獮狩，獮狩化盟會，盟會化歌舞，歌舞化聚斂，聚斂化刑獄，刑獄化甲兵，甲兵化水火，水火復化神氣。其來也渤不可閼，其成也堅不可鑠。雖古之聖王，不能使甲兵之世復還于無甲兵，而但能以甲兵止甲兵也；不能使刑獄之世復還于無刑獄，而但能以刑獄止刑獄也；❶不能使歌舞之世復還于無歌舞，而但能以歌舞爲禮樂也。刑獄甲兵歸于歌舞，歌舞歸于禮樂，禮樂歸于道德，則不肅而嚴，不怒而威，不侈靡而樂。是以聖王之治，以事功銷禍亂，以道德銷事功。逆而泯之，不順而放之，沌沌乎博而圜，豚豚乎莫得其門，是謂反本復始之治。《詩》曰：「維天之命，於穆不已。於乎不顯，文王之德之純。」

使人不暇顧廉恥，則國必衰；使人不敢顧家業，則國必亡。善賦民者，譬植柳乎，薪其枝葉而培其本根；不善賦民者，譬則翦韭乎，日翦一畦，不罄不止。《周官》保富之法，誠以富民一方之元氣，公家有大徵發、大徒役，皆倚賴焉，大兵燹、大饑饉，皆仰給焉。彼貪人爲政也，專朘富民，富民漸罄，復朘中户，中户復然，遂致邑井成墟。故土無富户則國貧，土無中户則國危，至下户流亡，而國非其國矣。《詩》曰「適彼樂土」，言將空其國以予人也。且也天下有本富，有末富，其別在有田、無田。有田而富者，歲輸租税，供徭役，事事受制于官，一遇飢荒，束手待盡；非若無田富民，逐什一之利，轉販四方，無賦斂徭役，無官吏挾制，即有與民争利之桑、孔，能分其利而不能破其

❶「能」，原脱，今據上下文句式補。

家也。是以有田之富民可憫，更甚于無田。《碩鼠》之詩，幸其田之將盡而復爲無田之民，不受制于官吏也。烏乎傷哉！

儉，美德也；禁奢崇儉，美政也。然可以勵上，不可以律下；可以訓貧，不可以規富。《周禮》保富，保之使任卹其鄉，非保之使吝嗇于一己也。車馬之馳驅，衣裳之曳婁，酒食鼓瑟之愉樂，皆巨室與貧民所以通工易事，澤及三族。王者藏富于民，譬同室博奕，而金帛不出户庭，適足損有餘以益不足。如上并禁之，則富者益富，貧者益貧。彼富而儉者，未必如大禹之菲食惡衣，而爲四海裕衣食也，未必如晏子、墨子之節用，而待舉火者七十家、待寢攻者數十國也。儉生愛，愛生吝，吝生貪，貪生刻。三晉之素封，不如吴、越之下户；三晉之下户，不如吴、越之傭隸。儉則儉矣，彼貧民安所仰給乎？天道惡積而喜散，王政喜均而惡偏，則知以儉守財，乃白圭、程鄭致富起家之計，非長民者訓俗博施之道也。《唐》、《魏》刺儉嗇，至于「宛其死矣，他人入室」，無一言及於散財任卹，足爲美俗仁里乎？《桑柔》之詩曰「好是家嗇，力民代食」，《韓詩》説謂「好用此居家吝嗇之人」，則知《周官》保富非此之謂矣。

十履而一跣則跣者恥，十跣而一履則履者恥，此俗之以衆成者乎！上好紫則下皆女服，上好劍則士皆曼胡，此俗之以貴移者乎！及其既成，雖賢者處之，不免顛倒于衆習。群尚儉則恥奢，群尚奢則恥儉矣。群尚讓則恥競，群尚競則恥讓矣。今之郡縣，即古封建之地也。地不遠而各自爲俗，好訐訟，好勇戰，好奢靡，好任俠，好封殖，相高相尚，生而習見，不以爲非。未至則求其至，已至則求其勝，雖賢父兄師友戒勸之，良有司訓諭之，不止。自非易其所安而別開以可慕，豈能因勢利導，風行而草偃乎？民之制于上，猶草木之制于四時也，在所以煦之。煦之道莫尚乎崇詩書，興文學。故君子讀《鄭風》，不歎其淫蕩而歎《子衿》學校之久廢；讀《衛風》，不傷其流泆而傷《淇澳》禮教之久衰；讀《陳風》，不歎其淫奔而歎其巫覡歌舞之不革。

「飄風大和，泠風小和。」風之所過，萬竅怒號；風之所止，一塵不囂。其怒也，有倡而和者也；其止也，有銳而竭者也。有士風，有民風，斯二者或區于土俗焉，或移于政教焉。《小戎》、《駟驖》之秦，❶二《南》雅化之豐、鎬也；《揚水》、《無衣》之晉，平陽、蒲坂之帝都也；闔廬劍士之吴，太伯端委之吴也；魏、晉清譚之士林，東漢禮教節義之士林也。自非不待文王之豪傑，有不隨風草偃者哉！風之既成，賢君相三紀挽之不足；風之將變，一狂士敗之有餘。《詩》曰「匪風發兮，匪車揭兮」，言民風之易變也；「風雨蕭蕭，鷄鳴膠膠」，言士風有變有不變也。不變者，天地之心所寄也。

治篇十五

晉文之圖伯也，三年思用其民，而子犯三阻之；越王之報吴也，四年思兵其仇，而范蠡四拒之：皆不肯輕試其銳于事機未可之時。及一旦用之，踣楚沼吴，不崇朝而得志天下。豈僅懼己力之未足哉？抑可乘之機未十全也。秦之方强，九國之師不能

❶「驖」，原作「鐵」，今據《詩經・秦風・駟驖》改。

入函谷一步，及陳勝中夜一呼，而九州瓦解。匈奴之猖獗，漢高、漢武兩世雄主不能踰漢掃庭，及宣、元不折一矢，而呼韓稽首。曹操、苻堅不審機而鋭圖江左，遂再蹶赤壁、淝水之師；富平、符離不審機而鋭議恢復，遂永絶關陝、淮西之望。不惟敵國已也，陰盛侵陽，臣盛侵君。桓王之伐鄭，魯哀之去三桓，鼂錯、齊、黄之去宗藩，漢季、唐末之去宦寺，皆陰陽争，君臣戰，兩敗俱傷而後亡。故摘果于未熟，視已熟不可同年而語；拔兒齒于已齔，視未齔不可同年而語。《詩》曰：「雖有鎡基，不如及時。」又曰：「不失其馳，舍矢如破。」

才量受諸天，福量亦受諸天。人之福有不足庇一身一家者，有僅足庇身家而不足庇一國者，有圖功輒成、有謀輒就并足濟天下者，故有安天下之才，不若有安天下之命。功名與運會相值不相值，勢天淵焉。相值而成，亦才十之三而天命十之七。鄧禹、郭子儀、曹彬、徐達，乘開國全盛屢勝之威，而皆曾爲敗軍之將，使當蜀漢、晚唐、南宋之末，有不議其見事遲而用兵短者乎？使劉備、諸葛亮、文天祥、史可法易地而處開國之運，鬼神啓之，河冰、江潮濟之，雷雨、反風助之，有不席卷天下者乎？光武之才，豈勝伯升？孫權之才，豈勝伯符？姚萇之才，豈勝姚宏？而兄弟前後，成敗霄壤，後起者勝，孰知其故？故亡國之臣皆無才，非無才也；開國之臣無失算，非無失算也。伊、吕詎愚于夏、殷而知于湯、武？百里奚、張良詎愚于虞、楚而智于秦、漢？房、魏、耶律楚材詎愚于隋、金而智于唐、元？李左車詎愚于趙而智于韓？興王之佐，皆亡國之虜也；鷹揚之帥，多敗軍之將也。《詩》曰：「既克有定，靡人弗勝。」言天之未定則人勝天，天既定則天勝人矣。

治篇十六

見利思義與見利思害，詎二事哉？無故之利，害之所伏也。君子惡無故之利，況爲不善以求之乎？不幸福，斯無禍；不患得，斯無失；不求榮，斯無辱；不干譽，斯無毁。暴實之木根必傷，掘藏之家必有殃。非其利者勿有也，非其功者勿居也，非其名者勿受也。倖人之有者害，居人之功者敗，無實而享顯名者殆。福利榮樂，天主之；禍害苦辱，人取之。《詩》曰：「魚網之設，鴻則離之。」

媒妁譽人而人莫之感，傭雇勤事而人莫之功。有所利而名仁者，非仁也；有所要而稱義者，非義也。居功之行，人不功其行；求報之惠，人不報其惠。是故大義無狀，大恩無象。大義成，不知者荷之；大恩就，不識者報之。《詩》曰：「自天降康，豐年穰穰。來假來享，降福無疆。」人之報賽于天地也，夫何求與酬之有！

昔者子路受拯溺之牛，子貢不受贖臣妾之金，孔子善子路而規子貢，聖人之議道自己而置法以民如是也。南宮「羿、奡不得死，禹、稷有天下」之問，上推于莫爲莫致之天，而夫子再三贊之曰「尚德哉」，「君子哉」，聖人爲中人以下語天道如是也。無欲而好仁，無畏而惡不仁者，天下一人而已。故知者利仁而君子懷刑焉。刑賞者，所以勸懲天下之中人，然勸懲所及者，顯惡顯善而已。陰慝陰善，則王法勸懲所不及，自非天網恢恢疏而不失，豈能福善禍淫于耳目之所不及乎？顯以贊王化，密以佐君子，慎獨之功于冥冥，故曰「不以昭昭申節，不以冥冥墮行」。衆人之視是非與利害二者，君子之視是非與利害一也。少而習焉，長而安焉，庸詎知中心安仁之不在是乎？《詩》曰：「投我以桃，報之以李。彼童而角，實虹小子。」

「汝則有大疑，謀及乃心，謀及卿士，謀及庶人」，而必曰「謀及卜筮」，何耶？「龜筮共違于人，❶用静吉，用作凶」，何耶？事可理決者，以是非決之。建侯、遷國、行師、出門、攸往、田狩、濟川、取女、歸妹、遇主、見大人、刑訟、祭享、折獄、疾藥、鼎餗、用賢、履險、出坎、處困、震恐、行旅、喪羊，此可盡以是非決乎？事莫大于禪讓、征誅、遷都，而古聖人一決諸枚卜，一決諸夢卜。一則曰「獻卜」，曰「不敢違卜」。知人之哲，堯、舜其難，而共、鯀、驩兜之委任，三監、武庚之過使，上官桀、龐萌之託孤，王季誤葬，許世子誤藥，英君、哲相、孝子、忠臣所不免，矧中人以下乎？且夫《易》者，聖人所以極深而研幾也，不惟決利害而亦決是非者也。自非大無理之事不疑何卜者，或可或否之間，見仁見知，中人每二三焉，或見其厓畧，不見其層折。知來藏往之神，即心之神也。得失能動心，不能惑神，故假諸無心之卜筮以決之。識疏者卜之而密，志歧者卜之而一，膽愞者卜之而勇，爲善去惡即趨吉避凶。其或爲之可成而卜之不吉，則必不當爲之事。《易》固不爲小人謀，不可

❶「龜」，原作「卜」；「共」，原作「其」，今據《尚書·洪範》改。

以占險也。「假年學《易》，可無大過」，無心之過，聖人不免也。後世之爲學者，樂崩禮壞，而爲政也，又卑卜筮爲蓺術，屢臆屢僨屢悔而不悟，亦古今之一大沿革乎！《書》曰：「朕夢協朕卜。」《詩》曰：「卜筮偕止，會言近止。」

古今宇宙，其一大奕局乎！天時有從逆，地理有險易，人情有愛惡，機事有利害，而攻取之局生焉。或逸之而得，或勞之而不得；或拙之而反得，或巧之而不得；或奇之而正，或正之而奇。故禪讓一局也，征誅一局也，傳子、傳賢一局也。君子小人互爲消長，否泰之變局也。始放之而復反之，君臣之變局也。呂、賈、武之司晨，男女之變局也。或倚之而伏，或伏之而不可倚，禍福之變局也。或中夏御之而亂，或起自塞外而治，魏孝文、金世宗皆三代後之小堯舜，華夷之變局也。或防之在此而弊即出于所防：秦懲七國角立而廢封建，而國遂亡于孤立；光武懲王莽之簒，三公不許任事，而東漢遂亡于梁冀；晉懲魏之疏忌宗室，廣封八王，而晉即亡于强藩之搆兵；宋懲五代藩鎮之强，杯酒釋其兵權，而宋即弱于郡縣。推之晉亡于莊、老而漢以黄、老得之，秦亡于申、韓而子産、孔明以申、韓治之，六國亡于策士而漢祖以陳平、張良奇計得之。女禍、閹禍、强藩、夷狄、盜賊，自三代之末至于元二千年，所謂世事，理亂、愛惡、利害、情僞、吉凶、成敗之變，如奕變局，縱横反覆，至百千萬局，而其變幾盡；而歷代君相深識遠慮之士載在史册者，奕譜固已詳矣。有見于死地之説，則以病背水之軍，而師其陣者即敗于背水；或有見于多多益善之説，而敗于投鞭斷流；或有見于以少擊衆，而敗于背城孤注。或不用陣圖而專好野戰，或不肯野戰而長于憑城。王莽以井田致亂，安石以《周禮》誤宋。故廢譜而師心，與泥譜而拘方，皆非善奕者也。有變易之易，而後爲不易之易。《書》曰：「若虞機張，往省括于度則釋。」孰是局中而具局外之識者乎？

召公之告成王曰：「用共王能祈天永命。」夫命也而可祈諸天乎？《太甲》曰：「天作孽，猶可爲，自作孽，不可活。」好生者天地之德，人而以殺人爲心，安得不爲天之所惡？故曰：「三代之得天下也以仁，其失天下也以不仁。」又曰：「不嗜殺人者能一之。」殺機殺運之動，莫燀于秦，滅六王，定四海，自謂地廣三王，功高五帝，乃自稱始皇帝，一世二世以至于萬世。使扶蘇得立，更秦法而寬大之，分封諸公子及公主之夫爲王，封蒙恬、蒙毅、章邯、王翦爲公侯，舉賢相，崇諸儒，則秦祚何必不與三王同永？乃死不旋踵，而五公子、諸公主盡死于胡亥之手，殺蒙恬、蒙毅，族李斯，皆出于扶蘇之諫坑儒而出監軍，使高得行其姦計，則秦之亡，坑儒爲之也。夫賢人者天地之心也，戰陣所殺千萬人，不如無故坑數百賢儒之罪上通于天也。晉司馬氏世握魏權，齊王芳本無失德，司馬氏即欲圖篡，令其禪位而降封之，如漢獻帝山陽公得全始終可也，乃廢之而立高貴鄉公，遂死于賈充、成濟之手，又不斬賈充以謝國人。且既言「天下者景王之天下，吾身後大業宜歸齊王攸」，果能守此信，則平吴之後，傳位于皇弟齊王攸，而以長沙王乂爲太子，遹爲皇孫，令其遞傳至遹可也。不然，即及身立遹，而輔以齊王攸、長沙王乂及衛瓘、張華諸人亦可也。奈何以蠢愚之惠帝，又配以淫悍之賈妃，而欲孫遹能全於庸悍之手乎？則遹之被戕，高貴鄉公之不得其死爲之也。劉裕起匹夫，定中原，有江左，功德在人，何以三子無一善終，而宋文帝且隕于元凶劭之手？則其鴆甘心禪讓之恭帝爲之也。唐太宗以秦王起兵，有天下，貞觀之治幾于三代，何以再世而武氏殺唐子孫殆盡？蓋建成、元吉謀毒太宗，太宗殺之可也，其子孫何罪而盡殺之乎？則是武氏入宫，即建成、元吉子孫之報也。甚至高洋滅拓跋之族，宇文周武帝滅高氏之族，隋楊堅復滅宇文之族，皆不旋踵而天以逆子報之，如蠱蟲之自相啖食，豈非皆自作之孽哉？安有天而作孽於人者哉？《書》曰「祈天永命」，毋獲罪于天之謂祈。後世如宋太祖鐵牌藏廟，垂誡嗣王，養成三百年忠厚之治者，真萬世法哉！

古微堂内集卷二終

古微堂外集卷一

邵陽魏源著

說文擬雅敘

金壇段若膺先生《說文解字注》曰：「小學家六書綱領，不出形、聲、誼三端：《說文》，形書也；《爾雅》，誼書也；《玉篇》、《廣韻》，音書也。而《說文》一書，隱括有條例，注說該六藝。今世學者，苟能取其得聲之字，照十七部，兼用四聲，分爲韻譜，則其部之界畫勝《廣韻》遠矣，苟再有其人，取其專訓本誼之篆注，分類部居，則其條理之精密過《爾雅》遠矣。」源考《說文》古音分十七部，僅段君一家之言，與顧氏十部、江氏十三部、孔氏十八部、王氏二十二部、劉氏二十六部互有詳略出入，且吳江鈕氏、元和江氏均已依其部分著書，刊勒行世。惟以誼分類，合《說文》、《爾雅》爲一者，世間尚無成書，爰以治經之餘力爲之，三月而告成。

以天、地、人、物、事五大類括五百二十三部，而於各部之中，有不得不異于《爾雅》者。《爾雅》有「釋親」，無「釋人」，故五官、四肢、五事、五倫、五性最廣之字，皆無類可歸，盡入之「釋詁」，而「釋詁」一門遂擁腫雜沓，不便稽檢。此書別立「釋人」，綱舉目張，與天地事物方聚族分，此其善于《爾雅》者一也。《爾雅》不盡用字之本誼，專取叚借，故六書之本義不明。今專以部首分類，而以其虛文語助爲「釋言」，別輯其專行借誼反廢古誼者爲「釋詁」，並將《説文》分部之失，如丩句之以亦聲立部首、笑與哭不同入犬部、❶告不入牛部、家不入宀部、后呞司不入口部、玨不入玉部、章不入邑部之類，今並更正，此其善於《爾雅》者二也。別爲《轉注釋例》、《叚借釋例》、《意聲事形釋例》三篇以冠於首，與段君之註亦多相失，故各類中止載原篆原注而不采諸家之注，意主告蒙，且便自檢閲，而不敢當董理之任。至於本此三例，發明而擴大之，以俟後之君子。

咸豐元年邵陽魏源序。

説文轉注釋例

《周官》保氏以六書教國子。《漢書·藝文志》曰：「象形、會意、指事、諧聲、轉注、叚借，造字之本也。」象形、指事、會意、諧聲，皆無異義，獨轉注、叚借頗多歧解。昔人有「反正爲乏，反存爲在，謂之轉注」之説，然此數字外更無可證。近人知其不可通，於是段氏本其師戴氏之説曰：「轉注者，猶言互訓也。以老注考，以考注老，展轉註釋，是爲轉注。惟象形、會意、指事、諧聲爲六書之體，而轉注、叚借則六書之用。」而力闢《漢志》六者皆造字本之説。

又以《爾雅》爲轉注之書，而初、哉、首、基、肇、祖、元、胎、俶、落、權輿，始也，即以始字爲建類一首，互相訓釋之義。然初、哉、首、基等可訓爲始，而始不可爲初、哉、首、基，烏在其爲考老之互訓也？推之而弘、廓、宏、溥、介、純、夏、幠、厖、墳、嘏、丕、

❶「笑」，原作「笑」，今據淮南本改。

奕、洪、誕、戎、駿、假、京、碩、冢、葑、將、席可訓爲大，而大不可訓爲夏、膴、厖、墳等十餘字；賚、貢、錫、畀、予、貺可訓爲賜，而賜不可訓爲賚、貢、錫、畀；衎、豫、妉、般可訓爲樂，而樂不可訓爲衎、豫、妉、般；逌、遵、率、循、由、從可訓爲自，而自不可訓爲逌、遵、由、從；詢、度、咨、諏可訓爲謀，而謀不可訓爲詢、度、咨、諏；典、彝、法、則可訓爲常，而常不可訓爲典、彝、法、則；黄耇、駘背可訓爲老，而老不可訓爲黄耇、駘背；妃、匹、仇、敵可訓爲合，而合不可訓爲妃、匹、仇、敵；紹、胤、賡、續可訓爲繼，而繼不可訓爲紹、胤、賡、續。再推之，天，顛也，而顛不可訓天；元，始也，而始不可訓元；禮，履也，而履不可訓禮；海，晦也，而晦不可訓海；不，丕也，而丕不可訓不；井，法也，而法不可以訓井；秋，揫也，而揫不可以訓秋；牛，事也，羊，祥也，馬，怒也，髮，拔也，而事、祥、怒、拔等不可以訓爲牛、羊、馬、髮；薦，藉也，而藉不可以訓薦。樹本木名，假爲一切樹立之誼，而立不可以訓樹；豎本童豎，假爲豎直之義，而直不可以訓豎。舉《爾雅》一書，無非會意、叚借，無一條可指爲互訓轉注者；舉《説文》一書，形、聲、事、意、叚借無所不有，獨無互訓之誼。段君、戴君徒能言之而不能指明，除考、老二字之外，不知當以何字爲互訓。惟窒塞、疑惑、喜樂、悦懌等字，及力部之功勛、劭勉、勸勵、勤勩、彊勍，阜部之陿隘、險阻、隤隕、傾墜、隱蔽，糸部之綱網、紀緒、紹繼、纏繞等字，差堪互訓。此外徧檢各部，並無可當者，非如象形、指事、會意、諧聲之字，部部有之，烏有此窘狹之義可列六書者乎？

且「建類一首」，謂以五百二十六部首

展轉貫注於每部數百字數十字之中，故每部必曰「凡某之屬皆从某」。許君《自敍》曰：「其建始也，立一爲端。方以類聚，物以群分。同條牽屬，共理相貫。雜而不越，據形系聯。引而申之，以究萬原。畢終於亥，知化窮冥。」是許君《自敍》一字不及於象形、會意、指事、叚借，而惟以部類建首轉注爲六書之綱領。其綱領或在上下，或在左右，如日、月、金、木、石、風、土、水、火、阜、人、口、手、足、言、首、目、骨、肉、毛、魚、虫、牛、羊、犬、豕之類，偏旁在左者，皆左爲轉注，右爲諧聲；凡隹、鳥、皮、邑、殳、夂、支、戈、多、宅、巴、長、永、欠、斗、戊、卜、攴、珡偏旁在右者，皆右爲轉注，左爲諧聲；凡山、屾、雨、西、高、爻、冂、𠕁、冃、襾、网、冋、門、鬥、宀、二、三、四、㐭、艸、竹、宀、穴、虍、𠦬、朿、亯、厂、𠂇、亠、广、自、白、瞿、壴、大、先、甘、音、旦、采、㫃、聿、北、入、夅、厽、乃之屬，部首在上者，皆上爲轉注，下爲諧聲；凡其、且、巫、几、丌、亏、兮、堇、是、此、氏、氐、矢、止、巳、支、乙、壬、韭、臼、丰、寸、皿、豆、丹、用、重、共、見、至、王、丁部首在下者，皆下爲轉注，上爲諧聲：此全書之通例。即如晦明、朓朒、雷雲、飄飈、炎燎、冰凌等字，使非从日、从月、从風、从雲、从火、从仌等字，何以知其屬天乎？邱、陵、境、壤等字，使非从邑、从阜、从土，何以知其屬地乎？江、河、波、濤、流、潤、清、濁等字，使非偏旁，何以望而知其爲水乎？嶽、崧、岐、岱等字，使非部首，何以望而知其爲山乎？从艸、从木、从竹、从鳥、从隹、从魚、从虫、从黽、从犬馬牛羊之字，使非偏旁，何以知其飛潛動植乎？从金、从石、从玉、从革、从韋、从絲、从衣、从匸之字，使非偏旁，何以别其何物何器乎？从心、从毛、从髟、从耳、从目、从皮、从骨、从肉、从頁、从面、从手、从足、从子、从女、从人之字，使非部首，何以辨其何形乎？舉五百二十六部，無一字使能出部首之外。故形、聲、事、意等字，如人之有名字，而偏旁部首，則如人之有姓氏，而後祖宗嫡庶，宗族支派，秩然其不可亂焉；又若絲綱在綱，經緯錯綜而不可紊焉。六書轉注之誼，孰大於部首建類者，而乃以互訓當之乎？以互訓當轉注，則此五百二十部首於六書屬何門？豈部首反不在六書之列乎？况以註書爲注書，起於東漢馬、鄭之臆造。《漢·藝文志》載諸經師之書，如《齊詩故》、《魯詩故》、《韓詩故》及《春秋鄒氏傳》、《夾氏傳》、《左氏微》、《鐸氏微》、《張氏微》、《毛詩詁訓傳》、《公羊穀梁外傳》、《公羊穀梁章句》、《公羊顔氏記》，從無有稱註書爲注者，豈《周官》保氏時已知東漢註書而預爲轉注以待之乎？《爾雅》：「水注川曰谿，注谿曰谷，注谷曰溝，注溝曰澮，注澮曰瀆。」《春秋》有「韎韋之跗注」及「華不注」之山，皆以山水得名，從無涉於註解。戴氏、段氏小學專家，乃畢生不知轉注之義，可謂求之千里，失之睫前，此許君轉注一首建類之義大異於戴、段者也。

至於許君部分，亦有不盡符建類、轉注之本旨。有孤立部首「凡某之屬从某」而部下並無一字者，有部首下尚有數字可隸而不收隸者，有一部中忽分二字三字别立爲部而絶不解何意者，有二部、三部并之實止一部者，有不以形爲部首而以聲爲部首，違全書通例者。如㝵部从回，象城郭之重，兩亭相對，並無隸字，何不以㝵入邑部而自立部？又如鼻部之前先立自部，惟一鼻字隸之，何不以自爲鼻之部首而免立專部？后部只一㖃字，當入口部，何以别立部？司部止一詈字，何不以司入口部，詈入言部，而獨立部？玨部止一斑字，何不并入玉部而别立部？異部惟一戴字，戴當入戈部，則異當入共部，何得專立部？如毌部惟一貫字，當入貝部，又虜字當入虍部，則毌部可廢。㡀部，敗衣也，即敝衣字，从攴㡀聲，當入攴部，何以專立部首？耑部物初生之題也，題，顯也。上象形，下象根也，並無一字。案此即端字，當歸立部，爲端之省文而廢此部首。尗部豆也，惟隸一豉字，何不與豊、登等字均隸入豆部？又如宀部家、牢皆牛豕之宫，而謂家從豭得聲，則牢之居牛，又從何得聲？五百二十部中，皆以形爲部首，不以聲爲部首，何以丩、句兩部亦聲之字，獨首聲而不首形；而同聲之字，如鉤、痀、笱、拘、糾、朻等，又罣一漏十？段注不一糾其失，反曲爲周旋，如枸、朻當入木部，鉤當入金部，痀當入疒部，拘當入手部，笱當入竹部，糾當入糸部，則丩、句二部可廢。東部只一⿰東韋字，案⿰東韋本从韋，東本从木，當以⿰東韋入韋部，東入木部，而廢此部首。⿱𠂊⿱丷月，禾麥吐穗上平也，部內只一𪗉字，即等齊之齊，當以⿱𠂊⿱丷月入月部，而以𪗉爲齊之古文，則⿱𠂊⿱丷月部可廢。瓜部九文，而瓠字獨另立部，並無隸字，殊不可解，當并入瓜部。朿本木芒也，部内只棗、棘二字；考朿本从木，當入木部，而此部可廢。⿱亼户即克字，肩也，象屋下刻木之形，又古文克作⿱亼㐭，此部並無相隸之字，今緣仔肩之義引申，段借爲克能、克勝之克，應入合部，不當别立部。凶，惡也，與兇懼之兇同字，何以不入凵部而别立部？

又术部只一枲字，而下林部有檾字枲屬，又有㪔字即離散之散，又下爲麻部，有𪎭、䵃、䵉三字，當以术枲及麻等並入林部，共計八篆，不必別立部首。帛部只一錦字，考錦字從金，以其美貴如金也，當以錦入金部而帛入白部、巾部，決不當別爲部。垚，土高皃，堯字从之，當并入土部，不當立垚爲部首。㐆从反身，只一殷字，案躳亦反身，當以殷與躳、軀同歸身部，否則隸殳部；而吕則躳之偏旁，皆不當別爲部。告部僅一嚳字，當以告入牛部，而別立斅部，以嚳字隸之。又若哭、笑不入犬部，而獨以哭爲部首，僅一喪字，當歸入亾部，而笑則并不收；至李陽冰歸入竹部，改犬爲夭，謂竹得風如人之笑，有同兒戲。此并單文孤部，無可轉注，不當空立部首者也。至若庚部、壬部，均無一字；然賡字从庚，妊、望、聖、任、袵、飪、紝等字从壬，何以不爲收入？此又部中字之應收不收者也。至於宀部七十一文，而宮、營二字獨別爲部；山部五十三文，而屾嵞二字，嵬、巍二字各爲一部，又岸、崖、嶊、崩、嶏五字，並从山而不入山部，均不可解，宜并入山部：此小部之當歸入大部者也。此皆與許君部首建類轉注之誼未能盡合，《自敘》望後人董理者，意在斯乎！意在斯乎！

説文叚借釋例

問：轉注之説，戴、段全非，至於叚借之誼，亦有可議乎？曰：叚借之説，段君言之，雖深悉其本原，而未旁通曲鬯其族類。段君《説文注》曰：叚借放于古文本無其字之時。許書有言「以爲」者，有言「古文以爲」者，以，用也，能左右之曰「以」。凡言「以爲」者，用彼爲此也，如「來，周所受瑞麥也」，而以爲行來之來；「烏，孝鳥也」，而以爲烏呼之烏；「古文𪇰，神鳥也」，而以爲朋黨之朋；「子，本冬月陽氣動，萬物滋也」，而人專以爲稱；「韋，相背也」，而以爲皮韋；「西，鳥在巢上」，即古栖字。而以爲東西之西。許書言「以」者凡六，是本無其字，依聲託事之明證。本無來往字，取牟麥字爲之，及久但知來往借誼，而本誼反廢，此許說叚借之明文也。其云「古文以爲」者：洒下云「古文以爲灑埽字」，疋下云「古文以爲《詩·大雅》字」，丂下云「古文以爲巧」，臤下云「古文以爲賢字」，𡴀下云「古文以爲魯字」，哥下云「古文以爲歌字」，詖下云「古文以爲頗字」，𠪚下云「古文以爲靦字」，爰下云「古文以爲車轅字」，敿下云「《周書》以爲討字」，疑即《無逸篇》「譸張爲幻」之譸。此皆所謂依聲託事。而來、烏、朋、子、韋、西六字不同者，本有字而代之，與本無字有異。然或叚借在先，製字在後，則叚借時本無其字，非有二例。惟前六字則叚借之後終古未嘗製正字，後十字則叚借之後中古遂有正字，爲不同耳。許書又有引經說叚借者：如攷，人姓也，而引《商書》「無有作攷」，謂《鴻範》叚攷爲好也。按：攷、醜同聲，以醜爲好，如以亂爲治。莫，❶不明也，而引《周書》「敷重莫席」，謂《顧命》叚莫爲蔑也。堲古文垐，以土增大道上也，❷而引《唐書》「朕堲讒說殄行」，謂《堯典》叚堲爲疾也。❸ 圛，回行也，

❶「莫」上，原衍「治」字，今據《說文》刪。
❷「上」，原作「土」，今據《說文》「垐」字條改。
❸「疾」，原作「疹」，今據段玉裁《說文解字注》卷二十五改。

而引《商書》「曰圛」，❶「圛，升雲半有半無」，謂《洪範》叚圛爲駱驛也。枯，槀也，而引《夏書》「維菌輅枯」釋之，謂《禹貢》叚枯槀之枯爲木名也。此皆許稱説叚借，亦由古文字少之故，與「古文以爲」者一例。大抵叚借之始，始于本無其字。及後既有其字矣，而多爲叚借，又其變也。後代譌字，亦得自冒于叚借。博綜古今，有此三變，此所謂無字依聲者也。至於經傳子史，不用本字而好用叚譌字，此由古書不盡著竹帛，口授方言，轉寫變易。許君每字以形説其制字本義，而其用本字之聲不用本字之義者，乃可定爲叚借矣。

源按：用本字之聲而不用其本義者，固不可枚舉，即古文有此字而終不制字者，亦不可枚舉，何拘拘於《説文》六字、十字之間乎？有引伸之叚借，如號令之爲令長，長短之爲長幼、君長，本義與引申之義並行。推祖考之考，叚爲考成、考索之考；攻玉之理，叚爲義理之理；道路之道，叚爲引道、天道、王道之道；途路之路，改訓爲大而爲路門、路寢、路車之路；土圭測景之圭，叚爲王侯執玉之珪；子孫之孫，叚爲孫讓之孫。介本大龜，而叚爲耿介之介；井本水泉，叚爲井法之井。㞷字古文以丶爲火，以㞷爲盛火之器，後人叚爲家無二主之主，别作炷字代之，而主之本誼廢。又如能本多力之熊，爲本好動之猱，猶本多疑之嘼，而叚作能敏之能、作爲之爲、謀猶之猶。若治、若沽、若濟，皆水名，通叚爲濬治、沽鬻、濟渡之誼，而本義皆廢。易即蜴字省文，而

❶「商書」，原脱「書」字，今據段玉裁《説文解字注》卷十二補。

叚爲變易、移易、易簡之易；鬯本鬱酒升香之器，而叚爲一切鬯茂、絪鬱之義；㫃本旌旗之斿，而叚爲語助之於、於戲之於；等本竹梢相平，而引申爲等齊、等級之等；第本韋之相次，而引申爲一切次第之第，又叚爲居第之第；貫本象以物串貝，而叚爲貫通之貫。克本肩也，緣仔肩堪任之誼，叚爲克能、克勝、掊克之克。南方有大象不得見，擬其仿佛曰象，因叚爲一切形象之象；豫亦大象，而叚爲豫大之豫；彖本豕形，而叚爲爻彖之彖；美本羊羹，而叚爲一切美善之美；奪爲手持妨奪，而叚爲一切攘奪、裁奪之奪；奮爲大隹自田中奮出，而叚爲一切奮往之奮；舊本黄離，而叚爲新舊之舊；離本倉庚黄鳥，叚爲離坎之離；雍本鳥名，而叚爲雍和之雍；雋本禽之肥，叚爲奇雋之雋；桀本雞栖木上，叚爲英桀之桀；豪本豪豬，叚爲豪傑之豪；特本牛父，叚爲特立之特；犖本駁牛，叚爲卓犖之犖；牟本牛鳴，叚爲牟等之牟；旄爲徼外犛牛，叚爲旄倪之旄；隲本牡馬，叚爲陰隲之隲；驕本馬高八尺，叚爲驕亢之驕；雕本鷲鳥，叚爲雕琢、後雕之雕；烏本孝鳥，焉本黄鳥，而叚爲烏呼之烏、語助之焉。以至哭、笑皆犬之喜怒，叚爲人之喜怒；家、牢皆牛豕所居，叚爲居人之家，牢籠、牢固之牢；孚本雞之抱卵，叚爲中孚之孚；默本黑犬，叚爲墨墨無言之墨；某本甘木，因作楳與梅相通，叚爲誰每之每；燕本鳦鳥，叚爲燕安、燕享之燕；難本雁鳥，隨陽去來，以其難至，叚爲難易之難；雅本鴉也，叚爲大疋之疋；龍本純陽之物，叚爲寵光之寵；鵬本鳳皇，百鳥從之，叚爲朋從之朋；物本從牛，大物也，叚爲萬物之物；習本鳥羽學飛，叚爲時習、性習之習；不本鳥飛不至地，叚爲一切不然之不；非本鳥飛不下，而叚爲是非之非。《易·小過》䷽横非成字，故有飛鳥象。《史記》秦非子養馬汧、渭，而晉盧子諒詩引作「飛子」，注「非」與「飛」古文通用，亦通作「蜚」。 然本火焚，叚爲語助之然；則本典則，叚爲語助之則；戴本分物得異，而叚爲負戴、感戴之戴；曰象口出氣，因叚爲言説之曰，又叚爲粤、爲爰。 此皆有引申之叚借，依聲託事，借誼與本義並行者也。

有不依聲而从形近之叚借，如「丂」古文以爲巧字，「疋」古文以爲雅字，「臭」古文以爲澤字，「㪏」古文以爲澤字，「臤」古文以爲賢字，「鬩」古文以爲鬭字，「㫚」古文以爲魯字。《左傳》：仲子生而有文在手，曰「爲㫚夫人」。又有不依事而但託聲之叚借，如霸本月魄，而今叚爲五伯之伯，「栞」古文以爲刊字。人名則讙兜爲讙吺，丹朱一曰丹絑，臯陶古作咎繇，偰古作卨，仲虺古作仲䖢，冏命古爲㫪命，子貢古作子贛，衛侍人廱疽即侍人參乘之雍渠。 地名則牧野古爲坶野，《費誓》古爲《粊誓》，岷山古作䃉山，許國古爲鄦國，靈臺古文作靈㚐。 器則犧尊當讀莎尊，此並由衛包之徒改古爲俗，而亦託於叚借。 乃至男女互相爾女，自當作女，而叚用汝水之汝；黽本介蟲，而叚爲黽勉之黽。此皆無引申之叚借，借誼與本誼並行，終古未嘗製字者也。

至於訓詁，則厭有平、上、去、入四聲，而分厭倦、厭飫、厭壓、厭惡之四義。 惡有平、去、入三音，而分烏惡、疾惡、羞惡之三義。 讓不改音，而有推讓、責讓相岐之義。「敦彼行葦」之敦，又爲敦盤之敦；格本長木皃，叚爲感格、格正、格式、扞格、格至之格；本末原謂木根木杪，叚爲一切本始末終之義；相本以目觀木，叚爲相度、相與、贊相之相；篤本馬病行遲，而叚爲篤厚之篤，又竺管爲篤之古文；箴本綴衣之鍼，而叚爲箴銘之箴；暴本日出曝暵，而叚爲暴富、暴虐之暴；堪本大突，與坎同誼，而叚爲堪能、堪輿之堪；節從竹，本謂木多節，而叚爲節義、節制、節儉之節。又或倒義互訓，《論語》以亂爲治，《堯典》以攘爲讓，《易·師卦》以毒爲治，《洪範》以攷爲好，《詩》以落爲始、以殺爲惡木。若夫引申之義，大而言之，則天本蒼穹也，而引申之則夫爲妻天、君爲臣天、父爲子天、食爲民天；極本屋梁，居棟宇正中，引申爲北極、太極、皇極之極。陰陽字皆从阜，本謂山南陰、山北陽，引申而兩儀、四象、八卦、四時、四方、陽律陰律以及水陰火陽、否陰泰陽、邪陰正陽、幽陰明陽、男陽女陰、牝陰牡陽、雌陰雄陽，陽木陰木，無不以陰陽相配。再考天干、地支，則甲本天干之首，而叚爲甲拆、甲胄之甲；由从倒甲，凡木倒甲而生即爲由蘖，而叚爲由自、率由之由；丁亦天干，叚爲人丁之丁，又爲「伐木丁丁」之丁；辛亦天干，叚爲辛苦之辛，又爲更新之新；壬本天干，而叚爲壬林、僉壬之壬。子乃地支，孟冬陽氣之首，而以爲父子之子；寅乃地支，叚爲寅畏、寅恭之寅；庚本地支，叚爲「大横庚庚」之庚，又引申爲賡歌、賡續之賡；戌本地支，叚爲征戍之戍；未亦地支，叚爲未來之未；※古文癸，象冬時水土平可揆度，因引申爲揆度、揆法之揆；午本訓牾，五月陰氣逆陽冒地而出，叚借爲旁午、相午之午；申七月陰氣成體，叚借爲詘申、引申之申。此皆叚借引申之最大者也。

輒本車下兩輢，因輿中人倚輢，引申爲

倚侍專輒之輒；將本將帥，引申爲將來、將請、將送，又叚爲鐘鼓將將之將；尊本尊彝，叚爲尊崇之尊；秀本禾穎，叚爲一切秀出之秀；穆本木名，叚爲於穆、皇穆之穆；填本訓塞，引申爲填壓之填，與鎮同。又叚爲《大雅》「倉況」之填，又爲《毛傳》訓烝之填；《棠棣》詩「烝也無戎」。垂，遠邊也，引申爲垂天雲之垂；罪本捕魚器，从网，秦始皇以辠文从自似皇字，改辠爲罪；辭讓之辭，本與文詞各義，而世多叚辭説爲詞；字本乳子，引申爲文字孳生之字；桼以書簡，墨以書帛，《爾雅》「不聿謂之筆」，石墨相著而研墨，桼能書竹不書帛，是筆、墨、研古皆有之，因叚借爲貪墨之墨；胡本牛頷，叚爲胡虜、誰胡、胡盧之胡；納本絲濕，叚爲出納之納；酋本酒官，叚爲酋長之酋及《詩》「似先公酋矣」之酋；鄭：似，嗣也；❶酋，終也。謂將嗣先公之業而終之。雉本野雞，因旁从矢，矢可度量，叚爲「都城百雉」之雉；脩本束脩，脯也，叚爲修治、修能之修；胥本蟹醢也，叚爲吏胥、皆胥之胥；灝本豆汁，叚爲灝大之灝；柰本木果，叚爲奈何之奈；豈本凱旋車樂，叚爲豈弟之豈、語助之豈；勿本旗物，叚爲毋勿之勿；且本薦也，叚爲語助進詞之且；而本須也，象形，《考工記》「作其鱗之而」，叚爲語助之而；方本兩舟相並也，字本作匚，叚爲四方之方，又叚爲語助方甫之方，又叚爲方旁之方；業本鐘虡，而叚爲事業、德業、兢業之業；榮本屋脊，叚爲榮華之榮；向者溺也，叚爲方向之向及向背之向；宣本宮室名，叚爲宣明之宣；宋本木名，專植諸亡國已屋之社，故周封殷後以宋

❶「嗣」，原脱，今據《毛詩注疏》卷十七補。

爲名；廉本堂隅，叚爲廉節之廉；欽本欠皃，叚爲《堯典》「欽哉」之欽；厥本發石，叚借爲厥逆之厥，又爲其厥之厥；若本香艸杜若，叚爲若順、若似之若；帥本佩巾，叚爲將帥之帥；常本裳衣，叚爲旗常之常及五常、庸常之常；矢本射鏃，叚爲矢陳、矢誓之矢；然本火然，叚爲然諾之然，又叚爲轉語之然；綱本網紘，叚爲綱維、綱紀之綱；維本車蓋，叚爲四維之維；紀者絲之總耑，叚爲統紀之紀；纔釋爲帛色，蓋即緅字，而叚爲才纔之纔；經，織縱絲也，與直横相對，東西爲經，南北爲綸，而叚爲「經綸天下之大經」；萬本蟲名也，而引申爲千萬之萬，又叚爲曼長之曼；孔本从乙从子，乙鳥應候至而得子，可以嘉美，因叚爲一切孔美、孔大之孔；薦本鹿名，而叚爲一切薦藉、薦舉之薦。此皆借義行而本義廢者也。

《説文·自敍》言「孔子書六經，左丘明書《春秋》，皆以古文」，其不用叚借明矣。及李斯改古文大篆，程邈又改篆爲隸書以便徒隸，而經文失真者十之二三。加以秦火斷爛之後，《尚書》由女傳口授，《詩》由諷誦竹帛，經文失真者十之四五。如《尚書》「横被四表」或作桄、作光、作充；平章作采章，便章一作辯章，平秩古作平豑；暘谷作崵谷；嵎夷或作嵎峓，又作禺銕，又譌作嵎鐵；南訛本作南爲，一作南僞，一作南譌；疾讒作堲讒；民獻作民儀；盟古文盟，象明神在上以皿盛牲血；孟諸一作盟豬，孟津一作盟津。又唐、虞、三代無儀器，故《堯典》授民時專觀天象，斗極旋繞北極樞機，而後人叚爲璇璣，又作璿璣以配玉衡，因謂以玉飾銅儀，以漢世機巧靡麗之器施諸上古，是誤認叚借爲本義而正義反廢。推之割訓害，班訓徧，孟訓勉，寡訓顧，盧爲旅，訟爲頌，順爲訓，美作媺，亦作娓，巽作顨，《尚書》、《周易》今古文之異同。再推《齊》、《魯》、《韓》、《毛詩》，谷與穀，格與假，鑒與監，翦訓勤，節作岊，媞作提，共與供、龔，留黎爲流離，逶遲爲郁夷，樂飢爲𤻲飢，𤻲、療同字，樂、𤻲同聲。倬叚爲菿，永叚爲漾，螓首爲頵首，皆《三家詩》異文。《爾雅》注疏引證孔繁，遽數之不能終其物，此並同聲叚借之例，本有其字，不用本字而專用他字，或與本義並行，甚至本義反廢者也。

至《漢志》小學家有《別字十三篇》，不入六書之内，以其無義可引申，遂不成字，而亦自附於叚借者。如漢碑雖國姓、廟號、官名，皆可冒濫。歐陽作毆陽，中宗爲仲宗，縣令爲縣苓之類，洪适《隸釋》即已斥之。又碑文《易》之莧陸乃莞睦之譌文。而《說文》中亦有俗體，許君濫收者，如某旁加木爲楳，喿旁加口爲噪，尊旁加木爲樽，犓犢字之加牛，嘫字加口，此與「馬頭人爲長」、「人持十爲斗」何異？皆必當芟薙之字，而人之爲篆書者，反以其見於《說文》而遵之。至于劉金刀國姓，而必改書爲鎦；潮字本於江漢朝宗，乃以《說文》所無而改書爲淖、爲濤，是雅其所俗而俗其所雅也。甚至《尚書·皐陶謨》七始詠譌爲麥始，又譌來始滑，又譌采治忽；《盤庚篇》「今予其敷心優賢揚歷」，而馬、鄭古文譌爲「今予其敷心腹腎腸」；《易·雜卦傳》寡髮譌爲宣髮，❶《列女傳》衛寡夫人譌爲衛宣夫人，加以能研諸侯之慮。《易·繫》亦有衍文，《酒

❶「雜」，淮南本作「巽」。按「寡髮」出自《易·說卦傳》中关于「巽」的解説。

誥》、《召誥》之簡，中壘校其脱佚。此則豕亥、魯魚、陰陶、別風淮雨、夏五郭公，非竹簡之斷爛，即傳寫之譌佚，如是而概謂之叚借，何異以燕説郢，以鼠證璞乎？ 至于一部之中，所收重文有聲無義者，不可指屈。玉部除球琳琅玕琬琰璧珏瓊瑶琮瑾璋珪瓚璪璁班瓔珣玗琪碔砆外，尚有[illegible]竪瑰瓏瑄珣琟瑦瑦瑂璒玜十餘字，皆云石似玉者，不言何石何玉；艸部茝茖莛薊萬薛菩蔽蘄菌薢藷苄茲蘜荸荽舊蕈葎蔆蔦茺菁蘢莨薖三十字，皆云艸也，不云何草何形。此等無用之字，多收何爲？ 故許沖上表言「慎以文字未定，故久未上」，許君《自序》亦有「後人董理」之望。 故敢管窺蠡測，以告小學家之不持成見者。

説文會意諧聲指事象形釋例

《説文》之字，以轉注、叚借爲最廣，五百二十六部，無一字能離于部首之轉注與偏旁之諧聲者。離案：叚借當是諧聲。惟諧聲有專諧聲不會意及諧聲兼會意之不同。諧聲不會意之字，五百部中不可枚舉。其諧聲兼會意之字，不如專聲者之廣，且其解説之誼，即《説文》亦間有未得制字本意者。如父母毋三字，《説文》訓父爲以手持杖，母從女有二乳，毋象女有奸之者禁止之毋令奸。然父之治家，豈僅恃持杖者？ 誼似淺狹。今考父从八从乂，八者陰陽所以分別，乂者陰陽所以交會而生子，故爻、交字皆从乂。毋者母訓子之聲，故爲禁止詞。毋字説本武進莊氏。又如地池馳施等字，皆从也得聲，似有施布向外之誼，豈有如《説文》訓也爲女陰之理？ 也音與者同部，與地池馳施不同部，何以諸字皆从也字得聲？ 不能解也。《説文》以江、河二字示諧聲之例，考江紅虹鴻玒杠矼扛貢攻空功巧等字皆从工。貢者上供之義，與工同用；空者化工太空之義，而攻功巧並言工上之力，惟此四字兼聲與意；而巧則从丂得聲，餘皆有聲而無意也。河阿哥何珂坷訶軻呵泂舸哿奇等从可之字，亦有聲而無意，而奇則並不諧聲，與从也諸字同例，皆所未曉者。推之義儀蛾與譌訛同聲，彼陂被披破婆波頗皆从皮得聲，而除義儀外，餘皆有聲而無誼。崇悰淙皆从宗得聲，終零螽等皆从冬得聲，惟終兼聲意。考諧聲不會意之字，百二十部中不可枚舉，今專求其聲意兼得者，惟沖盅忡忠仲皆从中以聲兼義，濛矇曚鑝幪皆从蒙得聲，而《洪範》則雺蒙同字，亦聲義兼得。勇湧俑踊慂通痛蛹，亦聲中有義。龔供拱珙栱皆有聲有義。陪痞諳愔黯暗皆从音得聲義。堪戡諶湛嵁踸並从甚得聲義。又椹、碪字有聲無義。喩盦谽頷媕皆从弇得聲義。弇含同字。沈耽忱眈妉皆从冘得聲義。枕紞二字有聲無義。澹憺皆兼聲義。謙歉慊嗛濂隒皆从兼得聲義。酣柑甜苷泔某皆从甘得聲義。酣者，甘酒；柑，甘果；苷，甘艸；泔，甘汁；此並聲義同者。惟某从甘木而非甘聲，則以楳梅相通之故，段誰每之每爲誰某，因并从每音。與神伸紳皆从申得聲義。鈞均皆从勻得聲義。儐擯殯皆从賓得聲義。梱閫悃皆从困得聲義。壼閫同字。墳蕡膹羵豶鼖饙轒濆皆从賁得音義。賁訓大也。墳者大塚；《詩·桃夭》「有蕡其實」；膹，大麻子；羵豶，大羊豕；鼖，大鼓。又《詩》言饙饎者，食之豐盛；轒，大車聲；墳通《汝墳》之墳，謂隄防高大。惇敦醇焞諄啍錞皆从享得音義。皆敦厚之意。肫沌窀皆从屯得音義。殫癉燀彈蟬禪兼得聲義，惟醰有義無聲。單殫皆盡也。《詩》曰「哀我癉人」，言勞病無已時也。燀者，火熾將盡。彈取聲欲盡不盡，蟬取其聲蟬聯不斷之誼，故皆从單。禪與繼相對，前禪終盡，後代承繼，故禪從單盡。醰者飲酒器。《射禮》「舉醰罰飲立盡」，故从單。《說文》：「醰，酒器也，从酉單聲。」案：醰音至，無讀單之理，當衍聲字。蓋醰从單盡之義，非从單聲也。歡驩懽讙灌觀勸皆从雚得聲義。灌取祭祀灌鬯鬱酒，人神歡洽之義，觀取旁觀欣喜之義，驩歡同字。辨辯辦辮皆从辡得聲。案：聲下脱義字。煥渙皆从奐得聲義。蔓縵嫚漫謾皆从曼得聲義。嫚慢同字。滋孳皆从茲得聲義。侅該荄孩垓頦咳峐陔駭皆从亥得聲義。凡從亥部字皆有取于侅大生長之義。亥者，萬物所以成終，故亥爲天門，乾爲亥方也。侍峙詩時恃皆從寺得聲義。寺，法也，寺廷爲禮法之地。碩願頒顒皆訓大頭，從頁得聲義。句枸拘笱鉤雊劬从句得聲誼。即章句之句亦以句讀可鉤勒爲義，雊音與句同，金陵句容縣取山圜勾曲義，俗讀同章句者謬。价玠界並从介大得聲義。朻糾从丩互得聲義。濡懦儒均从需得聲而誼不同，儒取需用之需，席珍待聘，爲國儲材之誼。逾踰愈瘉皆从俞得聲義。弼粥弱皆从弜得聲義。推之自私爲厶，反正爲乏，黻以兩己相背爲弫，惡以兩弓相背爲亞，兩𨛜相背爲鄰邑，兩臣相背爲𦣝，此皆相反相通之誼。至若卯爲春門，萬物以出，其字从丣；酉爲秋門，萬物以入，其字从丣，此皆會意之字。丣可通爲桺，不可通爲卯，而鄭以桺谷爲卯谷，讀爲昧谷，此如漢人謂呼丣金爲卯金，形與誼俱相反，斷不可認會意爲叚借也。

又其制字會意有兩字合爲一字，如珏吅棘林艸朋覞之類；有三字合爲一字，如𣡕爲栗，犇爲奔，驫爲飆，一从木爲𣡕，㚘爲𩕳，矗爲犓，雧爲集，驫爲原，聶爲多語。又有四字合爲一字，如器嚚囂從四口，《詩》「我姑酌彼金罍」，籀文作靁，象雲雷之形。又《鐘鼎欵識》靁爲古文雷，又木部櫑爲藟之古文，靁爲罍之籀文。又𤦡从四工而爲㢴，又𢾺古文以爲討字，即《書·無佚》篇「譸張爲幻」之譸。❶ 拳勇之拳古文作𢍏，𦦗爲𤕦䈱，即莔字，此並見《説文》，有會意無諧聲者也。

至於指事之字，自「人言爲信」、「止戈爲𢦏」外，如上下、左右、前後、東西南北、春夏秋冬、青赤白黄黑玄之類，皆指事之字，爲例不多。其象形之字，則篆文皆爲隸變，失其真形。如日月皆象形，自隸變爲日月而不象形矣；艸木皆象形，自隸變爲草木則不象形矣；烏鳥皆从兩足，象形，自隸變烏鳥从四足，則不象形矣；爲本母猴，象形，自隸省作爲，則不象形矣；鳦本陽鳥，其乙象飛形，自隸變爲燕，則又不象形矣。此六書大概，姑述其畧以告童蒙小學之士。

庸易通義

謹案：《中庸》之義全通乎《易》，而「未發之中」、「立天下之大本」者，原於《易》之「何思何慮」，各經所未泄之藴，迥異《大學》以意、心、身爲家、國、天下之本。蓋彼爲入學之門子言，❷乃文行忠信、《詩》、《書》執禮之事，未及於盡心、知性、知天之事也。《論語》與弟子言，從不及《易》，即《孟子》七篇、《曾子》十

❶「爲」，原脱，今據淮南本補。

❷「門」下，疑脱「弟」字。

篇，亦未嘗一言及《易》。所謂「性與天道不可得而聞」者也，所謂「子罕言利與命與仁」者也。安溪李氏深於《易》，故其《中庸餘論》，於首篇專以《易》道發揮之，可謂精微廣大，曲鬯旁通。予故廣李氏之義，於《中庸》之通《易》者，標舉數章於後。

「《易》無思也，無爲也，寂然不動，感而遂通天下之故」，非即「喜、怒、哀、樂未發謂之中，發而中節謂之和」，爲天下之大本、達道者乎？

《易》曰「復其見天地之心」，豈非《中庸》以「莫見乎隱，莫顯乎微」，徵慎獨之心體乎？「君子學以聚之，問以辨之，寬以居之，仁以行之」，非即「博學、審問、慎思、明辨、篤行」者乎？

「元者善之長也，亨者嘉之會也，利者義之和也，貞者事之幹也。君子體仁足以長人，嘉會足以合禮，利物足以和義，貞固足以幹事」，非即「寬裕温柔，足以有容；齊莊中正，足以有敬；發强剛毅，足以有執；文理密察，足以有別」，以全其至聖之德乎？

《乾》之「九三，君子終日乾乾夕惕若」，「忠信所以進德也。修辭立其誠，所以居業也。知至至之，可與幾也。知終終之，可與存義也」，非即所謂「自誠明，謂之性；自明誠，謂之教；誠則明矣，明則誠矣」者乎？

「九二，見龍在田，利見大人」，「龍德而正中者也。庸言之行，❶庸行之謹，閑邪存其誠，善世而不伐，德博而化」，豈非即「子

❶「行」，《周易・乾卦・文言》作「信」。

臣弟友自求未能，庸言之行，❶庸行之謹，❷有所不足，不敢不勉，有餘不敢盡。言顧行，行顧言，君子慥慥」者乎？

《乾》之「初九，潛龍勿用」，「子曰：龍德而隱者也。不易乎世，不成乎名，遯世無悶，不見世而無悶。❸樂則行之，憂則違之，確乎其不可拔」，非所謂「君子依乎中庸，遯世不見知而不悔」者乎？

《坤》之「六二，直方大，不習無不利」，《文言》曰「直其正也，方其義也。君子敬以直内，義以方外，敬義立而德不孤」，豈非主敬即「尊德性」之事，精義集義即「道問學」之事乎？「致廣大而盡精微」，此敬以致知，而精義之學備焉；「極高明而道中庸」，此敬以篤行，而集義之事全焉。「温故而知新」，此專言「道問學」中之致知；「敦厚以崇禮」，此專言「道問學」之篤行。豈有「温故知新」爲存心之事，「敦厚崇禮」爲致知之事乎？

《易》曰「不遠復，無祇悔」，獨贊顔子之「有不善未嘗不知，知之未嘗復行」，非即此章「回之爲人擇乎中庸，得一善則拳拳服膺而勿失之」者乎？

「火在天上，大有，君子以遏惡揚善，順天休命」，非即「舜好問而好察邇言，隱惡而揚善，執其兩端，用其中於民」者乎？

「湯、武革命，順乎天而應乎人。」舜、文王大孝，處天下之常；武王、周公達孝，值天下之變。雖有性反之殊，而同合乎中庸，不失天下之顯名。則天命順焉，人心應焉，

❶「言」，《禮記·中庸》作「德」。

❷「行」，《中庸》作「言」。

❸「世」，《周易·乾卦·文言》作「是」。

盡美盡善矣，何得謂「孔子不言湯、武」，至創爲「武王非聖人」之論乎？

「仁者見之謂之仁，智者見之謂之智，百姓日用而不知」，「行之而不著焉，習矣而不察焉，終身由之而不知其道者衆也」，非即此言「道之不明，賢者過之，不肖者不及；道之不行，智者過之，愚者不及」，「人莫不飲食，鮮能知味」者乎？

《咸》之「九四，貞吉悔亡，朋從爾思」，「子曰：天下何思何慮？天下同歸而殊途，一致而百慮。天下何思何慮？日往則月來，寒往則暑來。往者屈也，來者信也，屈信相感而利生焉。尺蠖之屈，以求信也。龍蛇之蟄，以存身也。精義入神，以致用也。利用安身，以崇德也。過此以往，未之或知也。窮神知化，德之盛也」，非即「君子之道費而隱，語大，天下莫能載焉，語小，天下莫能破焉」者乎？

「有天地然後有萬物，有萬物然後有男女，有男女然後有夫婦，有夫婦然後有君臣，有君臣然後有上下，有上下而後禮義有所措」，豈非即此「夫婦之愚不肖、可以與知能」，「君子之道，造端乎夫婦，及其至也，察乎天地」者乎？

「《明夷》內文明而外柔順，以蒙大難，文王以之；利艱貞，晦其明也，內難而能正其志，箕子以之」，豈非即此「君子素位而行，素富貴，行乎富貴，素貧賤、患難、夷狄，行乎貧賤、患難、夷狄，無入不自得」，「正己而不求於人」，「居易以俟命」者乎？

《觀》，「盥而不薦，有孚顒若」，「觀天之神道而四時不忒，聖人以神道設教而天下服」，「聖人以此洗心退藏於密」，「神以知來，知以藏往」，「聖人以此齊戒，以神明其德夫」，豈非「使天下之人齊明盛服，以承祭祀」，「洋洋乎如在其上，如在其左右」，「神之格思，不可度思」者乎？

「《易》與天地準，故能彌綸天地之道。仰以觀於天文，俯以察於地理，是故知幽明之故。原始反終，故知生死之説。精氣爲物，游魂爲變，是故知鬼神之情狀」，豈非即此「鬼神爲德之盛，視之不見，聽之不聞，體物而不可遺」，「神之格思，不可度思」者乎？

「大人與天地合德，與日月合明，與四時合序，與鬼神合吉凶，先天而天弗違，後天而奉天時」，豈非即此「至誠之道，可以前知，國家將興，必有禎祥，國家將亡，必有妖孽。見乎蓍龜，動乎四體，善必先知之，不善必先知之，故至誠如神」者乎？

「《乾》以易知，《坤》以簡能。易則易知，簡則易從。易知則有親，易從則有功。有親則可久，有功則可大。可久則賢人之德，可大則賢人之業，易簡而天下之理得矣。天下之理得，而成位乎其中矣」，又曰「天地交泰，后以裁成天地之道，輔相天地之宜」，豈非「至誠能盡其性，以盡人性，盡物性，則能贊天地之化育，而與天地參」者乎？

「天行健，君子以自强不息」，「地勢坤，君子以厚德載物」，又曰「天下雷行，物與无妄。先王以茂對時育萬物」，豈非「至誠無息，不息則久，久則徵，徵則悠遠，悠遠則博厚，博厚則高明」，可覆物、載物、成物，而自天以下，萬物覆焉，自地以上，萬物載焉者乎？

《乾》九三《文言》曰「是故居上位而不驕，在下位而不憂。故乾乾因其時而惕，雖危无咎矣」，豈非即此「居上不驕，爲下不倍」乎？

《彖》曰「大哉乾元，萬物資始，乃統天。雲行雨施，品物流行，大明終始，六位時成，時乘六龍以御天。乾道變化，各正性命，保合太和，乃利貞。首出庶物，萬國咸寧」，豈非即此「致中和而天地位，萬物育」乎？

《乾》「九五飛龍在天，利見大人」，「同聲相應，同氣相求。水流濕，火就燥，雲從龍，風從虎，聖人作而萬物覩。本乎天者親上，本乎地者親下」，豈非即此之「溥博如天，淵泉如淵，見而民莫不敬，言而民莫不信，行而民莫不説。是以聲名洋溢乎中國，施及蠻貊。舟車所至，人力所通，天之所覆，地之所載，日月所照，霜露所隊，凡有血氣者，莫不尊親，故曰配天」者乎？

「乾元者，始而亨者也；利貞者，性情也。乾始能以美利利天下，不言所利。大矣哉，大哉乾乎！剛健中正，純粹精也；時乘六龍，以御天也；雲行雨施，天下平也」，非所謂「惟天下至誠，爲能經綸天下之大經，立天下之大本，知天地之化育。肫肫其仁，淵淵其淵，浩浩其天」者乎？

「天道虧盈而益謙，地道變盈而流謙，鬼神害盈而福謙」，「謙尊而光，卑而不可踰，君子之終也」，豈非末章「衣錦尚絅，惡其文之著。君子闇然日章，小人的然日亡」，「淡而不厭，簡而文，温而理」，以至潛伏内省，屋漏不愧，奏格無言者，同此謙德之義乎？

謹案：《漢・藝文志》，《中庸説》二篇，今《禮記》合爲一篇，此必當復舊者也。自「天命之謂性」以下至次章「君子中庸」，以下至九經章末「雖愚必明，雖柔必强」止，除首章爲子思自言道體外，餘皆述夫子之言以告天下後世。以大本、達道爲聖學體用之全，歷舉虞舜、顔子、子路、文王之無憂，武、周之達孝，使知道雖費隱而功不外乎誠明，而求誠明之道又不外乎困勉，是爲教人希聖之法，是爲上篇。「自誠明謂之性，自明誠謂之教」以下，專推明夫子至聖至誠與天地參，蓋他人皆從致曲而入，自明而誠，惟聖人自誠而明。夫子有德無位，守爲下不倍、生今不敢道古之誼，故不敢作禮樂，而制作之經，與作禮樂等。三重章末「動而世爲天下道，行而世爲天下一本下有「法，言而世爲天下」七字。則，君子未有不如此而蚤有譽於天下者也」。所謂蚤者，隱言萬世師表，南面之祀雖尚未崇，而已可預卜其必可師天下，師萬世，與天地同流矣。故次章即顯言仲尼祖述、憲章之事，以明溥博淵泉而時出之，聲名洋溢，萬國尊親之所向，後有聖人，必能知聖人也。「經大經，立大本，知化育，溥博如天，淵泉如淵，浩浩其天」，此皆贊歎聖人神化之詞，非告學者之詞。是故鄭氏《禮記目録》曰：「《中庸》者，孔子之孫子思作之，以昭明聖祖之德。」此言頗中肯綮。後人不察其爲贊聖而以爲講道，使下學望洋而歎。豈知古者立言，有造道之言，有有德之言。有德之言，如聖人自説聖人事；造道之言，如賢人説聖人事。不然，但以浩森之詞，窮高極幽，使學者仰鑽瞻忽無從入，豈聖賢教人之道乎？故末章又以闇然淡簡，推本於學入德以極於不動而敬，不言而信，皆由潛修闇體所致，則造道之事，與上篇戒慎、慎獨，依乎中庸，遁世不見知而不悔相應。此二篇之當分不當合者一也。

哀公問政，夫子告以事親、知人、修身、達道、達德，而歸於困知勉行成功則一，其告哀公已止於此。「子曰好學近乎知」以下，乃復鋪陳九經治天下之道，則別爲一章。乃王肅《家語》作僞，增入「哀公問曰子之言美矣至矣寡人固不足以成之也」，遂復以下文「子曰」聯入上章。朱子不謂王肅之增竄《中庸》，而反謂子思之删《家語》。他姑無議，試問哀公以一侯國之君，且當四分公室僅亦守府之後，而鋪陳天子敬大臣、體群臣、柔遠人、懷諸侯之義，何爲乎不問其關切不關切與其人之領會不領會，天下有此告君之體乎？至「博學之」以下，乃一篇之歸宿，下學之樞柄，王肅本反無之。蓋小人作僞，止求牽混二章爲一，並非有意於學問之事，故於其切要者反置之也。此不當合而合者二也。

朱子説《中庸》，無《大學》改本補傳之失，後世讀之，誠可以入德。惟不分上、下二篇，則使人不知後篇爲贊聖之詞，使人畏其高遠，望洋而歎，至道問學之有知無行，分温故爲存心，知新爲致知，而敦厚爲存心，崇禮爲致知，此皆百密一疏。恭讀《御纂性理精義》：「從古聖賢言學大綱，曰『敬以直内，義以方外』而已，内指心，外指事。故《書》曰『以義制事』，義以方外之説也；『以禮制心』，敬以直内之説也。此《丹書》所謂『敬勝怠者吉，義勝欲者從』也；欲敗度則是無義，縱敗禮則是無敬，此《丹書》所謂『怠勝敬者滅，欲勝義者凶』也。

養心則以敬爲德之輿，處事則以義爲行之標，進德修業之方，不外乎是。先儒變爲存養、省察二義，其源蓋自《中庸》首章而來。持敬之純，至於雖不睹聞而戒慎恐懼，則心常存而得所養矣，故曰『存養』；辨義之精，至於至隱至微而必謹其獨，則事嘗有省而必致察矣，故曰『省察』。二者已盡爲學之方，然又必曰知、行云者，知是明其理，行是踐其事，二者造道之大端也。所謂存養、省察者，乃所以爲知、行之本要。故非存養則此心昏亂而知無以致，此心縱弛而行無以力，是存養者知、行之本也。非省察則不能切己體驗而所知或不真，不能反躬克治而所行或不實，是省察者知、行之要也。故言存養、省察則已包乎知、行之事，而其義理也該以約；言知、行則又不離乎存養、省察之功，而其規模也詳以大。存養則誠，省察則明，此由心以見之事者也；致知則明，力行則誠，此由事以歸之心者也。四者名目雖異，而功實一貫，程、朱所爲傳先聖之心者以此。學者見其條件繁多而破析以求之，則失前賢之意遠矣。」案：《性理精義》係官書，李光地奉勅總纂。此案語則出其手，亦以尊德性兼存養、省察之事，道問學爲兼致知、力行之事，不從《章句》存心、致知之説。至以温故知新爲存心，敦厚崇禮爲致知，於文義皆不合，已辨明於前焉。

書古微序

《書古微》何爲而作也？所以發明西漢《尚書》今、古文之微言大誼，而闢東漢馬、鄭古文之鑿空無師傳也。

自伏生得《尚書》二十九篇於屋壁，而歐陽、夏侯傳之，是爲《今文尚書》。孔安國復得《古文尚書》四十五篇於孔壁，校今文多佚書十六篇。而安國從歐陽生受業，嘗以今文讀古文，又以古文考今文。司馬遷亦嘗從安國問故，是西漢今、古文本即一家，大同小異不過什一，初非判然二家也。自後漢杜林復稱得桼書《古文尚書》，傳之衛宏，賈逵爲之作訓，馬融作傳，鄭玄注解，由是古文遂顯於世，判然與今文爲二，動輒詆今文歐陽、夏侯爲俗儒，今文遂爲所壓。及東晉僞古文晚出，而馬、鄭亦廢。國朝諸儒知攻東晉晚出古文之僞，遂以馬、鄭本爲真孔安國本，以馬、鄭説爲真孔安國説，而不知如同馬牛一本「牛」下有「冰炭」二字。之不可相及。今略舉其不可信者數大端：

《後漢·杜林傳》言：「林得桼書《古文尚書》一卷，常寶愛之，雖遭艱困，握持不離身。出以示宏曰：『林流離兵亂，常恐斯經將絶，何期諸生復能傳之！』」此古文本所自出。考桼書竹簡，每簡一行，每行二十五字或二十二字。若四十五篇之《書》桼書於簡，則其竹簡必且盈車。乃謂僅止一卷，遭亂挾持不離，不足欺三尺孺子，其不可信者一。

《漢書·儒林傳》：「孔氏有《古文尚書》，孔安國以今文讀之，因以起其家，逸書得十餘篇。」《藝文志·敍》曰：「孔安國悉得壁中書，以考二十九篇，得多十六篇。」而東漢諸儒，亦謂佚十六篇絶無師説。夫孔安國以今文讀古文之訓，以古文考今文之本，未嘗别自成家，其佚書之無師説，猶可言也。東漢古文力排今文之本而自有其桼書之本，力排今文之説而自有其師説，則必此佚十六篇者卓然皆有師説，而後可以壓倒今文，何以今文無之者，古文亦無師説乎？十六篇既無師説，則其二十九篇之師説，既不出於今文，又出自何人？豈非陰襲其膏，陽改其面，而又反攻其背乎？段氏玉裁甚至謂「佚書增多十餘篇，孔安國皆通其説，盡得其讀；並此外壁中所出《尚書》，劉向《别録》、桓譚《新論》及《藝文志》所謂五十八篇者，孔安國亦盡得其讀。」則是安國佚書較伏生更多三十篇，不止十六，何以史遷問故，不傳一字，而衛、賈、馬、鄭傳古文者，即十六篇亦不傳一字乎？矢口猖言，不顧其後，其不可信者二。

《漢書·儒林傳》言「史遷嘗從安國問故，而遷書所載《堯典》、《皋陶謨》、《禹貢》、《洪範》、《微子》、《金縢》多古文説」，則史遷爲安國真古文之傳，皎如天日。今馬、鄭《堯典》、《皋陶謨》、《微子》、《金縢》、《無逸》諸篇，無一説不與史遷相反。以《堯典》璇璣玉衡之天象而改爲漢世洛下閎之銅儀，以《微子》篇之太師疵、少師彊而誣爲箕、比，以《無逸》篇淫亂之祖甲誣爲賢君，列於三宗；周公攝政十年，不並居喪居東數之，以爲居東三年而後迎歸，歸而後叛，叛而後東征，東征歸而後居攝七年，首尾十二年之久。南轅北轍，誣聖師心，背理害道，不可勝數。豈史遷所傳安國之古文，反不如杜林、衛宏杜撰之古文乎？後儒動以史遷之異馬、鄭者擠之爲今文學，豈孔安國亦今文非古文乎？西漢之古文與今文同，東漢之古文與今文異，上無師傳，且皆反背師傳，其不可信者三。

西漢今、古文皆出伏生，凡伏生《大傳》

所言者，歐陽必同之，大、小夏侯必同之，史遷所載孔安國說必同之，猶《詩》齊、魯、韓三家實同一家，此漢儒師說家法所最重。若東漢古文則不然，馬融不同於賈逵，賈逵不同於劉歆，鄭玄又不同於馬融。一「稽古」，而馬以爲「順考古道」，鄭以爲「同天」；一「七政」，而馬以爲「斗七星分主日月五星」，鄭以爲「天、地、人、四時」；一「六宗」，而劉歆以爲「乾坤六子」，賈逵、馬融以爲「日宗、月宗、星宗、河宗、海宗、岱宗」，鄭以爲「星、辰、司中、司命、（一本「命」下有「風師」二字。）雨師」；一「五器」也，馬以爲即「五玉」，鄭以爲即「五贄」；一「舜咨二十二人」也，馬取「六官十二牧，進四岳而去四佐」，鄭以爲「九官十二牧，兼四佐而去四岳」；一「舜登庸在位之年」也，鄭作「二十年，百歲」，馬作「三十年」，增「百有十二歲」。試問何爲古文鄭師馬而異於馬；馬師衛、賈，而《酒誥》「成王若曰」異於衛、賈；賈、馬、衛、杜古文應本劉歆，而「六宗」異於劉歆？孰真古文，孰非古文乎？且鄭注《大學》，《康誥》、《帝典》之「克明德」，與《尚書》典誥之「克明（一本「明」下有「俊」字。）德」判然不同，《堯典》之「稽古」與《皋陶謨》之「稽古」不同，則鄭亦自異於鄭。孰古文，孰不古文乎？有師傳、家法乎，無師傳、家法乎？鄉壁虛造，隨臆師心，不知傳受於何人，其不可信者四。

《儒林傳》述，古文《尚書》，孔安國授都尉朝，朝授膠東庸生，庸生授清河胡常，常授虢徐敖，敖授琅琊王璜平中、平陵塗惲子真，子真授河南桑欽君長。是安國之傳授，與杜林、衛宏迥不相承。不知杜林所得之本，即安國壁中之本乎，抑別自一本乎？伏生得自複壁，孔安國得自共王廢宅，河内女子得自老屋，何以杜林本不言得自何所，其師説亦不言授自何人？其不可信者五。

近世治《尚書》者，江聲、王鳴盛多祖馬、鄭，孫星衍持平於西漢今、古文，而段玉裁則凡史遷本之異於馬、鄭者皆擠爲今文説，專以東漢鄉壁虚造之古文爲真古文，且謂今文之説皆不如古文，而伏生、歐陽、夏侯、孔安國之微言大義，幾息滅於天下。予尋繹有年，深悉東漢杜林、馬、鄭之古文依託無稽，實先東晉梅《傳》而作僞，不惟背伏生，背孔安國，而又鄭背馬，馬背賈，無一師傳之可信。正猶《易》古文出自費直，費直《易》無章句，但以《彖》、《象》、《文言》、《繫詞》解《易》；而鄭傳費氏《易》，則臆創爲奢，支離穿鑿，但借一先生之名以自蓋其欺，一本「而鄭傳費氏《易》，則臆創爲奢，支離穿鑿，但借一先生之名以自蓋其欺」，作「而荀、虞、鄭則卦氣、消息、爻辰，各自創樹，不知何本」。其義理凡繫君德者，必推而屬之外事。故注《大學》、《康誥》、《堯典》之「明德」，則皆以爲「自明其明德」，及改注《尚書》，則又指「明用才俊之人」；《洪範》「沉潛剛克」，不言其德性之互濟，而謂「專攻其陰潛之人以防亂臣賊子」，違經害義，弊等申、韓；《君奭篇》則以召公不説周公，謂其「復辟以後，即當去位，不當專位固寵，周公亦自白言，我不以後人迷，不爲子孫計」，皆以世俗之腹度聖賢之心，視西漢今文家誼不可同年而語。

予既成《詩古微》二十二卷，復致力於《尚書》，墜緒茫茫，旁搜遠紹，其得於經者凡四大端：一曰「補亡」，謂補《舜典》而並補《湯誥》，又補《泰誓》三篇、《武成》二篇、

《牧誓》一篇，以及《度邑》、《作雒》爲《周誥》之佚篇。二曰「正譌」，如正《典》、《謨》「稽古」爲「通三統」，正「放勳」、「重華」、「文命」爲「有天下之號而非名」，正「毋若丹朱敖」爲「帝舜戒禹教子之訓」，而非禹以丹朱戒舜，正殷《高宗肜日》爲胤嗣而非爲祭禰，正《無逸》「三宗」謂太甲太宗、中宗、武丁高宗，而無淫亂之祖甲，微子所問爲大師疵、少師彊，而非父師箕子、少師比干，《金縢》、《鴟鴞》爲陳善責難，而非疑忌，《梓材》爲《魯誥》而非《康誥》。三曰「稽地」，如考禹河而知有千年不決之瀆，稽江、漢而知下游有三江分流入海之口，上游有江在荆州夷陵有分作九江之事，中游至尋陽九派，不謂九江，且彭蠡在江北不在江南，而漢爲北江之案定。又知雍州黑、弱合流潛入青海，自合黎視之謂之南海，自雍州望之謂之西海，以其色青黑謂之青海。《地里志》西海有黑水祠，有西王母石室，此黑水入南海之明證；青海至今不通舟楫，不勝鴻毛，中有二島，惟冰合可渡，番僧裹一歲糧入定其中，此青海即弱水之明證。四曰「象天」，知維斗爲黄道極，旋繞乎赤道之北極，周建乎四時，終古無歲差，故可爲外璇璣，亦可爲大玉衡，而非北斗之玉衡；即北斗之三建，亦皆指北方以正子位，以佐璇璣之用，而並非建子、建丑、建寅之建。於是天文地理，皆定位於高高下下之中；孔思周情，各呈露於噩噩渾渾之際。天其復明斯道於世，盡黜僞古文十六篇，並盡黜馬、鄭之説，而頒西漢古誼於學宮矣乎，抑猶不可復明矣乎？先王先聖之靈，尚其鑒之！

咸豐五年正月，敍於高郵州。

《舜典》補亡篇，當增「堯曰：咨爾舜，允執其中，天之曆數在爾躬，四海困窮，天禄永終」，及「舜讓于德弗嗣」，及「受終于文祖」。

書古微例言上

東晉晚出之孔安國《古文尚書》僞《經》、僞《傳》、僞《序》，三者並發端於朱子《語録》中：嘗疑孔書所增《大禹謨》、《仲虺之誥》、《咸有一德》、《伊訓》、《太甲》、《説命》、《泰誓》、《武成》、《君陳》、《周官》、《畢命》等十六篇皆伏生所無，不應伏生耄年所記皆其難者，而易者反不記。且西漢以前，《經》與《傳》皆別行，至馬融始以《注》附《經》，豈得西漢已有附《經》之《傳》？其孔《序》庸沓，不似西漢文蒼古之體，甚屬可疑。言之鑿鑿。乃其徒蔡沈奉命作《傳》，不知引申師説以判正僞，遂仍舊轍，貽誤後學。惟宋末吴氏澄著《書經纂言》，專註今文，而古文則但云嗣出，蓋托詞以斡旋功令也。❶明人梅鷟始力攻古文，而義多武斷，考證尚疏，人多不信。其昌言排擊、盡發癥結者，則始於本朝閻若璩之《古文尚書疏證》。閻書已收入《四庫全書》，而惠棟、江聲、孫星衍、王鳴盛、段玉裁亦皆有疏證。惟孫氏知伏生今文《書大傳》説之勝於馬、鄭古文，予則更廓其曀蔀，窮其閫奥，以盡發馬、鄭之覆，而闡西漢伏、孔、歐陽、夏侯之幽，使絶學復大光於世。

夫毛《傳》尚可與三家《詩》並存，若僞古文之臆造經傳，上誣三代，下欺千載，今既罪惡貫盈，閱實詞服，即當黜之學校，不

❶「斡」，原作「幹」，今據淮南本改。

許以僞經出題考試，不許文章稱引，且燬僞孔傳、僞孔疏及蔡沈《集傳》，别頒新傳、新疏，而後不至於惑世誣民。至馬、鄭傳注之故背今文、臆造古文説者，亦不足以相代，則欲立學宫，舍西漢今文家專門之學其將誰歸？夫黜東晉梅賾之僞以返於馬、鄭古文本，此齊一變至魯也；知并辨馬、鄭古文説之臆造無師授，以返於伏生、歐陽、夏侯及馬遷、孔安國問故之學，此魯一變至道也。自非我國家經學昌明，轢唐凌宋，何以有是？爰附書其端末于目録後，以告承學治古、今文之士。

書古微例言中

嘗訝伏生口授《今文尚書》，傳自七十子，微言大誼，炳若日星。歐陽、大小夏侯祖述之，各不離其宗。西漢上自人主，下自公卿，無不以今文博士爲師者，故《漢書》言：「自歐陽生傳伏《書》，至歆八世皆爲博士，他儒之傳歐陽《書》者，亦往往入傳太子。」如桓榮以稽古之學勸其徒，疏廣、疏受以黄金之賜娱老鄉里，門人弟子會葬輒數千人，經學之盛，未有過此者。何以一至東漢，教輒旁歧？劉、杜、衛、賈、馬不足道，鄭康成以親注《大傳》之人，其服膺伏生不爲不至，何以一旦改歸贋本，自甘矛盾而不顧，且令天下靡然從之？不及百年，今文《書》及齊、魯《詩》並歸亡佚，惟《韓詩序》二卷，歷唐及北宋，而亦亡於南渡，何哉？及讀《藝文志》曰：「古之學者耕且養，三年而通一經，故用力少而畜德多，三十而五經立也。」後世經、傳既已乖離，説者不思多聞闕疑之誼，而務碎逃難，便辭巧説，破壞形體。

說『堯典』二字之文，至十餘萬言，說『若稽古』三萬餘言。後進彌以馳逐，故幼童守一藝，白首而後能言。安其所習，毁所不見，此學者大患也。」❶而後知今文之敝，非盡東漢古文家敝之，乃今文家先自敝也。夫《堯典》「若稽古」有何奥難，而漫衍至是？三萬言、十萬言之多，蓋猶後世之制藝、講章也。

宋儒表章《四子書》教士，望其學聖有途轍，不歧於異端俗學。豈知功令既頒之後，至明而「蒙引」、「存疑」、「淺說」、「達說」、「說約」之講章，鄉會之程墨，鄉社之房稿，定待閑在之選本，皆至於汗牛充棟而不可極，其敝於利禄，亦何異漢士說《堯典》「稽古」者乎？故以馬融之貪肆而公詆歐陽生爲俗儒，猶今之淹博詞章者，詆業科舉之士爲俗儒也。以彼今文家皆利禄之徒，而古文家爲高材博學之徒矣。夫歐陽、夏侯不敝，而諸生習其支葉甘爲利禄者敝之；馬、鄭斥利禄之輩謂俗儒可也，並斥歐陽、大小夏侯之師授淵源於七十子者亦爲俗儒，可乎？並畔伏生《大傳》而不問，而臆造矯誣，使微言大誼盡變爲膚淺，可乎？斯則又東漢馬、鄭古文家之失也。即僞孔傳亦乘馬、鄭支離臆說之極弊而乘虚以入者，使今、古文兩敗俱傷，誰之咎歟？

烏乎！古學之廢興，關乎世教之隆替，主持師道者，固不可有毫髮之弊。苟忘其本教，而稗販聖經以博衣食，未有不累及先師者，可勝歎哉！故因論今文、古文而慨喟再三也。

❶ 此段引文與原書文字略有不同。

書古微例言下

西漢今、古文既阨於東漢馬、鄭之臆説矣，至今存什一於千百，而微言大誼綿綿延延，竟能回千鈞於一髮，使古誼復還者，何哉？則全賴有《史記》、《漢書》及伏生《大傳》殘本、《汲冢周書》佚本三者爲之命脈也。

璣衡之説，《史記》與《大傳》符，《淮南·天文訓》、《周髀算經》與《史記》符，故銅儀玉管機巧之説，終西漢世不能惑。荆州九江即九穴，在巴陵西不在巴陵南，有班《志》所引桑欽古文説可憑。揚州九江，有太史登廬山觀尋陽九江可憑。其自荆至揚，江、漢分流，有鸚鵡洲及尋陽桑落洲分九派可憑。江行各洲之南，漢行各洲之北，始知彭蠡之在江北而不在江南，爲今太湖、望江等縣之諸湖蕩，以至皖江上游爲漢水之大螺旋，故有彭蠡之名，又音轉爲大雷池之名。及其三江歸宿，則又有《漢志》毗陵北江入海，揚州川，丹陽中江入海，揚州川之語。至黑水，則《地里志》西海有黑水祠。西海即青海，自雍州東望之爲西海，自合黎言之爲南海，自黑水言之爲青海。今乃並知此水不勝鴻毛，不通舟楫，中有二島，惟冬日冰合，番僧裹一歲糧入定其中。是知天然弱水，弱、黑並爲一川，皆潛源重發於此，瀦而不流。此皆《漢書·地理志》西海黑水祠之力也。況《地理》於他山水，亦皆於其下注明《禹貢》作某，古文以爲某，與桑欽《禹貢》山水澤地相符，其有功經義甚大。不然，盡以後世之江、漢爲《禹貢》之江、漢，如蘇氏、蔡氏、胡氏之一江三名者，以黑水爲滇、黔之水者，其錯繆尚可問乎？至北條之水，則《史記·河渠書》禹釃二渠，一爲冀州高地之河，一爲漯川入濟之河。後世冀州九河盡没，而漯川千乘之河，自東漢至唐末五代，千年無患，非《史記》何由知爲禹迹乎？此又《史記·河渠書》之力也。

惟天文與輿地皆必須圖，而璇璣之不用北斗而用維斗，其玉衡北斗又止用其建北方而定子位，故初昏、夜半、平旦、杓、魁、衡三建，而皆非建寅、建丑、建卯之建；且建有所窮則濟之以中星，中有所窮則助之以斗建，此自來圖天文者所未有。鄒君漢勛曾爲余代繪《唐虞天象總圖》，次《璇璣内外之圖》，次玉衡三建，皆建北方，定子位，分平旦、夜半、初昏及中星用事，分繪各圖，於金陵付梓。而江陵告變，圖板皆燬於兵燹，鄒君又殉節於廬州，有天喪斯文之痛，謹泫然記之。

詩古微序 初稿

《詩古微》凡二十有二卷：上編六卷并卷首一卷，通語全經大誼；中編十卷，答問逐章疑難；下編五卷，其一輯古序，其二演外傳。《詩古微》何以名？曰：所以發揮齊、魯、韓三家《詩》之微言大誼，補苴其罅漏，張皇其幽渺，以豁除《毛詩》美刺、正變之滯例，而揭周公、孔子制禮正樂之用心於來世也。

蓋自「四始」之例明，而後周公制禮作樂之情得，明乎禮樂而後可以讀《雅》、《頌》；自迹熄《詩》亡之誼明，而後夫子《春秋》繼《詩》之誼章，明乎《春秋》而後可以讀《國風》。正、變之例不破，則《雅》、《頌》之得所不著，而禮樂爲無用也；美、刺之例不破，則《國風》之無邪不章，而《春秋》可不作也。禮樂者，治平防亂，自質而之文；《春秋》者，撥亂返治，由文而返質。故《詩》之道，必上明乎禮樂，下明乎《春秋》，而後古聖憂患天下來世之心，不絕於天下。

學問之道，「不憤不啟，不悱不發，不以一隅反三隅則不復」。余初治《詩》，於齊、魯、韓、毛之説初無所賓主。顧入之既久，礙於此者通於彼，勢不得不趨於三家。始於礙者卒於通，三家實則一家。積久豁然，全經一貫，朋亡蔀祛，若牖若告，憤、悱、啟、發之功也，舉一反三之功也。學問之道，固不可淺遇而可深逢者也。

雖然，《詩》教止於斯而已乎？《韓詩外傳》言，昔者子夏「彈琴以詠先王之風，有人亦樂之，無人亦樂之」，至於發憤忘食。然夫子猶造然變容曰：「子已見其表，未見其裏」，「闚其門，不入於中，安知其奥藏之所在乎！」「丘嘗冥心以入其中，前有高岸，後有深谷，填填正立而已。」此所謂深微者也。深微者何？無聲之禮樂志氣塞乎天地，此所謂興、觀、群、怨可以起之《詩》，而非徒章句之《詩》也。故夫溯流頽則涵泳少矣，鼓絃急則適志微矣。《詩》之道可盡於是乎？烏呼！以俟假年，以待來哲。

董子春秋發微序

《董子春秋發微》七卷何爲而作也？曰：所以發揮《公羊》之微言大誼，而補胡毋生《條例》、何邵公《解詁》所未備也。

《漢書·儒林傳》言「董生與胡毋生同業治《春秋》」，而何氏注但依胡毋生《條例》，於董生無一言及。近日曲阜孔氏、武進劉氏皆《公羊》專家，亦止爲何氏拾遺補缺，而董生之書未之詳焉。若謂董生疏通大詣，不列經文，不足頡頏何氏，則其書三科、九旨燦然大備，且弘通精淼，内聖而外王，蟠天而際地，遠在胡毋生、何邵公章句之上。蓋彼猶泥文，此優柔而饜飫矣；彼專析例，此則曲暢而旁通矣。故抉經之心，執聖之權，冒天下之道者，莫如董生。今以本書爲主，而以劉氏《釋例》之通論大義近乎董生附諸後，爲《公羊春秋》别開閫域，以爲後之君子亦將有樂於斯。

至「繁露」者，首篇之名，以其兼撮三科、九旨爲全書之冠冕，故以「繁露」名首篇。後人妄以「繁露」爲全書之名，復妄移《楚莊王》一章於全篇之首，矯誣之甚。故今仍以「繁露」名首篇，其全書但稱曰「董子春秋」，以還其舊。至其《三代改制質文》一篇，上下古今，貫五德、五行於三統，可謂窮天人之絶學，視胡毋生《條例》有大巫小巫之歎。況何休之偏執，至以叔術妻嫂爲應變，且自謂非常可喜之論，玷經害教，貽百世口舌者乎？今分七卷，臚列其目於前，以詔來學。

繁露第一　張三世例通三統例異内外例　俞序第二　張三世例　奉本第三　張三世例　三代改制質文第四　通三統例　爵國第五　通三統例　符瑞第六　通三統例　仁義第七　異内外例附公始終例　王道第八　論正本謹微兼譏貶例　順命第九　爵氏字例尊尊賢賢　觀德第十　爵氏字例尊尊親親　玉杯第十一　予奪輕重例　玉英第十二　予奪輕重例　精華第十三　予奪輕重例　竹

林第十四　兵事例戰伐侵滅入國取邑表　滅國第十五　邦交例朝聘會盟表　隨本消息第十六　邦交例同上　度制第十七　禮制例譏失禮　郊義第十八　禮制例譏失禮　二端第十九　災異例　天地陰陽第二十　災異例　五行相勝第二十一　災異例　陽尊陰卑第二十二　通論陰陽　會要第二十三　通論《春秋》　正貫第二十四　通論《春秋》　十指第二十五　通論《春秋》

小學古經敍

《小學》、《大學》，同表章於朱子，而有皆不可解者焉。《大學》既不悟古本之條貫，故格致、知本之義不明，而外求物理之疑始啟。夫執古本以攻改本者順而易，執改本以争古本者逆而難，此《大學》所以久成諍藪也。至《小學》之書，則朱子序《大學》，即謂「《曲禮》、《少儀》、《内則》、《弟子職》諸篇，皆小學之支流餘裔」。及晚年編《儀禮經傳通解》，立「學禮」一門，亦取《保傅》、《學記》、《曲禮》、《少儀》、《容經》、《弟子職》諸篇爲正經。是朱子所述小學古經數篇，至爲明著，上合先王造士國學，十五歲以前蒙養始基之誼。不知何以劉子澄奉命集《小學》，分「敬身」、「稽古」、「明倫」三類，而三類之中皆無正經，三類之外益以「嘉言善行」，無非割裂經傳，雜録方言俚詩，蕪冗至不可讀。雖元代許魯齋以教蒙古子弟，極力表章，而當時虞道園諸公即已議其陋而不尊。又首以「天命之謂性，率性之謂道，修道之謂教」爲言，於小學何與？誠教學之遺憾也。

今本朱子《大學序》及《學禮門》以成是編，「立教」則以《保傅》、《學記》二篇爲正，而《荀子・勸學》附之；「敬身」則以《曲禮》、《容經》爲正，而《踐阼記》附之；「明倫」則以《内則》、《少儀》、《弟子職》爲主，而略損益之。由是每門之中，各有三篇正經，以存先王立教之遺，而其體尊矣。雖《勸學篇》兼及大學，《踐阼篇》非訓蒙儲，然敬義徹上徹下，且《大戴》不列於經，可藉是以存格言，《荀子》語無深微，初學尤資策厲，遠在劉子澄集本語録、俚詩之上，於朱子平日序《大學》、編《學禮》之意粲然合符，循而行之，可由灑掃、應對得精義之漸，裕作聖之基，其功於大學非淺也。

至《漢志》以六書爲小學家，而朱子《儀禮經傳通解・學禮》亦列《書數》一篇，即《保傅》所謂學小藝、履小節之事，但令初識形聲，稍知乘除，以便日用而已，豈能真以勺象之舞盡鐘律，灑掃之禮盡軍賓哉！而近儒遂欲以小學蔽先王造士之法，以六書蔽小學養正之功，形聲詁訓，童而究之，白首莫殫，終身無入大學之期，則又固之甚者也。孩提知愛，稍長知敬，赤子之心，大人之性。山下出泉，性清而静，是謂聖功；蒙以養正，是謂教本。爲山九仞，咨爾小子，尚其敬聽！

道光二十九年七月，邵陽魏源序於揚州絜園。

大學古本敍

《大學》之要，知本而已；知本之要，致知、誠意而已。至善無惡人之性，可善可惡人之心，爲善去惡者誠意，擇善明善者致知，以《中庸》證《大學》，先後同揆，若合符節。故「致知」、「誠意」二章，皆以「此謂知本」結之，此千聖之心傳，六經之綱領也。

物有本末，脩身以上爲本，齊家以下爲末。格物者，格其意、心、身、家、國、天下之物，以知其誠、正、脩、齊、治、平之理，朱子《或問》、《文集》、《語録》屢言及之，本末不偏。惟未悟古本分章之條理，而誤分經傳，加以移補，遂留後人之疑，以爲不格心、意、身之物，而泛言即凡天下之物。明代王文成公始復古本，而又未悟格物之本誼，遂謂「無善無惡心之體，有善有惡意之動，知善知惡者良知，爲善去惡者格物」，與《中庸》明善先於誠身、擇善先於固執之旨判然相歧。於是使誠意一關，竟無爲善去惡之功，而以擇善、明善屏諸《大學》之外，又以無善無惡之體破至善之天則，變聖經爲異學。而其徒王畿，遂並以正心爲先天之學，誠意爲後天之學，明季高忠憲、顧涇陽力排之不遺餘力。今雖熄訟，而補傳未去，錯簡未復，則《大學》之誼不章。使朱子闇合古本之旨意而並顯符古本之章次，則不致文成之疑，雖道問學而不失於支；使文成顯復古本之章次而並闇符格致之條理，則不至啟末流之弊，雖尊德性而不流於蕩，豈非千載遺憾有待後人者乎？

源紬繹有年，涣然於古本「致知」章、「誠意」章居首之誼，天造地設，證以《中庸》明善誠身及宋、明諸儒之説，而二章不分經傳之案定矣。再以「正脩」章爲敬以直内之功，存養與知行並進，而敬補小學之説，亦不必外求矣。明代高忠憲公及國朝李文貞公，並力主古本之義；即宋儒陸子言格物，亦與朱子無殊，但俱未有成書，則古本義終未著。爰恭録《欽定禮記義疏》案語於首，其經文共分「致知」章、「誠意」章、「正脩」章、「脩齊」章、「齊治」章、「治平」章凡六章，一循古本之舊，不分經傳，盡録朱子《章句》原文於下，即以今本之説注古本之書，天造地設，不約同符。又自以己意每章別加闡擇，取明大意而止。其下編復取宋、明儒先之説，旁推曲暢以盡其義。凡得書二卷。倘得如康熙中纂修《周易折衷》大學士李光地奏復朱子古本之例，使《大學》亦以古本頒學宫，以復石經孔、曾千年之舊，是所望於主持功令者。

道光元年歲在辛巳，書於京師。

孝經集傳序

以《孝經》次《大學》之後，何也？《大學》出於曾子，而《孝經》則夫子所特授曾子之書，當世即尊爲經，魏孝文侯已爲之傳。《公羊緯》所謂夫子自言「志在《春秋》，行在《孝經》」，真垂世立教之大原。蓋《孝經》言「不敢」者七，至春秋而皆敢之矣。敢心生於不敬，敬者，孝之主宰也，故總不惡不慢於不敢之中，敬則無不愛也。其微言大義，則備於《禮記》。後人或淺近視之，於《孝經》之中又裂分經傳，加以删削，與《大學》補傳改本同失，而《孝經》之誼幾亡。惟明漳浦黄子《集傳》，以大小戴《記》爲《孝經義疏》，精微博大，肅括弘深，實爲《孝經》之素臣，爲從來注《孝經》者所未及。源嚮往服膺，一詞莫贊，乃節録其傳，列於《大學古本》之後，使曾子之學大明於世。

抑又考古今言孝者，推舜爲大孝，武王、周公爲達孝，曾子爲至孝。然曾子得曾皙以爲之父，春風沂水，舞雩詠歸，同爲聖人之徒，各由狂狷以造於中行，其天倫所遇之境，蓋過於舜，而幾同於達孝之周公。《孝經》嚴父配天之誼，惟夫子以韋布享王祀，上及先世，足以當之，而曾子亦其鄰幾者也。《孝經》之傳，專授曾子，意深矣哉！故特有出乎立身行道、揚名後世外者矣。推《禮記》中「仁人孝子事天如事親，事親如事天」，「惟仁人能享帝，惟孝子能享親」之旨，揭諸篇端。而朱子《孝經刊誤》疑之，謂「言孝自有親切處，何必言嚴父配天，爲將恐啟人闇奸之心」。試思張横渠《西銘》父乾母坤，以大君爲宗子，「惡旨酒，崇伯子之顧養；育英材，穎封人之錫類。不弛勞而底豫，舜其功也；無所逃而待烹，申生其恭也。體其受而歸全者，參乎勇於從而順命者，伯奇也」，與《孝經》「嚴父配天」之義有何區別？自宋儒言之，則發前聖所未發；自周儒言之，則恐啟闇奸之心：斯誠所不解也。

道光元年，敍於京師。

曾子章句序

以《曾子》十篇並《孝經》次《大學》之後，何也？此亦曾子門人記曾子之書，宜與孔子之《論語》、孟子之七篇、子思之《中庸》，並列於《四子書》者也。《漢·藝文志》、《曾子》十八篇，隋、唐《志》及北宋《御覽》皆有之，汔南宋而亡。今惟存《大戴禮》者十篇，各冠以曾子，固洙、泗大誼微言，武城畢生踐履，皆於是乎在。凡孟子彼富我仁、彼爵我義之文，董仲舒尊聞行知、高明光大之義，皆見其中。而小戴《祭義》，則全取《大孝篇》文。子思子、樂正子門人述之，齊、魯、秦、漢儒者罔不誦法稱道之，挈大學小學樞要，宜旦夕奉師保、臨父母者也。奈何小戴去取不倫，而鄭康成又不註《大戴禮》，遂以此不列於經，又不獲與《大學》、《孝經》並表章於宋儒之手，惟宋楊氏簡、明劉氏宗周，皆篤學大儒，始各注十篇以貽世焉。

曾子得聖道宗，孝盡性，誠立孝，敬存誠，萬倫萬理，一反躬自省出之，初罔一言内乎深微，外乎閎侈，惟爲己爲人義利際，諄諄提撕而辟咡之，百世下如見其心焉。暨《天圓篇》原聖人制禮作樂之由以明人性之最貴，日用則神化也，庸德則大經也，不越户庭，明天察地，體用、費隱貫於一，不遺不禦也。

或謂《曾子》十篇，多言功夫，罕言本體，不及子思、孟子之精微。試觀《大孝篇》：❶「夫孝，置之而塞乎天地，博之而横乎四海，施諸後世而無朝夕，推而放之東海而準，推而放之西海而準，推而放之南海而準，推而放之北海而準。」「仁者仁此者也，義者宜此者也，禮者體此者也，忠者中此者也，信者信此者也，行者行此者也，彊者彊此者也。樂自順此生，刑自反此作。」此外尚有何本體、何功夫之不該乎？

南宋朱子跋汪晫所輯《曾子》，雖極推曾子之學主躬行，聞一貫，而終身所守不離孝敬清讓之規，專以輕富貴、守貧賤、不求人知爲大。是以從之游者，所記雖或淺近，而必有益於日用躬行之實云云。豈必欲其如《中庸》之「經大經，立大本，知化育，肫肫其仁，淵淵其淵，浩浩其天」，然後爲高深

❶「大」，原作「本」，今據《大戴禮記·曾子大孝》篇改。

乎？然江漢以濯之，秋陽以暴之，曾子之知聖人，其道光輝，皜不可尚，即《中庸》淵淵浩浩所自出。其見道也，徹上徹下，一以貫之，宜乎子思、孟子皆出其門矣。至德以爲道本，顔、閔、仲弓、曾點之徒以之；敏德以爲行本，孝德以知逆惡，曾子以之。聖門灑掃應對，可以精義入神，况洞洞屬屬執玉奉盈者乎？烏乎！曾子之以書傳，非曾子意也，其意蓋將以夏道之忠捄周文之敝，所謂「依乎《中庸》，遯世不見知而不悔」者也。宜乎後世不深知而淺近視之也。

十篇之外，曾子言行他見者，彙輯數篇於後，子思亦曾子門人，故類附焉。烏虖！十篇之不列於四書，乃儒林憾事，而欲以區區之力表章其間，智小任重，言僭行褊，是以「戰戰兢兢，若履薄冰」云爾。

道光元年，敍於京師。

曾子章句序

案，此篇見《湖南文徵》及《經世文編》，與前篇互有異同，因並存之。

夫子殁，斯文未墜于地，則惟曾氏以至誠紹其宗，授子思、孟子，爲萬世極，《漢・藝文志》，《曾子》十八篇，隋、唐《志》及北宋《御覽》咸有之，汔南宋而亡。今惟存《大戴禮》者十篇，各冠以曾子，與《小戴・曾子問》皆夫子語者固殊，蓋洙泗大義微言、武城畢生踐履於是在。凡《孟子》「彼富我仁」、「彼爵我義」之文，董仲舒「尊聞行知」、「高明光大」之義，皆見其中。而小戴《祭義》，則全取《大孝》篇文，《事父母》篇「坐尸立齋」之云，則《小戴》删取《大戴》明證也。子思、樂正子門人述之，齊、魯、秦、漢儒者罔不誦法稱道之，挈小學大學樞要，宜旦夕奉師保、臨父母者也。奈何《小戴》去取不倫，而鄭康成氏又不注《大戴禮》，既以此不列于經，又不獲與《大學》、《中庸》同表章後世，徒相沿緯書「行在《孝經》」語，以爲真夫子授曾氏書。曾氏書顧若明若滅斷簡中，千載莫過問焉。

曾子得聖道宗，孝盡性，誠立孝，敬存誠，萬倫萬理，一反躬自省出之。初罔一言内乎深微，外乎閎侈，惟爲己爲人、進退義利際，諄諄提撕而辟咡之，百世下如見其心焉。暨《天圓篇》原聖人制禮作樂之由，以明人性之最貴，日用則神化也，庸德則大經也，不越户庭，明天察地，體用、費隱貫於一，不遺不禦也。

少習孤經，懿好攸在，茫茫絶緒，問津不聞。謁而互諸，塞而榛諸，微言未窺，大義誰揭？不揣狂簡，綱之紀之，仰鑽既竭，告語如聞。而其軼時時見他説者，亦網羅而部彙之，爲五篇於其後。嗚呼！曾氏之以書傳，非曾氏意也，曾子固以身教而不以言教者也，其志蓋將以夏道之忠，捄周文之敝也。姬公制作之精意，漻然以清，沕然以肫者，唯曾氏爲得之。

儒行缺，世教漓，視人生之初，幾若茹毛飲血之不可復見于世。嘗試與之陳尼嶧之遺文，稽龜麟之舊册，則亦歷歷然若矇誦之熟諸口也，皋比之習于耳也，忽忽乎若來若去之無戚于懷也。逃空谷者聞足音而起，厭稻粱者易以黍稷而或樂。則兹編之晚顯于世也，其亦將天之有意于世乎？其亦末學之有幸於迷途乎？智小任重，言僭行窳，是以「戰戰兢兢，若履薄冰」云爾。

子思子章句序

《中庸》之爲《子思子》，尚已，而《坊》、《表》、《緇衣》與焉。有徵乎？曰：有。《隋書·音樂志》載沈約之言曰：「《禮記·月令》取《吕氏春秋》，《緇衣》、《中庸》、《坊記》、《表記》取《子思子》，《樂記》取《公孫尼子》。」一也。《御覽》引《子思子》曰：「天下有道，則行有枝葉；天下無道，則言有枝葉。」今見《表記》，二也。《文選注》引《子思子》曰：「昔吾有先正，其言明且清，國家以寧，都邑以成。」今見《緇衣》，三也。且《坊》、《表》言必稱子而引《論語》之文，間一；又數引《春秋》，間二；且獨稱「子云」、「子言之」，與他書記聖言體例不倫，間三。三徵既明，三間俱釋，於是敍曰：

聖人憂患天下來世其至矣。删《詩》、《書》，正禮樂，皆述而不作，有大義，無微言，豈預知有《論語》爲後世入道門哉？假年絶韋來，天人性命之理，進修聚辨之方，无咎寡過之要，胥於《易》乎在。子思本祖訓發揮之，故《中庸》一《易》道也；《表記》言正而合道，見稱伊川程氏，則《論語》輔也。《易》之誠，《論語》之仁，皆古聖未發而夫子發之。不讀《中庸》，不知誠爲盡性之要；不讀《表記》，不知敬爲求仁之方，而望《易》、《論語》精微，猶入室不由户也。《坊》、《緇》之文，其閎深誠與《庸》、《表》有間，然禮坊德，刑坊淫，命坊欲，綱萬事於三端。聖人既以敍彝倫，建皇極，而《緇衣》數理化得失，爲百世君民臣主師。尼門五尺所言，要非霸世所得聞者。蓋《易》、《論語》明成德歸，《詩》、《書》、《禮》、《春秋》備經世法，故《坊記》以《春秋》律《禮》，《緇衣》以《詩》、《書》明治，體用顯微，同源共貫，于道之大而能博者，其亦具體而微矣。

世人惟知《史記》子思作《中庸》，故著蔡之，而此三篇之爲弟子述所聞者，則自唐後二十篇書原不存，亦遂如瀆迷濟，海淪碣矣。予悼斯道之湮微，乃別而出之，各爲紬繹，而《中庸》則專以《易》道發之，用補苴先哲，其軼言時時見他説者，亦輯成篇，而後祖孔、師曾、迪孟之學，大略明且備。剛矣，誠矣，高矣，明矣！

宋汪晫編《子思子》，妄攟孔鮒贋書而顯昧四篇之正經，棄天球，寶康瓠，慎莫甚焉，今遂擯勿道也。

董仲舒《春秋繁露》引《坊記》「君子不盡利以遺民」一章，稱爲孔子之言，蓋子思垂訓，本多祖述，如道德齊禮，與夫南人有恒之言，皆錯見于諸篇，不害其全篇之爲子思也。《禮記》鄭《目録》于《坊》、《表》、《緇衣》三篇不言出《子思子》者，猶《三年問》篇全出《荀子》而鄭《目録》亦不言及也。劉獻稱《緇衣》公孫尼子作者，案《漢志》，公孫尼子，七十子之弟子，或其嘗受業子思，故辭述師説以成斯篇歟？然則《坊》、《緇》之文未能閎深，亦記不一手故也。有以此三事獻疑者，因各爲條之如此。

論語孟子類編序

序曰：經有奧義，有大義，研奧者必以傳注分究而始精，玩大者止以經文彙觀而自足。諸子書無不各從其類，故《漢·儒林傳》言費直《易》無章句，惟以《彖》、《象》、《文言》傳詞解《易》，而《漢書·儒林敘》亦曰：「古之學者耕且養，三年而通一經，存其大體，玩經文而已。」況《論語》、《孟子》顯白之文，至今如侍辟珥而聞詔告，非《典》、《謨》、《盤》、《誥》聱牙詰之比，奚必待傳注而後明哉！

自明以來，學者争朱、陸，自本朝以來，學者争漢、宋，今不令學朱學陸而但令學孔、孟焉，夫何諍？然近日治漢學者，專務記醜，屏斥躬行，即論洙、泗淵源，亦止云定、哀間儒者之學如是，在子思、孟子以前；其章欲託尊《論語》以排思、孟，甚至訓一貫爲壹行，以詁經爲生安之學，而以踐履爲困勉之學。❶今即以孔、孟、曾、思之書條貫示之，其肯相從於鄒、魯否，尚未可知也。

夫聖人之道，大而能博，賢人學之，各得其性所近。故聖人之言，必引而就卑，不如此則人不親；賢人之言，或亢而自高，不如此則道不尊。且教法因人、因時，原無定適。孔子動教求仁，而孟子則獨標集義，仁之氣渾然，義之氣浩然，其得之天授已不盡同。孔子教人專主博文約禮，而仁在其中，故不言心而心自存，此合德性、問學爲一者也；孟子直指人心體驗，擴充存養。孔子動言禮樂，造就成德；孟子則不但無一言及樂，亦從無琴瑟弦歌之事，陶融禮樂之化，即博學詳説之語，七篇中亦僅一偶及焉，不必下學而自能上達。且孔子并學夏、殷、周之禮，孟子則諸侯之禮未學，周室頒爵禄不知其詳，此尊德性多於道問學者也。然聖人言近而指遠，雖不示中人以上，而「天何言哉」之訓，「無行不與」之訓，「知我其天」之訓，則直以天自處。且歎道體於逝川晝夜，悟性天於朝聞夕死，徹上徹下，精義入神，故曰：「子罕言利與命與仁。」蓋元亨利貞，性與天道，皆寄於假年學《易》，得聞者惟顔子一人，故《易・繫》以顔子與箕、

❶「困」，原作「因」，今據淮南本改。

文同列，豈僅《詩》、《書》、執禮之雅言所能盡者乎？孟子一生，惟以上繼《春秋》自任，旁引《詩》、《書》，而無一言及於《易》，亦無一言及於天道，此其精微之同異。蓋孔子自誠明，而孟子自明誠者也。孔子天下至誠，而曾子、孟子皆「其次致曲，曲能有誠」者也。曾子以魯得之，子思、孟子皆以高明得之。

然則後世學聖人者宜如之何？曰：自以學孟子爲易簡直捷而適於用，學曾子爲篤實嚴密而切於體，於聖門爲好仁、惡不仁之分，雖萬世無弊可也。然聖門中四科七十子，狂簡斐然，極一時之盛。孟子則一生所造就，僅樂正子一人；此外公孫丑、萬章、咸丘蒙之徒，以問答相接，無一言及於身心砥礪之事，且其所問如舜臣堯、瞍及舜父殺人、竊負逃海，皆五尺童子所不願聞，問其所不必問，答其所不必答，直當在不屑教誨之列。不知後車十乘，從者數百人，終日追隨，所爲何事？豈其學專宜中人以上歟！遂使後世有「軻死不得其傳」之嘆，正猶陸、王之學，皆不再傳而決裂，遠不及程、朱源流之久遠，又何說也？謹質所疑，俟知德君子折衷焉。

孟子小記

咸丘蒙問曰：「舜南面而立，堯帥諸侯北面而朝之，瞽瞍亦北面而朝之。舜見瞽瞍，其容有蹙」，是以舜見堯之北面，晏然受之矣。舜攝位八年之時，「舜尚見帝，帝館甥于貳室，亦饗舜，迭爲賓主」。今謂堯北面朝舜，舜南面而立，則是居堯之宮，偪堯爲臣，而以禪爲篡乎？史稱「孟子退而與萬章之徒敍《詩》、《書》，述仲尼之意，作《孟子》七篇」。咸丘蒙苟曾讀《尚書》，豈有不知堯崩在舜未即位以前，安有舜既天子而堯尚北面朝者？豈不知舜五十即居瞽瞍之喪，孺慕終身，安有舜爲天子瞽瞍尚存者？何乃引「率土之濱，莫非王臣」，以舜既爲天子而瞽瞍不臣爲異事？是必父拜子坐而後情安理得，父不拜子，則爲異事，直乃天地易位，罪不容誅！孟子門下有此梟獍，乃不斥諸門牆之外。是宰予不過短喪，夫子尚呵而責之，咸丘蒙必欲以子臣父，乃不鳴鼓而攻之，尚且登其言于七篇，置之五教答問之列。不知後車數十乘，從者數百人，所爲何事？豈有不讀一經，不識一義，惟知庋屨、餔啜爲事乎？聖門七十子，于柴愚、參魯、由喭、師辟，皆時時提誨如不及，甚至門人厚葬顏淵，子路使門人爲臣，尊師篤友之誼甚美，而夫子責以欺天。而孟子則樂正子而外，如景春則羨公孫衍、張儀爲大丈夫，公孫丑而以管、晏之功，夫子當路于齊不敢復許，其垂涎脅諂之意形諸詞色，不知所學何道，所爲何事乎？孟子門人惟樂正子一人，此外皆不堪問，是以「軻死不得其傳」焉，其以此乎？

桃應問曰：「舜爲天子，皋陶爲士，瞽瞍殺人，則如之何？」爲孟子者，告以瞽瞍頑嚚之時，焚廩浚井皆不能殺，大杖則逃，求之則未嘗不在側；一子且不能殺，安能殺人！當舜三十徵庸被舉之時，已言「克諧以孝，烝烝乂，不格姦」，其後瞽瞍底豫，「舜祗載見瞽瞍，夔夔齊栗」，是瞍已化爲慈父，安有即位後復殺人之事？即以有時誤殺左右，尚有議親、議貴之典，此問之最無難答者也。乃忽告以「竊負而逃，遵海濱而處」。瞍能往，皋亦能往，是舜父子皆將死於皋陶之手，尚欲「終身欣然樂而忘天下」，是何孟子言論異於孔子者若斯，支離不可思議，一至此乎！毋乃戰國小人妄爲此説，竄入七篇，以敗我大賢之門户，後人不審，視同謨訓。烏乎！此韓子所以言識古書正僞之難也。

《論語》論治，止言「足食、足兵、民信」，而聖人「期月可，三年成」，所以立動綏和，亦莫由知其所以然；其告顔淵爲邦，夏時、殷輅、周冕、《韶》樂，乃治定功成制作之事。《中庸》言「爲天下國家有九經」，而「懷諸侯，柔遠人」，亦成周盛時之治。惟孟子言王道，曰田里樹畜是也，庠序、學校、養老、明倫是也；其在朝廷，則「尊賢使能，俊傑在位」是也；其于用兵，則曰「天時不如地利，地利不如人和」是也，而曰「善戰服上刑，連諸侯者次之，闢草萊、任土地者次之」，又曰「我能爲君約與國，戰必克，今之良臣，古之民賊」。然若吴起、樂毅、李牧、廉頗、趙奢、蒙驁、蒙恬之將；燕昭中興再造，破齊七十餘城；齊襄、田單守即墨，走騎刧，❶盡復七十二城；趙武靈之爲君，胡服騎射，外服匈奴，破其十萬衆，使不敢南牧；又假爲趙使面見秦王于咸陽，欲從雲中直襲秦；其後秦始皇欲滅楚，王翦謂非六十萬人不可：是此數强國，豈可不煩兵力而服者乎？計七國命世之才，惟信陵君有王佐器，故《漢·藝文志》傳有《信陵君兵法》。其始以選兵八萬救趙，一戰而走蒙驁，全邯鄲，既而秦聞公子留趙十年，急攻

❶「騎」，原作「田」，今據《史記·田單列傳》改。下文同，不再出校。

魏，信陵君歸救魏，遣使告燕、趙、齊、韓各國出兵，各國皆怨秦，及聞公子自將，皆願助師。公子將五國之兵大破秦師，秦師固守函關而不敢出戰。使公子不聽魏王之召，益約燕、趙、齊、楚之師，或由雲中，或由夏陽渡河以入咸陽，而自將魏兵由武關走藍田，則守關之兵自潰，而後合各國之師雲集關中，擇要據守，部伍整肅，十圍五攻。秦人倉皇徵兵，未必盡集，即盡力戰守，亦必不如五國之師。不出半年，城中糧盡援絶，咸陽必破，秦滅而各國必皆戴信陵爲盟主以王關中。不數年，趙武靈王國中少長爭國，李牧以讒死矣。燕昭王死，惠王信讒，改將攻齊，樂毅奔趙，騎刼敗死，國危如累卵矣。未幾而齊君王后死，齊王爲松柏之客矣。韓弱周衰，不征自服，而王業成矣。荀子曰：「秦之武卒，不如桓、文之節制；桓、文之節制，不如湯、武之仁義。」兵於五行，誰能去之？撥亂戡暴，有文事必有武備，欲王天下而不求將帥，嚴軍令，蒐軍實，但欲「制梃以撻秦、楚之堅甲利兵」，不久宣王死，湣王虐，燕師復仇，下齊七十餘城。彼時孟子若在其國，不知何以處之？滕文公以五十里之地，勸其行井田，不待築薛之懼而後知其迂也。

案：趙武靈王被弒在周赧王之二十年，樂毅奔趙在赧王之三十六年，而信陵君之自趙歸救魏已在周亡之後，距燕、趙之事數十年矣。而不數年云云，前後倒置，恐非魏氏原本。

兩漢經師今古文家法攷敘

魏源曰：余讀《後漢書·儒林傳》，衛、杜、馬、賈諸君子承劉歆之緒論，創立費、孔、毛、左古文之宗，土苴西京十四博士今文之學，謂之俗儒，廢書而喟！　夫西漢經師，承七十子微言大義，《易》則施、孟、梁丘，皆能以占變知來，《書》則大小夏侯、歐陽、兒寬，皆能以《洪範》匡世主，《詩》則申公、轅固生、韓嬰、王吉、韋孟、匡衡，皆以三百五篇當諫書，《春秋》則董仲舒、雋不疑之決獄，《禮》則魯諸生、賈誼、韋玄成之議制度，而蕭望之等皆以《孝經》、《論語》保傅輔道，求之東京，未或有聞焉。　其文章述作，則陸賈《新語》以《詩》、《書》説高祖，賈誼《新書》爲漢定制作，《春秋繁露》、《尚書大傳》、《韓詩外傳》、劉向《五行》、楊雄《太玄》，皆以其自得之學，範陰陽，矩聖學，規皇極，斐然與三代同風，而東京亦未有聞焉。

今世言學，則必曰東漢之學勝西漢，東漢鄭、許之學綜六經，嗚呼！　二君惟六書、三《禮》並視諸經爲閎深，故多用今文家法。及鄭氏旁釋《易》、《詩》、《書》、《春秋》，皆創異門户，左今右古。　其後鄭學大行，駸淫遂至《易》亡施、孟、梁丘，《書》亡夏侯、歐陽，《詩》亡齊、魯、韓，《春秋》鄒、夾、公羊、穀梁半亡半存，亦成絶學，讖緯盛，經術卑，儒用絀。　晏、肅、預、謐、賾之徒，始得以清言名理並起持其後，東晉梅賾《僞古文書》遂乘機竄入，並馬、鄭亦歸於淪佚。　西京微言大義之學，墜於東京；東京典章制度之學，絶於隋、唐；兩漢故訓聲音之學，熄於魏、晉；其道果孰隆替哉？

且夫文質再世而必復，天道三微而成一著。　今日復古之要，由詁訓、聲音以進於東京典章制度，此齊一變至魯也；由典章制度以進于西漢微言大義，貫經術、故事、文章於一，此魯一變至道也。

道光商横攝提格之歲，源既敍録武進禮曹劉申甫先生遺書，略陳群經家法，兹乃推廣偏集兩漢《儒林傳》、《藝文志》之文。凡得《周易》今文家施氏學第一，梁丘學第二，孟喜氏學第三，孟氏學旁出京氏、焦氏第四，《周易》古文家費氏學第五，其流爲荀氏卦氣之學、鄭玄爻辰之學，此外又有虞翻消息卦變之學，斯爲《易》學今古文傳授大概也。

《尚書》今文列于博士者，有伏生、歐陽、大小夏侯二十八篇之學，有孔安國古文四十餘篇之學。至東漢初，劉歆、杜林、衛宏、賈逵、馬融、鄭康成又別創古文之學，其篇次與今文同，而孔安國佚十六篇仍無師説，此皆不列於博士者。及東晉僞古文及僞孔《傳》出，唐代列於學校，而伏、歐之今文，馬、鄭之古文，同時並亡。予據《大傳》殘編，加以《史記》、《漢書》諸子所徵引，共成《書古微》，斯《尚書》今、古文傳授大概也。

《詩》則漢初皆習齊轅固生、魯申公、韓嬰三家，惟毛《詩》別爲古文。鄭康成初年習韓《詩》，及箋《詩》改從毛，于是齊、魯、韓次第佚亡，今惟存毛《傳》。及宋朱子、王應麟始略采三家《詩》殘文，而未得條緒。明何楷、本朝范家相、桐城徐璈次第蒐輯，始獲三家《詩》十之七八，而余發揮之，成《詩古微》，此《詩》今古文大概也。

小學以《説文》爲宗，歷代罕究。國朝顧炎武始明音學，而段、王二氏發明《説文》、《廣雅》，惟轉注之説尚有疏舛，予特爲發明之，此小學家之大概也。

《禮經》則禘祫之義，王肅與鄭玄抗衡，鄭主緯書感生五帝之説，肅主人帝爲始祖所自出之帝，輸攻墨，一本「墨」下有「守」字。秦固失之，楚亦未得。而鄭玄《周禮注》計口出泉，至宋遂啟王安石新法之禍。惟宋朱子纂《儀禮經傳通解》，分家禮、邦國禮、王朝禮、喪祭禮，合三《禮》爲一書，集三代古禮之大成，又欲采後世制度因革損益以擇其可行，國朝《讀禮通考》、《五禮通考》實成其志，此則古今三《禮》之大概也。

今采史志所載各家，立案于前，而後隨人疏證，略施斷制於後，俾承學之士法古今者，一披覽而群經群儒粲然如處一堂。識大識小，學無常師，以爲後之君子亦將有樂于斯乎？

學校應增祀先聖周公議

謹案：《禮記·文王世子》：「凡入學者，必釋奠於先聖先師。」鄭康成《注》曰：「先聖謂周公，先師謂孔子。」考《禮記》出於周、魯之儒，鄭氏《注》在東漢之世，則是周、漢時已皆祀周公爲先聖、孔子爲先師。下及唐宋，均無啟聖殿之祀，其祀啟聖者，始於元世，而明代因之，我朝雍正間始加封王爵。其實《史記·孔子世家》及《左傳》孟懿子之言，皆止謂孔子祖爲正考甫，生孔父嘉，嘉生防叔，始去宋家於魯，防叔生伯夏，伯夏生叔梁紇，統爲五世。初無木金父、睪夷父二世，此二世出於王肅僞《家語》，不可爲典要。即啟聖四世之祠，亦止宜祀於闕里孔氏家廟，由衍聖公奉祀，其於天下各省郡邑學校崇文敷教之誼無當也。是以本朝列聖祀學，止拜先師，而無拈香啟聖殿之事，各省學政地方官丁祭及朔望行禮，皆止詣大成殿，而無祀啟聖殿之事，既同虛設，曷謂尊崇？

考學校所崇五經，《易》、《詩》、《書》、《禮》，皆原本於周公，而述定於孔子。如《周易》之六十四爻，皆作於周公，而傳翼於孔子；《詩》之《雅》、《頌》、《南》、《豳》，皆出於周公而正《樂》於孔子；《書》之《周誥》固出周公，而典謨虞夏之書，亦周史藏之，而孔子編定之。至於《周禮》、《儀禮》及二戴所記禮儀三百、威儀三千，尤皆出周公一聖之手，惟《春秋》因魯史之舊，而筆削於孔子耳。故夫子自言「述而不作」，蓋作者之謂聖，述者之謂明。孔子一生，夢周公而師文王，文王已在歷代帝王祀典之列，則以師道兼治道者，惟周公、孔子而已。孟子以周公與大禹爲三聖，唐韓愈《原道篇》曰：「由周公而上，上而爲君，故其道行；由孔子而下，下而爲民，故其説長。」今天下不獨學校所誦習皆周公經典，即上而朝廷制度，六官分治，皆《周禮》冢宰、司徒、宗伯、司馬、司寇、司空之職；且太常所奏樂舞，皆《周官》大樂正之遺；上自壇廟，下及郡國，所行吉、凶、軍、賓、嘉五禮，皆周公之制；及欽天監測算儀器，皆《周官》土圭、挈壺、保章及《周髀》算數之遺；所用典籍符印文字，皆《周官》保氏六書之體。《中庸》所謂「車同軌，書同文，行同倫」，「雖有其位，苟無其德，不敢作禮樂焉；雖有其德，苟無其位，亦不敢作禮樂焉」。洵乎非德位皆隆如周公者，不足當之矣！

國家崇德報功，凡歷代有功德於民者，皆列祀典，況以三代大聖在孔子之前，創萬世禮樂之制，朝野無不遵行，而學校祭祀俎豆不及，豈非一大缺典，爲人心所不安乎？且古制本以周、孔並崇，今應請於朝廷，復周、漢之制，即以天下學宫之啟聖殿爲先聖殿，中供先聖周文公之神位，恭請御書「祖述憲章」四字匾額懸之中央，每歲春秋丁祭，止增一牲幣，地方官朔望行禮，止多一拜跽，不動一椽，而崇德報功，盡美盡善，從此禮樂教化之源，與日月昭而天地悠也，豈非一朝盛事必當興舉者歟！其啟聖五王木主，宜用櫝藏恭貯於尊經閣。至於從祀，則其從祀於先師者，即其從祀於先聖者也。束髮鼓篋，涵詠聖涯。昧昧我思，羹牆在望。不登朝列，無望颺言。敬撰斯誼，以俟來哲。

古微堂外集卷一終

古微堂外集卷二

邵陽魏源著

孔子年表

魯襄公十年十月庚辰孔子生。襄公十一年，三桓分爲三軍。	孔氏《公羊通議》曰：「陸德明《釋文》謂『庚子孔子生，《傳》文上有十月庚辰，此亦十月也。一本作十一月庚子』。今以十月庚辰朔校之，知舊作十一月者誤，故定從《釋文》本。《傳》記此者，分前此爲所聞之世，後此爲所見之世也。周十月，日在壽星之次，與斗柄同位。先儒言『夫子生時，帝車南指』，此日加午之驗也。」謹案：於今禄命術，得己卯、癸酉、庚子、壬午，應四極之位也。占之《金匱式》曰：「六陽罡爲六合臨時之方。青龍繫日，

朱雀翺翔，始以龍見，終以蛇藏。是有德而章，無位而王者與！」

襄公十五年。

孔子年五歲，爲兒嬉戲，嘗陳俎豆，習禮容。

襄公二十二年。

《史記·魯世家》：「襄公二十二年，孔丘生。」此大誤也，不知孔子是年十二歲矣。

襄公二十五年。

孔子十有五歲，聖母顏氏卒。不知其父墓，殯於五父之衢，問諸郰曼公之母，❶然後合葬於防。顏母卒年無考，然自二十歲娶妻生子以後，并無居憂之事，知喪母必在二十歲以前。

襄公二十八九年。

「孔子嘗爲委吏矣，嘗爲乘田矣。」三年之喪，二十五月而畢。十五居憂，十七免喪。故知乘田委吏必在十八九歲時。

襄公三十年。

孔子二十而冠，始娶亓官夫人，生子，名鯉，字伯魚，以榮君賜。

孔子少居魯，衣逢掖之衣；長居宋，冠章甫之冠。

❶「郰」，原作「聊」，今據《史記·孔子世家》改。

襄公三十一年。❶

昭公二十五年，❷公欲以越伐魯而去三桓，卒率公徒攻季氏，平子登臺而請，不獲。爲孟孫氏之兵所敗，奔齊。

定公九年，使孔子爲中都宰。

十年，公會齊侯于夾谷。

齊景公二十六年，獵魯郊，因入魯，與晏嬰俱問魯禮。

孔子適周，問禮於老聃。反至魯，弟子益進。

吴子使札來聘，請觀周樂，見《易象》與《魯春秋》，曰：「周禮盡在魯矣。」始得交於孔子，孔子嚴事之。

或曰：「子奚不爲政？」子曰：「《書》云『孝乎惟孝，友于兄弟』，是亦爲政，奚其爲爲政？」陽虎欲見孔子，瞯孔子之亡也而餽孔子蒸豚，孔子亦瞯其亡而往拜，遇諸途。曰：「懷其寶而迷其邦，可謂仁乎？」孔子曰：「諾，吾將仕矣。」皆昭公時魯亂夫子不仕之事。

❶「一」，原作「三」，今按：《春秋》書魯襄公卒於三十一年，據改。

❷「二十五」，原作「十」，今據《左傳》昭公二十五年改。

齊景公四十八年，魯定公會齊侯于夾谷。大夫犁鉏曰：「孔丘知禮而無勇，請令萊兵爲樂，因執魯君，可以得志。」方會，進萊樂。孔子歷階而上，使有司執萊人斬之。齊侯慙，乃歸魯侵地而罷去。（以上《齊世家》）

孔子以司寇攝相事，曰：「臣聞有文事者必有武備。古者諸侯出疆，必以其官從，請具左右司馬。」果卻萊兵，而使齊人歸鄆、讙、龜陰之田。

定公十二年，魯墮三都。

孔子行乎季氏，三月不違，曰：「家不藏甲，邑無百雉之城，請墮三都。」於是叔孫墮郈，季孫墮費。費宰公山不狃及叔孫輒帥費人以襲魯，公與三子入于季氏，登武子之臺，費人攻之，不克。仲尼命申句須、樂頎下伐之，費人北，國人追之，敗諸姑蔑，不狃及輒奔齊。將墮成邑，成宰公斂處父謂孟孫曰：「墮成，齊人必至于北門，子僞不知，我必不墮。」冬十二月，公圍成，弗克。

定公十三年。

定公十四年，齊人餽女樂，季桓子受之，三日不朝。孔子行。

孔子由魯司寇攝行相事，與聞國政。三月，粥羔豚者弗飾價，男女行者别于途，行不拾遺，四方之客至乎邑者不求有司，皆予之以歸。《史記·世家》孔子始用於魯，魯人鷖頌之曰：「麛求而韠，投之無戾；韠之麛裘，投之無郵。」男子行于途右，女子行于塗左，❶財物之遺者，民莫之舉。三月，魯國大治，《吕氏春秋》所謂「於季桓子見行可之仕」也。齊人聞而懼曰：「孔子爲政必霸，霸則吾地近焉，我爲之先并矣。」犁鉏曰：「請先嘗沮之，沮之而不可則致地，庸遲乎？」於是餽女樂，皆衣文繡之衣，舞於魯東門之外。定公與季孫皆微服往觀，三日不朝。仲由曰：「夫子可以行矣。」孔子曰：「魯今且郊，如致膰肉於大夫，則吾猶可以止。」三日膰肉不至，不税冕而行，宿乎屯。桓子使師己送之，孔子歌曰：「彼婦之口，可以出走！彼婦之謁，可以死敗！」桓子聞之曰：「夫子罪我以群婢也。」中途歌曰：「違山十里，蟪蛄之聲，尚猶在耳。」又歌曰：「予欲望魯兮，龜山蔽之；手無斧柯，奈龜山何！」遂適齊。

❶「右」，原作「左」；「左」，原作「右」，今據《吕氏春秋·樂成》改。

十五年，孔子去魯至齊。

子在齊聞《韶》，學之三月不知肉味，曰：「不圖爲樂之至于斯也！」

齊景公問政於孔子，子曰：「君君，臣臣，父父，子子。」景公曰：「信如君不君，臣不臣，父不父，子不子，雖有粟，吾得而食諸？」景公曰：「若季氏則吾不能，以季、孟之間待之。」晏嬰阻之曰：「公欲用孔子，孔子者，當年莫能究其道，累世不能殫其數。」景公曰：「吾老矣，不能用也。」孔子遂接淅而行。

衛靈公三十九年，❶太子蒯聵以夫人淫亂，欲殺之，不果，遂奔晉。四十二年，❷靈公游于郊，公子郢僕。公謂郢曰：「我將立若爲後。」公子郢對曰：「郢不足以辱社稷，且亡人之子輒

衛靈四十年，孔子適衛，冉有僕。子曰：「庶矣哉！」冉有曰：「既庶矣，又何加焉？」曰：「富之。」「既富矣，又何加焉？」曰：「教之。」衛靈公聞孔子至，喜，郊迎。靈公問孔子：「居魯司寇，得祿幾何？」曰：「奉粟六萬。」衛人亦致粟六萬。時子路從行，至衛。子路與彌子爲妻兄弟，欲孔子主其家，而孔子遂主顔讎由家。時夫人南

❶「三」，原作「四」，今據《史記·衛康叔世家》改。

❷「二」，原作「三」，今據《史記·衛康叔世家》改。

在。」靈公卒，夫人以靈公遺命，立公子郢爲太子，公子郢固辭。于是衛人以輒爲君。是年六月乙酉，趙簡子欲納蒯聵，乃令陽虎詐命衛十餘人衰絰歸，簡子送蒯聵。衛人聞之，發兵圍戚，蒯聵不得入，入宿而保，衛人亦罷兵。十二年，孔文子娶太子蒯聵之姊生悝。❶孔氏之豎渾良夫美好，文子卒，良夫通于悝母。太子蒯聵在宿，悝母使良夫於太子。太子與良夫盟曰：「苟能入我國，報子以乘軒，免爾三死。」許以悝母爲之妻。閏月，良夫與太子入，舍孔氏。昏，

子方逐蒯聵，欲立公子郢。孔子告靈公當立公子郢爲太子，故夫人亦慕聖人之德，欲見孔子。孔子辭謝，不得已而見之。夫人先拜於絺帷中，孔子北面稽首答拜，夫人自絺帷中再答拜，環珮聲璆然。孔子曰：「吾鄉爲弗見，見之禮答焉。」是時，孔子與夫人隔帷行禮，聞其聲不見其人。蓋南子能於昏夜中識蘧伯玉車音，其人非不知慕賢好德者。孔子所謂「人潔己以進，不保其往」，何必如朱《注》傅會「大夫使于鄰國有見小君之禮」乎？良由公子郢當立，議合于靈公與夫人之心，此所謂「際可之仕」者。子曰「仲叔圉治賓客，祝鮀治宗廟，王孫賈治軍旅」，當在此時。又曰「不有祝鮀之佞，而有宋朝之美，難乎免今之世」，亦在此時。王孫賈問曰「與其媚於奧，寧媚於竈」，夫子以爲「獲罪於天，無所禱也」，亦在此時。其後靈公與夫人同車，招摇市過之，孔子醜之曰：「吾未見好德如好色者！」見《史記·孔子世家》。故託詞以行。其實夫

❶「姊」，原作「妹」，今據《史記·衛康叔世家》改。

又使二人蒙婦人衣，宦者御，適伯姬氏。既食，悝母杖戈而先，太子與五人介，遂刧悝以登臺。欒甯方飲酒，聞亂，使告仲繇，召護駕乘車，奉出公輒奔魯。仲由欲燔臺以取孔叔，太子懼，下石乞、盂黶二人，以戈擊子路，子路結纓而死。孔悝竟立太子蒯聵，是爲莊公。

《世家》孔子至衛，正在蒯聵奔晉、靈公欲立公子郢之時，其再至衛，正在出公初年蒯聵未入之時。

子自言「我戰則克」，而子路行軍，冉有用矛，亦未教以行陳。靈公果能用孔子，則問兵亦治國之事，何必一言即去乎？

魯哀公四年，孔子去衛，厄於陳、蔡。

楚昭王二十七年，吴伐陳，楚昭王救之，軍於城父。孔子適楚，當在是時。

魯哀公六年，衛靈公卒。

未去衛之前，有儀封人請見之事，有子擊磬於衛、荷蕢過門歎有心之事，子路宿于石門遇晨門之事；去衛以後，過宋，講禮於大樹，宋桓魋使人伐其樹，❶欲以殺孔子，有微服過宋之事，有過匡，匡人疑爲陽虎被圍之事，過蒲要盟之事。將往陳、蔡，遇葉公問政，葉公又問孔子於子路，遂稱于楚昭王，而陳、蔡大夫發徒圍之，絶糧三日。子貢使楚，楚昭發兵迎之，將封以書社七百里之地，任以國事，令尹子西阻之。於是孔子復至陳，主司城貞子，爲陳侯周臣。子在陳曰：「歸與，歸與！吾黨之小子狂簡，斐然成章，不知所以裁之。」於是自楚反魯，過衛，衛輒喜夫子再至，復如靈公之致粟六萬，是爲衛孝公公養之仕。時輒年甚幼，國政上卿專之，故《春秋》貶書「衛曼姑率師圍戚」，❷不書輒者，令不自己出也。衛君待子而爲政，而子曰「必正名」者，蓋欲輒以位讓公子郢，而後自

❶「樹」，原作「檀」，今據《史記·孔子世家》改。

❷「圍」，原作「圉」，今據《春秋·哀公三年》改。

魯哀公十年。

迎蒯聵以歸，坐享富貴，不復爭國，則父子兄弟各復其所，而名正言順矣。衛君不能行，夫子遂去衛，未嘗有三年淹也。先是，魯哀公三年秋，季孫斯病，輦而見魯城，歎曰：「昔此國幾興矣，以吾獲罪孔子，故不興也。」謂其嗣肥曰：「我死，若必相魯，相魯，必召仲尼以補吾過。」子肥立，是爲康子，將召孔子。公子魚曰：「昔吾先君用之不終，爲諸侯笑。」康子曰：「然則誰而可？」曰：「不如先召冉求。」於是使之召冉求于衛。端木賜送冉求，誡之曰：「即以用孔子爲招。」冉求反魯。魯哀公八年，齊師伐魯，戰於郎，冉求用矛于齊師，壯士從之，大敗齊師，獲其甲首三百。季孫曰：「子之於軍旅，學之乎，性之乎？」冉求曰：「學之於孔子。」季孫曰：「我欲召之，何如？」對曰：「欲召之，則毋以小人間之。」

衛孔圉將攻太叔疾，訪于孔子，孔子不對。曰：「鳥則擇木，木豈能擇鳥？」適魯以幣召孔子，孔子乃歸。孔子曰：「吾自衛反魯，然後樂正，《雅》、《頌》各得其所。」子魯哀公十四年，西狩獲麟。

哀公十六年，孔子卒，年七十三。

曰：「從我于陳、蔡者，皆不及門也。」子曰：「甚矣吾衰也，久矣吾不復夢見周公。」子曰：「鳳鳥不至，河不出圖，吾已矣夫！」於是假年學《易》，韋編三絶，而後贊《易》，成《文言》、《繫辭》、《彖傳》、《象傳》、《序卦》、《説卦》、《雜卦》，以翼三聖。至于作《春秋》，筆則筆，削則削，游、夏之徒不能贊一詞。子曰：「吾十有五而志於學，三十而立，四十而不惑，五十而知天命，六十而耳順，七十而從心所欲，不踰矩。」

《公羊》以爲孔子作《春秋》，文成致麟。而孔子則以麟出當于王者之世，今出非其時，而傷於野人之手，與聖人不遇於時無以異，故曰：「吾道窮矣！」

子疾病，子路請禱，子曰：「丘之禱久矣。」子疾病，子路使門人爲臣，子聞之曰：「久矣夫由之行詐也，無臣而爲有臣。」孔子蚤作，負手曳杖，逍遥于門，曰：「泰山其頽乎！梁木其壞乎！哲人其萎乎！」既歌而入，子貢聞之曰：「夫子殆將病也？」子曰：「賜，爾來何遲也？夏后氏殯於東階之上，則猶在阼也；殷人殯于兩楹之間，則猶賓主夾之也；周人殯於西階之上，則猶賓之也。而丘也殷人也，予疇昔之夜，夢奠於兩楹之間。夫明王不興，天下其孰能宗予？予殆將死也！」蓋寢疾七日而殁。魯哀公誄孔子曰：「天不遺一老，使予一人以在位，煢煢予在疚！烏乎哀哉，尼父！」子貢曰：「生不能用，死則誄之，非禮也；稱予一人，非名也。」

孔子殁，三年心喪畢，門人治任將歸，入揖於子貢，相向而哭，皆失聲，然後歸。子貢反，築室于場，獨居三年，然後歸。自後魯人及群弟子徙居墓側者百餘家，名其里曰孔里焉。

案：顏子三十二歲卒，時孔子年六十，而伯魚已先顏子而卒。伯魚，孔子二十歲所生，卒時孔子年方五十，計伯魚之壽不過三十。即使晚歲生子，而至夫子卒時，子思年亦有二十餘歲，已冠有室，且學問已成立矣。祖孫之間，無一問對告語。且孔子之喪，皆門人治之，無一言及于子思，此記《論語》者之疏也。離案：此所攷伯魚年與《史記》年五十不合，與後文《孟子年表攷》中所言亦違午。

孟子年表

周安王十七年，孟子生。

《史記索隱》謂孟子卒于周赧王二十六年壬申，與鄭康成謂孟子當赧王之際及七篇事蹟皆合。《闕里志》從之，而謂壽九十有七歲。逆推之，當生于安王十七年，則至梁之年已六十六歲，宜稱叟矣。惟近日《索隱》本誤作生于周定王三十一年，則定王崩後三十餘年，孔子始生。若以爲貞定王，則在位止二十一年，且去孟子卒時亦百有四十歲，皆必無之事，其爲「安」、「定」字形近而訛無疑。故以《闕里志》所據《索隱》原本校正之如此。其餘《山堂肆攷》等書所載年歲，鑿空無稽，不復及之。

十八年。

十九年。

二十年。

二十一年。

一歲。

距孔子卒九十二年。時子思年九十餘歲。離案：子思年當有百餘。

趙岐注言：「孟子，魯孟孫氏後。」案：孟孫氏自僖子病不能相禮，使其子説與何忌學于孔子，世能尊師。故孟子言孟獻子百乘之家，友德不挾，比于費惠公之事子思，而七篇中無一言及于三桓，皆其證也。孟仲子、孟季子，則孟子兄弟之見于七篇者。若父名激，字公宜，母仉氏，妻田氏，仲子名繹，雜見他書，姑存備攷。

二歲。

三歲。《列女傳》：「三歲喪父。」則前喪皆孟母所治也。

四歲。

五歲。

二十二年。
二十三年。
二十四年。
二十五年。
二十六年，王崩。

周烈王元年。
二年。
三年。
四年。
五年。
六年。梁惠王罃元年。

《史記》書子罃生于文侯二十五年，必不可信，已見後攷。蓋惠王稱孟子爲叟，其年必不長于孟子，則其與公子緩争立時諒不過十餘歲。然孟子此時正十六歲，亦僅長于惠王一二歲耳。

六歲。
七歲。
八歲。
九歲。
十歲。
《禮·内則》：「十年出就外傅。」則受業子思之門人，當在此後。
十一歲。
十二歲。
十三歲。
十四歲。
十五歲。
十六歲。

七年。梁惠王二年。	十七歲。
周顯王元年。梁惠王三年。	十八歲。
二年。梁惠王四年。	十九歲。
三年。梁惠王五年。	二十歲。
四年。梁惠王六年。	二十一歲。
五年。梁惠王七年。	二十二歲。
六年。梁惠王八年。	二十三歲。
七年。梁惠王九年四月甲寅，魏徙都大梁。 閻氏若璩謂：「《史記》惠王去安邑，徙都大梁，在三十一年秦虜公子卬時，而《紀年》書惠成王九年徙都大梁，彼時秦未偪，公子未虜，何遽徙都以避之？」源按：《史記·魏世家》惠王九年，有與秦戰少梁，虜我將公孫痤之事。而《年表》則又曰「惠王九年，與秦戰少梁，虜我太子」。蓋誤以是年虜公孫痤之事爲《世家》三十一年秦虜公子卬之事，因又誤以是年徙都大梁之事移于三十一年。攷《史記》惠王二十八年馬陵之役，❶齊使田忌將	二十四歲。

❶ 據《史記·魏世家》，馬陵之役在惠王三十年。

而直走大梁，龐涓聞之，去韓而歸，此非國都已在大梁之明證耶？ 故知魏之徙都，實在九年秦虜公孫痤之時，與《世家》三十一年虜公子卬各爲一事。《史記・年表》誤彼爲此，而《世家》又誤此爲彼，互相矛盾。若謂此時未受秦逼，則戰國秦及韓、趙皆嘗遷都，豈必有所偪乎？ 且《史記・秦本紀》、《六國表》皆于秦孝公十年書衛鞅將兵圍魏安邑，降之，正當惠王十九年都安邑之時，安邑既降，則是國都破，惠王虜矣，何至惠王三十一年又書始去安邑耶？《紀年》書九年徙都大梁，于三十一年但書爲大溝于北郛以行圃田之水，❶斯真魏史實録歟！

八年。 梁惠王十年。

九年。 梁惠王十一年。

十年。 梁惠王十二年。

十一年。 梁惠王十三年。

十二年。 梁惠王十四年，齊田桓公十八年卒，子威王嬰齊立。○此據《史記・田敬仲世家》、《魏世家索隱》引《紀年》文，《史記》作桓公六年卒，誤。又《魏世家索隱》

二十五歲。

二十六歲。

二十七歲。

二十八歲。

二十九歲。

❶「北」，原作「扎」，今據《竹書紀年》卷十二改。

作齊幽公，即桓公別謚也。

十三年。梁惠王十五年。〇齊威王嬰齊元年。	三十歲。
十四年。梁惠王十六年。〇齊威王二年。	三十一歲。
十五年，秦敗魏師於元里，取少梁。《史記》梁惠王十七年。〇齊威王三年。	三十二歲。
十六年，齊敗魏師于桂陵。《史記》梁惠王十八年，邯鄲降，齊敗我于桂陵，《紀年》同。〇齊威王四年。	三十三歲。
十七年。梁惠王十九年。〇齊威王五年。	三十四歲。
十八年。梁惠王二十年。〇齊威王六年。	三十五歲。
十九年。梁惠王二十一年。〇齊威王七年。	三十六歲。
二十年。梁惠王二十二年。〇齊威王八年。	三十有七歲。
二十一年。梁惠王二十三年。〇齊威王九年。	三十有八歲。
二十二年。梁惠王二十四年。〇齊威王十年。	三十有九歲。
二十三年。梁惠王二十五年。〇齊威王十一年。	四十歲。孟子曰：「我四十不動心。」
二十四年。梁惠王二十六年。〇齊威王十二年。	四十有一歲。
二十五年。梁惠王二十七年。〇齊威王十三年。	四十有二歲。
二十六年。梁惠王二十八年。〇齊威王十四年。	四十有三歲。

孫臏、田忌敗魏師于馬陵，虜太子申，殺龐涓。「東敗于齊，長子死焉。」《史記·六國年表》，是年齊威王三十六年卒，與《紀年》、《國策》不合，辨見後攷。

二十七年。梁惠王二十九年。○齊威王十五年。

四十有四歲。

二十八年。梁惠王三十年。○齊威王十六年。

四十有五歲。

二十九年。梁惠王三十一年。○齊威王十七年。

四十有六歲。

商鞅虜魏公子卬，魏去安邑，徙都大梁。《史記·商君傳》謂惠王恐，使使獻河西之地於秦。按《世家》、《年表》皆不書是年獻河西，蓋但使使請獻之，而後元六年始入其地也。又謂是年始去安邑，徙都大梁，辨見惠王九年下。

三十年。梁惠王三十二年。○齊威王十八年。

四十有七歲。

三十一年。梁惠王三十三年。○齊威王十九年。

四十有八歲。

三十二年。梁惠王三十四年。○齊威王二十年。

四十有九歲。

三十三年。梁惠王三十五年。○齊威王二十一年。

案：《史記・魏世家》，是年，惠王卑禮厚幣以招賢者，于是孟子至梁。《六國年表》亦于是年書孟子來。然即以《史記》論，惠王是年既未稱王，何孟子對詞無不曰王？其不可信一也。「西喪地于秦七百里，南辱于楚」，事皆在後。其明年，尚改元稱王，烏遽有卑禮厚幣之事？其不可信二也。人疑《紀年》後元十五年者，皆以孟子在梁之年過久，不知正由誤信《史記》至梁之年過蚤，使知孟子至梁必在稱王之後，其稱叟必在六十之年，則豁然矣，其不可信三也。且是年爲齊威王二十一年，而謂孟子先事齊宣，後見梁惠，其不可信四也。

五十歲。

三十四年。梁惠王三十六年，改元稱一年。

齊威王二十二年。

案：《魏世家索隱》引《紀年》云「改稱一年」者，謂即改本年爲一年，與秦惠王以十四年爲元年同，非若新君踰年改元也。《史記》是年惠王卒，而以後元十五年爲襄王之年，大誤。《通鑑大事記》及近日顧炎武、江永等，並謂《紀年》以魏史紀魏事與《孟子》合，其有惠王、襄王而無《史記》之哀王又與《世本》合，故以下並從《紀年》。

五十有一歲。

三十五年。梁惠王後二年，會諸侯於徐，始稱王。齊威王二十三年。

案：《史記》作「魏襄王元年，與諸侯會于徐州以相王。追尊其父爲惠王」云云。與《孟子》剌繆，故《魏世家》、《年表》兩述孟子對梁惠語皆曰「君不可言利」，改「王」爲「君」，其誣灼矣。此從《紀年》。

三十六年。梁惠王後三年。○齊威王二十四年。

三十七年。梁惠王後四年。○齊威王二十五年。

三十八年。梁惠王後五年。○齊威王二十六年。

三十九年。梁惠王後六年。○齊威王二十七年。

秦圍魏焦、曲沃，魏入河西、少梁地于秦。

《通鑑》胡三省注云：「顯王二十九年，已使使獻河西于秦以和，今乃入其地。」《史記正義》云：「自華州北至同州並魏河北之地，盡入秦也。」源案：《史記》顯王十五年，「秦敗魏師于元里，取少梁」。此方云入少梁地者，或中間曾復歸魏，或此時方盡入之與？

五十有二歲。

五十有三歲。

五十有四歲。

五十有五歲。

五十有六歲。

四十年。梁惠王後七年。○齊威王二十八年。

秦伐魏，渡河，取汾陰、皮氏。《史記》、《紀年》皆有此事。

四十一年。梁惠王後八年。○齊威王二十九年。

秦取魏蒲陽，復以與魏，魏盡入上郡十五縣于秦以謝。西喪地于秦七百里。至此方足七百里之數，《集注》所謂「後又數獻地于秦」者也。如使惠王三十一年即已喪地七百里，則後此河西、少梁之入，上郡十五縣之入，又倍于前，魏其尚能以國乎？且魏安得有兩河西也？

四十二年。梁惠王後九年。○齊威王三十年。

四十三年。梁惠王後十年。○齊威王三十一年。

四十四年。梁惠王後十一年。○齊威王三十二年。《史記·六國年表》：是年，「齊宣王十九年卒，子湣王立」，大誤。辨見後攷。

四十五年。梁惠王後十二年。○齊威王三十三年。

五十有七歲。

五十有八歲。

五十有九歲。

六十歲。

六十有一歲。

六十有二歲。

楚將昭陽破魏于襄陵，得七邑。「南辱于楚」。

《楚世家索隱》云：古本作七邑，今亦作八城，《集注》蓋用古本。惠王敍「南辱于楚」在「喪地于秦」之後，❶即此無疑。若三十五年以前，方無喪地之數，安有辱楚之事？

四十六年。梁惠王後十三年。○齊威王三十四年。

四十七年。梁惠王後十四年。○齊威王三十五年。

四十八年。王崩。燕易王薨，子噲立。齊威王三十六年薨，子辟疆立。梁惠王後十五年，孟子至梁。

案：《史記》以是年爲齊湣王三年，❷固與《孟子》舛戾。《通鑑》增威損湣而以此爲宣王十三年，以求合《孟子》，亦出臆度。蓋由不見《孟嘗君傳索隱》引《紀年》此條故也。至近日洪氏輯《紀年》本，既據《索隱》補「惠成王後

六十有三歲。

六十有四歲。

六十有五歲。孟子見梁惠王，王曰：「叟！不遠千里而來。」

案：《史記》謂「孟子以惠王三十五年至梁」，知其不然者，以不應在稱王喪地辱楚之先也。且踰年而惠王即薨，故一切不合。今以後十五年至梁，亦踰年而惠王即薨，則稱王稱叟與齊、秦諸敗無往不合矣。

❶「地」，原脱，今據淮南本補。

❷「三」，原作「四」，今據《史記·六國年表》改。

十三年會齊威王于甄」、「十五年齊威王薨」兩條矣，而乃先于十一年書會齊宣王于平阿，反謂後此兩威皆當作宣。無論其臆改無稽，且與《紀年》終今王二十年，宣王尚未卒，故但稱齊王者顯相刺繆，真買櫝還珠已。

周慎靚王元年。梁惠王卒，惠王在位五十有一年，壽六十餘歲。子嗣立，是爲襄王。

案：《紀年》此後皆作今王，終于二十年。蓋襄王尚未謚。《竹書》本出襄王冢，《束皙傳》作魏安釐王者誤。考《世本》，安釐王乃昭王子，襄王孫也。《史記》以是年襄王卒，子哀王立。蓋既誤以惠王後十六年爲襄王事，而襄、哀形近，遂復增一哀王，與《世本》之有惠、襄無哀者已大相刺繆，無論《孟子》矣。

是時，齊宣王元年，燕王噲二年，宋君偃十一年稱王。

六十六歲。

孟子在梁，值惠王之喪。

二年。梁襄王元年，齊宣王二年，孟子去梁之齊。

六十有七歲。孟子見梁襄王，出，語人曰：「望之不似人君，就之而不見所畏焉。」孟或謂惠王去年卒，安知孟子不以去年去梁？案：《戰國策》「惠王薨，天大雨雪，至于牛目，且爲棧道而葬，群臣多諫太子」云云，則惠王實卒于冬，而《孟子見梁襄王》章又明爲踰年即位，始見新君之時，知孟子斷以是年去梁。

三年。齊宣王三年。○燕王噲四年。

四年。齊宣王四年。○燕王噲五年。

五年。齊宣王五年。○燕王噲六年。

子自范之齊，處於平陸。儲子爲相，以幣交。既而由平陸之齊，于崇見宣王，退而有去志。

案：范今曹州范縣，趙注謂齊王庶子所封食邑也，距臨淄七百餘里。平陸今汶上縣，距臨淄五百餘里。而孟子謂「儲子得之平陸」者，《史記》，秦相穰侯東行縣邑至湖關，湖，今閿鄉縣，去咸陽亦幾六百里，是當日國相得周行其境内也。孟子終守不見之義，萬章、陳代並疑之，故二章皆答以景公事，以在齊故也。既而由平陸之齊，此必王求見甚誠，而卒不往見儲子，恥結其臣爲先容也。《荀子》云：「孟子見齊王而不言事，門人疑之，孟子曰：『我先攻其邪心。』」此亦初見齊宣王事。

六十有八歲。孟子爲卿于齊，仕而不受禄，奉母就養于齊。見《列女傳》。與王驩出弔于滕，滕世子始聞其賢。

六十有九歲。孟母卒，歸葬于魯。

七十歲。孟子在魯居喪。

六年。王崩。齊宣王六年。燕王噲七年。燕王噲讓國于其相子之。

《史記》在王噲六年，此從《紀年》。

周赧王元年。《紀年》作隱王。是年，齊宣王七年，魯平公旅元年。燕子之專國二年，國内大亂，齊宣使章子將五都之兵伐燕，殺王噲，醢子之。

此《國策》文也。《紀年》是年之「子之殺公子平不克。齊師殺子之，❸醢其身」，與《國策》合。《史記》是年作湣王十年，然《年表》及《齊世家》又無一字書湣王伐燕，則亦自知其舛矣。

二年。齊宣王八年。魯平公二年。燕人立太子平，是爲昭王。

據《史記》及《紀年》，是年上距武王伐紂之歲辛卯，凡七

七十有一歲。孟子喪畢反齊，止于嬴，答充虞之問。沈同問伐燕。

七十有二歲。齊人伐燕，勝之。孟子勸齊王勿取燕。齊人伐燕，取之。

案：孟子言「繼而有師命，不可以請」，❶蓋承喪畢初至齊而言。❷

七十有三歲。燕人畔，王曰：「吾甚慚于孟子。」孟子致爲臣而歸，王就見孟子曰：「前日願見而不可得，得侍同朝甚喜，

❶「不可」，原作「師命」，今據淮南本改。
❷「而言」，原作「至齊」，今據淮南本改。
❸「之」，原作「其」，今據《竹書紀年》卷十二改。

百三十有九年。故鄭康成謂「孟子當赧王之際」，與去齊之語正合。閻氏乃據劉歆三統厤增衍之年數，謂「孟子此時已卒」，何其繆與！辨詳後攷。

三年。齊宣王九年。魯平公二年。宋王偃十八年。宋牼將之楚，孟子遇于石丘。曰：「吾聞秦、楚搆兵。」

案：是年爲秦惠王十三年，楚懷王十七年，所謂「搆兵」者，即《韓世家正義》引《紀年》「楚景翠圍雍氏，秦助韓敗楚將屈匄」，又《楚世家》及《秦本紀》云「秦以商於詐楚，楚戰敗」之事也。故知孟子以是年遇宋牼。

今又棄寡人而歸。」答公孫丑曰：「由周而來，七百有餘歲矣。」

案：孟子初見齊王而有去志，及母喪歸魯，喪畢反齊，即欲致仕，值有師命，不可以請。及燕畔，王慚之。後君臣隙啓，陳賈、王驩居中離間，故有「王如改之」之言。「前日」指在魯居喪言。若閻氏以「前日」指孟子在梁時，以「得侍」指初至齊時，則孟子居喪究在何時？且于致仕之後而尚追原未識面之始，詞既不切，且甫言得侍，即言棄歸，與七載聚處之情事尤爲不倫。七篇中紀齊事者四十六章，稱宣王者十四章，可見居齊之久。

七十有四歲。孟子在宋，有答宋牼、萬章、戴不勝、戴盈之諸問。於宋餽七十鎰而受，于薛五十鎰而受。陳臻問曰：「前日于齊，王餽兼金一百而不受，何也？」孟子曰：「當在宋也，予將有遠行。」「當在薛也，予有戒心。」

萬章曰：「宋，小國也，今將行王政，齊、楚惡而伐之。」

案：是年齊、楚伐宋事無聞，或有是謀而不果也。至王偃四十七年爲齊湣王所滅，則孟子不及見，或據《國策》「齊攻宋，宋使臧子索救於荆，荆王許救而卒不至，齊因拔宋五城」，則在剔成之世。鮑彪《注》謂孟子所稱皆剔成，吴師道已譏其傅會矣。

四年。齊宣王十年。魯平公四年。宋王偃十九年。

鄒與魯鬨。

案：此事不見史傳，以在孟子自宋反鄒之年，故繫諸此。

滕定公薨，子文公立，行三年之喪。五月居廬，使然友再之鄒問孟子。

案：滕無世家，年不可攷。以滕世子過宋見孟子推之，其遭喪當在其後，以然友之鄒推之，當在孟子去宋反鄒之時。

案：以「前日於齊」證之，知在去齊之後也。「將有遠行」，蓋自宋將歸鄒之事。「有成心」者，《風俗通》所謂「絶糧于鄒、薛之閒，困殆甚」，蓋歸鄒過薛之事。《國策》魯仲連云：「齊湣王將之薛，假途于鄒。」知薛地近鄒、魯也。時薛爲孟嘗君田文，好客，故有聞戒餽兵之事。❶

滕文公爲世子，將之楚，過宋而見孟子，自楚反，復見孟子。

七十有五歲。孟子自宋反鄒，有答鄒穆公之問。曹交曰：「交得見于鄒君，可以假館，願留而受業于門。」滕定公薨，世子使然友之鄒問孟子。孟子之滕，館于上宮，滕文公問爲國。

《公羊傳》：「君存稱世子，既葬稱子，踰年稱公。」《孟子》書曰：「至于子之身而反之。」又答爲國曰：「子力行之。」是「君薨稱子」之證也。至踰年改元，而後稱之爲君，曰

❶「兵」，疑當作「金」。

五年。齊宣王十一年。魯平公五年。宋王偃二十年。

滕文公元年，齊人將築薛。

案：《孟嘗君列傳索隱》引《紀年》云：「梁惠王後元十三年，齊威王封田嬰于薛。十月，齊城薛。十四年，薛子嬰來朝。十五年，齊威王薨。」此《國策》所謂「靖郭君將城薛，客以海大魚諫」者也。及宣王立，靖郭君辭而之薛，又有「受薛于先王」之語，是宣王時亦屬田嬰，其重欲築之，則必係孟嘗君立先王宗廟于薛而增城之也。以孟子答滕文公問稱之爲君，知在逾年即位之後，故係諸此。

六年。齊宣王十二年。魯平公六年。宋王偃二十一年。

魯使樂正子爲政，魯平公將見孟子，不果。

「君如彼何哉」，曰「君請擇于斯二者」是也。故知孟子至滕，在文公未即位之前。蓋文公既葬父，即禮聘孟子而問國事。故此數章皆不同于《梁惠王》篇，以彼列皆對君之詞，❶此篇所列則皆爲世子及未即位時事也。

七十有六歲。孟子在滕，答滕文公問築薛，問事齊、楚。

以孟子答此兩問皆稱之爲君，知爲踰年即位之後。故此二章獨列于《梁惠王下》篇，與對梁、齊、鄒諸君之詞並列，而不與《滕文公》篇對世子、對畢戰、對未即位稱子諸章並列也。

答陳相並耕之問。

許行自楚之滕曰「聞君行仁政，願受一廛」云云，知爲元年行井地以後事。

滕更受業于門。

七十有七歲。孟子自滕反魯，魯平公將見，臧倉沮之。此爲《梁惠王》篇之末章，列于鄒、滕諸

❶「彼」下，疑脱一「所」字。

魯欲使慎子爲將軍，孟子曰：「一戰勝齊，遂有南陽，然且不可。」此事不見史傳，以在孟子反魯之年，姑采于此。❶

七年。以後諸國事皆不見于七篇，不復紀之。

八年。

九年。

十年。

十一年。

十二年。

十三年。

十四年。

十五年。

十六年。梁襄王二十年，卒。《紀年》終于今王二十年，「今王」即襄王也，時尚未謚，故史臣止稱今王。

章之後，是最晚年事，蓋至是而知道決不行，遂以終篇。有「克告于君，君爲來見」之言，知是魯使樂正子爲政時事。劉節《廣文選》謂「魯平公與齊宣王會于鳧繹山下，樂正子備道孟子于平公曰：『君何不見乎？』」

七十有八歲。

七十有九歲。

八十歲。

八十有一歲。

八十有二歲。

八十有三歲。

八十有四歲。

八十有五歲。

八十有六歲。

八十有七歲。

❶「采」，疑當作「繫」。

齊宣王不知何年卒。

《紀年》于是年尚稱齊王，則宣尚未卒也。以後卒于何年，則《竹書》已終，《史記》不可據，而孟子稱宣謚，則湣王已嗣立，總卒此數年間矣。蓋《史記》既上移威、宣之年，于是以宣王在位年數併歸湣王，遂使暴君享國四十年之久。豈知是年宣尚未卒，則湣之在位僅十餘年而滅亡耳。

十七年。

十八年。

十九年。

二十年。魯平公二十年，卒。

《史記·六國年表》，魯平公立于周赧王元年，卒于赧王十九年。《魯世家》則云「平公四年，秦惠王卒。二十年，平公卒」，較《年表》多一年，故《索隱》引皇甫謐云「魯平公元己巳，終甲子」，是二十年也。今本《世家》「四年」誤作「十二年」。又云「三十二年平公卒」，與皇甫謐及《索隱》所見本不合，其誤無疑。

八十有八歲。

八十有九歲。

九十歲。

九十有一歲。道不行，退而與萬章之徒，敘《詩》、《書》，述仲尼之意，作《孟子》七篇。

案：赧王十六年，齊宣王尚存，赧王二十年，魯平公始卒，而孟子著書，並稱其謚，則必皆在其卒後。故知《索隱》謂「孟子卒于周赧王二十六年壬申」，必非無本。以是後諸君之年不復可紀，故以著書繫諸是年之下。

滕文公不知何年卒。《史記·年表序》云：「滕、薛、鄒小，不足齒列，弗論。」故其年無攷。杜氏《釋例》謂「齊滅滕」，《春秋正義》「楚滅滕」。至《索隱》及《路史》引《紀年》「越王朱句二年滅滕」。今本《紀年》「晉烈公五年，於越滅滕」，此皆指黃帝後之滕也。文公有謚，非亡國之君。惟《地里志》「沛郡公丘，故滕國，周懿王子錯叔繡所封，三十一世，爲齊所滅」。王應麟《通鑑答問》謂「滕以赧王二十九年爲宋滅」，庶近之。趙注引《世本》「滕有考公麋，值定公世，元公宏，值文公世」，而謚不合，姑闕疑焉。	
二十一年。	九十有二歲。
二十二年。	九十有三歲。
二十三年。	九十有四歲。
二十四年。	九十有五歲。
二十五年。	九十有六歲。
周赧王二十六年，壬申，孟子卒。	九十有七歲，卒于鄒。本《索隱》及《闕里志》。

孟子年表攷第一 適梁

孟子有言：「誦其詩，讀其書，不知其人可乎？是以論其世也。」而尚論孟子之世，則莫舛於《史記》所紀齊、梁之年，莫明于《梁惠王》上、下篇歷見諸侯之次第。失得之莫辨，取舍之莫信，宜乎禮禮襴襴，千載莫是正也。

《史記》所述齊、梁戰伐次第，類本《國策》，若無可疑，乃其所載年號、世系，則不盡廢之，即經不明。廢之將何徵？曰：在梁也，七篇以爲主，而《紀年》同，《世本》同；在齊也，亦七篇以爲主，而《紀年》同，《國策》同；《史記》則無一不繆。

其述梁事之繆三：《史記》列傳曰：「游事齊宣王，宣王不能用，適梁。」顯共本書公相慎背，而趙岐注及應劭《風俗通》皆承其誤，蘇轍《古史》又文以「先游齊、次至梁、終復至齊」之説，但求合史，不惜誣經。果爾，《史記》年表、世家，何但于梁惠之年書「孟子來」，而于齊宣之年，則不措一詞乎？《史記》列傳述騶衍游説諸國，亦自齊而適梁。及魏、齊二世家，則又謂衍至齊在至梁之後，亦何説解之乎？金履祥《四書考異》引《列女傳·母儀》篇曰：「孟子道既通，值梁招賢，乃至梁。既而去梁，適齊，齊王以爲上卿。」此非劉向據《孟子外書》所述先梁後齊之證，而今本無之乎？是以《竹書紀年》，惠王三十五年，爲齊威王之二十六年，又十五年，惠王卒，襄王立，始爲齊宣王元年，無由先見齊宣也。惟梁襄嗣位之後，值齊宣新政之初，孟子聞其足用爲善，故自范之齊，又云「由平陸之齊」。范，今曹州范縣，平陸，今汶上縣，皆自梁至齊要道。由大梁至臨淄千有餘里，故孟子曰「千里而見王」。若由鄒至齊，僅數百里耳。七篇中更無自齊適梁之蹟，繆一也。

《史記·魏世家》：惠王三十五年，孟子至梁。三十六年，卒，子襄王嗣，元年，與諸侯會于徐州，相王也，追尊其父爲梁惠王。而《紀年》則謂「魏惠成王三十六年改元稱一年」，至後十六年而薨，相戾若此。以《國策》證之，蘇子説齊閔王曰：「昔者，魏王擁土千里，帶甲三十六萬，恃其强，拔邯鄲，西圍定陽，又從十二諸侯朝天子，以西謀秦。衛鞅爲秦説魏，使先行王服以圖齊、楚。魏王説其言，廣公宫，置丹衣，柱建九游之旗。于是齊、楚怒，伐魏，殺其太子，覆其十萬之師。當是時，秦王垂拱而得西河之外。」此惠王僭號于秦孝公時之證。故孟子對梁惠無不稱王，其非死後追王明甚。且孟子始見即稱王，則其至于稱王以後、而非至于三十五年爲侯之時亦明甚。《史記》既以梁惠爲卒于三十六年，不得不以孟子爲至于三十五年；既以孟子至梁時未稱王，不得不改孟子對詞曰「君不可言利」。然王可改爲君，而「喪地七百里」之在後此五年、七年，南辱于楚之在後此十年者，遂皆成襄王之事，不能改屬惠王，故但云「太子虜，上將死，國以空虚」。繆二也。

《史記》「惠王三十六年卒，子襄王立」，「襄王十六年卒，子哀王立」，「哀王二十三年卒，子昭王立」。按《孟子》止及襄王，而《紀年》終于今王二十年，即襄王未謚也。《世本》惟有惠王、襄王、昭王而並無哀王；高誘注《淮南》，亦云「昭王，襄王之子」。則知《史記》分惠王後元之十六年以爲襄王，即分襄王之二十年增哀王。「襄」、「哀」形近而亂，正猶《十二諸侯表》以秦哀公、陳哀公爲「襄」者同一舛誤。是以《史記》魏諸君名皆可攷，哀王名獨無聞，其年歲既乖於《孟子》、《紀年》、《國策》，其世次又乖于《世本》，三占從二，將何從焉？繆三也。徐君有壬曰：「《紀年》後元十三年，齊封田嬰于薛，十五年，齊威王薨，可證《史記》湣王封田嬰之非。《國策》『威王薨，宣王立』，『靖郭君曰：受薛于先王，雖惡于後王，吾其謂先王何』，『齊宣王曰：寡人不佞，不敢以先王之臣爲臣。孟嘗君就國于薛，馮諼往見梁惠王』云云，此皆宣王初年梁惠王尚在之證。」

然人之執《史記》以疑《紀年》者，則亦有三：有謂「依《紀年》後元十六年，則孟子在梁不應若是之久」者，是不察孟子至梁既在惠王卒之前一歲，則不當爲三十五年而當在後十五年，是在梁亦止一年耳。有謂「秦、漢前未必有改元之事」者。不知春秋改元者三；鄭厲公、衛獻公、衛出公也。戰國改元者二，其一即梁惠王，其一則秦惠文君改十四年爲元年稱王，與梁惠王同時同事也。又有謂「『喪地于秦七百里』，即《商鞅傳》謂『惠王三十一年，秦虜公子卬，使使獻河西之地以和』」者。不知魏獻河西之事，《魏世家》惠王時不書，而于襄王五年書予秦河西之地；《秦本紀》孝公時不書，而于秦惠王八年書魏納河西地；《六國年表》于周顯王二十九年不書，而于三十九年書魏入少梁、河西地於秦。是皆《史記》書在魏惠王、秦孝公、商鞅三人死後之明文，烏得謂三十一年遂喪河西乎？故胡三省謂「顯王二十九年已使使獻河西于秦以和，今乃入其地」，然則《商鞅傳》特自後追敘其功，而《魏世家》所書襄王十六年之事，則皆惠王事明矣。

至若「南辱于楚」，惠王三十五年以前更無可附會，故趙注、孫疏、閻氏《釋地》並不能指實。而或據《戰國策》「魏圍邯鄲，楚使景舍救趙取睢、濊之閒」，與齊敗馬陵同時，爲「南辱于楚」之證者。無論楚、趙、魏諸世家、年表，皆無其事，是必微之微者，何足並齊、秦二敗？且既與馬陵之敗同時，何反敍諸喪地于秦之後？其爲後元十二年，楚將昭陽破魏七邑事無疑。然則敗齊、辱楚、喪秦之事，莫備于《國策》蘇子説齊閔王之言，而後人强以惠王後元十餘年事屬之襄王者，雖雕龍之辨不能申也。

而閻氏若璩《孟子生卒攷》，欲操《集註》之戈而惡《紀年》之害己，則曲排之曰：「《六國表》、《魏世家》並云：『子罃生于文侯二十五年辛巳。』惠王立時已三十歲矣。若如《紀年》『文侯五十年卒，武侯二十六年卒』，則惠王元年已五十三，立三十六年，又加以後元十六年卒，不百有四歲乎？《紀年》之不可信如此。」夫書子罃之生者《史記》，而以之推《紀年》之年，是甲代乙受責也。且年歲不符，正可證《史記》生年之謬，而反據以詰《紀年》，是以不狂爲狂也。

惠王稱孟子以「叟」，必不年長于孟子；以《索隱》孟子卒于赧王壬申推之，則惠王立時，孟子尚甫十餘歲，惠王與孟子年數相當，其稱「叟」者，不過長於惠王一二歲也，烏有惠王已三十、五十之理乎？且《史記》苟可信，則凡其所述孟子事，一則曰「由齊適梁」，二則曰「梁惠王謀欲攻趙，孟軻稱太王居邠」，三則曰「燕亂，孟軻謂齊王云：『今伐燕，此文、武之時不可失也。』」《燕世家》。皆將舍《孟子》書而信之乎？棄經徇傳，削趾適屨，違同軌之衢而入必窮之轍，可謂智乎？杜預、和嶠已謂「《史記》誤分惠王之世爲二王之年」，是西晉已有定論；惟杜預謂《紀年》今王爲哀王，亦傳刻之譌。司馬温公亦謂「魏史所書必得其實」，敢引之以斷孟子游梁之年。

孟子年表攷第二 適齊

孟子在齊之年，莫詳於孟子之自述。一則曰「宣王問取燕」，再則曰「宣王問諸侯多謀救燕」，三則曰「燕人叛，王甚慙于孟子」。又莫明於《索隱》所引《紀年》之文。其于周慎靚王元年書「齊威王薨，子宣王立」，其明年，「魏惠成王薨」，其明年，爲「今王元年」；又二年，而燕噲讓國于其相子之；又二年，爲赧王元年，「齊師殺子之，醢其身」。且莫確鑿於《戰國策》之所載曰「儲子謂齊宣王，因而仆之，破燕必矣」，又曰「孟軻謂齊宣王伐燕，王因令章子將五都之兵以伐之」，皆與《孟子》若合符節。是則《史記》湣王伐燕之繆，尚何待辨？

而至今聚訌者約有三家：一則知所信而未盡善，如司馬氏《通鑑》、吕氏《大事記》是也。亦知《紀年》之惠王後元年與《孟子》合，亦知《國策》之伐燕爲宣王與《孟子》合，而疑《史記》宣、湣時代之繆，于是上增威之十年，下減湣之十年，爲宣王年數，以合于《孟子》。既與《國策》威王三十六年之語不合，且宣王伐燕而遂卒，亦與後二年「燕人畔，王甚慚于孟子」之文不合。蓋惟不知《索隱》引《紀年》齊威王薨在梁惠王後十五年，書齊伐燕正在宣王之七年，可正《史記》威、宣即位移前二紀之誤，而顧承譌襲舊，以意增除，無徵不信，故曰「是而未盡」也。

二則舍經而信史，如鮑彪《國策注》、蘇氏《古史》是也。以孟子先游齊，所見者宣王；去之梁，乃再至齊，則所見者湣王。于是黄氏《日鈔》謂兩次伐燕，以《梁惠王》篇宣王問伐燕者，爲燕易王初立齊取其十城之事；《公孫丑》篇稱宣王所載沈同問伐燕但稱王者，爲湣王伐燕噲、子之之事。然宣王伐燕，明言伐「萬乘之國，五旬而舉之」。孟子又勸其「謀于燕衆，置君而後去之」，豈取十城之事耶？「齊人伐燕，取之，毁其宗廟，遷其重器」，故樂毅述燕報齊之役云「故鼎反乎歷室」，「齊器設于靈臺」，正與孟子所言相應，孰謂非滅燕之事耶？

王氏懋竑《白田雜著》則直以《梁惠王》篇之宣王皆後人諱孟子事湣王者所追改，惟《公孫丑》篇但稱齊王者爲原本，而《國策》又因《孟子》而改。是姑無論其信史疑經，且《史記》既以湣王分宣王之年而以伐燕屬之矣，而《齊世家》湣王四十餘年中，有一字及伐燕者乎？即《六國年表》湣十年正值伐燕之年，亦曾有一字乎？甚至《燕世家》全録《國策》，其所云「燕噲立，蘇秦死，齊宣王復用蘇代」者，亦仍其舊，既與《年表》、《蘇秦列傳》顯相牴牾，而下文又突入「諸將謂齊湣王伐燕」云云，一篇之中，忽宣忽湣，或仍或改，竟不知燕噲果值何王之世？而諸家尚欲執之以改《孟子》，吾不知其先何以通《史記》也？

推其所由，蓋《紀年》載齊田成子、襄子、莊子、悼子、太公和、侯剡、桓公、威王、宣王，合之湣王、襄王、王建凡十二代，與《莊子·胠篋篇》稱「田恒弑其君十二世而有齊國」之説正合。《史記》失載悼子、侯剡二代，是以威、宣之立，皆移前二十二年，而湣王增至四十年，遂使燕、齊之事，盭不可理，正與滅梁惠增襄、哀同一舛誤。後人不知是正，反改《孟子》以就之，故曰舍經徇史也。

若夫一誤再誤，不可窮詰，則閻氏《孟子生卒攷》是也。其言曰：「《通鑑》移伐燕事于宣王十九年，值赧王元年，此時孟子去齊已久，安見其取之復畔？且上增下減，遷湊無稽，與其屈齊之年數以從燕，曷若屈燕之年數以從齊？《六國表》燕王噲五年，讓國子之，七年，噲及子之死。後二年，燕立太子平爲昭王，當湣王八年至十二年。若移此五年之事置于宣王八年，則種種皆合。」閻氏之説如此。夫《通鑑》移宣王之十年，誠未盡善，然尚與《孟子》、《紀年》、《國策》大致不牾，今欲勝之，則言必有稽，絶無遷湊而後可。乃自湣王十二年上至宣王八年，凡二十四年，視《通鑑》之僅十年者，孰遷湊，孰無稽？且《通鑑》所移者，不過湣、宣年數，閻氏則既屈其年，並盡移其事，不但世家、本紀簡帙任臆傎亂，而且《史記》、《國策》、《紀年》何不謀同誤若是？且齊之年世不可屈，而燕獨可屈，鶴短凫長，妄分厚薄，又何理也？謂伐燕之在赧王元年爲《通鑑》所繫，則《史記》、《竹書》何獨不繫之赧王元年耶？赧王元年齊滅燕，又二年而燕叛，既叛而孟子去，故鄭康成謂「孟子當赧王之際」。《禮記疏·王制》引。閻氏獨謂「赧王元年孟子去齊已久」，甚謂「孟子已卒」，可謂果于憑臆者耶！

或曰「孟子去齊時，謂『由周而來七百有餘歲』，而《漢書·律曆志》謂『魯隱公元年上距伐紂歲在己卯凡四百歲』」，則至赧王元年已八百有九歲，故閻氏謂「孟子去齊當在顯王未滿八百歲以前，其移伐燕之事，蓋是之由」。曰：是尤誤之誤者。且經史之疑案，長歷之歲差不可不正。太史公作《十二諸侯年表》，起自共和，而共和以前無聞，惟《魯世家》自考公以下有其年，考公四年，煬公六年，幽公十四年，魏公五十年，❶《世本》及《律曆志》作微公。厲公三十七年，獻公三十二年，慎公三十年。慎公之十四年己未，厲王奔彘，其明年爲共和元年庚申。自考公至慎公十四年，凡百五十七年。考公，伯禽之子也。《漢書·律曆志》謂「成王元年爲命魯公之歲，魯公四十六年至康王六年而薨」，然則成王元年至共和庚申，二百單四年耳。《周本紀集解》引《紀年》云：「武王滅殷至幽王凡二百五十七年。」《新唐書·曆志》引《紀年》云「武王十一年庚寅，周始伐商」，然則成王至共和亦止二百四年，正據《魯世家》之文，合計武王辛卯至赧王元年己酉，共七百三十九年，與《孟子》七百有餘歲合。惟班固據劉歆《三統曆》而作《律曆志》，誤數魯煬公在位六年爲六十年，獻公在位三十二年爲五十年，較《魯世家》兩公共衍七十二年。故以武王伐紂爲己卯，而至共和庚申已二百八十二年，與《世家》、《紀年》俱不合。又百二十年而爲魯隱元年入春秋，又二百四十二年而春秋終。又百六十七年而爲赧王元年己酉，則八百十有一年，而與《孟子》不合矣。試除其所衍《魯世家》之七十二年，則實得七百三十九年，即與《紀年》、《世家》、《孟子》如一。故《三統》增年，後漢尚書令忠早議之，趙岐亦知《厤志》有誤衍之年而減之太過，故謂

❶「五十」，原作「十五」，今據《史記·魯周公世家》改。

「七百餘歲，當溯之太王始興王迹乃有其數」，是亦不據《厤志》也。

閻氏反盡改孟子事寔以就《厤志》，謂孟子致仕去齊，不獨不在赧王時，并不在慎靚王時，當在顯王未滿八百歲以前。遂并《紀年》、《國策》、《史記》所載燕、齊交兵，噲死昭立，凡在赧王初年者一切奮臆移而上之，首尾橫決，幾無完篋。孔子順之語公孫龍曰：「説將從其甚易而實是者乎？將從其甚難而實非者乎？」今《世家》、《世本》、《紀年》、《國策》、《孟子》之無往不合如此，閻氏所説之無往不舛如彼，稽古求是之君子，將何適從焉？

孟子年表攷第三 齊宋薛鄒滕魯

孔子出處，有《春秋三傳》及《論語》之明文，史遷根柢以作《世家》，故大端不甚紕謬。孟子出處，則《戰國短長》，既不如《春秋》經、傳之詳信，故自《史記》以來，迄無定論。然齊、梁大事與史傳表裏，惟別史傳之得失而事自明。去齊以後，與史無關，惟據七篇之文，争相射覆，無證之案，人得一喙，故不難于辨衆説之非，而難于求本書之是，一是明而群疑息矣。

蓋嘗憤悱三復，以經求經，而豁然于《梁惠王》上、下篇之條理。此二篇皆廷説諸侯之詞，故以冒全書，而其先對梁惠王三章，梁襄一章，次齊宣十一章，次鄒穆一章，次滕文一章，次魯平一章，如其一生見諸侯之始終次第也。宋、薛僅游歷其國而未見其君，故不見于篇；魯君將見，故附載篇末，蓋歸老于魯，自是無諸侯之事矣。至《公孫丑》上、下篇，則補記在齊事，皆與及門諸臣私議，無與宣王言者；惟致仕就見數語，雖述王言，乃因時子、陳子之間而連及者。《滕文公》上、下篇，則補記在滕及梁、宋事，亦大略與諸臣及門問答，暨滕世子居憂未成爲君之時，故止稱之爲子，非若《梁惠王》篇與滕文公言之兩稱爲君也。詳上文及《年表》。蓋孟子首游于梁，而齊則孟子所臣者，滕則所欲有爲者，故三篇分紀之，而魯、宋、薛附見焉。至以後四篇，則雜敍平生議論，非復以時事次第矣。惟與宣王論「舊君」見《離婁》篇，與宣王論「卿」見《萬章》篇，此則廷對之詞偶爾散見者。本是以推，則知孟子蓋以齊宣王二年爲卿于齊，明年迎母就養，又明年孟子喪母葬于魯，明年在鄒居母喪，又明年喪畢反齊，又明年即赧王元年伐燕之歲，以上與《孟氏譜》、《三遷志》并同，知《孟譜》確有所本。又明年燕畔後孟子致仕，在齊宣王八年。由是至宋，過薛，歸鄒，而復自鄒之滕，卒反乎魯也。

何以明之？《列女傳》：「孟子處齊有憂色，撫楹而歎，孟母見而問之。」此奉母就養之證。而其自述曰：「于崇吾得見王，退而有去志，不欲變，故不受也。繼而有師命，不可以請。」考孟子于齊，自始見至伐燕，閱歲以五。宣王二年至七年。若非中有居喪反葬之三年，則遷延卿位不爲不久，與退即有去志之本心，何其不符？所云「不欲變」、「不可以請」者固如是乎？故曰孟子爲卿不久，即喪母歸葬于魯也。繼此反于齊，止于嬴，而充虞有問，此三年喪畢反齊之事，時爲宣王七年，正值伐燕，故有「繼而有師命」之語；孟子致爲臣而歸，而有「王如改之」之言，此必燕畔、王慚之後，君臣疏離之事。王就見孟子曰：「前日願見而不可得，得侍同朝甚喜，今又棄寡人而歸。」所云「前日」，正與充虞所問之「前日」皆指在魯居喪時言也；「得侍同朝甚喜」，指喪畢至齊言；「今又棄寡人而歸」，承前日因喪去齊今又致仕言也。以上皆《梁惠王》篇次以齊宣王事之證。 其明年，齊宣王九年當宋王偃十八年，楚懷王與秦戰敗，亡其將屈匄，正秦、楚搆兵之事，孟子遇宋牼必在是時，故邢疏以石丘爲宋地；萬章問宋行王政，亦在是時；而陳臻于孟子受宋、薛之餽以「前日于齊，王餽兼金百鎰而不受」爲問，其爲去齊之後明矣，故曰自齊反魯，而遂之宋也。宋未見其君，故不列于《梁惠王》篇。

孟子在宋，「滕世子將之楚，過宋而見孟子」；及滕定公薨，而「世子使然友之鄒問孟子」，有答鄒穆公問與魯鬨之事，則時已不在宋矣。 答陳臻言「在宋將有遠行」者，蓋自宋將歸鄒之事；言「在薛有戒心」者，即《風俗通》所謂「絶糧鄒、薛之閒，困殆甚」，蓋歸鄒過薛之事。《國策》言齊湣王將之薛，假塗于鄒，則知歸鄒亦必由薛，故曰自宋過薛而歸鄒也。此《梁惠王下》篇載鄒穆事于第三之證。 嗣是孟子至滕，館于上宫，滕文公問爲國，則知文公葬父畢，即禮聘孟子至國。故孟子初稱之爲「世子」，繼稱之爲「子」，至踰年改元而始稱之爲「君」，詳見《年表》。正與《公羊傳》「君存稱世子，君薨既葬稱子，踰年稱公」之義合，故曰復以滕文公初年自鄒之滕也。此《梁惠下》篇載滕文公事于第四之證。

劉節《廣文選》謂魯平公與齊宣會于鳧繹山下，樂正子備道孟子于平公，曰「君何不見乎」云云，此不知其所本。或出《孟子外篇》。至或據「後喪踰前喪」之言，謂「魯平將見即在孟子居喪在魯之時」者，則無論孟子居喪在伐燕之前三年，魯平公尚未立，魯平公立于赧王元年，今《魯世家》本誤，與《六國年表》及《索隱》皇甫謐所見本皆不合，辨見後。而且臣有大喪，君三年不呼其門，豈有與諸侯相見之禮？樂正子從孟子在齊，豈有此時魯即使爲政，且孟子居憂聞之「喜而不寐」之理？《惠王》二篇，述孟子廷説諸國，先梁，次鄒，次滕，先後井然，則知魯君將見一事敍于篇末者，其必在歷説諸國之後明矣，故曰「自滕歸老于魯也」。此《梁惠王下》篇載魯平事于末之證。

七篇之書，孟子口授，先後位置，夫豈漫然？惟知《梁惠王》篇之統紀全書，則易簡而天下之理得。凡元人程復心之《孟子年表》、明季本之《孔孟事蹟圖譜》，以及衛氏嵩謂「孟子自宋歸鄒，由鄒之任，之薛，之滕而後之梁，之齊」，見《日知録》。閻氏謂「孟子去齊歸鄒，又如宋，如魯，終之滕」，皆鄉壁虚造，無煩迎刃矣。又甚者毛奇齡氏至謂「孟子葬魯即反齊爲卿，未嘗終喪」，閻氏又篤信馬端臨説，謂「滕文公未嘗行三年喪，但守五月居廬之禮」，誣古害教，迷岐益遠，不經孰甚焉！

至齊、梁之年，顧氏炎武頗得其實，但不知據《索隱》引《紀年》齊威王薨在惠成後元十五年，故難之者以《紀年》但著魏惠、襄之年，而不著齊宣、湣之年，正與《通鑑》同失。且以葬魯爲改葬，尤與「敦匠事嚴不敢請」及「棺槨衣衾」之云不合，而去齊以後之年又無聞，皆由不悟首二篇之條理也。立乎今日以攷往昔，其得要不得要，蓋難易有如斯者。

孟子年表攷第四 紀年孟子長歷

或曰：孟子齊、梁時事，盡舍《史記》從

《紀年》，爲其魏史，且與《孟子》合也。外此尚有可徵者乎？若《史記》與《漢書·律麻志》孰優劣乎？曰：奚但齊、梁事而已！凡《孟子》書所述古人年歲，以《史記》、《漢志》核之不合者，以《紀年》核之無不合。蓋《史記》惟《十二諸侯年表》有《春秋》經傳爲之經緯，至共和已前之年已無依據，僅作《世表》而已，而《六國年表》，則惟周王之年本于古麻周譜，其餘悉取諸《世本》、《國策》。而二書已糅亂于暴秦之餘，見劉向《戰國策敍》，又《尚書正義》、《顔氏家訓》。是以傎倒失次，矛盾互出，故譙周作《古史攷》二十五篇以糾之。司馬彪又據《紀年》之文，條《古史攷》中百二十事爲未當，則《紀年》之勝《史記》明矣。至若劉歆《麻譜》增減歲年詿誤後世，爲麻學之罪人。而《紀年》則初出汲冢時，束晳即謂其「與《春秋》相應」，杜預謂其「與《長麻》皆合」，而且以建寅爲歲首，符左氏「晉用夏正」之遺文。東遷後特紀晉事起殤叔，至晉滅獨紀魏事至今王，得國史編年之正體。是以荀勗、杜預之博通古麻，皆遵信推闡，無有異議，其高出劉歆之《麻志》又明矣。請徵《孟子》、《紀年》之合，兼以《長曆》疏通而證明之：

孟子曰：「舜相堯二十有八載，堯崩，三年之喪畢，舜避堯之子于南河之南，朝覲訟獄者不之堯之子而之舜，謳歌者不謳歌堯之子而謳歌舜，然後之中國踐天子之位焉。」「舜薦禹于天十有七年，舜崩，三年之喪畢，禹避舜之子于陽城。」「由堯、舜至于湯五百有餘歲。」考《紀年》，夏以前惟《隋·律曆志》、《路史》引「帝堯元年丙子」一條，餘皆明人僞撰，不足徵信。而自夏以後之年，則《夏本紀集解》引《紀年》云：「自禹至桀十七世，有王與無王，用歲四百七十二年。」上距堯禪位舜受終之歲凡五百二十有二年，故孟子曰「由堯、舜至於湯，五百有餘歲」也。若依《律麻志》，夏后氏十七王，四百三十二歲，則舜至湯元年僅四百八十有二載，而與《孟子》不合矣。

《殷本紀集解》引《紀年》云「湯滅夏以至于受，二十九王，用歲四百九十六年」，❶蓋自成湯十八年即位，數至帝辛四十一年文王薨，其年如此。其明年爲武王元年，紂尚未亡，再十一年伐紂共五百有八年，殷亡。今自成湯元年數之，則共五百十有四年而文王興，故孟子曰「由湯至于文王五百有餘歲」也。依《漢志》謂湯伐桀至紂六百二十有九歲，文王卒于伐紂之前二年，而與《孟子》及《尚書・無逸》、《無逸》自殷三宗外，嗣後之王，或十年，或七八年，或五六年，或四三年，如《漢志》則必皆增長其年數。《書序》《書・大誓序》「惟十有一年，武王伐殷」，《史記》并文王受命七年數之十一年，劉歆改爲文王受命之十三年，僞古文《泰誓》襲之，皆不足信。皆不合矣。

《周本紀集解》引《紀年》云：「武王滅殷至幽王凡二百五十七年。」《新唐書・曆志》引《紀年》云：「武王十一年庚寅，周始伐商。」以此計之，則至幽王十一年辛未滅于犬戎，共二百八十一年，疑裴所引年數字有譌誤。明年爲平王元年，以後與《史記》皆同。至公、穀《傳》「魯襄二十一年孔子生」，當周靈王之二十年，上距商紂四十一年文王薨，共五百一十年，故孟子曰「由文王至于孔子五百有餘歲」也。孔子卒于敬王四十一年，下至赧王元、二年孟子去齊，共百六十有八年，故孟子曰「由孔子而來至

❶「六」，原作「七」，今據《史記・殷本紀》集解改。

于今百有餘歲」，又曰「由周而來七百有餘歲」。若依《漢志》，則伐殷至赧王元年已八百一十六年，何止七百？皆不合矣。詳前篇攷。

又《左傳》：「成王定鼎于郟鄏，卜年七百。」攷自定鼎至鼎亡於泗水之年，《史記・封禪書》曰：「宋太丘社亡，而鼎没于泗水彭城下，其後百一十五年而秦并天下。」依《紀年》則七百餘年，與所卜合；依《漢志》則八百餘年，又不合矣。

觀劉歆及僞孔傳之無往不舛，則《紀年》之無往不合者，其爲魏史遺厤，夫何疑？

孟子年表攷第五 生卒著書

已定出處之梗概，請更決疑義之數端：一則《史記》列傳言「孟子鄒人」，而《索隱》謂「鄒，魯地名。本邾人，徙鄒」。元程復心據之，遂謂「孟子之鄒即孔子陬邑，故自齊葬魯，其稱孟子鄒人者，猶稱子路卞人也」。二則《史記》言「受業子思之門人」，而《列女傳・孟母》篇則云「孟子懼，旦夕勤學，師事子思，遂成天下之名儒」。《漢書・藝文志》「孟軻，子思弟子」。應劭《風俗通》亦謂「受業子思」。於是王劭據之，而以《史記》「人」字爲衍也。三則《史》謂「退而與萬章之徒，敍《詩》、《書》，述仲尼之意，作《孟子》七篇」。趙岐謂「退而論集所與高弟子難疑答問，又自撰其法度之言，著書七篇」。而唐林慎思《續孟子》則謂「七篇非孟子所自著，乃其弟子萬章、公孫丑所述也」。四則《孟子》宋時始立學官，而趙岐《敍》則謂「孝文皇帝時，《論語》、《孝經》、《孟子》、《爾雅》皆置博士，其後罷傳記博士，獨立五經」

云云，其説不見于《漢書》也。五則《孟子》有《外書》四篇，而趙岐删之也。小岐不杜，大道易惑，更鉤鈲而攘剔之。

曹交欲受業孟子，而云「交得見于鄒君，可以假館」，則非魯陬邑明矣。閻氏辨程復心説雖是，但止據孟子言「吾不遇魯侯」及「近聖人之居」二語，以爲非本國臣民之詞，則「穆穆魯侯」亦出《魯頌》，而《史記正義》言「夫子生陬，長徙曲阜」。則即使孟子陬人，亦何害「爲近聖人之居」？至引「太公五世反葬于周」以證反葬于魯，尤爲不倫，烏足以折程氏？蓋鄒雖子國，而附庸于魯，本在邦域之中，而陬邑則又魯與鄒接壤之地。故《史記》之陬，《左傳》作郰，而《春秋》之邾，《公羊》亦作邾婁。鄒、陬、郰、婁，地近音轉，其後國邑遂同爲鄒。故今孟母墓在鄒縣北二十五里，距昌平防封僅三十餘里。而《正義》言「今尼丘山在兗州鄒城」，是孟子所謂葬魯，與《史記》所謂昌平鄉者本接壤相隣。故陸璣《毛詩疏》云：「李克授魯人孟仲子。」《韓詩外傳》載淳于髡曰「夫子苟賢，居魯而魯削」，此仍以魯爲父母之邦。且《孟子》七篇無一言譏三桓，又屢引季孫、費惠公、孟獻子之言，然則趙岐謂「孟子本魯公族孟孫之後，分適他國」者，實未遠離疆域之外矣。何必以鄒爲陬邑而後爲「近聖人之居」乎？此其可知者一。

至孟子之不能親受業子思，則攷年而得之：《索隱》謂「孟子卒于周赧王二十六年壬申」，考《紀年》終于赧王十六年，齊宣王尚未卒，而《孟子》書稱宣王之謚，則知又在其後。孟子以梁惠王後元十五年至梁，時惠王已立五十年，而稱孟子爲叟，其年必在六十以外。然則《闕里志》據《索隱》赧王壬申之説，謂九十有七者，殆爲可信。以九十有七逆推之，當生于周安王十七年，今《索隱》本「安王」誤作「定王」，此據《闕里志》所見《索隱》本，辨詳《年表》。則至梁在惠王後元十五年，已六十有五歲，其稱叟宜矣。安王十七年，距孔子卒九十有二年。《左傳正義》引《家語》「孔子年十九，娶于宋亓官氏，一歲而生伯魚。」《史記》世家謂「伯魚年五十」。顏淵之喪，夫子曰「鯉也死，有棺而無椁」，則尚在顏子之前。然則伯魚卒時，夫子七十，在哀公十二年，逾四年而夫子卒。即使中年得子，此時亦應二十餘歲。以子思之高明，親承祖訓，何以孔子之喪皆門人所治，子貢築場，門人哭別，不及子思一字？則是伯魚得子甚晚，或四十方生子，如商瞿之類，亦人事之常。夫子没時，子思年十餘歲耳。由穆公元年逆數至魯平公元年，又閱九十載。然則《史記》謂受業子思之門人，良非無本，豈必親承辟咡，方爲美譚？此其可知者二。

至七篇中無述孟子容貌言動，與《論語》爲弟子記其師者不類，當爲手著無疑。又公都子、屋廬子、樂正子、徐子皆不書名，而萬章、公孫丑獨名，《史記》謂「退而與萬章之徒作七篇」者，其爲二人親承口授而筆之書甚明。咸丘蒙、浩生不害、陳臻等遇見，或亦得預記述之列。與《論語》成于有子、曾子門人故獨稱子者，殆同一間，此其可知者三。

至趙岐述「文帝立《孝經》、《論語》、《孟子》、《爾雅》博士，後罷傳記，獨立五經」之説，則劉歆《讓太常博士書》謂「孝文皇帝之世，《尚書》初出屋壁，《詩》始萌芽，天下衆書往往頗出，皆諸子傳説，猶廣立學官，爲置博士」，又《王制》孝文令博士諸生作，多采《孟子》之文，此漢初《孟子》、《爾雅》曾置博士之證。其後罷廢，則由武帝以仲舒對策，「凡不在六藝之科、孔子之術者，皆絶其道，勿使並進」，故止立五經博士，并《論語》、《孝經》等皆不在六藝之列，罷之。然兩漢《論語》雖不立學官，蕭望之、張禹、包咸等猶以授皇太子，博士弟子亦以射策，和帝末，徐防始奏「《論語》勿以射策，冀令學者專經」云云。而《孟子》亦得引以明事，謂之博文。趙岐《序》。此其可知者四。

趙岐稱《孟子》又有《外書》四篇，一《性善》，二《辨文》，三《説孝經》，四《爲政》。其文不能宏深，似依託，非本真，故刪而不録。攷荀子稱「孟子三見齊王而不言事，門人疑之，孟子曰『我先攻其邪心』」，《法言》述孟子曰「夫有意而不至者矣，未有無意而至者也」。荀、揚知道而近古，故較《意林》所引爲典要，其與《韓詩外傳》、《列女傳》所述孟母三遷之訓，在齊倚楹之歎，皆出《孟子外書》無疑，豈非七篇孟子所口授，而《外書》四篇，則弟子自述見聞？故應劭《風俗通》謂「孟子退與弟子作書，中外十一篇」，與《藝文志》正合。洙、泗微言，多出《論語》之外，外篇苟在，何至生卒如棼絲，出處如聚訟與？故曰：「與其過廢，毋寧過存。」此又不可不知者五。近日《藝海珠塵》中刻有《孟子外書》四篇，劉貢父注，乃明人姚士粦等所託。

若夫尚論而心知其意，由博而反求諸約，則以俟深造自得君子焉。

論語三畏三戒九思箴

無三畏，則無忌憚之心；無三戒，則無羞惡之心；無九思之思聽、思明、思問，則無是非之心；無九思之思温、思恭、思忠、思敬，則無戒懼之心；無九思之思義、思難，則無惻隱之心。此君子之所自治，而小人之所大戒而小懲。惟平日冰淵之永惕，庶得免乎臨時之戰兢。墨卿司訓，戒爾生靈！

孔孟贊

孟子四十不動心，已臻孔子之三十而立，雖未及孔子之七十不踰矩與六十耳順，而晚年亦已不惑、知天命。至於知言、養氣、勿助忘，即《大學》之格、致、誠、正。始知聖賢之學，一貫同揆，如月落千潭而一印。

曾子贊

《詩》「思無邪」，《禮》「毋不敬」，《典》、《謨》言欽者七，夫子益之以七戰戰，二勿勿，三憚憚，與堯舜之兢兢業業而相繼。宜乎曳履而歌《商頌》，若出金石，聲滿天地。始知沂水春風之樂，尤在嚴視指於爾室。以言大節，則託孤寄命而有餘；以言大勇，則任重道遠而可必。惟手足之啟予，皆畢生冰淵之永惕。少誦十篇，老而流涕，欲全歸受而無從，欲追悔而無地，徒存章句，虛文何益！

顏冉贊

匹禹、稷者顏子，匹仲尼者子弓。一則嚴視、聽、言、動於四勿，一則出門使民如賓祭之敬恭。宜乎可爲邦，可南面，而用行憂世之相同。至於若無若虛，不施不伐，則又得之竭才卓立，尤瞠乎其莫從。讀安溪喟然章贊，洵百世而感通！

孟子補贊

夫子存養，在牛山以下數章；夫子擴充，在熊魚取舍一章。惟本心之不失，斯放心之可收。宜乎泰山巖巖之象，江、漢浩浩之流，配神禹，稱魯、鄒，而百世無休！

周程二子贊

「人生而静以上不容説，纔説性時便已非性」，「善固性也，惡固不可不謂性」，此天台圓教徹底之言，而明道初年泛濫佛老時所兼印。宜乎「動而無動，静而無静」，上同於孔子之毋意、必、固、我，下同於孔子之無欲而静。要之，惟顔子能盡發聖人之藴，惟明道能盡得周子之藴。至於周子之《太極圖》，乃朱、陸意見各殊，而未知孰爲定論。

程朱二子贊

世稱程、朱，伊川、考亭，而非謂明道先生。雖均未光風霽月，而均守規矩準繩。程子功在《易傳》，朱子功在《儀禮經傳》與《集註》、《或問》，至於《詩》、《書》二傳與《大學》、《孝經》兩改本，均未敢謂美善之盡。至蘇子奏疏，疾伊川爲奸，而欲打破一敬，程子始終置之不問。如何後學錢詹事尚偵其議論？惟朱子《陰符》、《參同》、《楚辭》、《韓文》，皆中年所遊藝，而無與於性命，宜乎爲吴草廬、王文成所同諍。

朱子贊

泰山喬嶽之重，孔融、李膺之氣。捐百世起九原之思，傾長河赴東海之淚。此多同時異公者之言，而没世服公者如此其至！宜求其德感之所以然，始知公之見尊信于世者，不盡在乎著述。

陸子贊

先生所學，在與姪濬及趙然道二書；所經世者，在輪對五劄與《鴻範》皇極。所得力在先立其大，而不廢改過自新、格致讀書之細。宜乎教人能使旦異而晡不同，與程、朱、文成並立。此皆百世之師，如伊尹、惠、夷、顔、孟之不妨小異。

朱陸異同贊

青田無陸子静，建安無朱元晦，南渡以來，足踏實地，惟二公皆嚴闢乎義利，宜其興起百世，頑廉懦立。至於陸子祭伯恭之文，悔鵝湖之偶有妄發，徒參辰而未能酬，則更嘗多而觀省細，尤晚歲所造，幾至從容中道之地。此朱、陸二子之始小異，終大同，誰言蕭寺哭奠，爲告子而流涕！知兩家門人記録，各有是非虚實。

楊子慈湖贊

慈湖宗無意，《大學》宗誠意。以無意爲先天之學，誠意爲後天之學，此陸、王兩弟子所同，而龍谿持守不如敬仲真，希元、悟修皆非敬仲之匹，即上蔡、横浦於浮圖，皆涉藩而未入室。「清明在躬，志氣如神」，與陸子之「齋戒如對上帝」，皆洗心之藏密。與周、程之主静、主敬，是一是二，惟「心之精神謂聖」出僞《孔叢子》，如何可契「無思無爲」之《易》，宜乎爲知人之所議。至於以《大學》、《繫辭》多非夫子之言，此則公自成家，非後學所敢輕議。要之陸子之學，至先生《寂默樓記》而盡發其微，較傅子淵之闊大、黄文範之細密，皆無傳於後者，其成就有偏全虚實。

王文成公贊

道學傳孟、陸之統，事功如伊尹之任，與程、朱皆百世之師，如夷、惠各得其所近之性。惟吉水羅文恭「涵養未發」能得其傳，何龍谿四無漫傳天泉道證。宜乎《大學》格物專正念頭，爲湛甘泉所諍。朱子格物何曾教人格竹，此亦《語録》之一病。總之，紫陽、陽明二子，均有晚年定論。

明儒高劉二子贊

高子以未發之中爲聖門見性之秘，與劉子之慎獨有獨體，皆同於孔子不踰矩，與楊慈湖之無意，皆能先立其大，乃本然之良知，不待於致。其於修道有順有逆，逆者中人所難，順者聖人所易。宜乎臨大節時，一則心如止水，一則心火不熾。觀其考終時一易一難，皆可知平日學養之順逆。古人念念在定，臨終安得亂！今人念念在亂，臨終安得定！此乃死生大事，爲存養之證。

古微堂外集卷二終

古微堂外集卷三

皇朝經世文編敘 代賀方伯

邵陽魏源著

事必本夫心。璽一也，文見於朱者千萬如一，有璽籀篆而朱鳥跡者乎？有朱籀篆而璽鳥跡者乎？然無星之秤不可以程物，故輕重生權衡，非權衡生輕重。善言心者，必有驗于事矣。

法必本於人。轉五寸之轂，引重致千里；莫御之，跬步不前。然恃目巧，師意匠，般爾不能閉造而出合。善言人者，必有資於法矣。

今必本夫古。軒、撓上之甲子，千歲可坐致焉。然昨歲之曆，今歲而不可用，高、曾器物，不如祖、父之適宜。時癒近，勢癒切，聖人乘之，神明生焉，經緯起焉。善言古者，必有驗於今矣。

物必本夫我。然兩物相摩而精者出焉，兩心相質而疑難形焉，兩疑相難而易簡出焉。《詩》曰：「秩秩大猷，聖人莫之。他人有心，予忖度之。」又曰：「周爰咨度。」「周爰咨謀。」古人不敢自恃其心也如是，古之善入夫人人之心、又善出其人人之心以自恢其心也如是。切焉劘焉，委焉輸焉。善言我者，必有乘於物矣。

蟠焉際焉之謂神，效焉法焉之謂事，創之因之謂之后王君公，承之宣之謂之大夫師牧，役智效能，分事亹亹，達之天下，謂之府史、胥徒、農工、商賈、卒伍。人積人之謂治，治相嬗成今古，有洿隆、有敝更之謂器與道。君、公、卿、士、庶人，推本今世、前世道器之洿隆所由然，以自治外治，知從違、知參伍變化之謂學。學爲師長，學爲臣，學爲士庶者也。格其心身國家天下之物，知奚以正，奚以脩，奚以齊且治平者也。

絻鉞其好惡，教養其喜樂，兵刑其怒哀。亹亹乎經曲，淼淼乎精微，則遵襲循守與創制同，諏詢謀議與施措同，膠葛紛紜、至纖至悉與性命流行品物同。殺諸事則右史所述，賾諸言則左史所記；事者一成而不可易，言則得失粲矣，違從係矣，參伍具矣。

先王以之備矇誦，知民務，集群慮，研幾微，究中極，精極蜎蠖不爲奧，博周倫物不爲末，玄黄相反不爲異，規矩重疊不爲同。故鳩聚本朝以來碩公、龐儒、俊士、畸民之言，都若干篇，爲卷百有二十，爲綱八，爲目六十有三。言學之屬六，言治之屬五，言吏之屬八，言户之屬十有二，言禮之屬九，言兵之屬十有二，言刑之屬三，言工之屬九；則䚡理于邵陽魏君默深，告成于道光六年柔兆閹茂之仲冬也。

明代食兵二政録敍

以三代之盛，而殷因于夏禮，周因于殷禮，是以《論語》「監二代」，荀卿「法後王」，而王者必敬前代二王之後，豈非以法制因革損益，固前事之師哉！我朝之勝國曰明代，凡中外官制、律例、賦額、兵額，大都因明制而損益之，故其流極變遷、得失切劘之故，莫近于明。

明中葉以後之主，德無足論；論其祖宗朝之制度異今日者，則莫如大兵大役之派民加賦，末年遂以是亡國，而方其盛時，則亦以此不致別籌國用。舉天下仕進一出于科目，無他途雜乎其間，無色目人分占其間，無論甲乙一第，未有終身不沾一禄者；内而部曹，外而守令，未有需次數年、十數年始補一缺者。遇銓選乏人，則輒起廢田間，旋踵録用，士之得官也易，復官也易，則其視去官也不難。又士自成進士釋褐以後，則不復以聲律、點畫爲重，士得以講求有用之學。故中材之士，往往磨厲奮發，危言危行，無所瞻顧。凡本兵、吏部文武之任，往往有非常豪傑出乎其間，雖佚君亂政屢作，相與維持匡救而不遽亡。使非四方税榷太監擾其下，主兵太監掣其外，司禮太監神叢阿柄倒其上，則雖偶有大兵大役之加派，民不致亂也，雖有北韃南倭之侵軼，兵不致亡也。是明代之得，在于清仕途，培士氣，其失在于大權旁落。而加派練餉，門户黨援，則其變證也。

不一歲不虞河患，無一歲不籌河費，前代未之聞焉；江海惟防倭防盜，不防西洋，夷煙蔓宇内，貨幣漏海外，病漕、病鹺、病吏、病民之患，前代未之聞焉。内外既無兩漏卮，仕途又無兩濫竽；無漏卮則國儲財，無濫竽則士儲才。故雖以宗禄、土木、神僊之耗蠹，中璫、廷杖之摧折，而司農、柄兵諸臣，得以隨弊隨治。病患迭出，人材亦迭出，不至有仰屋呼庚之虞，不至有拊髀乏材之嘆。烏乎！治有餘之證，易於治不足之證，明中葉以前之證，其尚有餘乎？有下而無上，厥象水；有上而無下，厥象火。明中葉以後之證，其猶水歟？

皇清立國之初，閔民生之困，監勝國之失，首申閹宦重賦之禁。乾隆、嘉慶以來，黄河大工，一切發帑，永免力役之征。而且賜復蠲租之詔，史不絶書，其重民食也如是。北韃南倭，爟燧不驚，土司改流，萬里不警，其靖邊患也如是。民生其間，耳不聞苛政，目不見鋒鏑，而又乾綱親攬，日見群臣，日日答萬幾，優禮言官，從不知有廷杖詔獄爲何事。其政本肅清，豈獨高出明代萬萬？然而東南之漕運困於輸將，中外之仕途困於需滯，沿邊之軍餉絀于度支者，何哉？黄河無事，歲修數百萬，有事塞決千百萬，無一歲不虞河患，無一歲不籌河費，此前代所無也。夷煙蔓宇内，貨幣漏海外，漕鹺以此日敝，官民以此日困，此前代所無也。士之窮而在下者，自科舉則以聲音詁訓相高，達而在上者，翰林則以書藝工敏、部曹則以胥史案例爲才，舉天下人才盡出于無用之一途，此前代所無也。其他宗禄之繁，養兵之費，亦與前世相出入。是以節用愛民，同符三代，而天下事患常出于所備之外。立乎今日以指往昔，異同黑白，病藥相發，亦一代得失之林哉！

少游京師，好咨掌故，曾以道光五載爲江蘇賀方伯輯《皇朝經世文編》。繼又念今昔病藥之相沿，常以對治而益著，爰復仿宋臣鑑唐、漢臣過秦之誼，故集有明三百年文章論議言食政之類十有三，曰理財，曰養民，曰賦役，曰税課，曰屯政，曰倉儲，曰荒政，曰鹽法，曰宗禄，曰水利，曰運河，曰河防；兵政之類二十有四，曰兵制，曰京營，曰親軍召募，曰戰車，曰屯餉，曰茶馬，曰防守九邊形勢，曰薊鎮、宣、大邊防，曰遼東邊防，曰西番，曰西南土司，曰朝鮮禦倭，曰款貢，曰盜賊：凡爲卷七十有八。勞臣藎士，蒿憂瑰畫，粲矣，具矣！若夫議禮之聚訟，刑獄之匡救，於今無涉，概不旁録。其遼東邊防，事關敵忌，可酌改而不必諱言，則有欽定《明史》舊例在，有純皇帝褒熊廷弼及贈謚殉節諸臣之詔書在。

聖武記敘

荆楚以南，有積感之民焉。距生於乾隆征楚苗之前一歲，中更嘉慶征教匪、征海寇之歲，迄十八載畿輔靖賊之歲，始貢京師。又迄道光征回疆之歲，始筮仕京師。京師，掌故海也，得借觀史館秘閣官書及士大夫私家著述、故老傳説，於是我生以後數大事及我生以前上訖國初數十大事，磊落乎耳目，旁薄乎胸臆。因以溯洄于民力物力之盛衰，人材風俗進退消息之本末。晚僑江淮，海警飈忽，軍問沓至，慨然觸其中之所積。乃盡發其櫝藏，排比經緯，馳騁往復。先取其涉兵事及所論議若干篇，爲十有四卷，統四十餘萬言，告成于海夷就款江寧之月。乃敬敘其端曰：

天地以五行戰陰陽，聖人飭五官，則戰勝于廟堂。戰勝廟堂者如之何？曰聖清尚矣，請言聖清以前之世：今夫財用不足，國非貧，人材不競之謂貧；令不行于海外，國非羸，令不行于境内之謂羸。故先王不患財用而惟亟人材，不憂不逞志於四夷而憂不逞志於四境。官無不材，則國楨富；境無廢令，則國柄强。楨富柄强，則以之詰奸，奸不處；以之治財，財不蠹；以之蒐器，器不窳；以之練士，士無虛伍。如是，何患於四夷，何憂乎禦侮！斯之謂折衝于尊俎。

嘗觀周、漢、唐、宋、金、元、明之中葉矣，瞻其闕，夫豈無懸令？詢其廷，夫豈無充位？人見其令雷行於九服，而不知其令未出階闥也；人見其材雲布乎九列十二牧，而不知其槁伏于灌莽也。無一政能申軍法，則佚民玩；無一材堪充軍吏，則敖民狂；無一事非耗軍實，則四民皆荒。佚民玩則畫筆不能令一羊，敖民狂則蟄雷不能破一牆。四民皆荒，然且今日揖於堂，明日觴于隍，後日胠于藏，以節制輕桓、文，以富强歸管、商，以火烈金肅議成、湯，奚必更問其勝負於疆場矣。

《記》曰：「物恥足以振之，國恥足以興之。」故昔帝王處蒙業久安之世，當渙汗大號之日，必虩然以軍令飾天下之人心，皇然以軍食延天下之人材。人材進則軍政修，人心肅則國威遒，一喜四海春，一怒四海秋。五官强，五兵昌，禁止令行，四夷來王，是之謂戰勝于廟堂。是以後聖師前聖，後王師前王，師前聖前王，莫近于我烈祖神宗矣。《書》曰：「其克詰爾戎兵以陟禹之迹，方行天下，至于海表，以覲文王之耿光，以揚武王之大烈。」用敢拜手稽首，作《聖武記》。

海國圖志敍

《海國圖志》六十卷，何所據？一據前兩廣總督林尚書所譯西夷之《四洲志》，再據歷代史志及明以來島志及近日夷圖、夷語。鈎稽貫串，創榛闢莽，前驅先路。大都東南洋、西南洋增於原書者十之八，大小西洋、北洋、外大西洋增於原書者十之六。又圖以經之，表以緯之，博參群議以發揮之。何以異於昔人海圖之書？曰：彼皆以中土人譚西洋，此則以西洋人譚西洋也。是書何以作？曰：爲以夷攻夷而作，爲以夷款夷而作，爲師夷長技以制夷而作。

《易》曰：「愛惡相攻而吉凶生，遠近相取而悔吝生，情僞相感而利害生。」故同一禦敵，而知其形與不知其形，利害相百焉；同一款敵，而知其情與不知其情，利害相百焉。古之馭外夷者，諏以敵形，形同几席；諏以敵情，情同寢饋。然則執此書即可馭外夷乎？曰：唯唯，否否。此兵機也，非兵本也；有形之兵也，非無形之兵也。明臣有言：「欲平海上之倭患，先平人心之積患。」人心之積患如之何？非水，非火，非刃，非金，非沿海之奸民，非吸煙販煙之莠民。故君子讀《雲漢》、《車攻》，先于《常武》、《江漢》，而知二《雅》詩人之所發憤；玩卦爻内外消息，而知大《易》作者之所憂患。憤與憂，天道所以傾否而之泰也，人心所以違寐而之覺也，人才所以革虛而之實也。

昔準噶爾跳踉於康熙、雍正之兩朝，而電掃於乾隆之中葉。夷煙流毒，罪萬準夷，吾皇仁勤，上符列祖，天時人事，倚伏相乘，何患攘剔之無期？何患奮武之無會？此凡有血氣者所宜憤悱，凡有耳目心知者所宜講畫也。去僞，去飾，去畏難，去養癰，去營窟，則人心之寐患袪其一。以實事程實功，以實功程實事，艾三年而蓄之，網臨淵而結之，毋馮河，毋畫餅，則人材之虛患袪其二。寐患去而天日昌，虛患去而風雷行。《傳》曰：「孰荒於門，孰治於田？四海既均，越裳是臣。」敍《海國圖志》。

以守爲攻，以守爲款，用夷制夷，疇司厥楗。述《籌海篇第一》。

縱三千年，圜九萬里，經之緯之，左圖右史。述《各國沿革圖第二》。

夷教夷煙，毋能入界，嗟我屬藩，尚堪敵愾。志《東南洋海岸各國第三》。

呂宋、爪哇，嶼埒日本，或噬或駾，前車不遠。志《東南洋各島第四》。

教閱三更，地割五竺，鵲巢鳩居，爲震旦毒。述《西南洋五印度第五》。

維晳與黔，地遼疆閡，役使前驅，疇諏海客。述《小西洋利未亞第六》。

大秦海西，諸戎所巢，維利維威，實懷泮鴞。述《大西洋歐羅巴各國第七》。

尾東首西，北盡冰溟，近交遠攻，陸戰之鄰。述《北洋俄羅斯國第八》。

勁悍英寇，恪拱中原，遠交近攻，水戰之援。述《外大洋彌利堅第九》。

人各本天，教綱於聖，離合紛紜，有條不紊。述《西洋各國教門表第十》。

萬里一朔，莫如中華，不聯之聯，大食、歐巴。述《中國西洋紀年表第十一》。

中曆資西，西曆異中，民時所授，我握其宗。述《中國西曆異同表第十二》。

兵先地利，豈間遐荒，聚米畫沙，戰勝廟堂。述《國地總論第十三》。

雖有地利，不如人和，奇正正奇，力少謀多。述《籌夷章條第十四》。

知己知彼，可款可戰，匪證奚方，孰醫瞑眩？述《夷情備采第十五》。

水國恃舟，猶陸恃堞，長技不師，風濤誰讋？述《戰艦條議第十六》。

五行相克，金火斯烈，雷奮地中，攻守一轍。述《火器火攻條議第十七》。

軌文匪同，貨幣斯同，神奇利用，盍殫明聰。述《器藝貨幣第十八》。

原刻僅五十卷，嗣增補爲六十卷。道光二十七載增爲百卷，重刻于揚州，仍其原敍，不復追改。

擬進呈元史新編序

臣源言：伏聞天不變道亦不變，國可滅史不可亡。粤稽典謨三五之年，《春秋》所紀二百餘歲之事，自周、漢至明二十三史之編，事匪一端，迹多殊軌。元有天下，其疆域之袤，海漕之富，兵力物力之雄廓，過於漢唐。自塞外三帝，中原七帝，皆英武踵立，無一童昏暴繆之主，而又内無宮闈奄宦之蠱，外無苛政强臣夷狄之擾，又有四怯薛之子孫，世爲良相輔政，與國同休，其肅清寬厚亦過於漢唐。而末造一朝，偶爾失馭，曾未至幽、厲、桓、靈之甚，遂至魚爛河潰不可救者，何哉？

《禮運》言三代之治天下也，曰：「大道之行，天下爲公。」公則胡越一家，不公則肝膽楚越。古聖人以紱冕當天之喜，斧鉞當天之怒，命討威福，一奉天道出之而不敢私焉。明人承元之後，每論元代之弊，皆由内北國而踈中國，内北人而外漢人、南人，事爲之制，曲爲之坊。以言用人，則臺省要官皆北人據之，漢人、南人，百無一二。其破格知遇者，官至集賢翰林院大學士而止，從無入相秉樞之事。乃稽之《元史》紀傳，殊不盡然。太祖龍興，即以耶律楚材爲丞相。太宗則劉秉忠主機要，而漢相數人副之。憲宗、世祖，則史天澤、廉希憲、姚樞、許衡、竇默諸理學名儒，皆預機密，朝夕左右。即姚口後雖以事誅，而史言有元一代紀綱，多其所立，則亦非以漢人爲不可用。而末年至正中賀太平，尚以漢相負中外望。惟是中葉以後，臺省官長，多其國人，及其判署不諳文義，弄璽伏獵，不得已始取漢人、南人以爲之佐。至於末造，中書政以賄成，臺憲官皆議價以得，出而分巡，競漁獵以償債，帥不復知紀綱廉恥爲何物。至於進士科舉，罷自國初，中葉屢舉屢輟，動爲色目人所掎摭。順帝末年，始一大舉行，而國將亡矣。兼之中原財賦，耗於僧寺、佛寺者十之三，耗於藩封、勳戚者十之二。是以膏澤之潤，罕及於南；滲漉之恩，悉歸於北。界鴻溝於大宅，自以爲得親邇疏逖之道，致韓山童僞檄有「貧極江南、富歸塞北」之斥。天道循環，物極必反，不及百年，向之畸重於北者，終復盡歸於南。乘除勝負，理勢固然哉！

且元恃其取天下之易，既定江南，并大理，遂欲包有六合。日本、爪哇，皆覆海師於數萬里之外。又不思中原形勢，外置嶺北、嶺西、阿母河諸行省，動輒疆域數千里，馬行八九十日方至。内置江浙、湖廣各行省，舉唐、宋分道分路之制，盡蕩覆之。旁通廣闊，務爲侈闊；鞭長駕遠，控馭不及。於是海都、乃顔諸王叛於北，安南、緬甸八百諸蠻叛於南。窮年遠討，虚敝中國，如外彊中乾之人，軀幹龐然，一朝瘻木。於是河潰於北，漕梗於南，兵起於東，大盜則一招再招。官至極品，空名宣勅，逢人即授。屯膏吝賞於未熾之初，而曲奉驕子於燎原之後。人心愈渙，天命靡常。二三豪傑魁壘忠義之士，亦冥冥中輒自相蚌鷸，潛被顛倒，而莫爲之所。若天意，若人事焉。烏乎！孰使然哉？

人知《元史》成於明初諸臣潦草之手，不知其載籍掌故之荒陋疏舛，諱莫如深者，皆元人自取之。兵籍之多寡，非勳戚典樞密之臣一二預知外，無一人能知其數者。《拖布赤顔》一書，譯言《聖武開天記》，紀開國武功，自當宣付史館，乃中葉修《太祖實録》，請之而不肯出。天曆修《經世大典》，再請之而不肯出。故《元史》國初三朝本紀，顛倒重複，僅據傳聞。國初平定部落數萬里，如墮雲霧。而《經世大典》於西北藩封之疆域、禄籍、兵馬，皆僅虚列篇名。以金匱石室進呈乙覽之書，而視同陰謀，深閉固拒若是，又何怪文獻無徵之後人哉？是以疆域雖廣，與無疆同；武功雖雄，與無武同。加以明人舊史不諳翻譯，遂至一人重出數傳，而元勳反無姓名。順帝末年事，全鈔吏牘，如塗塗附，爲從來未有之穢史。近人如邵遠平之《元史類編》，徒襲鄭樵《通志》之重儓，分天王、宰輔、侍從、庶官、忠節、文翰、雜行等類，甚以廓擴之忠勳，列入雜行；又有紀、傳，無表、志，因摭志入傳；又多采制册入紀，多采書序入儒林，又多采《元典章》吏牒之書以充卷帙，皆不登大雅；甚至本紀直以世祖爲始，而太祖、太宗、憲宗三朝，平漠北，平西域，平金、平蜀之功，不載一字，更舊史之不如。至近臣錢大昕重脩之本，亦僅成氏族志、經籍志，餘並無藁。

臣源於脩《海國圖志》之餘，得英夷所述五印度、俄羅斯元裔之始末，棖觸舊史，復廢日力於斯，旁搜四庫中元代文集數百種及《元秘史》，芟其蕪，整其亂，補其漏，正其誣，闢其幽，文其野，討論參酌，數年於斯，始有脱稾。烏乎！前事者，後事之師，元起塞外有中原，遠非遼、金之比，其始終得失，固百代之殷鑑也哉！

元史大理傳敍

顧祖禹《方輿紀要》謂「歷代行軍地利皆有格式，惟蒙古之兵，任臆出奇，出没不測，爲從古所未有」，蓋指大理之役言也。元憲宗兵頓合州之釣魚山，一載不下，乃思遶出西蜀上游，遂令皇弟忽必烈遶烏斯藏，穿蠶叢數千里而至大理，士馬死者十餘萬。然皇弟兩次皆由大理反，以未能遂夾攻之效，雖留烏良合台在後，遶至湖南，而已屬强弩之末。此其即位後，即遣國信使郝經渡江往聘者，亦誠見其難也。遇賈似道幽信使于儀徵，經年不報，于是世祖怒，用劉整之謀，舍蜀而攻襄陽，圖奪其咽喉。吕文焕固守，力戰三載，賈似道不遣一旅之援，文焕力竭始降。使似道親赴襄陽，内外援應，不知世祖又將何以制之？吾以爲憲宗之攻蜀，東川、西川已皆爲元有，區區一合州釣魚山不下，何阻於大事？曷不歛内江、外江之船，乘春水直出巫峽，攻鄂攻金陵，直走吴越，則不待師抵錢唐而杭州失矣，烏用合州之蚌鷸相持哉！襄陽之城不下，何不舍之而赴上游漢中，造船直下，過襄陽不攻，直出漢陽，順長江而下，則亦破竹之勢，勝襄陽之頓兵老師，其巧拙勞佚天淵矣。

更有奇于是者，日本、爪哇之役，均爲孟浪，自取顛沛。至元兵攻襄陽時，宋人金履祥曾上書獻海道圖並策，請以重兵由四明出海，直抵天津，擣燕、雲，則襄、樊之圍自解，似道不報。及伯顔下臨安，收圖籍，得此圖及策，乃奏籌海運，招海盗張清、朱瑄，封以二侯，專主其事，由海運歷年益增益多，運漕至三百萬。是天津之至吴越，海道直捷，苟當其未破襄陽之前，聞執使之信，即以其征日本、爪哇之力，移海艘數十艦，由天津直抵江東，一由揚子江直取江陵，一由錢唐江直擣臨安，豈非天降之師，事半而功百哉！此之謂奇師，視大理、日本之役何如耶？故顧祖禹所謂元人用兵之奇，不知皆拙謀下策也。

關中形勢論

謝山全氏作《諸葛武侯入蜀論》，謂「爲先主、孔明計，當棄荆州而圖長安，乃使前將軍日夜結怨于吴。且宛城之内應已平，張遼之援兵已至，即無陸遜，亦敗而歸也。況即使得荆、襄，不若得長安之一郡一縣」，其論高而識卓矣。雖然，長安之一郡一縣，亦何足得哉！凡欲守關中者，必先守潼關。以信陵率五國之師攻秦，秦人固守崤、函，五國之師逡巡而不敢入。自西漢移關之後，潼關之險更勝崤、函；以崤、函縱攻不入，尚有洛陽可爲退步，未若潼關在崤、函關之内，潼關既守，則別出奇兵，由藍田出武關，西塞崤、函，東扼虎牢，使敵坐困于二關之間，進不得進，退不得退。靈寶彈丸之地，無糧可徵，不出旬月，三軍飢困，不戰成禽，而長安、洛陽先爲我有矣。乃始既不用魏延子午谷之計襲取長安，而欲出上游平取隴右，隴右縱可得，何足以制關中哉！其失一。再則屢出祁山，祁山固守，蹈攻城之下策，屢以糧盡而返，不知過城勿攻，直取長安，因糧于敵。其失二。最後乃懲糧運之弊，而屯田渭上，與司馬懿相持。司馬懿雖不敢戰而長于守，孔明縱不死，蚌鷸相持，何年破賊？用兵之道，地利爲先，從未有不守潼關而能有關中者。宇文泰與高歡相持于夏陽，而潛師先據潼關，擊破竇泰之衆，高歡遂東走。英雄成算，止争機先，彼哥舒翰、孫白谷之出關輒敗者，皆由朝廷中制，不知守「將在外，君命有所不受」之誼，勢非得已，情尚可原。安有位兼將相，進止自由，乃不據形勝，專恃節制持重，爲不敗之計者哉！

全子又作《曲端論》，謂「張浚富平之敗，由防兀朮重有渡江之舉，故先出西北空虛之地以撓之。兀朮千里赴援，富平雖敗，而江左遂以高枕而無憂」。烏乎！以四十萬之兵投虎狼之喙，尚得執干戈衛社稷之名，老成謀國，固若是乎！誠能固守潼關，縱敵入嶠、函之後，而遣奇兵由藍田出武關，據嶠、函以斷其歸路，使金兵困守于靈寶之間者，上也。即不然，敵已入險，則爲堅壁清野之策，于四十萬衆中選簡練之師十萬，使吴璘、吴玠、劉子羽各將一二萬人，守富平、華州、鳳翔，而自以三萬人固守長安，深溝高壘，先爲不可勝以待敵之可勝。敵攻長安，則三城各出勁旅以撓其後；敵分攻三城，則長安出勁旅以撓其後。聲東擊西，聲西擊東，更番轉戰，使疲于奔命，窘于糧餉，而後合軍大戰以克之，順昌之捷，不可再見乎？奈何以剛愎無謀之將，御紀律不嚴之兵，一敗塗地，中原遂不可復。尚不可以服曲端之心，更何以對李綱之劾也？

故顧祖禹《讀史方輿紀要》爲用兵鄉導

之要，戚繼光《練兵紀實》、《紀效新書》爲訓練之要。有節制而無地利者，武侯也；無地利而并無節制者，張魏公也。姑舉關中二事以爲千古兵家之鑒。

王翦苻堅論

從來用兵，兵多者敗，而王翦滅楚獨出于用衆。從來客兵利速戰，主兵利持重，而王翦之兵獨以持重不戰，反客爲主，謝玄淝水之勝，又以速戰，反主爲客。考信陵救趙，選兵八萬，遂走蒙驁二十萬之師；❶項羽以楚兵三萬，遂破章邯二十萬之衆；謝玄淝水八萬，遂敗苻堅投鞭斷流之衆。而楚師于秦，屢戰屢敗，一則懷王敗于秦，殺其將唐眛；❷一則白起以三萬人自蜀攻楚，一戰而燒夷陵，再戰而舉鄢、郢。同此秦、楚，而李信以二十萬敗于楚，王翦必六十萬乃行，何今昔用衆用寡相胡越哉？

魏子曰：此太史公敘述不詳，致後人疑其以六十萬之兵萃于一陣，從古無此兵法。計李信之兵二十萬，與項燕之兵數相當；而以主待客者主常勝，故李信敗于項燕。白起之役，能破其衆而不能取其國，究以兵數太少之故。王翦老將，以楚地五千里，建國千年，民風慓悍，非一路之師所能吞并，故自將二十萬以當項燕，堅壁不戰，其相持當在壽春國都之地；其餘四十萬之師必分四路，一由上游巴、蜀東下，取湘南長沙，一由襄陽取荊州，一由淮南取廣陵，一由海道取姑蘇，計半載間，江南江北諸城

❶「遂」，原作「逐」，今據《史記·魏公子列傳》改。
❷「眛」，原作「妹」，今據《史記·楚世家》改。

無不下，所有楚之郡邑府庫積貯，無不爲秦兵所有矣。項燕欲救則不敢分兵，欲戰則不能致敵，反主爲客，鋭挫氣阻，而後王翦開壘傾壁，一大戰而敗之。項燕走，楚王禽，一舉而滅五千里之國，此兵家萬全之師也。

苻堅之師，人以爲敗于衆，不知以萬乘之國，攻萬乘之兵，非多不能制敵。《兵法》，「十則圍之，五則攻之」，假使苻堅用王翦故策，自督慕容垂、姚萇等以二十萬衆阻淝水堅壁不戰；而苻融、苻丕、苻登之徒各將十萬，一由上游取蜀，一趨荆州以羈桓謙，使不得東下，而一軍由廣陵渡江直趨建業，其時重兵大將皆在外，建康空虚，即謝太傅之才，豈尚能圍棋賭墅以卻敵哉！建業下則謝玄、桓謙兩軍聞風奪氣，不戰自潰，況以二十萬衆渡淝而攻八萬哉！項燕之才不下謝玄，而勝敗異者，以所當之敵，一有節制之王翦，一無節制之苻堅也。

至于淮陰之用衆，武穆之用少，李廣之用奇，雖有神明于法度之外者，然以李臨淮之才，尚不敢野戰而長于憑城，周亞夫以四十萬軍堅壁不戰，以梁委吴、楚，必待奇兵擾其餉道，敵兵飢困，而後一戰成功。千古兵機，如出一轍，胸無成算而大勳克建者，未之前聞。

趙汝愚擁立寧宗論

宋孝宗之孝，一代所無；宋光宗惇之不孝，亦一代所無也。孝宗大漸，群臣皆疏請侍疾，而光宗不視疾；孝宗崩，群臣疏請執喪，而光宗不成服，不執喪。當是時，人心岌岌，丞相留正拜表而去，趙汝愚以宗室貴戚之卿，遂以皇太后之命及光宗念欲退閒之旨擁立寧宗，國勢危而復安，可謂功在社稷。而錢詹事大昕深不然之，謂：「汝愚此舉冒險徼幸，萬一宮中有奉帝出門者何以禦？幸而不勝，爲秦王從榮，猶可言也；不幸而竟勝，爲公子商臣，不可言也。當此之時，惟有爲留正之去，不可爲汝愚之易君。」夫秦王從榮之起兵討武三思也，兵從外入，其敗固宜；彼豈有中宗念欲退閒之旨，豈有皇太后之命乎？情事懸絶，比擬不倫。況以大功已成之後，而設爲萬一不然之詞，例諸簒弒，從古無此論史之法。

至汝愚之失計則不在此。當其擁立也，皆由侂胄傳命往來之力，及事定成後，侂胄不過欲得一節鎮，此一賞功之常；而汝愚不欲居定策之名，故不受擁戴之賞，並約同朝皆不受賞。烏乎！汝愚，樞密使也，受賞不受賞，無所加損；韓侂胄，閤門使也，而欲其不受賞，得乎？及侂胄用宵小之計，用内批罷彭龜年，而汝愚拒之不見，試思彼能罷龜年，獨不能罷汝愚乎？至是侂胄擅權，一時名望，斥逐殆盡，立慶元黨禁之碑，用蘇師旦開邊釁，幾致亡國。

烏乎！有用人之權，有去小人之力，而優柔不斷，以致垂成而敗者，一見於張柬之、五王之不去武三思，再見于汝愚之不去韓侂胄，皆忠有餘而智不足也。錢氏不責其駕馭小人之不善，而反責其推戴之不宜。賢人君子，進退消長，自有定數，而國家受其弊。烏乎，可勝歎哉！

書遼太祖事

從古帝王未有能前知者，惟遼太祖阿保機一人，夐出千古，夢日墮懷而生。及生，室有神光，三月能行，晬而能言，知未然事，自謂左右嘗有神人翼衛。即位五年，居西樓，宿氈帳中。晨起，見黑龍長十餘丈，夭矯空中，蜿蜒其上，引弓射之，即騰空中夭矯而逝，墜於黄龍府之西，已去千五百里，長僅七八尺，其體尚在金國内庫。

元好問《夷堅志》曰：遼祖神册五年五月，黑龍見曳剌山陽水上，遼祖馳往，三日乃至，而龍尚不去，遼祖射之而斃。龍一角，尾長而尻短，身長五尺，舌長二寸有半。太祖既兼并八部大人爲一部，又於蕃城外自立漢城，南征北伐，無不賓服，控弦十餘萬。五年，詔曰：「朕既承天命，下統群生，每有征行，皆奉天意。是以機謀在己，取舍如神，國令既行，人情大附，可謂大含溟海，内納春山矣。升降有期，去來在我，良籌勝會，自契天人。三年之後，歲在丙戌，時作初秋，必有歸處。然未終兩事，豈負親誠？日月非遥，戒嚴是速。」聞詔者皆警懼不知何意。是日大舉征吐谷渾、黨次、阻卜等部。大軍兩路，皇太子率兵攻其南，是爲南院軍；帝御營攻其北，是爲北院軍。八月，次古單于國。九月，丙申朔，次古回鶻城。皆勒石紀功。庚子，遣騎攻阻卜，次古回紇城，勒石紀功。遣丞相等略地西南。丁巳，鑿金河水，取烏山石輦致黄河木葉山，以示山川朝海宗岳之意。四年，皇太子大元帥堯骨獻黨項俘。三月，饗軍於木葉山。十月，唐以滅梁來告，即遣使報聘。十二月，詔曰：「所謂兩事者，一事已畢，惟渤海世仇未雪，豈宜安駐？」乃舉兵親征渤海，以青牛白馬祭天地於馬山。天顯元年正月，拔扶餘城，誅其守將，遣萬騎爲先鋒，破渤海酋禋謹老相之兵。皇太子大元帥南府宰相及南院諸臣是夜共圍忽汗城。己巳，渤海酋禋譔請降，素服藁索牽羊，率所部降，上優禮而歸之。詔立渤海郡縣，以青牛白馬祭天地。以渤海平定遣使報唐，改渤海國爲東丹國，都忽汗城，册皇長子東丹王突欲爲人皇王以主之。丁未，高麗、濊貊、鐵驪、靺鞨來貢。三月甲子，祭天。丁卯，幸人皇王官。癸未，宴東丹國僚佐，頒賜有差。是月，唐主李存勗被弒，唐魏王李嗣源嗣立，遣使來告國哀。上曰：「聞吾兒自滅梁以後，驕伐泆樂，不恤政事，暱于倡優宵小，内作色荒，外作禽荒，以至於此。吾自聞此言，縱放鷹犬，停止畋獵，以自懲創。不然，幾何不與李家兒等！」戊戌，次扶餘府，上不豫。是夕，大星隕於帳前。辛巳正旦，城上見黄龍繚繞，可長一里，光耀奪目，入於行宫，有紫黑氣蔽天，踰日乃散。是日上崩，年五十有五。皇后蕭氏權國政，以兩子問諸大臣擇立何人。於是東丹王率諸將相同請於太后曰：「皇太子大元帥勛望在海内，當嗣大統，臣無功於國，不敢承嗣。」於是太子德光嗣，是爲太宗。

論曰：從古帝王未聞有能前知者，其智如神，千古獨遼太祖一人而已。亶聰明作元后，非天人其孰能與於斯？史言契丹歸後，晉王引兵躡之，隨其行止，見其野宿之所，布藁於地，回圜方正，皆如編翦，雖去，藁無一枝亂者。克用歎曰：「虜用法嚴，乃能如是，中國不逮也！」又嘗合蕃漢生軍爲一營，生軍多不願，思逃，而環營有銅索，索上繫鈴與犬，遇有逃者，雖深夜，鈴動犬鳴，故無一敢逸，此可爲後世行師節制之法。又遼起塞外，宜乎不識漢文，而首立孔子廟，太祖即親祭孔子。太宗及東丹王兄弟皆工繪事，勒石能銘，登高能賦，師旅能誓，其材藝有足稱者。每科放進士榜百餘人，故國多文學之士，其史，紀、表、志、傳，皆詳明正大，雖在元代前，而遠出元代之上。其姓以耶律爲帝族，蕭爲后族，世世昏姻，非元代無氏族之比。惜乎東丹王從海入唐，賜姓名李贊皇，不令留國中嗣太宗而立也。又有所謂再生禮者，每遇母后生辰及各帝自己生辰，則前數日行再生禮。其法以木爲几，形如鞍，皇帝解衣冠履襪，散髮袒跣如赤子，偃俯曲躬而入。左右以繡褓盛而舁之，曰：「太子生矣。」或曰：「哥兒生矣。」既而以盆浴身，名洗兒禮。乳媪亦開懷乳之。宮中皆賀太后得子，太后賜宮人湯餅、金錢，每歲必行一次。此祖宗以養其子孫孩提之良知良能，用意深厚，爲六經諸史所未有，亦歷代所未聞，惟遼有之。謹附書於後，以貽百世。

書金史完顏元宜傳後

海陵南伐時，元宜授浙西都統制置使，督諸軍爲前鋒。及軍臨廬州，聞雍王已立於東京，改元大定，海陵進退兩難，欲迫令諸將過江以絶反顧，而已自督親軍回北討賊。諸將以長江天險，初試舟采石江中，與宋將虞允文兵戰不利，且劉琦以大隊嚴守南岸，渡必成禽。又聞京師已立新主，軍士多欲亡歸，決計於元宜及猛安、謀克等，遂議共行大事，然後舉軍北還。矢及御帳，海陵中流矢死。大定二年，班師至京，入見世宗，授元宜平章政事，封冀國公，賜姓完顏氏。卒於家，祭賻甚厚。大定十一年，尚書有擬功合斡魯，補除授，上曰：「昔諸軍共畔海陵，此人首謀，射及大帳，弑之。人臣之罪，莫大於是，豈可漫加官職？姑聽其世襲謀克可也。」大定十八年，扎里海上言：「弑海陵者，賞以高爵，非所以勸事君，宜削奪以爲人臣之戒。」夫海陵弑君、弑母之賊，滔天之罪，亘古所無。故世宗之立，先下詔暴其罪狀，廢爲庶人，人不以爲簒，蓋海陵獨夫，覆載所不容也。倘無完顔元宜之事，海陵竟回軍北向，與世宗交戰，其將不臨陣誅之乎，又將責世宗以賊故主之罪乎？《春秋》之義，稱某臣弑其君者，罪在臣；不書何人弑而書通國弑其君者，罪在君。罪在君者，人人得而誅之。「宋人弑其君杵臼」，「莒弑其君庶其」，「齊人弑其君商人」，「吴弑其君僚」，「莒人弑其君密州」。其中如「齊公子商人弑其君舍」，是商人本弑君之賊，及商人爲下所弑，不復問臣下之罪，奈何誅海陵之人而尚責以弑君乎？宋藝祖曰：「范質爲相無他短，只欠周世宗一死耳。」試問宋祖受周世宗之恩，與質孰大乎？竊鉤者誅，竊國者侯，其來久矣。爰舉《春秋》斧鉞大義，以正弑君、弑母之罪在海陵而不在殺海陵者。

書宋名臣言行録後

乾隆中修四庫書，紀文達公以侍讀學士總纂。文達故不喜宋儒，其《總目》多所發揮，然未有如《宋名臣言行録》之甚者也。曰：「兹録於安石，惠卿皆節取，而劉安世氣節凜然，徒以嘗劾程子，遂不登一字。以私滅公，是用深憾。」是説也，於兹録發之，于《元城語録》發之，于《盡言集》發之，又於宋如珪《名臣琬琰録》發之，于《清江三孔集》發之，于唐仲友《經世圖譜》發之。昌言抨闢，汔再汔四，昭昭國門可懸，南山不易矣！ 雖然，吾未知文達所見何本也。

茲録前集起宋初，後集起元祐，而劉公二十餘事在焉。羔羊之節，曾、史之行，明夷之貞，凜然起懦夫，炳萬禩，故南宋黄震《日鈔》品隲茲録諸人，亦厠劉公於王巖叟、❶范祖禹間，次第脗符，是宋本、今本，五百年未之有改也，吾未知文達所見何本也。且朱子於劉公也，推其剛則視陳忠肅爲得中，劾伊川非私心，述折抑必非妄語。養氣剛大，歿致風雷，皜然秋霜烈日相高焉，而謂其「百計抑之，終不能磨滅」，然耶，否耶？ 尋其由來，文達殆徒睹董復亨《繁露園集》之瞽説，適愜其隱衷，而不暇檢原書，遂居爲奇貨。夫董氏不學固無論，即其以蘇黨及禪學二事爲劉公所以不登之由，則録中取二蘇言行不下二十餘事，而所臚宋初諸公雜禪學者又十而七，何耶？ 矧是書成時，朱子悔黄魯直之孝友篤行而遺之，則即四科不列曾氏，尚未足爲記者闕失，矧未見言色而言乎？

夫忠定與文公皆百世師，原非後人所能一畚增嶽，一蠡損渤。而文達方以記醜言辯尸重名，余恐耳食者流，或眩其信仰前哲之心而靡從之，則是益重文達過也。至文達謂「南宋亡于諸儒，不得委之侂胄；東林起于楊時，遂至再屋明社」，則固無譏焉。末二條見《四庫書目·慶元黨禁》、《楊龜山集》下。

再書宋名臣言行録後

太原閻百詩曰：「近日文人議論之愎

❶「於」，原作「與」，今據文意改。

之辟，未有甚於楊用修者也。用修最不喜朱子，以不喜朱故，遂并濂、洛、關、涑諸儒擯勿道；以不喜朱故，遂并宋一代文章、事業、議論擯勿道；以不喜朱故，遂并夷宋于晉，謂國運不得肩漢、唐。」鄙哉，閻氏之論乎！雖然，尚未得所由然也。

用修談詩專詆杜，談史專詆朱。其詆杜也，欲右李白也；詆朱也，以議二蘇也；其尊蘇、李也，則以蜀人也。用修曰：「古今才咸患不足，稍稍有餘者惟太白、子瞻二人。」用修殆欲離立而三乎？然謂杜恒推李，李恒藐杜，既不君子古人，又以杜詩見重宋代，并謂宋人杜撰詩史，壞風雅體，可謂勇於自用矣。

至謂「朱子列安石《名臣言行録》，緇素易位」，則尤不可無辨。朱子跋兩陳諫議，罪狀安石，纚纚三四千言，不啻九鼎鑄魑魅。而兹録安石十餘事，則皆心若公孫弘，學若商君，愎若陽處父，怙子若石季龍，皆取元祐諸君子攻安石語，正猶纂《楚辭》附揚雄《反騷》，以藉著洪氏、蘇氏貶詞，明大誼也。即較范氏《列女》不遺文姬，汝愚奏議兼收惇、蔡，尚區以别。故臨川李穆堂侍郎深憾録中安石言行之爲誣。夫同一《言行録》也，臨川人則曰「誣謗安石」，蜀人則又曰「左袒安石」，果仁者見仁，智者見智耶？矧朱子答吕東萊，謂「兹録隨手攟綴，不成文字」，而用修謂其自擬《春秋》，又何據耶？靖康初，楊時即劾罷安石配享，燬《五經新議》板；孝宗乾道五年，魏掞并劾去其從祀。用修乃謂其父子配享，終宋世無一人公言其非，又何耶？

用修詡唐詩人二十有二，南宋相業五，皆蜀士。且謂「新法之行，始終争之惟二蘇」，謂「紹熙劍州黄裳封事，遠過司馬温公」。而他非蜀産者，雖韓魏公、歐陽文忠公德業，皆據小説卮言，議其疏防危身爲莫大罪，議其暱妓挾私，誣謗錢氏，等諸穢史。嗚呼！桑梓之重如山，畛域之堅如城，而顧謂他人畛域未化耶？

又其甚者，則謂朱文公著書談道，品隲古今，罔不違公是，遠人情，稱秦檜，詆岳飛，盜諸葛，匡衡、陶淵明、韓退之，皆力詆不使爲完人。嗚呼！天下後世尚有讀書人也。文公父韋齋公忤秦檜以去國，文公謂「天地之正氣忽發于施全」；又欲請武穆卹典，會去國未果。其手帖存岳氏，故珂跋反復感激數千言，見《寶真齋法書贊》。而謂黨奸諛，抑忠藎，恐起岳、檜二人質之，亦未必受此等諛謗也。至《通鑑》沿舊史書「諸葛入寇」，《綱目》正之，有目共闚，今謂「盜之，果孰睹孰傳耶？文公予蜀漢君臣正統，書淵明有晉士，特著《韓文考異》以昭道統，而孔明、昌黎，宋後始祀闕里，其以表章力乎，詆斥力乎？至匡衡説經談粹，而相漢以貪敗，故文公疑其勦説，而升菴不平之，然則匡衡果清節之儒耶？文公箴門人議霍光、馬援者曰：「『采葑采菲，無以下體』，取人善爲己師，胡如此議論也！」用修猶謂其無過中求有過，獨不思蘇子瞻聖荀或不聖武王，至以湯、武爲簒弑，以亂天下公義自孟子始，以昭烈、孔明入蜀與曹操無異，此有過中求無過耶，無過中求有過耶？胡不置一解也？文公于名臣言行，臚蘇公忠讜大節甚具，而用修謂專詆其未形之惡，然則用修以《莊子》詩禮盜塚驗于宋儒談性理者，是果預詆未形之斑否耶？

用修曰：「自周、孔來，無一人能逃文

公議者。」予則曰：「有宋一代，自蜀人外，無一人能逃用修議者。」然且欺後世無復讀書人，動輒贋某書，臆某事，鼓譟後生，詿誤來學，至僞稱《朱子語録別本》，言「《大顛書》乃昌黎死案」。嗚呼！此別本者何人所藏，獨升菴見之耶？陳氏《正楊書》，其亦不得已耶？

書明史藁一

嘗聞楊椿之言曰：「《明史》成于國初遺老之手，而萬季野功尤多。紀、傳長於表、志，而萬曆以後各傳，又長於中葉以前。袁崇焕、左良玉、李自成傳，原稿皆二巨册，删述融汰，結搆宏肅，遠在宋、元諸史上，是則是矣。」以上楊氏原文。然《宋史》以來，人人立傳之弊，仍不能革，即如太祖功臣十八侯，人各一傳，或同一事，而既見於此，復見於彼。使以此例施之《史記》、《漢書》，則列傳當多數倍，有是史例乎？如平雲南事，止宜見於《沐英傳》，其從征諸將，附於《沐英傳》後足矣；平夏、平朔漠，以李文忠、藍玉爲主，其從征諸將，附二人傳末足矣。至於《外國傳》，止宜擇其二三島夷之大者立傳，其餘止附見國名，彙書本傳之後，乃島不過數十里，人不過數百家，漁村蛋户，動列蕃國，何與共球！僅據三寶太監下西洋歸奏鋪張之詞，毫無翦擇，史法安存？以此例之，則列傳可删去十分之三。至於食貨、兵政諸志，隨文鈔録，全不貫串，或一事有前無後，或一事有後無前，其疏略更非列傳之比。且列傳雖詳，而於明末諸臣尚多疏略。即黄得功、李定國二人，予所見野史，述其戰功事迹，數倍本傳。此略所不當略，與前之詳所不當詳，均失之焉。

書明史藁二

嘗讀故禮親王《嘯亭雜録》曰：「康熙中，王鴻緒、揆敍輩黨於廉親王而力陷故理邸，故其所撰《明史藁》，於建文君臣指摘無完膚，而於永樂及靖難諸臣每多恕辭。蓋心所陰蓄，不覺流於筆端。從古僉壬不可修史，王司徒言未可非也。」又聞安化陶文毅公之言曰：「王鴻緒《史藁》於吴人每得佳傳，於太倉人尤甚，而於他省人輒多否少可。張居正一傳，盡没其功績，且謗以權奸叛逆，尤幾無是非之心。幸乾隆中重修《明史》，略爲平反。」善哉二公之言！

或謂《明史藁》出萬季野名儒之手，其是非不應舛戾，折之曰：《史藁》於《王之寀列傳》後附采夏允彝《幸存録》數百言，以折衷東林、魏黨之曲直。夫《幸存録》，黄南雷詆爲「不幸存録」，又作《汰存録》以駁之，故其前録則巢氏序謂「出夏公身後，冒托其名」，後録稱夏淳古撰，全謝山駁其中「先人備位小宰」一語，其時小宰乃吕大器，而淳古父允彝僅官考功，豈有子誣其父之理？淳古十五從戎，十七授命，孝烈貫金石，視匪黨如糞壤，豈有堪掛其齒之理？蓋馬、阮邪黨所僞撰，而竄允彝父子之名以求信於世。其書專以扶邪抑正爲事，雖以孫承宗、熊廷弼之功業忠烈，皆曲加污衊，一則曰「聞其不能無欲」，一則曰「惟知善罵以避封疆之責」，而於邪黨楊維垣、張捷、馬、阮皆曲爲解脱，乃南雷所深惡。豈有季野爲南雷高弟，反采録其言以入正史？其爲王鴻緒之增竄無疑。

且明太祖平張士誠，惡蘇民爲士誠守城不下，命蘇、松田畝悉照私租起賦。凡淮張文武親戚及後日籍没富民之田，悉爲官田。建文二年，降詔減免，每畝止輸一斗，可謂幹蠱之仁政。乃成祖篡立，仍復洪武舊額，至今流毒數百年未已。此事建文是而永樂非，比户皆知。今《史藁》止載成祖殺齊泰、黄子澄、方孝孺，夷其族，執鐵鉉於山東，至京殺之。其餘屠戮忠臣數百人，株連夷滅親戚十餘家，妻女發象奴及教坊爲倡，皆諱不書；即蘇、松浮糧復額殃民之政，亦爲之諱。考宋時蘇州田租三十萬，水田每畝租六升，至洪武中而蘇田十六分，僅一分爲民田，餘十五分皆官田，所以蘇、松浮糧至三百七十餘萬。宣德中況鍾爲知府，正統中周忱爲巡撫，先後奏減十分之三，尚存一百七十萬，而歲歲逋負，不能足額，萬曆中，始有歲納至八分之令。我朝康熙、雍正又豁免其半，改折其半，始定今額。若鴻緒身爲吴人，豈有不知，而曲筆深諱。若非禮親王誅心之論，烏能洞史臣之肺腑哉！

鴻緒身後，其子孫鏤板進呈，以板心雕「《横雲山人史藁》」，遂礙頒發。攘善而不遂其攘，盜名而適阻其名，豈非天哉！

《幸存録》處處以東林與攻東林者對勘，夫攻東林者何人？何以毫無稱謂？蓋去「攻東林者」四字，則必稱閹黨，將如何下筆？故爲此蒙頭蓋面揜耳盜鈴之計，不言何人，可謂心勞日拙，欲蓋彌張矣。其先謂「馬士英是小人中君子，阮大鋮是小人中小人」，其後又謂「某某等不如阮大鋮尚有伉爽之氣，可與言大誼」，明出馬、阮餘黨。于國亡之後尚懷餘毒，含沙陰射，不得已嫁名于忠烈之夏允彝父子。嗚呼！麟豸而爲桀犬之吠乎！

書趙校水經注後

近世趙一清《水經注》爲戴氏所勦，而其徒金壇段氏反覆力辯爲趙之勦戴，謂「趙氏成書在前，刊書在其身後；凡分經、分注之例，趙氏未嘗一言，至戴氏始發明之。及聚珍板官爲刊行，而後人校刊趙書或采取戴說，故二書經文無異」。是不以爲戴之勦趙，而反以爲趙之勦戴。且怪梁耀北昆仲刊趙書時，何不明著其參取戴校之故，謂「以攘美成疑案」。其說呶呶千餘言，詿誤後學，靡所折衷，請詳闢其妄：

考趙氏書未刊以前，先收入《四庫全書》。今《四庫書》分貯在揚州文匯閣、金山文宗閣者，與刊本無二，是戴氏在四庫館時先覩預竊之明證，其後聚珍官板刊行，又在其後。若謂趙氏後人刊本采取於戴，則當與《四庫》箸録之本判然不符而後可，豈《四庫書》亦爲趙氏後人所追改乎？若謂趙氏序例中未言「經文不重舉某水，注必重舉某水之例」，則不知趙本第一卷《河水篇》下首言之矣；「江水又東逕永安下爲注之混經」，則《附録》中歐陽元《水經序》又言之矣；皆戴氏所本，何謂趙氏不言？

且一清與全氏祖望同時治《水經》，全氏《水經》未刊，予曾見其鈔本凡例一卷，於經、注分晰尤詳，凡戴氏所舉三例皆在其中，故趙書不復重述凡例，戴氏不當侈爲創獲也。《四庫提要》「水經」一門，即係戴氏所纂，於趙書首闢其「注中有疏」之說，謂「同於豐坊之僞本」。及戴氏所校《水經》，則又於第一卷《河水篇》「《爾雅》河出崑崙墟」下引《物理論》十六字爲註中之小注，故襍在所引《爾雅》之閒，《山海經》下引《括地圖》十三字亦同此例，其餘不一而足。是則註中小注之説，戴氏既竊之而又斥之，盜憎主人，不顧矛盾一至是乎！

戴氏臆改經注字句，輒稱《永樂大典》本，而《大典》現貯翰林院，源曾從友人親往翻校，即係明朱謀㙔等所見之本，不過多一酈序，其餘删改字句，皆係僞託《大典》，而《大典》實無其事。殆以秘閣官書，海内無從窺見歟？

至趙氏《畿輔水利書》百六十卷，爲戴氏就館方制府時删成八十卷，則段氏亦謂戴「就方敏恪館僅半載」，何能成此鉅帙？知其必有底稾，非出戴一人之手。戴既據趙爲藍本，何以《凡例》中不一字及於原書，深没其文，若同創造？宜其書至嘉慶中又爲吴江通判王履泰所竊，删改爲《畿輔安瀾志》進呈被賞，可爲郭象之報也。

戴爲婺源江永門人，凡六書、三禮、九數之學，無一不受諸江氏，有同門方晞所作《群經補義序》稱曰「同門戴震」可證。及戴名既盛，凡己書中稱引師説，但稱爲「同里老儒江慎修」，而不稱師説，亦不稱先生，則攘他氏之書，猶其事之小者也。

老子本義序

有黄老之學，有老莊之學。黄老之學出于上古，故五千言中，動稱經言及太上有言，又多引禮家之言、兵家之言。其宗旨，見于《莊子·天下篇》。其旁出者，見于《靈樞經》黄帝之言及《淮南·精神訓》。其于六經也，近于《易》。其末章，欲得小國寡民而治之，又言以身治身、以家國天下治家國天下，則其輒言天下無爲者，非枯坐拱手而化行若馳也。静制動，牝勝牡，先自勝而後能制天下之勝。其言三寶：一慈，二儉，三不敢爲天下先。故含德之厚，比于赤子；致柔之極，有若嬰兒，乃混沌初開之無爲也。及世運日新，如赤子嬰兒日長，則其教導涵育有簡易、繁難之不同，惟至人能因而應之，與民宜之。故堯稱無名，舜稱無爲，夫子以仲弓居敬行簡，可使南面。其贊《易》，惟以乾坤易簡爲言。此中世之無爲也。

天下之生久矣，一治一亂，如遇大寒暑、大病苦之後，則惟診治調息以養復其元，而未可施以肥濃腠削之劑。如西漢承周末文勝、七國嬴秦湯火之後，當天下生民大災患、大痌瘝之時，故留侯師黄石，佐高祖，約法三章，盡革苛政酷刑；曹相師蓋公，輔齊、漢，不擾獄市，不更法令，致文、景刑措之治，亦不啻重覩太古焉。此黄老「無爲可治天下」。後世如東漢光武、孝明，元魏孝文，五代唐明宗，宋仁宗，金世宗，皆得其遺意。是古無爲之治非不可用于世明矣。

至魏、晉之世，則不言黄、老而言莊、老。其言莊也，又不師其無欲，而專排禮法以濟其欲，故不勇于不敢而勇于敢，動行一切之法，使天下屏息待命，而己得以清淨自在，遂至萬事蠱廢。而後王衍之流始自悔其弊，與黄老「慈、儉、不敢先天下」之旨若冰炭霄壤之相反。而後人不分，動以「黄老」相詬厲，豈不誣哉！

後世之述《老子》者，如韓非有《喻老》、

《解老》，則是以刑名爲道德；王雱、吕惠卿諸家皆以莊解老；蘇子由、焦竑、李贄諸家又動以釋家之意解老，無一人得其真。其實開佛之先者，莫如列子，故張湛《列子注・敍》曰禦寇宗旨與佛經爲近，不獨西方至人皆不言而自化，無爲而自治一章而已。要之，《列子》注莫善于張湛，《莊子》注莫善于向、郭，而《老子》注則無善本焉。

源念先聖「猶龍」之嘆，與孟子闢楊朱不闢老子之故，因念經曰「言有宗、事有君」，爰專取諸家之説，不離「無爲」、「無欲」與「無名」之樸者，以爲養心治事之助，視治《參同》、《陰符》者，或較有益焉。其五千言章句，以河上公所分及傅休奕古本爲最疵，❶而《淮南》所引爲最善；其開元御注所加與韓非所述者，皆所可取也。

孫子集註序

《易》其言兵之書乎，「亢之爲言也，知進而不知退，知存而不知亡，知得而不知喪」，所以動而有悔也，吾於斯見兵之情。《老子》其言兵之書乎，「天下莫柔弱于水，而攻堅强者莫之能先」，吾於斯見兵之形。《孫武》其言道之書乎，「百戰百勝，非善之善者也；不戰而屈人之兵，善之善者也。故善用兵者，無智名，無勇功」，吾於斯見兵之精。故夫經之《易》也、子之《老》也、兵家之《孫》也，其道皆冒萬有，其心皆照宇宙，其術皆合天人、綜常變者也。

❶「休奕」，當作「奕」，注《老子》者乃唐人傅奕，傅休奕則晉人，不注《老子》。

而蘇洵曰：「按言以責行，孫武不能辭三失：久暴師而越釁乘，縱鞭墓而荆怒激，失秦交而包救至。言兵則吴劣於孫，用兵則孫劣於吴，矧祖其餘論故智者乎？」嗚呼！吴，澤國文身封豕之蠻耳，一朝滅郢，氣溢于頂，主驁臣驕，據宫而寢，子胥之智不能争，季札之親且賢不能禁，一羈旅臣能已之乎？故《越絶書》稱「巫門外有吴王客孫武冢」。是則客卿將兵，功成不受官，以不盡行其説故也。

或又謂將才非人力，運用存一心，括讀父書，徒取秦禽。是又不然。兵列五禮，學禮宜及，「有文事者，必有武備」，「好謀而成」，「我戰則克」，「學矛夫子，獲甲三百」。特兵危事而括易言之，正與兵書相背故也。

「弩生于弓，弓生于彈，彈生于古之孝子。」殺人以生人，匪謀曷成？謀定而後戰，斯常夫可制變。上謀之天，下謀之地，中謀之人。人謀敵謀，乃通於神，非神之力也，心之變化所極也。變化者，仁術也。上古聖人，以其至仁之心扤水火而勝之，扤龍蛇虎豹犀象而勝之。恩生于害，害生于恩。微觀於五行相生相克之原，天地間無往而非兵也，無兵而非道也，無道而非情也。精之又精，習與性成，造父得之以御名，羿得之以射名，稷得之以稼名，宜僚以丸，秋以弈，越女以劍。雖得諸心，口不能云；口即能云，不能宣其所以云。若夫由其云以通其所以云，微乎，微乎，深乎，深乎！夫非知《易》與《老》之旨者，孰與言乎！

國朝古文類鈔敍 代陶中丞作

百物之生，惟人能言，最靈貴于天地。

有筆諸書矢爲文字之言，即有整齊文字以待來學之言。請言六經：六經自《易》、《禮》、《春秋》姬、孔制作外，《詩》則纂輯當時有韻之文也，《書》則纂輯當時制誥章奏載記之文也，《禮記》則纂輯學士大夫考證論議之文也，網羅放失，纂述舊聞，以昭代爲憲章，而監二代之文獻。然則整齊文字之學，自夫子之纂六經始。後世尊之爲經，在當日夫子自視，則亦一代詩文之匯選，本朝前之文獻而已。故曰「文不在兹乎」。是則古今文字之辰極也。宋、景、枚、馬以後，不知約六經之旨成文，而文始不貫于道。蕭統、徐陵以後，選文者不知祖《詩》、《書》文獻之誼，瓜區豆剖，上不足考治，下不足辨學，而總集始不秉乎經。

夫聖人之貴人心，崇民智，其至矣。閭巷之議，太師采之；先大夫先民之語言，太史氏司之；其道術成立，昭明乎邦國者，專立之官以世守之。故以一己詔人，不若以天下人詔人之切也；以一時之天下所言詔人，不如以一代數代之天下所言詔人之備也。鬼神禮樂所以幽明，食貨兵刑所以因革，公卿師尹士女謡俗所以失得，散聽則岐，合聽則聖。散觀則支，合觀則性。

雖然，合觀合聽亦何易言也？文章與世道爲洿隆，南宋之文必不如北宋，晚唐之文必不如中唐，兩晉、六季之文必不如兩漢，而東漢之文又不如西京。矧我聖清皡皡二百載，由治平、升平而進于太平，元氣長于漢，經術盛于唐，兵力、物力、幅員雄于宋，列聖御製詩文集、康熙《圖書》、乾隆《四庫》，官書尤富轢萬古。生其間者，其氣昌明，其聲宫喤，其見聞瑰軼而混芒，則其文不當駕兩漢、兩晉、三唐而上乎！其進退去取，不亦視漢、晉、三唐更難乎！故曰：百川止于海，百家筦乎道。畸于虛而言之無物，畸于實而言無心得，是皆道所不存，不可以爲文，即不可以權衡一代之文。

涇縣朱蘭友侍讀，在史館預修《文苑傳》，得盡見進呈諸集，又益以蒐購假借，共得五百五十餘家，鈔爲《國朝古文辭》如干卷，如建章千門萬户，不專一構。既以究一代承學之士心思材力所極，而要沿溯乎當代經術掌故，以求適乎姬、孔之條貫，可謂不離其宗者乎，可謂操其本御其末者乎！誠能以昭代之典章文字讀六經，而又能以六經讀昭代之典章文字，其于是編也，又何窮大失居之有！

簡學齋詩集序

《簡學齋詩集》者，蘄水陳太初修撰之所著也。修撰好言詩而不輕作詩，尤不肯輕存詩，且中年即世，故所存僅四十餘首。烏乎嚴矣哉！

昔人有言：「懽娱之詞難工，愁苦之詞易好。」使李、杜但在天寶以前，除《清平調》及《何將軍山林》外，亦無以鳴豫而鼓盛。故詩人之境，類多蕭瑟嵯峨，而《三百篇》皆仁賢發憤之所作焉。君運際休明，出入侍從，盎然春温而醇醲，宜其以福掩慧，以廊廟易山林。乃今讀其詩，清深肅括之際，常有憂勤惕厲之思。蓋君嘗手注《近思録》，又常從婺源董小槎編修、歸安姚敬堂兵曹過從問學，檢身若不及。又嘗手箋漢魏以來比興古詩共數百首，以寓論世知人、以意逆志之旨，讀之使人古懷勃鬱，尤古今奇作。使天假之年，大用于世，其所就豈獨詩人已哉！　然使君至今日目擊東南之民物事變，其感愴承平清晏之福，又當何如！獨恨予以君所極期望之人，而蹭蹬半生，流離顛沛，無以報君知人之明，其所成之經史詩文集，雖哀集成書而皆在晚歲，不及質之知己爲可憾。　適與君長子小舫太史相從於風鶴四警之中，翦燈讀集，百感茫茫，乃泫然流涕而書之。　小舫本當出守大郡，以副幼學壯行之志，乃感觸時事，超然引退，就養吴門，怡情物外，非有得于家學者，其能然乎！

詩比興箋序

《詩比興箋》何爲而作也？　蘄水陳太初修撰以箋古詩《三百篇》之法箋漢魏之詩，使讀者知比、興之所起，即知志之所之也。

昔夫子去魯，回望龜山，有「斧柯奈何」之歌，又有「違山十里，蟪蛄在耳」之歌，又作《猗蘭》之操。　甚至聞孺子滄浪濯纓起興，與賜、商言詩，切磋繪事，告往知來，皆見許可，是則魚躍鳶飛，天地間形形色色，莫非詩也。　由漢以降，變爲五言，《古詩十九章》多枚叔之詞，《樂府鼓吹曲》十餘章，皆《騷》、《雅》之旨，張衡《四愁》，陳思《七哀》，曹公蒼莽對酒當歌，有風雲之氣。　嗣後阮籍、傅奕、❶陶淵明、鮑明遠、江文通、陳子昂、李太白、韓昌黎，皆以比興爲樂府琴操，上規正始，視中唐以下純乎賦體者，固

❶「奕」，似當作「休奕」，即西晉傅玄，休奕其字也。

古今升降之殊哉！

自《昭明文選》專取藻翰，李善《選注》專詁名象，不問詩人所言何志，而詩教一敝。自鍾嶸、司空圖、嚴滄浪有《詩品》、《詩話》之學，專揣於音節風調，不問詩人所言何志，而詩教再敝，而欲其興會蕭瑟嵯峨，有古詩之意，其可得哉！詞不可以徑也，則有曲而達焉；情不可以激也，則有譬而喻焉。《離騷》之文，依詩取興，善鳥、香草以配忠貞，惡禽、臭物以比讒佞，靈修、美人以媲君王，宓妃、佚女以譬賢臣，虬龍、鸞鳳以託君子，飄風、雷電以爲小人，以珍寶爲仁義，以水深雪雰爲讒構。荀卿賦蠶非賦蠶也，賦雲非賦雲也。誦詩論世，知人闡幽，以意逆志，始知《三百篇》皆仁聖賢人發憤之所作焉，豈第藻繪虛車已哉！

蘄水太初修撰，蘭蕙其心，泉月其性，即其比興一端，能使漢、魏、六朝、初唐騷人墨客，勃鬱幽芬于情文繚繞之間，古今詩境之奥阼，固有深微于可解不可解者乎！至于因比興而論世知人，如古詩九首爲枚乘諷吴，漢《樂府》皆漢初朝政所係，以及阮公、陶令、郭景純、傅休奕、鮑明遠、庾子山、江文通及杜、韓之憂世，而陳伯玉、李太白、儲光羲之大節被誣，此箋皆表章出之，如浴日星出滄海而懸之中天之際。時予所治《詩古微》方成，於齊、魯、韓之比興，旁推曲鬯，復從君長子小舫太史獲讀此箋，以漢、魏、六朝、三唐之比興，補余所未及，蓋不期而相會焉。「我思古人，實獲我心」，質之小舫，以爲何如也？

地理綱目序

形家陰陽之用，其大者建都立邑，其次立宫室，其次營兆域。見於經者，《公劉》、《楚丘》之詩，《孝經》「卜其宅兆而安厝」之文，其大較也。《周禮》墓大夫之職，「凡邦墓之地域，爲之圖，令國民族葬，而掌其政令」。冢人以昭穆定位次而爲圖，死者則授之兆，其於《孝經》卜地之誼若不相符焉。蓋古者卿大夫之始祖，其兆域已卜於先世。而西北土厚水深，高燥平曠，可容數世、十數世，故必其土滿無以容而後改卜焉，又或異國始遷别子爲祖，而後新卜焉。此西北族葬之法，非所語於水土淺薄之區，而形家之學獨盛於東南，亦其勢然哉！且夫葬者藏也，鬼者歸藏之義，主於全體魄，妥先靈，非圖以利後嗣。自術士禍福之説興，始見擯於儒術，第不知其嗣昌者，其體魄果不寧乎？其嗣悴者，其體魄反寧乎？抑株荄枝葉，菀必同菀，枯必同枯，而未必二之乎？

文王葬王季於楚山之尾，欒水嚙其墓，見棺之前和，乃改葬於畢。宋賢周子以先墓患水改葬，朱文公母墓再遷而後定，王文成公葬父地不善亦卒遷之，黄石齋先生葬親，負土成塋，穴高右臂受風，夢先靈不安，上書唐王求歸改葬。國朝桐城方靈皋侍郎，山東閻懷庭工部，皆醇篤之儒，力斥形家之説。後方公葬兄百川，家罹大禍，夢兄躍大水而沈，始啟棺見水而改厝。閻公父墓洿下，每雨潦，繞墓而號，其友韓夢周爲書力争，以爲必遷。始則執一隅之臆見，卒不能易通方之大塗也。周公制禮，有「改葬服緦」之文，與《孝經》卜兆安厝同義。而程子論葬地，則必形勢環繞，土潤卉茂，五患不侵，豈非以喪禮慎終莫大之事，附於棺者必誠必信，勿之有悔焉。苟奉先人之體魄，委之螻蟻溝壑、五患六害之區，揆諸親病不嘗藥之誼，得毋有皇然惄然其不安者乎？

古者舉大事必謀諸卜筮，後世卜筮之學，儒者既皆不習，而相陰陽，觀流泉，則又執「山川不能語」之説以排之，豈知《易》曰「俯以察於地理」，《記》曰「毋絶地之理」，地理即地脈也。丘原高下向背，人人可察而知也；土色之枯潤、燥溼、堅散，人人可察而知也。而又瘞帛窖粟以驗之，卜筮夢寐以符之，必誠求之不中不遠，故吉地之得可必於仁人孝子之心，而不藉夫葬師術士之説也。

近世葬師言地理者，往往好奇而不軌於經，索隱而不求之近，其書雖一時盛行，不免貽誤後人。故語道不可以覺童蒙者非至道，立德不可以明徵驗者非至德，此新化羅子《地理綱目》所爲作也。羅子嘗爲《地理乘氣論》四卷以抒一家之心得，懼未足以啟初學，故復輯爲是編云。

支隴承氣論序

形家之要，陰陽而已；陰陽之要，乘生氣而已。《老子》曰「萬物負陰而抱陽，沖氣以爲和」，《詩傳》「山南曰陽，山北曰陰」，是則生氣者，陽氣也，背陰而向陽，去殺而就生也。《易》曰「地勢坤」，凡高山、大隴、平原、廣隰，盡大地一純陰之象，惟天陽之氣流行於大地之中，而人物以生。是地之有生氣者爲陽，無生氣者爲陰。後人之言陰陽也則異於是。楊氏以岡隴凸迤者爲陰，平原凹仰者爲陽。夫乾静專而動直，是凸迤不可獨爲陰也；夫坤静翕而動闢，是凹仰不可概爲陽也。即反之而謂凸迤爲陽，凹仰爲陰，其偏亦從是。即互之而謂陰中求陽，陽中求陰，其支亦從是。是皆知言形而不知言氣者也。語地而至於乘氣，則但有陰中求陽之一法，又安有陽中求陰之法哉！

山隴者，陰之奔峙，其勢動，動近殺，則以静爲陽；原隰者，陰之漫衍，其勢静，静近死，則以動爲陽。山宅其静，是避殺氣而取生；原宅其動，是舍死氣而取生。生氣者，陽氣也。人之生，魂陽而魄陰，陽氣附之則生，陽氣去之則死。道家修命，煉純陽以銷陰翳，故長生不死；形家造命，返生氣以蔭根荄，則死者仍生。造化之所樞機，鬼神之所緘秘，道家、形家皆言之而不盡言之。言其當然，以籥下學也；不言其所以然，以待飲深契微之子也。

而羅子箸形家書，不惟言形且言氣，且察察焉以盡洩造化之藏，不已鑿歟？羅子曰：夫何鑿哉！人身，一小天地也；天地，一人身也。地氣有枝幹脈絡者，不猶人身之有脈理經絡乎？地氣有起伏斂放，不猶人身之有呼吸乎？地氣有環拱、向背、止聚，不猶人身之有氣海孔竅乎？地有生氣者，驗以土之外暈，冷煖枯潤美惡，灼然可目驗而指示，不猶人身之有肌血華色乎？民生天地之閒，廣谷大川異勢，剛柔燥溼風氣異宜。「歌於斯，哭於斯，聚國族於斯。」得山氣者崛以特，得澤氣者圓以折，得平原氣者疏以達。氣大聚則建都立邑，生人以託命焉；氣小聚則卜兆歸藏，死人以復命焉。呴之吹之，篤之薄之，窳之粹之，衰之盛之，皆一氣所埏埴而已。蝨處髮而黑，處汗而腴，生長老死於人身，而莫知所以然也。號萬物之靈者，當不若是。於是箸形家言，不專言形而言氣，氣乎氣乎，其形之所以形乎！

武進莊少宗伯遺書序

《韓詩外傳》曰：「天地之災，隱而廢也；萬物之怪，書不説也。無用之變，不急之辨，❶棄而不治。若夫君臣之義，父子之親，男女之別，則日切磋而不舍也。」董子《繁露》曰：「能説鳥獸之類者，非聖人所欲説也；聖人所欲説，在於説仁義而理之，知其分科條貫，明其義之所審，勿使嫌疑。夫義出於經傳，經傳大本也，棄營勞心，苦志盡情，頭白齒落，尚不能合。故夫傳於衆辭，觀於衆物，説不急之言以惑後進者，君子所甚惡也。」夫韓傳、董生處於西漢之初，而其言若是。

班固《藝文志》曰：「古之學者耕且養，三年而通一藝，存其大體，玩經文而已。是故用力少而畜德多，三十而五經立也。後世經傳既已乖離，博學者又不思多聞闕疑之義，而務碎義逃難，便辭巧説，破壞形體。説五字之文，至於二三萬言，後進彌以馳逐。故幼童而守一藝，白首而後能言。安其所習，毁所不見，終以自蔽，此學者大患也。」徐幹《中論》曰：「六籍者，群聖相因之書也，其人雖亡，其道猶存。今之學者，勤心以取之，亦足以到昭明而成博達矣。故

❶「辨」，《韓詩外傳》作「災」。

凡學者，大義爲先，物名爲後，大義舉而名物從之。鄙儒之博學也，務於物名，詳於器械，考於訓詁，摘其章句，而不能通其大義，以獲先王之心，此無異女史誦詩，内豎傳令也。使學者勞思慮而不知道，費日月而無成功，故君子必擇師焉。」夫班孟堅處東漢之初，徐偉長生東漢之季，而其言又若是。

清有天下百餘年，奬崇六藝之科，表章明經之儒，招徠獻書之路，摩厲大江南北言游文學之區，刮湔明季虚誣鄉壁虚造之習，其裦然成家，箸録國史館儒林傳者人數十外，其官至九列，例不入儒林，入大臣傳者猶十餘輩。

武進莊方耕少宗伯，乾隆中以經術傅成親王于上書房十有餘載，講幄宣敷，茹吐道誼，子孫輯録成書，爲《八卦觀象》上下篇、《尚書既見》、《毛詩説》、《春秋正辭》、《周官記》如干卷，崒乎董膠西之對天人，醰乎匡丞相之述道德，肫乎劉中壘之陳今古，未嘗凌雜釽析，如韓、董、班、徐數子所譏，故世之語漢學者鮮稱道之。嗚呼！君所爲真漢學者，庶其在是，所異于世之漢學者，庶其在是。《易》「童觀，小人无咎，君子吝」，言「賢者識大，不賢者識小」，「致遠恐泥，是以君子不爲焉」。君在乾隆末，與大學士和珅同朝，轡轡不合，故於《詩》、《易》君子小人進退消長之際，往往發憤慷慨，流連太息，讀其書可以悲其志云。

定盦文録敍

道光二十有一載，禮部儀制司主事仁和龔君卒于丹陽。越明年夏，其孤橙抱其遺書來揚州，就正於其執友邵陽魏源。源既論定其中程者，校正其章句違合者，凡得文若干篇，爲十有二卷，題曰「定盦文録」；又輯其考證、雜著、詩詞十有二卷，題曰「定盦外録」，皆可殺青付繕寫。

昔越女之論劍，曰：「臣非有所受於人也，而忽然得之。」夫忽然得之者，地不能囿，天不能嬗，父兄師友不能佑。其道常主於逆，小者逆謡俗，逆風土，大者逆運會，所逆愈甚，則所復愈大。大則復於古，古則復於本。若君之學，謂能復於本乎？所不敢知，要其復於古也決矣。

陰陽之道，偏勝者强。自孔門七十子之徒，德行、言語、政事、文學已不能兼誼；其後分散諸國，言語家流爲宋玉、唐勒、景差，益與道分裂。荀況氏、揚雄氏亦皆從詞賦入經術，因文見道，或毗陽則駁於質，或毗陰則憒於事，徒以去聖未遠，爲聖舌人，故至今其言猶立。矧生百世之下，能爲百世以上之語言，能駘宕百世以下之魂魄，春如古春，秋如古秋，與聖詔告，與王獻酬，躪勒、差而出入況、雄，其所復詎不大哉！火日外景則内闇，金水内景則外闇，外闇斯内照愈專。君憒於外事，而文字窔奥洞闢，自成宇宙，其金水内景者歟？雖錮之深淵，緘以鐵石，土花繡蝕，千百載後發硎出之，相對猶如坐三代上。

君名自珍，更名鞏祚，字璱人，浙之仁和人。於經通《公羊春秋》，於史長西北輿地。其文以六書、小學爲入門，以周、秦諸子、吉金、樂石爲崖郭，以朝章、國故、世情、民隱爲質幹。晚猶好西方之書，自謂造深微云。自其先世祖父至君，三世皆以進士官禮曹。君二子，長子橙，以文學世其家。

章教諭强恕齋書序

醉一石之醪，量石而止矣；引十石之弓，量十石而止矣。以受萬石之舟爲芥葦之用，量沛乎有餘，力盅乎若無，是其塵垢糠粃，猶將陶鑄萬有者乎？

道光四年秋，總兵官陳公階平，自江蘇崇明移湖南鎮筸鎮，過常德，訪余楊將軍署中。酒半，論當世鉅人長者，慨然曰：「余從東海中來時，江南大潦，偪海之邑曰寶山，澤國之民將爲魚鱉，則有銅陵章叟，以教諭而呼集十萬餘金，以教諭而部勒十餘萬户。畢賑八閱月，無譁無餒。大吏發帑金數萬至，不受，將奏其最於朝，復不受，可謂當大事者哉！顧不得立朝佐天子任元元憂，徒窮老東海角。」相與喟然太息。

越七載，省親寶山，遂識叟海上，則絶口不語世事。斗室環以萬卷，坐其中，兀然如山。耳聃過面，聲中黄鐘之宫。指案上《尚書》，爲言《召誥》、《洛誥》四篇次第四年時事，二邑營建緣由，明堂位置，各有時日起訖。審其往來蹤蹟，以察知周、召二公陳誥納誨心事，於詰曲聱牙中而如聞其告語。寶山城東北角斗入大海，是日，天風鼓潮殷几席，與譚經聲應和如雷。語罷出城，循海塘東西砲臺眺望一角海，劃然長嘯，水天寥泬，「前不見古人，後不見來者」，悢悢而歸。烏乎！伏生、申公，非經生也；太丘、林宗，非一鄉之士也；龐士元、元德秀，非一邑之吏也。「君子得時則駕，不得時則蓬累而行」，虎決而尸默者也，鷹揚而龜息者也。

方仁廟親政之初，徵天下孝廉方正之士，叟以大興朱文正公薦入都。時廷對百餘人，翼日召詣軍機處，詢川、楚平賊方略者，獨湖南溆浦嚴如熤暨叟二人。嚴君奉命從軍，官至兩司，尚未竟其用，天下至今惜之。叟則以老親年八十辭，遂改所擬保甲摺子爲上軍機大臣書而歸，終身不出。浮沉東海上二十餘年，時時出其聲響，歌嘯先王之道，羽翼群生之命。弟子録其書爲《經賸》、《文賸》、《筆賸》各如干卷，讀者或震而矜之，以爲叟所學在是。烏乎！挹一蠡於大洋，而謂海盡在是，抑豈得謂海必不在是耶？

叟名謙存，銅陵人，今年七十有九，自號强恕老人。

淮南鹽法輕本敵私議自序

從來鹽法有緝場私之法，無緝鄰私之法。鄰法惟有減價敵之而已，減價之要，先減輕其成本而已。議者動曰：「減之又減，安能敵無課之私？」此混鄰私於場私，不知場私無課而鄰私有課也。議者又曰：「淮鹽引地受浙、潞、川、粤四面之侵灌，其課皆不及淮南四分之一，減之又減，安能敵輕課之私？」此又不知私鹽課輕而費重，關津規例多於課本，故遇官鹽減價之年，鄰私立阻而不行，提價之年，鄰私雖緝而無益，此已事之明效也。或又謂：「道光十載以來，力裁浮費，綱課減存四兩，加以場價壩費、改捆費、岸費每引成本十二兩，略符乾隆中阿文成公所奏成本之原數，安能再減？」不知乾隆中銀價每兩兑錢千文，今每兩兑錢千七八百餘文，是昔時十二兩未抵今日八兩之價，詎徇名而昧實也？

天下無數百年不敝之法，亦無窮極不

變之法，亦無不易簡而能變通之法。求諸末者煩而難，反其本者順而易。利出於三孔者民貧，利出於二孔者國貧，利出於一孔者國與民交利。必曰盡收中飽旁蠹之利權以歸於上下，必輕成本以減岸價，減岸價以敵鄰私，鹺務終無大氅之時，計臣終無報功之日。故推其本原，核其贏絀，切其事證，著爲四議。事期可行，不取乎迂高；效責目前，毋徵乎往古。用備秉鈞當軸之君子采擇焉。

古微堂外集卷三終

古微堂外集卷四

苗疆敕建傅巡撫祠碑銘

邵陽魏源著

維古大司馬有事征伐，則鄉大夫將之，閭胥各長其伍，伍即主伯亞旅，故《傳》曰：「長子帥師。」又曰：「父子之兵，生則臂指捍頭目，没則報功而烝於社焉。」兵農裂，文武掣，倉卒肩事，瞠目徒手，民迺罔託命。疇則若穽厥軀，右拏左扶，必縋而蘇，卒拯大災，捍大患，衡諸祀典，事倍功百，於古有光，曰贈巡撫湖南按察使司按察使傅公。

公諱鼐，浙江紹興府山陰縣人。乾隆六十年乙卯，以雲南寧洱知縣從雲貴總督大學士福康安征苗，俘其酋吴半生獻諸朝。

嘉慶元年冬，擢湖南鳳凰廳同知。廳户闥三苗，蹂躪二載，郊無壘，野無稈，室無甑，又亂民起四川、湖北。任事者軫貔貅之暴露，閔螳臂之貪頑，權痏疥膏肓之緩急，解網以生之，多方以餌之，王師則班而西，苗謂利可屢邀，蜮出豨突弗變。公新視事，喟然曰：「武既不可再興，苗既不可文令，民又靡可即戎，則曷以救我父老子弟？」遂陟厥原，相厥隘而堡隖之，衣哺其流離而屯守之，訓練之。苗有盜邊者，東馳西援，南拯北圉，當事弗善也，將中以文法，萬户嗷嗷，無所號愬。會苗大出，無闌阻者，急而相求，始得不動。機牙四應，齟齬輒砉，義形於色，聲雄萬夫，一成一旅，屹然若城。

久之而硐者硐，垣者垣，堡者堡，土石外堅，金火中伏，森森林立，一響百應。苗無罅以乘，始不得出而擾我。公曰：「我今且入創苗，應敵之兵，敵終不懲。不入其穴，虎且負嵎，飛將噬人，其若之何？」維時我卒有勇知方，怒氣闐然，粤以五年七月，有晒金塘四塞之擣。獸亡其巢，如魚脱淵，進網退罟，苗始戢戢，不敢出原。

明年，戡石峴十餘寨之叛，有炮自天，有伏自淵，巉寨若無，堅壘若虛，迺勒其兵械以絶其芽枿，孰梗我令，孰膺我殛，則雹掣幽，霆集木。而十年於永綏萬山中逋逃藪，則皆懸鏖深縋，戴雪宵攻，神逋鬼驅，山礱谷岌，遂獮大醜，燹狡窟。峒弩蠻鎗，銅鼓毒矢，出其所積，如坻如陵。乃徧檄苗酋，與飲血盟三侯廟，頟血涔涔，矢不復反。邊民釋戈，寢公之乘，塞淵之遂，憒悱有如斯者。其爲政善深長思，方數千丁守硐堡時，非能請縣官斗粟一錢，人咸虞一旦解嚴，必棄前功，貽後患。公乃規古屯田法變通之，均晦養丁，自穡自衛，始于所屬，次暨於乾州、麻陽、瀘溪、保靖、古丈坪，旋出永綏廳苗巢中，而城諸花園，而均其原田。又屯苗叛産五千，俾自爲鎮壓，永助我捍衛，先後合屯十有二萬餘畝。口語心籌，智極神告，始囏終遂，天定民誠。

噫！匪捍其禍災，又庇其家室；匪鳩其及身，又扈其子孫；匪奠其域封，又絣其隣圉。自非真誠鬱聿孤往，安詣聱牙糾互中，奮踔出大慊積懣若此？宜我士我人，生户而祝，殁廟而假。魂魄之所陟降，明命之所景鑠，不有瑰珉以敭大休，嗣撫我者，孰睹囏劬，孰心公心，以壽我人？歲月遒忽，不其慆而！銘曰：

黃鐘九淵，雉雊勾萌。斂兹噩陽，奮爲由庚。曠曠南甸，亦有藎臣。心照絶徼，夢通帝閽。其藎如何？匡我王服。紓難毁家，救民匍匐。匪土斯流，匪夷斯夏。胡蠢忽虓，猖狂四野。維其始猖，亦匪汝故。急而鋌險，獸窮斯怒。一狼千羊，槍急矢紛。溢邊四出，榛狉如雲。帝命相臣，來綏來征。爾宅爾田，爾詛爾盟。狃赦怙終，則不可乂。人實絶天，害生於宥。我公斯赫，同仇六千。生聚匪載，訓練匪年。無田一成，有衆一旅。予軀弗捐，予衆失所。豈無牽肘，肘其可掣？曾農衛穀，而許從膙。豈不履尾，尾其胡咥？曾子待救，而忍勿衈！鷙獸頷頷，公則劉之。其既帖耳，公亦柔之。脱其牙距，定其狘驚。犯也仇寇，馴也孩嬰。苗崩厥角，昔迷今愧。始也孰殺，終也誰嗣？公曰：「女苗，女士女氓，自兹以往，其若弟兄。毋怨以變，外我太平！」公曰：「爾苗，各耒爾戟，各塾爾宇。毋犢之佩，而兵之阻。毋鬼之信，人倫之侮！」於是南楚、西黔、北蜀，咸歸孔樂。有鹽有布，有驛有駱。銅鼓不鳴，宵户不籥。帝曰：「予嘉，汝臬於南。歲往視之，以慰以監。」秋再至邊，傾我孺髦。胡爲翼翼，遽瞻廟貌。碉堡有嚴，疆埸畇畇。靈旗來往，公神所存。汝罔作慝，公其殛汝。汝順汝勤，公則吉汝。風習雨時，以黍以稷。公來載歆，甘我飲食。天子萬年，四夷來同。永鎮南服，我公之功。

陝西按察使贈布政使嚴公神道碑銘代蕭山湯相國

維南山起西羌，踰隴阪，走秦分野，絡

關中、漢中以東訖商、洛，旁薄數千里，與漢江以北之巴山相連。巴山則自秦階折而東，經川北、川東，與陝之興安、湖之鄖陽、宜昌犬牙錯，皆千峪萬箐，懸棧複嶂，據兩戒之中。自漢訖明，爲群盜逋逃藪，天下有事，常先叛後服。故自古梁州自爲一道，明季專設鄖陽巡撫以轄之。國朝割其地分隸陝西、四川、湖北，距省會遠者或二千里，鞭長駕遠，稂莠豐茂。

嘉慶初，襄、達教匪蔓延五省，大兵乘之，雲擾波潰。四年，詔舉直省孝廉方正之士策方略，於是湖南漵浦嚴公如熤對幾萬言。略謂：「賊倚山谷爲窟穴，以劫掠爲餱糧，湖攻急則潰入陝，陝攻急則潰入川，川、湖、陝合攻則潰入隴，入洛。今師老財匱，無息薪止沸之計，是以撫者旋亂，良者脅亂，甚至募戍者養寇以延亂，亂何由弭？竊計數載以來，三省叛産、流亡各産不下億萬畝，宜乘此時舉流兵降賊之無歸、鄉勇戍卒之無業者，悉編入屯，立堡寨，給器械，俾自爲耕戰守禦，專設總理大員，割三省山内諸郡縣隸之。承平團練教養，有事朝發夕至，庶心力專而事權一。不獨目前化盜爲民，因敗爲功，實百世長久策。」奏上，仁廟親擢第一。次日傳詣軍機，詢屯政事宜，復上十二事。召見圓明園，以知縣發往陝西，其疏交大帥督撫采擇，雖未盡行，而堅壁清野之議始此。不三載賊次第平，君亦屢以軍功由洵陽令、定遠廳同知擢漢中府知府，至陝安兵備道。

君仕南山十有餘年，亭障要隘，村寨徑路曲折，罔不口講指畫而心縈繚之，窮鄉邃谷，老兵婦孺，咸識君姓氏。教養既誠，官民丕變。道光四載，上以君宣力南山久，詔加按察使銜留任，旋實授陝西按察使，將大其用，而旋卒於位。漢中興安民願迎其柩入南山，比朱邑葬桐鄉事，不得。旋以名宦祠請，優詔褒嘉，特加布政使銜入祠，君之功名遂與南山終始。

方君未遇爲諸生也，慕范希文先憂後樂，號樂園。當湖、貴苗變時，上計總督畢沅、巡撫姜晟，招大小章土蠻陽投乾州爲官兵內應，約一舉破賊。旋爲雲、貴主兵者所阻，然卒得其力以救兩總兵於河溪，復爲隆團、花園諸軍先鋒。其令洵陽也，縣宅萬山，與湖北之鄖西、❶竹山、竹溪，陝西之白河、鎮安、安康、平利相斗入。官兵追賊急，往來折竄皆道洵。公倡民築堡練勇，戒勿迎擊，專截其尾，擾其頓，預貯糧衝寨以待官兵，俾追賊無留阻。遂與官兵夾擊張天修等七股賊於太平，復破湖匪二千於蜀河口，加知州銜，賞戴花翎。其知定遠廳也，創建新城，扼川、陝門户。又分築二石城於黎壩、漁渡壩，與廳城犄角，屢馘賊首陳心元、馮世周等，加知府銜俸。其知漢中府也，承兵燹後，民困軍驕，散勇逸匪，伏戎於莽。於是舉工賑，修渠堰，完倉廩，以足民食；聯營伍，治堡砦，嚴保甲，以固民衛；慎訟獄，禁邪説，以正民俗。以其間縛悍回於華、渭，禽餘匪於寧羌、城固，皆治渠魁，寬脅從，曰：「吾但治從逆，不治從教。」夫人手繅車以教紡棉，二子雜諸生以課藝。困蘇獷化，懽然如家人。然勤字下，拙事上。始，大吏咸度外待君。嘗歲暮卜築寧、陝新舊二城，歸而南山晚收大歉，已逾請賑期，遂元旦趨撫轅，頓首請以一官易百姓命，巡

❶「鄖西」，原倒，今據《清經世文編》卷八十二乙正。

撫董公教增卒破例爲奏請，乃已。及董公去，而君始齟齬支詘，惟懇懇敕吏事自備，於是十餘年不遷。及爲陝甘兵備道也，適有詔三省會籌南山情形，四川總督今大學士蔣公奏委君總勘。君自川入湖反陝，相度數千里，設官置治，增營改汛，悉湊竅會。然如君對策前議，亦未遑及也。會巡撫朱勳去位，君治益上聞。新任督撫皆推誠委任，以君言奏，益廳治於盩厔、洋縣界，益營兵於商州、略陽。復以君修復漢中渠百餘堰，溉沃萬頃，將溥厥利於全秦。檄視澧、涇、灞、滻、渭、汭諸川，鄭、白、龍首諸廢渠，百墜垂興，萬夫睽仰。乙酉十一月，詔授貴州按察使，未行，仍留陝西按察使。明春入覲，連日三接，詢及十載不調之由，咨歎動色，而君年六十有八矣。莅任七日，遂卒。嗚呼，惜哉！

《秦誓》思斷斷休休大臣，用能容彼有技之人，咸及其膂力之未愆，良有以也。雲弗鬱，雨弗厚；泉弗堰，澤弗大。天欲大蘇南山民，故不惜斂大惠於一方，俾尸祝萬室，矜式百世，而尼之者何與焉！君長子芝從余游，嘗再晤君京師，擺邊幅，洞城府，視之頹然野老人也。及其馳騁上下，奮髯哆頤，沙聚數千里，龜灼數百世，菽區麥別，形格勢禁，悃愊所至，盤錯洞開。嘗佐兩廣總督那彦成公籌海寇，有《洋防備覽》；佐姜公晟、傅公鼐籌苗，有《苗防屯防備覽》；其籌南山，有《三省山内邊防備覽》、《漢江南北二地圖》、《三省山内總圖》及《樂園詩文集》若干卷。冰寒火熱，粟飽帛煖，恣所取攜，罔有爽忒。嗚呼！可謂肫且盛已。

君生乾隆二十四年八月二十四日，卒道光六年三月初二日。祖應鼎，父君極，皆贈如君官。嫡母李，生母何，皆贈夫人。爲定遠同知時，丁生母憂，力辭金革，奪情以歸。配張夫人。子二：芝，癸酉副貢生，河南候補知縣；次正坊，候選府經歷。側室胡。女二，孫男女各一。葬邑會仙右亭之青竹隴。予道光八年冬奉使入蜀，踰秦棧，過漢中舊治，益倘佯於君疇昔所言。乃爲銘曰：

弈弈南山，包川絡原，分陝所專。東遷荐處，灌翳榛楚，藪奸之所。起嘯敗逋，勝國所吁，維牧之無。繄昔匡難，實維良翰，盜賊咻豢。以覆以响，以起秦庶，于溝于路。以絃以吟，以化秦民，于狉于獉。彼亦何取？十載遲女，適久厥撫。俾竟厥施，以達天知，以永民思。既知既思，循吏胡虧，而人弗爲。南山千里，君陟降止，作廟並峙。君廟在山，君墳在南，百爾式監。

太子太保兩江總督陶文毅公神道碑銘

維道光十有九年夏六月二日，太子少保、兩江總督陶公薨於位。天子震悼，詔以公任事勇敢，不避嫌怨，堪式百辟，加太子太保，入祀賢良祠，予謚「文毅」。并允淮北士民之請，建專祠海州。明年，又特允入江蘇名宦祠，不交部議。嗚呼！朝廷所以勸臣工、風中外者，博矣哉。

國家承明制，撟明弊，以内政歸六部，外政歸十七省總督、巡撫，而天子親覽萬幾，一切取裁於上，百執事拱手受成。上無權臣方鎮之擅命，下無刺史守令之專制，雖嵬瑣中材，皆得容身養拙於其間。漸摩既久，以推諉爲明哲，以因襲爲老成，以奉行虛文故事爲得體。惡肩荷，惡更張，惡綜覈名實。若靳文襄之創中河，鄂文端之改土歸流，皆力戰群議，屢躓屢奮而後勝之。以怡賢親王之畿輔水利，猶不旋踵而泯蕩。故便文畏事窶陋之臣，遇大利大害，則動色相戒，卻步徐視，而不肯身預。自仁廟末年，屢以因循泄沓申戒中外，而優游成習，卒莫之反也。

東南大計，無如漕、鹽。二百載來，文法委曲煩重，致利不歸下，不歸上，而盡歸中飽，官民交困。間有講求刷剔，芟薙更革者，則中飽蠹蝕之人轟起而交持之。道光五年夏，漕河大梗，萬檣林束，詔江南大吏籌海運。維時上海關儈撓於南，通倉胥吏撓於北，屯船丁役撓於中，不曰風濤，則曰盜賊，不曰霉變，則曰繁費。天子移公自安徽撫江蘇，公倜然一疏任之。明年春，海艘數千，米百六十萬石，倏抵天津，不損一人一舟。每百石費僅數十金，視河運省費固倍，視前撫臣章煦所奏海運每百石價三百兩之數，且省數倍。明年，公遂擬改蘇、松、太倉三屬之漕，永歸海運，以大蘇官民之困。先後陳章程六條、八條，雖事格未竟行，而人知海漕利國、利民、利官，爲東南拯敝第一策者自此始。

道光十年冬，公督兩江，兼管鹽政。承蠱壞之後，如淮南之窩價，淮北之壩槓，兩淮之岸費，皆浮糜數百萬，仰食其間者千億計，當事熟視其弊不敢動。公謂非減價不能敵私，非輕本不能減價，非裁冗費不能輕本，遂奏裁淮南窩價百餘萬，江西、湖廣、揚州各官費百餘萬，又三疏奏駁糧艘夾帶，歲少蘆私十數萬引。而淮北則創改道不改捆、歸局不歸商之制，每歲暢行，倍額溢課數十萬，盡償淮北之積逋，且劑淮南之懸引。末年，並欲推淮北之法於淮南，條舉規畫甫定而公已病，然天下皆知劉晏舊法爲澄源上計，不爲綱法所縛持者自此始。

方公初議海運，則南漕、北倉撓之；議裁鹺費，則窩商、蠹吏撓之；議截糧私，則長蘆、總漕撓之；議改票鹽，則壩夫、岸吏撓之。群議沸騰，奏牘盈尺。使公之仔肩稍不力，天子之倚任稍不堅，必不能善其後。故敬揭公之力犯群忌，而事未嘗不舉、恩禮未嘗不卒者於碑，以爲封疆大吏勸。又以謂今日東南民計國計，莫困如漕鹽，公所排決疏導可垂久大者，亦莫如海運與票鹽。後有來者，欲大蘇東南之困，爲國家籌百世利，非賡其緒而恢之不可也。

公諱澍，字子霖，雲汀其自號也，湖南安化人。嘉慶七年進士，由翰林院編修改御史，歷户科、吏科給事中，巡中城、巡南漕，出爲川東兵備道。道光元年，擢山西按察使、安徽布政使。三年，巡撫安徽。五年，移撫江蘇。十年，加太子少保，總督兩江，兼管鹽政。卒年六十有二。

生平所至興革，務挈大綱，導大窾，若治安徽之荒政、之水利、之清釐庫帑，治江蘇之松江、婁江、白茆河、孟瀆河，他人得其一皆足名世，而於公則爲緒餘，故不悉書。

系出晉大司馬侃。曾祖崇雅，祖孝信，皆贈如公官。考必銓，邑諸生，祀鄉賢祠。曾祖妣彭、祖妣李、妣黄，皆贈一品太夫人。妻黄夫人，側室賀、張、劉、盧、楊、張。子桄，方八歲，恩賞主事。女七。所著奏議、詩文集、《蜀輶日記》、《陶靖節集註》各如干卷。以二十年某月日，葬安化某原。

源自弱冠識公京師，中歲棲遲江左，受知至懇以篤，曾預托以身後樂石之文，用敢删舉其大者，揭諸麗牲，以餉來世。銘曰：

萬生芸芸，以利相群，如蝨萃身。有奮其除，必爬與梳，萬衆噩呼。鄭有國僑，唐有文饒，始謗終謡。我洞其原，必撟其偏，以對乎天。我導其始，人竞其委，以俟君子。萬夫之特，兼人之力，孰幹王國？勛在三江，魂反九江，孰幹王邦？如暘如月，如霜如雪，維臣心是泐。如雪如霜，如月如暘，維帝心是傍。

兩淮都轉鹽運使婺源王君墓表

士用世于三代以後，難于三代以前者有二：兵刑、農賦不名一方，不專一職，猝然取之而必應，更試爲之而不恒。又南朔東西，惟朝廷所命，俗不暇漸習，任不及久遠，視三代以上之各仕其國，終身一官者，難易相百。而國家以此馭天下士，未嘗不間收其效，則恃士有誠求亹斐之心力，以貫於綱紀節目之間，隨其大小各有以自見，縱專精不及古人，而心力則視古猶倍之。今天子御極以來，江、浙知名吏，以平羅俞君、婺源王君稱最。二君皆任兩淮鹽運使，大吏方藉其力以自翼，而相先後卒，上下重有愴焉。故既爲俞君銘其幽，而王君之子復求表其墓。

按狀：君諱鳳生，號竹嶼，徽州婺源籍。父友亮，始僑寓江寧。君少治舉子業，屢試不第。嘉慶十年，援例以通判試用浙江。二十有五年，補嘉興府通判。君在浙江日久，屢署知縣事，所在有聲。所著《保甲事宜册》，浙閩總督汪公志伊刊爲程式。其令蘭溪僅數月，清積案七百餘事。其令平湖，民有數百户誦經茹素傳授邪教者。

時江南奸民方榮升，以傳教興大獄，在事者咸受上賞，故浙吏亦思以爲功。君閔其愚惑，株連無辜，爲開諭利害，飲以羊酒，感泣自悔，止拘爲首數人，科以軍流罪，以白巡撫清安泰公，公揖謝之，大失同官望。

適道光元年，天子用刑部侍郎帥公來撫浙，兼轄鹾政，又有清查通省倉庫之議。方難其人，與君語，大說，遂奏君總司其事，奏署知嘉興府。明年，又擬奏署知杭州府，君力辭不就。是冬，升玉環廳同知。會杭、嘉、湖三府苦雨告潦，議大濬浙西水利。以浙西之水尾閭于吴淞，實在江蘇境，乃會奏兩省合辦，而調君乍浦同知，專治浙水，與江蘇道員勘議。君由天目、湖州、嘉興沿太湖以達松江，所至繪圖具說。帥公故負重望，知人善任，能盡君所長，故君政聲亦自帥公至始大著。四年，方計費興工，而帥公以憂去。

是冬，淮南大風，高堰潰決，兩江總督魏公元煜、河督嚴公烺，合奏調君南河同知，而浙閩總督趙公慎畛，亦密保君才堪大用。于是五年抵工，三月即擢知河南歸德府。時永城旱蝗，君齋宿禱廟，果雨，率屬捕蝗尤力，民以不災。又請于巡撫，濬虞城、夏邑、永城之惠民溝、減水溝、巴清河、沈公堤等處，以資蓄泄。九月，復擢河北彰衛懷道。河北屬有五廳，歲修險工，縻費巨萬。道員多深居簡出，不時駐工，春秋防汛，虛應故事。君事必躬親，細而放淤、抽溝、戽水，大而搶險、下埽、箱墊、走溜，皆親率廳營監莅。又以歲修有定例，而另案無定例，在任三年，力删另案，計所請挑之工，惟原武、陽武、延津之文砦天然二渠，封丘之四渠，其議挑未興者，安陽之廣潤渠，並原河故道而已。

旋以疾乞歸，家居二載，用兩江總督大學士蔣公薦，起復原官。入都，蒙召見，即命升署兩淮鹽運使，時道光九年三月也。以淮鹺極敝，鋭意整飭，條陳十八事，如收竈鹽，節浮費，濬河道，增屯船，緝場私鄰私之出入，禁江船漕船之夾帶，以及清查庫款，督運淮北，事皆可行；惟求免帑利，而反借藩庫、道庫銀三百萬，則事所必不可行者，故蔣公半允半不允。方疏入待施行，而黄玉林之事起。黄玉林者，儀徵私梟也，以遣犯私逃回籍。君計招其出首，請于蔣公，奏許隨營緝私贖罪。而無識妄議者，或謂兩淮從此永無私梟，或又謂將釀東南大患。顧玉林實無能爲，皆州縣吏張大其勢。蔣公慮其叵測，提至江寧獄，科以軍流罪，旋得玉林所寄其黨私書，意存反復。復密奏請處以重法。上以前後歧議，嚴譴蔣公，而君及鹽政福森亦均降調以去。而陶公澍適奉總督兩江之命，朝廷又特遣户部尚書王公鼎、侍郎寶興公來江查辦，合奏留君襄鹺事，踰月而議定。始裁鹽政歸總督兼轄，大裁浮費，略與君前策相出入。旋又奏以君往查湖廣銷引情形，及勘議淮北改票事宜，故君卸任而仍與鹺事終始。

道光十二年，湖北大潦，湖督盧公坤奏調赴楚，總辦隄工，君歸自淮北即赴楚。時江隄則有武昌之江夏、蒲圻、咸寧、嘉魚，荆州之江陵、公安、松滋、監利；黄州之廣濟、黄梅，漢隄則有漢陽之漢川、沔陽，安陸之鐘祥、天門、京山、潛江，袤亘千里，同時告災。君策緩急，陳利害，往返跋涉，半載告竣。會是秋蛟水復驟至，新堤完潰各半，盧公以天災非人力所及，仍請以道員留楚補用，奉旨送部引見，君終引咎不安，力乞疾歸。

明年，浙江海塘役興，侍郎趙公盛奎及原任河督嚴公烺，皆馳書促往，君辭不赴。而淮北票鹽大暢，陶公以君首議功奏聞，且促君出山，咨部報痊，行有日矣，而病復作。十四年夏四月，君疾寖劇，乃復請假，而竟不起，年五十有九。

君生平以仕爲學，尤篤好圖志。其在浙江奉勘災潦，則成《浙西水利圖説備考》；在河工，則檄取所屬府、州、縣地圖，各系以利病，成《河北采風録》及《江淮河運各圖》；其在湖北，則有《漢江紀程》及《江漢宣防備考》；其在兩淮，亦有《淮南北場河運鹽走私道路之圖》。每吏一方，必能指畫其方之形勢與所宜興革，若將寢饋，而旋去之。所至倥偬，講求日不暇給，左手畫圓，右手畫方，故士見用於三代後蓋難矣。四方大吏以才難之故，争相奏調，倚君若左右手，刑名、漕賦、水利、鹺政，若風雨總至。君朝南暮北，席不暇煖，所試或效或不效，無一竟其用，故無專長特績，可頌當時，傳後世。而近日海内談實用之學，必首推重君，則其誠求之心，亹斐之力，足以孚下而信上。士所遇大遂不大遂，固自有命焉，豈以是加損哉！

所著書，未刊者尚有詩集若干卷、《學治體行録》若干卷。其未成書有《讀史彙説》若干卷，孜孜矻矻，導原植根，推而放之，充如也。

妻前葉、後邱，皆封淑人。子二：世翰、世口。女四。以某年月日葬某原。

梅郎中曾亮已爲誌銘，林中丞則徐書丹，故予表其墓，特揭君學行志事之大者于阡。《禮·儒行》有曰：「雖危，起居竟信其志，猶將不忘百姓之病也。」君之謂哉！君之謂哉！

户部左侍郎提督江蘇學政周公神道碑銘

上之是非不明，則其公在下；下之是非不明，上之是非明，則其公在上。公在下，則是非與黜陟出于二；公在上，則匪直出于一，且以黜陟正是非，尤克昭蘇萬物，平概群品。

國家承明之敝，決塞去壅。而今上六七載，各直省若涇縣之獄、渭南之獄、太原之獄、德清之獄，匹夫匹婦猶有不獲其情者，輒煩朝廷重臣親跋涉萬里，或内付廷尉，而後平反之，重蔽牢蒙，咸卒破壞，故幽隱畢達，而吏不敢以民命草芥。其尤甚者，湖南湘潭之獄，侍郎周公以手書爲撫臣訐奏，身譴職削，吏乘勢益無忌，黨并雷同，剷根滅跡，巨奸逸法網，良牧絓劾議，萬夫呑氣，放臣息影，惴惴蝸居，灰心絶望矣。而雷霆忽發于新政之初，起廢之詔，舊撫之譴，與一二嗣治獄之督撫按察，相繼盡投閒散，而復公舊職，敭歷中外，復爲天子重臣。使獄事虚實曲直出覆盆而照日月者，皆出天明天聰特照獨斷。嗚呼，豈非公在上而是非出一者與？

方獄事之起，始以江西客民之獷横，繼以湖民之報復，大吏不善鎮撫，以致閉城罷市，械鬬兼旬，人心洶惶，幾激大變。時值仁廟六旬萬壽之年，撫臣慮干不測，初奏至即諱匿不以實聞，而首羅織在籍石給事中爲鉗塞言路計，識者蚤知其無意獄事矣。公詢其賫奏材官，盡得狀，知虚實大懸，慮釀湖南巨患，既面奏本末。有敕馳詢，猶不以撫臣爲不可與言，手書忠告。撫臣方倉皇于廷敕，不德反讐，遂一意護前，反噬搆陷，公以是獲嚴譴。然天下亦遂曉其一樸誠，一傾險，一忠直，一罔上。《詩》曰：「云不可使，得罪於天子；亦云可使，怨及朋友。」古今君臣寮友之際，詎不甚難哉！以公至誠無逆億若是，設遇軍國事重且大於此者，必不肯隱忍卻顧囁嚅明矣；遇友有賢於舊撫者，其必竭誠無不盡明矣。被放南歸，先後尚蒙樸實之褒，鯁直之諭。仁廟知公不謂不深，乃守制起復，未幾而被議。今上再起，駸嚮用而遂不祿。士功業顯不顯於世，固自有命焉，於人又何尤！

公文學在士林，典刑在鄉邦，政績在海内，有李君兆洛《行狀》及江蘇《請祠名宦公狀》在。惟湘潭一獄本末，則迄今海内傳聞，尚有不盡其情者，故敬揭國家所以重民隱，決壅蔽，使孤立樸誠之士百擠不傾，有以作百世臣子之氣者於前，而後以公生平他行銘諸後。

公諱系英，字孟才，號石芳，湖南長沙府湘潭縣人。乾隆戊申鄉試舉人，庚戌進士，授翰林院編修，歷官詹事府右春坊、右贊善，司經局洗馬，翰林院侍讀、侍講學士、侍讀學士，光禄寺卿，内閣學士，吏、户、兵、工四部侍郎兼署禮部右侍郎，充《高宗實録》館纂修官、《仁宗實録》總纂官副總裁、咸安宮總裁、《治河方略》館副總裁、文淵閣直閣、日講起居注官，南書房、尚書房行走，嘉慶戊午、庚申順天鄉試、壬戌會試同考官，福建、江南、順天鄉試副考官，四川、山西、江西、江蘇學政。卒道光四年七月三十日，生乾隆三十年二月二十五日，年六十歲。奉旨祀江蘇名宦祠。曾祖某，祖某，父某，皆贈如公官。妣某以上皆贈太夫人。配謝夫人。子銘恩，副貢生，江華縣教諭；貽棫，監生；貽樸，廣東鹽庫大使。孫二。葬某原。銘曰：

帝選宿學，入侍講幄，公矢其愨。匪夕伊朝，受知兩朝，若雲在霄。曰汝教督，於汾於蜀，士宵其讀。曰汝司衡，於南於京，士春其英。曰汝貳部，司空司馬，朕肱且股。天鑒其衷，民籲其恫，公蹇其躬。雖則蹇難，仁廟斯眷，温綸載涣。卒俟其定，以貽嗣聖，大正厥命。臣受於君，子受於親，惟命之循。實録手輟，中夜感涕，曰思先帝。弗懲厥前，益矢厥肩，捄民恐邅。手拮口瘏，大災克蘇，士氣克桴。庶公其宰，以潤四海，曷云不待。公重如山，公粹如璠，萬夫之憲。公位日崇，公産不充，一畝之宫。顯顯令哲，皤皤黄髮，曷云其忽。窮碑湘濆，公配恪勤，以教事君。

湖北崇陽縣知縣師君墓誌銘

道光二十有一年十二月十二日，湖北武昌府崇陽縣生員鍾人杰聚黨偪城刦官，知縣師長治死事。賊遂陷崇陽、通城，大戰官兵。明年正月，賊平，湖廣總督奏師君遇害始末，詔賜卹如例，部議予世襲雲騎尉。君故與源同鄉試，官内閣，又獲交于君之伯父前海州知州亮采，故其歸葬也，海州命源志其事，且銘其幽。

嗚呼！崇陽之事，僅爲君歎悼哉！崇陽圜萬山中，胥役故虎而冠，凡下鄉催徵錢糧漕米，久魚肉其民。生員鍾人杰、金太和者，亦虎而冠，與其黨陳寶銘、汪敦起而包攬輸納，不數年皆驟富，與縣胥分黨角立。前知縣折錦元，憒不治事，一惟胥役所爲，致兩次鬨漕。據巡撫伍長華所批漕石加收一斗之數，造扁送縣，毀差房。武昌知府明竣，惟以調停姑息，于是姦民日肆。湖廣督撫劾罷折錦元，以金雲門往署縣事，禽金太和武昌獄，勢少戢。是年九月而師君至。

鍾人杰聞上游檄捕甚急，疑其仇生員蔡紹勳所主使也，約黨渡河篡取之。至則紹勳已遁入城，即賊其家，焚其廬，并率數百人躡逐入城。城門已閉，内外鼎沸，知縣師君登城諭之，不退，城内兵役矢石相持竟夜。質明，城外人益衆，踰缺入，大索蔡紹勳不得，則執知縣，迫令申狀，言蔡紹勳作亂，鍾人杰倡義助捕反者，并請上司釋金太和歸縣。時武昌知府明竣以事在蒲圻，距崇陽一日程，師君先令其長子懷印潛出城，請明竣來縣彈壓，而明竣急回武昌。于是衆益張，師君遂罵賊死，妾吴氏及姪女皆殉之。師君莅任甫百日，收漕無耗羡。鍾人杰無可歸罪，乃槥斂而哭祭之，言已以報仇倉卒，誤害良吏。事不獲已，遂劫庫獄，散倉粟，造幟械，勒境内四十八堡，堡出人若干，不從者殺。然烏合鄉民，無槍械。距省僅二百餘里，使省城以兵數百星夜馳赴，立可散黨禽渠。而武昌督標兵因夷寇調赴江、浙，存城無幾，總督裕公以兵二百駐咸寧，距崇陽百里，以俟提督之至。賊得日夜脅從衆數千，陷通城，又攻蒲圻，攻通山，衆至萬餘。幸官兵挫之蒲圻城外，殺賊千餘，湖南兵亦分守要隘，脅從半散。

明年正月十八日，提督劉允孝至，先張疑兵大路，而正兵由蒲圻進剿。黨羽瓦解，鍾人杰窮蹙就縛。前後調湖南、北兵五千餘，請帑二十餘萬，所獲首從各犯文武生員至十餘人。

嗚呼！國家轉漕七省，二百載來，幫費日重，銀價日昂，本色、折色日浮以困。于是把持之生監與侵漁之書役，交相爲難，各執一詞，弱肉强食，如圜無端。及其癰潰，俱傷兩敗，雖有善者亦末如何，而或代受其禍。近年若浙之歸安、仁和，蘇之丹陽、震澤，江西之新喻，屢以漕事興大獄，皆小用兵，而崇陽則大用兵。不寧惟是，距崇陽事未二載，而湖南耒陽復以錢漕浮勒激衆圍城，大吏至，調兩省兵攻捕于瓦子山、曾波洲，彌月始解散，俘生員歐陽大鵬等于京師，論功行賞，與湖北崇陽一轍。嗚呼！僅爲師君悼歎哉！

君道光己卯科順天鄉試舉人，前任浙江上虞縣。死時年四十有五。妻□氏，以奉母留揚州，不與其難。子世杰，以某年月日歸葬陝西韓城之某原。銘曰：

國家大政食與戎，漕窮肇兵相激舂。豪民豪胥維蠹同，蚌鷸相持乃相攻。吁君之難民之恫，維賊猶存三代公。崇陽未已耒陽從，大刑屢修誰劑窮。《易》爻《訟》《師》繼《需》、《蒙》，膠庠獄亦承平功。法窮匪變云胡通，嗚呼漕賦安所終！

廖含虛先生墓誌銘

郴州含虛先生之殁也，弟子在武昌者喪服走二千里，踵門而哭之；郴之人巷不歌、舂不相者逾月。或曰：「先生力學獨行於孤貧之中，爲國人矜式，故能然，蓋隱君子也。」或曰：「不然，先生不由師傅，自靈樞、遁甲、形家言，放而至於丹青、琴奕、詩古文詞，靡不通。課子若孫以忠孝，奚其隱？」或曰：「先生晚而逃禪，兼習導引，其生歿皆有異，其游方之外者歟？」或曰：「詩人歟？」邵陽魏源獲交於先生之孫宗湘，湘爲言先生行事至章以備，卒亦莫能專名也。嗚呼！古則有士，不燿其光。世而我遺，放彼窮鄉。行無轍迹，學無故常。未嘗自賓於萬物，物亦莫之能傷。無他，其天全也，源何足以知之！無已，請志之曰：

先生廖其姓，奇珍其名，庸之其字，含虛晚自號也。郴州人。卒嘉慶二十有五年九月日，年七十有五。葬州之西鳳鄉尋母巖下。配曹。子二：紹衡、紹蓮。孫五：宗湘、宗南、宗玫、宗海、宗岱。所著書若干卷，藏于家。又櫽其行繫諸銘，銘曰：

有古君子頎而闇，少賤多藝驚其群。負薪掛書汲養親，翦髮營斂負土墳。國人皆曰孝子珍，不夷不惠行中倫。神完氣夷無色聲，聞其謦欬皆逡巡。五鑿六欲分喪真，獨楗其户埋其原。赤光出户夜驚鄰，嗒然坐逝遺吾身。羌孰測兮天耶人？素車束芻來踵門，弟子千里走以踆。曷以瘞幽填怪殨？有孫有孫能斯文。

張鐵甫墓誌銘

君子之學，太上明諸心，次尊見，下徇習。以本爲淵，以用爲權，匪膠乎一，惟是之全，渾渾以圜，卒符人所群然，此明諸心之事也。以己爲樊，以性所近爲沿，雖不軌乎大同，自信甚專，能使物靡然從焉，此尊見之事也。以衆爲鵠，以耳爲目，以時地所邇爲屬，易以自足，此徇習者之事。立今指古，遞救屢遷，本與支相維，狂與狷相劘，虚與實相犄，其能以道易天下，必明諸心者也。過此則意見參焉矣。見則成習，非弘毅莫之返。明之季，梁溪、蕺山以躬行返天下虚習，敦于實際，體明用光，厥施未昌。而國初諸子裂之，守朱者曰户庭之儒，考經者曰塗轍之儒，皆將以撟虚就實，而叩其自得則瞠然，以所見諸用則瞠然，户庭、塗轍之儒充天下。

吴江張君，志返世習而未能者也。始治經於塗轍者有年，既而曰：「是迹也，何以有諸躬？」繼研道於户庭者數年，既而曰：「是域也，何以會其通？」久而以宋貫漢，朱融陸渾，其中廓有容，則又慨然曰：「如有用我，尚未之能信也，則如之何？」衡王道，測民隱，程日用，必返諸原，毋閡毋壅，擴充大半，未見其止而遽以死。

死之旬日，江南鄉試榜發，舉第一。於是弟子張生洲奉遺書及狀謁於主考蕭山湯侍郎。又明年，求銘於侍郎之門人魏源。源觀君之學，始以其虚受衆是，入而融之；繼以其實辭衆非，故出而公之。體用本原，既匯於一，以培以去，事半功倍。原既復矣，見與習烏蝕諸？

君名海珊，字鐵甫。生於吴，吴人莫之知，知生者張，知死者湯也。其死，以父印江游滇不返，致心疾也，在道光元年八月，年四十。妻邱，子三。所著文集如干卷，日記一卷，言禮、言兵、言農之書各如干卷。銘曰：

好游而戒外兮，好友而戒兑兮，禮以喪親，終不内兮。其農田水利，小試諸鄉澮兮。其知兵處變，訛言不戒兮。抑其學之縮端耳，匪云艾兮，我銘喟君，未光大兮。

李希廉墓誌銘

嘉慶十有八年，提督湖南學政蕭山湯侍講，貢士八十餘人於朝。明年，桂東李君克田試畢出都，侍講三誨之曰：「損酒益食，損文益質，損名益實。」君拜受以行，時年二十有九矣。豈弟温良，吉祥而芳，負斐然之狂，邁嘐嘐之志，卒歸反求，能自得師。一年而損口，二年而損交，五年而損飾，其未能然也。於家家多閡者，於鄉鄉多嘖者，久益克訦，家邦歸仁，于于以興，未見其止也。逾年，郴州陳起詩以書來，則君死矣。悲夫，悲夫！於是同門魏源卒哭而爲之志曰：

君之始，中可知也。幼慧自憙，長敏於爲。從教諭嚴先生某而折節知自克，及見湯先生，而始刳心於道。士之赴道者以名，君獨以其誠。親庭叱咤，不及犬馬；交處十年，未嘗忿顔。覿侮不知，遇諼不億，侮愧諼服，不大聲色。抑天性過人，非矯以然。至其引繩墨，切過失，閑小大，枉尋尺，則自君之殁，吾黨士咸若無所依者。《詩》曰：「仲氏任只，其心塞淵。」君其有焉。而遽以死，天其祝予！悲夫，悲夫！

君卒以道光元年七月，年三十有九。妻前黄，後胡。子二。葬某原。希廉字也。詩文發于天機，油油可詠，有晉人之風。銘曰：

望其墟，臯如嶓如。大哉死乎，君子以息其軀。

湖南按察使贈巡撫傅鼐傳

傅鼐，字重庵，浙江山陰人。祖體仁，

江西萬安縣知縣。父兆東，四川南部縣典史。始，鼒以府經歷仕雲南也，猓夷擾邊，威遠廳屢戕同知，大吏以鼒往圖之。乾隆五十九年，以馘猓二百餘，功擢知寧洱縣。明年，從雲貴總督大學士嘉勇貝子福康安討貴州、湖南紅苗，復以計擒酋吴半生，功賜花翎，以同知直隸州用。旋丁母憂，以金革奪情。

嘉慶元年冬，授鳳凰廳同知。廳治鎮筸，當苗衝，户竄亡。而明年春，大兵已移征湖北教匪，月給降苗鹽糧銀羈縻之，而氛愈惡，藉口前宜勇伯和琳「苗地歸苗」之約，遂蔓延三廳地，司事者至倡以苗爲民之議，議盡應其求。鼒知愈撫且愈驕，而兵罷難再動，且方民弱苗强也，乃日招流亡，附郭棲之。團其丁壯而碉其要害，十餘碉則堡之。年餘，犄角漸密，苗妨出没，遂死力攻阻。鼒以鄉勇東西援救，戰且修，其修之之法曰：近其防閑，遥其聲勢。邊牆以限疆界，哨臺以守望，礮台以堵敵，堡以聚家室，碉卡以守、以戰、以遏出、以截歸。邊牆亘山澗，哨台中邊牆，礮台横其衝，碉堡相其宜。凡制數者，近石以石，遠石以土，外石中土，留孔以槍，掘濠以防。又日申戒其民曰：「勉爲之，是有三利：矢不入，火不焚，盜不踰。有三便：族聚故心固，扼要故數敷，犄角故勢强。」民競以勸，百堵皆作。而三年，苗大出，焚掠下五峒，大吏將中鼒開邊釁罪；又兵備道某者，阿意吝出納，以旁掣之，事且敗。會四年，鎮筸黑苗吴陳受衆數千犯邊，於是有「苗疆何嘗底定」之詔，責巡撫姜晟嚴首賊，鼒爲禽之，始奏加知府銜俸。是年，碉堡成。明年，邊牆百餘里亦竣，苗并不能乘晦霧潛出没。每哨台舉銃角，則知有警，婦女牲畜立歸堡，環數十里戒嚴，於是守固矣，可以戰。時鎮筸左右營黑苗最患邊，適諜晒金塘驍苗悉出掠瀘溪，即夜三路擣焚其巢，復回要伏苟拜巖，大殲之，苗氣始奪。

六年而貴州變起。蓋湖南環苗東南北三面七百餘里，其西面二百餘里之貴州邊尚未修備，故石峴苗復思狡逞，煽十四寨並附近湖南苗以叛。鼒以鄉勇千五百馳赴銅仁，而貴州巡撫伊桑阿至，叱其越境要功，遂以招撫戡定奏，回貴陽。時首逆槍械皆未繳，各寨方沸然，邊民赴愬雲貴總督琅玕。琅玕至，急檄鼒會勦，三日，盡破諸寨。其破崖屯溝也，前兩路賊皆壘石守，鼒使貴州兵攻其前，而自領鄉勇夜探山後徑猿引上，黎明始達，礮天降，火寨起，貴州兵望之，亦奮呼奪隘，遂連破五巢。其破上、下潮也，萬山一峽，苗以死守，乃夜分貴州兵左右裹山圍之，而親督鄉勇黎明攻峽，至晡，礮破之，追逼其寨。驍苗方迎死戰，即分兵火寨，上潮潰而下潮亦望風潰，又爲守隘貴州兵禽斬，前後殲苗二千餘。三日，掃穴平，倣湖南法建碉堡守之。而伊桑阿冒功誤邊罪，爲新巡撫初彭齡劾，伏法，鼒遂奉旨總理邊務。

始，鼒議遷永綏城於花園，副將營於茶洞，而貴州亦藉永綏聲援重其移，鼒屢陳督撫益力，至是詔琅玕查奏。鼒再赴銅仁，面陳永綏孤懸苗巢，形釜底，自元年盡撤營汛後，城以外即苗地，有三難、二可慮，并請於貴州邊設螺螄堡，移湖南守備戍之，助彈壓。琅玕乃奏移駐是，七年九月遂移之。既而其城群苗争占彌月，槍礮間黔境，鼒以鄉勇數百深入，❶忽遠近苗大集，急上據吉多寨，苗數重環之，銃相繼。鼐以奇計穿圍去，苗疑不敢偪，然自此遂議繳槍械以絶其牙距，其抗命者，則復有永綏生苗、鳳凰黑苗之勦矣。

初，永綏以廳城掣肘，從未深入其巢，果抗繳槍械；而積惡石宗四等，并阻丈田土，復糾數千苗大猖獗。而是時廳已移出，且分駐形勢地，又得貴州螺螄堡可駐兵，遂立以鄉勇千餘、苗兵二千，敗之夯都河，使永綏鎮營兵扼後路，而自分兵進攻，連燒六寨。乘勝窮追至陽孟岡，嚴寒，山路凌競，方少息，忽五鼓萬苗突至，跣起揮兵禦之，時火藥餘數十觔，而後路既絶，苗四面急攻，銃發如雷，勢岌岌。會雨霰雜下，苗繩硝溼槍凍，比曉，我兵乃刀槊並前，人自爲戰，鏖至山後，斬墮溺死二千餘，生擒石宗四。明春正月，移兵螺螄堡，連勦破口、漏魚、補抽等寨，焚巢破卵。是役也，賊起事即戕良苗，故鼐得以驅策苗兵深入，轉戰月餘，破寨十六，獲槍礟刀矛三千有奇，餘寨乞命降。永綏苗一舉平。此後惟高都、兩頭羊役，遂不復用兵。二寨皆鳳凰深巢天險，各寨繳兵後猶負固，至是皆乘雨夜晦濛襲之，懸徑出奇而後破。其貴州苗未繳槍械者，亦發印諭五十道，遍檄黔寨，咸震疊無敢抗，時嘉慶十一年也。

初，乾隆乙卯，嘉勇貝子征苗時，川、湖、貴、廣重兵環境，有進康熙五路平苗策者，不用，故苗得并力拒大軍。鼐則偵諜間然，聲東擊西倏然，其去忽然。苗各自守則

❶「數」，原作「敵」，今據《聖武記》卷七《嘉慶湖貴征苗記》改。

黨日離，不測則情益絀。從來備西北邊，莫善於李牧一大創之之法，禦流寇莫如堅壁清野法，而懲苗則莫如沈希儀鵰勦法。鼐專用之，大小百戰，殲苗萬計，追出良民五千口，良苗千餘口，而所用不過鄉兵數千，則惟訓練有過人者。

大都苗疆用兵異他地，重山深壑，奥複巇峭，而苗猱騰獸驀如平地，此一長也。地不可容大衆，其進無部伍行列，退則鳥獸竄，岡迴箐邃，賊忽中發，内暗外明，猝不防及，此二長也。銃鋭以長，隨山起伏，命中莫當，惟腰繩藥，無重衣裝，此三長也。鼐因苗地，用苗技，先囊沙輕走以習步；仿造苗槍，立上中下三的，以習仰擊俯攻；臨敵則亦不方陣進，呼聚嘯散，無異以苗攻苗。又苗兼挾利刀，乘我火器甫發來戕，因兼習藤牌閃躍法，狹路則短兵制之，彼横巒則趫捷勝之，每戰還必嚴汰。數年始得精兵千，號飛隊，優養勤練而嚴節制之。行山澗，風雨而行列不亂，遺貲貨載道，無反顧者。共甘苦若妻子，哭陣亡若子弟，報公憤如私仇。而鄉兵明地利，習苗情，又多被禍同仇之人，是以致死如一。十年，勦永綏苗事聞，詔各省督撫、提鎮，以公練鄉勇法練官兵。《宋史》稱辰州土官秦再雄練土兵三千，皆披甲渡水，歷山飛塹，遂一方無邊患，故詳著之，俾司苗疆者有考焉。

至其屯田一事，與修邊禦苗錯舉，皆於十年蔵事。其始不無廣占民田，以權利害輕重，及事定，民争復業，屢有訟言，於是議者人異詞。余獨載鼐《上巡撫高杞書》曰：「防邊之道，兵民相輔，兵衛民，民實屯，有村堡以資生聚，必有碉卡以固防維。邇者貴州巡撫初公奏商均田一事，請陳利害情形而效其説：湖南苗疆，環以鳳凰、永綏、乾州、古丈坪、保靖五廳縣，犬牙相錯，其營汛相距，或三四里，或五六七八里，故元年班師後，苗雲擾波潰如故。維時殫竭心籌之，無出碉堡爲上，遂募丁壯子弟數千，以與匪苗從事。來痛擊，去修邊，前戈矛，後邪許，得險即守，寸步而前，而後苗鋭挫望絶，薪爐焰熄，堤塞水止。然湖南乙卯二載用兵來，已耗帑金七百餘萬，國家經費有常，而頑苗叛服無定。募勇不得不散，則碉堡不得不虚；後患不得不虞，則自圖不得不亟。通力合作，且耕且戰，所以招亡拯患於始也；均田屯丁，自養自衛，所以一勞永逸於終也。相其距苗遠近，碉堡疏密，爲田畝多少：鳳凰廳碉堡八百，需丁四千輪守，並留千人備戰，共需田三萬餘畝；乾州廳碉堡九十餘，守丁八百，屯田三千餘畝；保靖縣碉堡四十餘，守丁三百，屯田千五百餘畝；古丈坪廳苗馴，止設碉堡十餘，守丁百，屯田五百餘畝；永綏廳新建碉堡百餘，留勇丁二千，亦屯田萬餘畝。而後邊無餘隙，各環苗以成圈圍之勢，峻國防，省國計也。異族偪處，非碉堡無以固，碉堡非勇丁無以守，勇丁非田畝無以贍。在邊民瀕近鋒鏑，固願割世業而保身家；即後路同資屏蔽，亦樂損有餘以補不足。況所募土丁，匪其子弟，則其親族，而距邊稍遠者，則仍佃本户輸租，視古來屯戍以客卒土民雜處者，勢燕越矣。與一旦散數千驍健無業子弟，流爲盜賊，爲無賴，何如收駕輕就熟之用而不費大帑一錢。稽之古效則如彼，籌之今勢則如此，惟執事裁之。」其堅持定議者，大指蓋如此也。

積久制益密，田益闢，則又有出前議外

者。於是墾沿邊隙地二萬畝，曰官墾田，又贖苗質民田萬餘畝，曰官贖田，以備補助，濟折耗。以廩屯官，授屯長，以給老幼丁，賞練勇，暨歲修城堡暨神祠、學校、養濟院、育嬰堂費，百務並舉。而苗占田三萬五千餘畝，亦以兵勒出屯。效力苗兵五千，其苗弁復自呈七千餘畝爲經費，以苗養苗，即以苗制苗。於五年陳屯政三十四事，十年陳經久八事，十二年復陳未盡七事。大抵其經費田，皆佃租變價者；其屯丁田，則附碉躬耕者；其訓練與農隙講武，則屯守備掌之以轄於兵備道者。使兵農爲一以相衛，使民苗爲二以相安。故約官與兵民曰：「毋擅入苗寨，毋擅役苗夫。」約苗曰：「毋巫鬼、椎牛、群飲以靡財，毋挾槍矛尋睚眦釀釁，則永永不窮且變。遂同學校，同考試。」嗚呼！其善深長思矣。

雍正間，張尚書廣泗，改黔、粤苗歸流，設九衛軍屯法，蓋以經略督撫之權行之，故帖帖無異議。鼐區區守土臣，未領縣官斗糧尺兵，所事大吏不掣其肘即已幸，徒自奮於齟齬拮据中，蓋獨爲其難。即其始欲不借屯以養丁，繼不長屯以安烏合，數千衆其可得乎！後之君子設身以處之，綜其始末，揆其利害，而知用心苦矣。

十三年，屯務竣，入覲。詔曰：「國家治民以官，任官以人。辰、沅、永、靖兵備道傅鼐，專司苗疆，十有餘載，鋤莠安良，除弊興利，置碉堡千有餘所，屯田十有二萬餘畝，收卹流民十萬餘户，屯兵練勇八千人，追繳苗寨兵器四萬餘件；復勤懇化導，設書院六，義學百，邇苗駸駸向學，籲求考試，遂已革面革心。朕久聞其任勞任怨，不顧身家，悉心籌畫，臻斯完善，特因未識其人，尚未特沛恩施。今日召見，果安詳諳練，明白誠實，洵傑出之才，堪爲封疆保障。若天下吏咸若是，何患政治不日有起色！其即加按察使銜，用風有位。」明年，授湖南按察使司按察使。以苗弁兵民籲留，命每秋一赴苗疆，慰邊人思。

鼐之在苗疆也，日不暇給，門一木匭，訴者投滿其中，夜歸，倒出閱之，黎明升堂，剖決盡。兵民以事至，直至榻前。及爲按察使，一如同知時，下無壅情，故事無不舉。十五年，兼權湖南布政使司布政使。十六年，復入覲，天子方將擢鼐巡撫，以大福湖南民，而六月卒於官。事聞，震悼，贈巡撫，賜祭葬，敕祀名宦祠，並許苗疆專祠。嗚呼，捍大災，禦大患，有功德於民者矣！

鼐年五十有四。嗣子端弼幼，故未有碑狀。嗣兵備道者桐城姚興潔，禮予纂《屯防志》、《鳳凰廳志》，志例當有傳，乃傳。

論曰：方鼐之基於大吏以掎齕也，則鎮筸鎮總兵富志那實保全之云，又舉歲給降苗十餘萬金以委之，故鼐得以豢苗者蹙苗。富志那從征大、小金川，習知山碉設險之利，鼐實從受之，卒以成功。仁人利溥哉！二妾寡居，飦粥不給，而議鼐者汔今闐闐焉。吁！《北山》勞大夫所爲太息者也。

歸安姚先生傳

姚先生，名學塽，學者稱鏡塘先生，世居湖州歸安雙林村。父意峯先生，以乾隆丙戌十月丙午生公。性介厚重，在孩不戲，見物不取。父兄坐庭上，久侍立足不動。既長，讀書穎悟，又毅然力行之。

嘉慶己酉，舉浙江鄉試第一，父喪骨毁。丙辰，成進士，官内閣中書，輒歸侍母，母不許，復之官。戊辰，主貴州鄉試，歸道聞母憂，痛父母不得躬侍禄養，遂終身不以妻子自隨。既服闋，獨行至京。有一子世嘉，早世，以其弟之子世名爲己子，留於家。秩再滿，轉兵部主事，累遷至職方司郎中。

居京師三十年，粗糲僅給，未嘗受人一物。故事：部員於其鄉人之有事到部者，許同鄉官具保結，各有例規，謂之印結費。又外任官至京，於其同鄉同年世好之官京師者，各留金爲别。此二者，京官賴以自存，習爲常，公獨一無所受。其門下士伍長華，官湖北布政使，至京，以五百金贄獻，亦不受。或固辭不得，强留而去，則翼日呼會館長班持簿至，書而捐之，前後捐館中者三千餘金。居喪時，有氈帽一，布羔裘一，終身服之，藍縷不改，蓋所謂終身之喪。至署供職，衣敝衣冠厠狐貉中，晏如也。持身嚴而遇物謙下誠懇，惟恐傷其意。自奉極清苦，而春秋祭祀必豐，祭畢輒邀同人飲餕。善飲無量，雖爵至無算，而酒令精明，未嘗誤。談論娓娓，而終席未嘗一言踰矩。其酒皆與客傳壺自酌，不令僮僕侍立也。平日未嘗輕議時事，臧否人物，而偶一及之，輒確當不易，雖練事之精，觀人之細者，無不服也。

平生未嘗著書，而經義湛深。源嘗以《大學》古本質之，先生曰：「古本出自《石經》，天造地設，惟後儒不得其脈絡，是以致訟。吾子能見及此，幸甚。惟在致力于知本，勿事空言而已。」其文章尤工制義，規矩先民，高古淵粹，而語皆心得，使人感發興起。有先生而制義始有功於經，當與宋五子書並垂百世，遠出守溪、安溪之上，蓋自制義以來，一人而已。

初尚書彭齡掌兵部，請先生至堂上，躬起肅揖之，先生亦不往謝。大學士伯齡兼管兵部，屢詢司員「姚某何在」，欲先生詣其宅一見之，終不往也。先生六十歲生日，同里姚總憲文田，貽酒二罌爲壽，固辭。姚公曰：「他日以此相報，可乎？」乃受之。先生之學，由狷入中行，以敬存誠，從嚴毅清苦中發爲光風霽月。闇然不求人知，未嘗向人講學，仁熟義精。晚年德望日益隆，自公卿遠近無不敬之。雖文人豪士傲睨自負者，語及先生，無不心服，無閒言。蓋誠能動物，不知其所以然也。官京師數十年，未嘗有宅，皆僦僧寺中，紙窗布幕，破屋風號，霜華盈席，危坐不動。暇則向鄰寺尋花看竹，僧言，雖彼教中持戒律苦行僧不是過也。

道光七年冬十月，廷試武士，執事殿廷，敝裘單薄，晨感寒疾。即呈告開缺，上官不許，給假一月，然先生歸志已決矣。其在部也，必慎必忠，遇事必求無憾，感吏以情，吏不欺。既病，不寢，日正衣冠而坐，有問者必起謝揖。十一月戊戌，病篤，神明湛然，拱坐而歿，年六十有一。大人先生及士夫至負擔聞之，皆哭。姚都憲秋農、張閣部小軒、朱閣部虹舫、陳學士碩士、龔觀察闇齋、戚洗馬蓉臺與其門人治其喪如其志。著有《竹素軒制義》若干卷、《姚兵部詩文集》如干卷。

魏源曰：道光壬午年，拜公於京師水月菴，以所注《大學古本》就正。先生指其得失，憬然有悟，遂請執弟子禮，先生固辭，而心中固終身仰止矣。國朝醇儒推湯、陸，先生取與之嚴，持守之敬，不亞湯、陸，而深造自得過之。發爲文章，形於語默，左右逢源，可與胡敬齋先生並，其當崇祀瞽宗以矜式百世，蓋有待于來者焉。

武進李申耆先生傳

自乾隆中葉後，海内士大夫興漢學，而大江南北尤盛。蘇州惠氏、江氏，常州臧氏、孫氏，嘉定錢氏，金壇段氏，高郵王氏，徽州戴氏、程氏，争治詁訓音聲，瓜剖釽析，視國初崑山、常熟二顧及四明黄南雷、萬季野、全謝山諸公，即皆擯爲史學非經學，或謂宋學非漢學，錮天下聰明知慧，使盡出于無用之一途。武進李申耆先生生于其鄉，獨治《通鑑》、《通典》、《通考》之學，疏通知遠，不囿小近，不趨聲氣，年甫三十而學大成，兼有同輩所長，而先生自視嗛然如弗及。

嘉慶甲子，以第一人舉於鄉。明年，成進士，授翰林院庶吉士，散館改知縣，掣選四川某縣，以親老告近，改安徽鳳臺縣。縣治與壽州同城，爲古南北用武地。瀕淮、汝，時患水。西北界蒙城、阜陽，遠者百八十里，土曠而民悍惰，喜剽奪，黨羽至千人，各有頭目，殺傷人日或數起，號難治。前令或不越歲輒謝事去，故治率苟簡。君下車即周歷縣境，審地形，察水道，并出教與紳士商興修事宜，首從事于田賦、保甲。前代淮南、北屯墾甲天下，陂渠久廢。君先治豐湖、焦岡湖，建牐築堤，濬溝十餘所，民有蓄洩，屢歲告收。遂以其餘力葺學宫、廨舍、祠廟、津梁，百廢備舉，積年鉅盜悉就禽。有周清者，盜魁也，一日忽自投階下，願效驅使，且盡散其黨歸農。君勞以酒食，使充捕首。于是境不閉户。

壽春鎮總兵標兵多撓治，獨憚君威望。城西湖窪下，舊免租賦，爲兵民樵牧之所。相傳兵四民六，而無畛界，營馬縱踐民田，民争屢不勝，且分隸壽州、鳳臺，事權不一。至是民復共愬，君念此非可口舌争，命盡驅其馬，兵噪洶洶，不爲動。總兵多隆武憤，白於總督巡撫，乃檄廬鳳道、鳳陽府會勘丈量，以十四里歸兵，十七里歸民，掘溝界之，兵民争永息。君晨夜治事數年，縣大治。以其暇輯志乘，訪名勝，登八公山置酒賦詩。先後在縣七年，中署壽州事三年，丁父憂歸。服闋，當赴選四川，而恬退不復出山。巡撫康紹鏞固請往廣東教其子，偕回揚州，先後爲君刊書數十餘種，時道光元、二年也。

君既倦游，適當事聘主江陰暨陽書院，遂不出矣。家有藏書，弟子日衆，擇其尤者分治天文、輿地二業。康熙、乾隆《皇輿一統圖》，板存内府，海内無從購求。陽湖董君祐誠有撫本，惟分四十一圖，大小瓜離，不便披覽，且無歷代沿革。乃改爲總圖，每方百里，而以虛線存天度之經緯。先用朱印數十部，墨注古地名其上，起三代、兩漢、魏、晉、南北朝、唐、宋、元、明，略依《皇輿表》及《一統志》，每代各注一圖，號曰「歷代沿革圖」，皆以朱圖爲本而墨圖緯之。但朱圖可印，而墨圖則在人自加，故未能廣布也。

元和李君鋭有《三統四分乾象三術注》，君欲推廣之，取歷代史中《律曆志》盡通其法，因事體重大，未能究業，乃先成天地球及天文圖。地球以銅與木爲之，各一，懼學者不能明，乃爲文以釋之。星圖則依《大清會典天文圖》，以視法變赤道爲直綫，分十二宫爲十二圖，而別繪近南北極星爲圓圖，列于前後，較之赤道南北分圖尤便覽，且較原圖補入增星推準度分，以便占天者之考覽焉。

君家居不預官事，惟興水利、表忠節則陳諸當事。孟瀆河久塞，君言於巡撫陶公重濬之。芙蓉諸圩田被潦，則倡率修復之。所自著書率未就，而刊布前人遺書、遺集、金石、翰墨至數十種。見人一技一善，欣然若己有。其論學無漢、宋，惟以心得爲主，而惡夫以餖飣爲漢、空腐爲宋也，故以《通鑑》、《通考》二書爲學之門户。弟子蔣彤録其平生緒論爲《暨陽答問》，又記其言動爲《先師小德録》，可興可觀，與陸桴亭《思辨録》可相表裏。近代通儒，一人而已。

魏源曰：乾隆間經師有武進莊方耕侍郎，其學能通於經之大誼，西漢董、伏諸老先生之微森，而不落東漢以下。至嘉慶、道光間而李先生出，學無不窺，而不以一藝自名，醰然粹然，莫測其際也。並世兩通儒，皆出武進，盛矣哉！余於莊先生不及見，見李先生，故論其大旨于篇。

荆溪周君保緒傳

君諱濟，字保緒，一字介存，荆溪人。荆溪周氏，皆晉孝侯周處之裔也。君自祖父以上無達者，及君生而敏悟絶人，嘉慶十年舉於鄉，明年成進士。廷對縱言天下事，字數逾格，以三甲歸班，銓選知縣，改就淮安府學教授。歲餘，淮安府知府王穀丁祭至學宫，禮畢，將就殿門外升輿，君力拒之，穀不懌去，君即日移病去。是秋，淮安府山陽縣知縣王仲漢冒賑事發，王穀大辟，所屬吏及委員皆詿誤，惟君先幾得免。

君少與同郡李君兆洛、張君琦、涇縣包君世臣以經世學相切劘，兼習兵家言，習擊刺騎射。至是益交江、淮豪士，互較所長，盡通其術，并詳訓練營陣之制。時海賊蔡牽出没江、浙，寶山知縣田□延君往商海防，因客寶山數載。癸酉春，田君丁母憂，而河南、山東教匪叛，田君鉅野人，以母喪在家未葬，鄰曹縣賊境，身牽官累弗克歸，日夜憂泣。君慨然請代行，約四川武舉任子田同往。七晝夜馳二千里至鉅野，知田君家無恙，乃往來曹、濟間行視郡邑戰守之術。途遇曹州賊數百人突至，君與任子田下車，各持一鎗，仆其前二人，創其黨數十人，衆悉遁去。山東鹽運使劉清，剿賊有名，與君語甚契，欲留君幕下，君以事平謝歸，作《山東新樂府》數十章，以代詩史。回至吴門，則田君尚虧官帑四千餘兩，檄追甚急。君乃請以己廬十餘間及田五十畝稟官代抵，事始釋。

嘗過京口，丹徒令屠君倬，患居民訟洲田，莫得其實，久不決。君曰：「明日可具鞍馬夫役，爲君行視之。」晨起至洲，先丈量一處，計其步數，乃令役前行，凡若干步即止，馬至止所，又令一役前行。自晨至日晡，縱横環遶皆如之，凡八十餘里。環至署，令吏取所記，用開方法各乘除之，謂屠君曰：「此特以測遠法用之方田耳。」諸幕友如言覆核之，盡得其實，遂申報定案。其學有實用如是。

自山左歸，寓揚州，兩江總督、大學士孫公聞其名，過揚州，邀見舟中，縱談兵事，曰：「君，將才也，承平無所試，可姑試諸兩淮私梟乎？」君笑曰：「諾。」孫公令淮北各營伍及州縣聽君號令。時淮北梟徒千百爲群，器械精鋭。君則招諸豪士數十輩，兼募巡卒，教以擊刺。月餘，皆可用。偵擊其大隊於安東，屢敗禽之，淮北斂迹。然君遂謝事，曰：「鹺務不治其本而徒緝私，私不可勝緝也。」

淮南諸商争延重君，遂措貲數萬金，托君辦鹺淮北。君則以其貲購妖姬，養豪客劍士，過酒樓酣歌恒舞，裙屐雜沓。間填小樂府，倚聲度曲，悲歌慷慨。醉持丈八矛，揮霍如飛，滿堂風雨；醒則磨墨數斗，狂草淋漓，或放筆爲數丈山水，雲垂海立。見者毛髮豎，人皆莫測君何許人。嘗言「願得十萬金，當置義倉、義學，贍諸族姻，並置書數萬卷，招東南士友之不得志者，分治經史，各盡所長，不令旅食干謁廢學。」所志皆恢闊難就。

一日，翻然悔曰：「吾數年一念所誤乃至此！」盡散其貲，謝其黨，因自號止安，作五言詩自訟，訟其兵農雜進負初心。遂去揚州，寓金陵之春水園。時道光八年也，年四十七。盡屏豪蕩技藝，復理故業。先成《説文字系》四卷、《韻原》四卷，輯平日古今體詩二卷、詞二卷、雜文二卷。最後乃成《晉略》十册，則以寓平生經世之學，借史事發揮之。遐識渺慮，非徒考訂，筆力過人。深坐斗室，前此豪士過門，概謝不見，前後如兩人，然食貧日甚，遂復就淮安府學教授。適漕運總督周公天爵駐節淮安，亦好講武，相得懽甚。及擢兩湖總督，强同往，許爲盡刊所著書。遂以七月三日卒武昌，年五十有九。周制府使人歸其喪，葬於荆溪。

君無子，嗣其兄弟子二人，皆不能讀書。晚年，妾蘇氏有遺腹子云。

魏源曰：予晚晤君金陵、淮安，沖夷如也，無復少壯時態。然以君所禀受，苟見諸用，庶幾周孝侯、盧忠烈之風。即使中年專力學問，不耗於詭奇，所就亦不當止是。君没次年，海氛訌熾，朝廷詔求奇才之士欲如君者，海内不可復得。天之生材不易，生之而得盡其用又十不一二，亦獨何哉！

古微堂外集卷四終

古微堂外集卷五

釋道山三條四列

邵陽魏源著

問：道山之義，或謂其敍在道水之前，必先濬澗谷之水，由畎澮距川，故即山以表之；或謂其敍于九州之後，是必懷襄已奠，乃隨其山勢首尾而巡行之；或謂即道水施功之次第。但山川各有奠定，故分二篇以紀之者何？

曰：以爲道水之前乎？則禹自言決九州，距四海，而後言「濬畎澮，距川」。苟大川未治，畎澮安歸？且壺口、底柱，則大河之經流，岷、嶓、衡陽，豈畎澮之功役？其不合者一。以爲道水之後乎？則懷襄已奠，跋涉重勞。且岍、岐與鳥鼠相近，乃舍之不循，東至海、碣，而後復及于西傾；西傾與嶓冢相近，乃舍之不巡，及東極陪尾，而後復及于嶓冢；嶓冢與岷山相近，乃舍之不巡，及東至大別，而後復及于岷山，此不合者二。以爲即道水施功之次第乎？則禹之治水，自冀河而外，皆先下游而後滌源，故兖、青、徐、揚最先，荆、豫次之，梁、雍最後。以水例山，則宜先東後西，雍州之「荆、岐既旅，終南、惇物，至于鳥鼠」，是其明證。今道山皆先西後東，全逆施功之敍，其不合者三。

然則如之何？曰：禹隨刊之次第，已分見九州，皆以人功先後爲主，而山川從之。此則隨刊已畢，總記山川條列，皆以山之幹支、水之源委爲主，而禹蹟從之。使徒分見各州，則散而不屬，顛而不敍，非所以奠山川之位，垂萬世之經。故史臣於禹告成功之時，大書特書曰：凡九州之山，則南條、北條、中條，禹之所隨刊者，從首至尾有如此；凡九州之水，則四瀆、五川，禹之所疏道者，從源竟流有如此。貫數千里之山川爲一條，分九州之山川爲四列，具圖副說，告成於帝。帝不下堂，而悉九域之經緯，五服之平成焉。不然，何以青之岱，徐之蒙、羽，梁之蔡、蒙，雍之終南，皆各州功役所及，而反不見於道山？惟冀之梁山、龍門該於壺口之內。弱水之合黎，黑水之三危，河之積石、大伾，江之東陵，皆見於道水，而亦不見於道山？豈非以隨刊雖及，而非大瀆之所經，與岡隴脈絡之所重，則雖施功而不敍乎？至若壺口、太岳、底柱、碣石、西傾、熊耳、桐柏、大別、衡山與北條之荆，則一見而再見；鳥鼠、岐、華、岷、嶓與南條之荆，則一見而且三見；岍山、雷首、析城、王屋、太行、恒山、朱圉、陪尾、外方、内方、敷淺原，則他州不見，而獨見於道山，豈非以大瀆之所經，與岡隴脈絡之所重，則雖重見而必書，雖從不見者亦必特舉乎？故知道山之文，猶道水也，因山以紀瀆，明山川之本末，而非述功役之次第也。

問：岍、岐以下，渭河、濟水所經；西傾以下，伊、洛、淮、渭所經；嶓冢以下，漢水所經；岷山以下，江水所經。其爲因山以紀瀆則聞命矣。至若孔傳，以荆山之脈，逾河而爲壺口、雷首；太行、恒山之脈，連延東北接碣石而入滄海；衡山之脈，連延而爲敷淺原。則蔡傳闢之，以爲地脈之說始於蒙恬，成於郭璞。當訓爲禹之逾河，禹之入於海，禹之過九江，今仍主山川脈絡之義者何？

曰：此所謂目不見其睫者矣。《漢書・地理志》曰：《禹貢》北條荆山在懷德，南條荆山在臨沮。此《今文尚書》師說，而馬融、王肅用之，以道岍爲北條，西傾中條，嶓冢南條者也。馬、王閒用今文說。《史記・天官書》曰：「中國山川東北流，其維首在隴、蜀，尾没於勃、碣。」「自河、山以東南者中國」，「于四海内則在東南爲陽，陽則爲日，歲星、熒惑、填星占於街南，畢主之。其西北狐貉之民爲陰，陰則爲月，太白、辰星占於街北，昴主之」。此古文家說，而鄭氏注用之，以道岍爲陰列，西傾爲次陰列，道嶓家爲陽列，岷山爲次陽列。《唐書・天文志》復祖之曰：山河兩戒。其北戒自三危、積石，負終南地絡之陰，東及太華，逾河至雷首、底柱、王屋、太行，北抵恒山之右，乃東循塞垣，至濊貊、朝鮮，是謂北紀，以限戎、狄；南戒自岷山、嶓冢，負地絡之陽，東及太華，連商山、熊耳、外方、桐柏，自上洛南逾江、漢，抵武當、荆山至于衡陽，乃東循嶺徼達東甌、閩、越，是謂南紀，以限蠻夷是也。以經文質之，于北列書道岍，而次北之西傾蒙其文；于南列書道嶓冢，而次南之岷山蒙其文。則四列之義，實本于大禹。粤自庖犧畫卦，俯察地理，言九州地理之書，謂之「九丘」。地理者，地之條理脈理也。天地定位，山澤通氣，兩山之閒，必有大川，則兩川之閒，亦必有大山。推之兩小川之閒，必有小山，兩小山之閒，必有小川。小山者，大山之分；大川者，衆小川之合。使三條四列非關脈絡，則岍、岐遠在大河以西五六百里，安得與河東諸山並爲北條？

壺口、底柱，不過河中之石脊，安得與雷首、析城争高並舉？豈非渭北、荆山之麓，左自壺口石脊逾河而爲雷首、太岳；渭南華之脈，右由潼關、函谷，分底柱石脊，逾河而爲析城、王屋乎？道水之過九江至于東陵，東迆北會于匯，明謂江水過之、至之、迆之、會之，非謂人過之、至之也。何以道山言岷山之陽過九江至於敷淺原，必非南條五嶺山脈過之，而必爲人過之乎？北條之山，盡于碣石，逾海爲島嶼諸國，故經言入於海，正所謂中國山川，維首在隴、蜀，尾没于碣、渤。而説者乃以爲禹之入海，則導河至海口，忽航溟渤而東行，將何往乎？《道水》篇「入于流沙」，「入于南海」，亦皆禹入之乎？

釋道山北條陽列

問：道岍及岐至于荆山，《地理志》：吴嶽在扶風汧縣西，古文以爲汧山。縣今鳳翔府隴州地。《爾雅》：「河南華、河西嶽、河東岱、河北恒、江南衡。」是殷周以岍爲西嶽，華爲中嶽。而《史記·封禪書》自華以西名山七，則析嶽山與吴嶽爲二。《元和志》因之。《隴州志》以州西四十里之吴山爲岍山，州南八十里之嶽山爲吴嶽。其實峯巒延亘，東鄰岐岫，西接隴岡，在《禹貢》時，止名岍山；周都岐、豐，尊爲西嶽，則總名嶽山。至漢武時，始析嶽山與吴嶽爲二。自唐以後，崇祀皆五峯爲首，仍合爲一。此則祀典代異，猶太華、少華，太室、少室之本一山也。岍嶽在華山之西，故説者皆謂周以岍爲西嶽，華山爲中嶽。獨近日金氏鶚謂四嶽之名，自古不改，惟中嶽隨帝都爲遷移。唐、虞以霍太山爲中嶽，周初以岍爲中嶽，而華山仍爲西嶽。考《周禮·職方氏》：「河南曰豫州，其山鎮曰華山」「正西曰雍州，其山鎮曰嶽山」。此華爲中嶽，岍爲西嶽之明證。若如金氏説，豈有華爲西嶽，反屬豫州；岍爲中嶽，反屬雍州者哉？豈有豫不爲中州，而雍反不爲西州者哉？且周都豐、鎬，東距華山不過二百里，而西距岍山四百里。中嶽既爲帝都之鎮，乃舍近取遠，反在西嶽之西乎？若謂西方諸侯朝覲西嶽之下，不應使越京師，而遠赴岍、隴。不知畿内虞、虢之屬，原可就近朝京師。若巡守而會西諸侯，則隴西、漢南之國畢至，去岍近而去華遠。且金氏力主衡山爲南嶽，則偏在五嶺，何不虞南國朝覲之僻遠，而反虞西幾之岍嶽乎？或又謂《禹貢》北條荆山，《漢志》係諸馮翊懷德縣下，而富平亦有懷德故城，亦有荆山者何？

曰：此三國時所移立，非漢之懷德。且朝邑有洛水，歷疆梁原入渭，在荆山下。《同州志》謂之華原，俗謂之朝坂。自荆山麓直抵河壖，東連壺口，故荆山之脈，從此逾河。若富平并無洛水，且東距河二百餘里，安得即爲逾河之壺口乎？

或又以富平縣無高山，欲以三原之嶻嶭山當之。見《漢志》池陽下，俗名嵯峨山。則更在富平之西，距河愈遥，北條山脈至此，安得即逾于河？且岐山東麓，爲九嵏、甘泉、嶻嶭，以盡於荆山，故《禹貢》西舉岐、東舉荆以包之。豈得因洛水亦有漆、沮之名，遂以後世漆、沮入渭之處爲洛水入渭之處，並荆山而移之乎？

問：壺口、雷首至于太嶽，底柱、析城至于王屋，皆北條逾河之山也。而龍門在壺口西岸，言壺口不言龍門者何？《漢志》雷首在蒲坂。則其東脈爲中條山，盡于垣曲，王屋在焉。不言至王屋，而言東北至太嶽者何？析城在濩澤，今澤州府陽城縣。王屋在垣縣。今平陽府絳州垣曲縣。則析城反在王屋之東北，而言析城至於王屋者何？

曰：《漢志》：壺口在北屈，龍門在夏陽。本一山連亘，禹鑿之以納河，故兩山夾峙東西，而經以壺口屬冀，龍門屬雍，此欲言山脈之逾河，自當舉東岸之壺口以表之也。雷首一山九名，亦名首陽山，《大戴禮》：「伯夷、叔齊二子生於河、濟之閒。」此首陽即雷首在冀州之證也。亦名陑山，《書序》：「湯伐桀，升自陑。」注「在河曲之南」是也。或亦謂即中條山。見《元和志》。又名襄山，又名薄山，並見《穆天子傳》、《封禪書》。又名堯山見《水經注》。今有王官谷者是也。雖邐迤數百里，隨地異稱，三方志各書所聞，而其正麓，則自臨晉、絳州泝汾水北走平陽諸縣，以達于霍州之太嶽。蓋大禹主名山川，知霍太山、雷首之脈，自壺口逾河，爲北條之左支；王屋、析城之脈，自底柱逾河，爲北條之右支，各有其紀而不可亂。又唐、虞以霍山爲中嶽，而沇水出自王屋，皆冀州之望，故兩書「至于」以表之。蓋王屋東接太行，而霍嶽北走恒山也。王屋，濟水所出，自當在今濟源、陽城二縣界内。其水南入濟，北入沁。若垣曲則并非濟水所源，何得王屋在其境内？疑《漢志》本以析城在垣縣，王屋在濩澤，而後人傳寫誤互之歟？且如城如屋，皆山形方正得名，故或誤以析城爲王屋歟？析城亦名中條山，正與雷首中條相近之故。苟謂析城在山東陽城，不特於山幹東西不合，即謂禹之道山，亦豈有由底柱渡河，先東行至澤州陽城，始復折回西至垣曲者耶？

釋道山北條陽列二

問：太行、恒山，至于碣石，入于海。説者多謂太行爲天下之脊，自河内走幽州，凡有八陘，皆謂之太行，而恒山則僅上曲陽之一峯，是北條陽列，幾可以太行盡之者何？

曰：是從來之謬。試以《禹貢》質之，則太行自太行，恒山自恒山，不能并恒山爲太行。猶之道岍及岐，至于荆山，不能并岐、荆謂之岍；西傾、朱圉、鳥鼠至于太華，不能并朱圉以下謂之西傾；熊耳、外方、桐柏至于陪尾，不能并外方以下謂之熊耳。恒山以恒水所出得名，即今之渾河，發自渾源州，與滹沱、衛河夾恒嶽而東行，故《禹貢》并稱恒、衛。凡大山皆有大川界之：黄河以北，沁、濟以南，王屋之幹也；濟、沁以北，滹沱以南，太行之幹也；滹沱以北，桑乾以南，恒山之幹也；桑乾東北，灤河西南，燕山之幹也；灤河以東，遼河以西，醫無閭、碣石之幹也。歷代諸史，據太行言之，謂之山東、山西；據恒山、上曲陽言之，謂之山左、山右；據燕山言之，謂之山前、山後。雖分三幹，並祖于大同府外之陰山，而分脈於寧武府之管涔山。故朱子言冀都山脈發自雲中，不言發自太行，此精于北條脈絡者。《漢・地理志》惟于河内之野王、山陽二縣，言太行在其西北，即今懷慶府之河内、修武二縣，而他處不言太行。又于上曲陽縣，但言恒山北谷在其西北，而不直言恒山在其西。兩山間曰谷。蓋恒水出自恒山，行數百里山谷中，至上曲陽始出山行平地，故北谷在焉。此精于言太行、言恒山者。今人尚執太行直抵碣石之説與北嶽在上曲陽之説，請列數證以闢之：

《列子·湯問篇》「太行、王屋二山，方七百里，高萬仞，在冀州之南，河陽之北」。是自古太行、王屋兩山合記，亦僅方七百里，安得有太行東走千餘里，直至海濱之説乎？證以郭緣生《述征記》，謂：「太行自河内逾中山，盡于幽州，凡有八陘。」考山中絶曰陘，太行綿亘上黨、河内二郡，又東北跨遼州，迄今獲鹿、井陘之地，旁薄雖廣，實止五陘：一軹關陘，在濟源縣。二太行陘，在河内縣。三白陘，在輝縣，《左傳》亦謂之孟門。四滏口陘，在彰德府磁州，爲自鄴至晉陽要道。五井陘。在真定府獲鹿縣。皆在滹沱以南。故《淮南子》稱太行爲五行之山，正以五陘得名。若第六飛狐陘，已逾滹沱上游，在恒山之北，不得復爲太行。今宣化府蔚州飛狐口。第七蒲陰陘，在今易州。第八軍都陘，今昌平州居庸口。則更踰桑乾爲燕山，在恒山之東，謂之恒山且不可，況太行乎？其辯一也。

《史記》：「趙簡子告諸子曰：吾藏寶符於常山之上。使諸子求之。無卹還曰：已得之。從常山上臨代，代可取也。」《地記》曰：恒山北臨代，南俯趙。晉隆安五年，魏主珪自鄴還中山，將北歸，發卒萬人治直道，鑿恒嶺，至代五百餘里，即倒馬關路。若上曲陽之山，能俯臨代乎？《燕世家》：「燕聽張儀之計，獻常山之尾五城於秦。」正謂代北之地。若真定常山郡地，則燕都近障，豈能獻之？而秦亦豈能有之乎？其辯二也。

恒山之幹，亦分三支：其南支自神武泉東出，盡於真定，而滹沱與滋河界之；其中支，自五臺東出倒馬關，盡於上曲陽之大茂山，而沙河與滱河界之；北支由蔚州東出，盡于大房山，而易水與桑乾河界之。三支以中支爲正，故渾源之元嶽爲祖，五臺爲禰，上曲陽之大茂山爲子孫，實則一幹自相首尾。自長城築後，遂畫渾源之山與五臺爲二。考《名山記》，恒山有五名：一曰蘭臺府，即南臺也；二曰列女宫，即北臺也；三曰華陽臺，即西臺也；四曰紫微宫，即東臺也；五曰太乙宫，即中臺也。《水經注》：崞縣南面元嶽，漢雁門郡崞縣爲今渾源州地。五臺正當其南，是五臺爲元嶽之中峯，故靈異埒於岱、華，即不祀諸渾源，亦當祀諸五臺。若大茂山謂元嶽中支之麓則可，謂即是元嶽，則以孫爲祖，以足爲首，其辯三也。

《周禮·職方氏》：「正北曰并州，其山鎮曰恒山」，「其川滹沱、嘔夷」。是并州無太行，嘔夷即恒，滹沱即衛。恒水上源出渾源州，衛水上源出五臺。恒、衛二水，夾恒嶽東行，至真定始出平地。是禹滌恒、衛之源，必在恒山上游。若上曲陽之山，所出何水？大禹施功何所？其辯四也。

《王制》：中國疆域，「南不盡衡山」，「北不盡恒山」。是南以衡山包五嶺，北以恒山包燕、雲。故策士以常山之蛇喻中國形勢，亦謂首尾蜿蜒之遠。是《王制》述中國，北面以恒山界華夷，不以太行界華夷。況區區上曲陽一山，能爲中國北界乎？自恒山至于南河，千里而近，其時禹河未徙，上曲陽至南河大伾山，五百里耳。若非渾源州之恒嶽，安得距河千里乎？其辯五也。

漢、唐望祀北嶽於上曲陽，不過因古昔巡守之舊。帝王巡守方嶽，不必升造其嶺，猶祭岱山於博，祭華山於華陰，止取廣平，便於朝會，非即以華陰爲華嶽，奉高爲岱宗。若後世不舉巡守，不覲方嶽，歲時遣官秩祀，則衡處南徼，尚不謂遼，況渾源密邇燕都，反以爲遼乎？會稽山在秦望，廟在覆甗，豈可即以覆甗爲會稽乎？秦、漢置常山郡於真定，正猶九江郡治壽春，會稽郡治吴，蒼梧郡治粤，其地望皆距郡治千百里，豈得謂九江在壽春，會稽在吴，蒼梧山在粤乎？豈得以常山郡治所在，爲山之所在乎？金、明議者尚據《詩・崧高》疏，謂必據所都以定方位。則軒居上谷，處恒山之西；舜居蒲坂，在華陰之北。五嶽之名，應無代不改。試問唐、虞四嶽，見《尚書大傳》，軒皇五嶽，證據何書？唐以霍太山爲中嶽，周以岍山爲西嶽、華山爲中嶽，殷及兩漢以嵩高爲中嶽，何謂五嶽不隨帝都而改？況渾源之與上曲陽，同祀恒山，不過一在其支麓，一就其主山，並未舍恒別祀，何謂遷改？

本朝順治七年，移祀北嶽於渾源州，一正前世之譌謬。而閻氏若璩輩，猶襲孔穎達之譌。請斷之曰：後世帝王舉巡守朝會之典，則望祀北嶽，宜于上曲陽。如僅遣官特祀，則北嶽必在渾源州，次則或于五臺山。

釋道山北條陽列附 本雍州文，附論道山下。

問：終南、惇物至于鳥鼠，或謂起隴山及南山，皆謂終南，或謂止太乙一山，而惇物則莫知所在者何？

曰：《地理志》：「右扶風武功太壹山，古文以爲終南。武功，今郿縣。太壹山亦作太乙山，今曰太白山。垂山，古文以爲惇物。」錢氏坫曰：垂山當作岳山，即今武功山，俗稱敖山。敖、岳聲之轉，舊本誤作岳，今據《封禪書》、《郊祀志》正之。《水經》：「隴山、終南山、惇物山，在扶風武功縣西南。」此並以太白山即終南，其武功山爲惇物，故古有「武功、太白，去天三百」之諺。此古之《尚書》説也。❶《隸釋》載漢《無極山碑》云：「有終南之惇物，岱宗之松楊，越之篠蕩。」洪氏适謂以惇物爲終南所産，與松、篠同科，此歐陽、夏侯書説，程氏大昌本之，謂終南産物殷阜，故稱惇物，非别有一山。考此文與「原隰、底績，至於豬野」耦文對舉，「惇物」正與「底績」對文，此今文《尚書》説也。其釋「惇物」雖殊，而釋終南爲大壹山，則古今文無異説，僞《孔傳》及《括地志》皆本之。《武功志》復云：「太白山一名太乙山。」此並以太乙山爲太白山，兩名實一。自家法不明，信道不篤，于是有析終南與太乙山爲二者。張衡《西京賦》、潘岳《西征賦》皆以太乙、終南並列；《唐六典》又以終南、太白並列。有以長安南面之山，自盩厔以東，皆終南者。自盩厔至藍田之山，《禹貢》但謂之華陽，漢人但謂之南山，無謂之終南者。《地理志》：「鄠、杜竹林，南山檀柘，號稱陸海。」《東方朔傳》「諫起馳道，抵南山」云云，皆指華陽而言。而胡氏渭乃力主南山爲終南，誤矣。華陽之南則皆秦嶺，今并以秦嶺爲南山者，更誤。有並西起隴山，東及秦嶺，凡商顔、太華皆謂之終南者。見柳宗元《終南山祠堂記》。因有謂華山爲惇物者。《水經注》、《索隱》、《寰宇記》，因垂字誤作華。有謂惇物宜近南山，而以太乙山及武功山爲皆惇

❶「之」，疑當作「文」。

物者。胡氏渭。請以經正之：

禹於雍州治水，自北而南，刊山則自東而西，故從荆而岐，而終南、惇物，而鳥鼠。則終南必在岐山以西、鳥鼠以東明矣。若秦嶺、南山，則反在岐山之東，曷爲列次其後？西跨汧、隴，則包鳥鼠在内，曷言至于鳥鼠？證一也。

《秦風·終南》美襄公始有岐周。《史記》曰：「襄公伐戎，至岐而卒。子文公以兵破戎，闢地至岐，岐以東獻之周。」蓋岐在渭北，終南爲太白山，正在渭南，地相準直，故秦人美其始有終南。若岐以東之南山，則襄公兵未至其地，其子文公，又以獻諸周，安得爲秦有哉？以《詩》之終南，證《禹貢》之終南，非太白而何？證二也。詳《詩古微》。古人封山表鎮，取尊特，不取袤延。故冀不嶽太行而嶽霍、太，雍不嶽南山而嶽岍、吳，南紀不嶽五嶺而嶽衡、霍。今雍州之山，莫雄於太華，莫峻於太白，不應不列於經。賦家或以太白、太乙與終南並列者，蓋以終南爲總名，而太白則終南之主峯，一而二，二而一。然終南亦至岐而止，後人侈之，遂有始隴終秦之説。不知終南《毛傳》、《左傳》皆作中南，司馬侯曰：中南，九州之險也。潘岳《關中記》曰：終南一名中南，言居天之中，在都之南。《淮南子·俶真訓》作「中隆」。高誘注謂：即終南。蓋太白居群山之中，隆然獨高，故名中隆。其中、終、隆南，皆同聲假借，不以始隴終秦爲義，證三也。

盩厔、藍田之南山，《禹貢》但謂之華陽，蓋皆華山之來脈，故曰：「華陽、黑水爲梁州。」若以此爲終南，曷不曰終南、黑水爲梁州乎？華陽以炭谷、龍湫之山爲主峯，俗呼爲南五臺，神秀冠峙，南山皆其屏障，正在華山之陽。乃或因《雍大記》稱五臺太乙谷，有太乙元君湫池，漢武帝元封二年，祠太乙於此，建太乙宮。又山有太乙峯、太乙池，遂以南五臺爲太乙山。則不知古言太乙者，猶言第一山，今南五臺雖秀，安能與太白争高？且置華陽於何地？證四也。

至「惇物」之訓，則必從洪适《漢隸釋》所引《無極山碑》「有終南之惇物」云云。蓋導山異于導水，若空述脈絡，不預隨刊，則與導水篇何異？九州無是列也。故荆、岐必言既旅，蒙、羽必言其乂，蔡、蒙必言旅平，原隰必言底績，終南必言惇物。此今文家無上精義。鴻荒之世，終南奥阻，人蹟不至，雖材産殷阜，無由顯于人世。自隨刊滌源以後，樏橇四通，於是終南材木金箭，取給不窮，西至鳥鼠之山，皆秦、隴所仰供資用，故以惇物與旅、績並書。乃從來但據《漢志》，「太壹山，古文以爲終南；嶽山，古文以爲惇物」，從未有表章今文家説者，何哉？蓋上文「灃水攸同」，止治渭南患甚之一水，時荆、岐、終南、鳥鼠，則并滌渭南、渭北山谷之源，而後循治原隰，以終道渭之績。故知禹之治水，皆先下游而後滌源也。古文家不察經誼，强以「惇物」爲山名，而自來楊、馬、左思詞賦，侈鋪名勝，以及秦人土語，從無一言及于惇物之山者。鑿空之詞，終難徵實，證五也。

釋道山北條陰列

問：北條陽列之山，起岍、岐，盡碣石，而不及隴西諸山，首短而末長。其次，陰列之山，起西傾，止陪尾，而不及岱東諸山。

首遠而末近者何？ 鳥鼠、朱圉、太華，皆渭水所經，若西傾非渭源，在鳥鼠西六七百里。《地理志》：《禹貢》朱圉山在天水郡冀縣，爲今伏羌縣地，則又在鳥鼠之東南二三百里。 道山乃先西傾、朱圉於鳥鼠者何？

曰：龍門未闢以前，河由孟門左右分決雍、冀，泛濫岐陽之地，挾渭水而東，則岍、岐固洪山所支溢也。 故北條始岍、岐，終碣石，皆以道河爲主。 而岍、岐以西之皋蘭、祁連諸山，陪尾以東青、萊諸山，皆非隨刊所及焉。 至西傾雖非河、渭所經，而洮水出其東北，其入河之處，距渭源甚近。今臨洮縣是。 桓水出其東南入潛，詳梁州下。 則西傾因桓，自與道渭爲一役。 且其山在嶓冢之北，非南條陽列之山，安得不與鳥鼠並舉乎？ 朱圉爲渭水所經，而《伏羌縣志》稱縣西南諸山，皆朱圉之別峯，隨地異名。 則是山或曰白巖，或曰石鼓，《禹貢》總謂之朱圉。 西接洮水，與鳥鼠南北相直，其山脈橫行，自南而北。 則朱圉固可爲鳥鼠之來脈，故道山先朱圉於鳥鼠。 《漢志》謂在冀南梧中聚者，就其盡處而言，或祀典所在。 猶上曲陽之不可以盡恒山，西縣之不可以盡嶓冢。 而閻百詩泥之，謂一聚可容，阯必非廣。 則經曷爲繫諸鳥鼠之上、西傾之下？ 即謂禹道水循行次第，亦豈有循洮水至渭源，乃不道鳥鼠，而先東至朱圉，始折西至鳥鼠，復折東至太華者耶？ 胡氏渭至謂經文必作鳥鼠、朱圉，而傳寫倒互，是不以經求地，而反改經以殉地耶？ 雍州刊旅，先荆、岐下游而後上至于鳥鼠；道山則先鳥鼠上游，而後至于太華，益知《道山》篇文，皆以水之原委爲山之條列矣。

釋道山北條陰列二

問：熊耳、外方、桐柏至于陪尾。《漢志》嵩高山，古文以爲外方山。金氏履祥謂《大雅》「崧高維嶽」，安得與江夏之山相爲内外？因別取陸渾縣之方山爲外方。或又謂中嶽密高之名，始於漢武者何？《志》言江夏安陸縣，「横尾山在東北，古文以爲陪尾」。安陸，今湖北德安府屬縣。而孔《傳》謂皆在豫州界。淮在桐柏經陪尾者何？導山于嶽，有華、恒、衡、嵩，而不及岱東者何？

曰：嵩高，古不名嶽，止名外方，唐、虞巡守所不及。殷都豫州，始以嵩高爲中嶽。故《爾雅》五嶽，前條爲周制，後條爲殷制。至周室東遷洛邑，始尊之曰太室，取明堂五室、太室居中之誼，則復用殷代中嶽之制。故《左傳》「司馬侯曰：四嶽三塗，陽城太室」。是太室在四嶽之外，不在五嶽之外。至漢武遂案古圖書，復禮密高爲中嶽，非創也。《大雅》毛傳：「山大而高曰崧。」通指四嶽，因申、甫、齊、許世掌四嶽之故。此西周時語。自應劭《風俗通》劉熙《釋名》始混崧、嵩爲一，而釋《大雅》爲嵩山。金氏履祥遂以殷及東周之五嶽上例《禹貢》，而疑其不當名外方，疏矣。

至《漢志》安陸之横尾，並非淮水所經，姚氏鼐謂當與安豐之大别互易，乃傳寫者誤移其文，謂大别、漢水當在安陸，陪尾、淮水當在安豐。此説亦未盡善，詳大别條山。考經凡言「至于」者，皆相距甚遠。「至于鳥鼠」、「至于太嶽」、「至于太華」、「至于碣石」，皆千里數百里。以導淮之桐柏，東會於泗、沂推之，則陪尾當從《水經》在卞縣、泗水所出之說。《隋志》：泗水縣有陪尾山，今山東兖州府。《周禮・保章氏》疏曰：「外方、熊耳以至泗水、陪尾，屬搖星。」蓋本《春秋緯》文。則漢人本以陪尾爲泗源，豈有班氏作《地志》近據圖籍，上本《禹貢》、《周官》，反不知陪尾所在，而屬之江夏、安豐者哉？蓋淺人校《漢書》者，妄取僞《孔傳》入之《地志》，蓋以爲孔安國真古文，與安豐、大別之增竄，正同一例。知陪尾爲泗源，則陪尾正岱宗之來脈，「至于陪尾」，即至于岱宗也。

近日曲阜桂氏馥曰：「岱山爲中條之盡，其脈自泗州、徐、沛閒，漸起岡阜，由吕梁穿過，而起沂、嶧諸山；再峽爲嶧縣之陰平嶺，而起東蒙山；三峽爲泗水縣之陪尾，而起徂徠、新甫諸山；四峽爲萊蕪之原嶺，再轉即東嶽插天矣。正幹逆轉西南，經東阿、肥城，以盡於東平州，而曲阜正當其環抱之處，汶、泗拱合，鍾生至聖。濟水東行，岱脈西轉，與濟相逆，而鉅野大澤則其匯水之區。」以上桂說。案，嵩山之脈，盡於成皋；桐柏之脈，盡於汝寧。此後河南淮北，一望曠衍，幾無蹤蹟。漸起於徐、泗，而突起於山東。後世黄河横決，而南運河復横截而北，使人忘其所自，至有岱脈自遼東渡海而來之說。豈知《禹貢》「熊耳、外方、桐柏至于陪尾」，已包盡中條之脈絡乎？陪尾志泗源之山，而不及汶源之山者，汶不入淮而泗入淮，仍以桐柏之淮爲主也。

釋道山南條陽列

問：道嶓冢以至大別，此南條之陽列，漢水所經也。《地理志》隴西西縣，「《禹貢》嶓冢山，西漢水所出」。或謂當在沔陽者何？南郡臨沮縣，「《禹貢》南條荆山在東北，漳水所出」。臨沮，今襄陽府。南漳縣西八十里有荆山。江夏竟陵縣，「章山在東北，古文以爲内方山」。漢竟陵故城在今安陸府鍾祥縣南，與荆門州接界。考荆山起南漳，汔荆門，與内方相接。何不援西傾、朱圉、鳥鼠至于太華之例，而必以至于荆山與至于大别並舉者何？漢水至大别入江，而《地理志》云：六安國安豐，「《禹貢》大别山在西南」，非江、漢所會。或以爲漢陽翼際山，則在漢西而非漢東，又與《左傳》不合者何？

曰：隴西、嶓冢，兼跨氐道西東二境。西漢水出其西，東漢水出其東，二水潛通互受，故《漢志》互舉以明之。《禹貢》導水，有東漢無西漢者，東漢入江，流長路遠，自以遠者爲正流。凡沔、漾皆東漢之名，而西漢止「浮于潛」一語耳。胡氏渭據後魏所置沔陽之嶓冢縣以駁《漢志》，東西相距五六百里，使漢源反短于潛水，南條不起于隴西。别詳于道漾章下。至道山經文，凡言「至于」者，皆以志水之原委。「至于太華」，志渭之入河也；「至于王屋」，志沇之發源也；「至于太嶽」，志汾之上游也；「至于碣石」，志河之入海也；「至于陪尾」，志泗源也；「至于衡山」，志湘源也；「至于敷淺原」，志彭蠡之治也。

江、漢、沮、漳，爲楚之望，而沮、漳皆出於荆山以入江，而景山即荆山之尾，故《水經》沮出沮陽縣西北景山。而《淮南子》以爲沮出荆山，則景山即荆山也。荆山爲荆、豫二州之界，兼沮、漳二水之源。首尾數百里，安得不特書「至于」，以見爲南條之中脊乎？

至以章山爲内方，則種種不合。《漢

志》謂古文説，則今文不然也。章山不過荆山之盡麓，其山所出，並無箸名之水，舉荆足以包章。且大别實在漢東，與章山隔水，其脈安能至于大别？且漢北漢東，名山無數，何獨此詳而彼絶不及？考楚國方城爲城，漢水爲池，則内方自當爲方城。楚之方城有三：一在上庸漢中之地，居荆山上游，非此所舉；一在漢北，即屈完拒齊師之地，在今南陽、裕州、葉縣，連山相接，六百餘里，號曰長城，而漢水流其南；一在漢南，即吴、楚夾漢時，楚左司馬戌欲出方城外毁其舟，又塞城口斷其歸路，在今信陽州及應山之地，居大别上游。而《禹貢》内方，則專指漢北葉縣之方城，蓋導荆山者，導漢南沮、漳之水入漢也。導内方者，導漢北丹河、唐河諸水入漢也。至于大别，則導漢東溳、溠諸水入漢也。

至大别山則《書正義》謂《地理志》無大别。惟鄭注云：「大别在廬江安豐縣。」杜預糾其與漢水不相近，疑後人取鄭注以增入《漢志》。且《志》果有此條，杜預豈有不知而託爲「或説者」？《正義》豈有不見《地里志》而直言其無者？酈注於《漢志》無條不引，豈有獨闕此文而但引杜預者？故知此注必在鄭氏以後，而其混爲《班志》原注，又必在唐本以後，孔穎達時尚未紊淆也。《水經注》亦不信安豐、大别之説，而所言江水東逕魯山南，《地説》所謂漢與江合於衡北翼際山旁者，亦不言是大别。《元和志》始言魯山一名大别山，在漢陽縣東北百步，前枕蜀江，北帶漢水。則今魯山實在漢岸之西，與《左傳》吴、楚夾漢，楚「濟漢而陳，自小别至於大别」之説不合。蓋楚濟漢東，則大别當在漢之東岸。別詳《導漢章》下。姚氏鼐謂今《漢志》安豐、大别，當與安陸、陪尾互易，則近淮近漢，各得其所云云，亦善于解環。

考《左傳》定四年，吴伐楚，舍舟於淮汭，自豫章與楚夾漢。左司馬戌謂子常曰：「子沿漢而與之上下，我悉方城外以毁其舟，還塞大隧、直轅、冥阨，子濟漢而伐之，我自後擊之，必大敗之。」子常不從，「乃濟漢而陳，自小别至于大别」，「三戰不利，敗于柏舉。「吴從楚師，及清發，將擊之」，夫概王曰：「不如俟其半濟。」從之又敗之。又敗諸雍澨，「五戰及郢」，「司馬戌及息而還，敗吴師于雍澨」。考春秋吴、楚争戰，皆在今潛、霍、六安之地，由淮而不由江。蓋古潯陽、九江及大雷、彭蠡之閒，江面横廣，各百餘里，浩瀚沮洳，洲渚縱横，爲舟師所憚行，故皆溯淮而上，寧由陸越山，而不敢戰於江也。或謂柏舉在麻城，清發在德安府安陸縣西之溳口，❶見《水經》及《元和志》，鄖水即清發水。雍澨在京山縣東南，皆與《左傳》地形不合。蓋柏舉即在大别、小别之地，不應東隔三百餘里，清發當濟嚮郢之津，不應遠在孝感。雍澨則已涉漢而西，不應反在漢東。以《禹貢》道漢章證《左傳》，則三澨在大别上游，當爲今宜城以下入漢之夷水口、《水經注》：夷水入漢，俗名蠻河口。激水口、古都國故城，俗曰樂鄉河。權水口。逕荆門州東南入漢，俗曰荆門河。此三口皆在均州滄浪水之下。❷此據《水經注》引《地説》，所謂滄浪之水出章山者。天門大别山之西北，而權口爲自陸安府赴郢必由之道，則權口當即雍澨，與《左傳》合。而

❶「溳」，原作「涓」，今據《書古微·釋道山南條陽列》改。

❷「浪」，原作「滄」，今據下文小字注改。

《水經》及《索隱》並言三澨在邔縣之北，邔縣故城，在今襄陽府宜城縣東北，正當此三水口；而鄭康成謂三澨在江夏、竟陵之界，漢竟陵爲今天門縣，亦正在此三口東岸，於古書無不合。楚師戰敗于天門縣，大别、栢舉皆在此。由權口濟漢，當即雍澨。轉戰荆門州，五敗而及江陵之郢。及左司馬自息還，則漢東已無吴師。故濟漢救郢，而吴師自郢東禦之于雍澨。以《左傳》證《禹貢》，則大别之在漢東不在漢西，無可疑者。内方當爲漢北之方城山，不當爲漢南之景山，亦無可疑者。

釋道山南條陰列

問：岷山之陽，爲南條之次陽列，故蒙「道嶓」之文，而岷不復言道。然岷山至衡數千里，中隔繩、若、沅、澧諸水，且衡山非江所經，而言「至於衡山」者何？衡在湘水之南，其麓盡于洞庭之西，而《孔傳》謂衡山之脈，連延而爲敷淺原者何？大别以下，南條之循江北下者未盡，敷淺原以東，南條之循江南走者未盡，而道山中止者何？敷淺原，或謂在九江，或謂在鄱陽，其説不一者何？

曰：道山之文，有于一條中復分二支者，荆山逾河，一爲壺口、雷首以至太嶽；一爲底柱、析城以至王屋，而皆爲荆山之所分是也。南條則岷山之陽爲五嶺，一由桂嶺而爲衡山，以盡於洞庭之口；一循庾嶺而爲廬阜，以盡於彭蠡之口，皆爲岷山之所分是也。

岷山，《史記》作汶山，盤亘松潘、茂州、灌縣，及陝西岷州衛，將千里，與太行無異。

故陸游言自蜀郡以西，大山廣谷，谽谺起伏，西南走蠻箐中，皆岷山也。大江出其東，大渡河源出其西，是岷山所包甚高廣。山南曰陽，山北曰陰。五嶺皆在岷山之東南，則皆以岷山之陽統之矣。《王制》曰：「西不盡流沙，南不盡衡山，北不盡恒山。」是以五嶺爲衡山矣。自江至於衡山，千里而遥，若祝融一峯，距江不過五六百里，安得千里而遥？惟五嶺始能爲中國華蠻之界，非衡嶽一峯所能界南紀也。

衡者，横行之名，《禹貢》衡山，蓋上連桂嶺、郴嶺、九疑諸山，總謂之衡山，故可南抵巴陵之大江，東走廬阜之敷淺原。道山之條列，即道水之條列。「岷山道江」，「東至于澧，過九江至于東陵」，即此之「至于衡山，過九江」也；「東迆北會于匯」，即此之「至于敷淺原」也。古時三苗之國，左彭蠡，右洞庭。五嶺之山，禹未深入，惟紀岷江所經，則上游所受南條諸水，莫大於三湘，故舉衡山以表之；下游所受南條諸水，莫大於豫章，故舉敷淺原以表之。《水經注》引《地説》曰：漢與江合于衡北翼際山。則自巴陵至武昌，❶凡沿江南岸諸山，皆衡山之麓，則《孔傳》謂衡山爲江所經，亦未可非也。

蔡傳既斥孔氏、蘇氏地脈之説，而又謂岷山之脈，一支爲衡，一支爲敷淺原。吾不知山脈與地脈有以異乎，無以異乎？謂道山書「至」書「過」皆禹至之、過之；吾不知道江書「别」、書「會」、書「過」、書「至」，亦人别之、會之、至之、過之而非言水乎？大山之盡，必有水以界之；大水之會，必有山以紀之。因流坎之自然，行所無事，何得道山

❶「陵」，原脱，今據《書古微·釋道山南條陰列》補。

之文獨異道水之文乎？豈但闕地脈而主山脈，自相矛盾乎？至《地理志》豫章歷陵縣南有傅陽山，傅陽川在南，古文以爲敷淺原。《通典》以江州潯陽縣之蒲塘驛，即漢歷陵故地，敷淺原當在彼。考其地，正當潯陽大江之盡，又適當匡廬山麓之盡，猶敍中幹云「熊耳、外方、桐柏，至于陪尾」，爲岱宗支脈，舉陪尾即可證岱山也。又猶荆山下有彊梁原，亦名華原也。《水經注》引孫放《廬山賦》：臨彭蠡之澤，接平敞之原。正謂廬山南臨彭蠡，北接敷淺原也。胡氏渭引此以證山南之原，非是。其地有望夫山，南有湓口水入江，與《漢志》傅陽山、傅陽川亦無不合。乃後人因漢歷陽兼有後世潯陽、德安、星子三縣地，於是馬端臨謂德安有敷淺水。則不但遠隔潯陽江，且在未起廬山以前，不應道山過九江，反遺廬阜。胡氏渭又以星子縣之落星石當之，則在廬山之南麓，而非其北麓，但瀕湖而不瀕江，與潯陽大江無涉，與《漢志》傅陽山、傅陽川亦不合，故知《通典》之言確不可易。至晁以道謂在饒州之鄱陽縣，則并非漢歷陽縣地。且中隔大湖，于潯陽于廬山皆無涉，更不足辯。自此以下，爲揚州、吴、越三江震澤之域，地勢卑溼，決川之功，多於隨刊，猶之大別以下爲徐，陪尾以下爲青、兖，皆道山所不及歟？固知疏濬多在下游之東，隨刊多在上游之西矣。

釋道山南條陰列附

問：南嶽，《史記》以爲衡山，《尚書大傳》以爲霍山，此古今文異説，《爾雅·釋山》，一曰江南衡而無霍；一曰霍山爲南嶽而無衡。或謂殷、周異制者何？

曰：《尚書大傳》唐、虞以霍山爲南嶽。

伏生在漢武之前，知非漢武始移衡於霍。蓋古時衡山有二：有江南之衡，有江北、淮南之衡。江南之衡，五嶺是也；江北、淮南之衡，即霍山也。漢高帝、文帝並於六安置衡山國，中屬淮南，武帝時別爲六安國。此漢初衡山在淮南六安地之明證。

《秦本紀》：「始皇帝東行，上太山，並渤海以東，窮成山，登之罘，南登琅琊，遣徐市入海求仙人，還過彭城西南，渡淮，之衡山。由南郡浮江至湘山祠，逢大風不得渡，怒伐湘山樹，赭其山，乃自南郡由武關歸。」是始皇並未渡洞庭，安有至衡陽之事？其所敘衡山，在渡淮水之下，南郡浮江之上，則知是淮南之衡，非湘南之衡明矣。再以《封禪書》證之：武帝「巡南郡，至江陵而東，登灊之天柱山，號曰南嶽。浮江自潯陽出樅陽，過彭蠡北至琅琊」。皆始皇所巡之舊道，以兩文參校，則《秦紀》之衡山，即《封禪書》之灊、霍，非漢武始移其祀益明矣。《水經·山水澤地紀》，亦以霍山爲南嶽。是《古文尚書》説與今文同。《史記·五帝本紀》：「五月，南巡守」，「至于南嶽。南嶽者，衡山也。亦即指灊之衡山明矣。

古帝王南巡守，不過江北、淮南，于朝會差近。若蒼梧、九疑之地，秦皇、漢武所未至。故《山海經》衡山在《中山之經》，而不列爲嶽。而謂唐、虞五載巡守，必朝會，必於三苗之地乎？禹會諸侯于塗山，執玉帛者萬國。杜預謂在壽春東北，爲今鳳陽府，亦江北、淮南之地，距灊、霍不遠。而今霍丘縣之山亦名霍山，與灊連界。意者，古者霍山包舉廣大，塗山即其北幹，天柱則其南幹。專就天柱峯稱之曰霍，取大山宮小山之誼；連淮南諸山總名之曰衡，取横行之義。蓋本虞、夏南巡朝會之地，而秦、漢皆襲行之歟？至道山篇「岷山之陽，至于衡山，過九江」，《王制》「南不盡衡山」，「自江至于衡山，千里而遥」，則並指江南之衡。五嶺横行，故曰衡，亦非專指祝融峯也。邵晉涵《爾雅正義》曰：灊、霍、天柱孤立，而四面皆大山宫繞之，故名曰霍。若衡山，則祝融主峯，高出諸峯之上，何得名霍乎？並存其説備參考焉。

釋道北條弱水黑水

問：道弱水，見《地理志》張掖删丹縣，「桑欽以爲道弱水自此，西至酒泉、合黎」，又居延縣有「居延澤在東北，古文以爲流沙」。《水經·山水澤地記》及酈注同之。孔疏謂酒泉郡在張掖郡西。居延屬張掖，合黎屬酒泉，則流沙在合黎東，與經言弱水西流不合。胡氏渭因謂流沙當在敦煌以西，不信《漢志》居延之流沙者何？黑水隨地可名，至弱水不勝鴻毛，古今書傳並未指實何水，或遂臆爲枯絶，或謂字取諧聲，不以柔弱爲誼者何？

曰：弱水以西逝者爲正流，而東入流沙者特其餘波，則流沙之不當在西明矣。《淮南子》云：「弱水出窮石山。」《離騷》所云夕次于窮石也。《説文》謂之岍山，亦謂雞山，即祁連山之異名，在今甘州府山丹縣西南。弱水出其山南，又西逕合黎山與黑水合。《水經》：「合黎山在酒泉郡會水縣西北。」案：會水縣在今肅州之東北，高臺縣之西，北有溜賴河，下游與山丹河合，即古之合黎水，今俗通名黑河。蓋山丹黑河，即弱水之正流，及至合黎而會《禹貢》之黑水，故經曰

「至于合黎」。蓋禹功所施，❶止道入黑水而止也。至弱水《説文》作溺水，亦取柔弱爲義。《山海經注》：「不勝鴻毛之海。」即今之青海。故《地理志》金城臨羌縣西，有西王母石室、弱水昆侖山祠，則亦指羌谷水爲弱水，而西海即青海也。西海一名鮮水，羌谷水亦名鮮水。

青海周七百餘里，群山繞之，瀦而不流，不勝鴻毛，不通舟楫。中有二島，惟冰合時可通。番夷居島者，皆於冬月乘冰度海至岸，儲一歲糧，與外人不相往來，此弱水之明證，其敦煌黑河之枯絶者，蓋伏流重出，瀦於青海也。自黄河言，則謂之西海，自弱、黑二水言，則謂之南海。且其性弱，其色黑，實二水之尾閭，是青海爲雍西之地望，爲華夷大界。故《禹貢》特取二川，有至勁之黄河，即有至柔之弱水。自古至今，有伏流而無枯絶，可息一切之諍。

青海並無上源，凡玉關外水皆伏流潛入之，故黑水、溺水，皆以青海爲歸宿。其弱水餘波，兼瀦於居延澤，在合黎東北千餘里者，與西被之流沙各爲一地。而其正流自由合黎之黑水西逝，同瀦不行，而伏流潛入於青海。後世不知青海即不勝舟楫之弱水，故謂之枯絶。胡氏渭遂反以居延爲正流，而以其伏流枯絶者爲餘波，别入敦煌以西之流沙，遂排《漢志》居延澤爲流沙之説。則豈經言弱水既西者，不謂其正流而反謂其餘波乎？豈居延澤之瀦於沙而不行者，可不謂之入於流沙乎？敦煌以西之流沙，在玉門關外，即古之白龍堆，今之流沙衛，並枯磧無水。《王制》：「自西河至于流沙，

❶「功」，原作「貢」，今據《書古徵・釋道北條弱水黑水》改。

千里而遥。」惟在居延故耳。若敦煌以西之流沙，距龍門西河，豈止千里而遥乎？至《史記・大宛傳》「安息長老傳聞條支西海有弱水，而未嘗見」，本疑詞，非指實。且中隔葱嶺，非禹服所及，非經義所關，儒者所不道。❶而程大昌輩竟謂弱水雖在雍地，而實與西海、條支弱水貫爲一川，則是水必倒流上葱嶺而西，且所入亦西海而非南海。孟浪之言，野等齊東，誕逾鄒衍，何足與辯乎！

問：黑水、三危皆在雍州，僞孔傳謂過梁州而至南海，則黑水無絶河源踰隴、岷而入南海之理。於是説者謂《禹貢》黑水有三：一雍州黑水，二梁州黑水，三道川入南海之黑水。而三危亦非雍州之三危。鄭注謂三危在鳥鼠、積石之西南，黑水逕滇池，非中國之水。説者多取潞江、瀾滄江、牂牁江以當《禹貢》入南海之黑水，其説似善於解環，而《漢志》、《水經》皆不言及者何？

曰：果如是説，則弱、黑二水當敘于道川之末，當紀于梁州之内，何反居道河、道江之前，何爲均在雍州之域？考經文先弱、黑，次河、次江、次漢，皆自北而南，則知弱、黑必在河源以北。且皆敘于雍州之内，則其道川之黑水，即雍域北條之水，三危即雍域北條之山，而南海亦雍域之海也。《禹貢》「東漸于海」，其西、朔、南三面，皆不言海。是其中國惟有東海，無南、西、北三海明矣。至聲教所訖之四海，即《爾雅》東夷、西戎、南蠻、北狄，謂之四海者也。《易》卦《兑》，西方之卦，爲澤而不爲海。《禮・鄉飲酒義》曰：「祖天地之左海也。」則右之無

❶「道」，原作「通」，今據《書古微・釋道北條弱水黑水》改。

海明矣。弱水餘波入于流沙之居延澤，而《淮南》及《地記》均謂弱水南流注于海，黑水與弱貫爲一川。《水經注》曰：澤水「逕武威縣故城東」，「届此水流兩分：❶一水北入休屠澤，俗謂之西海；一水又東逕百五十里入瀦野，世謂之爲東海。通謂之都野矣」。是武威即有西海、東海，皆殿泊渟瀦之名。故曰北人得水皆謂之海。此等小泊，皆得海子之稱，豈敦煌以西之黑水，獨不可有南海乎？然《括地志》所稱黑水出伊吾縣北百二十里，又南流二千里，絶三危山而入河。考伊吾，今哈密地，並無南流至三危之水，況入河與入南海無涉。至杜佑謂其年遠湮涸，則水之枯者，不過如泲之斷續不常，如九河之故道遷徙，未有源流涓滴不存之事。然則黑水當于三危左右求之。《水經》三危山在敦煌縣南。《括地志》三危山在沙州敦煌縣東南三十里，山有三峯，黨河自鳴河山西流十里，逕三危山。《肅州舊志》曰：白龍堆沙東倚三危，北望蒲昌海，是爲西極要路。《春秋傳》曰「先王居檮杌于四裔」，「故允姓之戎，居于瓜州」。《地理志》：杜林以爲敦煌郡即古瓜州，此杜林《古文尚書》説。是敦煌戎爲三苗之裔。《山海經》灌湘之山，「又東五百里曰雞山」，「黑水出焉，南而流注于海」。雞山即《説文》弱水所出之岍山，乃祁連山之别名也。祁連山亘甘州、肅州之南，兼漢張掖、❷酒泉二郡地，弱水出其東南，黑水出其西南，即今之滔賴河，土名黑河。至肅州東之合黎山，古酒泉郡會水縣地，而與張掖之弱水會。自酈注誤以

❶「届」，原作「界」，今據《書古微・釋道北條弱水黑水》改。

❷「兼」，原脱，今據《書古微》補。

黑水之雞山亦在張掖，於是《括地志》、《史記正義》皆因之，皆以張掖城北之河一名羌谷水者爲黑水，既局弱、黑於一地，又局雞山於一縣。且《禹貢》言「導弱水至于合黎」，則合黎以上皆弱水之源，無黑水之源。故《水經山水澤地記》：❶合黎山在酒泉郡會水縣。蓋弱、黑二水至此始會，故縣名合黎，是其明證。在今肅州之東，高臺縣之西。古酒泉郡地，非張掖郡地，蓋祁連山橫亘酒泉、張掖二郡之南，豈僅局于一縣，故知黑水爲肅州東之滔賴河，❷土人亦名黑河者，合黎在此，則黑、弱相會亦在此。禹時導二水西行，逕今玉門縣、安西州之黑河，黑河至玉門縣名蘇賴河，至安西州名布隆吉河，皆黨河上源。古黑水占道，隨地異名耳。而至敦煌，受三危山之黨河，西南流以注于黑海，即今大、小色騰海也。再伏濟潛入于青海，青黑同色，地當正南，且與弱水同歸宿也。後世肅州之黑河，與玉門縣之河隔絶不通，反同弱水餘波，皆北注于居延海之河，于是黑水無上源，惟以玉門安西州之河與敦煌黨河爲上源。及出關外，又止瀦于西黑海，名喀喇泊，番語喀喇黑也。而不通于南黑海，即大、小色騰海。更不通于青海，于是黑水無尾閭。而説《禹貢》者，遂求三危、南海于雍州之外。然今日肅州黑河，雖與玉門蘇賴河中斷不接，相去百餘里，而二河之閒，尚存二泊，爲舊日黑水相通之故蹟，是上源非無蹟可求也。西黑海雖不通流于南黑海，相去一二百里，然南黑海即青海，並無上源，皆以爲潛流之所瀦，則是沙下暗通也。《禹貢》言「弱水既西」，又言「導弱水至于合黎」，皆不言其所至。蓋弱既入黑，則黑水之下游，即弱水之下游，黑水所入之海，即弱水所注之海，而青海即黑海，又即南海明矣。但知弱、黑貫

❶「記」，原作「説」，今據《書古微》改。

❷「肅」，原作「蒲」，今據《書古微》改。

爲一條，青海爲黑、弱潛流之所入，則不但《禹貢》無不合，即《淮南》、《地記》、《水經》所言弱水、黑水亦無不合。

或以合黎河至青海，中隔大山及大通河爲疑，則葱嶺河源，何以先匯于蒲昌，而又洑絶大山，出于星宿海，濟水何以貫河底，而重出于滎澤？今許河、濟之伏流潛發，而獨不許弱、黑之伏流潛發，此何理也？矧青海周圍七百餘里，至今不勝舟楫，不勝鴻毛，惟海中有小島，每歲冰合時，番僧裹一歲糧入定，其餘時斷無一葉之渡。是青海即弱水之明證，以其色黑言之謂青海，自三危、合黎言之謂之南海；自雍州望之謂之西海。《漢書·地理志》：雍州西海有黑水祠，有王母石室。此自古祀黑水于青海之明證。惟僻在西羌，春秋爲鮮水羌所據，故《離騷·天問》已有「黑水玄趾，三危安在」之言。《禹貢山水澤地記》曰：弱水西流入合黎山腹，餘波入于流沙，通于南海。此所言南海皆青海，故不言入而言通，與《漢書·地理志》之西海、黑水祠若合符節。是黑、弱二水之在雍州、青海，明如星日。

至僞孔傳不考故籍，無稽妄臆，指爲梁州入南海之水，後人遂釋《地記》曰：「三危山在鳥鼠之西，而南當岷。」則《禹貢》何爲列于雍州之地，敘于導河、導山之前乎？岷山又在積石之西南，黑水、弱水出其南，于是競以黑水爲梁州北徼外之水。試思梁州導江自岷山近源始，豈有遠越金沙江外，導及荒服南溟之黑水，而又敘之雍州者哉！

使經文言導黑水至于三危，又南入于青海，則人人瞭然矣。然《山水澤地記》

曰：「弱水西流入合黎山腹，餘波入于流沙，通于南海。」夫言山腹，則是合黎中有孔穴相通，如東、西漾水之比，故曰「通」而不言「入」。苟必泥指大海，則使當日儻書曰導黑水入于西海，將逾葱嶺而注雷翥海乎？儻曰導弱水入于北海，黎真絶大漠而匯于冰海乎？未有聱繆若斯甚者！

釋道南條九江

問：九江聚訟，一謂在荆之上游，一謂在荆之下游，而東陵、匯澤，即隨九江而上下。若謂大江水派别爲九，則一水之中，沙水相間，横列十有餘條，將無以容。若旁計横入之小江，則所受不知當爲幾千百江。古今聚訟，無所折衷者何？

曰：荆州上下游各有九江，《尚書》今古文各主一説，而洞庭及鄱湖水皆不與焉。蓋九江猶九河，九河爲河水之自分爲九，則九江亦必一江自分爲九，而非九水之入乎江。故《淮南子》言禹鑿江而分九路，朱子所謂一水間當有一洲，沙水相間者是也。其在上游者見《山海經》，而《水經山水澤地記》宗之。此桑欽所傳《尚書》古文説。此西漢真古文，非馬、鄭古文比。

《荆州隄防考》言古有九穴十三口，今多淤廢。其十三口乃外水之入江，而非江水之泄于外，與九江無涉。如漢陽之沌口、青灘口，江夏之金口，嘉魚之六溪口、石頭口皆是。《水經注》中更有數十口，今尤莫攷。惟九穴即古九江。蓋江自百里洲而下，江分南北，北江爲沱，其南江正流東至于澧者，則洲渚紛歧，分爲九派，曰：虎渡穴、章卜穴、郝穴，皆在江陵。又楊林穴、宋穴、調弦穴、小岳穴，皆在石首。赤剥穴，在監利。皆昔時分泄江漲之地，分布江陵、石首、監利之閒。今惟江陵對岸之虎渡穴，及石首之調弦穴尚存，餘盡占爲圩田。

計今江南岸公安、石首、華容、安鄉四縣，皆古九江洲渚故道。漢許商言九河自鬲津以北距大河，中閒相去二百餘里。今大江去澧亦二百餘里，正與九河廣狹相等。故《水經》言《禹貢》九江「在長沙下雋縣西北」，下雋即巴陵。不言在下雋之南也。洞庭則正在南，非北矣。《山海經》澧、沅、瀟、湘之浦，「在九江之閒」，不言九江在澧、沅、瀟、湘之閒也。自圩垸日興，洲渚盡化民田，設立城邑。于是南岸大江距澧平陸二百餘里，而《禹貢》大江至澧之文遂不可通。自松溪至巴陵，江隄長亘六百餘里。九江亡其六七，而諸水盡鍾于洞庭，于是以洞庭爲九江，而《水經》及《山海經》皆不可通。其北岸則大江別出之沱，自監利、夏首受江，逕沔陽州潛縣入漢，謂之夏口。今則北岸長隄亦亘七百餘里，夏首不復受江，而「東別爲沱」之文亦不可通。《漢志》以枝江爲沱，鄭注別夏水爲沱，蓋以江分于洲，南北皆經流，無甚賓主，必別行入漢方可爲沱耳。《水經注》引應劭《十三洲記》曰：江別入沔爲夏水，以「冬竭夏流沱」得名。案：北江沱水通入潛、沔，故荆州貢道以「浮于江、潛、漢」爲言。其又東至澧以下，自說大江正流。北沱漸塞，南岸九江亦塞，惟存虎渡一口至澧，遂反以南江至澧者爲沱。則下文曰「過」、曰「至」、曰「迆」、曰「會」，豈皆承江、沱言之而不及大江耶？至以九江爲洞庭，無論洞庭是湖非江，且入湖之水惟沅、湘、資、澧，故洞庭在古止謂之三湘，謂瀟湘、沅湘、資湘，其君山則謂之湘山，湖口謂之湘江口。見《水經注》。《國策》又謂之五渚，若五口然，安得有九？《水經注》五渚并澧水、微水數之，今巴陵東南微湖是也。若并上游入沅之五溪數爲九水，則資、湘、澧所受溪各有數十，何獨數入沅之水耶？故欲明上游九江之是，必先闢洞庭爲九江之妄，洞庭之妄明，而九江故道明，即古三湘七澤之説亦無不明。七澤今無一存，亦爲圩田所占，與九江同。九江明在荆州上游，則東陵當從《漢志》、《水經注》在今蘄州之東，地名田家鎮，兩岸石山，抱江曲折，有如巫峽正當尋陽上游。《水經注》：江水「又東，過下雉縣北，刊水從東陵西南注之」。刊水出廣江郡之東陵鄉，《尚書》「過九江至于東陵」者也。江夏有西陵，故此言東矣。案：下雉縣爲今興國州大冶縣地，其東則爲蘄州，在尋陽之上游。酈注以此爲東陵，則不以尋陽爲九江可知。此九江在荆州北界之説也。

至尋陽九江在廬江郡，本屬揚州，與《禹貢》荆州九江不合，然其名則見于《史記》、太史公曰：余登廬山，觀禹疏九江。《漢書·地理志》。九江在廬江郡尋陽縣南，皆東合爲大江。應劭曰：江至尋陽分爲九派。考尋陽北岸爲廣濟、黄梅，歲修隄防之地，占水爲田。在昔隄防未設時，江必自廣濟隄穿入武山、連山諸湖，下達黄梅之太白、張家二湖，包淪縣治，挾源湖、感湖、涉湖以東至宿松，廣于今之江面數倍，是尋陽在昔原有江分數派之事。然秦立九江郡，則實仍楚都壽春之舊。兼有漢九江、廬江、豫章三郡地，以尋陽大江界南北之中，故舉九江爲郡望，如治吴而會稽，治粤而名蒼梧，皆距郡治百千里。蓋楚徙壽春，仍名之曰郢，如鄢郢、郊郢、陳郢之例，隨地僑置，因並故都郢中之藪澤而徙之。秦、漢因楚，于是九江遂移于尋陽。太史公登廬山觀九江，蓋今文家説。

至王莽以豫章爲九江，而尋陽他屬，則九江已不在界内。于是劉歆又創湖漢九水并入彭蠡爲九江之説，遂以莽制傅會《禹貢》。而鄭注用之，謂「九江孔殷」爲山溪之水孔竅繁多，歧之又歧，繆之又繆。故欲明《禹貢》則必先明尋陽九江之後起，即欲明尋陽九江，亦必闢彭蠡九水之妄。

蓋鄱陽在昔不名彭蠡，止謂之湖漢水。故《漢志》言豫章郡鄱水、餘水、修水、豫章水、盱水、蜀水、南水、彭水，俱入湖漢水，爲九水，東至彭澤入江。《水經注》：湖漢水會豫章，總謂之贛水。贛水「總納十川，同輳一瀆，俱注彭蠡」而北入江。亦猶洞庭在昔止名湘水，正同一例也。其時彭蠡澤則在湖口下游，小孤山左右，爲今彭澤縣對岸。《山海經》：「贛水出聶都東山，東北注江，入彭澤西。」「廬江水出三天子都入江，彭澤西。」此皆彭澤在九江下游北岸之明證。桑欽《禹貢山水澤地記》：「彭蠡澤在豫章彭澤西北。」此尤彭蠡在彭澤縣北岸之明證。

《水經》贛水「又北，❶過彭澤縣西，北入于江」。《漢志》豫章郡彭蠡縣，《禹貢》彭蠡在西。考今彭澤縣對岸爲宿松、望江二縣，尚有泊湖、章湖、青草湖、武昌湖等水。又太湖縣舊有大湖、小湖五湖之名，皆魏、晉時所謂大雷池也。❷彭者，盛大義；蠡者，旋螺義，與雷音近。蓋江水至此成大螺旋，語音轉展，呼蠡爲雷，遂以彭蠡爲大雷。其池下抵今桐城之樅陽，爲漢武南巡射蛟之處。秦始皇亦由此浮蕪湖、丹陽，入震澤，出中江之地。惟其澤在北岸，故曰：「東迤北會于匯。」經以彭蠡之匯專屬于漢，而江水時迤

❶ 「水經」，原作「山海經」，今據《書古微·釋道南條九江》改。

❷ 「池」，原作「地」，今據《書古微·釋道南條九江》改。

北往會之。鄭康成注所謂「漢與江鬭轉成其澤」，豈有彭蠡反在江南之理？豈有漢水截江而南匯爲湖，又貫江折而北，仍自爲漢之理？

自楚考烈王徙都壽春，並名尋陽爲九江，故太史公有「登廬山觀禹疏九江」，而《禹貢》荆州之水藪，遂移于揚州，秦漢于此置九江郡。加以後世隄岸日興，江面日狹，❶自鄂渚至桑落州，沙水參差，分爲九派之事，皆不可考，而九江郡之名則今古如一。豈能以湖漢水爲彭蠡，移江北之澤于江南，而漢水「東匯澤爲彭蠡」之文，遂不可通乎？有謂古三苗之地，左彭蠡，右洞庭，大禹未嘗深入，特遣官屬巡行，故紀報不實。夫《禹貢》導山，明言「岷山之陽，至于衡山」，而舜崩蒼梧，爲巡守之地，何言三苗之地乎？江水「東迤北會于匯」，亦不可通，而以爲經之誤文，歧繆又歧繆，並非劉歆所及料。歆雖以湖漢水當九江，未嘗以湖漢水爲彭蠡也。且入鄱湖之水，有四無九，猶之洞庭也。贛江、修江、錦江、婺江。今即欲仍秦、漢尋陽之九江以説《禹貢》，亦必先闢鄱陽爲彭蠡之妄，方合于江水「迤北」、漢水「東匯」之文，庶無猶較劉歆彼善于此。此九江在荆下游之説也。程氏瑶田既從鄭氏以九江在尋陽，而又以彭蠡及會匯爲鄱陽，則是江水迤北而會于鄱陽，漢水截江横過而匯爲鄱陽，真不值一笑。尋陽九江之説，雖亦《尚書》今文家言，凡《地理志》繫以《禹貢》者皆今文説。《史記》本用古文，因漢人習稱尋陽九江，故亦從而稱之，無關今古文説也。然較之古文之九江，則于經種種不合。何者？前後漢《地理》、

❶「面」，原作「南」，今據後《釋導南條漢水》文（見第三〇五頁）改。

《郡國》二志，廬江郡、九江郡並屬揚州，不屬荆州。及《元和志》因其不合《禹貢》，始改彭蠡以東爲揚州界，尋陽、九江以西爲荆州界，又顯戾《漢志》。不合一。

《漢志》廬江郡金蘭有陵鄉是地名，非縣名。《前志》，廬江十二縣，《後志》十四縣，均無金蘭。酈注始以爲縣，自是魏代所置。漢西陵爲今黄岡，正北岸有山瀕江之地，則東陵鄉亦必北岸瀕江之山。據《水經》東陵鄉在下雉縣以東，明即今蘄州東數十里之田家集，或蓋田家磯之聲譌，與道士洑爲上下游，是爲長江下游第二關鎖，亦爲荆州一大户闑。蓋羅田、英山諸山，盤亘淮南江北數百里，其山北之水，由光州固始出淮，山南之水，由蘄州出江，其山自麻城、羅田連延南趨，至此横插入江。自酈注緣魏世金蘭縣，謂東陵鄉在其西北，則在今固始縣地，《水經注》灌水導源金蘭縣西東陵鄉大蘇山，至蓼縣入決水，蓼縣故城在今河南固始縣。南距江數百里，中隔叢山，豈有江水踰岡越嶺至固始之理？亦豈有固始水南通大江之理耶？後世置縣，多非古地，且往往一縣兼兩三縣之地。如魏世嶓冢縣，距漢世隴西之嶓冢數百里。華容古在江北，今在江南。夏口古在漢陽，今在武昌。九江郡秦治壽春，王莽時治南昌。丹陽郡秦治蕪湖，後世治丹徒。至胡氏渭謬謂漢東陵鄉南值黄梅，豈知江、漢自過蘄以後，豁然浩瀚，其北岸豈有横插入江關鎖結束之岡陵，謂在廣濟且不可，況黄梅耶？是東陵實今蘄州東、廣濟西，踞尋陽九江上游，不應尋陽九江反在東陵之上。且導山、導川，凡言至于某者，皆相去千里、數百里。「北過洚水，至于大陸」，漢人或謂千里，從無書「過」、書「至」同在一處。豈有九江、東陵同在尋陽左右之事？不合二。

鄭氏既用劉歆湖漢九水之説，而又以東迤者爲南江，江分于彭蠡爲三孔入海，則「北會于匯」，勢必指中江所匯之震澤。然震澤實在中江之東南，何言「北會」？不合三。

是故今文家尋陽九江之説，雖係一江，自分爲九，差勝于洞庭、彭蠡，而尚不及《山經》、《水經》之荆州九江上符《禹貢》。以是知考古之事，據唐、宋不如據兩漢，據兩漢又不如據周秦也。

釋導南條漢水

問：《禹貢》除四瀆入海外，其小水源委皆入大水而止，如渭、洛入河，即不復爲渭、洛。獨道漢「至于大別，南入于江」，則江、漢已合流矣，又稱「東匯澤爲彭蠡，東爲北江，入于海」，若江自江、漢自漢，終始別行者何？彭蠡在大江南，漢在江北，乃能匯之者何？宋儒謂果如《禹貢》經文，則漢水入江後，當別有一洲界其間，以爲江、漢之別，而今無之，因疑末二句爲衍文。並謂三苗之地，禹未親入，遣官屬巡行誤報者何？

曰：此皆由誤以大別在江濱，爲今漢陽府之翼際山，全漢由此入江。其南入之漢水，即東匯之漢水。又誤以禹時之江、漢，即今日合流之江、漢，中無洲渚。又誤以彭蠡爲鄱陽湖，在江南不在江北。是以重紕疊繆，遂至以聖經爲不可信。請一一疏通證明，以廓千載之蔀。

漢水自襄陽、安陸而下，至潛江分爲二：其南流逕沔陽諸湖，分出青灘口、沌口，所謂「南入于江」者也。其東流者逕天門，漢川二縣而至漢口，所謂「東匯」者也。其南流之漢與江合，其東流之漢，古時尚未與江合，何者？《水經注》言：江水東逕鸚鵡洲，南有江水右迤，謂之驛渚。三月以末，下通樊口水。又曰：「鄂縣北，江水右得樊口，上自谷里袁口，受江津南入，歷樊山上下三百餘里。」此古時江水支分之第一證。鄂縣即黄岡縣。

蓋鸚鵡洲據漢口之上游，而樊口值黄州之東南。禹時漢口以下，兩岸皆湖，而江心爲洲，斷續衺長數百里。江水自鸚鵡洲右迤出樊口，夾青山在中。武昌南岸，小坡邐迤，俗名青山，西東長百餘里。又鸚鵡洲舊與漢口鎮相連，明崇禎間始爲水衝斷無存。青山南有賽湖、梁子湖，首尾皆與相通，此禹時江水所行也。江北岸尤衍平。漢口自後湖下通灄口、陽羅各湖，以東至黄岡，皆在鸚鵡洲之北，此禹時漢水所行也。至蘄州，兩岸忽峽束，而江、漢始一合。過蘄而廣濟、黄梅，爲古尋陽地，江復出東陵峽後，奔放淤漲，分成數派，故秦、漢時亦號九江。陸氏《釋文》引《尋陽記》曰「九江始于鄂陵，終于江口，會于桑落洲」，「參差隨水長短，或百里或五十里」。此又自鄂渚至尋陽江中，洲渚連綿，江、漢仍未全會之第二證。鄂陵、鄂渚皆謂黄岡。胡渭曰：《緣江圖》尋陽所記九江，今已無考。桑落洲在今九江府東北大江中，鄂陵今武昌縣，縣界有峥嶸洲、蘆洲、楊葉洲。舊志云：江入縣境播爲三江，過中洲至雙口夾，又自峥嶸洲過磧磯至大洲爲三江口。又案：《水經注》江水東逕軑縣故城南，城對五洲，江中五洲相接。即今蘄水縣界也。又《寰宇記》眈江五阜洲在黄梅縣南五十里，縣東北有尋陽故城，桑洛洲在九江府東北。《尋陽記》曰：桑洛洲在宿松縣東南九十里，與尋陽分中流，江水自鄂陵派而爲九，于此合流，謂之九江口。又爲武林洲，即桑落洲之尾也，可考者惟此而已。《唐·蓺文志》有《九江新舊録》三卷，今佚不存。在當時沙水相間，自必實有其形，然既云參差長短，則非九派相並，亦非至尋陽截然即止也。直至德化之桑落洲，而後洲渚始略斷，江、漢始大會匯成彭蠡，鄭注所謂「漢與江鬬」，轉東成其澤，其地在今彭澤縣北岸宿松、望江、太湖各縣之地。凡泊湖、章湖、青草、武昌諸湖，自皖江以上，至今爲江漲所泛漾，古謂之大雷池者，其皆古彭蠡所匯歟？晉人守江者曰：毋過雷池一步。亦以此爲上下江之扼要也。南岸小孤山，北岸彭郎磯。「彭郎」即「彭蠡」之音譌，是彭蠡至今屬彭澤縣所轄北岸之地。蠡者旋螺義，彭者盛大義，言水大回旋如螺。其後大螺譌大雷，亦即彭蠡之音譌。以在北岸，知爲漢水之所匯，故不言「過」，不言「會」，而言「爲」者，猶濟之溢爲滎，江之別爲沱，河之播爲九河，同爲逆河，皆水之自爲，而非此水過彼水、會彼水之謂也。若江以南之鄱陽，則江、漢但過之而已，可言「匯」之、「爲」之乎？漢九江郡，本治江北之尋陽，後世始徙治江南之柴桑。是古時尋陽、九江，均在江北，江勢自尋陽以東，折轉趨北，故言東迤北會于匯，猶言北會于漢，漢爲北江，匯于北岸，而中江迤北往會之。若鄱陽在大江之南，江方當南會之，何反會于北乎？至下游而桑落洲之尾，斷者復連，如采石磯大江洲，中有陳家洲隔爲二，於是江、漢復分，行至蕪湖，一由東壩出震澤，一東下爲揚子江。故鄭注言：「江分于彭蠡爲三孔，東入海。」

今日洲渚變遷，非復《禹貢》之舊，而由池洲下至蕪湖，江面皆闊三十餘里，又有楊家洲、黄天蕩、白鷺洲，皆江水歧分，與采石磯之江洲相仿。蓋古時各洲在蕪湖以上，今時在蕪湖以下，東漲則西坍。凡古時截江徑渡者，今則各隔長洲，亘百餘里，滄桑變易。故江至采石以下，南北分流，南即夾江，與《禹貢》之漢陽、尋陽，事同一轍。古時江分于蕪湖以上，故北江行北，南江行江南，而中江由蕪湖以入震澤。是上游北岸彭蠡爲江、漢所共匯，又爲江、漢所從分。若彭蠡爲鄱陽，在江之右，隔以廬山，湖可入江，江不入湖，可言江、漢分于鄱陽乎？

《水經注》：沔水又南至江夏沙羨縣北，南入于江，與江合流，又東過彭蠡澤，又東北出居巢縣南，又東過牛渚縣南，分爲二：其一東北流，其一又過毗陵縣北爲大江。❶江、漢始終各自分行，其舊迹見于秦、漢、魏、晉者如彼。經言「江、漢朝宗于海」，又曰「東爲北江，入于海」「東爲中江，入于海」，其炳諸經者又如此，昭昭乎經天緯地之不可淆。

自後世與水争地，隄岸日增，江面日狹，洲渚日少。鸚鵡洲箸名自古，自鄂渚至桑落洲，沙水相閒，爲尋陽九派者，蕩然無存。于是江、漢合于上游，不得復分二水，而經之受誣者一。❷

尋陽、彭澤北岸諸湖，盡化爲田，不通于江，于是諸水盡鍾鄱陽，遂以鄱陽爲彭蠡，且以彭蠡爲九江，而經之受誣者二。

五堰築而中江不通于震澤，海塘築而南江不達于浙濱，獨有北江爲正流，安得專屬漢水？于是三江又合爲一，而經之受誣者三。

漢水自潛江縣以下，始分二道入江，則大別自當在潛江以上，當漢水之東北，今天

❶「大江」，《水經注》作「北江」。

❷「誣」，原作「疑」，今據下文「受誣者二」云云改。

門縣城東南有大別山，土名大月山，其西有二小山，當有一是小別。《漢志》六安國安豐之大別山，是淮非漢，與江夏安陸之橫尾山又是漢非淮。說者謂傳寫之互易，是大別之當在安陸東南，徵諸《漢志》，適得反證，而天門正當安陸之東南，其大月山亦見府志。蓋山勢至此而盡，漢水至此而分，又距内方山不遠。《地說》云：漢水東行，觸大別之陂，南回入江。鄭注每用《地說》，必西漢古書，《孔傳》亦用之。可見漢水在大別之西，大別在漢水之東。故春秋吴、楚夾漢，楚師濟漢而陳，自小別至于大別。若如今漢陽翼際山在漢西，則東行之漢水，何由觸陂南回？且楚郢西來之師，已濟東岸，與大別山隔水，安得反依西岸之山？況吴師舍舟淮汭，自豫章與楚夾漢，杜注：❶豫章，漢東江北地名，或云在今六安州，然無據。則吴師不由江而由淮，自息縣登岸，踰義陽三關，至安陸漢水東岸，而楚師自郢東出禦之，則當先在荆門州地，與吴師夾漢。故楚司馬戌欲子常阻水勿戰，而自悉方城外之兵，往焚其淮上之舟，並塞三關、城口之險，斷其歸路，而後夾攻以敗之。義陽三關即《左傳》之大隧、直轅、冥阨也。在信陽州之南，廬山之北，自淮至漢，行山谷中二百餘里，必次第歷三關，方出城口。若如今之大別，南瀕大江，則吴師已距淮千里，安用焚舟塞隧之迂圖？而《禹貢》「南入」、「東匯」之文更不可通，其誣經者四。

《爾雅》水自江出曰沱，漢別曰潛。今潛江縣漢水之分流者，名蘆洑河，又曰白洑河，皆取別行似沱，非必伏流潛出。故荆州貢道，浮沱入江，浮潛入漢，是南入者爲潛，東匯者爲漢。自後人專以全漢在翼際山入

❶「注」，原作「至」，今據《書古微》改。

江，其上游更無分注，于是荊州更無潛水可指，其誣經者五。

去此五誣，則知《禹貢》之江、漢迴不同于後世之江、漢，而凡執今日之水道者，皆不可以治《禹貢》。案《隄防考》云：瀟湘河離漢口北岸十里，本漢水正道，久淤。其水舊分二道：一入後湖，夏秋水漲，游船偶至；惟北河乃其經流。夏漲時，舟至後湖，達瀟湘河、應馬河以入江。烏程范楷《漢口叢談》曰：漢口鎮在前代，一蘆洲耳，即古之鸚鵡洲。明時尚未有民居。漢水由後湖出江，未逕其前面也。迨成化間，漢自上游衝開，而後河遂淤。然前後兩水并行，尚可爲泊舟之所。後又衝改，而漢口遂盛甲于天下。又《隄防考》曰：漢陽之水，舊從排沙口至郭師口，曲折繞抱，凡四十餘里，然後下漢口。成化初，忽于排沙口衝開，經過郭師口，僅長十里，而故道遂淤。崇禎末，又將鸚鵡洲衝斷，漸次坍刷無存。源案：江、漢變遷之蹟，以上游證之，荊州枝江百里洲，古建縣治，明嘉靖末，衝斷爲二；再以下游證之，揚子江舊闊四十里，瓜洲本在江心，今洲與楊子橋相連，江面僅七八里矣。靖江縣治江洲，大江分繞其南北，故縣屬常州。明末潮沙湧積，北江竟成平陸，遂與揚州、泰興接壤矣。黄天蕩舊廣數十里，爲大江巨險，今則中亘大洲，多有田廬，占江面三分之二，一葦可杭矣。江乘即今龍潭，舊爲六朝津渡，今盡化洲田，去江二十餘里矣。以此推之，則昔日江、漢分流之處，其鸚鵡洲亦如瓜洲、靖江之舊亘江中，袤長百十里，江水分流其南北，與今日黄天蕩之白鷺洲相似。而今日之漢口鎮市，舊皆連鸚鵡洲，蘆葦一片，豈如今日之北岸，煙火萬家哉！執今日之江面，且不可以譚昔日之瓜洲、靖江、黄天蕩，況以譚《禹貢》之九江、三江乎？又考《漢陽府志》，大江環抱郡城，其自沌口過城南，經魯山東北，與漢合流者，江之正流也。又一支自沔陽播爲陽湖諸湖，接太白湖由沌口入江，一支自沔陽播爲黄蓬湖，由新灘入江，一支自孝感之石潭河至黄波河口出江，此皆漢水瀠匯江水別出之沱，江弱則下流歸江，江盛則逆漲而入於各港，皆今日江、漢互相灌注之勢也。案：此可爲古時漢上游分支入江，下游經流並未入江之明證。

案舊說皆以大別故在漢東，及《左傳》楚、吴夾漢，與小別、大別地勢不合，故疑大別當主《漢志》之在安豐。然今大別之在漢西，則以明成化初漢水自郭師口改流而然，見《明史・地理志》，此篇所引《隄防考》亦有之。是成化以前，山猶在漢東矣。《左傳》左司馬戌謂子常曰：「子沿漢而與之上下」，蓋欲子常牽綴吴師，而己得盡其毀舟塞隘之力。夫沿而上則郢之東北境，沿而下則及今之漢川，其濟漢而陳，適在沿下之時，故自小別至于大別，而又陳于柏舉也。柏舉今麻城地。若吴師在今之荆門夾漢，則郢已在望，何更遠及柏舉哉！濟漢之地明，而大小别可無疑矣。羅汝懷記。

釋道南條三江

問：三江既入，震澤底定，古今聚訟，不出三科：一則別於其源，謂北江、中江、南江，至彭蠡合爲一而入海，是始分而終合。爲此說者，亦有一正二旁。一則徐堅《初學記》引鄭玄云：江水左合漢爲北江，右合彭蠡爲南江，岷江居其中爲中江云云。本與江至彭蠡分三孔入海者，聯爲一條，與蘇軾昧別之說，風馬牛不相及。乃胡渭諸人，皆以鄭說爲蘇說，實爲大繆。其旁說有二：一則盛弘之《荆州記》江出岷山，至楚都，遂廣十里，名爲南江，至尋陽分爲九道，東會彭澤，經蕪湖，名爲中江，東北至南徐州，名爲北江，徐鍇《説文注》宗之。則是同一大江，特以上流、中流、下流，三次異名，與揚何涉？與彭蠡以下入海之三江何涉？甚則郭璞《山海經注》：汶山郡有岷山，大江所出；崍山，中江所出；岷山，北江所出。此釋《海内東經》「大江出汶山，北江出曼山，中江出高山」之語，本不言《禹貢》。而楊慎據之，謂求三江于下流，不求尋之上游，三江同源于蜀而注震澤，則是梁州之水，越荆而紀之揚。至謂同注震澤，彌不足辨，惟鄭氏差勝焉。一則別於其流，謂江自彭蠡下分爲三道：北岷江、中松江、南漸江，以各入海，是本合而末分。爲此說者，亦有一正二旁。正說者，班固《地理志》、桑欽《水經》及《書》

疏引鄭康成注，酈氏引郭璞注，及《周禮》賈公彦疏，皆漢時今古文師説是也。其旁説者，一則不得《地志》之本意，如胡渭誣班氏，以中江盡于麗澤，而其下游松江別爲南江，不知班氏言分江水至餘姚入海者，正謂《禹貢》之南江也。一則不得《水經》之本意，如酈注見桑欽言南江、北江不言中江，因謂南江東注于具區，謂之五湖口，東則松江出焉；其南出至餘姚入海者爲南江。是又以中江爲南江之支流，且以浙江爲南江，則誤漸爲浙，而全祖望諸人，以錢唐江爲浙江，即南江者所本也，更與震澤無涉。若孔疏申僞孔傳言，三江至彭蠡後分流，共入震澤，出澤復分爲三，此水遂爲北江而入海，水道瞢如，蓋無譏焉。一則更別諸震澤之下流，謂自震澤出爲松江、東江、婁江，皆在中江、北江之外，故「既入」、「底定」，其文相連。爲此説者，亦有正有旁。庚闡《揚都賦注》，陸《釋文》引吴《地記》，并以婁江、東江與松江爲三江，于《禹貢》、《職方》之三江無涉，故酈注、孔疏皆不取其説，謂《職方》揚州宜舉大川，不應舍岷江而記小水。至《史記正義》，始以解《夏本紀》，而南宋蔡沈諸人并從之，虛譚水利，無關經義。一則《國語》越爭三江、五湖之利，韋昭注以爲吴松江、浙江、浦陽江亦皆在大江之外，且全氏祖望又以岷江、松江、錢唐江爲三大望，而中江、北江則仍止爲一江，均與《禹貢》經文無涉。是三科者，北宋時禹迹已湮，班、鄭不講，而《孔傳》又難依違，于是咸信異源同流之義。自北宋蘇氏《書傳》以後皆然。南宋後承吴、越財賦之區，中江堰斷之後，則咸主震澤下流三江之云。自蔡傳以後，皆本郟亶、單鍔吴松水利之議。國朝講明經學師法，始知執後世所行大江以求三江，猶按後世所行大江以求九河。于是信《地志》、《水經》所述禹迹，謂江分于彭蠡爲三孔東入海者，蓋今古文師説，近古得實。顧氏炎武、金氏榜、錢氏塘、姚氏鼐、阮氏元、孫氏星衍並從之。然尚有可疑三焉：下游以震澤底定爲主，則爲中江易明，南江次之，而北江不可通。上游以江分三道于彭蠡爲主，則惟北江易明，中江次之，而南江分流，了無其迹。

乃班志、桑經正言之，鄭玄、郭璞、賈公彦述之者何？

曰：説經必以經文爲主。《禹貢》岷山導江，「東爲中江，入于海」；導漢，「東爲北江，入于海」。此明以岷爲中江，漢爲北江，皆下游分道入海，則並南江爲三道入海可知。《地理志》申其説曰：北江在毗陵北，東入海，揚州川。毗陵兼今武進、江陰地。此言北江爲岷江也。中江爲丹陽蕪湖西南，今縣屬太平府。東至陽羡今宜興。入海，揚州川。此言中江爲松江也。分江水自丹陽石城，今池州府貴池縣。首受江，東至餘姚入海。今會稽山陰。過郡二，行千二百里。又云：南江在會稽吴縣南，今長洲、常熟、吴江地。東入海，揚州川。此言南江爲漸江也。是爲鄭注「江分于彭蠡爲三孔，東入海」，及「東迤者爲南江」之所本，亦爲賈公彦「九江至尋陽南合爲一，東行至陽羡，復分三道入海」之所本，亦爲郭璞「三江爲岷江、松江、浙江」，及《説文》「江水至會稽山陰入海爲浙江」之所本。

世人惟知北江爲大江經流，而莫知中江、南江古爲大江之分流者，以由蕪湖至陽羡之中江，自南唐築五堰蓄水濟運，而流始狹。自明始築東壩于高淳之胥溪，僊宣、歙、廣德州諸水，盡西出蕪湖大江，而東流遂絶。惟溧水一支，尚逕荆溪以達于太湖。即永陽江。自是三吴水患少息，而中江上游之故道，漸不可尋。胡氏渭不知《漢志》所言至陽羡入海者，明由震澤以入海，顧謂中江止于震澤，而以吴松爲南江之下游，則《志》曷不言中江入澤入湖，而直言入海乎？《史記·河渠書》言吴渠通三江、五湖，正以胥溪爲春秋吴、楚舟師要道，闔廬所闢，實因禹迹。不知中江即今蕪湖之縣河，高淳之胥溪，溧陽之永陽江，宜興之荆溪，西連固城、石臼、丹陽諸湖，受宣、歙、金陵、姑熟、廣德及大江水，達荆溪震澤。宋單鍔建議，言修五堰則蘇、常之水可十去七八。則當洪水時，其浩瀚更可知。故《墨子》言禹治天下，南爲江、漢、淮、汝，東流注之五湖，此禹導淮入洪湖，道中江入太湖之明徵。吴人所開，因禹舊迹，疏而廣之，並非憑空開鑿。是中江、南江，同以蕪湖、胥溪注震澤，爲東迆會匯之證。鄭言東迆者爲南江，不須别覓源流。蓋中江以大江爲源，而南江又以中江、震澤爲源也。乃《漢志》别有分江水過吴縣，南至餘姚入海者，《水經注》指爲《禹貢》之南江，謂江水東至石城縣分爲二：其一東北流，過毗陵縣北爲北江，其一又東至會稽餘姚縣東入于海，此敘南江原委。然分江水由貴池、蕪湖倒流入江，無與震澤；中隔萬山，無繞避震澤而至海之理。惟南江下游之逕湖州、餘杭，至海寧入海者，《水經注·漸水篇》「浙江又東合臨平湖」，湖水「下注浙江」，「浙江又東逕禦兒鄉」，「浙江又東逕柴辟南」。阮氏元曰，此條可爲南江即漸江之證。南江由吴江、嘉興、石門、錢唐、餘姚入海，通名漸江，非浙江之證。胡氏渭力辨酈注之失，抑未之思也。南江自以震澤爲源，不必藉分江水爲源，震澤受寧國、廣德、湖州之水，非盡中江、荆溪之水。荆溪故道五堰，匯于震澤。由吴松江、婁江即劉河口。黄浦江，凡松江以北，錢唐江以南，受廣德州、湖州萬山之水，由嘉興、杭州、海寧入海者，是爲南江。以其水平渟涵演，不當急駛，故謂之平江路。此南江名漸江之明證，與錢唐江之潮水逆流，曲折而上名浙江者判然各異。

浙江由常玉山發源，與震澤無涉，惟下游赭、龕、海門入海之處，會合爲一，故《說文》「浙」，及《漢志》及《水經注》，均言江水至會稽餘姚入海，此指漸、浙二江相會處言之，非指其上游以南之漸江爲浙江也。

自北魏石門、仁和流塞，唐初築海捍潮，于是海潮不至震澤，震澤下海口，不會于錢唐江。而《漢志》、酈注之言漸、浙會同者，亦皆莫審其實，駸駸并三江爲一江，皆由揚子下海。而「震澤底定」之言，亦無所屬。曾亦思范蠡曰「吳與我争三江、五湖之利」，言「吳、越之地，三江環之」。《吳越春秋》：范蠡去越，乘舟出三江之口，入五湖之中。是皆可謂三江即是一江否耶？吳與越争戰，可謂不在南江而在北江否耶？《秦本紀》：始皇東游，自雲夢浮江下，過丹陽，至錢唐、浙江，上會稽，秦丹陽郡，爲治在今太平府當塗縣。其地西有今池州、寧國二府，東爲江寧、徽州、湖州、杭州、山陰内地。是由蕪湖浮溧水出震澤而渡浙江，尤中江、南江古道之明證。中江與北江分于彭蠡下游，而南江、中江則分于震澤。南江無上源，即以震澤爲上源。《職方》、《國語》皆謂震澤爲五湖，猶洞庭爲之五渚，皆以所受五水口得名。中江爲荆溪口，左則常州滆湖之水，由無錫入湖，右則廣德州南溪、合溪之水，由長興入湖，苕溪之水由烏程入湖，南江爲震澤所分，非中江所分，今分江水故蹟既無可尋，則今日譚南江不如直以震澤爲源之愈也。　震澤以潮水震蕩得名。苟南江之水不沛然東注，則力不能敵海潮，必至由嘉興直抵太湖，沙岸坍爲巨浸，平壤漲爲斥鹵，震澤其尚能底定乎？　苟北江之水，尾閭不[illegible]，則大江泛溢，必且由蕪湖挾宣、歙、金陵諸水，貫胥、溧、荆溪以入太湖，非吴松一江所能受，而浙西且淪爲巨壑，震澤其能底定乎？

《論衡》釋「江、漢朝宗于海」爲潮水，《説文》及虞翻《易注》同。云：潮「發海中之時，漾馳而已，入三江之中，始小淺狹，水激沸起，始騰爲濤」云云。故後世築五堰以遏中江之下游，不使入震澤；築嘉興海塘以遏南江之下游，不使倒灌震澤。觀後人遏江保澤之迹，益徵禹導三江關震澤之利害。故《墨子》言禹南爲江、漢、淮、汝，東流注之五湖，以利楚、荆、越、南夷之民，苟無中江水，則江、漢何由注之于各湖？苟南江非由太湖入海之浙江，則禹但能利荆、楚，何由利越、南夷之民乎？《書》言「江、漢朝宗于海」，《孟子》言「水由地中行，江、淮、河、漢是也」，苟如後世漢水入江，距海尚遠，安得云「朝宗于海」？《孟子》亦安得舉江、淮、河、漢而不及濟水乎？《荀子》言禹通十二渚，疏三江，與「禹疏九河」同功。一治河之委，一治江之委。水不兩行，久必淤廢，苟執今之松、浙上游，無通江之源，何以疑九河故道非禹迹乎？若謂《漢志》于中江、北江、南江，皆不繫以《禹貢》，是《職方》之三江，非《禹貢》之三江，豈知《班志》正以《職方》證《禹貢》，故三箸其爲揚州川，正所謂考迹山川，綴以《禹貢》、《周官》者也。今不以三代《職方》證《禹貢》，反以後世臆説證《禹貢》乎？

人知今日之河不可以言禹河，而不知今日之江不可以言《禹貢》之江。黄宗羲、王鳴盛、錢坫、全祖望，皆號通儒，乃其所説，皆不出以岷江、松江、錢唐爲三大望之説。至胡渭則更傅會鄭氏，以自張漢幟，而實與蘇氏之説無以異。且謂鄭氏之説，非班志之説，若三江合流入海，則何不用導河之例，書曰「又東播爲九江，同爲一江入于海」乎？至鄭氏謂「左合漢爲北江，右合彭蠡爲南江，岷江居其中爲中江」，《初學記》孔安國、鄭康成説。「江分于彭蠡爲三孔，東入海」。《兼明書》引。此二條本一條，先言其上游，次言其下游，但《初學記》參合鄭、孔爲説。竊意鄭注原文，當云：「左合湖漢水爲南江，右合沔漢水爲北江。」蓋古時彭蠡非鄱陽，止謂之湖漢水。若鄭君以彭蠡爲南江，則不當云「江分于彭蠡爲三孔」矣，經不當以彭蠡爲漢之所匯矣。豈彭蠡既爲北江之委，又爲南江之源耶？南江不見于經，猶西漢水以對東漢水得名，則湖漢水亦必以對沔漢水得名。姚氏鼐、阮氏元言三江皆主《漢志》及鄭注，惟疑《初學記》所引前半條爲誤。江氏聲、孫氏星衍始知其同條共貫。源更校正右合「彭蠡」字爲「胡漢水」，以申經文及今古文之義。

釋雲夢

問：《史記索隱》本作「雲土、夢」，《索隱》注曰：雲土、夢，二澤名。又引韋昭《漢書音義》亦作「雲土」。韋昭曰：雲土，今爲縣，屬江夏。《地理志》：江夏有雲杜縣，是其地也。是《史》、《漢》舊本，皆以雲土、夢爲澤名，蓋西漢今古文所同。自顔師古後，始用僞孔之本以改《史》、《漢》，而訓爲「雲、夢之土」。段氏玉裁《古文尚書撰異》。宋儒因分江北爲「雲」，江南爲「夢」。近儒段氏玉裁亦以「雲」、「夢」爲馬、鄭古本，而唐《石經》「雲土」、「夢」爲俗本，甚且以「雲」、「夢」爲古文，「雲土」、「夢」爲今文者何？

曰：段氏校《史》、《漢》、《孔傳》本，異同甚核，惟于《尚書》經師家法不明，專據馬、鄭本爲真古文，因以《史記》之不同馬、鄭者，皆武斷爲今文。此條知《史記》作「雲土」、「夢」，同于《漢書》，則臆度馬、鄭本當不同于《史記》，而同于僞孔，遂以作「雲」、「夢」者爲古文。重紕貤繆，乖違經義。何者？「雲土」澤名，即《地里志》江夏之「雲杜」，亦即《楚語》之「雲連徒洲」，皆同聲假借。單言之曰「雲」，長言之曰「雲土」，又長言之曰「雲連徒洲」。猶山之名「醫無閭」，名「華不注」，藪之名「昭餘祁」也。若以「雲夢」爲古文本，而望文立義，以「土」爲高丘，且或曰「雲」地爲方見土，而「夢」地則已堪耕作，以是爲地勢之高下，水落之先後。王氏炎、蔡氏沈、王氏鳴盛説並同。豈有江南之卑溼，反高于江北之郢、隨乎？其繆一。

段氏謂必加「土」于「作乂」之上者，大野、大陸、雲夢、震澤，居《爾雅》十藪之四，皆地兼水土，故「大野既豬」，「震澤底定」，皆自水言，而土治在其中；「大陸既作」，「雲土、夢作乂」，皆自土言，而水治在其中。然則大陸又何以不言土？古者藪澤所占極廣，皆豬于夏秋，涸于冬春，不與水争地。故宋、楚田于孟諸，魏獻田于大陸，衛、狄戰于震澤，鄭、楚田于江南之夢，其事皆在冬春。安得雲、夢獨土，而他澤不土乎？於經不詞，於例自亂，其繆二。

書傳雲、夢互稱，雲可兼夢，夢亦可兼雲，從無江南、江北之别。《左氏傳》楚子與鄭伯田于江南之夢，蓋對江北之夢而言。䢵夫人生子文，使棄諸夢中，䢵子田，見之。䢵都今江北安陸縣，豈有涉五百里，而棄諸江南，而田諸江南？是跨江南北皆謂之夢。又吴師入郢，楚子涉睢濟江，睢即沮水也，涉睢是西奔，濟江乃南渡。入于雲中，盜攻之，遂奔鄖，又奔隨。蓋吴師循江北岸而西，故昭王棄郢西走，自睢渡江而南，東至雲中遇盜，始復奔江北之鄖、隨，是江南亦可謂雲。今以土爲水土，遂分雲與夢爲二，又分江北爲雲，江南爲夢。王氏鳴盛至謂郢在江南，楚子自郢濟江而北，又謂《禹貢》分紀雲、夢，其時尚未爲澤，䢵夫人諱其生子，故使人打槳渡江而棄諸夢地。是則《禹貢》、《春秋》，水地易位，《職方》、《爾雅》，藪澤迷方，一字亡羊，千歧獨霧，其繆三。

《漢志》南郡之華容、今江南石首、江北監利皆其地。江夏郡之編縣、西陵，皆有雲夢編縣今荆門州，西陵今黄岡、麻城，皆在江北。《水經注》「夏水逕監利縣南」，「縣土卑下，澤多陂陀」，「西南自州陵東界，逕于雲杜、沌陽，爲雲、夢之藪」。雲杜今京山縣，州陵今沔陽州，沌陽今漢陽縣。是則苞川亘隰，水草沮洳，方八九百里，其時未有洞庭，故名不見于《禹貢》，皆以是藪爲金木、竹箭、羽毛、齒革、鱗介之所匯焉。自作乂以來，陵谷代遷，墾田涸陸，雲、夢自失其舊，而諸水並鍾于洞庭。于是「五湖」、「五渚」，始見於《國策》、《楚詞》，遂以後世洞庭説《禹貢》之九江，而不知置雲、夢于何地？況他澤不言土，而夢澤獨言土，幾疑古時雲、夢之外，别有洞庭，其繆四。

至僞孔傳以雲、夢爲江南之澤，益無譏矣。

釋江源

問：江有三源：最遠爲繩水，一名黑水，即金沙江；次爲若水，即鴉龍江；又次爲岷江。凡水以最遠爲正源，而《禹貢》敍江源舍遠取近者何？

曰：《禹貢》「華陽黑水爲梁州」，以黑水爲梁州南界。蓋金沙江名麗、名瀘，皆取驪、盧黑義，爲入滇必由之道，即諸葛亮五月所渡之瀘。是《禹貢》非不言及黑水之源也。此水出金沙，故曰金生麗水。《山海經》「南海之内，黑水、青水之間」，有水名若水，即黄帝次子昌意降居若水之地，西介金沙江，東介青衣江，故曰「黑水、青水之間」。其上源曰鴉龍江，中游曰打沖河，最後會金沙江，始名瀘水。故《漢志》言若水入繩，自以金沙江爲正源。金沙江出西藏，未入雲南以前，已行二千餘里，及經雲南之麗江、永定、武定三府，至四川境，始會若水。又經東川、馬湖、敍州三府，始會岷江，距發源已四千餘里，受大水小水無數，較岷山遠逾一倍。且若水已爲昌意所居，不得謂非内地。然《禹貢》但以爲梁州之界，而導江不及者，瀘水以上，瘴重難入，湍石無可施功，而岷江古號沫水，于成都利害最切，故導江自岷始，非即以岷爲江源。猶河非以積石爲源也。知金沙爲江之正源，則知河出葱嶺之東，江出葱嶺之南，同源于昆侖。昆侖即葱嶺也。非河源長、江源短矣。

然金沙江爲滇、蜀要道，鉅石亘塞，不通舟楫，實不可强施疏鑿。乾隆二年四月，據大學士鄂爾泰之奏，諭雲貴總督尹繼善、巡撫張允隨，委員察勘，俱言江通四川瀘州，爲運銅道所必由，除東川以上無計行舟，不必勘估外，自東川小江口起，至四川屏山縣之新開灘止，計千三百二十里。又自小江口至湯丹廠百五十里，❶雖崎嶇險

❶「至」，原作「自」，今據《書古微·釋江源》改。

阻，要皆人力可施，化險爲平，以利行旅，自乾隆四年興工，至十三年。惟此江上游吴公嶺等十五灘，水勢尤險，議從陸轉般過北岸再下船，雖奏請開濬，旋不成而中止。乃師氏範作《滇繫》，于此江再三言之鑿鑿，謂滇銅運京，歲費巨萬，若開通此江，可省陸運夫馬費之半，即可抵工程之用，功不在禹下。豈知金沙之不可通運，猶底柱三門之不可通漕，且亂石礧砢有百倍此者，謂禹功所施，不如書生坐論乎？

古微堂外集卷五終

古微堂外集卷六

邵陽魏源著

籌河篇上道光二十二年

我生以來，河十數決。豈河難治？抑治河之拙？抑食河之餮？作《籌河篇》。

但言防河，不言治河，故河成今日之患；但籌河用，不籌國用，故財成今日之匱。以今日之財額，應今日之河患，雖管、桑不能爲計；由今之河，無變今之道，雖神禹不能爲功。故今日籌河，而但問決口塞不塞與塞口之開不開，此其人均不足與言治河者也。無論塞於南難保不潰於北，塞於下難保不潰於上，塞於今歲難保不潰於來歲；即使一塞之後，十歲、數十歲不潰決，而歲費五六百萬，竭天下之財賦以事河，古今有此漏巵填壑之政乎？吾今將言改河，請先言今日病河病財之由，而後效其說。

人知國朝以來，無一歲不治河，抑知乾隆四十七年以後之河費，既數倍於國初，而嘉慶十一年之河費，又大倍於乾隆。至今日而底高淤厚，日險一日，其費又浮於嘉慶，遠在宗祿、名糧、民欠之上。其事有由於上者，有由於下者。

何謂由上？國初靳文襄承明季潰敗決裂之河，八載修復，用帑不過數百萬；康熙中，堵合中牟楊橋大工，不過三十六萬。其時全河歲修不過數十萬金，蓋由河槽深通，而又力役之征，沿河協貼物料方價皆賤，工員實用實銷，故工大而費省。乾隆元年，雖詔豁各省海塘河隄派民之工十餘萬，而例價不敷者，尚攤徵歸款。至四十七年，蘭陽青龍岡大工，三載堵閉，除動帑千餘萬外，尚有夫料加價銀千有一百萬，應分年攤徵。其時帑藏充溢，破格豁免，而自後遂沿爲例，攤徵僅屬空名。每逢決口，則沿河商民，且預囤柴葦，倍昂錢值，乘官急以取利，是爲河費一大竇。然乾隆末，大工雖不派夫，而歲修、搶修另案，兩河尚不過二百萬。及嘉慶十一年，大庾戴公督南河，奏請工料照時價開銷，其所藉口，不過一二端，而攤及全局。於是歲修、搶修頓倍，歲修增，而另案從之，名爲從實開銷，而司農之度支益匱，是爲河費二大竇。計自嘉慶十一年至今，凡三十八載，姑以歲增三百萬計之，已浮舊額萬萬，況意外大工之費，自乾隆四十五年至今，更不可數計耶？此之謂費浮自上。

其浮自下者，自靳文襄以後，河臣不治海口，而惟務洩漲，漲愈洩，溜愈緩，海口漸淤，河底亦漸高，則又惟事增隄。自下而上，自一二歲以至十歲、數十歲，河高而隄與俱高。起海口，至滎澤、武陟兩隄，亘二千餘里，各增至五六丈。東水於堵，隆隄於天。試以每歲加隄丈尺，案册計之，必有二三十丈。其實今隄不及十分之二，不曰汛水淤墊，則曰風日削剥，以蓋其偷減。其實汛水僅能淤隄中之河身，不能淤隄外之官地。試以隄外平地高低丈尺詰之，則詞窮矣。即此加隄之費，已不下三萬萬。河身既淤，大溜偶灣，即成新險，於是又增另案之費；河隄既高，清水不出，高堰石隄，亦逐年加高，於是又增湖堰之費，亦不下三五萬萬。是以每汛必漲，每漲必險，無歲不稱異漲。每歲兩河另案歲修，南河計四百萬，東河二三百萬。潰決堵合之費，❶人能知之，能患之，其不潰決而虛縻之費，則習以爲常，且不知之，且不能患之也。隄日增，工日險，一河督不能兼顧，於是分設東、南兩河，置兩河督，增設各道、各廳。康熙初，東河止四廳，南河止六廳者，今則東河十五廳、南河二十二廳。凡南岸北岸，皆析一爲兩，廳設而營從之，文武數百員，河兵萬數千，皆數倍其舊。其不肖者，甚至以有險工有另案爲己幸。若黎襄勤之石工、栗恪勤之磚工，即已有「縻費罪小，節省罪大」之謗。此之謂費增自下。

是以國家全盛財賦，四千萬之出入，無異乾隆中葉之前，巡幸土木普免之費，且倍省於乾隆之舊；而昔則浩浩出之而不窮，今則斤斤撙之而不足。是夷烟者，民財之大漏卮，而河工者，國帑之大漏卮也。

然則今日舍防河而言治河可乎？懲縻費而言節用可乎？曰：無及矣！南河十載前，淤墊尚不過安東上下百餘里，今則自徐州、歸德以上無不淤。前此淤高於嘉慶以前之河丈有三四尺，故禦黃壩不啟，今則淤高二丈以外。前此議者尚擬改安東上下繞灣避淤，或擬接築海口長隄，對壩偪溜，以期掣通上游之效；今則中滿倒灌，愈堅愈厚愈長，兩隄中間，高於隄外四五丈，即使盡力海口，亦不能掣通千里長河於朞月之間，下游固守，則潰於上，上游固守，則潰於下。故曰由今之河，無變今之道，雖神禹復生不能治，斷非改道不爲功。人力預

❶「堵」，原作「堦」，今據淮南本改。

改之者，上也，否則待天意自改之，雖非下士所敢議，而亦烏忍不議！

籌河篇中

河決南岸與決北岸孰勝？則必僉曰：南決禍輕，北決禍重。北決而在上游，其禍尤重。決北岸上游者，若乾隆青龍岡之決，歷時三載，用帑二千萬，又改儀封、考城而後塞。嘉慶封丘荆隆工之決，歷時六載，後因暴風而後塞。武陟之決，用帑千數百萬，亦幸壩口壅淤而後塞。南岸則雖在上游，亦不過數百萬可塞。是地勢北岸下而南岸高，河流北趨順而南趨逆。故挽復故道，北難而南易。上游北決，則較下游其挽回尤不易。

問曰：然則河之北決，非就下之性乎？每上游豫省北決，必貫張秋運河，張秋即今壽張縣。趨大清河入海，非天然河槽乎？挽回南道既逆而難，何不因其就下之性使順而且易，奈何反難其易而易其難，禍其福而福其禍？則必曰：恐妨運道。烏乎！今之南運河，果能不灌塘而啟壩通運乎？既可灌塘於南運河，獨不可灌塘於北運河乎？明知順逆難易，利害相百，乃必不肯舍逆而就順，舍難而就易，豈地勢水性使然乎？審地勢水性如之何？曰：莫如南條行南，北條行北而已。近日黄河屢決，皆在南岸，誠爲無益，即北決，而僅在下游徐、沛、歸德之間，亦無益，惟北決于開封以上則大益。何則？河、濟北瀆也，而泰山之伏脈介其中，故自封丘以東，地勢中隆高起，而運河分水龍王廟，遏汶成湖，分流南北以濟運。是河本在中幹之北，自有天然歸海之壑。强使冒幹脊而南，其利北不利南者，勢也。北條有二道：一爲冀河故瀆，《史記》所謂禹載之高地者，今不可用。上游即漳水，下游至天津静海縣入海，皆禹河故道，其地亦高，故不可用。一爲山東武定府之大清河即濟水、小清河即漯水，皆繞泰山東北，起東阿，經濟南，至武定府利津縣入海，即禹厮河爲二渠，一行冀州，一行漯川者也。

自周定王時，黄河失冀故道，即奪濟入海，東行漯川，故後漢明帝永平中，王景治河，塞汴歸濟，築堤縣渠，自滎陽至千乘海口千餘里，漢千乘即今武定府利津縣。行之千年。閱魏、晉、南北朝，迨唐、五代，猶無河患，是禹後一大治，蓋不用禹冀州漳、衛之故道，而用禹兖州漯川之故道。以地勢，則上游在懷慶界，有廣武山障其南，大伾山障其北，既出，即奔放直向東北；下游有泰山支麓界之，起兖州東阿以東，至青州入海，其道皆亘古不變不壞，❶其善一。以水性，則借至清沉駛之濟，滌至濁淤之河，藥對證而力相敵，非淮泗恒流不足刷黄者比，其善二。

北宋河益北徙，幾復故道，宋人恐河入契丹境，則南朝失險，故興六塔二股河，欲挽之使東，又不知講求漯川故道，其弊在于以河界敵，志不在治河也。及南宋紹熙、金明昌之際，河遂自陽武而東，至壽張，注梁山濼分二派，北派由北清河入海，南派由南清河入海，南清河即泗水入淮之道，今會通河起汶上縣至淮安府清河縣是也。北清河即濟漯川。今大清河自運河滚水壩歷東阿、平陰、濟陽、齊東、武定、青城、濱州、蒲臺至利津海口。其時，金人以鄰爲壑，故縱河南下，與北清河並行，其弊又在

❶「壞」，原作「壤」，今據淮南本改。

于以河病敵，亦無志治河也。

及元世祖至正中，開會通河，盡斷北流，專以一淮受全河，而河患始亟。元末至正中又北決。賈魯初獻二策：一議脩築北堤以制横潰，其用功省；一議浚塞並舉，挽河南行，復故道，其功費甚大。脱脱竟用後議，挽之使南。其時，余闕即言河在宋、衛之郊，地勢南高於北，河之南徙難而北徙易。議者慮河之北，則礙會通之漕，不知河即北，而會通之漕不廢。何則？漕以汶，不以黄也。賈魯不能堅持初議，其識尚出余闕之下。明以來，如潘印川、靳文襄，但用力於清口，而不知徙清口於兖、豫，其所見又出賈魯之下。諸臣修復之河，皆不數年、十餘年隨決隨塞，從無王景河千年無患之事。豈諸臣之才，皆不如景，何以所因之地勢水性，皆不如景？其弊在于以河通漕，故不暇以河治河也。

今日視康熙時之河，又不可道里計。海口舊深七八丈者，今不二三丈；河堤内外灘地相平者，今淤高三四五丈，而堤外平地亦屢漫屢淤，如徐州、開封城外地，今皆與雉堞等，則河底較國初必淤至數丈以外。洪澤湖水，在康熙時止有中泓一河，寬十餘丈，深一丈外，即能暢出刷黄，今則汪洋數百里，蓄深至二丈餘，尚不出口，何怪湖歲淹，河歲決。然自來決北岸者，其挽復之難，皆事倍功半，是河勢利北不利南，明如星日。河之北決，必衝張秋，貫運河，歸大清河入海，是大清河足容納全河，又明如星日。使當時河臣明古今，審地勢，移開渠塞決之費，爲因勢利導之謀，真千載一時之機會。乃河再三欲東入濟，人必再三强使南入淮，强之而河不受制，則曰：「治河無善策，治河兼治運，尤無善策。」烏乎！運河之貫黄河，南北一也，黄河之貫運河，亦南北一也。汶水自南旺湖北行百三十餘里，至張秋入大清河，建瓴而下，是南岸通漕甚易，所宜籌。惟北岸但自壽張至臨清二百餘里，盡塞減水壩倒塘濟運，而築石閘於壽張黄、運之交，是北岸通運，亦視南河禦黄壩倍易，何虞乎運道？且今日之河，亦不患其不改而北也。使南河尚有一綫之可治，十餘歲之不決，尚可遷延日月。今則無歲不潰，無藥可治，人力縱不改，河亦必自改之。然改之不可于南岸，亦不可于下游徐、沛之北岸。何也？上游河身高于平地，仍可決而南也。惟一旦決上游北岸，奪溜入濟，如蘭陽、封丘之已事，則大善，若更上游而決于武陟，則尤善之善。河已挽之不南，費又籌之無出，自非因敗爲功，計將安出？

因敗爲功如之何？曰：乘冬水歸壑之月，築堤東河，導之東北，計張秋以西，上自陽武，中有沙河、趙王河，經長垣、東明二縣，上承延津，下歸運河，即漢唐舊河故道。但創遥堤以節制之，即天然河槽。張秋以東，下至利津，則就大清河兩岸展寬，或開創遥堤，即如王景用錢百億，共一千萬貫，合銀五百萬兩。尚不及蘭陽、武陟之半。河既由地中行，無高仰，自無衝決。即使盛漲偶溢，而隄内隄外相平，一堵即閉，不過如永定河塞決之費一二十萬而止。新河北不駕太行之脈，南不駕泰山之脈，介兩脈之間，所刷皆塵沙浮土，日益深通。且南岸有舊河淤身千餘里，高五六丈，寬數百丈，以北岸爲南岸，新河斷不能再侵軼而南。雖自考城以下，舊河迤邐益南，距新河漸遠，難盡借北隄爲南隄，而河如南決，則斷不能冒截而過北岸。自衛輝以上，西薄大伾山，自衛輝以東，有平衍，無窪下，加用磚工護隄，以禦大溜，河必不舍深就高，侵軼而北。禹河由冀州入海，史言載之高地，是冀北不窪下之證。即使數百年後，河流偶北，如北宋之復禹迹，亦無庸挽之使南矣。姑毋侈王景河千年之遠效，而數百載間大工費必可省矣。

其平時歲修，則姑復國初之舊，以一河道駐張秋，督南岸、北岸、上游、下游數廳官，及河標武職數十員而止，可裁冗員大半矣。每廳轄境不能過百里，緣盛漲時鞭長莫及也。若水由地中行，則無險工可搶，故無用多官。歲修及倒塘濟運，至多以數十萬計，如國初舊額，歲可省五百萬，❶十數年可漸復乾隆庫藏之舊，大利一。河北自衛輝南境，凡沙河所經，如原武、陽武、延津、封丘、考城，直走山東，皆歷年河決正溜所衝之地，非沙壓，即斥鹵，皆土曠人稀，無輻輳闤闠，而南自開封，下至淮海，舊河涸出淤地千餘里，以遷河北失業之民，舍磽瘠，得膏腴，不煩給價買地，大利二。洪澤湖暢出入海，高堰可不蓄水，涸出淮西上游民田數萬頃，大利三。五壩不啟，下河不災，淮、揚化爲樂國，大利四。河不常患，帑不虛縻，而後國家得以全力飭邊防，興水利，盡除一切苟簡權宜之政，大利五。其新河歲修數十萬金，但取諸舊河、舊湖涸出淤地升科之項而有餘，國家更不費一錢以治河，大利六。

此六利者，天造地設，自然之利，非非常之事也，亦不必需非常之人也。但須廷議決計於上，數曉事吏承宣於下，曉諭河北

❶「歲」，原作「藏」，今據《書古微·籌河篇中》改。

州縣，當水衝數十里內之民，以蘭陽、武陟之已事，令其徙危就安，徙害就利，舍磽瘠，就膏腴，天下無不知利害之人，斷無甘心危地以待淪胥之事，豈非因勢利導至易之策？然而事必不成者，何也？河員懼其裁缺裁費，必譁然阻，畏事規避之臣，懼以不效肩責，必持舊例，譁然阻。一人倡議，衆人側目，未興天下之大利，而身先犯天下之大忌。盤庚遷殷，浮言聒聒，故塞洚洞之口易，塞道謀之口難。自非一旦河自北決于開封以上，國家無力以挽回淤高之故道，浮議亦無術以阻撓建瓴之新道，豈能因敗爲功，邀此不幸中之大幸哉！吁！國家大利大害，當改者豈惟一河，當改而不改者，亦豈惟一河！

此山東濟南府武定府之大清河，非直隸天津直沽口之大清河也。南北相距五六百里，一係濟水，一係衛水，判然不同。雖二道皆禹河故道，而燕、薊之水皆南流，此北道地高之明證；且密邇京師，斷不可用。惟東道天然大壑深通，且爲歷年北決之正溜，天造地設，更無善於此者。胡氏渭尚責王景不知復禹河冀州故道，未能盡善，豈殷室五遷爲患之河，反勝于漢唐千年無患之河乎？但慕師古，無裨實用，斯則書生之通蔽已。

籌河篇下

或曰：史稱王景治河，發卒數十萬，修渠築隄，自滎陽東至千乘海口千餘里，千乘，今利津縣。商度地勢，鑿山阜，破砥績，原注：砥績，山名。案：績當作磧，蓋山麓石磯插入水中者，必破去方免礙水道。直截溝澗，逢灣取直。防遏衝要，即今埽壩、挑溜、禦險。疏決壅積，舊無河槽處，別開引河。十里立一水門，令更相洄注，無潰漏之患。説詳下文。簡省役費，然猶以百億計，十萬曰億。凡用錢千萬貫。明年夏，渠成。興工于先年霜降後，逾春畢工。詔濱河郡國置河隄員吏如西京舊制，原注引《十三州志》曰：成帝時，河隄大壞，汎濫青、徐、兖、豫四州，乃以校尉王延代領河堤謁者，秩千石。或名其官爲護都水使者。中興以三府掾屬爲之。其法皆與後世治河相仿。惟十里立一水門，得無分泄水力，溜緩沙停，蹈賈讓多開渠門之失，違潘、靳束水攻沙之議。

曰：潘季馴治河，亦有閘壩涵洞以殺盛漲而淤窪地。景之水門，即潘氏之閘洞也。更相洄注，使無潰漏，則水門外必仍有遥堤以範圍之，即漢人所謂金堤，又謂之石堤者。潘氏遥隄，相去千丈，内有縷隄，相去三百丈。河槽當行縷隄之中，日夜攻沙，若水門不在縷隄外遥堤内，則一泄不返，安能更相注而無潰漏耶？計王景新河，初年渠身尚淺，伏秋二汎，往往溢出内隄，漾至大隄，故立水門，使游波有所休息，不過三四日，即退歸河槽，故言更相洄注。若數年後，新河滌深至五六丈，則大汎不復溢過内隄，而水門可等虛設，故能千年無患。然則十里一水門者，蓋其開放新河時，使皆洄注于内堤左右，而非泄水于外隄乎？用錢千萬貫，不及近世蘭陽、武陟大工之半，而遂建千載之績，何憚而不爲？

曰：王景築隄千餘里，用錢千萬貫，其時物力，視今貴賤懸絶。果能以今日銀價合古時錢價耶？曰：王景之費，一由于初創新道，故有鑿阜破砥，直截溝澗之勞；二由于十里立一水門更相洄注也。今則因其故道，無復鑿阜破砥之功，是費可省于舊者一。水門石工，視縷堤土工費倍，蓋其時滎陽以東，無高厚南岸爲之節制，恐河南侵，故隄防用力若是，今則有高厚舊河身以爲南岸，即不必立水門，不必用縷堤，而但築遥隄；其北岸亦止須間拋磚工以護隄禦漲，費可省于舊者二。是今日之事，師景而逸于景。考河堤土工，每方例給銀一錢九分，或二錢一分。今欲改道，必築新堤高丈五尺，頂厚三丈，底寬十丈五尺，計隄長每丈需土百方，爲銀二十兩，每隄一里，需銀二千六百兩，除舊河上游，即以北隄作南隄，毋庸新築，及下游大清河兩岸遥堤，高廣減半，其費較省外，統計新河千餘里，不過費帑金五六百萬，止需目前今河例修一歲之費，即可一勞永逸。以今之銀五百萬，抵漢世之錢千萬貫有餘矣。至東漢濱河員吏，秩不過千石，且隸于郡國，等于掾屬，視今日兩總督、八道員、數十廳營，相去懸絶，則其歲修工程之無多又可知。不獨險工減于後世什九，其浮費亦必不及後世什一。險工減，故官可大裁；浮費核，則工歸實用。故古河員之多寡，恒視河務爲盛衰。員愈多，費愈冗者，河必愈壞；員愈少，費愈節者，其河必愈深。如曰不然，近請視國初，遠請視前史。

或曰：國朝孫文定、裘文達，皆曾主北流之議。然孫公之議，則欲于漕舟抵臨清後，即由大清河入海，轉運天津，所經海道僅四百餘里，皆平恬内海，而非大洋，並以乾隆三年運登、萊米三十萬石，由利津至天津，一日即至爲證。裘公則謂漢明帝時，德、棣之間，河播爲八，王景因以成功。今八河湮塞難濬，不若改由六塘河之省力。

然耶，否耶？

曰：自元、明以來，知北流之利者，如余闕、胡世寧，及近日胡渭、孫星衍，不一其人，皆無如漕舟直達之無策。若言盤堤、言海運，終不能不兩易其舟，即無以杜阻撓之口。由其時尚未有灌塘濟運之法，故言改河北流，必至道光間行之，始萬全無失。亦事窮則變，千載一時。至《後漢·王景傳》，但言修渠築堤千餘里至海口，並無播河爲八之説。《明帝紀》言汴渠決壞六十餘歲，王景治之，河、汴分流，是其時河決爲二，一由汴，一由濟，王景塞汴歸濟，并不北經德州，亦無德、棣間先決爲八之事，不知袁文達何自得此無稽之語。蓋誤認德州之老黄河九河故瀆者，以爲王景之河，且欲廣其尾閭寬五六十里，恣河泛溢，與潘、靳之長堤束水議正相反。地理方向之未辨，更何暇與議方略！德州之老黄河，乃所謂王莽河也。

問曰：兖州大清河爲王景故道，既可千年無患，何以禹河不專行漯川，而必兼行故瀆，致殷都五遷之患，豈禹之智不及景耶？曰：史言禹以河所從來者高，行平地，數爲敗，乃自冀州引河北行，載之高地。則是洚水方割之時，兖州一望汪洋，水中無可施功，故從大陸開鑿北行，載之高地。既稱高地，明非天然之壑。及兖州水退，降丘宅土之後，河槽涸出，始知濟漯地勢勝於冀州，故別厮二渠，兼行漯川，實則以漯川爲正流，而姑留冀州故道爲分派。其後冀州高地之九河日淤，正溜日趨卑地，故殷室有五遷之患。及周定王後，九河故道全塞，遂專趨濟瀆，後漢王景始因禹迹以成功。非景之智過於禹，所值之時、所因之時過於禹也。是大禹初引河北載諸高地者，洪水時未竟之功，繼又厮渠引河東趨漯川者，洪水後講求盡善，而王景始成禹之志。師景即所以師禹，非一時之功，實百世之功也。

問：明人有沁水通運之議，以沁水由河南武陟入黄河，北與衛河相近，其水冬春清而夏秋濁，欲於木欒店修分水閘壩，冬春引清水入運河，夏秋放濁水入黄河，是沁水可兼通南北。今議改河北岸，曷不令漕舟溯黄而上，由沁入衛，通黄、運南北之樞，可免灌塘濟運之巧乎？

曰：沁水濁悍衝決，使北行入運，則衛輝必有昏墊之虞。無論七分入黄、三分濟運之閘壩未必可成，即使可成，而漕艘既至張秋以後，乃不直赴臨清，而令逆溯黄河數百里而上，迂道千餘里，以覬不可必之功，視臨清灌塘濟運，勞逸迂直相百也。智惡其鑿，非利導之所尚也。

問：兩漢、晉、唐，河行東北；其時長安、洛陽，帝都皆在河南；金、元、明、本朝，河行東南，則燕都在河北。或謂冀北建都之形勢，其河宜南不宜北，然乎，否乎？

曰：治莫盛於唐、虞，其時河北由冀州入海，而平陽、蒲坂、安邑之都，河南耶，河北耶？汴宋時，河北決而金源以興，明昌間，河南徙而金室日蹙，河之宜南流者安在？元末，賈魯復河南流，而明太祖興鳳陽，都金陵，其時元正都燕，其利於北都者安在？且以形勢言之：河北流，則於燕都爲環拱；南流，則於燕都爲反弓。以符瑞言之：我朝國號大清，而河工奏疏，動以黄强清弱，清不敵黄爲言，毫無忌諱。惟改歸大清河，則黄流受大清之約束，以大清爲會歸朝宗之地，其祥不祥又孰勝？總之，仰食河工之人，懼河北徙，由地中行，則南河、東河數十百冗員，數百萬冗費，數百年巢窟，一朝掃蕩，故簧鼓箕張，恐喝挾制，使人口讋而不敢議。昔漢武時，河決瓠子，東南注鉅野，通於淮、泗。丞相田蚡奉邑食鄃，在河北岸，河決而南，則鄃無水菑，邑收多。蚡乃言於上曰：「河決皆天意，未易以人力强塞。」故決久不塞。烏乎！利國家之公，則妨臣下之私，固古今通患哉！

畿輔河渠議

國朝舊設三河道總督，治東河、南河、北河。北河者，直隸境内之河也，其工役雖不若黄河之鉅，然近日河北之漳河、永定河，横潰歲告，亦幾與治黄同無善策。考之成案，諏之故老，則知漳流宜北不宜南，永定河宜南不宜北。南北之間，是爲大壑。其性總歸就下，其行必由地中。而近日治水者皆反之，逆水性，逆地勢，何怪愈治愈決裂。説者曰：西北一望平曠，孰高孰下？西北之水，一泄縱横，孰趨孰避？不知以水勢測之，而地勢之高下見矣，而水之迴礙亦見矣。不然，漳河、永定，舊日無隄，何以不聞爲患，爲患皆在築隄之後耶！故治北河者，以不築隄爲上策；順其性，作遥隄者次之；强之就高，愈防愈潰，是爲無策。請分究其得失：

宋、元以前，黄河北趨大名入海，漳水入河易泄，故從不爲患。宋、元以後，黄河南徙，漳水不入河而入衛，下游已淤淺難容，然其時漳之故道猶深，亦不爲患。近則瀆決四出，盡失故道，魏縣五城，皆在巨浸，於是始議隄塞。不知治水之法，各因其性。黄河湍悍，宜防而不宜泄；漳水淤渟，可資灌溉，宜泄而不宜防。史起、白圭，前車明鑒。今人多執漳河南徙以後之難治，抑知自明至雍正，由三台至館陶東北之路，歷數百年無恙者，即此漳也。乾隆五十九年，由三台南決，甫堵北行，次年仍南決，於是任其所之而後安。道光二年，由馮宿村北決，甫堵築南行，次年仍北潰，於是任其所之而後安。豈其水性之拗執，欲北轉南欲南轉北哉！

漳河兩岸，沙土十之八九，膠泥十僅一二。以平曠沙鬆之土，當衝刷之鋒，故安陽、内黄沿河數十村莊，災潦歲告。而居民終不肯築堤者，退淤之後，麥收必倍，報災之歲，例免差徭，即史起引漳溉田之成效。若以沙土築堤，不特旋成旋潰，即幸不潰決，亦愈淤愈高，遇盛漲必建瓴而下，其害十倍。故土人有漳河小治則小決，大治則大決之語。是知不治之治，斯爲上策。

且漳河之地勢水性，大抵東北行則安，東南行則病。不見滹沱河乎？挾泥衝悍，與漳何異，特以其東北入海，故雖左右擊盪，有吞噬而無淤高，無浸漫。漳之利東北，不利東南，何獨不然？近人患漳流之南侵衛河，有妨運道，亦從事北排。北排而漳不受制，遂謂性不宜北。抑知挽救於末流，而未治其上游南趨之路耶？試由上游即端其趨，何患下游不循其轍。治上游如何？曰：修復故道，自三台以迄館陶，小費而大省，一勞而永逸。故曰：與治黄河小異而大同。敢以質司水衡之君子。

自漳河以南，地勢南高而北下，自永定河以北，則地勢又北高而南下。❶永定河故

❶「南」下，原衍「北」字，今據淮南本删。

道，經固安至霸州入會同河。今南岸以西之金門閘減水引河，即其故道也。舊本無隄，雖西漲東坍，遷徙無定，而膏淤所及，以夏麥倍償秋禾，民反爲利。自康熙三十九年，撫臣于成龍改河東北，注之東淀，而淀受病。及乾隆二十年，開北隄放水東行，於是河日淤，隄日高，視平地一二丈以外，動輒潰決。然潰於北岸者一堵即合，潰於南岸，則建瓴患巨，堵合費倍。欲審地勢水性，非順其南下之舊，由固安、霸州而入玉帶河不可。或曰：縱河南下，將設隄乎？不設隄乎？曰：治北方濁流之法，以不治而治爲上策。漳河、滹沱河、子牙河、白河、趙河、沙河之無隄是也；此外惟讓地次之，黃河之遥隄是也。永安河舊行固安、霸州時，其故道本無隄岸，故散漫於二邑二百里之間。旬日水退，土人謂之鋪金地。泥沙停於二邑者多，會於清河而入淀河者少，故三百餘年無患。自築隄束水以來，岸寬者一二里，近者半里，至十餘丈。夫以千里來源，而束之兩堵之隄，適足激其怒而益其害，又況兩岸有沙無泥，遇風則隄隨沙去，遇水則隄與沙化，是築隄不能束水。今縱不敢言無隄，而河如南決，則莫如順其所向，以舊河爲北岸，而於新決之河，别築遥隄，約寬十里，其村落可避者，遶諸隄外，必不可避者，量撥地價。即有固安、霸州一二愚民不願遷徙者，亦不能以十餘村愚民而妨十數州縣之大利大害。如此則地廣足以受水，地勢足以暢水；力少則無衝決，水淺則無淹没，有淤地肥麥之功，無搶險歲修之費。從此永定河道員可改爲地方巡道，此百年之利也。

總之，直隸界南之水，莫大於漳河，界

中之水，莫大於永定、子牙二河。子牙河即滹沱河下游。舊皆無隄，是以田水得有所歸，而河水不致淤淀。自永定河築隄束水，而勝芳淀、三角淀皆淤；自子牙河築隄束水，而臺頭等淀亦淤。淀口既淤，河身日高，於是田水入河之路阻，而漲水漫田之患生，此直隸水患之大要。去其水患，即爲水利，此又直隸治水之大要。故曰：與治黃河小異而大同。敢以質司水衡之君子。

道光甲辰、乙巳之春，兩從固安渡永定河，詳審南隄外如釜底，北隄外地與隄平，又質諸土人之習河事者，爰成是議。

上陸制府論下河水利書

前奉憲檄，委查下河水利救急之策，飭令將上游、下游及中段情形逐一查訪。源所署興化係下游總匯，距各海口各一二百里。此次晉省，又由六合遶赴盱眙、天長，查勘上游禹王河故道，并彙查歷年案卷圖説，始知上游分泄淮水歸江之策，下河築堤束水歸海之策，均屬勞費難成，殆同畫餅。至中段徙壩一策，以全局形勢通籌，亦多窒碍，難以操券，請畧陳其概：

上游泄淮入江之説，無過盱眙、天長、六合之禹王河，經康熙、乾隆、嘉慶、道光間四次估勘，並無河形，須平地鑿開新河二三百里。乾隆間，盧鳳道張容運估銀三百六十餘萬；道光五年，琦制府復委劉縣丞估工，亦復相仿；且毁廢三縣民田將十萬畝，而山潦潰決諸患更在其外，此不可行者一。

下游築堤束水歸海之議，創自靳文襄，請帑三百餘萬。當時中外皆以爲不可行，無論且經由各湖蕩純係沙泥，無處取土，豈有可隄之理？即使可成，亦不過於運河之外，再增二三百里之運河，更難修守，其不可行者二。

至酌移郵南四壩於寶應之子嬰溝，開山陽之涇河閘，以求歸海路近，免災他邑之説，查寶應運河高於寶應湖面四、五、六、七尺不等，至高郵而湖、河始平，是即移壩於北，仍不能分高郵湖隄之險，况下游海口各閘金門皆窄，若上建滾壩，下無去路，仍將漾災各邑；若拆開海口各閘，則伏汛時又恐有鹹潮倒灌之患。即使海口亦建兩滾壩，而中間所經射陽湖等處，皆需挑兩引河。通計上下建壩，至省需八十萬，挑引河至省亦需八十萬，共費百六十萬，仍不能分淮安、高郵、邵伯各湖之險，此不可行者三。

惟是本年六堡拆口，全黄入湖，淤墊益甚。明年盛漲，下游保壩益難，不可不預籌防患之策。必不得已，求其可以拯急而費省者，莫如先培運河西隄石工之一策。

查每年開壩急不能待者，皆山揚河廳之永安汛一帶及江運廳之荷花塘一帶，湖河一片東隄危險之故。但如近日高郵紳士呈請加高東隄五尺之説，則又書生膚末之説，不中要領。蓋東隄前無外障，後無倚靠，愈高則愈險，何能禦全湖風浪之衝？且已有河廳例領歲修銀兩，儘足完繕，何須另案？惟西隄實東隄之保障，且兩面皆水，以水抵水，遠勝東隄之一面空虚。故凡有西隄之處，其東隄則安若金城，即水已漲過西隄，而水中但有脊影草痕者，其東隄即不吃重。自道光十餘年，欽差朱、敬二公奏辦西隄碎石工以來，麟、潘二河帥十載中止有二年災潦，較之黎襄勤任内，年年夏汛開壩，以下河爲壑者，已大有懸絶。至其工程之不固者，一在石工不全，一在撈取湖中沙泥，遇水即化；兼之歲修春工，每將西隄減估，甚至挖西堤之土以培東堤，是以日形殘薄。今欲爲一勞永逸之計，必須完補石工，改用田土。其緊要險工，不過永安汛四十里之内，次則召伯汛、荷花塘一帶，除現有石工各段外，其應補者不過數十里，所費不過二十餘萬金，即可保固東堤，不畏風浪，每年可守，至立秋以後，下河水永不成災。本年節舟往來高、寶各湖，目擊情形，面承指畫，洞悉利害。

此外上下游各策，無論其不能辦，即使同時并舉，而此永安汛、荷花塘上下數十里之險隄，亦斷無聽其唇亡齒寒不需保障之理。是西隄石工，無論何策皆不能省。雖非釜底抽薪之謀，實急則治標之計。其西隄石工訪詢頗得要領，謹别開節畧呈鈞鑒。倘河工經費不敷，可否暫籌借款墊辦，攤於下河七州縣，分年帶征歸款？源爲下河民生起見，冒昧上陳，伏乞鈞示。謹狀。

再上陸制府論下河水利書

運河西隄土石工，已蒙憲允奏辦，下河民生，同深慶幸。惟是河工議論，有謂所估石方之價，止係碎石而非條石。永安汛居下五湖之腰，水寬浪巨，自必補砌條石，加椿灌汁，方期保固，需銀將六十萬。加以木椿灰漿工費不貲，斷非汛前所能蕆事，且灰漿非經年不能老固者。

查運河之有西土隄，始於明代潘印川，而西隄之有石工，近日則始於道光十餘年間，欽差朱、敬二公奏辦，全係碎石垣鋪，從無裏面條石灌漿施椿之事。現在水落隄出，數十百里中，一望森然，誰是砌石，不得以高堰石工之方價概諸西隄也。西隄石工，自道光十八年辦竣後，將運河向日蓄水丈二尺開壩之例，改爲蓄水丈四尺以上至丈六尺不等。麟、潘二帥十載中只有二年災潦，較之從前年年未秋開壩，以下河爲壑者，已大相懸絶，是石工之明效。但當日承辦工員，或即取河泥築隄，又未將工隄一律高寬，而即先鋪碎石，是以間斷高低不齊，一遇盛漲，其水從低處冒過，又歷年風浪坍卸，並未撈摸補還，以致伏汛湖河一片，東隄仍受其衝。又下游揚運廳所轄露筋祠至邵伯數十里中，如荷花塘、昭關壩等處，亦係次險，不知當日何以獨不估辦。今當別爲綢繆之計，不當僅慮及高郵汛之西隄也。

又有謂此但治標，非釜底抽薪之計，何如別改清口以籌出清刷黄之路，使湖水北出暢宣四五分，則上壩可不啓，而下壩可同虚設者。查出清刷黄，果有此上計，固所祀禱而求。但即有此上計，亦止能泄湖水於清、黄高下畧等之時，而不能泄於清、黄高下丈許之時。考清水暢出，宜莫若國初康熙之日，而靳文襄即以下河災潦爲憂，奏長隄束水歸海之策，可見國初清口亦止能宣泄於伏汛未漲之時，若遇大汛，則上五壩仍不得不開，而下五壩不得不守。而謂清口一通，下游五壩即同虚設，談何容易！況此次估辦西隄石工，原請於票鹽經費墊支，由下河州縣攤征歸款，不敢請帑以分河工之經費。是下游治標與上游之治源，自可並行不悖，非若河工另案請帑之事。下游多一項石工，即少上游一項經費。急則治標，請先准行以塞下河百姓之望，免致明夏保壩時，致百姓又以堤工不固藉口也。

再有請者，從來河工議論多而成功少，平日沿習開壩，則年年以下河爲鄰壑；及一旦講求保壩，則又必欲使上游之水涓滴不入下河。如所謂開禹王河泄湖歸江，所謂築長堤東水歸海，所謂仿高堰工程條石砌縫灌老灰漿，皆由求效太侈，欲秋成之後，下河田亦不受淹。殊不知西水之於下河，能爲害亦能爲利，如使終年西水不入下河，亦非民田之福也。不但東臺、鹽城、阜寧海鹵地鹹，全恃西水泡淡，始便種植，即高郵、泰州、興化、寶應、甘泉等縣，亦賴西水肥田，始得膏沃而省糞本。凡西水所過之地，次年必畝收加倍，如年年全不開壩，則下河田日瘠，收日歉。故開壩於立秋以前，則有害無利；開壩於立秋後處暑前，則利害參半；如開於處暑以後，則不惟無害而且有大利。緣立秋大節，天氣更變，必有風暴以應之。歷年小風暴皆在立秋前後，大風暴皆在處暑前後。天既變東風爲西風，則東岸河隄止能禦平水，不能禦風浪，自不能不開壩以泄水。故保壩者，非求其不開，而但求其緩開也。如求其終年不開，自非西隄石工所能操券。如僅求立秋後開車羅壩，處暑節開中壩，則江潮未必年年頂托。既有歸江各路以暢之於下，有歸海各閘以泄之於旁，又有西堤石工高厚堅固以横障於前，縱有全湖風浪，不能冒過西隄。而東隄所當者，不過運河數丈之風浪，豈猶不可守延旬日以俟收成乎？知下河水利止求夏秋間緩開旬日而止，則求效不必過侈，經費不必過大，議論不必過創，止求補完西隄以作東堤之保障。而前此種種策畫，皆題目過大，曠日無成，均可東之高閣矣。

又自邵伯至清江，運河東岸，設有二十四閘，原爲未開壩以前，預籌宣泄之地。乃近年廳汛每於五月初湖河盛漲時，反將諸閘全行堵閉，似爲蓄水增漲挾制開壩之地。若謂恐妨農田，何故不啟閘而反議啟壩？無是情理。若使每年於未啓壩時，先啓二十四閘，每閘過水一丈，合計可減一壩之水。使湖漲減得一分，即減一分之險，五壩能緩開一日，即下河低田受一日之賜，然後以節令風暴之期，爲開壩之期。此皆當於善後章程内奏請施行，實可謂億萬姓無窮之賜。謹狀。

湖廣水利論

歷代以來，有河患無江患。河性悍於江，所經兖、豫、徐地多平衍，其横溢潰決無足怪。江之流澄於河，所經過兩岸，其狹處則有山以夾之，其寬處則有湖以豬之，宜乎千年永無潰決。乃數十年中，告災不輟，大湖南北，漂田舍、浸城市，請賑緩徵無虚歲，幾與河防同患，何哉？

當明之季世，張賊屠蜀民殆盡，楚次之，而江西少受其害。事定之後，江西人入楚，楚人入蜀，故當時有江西填湖廣、湖廣填四川之謡。今則承平二百載，土滿人滿，湖北、湖南、江南各省，沿江沿漢沿湖，向日受水之地，無不築圩捍水，成阡陌治廬舍其中，於是平地無遺利；且湖廣無業之民，多遷黔、粵、川、陝交界，刀耕火種，雖蠶叢峻嶺，老林邃谷，無土不墾，無門不闢，於是山地無遺利。平地無遺利，則不受水，水必與人争地，而向日受水之區，十去五六矣；山無餘利，則凡箐谷之中，浮沙壅泥，敗葉陳根，歷年壅積者，至是皆剷掘疏浮，隨大雨傾瀉而下，由山入溪，由溪達漢達江，由江漢達湖，水去沙不去，遂爲洲渚。洲渚日高，湖底日淺，近水居民，又從而圩之田之，而向日受水之區，十去其七八矣。江、漢上游，舊有九穴、十三口，爲泄水之地，今則南岸九穴淤，而自江至澧數百里，公安、石首、華容諸縣，盡占爲湖田；北岸十三口淤而夏首不復受江，監利、沔陽縣亦長堤亘七百餘里，盡占爲圩田。江、漢下游，則自黃梅、廣濟，下至望江、太湖諸縣，向爲尋陽九派者，今亦長堤亘數百里，而澤國盡化桑麻。下游之湖面江面日狹一日，而上游之沙漲日甚一日，夏漲安得不怒？堤垸安得不破？田畝安得不災？

然則計將安出？曰：兩害相形，則取其輕；兩利相形，則取其重。爲今日計，不去水之礙而免水之潰，必不能也。欲導水性，必掘水障。或曰：有官垸、民垸，大礙水道，而私垸反不礙水道者，將若之何？且有官垸、民垸，而藉私垸以捍衛者，並有藉私垸以護城隄者，將若之何？且私垸之多千百倍於官垸、民垸，私垸之築高固，甚於官垸、民垸。私垸强而官垸弱，私垸大而官垸小，必欲掘而導之，則廬墓不能盡毁，且費將安出？人將安置？

應之曰：今昔情形不同，自有因時因地制宜之法。如漢口鎮舊與鸚鵡洲相連，漢水由後湖出江，國初忽衝開自山下出江，而鸚鵡洲化爲烏有。又如君山自昔孤浮水面，今則三面皆洲，水涸不通舟楫；岳州城外，昔橫亘大沙灘，舟楫距城甚遠，今則直泊城下。又如洞庭西湖之布袋口，今亦冬不通舟。此則乾隆至今已判然不同，皆西漲東坍之明驗，水既不遵故道，故今日有官垸、民垸當水道，私垸反不當水道之事。今日救弊之法，惟不問其爲官爲私，而但問其垸之礙水不礙水。其當水已被決者，即官垸亦不必復修；其不當水衝而未決者，即私垸亦毋庸議毁，不惟不毁，且令其加修，升科，以補廢垸之糧缺。并請遴委公敏大員，編勘上游，如龍陽、武陵、長沙、益陽、湘陰等地，其私垸孰礙水之來路；洞庭下游如南岸巴陵、華容之私垸，北岸監利、潛、沔之私垸及汀洲，孰礙水之去路。相其要害，而去其已甚，杜其將來，而寬其既往，毁一垸以保衆垸，治一縣以保衆縣。

且不但數縣而已。湖南地勢高於湖北，湖北高於江西，江南楚境之湖口，日蹙日淺，則吴境之江隄，日高日險。數垸之流離，與沿江四省之流離，孰重孰輕？且不但以鄰爲壑而已。前年湖南、漢口大潦，諸縣私垸之民人漂溺者，亦豈少乎？損人利己且不可，况損人並損己乎？乾隆間，湖南巡撫陳文恭公，劾玩視水利之官，治私築豪民之罪，詔書嘉其不示小惠。苟徒聽畏勞畏怨之州縣，狗俗苟安之幕友，以姑息於行賄舞弊之胥役，壟斷罔利之豪右，而望水利之行，無是理也。欲興水利，先除水弊。除弊如何？曰：除其奪水奪利之人而已。

湖北隄防議

荆州，其川江、漢，據西南建瓴之勢，自古不聞爲患。而近災歲告，其隄防幾與河、淮並亟。蓋大江出峽，至江陵始漭泱横恣，而下游洞庭夏漲，又挾九江之水奔騰出口，以横截大江之去，又東則漢口截之，又東則彭蠡口截之，每相敵相匯，則回逆旁溢，而洲渚莫盛於荆，是爲江患。漢水則發源漢中，挾興安、鄖陽萬山溪澗之水以東，又受德安、安陸之水於鄖口，皆山潦横暴，每夏秋汛，與江争漲，則分派入江陵之長湖，下達潛、監、沔陽之沌口，港汊縱横，數百里彌望，是爲漢患。斯二者，或委之天時焉，謂蛟水驟漲數丈，所至潰突，非汛水日長尺寸之比，則其發有時，固不應天災之歲告也。或委之人事焉，謂秦、蜀老林棚民墾山，泥沙隨雨盡下，故漢之石水斗泥，幾同濁河，則承平生齒日倍，亦不能禁上游之不墾也。故今治江、漢者，則專從事於隄防，且歲咎於隄防之不固。烏乎！天下固有致患之由，孰爲防患之術者乎！

江之在上世也，有七澤以漾之，有南雲北夢八百里以分潴之。夏秋潦盛，則游波寬衍，有所休息。自宋世爲荆南留屯之計，陂堰成田，日就淤塞。而孟珙、汪葉之知江陵，尚修三海八堰，以設險而蓄水。又有九穴十三口，以分泄江流，猶未盡奪水以地也。元、明以還，海堰盡占爲田，穴口止存其二，隄防夾南北岸數百里，而下游之洞庭，又多占爲圩垸，容水之地，盡化爲阻水之區。洲渚日增日闊，江面日狹日高，欲不軼溢爲害，得乎？漢自鍾祥以下，昔各有支河以綱其勢，民貪其肥濁易淤，凡灘唇洲尾，多方圍截以成圩，自襄陽南下千餘里，則皆大隄以障之，於是漢底亦日高，隄外地日下，潰則破缶，潦則側盂，人與水争地爲利，而欲水讓地不爲害，得乎？

且古之治水者，但聞疏濬以深川，不聞曲防以壑隣，故曰：左隄强，則右隄傷；右隄强，則隄左傷，左右俱强，則下游傷。泐其勢，不孫其理，雖神禹不能爲功。然今日而欲棄地予水，徙田墓廬舍邑里，決隄防以避之，固有所不能。然則如之何而可？曰：患在天者，人力無可如何，無已，則惟有相其決口之成川者，因而留之，加濬深廣，以復支河泄水之舊，庶因敗爲功之一策乎？患在人者，上游之開墾，亦無如何，惟乘下游圩垸之潰甚者，因而禁之，永不修復，以存陂澤瀦水之舊，亦因敗制宜之二策乎？棄少而捄多，事半而功倍，雖江、漢之淺深，洲渚之亘衺，非人力所能排濬，而水無所壅，則其力自足以攻沙而深川也，是之謂以水治水，其賢於隄防曲遏也，利害相百也。

道光九年，湖北大澇，婺源王君鳳生以舊運使奉檄赴楚，總理隄工。既而知其事不可成，引疾告退，因筆其利害，爲《江漢宣防圖説》二卷，《漢江紀程》二卷，總命之曰《楚輶紀略》。蓋身親曲折，始知天下事不瀹其本原，而徙騖偏抏弊之果不足爲也。得是説而通之，以治天下水無難焉，於江、漢何有？此代陶文毅敘王運使書也，存之以當水利議。

江南水利全書敘代

道光三年，江、浙大潦，朝廷蠲賑數百萬。是時，先相國總督兩江，與江蘇巡撫韓公、浙江巡撫帥公，會籌釃沈澹災之策，議大修水利，奏舉江蘇按察使林公總司其事。既而先相國與韓公、帥公先後去任，事且中輟。又數載，陶公、林公相繼撫蘇，於是吴淞、劉河、白茆、孟瀆諸役畢舉，又旁及海塘、運河、城河，而各州縣亦各自濬其支瀆小港之關民利者，形勢規畫，具詳前巡撫江夏陳公所輯《江南水利全書》，至是松江郡守洪君刊成求序，始得縱覽焉。

惟江、浙兩省形勢山脈，一自湖州趨杭州，一自鎮江趨常州，南北皆高，而嘉興、蘇州、松江、太倉適當其中窪。自江蘇一省言之，則地勢北高而南下，黄浦東江、吴淞中江、劉河、婁江，皆泄太湖之水入海，再北爲白茆、七浦，爲孟瀆，則泄太湖之水入江，是爲五大幹河。孟瀆最北最先淤；白茆、劉河次北則次淤；吴淞介南北中，則屢濬屢淤；黄浦最南最浩瀚，爲江、浙七郡諸水之尾閭，自古從無淤塞，亦從無疏濬。故陶、林二公之興役，亦惟吴淞大資宣泄，而劉河、白茆，則海口築壩，以防渾潮倒灌之患，可灌田而不可通海，豈非地勢使然哉！道光十四年，蛟水陡漲，潦將入城，林公急檄太倉州決劉河、白茆大壩，不二日水退數尺，歲仍大稔。急則泄水入海，常則蓄水隔潮，又豈非地勢使然哉！

或者曰：此論地平也，而未及乎水平也。地平者，形勢高下之一定，水平則低田築堤，使大水不能入民田，可使堤外塘浦之水自高於江，而江水自高於海，誠能於沿湖州縣大修圩田，則足以東外水使之平，而東注建瓴，此有待於推廣者一。建閘可施於支流汊港，而不可施於幹河，築壩可施於劉河、白茆，而不可施於吴淞。然吴淞上游必於長橋、寶帶橋大去壅塞，方可吸湖水使之奔騰入江，下游必於吴淞口對壩偪溜，方足激江水使之奔騰入海，視建閘去閘功皆相倍，此有待於推廣者二。

今海警甫息，經費告殫，非興舉水利之

時，姑存此説以補陶、林二公之未竟，其能舉而行之，以大劑東南田賦之窮，則俟後之君子。此代孫中丞《江南水利全書敍》也，存之以當水利議。

東南七郡水利略敍 代

杭、嘉、湖、蘇、松、常、太七州郡之水，原於宣、歙、天目諸山，而以太湖爲壑，太湖又以海爲壑，而由湖入海，則三江爲之門户焉。太湖匯源水之來，湖所不能容者，則亟而爲蕩，爲漾，爲泖，爲澱，凡百有奇，如人之有腹乎？三江導尾水之去，江所不能遽泄者，則亟而爲浦，爲港，爲渠，爲瀆，爲洪，涇，浜，漊，凡千有奇，如人之有腸胱脈絡，以達尾閭乎？七州郡地勢，北高而南下，常州則自五堰築，而胥溪以西之水不下於太湖；嘉興則自海塘築，而浙江之潮不及於震澤：東南水患，十殺三四。譚者遂以淞江、東江、婁江爲震澤之利害焉。東江委於劉河，而淞江居中，正承太湖咽吭以入海，於利害尤切膚。故單鍔、郟亶著書，海瑞、夏原吉興役，皆詳蘇、松而略嘉、湖，豈非上游之利害，視下游之鬯塞哉！

道光五年，安化陶公撫吴，承三年大潦之後，繼以南漕海運之舉。七年，遂奏請濬吴淞口，開新道以利其流，去舊閘以暢其壅，江溜大放，敵潮東下，故九年江、鎮、淮、揚復大澇，而蘇、松之災少澹焉。又以次濬鎮江之練湖，常州之孟瀆、太倉之劉河、白茆，以濟運溉田。惟杭、嘉、湖三郡，環太湖西南，非部内所轄，且謂下游疏則上游自宣泄，故經畫未及也。而烏程淩君淶爲《七郡水利書》，則獨詳於湖州桑梓之利害。蓋自上游瀦水之碧浪湖，東水之運塘，分水洩湖之漊港，與自湖入江之長橋，或淺或圮，或淤或陋，以致諸山之水不及稍瀦，而徑奔於運河諸漊，運河諸漊之水，又不能盡泄於太湖，而既至太湖又不能遽達於江，徒潰濫四出，患田畝，沈廬舍，故是書於湖州三致意焉。然中路太湖之長橋口不通，而遽治上游，無益也；下游吳淞尾閭不暢，而遽治湖口，尤無益也。下游湖口雖通，而謂上游可不必導水入運，障運入漊，導漊歸湖，遽可不疏自治，亦不可盡得也。天下事皆先本後末，惟治水則以末爲本。故其利害功效，下游居十之七八，而上游僅十之二三。然則治吳中之水，終須致全力於吳淞，而未可紊其節次，勞其工程，舍尾閭而先腸胃哉！烏乎，豈但治吳水然哉！此代陶文毅序凌君書也，略改存之，以當水利議。

三江口寶帶橋記 代

東南之水，瀦於震澤，尾閭於三江，而吳江長橋、元和寶帶橋鑰其門户。自宋汔清七八百年，代濬代淤，要未嘗竟源委、討積病，一舉而大治。道光三載，吳、越大澇，黿鼈生萬竈，蛟鼉嬉千里，東南田賦什不一二，始厪聒於三江之淤塞。五年，兵部侍郎陶公自安徽移撫江蘇，承海運之後，始奏疏吳淞江。十二年，陶公總督兩江，巡撫林公復與督府會奏，濬劉河、白茆河，旋又通七浦、徐六涇之口，修崑山之至和塘，濬太湖之茆澱，而告成於三江口之寶帶橋。三載經營，百廢備舉，先後縻金錢若干萬，而劉河則以元和知縣黃冕奉檄總其役，寶帶橋又元和所轄也。

惟東南水道今昔異形勢，今之修濬三江異昔人者有二：吴淞自昔以建閘禦潮爲首要，今宫保陶公以吴淞爲中條正幹，非支河汊港比，宜宣不宜節，獨去其閘，直其灣，闊其源，深其尾，塞其旁泄，使溜大勢專足以敵潮刷沙東下。故道光十一年、十三年江潦連歲横溢，而吴田不告大災，皆吴淞泄水之力，此其異昔而收效於今者一。劉河、白茆河自昔以通海口爲要，今撫部林公與督府會籌，以爲三江並行，必淤其一二，今正溜專趨吴淞，則不宜多殺其勢，而劉、茆二海口，内外高下平等，舊苦鹹潮倒灌，介蟲逆上害田穡，尤不宜引寇入户，於是壩其海口，使不通潮，而導蓄清水。十四年太湖發蛟，江水驟漲丈餘，急決海口大壩，不三日水驟退，吴田大熟。而海嘯風潮時作，亦不致倒侵内地，太倉、常熟、昭文沾溉數萬頃，此其異昔而收效於今者二。

故三江之役不第今昔相反也，即此江之役與彼江亦相反也。圖度於事前，而不旋踵收功於事後，其經費則皆拮据於財賦勞瘁之餘，視昔人尤不易。非大府痌心民瘼，斷莫之舉也。古君子爲政有成，則必述其始終經畫之本末以詔後人，故《春秋》役民力必書。今斯橋扼三江之要，爲諸壑喉，爲漕艘衝，後之守土者，道出其閒，覽澤國之形勢，念東南農田之利病，慨然於周、海諸君子之遺烈，洞然於此江與彼江之異形，今江與昔江之共勢，因時制宜，舉廢興滯，吴民其庶有瘳乎？遂勒石橋右，既以揭各賢牧伯經營數載之用心，且以勸後。

古微堂外集卷六終

古微堂外集卷七

邵陽魏源著

籌漕篇上

道光五年夏，運舟陸處，南士北卿，匪漕莫語。先籌民力，乃及天庾。一壺中流，敢告幕府，作《籌漕篇》。

客曰：僕伏東海之壖，隸貢賦之鄉。今者淮決湖涸，千里連檣，❶積如山岡。蓄清則無及，由陸則財傷，航海則非常。然東南之粟，終不可不登于太倉。竊耳當事之議，欲借引夫河黄，蓋不得已用之，庶權宜濟急之一方。或者其可行乎？

對曰：非下士敢議也。然竊聞之：利多害少，智者爲之；害多利少，審時施之；有害靡利，無時而宜之。今者堰雖決矣，河未病也；清雖泄矣，可徐盛也；漕雖亟矣，策未罄也。智者因禍而爲功，未聞加患而益甚。若之何用河而河病，助清而清病，濟漕而漕病？夫黄宜合不宜分，分則力弱而沙沉；清宜迺不宜淤，淤則倒灌而患深。將姑爲濟運計乎？竊恐運河淺狹，豈容濁泥，數日而膠，旬日而夷，銜尾磨淺，有如曳黿。進退觸藩，計當安施，幸蚤圖之，毋悔噬臍！

客曰：江、淮二瀆，皆瀕于海，淮爲河奪，故道未改。贛艅沙船，運貨吴淞，來往爲恒，未嘗失風，是沿海可行也。嘉慶中，

❶ 「檣」，原作「穡」，今據淮南本改。

開減壩，奪鹽河，淮北之商，載鹽海航，由福山入江，行千五百之内洋，是江口可通河北也。今者糧艘扼于清口，進退兩難，盍令由江下海，入於雲梯之關，逆溯而至中河，奚必濡滯乎湖干？

曰：是康熙中所曾議，而河臣張鵬翮格之未行者也。夫贛榆之淺船，無過二百石，故可載輕以涉沙，詎可行千餘石之重艘乎？鹽運自北而南，可進乎江口；糧艘自南而北，必上乎黄河。鴻流噴薄，百里爲激蕩，兩岸絶縴道，豈能効逆上之魚乎？改由海舟，費且無益，矧在漕舟，十無一濟，如之何可行也！

客曰：古之漕運，皆用轉般，沿水置倉，遞輸于官。江舟不入淮，淮舟不入汴，汴舟不入河，河舟不入渭，自宋崇寧中始改爲直達綱。今清口齟齬，漕舟不能入黄，則盍仿建倉之意，截留滯粟于淮、揚，或仿轉般之法，集河北、山東、河南之船於北岸，接運乎清江。二策居一，可否其行？

曰：兹所策者，將以暫行乎，抑永行乎？其以濟全漕乎，抑半漕乎？南漕正耗四百萬石，以一倉貯萬石，必四百餘倉。木必堅厚，地必高燥，費鉅時曠。其未成以前，截留之粟無所貯。將糶賣以易新乎？則出入之間，貴賤兩傷，折耗百出。將修以備將來不時之急乎？則不遺力以造倉，倉成而河運通，仍歸無用。將不建倉而第接運乎？則河南、山東、直隸額設之官撥船二千百有五十艘，每船止受二百五十石，僅可運米五十餘萬。縱盡簽商民之船勿顧怨咨，亦不過百餘萬石，尚不足濟南漕之半。必更增造五百石之船數千艘，爲費數百萬。而清江過壩每日僅能過二萬石，非二百日不能竣，必誤抵通之期。且唐、宋漕運，皆以民不以軍也。今循明代之軍運，而用唐、宋之轉般，則自黃河以北，其仍用屯丁乎，不用屯丁乎？用屯丁則雖轉般而依然直達，且本艘之回空莫顧，撥船之兼轄難周。如不用屯丁而至淮即還，則接運北上者，民乎官乎？沿途稽察誰司，通倉勒索誰給，米色耗壞誰任乎？夫唐代沿途置倉，遞相灌注，已有斗錢運斗米之言。今不革數百年之運軍與百餘年之倉弊，而漫議永行者，左也；無素備之倉廒與一定之成憲，而倉卒暫試者，尤左也。子言師古，吾見其滯今也。

客曰：舊漕變價，新漕折價，可乎？

曰：太倉之儲，非下士所測其數，可否停運，議俟廟堂。且以數百萬米易銀，銀必貴；以數百萬銀易米，米必貴。出入皆耗，是變價之累在官。於秋成穀賤之時，而責以納銀，則賤愈賤；於浮收積弊之後，而責以斂銀，則浮愈浮，是折色之累在民。況正供有定，河患無恒，停運其可常乎？是倉儲之虞并在國，以此策之，又未見其可也。

客曰：救急之圖，苟且之計，固皆躓矣。請舍一時之謀，商異日之畫，亦有二議，或可久遠乎？曰：願聞其說。客曰：古言運道，必曰汴渠，託始鴻溝，大闢于隋。起滎澤，引河入汴達于淮，曰通濟渠；又因沁水南連河，北通涿，開以濟運，曰永濟渠。唐、宋以來皆因之，是古運道本出于河、淮之上也。自元濬會通河而汴道遂廢，然其東支入渦者，上流雖塞，而其南支合潁名賈魯河者，仍上受京、索、須、鄭諸水。由祥符之朱仙鎮周家口至潁州以注于淮，商舟輻輳焉。若再施開濬，引漕舟山洪澤溯淮而上，入汴以抵于河，則祥符之對岸即爲陽武，距衛河僅六十里。又上游之沁河，舊本入衛，近改由武陟入河，仍可分流入衛。使由此泝之，則其南由淮入汴者，即今日商舟通行之水；其北由沁、衛達天津者，即今日通漕之水。不大煩穿鑿而運道出于河、淮之上游，不復與清口相犯。高堰之水，可以毋蓄，而淮、揚下河之水患可免矣。微山、蜀山諸湖可以毋蓄，而山東之澇旱可免矣。

曰：若子之説，是移清口于河南，以鄰國爲壑者也。病河病漕，以之直達固不行，以之轉般亦不行者也。隋之去今，千有餘載，河底深通，視今數倍。然且旋開旋閉，唐劉晏等即已改用轉般，不能直達。宋都汴京，南漕本不入河，其北漕甚少，已歲虞河口之倒灌，故嘗塞河引洛循廣武以入汴，及河嚙廣武而運廢。宋室南遷，金源河徙，諸渠淤廢，是以元人改開會通河。豈不知汴、沁自然之利，甘鑿空勞費之役哉！況今又五百餘載，河高地下，勢同吸注，引賊入室，建瓴必潰。南決入汴，則必無開封；北決入衛，則必無衛輝。且南河有減水壩，而東河無之者，蓋建壩必依石山而藉膠泥。自東河以上，地坦土疏，即減壩尚虞其奪溜，況引河通運乎？若欲泝汴而上，由鄭水以至河陰，與武陟對岸，以截河而入沁，則鄭水涓淺不可以舟。且沁性濁悍，歲虞横決，而欲以人力操縱之，使七分入黄，三分入衛，沁必全勢北趨，不必河躡其後矣。若即于陽武元人陸運之道，車載六十里而至衛河，則昔人所運不過數萬至十萬石，今以數百萬之漕而三易其舟，兩般其堤，勞費尚可問乎？且兩岸之倉，接運之船，不與前議同弊乎？是以衛運則中灤、淇縣之輓，陳州、新鄉之運，元、明偶試之而不恒也，汴、沁則胡世寧建議于嘉靖，范守己貢策于萬曆，而皆不用也。

客曰：然則黃河者，運河之賊乎？故漕與河不雙行。舍河用海，事有元、明，易安以危，世復望洋。竊極憤悱之思，欲去兩短集兩長，則盍舍運河開膠萊河，辟外洋從內洋？愚者千慮，必有一當，請爲子陳其詳：夫江南之與北直，接壤海壖，里距不遠也，而山東之登、萊二州，斗出海中，長如箕舌，由南赴北，舟行必繞出其外。故元人海運三道，皆放黑水大洋趨成山繞至天津，遠者萬餘里，近者四五千里。誠由膠至萊鑿通故道三百里，則漕舟出射陽湖之廟灣，入海三百八十里，至山東，入膠河，至萊州海倉口，復入海四百里至直沽，凡舟行千有四百餘里，而沿海洋中不過六百里。內免黃流之隔，外辟黑洋之險，以海運之名，有漕河之實，計勿便此矣。

曰：元初之故蹟，劉應節、崔旦之遺説，僕亦嘗攷之，馬家峽之難開，分水嶺之難鑿，兩海口之潮沙難去，濰、沽河之水勢難引，吾子諒亦聞之，今不更端矣。旦即使沙石天開，海潮神助，揚帆莫禦，而抑知有不可行不必行者乎？夫海舟不畏深而畏淺，不患風浪而患沙礁，江南沿海，橫亘五大沙，舟行所最畏。元初沿海求嶼，逾年始至，旋辟其險，徑放大洋，而旬餘即達。況今黃河雲梯關外，復漲千里長沙，皆舟行必避之險，若由膠、萊故道，則舟當何出乎？將北出淮河口，則今已爲黃河所奪，將南出射陽湖，則口若仰盂不可以通大艘，斷不能不出商船所由之福山、吴淞二口矣。既出福山、吴淞，則由崇明十滧直放大洋，必繞逾大沙暗礁二千餘里而至山東，但再行内洋千里，即天津矣。豈有已過險遠之外洋，反辟平恬之内海，而折入膠、萊之小河，是不知地利。江舟不可以行海，海舟不可以入膠，而膠河撥舟，又不可以泛直沽，將必一米而三易其載，一運而三增其費，是不審人事。懲會通之穿鑿，而復以穿鑿易之；辟大洋之險遠，而更以險遠益之。舍徑即迂，求奇反拙，尤未見其可行也。

客曰：然則海運其可行乎？

曰：天下，勢而已矣。國朝都海，與前代都河、都汴異，江、浙濱海，與他省遠海者異，是之謂地勢。元、明海道官開之，本朝海道商開之，海人習海，猶河人習河，是之謂事勢。河運通則瀆以爲常，河運梗則海以爲變，是之謂時勢。因勢之法如何？道不待訪也，舟不更造也，丁不再募、費不別籌也。因商道爲運道，因商舟爲運舟，因商估爲運丁，因漕費爲海運費，其道一出于因，語詳賀方伯復魏制府書中。其大旨曰：海運之利有三：曰國計，曰民生，曰海商。所不利者亦有三：曰海關稅儈，曰通州倉胥，曰屯丁水手。而此三者之人，所挾海爲難者亦有三：曰風濤，曰盜賊，曰黦濕。此三難者，但以商運爲海運一言廓之而有餘。故曰：爲千金之裘，毋與狐謀其皮；築數版之室，毋于道謀其疑。衆人以詾詾敗事，聖人以詾詾決機。苟非其人，法不虛創，功不虛施。時乎，時乎，智者爭之。

籌漕篇下

道光七年夏，減壩既築，禦壩仍不啓，

黄高于清，漕舟復艤。天子命相臣行河，群難復起。作《籌漕下篇》。

客曰：爾者海運則既行矣，顧所欲海運者，爲河漕不能兼治，故欲停運以治河也。河通而漕復故，則海運何所用之？其將河、海並行乎？抑將以海易河乎？

曰：此河臣明于河不明于漕之言也；又但知治江西、湖廣之漕，而不知治江、浙之漕之言也。河之患在國計，漕之患在民生。國家歲出數百萬帑金以治河，官民歲出數百萬幫費以辦漕，河患即有時息，幫費終無時免，孰謂河治而漕即治乎？全漕即不由河，河未必因此而治，況江、浙之漕即由海運，而湖廣、江西之漕，斷不能不由河運，孰謂海運行而河即可無事乎？江、楚賦輕而船重，抵淮遲，汛漲輒虞堵閉，故言漕事則易而運道則難。江蘇賦重而船輕，抵淮蚤，汛前尚可籌渡，故言運道則易而漕事則難。海運者，所以救江蘇漕務之窮，非徒以通河運之變也。且河運幫費既不可去，海運亦需僱舟，而謂幫費可盡去者何哉？屯艘行數千里之運河，過淺過閘有費，督運催攢有費，淮安通壩驗米有費，丁不得不轉索之官，官不得不取贏于民。合計公私所費，幾數兩而致一石，尚何暇去幫費。海運則不由閘河，不經層飽，不餽倉胥。凡運蘇、松、常、鎮、太倉五州、郡百六十萬石之糧，而南北支用經費止百有二十萬，以蘇藩司歲給屯丁銀米折價給之而有餘。是漕項正帑已足辦漕，尚何取乎幫費？無幫費則可無浮勒，無浮勒則民與吏懽然一家，然後可籌卹吏之策。或將江、浙二省地丁錢糧向例收錢者，奏改收銀，以免火耗申解之賠累，以劑一切辦公之需費，視收漕之浮勒不及其半，舍重就輕，民必樂從，吏無少絀。故海運于治河無毫髮之裨，而于治漕有丘山之益，較河運則有霄壤之殊。舍是而徒斤斤補救，議八折，議卹丁，禁包户，禁浮收，皆不揣其本而齊其末也。即不然，名議海運，僅斤斤于河道之通塞，而不計東南民力之蘇困，吏治之澄濁，亦見其軾不見其睫也。

客曰：海運爲蘇、松漕計則得矣，浙江、淮、揚仿此可識矣，湖廣、江西之漕，其無可籌乎？

曰：內河之貢道，天庾之正供，其不能全歸于海運明矣。越重湖大江千餘里，而至淮安，則屯丁、屯船不可裁亦明矣。然江、楚賦輕，則輸納之困，差緩于江蘇；江、楚船重，則閘河之累，亦甚于江蘇。賦重者既于其賦捄之，船重者亦于其船治之而已。人知黄河横亘南北，使吴、楚一綫之漕莫能達，而不知運河横亘東西，使山東、河北之水無所歸。人知幫費之累，極于本省，而不知運河之累，則及鄰封。蓄櫃淹田，則病潦；括泉濟運，則病旱；行旅壅塞，則病商；起撥守凍，則病丁；撈濬催儹，則病官；私貨私鹽，則病榷；恃衆騷擾，則病民；皆由于船大而載重。夫大與重豈例應爾哉！《會典》所載各衛所運糧之船，名曰淺船，闊毋逾丈，深毋逾四尺，約受正耗米五百石，入水毋過三尺，過淮驗烙，有不如式者罪之。必使船力勝米力，水力勝船力，雖河淺閘急，亦可銜尾遄進而無阻。曩惟江南、河南、山東之船，尚不逾制，其江西、湖廣、浙江之船，則嵬然如山，隆然如樓，又船數不足，攤帶票糧，入水多至五尺以外，於是每大艘復攜二三撥船以隨之。是以渡黄則礙黄，入運則膠運，遇閘則阻閘，一程之隔，積至數程，北上之後，復滯回空。而邇日山東、江南之船，亦復仿效逾制，繼長增高，日甚一日。其實所載額米仍不過六百石，餘悉爲攬鹽、攬貨之地，沿途販售，所至輒留，稍加督催，輒稱膠淺。夫既知大而窒礙，何不使小而便行。誠使嚴勅有漕各省，每遇更造之年，力申違式之令。凡糧艘至大以千石爲度，以六百石受正供，百石受行月口糧，餘三百石許其載貨。不出數年，悉改小矣。夫然而旗丁之困窮可以卹，幫費之浮甚可以輕。何則？丁之苦累者五，曰：遇淺撥載之費，過閘繳關之費，回空守凍之費，屯弁押運之費，委員催儹之費。今既改小則不膠不撥，遇閘提溜，通力合作，勒索無由，而費省十之一二矣。抵通不踰六月，回空不踰十月，而費省十之三矣。各幫惟遲重難行，故本幫千總領運而外，復委押重押空各一人，沿途文武催儹而外，復有漕委、河委、督撫委，其員數百，每船浮費，其金又數百。今既載輕行速，冗濫盡裁，而費省十之五六矣。所省各費，即足應通倉之胥規，而所餘尚半，大益于本漕者以此。夫然而泉河灌引之禁可以弛，諸湖淹田之害可以損。山東微山諸湖爲濟運水櫃，例蓄水丈有一尺，後加至丈有四尺，河員惟恐誤運，復例外蓄至丈有六七尺，于是環湖諸州縣盡爲澤國。而遇旱需水之年，則又盡括七十二泉源，涓滴不容灌溉。是以山東之水，惟許害民，不許利民，旱則益旱，潦則益潦，人事實然，天則何咎？今漕艘改小，入水僅三四尺，則湖可少蓄，而民田之涸出者無算；旱可分引，而運河之撈濬亦可紓：大益于鄰封者以此。

客曰：會通之河，非第運糧，亦以通貨。今漕艘不許多載，則京師百物踊貴，而水手工食不敷。且江、楚船數不足，每多灑帶。今改小既不敷分載，增造又費將安出？越洞庭，彭蠡，涉長江，非重大其能禦風而壓浪乎？糧舟三載小修，五載大修，十載拆造。如必逐年漸改，則勢不畫一，一舟不前，千艘皆滯，安能望十年之迂效而捄目前之急難乎？

曰：賤貨必在通商，通商必在利行。未聞旅滯而物集，途通而貨壅。船既遄行，則荊、揚、豫、兖之貨循運河而上，江、浙之貨附海漕而北，物價必賤于前。且船大則水手必多，多則不得不各販私以裨工食。今則向用數十人者，止用十餘人，利散見少，專則見多，贏絀較然矣。船大則造費亦大，故不能足數。若以二千石之船，改歸千石，則即使二船造三，亦有贏無絀矣。四川、湖廣販米、販貨之船，穿巫峽、歷洞庭而下者，或五六百石，至千石而止，往還無失，知船之勝風濤在完固善操駕，不在巨觀矣。❶是三難者皆不足慮。至逐年漸改之期，則以二船改三計之，江西十三幫，但改六百艘，已足九百艘之數，六年而始畫一。湖廣六幫，但改二百七十艘，已足四百餘艘之數，三年而始畫一。若求易簡速效之方，尤有一舉兩利之策。考江蘇一省，漕最大，船最多，而較浙、楚爲制最小，江蘇既全歸海運，則所餘空艘，即足以受浙、楚三省之糧。誠使江、廣重運至瓜洲，即卸糧于吴船，仍令原省屯丁水手接運北上，易船而不易人。如浙江未歸海運，則并將吴船移至

❶「巨」，原作「距」，今據淮南本改。

杭、嘉、湖受載，亦易船而不易人。其浙、楚三省重船，售與大江運鹽販貨之巨商，變價歸官，以安置江蘇水手。如浙漕亦歸海運，則估變浙艘亦即以安置浙江水手。是一轉移間而江、廣重運爲輕運，豈必求三年之艾，始捄七年之病耶？

客曰：南漕固不可全歸海運，而河患難必。萬一江西、湖廣之漕，灌塘亦不能濟，庸遂無策以籌之？

曰：海運獨除江、楚、安徽者，爲經久計，非不可爲權宜計也。且河運所難于江、廣，非獨船重，亦以途遥。夏汛啟壩，恒虞倒灌。至海商豆麥之利，則在春、秋、冬三季，其時船價皆增，而夏季則北方缺貨，船價亦減。此時江、廣重運，正抵瓜洲，順風赴北，至平至速，是海運反以江、廣爲便。諺云：「五月南風水接天，海船朝北是神仙。」如使河運中梗，漕艘不能飛渡，原可兼前策而暫行之，令海船春季則舉江、浙之漕一運而至津，夏季而舉江、廣、淮、揚之漕接運而赴北。俟河運既䆒，則仍罷海運歸故道，權宜變通，夫奚不可！且當事所難于江、廣之海運者有二：一則漕費已給旗丁，而海舟僱價無從出也；一則瓜洲至福山口二百里，糧船不熟水道，海船又不肯就兑也。不知重船既不北上，盡省閘河通倉之費，獨收沿江售貨回空迅速之利，且非江、浙永行海運，盡廢漕丁者比，則但酌給幫費，已大懽忭。而其未給之漕項銀米，移歸海運，乘夏季海船價減之時，每石尚可酌省，當無不足。江、廣漕項不及蘇、松之寬裕，故必節省方足。至揚子江下汔福山口水道，則崇明買米之船，可至江寧、安慶，豈不可至瓜洲？而其自上而下者，尚有焦湖之米船，鎮江之紅船，咸熟于沙線。國初海寇張名振、鄭成功皆以海艘直闖金、焦，往返如戶闥，誰謂海艘不可入江者？但令沙船三月末齊集福山口，先僱米船數十嚮導海船往反，試行一次，使沙礁洞然，即僱各幫海船泝至京口受兑，計江、廣百萬之漕，但用海門、通州、崇明三幫已足，其沿江彈壓，則有通州、狼山鎮，而京口南北兩岸，可泊數千艘，天時地利，皆出十全。以海受江，可經可權，誰謂宜吴船而不宜楚船也？雖然，此議暫行，則南貨多由南通州附載，不盡由上海，于海關牙儈又有不利焉。顯阻陰撓，勢所必至。吾故總策運事而始終斷之曰：苟非其人，法不虚行。

海運全案序 代賀方伯

道光四年冬，淮決高堰，竭運河，天子深維海與瀆相消息，疇咨夾右故道。維時輔臣力贊，大府僉同，而臣長齡適藩南服，綰海國漕貢，迺襄議，迺籌費，迺遴員，迺集粟，迺召舟，僚屬輯力，文武黽心。其明年，遂航海致米百五十萬石京師。六年夏，既蕆事，僉曰：是役也，國便民便，商便官便，河便漕便，于古未有。于是作而言曰：

時之未至，雖聖人不能先天以開人，行海運必今日，其諸至創而至因者乎！古之帝者不盡負海而都，或負海都矣，而海道未通，海氛未靖，海商海舶未備，雖欲藉海用海無自。故三代有貢道，無漕運；漢、唐有漕運，無海運；元、明海運矣，而有官運，無商運。其以海代河，商代官，必待我道光五年乘天時人事至順而行之，故無風濤、盜賊、黴濕之疑也，無募丁、造舟、訪道之費且勞也。乘天時人事交迫而行之，瀆告災，非海無由也，官告竭，非商不爲功也。乘百餘年海禁之久開與臺洋十萬米之已試而行之，其事若無難，其理至易見也。然猶先遲之以借黄，重遲之以轉般，不可謂不慎。然微宸斷樞贊之，必不可已，群議陰陽，猶將眩以闚價之折實，刼以通倉之胥勒，難以屯丁之安置，不可謂不格。成事何易，任事何難。《易》曰：「夫乾，天下之至健也，德行恒易以知險；夫坤，天下之至順也，德行恒簡以知阻。」又曰：「窮則變，變則通。」「神而化之，使民宜之。」故知法不易簡者，不足以宜民；非夷艱險而勇變通者，亦不能以易簡。以海運之逸濟河運之勞，而謂治河必停漕，無是也；以海運之變通漕運之窮，而謂治漕必病河，無是也。有百年之計，有焦然不終日之計。今者官與民爲難，丁與官爲難，倉與丁爲難，而人心習俗囂于下；黄與淮爲難，漕與河爲難，而財力國計耗于上。鑿枘沸濡，未知所届，中流一壺，夫豈無在。或者欲以蘇、松二府之漕，歲由海達爲常，而改小江、廣之重艘以利漕，變通目前之河道以利黄。大聖人端拱穆清，攬群策，執參伍，探萬物之本原而斟之，王路奚患不蕩，王道奚患不平。老子曰：「大道甚夷，而民好徑。」非海難人而人難海，非漕難人而人難漕。本是推之，萬物可知也。不難于祛百載之積患，而難于祛人心之積利，反是正之，百廢可舉也。敝不極不更，❶時

❶「敝」，原作「敬」，今據《皇朝經世文編》卷四十八改。

不至不乘。正其原，順而循，補其末，逆而勢，苟非其人，功不虛創，❶事不虛因，其以海運爲之椎輪。

海運全案跋

今之譚海運者，咸謂以變通河道之窮，河道通則無所用之。此但爲運道言，而未爲漕事言也；抑但可爲江西、湖廣之漕言，而未可爲江蘇之漕言也。江、廣賦輕而船重，抵淮遲，汛漲輒虞堵閉，故言漕事則易，而運道則難。江蘇賦重而船輕，抵淮早，汛前尚可籌渡，故言運道則易，而漕事則難。然江、廣之船，去河遠，去海尤遠，終不能不以運道之通塞爲利弊。若江蘇之船，去河近，去海尤近，并不以運道之通塞爲利弊。臣守土官，所職司者漕耳，請耑言漕事：

蘇、松、常、鎮、太倉四府一州之漕，賦額幾半天下，而其每歲例給旗丁之運費，則爲銀三十六萬九千九百兩，爲米四十一萬一千八百九十三石，計米折價，直銀九十三萬六千七百五十九兩，共計給丁銀米二項，爲銀百二十九萬五千七百五十八兩。上之出于國帑者如此，而下之所以津貼幫船者，殆不啻再倍過之。通計公私所費，幾數兩而致一石。官非樂爲給也，民非樂爲出也，丁非盡飽厚利也。軍船行數千里之運河，過淺過閘有費，督運催儹有費，淮安通壩驗米又有費，亦知其所從出乎？出於彼者必取於此，而公私名實之不符，有所贏者必有所絀，而良莠强弱之不平，吏治何由而清，

❶「功不虛創，事不虛因」，原作「功不虛因」，今據《皇朝經世文編》卷四十八改。

民氣何由而靖？惟海運則糧百六十三萬三千餘石，而計費僅百四十萬，抵漕項銀米之數，所溢無幾，而幫船之浮費絲毫無有焉。誠使決而行之，永垂定制，不經閘河，不飽重壑，則但動漕項正帑，已足辦公。舉百餘年丁費之重累，一旦釋然如沉痾之去體，豈非東南一大快幸事哉！彼謂變通濟運者，所益固在國計，而調劑漕務，則所益尤在民生。聖人舉事，無一不根柢於民依，而善乘夫時勢，故舉一事而百順從之。以是知儳然不終日之中，必無易簡良法，而事之可久可大者，必出於行所無事也。

海運之利，非河運比；本朝之海運，又非前代比；江蘇之海運，又非他省比；而蘇、松等屬之海運，又非他府比。誠欲事半而功倍，一勞而永逸，百全而無弊，人心風俗日益厚，吏治日益盛，國計日益裕，必由是也，無他術也。若夫謀議之始末，設施之綱目，前序後紀備矣，不復及云。

道光丙戌海運記 代

傳曰：「有始有卒者，其惟聖人乎！」又曰：「凡民可與樂成，難與圖始。」國家宅京西北，轉漕東南，舍元襲明，以河易海。康熙、嘉慶中，以河患屢籌改運，議皆不決，豈非《春秋》大復古重改作之意哉！道光五年，海運之役，行之倉猝之餘，試之百六十餘萬之粟，倏抵太倉而民不知役，國不知費。天下見其行之孔易矣，抑知其撓之甚衆且艱？天下見其不疾而速，不行而至矣，抑知其謀之至周且確？不有所述，使後世僅見與元代招盜、造舟、募丁、訪道勞費者比，即不然，亦僅謂一時權宜備緩急，罔關利國利民久遠大計；則暫試于一時，猶將排闢于事後，奚以見明明穆穆，貫周萬慮，一備百順，至簡易，可久大，永永與天地無極？用敢拜手而爲之記。

初，四年冬，高堰決，運道梗，中外爭言濟漕之策，或主借黄，或主盤壩，發言盈廷，罔所適從。天牖帝心，有開必先，則有首咨海運之詔。群疑朋興，葸沓苟安。匪曰風颶，則曰盜賊；匪曰黴濕，則曰侵耗。造募則曰勞費，招雇則曰價鉅。以暨屯軍之閒散，通倉之勒索，爭先爲難，百議一喙，坐失事機，自春徂夏。既而借黄盤壩皆病，天子喟然念東南民力之不支，是用疇咨於左右輔弼之臣。於是協辦大學士臣英和奏言：「治道久則窮，窮必變，小變之小益，大變之大益，未有數百年不敝且變者。國家承平日久，海不揚波，航東吴至遼海者，晝夜往反如内地。今以商運決海運，則風颶不足疑，盜賊不足虞，黴濕侵耗不足患也；以商運代官運，則舟不待造，丁不待募，價不更籌也。至於屯軍之安置存乎人，倉胥之稽察存乎人，河務之張弛存乎人。矧借黄既病，盤壩又病，不變通將何策之出？臣以爲無如海運便。」詔仍下有漕各省大吏議。於是臣琦善自山東移督兩江，臣陶澍自安徽移撫江蘇，咸奏請以蘇、松、常、鎮、太倉四府一州之粟全由海運，詔曰：「可。」是秋，臣陶澍暨江蘇布政使臣賀長齡先後至上海招集商艘，宣上德意，許免税，許優價，許獎勵，海商翕然，子來恐後。爰設海運總局於上海，以川沙廳同知臣李景嶧、蘇州府督糧同知臣俞德淵董之，與道府各臣共襄其事。又遣道府丞倅先齎案册及經費十餘萬，由陸赴北，與直隸執事官各設局天津，而欽差理藩院尚書臣穆彰阿爲驗米大臣，會同倉場侍郎駐天津，與直隸督臣共籌收兑事宜。於是南北並舉，綱挈目張。至於誓水師壯聲勢以聯絡其間者，則江南提督、蘇松鎮、狼山鎮總兵自吴淞會哨至鶯游門，山東登萊鎮總兵自鶯游門會哨至廟島，直隸天津鎮總兵自廟島會哨至直沽口。

章程既定，明年正月，撫臣親莅海上，部先後，申號令，各州縣剥運之米，魚貫而至，鱗次而兑，浹旬得百三十餘萬爲首運，餘三十餘萬歸次運。告祭風神、海神、天后，集長年三老，犒酒食銀牌而遣之。萬艘讙嘑，江澄海明，旌旗飄動，鼉龍踊躍。由崇明十滧而東，繞出千里長沙，踰旬畢至天津。回空再運，訖五月而兩運皆竣，勺粒無損。視河運之粟瑩潔過倍，津、通之人覩未曾有，先後詔奬任事各臣有差。

是役也，其優於元代海運者有三因：曰因海用海，因商用商，因舟用舟。蓋承二百載海禁大開，水程之險易，風汛之遲速，駕駛之趨避，愈歷愈熟，行所無事。知北洋不患深而患淺，故用平底沙船以適之；知海船不畏浪而畏礁，故直放大洋以避之；知風颶險于秋冬，❶平于春夏，故乘東南風令以行之。因利乘便，事半功百，而元代所未有也。

其優於河運者有四利：利國，利民，利官，利商。蓋河運有剥淺費、過閘費、過淮費、屯官費、催儹費、倉胥費，故上既出百餘萬漕項以治其公，下復出百餘萬幫費以治其私。兹則不由内地，不經層飽，故運米百六十餘萬而費止百四十萬金，用公則私可

❶「知」，原脱，今據淮南本補。

大裁，用私則公可全省，實用實銷，三省其二，而河運所未有也。

其行之也則有三要：曰招商雇舟，曰在南兑米，曰在北交米。其招商雇舟如之何？曰：沙船載米自五百石以上二千石以下，計四府一州之粟，需船千五百六十有二號，石給值銀四錢，每船賽神銀四兩，犒賞三兩，天津挖泥壓空錢一千，每百石墊艙蘆席銀一兩三四錢有差。每米一石，白糧給耗一斗，糙糧給耗八升，每船載貨二分，免其稅。凡受雇之船，限十一月集上海候兑，過遲者罰。是爲運之始要。其在南兑米如之何？曰：沙船齊泊黄浦江，按各縣先至之糧，以次派之，某船即給某縣之旗以爲號。各縣剥運至，則監兑官率船商以鐵斛較其斛，驗米官呈米糧道以驗其米。仿河運之例，船各封樣米一斗，令呈天津以驗其符合，復截給三聯執照，一存局，一給船户，一移天津收米官以稽其真僞，隨兑隨放。至崇明十滧，候東南風齊進。是爲運之中要。其在北交米如之何？曰：沙船至天津口，由直沽河泝流百八十里，縴輓而至天津東門停泊待驗。如在洋遇風，斫桅鬆艙者，依漕船失風例奏請豁免。其他故缺壞者以耗米補之，再不足者責其償，其領運萬石以上者賞以級。到津驗米後，兑交剥船即與沙船無涉。其餘米收買，貨物免税，仍給三聯執照如上海之例。是爲運之終要。此皆本年試行海運之已事也。

如將復行垂永制則如之何？曰：尚宜籌盡善者，亦有三焉：創行之始，商情觀望，願載貨而不盡載米。及交卸速而受直厚，知載米利赢于載貨，則宜一運以畢，無煩再運，而一要無餘憾矣。止上海牙人赴北之行，定商艘到津停泊之界，稽山東各島逗留以免滯，買天津挖泥官地以防争，縴令自雇以免勒索，旗繳再用以省糜費，則次要無遺憾矣。其由津運通之剥船二千，中途難免侵耗，宜令通倉各胥于天津收米具結後，即令押剥運通，再有損濕，惟各胥是問，則三要無遺憾矣。至於法久弊生，因時制變，則神而明之，存乎其人。

復魏制府詢海運書代

海運之事，其所利者有三：國計也，民生也，海商也。所不利之人有三：海關稅儈也，天津倉胥也，屯弁運丁也。而此三者之人，所挾海爲難使人不敢行者亦有三，曰：風濤也，盜賊也，霉濕也。所挾人爲難使官不能行者亦有三，曰：商船僱價也，倉胥勒索也，漕丁安置也。必洞悉夫海之情形與人之情僞，且權衡時勢之緩急，而後之難行者無不可行，且不得不行。某自二月中旬，蒙示廷寄，命籌海運以來，宵旦討論，寢食籌度，徵之屬吏，質之濱洋人士，諏之海客畸民，衆難解駁，愈推愈審，萬舉萬全，更無疑義，敢以貢之大人執事。

元代創行海運，十年而道三變。明王宗沐力主海運，亦以海道不熟，失風鶩遊門而罷。今則海禁大開，百三十餘年，遼海、東吴若咫尺，朝洋暮島如内地，則道不待訪也。元初造平底海船六十艘，運四萬六千石，其後船歲增造，費且無算。今上海沙船及浙江蛋船、三不像船，並天津衛船，自千石以至三千石者，不下二千號，皆堅完可用。通算每船載米千餘石，一運即可二百餘萬石，兩運而全漕可畢。若止運蘇、松、常、鎮之糧，更綽有餘裕，則船不待造也。元初以開河衛軍及水手數萬供海運，并招海盜以長其群。若今江、浙船商，皆上海、崇明等處土著富民，出入重洋，無由侵漏，每歲闠貨往來，曾無估客監載，從未欺爽，何況漕糧？各效子來之忱，無煩監運之吏，則丁不別募也。本年二月，始議海運，其時公私津貼已給旗丁，不能不出於動帑。明年海漕，即以旗丁領項移爲沙船雇值，則費不別籌也。

或謂其不可行者，則曰「盜賊」。不知海盜皆閩、浙，南洋水深多島，易以出没，船鋭底深，謂之鳥船。北洋水淺多礁，非船平底熟沙線者不能行，故南洋之盜不敢越吴淞而北。今南洋尚無盜賊，何況北洋？此無可疑一矣。

或有謂其不可行，則曰「風濤」。不知大洋颶風，率在秋冬，若春夏東南風，有順利，無暴險。商賈以財爲命，既不難蹈不測出萬全，豈有海若效靈，獨厚於商船而險于糧舶？且遭風擱淺斫桅鬆艙，即秋冬亦僅千百之一二，何況春夏？其無可疑又一矣。

或又謂其不可行者，則曰「霉濕」。夫運河經數月抵通，積久蒸熱，米或黯壞。而沙船抵津，則不過旬日。若謂海風易霉變，鹽水易潮濕，則最畏風莫如茉莉、珠蘭，最忌濕莫如豆、麥，皆歲由沙船載之而北，運之而南。海風鹽水不壞花豆而獨壞米，庸有是理？蓋北洋風寒，非似南洋風煖，而海船艙底有夾板，舷旁有水槽，其下有水孔，水從槽入即從空出，艙中從無潮濕，此可無疑又一矣。

然使運道暢通，糧艘無阻，固可不行。

今則運河淤塞，日甚一日，清口倒灌已甚，河身淤墊已高，舍海由河，萬難飛渡，此不可不行者也。然使太倉充裕，陳陳相因，尚可不行。今則輦轂仰食孔亟，天庾正供有常，一歲停運，勢所難支，此不可不行者也。然使別有他策，舍水可陸，亦可不行。今則駁運之弊，公私騷然，國病于費帑，漕病於耗糧，官病于督催，丁病于易舟卸載，民病于派車派船，舍逸即勞，利害相萬，此不可不行者也。

國家建都西北，仰給東南，唯資咽喉一線，豈惟河梗可慮，抑亦人事難齊。苟釐未雨之綢繆，必需旁門之預闢。今機會適逢，發端自上，因熟乘便，天人僉同。夫集事固在于謀，而成事必在于斷，此時關鍵，請兩言蔽之，曰：上海、天津兩地得其人則能行，不得其人則不能行。海船南載于吳淞，

而北卸于天津，兩地出口入口，實海運始終樞要。苟上海關不得其人，則船數可使多者少，商情可使樂者畏，雇值可使省者昂。天津收兑不得其人，則米之乾者可潮濕，石之贏者可短缺，船之回空者可延滯。蓋上海牙行以貨税爲莊佃，天津倉胥以運丁爲奇貨，海運行則關必免税，丁不交米，兩處之利藪皆空，其肯甘心？故創議之始，出全力以顯難之者，必上海關之人；既行之後，陰撓之使棄前功畏再試者，必天津通倉之人也。此外，尚有屯弁運軍，亦以行海廢漕爲不利。然此時河道未復，弁丁即欲運而不能，而一年中尚有漕項銀米可以安置，不致十分爲難。即天津通倉既行以後之事，有欽差大臣駐津稽察，自可無慮。惟上海關則首議船價之地，譸幻最多。即如二月間委員查勘，據牙儈蒙詞，以關石倍半于

漕石者變爲僅倍，以一兩四錢之折實漕石銀三錢六釐者，變爲每石實銀七錢；較民間時價不止加倍。嘉慶間議海運，前撫軍章公奏每百石費銀三百兩，即同此蔽。故今議海運，不詢之商船，而詢之上海關，所謂欲爲千金之裘而與狐謀其皮也。使當時照定時價，動帑無多，際此南風司命，❶江、浙漕米業已抵津矣。故曰衆人以哅哅止善，聖人以哅哅立功。其中條件尚多膠轕，統俟議定，録狀呈覽，伏望隨時訓示。不宣。

復蔣中堂論南漕書代

承諭以灌塘濟運，事難經久，明歲當海運、撥運兼行，以分濟吴、楚各漕，誠籌國萬全之慮。竊謂明歲重辦海運，與前歲情事迥殊。前歲創始試行，章程未定，不得不照常籌費，以爲河運復舊之地。止以海運通河運之變，究無救於漕務之窮，非經久盡善之計，反本還原之策也。

道光五年，舉海運蘇、松、常、鎮、太倉百六十萬餘石，南北開銷皆出州縣幫費，共百四十萬金，其中尚可節省一二十萬，較之河運幫費每石幾一兩有餘者，已大有省便，州縣亦尚有贏餘。然尚謂權宜非正策，暫行非永逸者，蓋江蘇糧道所屬四府一州，歲給旗丁漕項銀米，較他省最爲寬裕，即使絲毫不提州縣幫費，亦足以濟全漕。計漕項銀三十六萬九千九百兩，行月米四十有一萬有一千八百九十三石，計米折價直銀九十二萬六千七百五十九兩，共計給丁銀米

❶「際」，原作「除」，今據《皇朝經世文編》改。

二項爲銀百有二十九萬五千七百五十八兩。屯丁既不運漕，則以漕項作海運之費，綽有餘裕，何必更留幫費之名，使州縣藉口以浮收於民，小民藉口以挾持於官，不爲一勞永逸之計。然必將此四府一州永行海運，方可舉行。如僅試行一二年仍歸河運，則有所不可。即或常、鎮二府不歸海運，而蘇、松、太倉三屬，則舍此莫再生一籌。

夫永行海運之議，人不敢主持者，一則軍船之丁役難散，二則津、通之收兑難必，三則海商之經久難恃。不知軍船之難安置者，不在旗丁而在水手。蓋旗丁自有屯田，多以運糧爲累，軍籍爲苦，如令其不出運，正其所禱祀而求。計江蘇通省各衛，共若干幫，每年各有例造之船，改簽之丁，但先將漕務最困之蘇、松、太倉三屬改歸海運，即以三屬之丁船移派於通省，以補他府改造改簽之數，不過二年而派畢。既免造船之費，又免簽丁之擾，事既兩便，情必欣然。至水手隨船去留，既省出他屬造船修船之費，兼可折材變價以津貼安置，資本營生，此可無慮者一。

天津前歲收兑，全賴欽差大臣主持全局，自後永行海運，安能常有此實心稽察之大臣？且由天津抵通州二百餘里，撥船難免濕耗，反以海糧霉變爲詞，受倉胥之挾制，尤非口舌所能操勝。惟有仿明陳暄議建百萬倉於天津以受海糧之法。船至直沽，倉場侍郎驗米交倉，即與商船無涉。俟通州需米，由倉場隨時撥解。其出納稽核，則由江蘇奏委同知二員專司其事，三載更代，由本省出考語，送部引見，庶可永免倉胥之挾制。今天津已有四百萬石之倉，再建百萬倉，以五十金建倉一間，受糧三百石計之，爲費不過十五六萬金，足受三府之糧，其可無慮者二。

國家嚴防海賊，曾禁商船出洋。自康熙中年開禁以來，沿海之民始有起色。其船由海關給執照稽出入，南北遄行，四時獲利，百餘載來，共沐清晏承平之澤。況朝廷優給運價，視民雇有加，是以各商聞風鼓舞，争效子來。去秋，上海增造沙船三百餘艘，以備今歲海運之用。且大洋瞬息千里，侵漏無由，沿島文武稽催，淹留不敢。如慮事久弊生，官刻價值，商情阻畏，此則人存政舉，乃地方大吏力能整釐之事。有治人無治法，不得預以將來廢目前，此可無慮者三。

昔人論河海並運，比於富室别闢旁門，然必行之有素，相習爲常，而後船數之多少，價值之低昂，收兑之遲速，雖有不便已私之人，不得陰撓巧阻。今以蘇、松三屬常行海運，即一旦浙江、湖廣各省之漕，或梗於河患，或憚於陸撥，欲假道於海運，咄嗟立辦，國家永無誤運之憂，是所利在國計。軍艘行二千餘里之運河，層層有費，丁不得不索之官，官不得不索之民，致官與丁相持，民與官相持，已成百餘年錮疾。今以海運易閘河，以漕項省幫費，州縣既收清漕，吴民咸登樂國。但奏明將夏秋地丁錢糧改錢收銀，酌加火耗，紳民一律，以復乾隆錢價之舊，以資火耗、申解、一切辦公之費，視收漕浮勒相去倍蓰，民與吏必皆懽從，可免挾制賠累之積弊。倘再有藉詞額外浮加者，上司執法而行，坦然無復絲毫顧慮之私。使每年藏富於民者百餘萬，省訟於官者百千案，省虧空於官者數十萬。上下懽然一體，視周文襄、湯文正之裁減浮糧，功且逾倍，是所益在吏治、在民生。故今言蘇、松海運而但爲變通河運之窮，此河臣知河而不知有漕者也，抑漕臣但知慮江、楚之漕，而不知慮蘇、松之漕者也。蘇、松、太倉運船輕，抵淮蚤，汛前尚可籌渡，非江、楚運重程遲之比。即使漕不由河，河未必因此而治；即使河不梗漕，漕未必因此而清。兩不相謀，各爲一事。惟以錢糧最重之地，值漕務極困之時，議八折，議卹丁，禁浮收，禁閙費，舌敝脣焦，茫無寸效。仰值聖主聖相，勤求民莫，天時人事，窮極變通，舍海運別無事半功倍之術，爲救弊補偏則不足，爲一勞永逸則有餘。如蒙上達聖聰，仰邀俞允，所有纖悉事宜，尚須與督漕諸公會籌奏辦，從此東南民實永受其賜。

上江蘇巡撫陸公論海漕書

前日面陳江蘇漕弊，非海運不能除，京倉缺額，非海運不能補，請將蘇、松、常、鎮、太倉、江寧五府一州之漕，酌行海運。

竊維國家建都西北，仰給南漕，如使年年全漕北上，則除支放俸餉外，尚有餘糧，三年餘一，九年餘三。是以乾隆中，每遇太倉之粟陳陳相因，屢有普免南漕之詔，但患有餘，何患不足。近日京倉缺米，支放不敷，皆由南漕歲歲缺額。而南漕所以缺額之故，則由於歲歲報災，所以報災之故，則由於兑費歲增，所以虧空之故，亦由於兑費歲增，此其情形從來不敢上達。若不徹底直陳於聖主之前，則受病之源與救病之方，終日依違疑似之間，無以破浮議而堅乾斷，請約略陳之。

查江蘇漕船兑漕之費，即以道光初年較之近年，相去已至一倍。道光初年，江蘇兑費，在蘇、松每船尚不過洋錢五六百圓，江北每船不過制錢四五百緡。一加於道光三年水災普蠲之後，丁船以停運爲苦累；再加於道光四、五年高堰潰決之後，丁船以盤壩剥運爲苦累；三加於道光六年減壩未合之時，空船截留河北爲苦累。此數年中，丁船藉口一次，即加費一次。今歲所加，明歲成例，則復於例外求加。其時漕河梗隔，上游嚴檄督催，州縣惟恐誤運，於是數載中，蘇、松已加至洋錢千圓；繼以道光十一、十二、十三年蘇、松糧道陶廷杰苛挑米色，驕縱旗丁，於是三載中蘇州遂加至洋錢千二三百圓，松江千四五百圓，而白糧則每船三千圓矣，而江北刁丁亦效尤，遞加不等，今日已成積重難返之勢。然道光八、九年間，幫費雖大，而銀價尚未大長，每兩兑錢千二三百，洋錢每圓兑錢九百零，使銀價如常，猶可勉强支應。近日則文銀日貴一日，即幫費又歲長一歲，是暗中又幾增一倍，誠爲從來所無。然而每年不致誤漕者，何哉？則報災爲之也。每幫費加一次，則漕米減收一次，緣州縣收漕折色，不能與之俱加，不得不聽小民籲求報災，以其數分緩漕之米，貼補數分浮折之米。於是每大縣額漕十萬石者，止可辦六萬石，是以連歲豐收而全漕決不敢辦。非獨州縣兑費無所出，即旗丁年年減運，船亦久已變賣烏有。計江、浙兩省，每歲緩漕不下百萬。歲復一歲，天庾安得不空？此京倉缺米所由來也。

而議者尚以江蘇州縣漕累爲不實，試

思漕果有利，則州縣惟恐不辦全漕，何反甘心減少？況民風較刁之元和、常熟、華亭、婁縣、丹陽、丹徒、金壇、句容、上元、江寧等處，百姓所完本色折色，不及兑費之半，則州縣全係賠墊。且不但完漕如此，即地丁錢糧亦不肯隨銀價增長，則州縣又係賠墊。錢漕皆賠如此，然而上下忙不致誤奏銷者，何哉？則漕項爲之也。向例藩司地丁每年奏銷，而糧道漕項則兩年始奏銷，如及兩年而州縣離任他處者，則又可免處分，州縣雖挪移墊公，然不敢虧地丁，而僅敢虧漕項，是以江蘇州縣幾無一載不調之缺，而漕項虧空遂至二三百萬之多，此清查所由來也。

漕弊既如此極，而謂海運即可除弊者，何哉？軍船行數千里之運河，剥淺有費，過淮有費，屯官催儹有費，通倉交米有費。故上既出數百萬漕項以治其公，下復出數百萬幫費以治其私，海運則不由内河，不經層飽，故道光五年運米百六十餘萬石，而費止百四十萬金，其内尚有可節省二十萬金。計蘇、松、太倉二府一州之粟，可用糧道漕項銀米辦之而無不足，可不取絲毫之幫費。既無幫費，則州縣無可藉口以浮取於民，民無可藉口以報災於官。年年可收清漕，即年年可辦全漕，每年藏富於民者數百萬金，藏富於國者數百萬石，而太倉永無缺貯之虞矣。既無幫費，則州縣無藉口挪墊，但將地丁正雜税課收錢收銀，酌加火耗，以資申解、辦公之費。民既喜驟脱於漕困，必不刁難於上下忙銀，倘州縣再有浮勒於民虧空於官者，上司執法而行，坦然無復顧慮。吏治、民風、國計一舉三善，而清查後永無虧空之患矣。是惟海運可再造東南之民力，惟海運可培國家之元氣。且二府一州，不過南漕一隅，其江北及浙江、湖廣、江西、安徽之漕，仍由運河行走，於大局並無變更。此外尚有漕務極敝三縣，如鎮江之丹陽、金壇，江寧府之句容，或可提出附歸海運，亦救民生之急策，合並附陳，其條款別陳於左：

一、回空船仍令照常歸次，不必援上年截留河北舊案也。查四府一州額糧百五六十萬石，額設漕船二千數百隻。自連年報災，疊次減運，不過存一千餘船。其水手有二種：一係沿途隨雇之短縴，回空時照重船約少一半，且隨雇隨遣，不煩安置。惟有常年在船之頭柁篙工等，每船不過數名，冬月分歸各次，合計不過萬餘人。道光六年試行海運時，減壩尚未合龍，故將空船截留河北，以爲接運來春江、廣重船之地，然第七年仍行河運，丁船即以截留苦累，藉口增費。今再行海運，與上年河道梗塞情形不同。亦若截留河北，則事出無名，且漕運衙門，必預防地方官有常行海運、永停河運之意，先持異議，甚或暗唆水手滋事，鋪張入告，恐嚇阻撓，勢所必至。不如照常歸次，不露形迹，既免漕幫藉口，且既歸次以後，則權在地方官，總可設法辦理，較之截留中途，全由漕運衙門專政者，主客攸殊。以千餘船分泊二十餘處，其勢既分，彈壓亦易。且受兑蘇、松、常、鎮各幫，均有尖丁，殷實居其大半，無難責令暫行約束。即如現在各縣均有減歇之船，每船不過留一二人看守，並無別煩安插之事。至其全局散遣之議，應俟本年夏季海運平安抵通，交兑全竣，明效大驗之後，再奏請劃出四府一州永行海運，無難別籌散遣。如此時即奏籌散遣漕船水手之議，是爲千金之裘而與狐謀皮，不惟無益而反有礙也。至其章程，與道光丙戌所行，宜隨時變通，謹條陳於左：

一、海運全漕，宜一次運津，不必援舊案分兩次也。

一、海運北倉交米，除存津倉五十萬石外，其餘亦應以到津收驗爲竣，不能再赴通州也。

一、海運船價經費，今昔銀價懸殊，應查照上年銀價作錢，不能照今春揭米之例也。

一、漕項銀款僅敷海船水脚，其南北二局經費，將漕項米款半解折色，以資辦公也。

一、海運全漕外，尚有海船耗米十二萬石，到津應聽其自行變賣，毋庸官爲收買也。

一、海運經費，但用漕項銀米即敷辦漕，毋庸再提幫費以滋流弊也。

錢漕更弊議 上李石梧中丞

江蘇漕費之大，州縣之累，日甚一日。其弊曰：明加，暗加，橫加。始也幫費用錢不用銀，其時洋銀每圓兑錢八百文，故州縣先漕每喜舍錢用洋以圖節省。其後洋銀價日長，而兑費亦因之而長，其用洋銀之費已不可挽回，此暗加之弊也。自道光五年行海運，停河運一歲，旗丁以罷運爲苦累。道光六年，河工大挑，空船截留河北，旗丁又以守凍爲苦累。每苦累一次，則次年必求調劑一次，此明加之弊也。又道光十九年間，四府糧道陶廷杰挑斥米色，驕縱旗丁，於是二三載間，各州縣約加幫費三十萬兩，此横加之弊也。皆蘇、松之情形也。惟常州漕兑費至今用錢，故價無大長。而丹徒、丹陽、金壇、句容則又地瘠民刁，漕完本色，地丁錢糧亦不敷解費。且金壇、句容皆山邑，舟不抵城，須陸運至水次，宜照山邑折漕之例以恤其困，並將地丁錢糧改收折銀，酌加火耗，以免地方官之賠墊，此又情形之小異也。今欲大劑蘇、松、常、太倉各郡州縣之累，惟有一大章程。

查明代江南州縣舊制，常州有武進無陽湖，有無錫無金匱，有宜興無金溪；蘇州有吴縣、長洲無元和，有崑山無新陽，有常熟無昭文，有吴江無震澤；松江有華亭、婁縣無奉賢、金山；太倉州有嘉定無寶山。其時漕未嘗不運，事未嘗不舉，亦從未聞明代州縣有收漕之弊。且其時沿張士誠莊田之額，賦更重于今日，而不覺其繁。國朝減免蘇、松浮糧至再至三，而官民不勝其困，何哉？愚以爲銀價之弊，已無如何，惟有裁缺并縣之法，一復明代古縣之舊。每并一缺，則省官規幕費、丁役雜費及應酬之半，似救弊本原之一法。謹抒其愚，以待大吏之不守常規、善復古制者。至寶山偪海，城池卑褊，不通舟潮，應内移于羅店饒富之地，或與嘉定同城，此則不必并而必當移者。謹議。

籌鹺篇

利出三孔者民貧，利出二孔者國貧。曷以便國而便民，作《籌鹺篇》。

自昔筦山海之利以歸國家者，必出其陽而閉其陰。有陰陽即有官私，故鹺政之要，不出化私爲官，而緝私不與焉。自古有緝場私之法，無緝鄰私之法。鄰私惟有減價敵之而已，減價之要，先減輕其商本而已。

議者動曰：減之有減，安能敵無課之私？此混鄰私于場私。場私無課，而鄰私有課。議者又曰：淮鹽引地，受浙、潞、川、粵之四灌，其課或不及淮南三之一，安能減三分以敵一分？此又不知私鹽課輕而費重，關津規例多于課本，故遇官鹽減價之年，鄰私立阻而不行；提價之年，鄰私雖緝而無益。此已事之明效。或又謂道光十載，奏裁浮費以來，淮課減存四兩，食岸每引三兩，加以場價壩費改捆費每引成本十二兩，略符乾隆中阿文成公所奏之數，安能再減？不知乾隆中銀錢之價，以兩兑千，是昔時十二兩僅抵今日六兩之價，詎可以名而例實？淮鹽十載以來，江南、湖廣大吏整飭又整飭，彌縫又彌縫，而銀價愈昂，私充愈甚，官銷愈滯。場岸復積存三綱之鹽，去冬甫請對折行鹽，今冬復請兩綱展緩。如窶夫之患債，如逋户之畏賦，如垂病之日延一日，如窮鄰之月攘以待來年。

天下無數百年不弊之法，無窮極不變之法，無不除弊而能興利之法，無不易簡而能變通之法。與其使利出三孔二孔病國病民，曷若盡收中飽蠹蝕之權使利出于一孔？出一孔之法如何？曰：非減價曷以敵私，非輕本曷以減價，非裁費曷以輕本，非變法曷以裁費。夫推其本以齊其末，君子窮原之學也。宜民者無迂途，實效者無虛議，大人化裁通變之事也。欲出一孔，無外四端：

一曰額課減而不減。淮南鹽課正雜錢糧，舊不過三百數十萬兩，以額引百四十萬計，引止二兩數錢。自帑利、匣費併入引課，又加外支雜費，遂引至四兩有奇。今淮北既歲撥溢課協貼七十萬，是南引可縮至三兩有奇。淮南鹽課號甲天下，其實每年何曾運足百四十萬引之鹽，徵足四五百萬之課。雜款緩納，動欠數綱，奏銷虛報，并欠正課，計一綱之全課，數年尚未完清，是無減額之名而有減額之實也。計淮南綱食鹽共完入奏銷正雜銀二百萬兩外，加帑利、鹽規、匣費、院司節省辦貢、辦公、外支、雜費外，加參價十六萬兩，倉穀八萬餘兩，共每綱銀四百七十七萬兩。除淮北代納協貼七十餘萬外，每綱計三百九十餘萬兩。額行百四十萬引，計每引徵銀二兩九錢，應請作爲定額。每年一綱以外，無論提行溢銷若干，攤課而不增課。假如溢銷至四分之一，即每引錢糧可攤減至二兩有奇。若謂鄰省川、粵、浙、潞課額懸殊，恐減價仍難敵銷，則請徵以二事：道光十一年三月，漢岸跌價，即銷九萬五六千引，每月額銷只六萬引，及四月提價，即僅銷五萬引。使盡如季春一月內減價之銷數，每年當銷百有十萬餘引，川、粵、潞私全行敵退。即一楚岸已應溢銷三十餘萬引，何況江西、安徽皆同各岸，私鹽盡退，豈有引不溢額、課不足額之理？是有減課之名而有溢課之實者一。又若淮北試行票鹽之初，亦惟恐不逮額，乃每年皆行兩綱之鹽，收再倍之課，歲貼淮南七十餘萬，是名爲每引徵課二兩，實已每引攤足三四兩之額。此又有減課之名而有溢課之實者二。故曰額課減而不減。

二曰場價平而不平。淮南各場，有商亭、竈亭、半商半竈之別，又有鹽色售價高下之差。商亭產皆商置，丁皆商招。其所煎之鹽，照鐅計火歸垣，每桶二百斤，兩桶成引，每桶給價錢百文至八百文止，鹽價例無長落。即有竈丁借欠調劑，通計每桶約加百文而止。半商半竈者，窮竈借垣商工本煎鹽，桶價與商亭等，此皆利在場商垣商者。竈亭則産鐅皆竈丁自置，其鹽任售各垣，其價隨時長落，每桶賤則五六百文，貴則二千餘文不等，此利在竈丁者。大抵場商十居五六，垣商與竈亭各居十二。其鹽色上白者銷湖廣，次者湖廣、江西通行，惟極下之市鹽，銷江西、安慶，不銷湖廣，故桶價高下迥異。又有堆貯捆運之費，暨官私規草價長落之異，每引鹽本至少約九錢、一兩，多者一兩四五錢。及售與運商，均送泰壩交易，總視岸銷暢滯爲高下。每遇岸鹽獲利，則場價預提，由場至壩，僅數百里，一季往返數次，而場商每引得二三兩之利，運商即每引暗增二三兩之本，故變法而不先定場價，則祇供場商之壟斷。若道光十三年至十六年，南鹽場價大長，上鹽每引至六兩有奇，中鹽五兩有奇，下鹽亦四兩有奇，再加百斤帶殘復一兩有餘，較之目前平市每引相去二三兩。夫行鹽原欲使商獲利，特未可使不納一課、不行一引之場商坐收倍利。淮北先定場價，始能改票，南鹽何獨不同？如欲變法輕本，應就目前平市，定爲永制，再裁規費，平草價，以輕場商之成本。或仿淮北官局派買，或兼許各食岸融運北鹽，則南場自不居奇。且暢銷提行場鹽，儘煎儘售，有溢無壅，則商竈亦將倍利。故曰場價平而不平。

三曰壩工捆工裁而不裁。南場分通州、泰州兩路，通屬之鹽，由場一水過壩，無須轉般換船，費省期速。泰屬則場運二河，中隔一壩，般剥偷撒，其弊甚大。近年運商願仿通屬之例，津貼場商銀兩，改出孔家涵口，直達運河，終爲各壩工役所格。其累運本者一。南鹽五百斤，出場到儀徵，改捆子包，江西七斤四兩，湖廣八斤四兩，其耗斤糜費、透私濟匪更數倍泰壩。若謂岸銷小包始便，何以鄰私皆百斤大包暢行無阻，而官鹽反爲壅滯？可見子包改捆，并無益于岸銷，祇足爲官役把持偷耗之地。其累運本者二。從前淮北綱鹽，則三次捆成大包，千有三四百斤，淮南綱鹽，復改捆子包七斤、八斤，其大無外，其小無内，皆絶不可解之制。今欲輕運本，速運期，應照食鹽百斤出場之例，分場設局，逐包掣定。無論通、泰，皆一水直達運河，及至儀徵，但有掣驗而無改捆。其儀徵捆工仍令扛舁，船行仍令攬載，市不易肆，人不失業。而泰壩距揚伊邇，轉移執事，所在需人，何患安置之無地？泰壩委員移駐孔家涵，仿淮北大伊山抽驗之法，儀徵監掣同知，仿淮北西壩過載查驗之法，仍令總掣全綱，但無改捆偷漏，何患稽察之不周？故曰壩工、捆工裁而不裁。

四曰各岸浮費不裁而裁。鹽爲利藪，官爲鹽蠹，而其蠹之尤甚者，爲江西、湖廣。方其赴場重鹽也，每票千引，需七屯船，前後牽制，不能分拆。且錢糧分四次完納，又有寫單、有請單、有照票、有引目、有護照、有桅封、有水程、有院司監掣批驗子鹽五次公文，委曲煩重，徒稽守候，而滋規費，大弊一。及商鹽到岸也，有各衙投文之費，有委員盤包較砠之費，有查河烙印編號之費，守候經年，然後請旗開封。又有南北兩局員換給水程之費，三關委員截票放行之費，名色百出，不可勝臚。例費歲七十萬，每引約計一兩。江西則不問鹽之多寡，例費四十餘萬。安徽三府食鹽官費亦三十餘萬兩，每引皆攤二兩。屢奏裁汰，有名無實，大弊二。今爲變通易簡計，移湖廣埠岸，九江奏委總辦大員專司其事，扼三省運道之樞，且爲江督所節制之地。其錢糧一次總納，以百引起票。其票先蓋院司之印，持票赴場捆鹽，過局過壩，抵儀過掣，皆止加印截角，而無改給。自儀開江沿途過關，亦止加印加鈐，而無改給。湖廣、江西專設鹽道之由，由綱鹽均在省埠發賣。凡定價值、報銷數，催補緩納課銀，改給民販水程，皆鹽道專責。今輕本減售，則不煩定價；以到數爲銷數，則不責考成；錢糧在揚全納，則不煩提課。鹽票既指明口岸，票商在楚發販者，亦可將百引之票轉給水販，毋庸改給水程，到岸銷竣繳票。亦仿淮北之法，聽其自便，毋庸州縣催繳勒索。且九江既設總局司每綱奏銷考成，則江、廣鹽道可改地方巡道。淮南課重地廣，縱使減價暢銷，亦止能恢復引地，斷無侵越川、粤、潞、浙之理，亦斷無轉淮灌北之事。應請令江運八岸仍運北鹽外，其江、甘食鹽不許過江，安、池、太食鹽不許赴湖廣、江西，湖廣、江西岸鹽不許售于食岸，共分四大界。其在四界内者，如所指州縣鹽過壅滯，許其就地呈明，改運鄰岸。盡蕩煩苛，與時消息，而鹽如百貨之通流矣。江西、湖廣糧船貨船回空，皆可買載有課之鹽，千金數百金皆可辦百引之票，雲趨霧集，而船私皆變正課矣。夫以十餘疲乏之綱商，勉支全局，何如合十數省散商之財力，衆擎易舉？以一綱商任百十厮夥船户之侵蝕，何如衆散商各自經理之核實？以綱埠店設口岸而規費無從遥制，何如散商勢涣無可指索？以綱商本重勢重，力不敵鄰私，而反增夾帶之私，何如散商本輕費輕，力足勝鄰私，且化本省之私？此皆淮北已事，無勞多喙。至地方吏既無行銷之責，又無私梟之虞，考成輕，案牘省，陰受化私爲官之益，如淮北、皖、豫行票各州縣之成效，小損而大益，何顧口岸之阻撓？故曰各岸浮費不裁而裁。

以上四條，計省科則四十餘萬，場壩浮費百餘萬，在場在岸官費二百餘萬，共計減輕成本約四百萬。然後就其所輕之本，核其所減之價，約其所餘之利，而通計之。湖廣鹽每引四百斤，錢糧三兩，鹽價二兩七錢，此據上色真梁鹽價，其次色鹽價遞減，自場至儀船價八錢，在儀棧費及扛包關鈔共六錢四分，抵岸船價七錢，各處辛工店用八錢，計每引鹽四百斤，需成本銀八兩四錢四分。江西鹽價更少一兩，惟加到省驗費一錢五分，共成本銀七兩五錢九分。較目前湖廣、江西鹽本十二兩有餘者，已減省四兩數錢，輕重相去遠矣。計減去錢糧一兩一錢，鹽價一兩一錢，揚費儀河等費二錢五分，岸費九錢。又江船隨到隨售，無煩守住一年，省桅封加戳等費，亦減去八錢，共約減四兩幾錢。若提行溢銷錢糧攤減近二兩，則成本不過七兩有奇。目前子包岸價，楚鹽上者售銀二錢八分，江西二錢五分，今但依道光辛卯春減售之價，已可招販敵私。然辛卯減岸價而未大輕鹽本，故運商無利，不久即提價滯銷。今成本減輕，隨到隨銷，一歲往返二三次，則每包再酌減數分，而仍有數分之餘利，豈尚不敵川、粵之私？此猶僅據定額而言。若試行之始，即并提行溢銷而計之，將錢糧攤減至二兩以外，使本更輕，銷更速，其效尚有不僅如是者。而其扼要則在以九江總局奪江、廣岸吏挾制需索之權，故可慶十全而無一患。淮鹺明而浙、粵、蘆、潞之利害皆明；淮鹺效而浙、粵、蘆、潞之推行皆效。故曰：天下無興利之法，去其弊則利自興矣；鹺政無緝私之法，化私爲官則官自暢矣。衣垢必澣，身垢必浴，疇不知之。爲千金之裘而必與狐謀其皮，爲百金之饌而必與兔謀其羞，何待撓格而始疑之。故法必可行者，其事必不果行。

此道光中陶雲汀宫保棄世時所草也，呈之後任李公星沅，未行。至陸公當漢岸火災之後，始力主行之。甫奏新猷，即遭上游粵賊之難，楚、豫漕鹺皆不可復問。蓋運數所乘，非盡關人事也。咸豐二年記于興化西寺。

淮北票鹽志敍代

天下無興利之法，除其弊則利自興矣；鹺政無緝私之法，化私爲官則官自鬯矣。欲敵私必先減價，減價必先輕本，輕本必先除弊。弊乎利乎，相倚伏乎；私乎官乎，如轉圜乎。弊之難去，其難在仰食於弊之人乎！

淮北票鹽創行數載，始而化洪湖以東之場私，繼而化正關以西之蘆私。且奏銷數百萬外，其餘額猶足以融淮南懸引之不足。夫票鹽售價，不及綱鹽之半，而綱商岸懸課絀，票商雲趨鶩赴者，何哉？綱利盡分於中飽蠹弊之人，壩工、捆夫去其二，湖梟、岸私去其二，場、岸官費去其二，廝夥、浮冒去其二，計利之入商者，什不能一。票鹽特盡革中飽蠹弊之利，以歸於納課請運之商，故價減其半而利尚權其贏也。且向日仰食於弊之人，即今日仰食於利之人，昔之利私而今之利公，何謂淮北可行而異地不可行？

疑者或曰：減之又減，安能敵無課之私？不知場私無課而鄰私有課。有課之私，減價敵之而有餘；無課之私，豈盡價收之而不足乎？或又謂舊票充新，難免再運之虞。無論卡局截角重重稽察，且票可冒，課不可冒。苟票可轉運，則請票十餘萬引外，即應無復請票之人，何以每年數十萬引，從無票少於額、鹽浮於課之事乎？或又謂湖私改販，難革鴞音，北鹽灌鄰，保無藩決。然則梟化爲良者，必不許其爲良，北受蘆侵者，必永爲其所侵也。又有謂收税章程，年更歲易，良由以有定之鹽，應無定之販，不如簽商認岸，一勞永逸者。不知指商索費，則成本立增，爭暢舍滯，則規避競起。且票鹽有百世不易者，改道歸局是也。有必與時變易者，錢糧出納，販不足則以不足之證治之，販有餘則以有餘之證治之。弊不同，防弊亦不同。

總之，弊必出于煩難，而防弊必出于簡易；裕課必由于輕本，而絀課必由于重税。此則兩淮所同，亦天下鹽利所同，亦漕賦關榷一切度支之政所同。方今生齒日繁，生財日狹，司農常憬然盱衡山海，欲籌商課之有餘，以裨農賦之不足。然則一隅之得失，固將爲四方取則焉。

前于道光十七載，曾刊《票鹽初志》，嗣因軍餉奏銷，斟酌損益，章程屢變，事則倍難于前，功則無改于昔。重加釐訂，用垂法戒，以存創始守舊之規模，以明聖天子、賢牧伯制法宜民可久可大之精意。志淮北也，而不專志淮北也。

曾有《淮北票鹽記》一篇，約二千言，最爲明核。不料失藁于揚州，今欲補之，非得《淮北票鹽志》不可，而亦無此心緒矣。自記。

上陸制軍請運北鹽協南課狀 咸豐二年署海州分司任内

敬禀者：頃接總辦委淮南監掣同知謝丞來札，以本年新章開局，必應掃數全完，而收課至冬，尚止八十萬大引，缺三十萬大引。欲令淮北票商協運淮南二十萬大引等因。

源即傳詢各票商，據稱「本年票鹽壩價不長，已虞壅滯，成本佔閣，安能再有兩分貲本以運南鹽？且南鹽泝長江而上，北鹽泝洪湖而上，相去千里，安能兼顧？況南鹽如果有利，南商何不運之？又南場缺産與否，尚不可知，如因奏銷之故，不問利害，强令必行，則是既運無利之鹽，又納無鹽之課。商等只辦票鹽，資本已盡于淮北四十六萬引，安又有三十萬大引之本？實屬力不從心，礙難冒險嘗試」等語。源思該商等所難，皆出實情，一時無以奪之。惟是新章大局所關，不可聽其窒礙，再三熟思。本年淮北非常旺産，足有兩綱之鹽，與其以北商運南鹽而趦趄不前，何如即使北商運北鹽協南課，更加種種調劑。如以貲本不敷爲疑，儘可令其將已運到壩之鹽，先運到揚，不必抵岸，即在儀徵發賣，隨賣隨徵，或在壩先納半課，到揚補納，亦隨其便。俟明年南鹽銷畢，始再運北場之鹽，以補本綱票鹽額課。該商等因手開節略章程，局商轉交公議。該商等計議三日，始各翕然多以爲可行。謹陳大概于左，以備采擇：

一、鹽價宜酌減也。本年淮北掃兩綱之鹽，即銷售兩綱所得場價，本在前綱之外，難照常年價值，應請每引交場價銀七錢。

一、錢糧宜酌減也。淮北自帶納懸引以來，課額已重，今更協貼南鹽，應請永除倉穀三錢，惟河費爲冬春二單打壩、濟運之用，不能議減。

一、請即用原包出場也。北鹽過淮，例須北掣同知秤掣，到儀例需南掣同知過掣。若令逐包改捆，不獨層層拋撒，亦恐時日稽延，應請准其原包出場。其過淮過儀，止過掣而不改捆，給引費不給捆費，以歸簡速。

一、請壩鹽先運，再以明年票運補還壩鹽也。北商並無兩番貲本，今鹽既存壩，即係有課之鹽，應請准其先運。其鹽未出場者，應准其先納半課，俟到揚出售，補足南課。此二項鹽均于明歲再運票鹽補足，各歸各額，不過令各商不添貲本，而多獲一綱之利，初不相妨。

一、南課之鹽，應請准其即在儀徵出售也。此等均係淮北票商，若令遠赴淮南各岸銷售，勢必不能兼顧，且恐有誤淮北票額之鹽。應請令即在儀徵發給水販，庶就近易于收回成本，補辦票鹽。

一、北鹽南課應請即在揚州開局也。現在新章會辦之時，只論鹽課之有無，不問商賈之南北。應請令即在揚州開局，源等會同辦理，逐日收納。不但使各商争先搶納，無可觀望，易于足額，即源等遇有公事節目，同處局中，彼此面商，立即可定議，以免參差知會之煩。

以上六條，係爲新章奏銷大局起見，在淮北則爲以一年運兩綱之鹽，以一綱納兩綱之課。事係創行，更張闊大，是否有當，伏乞訓示。如可施行，應請憲頒示諭，刊印多紙，廣貼揚城内外，及海州各卡局，以廣招徠而昭新令，實爲公便。

古微堂外集卷七終

古微堂外集卷八

邵陽魏源著

城守篇

仁人不問伐國，書生不足譚兵。而守圉之制，兼愛者詳之；專城之名，守土者居之。道非同儻忽也，事非必將帥也，用非必亂世也，以救人，以衛民。兵者不得已而用之，故言攻不如言守，作《城守篇》。

守備上

「豫備不虞，善之大者也」，「不備不虞，不可以師」。故董安于之治晉陽，可謂備之於平時者也；顏真卿之修平原，可謂備之於幾動者矣。沈璞之繕盱眙，抱真之實澤、潞，則以其衝要而備之也。宋祖襲清流關之徑，金人出饒風關之背，失於間道而未備之也。勿因敵遠而忽之，如弦子之玩郢；勿因地險而恃之，如姜維之輕魏。備之如何？一曰城，二曰池，三曰城之內外。

城所以衛民也。守城之法，從攻城之謀而生。虞仰攻，則高壘以衛之；虞直攻，則厚築以衛之；虞其迫於垣而隳靡也，則隍池以衛之；虞其遠於隍而憑陵也，復陴睨以衛之。故欲善守必明善攻，惟知患者能捍患，古者公輸、墨翟恒相反而相師。

城之善者，一曰險要。朔方受降，涼州

和戎，拓地千里，不假戰功。种營寬州，復完廢壘；玠移合城，釣山爰徙：此之謂據險。魏勝海州，城枕孤山；庭芝守揚，敵瞰平山：皆拓重城，包之内環。或浚溝渠以限馬，或瀦塘濼以陷敵，或沮三海以衛郢，或種榆林以制騎：此之謂設險。一曰基固。基固必根深而土實，開土及丈，或得石，或得堅土，皆可爲勝重之本，浮泥鬆沙，必墾令盡。試觀掘井者然，一層沙，一層泥，最下必有黄土。至於基址廣厚，必較其上所載者倍之，乃久而不圮。一曰堅厚。金世宗取虎牢土以築汴城，及蒙古攻汴，受炮所擊，惟凹而已，是之謂堅。朱序鎮襄陽，序母韓氏謂西北角當先受敵，於其角斜築二十餘丈。賊攻西北潰，便固守新城，是之謂厚。一曰形制。宋藝祖築京城，取圖以進，用御筆塗之，如蚓曲焉，命依式修造。及蔡京改營，擴爲方城，金人來攻，植砲四隅，一砲所擊，應聲摧墮，然後知藝祖之遠見也。唐肅宗時，武威九姓商胡反時，武威大城中有小城七，胡據其五，判官崔稱以二城兵拒之，旬日而平，則又重城之利也。

濠，所以衛城也。濠之得失，城之全毁係之，故築城必鑿池。池有三宜：一宜深。深不易填，約以三丈爲度。如淺則令内外居民，凡築室燒磚，聽於濠取土，官府工作亦如之。民有輕罪者，罰推土數車，内培城脚而免之。諺云：「池深一丈，城高十丈；池深及泉，城高觸天。」是臨深益以助高也。二宜闊。闊不易越，約以十丈爲度，底闊半之。以城上銃彈得及其外岸者爲得中，太遠則銃力不能及敵也。沿岸多栽盤根宿章以固之，防善崩也。三宜暗阱。有暗阱則不易偷渡，法於池底十步鑿井，深闊皆丈，及泉爲度，復外引河流，内洩城潦以益之。又暗表淺處，以便遣兵渡擊也，是之謂重淵。三者濠事備矣。

若其山城，地勢不可以池，距城二丈，據坑高卑，或錯石條以拒衝梯。又或冬月囊沙列柳，汲水灌之，一夜凍厚，堅滑莫上，功約易守，此之謂重險。其有溪河遶城，可通舟楫者，則與樹樁木於水上，不若伏鐵杙於水際。蓋利器不可以示人，故有形者賊易防，無形則賊必墜。

城之外則敵臺，宜備堞垣，宜備牛馬牆，宜備暗門。宜備敵臺者，以殺敵爲義也，不能殺敵則如勿臺。臺之制，貴長出，不貴横闊。大石厚砌其前面，所以捍蔽也。虚其左右而空其中，以梯上下，層各竅之以施火器，以便瞭望也。其孔内狹外闊，以便左右取准也，各臺相距，不宜太近，近恐對放神器，自擊其城也，更不宜太遠，遠則矢石無力，不能及敵也。凡敵攻城，但顧上擊，上虞旁攻。轒轀木驢旱船之屬，皆防上而不防下，守城者每無如何，則任其挖掘。若有虚臺之制，左右夾擊，則兩臺之間，雖守垣無人，賊亦不敢登矣。

城堞亦名城垛，以躲身爲義也，不能躲身則如勿堞。堞不宜太高，高則擲石無力；堞口不宜太狹，狹則礙於擊賊。今之爲堞者，高與肩齊，口僅容肘，皆不可用。如欲用之，宜於堞内各砌一基，高闊二尺，則可固堞，可擊賊，可憩卒。又必各留懸孔，賊遠則堞口瞭之，銃矢射之，近則懸孔視之，隨機禦之。我可捍賊，賊不能傷我，則禦之易矣。凡懸孔之磚，先爲彎胚以陶之，既成而甃用之。

若夫牛馬牆者，則在城外與濠上。凡濠之岸，不拘寬狹，狹即丈許，寬不踰倍；其濱爲牆，磚石隨便。每雉一大銃眼，每過五步，則中一銃眼，距地三尺。每眼上各爲直縫，三寸高，二寸闊。以便瞭視。再上三尺一小銃眼。寬止一寸。牆脊用尖石鋭磚以制之。賊對濠，則小銃擊之；賊衆，則大銃擊之；賊登牆，則大斧火棍一擊而墜之。或一時收斂不及，或昏夜難辨，不敢開門，則避難之人，牛畜之屬，皆暫於牆内以避之。城與牆爲依，牆恃城爲命，緩急相助，進退有衛，施之無濠之城尤見其力，此劉琦所以勝於順昌也。

守城已堅，始可出奇用詐，以戰代守，以禦解圍，則莫要於暗門。暗門之制，潛視出入便處，鑿城爲門，外存尺餘，臨時方穿，内施排柱鐵木相撐。或賊初至，營陣未整，或暮夜乘賊不覺，或賊攻城初息，或賊圍久已怠，潛出精騎，銜枚襲擊，勝不遠追，賊疲自逸。仍於城上多積磚石，防敵犯門，急擊勿失。是爲暗門，亦曰突門。藏於九地之下爲暗，動於九天之上爲突。暗門防奸細之逸出，突門防敵人之襲入，慎之哉！

城以内則城路宜備，内濠宜備，巷戰宜備，保甲宜備，儲跱宜備。凡城之内，多留磴道，半里一座，以備緩急。磴各一柵，嚴司啓閉，一防賊登，一防怠卒。凡城之内，皆設内濠，深廣制度，與外相當。外岸周遭，亦作垣牆，賊即入城，尚有内防，互相夾擊，賊必敗傷。昔睢陽之圍，賊於城外築重濠木欄以守，張巡亦於内作濠以拒，此之謂也。有嚴城，有内濠，始可言巷戰。巷戰之法，許逵行之於樂陵。使民築牆，高過屋宇，主賨其下，一丁賨内，餘皆入伍。設伏巷中，洞開城户。賊果大至，火施無所，兵加無處，旗舉伏發，擒斬無數。蓋拒之城外者上也，然數賊入城而闔門鼎沸，亦不可不防也。縱不能按巷盡備，而近城要路，必不可不嚴戒以陷敵也。

至於守土之法，可通行之平日與臨時者，惟保甲與積儲。保甲之制，以兵法部伍其民，凡審丁、查賑、詰盜皆賴以行，而施之城守尤急，以肅號令，以均力役，以稽奸細，以慎火盜。保甲行而儲積亦易矣。

積糧莫便於令民自積，蓋輸之於倉，顆粒亦有難色，貯之於室，雖崇墉誰不樂從。但使家有蓋藏，何虞有警無備。然儲積非特粟也。臺城之閉，公卿以食爲念，男女貴賤，並出負米，而不備薪芻，及後壞尚書省以爲薪，徹薦剉以飼馬；又不備魚鹽，久之人多身腫氣急，死者什八九。是則薪宜備，芻宜備，鹽宜備。匈奴圍疏勒，絶其城外之汲澗；北魏圍虎牢，穿道地以洩城中之井脈，則水宜備。外此更有醫匠、技藝必用之人宜備，兵器、火器、木石、灰油必用之物宜備。

守備下

《兵法》曰：「軍無糧食則亡。」若乃賊無輜重，擄掠爲資，彼已先犯兵家所忌，我將斷其乳哺以死之乎？抑將借兵而齎糧乎？欲籌堅壁，必先清野。凡清野之法有五：

一曰清五穀。秦人芟麥桓温潰，趙犨徙糧黄巢蹟，寇準瘞穀敵兵畏，惟輔焚粟金師匱，于謙空倉强寇悴。然或諭之而不信，令之而不從者，一則城中積貯無所，一則官府假借堪虞也。必給城中官地或寺觀以爲囷積，❶令自典守而自糶易之，官不過問焉。其般運不盡者，而後官糴入之，粟有入城，無出城，則以米易錢，鄉民便；以錢易米，城民便。飽我飢敵，一舉三便。如迫不及，寧從焚瘞。

二曰清牧畜。凡擄掠之最便者莫如牧畜，不煩運載，驅之而去，未交一兵，已飽敵欲。是以李牧嚴堠入保而胡不窺邊；陳俊輕騎收掠，而賊自散走。近城則入城聚之，遠城則堡壁收之。施諸邊塞，尤爲要策。

三曰清芻草。敵恃馬以强，馬恃草以食。守邊將士，每秋月草枯，出塞數百里，縱火燒荒。劉仁恭以之制契丹，思摩以之待薛延陀。若夫西夏元昊之於遼，則且退師三舍，每退輒赭其地，遂以誘敵取勝矣。若夫金人據牟駝岡之芻豆而汴京圍，于謙空近郊之牧廠而敵騎退，則芻茭峙積，尤易遺敵，往事可鑒矣。

四曰清水泉。敵所資者，非草即水，秦人毒涇上流以餒晉，隋將藥境内泉以病虜，劉錡毒潁困敵師，毒草困敵馬。

五曰清廬舍、清郊場。凡近城三丈内有屋者，賊或内伏以仰射，或取梁柱爲雲梯，或順風延燎，或乘基起堙，此皆不守之城也。嚴下令撤之，急則燬之。凡濠外里許，皆宜曠野。有村落，則敵得而據之；有臺塔，則敵得而瞰之；有土阜，則借以填濠而礙砲；有豐草溝渠，則敵可隱匿。其有大樹及竹木囷積者，皆攻城之具也，❷或除

❶「必給」，原作「給必」，今據《聖武記》乙正。
❷「皆」，原作「督」，今據《聖武記》及《皇朝經世文編》改。

或禁，或運入之；有水筏在百里外者，暫移小港而隱匿之。違者以軍法治。

五者行而野清矣。我能害敵而敵無以害我，則先爲不可勝矣。雖然，城之所衛者有限，而郊野村落之不可盡衛者無限，則所以犄角分錯，各自爲守，非堡寨莫尚焉。

守禦上

守禦之具既備，宜籌守禦之人。大端有三：曰定號令，嚴禁約，廣方略。

號令之要，先一事權。守土官爲主，居中調度。餘分四面，四隅各設正副，以丞、倅、紳士爲之，小事聽其處斷。如旌旗號令有不便者，必禀主守，毋得擅易。政出多門者敗，法令不行者敗。次安鄉民。土木之變，于謙奏，凡兵皆出營郭外，毋得示弱；郭外之民皆徙入內，毋令失所。凡避亂入城之民，有親者依親，無親者官爲設處，男女毋雜，各從其伍。鄉民既多，宜防奸細。防之之法，立柵壕外以詰之，分門出入以別之，親識保領以核之。然後分汛地。聚則難周，分則易守，則段落不可不明也；孤則易折，衆則難摧，則衆志不可不和也。然後擇賢能。有十人之能者統十人，有百人之能者統百人，有千萬人之能者統千萬人，是得一人則得千百萬人，失一人則失千百萬人也。柔懦者不爲長，昏愚者不爲長，暴横者不爲長，執拗者不爲長，奸私者不爲長，志不奮發、力不强健者不爲長。一隅稍疏，三方失守，可勿慎也？然後編丁壯。計其貧富以定多寡，使富民無丁而有丁，貧民無食而有食，則均而無怨也。堞三四人，少亦二人，更番宿食，各近其居，則勞而不困也。

然後給守具。計城若干堞，計守具若干事，按地而給之，餘置城樓，以備不時之需。有神機火器、勁弩堅盾，於阨要而備之。凡人夫各記姓名於堞，各識其處而以時演習之，如此則號令定矣。

禁約之宜申者數事：禁訛言，禁方士，恐其煽衆而洩情也；禁茶坊，奸人謀議多在茶坊者，慮酒後洩言耳。禁寓店，禁夜行，恐其藪奸而誨盜也；禁吹響器、舉表竿，恐其應賊而亂耳目也；禁妄動，禁呼噪，恐賊驚我而乘之也；禁擅離汛地，凡門柵、臺堞、庫獄、中營、遊營、奇營、戰營，各止其所，離一步者斬，所以壹衆也；禁擅入汛地，恐賊諜托藝販以覘探也；禁私啓門竇，禁私酬賊語，禁私啟賊書，有犯者斬，尤軍法所必治也。守既固矣，乃可以禦。

禦之方略，曰具犒賞以鼓士，共甘苦以固衆，謹斥堠以備警，設墩臺內。設望樓、遠鏡。厚偵諜以審敵，選死士爲親兵以彈壓，設更番之遊兵以策應，屯阨要之外兵以犄角。凡賊來攻，則人各保堞，有警輪守，無警輪巡，傳食而迭宿，各止其處。凡便利皆貯之，將熱以澆敵也；石各以類積之，可大摧而小擊也；灰之，以瞀其視也；樓櫓泥之，以防其爇也；雉置楮墨，以備緩急也；時而邏之，以稽其疏佚也；誅信而賞必，所以作其氣也。凡賊之攻我也有七乘：晝夜疲勞，乘我僨；曠日持久，乘我怠；風雨晦冥，乘我忽；矢竭砲稀，乘我乏；堞單坡平，乘我隙；失火驚擾，乘我急；聲東擊西，乘我不意。此七乘者，城之存亡，不可不備也。凡守城之術，心欲一，氣欲壯，力欲逸，足欲定，聲欲靜。知同生而共死，則其心一矣；知攻難而守易，則其氣壯矣；守里不如守丈，守丈不如守尺，愈遠徒勞，愈近得力，十步而外，毋虛矢石，則其力逸矣。賊攻東南，我備西北，遊兵四應，守兵勿易，各死其所，毋離五尺，寧我致人，不爲人致，則其足定矣。聲亂斯號令不聞，聲譁斯心志不肅，聲擾斯賊人得計，手示目語，毋囂其氣，夜惟更柝，晝惟旌幟，則其聲静矣。凡賊之屯城也，以逸待我勞，以飽待我飢，以堅忍挫我鋭，以優游懈我備，聲言解圍以安我意，聲言增兵以奪我氣，乍動乍静以疲我志，緩進散衝以耗我力，築壘增栅以老我智。我惟一定，示以不慣。撤圍勿喜，疾攻勿愓，示怯勿進，歸師勿躡，約和毋信，詐釁毋利，忽退毋懈，久持毋斁。有待援，毋出奔，奔必死，援必生。

守禦下

聞之，善守者如環，使敵不得其閒而入焉。敵詭有萬，守豈一端，其道賾殺，不厭詳參，請極情變，知者觀焉。

防莫重於門。槎其外，以備敵之焚也；坑其內，以陷敵之乘也；縣板其上，以誘敵入而使爲禽也。凡門之制，宜備火攻，故竅其扇以出銃槊，則攻者不敢前也；（羊侃守臺城門，鑿扇爲孔，出槊刺賊。）池其上以溜水，則火者無所施也；（鑿城上近門處爲池，橫長與門等，上闊底窄，形如簷槽，橫開七孔。臨時灌滿，水如閘洩，此滅火上策，亦羊侃法。）若火已然，則提甕缶而擲之，或囊糠沙而溼之，或益薪月城，爲火池以隔之，皆所以備急也。毋徒石砌土填，以自塞而張敵也。防莫多於堞。防堞之法，涇氈絮而懸之，以蔽矢而制火也；但防賊鉤竿。或多懸刺木，或外架浮籬，防潛襲而梯登也；竹編牛皮而鑿其中，出内矢而捍外射也；隨攻所向而布幔張之，則矢石衝車不能壞也。若壞及堞，則木爲女垣而輪推之，所以代堞也。若壞及城，則急柵而拒之，勁槍弩以守之，否則益火以絶之，急築偃月城以翼之，内掘深濠以備之，則敵莫能害也。

門堞既固，乃專防奸。凡奸之生也有内外，被圍者當先安其内而後及其外。賊至而甘心從逆，賊入而乘機刦奪者，窮民之患也。開倉而廩之，授戈而使之，則窮民效用矣。北門之管，以仕而危；維州之壘，以嫁而啟；汝州之城，以版築應募而潰：是内應之奸也。擇親信以任之，加外鑰以固之，則内應塞矣。圍守既久，人無固思，一夫下縋，衆心危疑，或嫌釁於我，或貳敵居奇，是離畔之奸也。單激燕劓即墨怒，鄢縱反間降兵疑，則離畔止矣。嚴失火之令，備救火之具，防火藥，防草場，所以杜變也；獄者變之藪，庫者刦之招，徑竇者賊之媒，所以除蘖也。奸之外至，非惟諜詗也，有詭冒焉，有潛襲焉，有詐誘焉。欒乘婦車入曲沃，蠻衣敗卒陷犍爲，暉效蜀幟敗景崇，賊稱中使入幽州：是之謂詭冒。雪入蔡州，霧破夾寨，則乘晦冥而襲之；歲首破秀容，元夕奪崑崙，則乘令節而襲之；梯倚城外華州危，十六騎入隆德破，宋王德禽姚賊事。則乘不備而襲之：是之謂潛襲。佯退而實進，已去而復來，聲前而掩後，求和以緩備，僞降以納間：是之謂詐誘。令嚴可以杜冒，備密可以防襲，持重可以制詐。雖然，敵之外攻者，非惟陰謀也，有顯術焉。

顯攻之術十有二：曰土山，曰磴道，曰填壕，曰雲梯，曰木驢，曰地道，曰撞木，曰鉤竿，曰蟻附，曰礮石，曰火攻，曰水攻。

距之之法：曰外山既臨，内山應焉。曾樓增高，明制其巔。或則地道，潛引彼土，陷不能立，陰制其下。此拒土山之法也。囊土積柴，將磴以登，我潛投蒿，雜以松明，因風火之，彼積必傾。此制磴道之法也。填壕之攻，或草包土，擲者如雨；或推輪橋，中實薪土，且薦且覆，遂渡莫禦。若是捍之，火藥爲主，星擲飈發，敵敗而去。此制填壕之法也。雲梯飛空，上施溼氈，多載壯士，翼以轒轀，薪土隨之，填塹遂前，則如之何？曰：度其可焚，火箭是宜。或則鑿垣，三木並施，一鉤一距，一則燎之。若皆不制，必謀地池，通隧蓄乾，❶潛焰勿熺，重必偏陷，鼓鞲急隨，其焰亘天，積尸如坻。此制雲梯之法也。或爲撞車，鐵裹竿首，逐便移徙，伺梯撞之。梯高既敗，乃創木驢，蒙以生革，十卒一車，徑造城闉，俯劚且鋤，城軏於隍，矢石莫加，則如之何？曰束葦實脂，岐如燕尾，縋而燒之，立燼可俟。革溼或阻，更以冶爐，鐵汁篩之，若并萬珠，穿厚徹堅，潰炙須臾，雜以膏油，烈焫必俱。則制木驢之法也。或作絞車，施鉤索四輪可以挽重，俟攻具逼城，則以長竿舉鉤索拽而入之。上攻既窮，俯攻復敗，乃謀暗道。鑿土爲窖，角鳴地中，牆傾垣壞，則如之何？曰：以山制山，以坑防坑，繞城多坎，伏甕而聽。其聲空空，掘塹以邊，颺灰煽烟，若鼷遇熏，客知有備，計輟不行，則制地道之法也。城攻既鈍，將謀女

❶「隧」，原作「墜」，今據《聖武記》及《皇朝經世文編》卷七十七改。

垣，爰撞爰鉤，蟻附礮傷，四者各施，主人倉皇，則如之何？曰：客若撞木來者，宜以鉤竿割之，繩斷木墜，計不得施。客若鉤竿來者，宜以推刀制之，曲刃外向，長柄下垂，迎刃而隕，以鋭爲宜。若拒蟻附，其道多端：繩鉤上挽，錐板下搏，轉石擂木，如雨循環。急則重斧，斫其近攀，遠則蒺藜，刺馬礙轘。若拒礮石，以柔制剛，張幕結網，布桔囊糠，障以牛革，補其壞牆。此拒四者之法也。敢問火攻則如之何？曰：火之來耶，或以高車，加鑊於罏，炙炭沸油，積薪助嘘，得水益焰，樓熢可虞。宜下溼沙，泥漿與俱。或束松竿，灌膏焚櫓，利用鐵鉤，以斷其炷。若燎已及，水滅則宜，或筒或袋，以熄爲期，撲緩則殆，毋悔噬臍。此待火攻之法也。敢問水攻則如之何？曰：水之攻耶，必城庳窪，繕版室竇，勿爲魚蝦。急募善檝，載鍬乘划，銜枚夜出，決堰囊沙，敵壘潰亂，急擊無譁。此待水攻之法也。問者曰：善。

制勝上

攻者爲客，守者爲主，勝在守乎？攻者生地，守者死地，勝在攻乎？曰：勝無定在，制勝在人，援不可恃，守不可恒。凡破軍禽敵之道，先在自治。弔死問傷，所以恤下；積薪誓死，所以厲士；鬻財犒軍，所以勸勇；託神設誓，所以固衆；設像朝闕，所以激忠；誅除反仄，所以伸威；聲言援至，所以安困；開門出擊，所以壯氣。此制勝之本也。出如脱兔，動如發機。此制勝之術也。

其術如之何？曰：邀其歸路而截之，

誘其近城而取之；佚能勞之，飽能飢之；靜待動，暇鎮卒，佚制困；險而制之，犄而角之；援而結之，圍而解之；敵將能識之，敵矢能取之。禕扼爽於三嶺也，桓蹙休於夾石也，清河之禽明徹也，京口之困兀朮也，知歸路之可乘矣。詡之弱弩誘羌也，宫之僞降陷操也，雄之設伏間尚也，錡之浮橋濟敵也，知詐誘之可用矣。

佚而勞之，其術有二：夜鼓嚴隊，若將出擊，及旦乃寢，伺怠忽出，備夕攻晝，備晝乘夕，更衝迭突，不令休息。此之謂明擾。或募死士，效敵衣號，乘怠刦營，因風縱砲。電起奮殺，電止則寂，驚與同驚，睡與佯睡，呼散嘯聚，如萬如一。暮往曉返，東出西入，疑鬼疑神，無聲無迹。此之謂暗擾。

飽能飢之，其術有二：敵有糧艘，募鑿沉之；敵特囷積，伺間侵之；輜重禽之，火爇焚之。此之謂明害。毒其水泉以渴其人，毒其草芻以飢其乘，囊土量沙以揚其聲，此之謂陰害。

雖然，不可以不靜也。守陴靜坐，徐城莫測，雞犬無聲，順昌逐北。巷斷夜行，刁斗寂默。譁則易驚，靜無不克。雖然，不可以不暇也。臨敵倉皇，躁則可乘；灑門郤掃，强敵斂形。飲博澶淵，解衣新亭，其外有餘，何機不應！雖然，不可以不佚也。毋失飲食之節，無絶人馬之力，無肆寒暑之極。請言其要：番休迭息，彼竭我盈，厥勢相百。雖然，不可以坐俟也。漢阻興勢爽不前，唐扼虎牢夏兵遭，玠保大散巴、漢全，蜀失陰平成都覆，燕亡大峴滅廣固，幽棄榆關胡馬牧，不守采石侯景祝，縱敵渡河金捧腹。無悔噬臍，無忘蟻築，舍易即難，前車屢覆。雖然，不可以株守也。善守者守郊原，不善守者守城垣。奇正相輔，如環無端。何處可偏師令牽顧，何處可遊兵絶餉路，何處可伏兵摧半渡。步騎屯外，分據要害，城與相應，敵受腹背，抄糧掠樵，困久必敗。布圍陳宫困於邳，慕容離城卒全棘，永援彭城而不入，元景守隨而分卒。雖然，不可以孤恃也。楚非包胥郢都覆，趙非信陵邯鄲蹙，史慈告急於平原，崧女突圍於州牧。虛聲應和者不可恃，鄰不知兵者不可恃，解糾者不控拳，救鬭者不搏撠。批亢擣虛，格形禁勢，守陣圍之，❶鋭氣百倍，表裏夾攻，坐收其弊。雖然，不可以久困也。可恃者己，難恃者人，求援莫應，非奇曷生。廉范形之以緩而圍解，耿恭詭之以神而圍解，虞詡示之以衆而圍解，田單火攻以牛而圍解，皇甫火攻乘風而圍解，劉琨胡笳悲嘯而圍解，光弼地道陷營而圍解，張巡詐走破敵而圍解，郝昭死守力戰而圍解，趙襄間其與國而圍解，陳平間其後宫而圍解，勾踐間其謀臣而圍解，華元刼其主帥而圍解。

曰：然則識敵將之法如之何？曰：射之以書，以觀其取而告也，嘗之蒿矢，以矢盡故。以觀其走而白也；急選善射，中之勿失，是殪一以當百也。

請問矢真盡如之何？曰：縛蒿爲人，夜縋之城，敵争射之，其矢盈坑。或則垣内，張蓋往回，敵疑主將，發矢蝟來，因資於敵，其巧莫階。

制勝下《聖武記》作《水守篇》

問曰：若夫荆、揚之國，半皆瀕水，踐

❶「守陣圍之」，《聖武記》卷十四作「守陴闉之」。

山爲城，塹江爲池，則守岸重於守城，水戰急於陸戰矣。敢問守之如何？

曰：舟師可以進，可以守。東南之師，趨三齊者自淮入泗而上，趨河北者自汴入河而上，舍舟登陸，尚得半利。趨關中者自河入渭，徑至長安，水陸並進，可以全利。此皆以舟師進者也。塞建平之口，使自三峽者不得下；據武昌之要，使自漢水者不得進；守采石之險，使自合肥者不得渡；防瓜步之津，使自盱眙者不得至。此皆以舟師守者也。扼江之城，不過十郡，十郡之要，不過七渡，其中形格勢禁，扼吭枕背，譚兵攬圖之士，類能道之矣。

請言舟要：大勝小，堅勝脆；順風勝逆風，順流勝逆流；防淺，防火，防風，防鑿，防鐵鎖、鐵杙。以閩船遇倭船，如以車碾螳者，閩船如城，倭船如艙，大海相逢，鬭船力而不鬭人力，此以知大之勝小矣。以粤船遇閩船，如以石破缶者，粤材皆鐵力，而閩材僅松杉，風濤相衝，材枯者一撞即碎，此以知堅之勝脆矣。韓世忠以海舶敗金兵，虞允文以海鰌船沉敵舟。孫曹、劉盧之争，劉裕、盧循。順風者得天助，逆風者失事機，可以知乘風之利矣。春秋吴、楚之争，從水戰者楚常勝，從陸戰者吴常勝，可以知上游之利矣。雖然，鄱陽之戰，敵艦高大，我難仰攻，明軍縱炬而燼之，此以小勝大，脆勝堅者也。吴、越之戰，敵得風勢，傅瓘引舟佯避，候敵過而回舟揚灰以敗之，此易下風爲上風者也。梁、陳之戰，敵順流而東，直趨建康，侯瑱徐出蕪湖躡其後，敵舟反風而自焚之，此易溯流爲上流者也。若夫淺之爲患，則御舟膠沙，鄱湖幾危，然岳平楊么，預置草筏以塞港，迫敵走險而遂禽之；吴攻交州，乘潮挑戰以僞遁，俟敵舟潮落礙杙而後乘之，則可以淺致敵也。風之爲患，世傑颶覆於厓門，金師濤捲於唐島。然海舶之制，兩頭設柁，東風西駛，南風北駛，占驗有定，無適不宜。是可以人備風也。火之爲患，以孟德之强而敗，世忠之智而敗，徐道覆之譎而敗。或乘風烈而火之，或乘無風而火之，海艦無風不能動。或分步兵夾岸而火之。然厓山之戰，海舶皆塗泥而火箭不爇；河陽之戰，鐵竿拒油艇而須臾自燼。是可以計禦火也。「中流失船，一壺千金」，與其死戰於舟上，不如陰制於舟下，與其破敵之卒，不如破敵之艘，則鑿患甚焉。然或艙用夾板，或底置鐵釘，或募善泅以護舟，則亦備敵之沈我也。若乃敵進欲距，敵走欲禽，或橫鐵鎖，或絙舟輪，繫樹沉石，伏椎扼津，非皆斷水之計歟？欲破鐵鎖暗椎者，宜作大筏乘以先之，椎著筏去，大炬後隨，長木灌油，鎔鐵斷維。若破筏聯艨艟者，宜募壯士，披鎧進攻，絙則斧之，薪油以從，艦斷隨流，焚溺蔽空。若破篾石礙淺者，宜令善水，潛以鋭刀，籠解水漲，順流莫膠。此又防敵之斷水者也。

請言舟制：曰八輪船。厚板五槽，中有八輪。其上三桅，柁樓後横。順風使帆，逆風轉輪。帆索藥浸，雨火不侵。周以生革，捍矢衛兵。狼牙釘底，用防奸人。攻守皆用，風濤不驚。曰樓船。重列女牆，戰士憑之。窗矛穴弩，砲車外施。濕氈生革，禦火是宜。周環如壘，可戰而馳。牙旗金鼓，大將之威，無風難使，多則非宜。此皆用以統率者也。曰火輪神舟。形如海艘，生革障矢，上下三重，旁輪激水。中層刀釘，機關以俟。下艙伏卒，閧疑神鬼。募泅善橹，破浪如駛。佯敗争泅，空舟以委。踐機觸刃，精卒驟起。火器四發，檣隊披靡。曰鷹船。兩頭俱鋭，不辨首尾。竹板密釘，旁窗出矢。進退如飛，順逆可使。多其櫓槳，水戰可恃。曰漁船。材簡用巨，出海最諳。每載三人，一槳一帆。一以銃護，任意往還。隨波上下，敵莫我覘。此皆用以哨探者也。曰蒙衝。多張生革，用障矢石。篙師在内，弩槍是衛。但取神速，乘其不備。空見船行，曾驚入渭。曰無底船。士立兩舷，旗幟壯觀。誘敵競入，溺死無算。又或三舫，聯爲一貫。中實旁虚，浮板易謾。夜戰誤敵，功倍事半。曰走舸。舷立女牆，多槳如飛。壯士徑進，絶流出奇。或火或挑，急遁勿疑。此皆用以掩襲者也。曰子母舟。長餘三丈，前爲巨艫。廣實藥薪，後艙内虚。小舟藏之，使風齊驅。抵彼火發，後舟則逋。曰聯環舟，舟分二截，聯以環鉤。外視若一，徑趨敵舟。前昌鐵釘，載砲實油。釘撞於敵，環解鉤抽，砲火擊之，後去前留。此皆用以焚敵者也。曰沙船。調戧使風，三桅五桅。一日千里，大帆長馳。增以舷柵，江海是宜。曰鬬艦。形如樓船，其制稍遒。外牆内柵，伏弩重矛。上無蔽覆，死士環周。衝陣陷敵，克壯援枹。曰遊艇。有舷無牆，多槳迅櫓。虞侯用之，回轉陣伍。計會進止，不失啟處。此皆用以戰敵者也。焚敵莫如火，碎敵莫如砲。砲或自震，以筏易船，水不可沉，風不能顛。竪架量高，審敵測竿。暗表識之，遠近直弦。舟處筏後，布障筏前。敵莫我測，望之如垣。賊近發之，齊聲震天。外摧内圉，施必萬全。此用以自守者也。若乃飲馬天塹，欲渡狐疑。宜用浮橋，枕席過師。大艘數十，巨筏絚之。試諸上游，移置敵磯。夜釣量江，謀士堪師。此用以濟水者也。

舟艦繕矣，必練水師。水師二要：一專號令，二重募練。號繁則淆，令紛則雜。編什五舟爲一艅，哨官領之；兩哨爲一司，分總領之；三司爲一部，部將領之。旗皆同色，異鑲異號以別之。舟各一總管，專其責成而悉鈐束之。凡舵工必擇膽而練者，如臨戰股栗，必亟易之。此之謂號令。募練之法，因其漁丁而用之，因其老商而用之，因其鹽徒而用之，因其蛋户而用之。其效用也，或泅鑽敵舟而溺之，或夜抽艘隊而亂之，或蓄燧潛發而燎之，或鐵綆繫舟而拽之，或出奇載砲而擾之，或冒險伺間而偵之，或達信圍城而應之，或齎蠟請援而致之。其入水也，敵密列星樁，則遇而鋸之；敵張網綴鈴，則先觸以竿，俟其舉網而過之。其招致也，或縣重賞而購之，或投金大江而試之。此之謂募練。

水師習矣，宜備水器。自守之器四：或帆，或衣，或橐，或騎。水軍之命制於帆，帆制於火，必熬晉石蜂脂礬水以淹之，竹箬繚索皆以此浸之，再乾而後用之。則火箭火毬不能燎也。人不習於水，衣不宜於水，或瓠片爲甲而礬淬之，編以鵞雁翎而浮之，則皮囊、木罌不能及也。水底潛伏，閉氣爲難，宜屈銀橐而三管竅之，上二塞鼻而一口含之，使氣自相呼吸而水不能入也。腎與足心，謂湧泉穴。入水如火，水族望之，厥來爲禍，上漆椰瓢以護之，下裹漆絹以蔽之，則無光而可免也。藤爲水馬，腹大如囊，四足横出，尻尾俱昂。前後遮浪，中藏乾糧，漆布爲轡，手援以行。短橈冒鐵，可戰可杭。此所以備不虞也。

攻敵之器六：或火，或鉤，或竿，或鏢，或豆，或油。火箭力猛，過步數百，箭勁帆薄，虛射無益；宜近鐵施竹叉以留之，欲辟濕則筋纏而漆固之，是曰火箭。敵近十步，箭遠非宜，焚帆焚柵，火抓是資。圓木陷刃，空中藥施，火孔六七，倒錐實之，臨敵亂擲，釘入帆桅，或高或下，釘著火隨，是曰火抓。桶可受斗，半實硝磺，薄沙覆之，火碗中央；温灰焙炭貯碗内，平置沙面，此臨時方置者。加蓋微扃，輕擲敵艙，火激藥發，迫不及防，以暇出奇，急則自傷，一擲則碗傾而火出藥發，敵不及返擲我舟，故臨川時必輕裝速擲，恐火動藥然也。是曰火桶。更有噴篙，二尺竪篁，纏以繩麻，柄五尺長，層藥一餅，數層迭裝，餅用硝磺、樟腦、松脂、雄黄、砒霜製成，餅中留渠，以拴藥綫。實築虛發，十丈莫當，遠粘檣帆，煙發倉皇，是曰噴筒，此皆火攻之器也。更有火而水發之者，蜀之石油，入水不熄，造藥作團，借火器力，一發四迸，篷隙艙側，敵備不及，水沸愈熾。更有火而逆風發之者，江豚之性，逆浪逆風，煅灰煉油，硝硫助功。狼糞艾肭，并焙則同。逆風愈勁，神焰鬼工。此則火攻之奇器也。明流賊劉七等舟泊狼山，蘇人獻計火攻，藏藥及火於礮，水中發之，名水老鴉，其制未詳。火藥不備，火攻不及，則如之何？曰：有鉤鐮焉，或割其繚，或鉤其舷，物微用便，利輕以彎。有撩鉤焉，三鋒一柄，左鉤右漉，或撈首綴，或鉤帆幅，梢固鐵堅，萬拽不曲。有潛置水中者焉，或距或鉤，嚴禁勿泄，賊艘徑撞，碎於鋭鐵。此鉤之利也。賊劉七等泊狼山，有獻器如鳥喙者，持入水以喙鑽船，機自旋轉，船透可沉。有鐵鏢焉，升桅斗而擲之，船頭船尾，乘高則駛，體重利下，巨鐵細尾，中舟必洞，中人必死，勢難多人，技習可使。首重二斤，徑寸，尾徑二分，長七尺，全鐵爲之。敵舟若近，我高彼小，銅頭竹尾，得力爲巧，擲之如雨，敵衆雲擾。首重四兩，尾長七尺。此大小鏢之利也。拍竿之制，施於樓船，上置巨石，轆轤貫焉。層樓百尺，六竿相聯，壯士數百，層環其巔。發之碎敵，熊羆莫前。撞竿之制，施於戰艇，堅木冒鐵，敵艦莫近，迎之立碎，摧陷無並。此竿之利也。以人制人，用巧出奇，雞白兼油，擲以瓦磁，風濤簸掀，足滑不持，油板易火，縱風乘之。又聞錢瓘，擊吴狼山，己船篩沙，豆灑敵舷，戰血所漬，僵仆相延。又聞倭寇，掠舟過吴，鄉民憤追，泥潑其艫，我躡草履，倭顛不扶，奮前殪之，枕尸滿塗。此油豆沙泥之利也。

雖然，有要焉，勝於敵之不及知，敗於吾之不能祕，我以制敵，反爲敵制。浮橋攢鉤，拒非不善也，岑彭預知，縱焚橋鉤而述兵敗；竹籠沙石，遏非不密也，昭達預知，潛水斫籠而嶺賊潰。吴人禦晉之計，非不力也，鐵鎖截船泄，而不免大筏火炬之燒；杜弢禦晉之謀，非不智也，桔槔擊船彰，不免長歧根之拒。功以密成，謀以泄危。微乎危乎，智者慎之。

軍政篇

能以衆正，我戰必克。捄時如捄病，治軍如治國。作《軍政篇》。

聞之明大學士高拱曰：兵者，專門之事，非倉卒嘗試可能也。國家軍政，內寄本兵尚書，外寄邊方督撫。今欲儲養樞材與邊材，則必自兵部司員始。宜擇幹濟之士，使爲職方、武選二司，出爲兵備道，使山川扼塞形勢，兵之强弱，將之材駑，四夷之情僞，無不瞭於平日，外以待邊方督撫之缺。又使邊撫與侍郎互相出入，以待尚書、總督之缺。終身不改任他部之官。其習西北者不移於東南，長東南者不移於西北，則邊材自出其中矣。

或謂明時官制異本朝。其時無軍機處，無滿洲，似難以明之兵部例今日之兵部。然軍機處，非即明之内閣乎？滿洲總統、都統，非即明掌京營之勳臣乎？明時本兵之權，與總憲、冢宰並推三大重臣，其文武二選司，亦與科道、翰林並重。翰林，備閣臣也；科道，備總憲也；文武二選司，備吏、兵本部堂官也。今惟科道、翰林尚略同明制，部曹則吏、兵二部皆無重權，權盡歸於軍機。於是軍機章京之選，遠在部曹諸司之上。雖其考選皆不過以書蓺之工敏，其遷擢則幾同翰林、科道之超卓，而兵部則幾同閒曹矣。兵部果閒曹乎？部曹又惟刑部秋審處之司員，出任按察司，入任侍郎、尚書，往往不遷他職。於以磨厲刑名之選，慎重文法之枋，與明代之儲養樞材、邊材相等。夫明代不聞以要職視刑部，今代不聞求將材於兵部，豈一代之兵、刑異尚，各成風氣歟？誠使内重兵部之任，與刑部秋審處等，外重兵備道之職，與按察司等，嚴其保舉，專其職掌，重其事權，烏在儲養樞材、邊材之效不可見於今日哉？

問者曰：士必用而後見，才必練而後出。故國初海寇、閩寇長驅内犯，而後梁化鳳、李之芳之將出；滇逆抗拒屢年，而後岳樂、穆占、趙良棟、王進寶之將出；準噶内闖屢年，而後超勇親王策凌之將出；準、回犁庭屢年，而後兆惠、明瑞之將出；金川擣穴數年，而後阿桂、海蘭察之將出；川、楚征勦數年，而後額勒登保、德楞泰、楊遇春之將出。皆非出師命將之初所有也。時久承平，變起倉卒，則若之何？曰：視其功罪，知其良駑。故三方震驚，而一方保障屹然，則守臣之能可知矣；諸軍敗衄，而一軍鎮定晏如，則其將臣之節制可知矣。章皇帝之拔梁化鳳，純皇帝之拔兆惠，拔阿桂，皆以其於他軍敗後整旅獨完也。儻曰非斯人，豈遂不能平賊，則恐天地之生才不易，即撥亂之朝，爪牙心膂，亦不過一二人，未必户穰、吴而家頗、牧。

擇將爲上，練兵次之。徵調數萬，而無數千蹈凶入陷之死士，則不可以固軍情，作軍氣，兵家所爲貴選鋒也。譚綸、戚繼光不募練金華、義烏之兵，教以陣法、擊刺、戰船、火器，則不能入閩平倭。劉綎、李成梁父子非募練家丁，則不能立功遼左。其餘楊洪、王越、沈布儀、❶馬永、馬芳、梁震、滿桂、侯世禄、侯良柱、趙率教、金國鳳，亦皆蓄帳下親兵健兒，著功《明史》。且四路出師之役，劉綎必得川兵。薊門設鎮之初，戚繼光必用浙兵。蓋非其心腹爪牙，則呼應不靈，摧陷不力。故知驅市人與之戰，古今惟淮陰侯能之。若宋之韓、岳，則各有背嵬軍。明之戚繼光，則全恃鴛鴦陣矣。後漢之朱儁，三國之吕虔，晉之王渾，皆以家兵著名史册。今之將官，固無厚豢家兵之貲力，惟有抽兵并餉而選練之，如宋之吴璘、吴玠與譚戚遺法，庶猶可旋至立效乎？今不暇言盡整頓十七省之兵也，姑先言沿海。閩、粤、江浙，皆沿海重兵之地。江蘇河漕，督、撫、提、鎮，各標兵五萬有奇，浙江四萬

❶「布」，《聖武記》卷十四作「希」。

有奇，福建六萬有奇，廣東幾及七萬，一有緩急，輒遠調他省，則本省之兵何用？西夷之闖入，由習覩粤兵之駑也。粤兵之駑，由糧薄伍虚也。若每省汰去冗兵之餉額，并爲精兵之餉額，姑以每省汰并六千爲斷，別募沿海驍鋭，水陸各半，分布澳、厦、寧波、吴淞番舶雲集之區，晝夜訓練。水戰則火器火艇，風濤出没；陸戰則技擊節制，營壘森嚴。使西夷覯之，如安南、日本守禦之可畏，則必以閉關罷市爲虞，而不敢生心矣。或以裁兵并餉，則兵制缺額爲疑，不知各省虚伍，豈止十分之一？寧使暗缺十分之三，而不肯明裁十分之二，其若具文何？

或曰：南兵不如北兵，北兵不如口外之兵，安能使吴越之文弱，皆成西北之勁旅乎？曰：此將兵之恒言，而非將將之至言也。五代契丹兵無敵中夏，而天祚以數十萬衆，敗於混同江之數千金人者，即前日遼兵也。「女真滿萬不可敵」，而興定、元光中，百戰百挫於蒙古者，即前日金兵也。元起朔漠，滅國四十，以有中原，遂乃涉流沙，踰葱嶺，西洋西竺，盡建藩封，爲開闢以來版圖所未有。及至正末年，蒙古四十萬殲於中原，僅漏網六萬歸塞外者，即前之蒙古兵也。然金兵衄折於元代，而完顔陳和尚獨以四百騎敗蒙古八千之衆。宋兵風靡於金源，而劉、岳、韓、吴屢以東南兵摧兀朮馮陵之師。同時同事，勝敗懸殊。且徵近事：青海厄魯特横於國初，今則青海、蒙古畏黑番如虎狼，歲煩官兵爲防戍。又喀爾喀爲準噶爾躪轢，如入無人之境。及超勇親王蹀血一戰，斬賊數萬，亦即喀爾喀之兵。紅毛戈船火器，横行海外，及鄭成功一戰，逐紅夷，奪臺灣，而有其國，亦即閩厦之兵。是知兵無强弱，强弱在將。故曰：「一夫善射，百夫决拾。」又曰：「一人學戰，教成百人；百人學戰，教成千人。」

西夷之海艘，堅駛巧習，以其恃貿易爲生計，即恃海船爲性命也。中國之師船，苟無海賊之警，即終年停泊，雖有出巡會哨之文，皆潛泊於近嶴内島無人之地，别遣小舟，攜公文往鄰界交易而還。其實兩省哨船，相去數百里，從未謀面也。其船窳漏，斷不可以涉大洋。故嘉慶中勦海盜，皆先雇同安商艘，繼造米艇霆船，未有即用水師之船者。今即實估實造，而停泊不常駕駛，風浪無從練習，非若夷船之日涉重洋，則亦不過數年而艙朽柁敝矣。如欲練戰艇，則必謀所以常用之法。常用如何？曰：以糧艘由海運，以師艘護海運而已。江蘇戰艦由吴淞出口，浙江戰艦由鎮海出口，皆護本省海運之糧以達於天津。欽派驗米大臣涖津收兑後，并閲護運之水師，然後給咨回省，則師船無所巧遁而必涉大洋，師船有所練習而不致曠廢。其造不敢不堅，其練不敢不熟。縱不足讋外夷，亦可備内盜矣。至福建戰艦，則每年採買臺灣米十萬石，護至天津，驗閲如前。廣東戰艦，或採買暹羅米數萬石，護至天津，驗閲如前。夫放洋以紆直分遠近，粤東武舉人會試，附商舶北上者，往往順風七晝夜達天津。彼夷船遠涉數萬里如咫尺，況版輿之内乎？臺米運津，本近年恒事，而暹米採買濟粤，亦康熙以來歲行舊例。今但加運推廣，久之並可酌減南漕，以紓江、浙民力之窮，豈非一舉而備數善乎？總之，會哨必令收入内河，監驗必由文吏，而不許會哨於海島無人之地。承平則以虚文欺視聽，有事則見輕於盜賊。

際海之國以萬數，束之凡三大類：曰城郭，曰游牧，曰舟楫。游牧之國恃騎射，舟楫之國恃火攻、水戰，城郭之國恃堅壁清野。土著縱不長水戰，豈亦不長防堵乎？承平縱不習攻鬬，亦可不籌守禦乎？ 李光弼短野戰而善憑城，即以守爲戰，以正出奇也。高壘深溝，閒出奇兵，絶敵餉道，先爲不可勝以待敵之可勝。古今遇剽悍之敵，如李牧之於匈奴，周亞夫之於吴、楚，李光弼之於安、史，戚繼光之守薊門，皆得此力。習戰難而習守易，不但將帥宜習，即守土吏亦可習。先問所守之城建置得地勢歟？城高厚、濠深闊歟？ 城中倉粟足歟？ 庫中器械利歟？ 保甲行，奸宄息、人心固歟？ 薪芻、鹽鐵、木石、灰油、井泉無缺歟？ 此豈必臨敵而後可議者。 順治八年，議政王大臣奏言：「舟山乃本朝棄地，守亦無用，宜令副都統率駐防滿兵回京。」其時提督田雄亦言舟山易克難守。 蓋城偪海濱，船抵城外，與臺灣、瓊州、崇明形勢迥殊。以從古未嘗置縣之地，而徒貽外夷之挾制，此失地利者一矣。 寶山城迫海塘，潮盛則浪濺雉堞。即承平之日，亦宜内移於江灣、羅店，或再内移，與嘉定、上海同城。今乃以重兵守絶地，此不得地利二矣。 鎮海、鎮江本擅金湯之固，而或城外之招寶山先潰，或城内之滿漢兵自鬨，有險可守且如此，況無險乎？ 粤省舊城高厚無虞，新城低薄難保，見於上年之章奏。 而夷船已退一載，亦曾取新城而崇厚之乎？ 禦海寇但有守内河之法，無守海面之法。 而吴淞、天津礮臺不近扼内港，皆遠置於口門之外，洋面之衝，樹鵠以招敵，使敵得以活礮攻呆堞，而我反以呆礮擊活船。 故賊百攻百中，而我十發九虛。何如移諸港内岸狹之處，使夷船不得如外洋之橫恣，而我得以呆礮擊呆船乎？且夫禦礮之法，莫善於憑城，尤莫善於外土中沙之城。往年官兵圍滑縣，礮攻不入，最後掘地道始破之。蓋外磚石，中沙土，大礮遇沙即止。是説也，聞之楊果勇侯芳。礮臺必築礮城，磚石固易訇碎，即土臺亦易震裂。嘗以大礮試諸土臺，竟徹底掀翻。惟沙心之臺垣，礮不能透。是説也，聞之林尚書則徐。

紅夷之入寇，與倭不同。《明史·兵志》言倭寇長於陸戰，短於水戰，以船不敵而火器不備也。紅夷則專長戰艦火器。此異倭者一。倭專剽掠沿海，迹同流賊。紅夷則皆富商大賈，不屑剽掠，而藉索埠頭通互市爲名，專以毒煙異教蠱華民而耗銀幣。此異倭者二。紅夷之水戰與火攻强於倭，毒煙之害甚於倭。日本之深惡紅夷不通與市者，防其毒煙與異教也。紅夷之畏日本者，畏其岸上陸戰也。日本三十六島，港汊紛歧，其海口更多於中國，其水戰、火攻尚不如中國。止以陸戰之悍，守岸之嚴，遂足讋紅夷，絶市舶，而不敢過問。又止以刑罰之斷，號令之專，遂足禁異教，斷毒煙，而莫敢輕犯。吾之水戰、火攻不如紅夷，猶可言也，守岸禁煙并不如倭，可乎，不可乎？不能以戰爲款，猶可言也，并不能以守爲款，可乎，不可乎？令不行於海外之天驕，猶可言也，令并不行於海内販煙吸煙之莠民，可乎，不可乎？

一郡之中，非人人可兵，一省之中，非郡郡可兵也。國家以提督主武，提學主文。提學使者按行各郡，例兼試武童生，而江南之蘇、松、太倉，浙江之杭、嘉、湖，應試武童每不及額，文試則每邑千百。以貴文賤武之俗，而望其高氣尚力乎？提、鎮、撫、標名食糧而身倚市，出應伍而歸刺繡，尚望其披堅執鋭乎？聞徵調，則闔門啼泣，推餉求代，而望其長驅敵愾乎？至江北之徐州、壽春，浙東之處州，則文試寥寥，而武試騎射甲兩省矣。徵調則争先，召募則雲集矣。以此推之，各省中有必不可爲兵之地，蘇、松、太倉、杭、嘉、湖是也；有選擇可兵之地，吴之常、鎮、淮、揚，越之温、台、寧波是也。有一省精兵之地，吴之徐州、壽春，浙之金華、處州是也。推之江西之贛州，廣東之潮、惠，福建之漳、泉，皆一省勁旅，募兵者，當於彼乎？於此乎？地不武者强之使武，地不文者强之使文，以一定之額數，概不齊之風氣，易地能爲良乎？請飭督、撫會同提學使者，檄示各郡邑，願裁武試、增文試者聽，願裁文試、增武試者聽。於是則江南浙西之學校寬，而江北浙東之騎射奮矣。再飭督、撫會同提督、總兵，奏定營制，永免簽兵於財賦文學之區，而以其額，廣募邊郡之驍鋭，散布於腹内諸郡各標，併其缺，優其糧，則江南、浙西無冗糜之餉，而江北、浙東無額少之營矣。以江、浙推之閩、廣，以沿海推之九邊，推之十七省，不以鄒、魯之文學，强燕、趙之慨忼，不以豐、沛之剽悍，責吴、越之秀良。量地陰陽，量材柔剛，視執額例之一定，齊風氣於五方，責翬翟以搏擊，索鷹隼以文章者，孰難易孰短長乎？

軍儲篇一

無政事則財用不足，法無久不變，運無

往不復，作《軍儲篇》。

魏源曰：有以除弊爲興利者，有以節用爲興利者，有以塞患爲興利者，有以開源爲興利者。

何謂除弊之利？天下大政，利於國利於民者，必不利於中飽之人。天儲所仰，莫如漕鹽，行之二百歲，百竇千蠹，晝夜朘蝕。苟有人焉？曰：江、楚曷改小糧艘乎？江、浙曷改行海運乎？則和者百，譁者亦百。譁者何人？曰：在南則漕丁、水手持之，在北則通倉胥吏持之矣。又有人焉，曰：綱鹽曷變行票鹽乎？省改捆，省岸費，省私耗，省守候，省加派，省緩納，曷爲不行？則默者百，撓者萬。撓者即默者之人。曰：岸鹽恐跌價則持之，岸吏恐裁費則持之，書吏、捆工恐清弊則持之矣。

何謂節用之利？普賜田租，普免逋負，自古曠蕩之仁，可行於文、景，不可行於宣、元之世。昔者，宋世常遇郊大賚大赦矣，三年一郊，賚輒百萬，赦輒數萬，其後至於不敢郊。蘇軾所謂以不急之費，而被之以莫大之名。後世慶典普恩，與郊賚郊赦何異？生齒賾矣，機變滋矣，有恃十載普免而争先逋欠者，則利頑民而不利於良民；官免賦而佃不免租，則利於富民而不利於貧民；海寇攻城，不及鄉里，而偏免四鄉之賦，則利於安堵之民，而不利於被難之民。國家正供，有歲入數千萬之名，而常有逋欠千餘萬之實，異日國計愈匱，潦旱徧災，何以蠲賑？則過厚於無事之民者，反無以備夫緩急望救之民。此用之宜議節者一。直省養兵，費天下正供之半，而兵伍不足正額三分之一。乾隆中葉，又以名糧改成實額，增六萬之兵，即歲增百餘萬之餉，而缺伍益甚，宂糜益甚。夫養兵數十萬，而不得一半之用，何如先復國初之舊額，再核目前之虛伍？或並三兵之費以養二兵，使一兵得一兵之用；或並二兵之費以募一兵，使一兵當十兵之用。此宜議節者二。

何謂塞患之利？鴉片耗中國之精華，歲千億計，此漏不塞，雖萬物爲金，陰陽爲炭，不能供尾閭之壑。今不能禁外夷，何難禁內地？不能行重典，何不先行最輕之典？天下有重典而不爲酷者，懲一儆百，辟以止辟是也；有最輕之典而人莫敢犯者，有恥且格是也。竊謂禁煙欲申大辟之法，宜先行刺面之法。刺面之法，載在《大清律》，以防竊盜之再犯，所謂恥辱之刑，又所以待怙終之刑也。今下令曰：限期三月戒煙，不戒者黥之，則紈袴溫飽之煙民，知令在必行，聞風革面矣。有不悛而被黥者，再予三月之限，不戒者誅，則黥者必悛，其不悛而怙終者，殺之無怨矣。十七省各出巡煙御史一人，不責以有犯必誅之事，專責以有犯必黥之事。既黥則人可按籍而稽，癮可按期而驗。儻有紈袴溫飽之家，恥黥哀免者，許以金贖，視其職銜小大，爲罰贖之輕重。僅免刺面而仍刺手，刺手逾限而不悛者誅，不得再贖。惟販煙之犯則立誅，不在黥贖之例。其販煙吸煙，必許告發，告不實者反坐。夫水師整飭，而外洋無庇販之人；繡衣四出，黥而令行，而內地無嘗試之犯。如是而煙不絶者，無是理也。守位曰人，聚人曰財，理財正辭，禁民爲非曰義。是則禁民爲非，實帝王理財之大柄。今不行，禁不止，所可蠹財者，寧惟鴉片？

何謂開源之利？食源莫如屯墾，貨源莫如采金與更幣。語金生粟死之訓，重本抑末之誼，則食先於貨；語今日緩本急標之法，則貨又先於食。請先言其急者：人知中國之銀出漏於外洋，而不知自昔中國之銀大半來於外洋，外洋之用銀幣，亦先於中國。何者？宋、明以前，銀不爲幣，幣惟黄金及銅。而《漢書·西域傳》：罽賓、安息、條支瀕海諸國，皆以金、銀爲錢，文爲騎馬，幕爲面，或文爲王面，幕爲夫人面。幕者錢背。《唐西域記》：龜兹國、覩貨羅國、迦畢試國其貨皆用金銀錢，及小銅錢，印度兼用金銀貝珠。是西域上古即用銀幣，先於中國數千年，其證一。《通典》謂：梁初惟京師及三吴、荆、湖、江、湘、梁、益用錢，其餘州郡雜以穀帛交易。交、廣以金銀爲貨幣。韓愈及元稹奏狀，皆言自嶺以南用金、銀，自巴以外交易用鹽、布。宋仁宗景祐二年，詔諸路歲輸緡錢，福建、二廣易以銀，江東以布。是閩、粤舊通番舶，故用銀獨早。其證二。《文獻通考》：國家二路舶司，歲入固不少，然金、銀、銅錢，海舶飛送，所失甚多，而銅錢之泄尤甚，法禁雖嚴，奸巧愈密，商人貪利；暮夜貿遷，黠吏受賕，縱釋不問，民用日以彫敝。又曰：國家置市舶於浙，於閩，於廣，海商往來，錢寶所由泄，是以自臨安出關有禁，下江入海有禁。凡舶方發，官必點視，監送放洋。然商人多先期以小舟載錢離岸，官驗止爲虚文，乃許黨類首告，以其錢貨之半充賞。沿海州軍，以銅錢入海舶者有罰。其番商往來，夾帶銅錢五百文離岸五里者，依出界法。是宋代之禁銅錢下海，與今日之禁紋銀出洋無異。蓋昔時番舶載銀，以易中國之銅錢，錢之出海者既衆，則銀之入中國者亦必衆。故昔時不聞禁出洋之銀，猶今不聞禁出洋之銅錢。事所本無，患正相反。其證三。

《職方外紀》言：南墨利加州各國，多産金銀，而孛露國、金加西臘國所産，尤甲天下。其場有四坑，深皆二百丈，役夫常三萬人。國王什税其一，每七日約得課銀三萬兩。百物俱貴，惟銀至賤。貿易銀錢五等，金錢四等。歐羅巴歲歲交易，所獲金銀甚多。而中國銀礦開采，則唐以前史書從無其事。唐憲宗二年，且詔言有銀之山必有銅，銅有資於鼓鑄，銀無益於生人，其自五嶺以來，見采銀坑，並宜禁斷，欲以閉銀而廣銅。洪武、永樂中行鈔，禁民間不得以金銀爲貨交易，違者治罪。有告發者，就以其物給之。欲以輕銀而重鈔。《通典》載唐度支歲入之數，粟、布、錢、帛而外，未嘗有銀。惟兩廣諸州土貢，每州貢銀三十兩，或二十兩，以爲貢，不爲幣。蘇轍《元祐會計録》，及《元史·成宗紀》，歲入之數，銀但五六萬兩。《洪武實録》歲入之數，銀但二萬四千餘兩。是則自明以前，重銅輕銀如此，其采銀貢銀之少如此。而近數百年間，錢糧改銀以後，白金充布天下，謂非閩、粤番舶之來，何自得之？是則中國自古開場，采銅多而采銀少。今則雲、貴之銅礦多竭，而銀礦正旺。銀之出於開采者十之三四，而來自番舶者十之六七。中國銀礦已經開采者十之三四，其未開采者十之六七。天地之氣，一息一消，一汐一潮。銀來番舶數千年，今復爲番舶收之而去，則中國寶氣之祕，在山川者數千年，亦必今日而當開。中國爭用西洋之銀錢，昂於內地之銀值，則中國銀幣行之數百年，亦必因時而當變。故曰：開源之利。

軍儲篇二

難者曰：貨源之爲急標，開礦之爲濬源，則聞命矣；若夫聚衆則難散，邊夷則易釁，税課將滋弊，則若之何？工鉅而無款可籌，費重而無礦可驗，則若之何？

曰：亦知雲、貴無歲不開銀礦，國家無歲不徵礦税乎？《大清會典》：正供歲入之數，雲南銀場，歲課六萬七千三百兩有奇，永昌府及廣東無定額。雲南金礦，歲課金六十兩有奇，貴州思南府無定額。雲南銅礦，額課銀萬八百有奇，四川、兩廣無定額。雲南鉛錫礦，課錫三千有奇，山西、湖南、四川、兩廣無定額。豈滇、黔之礦不聚衆，不徵税，而他省獨患衆患税乎？豈滇礦不邊外夷，黔礦不邊苗疆，而他省獨患其邊夷乎？甘肅甘州八寶山之全礦，湖南辰州大油山之金礦，提督派兵守之，乘夜偷挖，至今爲兩提標之優差。伊犂塔爾巴哈台之金礦，將軍派兵守之，客民串謀潛挖，至今爲駐防之利藪。廣東瓊州之銀礦，挖砂百斤，煎銀六十兩，其工費僅六兩。此外，四川馬湖建昌番地之礦，浙江温、處之礦，所在皆是。但官不禁民之采，則荷鍤雲趨，裹糧鶩赴。官特置局，税其什之一二，而不立定額，將見銀之出不可思議，税之入不可勝用，沛乎若泉源，浩乎如江河，何必官爲開采，致防得不償失，財不足用乎？聞之滇吏曰：礦丁多寡，視礦苗衰王，礦王人衆，礦衰人少，礦絶人散。有利則赴，無利則逝，不俟官爲散遣，從無聚而難散之事。

凡礦所在，皆有場主，聽其治，平其争。以七長治場事：曰客長，司賓客聽斷。曰課長，司財賄稅斂。曰廚長，司工役飲食。有事皆聽治於此三長。又有爐長、鑲長、硐長、炭長，分司采煉。又有胥役，游徼其不法者，巡其漏逸者，令嚴制肅，萬夫無譁。故雍正、乾隆中，騰越邊外爲桂家銀場，爲緬夷所憚。永昌邊外有茂隆銀場，爲猓夷所憚。及桂家場之宮裏雁爲邊吏誘殺，茂隆場之吴尚賢獻場於朝，反爲官所捕治。於是兩場之練勇皆潰散，緬夷遂猖不可制。乾隆末，威遠廳同知傅鼐結礦場之練勇以禦猓夷，斬馘數百，亦稱奇捷。（凡開礦之地曰場，邊人譌言爲廠，今並改正。）是則有礦之地，不惟利足以實邊儲，且力足捍外侮，何反畏其生內患？從來但有饑寒之盜賊，豈有富足之盜賊乎？且銅、鐵、鉛、錫、煤、炭、硝、磺諸場，何一不聚衆者？國家大兵大役，何一不在得人，而可委之閹宦，行以苛暴者？秦、隋黷武亡國，後世不聞禁用兵；元代開河致叛，後世未嘗廢治河；明季加賦致寇，本朝未嘗不徵租稅。豈有懲色荒而禁昏姻，惡禽荒而廢蒐狩乎？

難者又曰：古幣用黄金，其用金之多，倍蓰今日。王莽敗時，省中黄金六十萬斤。梁孝王死，有金四十萬斤。漢王予陳平金四萬斤，間楚君臣。其餘諸帝之賜臣下金，輒數百斤計。北魏造佛像，用赤金二萬五千斤，或赤金十萬斤。古金之多如此，而民間淘采之方，官府徵斂之法，史册無聞焉。管仲、桑弘羊、孔僅之徒，始言天地之藏，當取以富國，而不可爲豪强所擅。然其說不過曰鹽、曰鐵，不聞有榷金之政。蜀卓、程鄭，皆擅冶鐵以殖貨，吴濞、鄧通，皆鑄銅山以致富，未聞其藏金之數。漢令私鑄鐵者鈦左趾，博士使郡國，矯詔令民鑄農器者罪至死，此令後唐長興二年始除，止畝納長農器錢一文五分。鐵官凡四十郡，而不出鐵者，又置小鐵官，徧於天下，獨未聞有犯金之禁，何哉？鐵至賤也，而榷之析秋毫；金至貴也，而弛禁若水火。謂小民不盜采，有是理乎？馬端臨亦求其説而不得，因謂漢世不貴難得之貨，有古人遺意。夫不貴難得之貨，曷爲百金中人什産，千金坐不垂堂，而家累千金，三致千金，輒列名《貨殖》耶？桑、孔心計，下至告緡算車，鹿皮薦璧，而獨疏網於金幣，是誠何説？

曰：《周官》丱人，掌金玉石錫之地，而爲之厲禁以守之，若以時取之，則物其地圖而授之，巡其禁令，此坑冶開閉禁令之始。《禹貢》荆州厥貢惟金三品，梁州厥貢鏐鐵銀鏤砮磬，此貢金之始。《管子》言禹、湯鑄歷山、莊山之金爲幣，以救水旱。珠玉爲上幣，黄金爲中幣，刀布爲下幣，以權衡萬物，以高下而御人事，此制貨幣之始。蓋自太昊鑄金，神農立市，下至三代名山大澤不以封，金之開采已足以備宇宙之用。及至漢世，金無耗減，惟恐過多則賤，故無事於開采。既無開采，則亦無征榷，而藏在山澤。守自丱人者，民無從私立坑冶，非若鐵爲日用農器所必需，銅爲鑄兵鑄泉時所用。有官采官鑄之榷，即有私采私鑄之禁，日增月益，法令斯繁，非民樂犯銅鐵之禁，而不趨采金之利也。及後世鑄像寫經，融箔飾器，耗金之事日多，始不得不從事於坑冶。

然唐初置陝、宣、潤、饒、衢、經諸州銀冶五十八，❶而憲宗元和中，特申重銅輕銀

❶「經」，疑誤。唐代無「經州」，今據後文，「經」殆「信」字之譌。

封閉坑冶之令，於是天下銀冶廢者數十，歲采銀僅萬二千兩，宣宗增銀冶二，亦止歲采銀二萬五千兩，微不足數。計坑冶之盛，實始於宋代。其見於《文獻通考》者，登、萊、商、饒、沂、南思六州金冶十有一，登、虢、秦、鳳、商、隴、越、衢、饒、信、虔、郴、衡、漳、汀、泉、福、建、南劍、英、韶、連、春二十三州，南安、建昌、邵武三軍，桂陽一監，共銀冶八十有四。自太宗至道末及神宗元豐初，大約天下歲課金萬餘兩，銀二十餘萬兩。惟天禧末歲入銀八十八萬三千餘兩，則除坑冶外，丁税利市折納互市所得皆數之。或出自商旅，或來自外夷，非盡坑冶之數。其時礦苗微，歇者屢，朝恒下蠲除之令。各路坑冶皆官主之，故江、淮、荆、湖新發之礦，漕司慮發本錢，往往停閉。至建炎七年，工部乞依熙寧法，以金、銀坑冶召百姓采取，自備物料烹煉，官收十分之二，其法始一變。金世宗大定三年，金、銀坑冶，許民開采，二十分取一爲税。此皆宋以來開采之事，未嘗有礦徒擾民，礦税病民也。

明太祖、成祖、仁宗，屢慎重開礦之事，然陝西商縣鳳凰山銀坑八所，福建尤溪縣銀屏山爐冶四十二座，浙江温、處、麗水、平陽等縣銀場局，皆始於洪武之世。永樂遣官赴湖廣、貴州采辦金銀課，又開福建埔城縣馬鞍等坑三所，設貴州太平溪、交阯宣光鎮金場局，葛溪銀場局，雲南大理銀冶，而福建歲額增至三萬餘，浙江增至八萬餘。宣宗頗減福建課，其後增至四萬餘，浙江增至九萬餘。英宗初，下詔封坑穴，撤閘辦官。既而奸民私開坑穴相殺，嚴禁不能止，言者請復開銀場，則利歸於上，而盜無所容，乃命侍郎王質往經理，分遣御史提督，而奉行不善，供億過於公税，是則閉與開兩失之矣。自是以後，礦事遂屬於中官。天順四年，始命中官分赴雲南、四川、福建、浙江，於是雲南十萬有奇，四川萬三千有奇，浙、閩如舊，總四十八萬三千有奇。成化時，中官開湖廣武陵等縣金場，則得不償費，一小擾。武宗時，復聽内官奏開閩、浙銀場，則無礦責銀，再小擾。至萬曆二十四年，衛千户仲春奏請開礦助大工，於是河南之汝南，山東之沂州、沂水、蒙陰、臨朐、費、滕、棲霞、招遠、文登，山西之夏邑，中使四出，計十年間，共進礦税銀三百萬兩，每歲亦不過三十萬，而奸璫乘勢誅索，中飽不啻倍蓰，利歸下，怨歸上，爲任璫之極弊。回思洪、永、宣德時何政，唐、宋、金、元時何政，乃以此爲封禁之口實，開冶者之厲戒哉！

更考國朝列聖之詔令：康熙五十二年，大學士九卿議奏，久經開礦之地，如雲南、湖廣、山西等縣處，本地窮民自開，地方官查明記册。其别省人往開，及本處富户霸占者，罪之，其他省未開采者，禁之。上曰：有礦之地，初開即禁，則可。若久經開采，貧民措貲覓利，藉資衣食，忽然禁止，則已聚之民，毫無所得，恐生事端。總之，天地自然之利，當與民共之，不當以無用棄之。要在地方吏處置得宜，毋致生事。乾隆三年八月，諭曰：兩廣總督鄂彌逵議覆提督張天駿「礦山開采，恐滋聚衆」之奏，據稱：銅礦鼓鑄所需，且招募附近居民，聚則爲工，散則耕作，并無易聚難散之患。地方大吏，原以整頓地方，豈可圖便偷安，置國計於不問？張天駿藉安靖之名，爲卸責自全之地，其交部議處。四年六月，廣督馬爾泰奏：英德縣長岡嶺銅坑，近有煉出銀礦，請給商人工費。惟該縣洪磜礦出銀過多，及河源縣銅礦偪近銅山，均請封閉。諭曰：銀礦議閉之説，豈因開銀獲利者多，則開銅者少乎？不然，銀亦天地間自然之利，可以便民，何必封禁，其詳議以聞。四十二年二月，諭曰：劉秉恬奏促浸、攢拉二水沿河之地，可以開礦采金，是以呼爲大、小金川。朕思金川之雍中剌麻寺有金頂，産則産金，自屬不妄。若所産金沙果王，不如官爲勘驗、試采，爲兩金川設鎮安營之費。嘉慶元年六月，諭曰：據伍彌泰奏，昨委侍衛巡查塔爾巴哈台所屬之達爾達木圖、烏蘭託羅輝等處禁山，適有偷挖金兩之衆，獻出金沙六十兩，因復派兵拏辦等語。向例，嚴察新疆産金之地，特恐匪徒聚衆生事；今既畏懼，獻出金沙，尚屬遵法，何得派兵拏辦？儻有一二流離貧民，偷挖金兩，斷不可若此辦理也。此皆列代聖訓未嘗不許開礦之證，與《會典》載雲南礦課相表裏。或曰：雍正中世宗不有慎重開采之諭乎？曰：是時朝廷百廢備舉，方興直隸水利，清耗羨歸公，户部庫貯六千餘萬，直省倉儲三千四百萬石。外洋無透漏之銀，司農無竭蹶之歎，天子不言有無，本强不問標末。帝王之道，張弛各因其時也。故普賜田租之事，可行於文、景，不可行於宣、元，礦課開采之事，可不行於雍正，斷不可不行於今日。

軍儲篇三

問曰：近世銀幣日窮，銀價日貴，於是有議變行楮幣者。其法本於唐之飛錢，宋之交會；其用同於近日北五省之會票，淮南之根窩；其説倡於嘉慶中鴻臚卿蔡之定，推衍於近日吴縣諸生王鎏。且述崇禎時部臣議行鈔十便曰：造之省，用之廣，藏之便，賚之輕，無成色之好醜，鑪冶之銷耗，絶銀匠之奸僞，盜賊之窺伺，銅錢廢而盡鑄爲兵，白金賤而盡充内帑。果足通銀幣之窮，佐國用之急乎？

曰：宋臣葉適有言：王安石青苗、手實諸法，桑弘羊所不爲；蔡京改行鈔幣，以盜賊之道，誘賺商旅之財，又王安石所不爲。何者？唐之飛錢，宋之交會，皆以官錢爲本，使商民得操券以取貨，特以輕易重，以母權子。其意一主於便民，而不在罔利，猶是《周官》質劑之遺。譬如以票券錢，非即以票爲錢；以窩引中鹽，非即以窩爲鹽，皆有所附麗而行之。至蔡京改行鈔法，則無復官錢，而直用空楮，以百十錢之楮，而易人千萬錢之物，是猶無田無宅之契，無主之券，無鹽之引，無錢之票，不堪覆瓿，而以居奇。宜乎奸僞競起，影射朋生，不旋踵而皆廢。金、元、明代，竟不鼓鑄而專用鈔，重以帝王之力，終不能强人情之不願。如欲復行，竊恐造之勞，用之滯，敝之速，僞之多，盜之易，禁之難，犯之衆，勒之苦，抑錢而錢壅於貨，抑銀而銀盡歸夷，有十不便而無一便矣。然楮幣不可用，而更幣之法不可不講。請先陳歷代各幣之興廢，而後效其説。

漢世銀價極賤，朱提銀八兩，直錢千有五百八十，他銀八兩直千。朱提，縣名，屬犍爲，出善銀。漢武帝造白金三品，其一重八兩，圜之，其文龍，直三千，民廢不用。夫白金非楮，武帝稍增其價，而遂不行。況以楮代幣，視白鹿皮薦直四十萬，其籠利又甚倍蓰，其不可行一也。

宋太祖取唐代飛錢故事，許民入錢京師，於諸州换給。開寶三年，置便錢務，令商人詣務入錢者，即日給券。又勅諸州，商人齎券至者，當日付錢，不得住滯，違者科罰。其後成都守臣寇瑊以蜀人苦鐵錢之重，私券貿易，富户主之，及富人貲衰不能償，争訟數起，請官置交子務，禁民私造。詔歲造交子，一界備本錢三十六萬貫，新舊相因，其用意便民如此。及大觀中，蔡京更鈔法，則不蓄本錢，而增造無藝，至引一緡，當錢十數，封樁舊積，絶口不言，盡失交會之本意。紹興中年，始詔會子務隸都茶場，正以商請茶鹽香礬等歲千萬貫，不獨恃見錢以爲本。然鈔引止憑以取茶鹽香貨，而會子則公私買賣支給，無往不用，且自一貫造至二百。以尺楮而代數斤之銅，以一夫而運萬緡於千里之遠，齎輕用重，流落民間，即同見鏹，其究必有最後受累之人，其罪究歸最初作俑之人，仁者其忍出此？其不可行二也。

紹興元年，因婺州屯駐，舟楫不通，錢重難致。詔造見錢關子，赴榷貨務請錢，願得茶鹽香貨鈔引者聽。三十年，又詔淮、浙、湖北、京西不通水路處，上借等錢，許用會子解發。是交會原以通舟運之窮，故大觀中蔡京鈔法，惟江、浙、湖廣、福建不行，蓋水鄉通舟，運錢甚易，故至今錢票亦不行於江、浙、楚、粤。今欲以西北之票，强諸東南，縱有官錢，尚非民願，其不可行三也。

王氏《鈔幣芻言》謂果欲行鈔，必盡廢天下之銀然後可行。是即洪武、永樂禁銀錢以行鈔法之意。其時罰禁愈嚴，鈔壅愈甚。四川使臣至遣吏以銀誘民市而執治其罪，卒不能革。而金宣宗貞祐三年，河東宣撫使胥鼎上言：民間市易，多用見錢，而鈔每貫僅直一錢，曾不及工墨之費，請權禁見錢。自是錢貨不通，富家内困藏鏹之限，外弊交鈔屢變，窘乏坐化，商舟皆運錢貿易於淮南，錢多入宋，識者謂其棄貨財以資敵國。今日果禁銀行鈔，不過盡敺紋銀於西洋，其不可行四也。

王氏又謂前代鈔弊不行，由楮印潦草，製造不精。然金元光中，以綾印製元光珍貨，同銀鈔行之矣。元世祖中統元年，别造絲鈔，曰「中統元寶」，又以文綾織爲中統銀貨矣。不但無楮印之潦草，且舊鈔昏爛者，又委官以新鈔倒换矣。乃金代則銀價日貴，寶泉日賤，幾於不用。元代則鼓鑄不給，新舊滋弊，與銀鈔皆廢，其不可行五也。

洪武八年，折收糧稅，金每兩准米十石，銀每兩准米二石。計金五换。三十年，詔以折收逋賦，重則困民，令金每兩准米二十石，銀每兩准米四石。計金亦五换。永樂十一年，更令金每兩准米二十石，當銀七兩五錢。又令交阯召商中鹽，金一兩給鹽二十引。當銀十兩。其時米鹽斷無如此之賤，特朝廷欲損上益下，故爲此制以便民。使當時以銀一兩而買民四石之米，金一兩而買民三十石之米，則勢必不行。今行楮幣者，爲損上益下乎，損下益上乎？其不可行六也。

漢時銀八兩，直錢千，既過賤；金代鑄銀鈔，每錠五十兩，直錢百貫，旋鑄「承安寶貨」，一兩至十兩分五等，每兩折錢二貫，其價又過貴。其後銀鈔不行蓋由於此。明洪武中造「大明寶鈔」，每貫准錢千文銀一兩，每四貫准黃金一兩，則銀錢之價酌中，而金價不及今四之一。然某氏《談往録》又言：明初銀每兩兑錢六百，是則抑銀重鈔之令，非民間通行之價。及崇禎十六年，銀每兩兑錢千有六百，至二千有數百，乃嚴禁小錢，力復舊價，制卒不行。及國朝順治初，而銀價復以兩兑千，其時非有鴉片之患，蓋前歸流賊，故賊平始賤也。顧氏炎武言：萬曆中赤金止七八兑，崇禎中十兑，江左至十三兑，亦非由鴉片之故，蓋世亂則藏金者多也。近十餘載間，紋銀每兩由千錢至千有五六百錢，洋錢每圓由八百錢而至千有三百錢，人始知鴉片内灌透銀出洋之故。夫流賊掠去之銀，賊平即出，因避亂而藏鏹兑金之人，亂定則其價平減，非若透漏外洋之有出無返也。近日沿海多避夷氛，蘇、杭赤金至廿三兑，近又復故。

貨幣者，聖人所以權衡萬物之輕重，而時爲之制。夫豈無法以馭之？曰：仿鑄西洋之銀錢，兼行古時之玉幣、貝幣而已。中國銅錢，西北行至哈密而止，西南行至打箭鑪而止。自哈密以西，則行回部紅銅普爾錢，一當内地銅錢之五，以五十普爾爲一騰格，形橢首鋭，中無方孔。打箭鑪以西，則行西藏銀錢。重一錢五分者，每六圓易銀一兩；重一錢者，每九圓易銀一兩；重五分者，每十八圓易銀一兩。自乾隆平定新疆、西藏後，命於天山南北路各城設局鼓鑄普爾錢，文曰「乾隆通寶」，皆鐫地名，用國書回字矣。又命駐藏大臣監造大小銀錢，面文「乾隆寶藏」漢字，背用唐古特字，並於邊廓鑄造年分，如廓爾喀之式矣。是皆以天朝貨幣，而仿外夷之式。今洋錢銷融，淨銀僅及六錢六分，而值紋銀八錢有奇，民趨若騖。獨不可官鑄銀錢以利民用，仿番制以抑番餅乎？此幣之宜更者一。

古幣以金、以貝、以刀布，宋、金及明始用白金，錢糧用銀，始於金代，而成於明正統以後。各視其時王之制。然必皆五行百産之精華，山川陰陽所鑪鞴，決非易朽易僞之物，所能刑敺而勢迫。《書》曰：「具乃貝、玉。」古者，財賄寶貨，文皆從貝，錫我百朋，制詳五等。《食貨志》大貝、壯貝、幺貝、小貝、不成貝，凡五貝。兩貝爲朋，大貝一朋，直錢二百十有六。壯貝一朋，直錢五十。幺貝一朋，直三十。小貝一朋，直十。不成貝者，率枚直錢三。是爲貝貨五品。大貝四寸八分以上，壯貝三寸六分以上，幺貝二寸四分以上，小貝寸二分以上，不盈寸二分者不得爲貝。玉則古爲上幣，與貝皆行於三代，而廢於秦世。我朝臣服和闐、葉爾羌，玉山玉河，歲時上進，充庭溢闕。乾隆時回部官山有禁，嘉慶中，始聽民開采。今宜以貝玉佐銀幣之窮，上出宮府之藏，外榷官山之産，鐫其等直，廣其流布，物華天寶，民珍國瑞，無傾鎔冶鑄之煩，無朽腐贋造之苦。此幣之可推廣者二。

夫開礦以濬銀之源，更幣以佐銀之窮，皆因天地自然之珍，爲國家不竭之府。苟舍貝玉，舍銀錢而以楮代之，是不若行冥鏹於陽世，陳明器於賓筵之爲愈也，不若施畫餅於賙荒，易告身以一醉之爲愈也。恐鞅、斯之酷不能行，桑、孔之計有不屑也。

軍儲篇四

貨源既開，食源尤不可不阜。阜食莫大於屯墾，屯墾莫急於八旗主計。以君養人，不如使人自養，雖堯舜猶病博施而濟衆。國朝列聖之厚八旗者至矣。康熙三藩初定，詔發帑金六百四十餘萬，代償八旗債負，每家獲賞數百金，未置寸産，徒糜衣食，一二載蕩然無餘。其後又頒賞六百五十五萬金，亦立時費盡。雍正初，屢賞兵丁一月錢糧，每次三十餘萬，亦不逾旬而罄。豈獨八旗之不善節嗇，亦其食指浩繁矣哉。世祖時，八旗定甲八萬，甲歲餉銀若干兩，米若干石。聖祖時，增爲十二萬甲。額兵十萬，養育兵二萬。一甲之丁，積久而爲數十丁數百丁，非復一甲之糧所能贍。計八旗丁册，乾隆初已數十萬，今則數百萬。而所圈近京五百里之旗地，大半盡典於民，聚數百萬不士、不農、不工、不商、不兵、不民之人於京師，而莫爲之所，雖竭海内之正供，不足以贍。且八旗有蒙古、有漢軍，不盡滿洲，滿洲又皆收服遼東諸部落，非宗室天潢也。

漢、唐有養兵之費，宋、明有宗禄之費，未聞舉龍興之地，豐、沛、晉陽、鳳、泗之民，而世世贍養之者。國初定鼎中原，居重馭輕，故圈近京五百之地，重逃旗出外之禁，以固根本而滋生聚。自乾隆中葉，已有人滿之患。於是諸臣條奏，舒赫德則言：盛京、寧古塔、黑龍江沃壤數千里，僅爲牧場閒田，請移八旗散丁數萬，屯東三省，以實舊郡而還淳樸，分京師生齒之繁矣。孫嘉淦則言：獨石口外七十里之紅城子，再百里之開平即元上都地，襟山帶河，城墉猶在，膏腴不下數萬頃；張家口外七十餘里之興和城，又西百餘里之新平城，川原廣沃，更勝開平，可耕亦不下數萬頃。明初置衛，旋棄歸蒙古。我朝平察哈爾，復置爲牧場，致東路之熱河八達溝，即大寧衛舊境。西路之歸化、綏遠二城，即豐川、東勝二衛舊境。聲勢中隔。應請於開平、興和各駐滿兵三千，紅城、新平二城各駐滿兵二千，共駐防一萬。屯墾牧獵，先爲經營，五年規模可定矣。又請旗人情願下鄉種地者，將八旗公産及贖回旗産，每人一二百畝，給其自種，不受佃奴之挾制矣。又請漢軍罷仕，情願在外成家者，許其呈明置買田産，聽其地方官吏約束矣。張若淮則請廣駐防之制，謂：各省有城守營之處，緑旗兵不下數萬，應請將省會及道員駐札之處，其城守營皆改爲八旗駐防矣。沈起元則謂：漢軍本係漢人，莫若於漢軍之内，每甲以一人承占，或以行輩，或以材武，食其祖糧，其餘閒散，則聽之出旗歸入四民矣。諸臣條畫，有未准行，有准行而下未奉行。竊謂滿、蒙、漢三者，宜因地因人而徙。東三省，滿洲舊地也，宜專以徙滿洲之餘丁。開平、興和，國初平察哈爾、蒙古之地也，宜專以徙在京蒙古之餘丁。至外省駐防，難以再增，而外任留寓占籍，本漢人之俗也，宜專以安置漢軍之人，各因其地，各還其俗。

或曰：近日盛京將軍富俊，曾經理雙城堡之屯田矣，每人願移者，許給地二頃，房屋、牛種、器用、旅費畢具。初奏定每年移二百户，行之數年，每年僅五十户、七十户，無乃勢不可行乎？

曰：懷土重遷，民難圖始。漢初列侯不願就國，至詔丞相爲朕先就國以倡率之。唐時京官輕外任，至令宗室分授刺史、郡守以重之。元魏自平城遷都洛陽，至借伐齊之師以行之。然國初各省分設駐防，距京師遠者數千里，南北異俗。乾隆中，新疆移兵駐防，距京師萬里，東西異向，而八旗聞命就道，所至如歸，從未聞有難色者，何哉？八旗騎射成俗，語以爲兵，則萬里不辭，語以爲農，則故鄉裹足。今宜仍以駐防爲名，並擇宗室、覺羅中奉恩將軍之練愨者，使每人率一佐領或二佐領以重其行。至彼之後，打牲、射獵、屯種，各從其願，兼許雇漢農以爲之助，則旗人無不囟然矣。漢、唐中葉以後，宗室苗裔，散處郡國，列爲四民。今設擇京師閒散宗室，得率一二牛彔還舊都，有土有民，世食其利，尤厚於古矣。開平、興化四城，亦宜設蒙古駐防，使游牧屯種，各從其便，並許雇漢農以爲之助，則初年不習於農，數載後農牧相安，即可裁其兵糧，以歸禁旅之籍矣。滿洲、蒙古，每移一駐防，即可徙數千户，何至每歲徙二百户而不能？至漢軍外任留籍，特未允行，允之必無不願。既免回京親友之需索，又得適樂土以長其子孫，又安有不慊者哉！若夫興京東之水利，清旗民之贖産，清入官之籍産，以兼屯滿洲、蒙古、漢軍無業之旗民，地尤近，利尤切，其扈本固基尤厚。化而導之，宜而通之，是在得人哉！是在得人哉！

國初近京五百里内，圈給八旗，而别撥他州縣之閒田，以爲民地。計近畿凡宗室王、貝勒、貝子、將軍之莊園，共萬有三千三百三十八頃有奇；凡勳戚、世爵、職官、軍士莊田，十有四萬百二十八頃有奇。其内府莊田，以待皇子分封、公主贈嫁者，不在此數。而盛京東北，及諸邊口外，腴壤日闢，八旗滋生户口，咸取給焉。嘉慶十八年，户部尚書英和奏言：「自乾隆年間以來，入官地畝甚多，他不具論，即如和珅、福長安兩家入官地畝，不下二三千頃，至今並未升科，屢次查催，地方官奉行不力，盡飽胥吏之橐，且有以磽瘠換膏腴者。請嚴勅直隸總督作速升科，無令隱匿侵蝕抵換，於國用亦有裨益。」又考伊犂屯田，向惟緑營及回、漢屯丁。自嘉慶九年，將軍松筠奏言：「伊犂駐防之錫伯營，向無官給口糧，均係自耕自食，生計有資，迥異滿營之拮据。近日八旗生齒日繁，上年酌派滿洲閒散丁三百六十名，官給牛隻、器具，分地試種，秋穫十分有餘，已有成效。惟係通力合作，未免視爲官産，久而生懈，應照錫伯營屯制，按名給地，永爲世業。並諭以地即種成，將來亦不奏裁口糧，毋庸觀望。」滿營旗人聞此，始皆欣然，領地耕作。十七年，將軍晉昌復奏言：「伊犂旗屯之田，有已分未分二項，其已分田二萬四千畝，係松筠奏明分授八旗，每旗三千畝；其未分田二萬畝，離城較遠，每年專派佐領，督率八旗閒散丁，通力合作，添雇回子流民，將所收糧公貯，分給貧乏。請照松筠章程，分給八旗閒散，自行管業，不準招佃耕種，以滋流弊。再仿松筠前奏，於公地之南，督築數堡，每堡蓋屋百所，以駐屯丁，教之樹畜，農隙習武，以收兵屯兩益。」此新疆駐防旗屯之成效，可推行於畿輔及留都者。

《西域水道記》曰：乾隆三十年，自盛京移錫伯部官兵千，駐伊犂河南岸。去河數里，舊有一渠，東西長二百餘里，渠北地隘，慮在無田，渠南阻崖，患在無水。嘉慶初，有部人圖默特，創議於察布察爾山口引水，自崖上鑿渠，亦東西長二百餘里，功費繁鉅，部人嗟怨。圖默特卒排衆議，數年乃成。既濬新渠，闢田千頃，遂大豐殖。雄視諸部，鄭、白之沃，不足云也。新渠東北有積水潭廣數里，環潭皆回民田。將軍松筠因新渠成，以潭西南二面田二千畝，畀錫伯屯之，界遂東移。兩渠相去十餘里，新渠高於舊渠六七丈，新渠之南，並南山下，皆回民田。此錫伯營屯田水利同於內地者。

坊苗篇

撫苗如撫子，備苗如備疾，禦苗隄禦水，攻苗鷙攻伏。

撫苗道二，文告不與。目不詩書，足不城市，奚知文？奚知告？則聚所欲歟？則去所惡歟？何謂所欲？鹽布入於峒，藥材出於山。何謂所惡？莠苗不留於寨，奸民不入於寨，吏胥不擾於寨。

備苗道三，兵哨不與。兵久則蠹，哨久則圮，我以此往，彼以此拒。毋予其距歟？毋芽其勢歟？毋釀其漸歟？苗壤不硫磺，奚自而入？入予其距。苗技習鎗矛，睚眦而鬬，鬬芽其寇。苗俗神巫鬼，椎牛而祭，祭耗其費。撫之善，備之勤，變乃不成。距不奪，芽不刑，漸不懲，狼翼而飛，怒將食人。人曷禦之？又曷攻之？禦之百里之外，攻之千阻之內。攻之以兵，禦之以民。

禦之之法曰：近其防閑，遥其聲勢。邊牆以限彊界，哨臺以守望，砲臺以堵敵，堡以聚家室，碉卡以守、以戰、以遏出、以截歸。邊牆亙山澗，硝臺中邊牆，砲臺横其衝，碉堡相其宜。凡制碉堡之法，近石以石，遠石以土，外石中土，留孔以槍，掘濠以防。碉容五人，堡乃衆藏。有三固：矢不洞，火不焚，盜不踰。有三便：族聚故心固，扼要故數敷，犄角故勢强。壁堅野清，乃可以攻。

攻之之法曰：徵兵不如募勇，募勇不如土蠻，土蠻不如苗攻苗。習技藝，習登陟，習徑路，習虛實，習勞渴，習苗情。攻之之法曰：騎不如步，矢戟不如火槍，山叢徑仄，箐密澗曲，故騎射不宜。步利猱捷，槍利仰攻。攻之之法曰：合攻勿如分攻，緩攻勿如速攻，懸深巢不如屯沿邊。夫鷙鳥之將擊也，必盤空而出不意，其視審，其至捷，有不擊，擊必中，中必逝。苗寇若狡兔然，專則聚，聚則堅，緩則備，備則延。分攻故不能相顧；來去不測，故備勿及；不株及，故黨與離；屯邊，故進退如意，聲東擊西如意，水土糧餉如意。攻之之法曰：因其信鬼而威之，因其貪利而購之，因其仇猜而離之，因其鄉導而用之。昔者諸葛武侯之渡瀘也，遣李恢將別部而地利明，選哀牢勁卒而卒服習。若夫明殷正茂、韓雍、陳金、蔡經之於獞、猺，李化龍、朱燮元之於蠻，明張岳、國朝張廣泗、席爾達之於苗，皆未有一道而成者也，未有不數道數哨，十數道十數哨，夾進互擊者也。

大清之興也，平地則八旗爲一，遇險則各旗爲八。兵猶水也，因地而制變。然則馭苗、蠻百世師者誰乎？明廣西參將沈希儀。希儀之術如之何？曰：撫如子，備如疾，隄禦水，鷙攻伏。

湖南苗防録敍

魏子曰：歷代以來皆蠻患，而明始有苗患也。南夷之苗，自洪水竄征後閴不聞。而殷周之所撻伐，荆、庸、勾吴之所冠帶，皆蠻國，暨江以南，靡然聲教。於是漢曰武陵蠻，唐曰五溪蠻，則自岳、澧、常德進辰、沅間，益與今苗地近，然烏睹所謂苗事哉！其叛服姓氏，亦匪苗族所有。嘗考蠻習俗嗜欲不甚遠，惟蠻峒各一酋，懔然冠履臂指之分。苗則絶無統屬，有貧富，無貴賤；有强弱，無貴賤；有衆寡，無貴賤。曩蠻酋强盛之日，承平則足控制群苗，爲内地捍蔽；有事，苗皆指嗾從之，蜂屯狐嘯蟻聚。籌邊者惟思撫蠻以制苗，宋諸州、明土司所由興也。曁後蠻酋各安世襲，狼馴不跳梁，而鷹飽亦不搏擊出力，於是蠻患銷，苗患熾矣。專苗稱者，惟黔五開苗、楚九溪苗，實則滇之玀、之猓，蜀之僰，粤東西之獞、之猺、之黎，皆苗類。明滇、蜀多土司尋兵，而粤、黔、楚則獞、苗自嘯聚。國朝土司悉歸流，黔、粤苗獞至今帖然，即乾隆末楚苗蠢動之時，永順、鎮筸、乾州諸土蠻，或負弩爲先鋒，或鄉導誘禽首惡，今昔情形，順逆燕越。嗚呼，曷以致是哉！ 爰掇其形勢沿革、撫馭得失爲篇，以金鑑來世而爲之説曰：

王者治四夷之法，太上變化之，其次制馭之。宋羈蠻專撫綏，則高爵厚賞不饜欲；明備苗專防範，則築哨屯兵不遏釁。終宋世威不振，終明世苗不服。盛哉我大清威德乎，古未有也。康熙四十二年，邊人之赴愬也，上震怒，免總督郭琇官，詔曰：「三苗自古逆命，今仍虔劉我邊陲，攘虜我人畜，爲諸奸宄逋逃藪，豈可令在肘腹地恣行無忌！ 其發滿漢兵，乘冬逼其巢，郡縣之。」於是禮部尚書席爾達視師。明年正月，闢鳳凰廳、乾州廳，而鎮溪上六里苗尚屬土司。既而巡撫趙申喬，奏裁五寨長官司，于是六里苗復赴愬。明年，生苗百四十寨并投誠。雍正初，朝廷經略西南夷，威震黔、粤。於時湖北容美、湖南永順、保靖、桑植諸宣慰使悉爲邊人所愬，先後改流，於是湖廣無土司。

嗚呼！ 泳厚載者不知幬覆之仁，習衽

席者不知水火之艱。容美、桑植，今各一縣地耳，永順一府，實兼永順、保靖二司，地瘠而貧，吏斯者每觖望。而曩四大土司，富强雄累代，則其朘膏脂何如哉！漢承秦後，網漏吞舟，故諸土司遺氓多自重畏法，豈非刧於積威久於倒懸以然哉！嗚呼！處帝力何有之世，老死不見苛政兵革，所以高坐争議復古封建也。

乙丙湖貴征苗記

嗚呼！以予所聞乾隆六十年紅苗之役，蓋與當時奏牘頗殊云。初，苗未變也，畏隸如官，官如神。兵民利焉，百户外委利焉，司土者利焉。永綏廳勾補苗訟竊牛於官，而闔寨爲病，遂激石滿宜之亂，雖旋撲滅，而苗禍已胚。蓋苗積忿永綏尤甚。始廳設苗巢，城外寸地皆苗，不數十年盡民地。獸窮則齧，於是奸苗倡逐客民，復故地，而群寨争殺，百户響應矣。

乙卯正月，貴州銅仁府苗石柳鄧，妖煽其黨，官捕之，遂叛。焚掠松桃廳正大營。湖南永綏、黄瓜、寨石三保應之，永綏副將伊薩納、同知彭鳳堯，以兵六百往捕。狃於勾補之役也，責苗縛獻。而鎮筸鎮總兵明安圖，亦以兵八百，攜繩索以往，會營鴨酉。夜，苗忽數千焚鴨酉洶洶，而軍中止短兵，無火鎗，且鎮筸苗吴半生、吴隴登、吴八月及乾州三岔坪苗同蠢動，火光照百十里，鎮筸路絶。遂議餌苗向永綏，講且行。而沿途益蠭集，又從苗紿，盡釋兵仗，明安圖等束手死焉，脱者數人，時二十三日也。遂圍永綏，而乾州、鎮筸苗亦同日各圍其城。永綏城僅餘兵二百，士民自嬰城守，乾州本土城，遊擊陳綸乂以營兵遁，明日遂陷，同知宋如椿死之。貴州總兵珠隆阿亦被圍正大營，苗疆大震。

二月，詔雲貴總督忠鋭嘉勇公福康安、四川總督和琳，及湖廣督撫合兵討之，復命侍衛額勒登保、德楞泰，往贊軍務。福康安既解嗅腦、松桃大營諸圍，招撫各寨。

三月，貴州苗略定，和琳亦定秀山縣苗，以總兵袁國璜守棚門，而自會福康安於松桃，乃遣總兵花連布將精兵三千援永綏。三月十一日，連戰至城外，圍解。而湖南提督劉君輔亦以兵二千，自保靖與總兵張廷彥合攻永綏西北，苗據花園，斷浮橋以拒。劉君輔結筏渡，破斬數百，遂復花園，守以張廷彥，而自攻隆團、鴨保轉鬭入。花、劉二將，苗並憚之，曰花虎、黑虎，劉髯黑云。福康安大軍，亦於四月十三日至永綏，進剿黄瓜寨巢穴，而苗旋阻鴨保，餉道不通。花連布乃護貴州糧以餉永綏，中途遇伏幾殆，適大軍遣救至，得免。時湖廣兩總督，一畢沅駐辰州總軍需，而統兵鎮筸。是月，以兵六千由瀘溪以復乾州，遇苗苟拜巖，急匿輜重中以遁，衆土崩。苗乘勢四面躪，僅身免，顧以殺賊無算聞。詔旨稍奬之，而仍責曰：胡不乘勝追北，而回守空城？ 蓋明見萬里外矣。

自是無敢東路進者，而賊久踞乾州，遂出瀘溪巴斗山，大焚浦市，分寇瀘溪、麻陽東北，復逼鎮筸。福甯請急調荆州滿兵二千前來，而按察使阿□□者駐鎮筸，方日以詰捕漢奸爲事，兵日擒良民邀賞，而苗出入横行，顧無誰何者。五月，荆州將軍觀成至，始下令止之。劉君輔在永綏，則提孤軍欲復通鴨保，中途冒圍數重，突殺出，幾不免。

及隆團，始遇袁國璜、張廷彦援兵，乃保隆團，而鴨保餉道復塞。蓋永綏處生苗窔奥，北保靖，西松桃，南鎮筸，東乾州，而賊巢則平隴、鴨保左右營各寨，介四廳間，皆疊嶂嶇險，惟鎮筸一路，聲勢四接。由瀘溪進乾州僅九十里，而福康安、和琳由貴州來，遽從銅仁正大營穿深巢往乾州。道既險遠，而劉君輔所請五路進兵策亦不用，苗遂專伺大營所向，據險死拒。而各營兵非奉令又不得自爲戰，故賊益張。及劉君輔隔隆團，苗遂復圍永綏，晝夜急攻，兩月餘，副將富志那遣告急大營，連數十輩不達。最後達二卒，始遣四川提督穆克登阿往援。苗并力拒援兵，而劉君輔亦遂由隆團轉戰。入八月，圍始復解，而竟無奏牘云。

苗叛時，惟沿邊土蠻不從亂。土蠻者，故土司遺民也，聚衆自保，苗甚憚。有言其頭目張廷仲不軌者，既而得白，遂討賊自效。自後永順、保靖無虞得其力。劉君輔花園之戰，亦以土蠻三百陷陣。其明年，竟購保靖蠻誘禽石三保云。而大軍自四月克黄瓜寨，五月、六月阻大烏草河不進。七月渡大烏草河，抵古丈坪。八月，奏克烏龍巖、楊柳坪，而吴八月據平隴，遂稱吴王。自石氏起事，巢穴旋破，至是而吴氏復稱吴三桂後，妖煽遠近，平隴黨轉盛，石三保、石柳鄧皆附之。于是九月下詔，暴諸苗罪狀，晉封福康安貝子，和琳一等宣勇伯，以風勵將士。十月，奏克毛豆塘、摩手寨、龍角硐，進牛練塘，圍鴨保，距平隴賊巢七十里。時苗酋皆許官爵花翎，散苗優以金錢，吴隴登亦許禽吴八月自效。然吴八月子廷禮、廷義，復與隴登仇殺，負嵎自若。十一月，奏克欅水營、天星寨。十二月，奏克擒頭坡。

嘉慶元年正月，奏克連營山。二月，奏克壁多山、高吉陀。三月，奏克兩叉溪、平逆拗。四月，奏克長吉山、結石岡，距平隴三十里，而詔責復乾州城，遂指乾州。去冬以賊併力距大軍，始令鎮筸總兵袁敏等，由瀘溪進乾州，與大軍犄角。兵至丑坨，以大帥欲專乾州功，阻河溪不進。而劉君輔失大帥意，亦束手不得展尺寸。至是，七省官兵持久一載餘矣。

始既奏賊幺麽不足數，及老師曠日，則頻以大雨山水暴發爲辭，而餉道崎嶇，先後益兵數萬。降苗受官弁百餘人，月給鹽、糧、銀者數萬人，旋撫旋叛。軍士不習水土，中暑毒死日衆。數省轉輸，費巨萬計。而朝廷焦勞，日盼捷書，敕詢絡繹不絕。五月，大學士貝子福康安卒於壩子巖，贈郡王銜，謚文襄。六月，和琳復乾州，使額勒登保等進攻平隴，而自與畢沅、福甯及巡撫姜晟等，遂奏善後章程六事。大都民地歸民，苗地歸苗，盡撤舊設營汛，分授降苗官弁羈縻之。惟購收槍械一事頗關係，而議旋寢。及嘉慶十年，兵備道傅鼐始按寨勒繳四萬餘件云。而和琳亦八月卒於軍，贈一等宣勇公。額勒登保既偪平隴，賊漸蹙。至是，嗣和琳任。又詔將軍明亮自湖北往會之，以鄂輝代劉君輔。九月，大兵奪平隴隘口，而畢沅已力請罷兵。蓋三省教匪方起，四川達州既未撲滅，花連布又討貴州銅仁賊戰死，而湖北尤猖獗。畢沅無如何，則欲移苗疆諸將兵討之，詔書切責不許。十二月，大軍斬石柳鄧父子及吴廷義等，於是遂封額勒登保威勇侯，明亮襄勇伯，德楞泰繼勇子，餘進級有差。時鎮筸黑苗，猶多未覩大兵。額勒登保與穆克登阿分畧餘黨，而教匪日熾。明年三月，遂班師，明亮赴達州，額勒登保移征湖北矣。留官兵二萬分防，令提督鄂輝駐辰州，及新設綏靖鎮總兵魁保、鎮筸鎮總兵富志那分領之，裁留土塘苗兵三萬七千，月給鹽糧銀如故。畢沅、姜晟一意主撫，而邊無寧日。則鳳凰廳同知傅鼐募勇修碉，悉力禦之。及嘉慶四年，黑苗寇邊。事聞，於是皇上下詔曰：「楚苗已奏戡定，何匪苗吳陳受復敢糾衆犯邊十餘次，不法已極。可見前此福康安、和琳辦理，止是將就了事，其實何嘗底定？」自是湖、貴復屢用兵，至嘉慶十年始靖，皆傅鼐總理邊務功。

鼐復某總督書曰：「三苗自古叛服靡常，治之惟勦、撫兩端。叛則先勦後撫，威克厥愛，乃濟。邇者楚苗之役，和、福二公以七省官兵，撻伐二載，而未底定，何哉？論者謂始則恃搏象之力搏兔，以爲功成指顧，而無暇總全局以商定算。繼則孤軍深入苗巢，前堅後險，實有羝羊觸藩之勢。兵頓烏草河、牛練塘、九龍溝者，俱屢月。不得已，廣行招納，歸咎於民之争占滋釁，盡撤苗巢營汛四十八處，以期釋怨罷兵。不圖苗人如豢貪狼，養驕子。大功未就，相繼賫志而歿。踵其後者，承士卒之疲勞，國帑之糜費，又值川、楚事急，倉皇移師北去，是以苗志得氣盈，鴟張魚爛，不可收拾。而大兵既罷，勢難再議興戎。鼐思民弱則苗强，民强則苗弱，因而衛民以壯其氣，練勇以摧其鋒，駕馭以伸其信，鵰勦以威其凶。碉堡既成，我墉斯固，堅壁清野，無可覬覦。而後入其穴，扼其頤，奪其距，殲其魁。稂莠漸除，良善乃怡。此又嘉慶二載來辦理情形也。」傅鼐之任鳳凰廳同知也，以前禽苗酋吴半生功，别有傳。

據嘉慶四年有「苗疆何嘗底定，前此辦理諸臣將就了事」之諭旨，故作是篇。蓋此旨亦在修方略之後也。

答人問西北邊域書

承詢本朝西北邊域之略，國家威稜震疊，際天稽顙，括地成圖，東盡東海，南盡南海，西不盡西海，北不盡北海，而欲徵圖朔貊，飈輪弱水，厥制嚴武，至雄以博。竊鉤檔册之遺聞，諏都護之屬吏，除盛京、吉林、黑龍江號東三省，爲滿洲根本重地，不屬邊防外，其西北藩服，疆以戎索，綱紀條列，可得而云。

一曰正北内蒙古，亦有偏東者。凡出口之路五：曰獨石口、張家口、古北口、喜峰口、殺虎口。口外四十九旗，皆曰内藩蒙古。合歸化城、土默特二旗計之，合五十一旗，分東西六盟。其東四盟，當東三省及直隸邊外。西二盟，當山西、陝西、甘肅邊外，皆在漠南，皆聽天朝設札薩克。札薩克每旗一人，或世爵，或簡放，總理旗務。其部凡二十四，并歸化城則二十五。

一曰正北外蒙古，亦有偏西者。分西路、北路、中路、東路四部，凡四汗，其汗以下，有親王、郡王、貝勒、貝子、公、台吉等，與内蒙古同。共八十一旗。自設札薩克，俱在漠北。此漠北四部落，總稱喀爾喀。由正北迤西曰準部，即天山北路，喀爾喀之西，與科布多接壤。科布多橫亘于準部、喀爾喀之間，過此則伊犁東路界。準部本有四衛。拉特用兵後，以其地爲大聚落，曰伊犁東路，曰伊犁西路，曰庫爾喀喇烏蘇，曰塔爾巴哈台。皆準之舊地也，今皆有重兵。稍東南近腹地，爲鎮西府迪化州，亦準舊地，而稱安西北路，非天山路矣。

由西北迤西南，即天山南路，皆回子境。準部及蒙古，皆古稱行國。回則《漢書》三十六城郭之裔，以哈密爲北止境，以闢展爲南首境。再東南則爲安西南路，非天山路矣。由西南更西南，曰衛，曰藏，曰阿里，曰喀木，天朝設駐藏大臣司其事，而達賴喇嘛副之，藏王則虚存貝子爵而已，非有土之君也。衛、藏曰前藏，阿里、喀木曰後藏，正西曰青海，與藏與準皆接壤，界甘肅、四川邊境。凡五部，有喀爾喀，有輝特，有土爾扈特，有和碩特，有綽囉斯，設青海辦事大臣一。凡衛拉特之人，亦可稱蒙古，猶喀爾喀之得稱蒙古也。其版圖不隸中朝者，又有西屬國。西屬國亦分三路：北路爲哈薩克，近準部故；南路爲布路特，爲安集延，爲温都斯坦，爲愛烏罕，爲那木干，近回部故；温都斯坦，古中印度地。西南路爲巴勒布，爲作木郎，爲落敏陽，爲布魯克巴，近西藏故。又有北屬國，亦分三：曰烏梁海，此亦一名而三處，在極北而稍東。曰巴眼虎，曰科布多。在北而稍西。科布多雖一國，而隸之者七種，彷彿西之有青海焉。大抵大清國之北境，東起鴨緑江、黑龍江，逾兩蒙古，西迄準部，袤二萬餘里，皆接俄羅斯界。故俄羅斯爲北徼極大之邦，從古不隸中國，其水皆流入北海矣，視北斗則在南矣。

以上東之八大類，惟蒙古最親附。其五十一旗内蒙古，直古雍、冀、幽、并、營五州北境，所謂漠南也。其新藩蒙古喀爾喀，則古漠北地也，秦漢時匈奴所居。冒頓强，始并漠南，武帝時遁歸漠北，後漢爲北匈奴地，歷代皆與漠南諸部爲盛衰，至元太祖建都於此，曰和林。其後盡有漠南諸部，遂帝中國。順治末年仍歸漠北，後始號喀爾喀，共七部，有三汗。雍正中，以額駙策凌奮擊噶爾丹功，封爲四汗。我朝龍興之初，内蒙古歸附最先，每大征伐，帥師以從。而喀爾喀外蒙古，則康熙中爲準噶爾破逐，款塞内附。聖祖親巡塞外受其朝，復親征噶爾丹，掃平漠北，而返之于故地，設定邊左副將軍一，參贊大臣一，以鎮撫之。凡兩蒙古之君長，皆隸理藩院，世其爵禄，通其婚姻，時其朝貢，制其等威，定其牧地，均其互市，内宿衛禁廷，外捍禦要荒，縱橫萬餘里，臣妾百餘旗，蓋曠古所未有。至準、回二部，則皆古西域地也，皆出嘉峪關外。國家平準噶爾之地，易其名曰伊犂，城三。曰烏魯木齊，城三。曰巴里坤，曰哈密。城二。及平西域諸回部，若闢展，若新疆，若哈拉沙拉，若庫車，若沙雅爾，若賽里木，若拜城，以上各城二。若阿克蘇，城四。若烏什，城一。若喀什噶爾，城一。若葉爾羌，城一，此回部舊都。若和闐，城六。咸入版圖，設將軍、參贊、都統、提、鎮，及辦事領隊諸大臣，及侍衛司官有差。其回部司事各官，則曰伯克。

或謂地廣而無用，官糈兵餉，歲解賠數十萬，耗中事邊，有損無益。曾亦思西兵未罷時，勤三朝西顧憂，且沿克魯倫河長驅南牧，蹂躪至大同、歸化城，甘、陝大兵不解甲，費豈但倍蓰哉？且夫一消一息者，天之道；裒多益寡者，政之經。國家醰醲孳生，中國土滿人滿，獨新疆人寥地曠，牛羊麥麵蔬蓏之賤，播植澆灌、氈裘貿易之利，金礦之旺，徭役賦税之輕且䌹，又皆什倍内地。窮民服賈牽牛出關，至輒長子孫，百無一反。是天留未闢之鴻荒，以爲盛世消息尾閭者也。是聖人損益經綸之義，所必因焉乘焉者也。柰何狃近安，忘昔禍，惜涓涘之費，昧溟渤之利，以甘里閈鄙儒眉睫之見？邇者逆回蠢動，思踞故都，喀什喀爾、葉爾羌、烏什三城，信息中斷，而阿克蘇扼其中道，則北五回城必安帖無事。乾隆初，犂葉爾羌巢穴，時大軍會阿克蘇，兩路進攻，其前事矣。至西寧、西藏二處，先朝尚未大煩兵力，止各設總理事務大臣一人駐治，非蒙古準回諸部爲國家邊宇至大至要者比。某足跡所至，北僅古北口而止，西僅秦蜀近界而止，未嘗歷九關，使絶域，祇據圖籍傳聞，檃括梗略，以塞明問，其詳則有待焉。尚博訪之躬虎節老邊塞之人，講求方畧。苟有未聞，悉以見教，幸甚。

又承詢部落地名，與史參差，何由得其要領。蒙謂邊外本罕文字，牽以口音沿變，如土默特即土門土蠻也，默特即冒頓也，蘇厄特即算端也，奈曼即乃滿也，察哈爾即插漢也，乾竺即大竺，又即身毒也，唐兀即黨項也，烏梁海即兀良哈也，舉此可以隅反。若夫蒙古游牧所至異名，實有窮于稽詰。先識大綱，而地經之，人緯之，庶猶十得七八。并聞。

廬江章氏義莊記

有田若干畝，廬二區，司以族之賢能，正副二。歲時公家賦常先，廩其穀若干，以周族之貧者、老廢疾者、幼不能生者、寡不嫁者。糶其餘穀，爲錢若干緡，以佐族之女長不能嫁者、鰥不能娶者、學無養者、喪不能葬者。而又凶饉祲札於斯，延師養弟子於斯，旌節、勸孝、賓興於斯。察奸罰不肖寓焉，合食親親厚族寓焉。於古有諸？

曰：古奚有是爲也？去生民未遠之世，上與下猶醲然，勺而斟之，無不意滿。若太宰以九兩繫邦國，宗以族得民，友以任得民，大司徒令比相保，閭相受，族相葬，黨相救，州相賙，大功異居同財，有餘則歸之宗，不足則資之宗。上之紀其民，一族也；民之視其族，一家也。其《詩》曰：「泂酌彼行潦，挹彼注兹，可以餴饎。」言萬物無不得其平也。平，故靡有餘，靡不足，無治比，無吹噓。莊周曰：「名生於不足。」不足有餘之相形，義之所由名乎？井田廢，而後有公恒産者曰義田，宗法廢，而後有世同居者曰義門，任卹賙救廢，而後同心備急者曰義倉，閭左餘子之塾廢，而後有教無類者有義學，墓圖族葬之法廢，而後揜骼者有義冢，兵農之法廢，而後自團練自守禦者有義勇。而上亦兢兢昭顯章示之，以補王政所窮，以聯群情所不屬，豈非淵淵然有意於天地生人之本始而思復其朔者哉！

國家累洽重濡，醴釀孳生，獻版歲倍，人浮于地，貧萬于富。天子憮然廑堯舜其病之虞，内籌八旗生計，歲徙數百户屯田實邊。而直省民有能均財若土自相養、分縣官憂者，吏得上聞請奬，著爲令，以風示天下。于是安徽巡撫以廬江章氏捐田三千畝贍族，其規畫，并義門、義會、義學兼之，由縣府道司轉詳入奏，敕部察例予旌，旌如例。

魏子曰：天下直省郡國各得是數百族，落落參錯縣邑間，朝廷復以大宗法聯之，俾自教養守衛，則鰥寡孤獨廢疾者皆有所養，水旱凶荒有恃，謠俗有所稽察。餘小姓附之，人心維繫，磐固而不動，盜賊之患不作矣。不有是也，三代事不幾全無效于後世哉！嘉其志，爰爲之言。

南邨耦耕圖記

有士士者，有農士者，有商士者。其静淵渟，其動雲征，得時則駕，不得則蓬纍而行，汎兮大化之無情，此士士者也，吾不得而見之矣。侃澗其躬，嶽砢其容，與世不逢，獨宜固窮，謂軒冕者勞而桔槔者充，此農士者也，求之於世，或遇或不遇焉。若夫攫拏夥頤，行盡如馳，在坑滿坑，自鄶無譏，豈樸散既久，士皆譁而不能静歟？抑非其人不能遇其倫，固有志託丘麻，心恥耒耜，而未能自決者歟？夫勞人相競以知能，野人相忘以天事。獨怪予之浮沈於二者之閒，而一無所以自處也。以視兩鄧子不散其樸，奮然於戰勝臞肥之閒，以辨其志而定其性，此豈易測識者哉！雖然，性剛才拙，與物多忤，自量攖患，黽勉辭世，此淵明之所自命，乃宋蘇子暮年而多託之。豈士之所存，固有泓其中不膠於迹，而未可一概論者歟？鄧子歸，其詢諸仲氏，更有得焉，速以語余，當荷鍤而相從於寂寞之澥也。

刲股對

安化陶氏女，年十二，母黄，病且殆，再刲肱肉和藥進，遂瘳。鄉人咸嘉之，爲請諸朝，旌如典。客諮予曰：古無刲股，刲股，道乎？予曰：道哉！民生而輕重之分定於天，以身視外物，身重；以肩背視一指，肩背重，以親視身，親重。天性之愛根於心，不可解矣。一旦危不容髮，人無功，神無功，舉天下物無足易此者，于此而有可易之，奚啻鴻毛易泰山？然而古聖無爲之者，古醫經不以人治人，以人肉治羸疾，自開元陳藏器《本草》始也。故刲股事肇唐，其疑刲股者亦肇唐。嗚呼！彼計窮出此者，匪貧則幼也。神巫不下於天，神藥不茁於地，營焦氣脈不辨於心，一身以外舉無足恃。誠至智開，志壹動氣，疇禮則稽，疇名則覬。故夫自然之愛根於心，不可解矣。未嘗辱親，奚其毁？未嘗無益，奚其傷？古聖請以身代兄死，矧以親自有之身代親，奚其傷？以身之毫末代親身，奚其傷？悲夫！去一指而全肩背則爲之，以一肉易親身，則有名可避，禮可繩也。嗚呼，陶氏女其不忍於斯矣！其舅王君索書其事，爲對鄂人之對，讕事親，讕擇術，讕厚性。

海曙樓銘代陶文毅公

中國山川盡于東，而離明則生于東，天地所以成始而成終。故觀天地之大于海，觀海于日出，觀日出于臨溟峻極之山。所居高則所見大，大則反其本矣。九能之士，登高能賦，山川能説，可以爲大夫。而《禮》仲夏之月，君子則以居高明，遠眺望，豈非觀聖人之道，必去耳目之近，而反從其朔者哉！雲臺山距東海中，其脈來自岱宗，故與日觀峰對峙，又隔海爲成山島，則登、萊斗入大海，秦漢所祀日主處，爲古青州嵎夷賓日出之所。相望鼎立，故于觀日出尤奇。其可無樓？樓其可無銘？銘曰：

日出榑桑，聖出東方。萬物以昌，永維百谷王。

復何竹薌同年論會計書

竹薌司馬同年閣下：承示所撰《皇朝會計録》，商訂體例，具徵留心國用，志慮遠大，夐異乎俗史之所爲。

竊謂考財賦之源流，不難於入數而難於出數。天下賦税入數，自雍正以後至今百餘年，未嘗加賦，未嘗改法，總不過歲入四千萬兩之數。但披《會典》户部一門，立見綱領。即因銀貴錢賤有今昔，民欠多寡亦不甚懸絶。以歷次捐輸補之，有贏無絀，故入數不難稽，所難稽者，歲出之數而已。

軍需、河工之費，乾隆亦未嘗無普免、蠲免之詔，乾隆間離案：乾隆上疑有錯簡。更甚。開捐則乾隆六十年間，止川運一次，不及嘉慶以來十之一。何以昔時浩浩出之而不窮，今則斤斤計之而左支右詘？世俗或歸咎於新疆經費，歲出關外三百萬。果如其言，則乾隆中葉國用即應匱乏，何以庫歲充盈均在二十載蕩平西域之後，至末年，常貯七千餘萬乎？嘗究其故，大抵不出河工、宗禄、兵餉三端。惟兵餉一門，乾隆四十年曾增各糧及賞卹銀共二百萬，嘉慶十年，僅裁汰四十萬，此兵餉出入一大關鍵。至河工，則康熙以前沿河州縣撥派民夫，乾隆中始全發帑，而歲修亦不過百餘萬。至嘉慶中加價，南河遂至三百萬，又加以東河二百萬，此河費出入一大關鍵。宗禄則生齒日繁，歲增一歲，非八旗生計之比。蓋旗兵馬甲有定額，而宗禄無定額，多一口即多一糧。計自乾隆至今六十載，其繁衍不知幾倍，此又國用一大關鍵。然三者中，惟兵餉可稽。至河費則户、工二部所存檔案，皆止嘉慶以來，其乾隆以前河費，曾托祁大司馬詢之司員，皆以爲無案可稽。宗禄則詢之宗人府丞劉宜齋，名誼亦委諸滿員所掌，漢官不知其數。此二者皆不能考，又何從議國用之豐儉，財賦之消長乎？

至救時務之書，宜易簡不宜繁難，而錢穀瑣雜，尤使人厭憚。與其鈔臚簿籍，無文行遠，似不如約舉大綱，作爲數論之易覽而有裨也。大雅以爲何如？原書奉繳，不宣。

與曲阜孔繡山孝廉書

前日祗謁林廟，周覽雩壇，得從聖人子孫信宿燕處，以遂景行嚮往之願，恍如置身三代以上，不復萌世俗念，幸甚。别後耿耿，有欲言而必不能不言者，今請率言之，以質於左右。

夫子墓與泗水侯、沂國公三墓並南向，沂國墓正蔽聖墓之前，以孫背祖。且泗水侯葬在前，沂國公葬在後，在後者豈有不知循昭穆之位而正背祖墓之理？及謁防墓，則背即泗水，防山正當其前，此天然正向，乃不面防山而反偏面其右，均於誼不可解。旋過孟母林，其墓在馬鞍山，面屏九龍山，而亦不朝前屏，反横衺坐空朝右，尤不可解。及考其向，則皆正子午也。考其碑，則孔林防墓，皆宋真宗時東巡時所修，碑亦真宗時所立，松柏亦宋所植也。豁然悟曰：天下豈有林墓不問陰陽流泉，而一切正子午者？豈有不分尊卑昭穆，而祖面背孫者乎？古無墓碑，及後世巡守時所委承修者，皆不學無術之工員，欲建神道圍牆而不得其本向，一切概以正子午立之。今試移孔林三碑皆於乾巽方，則夫子居中，泗水侯左昭，沂國公右穆，秩然合禮矣。其神道正值康熙御碑亭，其亭牆外地，左右皆亂塚，中間一道，曠然窪平，無一古墓，此明明是聖墓前神道。誠改正此向，則洙水環拱，曲阜近案，防山遠朝，無一不天造地設。聞衍聖公方請帑修府，何不以此奏聞改正？不過移三碑折一牆，而移享殿於巽方，移御碑亭於楷樹亭，所費不鉅。其城自曲阜詣林之故道，松栢坊表，皆仍其舊，不必改道。至墓前舊日享殿，可改爲先賢端木築塲之祠，至防墓則不過移一碑向，其孟母林則不過移一碑位，尤爲甚易。聖人所葬，四海萬世所觀禮，昭穆山川，宜從秩敍，此必當更正者一。

洙水久涸，聞乾隆中顨軒檢討屢濬泉源，終無滭沸。考《水經注·泗水篇》：「泗水東南流，逕魯縣分爲二水，水側有一城，爲二水之分會也。北爲洙瀆，南則泗水。」夫子教於洙、泗之間，即此二水之中，爲授徒之所矣。又《洙水篇》曰：「洙水出泰山、蓋縣臨樂山西南，流於卞城西而與泗水亂流。西南至魯縣東北，又分爲二水，水側有故城，兩水所分會。洙水又西北流逕孔里北，是洙、泗之間矣。」觀此則曲阜之洙乃泗水所分流，故《春秋》莊九年有浚洙以備城濠之事。今泗水流甚浩瀚，但尋其故蹟，分一派以環孔林，仍於下游會泗，毫無損於漕運，何待別浚泉源耶？此不可不陳者二。

以闕里而孔氏子孫無講習之所，泮水爲曲阜城中第一勝蹟，舊屬衍聖公燕游之所。自乾隆中建行宮，遂爲官地欽工，終年封閉，茀爲茂草。何不奏改爲泮池書院，畧加葺理，俾四氏子弟肄業其中，魚藻與絃歌映帶，人文必且蔚起。而《四庫》官書七分，頒置江、浙者三分。其金山與揚州相距四十里而得兩分，金山在水中央，人士無從瞻覩。何不奏請移金山文宗閣書一分於闕里泮池，建閣中央，敬謹庋藏？既可托於靈光文獻之尊，爲歷代兵燹所不及；而齊魯學士大夫，亦得以借録官書，見聞日廣，於國家文治之隆，大有裨益，此不可不陳者三。

岱雲在望，味味我思。何日重譚，以申懇款。源頓首。

此篇後改爲摺藁，寄京師，託通政使嚴仙舫轉奏。其曾蒙施行與否，皆未可知，姑記之於此。

與涇縣包慎伯大令書

頃見新刊《安吴四種》，於源所簽各條，有從改者，有不從改者，今不縷議。惟敍述國朝掌故，閒涉失實，必須相告處：足下書趙甌北事，謂高宗廷寄李侍堯、欲令柴大紀棄臺灣内渡，趙爲李草奏，陳其不可，并稱柴久蓄棄臺志，特畏國法未敢云云。考史館《柴大紀列傳》、《李侍堯列傳》所載，既不相合；趙甌北撰《皇朝武功紀盛》中「臺灣」一篇及自撰《甌北年譜》述佐李公事，又不相合。時臺灣除柴大紀外，尚有常青、恒瑞兩將軍，黄仕簡、任承恩兩提督，蔡攀龍等四總兵，官兵數萬雲集府城。大紀特守諸羅一城耳，全臺未失，似此時臺灣除柴大紀外別無一軍者。且柴接廷寄，令將諸羅兵民退至府城，柴覆奏有死守待援之語，高宗爲之垂淚，特封嘉義伯，并改諸羅爲嘉義城，事實昭著，足下可覆按也。

至裕靖節奏請勅沿海督撫提鎮丈量江海水勢深淺情形一疏，言常、鎮、揚三府所隸江面，外無遮欄，潮來甚溜，亦難防守。足下言其奏長江沙線曲折淤淺，夷船斷無能入，此奏督撫提鎮署中皆無之。姚姬傳曰：考據之學，利於應敵，蓋實事有無，非如虛理之可臆造也。此二事者有關國乘，不敢墨墨。謹貢其愚，惟教之。不宣。

古微堂外集卷八終

跋❶

按先生最録《皇朝經世文編》，告成於道光六年之仲冬。其時先生已有《清夜齋文集》。其序《簡學齋詩集序》云：「所成之經、史、詩文集，雖裒集成書，皆在晚歲。」《文編》録其文十七篇，原刻先生集僅録其七，餘皆滲漏。豈有其文既入選本，手訂文集反棄而不取耶？是編先生集者，尚未見先生《清夜齋文集》，何論晚年定本？兹編所增《城守》諸篇，議論筆力，似猶駕《籌河》、《籌漕》諸篇而上之。先生文與龔定盦氏相伯仲。龔氏文既亂于書賈之手，幸得國學扶輪社主爲之蒐輯而救正之。然則先生文豈忍任其霾曀而不爲之所乎？但恨不得其手訂本而爲之殺青付繕寫耳。近日持論家謂龔、魏兩家皆深於釋氏之學，龔氏之于釋氏，固自謂造深微，先生蓋深於道家言，其論學篇往往見之，而《老子本義序》尤爲深至明晰。余嘗謂龔氏文深入而不欲顯出，先生文深入而顯出，其爲獨闢町畦，空所倚傍，一也。至其經史掌故輿地之學，則兩家蓋周、召分封之望云。象離誌尾。

❶「跋」，原無，今補。

曾文正公文集

〔清〕曾國藩　撰
王澧華　校點

目録

曾文正公文集卷二……五二

曾文正公文集卷三……一〇一

校點説明

曾國藩(一八一一—一八七二),字伯涵,號滌生,湖南省湘鄉縣荷葉塘(今屬雙峰縣)人。道光十八年(一八三八)進士,十年七遷,超升禮部侍郎。咸豐二年(一八四二),丁母憂回籍,年末,因廣西太平軍進攻湖南,奉旨幫辦本省團練。次年,招募湘勇,增援湖北,與太平軍角逐於江西、安徽之間。十年,升任兩江總督。同治三年(一八六四),湘軍攻克太平天國都城天京(今南京),曾國藩受封一等侯爵。七年,授武英殿大學士,調任直隸總督。九年,回任兩江。十一年二月,卒於位,謚「文正」。有《曾文正公全集》行世。

曾國藩一生服膺儒學,且能躬行實踐。早年歸心心性之學,刻苦修煉,中年以後沉浸禮學,亦多見諸行事。居功不傲,忠於君國,當時有「中興第一名臣」之譽(詳見《清史稿·曾國藩傳》)。

曾國藩的古文造詣,人稱取資於「桐城義法」,如其自稱「國藩之粗解文章,由姚先生啟之」(《聖哲畫像記》)。及其晚年,幾被推爲晚清桐城文派的領袖人物。其實,他的古文創作與古文理論,既來自桐城,更源於理學。道光二十四年,曾國藩復書劉蓉稱:「僕早不自立,自庚子以來,稍事學問,涉獵於前明、本朝諸大儒之書,而不克辨其得失。聞此間有工爲詩古文者,就而審之,乃桐城姚郎中鼐之緒論,其言誠有可取。」此中義理詞章之説,確爲桐城文派之餘緒,而理學家唐鑒則是曾國藩走向桐城文派的指路人。

據其道光二十一年七月十四日《日記》記載,「(唐鑒)又言爲學祇有三門:曰義理,曰考核,曰文章」,「文章之學,非精於義理者不能至」,「又言詩文詞曲皆可不必用功,誠能用力於義理之學,彼小技亦非所難」,「聽之,昭然若發蒙也」。「爲學祇有三門」一段，顯然是轉述姚鼐的桐城義法。此後，曾國藩開始點讀姚鼐《古文辭類纂》，涵詠諷誦，浸潤既久，也頗能自出機杼。同治九年，曾國藩赴天津辦理教案，擔心洋人開戰，其遺囑稱「古文尤確有依據，若遽先朝露，則寸心所得，遂成廣陵之散」（同治九年六月初四日《諭紀澤紀鴻》）。「曾門文學四子」，皆傳其古文心法，這也從另一個側面表明曾國藩的注意力所在。

曾國藩居京師時，朋輩中壽序碑傳之作，亦多矚目於這位古文新秀，而曾國藩也總是在敘事之外，對儒家綱常、忠君愛民再三致意。及至中年領兵，歷盡艱難，下筆爲文，不乏沉雄淵深之氣，不乏忠君衛道之義。最著者莫如《討粵匪檄》一文。他如《母弟温甫哀辭》，一腔哀憤，如泣如訴，於素所推崇之「陽剛者氣勢浩瀚」、「浩瀚者噴薄出之」之道，庶幾近之；《鄧湘皋墓表》，居間出以「蓋千秋者人與人相續而成焉者也」一段，又頗有合於「陰柔者韻味深美」、「深美者吞吐出之」之旨。而《邵君墓志銘》，句法疏密錯綜，意態吞吐牢落，一反常態，不拘定例，在曾氏所爲墓誌之中，洵爲上乘之作。

關於曾國藩的古文理論和創作特色，前人論之甚多，時見溢美之詞。其中值得注意的是黎庶昌《曾文正公文鈔序》的評價：「今上御極之歲，庶昌來從公軍安慶，兵事少暇，輒從問學，因得與聞讀書作文之法。蓋公之意，嘗欲綜我朝諸儒之多識格物、博辯訓詁，一寓於雄奇萬變之中，以韓、歐規模，抒馬、班神理，挈而返之三代，其識可謂卓絶矣。」身爲「曾門古文四子」之一的黎庶昌，這番見解堪稱確論。「嘗欲」二字，尤見謹嚴。其後諸家論贊，大體不出此範圍。

曾國藩文集的最早刊本，是同治十一年夏刊於蘇州的《曾文正公文鈔》四卷分類本，黎庶昌編，張瑛刊，收文僅六十七篇。同治十三年五月，湖南傳忠書局負責《曾國藩全集》編纂的王定安、曹耀湘等人，將四卷編年本《曾文正公文集》刊印問世，收文一四一篇。光緒二年（一八七六），傳忠書局又編刊三卷分類本，收文一四五篇。

此次整理，以傳忠書局同治十三年刊本爲底本，以曾氏家藏稿本之抄正本（簡稱「傳忠鈔本」）及黎編張刊本（簡稱「黎編本」）爲參校本，以傳忠書局光緒二年刊本（簡稱「光緒本」）補遺四篇，附於卷末。臺北學生書局影印出版之《湘鄉曾氏文獻》第三册收録曾文二十七篇，或爲親筆草稿，或爲親筆核改稿，此次整理，亦取與參校。另，此書底本乃曾文編年本，其編年之意具見於目録，撰於同年之篇則在首篇題下標注甲子。今正文内篇目標題下補入甲子。原底本目録與正文標題文字略有不同，具列如下：卷一《何傳巖先生七十壽序》，目録無「七十」二字；《金殿珊先生六十壽序》，目録無「六十」二字；《前海甯州知州長沙李君母黄宜人墓志銘》，目録無「長沙」二字；《滿妹碑志》，目録「碑」作「墓」；卷三《誥封光禄大夫曾府君墓志》，目録「曾」字作「竹亭」；卷四《丁卯四月求降雨澤告辭》，目録無「丁卯四月」四字；《苗先簏墓志銘》，目録「苗」下有「君」字。又此書「卷首」篇題，底本所無，乃校點者所加，請讀者鑒之。

校點者　王澧華

曾文正公文集卷首

曾文正公文集四卷

門人合肥李瀚章筱泉編次

遵義黎庶昌蒪齋

武昌張裕釗廉卿參校

東湖王定安鼎丞

長沙曹耀湘鏡初校字

海甯錢渭濱
長沙譚福蔭
刻字

曾文正公文集卷一

順性命之理論 道光戊戌科　朝考

嘗謂性不虛懸，麗乎吾身而有宰；命非外鑠，原乎太極以成名。是故皇降之衷，有物斯以有則；聖賢之學，惟危惕以惟微。蓋自乾坤奠定以來，立天之道，曰陰與陽，靜專動直之妙，皆性命所彌綸；立地之道，曰柔與剛，靜翕動闢之機，悉性命所默運。是故其在人也，絪緼化醇，必無以解乎造物之吹噓。真與精相凝，而性即寓於肢體之中。含生負氣，必有以得乎乾道之變化。理與氣相麗，而命實宰乎賦畀之始。以身之所具言，則有視聽言動，即有肅乂哲謀。其必以肅乂哲謀爲範者，性也；其所以主宰乎五事者，命也。以身之所接言，則有君臣父子，即有仁敬孝慈。其必以仁敬孝慈爲則者，性也；其所以綱維乎五倫者，命也。此其中有理焉，亦期於順焉而已矣。

請申論之：性，渾淪而難名，按之曰理，則仁義禮智，德之賴乎擴充者，在吾心已有條不紊也。命，於穆而不已，求之於理，則元亨利貞，誠之貫乎通復者，在吾心且時出不窮也。有條不紊，則踐形無虧，可以盡己性，即可以盡人物之性。此順乎理者之率其自然也。時出不窮，則泛應曲當，有以立吾命，即有以立萬物之命。此順乎理者之還其本然也。彼夫持矯揉之説者，譬杞柳以爲杯棬，不知性命，必致戕賊仁義，是理以逆施而不順矣；高虛無之見者，若浮萍遇於江湖，空談性命，不復求諸形色，是理以惝恍而不順矣。惟察之以精，私意不自蔽，私欲不自撓，惺惺常存，斯隨時見其順焉；守之以一，以不貳自惕，以不已自循，慄慄惟懼，斯終身無不順焉。此聖人盡性立命之極，亦即中人復性知命之功也夫！

朱心垣先生五十六壽序 辛丑

於余爲兄弟行，結交最少，久而彌摯者，屈指無幾人也，則有若朱嘯山富春。於余爲父執，又早器余，余愛慕而不敢侮者，亦無幾人也，則有若姻伯心垣先生。嘯山爲先生冢嗣，其交余也，先生實令之也。先是，先生與家嚴君同學，互相掖重，兩家世好既篤，重之以婚姻，故余知先生特詳。

前歲丙申，先生年五十，嘯山謀稱觴，乞余以言侑爵。先生曰：「是何爲者？《傳》曰：『恒言不稱老。』今吾方託堂上之蔭，將不以禮處我乎？抑以諛詞誣我乎？且古者下壽六十，今吾猶未也。」固請，不獲。又數年，嘯山舉於鄉，偕余北上，從容謂曰：「吾父所以固辭頌禱者，善則歸親，義不得專也。今吾欲丐子文，爲寒門作家慶圖，使吾父上有以承祖父母歡，下有以自娛，而即以爲吾父壽。可乎？」余曰：「可。昔董召南隱居孝義，昌黎韓子爲詩紀其事；姚氏三瑞堂，世以孝稱，東坡亦作詩美之。今君欲以娛重闈者娛其親，是孝子等而上之之義也，賢哉。吾不能以詩壽先生，請覼陳君家天倫之樂，以娛先生之志。」

今夫科名宦達，豈以寵身，亦借爲顯揚之資也。先生以第一人補弟子員，再躓場屋，遂棄舉業。其天懷恬淡，視青紫不值一咉耳。乃其督課子姪，則鋭意進取，惟恐後時。討論史事，旁及制藝書學，皆得窾郤而勖以法度。在先生豈徒欲弋取時榮哉？不過欲博膝下之歡，使老人聞之曰：「阿孫才，今試已列前茅矣；阿孫能，可以與賢書選矣。」因而鼓舞後進，怡然忘老，此其可娱者一也。

君家田園足以自給，先生周視原野物土之宜，稻粱之外，雜蒔嘉蔬。種秫二頃，穫以釀酒，名曰延齡。殺雞佐之，但以奉親，不以勸客，有餘則庋置焉。門外方塘，廣可百畝，旁置小艇，宜釣宜網，當春種魚，秋則取之，以强半供甘旨，其他則請所與。子姓醉飽，波及群下，其可娱者又一也。

君家早歲頗有外侮，自先生綜家政，敬宗收族，袒免以下，一視同仁。閭里細民，强梗者鋤之，不肖者勸之，貧無告者周恤之，竭力之所勝而不德焉。比來一境怗然，曩時箕舌之怨，雀角之争，皆以潛消，而高堂暮齒，亦得晏安無患。其可娱者又一也。

抑聞之：夫妻好合，兄弟既翕，父母其順矣。先生早占炊臼，續以鸞膠，不聞有遇虐後母之事，非刑于之道乎？方鳳台先生之以計偕入都也，先生曰：「予弟行役，不可以勞門閭之望。丈夫何憚萬里哉？」乃杖策送弟北征，而衛以俱返，不賢而能之乎？邇年以來，弟姪能文者，先生爲之延師課讀，肄武者，爲之料量魚服竹閉之具，使之皆得成名。以故床笫之間秩如也，昆弟翼翼如也，寢門之内訢訢如也。此甚可娱者一也。

又，先生熟於形家之言，往爲大母卜佳城，備極勞瘁，終乃永臧。今腰脚尚健，暇則陟層嶺，披蒙茸，裹糧而從一奚。游覽既審，歸而告於堂上曰：「某水某山，大人所經歷也，有佳兆，當貴至徹侯。某宅某田，大人所釣弋之所也，居之，後必昌。」因與指畫形勢，兼誦「撼龍」、「疑龍」之經，而堂上亦傾聽不倦，或佯諾之，微笑其幻渺。此亦可娱之一端也。

夫天倫之樂，豈有形哉？日用優游之地，行之而不著，習矣而不察，道路傳爲盛談，或油然興感。而當境者行其心之所安，視爲固有而不足怪。以先生之德之遇，❶凡所謂可以自娱即以娱親者，皆已自得之而自忘之。不知此中真樂，雖三公不足以易也。却老延年之道，有進於此者乎？嘯山歸述吾言，酌而祝焉可也。嘯山拜曰：「善！」遂書以爲之序。

田崑圃先生六十壽序

道光某年月，爲我年伯崑圃先生六十初度。其嗣君敬堂同年丐余以文爲壽，且曰：「古者稱壽，不必攬揆之辰。壽人以序，抑非古也。然震川歸氏、望溪方氏嘗爲之，是或有道焉。」余曰：「然。壽序者，猶昔之贈序云爾。贈言之義，粗者論事，精者明道，旌其所已能，而蕲其所未至。是故稱人之善，而識小以遺鉅，不明也；溢而飾之，不信也。述先德而過其實，是不以君子之道事其親者也；爲人友而不相勖以君子者，不忠也。今子所以壽親者，於意云何？」敬堂曰：「吾父固好質言。凡生平庸行，衆人所

❶「先生」，原作「先王」，據傳忠鈔本改。

恒稱道者，不足爲君述。吾父早歲以課徒爲業，迄今幾四十年。嘗曰：『塾師鹵莽塞責，誤人子弟不淺，吾不敢也！』戊戌，雨公幸成進士，選庶常，吾父書來，戒以初登仕版，勿輕干人。」

於戲，安得此有道之言乎？蓋自秦氏燔群籍，教澤蕩然。漢武帝始立五經於學宮，使諸生各崇本師，置博士，舉明經，而聖言乃絶而復續。明太祖以制義取士，並立程、朱之義，使天下翕然尊尚，而聖賢之精蘊，始照灼於幽明。二君者，蓋見夫學校之不可復，故定爲功令，使人以此爲禄利之途，而陰以崇儒術而闡大義。由今言之，明聖道於煨燼之餘，而炳若日星，表宋儒之精理，使僻陬下士皆得聞道者，不得不歸功於二君。然使人人以詩書爲干澤之具，援飾經術而蕩棄廉恥者，又未始非二君有以啓之也。今世之士，自束髮受書，即以干禄爲鵠，惴惴焉恐不媚悦於主司；得矣，又挾其術以釣譽而徼福禄。利無盡境，則干人無窮期。下以此求，上以此應，學者以此學，教者以此教，所從來久矣。百步之矢，視其所發，差若毫釐，謬以千里。振古君子多塗，未有不自不干人始者也。小人亦多塗，未有不自干人始者也。今先生之誡子，首在不輕干人，則平日之立教，所謂「不誤人子弟」者，概可知矣。出處取與之間，士大夫或置焉不講，而鄉里老師耆儒，往往以教其家，繩其門徒。吾父課徒山中亦有年所，每戒小子，輒曰：「儉約者不求人。」與先生辭旨略同。而吾黨郭君雨三，亦得父訓以成名，當交相砦勉，力求所以自立者，以圖無忝所生。不然，先生不欲誤人子弟，而吾輩一離膝下，乃反自誤其身，日愒月玩，委棄而不克自振，終且不免於干人也。吾言不足以重先生，而猶不敢諛詞欺吾友，是或爲先生之所許乎？敢以爲長者壽。

朱玉聲先生七十三壽序

天可補，海可填，南山可移，日月既往，不可復追。其過如駟，其去如矢。雖有大智神勇，莫可誰何。夸父之追，❶魯陽之揮戈，陶士行之惜陰，有以哉，有以哉！

余與朱堯階，以道光十年論交於長沙，當時相見恨晚。曾幾須臾，遂閱一終，一星終矣。前歲戊戌，余乞假旋里，值玉聲先生七十誕辰，堯階以壽親之文見屬，余忻然不辭。遷延未報，一諾三年。甚哉！光陰之遷流如此，其足畏也。人固可自暇逸哉？以余玩愒時日，有言不踐，學問不加進，而堯階不務顯揚之實，徒欲以祝史徵言娛親志，二者均非先生之所許也，何足以爲先生壽？雖然，吾與堯階交舊矣，不可不略抒固陋，表先生之闇修以徵其所以延齡之由，以卜將來無量之祜，以慰吾堯階，以勖吾堯階也。

蓋先生則可謂不自暇逸者矣。先生少失怙，既冠，又失恃。家故貧，破屋數椽，兄弟謀析產，先生以其稍完者付諸昆，而指其隙地一弓自予。去之賈，不數年，致千金，已而散去。又如是，又散去。屢裕屢絀，晏如也。先生有嫂早寡，窮不能自存，乃爲之謀生計，撫孤兒，終節婦之世，無衣食慮。復出資爲之表其節，聞於有司，與其大母并建總坊。尤慷慨好義，宗族中有不能自贍

❶「追」下，疑脱「日」字。

者，佽之必給；有没不能終葬具者，周之必無缺禮；子姪有游惰無常職者，掖之培之，視其材必俾有成。他如聯族譜，建支祠，治祖塋，置祭産，凡事關本原之大者，經之營之，有廢必舉，有初必終。故其所以屢絀者，人皆知之，爲其急公也，爲其義也。其所以屢裕者，人或不知。《傳》曰：「民生在勤，勤則不匱。」先生之所爲，常致充盈，綽綽有餘者，勤而已矣，不自暇逸而已矣。計自少壯，以洎今日，拮据飄摇，幾無虚日。今夫天恢恢大圓，終古磨旋，今夫山終古常峙，海終古常流，其盛大而生物不測，由其不貳，不貳故不息，不息故久。夫人也，亦若是焉矣。守其樸者完其素，勞其力者貞而固。户樞不敝，磨鐵不蝕，胥是道也。以先生之不自暇逸，而得康强逢吉，又何疑乎，又何疑乎？

余與堯階相友以心，相砭以道義。今堯階幸得啜菽飲水，承歡膝下，而余一官匏繫，既不能拾遺補闕，有絲毫裨益於時，又不能歸侍晨昏，又不得奉板輿以迎養，余自是有羈旅之感矣。《風》有《陟岵》之章，《雅》有《四牡》之什，皆以行役在外，睠懷門閭。孔子曰：「父母之年，不可不知也。」願吾堯階佩玦管，調滑甘，愛光陰如拱璧，舞綵服如嬰兒，由是而後，先生樂孫曾之蕃昌，欣琴瑟之静好，耄耋期頤，怡然忘老，則堯階庶不負讀書之志，不忝於盛德大業耳。君子進德修業，欲及時也。時乎，時乎，事親者可或忽乎！此所以勖堯階、以慰堯階，而即以爲先生壽者爾。

吴君墓志銘

吾邑吴君榮楷，既以道光辛丑成進士，將之官浙江，乃手其先人狀，請曰：「吾父母棄養十二年矣，窀穸之事，粗已安吉，尚未有以銘幽室，子其爲我銘之。」固辭，不獲。

按狀：先生姓吴氏，諱文深，字致遠，湘鄉人。曾祖文章，祖太若，父振世，皆以愿謹稱。家故饒，振世公既老，攜資客游常德，先生從之行，留明遠翁家居。明遠，先生兄也。常德去湘鄉千餘里，逾二年而振世公卒，鄰里無行者利其有，率衆闖然至喪次，叫囂隳突，雜以胥役。先生雞斯徒跣，擊胸如壞牆，號泣向衆曰：「孤兒在此，環顧無功緦之戚，無密友幹僕。若輩不哀吾喪而迫人於難，是可忍乎？且胥役何爲者？孤兒請以泣血濺縣官之庭矣！」衆瞠視，各鳥獸散。乃部署喪事，從容扶櫬歸湘。時先生年十六歲也。

既歸，事母益謹，然家益落，遂與明遠翁經營生計，惟母養特豐，他則皆從儉約。久之，復稍裕。吴氏自鼎革後，譜牒散佚，先生力爲倡修，特徵詳核，數年而成。既又倡修家祠，明遠翁捐基地數十畝，先生竭力締搆。夫其拮据漂摇之際，旁午未遑，而能敬宗收族，先其大者，可謂知本矣。道光某年某月某日卒，年八十有四。葬某縣某里某原，配宋孺人合葬焉。

宋孺人少先生十餘歲，既來歸，尤耐艱劬。振世公之客常德，孺人不逮事也，逮事姑，曲意承歡，如恐失之。性好恤窮困，鄰婦紡績無資，則罄所有給之。先是，明遠翁常外出，有子名榮林者，絶穎異。先生擇師督讀，視猶己子，遂以成立，爲名諸生。已而榮楷兄弟皆從之受業。孺人之視榮林也，不以爲姪也，以爲師也。邑人咸謂先生之教子，孺人實贊之云。某年月日以疾卒，年六十有一。子二人，長榮楠，邑庠生；次即榮楷。孫光煦，邑庠生；次某；次某。女孫七人。銘曰：

少而禦侮豪强伏，長而克家宗族睦，耄而韜光訥且樸。訥乎樸乎，黑而雌者福乎？斧之藻之，舟之方之。夫子之協，琴瑟以將之。宰樹青青，有桐有梓。我銘諸石，以妥泉宫，以昌其孫子。

彭母曾孺人墓志銘

天道五十年一變，國之運數從之，惟家亦然。當其隆時，不勞而坐獲，及其替也，憂危拮据而無少補救，類非人所爲者。昔我少時，鄉里家給而人足，農有餘粟，士世其業。富者好施與，親戚存問，歲時餽遺繈屬。自余遠游以來，每歸故里，氣象一變，田宅易主，生計各蹙，任恤之風日薄。嗚呼！此豈一鄉一邑之故哉？

王姑彭孺人，吾祖之伯姊，其冢婦又吾姑也。兩世之好，視他戚尤厚已。王姑之未嫁也，事吾曾祖、王父母以孝聞。既適彭宜仁先生，相夫敬克厥愛，無片言稍忤。自吾成童以後，王姑已五十餘，其堂上舅姑八十有奇矣。每見王姑奉甘旨未嘗不潔，議酒食未嘗不豫。大而課讀勸農，未嘗不營慮；小而廁牏灑掃，未嘗不躬親也。蓋余所見賢母，無如王姑勤者。早歲物産殷饒，内奉菲薄，外圖豐潔，比年以來，稍稍歉絀矣。己亥秋，余將入都供職，走辭王姑，視其庭除，氣象不侔，憫其愈勤，又驚其衰，爲之泣，王姑亦泣，蓋心知其不可復見，而哽咽不能言也。竟以次年春卒，豈不悲哉！

王姑生乾隆二十九年甲申十一月十七日，卒於道光二十年庚子三月二十三日，壽七十有七。葬湘鄉二十四都西坤山陽，首辛趾乙。子三人：長慶齡，予姑夫也，先孺人二年卒。次慶吉，次慶也，好學能文。孫六人：毓耒、毓梏、毓橘、毓椿、毓杖、毓麓。孫女一，孫女一人。銘曰：

懿我王姑，既莊以嫕。佩管舟觿，德容棣棣。勖哉夫子，儷光儕鴻。五十餘載，無遂有終。曷瘁厥躬，言育我鞠。無恥我罍，實繁旨蓄。離離令問，匪邇伊遥。貽澤之蔭，何幽不喬。南山崒崒，宰樹青青。弗騫弗拜，萬代千齡。

余安人墓志銘 壬寅

攸縣余世校，客京師五年，聞母訃，將奔喪，以銘墓之文來請，且曰：「世校生不能侍槃匜，歿不能視含斂，是罪人也！先生幸次吾母淑行，以光幽室。」

按狀：安人姓譚氏，衡山舉人昌明之孫，廣西巡檢禹門之女。七歲喪母，事繼母以孝聞。適攸別駕余君君山，襮順衷和，翼翼如也。久之，別駕君之漢陽分府任，以家事屬安人。時堂上舅已棄養，姑老矣，諸子弱小不識事。安人謀初毖終，鉅細必躬，祭必虔奉，免薨必時。委諸子於學，朝而蠲饎禮師，夕而課男，旋課女。課畢而紡績，而經營錢布。如是者十餘年，而精力衰矣。道光辛丑某月某日以疾卒，春秋六十有七，以某年某月某日葬某縣某里某原。子四人：長世柄，次即世校，廩貢生，次世芳，次生春，縣學生。女一。孫九人，某，某。

世校之入都也，安人拊其背而戒之曰：「去，去！强飯！鄉里齷齪，終不得進取。京師文物殷轔，賢士大夫繹繹如繁星。汝往勖哉！名自可致。學可染人，道德有軌塗可循，而青紫可拾也。往矣，勿吾念！」今世校雖不得爵位，而業日進，聲聞日敷，謂非安人之教哉？嗚呼！可謂知其大者已，是宜銘。銘曰：

維車有輔員於輻，維矢有房利於鏃，維壺有賢，維家之福。光光別駕，亦載其贄。愔愔碩人，既詒斯肄。雖則詒肄，無儀以無躓。無躓於山，曰巢於顛。口卒瘏兮手復胼，鳳之雛兮谷之遷。不得反哺兮涕漣漣，銘幽表淑兮千萬年。石不爛，山不騫！

烹阿封即墨論 癸卯大考

夫人君者，不能遍知天下事，則不能不委任賢大夫。大夫之賢否，又不能遍知，則不能不信諸左右。然而左右之所譽，或未必遂爲藎臣，左右之所毁，或未必遂非良吏。是則耳目不可寄於人，予奪尤須操於上也。

昔者，齊威王嘗因左右之言而烹阿大夫、封即墨大夫矣，其事可略而論也。自古庸臣在位，其才莅事則不足，固寵則有餘，《易》譏覆餗，《詩》賡鵜梁，言不稱也。彼既自慚素餐，而又重以貪鄙，則不得不媚事君之左右。左右亦樂其附己也，而從而譽之，譽之日久，君心亦移，而位日固，而政日非。己則自矜，人必效尤，此阿大夫之所爲可烹者也。若夫賢臣在職，往往有介介之節，無赫赫之名，不立異以徇物，不違道以干時。招之而不來，麾之而不去。在君側者，雖欲極譽之而有所不得。其或不合，則不免毀之。毀之而聽，甚者削黜，輕者督責，於賢臣無損也；其不聽，君之明也，社稷之福也，於賢臣無益也。然而賢臣之因毀而罷者常也，賢臣之必不阿事左右以求取容者，又常也。此即墨大夫之所爲可封者也。夫惟聖人，賞一人而天下勸，刑一人而天下懲，固不廢左右之言而昧兼聽之聰，亦不盡信左右之言而失獨照之明。夫是以刑賞悉歸於忠厚，而用舍一本於公明也夫！

王翰城刺史五十壽序

古無生日之禮。《顏氏家訓》稱：「江南風俗，是日有供頓聲樂。」蓋此禮始於齊、梁之間，後世自貴逮賤，無不崇飾，開筵稱壽，習以爲典。

癸卯夏，王君翰城將出牧冀寧，即於是秋五十壽辰，同人或謀祝之。翰城曰：「非古也。」其友人曾國藩亦曰：「非古也。雖然，子將別矣，不可無以贈子。蓋古者四十而仕，五十服官政。服政云者，爲大夫以長人，布政得自專也。古者建官無冗，立法無繁，故任人靡不專，而事靡不理。後世天下之事萃於六曹，六曹之屬無慮千計，法令日密，吏胥便之。每事至，吏以意討例，官則睨吏意以行。吏頤使則官可之，吏目止則官否之。屬官所左，卿長亦左之。事無定見，惟衆之隨。故近日服官得專政者，內惟樞府，外惟牧令。樞府數人，或意見各歧，則得專者尤莫如牧令也。牧令朝行一政，朝及於民，福民則我實福之也，殃民則我實殃之也。然牧令或不賢，往往不自爲政，上則伺大府之喜怒，下則時胥徒之向背，雖欲自專，而有所不能。

「翰城讀書四十餘年，今以服政之日，爲天子之刺史，吾知其能自專矣。夫爲刺史而得自專，而不爲大府與胥徒箝制者，豈徒然哉？其殆必有所以矣。翰城勉乎哉！他日聞有供頓聲樂，躋堂而稱壽者，必天子所付託刺史之百姓也。子行矣，吾以是贈，即以爲祝焉。」

陳岱雲妻易安人墓志銘 甲辰

道光二十四年正月，陳君岱雲喪其配易安人，則大戚，哀溢於禮。已而謂國藩曰：「子知吾之哀乎？吾祖自康熙間由茶陵徙長沙，六世百餘年，今其存者五人，吾門祚之衰可知也！吾父之没，至今十六年，而死亡相繼，凡十三役，吾母之不能一日以歡可知也！吾妻從宦五年，既没而斂，求袙衣，無一完者，吾之貧可知也！人之居此世者謂何？吾欲不過哀，得乎？」則又曰：「吾妻之賢，子宜有所知，請爲銘。」余曰：「然，固知之。」

蓋安人卒之前一歲，陳君嘗大病，余朝夕存問，備得安人侍疾狀。他日又得陳君所述，以是頗詳。陳君之病，凡三閱月矣，安人單憂極瘁，衣不解帶者四十餘日，凡可以自致者，無弗致也。久之，則禱於室神，求促其身之齡以益夫壽，猶不應。六月丙戌，乃割臂和藥以進。當是時，安人之母弟易光蕙及陳君之友三數人者皆在，惶愕不知所爲。國藩則仰天歎曰：「陳氏累世賴以不墜者，獨此人耳，而有他乎！」然已無可奈何。明日，疾乍平，則皆訝。光蕙覘安人衣袖血迹，稍廉得之，不敢以詢。又數日，疾漸瘳，乃詢之。安人曰：「其有之，此不幸事耳，勿復言，傷病者心也。」道微俗薄，舉世方尚中庸之説，聞激烈之行，則訾其過中，或以罔濟尼之。其果不濟，則大快奸者之口。夫忠臣孝子，豈必一一求有濟哉？勢窮計迫，義不反顧，效死而已矣。其濟，天也；不濟，於吾心無憾焉耳。

安人本醴陵人，居長沙，處士昌綱之孫，歲貢生履元之子，以孝謹特爲父母所愛。生二十二歲矣，而難其適。有王秀才者，自負知人，謂歲貢君曰：「茶陵陳某，神仙人也。即擇婿，不可失。此子今貧，不能衣食，數年後當爲達官。不者，且抉吾目也！」是時，陳君之元配没二年矣。既歸陳，不逮事舅，以事其父者敬姑，而以事其母者致愛焉，以是得姑歡。凡修所職，皆衷於大體，無鉅細必慤。《詩》曰：「何有何無，黽勉求之。」茲可謂賢矣，況有至行足感神明者哉？

安人生於嘉慶某年月日，年三十有一。生子男二人，長遠謨，次遠濟，生四十日而安人卒，女一人。將以某年某月某日歸葬於某縣某鄉某原。余既重其請，乃先期銘之，以激懦者，亦少塞陳君之悲。陳君名源兖，今爲翰林院編修，纂修國史也。銘曰：

民各有天惟所治，燾我以生託其下。子道臣道妻道也，以義擎天譬廣廈，其柱苟頹無完瓦。自今無以身代者，有一於此雙蓋寡。憂勞積劇焉可支，天之所隕非人尸，跖修淵短誰敢訾？銘茲大節貞厥垂，有他淑行以類推。

五箴 并序

少不自立，荏苒遂洎今兹。蓋古人學成之年，而吾碌碌尚如斯也，不其戚矣。繼是以往，人事日紛，德慧日損，下流之赴，抑又可知。夫疢疾所以益智，逸豫所以亡身，僕以中才而履安順，將欲刻苦而自振拔，諒哉其難之歟？作《五箴》以自創云。

立志箴

煌煌先哲，彼不猶人。藐焉小子，亦父母之身。聰明福禄，予我者厚哉。棄天而佚，是及凶災。積悔累千，其終也已。往者不可追，請從今始。荷道以躬，輿之以言。一息尚存，永矢弗諼。

居敬箴

天地定位，二五胚胎。鼎焉作配，實曰三才。儼恪齋明，以凝女命。女之不莊，伐生戕性。誰人可慢？何事可弛？弛事者無成，慢人者反爾。縱彼不反，亦長吾驕。人則下女，天罰昭昭。

主静箴

齋宿日觀，天雞一鳴。萬籟俱息，但聞鐘聲。後有毒蛇，前有猛虎。神定不懾，誰敢予侮？豈伊避人，日對三軍。我慮則一，彼紛不紛。馳騖半生，曾不自主。今其老矣，殆擾擾以終古。

謹言箴

巧語悦人，自擾其身。閑言送日，亦攪女神。解人不誇，誇者不解。道聽塗説，智笑愚駭。駭者終明，謂女賈欺。笑者鄙女，雖矢猶疑。尤悔既叢，銘以自攻。銘而復蹈，嗟女既耄。

有恒箴

自吾識字，百歷及兹。二十有八載，則無一知。曩者所忻，閱時而鄙。故者既抛，新者旋徙。德業之不常，日爲物遷。爾之再食，曾未聞或愆。黍黍之增，久乃盈斗。天君司命，敢告馬走。

鈔朱子小學書後

右《小學》三卷，世傳朱子輯。觀朱子癸卯與劉子澄書，則是編子澄所詮次也。其義例不無可訾，然古聖立教之意，蒙養之規，差具於是。

蓋先王之治人，尤重於品節。其自能言以後，凡夫灑掃應對，飲食衣服，無不示以儀則。因其本而利道，節其性而不使縱，規矩方圓之至也。既已固其筋骸，劑其血氣，則禮樂之器，蓋由之矣，特未知焉耳。十五而入太學，乃進之以格物，行之而著焉，習矣而察焉，因其已明而擴焉，故達也。班固《藝文志》所載「小學類」，皆訓詁文字之書，後代史氏，率仍其義。幼儀之繁，闕焉不講。三代以下，舍佔畢之外，乃别無所謂學，則訓詁文字要矣。若揆古者三物之教，則訓詁文字者，亦猶其次焉者乎？仲尼曰「行有餘力，則以學文」，「繪事後素」，不其然哉？余故録此編於「進德門」之首，使曻弟子姓知幼儀之爲重。而所謂訓詁文字，别録之「居業門」中。童子知識未梏，言有刑，動有法，而蹈非彝者，鮮矣。是編舊分内外，内編尚有《稽古》一卷，外編《嘉言》《善行》二卷，採掇頗淺近，亦不録云。

書歸震川文集後

近世綴文之士，頗稱述熙甫，以爲可繼曾南豐、王半山之爲之。自我觀之，不同日而語矣。或又與方苞氏並舉，抑非其倫也。蓋古之知道者，不妄加毀譽於人，非特好直也。内之無以立誠，外之不足以信，後世君子恥焉。自周詩有《崧高》、《烝民》諸篇，漢有「河梁」之詠，沿及六朝，餞别之詩，動累卷帙。於是有爲之序者，昌黎韓氏爲此體特繁，至或無詩而徒有序。駢拇枝指，於義爲已侈矣。熙甫則不必餞别而贈人以序，有所謂賀序者、謝序者、壽序者，此何説也？又彼所爲抑揚吞吐，情韻不匱者，苟裁之以義，或皆可以不陳。浮芥舟以縱送於蹏涔之水，不復憶天下有曰海濤者也，神乎？味乎？徒詞費耳。然當時頗崇茁軋之習，假齊、梁之雕琢，號爲力追周、秦者，往往而有。熙甫一切棄去，不事塗飾，而選言有序，不刻畫而足以昭物情，與古作者合符，而後來者取則焉，不可謂不智已。人能宏道，無如命何。藉熙甫早置身高明之地，聞見廣而情志闊，得師友以輔翼，所詣固不竟此哉？

祭湯海秋文

赫赫湯君，倏焉已陳。一呷之藥，椓我天民。豈不有命，藥則何罪？死而死耳，知君不悔。

道光初載，君貢京朝。狂名一鼓，萬口囂囂。春官名揭，如纛斯標。奇文驟布，句驚字梟。群兒苦誦，自暝達朝。上公好士，維汪與曹。大風噓口，吹女羽毛。舐筆樞府，有銛如刀。儕輩力逐，一虎衆猱。曹司一終，稍遷御史。一鳴驚天，墮落泥滓。坎坎郎官，復歸其始。群雀款門，昨朝之市。窮鬼噴沫，婢歎奴恥。維君不羞，復乃不求。天脱桎梏，放此詩囚。伐肝蕩肺，與命爲仇。被髪四顧，有棘在喉。匪屈匪阮，疇可與投？忽焉狂走，東下江南。秦淮夜醉，笙吹喃喃。是時淮海，戰鼓殷酣。猇夷所躪，肉阜血潭。出入賊中，百憂内惔。

寅歲還朝，左抱嬌娥。示我百篇，兒女兵戈。三更大叫，君泗余哦。忽瞠兩眸，曰余乃頗。瀝膽相要，斧門掊鎖。嗟余不媚，動與時左。非君謬尋，誰云逮我？王城海大，塵霧滔滔。惟余諧子，有隙輒遭。聯車酒肆，袒肩載號。煮魚大啜，宇内兩饕。授我《浮丘》，❶九十其訓。韓悍莊誇，孫卿之醞。鏖義鬭文，百合逾奮。俯視符、充，其言猶糞。我時譏評，君曾不慍。

我行西川，來歸君迓。一語不能，君乃狂罵。我實無辜，詎敢相下？骨肉寇讐，朋游所訝。見豕負塗，或張之弧。群疑之

❶「丘」，原作「邱」，乃清人避諱改字，今爲改回。以下凡此類字均逕改，不另出校。

積，衆痏生膚。君不能釋，我不肯輸。一日參商，萬古長訣。吾實負心，其又何說？凡今之人，善調其舌。君則不然，喙剛如鐵。鋒棱所值，人誰女容？直者棄好，巧者興戎。昔余痛諫，君嘉我忠。曾是不察，而丁我躬。傷心往事，淚墮如糜。以君毅魄，豈曰無知？鬼神森列，吾言敢欺？酹子一滴，庶攄我悲。

召誨

賢與不肖之等，奚判乎？視乎改過之勇怯以爲差而已矣。日月有食，星有離次，其在於人，言有尤，行有悔，雖聖者不免。改過什於人者，賢亦什於人；改過伯於人者，賢亦伯於人。尤賢者尤光明焉，尤不肖者怙終焉而已。

人之生，氣質不甚相遠也，習而之善，既君子矣。其有過，則其友直諫以匡之，又有友焉，巽言以挽之，退有撻，進有旌。其相率而上達也，奚禦焉？習而之不善，既小人矣。其有過，則多方文之，爲之友者，疏之則心非而面諛，戚之則依阿苟同，憚於以正傷恩。其相率而下達也，奚禦焉？玆賢者所以愈賢，而不肖者愈不肖也。

吾之友有某君者，毖余曰：「子與某相好不終，是子之失德。子盍慎諸？」又有某君，毖余曰：「聞子之試於有司，則嘗以私干人，是大不可！」二子者之言，卒聞之，若不遜於吾志，徐而繹之，彼無求而進逆耳之言，誠敬我也。既又自省，吾之過，其大者視此或倍蓰，而其多或不可枚數，二子者蓋舉一隅也。人苦不自知耳。先王之道不明，士大夫相與爲一切苟且之行，往往陷於大戾，而僚友無出片言相質确者，而其人自視恬然，可幸無過。且以仲尼之賢，猶待學《易》以寡過，而今曰無過，欺人乎？自欺乎？自知有過，而因護一時之失，展轉蓋藏，至蹈滔天之姦而不悔，斯則小人之不可近者已。爲人友而隱忍和同，長人之惡，是又諂臣媚子之亞也。《書》曰：「有言逆於女心，必求諸道；有言遜於女志，必求諸非道。」余故筆之於册，以備觀省，且示吾友能爲逆心之言者。

王蔭之之母壽序 乙巳

壽序非古也。明歸太僕數鄙之而數爲之，以爲崑山之俗，張此尤盛。閭巷之士，狃於習而不求其説，立言者雖知其事微薄，而不忍拒孝養者之請，牽率以從事，宜也。當是時，吾同年王君蔭之以其母黄太安人之壽，屬予爲序云。蔭之知言者也，不宜循世俗故事以娱其親。仲尼曰：「麻冕，禮也，今也純，儉，吾從衆。」積習染人，甚於丹青，久矣。雖爲父母者，亦皆以生日爲慶，以文字道其生平爲祥，人子因而順之，不亦可乎？

先是，贈君琴雅先生之棄養，蔭之與其仲氏皆未冠，季尚毁齒耳。內而饘粥零雜，外而官租私逋，皆太安人摧畫之。贈君以諸名鄉里，宿負故無券，主者以是弛責，太安人曰：「夫子信者也，是固然無疑。」立貨別業盡償之。贈君疾革，命曰：「雖飢寒，毋令吾兒廢學。」家故微也，又歲經水潦，益流落。太安人力支之，卒不令諸子遷業。初服舅姑之服，繼服夫之服，哀毁至矣，皆節以禮。喪女子者四，喪子婦者五，悲傷之餘，亦以禮裁之。蓋蔭之之爲余述者如此。《易》曰：「地道無成，而代有終。」方贈君顧命諄諄，豈必後嗣果自成立？今蔭之通籍，爲天子近臣，文章爾雅，率諸弟子姓爲醇樸之學，所謂代終非邪？國家以大器儲詞臣，不殺之以吏事，使之優游成德，以養公輔之望，至深厚也。以國藩之不肖，謬廁斯任，無足言矣。如蔭之者，要當博觀約守，仔肩天下，而後無忝是職。不然，彼太安人時時稱贈君之末命以相申儆者，豈徒在祿仕通顯也哉？歐陽公之母常述父訓以教子，卒爲有宋名臣。彼何人也，吾何畏彼哉？蔭之誠能日進不怠，太安人當益顧之適志，怡然忘老矣。余承蔭之之命，終不敢以世俗之義爲長者誦也，於是爲道其大焉者。

江小帆之母壽序

古者設科有目，如漢曰「賢良方正」，曰「直言極諫」，曰「軍謀宏遠」，曰「淳厚質直」；唐曰「秀才」，曰「明經」，曰「進士」，曰「明法」，曰「明字」，曰「明算」。若此者，不一其稱。惟人主之所欲，而因時命名，所謂目也。明初盡革前制，取士止進士一科，則有科而無目矣。既成進士，天子親策於廷，臨軒唱第，分甲授職。一甲止三人，曰狀元、榜眼、探花，制所定也，士大夫稱爲「鼎甲」云。進取之途既隘，天下魁傑瑰瑋之士，莫不甘心於專科，搤腕以求所謂鼎甲者。而巴、蜀、滇、黔，西南萬里，或數百年而不得一人，蓋其難也。慈父母之於子，總角則祝之，而令子順孫承歡堂上，亦無先於此者。至於今五百年矣。

同年友江君小帆，故吾楚郴人也，徙居四川之大竹。道光戊戌，以第三人及第，四川之鼎甲，自小帆始。而小帆退然貶抑，躬躬不足。問之，曰：「母教也。」余曰：「何如？」則盡述太安人之賢及贈君春湖先生之德而再誦焉，且曰：「吾母今年六十矣，吾子嫻古文義法，其爲我銓次太安人懿行，略仿今世之壽敘，而益以箴言勖余，使吾母歡慰，而吾亦奉以爲事親之則。可乎？」余曰：「可。」

蓋江氏之自楚而蜀，家微矣。贈君之與昆弟析居，受田僅三畝耳，而折償宿負者略半。贈君力貧績學，授讀鄉里，稍佐饔飧。太安人蒔蔬蓺菽，以精潔羞舅姑，而以其惡者自御。小帆兒時，嘗隨太安人鋤豆於北原，拾木棉於西澗之陂，每語及此，未嘗不太息祿養之已晚也。

嘉慶庚申、辛酉之間，四川遭教匪之亂，鄉鄰依堡砦以居，賊來恃堡爲固，賊去還家事耕作。太安人提挈子女，裹糗糧，與贈君奔竄於風雨溪谷之中，其事尤艱阻，卒以無恐。小帆既官編修，太安人就養京師，而贈君道卒長安。哀毀之餘，毫髮盡禮，與前服舅姑之服略同。計太安人數十年中，困於貧，厄於兵，顛沛於喪事，而亦以勞矣。《傳》所謂動心忍性，生於憂患，其不信然邪？

士大夫由科第通籍，大抵先人茹其辛，而後人食其報。如小帆之掇取巍科，三持文衡，以詞賦受聖主特達之知，豈可不知其所自邪？自古舉士之法，未有三百年不變者。帝不沿樂，王不襲禮，物窮則易，固其理也。經義取士，亦已久矣，議者多謂帖括道卑，難收得人之效。小帆勉旃，益務通經達用，使天下後世謂偉人某某者，未嘗不出制義之科也，既以塞辨者之口，又有以慰高堂無窮之望。事親之則，不當如是乎？太安人聞之，其必不訾吾言矣。遂書以爲壽。

求闕齋記

國藩讀《易》至「臨」，而喟然歎曰：剛侵而長矣，至於八月有凶，消亦不久也，可畏也哉。天地之氣，陽至矣，則退而生陰，陰至矣，則進而生陽。一損一益者，自然之理也。物生而有嗜欲，好盈而忘闕。是故體安車駕，則金輿鏓衡不足於乘；目辨五色，則黼黻文章不足於服。由是八音繁會不足於耳，庶羞珍膳不足於味。窮巷甕牖之夫，驟膺金紫，物以移其體，習以蕩其志，向所搤腕而不得者，漸乃厭鄙而不屑御。旁觀者以爲固然，不足訾議。故曰：位不期驕，禄不期侈，彼爲象箸，必爲玉杯，積漸之勢然也。而好奇之士，巧取曲營，不逐衆之所爭，獨汲汲於所謂名者，道不同不相爲謀。或貴富以飽其欲，或聲譽以厭其情，其於志盈一也。夫名者，先王所以驅一世於軌物也。中人以下，蹈道不實，於是爵禄以顯馭之，名以陰驅之，使之踐其迹，不必明其意。若君子人者，深知乎道德之意，方懼名之既加，則得於内者日浮，將恥之矣。而淺者譁然騖之，不亦悲乎？

國藩不肖，備員東宮之末，世之所謂清秩。家承餘蔭，自王父母以下，并康彊安順。孟子稱「父母俱存，兄弟無故」，抑又過之。《洪範》曰：「凡厥庶民，有猷有爲有守，不協於極，不罹於咎，女則錫之福。」若國藩者，無爲無猷，而多罹於咎，而或錫之福，所謂不稱其服者歟？於是名其所居曰「求闕齋」，凡外至之榮，耳目百體之耆，皆使留其缺陷。禮主減而樂主盈，樂不可極，以禮節之，庶以制吾性焉，防吾淫焉。若夫令問廣譽，尤造物所靳予者，實至而歸之，所取已貪矣，況以無實者攘之乎？行非聖人而有完名者，殆不能無所矜飾於其間也。吾亦將守吾闕者焉。

送郭筠仙南歸序

凡物之驟爲之而遽成焉者，其器小也。物之一覽而易盡者，其中無有也。郭君筠仙，與余友九年矣，即之也温，挹之常不盡。道光甲辰、乙巳，兩試於禮部，留京師，主於余，促膝而語者四百餘日，乃得盡窺其藏。甚哉，人不易知也！將別，於是爲道其深，附於回路贈言之義，而以吾之忠效焉。

蓋天之生材，或相千萬，要於成器以適世用而已。材之小者，視尤小者則優矣，苟尤小者琢之成器，而小者不利於用，則君子取其尤小者焉；材之大者，視尤大者則絀矣，苟尤大者不利於用，而大者琢之成器，則君子取其大者焉。天賦大始，人作成物。《傳》曰：「人不天不因，天不人不成。」不極擴充追琢之能，雖有周公之才，終棄而已矣。

余所友天下賢士，或以德稱，或以藝顯，類有以自成者。而若筠仙躬絕異之姿，退然深貶，語其德若無可名，學古人之文章，入焉既深，而其外猶若鉏鋙而不安。其無所成者與？匠石斫方寸之木，斤之削之，不移瞬而成物矣。及乎裁徑尺之材以爲榱桷，不閲日而成矣。及至伐連抱之梗楠，爲天子營總章太室之梁棟，經旬累月而不得成焉。其器愈大，就之愈艱，淺者欲以一概律之，難矣。且所號爲賢者，謂其絶拘攣之見，曠觀於廣大之區而不以尺寸繩人者也。若夫逢世之技，智足以與時物相發，力足以與機勢相會，此則衆人之所共睹者矣。君子則不然，赴勢甚鈍，取道甚迂，德不苟成，業不苟名，艱勤錯迕，遲久而後進。銖而積，寸而累，既其純熟，則聖人之徒，其力造焉而無扞格，則亦不失於令名。造之不力，歧出無範，雖有瑰質，終亦無用。

《孟子》曰：五穀不熟，不如荑稗。誠哉斯言也！筠仙勖哉！去其所謂扞格者，以蘄至於純熟，則幾矣。人亦病不爲耳。若夫自揣既熟，而或不達於時軏，是則非余之所敢知也。

送謝吉人之官江左序

吾湘鄉當乾隆時，人才殷盛。鄧筆山爲雲南布政使，羅九峰爲禮部侍郎，而謝薌泉先生爲御史。三人者，皆起家翰林，而御史君名震天下。是時，和珅柄國，聲張勢厲，家奴乘高車，横行都市，無所憚。御史君巡城遇焉，捽之出而鞭之，火其車於衢，世所稱「燒車御史」者也。其後二十餘年，御史君之子果堂以河南縣令卓薦召見，上從容問曰：「汝即『燒車御史』之子乎？」不數月，遷四川知府。又十餘年，而謝吉人邦鑑復以進士出爲江南縣令。吉人，御史君之孫，而知府君之弟之子也。將之官，其常所酬酢者，或爲詩送之，吉人乃索予爲序，而乞言以糾其不逮。於是拜手告曰：

子今長人矣。四封之内，尊無與二。堂上頤指，堂下趨者百人。所識窮乏，仰而待命。設館以延賓友，貌敬而情離。即有不善，彼所謂趨者、待命者、貌敬者，或知之而不諫，或諫焉而不力，吾以其身巍然處於衆人之上，而聰明識量又誠越而倍之，前有唯，後有諾，於是予聖自雄之習囂然起矣。而左右之人，又多其術以餂我。内之傲者日勝，外之欺者日衆，兹其所以殆也。

昔者宓子賤治單父，孔子曰：「子何施而衆悦？」對曰：「此地民有賢於不齊者五人，不齊事之而禀度焉，皆教不齊所以治人之道。」孔子歎曰：「其大者乃於此乎有矣。」魯使樂正子爲政，孟子曰：「好善優於天下。」東漢龐參爲漢陽太守，先候隱居任棠。棠不與言，但以薤一大本、水一盂置户屏前，抱兒孫伏户下。參會其意，曰：「水者，欲吾清也。拔大本薤，欲吾擊强宗也。抱兒當户，欲吾開門恤孤也。」故古人之學，莫大乎求賢以自輔。小智之夫，矜己而貶物，以爲衆人卑卑，無足益我。夫不反求諸己，而一切掩他人之長而蔑視之，何其易與？《詩》曰：「國雖靡止，或聖或否。民雖靡膴，或哲或謀，或肅或乂。」謂求賢而終不能得者，非篤論也。

今震澤宰左君青峙，吾湘鄉之賢者也，任俠而不矜，諳事而不計利害，子往試求之，必有所以益子者。友仁以礪德，利器以善事，既以上繩祖武，又以紹諸鄉先輩之徽。「無棄爾輔，員于爾輻」，青峙，子之輔也。抑吾聞江南爲仕宦鱗萃之邦，或因青峙而得盡交其賢士大夫，是尤余所望也。

書扁鵲倉公傳

司馬遷敘述扁鵲倉公，具詳病者主名及診脈之法、藥齊之宜，繁稱數十事，累牘不休。余嘗求之，非有義也。《周官》醫師、食醫、疾醫、瘍醫、獸醫之屬，隸於冢宰。譬陽伏陰，節宣補救，亦宰世者之所有事。爲良醫立傳，無所不可，要以略著大指，明小道之不可廢，與《日者》、《龜策》諸傳相附，摭一二事以爲類，足矣。繁稱奚爲者？夫執技以事上，名一能以濟人，此小人之事也。大人者，德足以育物，智足以役衆，彼誠有所擇，不宜於此津津也。若遷實通方術，而藉以自矜其多能，斯又淺者徒也。

易問齋之母壽詩序

古者以言相贈處，至六朝、唐人，朋知分隔，爲餞送詩，動累卷帙，於是別爲序以冠其端。昌黎韓氏爲此體尤繁，間或無詩而徒有序，於義爲已乖矣。元、明以來，始有所謂壽序者。夫人之生，飢食而渴飲，積日而成年。苟不已，必且增至六十、七十，又不已，則至大耋、期頤。彼特累日較多耳，非有絶特不可幾之理也，胡序之云？無而爲此體者，又率稱功頌德，累牘不休。無書而名曰序，無故而諛人以言，是皆文體之詭，不可不辨也。

道光乙巳六月，爲易柳恭人七十誕辰，嗣君問齋郎中，徵求士大夫之詩至數十篇，而屬余爲序其簡端。問齋其能辯文體者矣。余讀諸君詩，知恭人事贈君□□先生，豈非所謂代有終者哉？初，先生以長且賢，理家事，無劇易必躬，佔畢之業稍棄矣。恭人來歸，一代任焉，米鹽淩雜，不復關白。先生由是得專精舉子業，嘉慶戊午舉於鄉，戊辰遂成進士。蓋内顧無憂，壹志以底於成，恭人之力也。先生官陝西，恭人以舅姑春秋高，留侍養，不隨之官所。既而太夫人就養秦中，恭人又留治家務。既而先生移官山東，恭人仍留里居。計先生宦游三十餘年，而恭人僅一入秦，再之山東之郯，不過三年耳。

婦人類以從官爲榮，鄉里齷齪，不足自適。一旦朱幘翟茀，稱爲命婦，入則鼎食，出則武夫前呼，侍女如雲，此常情所最稱意。恭人恬然不以爲榮，獨習勞，居僻鄉，爲先生經畫家政。敗衂敝革，儲以待用，甘粗糲以自菲。歲時親戚承問無缺，藥餌餘糧，全活貧弱下户，躬操作以率先子婦，此其識有過人者。以視擁象輿以命婦自炫，頤使侍婢，俯仰如神者，其賢否當有辨也。

詩人之祝女子曰：「無非無儀。」易此而以才能自詡，則於道爲悖矣。如恭人者，所事不出閨闥，所行不越庸德，獨其相夫以發名成業，而不慕從官之榮，此有人所難能，而其他蓋可知矣，余故揭其大者著於篇。若其稱述懿行，頌禱繁祉，則諸君之詩實詳，故不及云。

何傳巖先生七十壽序

國藩讀《詩》，至《常棣》之篇而歎曰：「旨哉，仁人之言也！朋友平居宴樂，有急則掉臂不顧。兄弟，天性也，非至不仁，可以手足而胡越乎？」

同年友何君丹溪，官編修，其兄璜溪，官武昌同知。兄弟相敬愛，至篤無已。他日，余謂丹溪曰：「子之親未耄也，二君者皆不迎養，於義謂何？」則告曰：「吾大父母之棄養，吾父七齡耳，實依兩世父以生。世父長曰晴瀾，次曰雲巖。吾父曰傅巖，事兩兄維虔，謀必咨，出必告，有財必歸之，有疾侍藥必躬，至以身禱。雲巖世父下世，事寡嫂尤恭。今吾父母之不肯就養官所，徒以長兄寡嫂在耳。」余聞之悚然，當吾世而猶有嚴於弟道如此者乎？又二年，而所謂長兄寡嫂者相繼逝，璜溪執期之喪既除，因卓薦入見天子，遂乞假南歸，躬迎二親，養於武昌官舍。

又明年，丙午春，爲傅巖先生及張太恭人七十誕辰，同年生謀所以壽者，屬余爲頌禱之言。丹溪曰：「子毋效世俗人。世俗所爲壽序，至陋而非古，子但略述吾親實行，使吾昆弟子姓有所法而向善，而吾親亦將顧而忘老，足矣。勿虛諛也。」余曰：「子之親云何？」曰：「吾父年十八補縣學生，嘉慶癸酉，以選拔貢入成均。凡試於鄉十六役，不得售。異時苗匪寇鄰縣，世父率鄉勇出堵賊，吾父守城，書檄調遣，胥出一手。事平，縣令暨監司適主鄉試闈事，欲因以私報，力謝之。教人以立品敦倫爲先，前後從游千餘人，❶課徒所得餘金，則盡刊印世所傳《感應篇注案》者，以勸愚民。吾母以不逮事舅姑爲恨，事夫之兄如嚴上，事姒婦如姑，蓋體吾父友恭之誠如此。」

古者大功同財，自秦人子壯出分，後世

❶「千餘」，傅忠鈔本作「數千」。

沿以爲俗，兄弟有視如塗人者矣。而爲之婦者，伺其夫之旨而加刻焉，片語之隙，荆棘叢生，累世不能泯其嫌。夫一木之枝，或榮或悴，常也。而常人之情，睹他人之榮，則以爲分隔，於己無與；睹兄弟之榮，以其切近，則相妬。相妬則争，而榮者之視悴者，漠然而疏，望望焉若將浼己。蓋三物之教不行，而俗之偷也久矣。先生以次子嗣仲兄後，顧不肯隨二子之官，終不令己獨榮而兄與寡嫂獨落莫，此其足以激薄俗爲何如。而其用心之仁厚，豈有極哉？余爲揭其大者，俾璜溪兄弟守此無怠，則先生與太恭人所以娱老者，或亦在此。即以爲長者壽，可也。

新化鄒君墓志銘

君諱興思，字子哲，鄒姓。先世由江西再遷至湖南新化居焉。有瑁玉者，以選拔貢生官永明縣教諭，是生祖詢，縣學生，於君爲高祖。曾祖某，祖某，皆不仕。父某，家貧，客游陜西紫陽。族子有先家於是者，遂因其户籍，補紫陽縣學廩膳生。生二子，長興魯，次即君。君生數歲而廩膳君卒，依母曾氏，力食僅存。痛繩於學，年十六，仍補縣學生，二十五，舉道光庚子陜西鄉試。甲辰再上公車，不第。歎曰：「吾不得禄，餓死無所損，然如吾母何？」益發憤，不歸，日刻錢以食。爲文務極思，同業者或不能究其指。明年乙巳二月，疾作，不得與禮部試，竟以六月九日卒於京師，年三十耳。

君性戇直，糾友之違，盡言無巽。有餽以財，辨義，無小，非其義，却之，無大。安貧若天性然。庚子赴省試，其師陳僅資之金，君盡以金奉母，而自囊錢八百，負布被，徒步露宿行千里，僅益敬之。僅故爲紫陽令，見君文，奇之，憐愛如親戚，月繼米贍其家。久之，僅徙官他縣，移君家就養官所，而别以資贈君之京師。君且死，泣曰：「吾負大恩未報，命也！」遂絶。既卒，其友人江忠源職其後事，其從兄子律歸其喪紫陽，將立其兄子隆岱爲嗣，而國藩買石，先事爲銘。銘曰：

是人非蚓，生世實艱。爰有狷者，伯夷是班。有投以幣，擲棄如菅。或泰於取，負恩如山。恩不果酬，母不終將。又寡厥配，厥氏維黄。僅遺孑息，天其俾臧。吾言可信，納券於藏。

送周荇農南歸序

天地之數，以奇而生，以偶而成。一則生兩，兩則還歸於一。一奇一偶，互爲其用，是以無息焉。物無獨，必有對。太極生兩儀，倍之爲四象，重之爲八卦，此一生兩之説也。兩之所該，分而爲三，殽而爲萬，萬則幾於息矣。物不可以終息，故還歸於一。天地絪緼，萬物化醇。男女搆精，萬物化生。此兩而致於一之説也。一者陽之變，兩者陰之化。故曰一奇一偶者，天地之用也。

文字之道，何獨不然？六籍尚已，自漢以來，爲文者莫善於司馬遷。遷之文，其積句也皆奇，而義必相輔，氣不孤伸，彼有偶焉者存焉。其他善者，班固則毗於用偶，韓愈則毗於用奇，蔡邕、范蔚宗以下，如潘、陸、沈、任等比者，皆師班氏者也。茅坤所稱八家，皆師韓氏者也。傳相祖述，源遠而流益分，判然若白黑之不類。於是刺議互興，尊丹者非素，而六朝、隋、唐以來駢偶之文，亦已久王而將厭。宋代諸子，乃承其敝，而倡爲韓氏之文。而蘇軾遂稱曰「文起八代之衰」，非直其才之足以相勝，物窮則變，理固然也。豪傑之士，所見類不甚遠。韓氏有言：「孔子必用墨子，墨子必用孔子。不相用，不足爲孔、墨。」由是言之，彼其於班氏，相師而不相非明矣。耳食者不察，遂附此而抹摋一切。又其言多根六經，頗爲知道者所取，故古文之名獨尊，而駢偶之文乃屏而不得與於其列。數百千年無敢易其説者，所從來遠矣。

國家承平奕禩，列聖修禮右文，碩學鴻儒，往往多有。康熙、雍正之間，魏禧、汪琬、姜宸英、方苞之屬，號爲古文專家，而方氏最爲無類。純皇帝武功文德壹邁古初，徵鴻博以考藝，開四庫館以招延賢儁，天下翕然爲浩博稽核之學，薄先輩之空言，爲文務閎麗。胡天游、邵齊燾、孔廣森、洪亮吉之徒，蔚然四起。是時，郎中姚鼐息影金陵，私淑方氏，如碩果之不食，可謂自得者也。沿及今日，方、姚之流風稍稍興起，求如天游、齊燾輩閎麗之文，閴然無復有存者矣。

間者，吾鄉人淩君玉垣、孫君鼎臣、周君壽昌乃頗從事於此，而周君爲之尤可喜。其才雅贍有餘地，而奇趣迭生，蓋幾於能者。夫適王都者，或道晉，或道齊，要於達而已。司馬遷，文家之王都也，如周君之所道，進而不已，則且達於班氏，而不爲韓氏所非，又不已，則王都矣。周君以道光乙巳成進士，選翰林院庶吉士。值皇太后萬壽，天子大孝錫類，臣下得榮其親，將奉誥命以歸覲，出所爲文示余。余乃略述文家原委，明奇偶互用之道，假贈言之義，以爲同志者勖。嗟乎！區區而以文字相討論，是則余之陋而不賢者識小之類也。

送陳岱雲出守吉安序

道光二十五年十一月日長至，翰林編修茶陵陳君奉命出守吉安。明日入謝，上曰：「禮官章上，汝妻與請旌表，有諸？」即頓首敬謝：「臣源兖妻，蒙恩旌表孝行。」「其可旌奈何？」則隱約情事，具對十一。上嘉歎，所以慰敕良厚。陳君出，涕泣告人：「天子乃能省源兖家事，源兖何以報？」先是，陳君嘗大病，妻易安人傾死力營救，最後刲臂和藥飲君，君病瘳，而安人遘疾。又數月而生子，子生彌月而安人卒。余昔銘其墓，所稱「憂勞積劇焉可支」者也。既歸喪，陳君之母語其親戚曰：「是善事我，又有功陳氏先祖。」語鄉人亦如之。鄉人上其行，有司以達於禮官。禮官章上，不數日而陳君有吉安之命。於是陳君益不自克，且曰：「吾有君親殊恩，妻又貰我死。吾負三不報，其何以酬？」向人輒吁歎，日夜嗛然內疚。亡何，將出國門，國藩乃進而稱曰：

子之方寸幾矣，抑未知所持也。夫忠孝者，每事而迹之，則日不勝，要惟行吾心之不得已者，斯可矣。民之初，蓋有不忍於其所生。先王制爲事親之禮，溫凊而定省，疾則嘗藥，諫則號泣。因人之情，而爲文達之。其於事君也亦然。父母者育我，天者先父母而生我，君者後天而成我者也。有不忍忘本於父母者，而後愛身以及子姓；有不忍忘本於天者，而後愛吾君以及人民庶物。故入而供弟子之職，出而力王家，勤民事，非直好爲觀美，内有所激發，不得已而爲之者也。

先王之教既熄，人不能自道於道，乃始慕名號而從事其中，❶則漠無所動。滃灖以養親，而非必中有所愛；踧踖以覲君，而非必中有所敬。及其居官，朝令曰編保甲，夕令曰興水利，復常平，擇名號尤美者而張之，漫不省其所以然。外之標識如彼，内之隳壞如此，故名目者，所以喪人之良心而墮凡事也。仲尼曰：「人而不仁，如禮何？」言本心既亡，不堪以文爲塗附之也。賢者思以易之，獨宜求諸心之不得已者耳。盜賊公行，不得已而立保甲；旱澇饑饉，不得已而興水利；常平行之不合，不得已而思，亟思亟問，必盡善而後已。鍥而不舍，靡物不斷。古有刲臂療病而立應者，彼迫於無可如何，其神固已深入金石矣。今或浮慕奇行，而以號於衆曰：「吾將效刲肉故事！」要名之念熾於中，責效之情流於外，則臨事必不爲，爲之且不應。然則子欲上不負君親，下不愧令妻，可以知所從事矣！吾辱相知重，他無可言者。至離合之故，則別繫以詩。

書學案小識後

唐先生撰輯《國朝學案》，命國藩校字付梓。既畢役，乃謹書其後曰：

❶「從事其中」，傳忠鈔本作「勉善其心」。

天生斯民，予以健順五常之性，豈以自淑而已，將使育民淑世，而彌縫天地之缺憾。其於天下之物，無所不當究。二儀之奠，日月星辰之紀，氓庶之生成，鬼神之情狀，草木鳥獸之咸若，灑掃應對進退之瑣，皆吾性分之所有事。故曰：「萬物皆備於我。」

人者，天地之心也。聖人者，其智足以周知庶物，其才能時措而咸宜，然不敢縱心以自用，必求權度而絜之。以舜之濬哲，猶且好問好察。周公思有不合，則夜以繼日。孔子，聖之盛也，而有事乎好古敏求。顏淵、孟子之賢，亦曰博文，曰集義。蓋欲完吾性分之一源，則當明凡物萬殊之等。欲悉萬殊之等，則莫若即物而窮理。即物窮理云者，古昔賢聖共由之軌，非朱子一家之創解也。自陸象山氏以本心爲訓，而明之餘姚王氏乃頗遥承其緒。其說主於良知，謂吾心自有天，則不當支離而求諸事物。夫天則誠是也，目巧所至，不繼之以規矩準繩，遂可據乎？且以舜、周公、孔子、顏、孟之知如彼，而猶好問好察、夜以繼日、好古敏求、博文而集義之勤如此，况以中人之質，而重物欲之累，而謂念念不過乎則，其能無少誣耶？自是以後，沿其流者百輩，間有豪傑之士思有以救其偏，變一說則生一蔽。高景逸、顧涇陽氏之學，以静坐爲主，所重仍在知覺。此變而蔽者也。

近世乾、嘉之間，諸儒務爲浩博，惠定宇、戴東原之流，鈎研詁訓，本河間獻王「實事求是」之旨，薄宋賢爲空疏。夫所謂「事」者非物乎？「是」者非理乎？實事求是，非即朱子所稱「即物窮理」者乎？名目自高，詆毀日月，亦變而蔽者也。別有顏習齋、李恕谷氏之學，忍嗜欲，苦筋骨，力勤於見，迹等於許行之並耕，病宋賢爲無用，又一蔽也。由前之蔽，排王氏而不塞其源，是五十步笑百步之類矣。由後之二蔽，矯王氏而過於正，是因噎廢食之類矣。

我朝崇儒一道，正學翕興。平湖陸子、桐鄉張子，闢詖辭而反經，確乎其不可拔。陸桴亭、顧亭林之徒，博大精微，體用兼賅。其他巨公碩學，項領相望。❶二百年來大小醇疵，區以別矣。唐先生於是輯爲此編，大率居敬而不偏於静，格物而不病於瑣，力行而不迫於隘。三者交修，採擇名言，略依此例。其或守王氏之故轍，與變王氏而鄰於前三者之蔽，則皆釐而剔之。豈好辯哉？去古日遠，百家各以其意自鳴，是丹非素，無術相勝。雖其尤近理者，亦不能饜人人之心而無異辭。道不同不相爲謀，則亦已矣。若其有嗜於此而取途焉，則且多其識，去其矜，無以聞道自標，無以方隅自囿，不惟口耳之求，而求自得焉。是則君子者已，是唐先生與人爲善之志也。

送唐先生南歸序 丙午

古者道一化行，自卿大夫之弟子與凡民之秀，皆上之人置師以教之。於鄉有州長、黨正之儔，於國有師氏、保氏。天子既兼君師之任，其所擇大抵皆道藝兩優，教尊而禮嚴。弟子摳衣趨隅，進退必慎。內以有所憚而生其敬，外緝業以興其材。故曰師道立而善人多，此之謂也。

周衰，教澤不下流。仲尼干諸侯不見

❶「相」，原作「皆」，據傳忠鈔本改。

用，退而講學於洙、泗之間，從之遊者如市。師門之盛，振古無儔。然自是人倫之中，别有所謂先生徒衆者，非長民者所得與聞矣。仲尼既没，徒人分布四方，轉相流衍。吾家宗聖公傳之子思、孟子，號爲正宗。其他或離道而專趨於藝，商瞿授《易》於馯臂子弓，五傳而爲漢之田何。子夏之《詩》，五傳而至孫卿，其後爲魯申培。左氏受《春秋》，八傳而至張蒼。是以兩漢經生，各有淵源，源遠流歧，所得漸纖，道亦少裂焉。有宋程子、朱子出，紹孔氏之絶學，門徒之繁，擬於鄒、魯。反之躬行實踐，以究群經要旨，博求萬物之理，以尊聞而行知。數百千人，粲乎彬彬。故言藝則漢師爲勤，言道則宋師爲大，其説允已。元、明及我朝之初，流風未墜，每一先生出，則有徒黨景附，雖不必束脩自上，亦循循隅坐，應唯敬對。若金、許、薛、胡、陸稼書、張念芝之儔，論乎其德則闇然，諷乎其言則犂然而當理，考乎其從遊之徒，則踐規蹈矩，儀型鄉國。蓋先王之教澤得以僅僅不斬，頑夫有所忌而發其廉恥者，未始非諸先生講學與群從附和之力也。《詩》曰：「風雨如晦，雞鳴不已。」誠珍之也。

今之世，自鄉試、禮部試舉主而外，無復所謂師者。間有一二高才之士，鈎稽故訓，動稱漢京，聞老成倡爲義理之學者，則駡譏唾侮。後生欲從事於此，進無師友之援，退犯萬衆之嘲，亦遂却焉。吾鄉善化唐先生，三十而志洛、閩之學，特立獨行，詬譏而不悔。歲庚子，以方伯内召爲太常卿，吾黨之士三數人者，日就而考德問業。雖以國藩之不才，亦且爲義理所薰蒸，而確然知大閑之不可踰。未知於古之求益者何如，然以視夫世之貌敬舉主與厭薄老成，而沾沾一得自矜者，吾知免矣。

丙午二月，先生致仕得請，將歸老於湖湘之間，故作《師說》一首，以識年來嚮道之由，且以告吾鄉之人：苟有志於强立，未有不嚴於事長之禮而可以成德者也。

郭璧齋先生六十壽序

莊子曰：「木以不材自全，雁以材自保，我其處材不材之間乎？」旨哉斯言，可以壽世矣！雖然，抑有未盡也，此其中有天焉。魁岸之材，有深自韜匿者，去健羨，識止足，天乃使之馳驅後先，殫精竭力而不能自怡。有鋭意進取者，天或反阨之，使之蓄其光采，以昌其後而永其年，迹似阨之，實則厚之。材鈞也，或顯而吝，或晦而光，非人所能自處也，天也。

我年伯璧齋先生，天之處之，殆厚矣哉！先生少讀書，有大志。既冠，補博士弟子員，旋以優等食餼，屢躓場屋，貢入成均，試京兆，仍絀。權當陽校官數月，儒術濟濟，翕然景從。其居鄉也，外和而中直，不惡而人畏之，優伶雜劇，至不敢入境。諺曰：「桃李無言，下自成蹊。」直其表而影曲者，吾未之聞也。先生孝友可以施於政，尊行可以加人，課徒而得與校而士慕附，處于鄉而不肖知勸，此天予以有用之材也。使得所藉手，舞長褎而回旋，其展布當何如？顧乃蹭蹬棘闈，連不得志。前歲乙未，恭遇覃恩，臣僚得榮其親。維時先生之冢嗣觀亭前輩，既由翰林官西曹，兩世封贈如例。而先生猶以有事秋試，遷延不得請。於是先生櫜筆鄉闈，十餘役矣。從遊之士，得其口講指畫，或皆扶搖直上，而觀亭前輩昆仲，皆得庭訓而翔步詞林，後先輝映。獨先生黜抑良久，曾不一騁騏驥之足，固可解乎？夫以先生之德之能，於科名何與輕重？其達觀内外，何嘗不睨青紫如糠粃？然終不自畫，誠欲有所白於時，而又惡夫庸庸者一蹶而不復振，乃借恬退之名以文陋而售其巧，故思有以厲之耳。以志則如彼，以遇則如此，此豈盡有司之咎哉？蓋所謂天也。

天者，可知而不可知，無可據而自有權衡。崑山之玉，鄧林之大木，生非不材也，貢之廊廟，非不貴也，鑿之琢之，尋斧縱之，剖其璞，傷其本，向之潤澤而輪囷者，蕩然無餘。天欲厚之，則不如韞於石而光愈遠，叢之豐草之中而蔭愈廣而枝愈蕃。向使先生假鴻漸之羽，激昂雲路，敭歷中外，詎不快於志而裨益於時？而所發既宏，所積漸薄，天與於前，或靳於後，精神有時而竭，福蔭有時而單，是亦琢玉斫木之説也。謂能優游林泉，頤神彌性如今日也乎？謂能澤流似續、光大門閥如今日也乎？

本年某月，先生六十壽辰。次嗣君雨山，與余爲同年友，謬相知愛，將稱觴介壽，屬余以言侑爵。吾聞君子之事親也，可以無所不至，獨稱其親之善，則不敢溢詞以鄰於誣。君子之於友也，可以無所不至，道揚世德，則不敢虚述以近於諛。余悉先生嘉言篤行稔矣，今欲敷陳盛美，頌禱龐祺，深懼其諛也，故不具論，第論天之生材，此豐彼嗇，大有權衡，以徵先生所以延年受祉之由，亦使觀亭前輩昆仲知今日之蜚聲騰實，其鬱積者有自，非一朝一夕之故也。欽念哉，欽念哉！小子竊禄於朝，蓋吾父之溷迹名場，撼頓不得伸亦有年矣。持是以思，則先生之緝熙純嘏，天之厚之，正未有艾耳。質之先生，或以斯言爲不謬耶？

單縣典史張君墓志銘

君諱鼎五，字薌塍，世居浙之蕭山。曾祖朝琮，直隸通永道。祖文瑞，山東青州府海防同知。考學斯，廣東主簿。主簿君兄弟三人，長偉山，次滌三，皆不仕。滌三以子湘崖官汀州知府，故贈官如其子。主簿君官粤，嗛不一施，遽卒。君時五歲耳，依母童安人萬里返葬，孤貧赤立，斬焉自修。久之乃遊楚，依從兄黄陂令湘崖。湘崖由楚徙豫，三遷而官汀州知府，君壹從焉。居亡何，荆、梁教匪蜂起，蹂躪三省，兵餉縻萬萬。朝廷議民有輸金縣官，得除爲吏。嘉慶四年，君由是官山東，署沂水縣丞，補單縣典史。單故多豪右，素慢易尉。君抑桀扶尫，峻拒干謁，傷恤獄囚，痛與糞除，漉其汚溼，而時其凍餓。後三十年，君退歸，囚有流紹興者，塗遇君，匐伏叩頭。君錯愕，囚曰：「某單縣人也。清獄之惠，不敢忘！」宦單十年，歎曰：「尉所得爲者，吾既爲之矣。吾所欲爲者，豈尉謂哉？」間竟移病歸。而山東舊僚酷慕君，累書招致，乃復薄遊齊、魯，傳客淮、泗之間。至七十二歲，始杜門不出。又一紀，乃考終云。

君於孝友，若趨利然。初喪父，童安人撫之，積劬僅存。内外無倚，寒飢力學。夙興，母爨汲，君負薪，恐傷母手，盡拔芒刺，然後之塾。或竟日無所得炊，母子對泣，已而互慰。汀州君以事牽連被劾，君營護奔告，凡四晝夜，行千餘里，卒脱汀州君。於是人人翕然伏君之内行也。道光壬寅十月四日卒。配陳安人，祗順敦儉，見者師效。子男子三人：長錫戊，浙江鄉試舉人；次百揆，以一甲進士通籍，爲翰林院編修；次百衢，殤。女子三人，長適某官某，次適某官某，次適某。孫某，某。百揆之舉於鄉，與余同年，相善也，以某年月日葬君某縣某原，來徵銘。銘曰：

析楠作桷蒿作梁，大小易位今古傷。有嘉一尉仁且强，皓首卑栖不得驤。身之乖時遻厥子，慎終卜臧魂藏此。我最其行垂孔軌，萬千億年無壞毁。

紀氏嘉言序

士之修德砥行，求安於心而已。無欲而爲善，無畏而不爲不善者，此聖賢之徒，中有所得而不惑者也。自中智以下，不自能完其性之分，大抵不勸不趨，不懲不改。聖人者，因而導之以禍福之故，如此則吉，不如此則凶咎，使賢者由勉以幾安，愚者懼罰而寡罪。故《易》稱餘慶餘殃，《書》戒惠逆影響。先王所以利民，其術至已。

自秦氏以力征得天下，踵其後者，率小役大，弱飼强。强横之氣充塞，而聖哲與奸宄同流轉於氣數之中，或且理不勝氣，善者不必福，而不善者不必抵於禍。於是浮屠氏者，乃乘其間而爲輪回因果之説。其説雖積惡之人，立悔則有莫大之善，其不悛者，雖死而有莫酷之刑。民樂懺悔之易，而痛其不經見之慘虐，故懼而改行，十四五焉。今夫水無不下也，而趵突泉激而上升，火無不然也，而鹽井遇物不焚，燭至則滅，彼其變也。戾氣感而祥降，順氣感而災生，亦其變也。君子之言福善禍淫，猶稱水下火然也，道其常者而已。常者既立，雖有百變，不足以窮吾之説。是故從乎天下之通理言之，則吾儒之言不敝而浮屠爲妄；從乎後世之事變人心言之，則浮屠警世之功，與吾儒略同，亦未可厚貶而概以不然屏之者也。

河間紀文達公，博覽强識，百家之書，靡不辨其原而竟其歸。所著《閲微草堂筆記》五種，考獻徵文，搜神志怪，衆態畢具。其大旨歸於勸善懲惡，崇中國聖人流傳之至論，亦不廢佛氏之説。取愚民易入者，委曲剖晰以聳其聽，海以内幾家置一編矣。宛平徐春泉大令，好之尤篤，擇其彌精而足以警世者，别録一帙，名曰《紀氏嘉言》，其無關於勸懲者，則皆闌而不入。梓人畢役，以授國藩讀焉。世風日漓，無欲而爲善，無畏而不爲不善者，不可得已。苟有術焉，可以驅民於醇樸而稍遏其無等之欲，豈非士大夫有世教之責者事哉？今余盜食天禄，曾不能絲毫補救於斯世斯民，觀徐君之汲汲於此，其使余增愧也。

金殿珊先生六十壽序

往余讀韓退之《符讀書城南》詩，私怪彼不以聖賢之道教子，而誘之以公卿禄位，何其陋也。既伏思之，古今之所以設科取士，何爲也哉？豈不欲得明先王忠孝之道而力行之者，與之共天位乎？道莫備於群經，故漢、唐重明經之選，而明及我朝皆以經義試士，操其文以券其行，庶幾忠孝之彦之或出乎此。是上之人法固未嘗不良，而意固未嘗不美。即爲人父母者，冀其子以文行上達於朝廷，斯亦天理人情之至。然則退之之志，其亦未可深譏矣。

世衰而俗敝，應舉者不揆君公求士之本義，苟以獵取浮榮，少壯而違父母之養，窮老而不歸，眈眈於王畿勢要之場。未仕則發憤忘家，既仕則迎妻子與共安樂，而父母以衰晚之年，與子婦幼孫曠隔，音書闊疏，享封誥之虛名，受枯寂寒飢之實禍，雖疾病厄苦，不忍告聞以恐其子。而爲子者冥然不以介懷，方藉口於趙苞賊母、温嶠絶裾之義。夫彼既恝棄其親，尚何有於君國？本先撥矣，國家亦安貴此喪失良知之人，而歲舉數千百輩以糜無窮之禄糈哉？故吾嘗曰：朝廷以忠孝求士未爲失，而士之應之大相悖也；父母以仕宦望子未爲失，而子之於親大相悖也。噫！此豈細故也哉？

吾鄉金殿珊先生，官翰林十載，宦況絶迫隘，力貧節用，歲寄少資以佐甘旨。既奉父諱，哀毁滅性。服闋矣，依母徐太恭人，不復欲仕。久之，嗣君可亭侍講舉於鄉，徐太恭人强先生攜子北上，乃襆被獨行。留賢配楊恭人養姑維謹。道光戊戌，可亭以第二人及第，先生曰：「兒輩幸有立，吾親老矣。」即告養歸，與其弟承歡左右，晷刻不離。於戲！先生其可謂無負朝廷之求，無忝父母之所期者矣。

歲丁未，爲先生六十壽辰。先歲，可亭以陝甘學使任滿受代，乃書告國藩曰：「僕將以瓜代之際，乞假省親，幸蒙天子錫類之恩，得捧誥軸歸獻堂上。吾父母誕辰，洗爵上壽。子若叙述吾意，使吾親歡娱而盡醑，既莫大焉！」又別紙述先生官侍御，直聲震世，家居，訓課生徒，周恤族黨，恭人歉歲購婢賑窮，豐歲擇配遣之諸善行甚悉。余都不具論，獨著其拳拳愛親之意，俾可亭守此而不失，使吾鄉後進應舉之士，知舍此則悖乎朝廷之本義，雖得之不足爲榮，庶以救末俗之偷。而國藩守官八年，不克歸侍晨昏，又以誌余之抱慚而不能自克也。先生及恭人聞之，儻肯盡一觴乎？

隨州李君墓表

道光二十六年某月，隨州李君年八十四考終於里第。其兄之子户部主事樹人聞赴京師，將去官持喪。余往弔，語之曰：「於古，期功之喪，仕者去職，緦之喪，士不得應舉。今子之歸，禮也。」樹人曰：「豈以爲禮？致吾哀爾！」且泣曰：「叔父葬有日，既埋石幽宫，維墓道當別立碣，將揭其行義以視來者，敬以屬先生。」則爲余縷述一一甚詳。樹人事予甚敬，又以禮請，余其可辭？

惟君受性剛介，於事無所不敢。凡所力任，必自於公，或私於己，豪毛不以措意。人所愈憚，當之愈勇。嘉慶初，川、楚教匪蜂起，漢、沔、荆、襄，蹂躪殆遍。隨州之西有環潭者，巨鎮也。賊將大掠而窟之。君戒鎮家出一人，負薪一束，執長竿，籠一炬，臨水雁列，竟夕焚薪，火光亘六七里，賊不敢渡，隨以不陷。近村有田，久没於水，吏責賦於比鄰，民絶苦之。君遍哀諸司，乞蠲無田之賦，竟以得請。其他施於鄉者稱是。是故邑有舉也，非其倡不興，里有争也，非其解不息。其貴盛也，人皆稱願之；其疾，皆奔視；其没也，哭之皆哀云。

李氏世居隨州，家微也，君少與其兄某

發憤力學。自度終無以大其門，乃去爲賈，累致千金，一以資兄宦學不問。久之，乃爲兄納金縣官，得除爲丞，稍遷至雲南嵩明州知州。而君亦以武學生入資爲都司。於是諸子翩翩，文學仕進，寖昌大矣。君諱某，字某。曾祖某，祖某，皆不仕。考某以嵩明君貴，誥封奉直大夫。子二人，長某，以嵩明君得子遲，與爲嗣，後遂不還。次某。孫某，某。自嵩明君之没二十年，君撫諸孤，恩勤備至。樹人之官京師，君一資之，如資其兄。其視兄子，不知其非己子；其視己子，不知其非兄之子也。

嗚呼！自衆人論之，彼施於鄉者博矣；自知道者觀之，獨其施於家者不可能耳。不可能也，則亦不可朽也。

送江小帆同年視學湖北序

今天下郡縣牧民之吏，大抵以刑强齊之耳。任蚩蚩者自爲啄息，喜怒一不顧問，至其犯法，小者桎梏，大者棄市。豪强者漏網，弱者糜爛，苟以掩耳目而止。原國家所以立法之意，豈爾爾哉？蓋亦欲守土者日教民以孝弟仁義之經，不率而後刑之。其率教而有文者，則以進於學使者而登之庠序。既登之矣，則以授於校官而常飭之。故古者飲射讀法，在今日則守令之職。而今之學政也者，不過因文藝以別群士之優劣，因士之優劣以知守令教民之勤惰。故巡撫者，天子所使以察守土者養民之善與否也；學政者，天子所使以察守土者教民之善與否也。

承平既久，法意寖失，郡縣有司不知三物爲何事，而教民之任，獨以責之學政與校官。而所謂校官者，類多衰疾晚暮之徒，其禄不足自贍，往往與學宫弟子争錐刀之末，不特不克助宣教化，或轉餂言以蔽學政之耳目。彼學政者，孤懸客寄於一行省之中，守土者皆貌敬而神拒之，日儦精於文字，而角機智於千百詭弊之場，而欲以餘力教民以仁義孝弟之經，其不亦難矣哉？

然則如之何而可？弊之除也，先其甚者，利之興也，先其易者，其可矣。自功利之説中於膏肓，學者求速化之方，束髮而敝精於制藝，窮老而不休。六經至不能舉其篇目，何有於他書？今欲稍返積習，莫若使之姑置制藝而從事經史，獎一二博通之士以風其餘。於覆名扃試之外，别求旁搜廣採之術。凡郡縣莫不有書院，大率廪給其才者，而絀其不能者，名曰膏火，所以濟學校之不及也。學政下車之始，則牒各縣令曰：「明年吾視某縣學，當以某經試士，能背誦否，某史試士，能言否。其爲我播告偏隅，咸使知之。」牒校官曰：「吾按臨之始，每縣當選諸生廿人説書，有不至，惟女罰。」及其按郡，招諸生來前，果使背誦某經，説某史某卷大指。能誦説者，予以書院之廪資，尤能者倍之、三之，尤能者牒送省會之書院，亦倍其廪資。其不能者，廪生削其餼，附生懲辱之。每縣試以三四人，則餘者懼矣。自六經外，如《史》、《漢》、《莊》、《騷》、《説文》、《水經》、《文選》、宋五子及杜、韓、歐、蘇、曾、王專集之屬，每縣使習一部焉。歲試使習者，科試則易之。覆名試以制藝，以彰朝廷之公令，面試説書，以鳴使者之私好。二者並行而不悖，皆善矣，則拔而貢之成均。使彼邦之人，曉然知吾好博通之才，庶幾由文以溯本，舉一以勸百。然後孝弟仁義之教，可以漸而興也。乘傳所經之地，有書院焉，則入而詔諸生以大義。彼邦有搢紳多聞者，則禮而薦之，爲郡縣書院之長。於是其亦可以樹之風聲矣。

同年友江君小帆之視湖北學也，所以講求職思者甚備。余乃別思一搜採之術，無啓弊之竇，而有補教之旌者，於是以戔戔之説進焉。

陳岱雲太守爲母生日讌集賓僚詩序

《易》曰：「雷出地奮，先王以作樂崇德。」蓋古者每有艱大阸塞，聖人窮力畢精，削除荒纇，人心夷悦，而後作樂以宣幽滯。譬若春雷奮發，而秋冬之沉痼蔽塞於地中，固已久矣。故曰患難所以開聖，憂勞所以興國，古之通義也。至夫賢達之起，卿大夫之家，莫不以然。其初類有非常之撼頓，顛蹶戰兢，僅而得全。疢疾生其德術，荼蘖堅其筋骨，是故安而思危，樂而不荒，如彼其自克也，豈偶然哉！

茶陵陳岱雲太守，成童而喪父，事無鉅細，壹操於母劉太恭人。家故微也，又多奇閔，藥醫不絶於室，期功之喪不絶於門。褫無縷、盎無儲者，數數然也。方太守就傳於外，天盛寒，家惟二衾，一實以棉，一單衾耳。太恭人不忍子以寠凍爲人所詬，強以棉衾予太守，而自以單衾擁二幼子。太守不忍母寒而己獨温，則虚衾而終不御，太恭人亦終不以酷窮而令子廢學。居無何，太守以進士通籍爲翰林，而家之艱於謀食如故，而太恭人之勤約自刻亦如故。

道光二十四五年，天子以海氛初靖，亟思振興吏治，以修内而攘外，特簡近臣以守要郡。乙巳仲冬，太守用是有吉安之命。明年，量移廣信，於是禄入稍豐，寖寖怡裕矣。其年十一月，爲太恭人六十生日，太守開閤觴客，韻以絲竹。本省之僚屬，所部之士民，與他邦之客遊兹土者，凡若干人，爲詩歌上壽者凡若干篇。乃書抵京師，屬國藩序之。夫陽不可盈，樂不可極，故禮主静而樂主反，勝則流矣。太守思前者慈母支持之艱，與今者天子簡用之重，將必有穆然深念者，是則承歡之大者歟！

前海甯州知州長沙李君母黄宜人墓志銘

宜人，善化黄君孝職之子，長沙李君天錫之婦，敕贈奉直大夫熙臣府君之妻，而浙江海甯知州象昺之母也。海甯之爲良吏，楚之賢者與浙東西之士庶，莫不知聞，而海甯君曰：「非吾之能，繄吾母之勖。」宜人之歸李氏，家微也，歲入不足自贍。贈君則奔走以取給，大府之從事，郡縣吏之賓客，裘而往，葛而不歸，朔而寓書，再晦而不達，如是以爲恒。宜人挈鉅省細，壹不假人。督二子入學，晨有責，夕有程，就傅之所需不足，則貨田宅資之。海甯以選拔貢生，廷試爲縣令。每獄成，宜人則詢曰：「毋已冤乎？」族黨有來官所者，則曰：「毋貧乎？」即有平反，而餽飲厚，則宜人喜；即無所平反，或餽飲稍廉，則愠見於色。故海甯之發名樹績，雖贈君亦嘗曰：「宜人之力也。」

海甯以道光戊戌奉贈君之喪歸葬，宜人雖老，習勤不改。又六年，甲辰正月六日，年七十二以卒，即以其年某月日葬某鄉某原。有子二人：長象晟，先十年卒；次即海甯。孫六人，某，某。曾孫二人，某，某。宜人以道光十四年册立孝全皇后恩勅封孺人。卒後一年，皇太后七十萬壽，天子推恩錫類，迺得誥贈宜人。又二年，乃諉余文其幽，將追事焉。

末世稱述列女，好道其奇特者。異則異矣，而難爲式也。方贈君客遊四方，每出，屬曰：「上吾父母，下吾子，以付女。」及宜人侍姑疾三年，無絲毫異志。舅病大漸，贈君自客遠歸，越夕而遭喪，大慟不知所爲，而宜人於附身之具，已夙嚴矣。夫其教子也如彼，而其事親又如此，此殆庸行無足標絶者與？然而難可幾矣。銘曰：

洞庭之南，有賢刺史。龜食筮祥，葬母於此。誰與銘者，漣水曾氏。深刻大書，以詔無止。

適朱氏妹墓志

適朱氏妹，吾父之第三女子也。幼而病痾，父母恐不賓于婿，特慎許人。年二十二矣，友人某告余曰：「聞若爲女弟擇所歸，有朱氏子咏春，願而敦，訥而慈愛。必得佳婿，莫良此子。」國藩卜之，吉，請於父母而嫁與之，道光十九年十月也。是歲，國藩以初廁詞臣，乞假家居，而朱氏之諸昆亦適有舉於鄉者。兩家父母、大父母各無恙，里人頗稱門祚之盛。親迎之夕，姻婭族黨會者數百人。越三日，内無長幼，皆以爲賢，外無戚疏，皆以爲祥。比及反馬之期，則舅姑之所職者，悉以委決新婦。妹故明慧，粗解書數，條分件布，咸有節文。由是遠近謂朱氏有賢幹婦矣。二十六年丙午，以産難卒，凡春秋二十有九，室於朱者八載。有子一人，某。即於九月某甲子葬於某縣某里某山。

吾姊妹四人，季者早殤，二長者並窮約不得怡，獨朱氏妹所處稍裕，而少遘痼疾，又離娩厄以死，何命之不淑也！妹卒以八月晦日，不踰月而吾祖母棄養。國藩竊禄京朝，發一家書而兩遭期功之喪，又何痛也！於是泣識其略，使咏春追埋諸幽，且叙其内外家之系，而聲以銘詩，以宣吾悲。銘曰：

有女曾姓聖爲宗，父班泮水祖辟雍，兩世大夫帝褒封。母江夫人劬且恭，鞠兹惠質艱厥從。嬪朱其先國比莒，納夫方軌轡如組。君舅鎮湘鄉所舉，銘者母兄滌生父，濫靡朝官無寸補。

滿妹碑志

滿妹，吾父之第四女子也。吾父生子男女凡九人，妹班在末，家中人稱之滿妹，取盈數也。生而善謔，旁出捷警，❶諸昆弟姊妹並坐，雖黠者不能相勝。然歸於端静，笑罕至矧。道光十九年正月晦日，以痘殤。明日，吾兒子楨第相繼亡。

妹生於世十歲，兒三歲也。即日瘞諸居室之背，高嵋山之麓。吾母傷弱女與冢孫，哭之絶痛。間命諸子曰：「二殤之葬也，無碑以識之。即墳夷級陊，誰復省顧者？」國藩敬諾。亡何，縶官於朝。公有執，私有濡，久不得卒事。越八年而適朱氏妹徂逝，

❶「警」，原作「讋」，據光緒本改。

以其新悲，觸其夙疚，愴然不自知何以爲人也。於是粗述一二，遺家人植石墓北，且綴之辭，使有垂焉。銘曰：

去家不能三百武，二殤相依宅兹土。狐兔安敢侮！

曾文正公文集卷二

君子慎獨論 道光丁未　大考

嘗謂獨也者，君子與小人共焉者也。小人以其爲獨，而生一念之妄，積妄生肆，而欺人之事成。君子懍其爲獨，而生一念之誠，積誠爲慎，而自慊之功密。其間離合幾微之端，可得而論矣。

蓋《大學》自格致以後，前言往行既資其擴充，日用細故亦深其閱歷。心之際乎事者，已能剖晰乎公私；心之麗於理者，又足精研其得失。則夫善之當爲，不善之宜去，早晝然其灼見矣。而彼小人者，乃不能實其所見而行其所知。於是一善當前，幸人之莫我察也，則趨焉而不決；一不善當前，幸人之莫或伺也，則去之而不力。幽獨之中，情僞斯出，所謂「欺」也。惟夫君子者，懼一善之不力，則冥冥者有墮行；一不善之不去，則涓涓者無已時。屋漏而懍如帝天，方寸而堅如金石，獨知之地，慎之又慎。此聖經之要領，而後賢所切究者也。

自世儒以格致爲外求，而專力於知善知惡，則慎獨之旨晦。自世儒以獨體爲内照，而反昧乎即事即理，則慎獨之旨愈晦。要之，明宜先乎誠，非格致則慎亦失當；心必麗於實，非事物則獨將失守。此入德之方，不可不辨者也。

原才

風俗之厚薄，奚自乎？自乎一二人之心之所嚮而已。民之生，庸弱者戢戢皆是也，有一二賢且智者，則衆人君之而受命焉，尤智者所君尤衆焉。此一二人者之心向義，則衆人與之赴義；一二人者之心向利，則衆人與之赴利。衆人所趨，勢之所歸，雖有大力，莫之敢逆。故曰：撓萬物者莫疾乎風。風俗之於人之心，始乎微，而終乎不可禦者也。

先王之治天下，使賢者皆當路在勢，其風民也皆以義，故道一而俗同。世教既衰，所謂一二人者不盡在位，彼其心之所嚮，勢不能不騰爲口説而播爲聲氣，而衆人者，勢不能不聽命而蒸爲習尚。於是乎徒黨蔚起，而一時之人才出焉。有以仁義倡者，其徒黨亦死仁義而不顧；有以功利倡者，其徒黨亦死功利而不返。水流溼，火就燥，無感不讎，所從來久矣。

今之君子之在勢者，輒曰「天下無才」。彼自尸於高明之地，不克以己之所嚮轉移習俗，而陶鑄一世之人，而翻謝曰「無才」。謂之不誣，可乎否也？十室之邑，有好義之士，其智足以移十人者，必能拔十人中之尤者而材之，其智足以移百人者，必能拔百人中之尤者而材之。然則轉移習俗而陶鑄一世之人，非特處高明之地者然也，凡一命以上，皆與有責焉者也。有國家者，得吾説而存之，則將慎擇與共天位之人。士大夫得吾説而存之，則將惴惴乎謹其心之所嚮，恐一不當而壞風俗，而賊人才。循是爲之，數十年之後，萬有一收其效者乎？非所逆睹已。

唐鏡海先生七十生日同人寄懷詩序

善化唐太常先生，以道光丙午致仕還湘，明年年七十矣，五月七日，寔初度之辰。六安吴君廷棟始爲寄懷詩，略寓詩人「戩穀」、「俾臧」之義。既而師宗竇君垿及某君、某君皆踵爲之，凡得詩若干首。大抵惜繼見之不可常，頌長者之多祉。先生之姊子黄君兆麟與其弟倬，命國藩爲之序。

竊嘗觀古之君子，其載德而荷道者，必有人焉，帥而掖之，而後後者有所階而進；必有人焉，輔而翼之，而後前者有所託而傳。水非水而不續，人非人而不承。蓋桐鄉張考夫先生之興，則有淩渝安、何商隱、沈石長諸子爲之附；太倉陸道威先生之起，則有盛聖傳、陳確庵、江藥園諸子爲之與。二先生之爲道，至寂寞也，而諸子者相從於太羹元音之際，殆於遁世不見稱而無怨，彼各有其志爾。

唐先生之内召爲太常卿也，以道光庚子僦屋於内城之西南，分聽事四之一爲讀書之室，袤得周尺之步，廣半步耳。自國藩之修候，或月一至，或再三至，未嘗不見先生手一編，危坐其中，它人見者亦然。此所謂寂寞者非邪？民之情，好聲利而惡澹泊，淺者趨死禄仕，深者博文多藝，獵取浮譽，亦足以降其好勝之私。先生爲外吏二十年，蕭然無資積以自存，既當世之所謂迂闊；而其爲學也，又惟自治其身心之急，或不沾沾於文藝之短長。以故士之騖才技而競聲稱者，亦罕過而勤焉。而吴、竇諸君子獨相尋於澹泊，究道而考德，夙參而莫造。

既其違離，而作爲詩歌，以抒懷想，斯豈曩者淩渝安、何商隱及沈、盛、陳、江之疇邪？何其篤也！

自明代以來，年齒至五十以上，則人多爲詩以祝之，諛媚殆於亡等。又有所謂壽序者，余昔書歸有光文集，已痛詆其陋，其他則又不足譏。今諸君子既舍聲利而別有所尚，而其爲詩又約旨斂辭，頌無溢量，豈不本末并茂，不與人人同科者哉？於是畢讀而序之。世有達於文體之君子，庶終覽焉。

黄矩卿師之父母壽序

國家歲值大慶，必推恩群下，褒及所生，而吾師昆明少司馬黄公，以乙巳覃恩得封我太公通奉大夫、太母太夫人。越二年丁未，太公壽八十，太母亦七十有四。是歲春初，天子以海内清晏，太和翔洽，必有人瑞以潤色休嘉，詔問一二品大臣有親年八十以上者，有司以聞。於是協揆濰縣陳公、司馬江寧何公、倉場侍郎新城陳公之母，司空濱州杜公之父及吾師之父母，並以遐齡，上徹天聽，賚勞有差。其三月，爲太公攬揆之辰，黄公稱觴京邸，以揚家慶而銘君恩。門下士相與言曰：「陳、何諸公僅有母，杜公僅有父，因其所慶，或觸所恤。獨吾師以名儒位九列，而二親大年，賓敬不衰，計德度祉，當世無雙。吾輩宜以文紀其盛，且遥致私忱於太公，若鞠䐣奉斝者。」乃以諉國藩。

國藩伏思，自宋景濂以壽文入集，厥後踵爲之者，大抵甄叙行能，終以諛頌，雖以歸有光、方苞之博通，不能洗此陋習。夫無故而叙述人之生平事蹟，與無故而貢人以譽，二者皆達於文者之所譏也。惟因事而致其敬，相與爲辭以示不忘，❶則古多有之。其爲辭也，貴約而韻，質而不蔓，君子尚焉。

吾師自總角以逮服官，壹秉庭訓。其初入學，則督之以討源之功，先本而後華。及視學四川，無日不面戒之，弊孔之難塞、士之十拔而虞一失。官京朝，無時不寓書而申儆之，富貴之靡常，職思之不可須臾隕。故吾師仕卿貳而不驕，年五十而恂恂有弟子之色，未始非庭闈警敕之所致也。今太公、太母巋然爲天下大老，親見其子爲聖主所畀，道德文章，冠冕人倫，其娱樂蓋可度而知。而吾輩出門下者，獨摭其教子之大節爲之祝詞，以託於因事致敬之義，此固吾師所深願，諒亦太公所許而不甚斁者已。於是及門各獻祝辭，而國藩爲之唱，且爲序之。詩曰：

我皇膺運，膏流滂溥。誕降醇耆，龐眉俣俣。實育公孤，陳何與杜。維我黄公，有恃有怙。怙也園、綺，恃則孟、桓。帝褒厥德，天露有溥。春回南詔，日永長安。仙醖三爵，僚寀同歡。

文小南之父七十生日壽詩序

道光二十有七年五月上旬，爲衡山荻堂文先生七十生日。嗣君小南以農部入贊樞垣，先二歲迎養京師，至期將觴賓於邸第，以博堂上一日之歡。於是鄉之人官輦下者，各爲詩篇，以致頌禱。奚斯歌魯，麥

❶「不忘」下，傳忠鈔本原有「若魯侯作閟宫，奚斯有頌；晉獻文子成室，張老有禱。施之少者，有冠禮三加之辭；施之老者，有祝鯁祝噎之辭」四十二字，爲底本編者删去，蓋因與《何母廖夫人八十生日詩序》重見。

邱獻齊，幼之祝長與下之祝上，其誼一也。既成册，以授國藩而屬序焉。

竊嘗維人之所以久視於世，大端有二：一者所踐甚厚，居能移氣，《傳》所稱「取精多，用物宏」，亦自足延歷歲年，彼得之天焉者也；一者履孝蹈友，至行純備，其精力不使敝於亡等之欲，其恵氣所迓，亦自以貞於永久，此古守身之君子所從事者也。外是二者，則滔滔凡民，天下皆是。貿焉以生，懵焉以長，積日既多，亦不得不謂之修齡，要之無譏焉耳。

先生總角孤露，公私赤立，非自營不得晏食，非自憤不得就學。其所踐之不厚，而不克一日爲貿焉以生之凡民，亦可知矣。先生茹艱漬苦，痛繩於學。奉母之教，事有命雖大不濡，過有敕雖細不貳。既而餼於學官，貢於成均。母王太宜人每告人曰：「吾寡居四十年，所堪報地下者，有子克家耳。」方贈君琴臺翁之棄養，先生甫四歲，有弟二齡耳。先生既績學發名，而弟鬱悒不得伸，又以脱略損資産。及其逝也，先生盡償其責，恤其嫠，而再以己子嗣焉。由此觀之，所謂履孝蹈友、至行純備者非邪？《洪範》曰：「不協於極，不罹於咎。皇則受之，曰予攸好德，女則錫之福。」如先生之孝友純備，豈直不協吉、不罹咎之謂哉？殆所稱好德而宜錫以福者矣。然則先生迪嘉離祉，而小南之食報無涯，又何疑哉？

國藩固亦凡民之貿焉生、懵焉長者，因緣際遇，忽不自知所踐之已厚。塵埃擾擾，敝精從欲，每覩先生之容，未嘗不内恧而興企也。故於鄉人之爲祝詩，輒爲推明致此之由，又以卜方來享年之未有屆。爲序其略如此，亦別爲詩以附於後。詩曰：

昔我婦翁，衡之歐陽。屢道先生，宜表宜坊。我來日下，實交哲嗣。修謁長者，淵乎玉粹。强圉之歲，星煥南弧。下爛蘭卮，朗映中樞。大斗分頒，衆賓醉止。各摛祝辭，用介繁祉。

何母廖夫人八十生日詩序

道光二十有七年六月上旬，吾鄉道州何母廖夫人八十生辰，宮太保文安公之良配也。先期，鄉之人語國藩曰：「子夙陋明季文士遇人生日，輒以諛詞相溷，爲不達於屬文之律，既聞其説矣。竊聞古者因事致敬，則相與爲辭，以篤不忘。魯侯作閟宮，奚斯有頌；晉獻文子成室，張老有禱。施之少者，有冠禮三加之辭；施之老者，有祝鯁祝噎之誼。及敦彝款識，亦往往祈以永命萬年。蓋前以表德音，後以勑方來，詩人之教也。今太和翔洽，人瑞蕃臻，而夫人以淳樸之德，克享遐齡，鄉之人相與作爲祝辭，託諸因事致敬之義，不亦可乎？」國藩曰：「其可。雖然，君子於其所尊敬，不敢爲溢量之語。故詩人『戩穀』、『俾臧』諸篇，其稱之也質，其祈願也無奢。今吾人欲託兹義，則摛辭之斂侈，可勿審諸？」

蓋夫人之歸何氏，家微也。文安公陋巷孤貧，貿力以食，晝而授徒，宵而自繩於學。春而出，長至而不歸，家中有無，壹委夫人。夫人綴畸緝斷，公私井井，厚其親以及其所愛，無或不豐，堅忍其身以及其子，無或不嗇。嘗孿生二子，越三日而襁兒出汲，即子貞編修與其仲弟也。又嘗負兒入山採薪，竹萌拂左目，迄亦廢視。艱窮之境，殆非人履。而夫人泰然，無不自得。迨文安公及第，以命服迎之入都，而守約帥初不變。既而公位尚書，天子倚如柱石，屢司文柄，門下士且盈千。編修昆季先後列甲乙科，諸孫蔚然興矣。而夫人卒帥初不變，非布衣不御，非粗糲不甘。蓋余得之見聞者如此。

夫稱述艱難，以慰膺者而飭無窮，君子之義也。貢人以諛而長溢志，亦非君子所宜出也。以文安公創業之劬，而夫人承之之不易，推察受福離祉之由，亦豈惟型吾鄉哉？雖風天下可矣。然則撰擬祝詩，附諸古義，以博長者之娱，而與編修昆季相劭勉者，宜在於此，不得在彼。於是鄉之人各賦一詩，別繕爲册，而國藩和之，且次其語而爲之叙。詩曰：

九疑南奥，有濂一溪。在宋嘉祐，大賢所栖。閟祀七百，閎儒纘烈。光輔聖清，爲天喉舌。雖是閎儒，遭家未肥。舒屯倚困，爰有淑妃。宛宛女宗，亦班亦姑。百櫱在嘗，曰甘如蜜。台星雖閟，婺女孔明。暉澤四濩，宜曜宜康。亦有似君，三館之特。開閤觴賓，以聲母德。有酒如池，有羞孔時。四筵盡醻，各補笙詩。

黎樾喬之兄六十壽序

國家歲逢大慶，嘉與臣下，既褒揚其所生，又令私其尤戚者，得推己所宜膺之封以貤封之，所以廣仁播誼，至無已也。

道光二十五年，皇太后七十萬壽，天子大孝錫類，凡一命以上，無不得曲展私親。吾鄉黎樾喬侍御，既榮其先人，因謝己所宜膺者，貤封其伯兄梅村先生爲中憲大夫，兄嫂爲恭人。明年，函錦軸齎至其家。又明年，梅村君六十生日，侍御謀所以篤兄歡者，乃放蘇氏兄弟以詩相壽之義，自爲一篇，以寓祈禱，又丐鄉人之老於文者，各賦一章，爲老人光悦。既繕册，以授國藩，而命序焉，且言曰：「吾兄天性樸誠，少依王父，嫻篤幼儀。王父棄養，雖丱也，哀毁如成人。及事二親，雖老也，愛慕如嬰兒。親有所欲，不以貧而不致。諸弟有所求，不以瑣而不諆。與人無賢愚，一飲以和。里有争搆，一諭以理。初若難釋，徐亦枝開節解，怗然各退。故自家之子姓，鄉鄰之衆寡，無不沐其誠，服其直，所之亦之焉，有役則趨焉。吾嫂陳恭人，祇順劬恭，群女師慕。」蓋侍御爲余述者如此。

近世以來，士大夫相與爲縣遁之言。縣遁者，設與之論東方，則泛稱西事以應之，又變而之北，或變而之南。將東矣，則詭辭以遁之，虚縣其語，而四無所薄，終不使其機牙一相抵觸。友朋會合，咨寒而問暄，同唯而共諾，漠然不能相仁。臣下入告，則擇其進無所拂、退無所傷者言之，一有不安，終不敢言。一時率爲孤縣善遁之習，背怨向利，所從來深已。往者辛丑、壬寅之際，海國不恬，侍御日夜憂維，傾智倒慮，思效片語以補萬一。國藩頗感其誠，又嘉其直。今即侍御所稱梅村君者觀之，以里巷雀鼠之小怨，無關於己之端，且竭誠以行直道如此，況於身有言責而目擊艱大者乎？

昔司馬相如讓巴蜀之民不能急公冒義，而歸咎於父兄之教不先，然則侍御慷慨樸質之風，亦可知其所自來矣。君之仁於鄉者如彼，教其弟子以施於邦國者又如此，其造福於物，蓋未有量，豈論區區一身之康强久視者哉？余善侍御之壽其兄有道，既推明其所以，而因以旁及乎薄俗之不可常，使覽者有警焉。

錢塘丁烈婦墓表

道光二十有七年十月，錢塘丁士元圖其五世祖妣烈婦周安人之墓道，又譜其世系，述其節行，踵吾門而告曰：「士元之五世祖妣李氏，《南疆繹史》曾以掇之《列女傳》者也，實以順治初殉難，今二百載矣。維塋域有下窆之石，不克宣刻事蹟，暴諸道路，懼終將晦湮，且無以興勅世世子孫。先生天下之夙於文，如不余屏，請爲文揚之墓，是寵施吾族而厚吾先世以不朽也。」國藩禮辭不獲，則謹次丁氏之系、烈婦之畸行，與聖朝旌顯幽微之義，有顛有委，以激懦者。其語曰：

丁氏之別子居山陰者曰際龍，世農也。其玄孫曰瑞南，始爲賈杭州，是爲烈婦之夫。烈婦生而篤孝，其母患心痛絕急，或稱海上方，指血和藥可立已。烈婦則盡刺十指，劑血以進，病良已。瑞南既貿遷於杭，家中有無，壹仰烈婦。裁冗而緝匱，嬴事而縮食，秩如也。順治三年，我大清兵下紹興，土賊乘間四出焚掠。烈婦挈二子奔竄，賊數規之。烈婦度終不得脱，乃以二子付族屬之老成者，曰：「以累若，襁歸兒父，吾不可爲賊辱！」遂自投水。賊追救之，不殊，凡三溺乃絶，年二十有三歲。

瑞南在杭，聞難奔焉，三日矣，尸不腐，蚊蚋不集。其卒以六月四日，天盛暑也。瑞南悼妻之義死，痛土賊之獸心，曰：「孰不可居？又奚爲於故里？」遂占籍杭州。前烈婦所挈竄之二子，長曰聘賢，季曰茂卿，至是茂卿始爲錢塘人矣。

其後百有數載，至乾隆十四年，孫可學上其事於朝，乃蒙恩予旌表。又數載，以可學官某官，贈烈婦爲安人。又九十載，至道光二十五年，烈婦之裔孫士元以進士入翰林，丁氏寖寖昌大矣。

維明季之亂，匹夫匹婦蹈死如歸者，所在多有，而食禄者往往濡忍不決，或偷活無幾時，旋亦周章就斃。等死也，血氣之軀，非必久長不敝之物也，彼獨須臾不審耳。人固有斷不可不慎之須臾，如烈婦之光顯，豈須臾也哉？亦且長久焉爾！

廣東嘉應州知州劉君事狀

曾祖永昌，皇贈武功將軍。祖開泰，康熙甲午科舉人，皇贈武功將軍。父文燦，雍正甲辰科武進士，山東兗沂鎮總兵。君諱廷楠，字讓木，河間獻縣人，縣學廩生。乾隆四十五年舉於鄉，五十二年丁未，成進士。時大學士和珅當國，有中貴人與君同里同姓，來告曰：「相國知子，欲一燕見。能往，吾導子，詞曹可致也。」君謝不能，卒以知縣歸班候選。

嘉慶二年謁選，得廣東信宜縣，明年之官。五年攝惠州河源縣事。河源藍阿和、博羅陳爛屐四、永安曾鬼六，聚徒煽亂，君至縣三月，即擒阿和。且請於惠州知府伊秉綬及總督吉慶曰：「陳、曾不靖，時日久矣。今阿和就擒，剪其左翼。賊所負恃，以羅浮山爲窟耳，若裹糧入山，窮力四捕，陳、曾可弋也。」不聽，後二年，遂有陳爛屐四、曾鬼六之亂。總督飲酖死，知府擬遣戍，而君以前請得不坐。

六年，量移潮州揭陽縣。揭亦劇邑也，莠民何阿常、李阿七倡爲天地會，聯八十餘鄉，分爲兩股，各二萬人。君單騎赴賊中，以編查保甲爲名，暗圖其山川形勢、出入門户。夜宿賊巢，示以不疑。八年正月二日，率兵討阿常。賊徒七千人，屯於赤巖頭，我兵裁五百，去賊五里而營。夜聞吹螺四面，衆譁曰：「賊至矣！」君令曰：「敢動者死！」於弇中設子母礮，佐以鳥鎗，近則發擊之。翳人與火，闃無聲影，賊不知虛實，竟引去。旦日，率所部登山，適會他軍亦至，乘勝追奔，焚賊三巢，阿常投首。阿七聞之，益糾餘孽，謀再舉。君從健卒六十餘人，四晝夜馳行九百里，追及長樂，擒之。其年八月，又擒海盜姚阿麻。於是有送部引見之命矣。

大抵嶺以南物産蕃阜，風氣殊於中土。諸洋互市，瑰貨日至，奸民逐利，起徒手至百萬者，往往而有。奇技妖物，旁出不窮。乾、嘉之間，淫侈亡等矣。猶有不逞之徒，乃爲盜賊以自恣，小者劫奪，大者叛亂，窮則入海亡命。爲吏者莫敢誰何，苟以諱飾偷安，群盜無憚，日以充斥。故君官廣東，所至以緝捕爲先，而大吏亦倚君如左右手。引見之命既下，大吏以捕務孔棘，留不得行。又二歲，剿獲潮陽鄭阿明、陸豐李崇玉，乃行。阿明會匪衆，號四萬人，崇玉海盜，號二萬也。入見，以功升知州，歸。復任揭陽。

十四年，徙知南海縣。是時兩廣總督百公齡治尚威猛，懲刈奸宄，夜半召君入密室，告曰：「吾欲有所縛，子能之乎？」君曰：「何也？」百公曰：「洋商吴阿三。」阿三者，大猾，資積巨萬，多干國紀。君歸，寅夜部勒胥役，不告所之，曰：「從余行。余曰取，取之，曰斬，斬之。」至，破門擒阿三。比還署，關説者數輩，賂金三萬。至鷄鳴，增五萬，平明十萬。不可，卒致阿三於法。張保之寇海也，自嘉慶初年始也。後與其黨郭學顯内噬，學顯來降，保亦思歸義，首鼠進退。百公欲遣使納降，君請行。百公曰：「多與爾衛。」辭曰：「彼真降，使者無害，其僞也，雖衛何益？」從二僕，棹小舟，徑至海口。賊數百艘，交刃成列。保出，衆叱曰：「跪吾王！」曰：「吾天子命吏，豈屈若曹？且編民之不得，何王也？」即睨保曰：「吾以女爲海上豪傑，乃效匹夫怒目恐人！劉某畏死者，不來此矣！」保立起揖君，即屏左右。因語之曰：「十年來，粵中巨寇若藍阿和、何阿常、鄭阿明之屬，海盜若姚阿麻、李崇玉，今有存焉者乎？」保默然，曰：「亡有。然今且奈何？崇玉以殺掠平民之故，尚伏天誅。況保縱横海上十餘年，殺二總兵、一參將、三游擊，罪在不逭。今棄衆内首，則魚肉耳。」曰：「汝何慮之淺也？朝廷并包海外，荒類萌生，削逆育順以勸來者，猶懼不繼。若革面自效，不訾之慶也。學顯貸死，有明徵矣。且智莫大於知幾，行莫虧於食言，禍莫酷於殺已降。女視劉某，豈誘人徼功者哉？吉之與凶，在此須臾。」保再拜曰：「謹受教！」乃泣送君歸。七日而張保降。

十九年，補嘉應州知州。嘘枯養瘠，相濡以澤。二十四年，攝廉州知府。簡法阜施，一如嘉應。君子於是知君之爲政，又能視地强弱以時其威愛也。

嘉慶二十五年，年六十八以卒。子六

人：曰鳳翮；曰一士；曰鳳翼；曰書年，今官翰林院編修；曰逢年；曰其年，今官翰林院庶吉士。謹具歷官行義，牒付史館，俾傳循吏者採覽焉。

武會試録序

道光二十有七年秋九月，武會試外圍既畢事，兵部臣以内場考官請，上命臣國藩偕臣王慶雲司其事。伏念臣楚南下士，至陋極愚，仰荷聖慈，逾格由翰林洊陟卿陪，負乘之占，夙夜兢惕。復膺簡命，承乏於兹，益用廪廪，如不克勝。謹偕臣慶雲悉心核閲，取士如額，恭繕試録，進呈御覽。臣例得颺言簡端。

臣聞宋臣張舜民之言曰：「自古守邊選將，未必專以攻戰爲事，要在精神折衝而已。」臣嘗深繹其言，若廉、藺在趙，强秦不敢加兵；魏尚守雲中，匈奴不敢南牧。及夫衛、霍、三明之徒，亦威棱四際，所在立功。彼其名將之精神，足以震慴萬里之外，而人主之求將，亦以精神感而召之，所謂戰勝廟堂者也。自唐、宋以後，招致將才不可必得，乃案圖而索驥。於是有武舉之科，有武學之額，有賜及第出身之目。宋慶、皇間，定武舉以策爲去留，弓馬爲高下。禄利之途一開，爪牙之士稍稍驤首。元、明以來，循是不廢。然上以名求，下之人因襲是名而巧弋之，其以弓馬得者，不過挽强引重，市井之粗材，而以策試中者，亦皆記録章句瑣瑣無用之學。故論者謂人才之興，不盡由於科目，理固然也。

我朝定鼎以來，威燀無外。自虎賁宿衛、八旗禁旅，往往有熊羆不二心之臣，肩比而鱗萃，而各行省山澤猛士，又羅之以科舉，所以儲采干城之選，至周且當。顧循行既久，向之所謂市井挽强、記録無用者，多亦傀乎其中。而臣之所職，又惟校此默寫孫、吴之數行，無由觀其内志外體與其進退翔舞之節，而欲使韜鈐之材之必入於此，不遺於彼，臣誠不敢以自信。獨念聖天子神武震爍，臣等憑藉寵光，亦足增長剛氣，而以精神與多士相感召，庶幾廉、藺、魏尚之輩或出於此。區區之忱，不勝至願。《傳》曰：「同明相照，同氣相求。」雖不能必，志之而已。

送劉君椒雲南歸序戊申

聖人之異於衆人者，安在乎？耳目口鼻，心知百體，皆得其職而已矣。天之生夫人也，耳職聽而目職視，口體職言動，心職思。非所聽而濫焉，非所視而淫焉，於官爲不法。可以視窮者而吾弗能盡焉，可以聽達者而吾弗能盡焉，於官爲不稱。其於口體心思也亦然。不稱者才絀，不法者知而奸之，罪又甚焉。聖人者，不軌不耳，不度不目，其自一室之米鹽，推而極於天下之大，鬼神之幽，離於人倫，殽於萬事。凡視聽所宜晰無不晰，凡言動所宜審無不審，凡心思所宜條理，無不條而理之，使夫一身得職而天地萬物各安其分，以位以育，以效吾之官司，所謂踐形者也。周公之所以爲周公，孔子之所以爲孔子，其不以此也哉？

今之君子之爲學者，吾惑焉。耳無真受，衆耳之所傾亦傾之；目無真悦，衆目之所注亦注之。奸視而回聽，言不道而動不端。無過而非焉者，曹好所在而不之趨焉，則不相賓，異矣。爲考據之説者，曰：古之人，古之人，如此則幾，彼則否。爲詞章之説者，曰：古之人，古之人，如此則幾，彼則否。起一强有力者之手口，群數十百人蟻而附之。朝記而暮誦，課迹而責音，竭己之耳目心思，❶以承奉人之意氣，曾不數紀，風會一變，蕩然澌滅。又將有他説者出，爲群意氣之所會，則又焦神悴力而趨之。鈞是五官百骸也，不踐聖人之形，而逐衆人之好，疲一世以奔命於庸夫之毁譽，竟死而不悔，可謂大愚不靈者也。

漢陽劉君椒雲，湛深而敦厚，非其視不視，非其聽不聽，内志外體，一準於法矣。而所以擴充官骸之用，又將推極知識，博綜百氏，以求竟乎其量。余猶懼其敝身心以役於衆好也，於其別也，書是以貞之。然余固亦頗涉前二説者之流而奔命於衆好之場者，又因以自砭焉。

曹頴生侍御之繼母七十壽序❷

往余讀《後漢書·列女傳》，竊怪范氏自誇體大思精，而不達於修史之義。蓋司馬氏創立紀傳，以爲天地之所以不敝者，獨賴有偉人焉以經緯之，故備載聖君賢相，瑰智瑋材，謂若而人者皆以倫次乾坤，法戒來葉。而范氏乃取數女子廁其間，於經世之旨何與焉？且其所載，如桓、孟之流皆門内庸行，無絶特可驚之迹，抑又不足述。私蓄此疑久矣，既而思之，天下者，合億萬家以成天下者也，一家之中，男職外，女職内，

❶「思」下，傳忠鈔本有「以事無益之域」六字。

❷「七十」，正文作「六十」，當以正文爲準。

其輕重略相等。而女子所處，往往有艱難迫隘，處之曲當，即日用飲食之恒，雖神聖當之，不能越乎其軌。然則婦女有可稱述，固不宜聽其幽隱而不彰，則范氏立篇之意，誠亦不爲無見也。

同年友曹潁生侍御之繼母李太恭人，未笄而歸贈公禹川先生，歸五年而寡處。贈公之仕江西，旅槖如洒。其歿也，責負如山。太恭人盡徹服御，壹償宿逋。既歸櫬，堂上老姑年八十矣，欲以夫喪入告，則重傷姑心，乃詭稱遷官遠郡。外則箴帨侍姑，内則椎胸茹痛。其視侍御兄弟，戒敕而違嚴，逾所生者倍焉，顧望而慰喜，逾自得者倍焉。侍御爲詞臣，無日不厲以本原之學。官諫垣，巡視輦轂，無日不申儆之以君恩之不易，案牘之不可以漫慮。國藩嘗即是求之，豈所謂門内庸行，無絶特可驚者邪？抑艱難迫隘，處之曲當，神聖不能越其軌者邪？

今年春，爲太恭人六十生日，鄉之後進，年家之子，相與作爲祝詩以致祈禱，而命國藩序其端。末世稱誦女史，好道其奇特者，或有刲臂徇身之事，駭人聽覩，而苦節之婦，貞持數十年，冰蘖百端，兢兢細務，反不得與彼激烈者速一日之聲譽。參覩並論，久暫難易，較然可辨。自范氏創立女傳，厥後晉、魏諸史皆踵爲之，率以奇特相勝。苟以新耳目而止，而門内庸行，恭儉劬苦，反或置而不道，使高者慕義而過激，常者無稱而不知勸。而後知范氏之識，猶有見於古聖人正家之大原，而未可深爲譏議也。余既承同人之屬，爲叙述其厓略，而因以明夫至庸至難之道，不事畸異，爲脩史傳列女者訓焉。

楊母張孺人七十壽序

予既與湘潭袁漱六編修爲篤古之交，又申之以婚姻，於是通知其内外戚好與其賢懿長者之行。歲在戊申某月，爲編修之妻之母楊母張孺人七十生日，編修來告，曰：「往予家居，歲時慶燕，則鞠曆捧觴爲尊者壽。今官挂朝籍，而外姑既耄，不克前獻一尊，於心嗛焉。擬爲詩一章，遥展私忱，祝其强飲强食，深長難老，使妻之兄弟歌之，以侑其親。子如韙余，則請爲叙述作詩之意而并致之。」對曰：「敬諾。」

編修遂言曰：「外姑，吾邑張顧堂先生之孫，幼隨祖父汾州同知任。張故巨家也，年二十，歸我外舅武陵楊介亭先生。先生之父雲齋公官邳州知州，外舅姑並侍官所。邳州君之爲政，挈鉅釐細，秋豪必躬，傾身從公。凡私家之務，外焉委之介亭先生，内焉委其賢配劉太宜人，而外姑實贊襄之矣。外姑貫姑之勞，代夫之劬，先衆手而作，後一家而息。飲饌旨甘，非親調不以進，囊筐瑣雜，非手鐍不以告。由是閫署疏戚必是之爲倚，僕婢必是之爲服。邳州君既罷官，家湘潭，旋捐館舍。介亭先生以哀毁得心疾，或旬歲不省人事，而劉太宜人亦以年邁羸弱，不時病作。外姑兩侍湯藥，夙嚴暮戒，既煩且殆。未幾而太宜人棄養，介亭先生亦貞疾不瘳，沉廢二十餘年。外姑飾性篤終，畢慮自支，自藥餌以及諸奇珍產，凡可以衛夫之病，亡所不致，自己身以及子女之耆，凡所以損家之故，亡所不嗇。蓋其行誼之稱於人者，大率類此。」

國藩竊觀世禄之家，習佚崇奢，安坐而

不事事，其端多起於婦人。孺人以張氏之子室於楊氏，張氏屢葉承明，青赤之綬數十，孺人祖父皆爲外吏，叔父經田巡撫貴州，懿田守衢州，慧田官教諭。而楊氏以宰相尚書之後，華轂高蓋，世不絶人。孺人內外名家，履豐薦盛，其勢宜日即驕靡，乃惇謹樸懿，壹法乎貧薄遠慮者之所爲，可謂秉心塞淵，較然拔乎塵滓者也。其膺多福，不亦宜乎？編修之爲是詩，亦頗表其履泰思約之德，而推原其壽康之由，故余爲敘述大凡。亦以忝居婚媾之末，欲使吾家女子，聞此風範，知所效法焉。

荆門州學正郭君墓銘

物有初卑，或嗇其終。有謐於後，而室其躬。陶公之山，潛蟠卌載。雙雛雲興，呿騰滄海。持鐸再徇，當陽、荆門。祁祁學子，如飢授飧。刑獄有箴，扇仁孔永。胡德之遐，光不長炳？八龍岡下，斑竹原中，埋我銘語，載奠幽宮。

錢港舣先生制藝序

自吾有知識以來，見鄉之老成夙學，篤於文律者，恒困頓無以自拔，或終身不得當於行省有司之試，而其所教之子若弟，往往分沾餘技，飛騰速化以去。及吾來京師，究詢四方魁桀特達之士，其先世多亦不遇，始謂「不閎不亨，不詘不信」，理則然矣。既深求其故，抑匪直爾也。

制藝試士既久，陳篇舊句，盜襲相仍，有司者無以發覆而鈎奇，則巧爲命題以困之，乖割乎經文，鉥析乎片語，由是爲文者有鈎聯之法，有補斡之方，有仰逼俯侵之患。名目既繁，科條日密，雖過百人之智，窮十年之力，猶不能洞悉其竅郤。及其徹於心而調於手，而齒已日長，少時英光鋭氣，稍稍衰減矣。而子若弟之濡染焉者，自其未冠，已別開簡易於纖仄曲徑之中，使其才得以自騁。故前者難而因者易，勢固爲之也。

予與烏程錢君崙仙同舉進士，同出江陰季公之門，官詞曹也，同居於僧舍，使蜀中也，先後同持文柄。間出其尊甫港舦先生遺稿示予，又知兩家庭訓，所歷之艱苦曲折，同者十得八九，而不合者蓋寡焉。予之蒙陋，於家大人之學百不承一，即崙仙文鳴一時，視先生之孤詣覃思，要亦不無少遜焉。故叙先生之文而發其例於此，庶使有衡文之責者，知所措意也夫！

曹西垣同年之父母壽序

予自道光乙未以公車應禮部徵，即與同年友曹君西垣相善。時則有若鄭君敦謹、鄒君振杰、金君樹榮、王君永時、鄧君庭楠數輩，皆朝夕聚處，醉飽歡虞，意氣豐盛。明年，各報罷歸去。又二年戊戌，予成進士，假歸一載而後還朝，西垣亦再返再上，不常處京師。然予與西垣未嘗帀歲而不相遇，在京師未嘗五日而不見，見未嘗不深語，未嘗偶有射志也。

夫人情多溺於所同而蔽其所不見，與野人道巖廊纓紱，則茫然而駭，與世禄之子語米鹽艱苦之事，則倦聽而思卧。予與西垣皆貧士也，自先世忠厚之積，田家耕織之劬，閭里歲時問遺之狀，兩家大率相類，故常抵掌稱道，彌瑣細而彌津津焉。西垣之稱其親霽樓先生也，以爲勤無隙休，儉無毛棄。推讓舅弟，却肥而取瘠，教督孫子，多苛而少貰。稱其母柳太孺人也，以爲奉事舅姑，勺水必親嘗，鞠育五子，寸縷必手製。皆與吾父母之行，若合符契，以是西垣於諸同年中尤昵好矣。

竊嘗慨夫世之馳逐於名位者，營營焉而未有已時，予壹不知其指歸謂何。方寸之口，一日之需無幾，七尺之軀，一歲之靡無幾，不必名位而後能給也，而人皆曰「爲榮親計」。夫親之所賴於子者，定省甘旨，疾痛苛癢，請席請衽，亦不必名位而後能給也。求而不得，遠遊遲滯，而父母之年加老焉，至於衰耄，而心思一見其子，而口不言者，往往然也。人坐不察耳。國藩竊祿冒利，去家十年，即西垣羈留京輦，亦越七載於兹。此又吾兩人所每懷内疚，而未敢須臾忘者也。

歲在戊申，西垣以教習宗室子弟期滿，天子用爲縣令，將歸覲其親。適直先生及太孺人六十壽辰，同年鄭、鄒諸君，咸爲詩贈送，而屬國藩序之。予乃追溯夫歷年之交契，因概論事親之道在此不在彼者，以勖西垣安居而弗出，而誌予之愧焉。霽樓先生及柳太孺人聞之，其將陶然而盡一觴也夫？

王静庵同年之母七十壽序

國藩嘗讀《孝經》，竊歎仲尼所稱之孝，與今之爲人子者之從事，則不侔矣。其言自天子以至庶人，其爲道各不同。蓋古者諸侯世國，大夫世家，士之子恒爲士，農之子恒爲農，貴有常尊，賤有定等，是以人各安其分而事其親，而無敢妄干。後世以制科爵人，或布衣旦暮而至公卿，於是人子咸思以禄仕尊其親，而父母亦惟恐其子終身庶人，而亟望其進取。儌幸躁競之徒，皆得藉口於「榮親」之説。此今之言孝與古之道異者，一矣。

經又曰：「立身行道，顯名於後世。」古之所謂名者，有孝悌之實，達乎州巷，播乎上下，稱其内行無虧焉爾。後世輕德術而右文藝，雖有曾、閔之行，不敵帖括之工之馳譽速也。一藝之能，一文之善，至薄也，而國人稱願，父母亦嘉許焉。否則，聞譽不著，父母不忻。此今之言孝與古之道異者，二矣。

居今之日，而悖俗從古，不藉禄與名而悦其親者，雖賢者有所不能。賢者之異於衆人，獨能於禄與名之外，别敦古人之至行，以自力於門以内而已。同年友王君静庵，惇樸而愿懿，自其少時，聞望已傾輩流。既成進士，官水曹，所謂禄與名亦既兼得，而其内行肫焉常若不足。奉母楊太宜人在官，夙問而暮勤，言謦而行惕。每食，母以將子，子以慈母，未嘗不展轉温劭。每寢，未嘗不再三周察。爲予稱太宜人之德，自相夫教子以及娣姒僕婢、澣濯刀匕之微，未嘗纖末而不述。言及贈君東堂先生之遺事，未嘗不嗚噎，語太宜人少歲飢寒黽勉之狀，未嘗不茹喟無窮也。余以是敬之。處今之世，競逐於聲利之場，而其所事壹合乎《孝經》之道，固吾静庵之自厲乎？抑太宜人之敕於子而施於家者，有以軼乎恒俗萬萬矣！

今歲十一月，爲太宜人七十生日，同人

多爲祝詩，屬國藩叙其端。余以素欽静庵之至行，不敢以末義陳長者之前，因慨論夫古今言孝之變以勖静庵，亦以自策於隱微焉。

孫鼎庵先生六十壽序

程子有言：「科舉之學，不患妨功，但患奪志。」蓋學者之始業於制舉之文也，未嘗不稽經辨義，求肖於聖人之言，以得有司之一當。其志猶射者之在鵠，無惡於君子也。其後熏心仕宦，外以印綬饜其心目，内習一切苟得之術，猶挾寸餌以釣巨魚，既得則并其綸竿而棄之。曩時稽經辨義之志，乃大爲纍纍若若者之所奪，此先儒所用爲慨然也。

通州孫鼎庵先生，阜學而績文，其於六經之藴，百氏精義之説，亦既轢其庭而據其席矣。乃屢應舉而不售，十進於省試，五上於春官，僅而得償，一似汲汲於科舉者。及其既得，則絶意仕宦，去之唯恐浼焉。其所求者，正鵠反身之道，而所棄者，紛華溺心之場。是豈非志定不奪之君子，軼於末流萬萬者哉？人之意量，相去什伯千萬，至不齊也。鈞是試於科目也，或争榮一時，偷以攫取富貴，或謀慮深遠，爲積累無窮之計。各蓄所懷，若背馳焉。先生之先人，自高祖以下，兩世成名進士，官中外，各有聲。先生念非發憤特達，則無以趾前美而啓後光，於是既自繩於學，復篤敕其子。先日出而興，後雞鳴而息，寢有誡，食有警，迨甲午歲，與嗣君蘭檢學士同舉於鄉，而刻厲不改。既而學士官詞曹，屢操文柄，門下士以百數，而先生猶不改。又數年，以甲辰得雋禮部，投紱歸去，高卧林下。宜可少弛矣，而自繩以課孫者，卒帥初而不改。竊其意，以爲不得有司者之甄采，終無以驗吾學之果成與否，而子弟少年桀驁之氣，非繩之以帖括繁重之業，終無以内於程範，而上紹累葉詩書之澤。於此見先生之意量爲何如，豈與夫尋常試於科目者比並而論短長哉？

今年十月，爲先生六十生日，同人各爲祝詩，彙書成帙，屬國藩序其端。余與學士同登乙科，又忝翰林後輩，幼承庭訓，聞家大人之論急於科舉而澹於仕宦者，又與先生之識趣相類，故掇其大者著於篇，冀以博長者之歡娱。若其刑於家而式於鄉，醇德穆行，所以昭令問而膺多福者，雜見於同人詩歌中，非甚緒要，遂不及云。

善化夏母楊宜人墓志銘

宜人，寧鄉縣學士楊君開梅之孫，處士應灼之女，善化貤贈奉直大夫夏君諱某之子婦，贈奉直大夫諱某之配也。宜人在家，則温恭孝豈，偏獲於親，擇所宜歸，莫良夏氏。既歸，事舅貤贈君及姑劉太宜人，逆志而籌之，未命而赴之，甘旨之調，不躬不進。贈君前所配黄宜人者已早卒，僅遺一女。有兄與嫂亦卒，遺三子。贈君又仍歲多病，家無鉅細，壹委宜人。宜人共潔祭祀，斟藥禮醫，裁羸補絀，公私井井。視前女如己女，不敢毫末替焉，視己子如從子，不敢毫末加焉。督諸子之學，日省而月稽。師塾之饌，豐倍其室。就試於有司，出必戒，反必詰。其見録也，悦而不溢，其黜也，敕而不怒。以是諸子皆底於成。道光十七年，次子家泰舉於鄉。又三年庚子，長子家鼎舉焉。又三年癸卯，季子家升繼之。又二年乙巳，家泰登名於禮部，主政於吏部。值皇太后七十聖節，天子大孝錫類，遂得覃恩褒封兩世，而家鼎亦以是年充景山官學教習。蓋自贈君之殁，至是二十年，中間郡縣行省之試，獲雋者無歲無人，而婚嫁喪紀之役，亦薦至不絶，皆宜人一心營治，而亦以勞肄甚矣。道光二十六年八月十九日以疾卒，春秋六十有八。即以其年十二月某日葬於寧鄉黃花塘鳳形山之陽。有子男六人：長、次即家鼎、家泰，又次家豫，太學生，又次家謙，早卒，又次即家升也，又次家賁，出嗣從祖兄弟萬程後。女二人：長適蔣，前卒，次適侯。孫男十二，降服孫二人，孫女八，曾孫女二人。宜人寬仁周摯，救困如焚，深達大義，不徇私愛。疾篤，顧言曰：「寄語鼎兒、泰兒，努力當官，無以家爲念！」以二子時在京師也。將奔喪，以銘屬國藩。越二年，乃銘之，而追内諸幽。銘曰：

杞恪賓周，別氏維夏。承馥遠牟，踵興達者。宛宛女宗，亦大其閭。迪將多子，並騁天衢。諸孤遺經，廿年手澤。彰其群起，下報我特。報以吾職，不告實勞。職之靡負，厥伐斯高。鐫於樂石，千世其牢。

江岷樵之父母壽序 己酉

道光二十有九年春正月，吾友江君岷樵以縣令之官浙江。將行，告別於常所交知，其色若歉焉内疚。或問之曰：「得百里而長之，以子之才，行子之志，天下之至裕也。吴、越湖山，天下之至怡也。而子歉焉疚者，何也？」岷樵曰：「古者學而入官，非以官學也。吾智術短淺，無以澤人，一負疚。吾父今歲年齒七十，吾母六十七矣，舍晨昏之養，而從事簿書，其或不職，又詒之羞，二負疚。抱此二者，吾奚以自克？」於是交知感其意，既以言贈别，又别爲歌詩，致祝於封翁一峰先生與陳太孺人，願長者眉壽無替，以慰薦遊子孺慕之心。既編次成册，乃屬國藩序其端。

蓋先生之少，則貧乏甚矣。無田以爲賴，乃授徒而内其執贄之儀。口敝而手疲，昕警而夕戒，終歲之入，以十之六仰事堂上，而中分其四，半以爲俯畜之需，半以急鄉里之義舉。邑中立賓興會以贍寒士省試之資，行鄉約以殲妖賊之反側，皆先生發之。其赴義也，蹈人之所不敢爲，而其自奉也，極世之所不能堪。太孺人承闕緝匱，壹秉夫志，或累歲食粥，而舅姑甘旨甚渥也。國藩與岷樵知好以來，爲余稱述者數數矣。

人情莫不躭逸而惡勞，饕富貴而羞貧賤。至學道之君子不然，或忍饑甘凍，窶於原、顔，而其中坦然有以自愉。或峨冠曳綬，呵前衛後，而憂思展轉，若旦夕不能自安者。彼各有其志也。南面而君一邑，息動而雷震，頤指而風行。僕從一怒，百姓重足，識者固當自惕，不當自憙。而浙水東西，自辛、壬海上之役，創夷未復，有司者又刮其脂而吮其血，譬若醫者，撫積瘵之人，有不蹙頞而思所振之，豈情也哉？岷樵自被命以後，諏賢而訪友，思其不逮而虞其墮職，惴惴焉内疚無已。此與先生之安貧自樂，其志趣同耶，否耶？吾聞岷樵之需次入京師也，先生屬曰：「吾不願女以美官博封誥，無使百姓唾罵吾夫婦，足矣！」於此見君子之教子，視世俗相去何如？而岷樵所以娱親而養志者，宜何道之從哉？諸君子之爲詩，依於古人「戩穀」、「難老」之誼，所以祝禱先生與太孺人，至周且厚。余乃略述先生平日學道之意，以期岷樵之篤信而謹守，而因以博長者之歡娱。凡居官而言養親者，覽吾斯文，亦將有所興起焉。

新甯縣增修城垣記

道光二十有七年秋八月，妖人李世德、雷再浩爲亂於湖南之新甯。有司檄遠近：「有能禽賊，予白金五百兩。」於是吾友江忠源岷樵應募部鄉兵，縛賊送官司，取所謂五百金者，歸獻堂上，爲太公壽。太公曰：「長吏以賞罰驅民，矯而不受，是墮上之信也；資人之力，而專其利，是刓己之廉也。信墮無以馭衆，廉刓無以立身，二者有一，將必不可。吾邑城垣傾圮久矣，若捐此金以興修，官必嘉之，衆必和之。衆與而功易集，城完而民得安枕，此十世之勳也。」岷樵從太公言，乃歸金於官而上其議。長寶道兵備使者楊公聞之，大悦，亦輸助五百金。知寶慶府事某公、知新甯縣事某公，各捐若干金以助役。邑之士夫耆長，亦鼓舞輸財，争先輂運。兵事之後，刻日興工，人人如鷙鳥之願治其巢也。

大抵天下行省所隸，各有邊區，與他省所隸相際，去會垣動以千里。往往萬山叢薄，歧徑百出，奸人亡命嘯聚其中，伺隙而爲變。捕之此則逃之彼，鳥鼠奔竄，不可窮詰。或攻破山城，據爲窟穴，輒以號召叛徒，聲生勢長相望也。若鄖陽際陝西、湖廣之交，南贛際江西、福建之交，以前明原傑、王守仁之才，經略數年，僅而得安。而南山老林際三省之交，嘉慶教匪之役，喪師糜餉，乃至不可勝計。新甯亦山國也，實處湖南、廣西之交，匪人煽結卵育其間，瞰蕞爾之山城而欲據而有之，屢屢矣。往在道光十六年，藍正樽以一亡賴，揭竿竊發，幾欲墮城而殺守吏。曾不一紀，李世德、雷再浩踵而逆命，豈不以下邑孤遠，城郭不完，有以誨盜而起亂萌哉？如又不從而修葺之，數歲以後，餘孽復滋，將思一逞於我，此垣墉之卑窳者，可長恃之以爲晏然乎？於是岷樵以二十八年二月舉工，先治城之四門，有樓歧然而高，有闉儼然而堅，赤白煥然而改其舊。遂次第興築，雉高於前者幾尺，培而厚者幾尺，補缺垣若干丈，增睥睨若干都。計土工幾千幾百，石工幾千幾百，金木之工幾千，費錢幾百萬。以二十九年某月畢役。自是有可守之險，寇賊不敢規以爲利矣。

岷樵之來京師也，屬余叙其顛末，俾後之守土者不時繕治，無苟毁成功云。

黄仙嶠前輩詩序

古之君子，所以自拔於人人者，豈有他哉？亦其器識有不可量度而已矣。試之以富貴貧賤，而漫焉不加喜戚，臨之以大憂大辱，而不易其常，器之謂也。智足以析天下之微芒，明足以破一隅之固，識之謂也。器與識及之矣，而施諸事業有不逮，君子不深譏焉。器識之不及，而求小成於事業，末矣。事業之不及，而求有當於語言文字，抑又末矣。故語言文字者，古之君子所偶一涉焉，而不齒諸有亡者也。昔者嘗怪杜甫氏，以彼其志量，而勞一世以事詩篇，追章琢句，篤老而不休，何其不自重惜若此？及觀昌黎韓氏稱之，則曰：「流落人間者，太乙一豪芒。」而蘇氏亦曰：「此老詩外，大有事在。」吾乃知杜氏之文字蘊於胸而未發者，殆十倍於世之所傳，而器識之深遠，其可敬慕，又十倍於文字也。

今之君子，秋豪之榮華而以爲喜，秋豪之摧挫而以爲愠。舉一而遺二，見寸而昧尺，器識之不講，事業之不問，獨沾沾以從事於所謂詩者。興旦而綴一字，抵暮而不安，毁齒而鉤研聲病，頭童而不息。以咿嚘蹇淺之語，而視爲鐘彝不朽之盛業，亦見其惑已。

松滋黄仙嶠先生，質直而洞豁，泊然聲利之外。觀察於滇南，吏剔其奸，民宣其隱，於古人所謂器識事業者，亦既近而有之。間以其餘，發爲詩章，又能棄故攬新，約言豐義，而先生曾不以自鳴，退然若無以與於古者。人之度量相越，爲閎爲隘，爲謙爲盈，不可一二計也。國藩既受而卒讀，因爲擇其尤善者，得若干首，俾録而存之。世有終其身以治詩自名，而志趣或未廣者，觀先生此編，亦將内慚而有以自擴也夫！

祭韓公祠文❶

維年月日，具官某謹以清酒庶羞，致祭於先儒昌黎韓子之神：

維先生之明德，宜祀百世，文人學子，皆所喻願。而禮典所載，獨配享先師孔子

❶「祭」下，傳忠鈔本有「禮部」二字。

西廡，他無特祀。國藩前官翰林院、詹事府，皆有先生祠堂，今承乏禮部，亦祀先生於官署之西北隅，而皆稱曰土地祠。國藩履任之日，敬謹展謁。乃神像之旁，有先師孔子之木主，儼然在焉。竊以土地之稱，非經非訓。古者惟天子得祭大地，諸侯則社以祭土，大夫以下成群立社。多者二千五百家，或百家以上，小者二十五家。蓋土爰稼穡，民生所賴，凡食毛踐土者，皆得祭以報功，義固然也。自唐以下，有城隍之祀，世傳張説所爲祭文及李陽冰碑記，舊已。今天下由京都以至行省郡縣，皆立廟以妥城隍。原《易》有「城復于隍」之占，《禮》有「八蜡」、「水庸」之祭，高壘深池以捍民患。推社之義而爲之立祀，理亦宜之。獨土地之祀，不可究其從始。國藩所居之鄉，或家立一神，或村置一廟，大抵與古之里社相類。而京師官署，尤多有土地祠，往往取先代有名德者祀之。先生之生，未嘗莅官禮部，今歿已千年，所謂神在天上，如水之在地中，無所不際。而謂僅妥侑於一署之內，丈室之中，如古所稱「社公」云者，亦以黷慢甚矣。若先師孔子，則先生所誦法終身者也。先生嘗羨顔氏得聖人以爲依歸，若深自歎恨不得與於弟子之列，而無知者乃位孔子於尊容之旁。先生而果陟降在兹，其必蹙然不安也。國藩瞻禮之餘，詢諸胥吏，舉不辨其由來。

舊例，春秋以蕭薌奉祀先生，國藩亦且循沿習之常，以致吾欽嚮之私。惟於孔子之位措置失宜，則不敢須臾蹈故，懼干大戾，謹奉木主，爇香焚之。既敬告所以，因爲之詩歌，使工歌以人聲，冀先生之神安休於此。不腆之誠，庶爲歆鑒。詩曰：

皇頡造文，萬物咸秩。尼山纂經，縣於星日。衰周道溺，踵以秦灰。繼世文士，莫究根荄。炎劉之興，炳有揚、馬。沿魏及隋，無與紹者。天不喪文，蔚起巨唐。誕降先生，掩薄三光。非經不效，非孔不研。一字之惬，通於皇天。上起八代，下垂千紀。民到於今，恭循成軌。予末小子，少知服膺。朗誦遺集，尊靈式憑。濫厠秩宗，載瞻祠宇。師保如臨，進退維傴。位之不當，宣聖在旁。大祀躋僖，前哲所匡。我來戾止，神其安怙。敬奠椒漿，式告來葉。

祖四世元吉公墓銘

道光歲戊申，家叔父爲太高祖考妣置祠宇，其明年，又爲修其墳域。乃郵書於京師，命國藩記其源委。國藩於公爲六世孫，公之行事不盡悉，謹按家乘及傳聞於祖、父者，以表於公之墓道。

公諱應貞，字元吉，遷湘四世祖也。少貧，手致數千金産，室廬數處，盡以予其子，而自置衡邑之靛塘灣田四十畝以老焉。公没後，子孫歲分其租以爲常。至嘉慶歲丁巳，家祖及族長尊三、以彰二公，糾族之人議，積一歲之租，以爲公清明之祀，今所置圳上之田是也，家叔父所修祠宇在焉。而靛塘灣之田，族之人又於嘉慶壬申議永爲公祀田矣。獨公之墓未修，族衆憂之，家叔父乃慨然任之，糾工不一月竣，距公没時已八十餘年矣。

公生於康熙甲戌年二月廿三日辰時，没於乾隆甲申年八月十五日巳時。配劉太孺人，生於康熙乙亥年三月十二日未時，没於乾隆甲申年三月初二日子時。合葬於湘鄉大界鄉羅家屋塲後之陽。子六人：長楚材，次輔臣，次文炳，次明德，次兼山，次容若。國藩乃公次子輔臣公之玄孫也。銘曰：

昔公創業，源遠流長。服疇食德，寖熾而昌。蓰籠鬱積，有耀其光。千秋宰樹，終焉允臧。

國子監學正漢陽劉君墓志銘

道光二十有八年九月十八日，吾友漢陽劉君卒於家，年三十有一。踰月，訃至京師，國藩爲位哭於舍旁道院。遂徧告諸友，皆相弔哭，有失聲者。明年某月某日，葬於某里某山劉氏先隴之次。國藩乃爲銘，伐石於都下，寓舟浮江，以達於漢。既不及事，則追而埋諸墳之趾。

君之爲學，其初熟於德清胡渭、太原閻若璩二家之書，篤嗜若渴，治之三反。既與當世多聞長者遊，益得盡窺國朝六七鉅儒之緒，所謂方輿、六書、九數之學，及古號能文詩者之法，皆已規得要領。❶採名人之長義與己所考證，雜載於書册之眉，旁求秘本鉤校，朱墨並下，達旦不休。久之，稍損心氣，又再喪婦，遂疾作，不良食飲。君自傷年少羸弱，又所業繁雜，無當於身心，發憤歎曰：「凡吾之所爲學者，何爲也哉？舍孝弟取與之不講，而旁騖瑣瑣，不以傎乎？」於是痛革故常，取濂、洛以下切己之説，以意時其離合而反覆之。先是，君官國子監學正，薄有禄入，而婦翁鄧氏資之數千金，歲益饒給，至是盡反金鄧氏，而移疾罷官，

❶「規」，傳忠鈔本作「窺」。

將家居食力以爲養，蓋浩然自得以歸。歸未數月，而奄及於死，可哀也。

始君之歸，嘗語國藩：「没世之名不足較，君子之學，務本焉而已。吾與子敝精於讐校，費日力於文辭，以中材而謀兼人之業，儌幸於身後不知誰何者之譽。自今以往，可一切罷棄，各敦内行。没齒無聞，而誓不復悔！」國藩敬諾。其後君歸，果黽勉孝恭，族黨大悦。規畫家政，條議粗具，而君遽卒。命之永不永不足憾，獨其事親從兄之志之美且堅，而不克竟其事，兹其可悲者也。而國藩之無似，不克踐死别之約，以一塞故人地下之望，此又余所深耻而切痛者也。

君諱傳瑩，字椒雲。曾祖良琨，祖方，仍世有隱德。父正柏，以君官封徵仕郎。母葉氏，封孺人。始娶湯，繼娶陳，皆前卒，終娶鄧氏。君之反婦家金，鄧贊成之。無子，以兄子世圭嗣。君之學業，其考核載於書册之眉者與其詩古文，皆不以刊布，惟搜得朱子所輯《孟子要略》一書，國藩爲校刻行於世，修君志也。銘曰：

並吾之世，江漢之濱，有志於學者一人。其體魄藏於此土，其魂氣之陟降，將遊乎在天諸大儒之門。敢告三光，幸照護乎兹墳！

漢陽劉君家傳

余既銘劉君椒雲之墓，其兄子世墀復寓書抵余：「季父之行義，蒙甄叙大凡。其爲學之次第，不幸遺書未成，世墀之愚，不可驟曉，其孤世圭尤幼，即他日長大，終無以窺尋先人甘苦。季父執友，莫篤先生，先生若哀吾昆弟，即别爲家傳，鐫諸家牒，所以不死季父而旣我劉宗，益厚無已。」蓋椒雲之學之自得於中者，有不可襮諸文字者矣。其致功之迹，國藩實親見之而親討之，稱述以詔其諸子，吾之職也。

始椒雲嘗治方輿家言，以尺紙圖一行省所隸之地，墨圍界畫，僅若牛毛。縣以圓圍，府以叉牙，交錯成圍，不爲細字識别。晨起指誦，曰：「此某縣也，於漢爲某縣；此某府某州也，於漢爲某郡國。」凡三四日而熟一紙，易他行省亦如之。其於字書、音韻及古文家之説，亦皆刺得大指。其後益及天官，推算日夜，欲求明徹鋭甚。適會喪婦，勞憂致疾，乃稍稍自惜，慨然有反本務要之思矣。

竊嘗究觀夫聖人之道，如此其大也，而歷世令辟與知言之君子，必奉程、朱氏爲歸，豈私好相承以然哉？彼其躬行，良不可及，而其釋經之書，合乎天下之公，而近於仲尼之本旨者，亦且獨多，誠不能違人心之同然，遽易一説以排之也。

自乾隆中葉以來，世有所謂漢學云者，起自一二博聞之士，稽核名物，頗拾先賢之遺而補其闕。久之，風氣日敝，學者漸以非毁宋儒爲能，至取孔、孟書中「心」、「性」、「仁」、「義」之字，一切變更舊訓，以與朱子相攻難。附和者既不一察，而矯之者惡其恣睢，因並蔑其稽核之長，而授人以詬病之柄，皆有識者所深憫也。椒雲初從事於考据，即已洞知二者之弊，既更憂患之餘，尤自斂抑，退然若無以辨於學術也者，默識而已矣。於是以道光二十八年二月，棄其所官之國子監學正，決然歸去，以從政於門內。積其謹以嚴父母之事以達於凡事，無所不嚴；積其誠以推及父母之所愛若所不愛，無不感悦。其又不合，則考之《禮經》，覈之當世之《會典》，以權度乎吾心自然之則，必三善焉而後已。病中爲日記一編，記日日之細故，自責絶痛。將卒，又爲遺令，處分無憾。蓋用漢學家之能，綜核於倫常日用之地，以求一得當於朱子。後之覽者，可以謂之篤志之君子邪？抑猶未邪？國藩爲發其擇術之意，既告其諸子，亦與異世承學者質證焉。

孟子要略叙跋

朱子所編《孟子要略》，自來志藝文者，皆不著於録。朱氏《經義考》亦稱未見，寶應王白田氏爲《朱子年譜》，謂此書久亡佚矣。吾亡友漢陽劉茮雲傳瑩，始於金仁山《孟子集注考證》內搜出，復還此書之舊。王氏勤一生以治朱子之業，號爲精核無倫，而不知《要略》一書具載金氏書中。即四庫館中諸臣，於金氏《集注考證》爲提要數百言，亦未嘗道及此書。蓋耳目所及，百密而不免一疏，事之常也。觀金氏所記，則朱子當日編輯《要略》，別爲注解，與《集注》間有異同，金氏於「人皆有所不忍」章云：《要略》注尚是舊説。「桃應問曰」章云：《要略》注文微不同。今散失既久，不可復覩。茮雲僅能排比次第，屬國藩校刻以顯於世，抑猶未完之本與？然如許叔重《五經異義》、余隱文《尊孟辨》之類，皆湮晦數百年矣，一旦於他書中刺取，掇零拾墜，遂復故物，則此書之出，安知不更有人焉蒐得原注，以補今日之闕乎？天下甚大，來者無窮，必有能篤耆朱子之書，罔羅以彌遺恨者。是吾茮雲地下之靈，禱祀以求之者也。

《孟子》之書，❶自漢、唐以來不列於學官，陸氏《經典釋文》亦不之及，而司馬光、晁説之之倫，更相疑詆。至二程子始表章之，而朱子遂定爲《四書》。既薈萃諸家之説爲《孟子精義》，又採其尤者，爲《集注》七卷，又剖晰異同，爲《或問》十四卷，用力亦已勤矣。而茲又簡擇爲《要略》五卷。好之如此其篤也。蓋深造自得，則夫泳於心而味於口者，左右而逢其原，參伍錯綜而各具條理。雖以國藩之蒙陋讀之，亦但見其首尾完具，而不復知衡決顛倒之爲病，則其犂然而當於人人之心可知已。

國藩既承亡友劉君遺令，爲之排定付刻，因頗仿《近思録》之例，疏明分卷之大指，俾讀者一覽而得焉。大賢之旨趣，誠知非末學所可幸中，獨未知於吾亡友之意，合邪，否邪？死者不可復生，徒使予茫然四顧而傷心也夫！曾國藩又識。

陳仲鸞同年之父母七十壽序

天之生賢人也，大氐以剛直葆其本真。其回枉柔靡者，常滑其自然之性，而無以全其純固之天。即幸而苟延，精理已銷，恒幹僅存，君子謂之免焉而已。國藩嘗采輯國朝諸儒言行本末，若孫夏峰、顧亭林、黄梨洲、王而農、梅勿庵之徒，皆碩德貞隱，年登耄耋，而皆秉剛直之性。寸衷之所執，萬夫非之而不可動，三光晦、五岳震而不可奪。故常全其至健之質，躋之大壽而神不衰。

❶ 「孟子」上，黎編本尚有「凡孟子書三百六十章，朱子採入《要略》者八十五章，其不入者都一百七十五章」三十一字。

不似世俗孱懦豎子，依違濡忍，偷爲一切，不可久長者也。

同年生陳君仲鸞，與余交十餘年，每相與議論平生，慷慨不橈。或品第當世人倫，意所不可，睥睨譏切，無所復忌。同人或謂仲鸞居吏部曹司，身處卑冗，更事未深，宜其嚣嚣不詘。若移置要地，稍稍練習文法，亦且破觚而爲圓矣。既而仲鸞果以考第入直軍機，而戇直發憤，芒角森然，曾不減其曩者之舊。吾乃私怪生民剛直之性，其稟之有厚有薄，未可以一概度量也。間輒與仲鸞語家世之詳，及太公、太母之行。仲鸞爲余言封翁蔭召先生，生而伉爽，屢經艱險，履之如夷。遇人有心所不許，雖豪貴人必唾棄之，即心之所許，雖孤嫠卑賤必引而翼之，愈窮阨，愈禮敬與鈞。自親族州閭，皆服其誠信。遠近紛難，就之決遺，凡所論斷，久而輒應。封母高太恭人，祗順惇篤，尊尚節義，蓋皆有剛直之風。然後知仲鸞之激烈不阿，雖受性獨厚，亦其稟之庭闈者。歲漸月染，涵濡之久而不自知也。人固視乎所習，朝有媕婴之老，則群下相習於詭隨；家有骨鯁之長，則子弟相習於矩矱。倡而爲風，效而成俗，匪一身之爲利害也。

今年八月，爲先生暨太宜人七十生日，年家之子，同官之良，咸稱觴仲鸞之邸第，作爲詩篇，以祝難老，屬國藩爲之序。余乃略述平昔與仲鸞言論大指，以著先生之節概，因推國初諸儒以剛直而享大年者，爲先生致善禱之誼，亦使世之君子，聞之而有所警焉。

槐陰書屋圖記

吾師江陰季先生，自名其寓舍曰「槐陰補讀之室」，而屬人爲之圖。圖成於道光癸卯之夏，時先生方官內閣學士，職思簡易，曰「補讀」云者，以爲績學不夙，仕優而後補之，謙退之詞也。是年冬，先生視學安徽，三年還朝，則已掌吏部，或攝户部。又督漕於潞河，釐鹽於天津，蕩滌田賦積虧於兩浙。庶政倥偬，刻無暇晷，間遂有巡撫山西之命。於是先生手圖而告國藩曰：「吾昔名吾居室而圖之也，將以讀吾書也。今五六年間，腐精於案牘，敝形神於車塵馬足。曩之不逮，竟不克補，則今之悔，又果可補於後日乎？子爲我記之，志吾疚焉。」

國藩嘗覽古昔多聞之君子，其從事文學，多不在朝班，而在仕宦遠州之時。雖蘇軾、黄庭堅之於詩，論者謂其汴京之作少遜，不敵其在外者之殊絕。蓋屏居外郡，罕與接對，則其志專，而其神能孤往横絕於無人之域。若處京師浩穰之中，視聽旁午，甚囂而已矣，尚何精詣之有哉？我朝大儒林興，號爲邁古，然如睢州湯公、儀封張公、江陰楊公、高安朱公、臨桂陳公、合河孫公數賢人者，大抵爲外吏之日多，宦京朝之日少。即在京朝，其任職也專，其守法也簡，亦常日有餘光，人有餘力。今六部科條之緐，既三倍於百年以前，而先生之所歷，或一身而兼數職，一歲而更數役，每夕丑初趨離宫待漏，盡午而後返。曹官白事判牘，莫夜不休。又以其間賓接生徒，宴會寮友，伺隙以求終一卷焉而不可得。視數賢人者之處京朝，時勢固不侔矣，此先生所用爲憮然也。

今者先生持節山西，政成而神暇，盡發遺編，以補素願，蓋將與數賢人者，角其實而争其光。而國藩忝竊高位，乃適蹈先生之所疚。往者不可償，來者不可必，故略述時事，令異世官朝籍者有考焉。

錢塘戴府君墓志銘

錢塘少司馬戴君，既葬其親資政府君、王太夫人六年，未有以聲諸幽，乃以命其友曾國藩。國藩爲譜其系，述其行，紀其恩遇，因及其息，以識其葬。

其系曰：周植湯後於宋，幽王時宋公謚戴，後遂以公族爲氏。聖與德，抉經闡教，襲爲通儒。傳至南唐，安爲銀青光禄大夫、上柱國，謚「忠恭」。子晳，始居新安之隆阜，孫處，居上溪口，仍世爲徽人。至明崇禎間，有一美者，仕浙江都指揮經歷，子孫遂爲錢塘人。曾祖永荃，祖承徵，考佳瓚，兩世皆封朝議大夫。朝議君生四子，長道亨，鄉試爲舉人。次道立，議叙府同知。次道泰。府君諱道峻，字升甫，其季也。王太夫人考曰通泗，贈奉直大夫。其門族自爲風氣，杭人甲乙目之。

其行曰：府君綜治群書，不以一流自域，不與横目之民争利，不與逆攖者校曲直。改葬長兄之墓，迎主於家而時其祭。從父墓崩，易棺而遷葬。又葬其姊之夫，又葬其師之無主後者。少嗜碑碣，繼耆古扇，聚以千計。老耆古金，泉刀布幣，兼收博考。既寄於三者，乃冥於萬物，陶然自娱，不爲執必。凡譽毁、窮通、有亡，壹等齊之，終其身不以關於慮也。太夫人操作暇豫，而供具倍於衆手，御下無甚色，而僕婢肅然。嫁衣燬於火而無戚容，將死而無哀語。

其恩遇曰：府君既補學官弟子，七試於鄉而七黜，以子熙貴，敕封儒林郎，誥封朝議大夫。既没而熙躋卿貳，國恩例晉資政大夫。太夫人初封安人，繼贈恭人，亦例晉夫人。

其息曰：男子三人：長即熙，以翰林三直南書房，再視廣東學，累官至兵部右侍郎。次曰煦，府學生，明天官、算術。次曰燾，議叙府同知。女子四人，皆歸士族。孫十一人：有恒，府學生，以恒、之恒，縣學生，可恒、如恒、果恒、其恒、斯恒、所恒、自恒、爾恒。孫女三人。曾孫三人：兆登、兆春、兆衡。曾孫女一人。

其葬曰：太夫人卒於道光十五年四月十八日，年六十七，明年九月十七日葬於西湖之三台山麓。越七歲，道光二十二年三月十七日而府君卒，春秋七十有三。即以其年十二月十一日穿太夫人之域而合葬。既固既虔，永貞無紀。銘曰：

錢王湖濱有一士，十年内廷書畫史。曾使嶺南萬里行，又坐樞府統九兵。是爲府君之令子，實奉老親葬於此。既葬六載吾爲銘，下告誰何上日星。

跋衍聖公孔恭慤公墓志銘刻本

漢碑載乙瑛、韓勑、史晨數人者，有功於孔林甚鉅。而史君二碑，既載其請祠之章，又叙其饗禮之盛，❶其補牆垣、治瀆井、種梓守冢諸績，至屢書不一書，功亦夥矣。

❶「饗」，原誤作「響」，此文乃暗引《隸釋》，今據正。

此碑載恭愨公本以聖人之胄，而其有功孔林，又百倍於前哲。若更得善篆隸者，大書重刻，異世流傳，豈僅與史君輩比烈哉？

崇仁謝君墓志銘

君諱廷恩，字拜賡，姓謝氏。少則貧甚，讀書裁盡《論語》，遽去而之農，又之商。南入閩，西入蜀，逐物貴賤，轉徙常贏。嘗與鄧氏俱爲賈，主計者誤以金六百入君，君密歸其金，而戒主計者更易簿記。鄧氏由是厚德君，遠近布聞，人人争欲相倚助矣。亦有天幸，所居恒獲，累致巨萬，羡輒散之。爲縣建義倉，構廩四十二間，貯穀萬六百石，捐金凡千三百斤。建育嬰堂，捐金二千兩。家置宗祠，捐穀若干斛。郡縣立群祀廟，捐錢若干緡。學官於新進生，例取束脩之資，新進生或貧乏無所出，則又爲捐四百萬錢。君弱冠孤寒，蛸蛸赤立，商賈所入，盡委義舉。苟利於人，不以絲毫自爲顧計，苟力所能，劬勞百於人不辭也。自太守、縣令，争欲致君，君終不一私謁。邑有大役，長官杖任，群目相屬，君亦不以他人規我，稍爲辟縮。蓋行之五十載，靡財不可算，而君年亦七十矣。

先是，崇仁有黄洲橋，屢修屢毁，以資用浩博，莫敢大興。至是，君出任之，鎚石鎔金，堰水淘沙，衆匠束手，卬君計畫。橋成，廣一丈九尺，袤四十七丈，費白金六萬而强。以七十二歲而經始，四載而畢。畢工二載而君卒，壽七十有七，道光二十一年九月廿四日也。祖亮弼，考上許，並贈中憲大夫。君以急公聞於朝，議叙巡檢候選，又以子貴，贈中議大夫。配周氏、劉氏，皆贈淑人。子蘭階，候選州同；蘭生，進士，工部郎中；蘭英，優貢生；蘭墀，刑部員外郎；蘭馪，縣學生。女五人。孫男子十二人，女子九人。以某年某月日葬於某鄉某原。既葬之幾歲，蘭墀屬予爲銘而追事焉。銘曰：

民之豐約，有尸在天。彼富而吝，終或餧焉。貧而能施，積乃如山。徒手十載，富埒周公。一毫匪義，神鑒厥衷。聚有神監，散有天視。利濟宏多，人天駢喜。估畢豈久，僅盡《魯論》。因心之矩，粲其經綸。光儀既蟄，亦世承福。載表徽猷，以愧儒服。

歲暮設奠告王考文

嗚呼！維我王考，神馭徂賓。赴音來止，今越五旬。嗟我王考，令德淵爍。體秉純剛，内含貞淑。往在戌歲，小子南旋。扶依歡戲，左右盂盤。亥年歸朝，載違色笑。行履過差，辟咡無詔。十年京國，官繫私牽。轉蓬浮徙，莫傍本根。吾皇錫類，褒封父祖。志養則虧，虚榮奚補？三載寢疾，侍藥不躬。遂淪慈照，允蹈鞠凶。我父我母，❶潸焉在疚。小子雖頑，不懲罪悔。疇昔提耳，彝訓猶存。十墮一守，痛懼難論。歲將更始，時物遷變。敬薦庶羞，祇希僾見。尚饗！

謝子湘文集序

嗚呼！士生今世，欲有所撰述以庶幾古作者之義，豈不難哉？自束髮受書，則

❶「父」，傳忠鈔本作「公」。

有事舉子帖括之業，有司者割截聖人之經語以試其能。偏全虛實，斷續鈎聯之際，銖有律，黍有程，而又雜試以詩賦、經義、策論。其爲品目，固已不勝其繁矣。而一二才傑之士，既挾群藝以應有司之求，又别進慕乎古之能文者，以降其兼勝無已之心，於是乎目欲并視，耳欲四聽，敝精而費日，終不能達於古人之庭者，比比而是也。

古之爲文者，其神專有所之，無有俗説龐言肴其意趣。自有明以來，制義家之治古文，往往取左氏、司馬遷、班固、韓愈之書，繩以舉業之法，爲之點，爲之圓圍以賞異之。爲之乙，爲之鐵圍以識别之。爲之評注以顯之。讀者囿於其中，不復知點圍評乙之外，别有所謂屬文之法也者。雖勤劇一世，猶不能以自拔。故僕嘗謂，末世學古之士，一厄於試藝之繁多，再厄於俗本評點之書，此天下之公患也。將不然哉！將不然哉！

南豐謝君子湘，與予同歲舉於鄉，又同登於禮部，其群藝見采於有司者，固已趠絶與人人異。自君之生，予嘗見聞而内敬之矣，既殁，而其弟出君所爲古文示予，又知其志之可敬也。蓋以流俗之墮於所謂一再厄者，而以君之所得較之，其爲踰越，可勝量哉？於是爲序而歸之，因道其通患，以慨夫末世承學之難焉。

正月八日王考生辰告文庚戌

嗚呼！王考棄養，三月有奇。音容緬邈，豈復可追！疇昔笑聲，千山震裂。今則無聞，厚地藏熱。遊子遠宦，萬里關山。葬不執紼，斂不憑棺。期服去位，古有行者。竊禄不歸，拘牽苟且。上春初吉，敬遇誕辰。敢蠲嘉旨，用薦苾芬。爰循國典，遂釋齊衰。在天靈爽，儻獲惠來。尚饗！

書王雁汀前輩勃海圖説後

《書》孔氏疏云：「堯時，青州當越海而有遼東。」杜氏《通典》云：「青州之界，越海分遼東、樂浪、三韓之地，西抵遼水。」而胡氏渭曰：「漢武所開樂浪、玄菟二郡，乃古嵎夷之地。嵎夷，羲和所宅，朝鮮箕子所封。皆應在青州域内，不僅遼東而已。」據此數説，則禹時青州踰海而兼營州之地，理若可信，齊召南氏所謂「勢固自然」者也。前明遼東都指揮使隸於山東布政司，明初，遼東士子尚附山東鄉試。厥後以渡海之艱，改附順天，而遼東各州衛隸於山東，則終明之世不改。蓋亦猶上古之青州兼轄營州云爾。

我朝定宅燕京，與明代同，而遼左爲陪都重地，則與前明之二州二十五衛視同羈縻者，輕重迥别。故勃海之襟帶，旅順之門户，視前世猶加慎焉。雁汀先生之意，欲於隍城、石島之間，駐水師將領一員，登州、金州，南北兼巡。内以防盗匪之狙伏，外以懾夷人之闖入，可謂謀慮老成，操之有要者已。道光二十九年，御史趙東昕建「登州設立水師」之議，宣宗成皇帝下其事，令兵部、軍機處會議。當事者以迹近更張，格而不行。國藩時承乏兵部，頗知旅順要隘，宜别置嚴鎮，而不知康熙年間有嵩祝請「登州水師巡哨金州、鐵山」之説，亦遂附和，未遑他議。今觀先生《圖説》所載《實録》各條，知國家機務尤大者，列聖廟謨皆已籌及之。

苟能推行而變通，則收功不可紀極也。故述前説以互證，亦以志余不學之耻焉。

養晦堂記

凡民有血氣之性，則常翹然而思有以上人。惡卑而就高，惡貧而覬富，惡寂寂而思赫赫之名，此世人之恒情。而凡民之中，有君子人者，率常終身幽默，❶闇然深退，❷彼豈生與人異性？誠見乎其大，而知衆人所争者之不足深較也。蓋《論語》載：齊景公有馬千駟，曾不得與首陽餓莩絜論短長矣。余嘗即其説推之，自秦、漢以來，迄於今日，達官貴人何可勝數？當其高據勢要，雍容進止，自以爲材智加人萬萬，及夫身没觀之，彼與當日之厮役賤卒、污行賈豎，營營而生、草草而死者，無以異也。而其間又有功業、文學獵取浮名者，自以爲材智加人萬萬，及夫身没觀之，彼與當日之厮役賤卒、污行賈豎，營營而生、草草而死者，亦無以甚異也。然則今日之處高位而獲浮名者，自謂辭晦而居顯，光氣足以自振矣，❸曾不知其與眼前之厮役賤卒、污行賈豎之營營者，行將同歸於澌盡，而豪毛無以少異。豈不哀哉？

吾友劉君孟容，湛默而嚴恭，好道而寡欲，自其壯歲，則已泊然而外富貴矣。既而察物觀變，又能外乎名譽。於是名其所居曰「養晦堂」，而以書抵國藩爲之記。昔周之末世，莊生閔天下之士湛於勢利，汩於毁譽，故爲書戒人以闇默自藏。如所稱董梧、

❶「率」，原無，據傳忠鈔本補。

❷「深退」，傳忠鈔本作「退藏」。

❸「光氣足以自振矣」，傳忠鈔本作「泰然自處於高明」。

宜僚、壺子之倫，三致意焉。而揚雄亦稱「炎炎者滅，隆隆者絶」，「高明之家，鬼瞰其室」。君子之道，自得於中而外無所求，飢凍不足於事畜而無怨，舉世不見是而無悶。自以爲晦，天下之至光明也。若夫奔命於烜赫之途，一旦勢盡意索，求如尋常窮約之人而不可得，烏睹所謂高明者哉？余爲備陳所以，蓋堅孟容之志，後之君子，亦觀省焉。道光三十年歲在庚戌冬十月。

朱慎甫遺書序 咸豐辛亥

瀏陽朱君文炢，所爲書曰《易圖正旨》者一卷，曰《五子見心録》者二卷，曰《從學雜記》一卷，《文集》一卷。嘉、道之際，學者承乾隆季年之流風，襲爲一種破碎之學。辨物析名，梳文櫛字，刺經典一二字，解説或至數千萬言。繁稱雜引，遊衍而不得所歸。張己伐物，專抵古人之隙。或取孔、孟書中「心」、「性」、「仁」、「義」之文，一切變更故訓，而别創一義，群流和附，堅不可易。有宋諸儒，周、程、張、朱之書，爲世大詬，間有涉於其説者，則舉世相與笑譏唾辱，以爲彼博聞之不能，亦逃之性理空虚之域，以自蓋其鄙陋不肖者而已矣。

朱君自弱冠志學，則已棄舉子業，而惟有宋五子之求。斷絶衆源，歸命於一。自六經之奥，百氏雜家有用之言，無不究索，其終折衷於五子。家貧，負母渡湖，招徒授學，取其入以爲養。養則獨腆，身有饑色。或勸以稍易其途，從事於時世所謂「辨物」、「梳文」、「櫛字」之學者，足以傾駴耳目，植朋廣譽。君笑曰：「吾於科目且棄而背之矣，其又屑覬彼耶？」卒以不顧，日抱遺訓以自鐫其躬，繩過無小，克敬以裕，闇然至死而不悔。

嗚呼！君之於學，其可謂篤志而不牽於衆好者矣。惜其多有放佚，如《大易粹言》《春秋本義》《三傳備説》諸篇，今都不可見。其僅存者，又或闕殘，難令完整。其《易圖正旨》，推闡九圖之義，與德清胡渭、寶應王懋竑氏之論不合。山居僻左，不及盡睹當世通人成説，小有歧異，未爲纇也。予既受讀終篇，因頗爲論定，以詒鄉人知觀感焉。

書周忠介公手札後

往余讀《史忠正公集》，見其乙酉四月十九日遺書五通，又廿一日絶筆一紙，其言至深痛，不可終讀。蓋視楊忠愍公獄中家書，猶或過之。乾隆四十二年，我高宗皇帝命摹勒史公絶筆於揚州梅花嶺祠壁，而楊公手書，亦於邇歲摹刻於京師松筠庵祠中。忠臣志士，或鬱屈於一時，其精光終將大顯於世，不可得而閟也。

門人潘生伯寅，頃以周忠介公被逮時手札視余，乃與前楊後史若出一轍，雖號爲「三仁」，殆無愧色。

世多疑明代誅鋤搢紳，而怪後來氣節之盛，以爲養士實厚使然。余謂氣節者，亦一二賢臣倡之，漸乃成爲風會，不盡關國家養士之薄厚也。當忠介吴中就逮之時，其駢首殉難之五人者，顔佩韋等皆市人，周文元則輿隸耳。彼豈嘗邀朝廷一日之豢養，而且慷慨赴義如彼，況乎士大夫有綱常風教之責者哉？

劉母譚孺人墓志銘 癸丑

國藩不肖，幸得内交於當世之通才碩學，仁人君子，不爲不多，而莫夙於里中劉蓉孟容，誼亦莫隆焉。以是襮於人，人亦襮之，以謂兩人者，天下之至愛也。自余挂名朝籍，待罪六官，去父母之邦十有四年。孟容之巾屨儀度，不可接於吾之目，其語笑不可際於吾之耳，僅以書問勞遺，然且闊絶，或望甚，私怨喁喁。

咸豐二年六月，先太夫人棄養，孟容亦以五月二十八日喪母。國藩匍匐來歸，兩人者相遇於縣門，斬焉對泣，自傷老大，又離凶疢。而是時，粤中逆賊方渡湖而北，聯巨艦數十里，旌旗蔽江，訛言雷動。其後遂破漢陽，陷武昌，明年，又殘九江，掠安慶，入江寧、揚州而據之。烽火達於淮、徐，天下震駴。國藩以天子命，治團練於長沙，挾孟容以俱出。苦語窮日夜，相與悲憤追憾，誠不意世變遽已抵此。患氣之積，有自來也。五月辛亥，孟容將葬母於樂善里莧沖山之陽，乃不敢自致，謹致其太公之命曰：「四方多難，而陵谷有不可知。汝既獲私於曾君，葬有日，宜從曾君謀所以識於葬者。」遂督銘，銘曰：

譚有淑妃，衛姜之姨，仍世不墮，名媛紹之。來室於劉，莫逮先姑。繼姑曰謝，投温承愉。胡洪胡瑣，室事敦我。未匱先防，有置無頗。夫子人傑，是名振宗。畸以平劑，如羽諧宫。廣賚窮民，鄉亭大悦。身無華御，終年補綴。魚菽尸祭，蠲饎必躬。孝婦篤敬，遂與天通。篤生五子，長其蓉也。徑晞淵、騫，吾見亦寡。二仲竝殤，化爲黄土。次葵次蕃，驂駕如舞。三女婉娩，皆嫁士人。兩孫葩茁，玉立振振。長曰培基，幼者培垕。女孫惟四，不書誰某。乾隆辛亥，託生十月。六二春秋，返其大宅。受形之初，萬邦太和。畢命之歲，天地干戈。生死盛衰，難究難詳。感慨泐銘，以詔茫茫。

曾文正公文集卷三

討粵匪檄 咸豐甲寅

爲傳檄事：逆賊洪秀全、楊秀清稱亂以來，於今五年矣。荼毒生靈數百餘萬，蹂躪州縣五千餘里。所過之境，船隻無論大小，人民無論貧富，一概搶掠罄盡，寸草不留。其擄入賊中者，剥取衣服，搜括銀錢，銀滿五兩而不獻賊者，即行斬首。男子日給米一合，驅之臨陣向前，驅之築城濬濠。婦人日給米一合，驅之登陴守夜，驅之運米挑煤。婦女而不肯解脚者，則立斬其足以示衆婦。船户而陰謀逃歸者，則倒抬其屍以示衆船。粵匪自處於安富尊榮，而視我兩湖、三江被脅之人曾犬豕牛馬之不若。此其殘忍慘酷，凡有血氣者，未有聞之而不痛憾者也。

自唐、虞三代以來，歷世聖人，扶持名教，敦叙人倫，君臣父子，上下尊卑，秩然如冠履之不可倒置。粵匪竊外夷之緒，崇天主之教，自其僞君僞相，下逮兵卒賤役，皆以兄弟稱之，謂惟天可稱父，此外，凡民之父，皆兄弟也，凡民之母，皆姊妹也。農不能自耕以納賦，而謂田皆天王之田；商不能自賈以取息，而謂貨皆天王之貨；士不能誦孔子之經，而别有所謂耶穌之説，《新約》之書。舉中國數千年禮義人倫、詩書典則，一旦掃地蕩盡。此豈獨我大清之變？乃開闢以來名教之奇變，我孔子、孟子之所痛哭於九原！凡讀書識字者，又烏可袖手安坐、不思一爲之所也！

自古生有功德，没則爲神，王道治明，神道治幽。雖亂臣賊子，窮凶極醜，亦往往敬畏神祇。李自成至曲阜，不犯聖廟，張獻忠至梓潼，亦祭文昌。粵匪焚郴州之學宫，毁宣聖之木主，十哲兩廡，狼藉滿地。嗣是所過郡縣，先燬廟宇，即忠臣義士，如關帝、岳王之凛凛，亦皆污其宫室，殘其身首。以至佛寺道院，城隍社壇，無廟不焚，無像不滅，斯又鬼神所共憤怒，欲一雪此憾於冥冥之中者也！

本部堂奉天子命，統師二萬，水陸並進，誓將卧薪嘗膽，殄此凶逆，救我被擄之船隻，拔出被脅之民人。不特紓君父宵旰之勤勞，而且慰孔、孟人倫之隱痛；不特爲百萬生靈報枉殺之仇，而且爲上下神祇雪被辱之憾。是用傳檄遠近，咸使聞知：倘有血性男子，號召義旅、助我征剿者，本部堂引爲心腹，酌給口糧。倘有抱道君子，痛天主教之横行中原，赫然奮怒以衛吾道者，本部堂禮之幕府，待以賓師。倘有仗義仁人，捐銀助餉者，千金以内，給予實收部照，千金以上，專摺奏請優叙。倘有久陷賊中，自拔來歸，殺其頭目、以城來降者，本部堂收之帳下，奏授官爵。倘有被脅經年，髮長數寸，臨陣棄械、徒手歸誠者，一概免死，資遣回籍。在昔漢、唐、元、明之末，群盜如毛，皆由主昏政亂，莫能削平。今天子憂勤惕厲，敬天恤民，田不加賦，户不抽丁，以列聖深厚之仁，討暴虐無賴之賊，無論遲速，終歸滅亡，不待智者而明矣。若爾被脅之人，甘心從逆，抗拒天誅，大兵一壓，玉石俱焚，亦不能更爲分别也。

本部堂德薄能鮮，獨仗「忠」、「信」二字

爲行軍之本。上有日月，下有鬼神，明有浩浩長江之水，幽有前此殉難各忠臣烈士之魂，實鑒吾心，咸聽吾言。檄到如律令。無忽！

湘陰郭府君墓志銘 乙卯

君諱家彪，字春坊，郭氏，湘陰人。生而温約夷愉，與人無競，不苟爲和翕，亦不爲介介踔異之行。卒然投之事變，若不克辨其是非曲直也者，及夫群疑劫劫，徐出一言折之，闢開節解，風生冰釋，雖强辯者，常默然而内自詘也。曾祖遇傑，貤贈奉直大夫。祖熊，貢生，誥贈奉直大夫。考詮世，縣學生。世父世遵，縣學廩膳生。世遵無子，以諸子家暾爲嗣，早世，乃復以君爲嗣。

家故饒贍，諸父豪宕好施，或日費數十萬錢無所惜，君亦夷然，不爲有亡顧慮。親故假貸，每盈其意。或他人相稱貸，要君一言爲質，及期責償於君，輒量償之，又急，則又旅歸之。歲中爲人理宿逋，率三四役。久之，往往不讎，則毁其約契。會歲大祲，家以中圮，君故夙於澹泊，豐約不以易其度。布衣糲食，蕭然自得，益務濟人，廣儲方藥，病者踵門求乞，手劑與之。自尋常草木，馬勃牛溲，以至丹砂鍾乳，千歲之苓，尚方之葠，諸奇珍物，可致與不可卒致，無所不蓄，蓋亦無所不施。其尤貧者，輔以羞餌，使人日再問焉。疾革，躬三問焉。君没後，里人劉氏言之，涕泗交頤也。

君生以乾隆五十九年八月廿四日，没以道光庚戌二月十六日，春秋五十有七。配張安人，少君二歲，以道光己酉七月十六日先君没之七月而卒，春秋五十有四。張安人柔婉懿恭，既篤既静，長沙舉人正旭之孫，永州府儒學訓導鵬振之子。自在其室，以逮爲婦爲母，莫不訓式。始時家暾有婦吴氏，早寡而卞急，姑張太安人，性亦嚴厲，積不相善。張安人既嗣爲後，恭以事嚴姑，而卑以承姒婦，先姑之意以隆其奉，以推及於姒娣小姑，無所不隆。詘己之身以薄其給，以達於己之子，若女若婦，無所不薄。上尉下薦，内外融融，閭里親族無少長，皆歎以爲不可及。睹其諸子貴盛，皆頷首歎以爲宜。其殁也，哭之皆哀有餘云。

子嵩燾，道光丁未科進士，改翰林院庶吉士。咸豐三年，以救援江西功，聖恩特授編修。崑燾，道光甲辰恩科舉人，宗室官學教習，國子監助教。崙燾，縣學生，候選訓導。其季曰先檝，早殤。孫六人。咸豐二年壬子歲三月十四日，嵩燾與其弟奉君之喪，葬於湘西善化楊梅山之原，張安人祔焉。又三年，歲在乙卯，國藩乃叙而銘之。銘曰：

我有執友，翰林郭君。至交金石，天下莫不聞。昔歲在戌，赴告親喪。徵我銘刻，用識幽藏。曾幾須臾，歲星周半。大地戈鋋，東南塗炭。我以喪歸，墨絰即戎。葬不極禮，筮不協從。惟郭氏阡，在嶽之麓。❶雲合峰環，龜蓍並穀。不肖之嗛，郭宗之祥。詩於堅石，以奠茫茫。

誥封光禄大夫曾府君墓志 丁巳

咸豐七年二月初四日，我顯考曾府君卒於湘鄉里第，春秋六十有八。男國潢、國

❶ 「嶽」，原誤作「獄」，據光緒本改。

葆謹視含斂，男國藩、降服男國華自江西瑞州軍營聞訃，男國荃自吉安軍營聞訃，皆奔喪來歸。天子廣錫類之仁，賜銀四百兩經理喪事。閏五月初三日癸未，卜葬於二十四都周壁衝山内，從形家言，丙山壬向，去先世舊廬六里而强，去梁江新宅八里而近。

國藩少長至冠，未離親側，讀書識字，皆我君口授。自竊禄登朝，去鄉十有四年，逮待罪戎行，違晨昏者又五年。府君之至言懿行，不可得而盡識，僅從季父驥雲所泣問近事，而昆弟子姓，諸姑姊妹，亦稱述音容，往往而悉。其述府君侍先大父疾病，至難能矣。

道光二十六年八月，大父病痿痹，動止不良。明年冬，疾益篤，喑不能言。即有所需，以頤使，以目求，即有苦，蹙額而已。府君朝夕奉事，常先意而得之。夜侍寢處，大父雅不欲頻煩驚召，而他僕殊不稱意，前後溲益數，一夕六七起。府君時其將起，則進器承之，少間亦如之，聽於無聲，不失分寸。嚴寒大溲，則令他人啓移手足，而身翼護之。或微沾污，輒滌除，易中衣，拂動甚微，終宵惕息。明旦，則季父入侍，奉事一如府君之法。久而諸孫、孫婦，内外長幼，感化訓習，争取垢污濡袴澣濯爲樂，不知其有臭穢。或挽篼輿，遊戲庭中，各有常程。大父病凡三載有奇，府君未嘗得一安枕，愈久而彌敬。是時，府君年六十矣。

吾曾氏家世微薄，自明以來，無以學業發名者。府君積苦力學，應有司之試十有七，始得補縣學生員。不獲大施，則發憤教督諸子。國藩以進士入翰林，七遷而爲禮部侍郎，歷官吏部、兵部、刑部、工部侍郎。遭逢兩朝推恩盛典，褒封三世。曾祖諱竟希，誥贈光禄大夫。曾祖妣彭氏，誥贈一品夫人。祖諱玉屏，累贈光禄大夫。祖妣王氏，累贈一品夫人。府君諱麟書，字竹亭，誥封中憲大夫，疊晉榮禄大夫、光禄大夫。妣江氏，誥封一品夫人。小子非材，微府君厚澤，曷克成立，以蒙兹光顯？於是泣述一二，并列刻系屬，敬銘諸幽。若其懿德純行宜傳不朽者，將以俟諸知言君子。銘曰：

西望新居，東望舊廬。此焉適中，群山所都。我先人之靈，其尚妥於斯而永於斯乎！嗚呼！

男五人：國藩，配歐陽氏。國潢，監生，候選縣丞，配汪氏。國華，監生，即補同知，出繼叔父驥雲爲嗣，配葛氏，妾歐陽氏。國荃，優貢生，同知職銜，配熊氏。國葆，縣學生，配鄧氏。

女四人：長適王鵬遠，次適王家儲，婿先卒。次適朱氏，先卒，婿朱麗春。季女殤。

孫八人：紀澤，二品廕生，配賀氏。紀梁，聘魏氏。紀鴻，聘郭氏。紀渠，聘朱氏。紀瑞，聘江氏。紀官，聘歐陽氏。紀湘，聘易氏。紀淞，聘王氏。孫女九人。

先大夫以咸豐七年丁巳五月葬周壁冲，至九年己未八月十六日癸丑，改葬於二十九都台洲之貓面腦。自丁巳九月，男國荃復出治軍於吉安，至戊午六月，男國藩復出治軍於浙江，皆以墨絰即戎。而男國華降服期滿，從軍皖北，竟殉難於廬江之三河鎮。至己未五月，諸子服闋，而男國潢亦治團練於鄉，男國葆亦從軍於湖北。歲月不居，人事遷變，輒因改葬，補記一二，俾後有考焉。男國荃附記。

先妣江夫人生於乾隆乙巳年十一月初三日申時，春秋六十有八。咸豐壬子年六月十二日卯時没於梁江新宅，原厝宅後山内，己未八月同日改葬於此，與先大夫共一塋域。國荃又記。

葛寅軒先生家傳

先生諱大賓，字興森，號寅軒，葛姓。先世自蘇州徙居湖南，遂爲湘鄉人。曾祖世珍，祖生霞，父長添，世有隱德。先生幼而端重，動止異於常兒。長而益自檢制，終日危坐，言笑不妄，盛暑不袒。焚香把卷，默識恬吟。性耐劇飲，雖醉不亂，或久無酒，終亦不索，怡然若有以自得也。

乾隆之末，海内文人以靡麗辯博相高。昆明錢南園侍御灃，獨以剛方立朝，視學湖南，以正誼篤行風楚之人，所取率多端士。先生既受知於錢公，補縣學生員，益折節自繩，跬步必衷於古訓。學徒游其門，則先教之以忠孝大節，下至飲食起居，出處語默，取與豪釐，各有法式，從則貞吉，違則耻辱，至不得齒於人，聽者往往汗下。常稱錢公及其師湘潭朱聲越之學行，以勉其門人弟子。弟子高第者，我先大夫竹亭公及陳君道著籍最早。晚歲又得黄君星平、鄒君魯道，皆登甲科，知名於時，各秉師説以教授鄉里，傳嬗賡續，篤守矩矱。吾鄉風氣淳古，士人循循，不敢僭越禮法，以自放其亡等之欲，論者以爲淵源一本於先生。彼南面民上，司政教之柄，其流風餘韻得比於一諸生被人之深且久如此者，曾幾人哉？

先生四歲喪父，哀毁若成人。年十三，值父忌日，出主以祭。主動仆地，粉面剥落，脱去「葛」字，微露「周」字，蓋木工飾周姓廢主爲之者也。先生痛哭引咎，告墓易主，卜日乃祭。事寡母左孺人也，鉅細必躬，疾必嘗藥。生徒有饋，必歸以獻。嘗隆冬獨坐心動，急自館所馳歸，入門數呼母。

母方與仲兄負暄後院，聞聲趨出，而屋後山忽頽，壓坐席破碎。里之人以謂先生誠孝之所感也。母没，勺飲不入口者五日。既葬，衰服終其身，腰以下無復存寸縷。服闋，每祭必泣盡哀以爲常。兄弟五人，既分居矣，逋負累累，無以自存，先生則請於母，復同居如初。即有所入，絲髮不以自私。兄弟没則庀其喪，無子，爲之立後。群從諸婦，各受職業，室以大和。

道光二年，朝廷開孝廉方正之科，有司舉先生應詔，或勸之一詣京師謁選。先生曰：「是可以躁求耶？」十二年壬辰十月二十九日卒於家，春秋七十有一。配左氏，前卒。時先生年纔三十有奇，終身不更娶。子二：長榮蔭，早没，次榮館。孫三：封泰、先晉、封梁。孫女二人，其一歸吾弟國華。曾孫鎮堡、鎮嶽。先晉，縣學生員，後其世父榮蔭，先生命也，篤慎而好學，積善之報，殆將於是乎在。

前史官曾國藩曰：人之品類，至不齊也。唐代設科取士，名目繁多。宋司馬光請開十科以求賢，其目至爲賅簡。今世官人，專出於進士之一途，蓋有科而無目矣。《會典》所著特科有三，曰博學鴻詞，曰經學，曰孝廉方正。鴻博科再開，經學科一開，當時皆稱得人。孝廉方正之科，詔開六七次，而由之以踐歷顯仕者特少。或舉天下而無一人赴部應試者，則何也？豈朝廷所以旌别此科，其法有未善與？抑有司者漫不矜慎，舉非其人與？以湘鄉言之，道光初元舉先生，咸豐初元舉羅君澤南，未可謂都非其人也。夫誠得其人，在上者固當思所以致之耳。彼膺斯舉者，豈汲汲哉？

湘鄉縣賓興堂記 戊午

自古開國之主，以武功龕定禍亂，而繼體蒙業之君，恒以文德致太平。如漢，如魏，如宋，如陳，如跖拔魏，如高齊，如唐，如明，其第二世嗣爲帝者，皆謚曰文。我朝龍興遼瀋，太祖以神武肇基，其製造國書、右文布化、郊廟齋戒諸大典，多成於太宗文皇帝之世。蓋武以開之，文以守之，干戈方興，未遑雅教，非其志有未逮，亦其時會有不得兼者也。

咸豐二年，粵賊洪、楊之徒，既已逾嶺而北，由湖湘而犯江漢，長驅東下，入金陵而據之。遂北寇河朔，東躪瀛碣，西擾汾晉，中原麋沸。我湘鄉實始興義旅，轉戰於兩湖、江西、廣西、廣東、河南、安徽諸行省，所在破敵克城，聲威烜然，號曰「湘勇」，湘勇之名聞天下。一時宿將，如羅忠節公、王壯武公、李君續賓兄弟、蕭君啓江、劉君騰鴻、趙君焕聯、蔣君益澧及余弟國荃輩，皆以仁勇爲士卒所親附，歷久而不渝。蓋武功之懋，非他州縣所可望而及。秦、漢稱山西出將，考之安定、天水、隴西諸郡，曾不能敵今日之一縣，可謂盛矣。其官斯土者，則有朱侯孫詒、唐侯逢辰、黄侯醇熙、賴侯史直，又皆一時賢俊，❶有循良之績，與邦人士講求吏治將略，互相稱美，訢合無間。同明相照，同氣相求，何其翕應者與！

咸豐癸丑，唐侯臨莅兹邑，倡捐助餉，練勇防堵。越二年，申詳大憲，奏請增廣文武學額，聖恩加增，永爲定額，人争頌唐侯

❶「時」，傳忠鈔本作「方」。

之功不衰。是年天下士會試於禮部，湘鄉獨無人赴部應試。唐侯喟然曰：「湘鄉之武，非無文也。今或無一士與於春官之試，豈余之不德不足以興文教歟？抑軍興久而生事絀，公車之欲北者不足於資歟？」於是捐金若干，買七都田六十三畝，爲賓興公費，又勸諭士民，捐買田宅若干，以子午卯酉年租入爲會試旅費，寅申巳亥年租入爲鄉試途費，辰戌丑未年租入爲歲科試卷費。置賓興堂，擇廉正者經紀之。立條明約，既簡既堅，以期久遠。自唐世長吏設賓主，陳俎豆，備管絃，行鄉飲酒禮，歌《鹿鳴》之詩以餞士，差具前古興賢之義，今猶略存其法，獨不得與計吏偕。士或起白屋，無所資藉，則刓廉捐義，媮爲一切，苟以集事，無匱乏，枉吾尺以求一日之直，彼有所迫而然也。

湘鄉山邑，多狷介自守之士。唐侯禮賢惠衆，所以愛士者甚重，則士之所以自待者愈不得輕。入無仰事俯蓄之累，出無金盡裘敝可憐之色，摶心壹志，以道於君子之道，而委蛇以隱射乎有司者之程度，境裕而神暇，事半而功倍，然猶有失焉者，蓋什而不能以一二耳。方今大難削平，弓矢載櫜，湘中子弟忠義之氣，雄毅不可遏抑之風，鬱而發之於文，道德之宏，文章之富，將必有震燿寰區，稱乎今日之武功而又將倍焉蓰焉者。余雖衰鈍，尚庶幾操左券於此，請以右券責之。

劉君季霞墓志銘

君諱蕃，字季霞，吾友劉蓉孟容之弟也。國藩治團練於長沙，提水師自巴陵至九江，及入江西，屯軍南康，孟容皆展轉相從。三年奔走，夷險共之。季霞常以其太公之命，省孟容於軍中，出則美意相迎，諷免其兄，歸則傳會吉語，慰安其父。

咸豐四年三月，岳州官軍失利，賊犯寧鄉。季霞間關至長沙，存問孟容，孟容方以疾先歸。其六月，孟容將率舟師渡洞庭而北，季霞復送至省垣。明年八月，又自其家二千里視孟容於南康。中途聞羅君澤南督師至義寧州而西，將掃蕩岳、鄂之交，規復湖北，孟容亦分領湘右軍，從羅君俱西也，季霞與兄會於羊樓峝。時我師遠來，新有濠頭堡之敗，士氣初復，料簡糧仗，稍與休息。賊據蒲圻縣，得以其暇益築堅壘，完守備。十月十七日，我師進營白石鋪，以蒲圻南門地險而逼，不利仰攻，乃繞道出公安畈，抵城西，駐軍鐵山，湖北巡撫胡君林翼以師來會。❶二十一日辛亥，分四路進攻，賊扼險立柵，穿塹數重，槍炮環擊，不可近。間出悍賊，揚旗跳盪，自辰至午，相持不決，軍勢少却。季霞從兄督戰，進曰：「事急矣！賊將乘我！」遂棄所乘馬，獨步而前。賊遽奔之，季霞發槍，斃二賊，又鞭卒之少退者。一賊伏下田，發槍中，傷季霞，仆地。孟容舁其弟歸營，而自麾衆禦之。短兵確鬥，驍將鋭卒傷亡數十人，賊亦大創。我軍乘間舉火，燔其木柵，烟焰漲天，五壘齊破。是夕遂破蒲圻縣，克之。孟容還營視其弟，創在臍旁，氣息僅屬，撫之大慟。季霞徐曰：「兄勿爾，命也！」語訖而絶，春秋二十有五。事聞，諭旨追贈知縣，照知縣例賜恤。

❶「林」，原作「雲」，據光緒本改。

季霞事兄，致嚴以順，而風韻各異。孟容於士類，揚清激濁，而季霞不置臧否。孟容稍立崖岸，别白是非，鮮所假借，而季霞脱去畦封，暝無一語，款誠相接，其臭如蘭，以是人樂近之。劉氏世居湘鄉之四十都，近歲兵事方殷，有司分都團練，季霞部勒鄉人，獨嚴整。喪歸自蒲圻，族之少長，遠近之耆德學徒，與鄰者團結之丁壯，會葬送死，哭者至數千人，如喪親戚。然後知其得衆，宿將不及也。咸豐八年□月□□日甲子，葬於樂善里之王湖嶺。配孔氏，國子監學録廣璠之女。生女一人，無子，以孟容子培垕爲嗣。銘曰：

元二之厄，兵氣崢嶸。方州大府，鼠却狐驚。提戈殺賊，年少書生。厥少維何，星終兩紀。温玉刻苕，翱翔文史。事親從兄，辟咡而詔。仗劍出門，海飛龍嘯。蒲首之山，故壘嵯峨。一儒奪臂，永奠山河。位豈在大？齡豈在多？我銘斯石，萬代不磨。

母弟温甫哀詞

咸豐五年十月，賊目僞翼王石達開，引其黨自湖北通城竄入江西，别有廣東匪徒曰周培春、葛耀明、關志江者，自湖南茶陵州竄入，與石逆相聚於新昌縣。周培春等投歸石逆部下，願爲前驅，石逆授之僞職將軍、總制、軍師、旅帥之類。兩逆黨者，合并爲一，江西亂民，從之如歸。贛水以西，望風瓦解。十一月初十日，攻陷瑞州府，明日，陷臨江。晦日，袁州繼陷，遂圍吉安，明年正月二十五日陷之。余檄副將周鳳山，率九江之師入援。二月十八日，軍敗於樟樹鎮，而撫州、建昌兩府，以是月之季相踵淪没。國藩躬率水陸諸軍，自湖口入援，而南康又没於賊矣，九江自爲賊踞如故。凡江西土地，棄之賊中者，爲府八，爲州若縣若廳五十有奇。天動地岌，人心惶惶，訛言一夕數驚，或奔走奪門相踐死。楚軍困於江西，道閉不得通鄉書，則募死士，蠟丸隱語，乞援於楚。賊亦益布金錢，購民間捕索楚人致密書者，殺而榜諸衢。前後死者百輩，無得脱免。

吾弟國華温甫，自湘中間關走武昌，乞師以拯江西。於是與劉騰鴻峙衡、吴坤修竹莊、普承堯欽堂率五千人以行。而巡撫胡公奏請以温甫統領軍事，出入賊地。盛暑鏖兵，凡攻克咸寧、蒲圻、崇陽、通城、新昌、上高六縣，以六月三十日，鋭師翔於瑞州，由是江西、湖南始得通問，而温甫亦積勞致疾矣。七月十六日，棹小舟舁疾至南昌，兄弟相見，深夜愔愔，喜極而悲，涕泣如雨。弟疾寖劇，治之多方不效，至九月乃痊，復還瑞州營次。

瑞州故有南北兩城，蜀水貫其中。劉騰鴻軍其南，温甫與普承堯軍其西北。賊於東隅通外援，市易如故。七年正月，予率吴坤修之師自奉新至東路，始合長圍，掘塹周三十里。温甫則大喜：「吾攻此城久不舉，今兹事其集乎！」不幸遭先君子大故，兄弟匍匐奔喪。入里門，宗族鄉黨争來相弔，亦頗相慶慰。國藩得拔其不肖之軀，復有生還之一日，温甫力也。

温甫既出嗣叔父，以咸豐八年二月降服期滿復出，抵李君續賓迪庵軍中。李君與温甫爲婚姻，益相與講求戎政，晨夕諮議。是時九江新破，强悍深根之寇，一掃刮絶，李君威名聞天下。又克麻城，蹴黄安，喋血皖中，連下太湖、潛山、桐城、舒城四縣。席全盛之勢，人人自以無前，師鋭甚。温甫獨以爲常勝之家，氣將竭矣，難可深恃，時時與李君深語悚切以警其下，亦以書告予盱上。竟以十月十日軍敗，從李君殉難廬江之三河鎮。嗚呼，痛哉！

曩吾弟以新集之師，千里赴援，摧江西十萬之賊，而無所頓。今以皖北百勝之軍，萃良將勁卒，四海所仰望者，而壹覆之，而吾弟適丁其厄，豈所謂命耶？ 常勝之不足深恃，吾弟之智既及之矣，而不肯退師以圖全。營壘以十三夜被陷，而吾弟與李君以初十之夕并命同殉，又不肯少待以圖脱免，豈所謂知命者耶？ 遂綴詞哭之。詞曰：

觵觵我祖，山立絶倫。有蓄不施，篤生哲人。我君爲長，魯國一儒。仲父早世，有季不孤。恭惟先德，稼穡詩書。小子無狀，席此慶餘。粲粲諸弟，雁行以隨。吾詩有云，午君最奇。挾藝干人，百不一售。彼粗穢者，乃居吾右。抑塞不伸，發狂大叫。雜以嘲詼，萬花齊笑。世不吾與，吾不世許。自謂吾虎，世棄如鼠。相舛相背，逝將去女。一朝奮發，仗劍東行。提師五千，往從阿兄。何堅不破？ 何勁不摧？ 躍入章門，無害無災。壎篪鼓角，號令風雷。昊天不弔，鮮民銜哀。見星西奔，三子歸來。弟後季父，降服以禮。匝歲告闋，靡念苞杞。出陪戎幄，匪辛伊李。既克潯陽，雄師北邁。剗潛剜桐，群舒是嘬。豈謂一蹶，震驚兩戒？ 李既山頽，弟乃梁壞。覆我湘人，君子六千。命耶數耶？ 何辜於天？ 我奉簡書，馳驅嶺嶠。江北江南，夢魂環繞。卯慟抵昏，酉悲達曉。莽莽舒、廬，群凶所窟。積骸成岳，孰辨弟骨？ 骨不可收，魂不可招。峥嶸廢壘，雪漬風飄。生也何雄？死也何苦？我實負弟，茹恨終古！予於道光甲辰寄諸弟詩，有云：「辰君平正午君奇，屈指老沅真白眉。」辰君謂弟澄侯，生庚辰歲，午君謂温甫，生壬午歲，老沅，即沅甫也。

歐陽生文集序

乾隆之末，桐城姚姬傳先生鼐善爲古文辭，慕效其鄉先輩方望溪侍郎之所爲，而受法於劉君大櫆及其世父編修君範。三子既通儒碩望，姚先生治其術益精。歷城周永年書昌爲之語曰：「天下之文章，其在桐城乎！」由是學者多歸嚮桐城，號「桐城派」，猶前世所稱「江西詩派」者也。

姚先生晚而主鍾山書院講席。門下著籍者，上元有管同異之、梅曾亮伯言，桐城有方東樹植之，姚瑩石甫。四人者，稱爲高第弟子，各以所得，傳授徒友，往往不絶。在桐城者，有戴鈞衡存莊，事植之久，尤精力過絶人，自以爲守其邑先正之法，襢之後進，義無所讓也。其不列弟子籍，同時服膺，有新城魯仕驥絜非、宜興吴德旋仲倫。絜非之甥，爲陳用光碩士。碩士既師其舅，又親受業姚先生之門，❶鄉人化之，多好文章。碩士之群從，有陳學受藝叔、陳溥廣敷。而南豐又有吴嘉賓子序，皆承絜非之風，私淑於姚先生。由是江西建昌有桐城之學。仲倫與永福吕璜月滄交友，月滄之鄉人，有臨桂朱琦伯韓、龍啓瑞翰臣、馬平王錫振定甫，皆步趨吴氏、吕氏，而益求廣其術於梅伯言。由是桐城宗派流衍於廣

❶「門」下，傳忠鈔本有「風義莫隆焉」五字。

西矣。

昔者，國藩嘗怪姚先生典試湖南，而吾鄉出其門者，未聞相從以學文爲事。既而得巴陵吴敏樹南屏，稱述其術，篤好而不厭。而武陵楊彝珍性農、善化孫鼎臣芝房、湘陰郭嵩燾伯琛、漵浦舒燾伯魯，亦以姚氏文家正軌，違此則又何求？最後得湘潭歐陽生。生，吾友歐陽兆熊小岑之子，而受法於巴陵吴君、湘陰郭君，亦師事新城二陳。其漸染者多，其志趨嗜好，舉天下之美，無以易乎桐城姚氏者也。

當乾隆中葉，海内魁儒畸士，崇尚鴻博，繁稱旁證。考核一字，累數千言不能休，别立幟志，名曰「漢學」，深擯有宋諸子義理之説，以爲不足復存。其爲文，尤蕪雜寡要。姚先生獨排衆議，以爲義理、考據、詞章，三者不可偏廢，必義理爲質，而後文有所附，考據有所歸。一編之内，惟此尤兢兢。當時孤立無助，傳之五六十年，近世學子，稍稍誦其文，承用其説。道之廢興，亦各有時，其命也歟哉？

自洪、楊倡亂，東南荼毒，鍾山石城，昔時姚先生撰杖都講之所，今爲犬羊窟宅，深固而不可拔。桐城淪爲異域，既克而復失。戴鈞衡全家殉難，身亦歐血死矣。余來建昌，問新城、南豐兵燹之餘，百物蕩盡，田荒不治，蓬蒿没人，一二文士，轉徙無所。而廣西用兵九載，群盜猶洶洶，驟不可爬梳，龍君翰臣又物故。獨吾鄉少安，二三君子，尚得優遊文學，曲折以求合桐城之轍。而舒燾前卒，歐陽生亦以瘵死。老者牽於人事，或遭亂不得竟其學，少者或中道夭殂。四方多故，求如姚先生之聰明早達，太平壽考，從容以躋於古之作者，卒不可得。然則業之成否，又得謂之非命也耶？

歐陽生名勳，字子和，没於咸豐五年三月，年二十有幾。其文若詩，清縝喜往復，亦時有亂離之慨。莊周云：「逃空虛者，聞人足音，跫然而喜。」而況昆弟親戚之謦欬其側者乎？余之不聞桐城諸老之謦欬也久矣，觀生之爲，則豈直足音而已？故爲之序，以塞小岑之悲，亦以見文章與世變相因，俾後之人得以考覽焉。

聖哲畫像記 己未

國藩志學不早，中歲側身朝列，竊窺陳編，稍涉先聖昔賢、魁儒長者之緒。駑緩多病，百無一成。軍旅馳驅，益以蕪廢。喪亂未平，而吾年將五十矣。

往者，吾讀班固《藝文志》及馬氏《經籍考》，見其所列書目，叢雜猥多，作者姓氏，至於不可勝數。或昭昭於日月，或湮没而無聞。及爲文淵閣直閣校理，每歲二月，侍從宣宗皇帝入閣，得觀《四庫全書》。其富過於前代所藏遠甚，而存目之書數十萬卷，尚不在此列。嗚呼，何其多也！雖有生知之姿，累世不能竟其業，況其下焉者乎？故書籍之浩浩，著述者之衆，若江海然，非一人之腹所能盡飲也，要在慎擇焉而已。

余既自度其不逮，乃擇古今聖哲三十餘人，命兒子紀澤圖其遺像，都爲一卷，藏之家塾。後嗣有志讀書，取足於此，不必廣心博騖，而斯文之傳，莫大乎是矣。昔在漢世，若武梁祠、魯靈光殿，皆圖畫偉人事蹟，而《列女傳》亦有畫像，感發興起，由來已舊。習其器矣，進而索其神，通其微，合其莫，心誠求之，仁遠乎哉？國藩記。

堯、舜、禹、湯，史臣記言而已。至文王拘幽，始立文字，演《周易》。周、孔代興，六經炳著，師道備矣。秦、漢以來，孟子蓋與莊、荀並稱。至唐，韓氏獨尊異之。而宋之賢者，以爲可躋之尼山之次，崇其書以配《論語》。後之論者，莫之能易也。茲以亞於三聖人後云。

左氏傳經，多述二周典禮，而好稱引奇誕，文辭爛然，浮於質矣。太史公稱莊子之書皆寓言，吾觀子長所爲《史記》，寓言亦居十之六七。班氏閎識孤懷不逮子長遠甚，然經世之典，六藝之旨，文字之源，幽明之情狀，粲然大備。豈與夫斗筲者爭得失於一先生之前，姝姝而自悅者能哉！

諸葛公當擾攘之世，被服儒者，從容中道。陸敬輿事多疑之主，馭難馴之將，燭之以至明，將之以至誠，譬若御駑馬登峻坂，縱橫險阻而不失其馳，何其神也！范希文，司馬君實，遭時差隆，然堅卓誠信，各有孤詣，其以道自持，蔚成風俗，意量亦遠矣。昔劉向稱董仲舒王佐之才，伊、呂無以加，管、晏之屬殆不能及。而劉歆以爲董子師友所漸，曾不能幾乎游、夏。以予觀四賢者，雖未逮乎伊、呂，固將賢於董子，惜乎不得如劉向父子而論定耳。

自朱子表章周子、二程子、張子，以爲上接孔、孟之傳，後世君相師儒，篤守其說，莫之或易。乾隆中，閎儒輩起，訓詁博辨，度越昔賢。別立徽志，號曰「漢學」，擯有宋五子之術，以謂不得獨尊。而篤信五子者，亦屏棄漢學，以爲破碎害道，斷斷焉而未有已。吾觀五子立言，其大者多合於洙、泗，何可議也？其訓釋諸經，小有不當，固當取近世經説以輔翼之，又可屏棄群言以自隘乎？斯二者亦俱譏焉。

西漢文章，如子雲、相如之雄偉，此天地遒勁之氣，得於陽與剛之美者也，此天地之義氣也。劉向、匡衡之淵懿，此天地温厚之氣，得於陰與柔之美者也，此天地之仁氣也。東漢以還，淹雅無慚於古，而風骨少隤矣。韓、柳有作，盡取揚、馬之雄奇萬變，而内之於薄物小篇之中，豈不詭哉？歐陽氏、曾氏皆法韓公，而體質於匡、劉爲近。文章之變，莫可窮詰，要之，不出此二途，雖百世可知也。

余鈔古今詩，自魏、晉至國朝，得十九家。蓋詩之爲道廣矣，嗜好趨向，各視其性之所近，猶庶羞百味，羅列鼎俎，但取適吾口者，嚌之得飽而已。必窮盡天下之佳肴，辯嘗而後供一饌，是大惑也；必强天下之舌盡效吾之所嗜，是大愚也。莊子有言：「大惑者終身不解，大愚者終身不靈。」余於十九家中，又篤守夫四人者焉。唐之李、杜，宋之蘇、黄，好之者十有七八，非之者亦且二三。余懼蹈莊子「不解」、「不靈」之譏，則取足於是，終身焉已耳。

司馬子長網羅舊聞，貫串三古，而「八書」頗病其略。班氏《志》較詳矣，而斷代爲書，無以觀其會通。欲周覽經世之大法，必自杜氏《通典》始矣。馬端臨《通考》，杜氏伯仲之間。鄭《志》非其倫也。百年以來，學者講求形聲故訓，專治《説文》，多宗許、鄭，少談杜、馬。吾以許、鄭考先王制作之源，杜、馬辨後世因革之要，其於實事求是，一也。

先王之道，所謂修己治人，經緯萬彙者，何歸乎？亦曰「禮」而已矣。秦滅書籍，漢代諸儒之所掇拾，鄭康成之所以卓絶，皆以「禮」也。杜君卿《通典》，言《禮》者十居其六，其識已跨越八代矣。有宋張子、朱子之所討論，馬貴與、王伯厚之所纂輯，莫不以《禮》爲兢兢。我朝學者，以顧亭林爲宗，國史《儒林傳》褎然冠首。吾讀其書，言及禮俗教化，則毅然有守先待後、舍我其誰之志，何其壯也。厥後張蒿庵作《中庸論》，及江慎修、戴東原輩，尤以《禮》爲先務。而秦尚書蕙田，遂纂《五禮通考》，舉天下古今幽明萬事，而一經之以《禮》，可謂體大而思精矣。吾圖畫國朝先正遺像，首顧先生，次秦文恭公，亦豈無微旨哉？桐城姚鼐姬傳、高郵王念孫懷祖，其學皆不純於《禮》。然姚先生持論閎通，國藩之粗解文章，由姚先生啓之也。王氏父子，集小學訓詁之大成，夐乎不可幾已，故以殿焉。

姚姬傳氏言學問之途有三：曰義理，曰詞章，曰考據。戴東原氏亦以爲言。如文、周、孔、孟之聖，左、莊、馬、班之才，誠不可以一方體論矣。至若葛、陸、范、馬，在聖門則以德行而兼政事也，周、程、張、朱，在聖門則德行之科也，皆義理也。韓、柳、歐、曾，李、杜、蘇、黄，在聖門則言語之科也，所謂詞章者也。許、鄭、杜、馬、顧、秦、姚、王，在聖門則文學之科也，顧、秦於杜、馬爲近，姚、王於許、鄭爲近，皆考據也。此三十二子者，師其一人，讀其一書，終身用之，有不能盡。若又有陋於此而求益於外，譬若掘井九仞，而不及泉，則以一井爲隘，而必廣掘數十百井，身老力疲，而卒無見泉之一日，其庸有當乎？

自浮屠氏言因果禍福，而爲善獲報之説，深中於人心，牢固而不可破。士方其佔畢咿唔，則期報於科第禄仕。或少讀古書，竊著作之林，則責報於遐邇之譽，後世之名。纂述未及終編，輒冀得一二有力之口，騰播人人之耳，以償吾勞也。朝耕而暮穫，一施而十報，譬若沽酒市脯，喧聒以責之貸者，又取倍稱之息焉。禄利之不遂，則徼幸於没世不可知之名。甚者至謂孔子生不得位，没而俎豆之報隆於堯、舜，鬱鬱者以相證慰，何其陋歟！今夫三家之市，利析錙銖，或百錢逋負，怨及孫子。若通闤貿易，瓌貨山積，動逾千金，則百錢之有無，有不暇計較者矣。商富大賈，黄金百萬，公私流衍，則數十百緡之費，有不暇計較者矣。均是人也，所操者大，猶有不暇計其小者，況天之所操尤大，而於世人豪末之善，口耳分寸之學，而一一謀所以報之，不亦勞哉？商之貨殖同，時同，而或贏或絀。射策者之所業同，而或中或罷。爲學著書之深淺同，而或傳或否，或名或不名，亦皆有命焉，非可强而幾也。古之君子，蓋無日不憂，無日不樂。道之不明，己之不免爲鄉人，一息之或懈，憂也；居易以俟命，下學而上達，仰不愧而俯不怍，樂也。自文王、周、孔三聖人以下至於王氏，莫不憂以終身，樂以終身，無所於祈，何所爲報？己則自晦，何有於名？惟莊周、司馬遷、柳宗元三人者，傷悼不遇，怨悱形於簡册，其於聖賢自得之樂，稍違異矣。然彼自惜不世之才，非夫無實而汲汲時名者比也。苟汲汲於名，則去三十二子也遠矣。將適燕、晉而南其轅，其於術不益疏哉？

文、周、孔、孟，班、馬、左、莊。葛、陸、范、馬，周、程、朱、張。韓、柳、歐、曾，李、杜、蘇、黄。許、鄭、杜、馬，顧、秦、姚、王。三十二人，俎豆馨香。臨之在上，質之在旁。

桃源縣學教諭孫君墓表

君諱葆恬，字劭吾，孫氏，善化人。祖繩武，歲貢生。考先振，舉人，直隸隆平縣知縣。隆平君無子，有兄曰先捷，縣學附生，晚而生君，乃兼以後隆平君，禮律所稱「一子承二祧」者也。君生貴重，兩翁絶憐之，不欲苦以學業。君曲承歡意，進則奉槃疾趨，嬉游無度，退則顓顓自敕，鑽仰群書。本末交修，既治且篤。年十七，補諸生，中式嘉慶己卯科舉人。於是，贈翁始知君之學之勤，人之所不見也。

道光六年，以大挑選桃源縣學教諭。始至學官，弟子或丙夜蹐門，曰：「願有謁也。」君呵禁立絶，諸生相戒惕息不敢近。君稍稍引進，矜其不能。有某生，才而無檢，提學使者將除其名，君召而數之曰：「若以惡聞於一縣，今當痛自艾。掃地自新則生，蹈故則否。」生頓首謝，不敢負，學使者亦竟不黜生。又有數十人，以錢糧浮收，訴縣令於上官，刻碑縣門，頗劫持之，冀薄斂以寬民力。縣令大怒，將名捕，致之法，君從容開説，仆碑弛獄，久之壹解。縣令邵君以事罰富人錢二十萬，輸於學宮，陰以乞君。君別藏之，及以憂去官，召諸生，使具狀，出錢予之，貫則朽矣。在桃源九年，大計卓異，例以知縣赴部謁選。君曰：「今日令長，豈得行其志者？吾上有老親，又奚爲於選人？」道光二十一年四月某甲子卒官，春秋四十有八。

卒後三年，君之子鼎臣芝房以道光乙巳科進士，改翰林院庶吉士，君以覃恩晉贈儒林郎。又二年，次子頤臣以丁未科進士，改兵部主事。又三年，今上即位，晉贈奉直大夫。明年，子觀臣中式咸豐辛亥科舉人。又明年，以宣宗升祔恩，晉贈中憲大夫。是時，粵匪洪、楊諸逆方犯湖南，聯巨艦，浮江而東，荆、揚鼎沸。芝房及其兩弟歸自京師，又二年，頤臣、觀臣相繼淪逝。又明年，咸豐丁巳十二月某甲子，君之配桂太恭人卒。死喪頻仍，家稍替矣。太恭人孝恭任淑，處變不驚。鎮筸有卒譁，戕其長官。濱沅州縣，洶洶東徙避亂。流賊有自通城竄長沙者，家人亦烏徙避之。太恭人晏然守静，不爲訛言震駭，卒以無事。方從官桃源學署，贈翁縣學君實在養，每晨興，君布席，太恭人進饌。贈翁年幾九十，與子婦爲辭讓者再。太恭人執玉賓賓，恒有嬰兒之色，見之者不知其娶婦生孫，子已登科也。太恭人之没，後君十有六載。

咸豐九年二月某甲子，芝房奉母合葬於赤江先塋。先事屬友人曾國藩表其墓，國藩因循未即爲，而芝房不幸死矣。始君以樸學沖襟，未竟其施，士林惜之。又頤臣、觀臣以才子早世，又益惜之。至芝房秉父之訓，立朝有風節，著書廩廩近古矣，復以憂死，每加惜焉。君子小人，知與不知，所共悼痛者也。且所謂天者，何也？高高者與人世迥絶，其好惡固當大異於人，不可究詰耶？抑食報有時，遲之又久，而後大定耶？以君之積善教子，芝房之所成立，如此卓卓，而猶不克顯，則將來所謂大定焉者，又可必其盡如人意而祚之無已乎？於是爲鑱諸石，揭諸墓道，以俟夫異時觀化人者取驗焉。

畢君殉難碑記

自楚軍之興，忠武公塔齊布實始以勇名天下。楚人剽悍者，率低首塔公，亦豔稱雲南畢君。塔公每臨敵，負槍挾弓矢，又令二卒樹長矛，執曳馬繩竿以從，其爲器也四。畢君每臨敵，負槍，腰五十矢，又令卒手蛇矛、持八尺刀以從，其爲器也亦四。塔公躍馬飈馳，瞋人追從，從輒返鞭之。畢君怒馬直穿賊陣，戒後者：「無得妄從我！」人亦自不敢從也。

畢君名金科，字應侯，雲南臨沅人。以征開化苗匪功，叙藍翎外委，署臨沅鎮標外委。咸豐四年，隨副將王國才赴湖北軍營，破賊於天門丁司橋，累叙至花翎都司。十一月，國藩檄令隨塔公攻圍九江。明年正月，賊犯武昌，王國才回軍援鄂，畢君遂爲塔公所留。其後塔公物故，畢以驍勇冠潯軍。逆酋石達開之寇江西也，連陷瑞州、臨江等八府數十州縣，畢君所至，常陷陳克捷，旋爲他部牽率失利，終不得獨録其功。自九江奉檄而南，以五年十二月破賊於樟樹鎮。明年二月，軍敗失之。自南昌而東，以六年五月破賊於饒州之章田渡，六月，郡城陷失之。畢君自痛爲他部所累，益發憤，募死士，再入饒州，誓衆曰：「今日上岸破賊，不捷，吾不復歸舟矣！」一鼓克復府城，饒之耆黎婦孺，見聞者與不見聞者，皆曰：「畢君功也！」由是，賞加呼爾察巴圖魯名號，補臨沅鎮都司，升用游擊，名譽大振。而忌君者日以次骨，飛謀蔫謗，迭相污染。君提千餘人，當四戰之地，索餉不至，又惡忌者出己上，中夜鬱鬱不自得，常思立奇功以自旌異。會徽、池之賊大至，歲暮，士有飢色。有司者責君：「能破景德鎮，軍食可圖也。」君以正月二日出師，初四日，驟攻景德鎮。入市，乃無一賊，別挐十人，搜剿後街，賊蜂起，從卒亡七人，傷三人。君縱横擊刺，踐血而出。最後，賊以噴筒環攻君於王家洲，隕焉，年二十五歲耳。閱十有八日，前從傷卒三人者，收得遺屍。又三載，咸豐九年，予弟國荃破賊景德鎮，憑弔畢君殉難之所，而壯士則既死矣。功名之際，有天有人，在己者獨足恃哉？於是伐石以表遺蹟，聲之銘語，俾行路歌之，以永饒人之思。銘曰：

横目蚩蚩，同出一冶。衆雌無雄，誰是健者？塔公首出，次乃畢君。軀幹雖小，陳安之倫。匹馬斫陣，萬夫莫當。人心之賊，一矢或傷。内畏娼嫉，外逼强寇。進退靡依，忍尤叢詬。鬱極思伸，矯首舐天。徒飛無翼，或墜於淵。淵則有底，憤則無已。萬代千齡，哀此壯士。

孫芝房侍講芻論序

咸豐九年三月，善化孫芝房侍講鼎臣以書抵余建昌軍中，寄所爲《芻論》，屬爲裁定。凡二十五篇，曰論治者六，論鹽者三，論漕者三，論幣者二，論兵者三，通論唐以來大政者七，論明賦餉者一。其首章追溯今日之亂源，深咎近世漢學家言，用私意分别門户，其語絶痛。明年四月，復得芝房書，則疾革告别之詞，而芝房以三月死矣。既爲位而哭，且以書告仁和邵君懿辰，於是爲叙諸簡首，而歸諸其孤。

蓋古之學者，無所謂經世之術也，學

《禮》焉而已。《周禮》一經，自體國經野，以至酒漿廛市，巫卜繕稿，夭鳥蠱蝨，各有專官，察及纖悉。吾讀杜元凱《春秋釋例》，歎丘明之發凡，仲尼之權衡萬變，大率秉周之舊典，故曰「周禮盡在魯」矣。自司馬氏作史，猥以《禮書》與《封禪》《平準》并列，班、范而下，相沿不察。唐杜佑纂《通典》，言禮者居其泰半，始得先王經世之遺意。有宋張子、朱子，益崇闡之。聖清膺命，巨儒輩出，顧亭林氏著書，以扶植禮教爲己任。江慎修氏纂《禮書綱目》，洪纖畢舉。而秦樹灃氏遂修《五禮通考》，自天文、地理、軍政、官制，都萃其中，旁綜九流，細破無內。國藩私獨宗之，惜其食貨稍缺，嘗欲集鹽漕賦税國用之經，別爲一編，傳於秦書之次，非徒廣己於不可畔岸之域，先聖制禮之體之無所不賅，固如是也。以世之多故，握槧之不可以苟，未及事事，而齒髮固已衰矣。

往者，漢陽劉傳瑩茮雲，實究心漢學者之説，而疾其單辭碎義，輕笮宋賢。間嘗語余：「學以反求諸心而已，泛博胡爲？至有事於身與家與國，則當一一詳核焉而求其是，考諸室而市可行，驗諸獨而衆可從。」又曰：「禮非考據不明，學非心得不成。」國藩則大韙之，以爲知言者徒也。未幾，茮雲即世。臨絶，爲先令處分後事，壹秉古禮。國藩既銘其墓，又爲家傳，粗道漢學得失、主客之宜，藏諸劉氏之祏。

君子之言也，平則致和，激則召争。辭氣之輕重，積久則移易世風，黨仇訟争而不知所止。曩者良知之説，誠非無蔽，必謂其釀晚明之禍，則少過矣。近者漢學之説，誠非無蔽，必謂其致粤賊之亂，則少過矣。《芻論》所考諸大政，蓋與顧氏、江氏、秦氏之指爲近，彼數子者，固漢學家所奉以爲歸者也。而芝房首篇，譏之已甚，其果有剖及毫氂千里者耶？抑將憤夫一二鉅人長德，曲學阿世，激極而一鳴耶？芝房之志大而銳進也，與茱雲同，其卒也，寄書抵余以告永訣，亦與茱雲同。其自《芻論》外，別有詩十卷、文十一卷、《河防紀略》四卷。著書之多，與茱雲異，而其博觀而慎取則同，其嫉夫以漢學標揭也亦同，而立言少異。余故稍附諍論，以明不忍死友之義，亦以見二子者之不竟其志，非僅余之私痛也。

林君殉難碑記

嗚呼！自余倡率楚師，轉戰荆、揚二州之域，其間相從死事者，不可勝道。或貞白無他，誓不相背棄，而慷慨一瞑，志不得少伸，名不襮於當世，愛之而莫能收焉者，尤可悲也。

林君源恩，字秀三，四川達州人。❶道光丁酉科拔貢生，癸卯順天鄉試舉人。咸豐元年，選湖南平江縣知縣。二年，粵賊洪、楊之屬圍長沙，其冬，瀏陽匪徒爲亂，明年春，通城匪徒爲亂。三縣者，皆與平江壤接，君詰姦守隘，如防禦水，截然不得蟄溢。江忠烈公才君之爲，既保奏以同知直隸州補用，又以書播告士友，道林君堪軍旅也。會國藩治舟師，檄君募平江勇五百人以從。

四年三月，賊自鄂中南犯，君禦之平江九嶺，果大捷。同官有忌君者，功不得敘，又別摭他事中之，君悒悒，内不能堪，而口獨重滯。嘗發憤欲一廷辨，宿戒設辭甚具，

❶「達州」，傳忠鈔本作「安縣」。

至則爲衆所噤害，卒不得發，或反引咎自責。是歲十月，追隨國藩於九江軍次，造次欲有所申理，亦不竟白也。明年春，檄君治湘軍糧臺，歸自廣信，又治塔軍門忠武公糧臺，又佐理鄱湖水師營務。十一月，又攝理陸軍於廬山之麓，姑塘之南。而江西巡撫文公聞君賢，飛檄調至南昌，付以所新募之平江營者。君在廬山，與一二武人爲儔，折節内交。武人益不孫，嫚辭侵侮，或稱：「書生跬步矍矍，焉知戰事？」君既痛其獷，又口重滯，卒無以折之。獨夜歎曰：「丈夫壹死强寇耳，終不返顧矣！」及至南昌，領新軍，乃稍自喜。

是時劇賊石達開犯江西，連陷八府五十餘州縣。六年丙辰三月，李元度次青率師自湖口南來，君與鄧輔綸彌之自南昌而東，兩軍會於撫州，疊戰皆捷，人心始定。賊亦糾合列郡醜類，更番搦戰，我軍輒却之，又至，又大創之，疲極不得休息。秋九月，分軍出攻崇仁、宜黄，適會援賊大至，君竟以十七日戰敗，死之。始君嘗誡其下曰：「好相保！吾與若共命於兹也！」至是衆知君不屈，相從死者三百餘人。君歿二歲，咸豐八年四月，官軍克復撫州。又明年，國藩師次於此，弔君殉難之所。尋逝者之白骨，邈然其不可復識矣。於是爲立石以表遺迹，綴以銘詩，以告於不知紀極之世之一二君子，以達余之耿耿。銘曰：

胡古胡今，强吞弱伏。佞者刀椹，訥者魚肉。文吏賊深，武夫悍激。訥者避之，負牆屏息。忽入戰場，萬馬辟易。士固難料，理固難推。災祥顯晦，孰執其機？昔聞人述，言出君口：「我不知戰，但知無走。」平生久要，臨難不苟。大信不盟，堅可鍥金。澆俗所侮，鬼神所欽。精魂遠矣，北斗帝鄉。遺骨莫辨，蔓草茫茫。有欲求之，環此石旁。

湖口縣楚軍水師昭忠祠記

咸豐八年七月，國藩將有事於浙江，道出湖口。廣東惠潮嘉道彭君雪琴方庀局鳩工，建昭忠祠於石鐘山，祀楚軍水師之死事者，告余具疏上聞。八月疏入，報可。明年七月，國藩將有事於四川，再過湖口，則祠工已畢，祀營官蕭節愍公捷三以下若干人，後楹祀勇丁若干人。其東爲浣香別墅，前曰聽濤眺雨之軒，後曰芸芍齋。齋後傳以小亭，曰且閑亭。亭下有小池，度梁而南，穿石洞東出，曰梅塢。迤西少陟山，曰鎖江亭。其西絶高，曰觀音閣。閣外曰魁星樓，僧徒居之。又西曰坡仙樓，刻蘇氏《石鐘山記》其上。憑高望遠，吐納萬景，一草一石，焕然增新矣。

當楚軍水師之初立也，造舟始於衡陽，大戰始於湘潭。其後克岳州，下武昌，大破田家鎮。今福建提督楊君厚庵與雪琴暨諸君子，喋血於狂風巨浪之中，燔逆舟以萬計，轉戰無前，可謂至順。其後官軍深入彭蠡之内，賊乘水涸，大塞湖口，遏我舟使不得出。於是水師有外江、内湖之分。内者守江西，外者援湖北，驍然若割肝膽而判爲楚、越，終古不得合并。至咸豐七年九月，攻克湖口，兩軍復合。蓋相持三年之久，死傷數千人之多，僅乃舉之。

方其戰争之際，炮震肉飛，血瀑石壁。士飢將困，窘若拘囚。群疑衆侮，積淚漲江，以求奪此一關而不可得，何其苦也！

及夫祠成之後，裸薦鼓鐘，士女瞻拜，名花異卉，旖旎啾瑲，江色湖光，呼吸萬里，曠然若不復知兵革之未息者，又何樂也！ 時乎安樂，雖賢者不能作無事之顰蹙；時乎困苦，雖達者不能作違衆之歡欣。 人心之喜戚，夫豈不以境哉？ 吾因是而思，夫豪傑用兵，或敝一生之力，擲千萬人之性命，以爭尺寸之土，不得則鬱鬱以死者，寧皆憂斯民哉？ 亦將以境有所迫而勢有所劫者然也。 若夫喜戚一主於己，不遷於境，雖處富貴賤貧，死生成敗而不少移易，非君子人者，而能庶幾乎？ 余昔久困彭蠡之內，蓋幾幾不能自克。 感彭君新搆此祠，有登臨覽觀之美，粗爲發其凡焉。

武昌張府君墓表

君諱以誥，字兢安，號經圃，湖北武昌人。生而祇慎鞠躬，容儀几几，與人無疏戚，必先遂其所好而後己以聽之。所遇和順，則曰：「彼實宥我，余非能善此。」不順，或有曲蘙隱抑，則曰：「我之咎也，彼何罪？」即非禮相加，尤不肖，益泊然避之。即嚴事我，尤卑賤，尤磬折，與之鈞等。遠近從之者，洎未嘗見其有所觝觸拂戾也。

曾祖斯錕。祖維滄，國子監生。考本用，歲貢生，廣濟縣學訓導。訓導君既以能文鳴於時，❶生二子，長曰以謨，成嘉慶戊辰進士。君以少子承父兄之業，折節力學，尤

❶「鳴」，傳忠鈔本作「名」。

善爲制舉之文。每搆一篇，目營四海，精騖九天之上，不可得而究也。徐而洗心冥默，若無可言。往往鑿險鈎深，歸諸平淡，無有窕聲曼色。坐是屢擯於有司，君亦不少變以求速化。其爲之益勤，自七經、《孟子》下逮有宋諸儒者之説，莫不鑽研。以是澤其文，訓其徒友，亦以是行之於宗族鄉黨。里有貧不能舉婚喪者，别差等周之，宿負逋租，無多寡壹蠲之。乞人有强暴者，群乞擁之山中，將椎殺之。一人寤曰：「此張某家墓地也。張公長者，無以訟事污累長者！」相與徙之他所，主者果大困。於是識者歎君之德感及頑族矣。

道光四年八月望日，以疾卒，春秋六十有三。配余孺人。子二：善鏞，縣學生，善準，歲貢生。孫成，縣學生，裕銘、裕鈞，縣學廪生，裕鎮、裕釗，道光丙午舉人。諸子孫皆以文行紹其家學，而裕釗賢而能古文，日昌大不可量。君以道光十七年三月壬辰葬於大冶縣杉木橋東之張家山，凡二十二歲，咸豐九年裕釗致父之命，乞余表其墓。

自制科以四書文取士，强天下不齊之人，一切就瑣瑣者之繩尺，其道固已隘矣。近世有司乃並無所謂繩，無所謂尺，若閉目以探庾中之豆，白黑大小，惟其所值。士之蓄德而不苟於文者，將焉往而不黜哉？余爲述一二以彰君之懿行，亦深譏當世君子。有衡文取士之責者，尚知警焉。

翰林院庶吉士遵義府學教授莫君墓表

君諱與儔，字猶人，一字傑夫，貴州獨山人。先世居江南上元縣，有名先者，明弘治時從征都勻苗，因留守家焉。三傳至如爵，累官游擊，君高祖也。祖嘉能，考强，州學附生。兩世皆以君貴，敕封文林郎，翰林院庶吉士。妣皆封孺人。

君少隨兄與班讀書發聞，兄没，持期服，不與有司之試。旋以州學廩生中嘉慶三年舉人，明年己未，成進士，改翰林院庶吉士，爲紀文達公及洪編修亮吉所器異。六年散館，改知縣，署四川茂州事，徙鹽源縣知縣。縣俗富人好買無征之田，貧人鬻産，售九存一，仍輸全賦，久輒逃亡。君按籍責賦富人，而貰其隱占之罪。河西有寧遠子税所，府隸横征，君上言，税所非經病民，得裁去。木裏喇嗎左所有山，産銀銅，郡守徇奸民之求，請布政司符縣開礦，君持不可。上狀，以爲「木裏喇嗎去鹽源且二千里，朝廷特羈縻之，非真利其土也。彼土莜糧，不足於食，朝定開廠，暮聚萬人，運夫倍之。不幸鑪礦寡耗，衆散爲盜，非土司受其殃，則吾蜀承其敝。且奸民所呈地圖，開礦去左所經堂甚遠，今得左所人訊之，銅礦得十分二銀者，即經堂山也。貪小利，賈大釁，事誠不便」。大吏韙君狀，檄君往左所覆勘。春暮鏟雪而行，至則礦山者果在其經堂右。其衆嚴兵以待，既瞻君貌，又聆温語，乃皆解甲羅拜，謝「使君幸奠我居，世世不敢忘」。行事：縣令入土司境，户率錢二百五十，雜市雞豚百物，居有供，行有餽。君盡却其物，又懸之禁。比還，老幼遮道獻酒，其酋項克珠進銅佛爲壽，填咽苦不得前。由是舉治行卓異，政以大成。充甲子科鄉試同考官，以父憂去職。服闋，母張太孺人年七十餘矣，遂以終養請。凡事母十有四年，入則牽衣索棗，聽於無聲，出則生徒雲從，多文而栗。

既除母喪，吏部檄之復起。君北行至襄陽，歎曰：「吾壯也猶不能枉道事人，今能老而詭隨耶？」立歸，請改教職，選遵義府學教授。遵義之人，習聞君名，則争奏就而受業。學舍如蜂房，又不足，乃僦居半城市。旦暮進諸生而詔之：「學以盡其下焉者而已，上焉者，聽其自至可也。程、朱氏之論，窮神達化，乃不越灑掃應對、日用之常。至六藝故訓，則國朝專經大師，實邁近古。其稱《易》惠氏、《書》閻氏、《詩》陳氏、《禮》江氏，《説文》詁釋，有段氏、王氏父子。」蓋未嘗隔三宿不言，言之未嘗不津津。聽者雖愚滯，未嘗不怡如旱苗之得膏雨也。久之，門人鄭珍與其第五子友芝，遂通許、鄭之學，充然西南碩儒矣。

道光二十一年七月二十二日卒官，春秋七十有九。將絶，戒曰：「貧不能歸葬，葬吾遵義可也。」其明年十二月二日，葬縣東青田山。配唐氏，繼配李氏。子九人：希芝，次殤，次方芝，州學增生，秀芝，友芝，辛卯科舉人，庭芝，拔貢生，瑶芝，生芝，州學附生，祥芝，湖南候補縣丞。女七人，孫十一人，曾孫五人。君所爲書，有《二南近説》四卷，《仁本事韻》二卷，詩文雜稿爲族子攟至廣西，佚去，友芝掇輯，編爲四卷。友芝又别記君言行，爲《過庭碎録》十二卷。既葬十有八年，友芝以書抵國藩，乞爲文表其墓。

當乾隆之季，海内矜言考據，宗尚實事求是之説，號曰「漢學」。嘉慶四年，仁宗親政，大興朱文正、儀徵阮文達，以巨儒爲會試總裁。是科進士，如姚文田秋農、王引之伯申、張惠言皋聞、郝懿行蘭皋，皆以樸學播聞中外。科目得人，可云極盛。君於是時寂寂無所知名，及君出而爲吏，恩信行於異域，退而教授，儒術興於偏陬。校其所得，與夫同年生之炳炳者，孰爲多寡，未易遽定也。余爲表章一二，士之孤行而憂無和者，可自壯也。

何君殉難碑記 庚申

嗚呼！軍興十載，士大夫君子横死者多矣，獨吾友何君丹畦尤深痛不忍聞。自近古以來，未有行善獲禍如是之烈者也，豈不悲哉！

君以咸豐四年五月，由翰林院侍講、上書房行走，出爲安徽徽寧池太廣兵備道。時則安慶暨濱江府縣淪没賊中，廬州新立行省，亦陷於賊。副都御史袁公軍臨淮，提督和公、巡撫福公軍廬州。君當之官，不克南渡。袁公欲資君以兵，西會楚師，福公亦具疏，留君江北，檄君募勇出征。公私匱乏，沮傷百端。最後得二百餘人，率之以西。至霍山，徵集潰兵團勇三千餘人，推誠獎勵，遂以十月二日，大破捻匪李兆受於城東，追至麻埠。又五日，至流波𥕢，檄商城、固始團練堵其北，金家寨團丁禦其東，而自率所部遏其西。捻黨洶懼，李兆受與馬超江等相繼投誠。挺散脅從，遠近大説，環三四縣，皆輸豬、雞、糗糧、金錢之屬，聲終宵不絶。

先是，大府帥檄君救援廬江，檄未至而城先陷。至是，奉被劾革職之命。軍士懷不能平，雖百姓亦悁悁也。方楚師之出岳州而東也，克武昌，下黄州，破田家鎮，水陸電邁，席卷千里。其後塔齊布、羅澤南兩軍由黄梅南渡，以圍九江。賊循北岸而上，復陷蘄、黄，竄武、漢，自長、淮以南，天柱内外，所在蜂屯。君以孤軍流離，西與楚師不相聞，東與廬州大府隔絶，朝不謀夕，囓指誓衆。五年正月，進攻蘄水，克之。又分軍克復英山，又殲劇賊田金爵。大府帥以君西征有效，疏令留駐英山。君出師至是，凡八閱月，僅支見銀三百兩，士卒及民團相從者增至三千人，又益以李兆受新降之衆，無以爲食。居無帳幕，雨無薪，❶村郭無居民，遠近無援，傷亡無以爲恤。始什人賦麪一斤，繼而削減半之，既又半之。而賊來益盛，日提飢卒，轉戰不得休。五月十二日，軍敗，徒行泥淖中。鄉民或哀而進食，君雖强自振厲，然憊甚，瘻瘴發，體氣亦少餒矣。李兆受者，故反側持兩端，感君忠勤，不忍遽背負。絶糧既久，怪君無以活之，意望甚。又同時降人馬超江爲匪徒所殺，怨官不能捕誅以抵罪也，則大戚，議爲超江復仇，設位受弔，捻黨畢集。於是安徽、河南兩省，皆以兆受復叛入告，而縣令亦懸賞購兆受頭千金。兆受益不自安，匍伏詣君，自陳無他。君撫慰，稍稍綏定矣，會大府帥有密書抵君，教以圖翦叛賊，毋後人發，爲兆受所得。遂陽爲置酒高會，而伏兵戕君於英山之小南門。遺骸殘燬，同遇難者四十七人。咸豐五年十一月初三日也。

君諱桂珍，字丹畦，雲南師宗人。道光甲午科舉人，戊戌進士，翰林院編修。丙午，提督貴州學政。旋晉侍講，入直上書房。數抗疏陳軍事得失，推本君德。又採朱子、真西山《大學》之説，傳以己意，引申條例，手繕成帙，隨疏奏進。君之意，嘗以

❶「薪」，黎編本此下有一「木」字。

爲聖人者無不可爲，功無不可就，獨患人不自克，不能竭其心與力之所竟耳。及君出而莅事，飢餓經年，而百戰不息，儻所謂自克者耶？竭吾心與力而不遺者耶？卒其獲禍如是之烈，而或不免身後之餘責。然則爲善者，何適而不懼哉？

咸豐十年，國藩屯軍江北，詢君患難馳驅之所，乃立石英山，綴以銘詞，俾來者有考焉。銘曰：

飢寒逼身，難顧廉耻。聖主不能安其民，慈母不能撫其子。況於揭竿烏合之徒，亡命歸誠之始？倏順忽逆，朝人暮豕。封豕負塗，積疑張弧。鋸牙鈎爪，殪我閎儒。赤舌燒城，死有餘議。群毁所歸，天地易位。悠悠之口，難可遽勝。我銘諸石，少待其定。上訊三光，下訊無竟。

經史百家雜鈔題語

姚姬傳氏之纂古文辭，分爲十三類。余稍更易，爲十一類：曰論著，曰詞賦，曰序跋，曰詔令，曰奏議，曰書牘，曰哀祭，曰傳誌，曰雜記，九者余與姚氏同焉者也；曰贈序，姚氏所有而余無焉者也；曰叙記，曰典志，余所有而姚氏無焉者也；曰頌贊，曰箴銘，姚氏所有，余以附入詞賦之下編；曰碑志，姚氏所有，余以附入傳誌之下編。論次微有異同，大體不甚相遠，後之君子，以參觀焉。

村塾古文，有選《左傳》者，識者或譏之。近世一二知文之士，纂録古文，不復上及六經，以云尊經也。然溯古文所以立名之始，乃由屏棄六朝駢儷之文，而返之於三代、兩漢，今舍經而降以相求，是猶言孝者敬其父祖而忘其高曾，言忠者曰「我家臣耳，焉敢知國」，將可乎哉？余鈔纂此編，每類必以六經冠其端，涓涓之水，以海爲歸，無所於讓也。姚姬傳氏撰次古文，不載史傳，其説以爲史多不可勝録也。然吾觀其奏議類中，録《漢書》至三十八首，詔令類中，録《漢書》三十四首，果能屏諸史而不録乎？余今所論次，採輯史傳稍多，命之曰《經史百家雜鈔》云。

經史百家簡編序 辛酉

自六籍燔於秦火，漢世掇拾殘遺，徵諸儒能通其讀者，支分節解，於是有章句之學。劉向父子勘書祕閣，刊正脱誤，稽合同異，於是有校讐之學。梁世劉勰、鍾嶸之徒，品藻詩文，褒貶前哲，其後，或以丹黄識別高下，於是有評點之學。三者皆文人所有事也。

前明以四書經藝取士，我朝因之，科場有勾股點句之例，蓋猶古者章句之遺意。試官評定甲乙，用硃墨旌別其旁，名曰「圈點」。後人不察，輒仿其法以塗抹古書，大圈密點，狼藉行間。故章句者，古人治經之盛業也，而今專以施之時文。圈點者，科場時文之陋習也，而今反以施之古書。末流之遷變，何可勝道。惟校讐之學，我朝獨爲卓絶。乾、嘉間，巨儒輩出，講求音聲、故訓、校勘，疑誤冰解的破，度越前世矣。

咸豐十年，余選經史百家之文，都爲一集，又擇其尤者四十八首，録爲簡本，以詒余弟沅甫。沅甫重寫一册，請余勘定，乃稍以己意，分別節次，句絶而章乙之，間亦釐正其謬誤，評騭其精華，雅與鄭並奏，而得與失參見，將使一家昆弟子姪，啓發證明，不復要塗人而强同也。

箴言書院記

國藩以道光戊戌通籍於朝，湘人官京師者，多同時輩流。其射策先朝，耆年宿望，凋散略盡，而少詹事益陽胡雲閣先生，獨爲老師祭酒。鄉之人，就而考德稽疑，如幽得燭，衆以無隕。而哲嗣潤之，亦以編修趾美名父，回翔館閣，今兵部侍郎、湖北巡撫，海内稱爲「宫保胡公」者是也。

少詹君晚而纂《弟子箴言》十四卷，國藩實嘗受而讀之。自灑掃應對以暨天地經綸，百家學術，靡不畢具。甄録古人嘉言，衷以己意，辭淺而指深，要使學者自幼而端所習，隨其材之小大，董勸漸摩，徐底於成而已。

竊嘗究觀夫天之生斯人也，上智者不常，下愚者亦不常，擾擾萬衆，大率皆中材耳。中材者，導之東而東，導之西而西，習於善而善，習於惡而惡。其始瞳焉無所知識，未幾而騁者欲，逐衆好，漸長漸貫而成自然。由一二人以達於通都，漸流漸廣而成風俗。風之爲物，控之若無有，鰌之若易靡，及其既成，發大木，拔大屋，一動而萬里應，窮天人之力，而莫之能禦。先王鑒於此，欲民生蚤慎所習，於是設爲學校以教之。琴瑟鼓鐘以習其耳，俎豆登降以習其目，詩書諷誦以習其口，射御投壺以習其筋力，書升以作其能，而郊遂以作其恥。故其高材，則道足濟天下，而智周萬彙，其次亦不失爲圭璧自飭之士。賈生有言：「習與正人居之，不能毋正。猶生長於齊，不能不齊言也。」其不然歟？

侍郎自開府湖北以來，即以移風易俗爲己任。自部曲之長、郡縣之吏暨百執事，片善微長，不敢自襮，而褒許隨之，曰：「爾之發見者微，而善端宏大，不可量也。」或有過差，方圓蓋覆，譴亦及之，曰：「此猶小眚，過是，誅罰重矣！」與其新，不苛其舊，表其獨，不遺其同。上下兢兢，日有課，月有舉。當世推湖北人才極盛，侍郎則曰：「吾先人《箴言》中育才之法如此，吾詎能繼述？直什一耳！」咸豐十年，侍郎治鄂六載矣，功成而化洽，又以一湖之隔，吾教成於北，而反遺吾父母之邦，其謂我何？於是建箴言書院，將萃益陽之士而大淑之。置良田以廩生徒，儲典籍以饋孤陋，寬其涂轍，而嚴其教條，崇實而黜華，賤通而尚介。循是不廢，豈惟一邑之幸，即漢之十三家法，宋之洛、閩淵源，於是乎在。後有名世者出，觀於胡氏父子仍世育才肫肫之意，與余小子慎其所習之説，可以興矣。

鄧湘皋先生墓表

先生新化鄧氏，諱顯鶴，字子立，晚歲學成，遠近稱爲「湘皋先生」。先生自甫掇科名，即已厭薄仕進，慨然有志於古之作者，與同里歐陽紹洛磵東以詩相厲。客遊燕、齊、淮陽、嶺南，所至悲愉抑塞，一寓於詩。覥幽刺怪，遏之使平。終歲顓顓，誓不履近人之藩，而又恥不逮古人。每有篇什，輒就磵東與相違覆，引繩落斧，剖晰毫氂。書問三反，或終不得當，交嘲互訟，神囚形瘁。已而窒極得通，則又互慰大歡，以爲解此者，天下之至豪也。

先生以嘉慶九年甲子科舉於鄉，道光六年，大挑二等，官寧鄉縣訓導，凡十有三年，引疾歸。其遺外時榮，而有事著述，與磵東略同。然磵東持律矜嚴，體勢稍褊，先生則波瀾益壯，跌宕昭彰。磵東牆宇自峻，與人少可，先生則闡揚先達，獎寵後進，知之惟恐不盡，傳播之惟恐不博且久。用是門庭日廣，而纂述亦獨多，詩歌所不能表者，益爲古文辭以彰顯之。其於湖南文獻，搜討尤勤，如飢渴之於食飲，如有大譴隨其後，驅迫而爲之者。以爲洞庭以南，服嶺以北，旁薄清絶，屈原、賈誼傷心之地也，通人志士，仍世相望，而文字放佚，湮鬱不宣，君子懼焉。於是搜訪濱資郡縣名流佳什，輯《資江耆舊集》六十四卷。東起灘源，西接黔中，北匯於江，全省之方輿略備，鉅製零章，甄採略盡，爲《沅湘耆舊集》二百卷。遍求周聖楷《楚寶》一書，匡謬拾遺，爲《楚寶增輯考異》四十五卷。繪鄉村經緯圖以詔地事，詳述永明播越之臣以旌忠烈，爲《寶慶府志》百五十七卷，《武岡州志》三十四卷。衡陽王夫之明季遺老，國史《儒林傳》列於册首，而邦人罕能舉其姓名，乃旁求遺書，得五十餘種，爲校刻者百八十卷。瀏陽歐陽文公元《全集》久佚，流俗本編次失倫，爲覆審補輯若干卷。大儒周子權守邵州，録其微言，副以傳譜之屬，爲《周子遺書》若干卷。所至釐定祀典，褒崇節烈，爲《召伯祠從祀諸人録》一卷，《朱子五忠祠傳略考證》一卷，《五忠祠續傳》一卷，《明季湖南殉節諸人傳略》二卷。嗚呼！可謂勤矣！

蓋千秋者，人與人相續而成焉者也。惟衆人甘與草木者伍，腐而腐耳。自稍有智識，即不能無冀於不朽之名。智尤大者，所冀尤遠焉。人能宏道，無如命何。或碌碌而有聲，或瑰材而蒙詬。或佳惡同，時同，位同，而顯晦迥別。或覃思孤詣，而終古無人省録。彼各有幸有不幸，於來者何與？先生乃舉湖南之仁人學子，薄技微長，一一掇拾而光大之，將非長逝者之所託命耶？何其厚也！

先生生於乾隆四十二年十二月十六日，卒於咸豐元年閏八月二十五日，春秋七十有五。曾祖元臣，祖勝逵，父長智。妻曹氏，仁厚淑慎，里黨欽之。妾何氏。子二：琳，廩貢生，候選訓導，前卒；琮，道光丁酉科拔貢生，癸卯科舉人，父歿後一月，以毀終。女子子三人。孫四：光黼、光緗、光紱、光組。曾孫大程。自先生以名儒篤行昌其家，群從子姓，皆孝友力學，兄子瑶，尤賢而能文章。先生之書，其不繫於《湖南文獻》者，又有《南村草堂詩鈔》二十四卷，《文鈔》二十卷，《易述》八卷，《毛詩表》二卷，校勘《玉篇》、《廣韻》札記二卷，《自訂年譜》二卷，瑶皆敬謹弆藏。其未刻者，皆寫定，可傳於世。先生内行完粹，教澤在人，瑶所爲行狀甚詳，兹故不著。獨著其治詩之精，與其有功於鄉先哲者，揭於墓道，以式鄉邦而訊異世。

湖北按察使趙君神道碑 同治壬戌

君諱仁基，字厚子，號悔廬，武進趙氏。五世祖恭毅公申喬，户部尚書，清正有大節，爲世名臣。恭毅次子鳳詔，官太原知府者，君高祖也。曾祖諱枚，廩膳生員，舉孝廉方正。祖滙增，監生。考鍾書，舉人，豐縣訓導。兩世皆以君貴，贈朝議大夫。妣楊氏、惲氏，皆贈恭人。

君少而端視矩行，恒言無詐。年十三，居王考之喪，哀禮周至，父老驚歎。毗陵故文獻之邦，名儒相望，君出而從訓導君於豐縣，趨庭問業，歸而造請里巷耆宿，若李君兆洛、陸君繼輅、吴君育、周君儀暐輩，咸從捧手稽經講藝，穆然如笙磬之克諧。其學既大進，譽望亦翕翕日隆。以試於有司，則連蹇而不得一當。久之，嘉慶丙子，乃北上應順天鄉試，未歸而遭母惲恭人之喪。又五年，再試順天，未歸而又遭父訓導君之喪。君性篤孝，兩丁大故，不克親視含殮，平生以爲至痛。又以壯年喪元配高淑人，復喪繼配錢淑人，復喪其長子鑄。客遊湖北，孑身浮寄，塊然若委枯枝於大澤，廢興不復厝意。蓋自道光五年舉於鄉，六年以進士官知縣，而君年且近四十。人世紛華之念，洗除盡矣。

初仕爲江西宜春縣，旋補崇仁縣知縣，調安徽涇縣知縣，既又署懷寧縣事。所至判決滯獄，感格凶頑。齋禱於深室，而四境時雨立應。道光十三年，捕獲桃源掘河奸民陳端，優詔褒勉，賞戴花翎，以直隸州升用。明年補滁州知州。召見便殿，宣宗嘉之。歸任滁州、六安州。甫歷數月，即升平陽府知府。在晉數月，又升江西南贛兵備道。君感荷恩知，益思有以自靖。名捕椎埋盜鑄，鹽梟大猾，躬追而捡治之。禁止鴉片，約堅條明。是時，天子方申嚴詔，拒絶西洋。而英吉利窺天津，陷定海，割香港，寇廣東省城。君綜理南安糧臺，晨夜憂勞，自傷無裨於時，而海氛日棘，往往被酒泣下，或力疾繞室旁皇。適奉升湖北按察使之命，閲十八日而卒，實道光二十一年六月十九日也，春秋五十有三。君既再失偶，最後娶方淑人。子熙文，某官；烈文，某官。女三人，適增生李嶽生、候選主事周騰虎、烏程縣知縣陳鍾英。孫六人。咸豐六年七月某甲子葬於荆溪之東山。

所著書有《江水論》一卷，《雜文》一卷，歌詩曰《幽棲集》《登樓集》等者凡七卷，《和陶詩》一卷，詞一卷。君中懷淡定，中歲頻遘憂戚，泊然不知窮通得喪之於己何與。自詩篇外，若無一足關其慮；自獎誘後進外，若無一堪自愉樂者。論者疑其超曠忘世。及海上事起，乃獨鬱鬱不能終日，豈有大志者，常頹然不易測耶？抑中年悲感，晚節一觸而不自克耶？匪可詳已。銘曰：

達人離垢，遺棄萬事。聖人忘身，不忘拯世。迹若相反，義乃相成。趙公落落，衷道而行。積困始亨，將大厥施。方駕而税，誰實尸之？有子克家，志亢行俯。天右勞臣，永錫來許。

季弟事恒墓志銘 癸亥

同治元年十一月十八日丙寅，我季弟歿於金陵軍中。逾月，喪過安慶，國藩設次哭奠如禮，遣之反葬。弟名國葆，字季洪，後更名貞幹，字事恒。少則落落自將，脱去町畦，視人世毁譽及書史褒譏媺惡，不甚厝意。不隨衆爲疑信，時或詰難參伍，大破群惑。嘗應縣試及學政試，再冠其曹。已而厭薄舉業，不肯竟學。咸豐三年，國藩奉詔討賊，召募水陸諸軍，季弟挈六百人以從。提督楊載福、侍郎彭玉麟，始皆客季弟所爲僚佐，季亟薦此二人爲英毅非常器，己願下之。四年三月，岳州兵敗，季又亟白諸將無罪，己願獨坐之。其後楊、彭二人，果以水師雄視東南，而諸將亦次第登用，掇取高官大名。獨季弟黯黮歸去，築室紫田山中，柴門絶人事，❶身與世若兩不相收。

八年十月，母弟國華戰殁三河，季則大慟，誓出殺賊，以報兄仇而雪前恥。鄂帥胡文忠公方廣求將材，命季分領千人，自黄州建旆而東。十年正月，連克太湖、潛山，三月始與叔弟國荃會師，以圍安慶。十一年八月，克之。明年，爲今皇帝元年，弟以正月師次三山。三山者，宣、池群賊四萃之區，軍入援絶，寇十倍我，乃以計招降三縣義民之陷賊者，噢咻而厲使之。得四千人，編伍約法，用破魯港，克繁昌，下南陵、蕪湖。而國荃亦以是時克東西梁山，徇和州、當塗，奪采石。兄弟復會師，進薄金陵之雨花臺。江東久虐於兵，沴疫繁興，將士物故相屬，弟病亦屢瀕於危。定議假歸養疾，適以援賊大至，强起戰守四十六日，賊退而疾甚，不可復治矣。

季弟初以功叙儒學訓導，加國子監學正銜。克復安慶，晉秩同知，賞戴花翎。厥後連克繁昌三縣，天子雖以國藩前有辭賞之奏，猶特賜迅勇巴圖魯名號。至大破援賊，晉階知府，命下而弟不及見矣。事聞，遂追贈按察使，照軍營病故例議恤。詔書謂朝廷早欲擢用，特以國藩懇辭，留以有待。嗚呼！聖主之於臣家，恩寵不訾，獨惜國家欲大用吾弟，與吾弟欲得當以報國，兩相須於微莫之中，而卒不克少待以竟厥

❶「柴門」，光緒本作「閉」。

志。嗚呼！兹所謂命焉者非耶！

季弟生以道光八年九月二十日，春秋三十有五。曾祖諱竟希，妣彭氏。祖諱玉屏，妣王氏。父諱麟書，妣江氏。三代皆封光禄大夫，妣皆一品夫人。配鄧氏，先弟十月卒。兄弟五人，自仲氏國潢外，四人者皆從事戎行。季無子，以國潢子紀渠嗣。同治二年某月某日甲子，葬於某里某山之陽。輒叙次事狀，繫以銘語，以寫吾哀。銘曰：

智足以定危亂，而名譽不並於時賢。忠足以結主知，而褒寵不逮於生前。仁足以周部曲，而妻孥不獲食其德。識足以袪群疑，而文采不能伸其説。嗚呼予季，缺憾孔多。天乎人乎，歸咎誰何？矢堅貞而無怨，儻彌久而不磨。

歐陽氏姑婦節孝家傳

節母蔡氏，生三歲而室於歐陽，❶事玉光府君。家微也，姑劉孺人端嚴匡敕，無所假借。節一朝之食，分之二日，并三人之事，責之一手。舉家事精粗劇易，壹委節母，不以何問他人。節母則先雞鳴而興，豫其未至，後斗轉而息，補其闕遺。箕掏無塵，井汲無濡，半米寸薪，必珍必戒。諸娣姒次第入門，節母躬其難者，讓其易者。自親舍及衆私室，衣垢則澣之，綻裂則補綴，初不問其所自來。群從子女，寒則衣之，飢則慈以甘飱，就湢浴爲之潔除。群從或忘其母而母節母，節母亦忘其非己出也。

❶「三歲」，黎編本作「十三歲」。此文拓本亦作「三歲」。

乾隆三十年乙酉，舅席珍府君卒。明年，玉光以毁死。劉孺人大戚，節母於時年二十有八，長子惟本，甫三歲，少者成材未期耳。入則泣血柴立，茹蘖自盟，出則抱子奉姑，怡聲亹亹。益屏去華飾，先姑意之未發而從事。約其口與體以及其孤子女，無所不約。勤其力以率其妯娌與其子姓傭奴，各有專職。土無寸曠，人無晷暇，俯拾仰取，賓祭有經。豬雞肥碩，蔬果怒生。方節母事姑之初歲，入穀二十石，逮姑之暮年，穀近千石。惟本讀書屬文，試於郡縣有聲矣，年二十七歲而卒，婦蔡氏，亦以節著。

節婦蔡氏，少歸歐陽惟本，節母之冢婦也。乾隆四十三年戊戌，歲大饑，節婦將嫁，其父輔世，貧不能具禮。宗族或助之結褵之資，凡得錢三千有奇。父爲裝遣之，節婦陰返其錢，置稈薦中而繫鑰匙其端。父歸而室無見糧，引鑰則錢在焉，泣曰：「孝哉吾女！留此以活我也！」惟本没時，節婦亦二十八歲。由是捐棄萬事，壹從節母求所以事祖姑劉孺人之法。黎明，劉孺人興，節母執笄侍左，節婦自右約之。及盥，節母奉水，節婦奉槃。及食，婦具饌，母侑之。及寢，三世聯床，聽於無聲。劉孺人即怒，節母負牆竦懼，節婦從容改爲，以適厥指。即疾病，婦煮藥，母嘗而後進，夜則番宿遞侍，衣不解帶。一夕，節母起，墮床，折脇二骨。節婦號泣，就援之，母戒屏息，無令劉孺人得聞知也。劉孺人晚而喪明，手足痿痺，挽篼輿，日遊庭中。節母肩前，節婦肩後。其後劉孺人九十而終，節母且六十矣，二脇骨者竟無恙。其後二十餘年，盜入室，劫母衣，刃傷節婦指及肘，創甚，亦不醫，而竟無恙。論者以爲孝徵，神或相之云。道光九年，節母没，實年九十有六。二十三年，節婦没，實八十有三。其前五年，歲在己亥，均旌表節孝如例。

前史官曾國藩曰：節婦之孫女子四人，次二者歸於我外舅福田先生，篤行君子也，數爲余誦述兩世事狀。余昔官禮部，見各行省題旌婦女，凡烈婦殉夫者，别具一疏。高宗皇帝常下詔非之，不予旌表，以爲行不貴苟難也。然末俗士論，往往以矯激卓絶之行爲難，觀歐陽姑婦之節，亦似庸行無殊絶者，而純孝兢兢，事姑至六十年、五十年之久而不渝，天下之至難，孰踰是哉！

修治金陵城垣缺口碑記 甲子

道光三十年，廣西賊首洪秀全等作亂。咸豐三年二月十日，陷我金陵，據爲僞都。官軍圍攻，八年不克。十年閏三月，師潰。賊勢益張，有衆三百萬，擾亂十有六省。同治元年五月，浙江巡撫、臣曾國荃率師進攻金陵，三年六月十六日，於鍾山之麓，用地道克之。是歲十月，修治缺口，工竣，鑱石以識其處。銘曰：

窮天下力，復此金湯。苦哉將士，來者勿忘！

鳴原堂論文序

《棠棣》爲燕兄弟之詩，《小宛》爲兄弟相戒以免禍之詩，而皆以「脊令」起興。蓋脊令之性最急，其用情最切，故《棠棣》以喻急難之誼，而《小宛》以喻征邁努力之忱。余久困兵間，温甫、沅浦兩弟之從軍，其初皆因急難而來。沅浦堅忍果摯，遂成大功，余用是獲免於戾。因與沅弟常以暇逸相誡，期於夙興夜寐，無忝所生。爰取兩詩脊令之旨，名其堂曰「鳴原堂」云。

王船山遺書序

王船山先生遺書，同治四年十月刻竣，凡三百二十二卷。國藩校閱者，《禮記章句》四十九卷，《張子正蒙注》九卷，《讀通鑑論》三十卷，《宋論》十五卷，《四書》、《易》、《詩》、《春秋》諸經稗疏、考異十四卷，訂正訛脱百七十餘事。軍中鮮暇，不克細紬全編，乃爲序曰：

昔仲尼好語求仁，而雅言執禮，孟氏亦仁禮並稱。蓋聖王所以平物我之情，而息天下之争，内之莫大於仁，外之莫急於禮。自孔、孟在時，老、莊已鄙棄禮教。楊、墨之指不同，而同於賊仁。厥後衆流歧出，載籍焚燒，微言中絶，人紀紊焉。漢儒掇拾遺經，小戴氏乃作《記》，以存禮於什一。又千餘年，宋儒遠承墜緒，横渠張氏乃作《正蒙》，以討論爲仁之方。船山先生注《正蒙》數萬言，注《禮記》數十萬言，幽以究民物之同原，顯以綱維萬事，弭世亂於未形。其於古昔明體達用、盈科後進之旨，往往近之。

先生名夫之，字而農，以崇禎十五年舉於鄉。目睹是時朝政刻覈無親，而士大夫又馳騖聲氣，東林、復社之徒，樹黨伐仇，嫉朋黨俗日敝。故其書中，黜申、韓之術，嫉朋黨之風，長言三歎而未有已。既一仕桂藩，爲行人司，知事終不可爲，乃匿迹永、郴、衡、邵之間，終老於湘西之石船山。聖清大定，訪求隱逸，鴻博之士，次第登進。雖顧亭林、李二曲輩之艱貞，徵聘尚不絶於廬，獨先生深閟固藏，邈焉無與。平生痛詆黨人標榜之習，不欲身隱而文著，來反唇之訕笑，用是其身長遁，其名寂寂，其學亦竟不顯於世。荒山敝榻，終歲孳孳，以求所謂育物之仁，經邦之禮。窮探極論，千變而不離其宗，曠百世不見知而無所於悔。先生没後，巨儒迭興，或攻良知捷獲之説，或辨《易圖》之鑿，或詳考名物、訓詁、音韻，正《詩集傳》之疏，或修補《三禮》時享之儀，號爲卓絶。先生皆已發之於前，與後賢若合符契。雖其著述太繁，醇駁互見，然固可謂博文約禮，命世獨立之君子已。

道光十九年，先生裔孫世全始刊刻百五十卷。新化鄧顯鶴湘皋實主其事，湘潭歐陽兆熊曉晴贊成之。咸豐四年，寇犯湘潭，板毁於火。同治初元，吾弟國荃乃謀重刻，而增益百七十二卷，仍以歐陽君董其役，南匯張文虎嘯山、儀徵劉毓崧伯山等，分任校讎。庀局於安慶，蕆事於金陵，先生之書，於是粗備。後之學者，有能秉心敬恕，綜貫本末，將亦不釋乎此也。

閩浙總督季公墓志銘

公諱芝昌，字雲書，號仙九，姓季氏。道光之末，咸豐之初，公以正卿内知樞密，外督封疆。朝廷亟以大事相屬，而公慊然自以爲不足。海内賢士，亦第宗其文章，而若忘其政事之美。公於文裁量完密，宫徵鏘鳴，當世歎爲臺閣夷懌之音，而又忘其營度之苦。至其身世備歷諸艱，則知者尤少也。

季氏世家江陰，公曾祖諱愔，祖諱熙，歲貢生，累葉窮約。至考諱麟字晴郊者，始以拔貢、舉人官鉅鹿縣知縣。嘉慶十四年，公侍王父從鉅鹿君於官所，又迎婦於衛輝。婦翁爲王蘇儕嶠，以翰林出守大郡，兩家皆科第名宦，政聲溢於河朔，寖寖光大矣。無何，歲貢君卒於鉅鹿，鉅鹿君坐不身捕妖民褫職，遣戍新疆，逾年，没於戍所。公所生長子既殤，又殤一女，又殤次子。而鉅鹿君有官逋，簿責益急，籍家産輸之官。親知不相省録，胥吏侵侮，殆無人理。厥後，以道光元年舉順天鄉試，三年，考取國子監學正學録，薄宦京師，生事日絀。蓋至十二年成一甲三名進士，而公之困厄，餘二十載矣。既以巍科改翰林院編修，明年散館，則大爲宣宗所褒，御書「魁」字於卷之傳別，而大臣亦自登公首選，旋又以大考翰詹列高等，簡授山東學政。任滿還京，充戊戌會試同考官。明年己亥大考，復列高等。奉使江西主考、浙江學政，累遷至内閣學士，兼禮部侍郎。由是舉朝慕公遇合之隆，臺省耆宿交口稱公詩賦，以諷勉後進。儕輩斂衽，皆以爲不及，高才未達，皆傳鈔而模範之，雖天子亦以君臣文字契合爲足樂也。公在浙丁母憂，道光二十三年，服闋入都，與考試差。翼日召對，宣宗嘉歎公文，以謂「他人竭蹶喘汗有不能到，汝則沛乎有餘。譬之於射，汝穿楊百中矣！」語畢大笑。公且感且悚，退而以「不失鵠」名其齋。是歲，擢禮部、吏部侍郎，督學安徽。公益兢兢，恐無以育才厚俗，上負主知。二十六年，受代還朝。明年，充會試知貢舉、殿試讀卷官、經筵講官。衡文之事，無役不從。四方學徒，翰林新進，輻輳造門請業。而上察公忠謹廉介，可任艱鉅，不復欲以校文角藝相屬。

蓋科目取士既久，至争聲律一字之得

失，而置軍國於不問。宣宗晚歲，遠覽唐季明末之陋，恤焉思有以易之，亦預憂治安之不可深恃也。二十八年，命公爲倉場侍郎。是冬，命偕定郡王載銓查辦長蘆鹽務及天津所屬倉庫。二十九年，命偕大學士耆英查詢東南兩河冗員浮費，又命公馳赴浙江，釐剔鹽務，清查倉庫。凡政有奸弊叢雜，輒屬公梳抉而廓清之。公晝夜稽覈，不吴不揚，盡得要領，而於人無所乖迕。使浙未返，有詔簡授山西巡撫。甫至晉，又内召爲軍機大臣。三十年，宣宗升遐，與諸王大臣受遺輔政。文宗繼序，益欲以艱大付公。會廣西軍興，南服不靖，遂命公總督閩浙。公鉤校官書，發舊牘與新事雜治，廢寢忘食。未幾疾作，陳請開缺，勿許。咸豐二年，病益劇，屢疏乞退，温旨慰留。最後，十一月詔許回籍調理。三年正月，返蘇之常熟家焉。二月，金陵淪陷，賊乃日熾。公聞之大痛，自以朝廷重臣，出涖海疆，不能濟弱扶傾，副聖主倚畀之意，而時事糜爛，又不克力疾强起，以效尺寸，往往獨夜悲泣，或爲詩歌以鳴積鬱。至咸豐六年，而得偏痹之症。十年，蘇、常失陷，挈家北渡。又聞九月淀園之變，益憂憤，内傷不復可支矣。是歲十一月三十日，薨於通州，春秋七十。

自公之貴，三代皆贈光禄大夫，如公官。曾祖妣趙氏，祖妣趙氏，妣史氏，皆贈一品夫人。妻王夫人，妾郭恭人，皆前卒。妾吴氏，公没後自裁以殉，旌表如例。子念貽，道光庚戌進士，翰林院編修，加四品卿銜。女二人，長適翰林院編修陳彝，次適鉅野縣知縣張彭年。孫綸全、邦楨。曾孫厚堃、厚基、厚鎔。公卒時，渴葬通州城東，同治四年八月十八日，始卜葬於江陰長山南麓。

當公在閩引疾，方怪宏才若彼，重任如此，何遽謙讓勇退。及歸田數載，而憂國乃更甚於當官之時。而當世之自以爲能負荷非常者，覆轍相屬，乃不忍聞。然後知君子欿然之抱，誠不易量度哉！嗚呼！是可銘已。銘曰：

兩社貞卜，實啓季宗。世闓休德，集於我公。十韶一襮，積塞乃通。發爲宏篇，藻火笙鏞。輶軒四出，使節落旄。冥索章句，盡拔其豪。靡幹不采，何埴不陶？天子曰咨，時有屯蹇。道有平頗，著在前典。良臣斡之，天迴斗轉。斂此鴻文，謀奠乾坤。入筦天樞，出帥海濱。鋤奸詰蠹，萬緒交紛。每況彌恭，若虛若無。讓賢避位，長往江湖。心摧形瘁，與世同臞。我貢春官，出公門下。斯鑄斯鎔，或躍於冶。岱宗云頹，有隕如瀉。紀績埋幽，用詔來者。

仁和邵君墓志銘

位西，仁和邵氏，諱懿辰，與國藩交二十餘年矣。咸豐十年二月，賊入杭州，五日而復。七月，位西訪余祁門軍次，語余以城破時，盡室陷賊中，賊退，乃挈家東徙紹興。老母考終，粗得盡禮，欲乞師以援兩浙，不果，遂別去。明年十一月，杭州再陷，位西之妻余恭人，二子順年、順國，轉徙滬上，余聞而迎致之安慶。順年語余以城破時，盡室飢困，其父麾家人出避，圖延宗祀，亦詭詞自稱將出，遂泣别，不復相聞。國藩心知位西烈士也，必不苟免。其家固知之，以無定問，不敢發喪。同治三年二月，杭州克復，順年奔哭周詢，具得三日不食、駡賊遇害狀，實以十一年十二月朔日殉難。於是始除次執喪，赴告遠近。浙江巡撫上其事，天子下詔褒恤。然後知親在則避，親没則死，賢者遭難，如是其不苟也。

位西之學，初以安溪李文貞公、桐城方侍郎爲則，擯斥近世漢學家言。爲文章務先義理，不事縟色繁聲，旁徵雜引以追時好。厥後以舉人仕京師，爲内閣中書、刑部員外郎，入直軍機處，舉上元梅曾亮伯言、臨桂朱琦伯韓數輩游處。博覽國故朝章，其文益奥美盤折，亦頗采異己之説以自廣。詢訪高才秀士，折節造請，交譽互證，酣恣而不厭，狎習而彌虔。然位西性故戇直，往往面折人短，以謂「書籍所無，公何得漫爾」。不應，再糾焉，猶不獲，三諫焉。無問新故疏戚，貴賤時否，一切蹙頞相繩，人不能堪，終以此取戾於世。大學士琦善公在獄，嘗發十九事難之；大學士賽尚阿公視師廣西，手疏「七不可」諍之。諸公貴人病其陗直，由是齮焉不得安其位。咸豐四年，坐濟寧防河無效，吏議鐫職。位西既罷歸，則大覃思經籍，❶纂著《尚書通義》《孝經通義》、詩古文若干卷。飢餓圍城之中，猶著《禮經通論》，誦聲鏘然徹於巷外。亂後僅得《禮經》一卷，文三十餘首，刻之淮安。蓋不能什之一二，餘則散佚矣。

位西之曾祖王父寶勤，王父又曾，父宗贄，本生父鳳儀，世著清德。有兄懿藩，早喪，無子，以順年後之。有女二人。順年歸自杭州，未得父尸，大痛遘疾，同治四年六月十三日没於金陵。余恭人少而刲股療

❶「覃」，原作「潭」，據傳忠鈔本改。

親，晚而事姑有聲。既痛其夫，又悲其子，七月十二日亦卒。嗚呼，傷已！國藩於是命順國與其婿鄭興儀具位西衣冠，葬之西湖二龍山，以余恭人及順年祔。順年之妻伊氏，前死賊中，至是亦以衣冠祔葬。銘曰：

城有時而爲湖，海有時而成田。物固有非常之變，烏可以常理測彼昊天。善不必福久矣，曾不自夫子而始然。愍東南之大戾，仁聖與螻螘而同捐。著述盡其蕩盡，僅弔煨燼之殘編。文之精者不復存，存者又未必果傳。獨其耿耿不磨之志，與日星而長懸。魂無遠而不之，魄則依妻子以全。庶上爲神祇所許，而下爲百世學者之所憐。

江忠烈公神道碑

公諱忠源，號岷樵，新寧江氏。曾祖登佐，太學生。祖獻鵬。父上景，歲貢生。母陳太夫人，生子四，公其長也。少而豁朗英峙，以縣學附生選爲道光十七年丁酉科拔貢生，旋中是科鄉舉。久客京師，以大挑得教職，與曾國藩、陳源兗、郭嵩燾、馮卓懷數輩友善。嘗從容語國藩：「新寧有青蓮教匪，亂端兆矣！」既歸二年，而復至京，余戲詰公：「青蓮會匪竟如何？何久無驗也？」公具道家居時，陰戒所親，無得染彼教，團結丁壯，密繕兵仗，事發有以禦之。逮再歸，而果有雷再浩之變。公部署夙定，一戰破焚其巢，誘賊黨縛再浩，磔之。湖廣總督上其功，賞戴藍翎，以知縣用。公入都謁選，又語國藩：「前事雖定，而大吏姑息，不肯痛誅餘黨，難猶未已！」逾年，而復有李沅發之變，又逾年，而廣西群盜蜂起，洪秀全、楊秀清之徒出，大亂作矣。

公爲縣令浙江歲餘，咸豐元年，丁家艱歸。大學士賽尚阿公督師廣西，馳疏調公赴粤。既至，則大爲副都統烏蘭泰公所賓敬。事無巨細，必再諮而後行，人無疏戚貴賤，必察公意嚮而薄厚之。叙公之勞，請擢同知直隸州，换戴花翎。公亦竭誠贊畫，募楚勇五百人助戰。湖南鄉勇出境討賊，自此始也。

烏公慷慨負氣，與提督向公榮積有違言。公以書曉譬，烏公禮下之已甚，冀感動向公，卒不能得。逮圍賊於永安，復代爲一書抵向公，力諫圍師缺隅之説，請合圍而盡殲之，又不能得，因引疾歸。歸而永安賊出，大敗官軍，遂至桂林。公聞警募勇，倍道赴援，將終佐烏公以平嶺表。未至而烏公陣没，自是獨領一隊，賊中往往指目「江家軍」矣。

既解廣西之圍，旋大捷於蓑衣渡，賊不得掠舟而北，衡、永以安。賊攻長沙，公與力争南門天心閣，築堅壘，據要害，長沙以完。賊之渡洞庭而東也，實惟咸豐二年十月之杪，旌旗帆檣，蔽江而下。公痛時事之益壞，怨吾謀之不見納，悵然不復欲東，巡撫張公亮基亦奏公留守湖南。是冬，破賊目晏仲武於巴陵，剿平徵義堂會匪於瀏陽。明年春，署湖北按察使，剪叛民劉立簡於通城，膊陳北斗於崇陽。皆以疲卒千餘，盪寇數萬。天子褒歎，由是有幫辦江南軍務之命。

公拜疏，將赴金陵，中途聞廣濟宋關佑

爲亂，移師討之。事甫定，而朝廷命公速救鳳陽。不數日，而江西巡撫檄公速援南昌。公曰：「金陵、鳳陽，雖有朝命，然殘破之區，效遲而事易。江西雖無朝命，然完善之土，禍急而事難。吾當先其難者。」遂挈師由九江踔四百里，猋入南昌。翌日賊至，則設施略備，上下恃以無恐。賊晝夜環攻，闞地十道，分擾旁郡，以眩我謀，終不得窮公方略，凡九十餘日而圍解。上嘉公功，賞二品頂戴，賜翎管、班指諸物。厥後田家鎮失利，上疏自劾，詔旨雖許鐫四級，然旋有安徽巡撫之命，又詔公楚、皖一體，當相緩急爲去留，不必拘於成命。蓋聖主倚公辦賊，不復中制，而海內企踵喁喁，亦咸知非公莫屬也。公以爲武昌差足自保，廬州新立行省，危在旦夕，法宜經營淮南，以分吴、楚賊勢。遂拜疏自鄂之皖，醻雨而行。將卒終歲奔命，道病，公亦病。至六安，病甚。六安吏民遮道請留，不許，舁疾竟達廬州。部分未定而賊大至，公設策應敵，一如守長沙、南昌時。而城無見糧，藥鉛罄竭，元從之士不滿千人。諸軍屯四十里外，觀望莫救。公弟忠濬自楚來援，爲賊所梗，咫尺不得通問。公病益困，不食數日矣，城陷，發憤投水死，咸豐三年十二月十七日也，春秋四十有二。越八日，募人入賊中，負公尸以出。事聞，天子震悼，追贈總督，賜祭葬，命廬州及湖南、江西皆立專祠，褒公三代如其官，予謚「忠烈」。

咸豐五年，劉公長佑間關歸公喪新寧，六年某月，葬於某里某山。公弟三人，仲即忠濬，以兵事積功至道員，歷官安徽、四川布政使。次忠濟，戰功最偉，殉難岳州，予謚「壯節」。次忠淑，縣學附生，保叙知府。

夫人陳氏，無子，以弟子孝椿爲嗣。妾楊氏，公既没而生子孝棠。

國藩昔與公以學行相切礰，文宗御極，薦公以應求賢之詔。公嘗疏請三省造舟，練習水師，又嘗寓書國藩，堅囑廣置炮船，肅清江面，以弭巨禍。其後國藩專力水軍，幸而有成，從公謀也。

自公之薨，忠濬等數乞余文表公墓道，大義相許，神人共鑑，余其敢讓？軍興以來，死事者多矣，或邂逅及難，而幸厠忠義之林，何可勝道？當公赴江西之急，有詔令至金陵，及赴廬州之急，有詔且留楚中，宜可少安，以惜有用之身。而公必蹈危地，甘死如飴，但求無疚於神明，豈所謂皎然不欺者耶？嗚呼，忠已！余既揭其用兵始末，乃並述他行義，聲之銘詩，用告異世治國聞者。銘曰：

儒文俠武，道不並張。命世英哲，乃兼厥長。惟公之興，頽俗實匡。明明如月，肝膽芬芳。有師鄧君，有友鄒子，卧病長安，朝夕在視。亦有曾生，燕南旅死。謀歸三喪，反葬萬里。兩以躬致，義泣鬼神。近古之俠，孰與比倫？作宰吴、越，風教露養。秀水振飢，翼民以長。蘇其枯胔，衣以文襁。儒吏之風，並時無兩。藴此兩美，風雷入懷。砰然變化，陰闔陽開。宜戡大難，重奠九垓。半駕而税，天乎人哉！楚師東征，倏逾十秋。三十萬人，金甲貔貅。死者半之，白骨嵩丘。人懷忠憤，如報私仇。千磨百折，有進無休。終殄元惡，盡復名城。天河盪穢，海宇再清。公創其始，不覩其成。九原可作，慰以兹銘。

張君樹程墓志銘

君諱善準，字樹程，號平泉，晚更自號愚公，武昌張氏。考諱以誥，國藩嘗表其墓，既詳其世矣。

君孕育前徽，出入造次不離古先之訓。既補縣學生員，以制舉之文震燿於時，主學政者每嗟賞之，舉以爲群士式。君顧不以自憙，獨有志於樸學之塗，篤好浚儀王氏《困學紀聞》、崑山顧氏《日知録》二書，刪取其要，别爲一編，手寫數通，亟繹而不厭，博覽而彌深。前所謂舉業者，漸高簡而不諧於衆，遂爲歲貢生以終。與之游者，但見其於科目仕宦、窮通得喪、豐約毀譽，泊乎未有以干其慮也，及聞時政安危，賢不肖進退當否，乃憂之樂之，如其家事，則相與怵焉起敬。

粤賊之起，賢人君子，往往殉難，或闔門同盡。君聞輒悼痛，語及卓行奇節，則泫然泣下，如喪周親。一夕，篝燈讀書，忽甚悲失聲，舉家驚起趨視，君方手一編，顧曰：「有傳胡巡撫祭李帥文至者，余讀之，不覺哀而一號耳。」胡巡撫者，益陽胡文忠公林翼，李帥者，湘鄉李忠武公續賓，時方戰没三河，天下所共傷也。自是兵事利鈍，家人相戒不敢以聞。閭里過從，相與遣懷望治，道吉語以忘憂，君一接以恭謹。遇耆長，怡聲酬對，如恐傷之。自敵以下，褒能奬善，温温致敬，終不以有故而加慢。姻好或有患難疾疢，早夜省視，匍匐護持，時其有無而周濟焉。人咸謂君爲慈惠之師，緩急可倚杖矣。然君性實剛介，嫉惡如讐，深恨昏墨之吏暨士人居家者財利、與賈竪競錙銖者，以謂天下大亂，端由此輩。意不快，則昌言誅責，唾而斥之。或以書抵友朋，其語絶痛。又嘗戒其子裕釗：「汝才薄，慎無求仕。苟仕，慎無爲身家謀！居民上而黷貨，是穿窬也，神不福矣！」聞者凛凛，然後知君之德，不得僅以仁厚名也。

同治三年十二月十日卒於家，春秋六十有九。所著有《史學提要續編》六卷。妻金氏，秉禮習勞，儉而澤物。子二人，長裕鍇，次即裕釗，舉人，積學能文。女子二人。孫幾人，某，某。某年月日葬君於某縣某山，裕釗來徵銘。銘曰：

訥訥哲人，斯須繩矩。遇事激發，剛亦不吐。慟恤忠良，有涕如雨。譏貶姦貪，有舌如斧。能好能惡，是謂至仁。邈然物外，未侵一塵。樊口之南，重湖之濱，藏骨黄壤，垂範千春。

衡陽彭氏譜序 丙寅

吾少時，讀家譜，曾子十五世孫據，以關内侯避王莽之亂，南遷爲南州諸曾之祖。私怪據事蹟不見於他書，舊譜於何取徵？後讀《歐陽文忠公集》，見其《答曾子固書》，亦以關内侯據爲疑，引史例以諷之，乃知吾曾氏本據爲始遷之祖，相沿且千歲，由來舊矣。歐陽公譜牒之學號爲精審，然其所著《唐宰相世系表》，於巨族既推其本源出於某帝某王，又歷叙漢世名賢，如琅邪王氏，已稱出周靈王子晉之後，而又叙王吉、王駿之系，蘭陵蕭氏，已稱出帝嚳之後，而又叙蕭何、望之之系。相承不絶，如屈伸指而數庭樹，略無參稽猶豫之辭。公嘗譏司馬遷不能闕疑，後人又譏歐陽氏不善闕疑，所謂目能見千里而不能自見其睫也。君子慎度身世，信諸心，則蒙大難、決大計而不懼，未信諸心，則雖坦途而不肯輕試。其於臨文，亦若是焉可耳。

衡陽彭雪琴侍郎，以諸生從戎，十有三載，肅清長江，克名城以百計，殄巨憝於金陵。當其提挈飢軍，出入鋒鏑，誓不與此賊同戴三光，天下稱爲烈士。及夫勳勞日著，朝廷授爲安徽巡撫，授爲漕運總督，皆屢疏固辭不拜，退然若漆雕之內不自信，卒不輕於一試，又何慎也！

同治四五年間，東南大定，侍郎與其宗長老修訂彭氏家譜。彭氏本貫江西之泰和，至明世，有曰聲揚者，始遷於衡。其後八傳曰步南者，肇修譜牒。我朝康熙中再修之。道光十三年，侍郎之考贈光禄君三修之。及是，四次修纂。族之材俊子弟，奮迹師中，積功累伐，珥貂相望，簪紱雲興，皆著於録，彭氏日益光大矣！其系表斷自聲揚公，凡前世達人暨同姓異望之顯者，别爲一編，不與本宗相淆，蓋凛凛乎闕疑之誼云。國藩之先世，亦自江西遷居衡陽，至明季更遷湘鄉，而祠廟今尚在衡，與彭氏擊柝相聞，墟煙相接。曩者不揆愚陋，嘗慨然欲重訂家譜，述其可知者而差其可疑者，區爲别録。不求盡合於歐、曾大儒，但求慊於吾心。久困兵間，未遑執簡。感侍郎急於先務，故爲之序以答其請，因抒余之夙懷。

大潛山房詩題語

山谷學杜公七律，專以單行之氣運於偶句之中。東坡學太白，則以長古之氣運於律句之中。樊川七律，亦有一種單行票姚之氣。余嘗謂小杜、蘇、黄皆豪士而有俠客之風者。省三所爲七律，亦往往以單行之氣，差於牧之爲近，蓋得之天事者多。若能就斯塗而益闢之，參以山谷之倔强，而去其生澀，雖不足以悦時目，然固詩中不可不歷之境也。

省三用兵，亦能横厲捷出，不主故常。二十從戎，三十而擁疆寄，聲施爛然，爲時名將。惟所向有功，未遭挫折，蔑視此虜之意多，臨事而懼之念少。若加以悚惕戒慎，豪俠而具斂退，氣象尤可貴耳。余覽其詩卷既畢，因題數語以勖勉之。

曾文正公文集卷四

金陵軍營官紳昭忠祠記 同治丁卯

嗚呼！軍興以來，死事者多矣，而金陵尤爲忠義之所萃云。咸豐二年十二月，賊陷武昌、漢陽，掠取巨舟萬數。三年正月，蔽江東下，連陷九江、安慶、蕪湖各城，遂破金陵，據爲僞都。城中官紳與駐防之軍民，並及於難。當是時，天子已命向榮爲欽差大臣，自湖北逐賊而東，至則城陷已逾旬日，又繼陷鎮江、揚州兩府，而都統琦善亦以欽差大臣由河南進至揚州。自是後，廣西元從諸軍駐金陵者，號爲江南大營，北來新集諸軍駐揚州者，號爲江北大營。鎮江別屯一軍，則金陵分兵駐之，與揚州之師相爲犄角。未幾，揚州之賊分支北竄河南、直隸，金陵之賊分支西竄江西、湖北，而鎮江之賊破我營壘，別有粵人爲亂，攻陷上海。其冬，北軍克復揚州、儀徵，群賊移據瓜洲。四年，督師琦公卒，托明阿接統北軍。五年，江蘇巡撫吉爾杭阿克復上海，移師圍攻鎮江。六年春，南路賊陷寧國，北路賊復陷揚州，托明阿罷職，德興阿接統北軍，旋克揚州。其夏，巡撫吉公戰没於高資，金陵大營亦陷，督師向公退守丹陽，已而病卒。朝廷命和春爲欽差大臣，而命張國樑爲總統。七年冬，南軍克復鎮江，北軍同日克瓜洲。八年，南軍築長圍以困金陵之賊，北軍大挫於浦口，賊陷江浦、天長、儀徵、揚州、六合。張國樑北援揚州，克之。

九年，德興阿勑罷，江北不復置帥，以江南大帥兼轄。十年正月，張國樑克九洑洲。二月，皖南群賊攻陷杭州，江南遣張玉良援杭，克之。三月，賊破建平、東壩、溧陽，群萃金陵，攻陷大營，我師潰奔，常州、蘇州繼陷。是後，馮子材等堅守鎮江，都興阿等堅守揚州，數年無恙。蓋自咸豐癸丑以迄庚申，耳目衆著之事，大略如此。

其餘南軍攻取旁近郡縣，若太平、蕪湖、丹陽、溧水、溧陽、高淳、句容，屢克屢陷，不常其得失。或北援揚州、江浦，警報朝聞，南師夕渡。而城外賊壘，濱江要隘，亦無月不事攻戰。擲千百性命，以争尺寸之土。

當時，中外盛稱江南勁旅，聲威出北軍上遠甚。諸路告急，金陵往往分兵，四出援勦，其致敗亦終以此。始至之秋，即遣虎嵩林馳援上海，既又遣和春赴援廬州。寧國失守，則遣鄧紹良自浙援之。數年，鄧君戰亡，又遣鄭魁士繼之。賊圍衢州，則遣周天受等援浙。賊入延建，又濟師以援閩。近者數百里，遠者二三千里，孤軍轉鬥，累月不歸。餽餫乖時，忍饑赴敵，膏塗原野，莫相收恤。而金陵之賊，見我軍遠征者多，居守者少，營壘空虛，炊煙日減，晝夜謀所以覆我者。咸豐六年，大營失陷，正坐壘闊兵單之故。最後十年之役，則長圍已成，汛地愈廣，我軍分兵救浙，不能遽返。而自浙回竄之賊，皖南、江北之賊，十道並進，乃一發而不可禦。將士方冀合圍之後，犁穴擒渠，策勳有期，不意倉皇潰敗，有如沙飛河決，蕩析南奔，死亡不可勝數。其僅有存者，張玉良收集餘燼，以攻嘉興，以守杭州。至明年，杭城再陷，而金陵大營八萬人者，蕩然無復留遺矣。

當諸將屯駐秣陵，向公榮、張公國樑最負重望。其餘智者竭謀，勇者殫力，亦豈不切齒圖功，思得當以報國？事會未至，窮天下之力而無如何。彼六七僞王者，各挾數十萬之衆，代興迭盛，横行一時。而上游沿江千里，亦足轉輸盜糧。及賊勢將衰，諸酋次第僵斃，而廣封騃豎，至百餘王之多。權分而勢益散，長江既清，賊糧漸匱。厥後，楚軍圍金陵，兩載而告克。非前者果拙而後者果工也，時未可爲，則聖哲亦終無成，時可爲，則事半而功倍也，皆天也。

既克三載，同治六年之冬，乃建昭忠祠於蓮花第五橋，祀先後死事者，同堂而異室。其中一室，祀三年二月江寧初陷時守城殉難之員。其東一室，祀三年至十年城外大營傷亡之員。其西一室，祀城内及江寧七屬紳士，而外郡紳士死於此者亦與焉。又東一室，祀金陵將領出援各路死於寧國及浙江等處者。又西一室，祀鎮江及揚州死事之員，鎮江本金陵所分之軍，揚州亦與金陵一體，其後又歸南軍兼轄故也。工既竣，粗爲記其梗概。至於歷年戰争，良將猛士之勞，攻牢保危之策，將具於國史，兹不復備述云。

丁卯四月求降雨澤告辭

自客歲之仲秋，歷冬春而孟夏，閲八月而不雨。嗟群生之凋謝，哀江南之黎庶，困兵燹以十霜。邑何民而不莩？野何土而不荒？慶中興於甲子，甫得脱乎兵戎。悉斂賦而北伐，又杼柚之屢空。逮丙寅之夏末，高郵罹乎災凶。運隄愴其潰決，没六縣於波中。漲泗、沂與淮、湖，瀦千里爲澤國。飽人肉於蛟魚，烏鳶下而争食。嗟赤子其何辜，實百官之不職。曾水患之未平，又旱災之相偪。麥有秋而失望，稻有種而不入。千村聚而皇皇，老幼環而悲泣。痛蚩蚩者無罪，罪乃在於疆臣。羌無德而竊位，上干怒乎百神。或屋漏之隱慝，或秕政之不仁。將舉錯之失當，抑冤獄之未申。宜躬被乎酷罰，胡移禍於吾民？爰致齋而惕厲，叩蒼昊而陳詞。審余身之有咎，甘百死而不辭。爲斯民而請命，冀歲事之無虧。沛甘霖而溥降，膏百穀以蕃滋。萬彙蔚而回春，農民忻而相告。今不慮乎旱饑，後無傷乎秋潦。感神惠之孔時，終傾誠而圖報。

靈谷龍神廟碑記

龍於古不列祀典。國有大水，智者不禜。或有旱暵，圭璧祈禳，亦不及之。漢世儒者，以龍能興雲致雨，乃别四時方色爲象，土禺繒繢，有禱輒應。其後「五龍」、「九龍」之堂浸作，祀事興矣。

國家褒崇龍祀，祭式祝號，一準王儀。自京師黑龍潭暨各行省，皆立廟虔奉，甘澤時降，人蒙其庥。金陵省治之東，有泉曰八功德水，出於鍾山之陽，靈谷之寺。舊有龍神祠，屢獲嘉應。洎兵興祠燬，壇宇蕩然無存。同治六年，自春徂夏，數月不雨，禜禱之術既窮，國藩乃與布政司李君宗羲、督糧道王君大經、鹽巡道龐君際雲，先後求諸靈谷之神。四祈而四效，旋叩而立應。最後甘霖滂沛，坼壤膏流，槁苗勃興，嘉蔬蓊蔚，陂澤旁匯，魚鼈歡泳。歲仍有秋，民用康樂。於是乃相與重構斯廟，以報賽而妥靈。棼橑堅致，黝堊無華，取足嚴祼獻之儀，酌質文之衷而已。

蓋金陵自六代以來，號爲名都。梵宇琳宮，震耀今古，勳戚甲第，湧殿飛甍，往往數千百年遺構尚存。獨至粵賊洪、楊之亂，埽地剗除，無復一椽片瓦之留遺。即靈谷寺屢興屢廢，亦無似此次之澌盡者。今龍神廟粗立基緒，而全寺之踵修，名蹟之興復，不知更待何年？《易》稱龍爲乾德，萬物資始，厥施甚普。自今以往，意者百工雲興，日新月盛，將盡還承平之舊乎？斯固守土之吏所寤寐誠求者也。

新甯劉君墓碑銘❶

君諱時華，字廷材，號寶泉，先世自江西徙湖南之新寧。曾祖有義，祖儒禹，府學增生，父世貴，太學生。家貧，爲商賈，化居以自給。君生有至性，不忍其父久勞市廛，乃跪請曰：「大人宜少休！兄學且有成，弟弱，兒願代父勞而服賈矣。」遂遊資於江漢之間，量物度時，廣取而節用，後人而往，先人而歸，家用阜康，親以大悅。父病，在視終宵。醫者言痰鹹可生，淡則死。君輒以手承痰嘗之，味淡，因大哭。父没，母亦前卒，則推其所以事父者以事繼母。歸自武昌，繼母不懌，長跪自陳遲歸之咎。繼母

❶「碑」，疑當作「志」。

病，服勞達旦，營治藥物，必自其手，不自他人。繼母没，則推其所以事親者，以事長兄而蓄季弟。兄病，調護年餘。兄卒，弟後卒，則又推恩以恤其嫠，以鞠其孤子。厥後，兩家孤兒皆成立，兩嫠皆旌表於朝，壽皆七十、八十，涕泣頌君之德不敢忘云。

新甯，山邑也。僻在楚南、黔、粵之交，巨嶺層巒，穹窿雜襲，鬱撓而不得少舒。自古未聞偉人傑士出於其間，亦乏甲乙科第。居民治生纖嗇，有唐、魏之風。獨君與江太公一峰，輕財好義，不屑屑於自殖。江君之子諡忠烈者，仕至安徽巡撫，而君之子蔭渠，今爲直隸總督，並有勳伐，爲時名臣。蓋褊陋之俗一變，而山川之氣昌矣。當君初賈異縣，頗求饒益以娱親心。既而經紀有方，智足以擴其業，利足以仁其三族，所得資財，隨手散去，壹以濟物爲功，息秏都不訾省。鄉里除道成梁，捐金錢惟恐不贍，施藥療疾，惟恐不周。嘗遇益陽大水，買小舟，拯百人，藁葬數百人。新寧大饑，餽鄰里親舊粟，日半升，全活無算。又嘗修育嬰堂，建忠義節孝祠，皆縣中前此所無，自君創之。城東北有義塚，歲歲常以冬春培其陁塋，而植其仆碑。城南有義塾，器物缺乏，常於君家取給焉。人或謂：「君歲入幾何，施諸人者什七，而自謀不及什三，後將難繼，何不頗買田宅，爲子孫稍立基業？」君笑謂：「家有薄田，自足供疏食，焉用多爲？吾以人情爲田，以培養士類爲種，耕不計年，穫不計世，庸詎知留貽子孫者，不更大乎？」逮君没，而門内鼎興。君子四人：長名長佑，即蔭渠也，以拔貢生歷官廣西巡撫、兩廣總督、直隸總督，加兵部尚書銜；次長佐，某官；次長伸、長健，某官。孫某，某。曾孫永祚、永祺。天子褒長佑功，贈君暨君之祖、父皆爲光禄大夫，君配鄭氏暨祖妣某氏、妣李氏、曾氏皆爲一品夫人。蓋君言於是果驗，爲善之報，抑何捷也。鄭太夫人恭儉寬仁，悉秉夫教，姒婦、娣婦寡居，敬之終身有恩紀。君卒以道光三十年六月十四日，壽六十有一，太夫人先三日卒，壽五十有九。是歲十二月某甲子，合葬新寧西鄉楊溪村之鸞嶺。

昔道光丁未、戊申間，江忠烈公嘗爲余稱道蔭渠之賢，兼述其世德。及蔭渠入京，聞親之訃，求余文銘其墓。展轉兵間，久疏文字，越今十有七年，始得表而銘之。銘曰：

舉世奔利，獨行抱義。庸德庸言，感格天地。外救飢溺，内撫諸孤。仁心難慊，百憂一愉。孰云不顯？在幽彌馨。孰云無報？如影隨形。神覬在室，奇福在庭。郎君崛起，爲國干城。削平寇亂，鼎祭鐘銘。自天錫寵，褒榮先隴。夫彝之南，萬山環拱。我表其阡，來者欽竦。

户部員外郎彭君墓表

君諱永思，號兩峰，世居湖南長沙。少而峻整自將，忱恂縝栗，吶吶如不能語。事至，則剖晰毫釐，枝分縷解，辨窮萬變，而斷以片言，長老往往驚異，以爲吏才，天所授也。年三十二，以嘉慶五年庚申舉於鄉，十四年己巳成進士，即用知縣。明年，署雲南嵩明州知州，斷獄八百，民譽翔洽，徙補楚雄縣。楚雄故附郭劇邑，君至，一以治嵩明者治之。訟牒入，立判紙尾，期以某日質訊。出則聽民遮道自言，停輿研鞫，前者辭窮，後者大畏。或就逆旅操筆定讞，且判且詰，決遣如神。尤善爲離參之法。離參者，如欲知豆價，則先以麥問甲，次以稻問乙，次以粱問丙，❶離其事，異其人，而旁參之，然後進退以定豆價，百不失一。君用此術，多奇中，他人效之，亦不能得民情僞也。

大吏以君既政成，常使兼聽鄰縣之訟。大姚有薛繼賢者，殺人獄成，省中覆覈，則詭辭翻異。問官數易，爰書數十易，終不能決。君訊之七晝夜，卒以參鞫其子，乃得情實，論決如律。某官解餉銀至省，發封則失銀而得數石，以獄屬君。君察石有蟲齧痕，非道途間物，因問輦運之卒：「寧覺馱負左右攲乎？頗憶攲側始何日乎？」卒對某日過某店，始覺右攲。君自省返楚雄，挾此獄與卒與石俱行。途中雜采群石，較之皆不類。至某店，得石與蟲齧者類。一鞫而伏，遂抵旅店主人於法。五侯神者，不知所起，淫祀也。土民與江西客商争祀，搆訟數十年。君以黷祭宿獄，終無已時，令舁神像至縣庭，取筆判八字，曰：「爾像不滅，訟端不絶！」立飭吏卒捽而毁之，兩造相顧，愕眙而散。蓋君之明而能斷，類如此。

嘉慶十七年，大姚令上變，告「烏龍口有衆數千，嘯聚爲亂」。郡守夜召君問策，君立與區畫，草數書抵旁縣，戒勿輕動。遣數人僞與賊暱者，風使解散，而潛發輕兵掩捕，擒七十人，罪數人而事定。於是遠近又歎君才堪濟變也。

在滇六年，凡三署大姚，四署廣通，兩署南安州，再爲鄉試同考官。上官方以治行卓異薦君，而君以父命，不樂久爲吏，遂

❶「粱」，原作「梁」，據傳忠鈔本改。

援例改就京職，官户部員外郎貴州司行走，兼管廣東司。議蠲逋賦，釐定鹺政，多所匡贊。道光二年丁家艱歸。自是山居二十載，養母教子，收族振貧。祭田義渡，凡諸善舉，皇然如有失而急圖之，陶然與販夫農父相狎，自忘其爲宰官之身，人亦忘之，亦愈敬之。

道光二十二年八月二十一日，以疾卒，春秋七十有四。曾祖從美，祖必化，貤贈奉直大夫。考勝桂，誥封奉政大夫。以五世同堂，獲旌於朝。祖妣氏范、妣氏黄，皆封宜人。君之配黄恭人，以賢孝特爲舅姑所倚，嘗一從夫雲南官舍，而未及從宦京師。凡綜理彭氏家政七十餘年，敕始毖終，内外秩秩，室靡棄物，里無違言。姒婦有先亡者，叔早逝者，撫其諸子，女公早寡者，撫其孤甥，曲有恩紀。齒逾八十，猶篝燈紡績不倦。同治元年閏八月二日告終，蓋九十有六矣。子申甫，道光乙未科舉人，候選通判。婦陶氏，安化文毅公女也。女三，皆適士人。孫樹森，同治甲子科舉人，志本、序本、豐本、孚本。孫女十二。申甫以道光壬寅九月某甲子，葬君於長沙之文家段蓮花台，同治壬戌閏八月某甲子，葬恭人於木魚山。墳壠相望，約二百步而近。屬國藩表其墓，於是叙述大節，而綴以銘。銘曰：

流水不腐，古傳斯語。賢侯之明，積勤所補。壽母之壽，本諸勞苦。居上而逸，天所不許。降福者天，宰天者人。治獄陰德，恒大厥門。科名賡續，有子有孫。更千萬禩，長裕後昆。

金陵湘軍陸師昭忠祠記 戊辰

同治三年六月既望，大軍克復金陵。國藩至自安慶，犒勞士卒，見吾弟國荃面顏焦萃，諸將枯瘠，神色非人。蓋盛暑攻戰，晝夜暴露城下，半月而未息。余既驚痛而撫慰之，乃遍行營壘，周視所開地道，覽戰爭之遺迹。彭君毓橘、劉君連捷、蕭君孚泗、朱君南桂，相與前導而指示曰：「某所某將盡命處也，某所賊困我之地也。」諸君所不備述，吾弟又太息而縷述之。

弟之言曰：「自吾圍此城，壯士多以攻堅而死。賊於城外環築堅壘數十，大者略與城埒，攢以小營，障以長塢，甃石如鐵，掘塹如川，牢不可拔。我軍以元年五月之初，始克江寧鎮、三汊河、大勝關各壘。二年五月，李臣典等克雨花臺及南門各壘，劉連捷等會同水師克九洑洲、中關、下關各壘。其江東橋之壘，則陳湜等於八月克之，上方門、高橋門、七甕橋、土山、方山各壘，則蕭慶衍、蕭孚泗等於九月克之。是時朱南桂亦克博望鎮，趙三元等亦克中和橋、秣陵關。至十月，克解溪、隆都、湖墅，而東南剗削略盡。三年正月，彭毓橘、黄潤昌等乃克鍾山高壘，賊所署爲『天保城』者也。每破一壘，將士須臾隕命，率常數百人，回首有餘慟焉。其穿地道以圖大城者，凡南門一穴，朝陽至鍾阜門三十三穴。篝火而入地，崖崩而窟塞，則縱横聚葬於其中。賊或穿隧以迎我，熏以毒煙，灌以沸湯，則趫者幸脱，而慤者就殲。最後神策門之役，城陷矣，而功不成。龍膊之役，功成矣，而死傷亦多。」於是歎攻堅之難，而逝者之可憫也。

毓橋之言曰：「我軍薄雨花臺未幾，疾疫大行，兄病而弟染，朝笑而夕僵，十幕而五不常爨。一夫暴斃，數人送葬，比其反，而半殕於途。近縣之藥既罄，乃巨艦連檣，徵藥於皖、鄂諸省。當是時也，群醫旁午，而僞王李秀成等大至，援賊三十萬，圍我營者數重，我軍力疾禦之。一夕築小壘無數，障糧道以屬之。江賊益番休迭進，螘傅環攻，累箱實土以作櫓楯，挾西洋開花炮自空下擊，子落則石裂鐵飛。多掘地道，屢陷營壁。凡苦守四十五日，至冬初而圍解。軍士物故，殆五千人。會有天幸，九帥獨免於病，目不交睫者月餘，而勤劬如故。雖槍傷輔頰，血漬重襟，猶能裹創巡營，用是轉危而爲安。靖毅公則病後過勞，竟以不起。」「九帥」者，軍中舊呼國荃之稱；「靖毅」者，吾季弟貞幹謚也。

連捷之言曰：「李酋解圍去後，率衆渡江，連陷江浦、和州、含山、巢縣，皆我軍新取之城，得而復失。九帥乃分兵守西梁山，遣連捷與彭毓橋輩救援江北。既解石澗埠之圍，破運槽銅城閘之賊，遂偕水師，連收四城，江北大定，劇賊益衰。然我衆死者，亦不可勝數也。」

南桂之言曰：「方金陵官軍圍困之際，同時鮑超之軍亦困於寧國，水師亦困於金柱關。金柱關者，水陽江及群湖所自出，蕪湖之藩衛也。九帥乃分兵守東梁山，而遣南桂與朱洪章、羅洪元輩力扼此關，夾河而與之上下，亂流而相攻。卯而戰，酉而不休，水營捷，陸營或挫，一夕數起，一餐屢輟。凡七閱月而事稍定。百里内外，白骨相望，時聞私祭夜泣之聲，天下之至慘也！」

於是國荃與諸將並進，稱曰：「此軍經營安慶，翦伐沿江諸城，凋喪尚少。獨至金陵，而死於攻、死於守、死於疾疫、死於北援巢、和，南援蕪湖、太平，乃籌計而不能終。今存者幸荷國恩，封賞進秩，而没者抱憾無窮。雞鳴山下，有賊造府第一區，若奏建昭忠祠，春秋致祭，庶以慰忠魂而塞吾悲耳！」國藩具疏上聞，制曰：「可。」黄君潤昌爰董其事，取有册可稽者，造神主一萬一千六百三十有奇，無册者姑闕焉。甫歷三載，楹楝杇橈，牆宇攲陊。同治六年，省中僚友集議，廓而新之。基扃固護，籩豆有嚴。國藩乃追叙所聞於諸君者，而系以詩章，用備樂歌。詩曰：

人無貴賤，夭壽賢愚，終歸於死，萬古同塗。死而得所，身殄魂愉。六朝舊京，逆豎所都。濯征十載，莫竟天誅。嗟我湘人，鋭師東討。非祕非奇，忠義是寶。下誓同袍，上盟有昊。昊天藐藐，成務實難。祚我百順，厄我千艱。狂寇所噬，刈人如菅。沴厲乘之，積骴若山。偉哉多士，夷險一節。萬死靡他，心堅屈鐵。鑒彼巧偷，守兹貞拙。縷血所藏，后土長熱。卒收名城，獲醜搤王。寵賁冥漠，千禩馨香。新廟孔赫，彝斝將將。天子之錫，烈士之光。

書儀禮釋官後

侍郎胡君季臨，重刻其曾祖王父樸齋先生所著《儀禮釋官》，寄示國藩，屬爲識於簡端。

余嘗從《皇清經解》中得讀此書，粗識崖略。先生治《禮》，崇信鄭氏，而於鄭説之歧誤者，亦不苟爲附和。如「燕禮」宜以膳宰爲主人，而辨注釋爲宰夫者之非；司宫即《周禮》之宫人，而指注比於小宰者之失；左右正即僕從之官，若《書》之左右攜僕，《詩》之膳夫左右，而證注中稱樂正、僕人正者之謬；《特牲》士有私臣，而歎注謂士無臣者之疏，其説既允矣。至於曲證旁通，往往即一事而洞見本原。先王之制禮也，因人之愛而爲之文飾，以達其仁；因人之敬而立之等威，以昭其義。雖百變而不越此兩端。先生以爲，《士喪》、《既夕》二篇所言甸人、管人、夏祝、商祝、家人、卜人、隸人、遂匠之屬，皆公家之臣來執事者也，又以爲諸侯之官，其爵必降等於天子。聖人别嫌明微之意寓乎其間，使周之諸侯遵而守之，何至有僭越而置六卿稱縣公者？由前之説，則臣下之喪，君既臨其小斂，又遣官助其百役，有若家人骨肉，愴惻纏綿。由後之説，則侯國之百職庶司，不敢毫髮僭擬於天王。恩誼之篤如彼，名分之嚴若此，此皆禮之精意，祖仁本義，又非僅考核詳審而已。

《儀禮》一經，前明以來，幾成絶學。我朝鉅儒輩出，精詣鴻編，迭相映蔚，而徽州一郡尤盛。自婺源江氏永崛起爲禮經大師，而同邑汪氏紱，休寧戴氏震，亦皆博洽，爲世所宗。其後歙縣金氏榜、淩氏廷堪，並有撰述，無慚前修。先生世居績溪，與諸儒地相比，時相接，其入國史《儒林傳》，列於江氏、汪氏之次，而哲孫培翬，又能紹其家學，著《儀禮正義》，薈萃群言，衷於至當。徽州爲朱子父母之邦，典章文物，固宜非他郡所敢望。而胡氏世傳禮教，故家文獻，綿延無替，亦足使篤古之士，低徊而興慕也。

湘鄉昭忠祠記己巳

咸豐二年十月，粵賊圍攻湖南省城。既解嚴，巡撫張公亮基檄調湘鄉團丁千人至長沙，備防守。羅忠節公澤南、王壯武公鑫等，以諸生率千人者以往。維時國藩方以母憂歸里，奉命治團練於長沙。因奏言：團練保衛鄉里，法當由本團醵金養之，不食於官，緩急終不可恃。不若募團丁爲官勇，糧餉取諸公家，請就現調之千人，略仿戚元敬氏成法，束伍練技，以備不時之衛。由是吾邑團卒，號曰「湘勇」。三年春，平土寇於衡山，破逆黨於桂東。其夏，粵賊圍江西省城，國藩募湘勇二千、楚勇千人，羅忠節公輩率之東援。初戰失利，營官謝邦翰、易良幹等殉難，湘勇之越境剿賊，將領之力戰捐軀，實始於此。余聞而悼之，議立忠義祠於縣城，祀湘人與於南昌之難者。

其冬，余奉命籌備舟師，乃募湘勇水陸萬人，明年率之東討。岳州之役，陸兵敗挫，雖旋有湘潭之捷，而湘士中熸。既而整軍再出，羅公暨李忠武公續賓率湘勇以從，於是大雋於岳州，克武、漢，下蘄、黄，破田家鎮，復江西弋陽、信州、甯州。又以其間，由江還鄂，掃蕩枝縣，再克武昌省會。咸豐五六年間，羅、李湘勇之名震天下。而王壯武公與劉武烈公騰鴻、蕭壯果公啓江暨巡撫蔣公益澧，皆提湘勇，征戰湖北、江西、廣西、廣東等省，所在有聲。然羅公、王公、劉公，遂以六七年間先後徂謝，而將士傷亡者滋益多。前所議建之忠義祠，規制隘庳，不足以嚴典祀。咸豐八年秋，國藩乃與李公具疏會奏，請立昭忠祠於湘鄉，令有司春秋致祭，天子許之。吾邑軍士，没有餘榮已。

未幾，而舒城、三河之難作，李公殉節，部下死者殆六千人。國藩私憂，以謂湘中士氣恐不復振。其後李公之弟勇毅公續宜，重輯部曲，轉戰皖北，張忠毅公運蘭及唐總戎義訓輩之師，轉戰皖南，而吾弟國荃遂以湘士克復安慶、金陵兩省，蔣公暨楊公昌濬，亦用湘人平浙江，伐福建，張忠毅公亦戰没於閩。東南數省，莫不有湘軍之旌旗，中外皆歎異焉。其西北諸道，則提督劉君松山，追逐捻匪於河南、山東、直隸，征叛回於陝西、甘肅，而按察使陳君湜防守山西。其西南諸道，則蕭壯果公率師入蜀，而巡撫劉公蓉屢平蜀寇，總督劉公嶽昭暨諸湘軍，又自蜀而南入黔，西入滇。一縣之人，征伐遍於十八行省，近古未嘗有也。

當其負羽遠征，乖離骨肉，或苦戰而授命，或邂逅而戕生，殘骸暴於荒原，凶問遲而不審。老母寡婦，望祭宵哭，可謂極人世之至悲。然而前者覆亡，後者繼往，蹈百死而不辭，困厄無所遇而不悔者，何哉？豈皆迫於生事，逐風塵而不返與？亦由前此死義數君子者爲之倡，忠誠所感，氣機鼓動，而不能自已也。君子之道，莫大乎以忠誠爲天下倡。世之亂也，上下縱於亡等之欲，姦僞相吞，變詐相角，自圖其安而予人以至危，畏難避害，曾不肯捐絲粟之力以拯天下。得忠誠者起而矯之，克己而愛人，去僞而崇拙，躬履諸艱，而不責人以同患，浩然捐生，如遠游之還鄉，而無所顧悸。由是衆人效其所爲，亦皆以苟活爲羞，以避事爲恥。嗚呼！吾鄉數君子，所以鼓舞群倫，歷九州而戡大亂，非拙且誠者之效與？亦豈始事時所及料哉？

今海宇粗安，昭忠祠落成有年，而邑中壯士效命疆場者，尚不乏人。能常葆此拙且誠者，出而濟世，入而表里，群材之興也，不可量矣，又豈僅以武節彪炳寰區也乎？

羅忠節公神道碑銘

公諱澤南，字仲嶽，號羅山，湘鄉羅氏。咸豐四五年間，公以諸生提兵破賊，屢建大勳，朝野歎仰，以爲名將，而不知其平生志事裕於學者久矣。

公之學，其大者以爲天地萬物，本吾一體，量不周於六合，澤不被於匹夫，虧辱莫大焉。凛降衷之大原，思主静以研幾，於是乎宗張子而著《西銘講義》一卷，宗周子而著《人極衍義》一卷。幼儀不慎，則居敬無基，異説不辨，則謬以千里，於是乎宗朱子而著《小學韻語》一卷、《姚江學辨》二卷。嚴義利之閑，窮陰陽之變，旁及州域形勢，百家述作，靡不研討，於是乎有《讀孟子劄記》二卷、《周易本義衍言》若干卷、《皇輿要覽》若干卷、《詩文集》八卷。其爲説雖多，而其本躬修以保四海，未嘗不同歸也。

始公家世貧甚，曾祖王父日阮，王父拱詩，皆以公貴，贈通奉大夫。父嘉旦，公没後賞加頭品頂戴。曾祖王母蕭氏、王母賀氏、母蕭氏，皆贈夫人。公少就學，王父屢典衣市米，節縮於家，專餉於塾。年十九即藉課徒取貲自給。喪其母，又喪其兄，旋喪王父。十年之中，連遭期功之戚十有一。嘗以試罷，徒步夜歸，家人以歲饑不能具食，妻以連哭三子喪明。公益自刻厲，不憂門庭多故，而憂所學不能拔俗而入聖，不恥生事之艱，而恥無術以濟天下。其後年逾三十，乃補學官附生，逾四十，乃以廩生舉孝廉方正。假館四方，窮年汲汲，與其徒講論濂、洛、關、閩之緒。瘏口焦思，大暢厥旨。未幾，兵事起，湘中書生多拯大難，立勳名，大率公弟子也。

咸豐二年，粤賊攻圍長沙，縣令召公練鄉勇，以備不虞。省城解圍，明年春，巡撫張公亮基檄公帶勇至長沙。維時國藩奉命督治團練，因與公講求束伍技擊之法，晨夕訓練，擊土寇於桂東，捦逆黨於衡山。其夏，賊圍江西省城，乃益募湘勇二千，輔以新寧之勇、鎮筸之兵，檄公赴援南昌。湘軍越境討賊，自此始矣。既解南昌之圍，復破賊於安福。歸及衡州，殲土匪於永興。四年春，湖北之賊大舉南侵，官軍失利於岳陽，克捷於湘潭。提督塔齊布公追賊至岳州，余檄公與李公續賓佐之。公扼大橋以遏其衝，凡七戰而群賊潰，岳州平。乘勝逐北，連復三縣。將攻武昌，公手一圖，就余決策。師出兩路，以塔公進洪山一路，而自請攻花園一路，當其堅者。如其策，果克武昌、漢陽兩城。賊既東奔，追及於興國，大膊於田家鎮。公提卒二千，禦數十倍之寇，鏖之江濱，罣石墜崖，死者萬計。而水師亦斷橫江鐵鎖，燔賊舟數千。當是時，公名震天下。前此累功保至道員、花翎，至是有甯紹台道之命，加按察使銜。

既而引兵北渡，克廣濟、黄梅，賞葉普鏗額巴圖魯名號。又引兵南渡，攻圍九江，進規湖口。賊堅守，不可遽下。適會水師分兵入宫亭湖，江上之軍不利，而湖北諸軍屢敗，賊自黄梅長驅西上，武昌再陷。公太息深憂，歎世變之未已也，益討部衆而申儆之。或解説《周易》以自遣云。時別賊陷饒州、弋陽，公入江西援剿，大戰弋陽，克之。賊陷廣信，又戰信州，克之。又以其間收復德興、景德鎮。東路甫定，而義甯復陷，公軍渡湖、漢而西。至則示形杭口，而暗進鰲嶺，屯高峰以瞰敵，設三伏以要之。四戰而賊大熸。義甯既克，有詔加布政使銜。

公以書抵國藩，具論吳、楚形勢，欲取九江、湖口，法當先圖武昌；欲取武昌，法當先清岳、鄂之交。於是馳疏，以公回援武、漢，朝廷嘉焉。遂略通城，克崇陽，挫衂於濠頭堡，大捷於蒲圻，將達武昌。巡撫胡文忠公歡迎勞問，凡事咨而後行。城外賊壘，鏟除略盡，殄滅有緒矣，公以霧中搏戰，中槍子，傷創甚，咸豐六年三月初八日卒於軍，春秋五十。事聞，天子震悼，照巡撫例賜恤，二子皆賞給舉人，三省建立專祠，予謚「忠節」。

公在軍四載，論數省安危，皆視爲一家骨肉之事，與其所注《西銘》之指相符。其臨陣，審固乃發，亦本「主静」、「察幾」之説。而行軍好相度山川脉絡，又其講求輿圖之效。君子是以知公之功，所蓄積者夙也，非天幸也。配張氏，誥封夫人，妾周氏。子兆作，配胡氏；兆升，配曾氏，國藩第三女也。余與公以學行相勖，又相從於金革，中之以婚姻，迺摭其大節，銘諸墓道。銘曰：

漸車之澗，積潦縱橫。崇朝即涸，卷勢收聲。大江西來，其源萬里。澤溥寰區，不矜厥美。無本者竭，有本者昌。羅公淵默，所蓄孔長。洞徹天人，潛晞往聖。一物未康，終虧吾性。提師苦戰，荆、揚二州。斧彼凶豎，爲民復讐。矯矯學徒，相從征討。朝出鏖兵，暮歸講道。洛、閩之術，近世所捐。姚江事業，或邁前賢。公慎其趨，既辨其詭。仍立豐功，一雪斯恥。大本内植，偉績外充。兹謂豪傑，百世可宗。

日慎齋詩草序

李生春甫，余癸卯典試蜀中所得士也。時生方少，貌玉立，文似韓幕盧，翛然塵壒之表。心賞之，勖以讀書希古而别。而生侍老親疾，累年不應禮部試。丁未，爲百韻詩貽余，余賦詩報之曰：「不見李生今四載，我有情懷浩如海。」又曰：「女曹報國好身手，似我磋跎已老醜。」思之，抑勖之也。庚戌春正月，生入都來見，遂成進士，官翰林，余大喜。壬子夏散館，改官刑部，余重惜之，生悒悒不自得。予持節江西，生以詩送行，有惘然若失意。既聞以同知之任滇中，會天下多故，久不得生消息。不數年，聞生官知府，奉使徵餉，遇賊不屈死矣。余大慟，淚如雨下。其門人韓西舫孝廉，以生滇中詩集並毁於賊，搜羅散佚，得十之五，由吴春海太史寄余，屬爲序。

余何言？烏虖！天賦生以穎異之資，復予生以清華之選，其待生不可謂不厚，乃乍予之而乍奪之，使之鬱伊無憀，激而爲一官萬里之行。夫以生之才，中外皆可自效。使天益其年以富其學，其建樹當可想見。即其詩之所詣，當不僅若此。然死者人所不免，犯敵捐軀，與老死牖下，其輕重固自有别，而絶不意生之死之慘毒如是，且並其詩殉之，亦零落無存，而僅僅掇拾於風霜兵燹之餘也。悲夫！回憶癸卯識生，後以詩倡疇，而今已矣。莊叟曰：「身非女有，此天地之委形也。」生既浩然長往矣，何有於身後之名？然則余爲生悲，並悲及生之詩，亦達士之所笑也。雖然，莊論達矣，而亦未盡也。如生忠魂英魄，歷劫不化，當如睢陽爲厲以殺賊，非泯泯以没者。況夫朝廷恤之，門人思之，有增秩之文，有延世之賞，有遺集之刻以永其傳，均有身盡而我不與之俱盡者在，生亦可以含笑九京也夫！

苗先簏墓志銘

君諱夔，字先簏，肅甯苗氏。自幼讀書即異常童，不好爲科舉文藝，而竊耆六書形聲之學。讀許氏《說文》，若有夙悟，精研而力索，滯解而趣昭。已又得顧處士炎武《音學五書》，慕之彌篤，曰：「吾守此終身矣！」年二十餘，即纂《毛詩韻訂》，繼又纂《廣籀》一書。授徒窮鄉，制藝試帖之屬，不中有司程度，學子稍稍引去，君益冥心孤往，孑焉寡儔。間之河間城外，得漢時「君子館磚」，又得「開元瓦」於獻王墓旁。私獨欣喜，以爲神者餉我，以慰寂寞。

久之，道光十年，縣令王君聞而敬異，聘君主講翼經書院。明年，爲學使沈侍郎維鐈所知，❶舉辛卯科優貢生。高郵大儒王氏念孫父子聞君之説，禮先於君，遂與暢論音學源流。由是譽望日隆，督學使者爭欲致之幕下，與共衡校。初隨編修汪君振基衡文山西，繼隨祁文端公寯藻衡文江蘇，所至甄拔宿儒，周覽山水，又以其暇編摩纂述，從事於其所謂聲韻之學。

道光二十一年，祁公還京師，乃醵金刻

❶「鐈」，原作「鎬」，誤。道光朝任學政、官侍郎者係沈維鐈。

君所著《説文聲訂》若干卷,《説文聲讀表》七卷,《毛詩韻訂》十卷,《建首字讀》一卷。君以爲許叔重遺書,多有爲後人妄删或附益者,乃訂正《説文》聲類八百餘事。顧氏《音學》所立古音表十部,宏綱已具,然猶病其太密,而「戈」、「麻」既雜西音,不應别立一部,於是并「耕」、「清」及「蒸」、「登」於「東」、「冬」部,并「歌」、「戈」於「支」、「脂」部,定以七部,隱括群經之韻。書出,識者歎其精審。又數年,侍讀馮君譽驥視學山東,國藩薦君偕往,役未畢而先歸,於是君亦齒衰而倦游矣。

道光之末,京師講小學者,卿貳則祁公及元和吴公鍾駿,庶僚則道州何紹基子貞、平定張穆石舟、晉江陳慶鏞頌南、武陵胡焯光伯、光澤何秋濤願船。君既習於祁公,又與諸君傾抱寫誠,契合無間。子貞嘗命工圖己及石舟及君三人貌,簑笠而處田間。蓋三人者,皆同年優貢,又皆有逸士之風,謂宜與負耒者伍也。君既泊然無營,暇則徒步造訪諸君,與辨論前世音學暨近人江、戴、段、孔諸家部分之多寡,意指之得失,褒譏亭決,窮日夜不倦。間亦過余劇談。歸自山東,余從容問:「東士亦有孳究《説文》者乎?」曰:「有。」「有得見吾子著述者乎?」曰:「有之。」「何以知之?」曰:「吾書中有自稱『夔按』云者,東人稱引及焉,曾不知夔之爲誰氏名也。」則相與拊掌大笑。君徐又曰:「吾家有戇僮,昨者日晏,吾責:『豎子何不具食?』僮輒報以:『錢物罄矣,欲以何具?』吾柔聲謝之,僮乃不遜,竟去。吾今方躬治爨耳。」則又相與大笑。蓋君處困約,有以自怡如此。他日君又語余曰:「吾窮於世久矣,甘之若飴,死無所恨。獨平生著書,尚有數種未及刊刻，不能無耿耿於懷。」

自余咸豐初出京，展轉兵間，至同治七年重入都門，昔之與君遊者，十人蓋八九死。君之嗣子玉璞來告，君以咸豐七年五月初七日逝矣，春秋七十有五。抱君所著書，曰《説文聲讀考》者，曰《集韻經存》者，曰《韻補正》者，曰《經韻鉤沈》者。述君遺命，謂當送國藩觀覽，且以銘墓之文相屬。君且死，戒其子：「必葬我衆書叢中。」其子乃擇君生平尤嗜之書，納諸棺中以徇。嗚呼！斯亦篤古之徵已。銘曰：

視以多歧而瞢，聽以雜奏而聾。技之精者，不能兩工。苦思專壹，可與天通。課形而得聲，勘異而得同。黜陟百氏，惟許君是崇。胡學之旁達，而遇之不豐？抱此孤賞，永奠幽宫。

李忠武公神道碑銘

公諱續賓，字迪庵，湘鄉李氏。湘軍之興，威震海内，創之者羅忠節公澤南，大之者公也。

咸豐三年，賊圍江西省城，國藩募湘勇三千往援，公隨忠節公以行。初至失利，右營主者戰没，公代領其衆。自是忠節公將中營，公將右營，所向有功。在江西克復太和、安福，歸至湖南，克復永興。明年，粤賊犯岳州，忠武公塔齊布率師禦之，余檄忠節公與公助之，所部僅千人耳，賊衆數十倍。塔公控其東，湘軍扼其西，盛暑鏖兵，出奇制勝，凡兩旬而岳州平。轉戰而北，連下三城。八月進攻武昌、漢陽，克之。十月，大戰於田家鎮，破之。田家鎮者，江流盤折逼隘之處，其南岸爲半壁山，峭壁斗絶，賊以鐵鎖横江，萬舟翔集，氣鋭甚。公手刃怯卒三人，士皆殊死戰，連破賊壘。而水師亦乘機斷鐵鎖，焚賊舟，好事者至摩崖以紀績。公前以累功保至直隸州知州，至是記名以知府用，賞給摯勇巴圖魯名號，旋有安慶府之命矣。

先是，湖南水師中江而下，陸師趨江之南岸，湖北陸師趨江之北岸。南軍屢捷，群寇蜂屯北岸，於是公輩引兵北渡，掃蕩廣濟、黄梅之賊。既又南渡，會攻九江郡城之賊。城堅不可遽下，又議分兵，先剿湖口、梅家洲之賊。無何，累攻不克，水師失利，北軍撓敗。金陵逆渠益縱群凶西上，武昌、漢陽再陷，南軍孤立潯陽。國藩以爲大慼，公亦深憂之，痛世亂之靡有屆也。五年二月，信州告警，公與忠節公自潯馳援，迭克廣信府城及弋陽等四縣。東路甫定，遂建西援武昌之議。大捷於義甯，小挫於通山。下崇陽，略通城，跐羊樓峝，搗蒲圻，掇咸甯，次第戡定。乃以十一月杪師次武昌，巡撫胡文忠公林翼大喜，事無鉅細，唯忠節公與公言是聽。忠節挈持大綱，其戰守機宜，胥公主之。公含宏淵默，大讓無形，稠人廣坐，終日不發一言。遇賊則以人當其脆，而己當其堅，糧仗則予人以善者，而己取其窳者。士卒歸心，遠近慕悦。

咸豐六年三月，忠節公中槍不起，公接統全軍，衆志愈厲。剷平城外悍賊之壘，刦劇寇石達開來援之衆，周城掘塹，引江水入湖，困以長圍。十一月，再克武昌、漢陽。天子偉其功，賞加布政使銜，記名以按察使用。未幾，提兵而東，再薄九江。九江賊酋林啓榮者，堅忍得衆，內與小池口、湖口、梅家洲諸城首尾相捄，外與皖、廬之賊互爲聲援。公既掘長塹以圍潯，又分軍援剿江北，舟載奇兵，夜襲湖口之背。遲明，水師至，而陸軍伏發，立克兩城。事聞，拜浙江布政使。明年四月，卒克九江，殄滅無遺，天下快之，賞穿黄馬褂，加巡撫銜。公每建一功，晉一秩，數省官民歡抃稱道，若寵榮之在躬，或歌誦戰狀以爲樂，傳播中外。浙人仕京朝者，疏請敕公東兵以救浙難，而胡文忠公以皖中糜爛，請留公軍圖皖而固鄂，天子許之。公乃整旅入皖，踰月，連下潛山、太湖、桐城、舒城四縣，師次三河，毁賊九壘。而逆酋陳玉成等四面來援，截我糧路，我軍鋭氣日渫，師少而半潰。公力戰終日，自度事不可爲，夜半怒馬陷陳死之，咸豐八年十月初十日也。諸將堅守營壘，又三日而俱敗，又六日而桐城守兵亦敗。前後死者殆六千人，無苟活者。疏入，文宗震悼，手詔曰：「惜我良將，不克令終！尚冀其忠靈不昧，他年生申甫以佐予也！」追贈總督，湖北、江西、安徽、湖南立祠，予謚「忠武」，賞騎都尉兼一雲騎尉世職。

公之先人，世有令德。曾祖本桂，祖詩白，皆以公貴，贈榮禄大夫。父登勝，公没後特恩加封光禄大夫。曾祖妣張氏、賀氏、王氏，祖妣戴氏，母蕭氏，皆封一品夫人。公端凝敦篤，愛人不尚美言，而意溢於色，色餘於辭。雖他軍之將士，逃難之流民，皆歸之若父兄。聞其死，哭之皆慟，至不忍聞。同治二年，朝廷遣官賜祭。三年，克復金陵，推恩有功之臣，賞二等輕車都尉世職。配謝夫人。子三，其二殤亡，光久，欽賜舉人，引見，賞六部員外郎，又以兼襲二世職并爲男爵。孫二人，某，某。咸豐九年，葬公於湘鄉四十三都黃牯沖星子山之陽。同治八年某月某日，改葬某鄉某山，丐余文其墓道之碑。余既粗叙戰績，乃兼述其懿德而系以銘。銘曰：

器有洪纖，因材而就。次者學成，大者天授。嶽嶽李公，表裏完好。匪琢匪追，動合大道。羅公講學，遠紹洛、閩。公分其緒，摳衣恂恂。出而禦寇，戎馬艱辛。入而問道，克己求仁。誰侮誰尤？責躬獨厚。胸劈衆流，曾不出口。負重含汙，浩如山藪。險趨人先，利居衆後。豈無贏財？不阜我私。不忍己飽，而人獨飢。分餉諸軍，蘇槁噓骴。返自潯陽，少憩武昌。將請於朝，覲親還湘。王事有嚴，離局匪遑。斯願不遂，茹涕闔傷。遣將分兵，助我東征。擇良而予，出以至誠。四分五剖，精鋭星散。自攜部曲，疲羸居半。損己濟物，近古無倫。終焉師熸，以仁隕身。行類大愚，乃動鬼神。公功久著，爛若三辰。德或不顯，考此銘文。

李勇毅公神道碑銘

公諱續宜，字克讓，號希庵。兄弟五人，忠武公諱續賓，次居四，公其季也。余既銘忠武公之墓，兹不復具其家世。

公少好深湛之思，强探力索，洞徹幽微。師事羅忠節公澤南，常以躬行不逮爲恥。咸豐三年，羅公募勇援救江西，公遂參軍事，以功累晉知縣、同知，賞戴花翎，而名顧不顯。

六年冬，湘軍再克武昌、漢陽，巡撫胡文忠公奏公有勞，特爲兄續賓所掩耳，有詔以知府選用，賞加道銜。既而隨兄圍攻九江。明年，以事省余瑞州軍中，遂偕諸將圍攻瑞州。會皖北群賊上竄蘄、黄，公乃自瑞挈千七百人回救湖北。師至黄州，與胡文忠公并轡謀野，周覽形勢。自巴河、蘄水、廣濟、黄梅六戰，破賊壘無算，遂會克小池口。由是，公之威名與忠武公差頡頏矣。

公率所部既集九江，忠武公乃得以其間分兵克復湖口，連下彭澤、小孤、梅家洲諸城。公又以偏師却湖口之賊，禦竄陷麻城、黄安之寇，忠武公乃得專力破滅九江，皆公之助也。

湖北事已大定，胡文忠公以皖中久困水火，奏請敕忠武公廓清皖北，而留公以固楚疆。天子亦南憂江淮，絶重李氏昆季矣。無幾何，而有舒城、三河之變，忠武公殉難，將士死者六七千人，天驚地岌。公在黄州，哀迫之際，經緯萬端，入則損食悲咽，出則拊循潰卒。思鄉者遣歸，願留者編伍。哺粟賜衣，接以温語，差討諸將之罪，而簡用其良。部署粗定，適胡文忠公以母喪奉詔起復，相與申儆簡練，而湘軍復振。

明年夏，劇賊石達開竄擾湖南，圍攻寶慶。公時新奉荆宜施道之命，統兵自鄂援湘，朝廷壯之。師抵長沙，進自資水之西，四戰而解寶慶之圍，圍中官軍三萬與飢困之民，一時得蘇，衆聲大和。論功賞加布政使銜。當是時，余與胡公方議并力規取安慶省城，余弟國荃與將軍多隆阿分圍安慶、桐城，公自湖南東還，駐軍兩路之中曰青草塥者，大敗逆酋陳玉成於挂車河。布陳之廣，近世罕聞。旋拜安徽按察使。十一年，又有安徽巡撫之命。公具疏，以謂「逆酋圖解安慶之圍，悉鋭西竄，必犯湖北，以攻我之所必救。湖北爲衆軍根本，臣宜提師回援,不能遽受皖撫之事」。比公馳抵武昌,而賊已犯黄州、德安兩府五縣,其别賊自江西至者,又陷興國、大冶等縣。公經營七月,始將列城恢復,安慶亦藉以告克,而胡公薨於位,文宗亦晏駕,八音遏矣。

今上嗣位,褒安慶功,賞穿黄馬褂,調補湖北巡撫,既又命移撫安徽。公初涖安慶,繼駐六安,屢奉密詔,以苗沛霖叛服無常,詢問剿撫機宜。公覆疏,謂「苗沛霖官至道員,公犯不韙,圍撫臣於壽州,陷其城,屠其衆,乃復詭言求撫,此豈足信?不過假稱反正,號召近縣,養成羽翼。若正彼叛逆之名,人人得而誅之,而寬其黨羽,使爲我用,彼勢日孤,終成禽耳」。天子韙之。公又以時解潁州之圍,克霍丘之城。綏撫各圩,陰散逆黨,選任賢吏,安民墾田,功緒漸彰矣。詔授爲欽差大臣,而公適聞訃丁母憂,不克受事。朝廷命仍署理巡撫,三疏陳謝,始奉命賞假百日,回籍治喪。

公既以苦思遘病,徹夜不寐,夙患咯血,至是增劇。歸里後,六奉詔旨起復,墨絰視師。公以哀慕未忘,而嬰疾轉篤,請假四十日調養。既而輿疾就道,又請假四月,并開巡撫之缺。朝廷鑒其至誠,所請未嘗不許。而以淮南事棘,又未嘗不敦促上道,詔召相銜。至冬初,再疏自陳病狀,公亦自知不起。遂以同治二年十月二十八日卒於家,春秋四十有一。敕照總督例賜恤,三省建立專祠,予謚「勇毅」。配彭氏。子光英,特賞直隸州知州。同治三年某月某甲子,葬某處某山。八年某月某甲子,改葬某山。公與忠武公皆負重名,淡於榮利,昆弟同之。忠武好蓋覆人過,公則嫉惡稍嚴。忠武戰必身先,驍果縝密,公則規畫大計,而不甚校一戰之利。至其臨陣，百審一發，發無不捷，成功一也。余不詳叙戰狀，而略述公言以綴之銘。銘曰：

凡戰有機，鬼神翕闢。静如山寒，終日闃寂。動若電飛，百霆齊擊。蓄勢宜久，氣囂宜渟。此公之言，吾耳所聆。凡公勳績，好謀乃成。博籌多算，終格神明。匪直戰事，學道亦然。精思力踐，誠可達天。立功雖偉，公不自賢。立德未竟，賫志九泉。我銘昭之，永詔萬年。

唐確慎公墓志銘

公諱鑑，號鏡海，唐氏。先世自江西豐城徙居湖南之善化，四傳至諱焕者，以舉人官至山東平度州知州，公之祖也。生子仲冕，以進士即用知縣，官至陝西布政使，公之父也。平度君以子貴，誥贈通奉大夫。配李氏、譚氏，俱封夫人。譚夫人没而葬於山東之肥城，布政君及配甯夫人皆踵葬肥城。公以父命，徙籍山東，故又爲肥城人焉。

少而邁異精勤，嗜學如渴。以廩生入貲爲臨湘縣訓導。嘉慶十二年舉於鄉，十四年成進士，改翰林院庶吉士。又二年，授職檢討。又六年，補浙江道監察御史，充甲戌科會試同考官，戊寅科順天鄉試同考官。坐論淮鹽引地一疏，吏議鐫級，以六部員外郎降補。會宣宗登極，詔中外大臣各舉所知，諸城劉文恭公鐶之薦公，由是有廣西知府之命。厥後再爲平樂府知府，一爲安徽徽甯池太廣道，量移江安十府糧道，拜山西按察使，遷貴州按察使，擢浙江布政使，遷江寧布政使，敭歷於外蓋二十年。

其守平樂也，亭平民猺之獄，而解其仇，屢磔劇盜，境内肅然。是時布政君解組東歸，僑居金陵。公聞母病，即引疾去官，省親江南。既遭内外之艱，皆北葬肥城，廬墓讀《禮》。服闋，以例仍發廣西，再守平樂。道光十二年，廣東、湖南生猺爲亂，公出防邊圉，内譏奸宄，往來富川、賀縣，安撫熟猺，獸擾而兒蓄之。設立五原學舍，延師教讀，群猺大悦。捦郡中煽亂者譚于先等十餘人，立斬以徇，而貰其脅從千餘，火其名籍，一無所問。其按察貴州也，平反疑獄，歸美令長，曰：「非吾能正之，某縣尹來省，自易之耳。」其在江寧，拯災修廢，百度畢張。時總督陶文毅公澍寢疾，公代行使院政事。文牘如山，賓僚填咽，昧爽而勤職，丙夜而不休，忘寢輟餐，形神交瘁。而言者乃劾其多病近藥，廢閣公事，又雜摭他端以相訾毁。朝廷遣使者按問，率無左驗。宣宗知公端謹，一切弗論。忌者或憚其方嚴。未幾，内召爲太常寺卿，道光二十年四月也。

公潛研性道，宗尚洛、閩諸賢，所至以是敕其躬，亦以牖於人，亦時時論著以垂於後。在翰林時，著有《朱子年譜考異》、《省身日課》、《畿輔水利》等書。在廣西，著《讀易反身録》。居喪，著《讀禮小事記》。官平樂時，延納人士入署，親與講授。設立義塾，誨誘寒畯。官貴州時，亦如之。官江寧，亦如之。及入爲九卿，又著《易牖》、《學案小識》等書，扶掖賢俊，倡導正學。時如今相國倭仁艮峰、侍郎吴廷棟竹如、侍御竇垿蘭泉、何文貞公桂珍輩，皆從公考德問業。國藩亦追陪几杖，商搉古今。覩其陋室危坐，精思力踐，年近七十，斯須必敬。

蓋先儒堅苦者亞，時賢殆不逮也。

已而致仕南歸，主講金陵書院。文宗踐阼，有詔召公赴闕。凡進對十有五次，中外利弊，無所不罄。諭旨以其力陳衰老，不復强之服官，令還江南，矜式多士。公至金陵，學徒益盛。以賊犯湖南，急欲歸展先塋。咸豐三年，乃自浙還湘，卜居於甯鄉之善嶺山，深衣疏食，泊然自怡。晚歲著《讀易識》，編次《朱子全集》，别爲義例，以發紫陽之藴。十一年辛酉正月十八日疾卒，春秋八十有四。其家函封遺疏，郵寄東流軍中，國藩以聞。天子軫悼，予謚「確慎」。配王氏、楊氏，皆封夫人，前卒。無子，以弟子爾藻嗣。女四人，適某，某。孫男三人，某，某。孫女三人。某年月日葬公某縣某鄉某山。又八年，國藩始追爲之銘。銘曰：

俗學徇時，行與名鈞。孰捐其華，而練其要？唐公翼翼，與世殊趨。懼明戒旦，篤信程、朱。有譏其隘，或諷以迂。浩然不顧，履我康衢。顯皇初政，詔徵國老。造膝前陳，嘉謨要道。願致吾君，上躋軒、昊。進退以禮，斂兹宏抱。宦游所至，我求童蒙。晚居京國，群彦景從。何才不育，有金皆鎔。以善孳善，偕之大同。播此芬韻，昭示無窮。

歐陽府君墓志銘

先生諱凝祉，初名鰲，晚易今名，字福田，歐陽氏。先世自江西徙居衡陽。曾祖天鼎，祖心璥，父順源，并有清德。曾祖妣氏劉，治家嚴肅，祖妣氏蔡，妣氏蔡，均以節孝旌表於朝，國藩所作《歐陽氏姑婦節孝家傳》者也。

先生生三歲而孤，恪遵母訓，跬步必謹。母或戒之無觸忤人，即終身不以言色加人；或戒以慎無耽酒，即没齒不近杯勺。稍長，嶷然自厲於學，不假董督，日埤月增。既入爲學官弟子，旋補廩膳生，遠近歸仰，交幣迎致。適館課徒，凡四十年，主講蓮湖書院者又十年，門下生著籍數百人。其高第者，與之稽經講藝，兼及敕躬之道，成物之方。其不帥教，則呵求譏責，屏斥門牆之外。初雖怨望，後常悔憾，自愧不爲良師所齒。從之游者，恒守繩矩，雖垂老而憚之如初。先生疏於治生，臨財則辨别精審，若將浼焉。一歲中，學徒束脩之貲不足自給，往往隨事散去。少以孤童，爲叔父成材所養，晚節竭力賙之。宗祀不足於資，先捐金以成之。議爲衡陽裁減錢漕浮費，有啖以利而尼其事，峻辭却之，事成而合邑德之。其它人事問遺，率常謝絶。人謂先生少貶其節，可致饒裕。先生獨謂：「取舍有義，神明難欺。吾心所不許者，天道亦不與也。」

道光末，以歲貢生注選訓導。同治初，誥封奉直大夫。配邱氏，誥封宜人。子二人：柄銓，廩貢生，侯選訓導；柄鈞，光禄寺署正。女子二：長者歸於國藩，次適彭治官。孫六人：定果，湖北候補同知直隸州。定楙，候選縣丞。定枚，府學生員。定樞、定楫、定幹。孫女五人，曾孫二人。同治八年五月初九日疾卒，春秋八十有四。

自七十以後，不復授徒遠方，家居課孫，細字鈔書，講論不倦。同治六年，歲在丁卯，孫定枚入學爲附生。先生以嘉慶丁卯入學授室，至是六十年矣。乃用昔者成婚之日燕客受賀，遠近歎美。夫婦既皆八十，而先生之伯兄八十有五，暇輒過從，相與道幼時瑣語以爲歡，自詡爲家門之祥，人亦祥之。夫其孝友雍雍，敦善不怠，殆所謂無怍於天人者，復奚憾於其死邪？嗚呼，可銘也已。銘曰：

衡西兩世，貞節之門。實生令德，孝子孝孫。上承慈訓，下啓後昆。位豈須顯？身蹇道尊。名豈須震？多士崇信。小叩大鳴，甄陶群儁。獎誘自寬，壇宇自峻。七十碩師，還山娱老。耄而從兄，推梨讓棗。亦有孫曾，質文完好。金籯匪貴，一經是寶。家有休徵，英彦輩興。門有上瑞，和氣薰蒸。其休其瑞，人世同稱。若考隱德，吾銘可憑。

國朝先正事略序

余嘗以大清達人傑士，超越古初，而紀述闕如，用爲歎憾。道光之末，聞嘉興錢衎石給事儀吉，仿明焦竑《獻徵録》爲《國朝徵獻録》，因屬給事從子應溥寫其目録，得將相、大臣、循良、忠節、儒林、文苑等凡八百餘人，積二三百卷，借名人之碑傳，存名人之事迹。自別京師，久從征役，而此目録册者，不可復睹。同治初，又得鄢陵蘇源生文集，具述其師錢給事於《徵獻録》之外，復節録名臣爲《先正事略》。於是知錢氏頗有造述，不僅鈔纂諸家之文矣。又二年，而得吾鄉李元度次青所著《先正事略》，命名乃適與錢氏相合。前此二百餘年，未有成書，近三十年中，錢氏編摩於汴水，次青成業於湖湘，斯足徵通儒意趣之同，抑地下達人傑士，其靈爽不可終閟也。

自古英哲非常之君，往往得人鼎盛。若漢之武帝，唐之文皇，宋之仁宗，元之世祖，明之孝宗，其時皆異材勃起，俊彦雲屯，焜燿簡編。然考其流風所被，率不過數十年而止。惟周之文王暨我聖祖仁皇帝，乃閱數百載而風流未沫。周自后稷十五世，集大成於文王，而成、康以洎東周，多士濟濟，皆若秉文王之德。我朝六祖一宗，集大成於康熙，而雍、乾以後，英賢輩出，皆若沐聖祖之教。此在愚氓，亦似知之。其所以然者，雖大智莫能名也。聖祖嘗自言：年十七八時，讀書過勞，至於咯血，而不肯少休，老耄而手不釋卷，臨摹名家手卷，多至萬餘，寫寺廟扁榜，多至千餘，蓋雖寒畯不能方其專。北征度漠，南巡治河，雖卒役不能踰其勞。祈雨禱疾，步行天壇，并醢醬虀鹽而不御。年逾六十，猶扶病而力行之。凡前聖所稱至德純行，殆無一而不備。上而天象、地輿、曆算、音樂、考禮、行師、刑律、農政，下至射御、醫藥、奇門、壬遁，滿、蒙、西域、外洋之文書字母，殆無一而不通，且無一不創立新法，别啓津途。後來高才絶藝，終莫能出其範圍。然則雍、乾、嘉、道累葉之才，雖謂皆聖祖教育而成，誰曰不然？

今上皇帝嗣位，大統中興，雖去康熙益遠矣，而將帥之乘運會、立勳名者，多出一時章句之儒，則亦未始非聖祖餘澤陶冶於無窮也。如次青者，蓋亦章句之儒從事戎行，咸豐甲寅、乙卯之際，與國藩患難相依，備嘗艱險。厥後自領一隊，轉戰數年。軍每失利，輒以公義糾劾罷職。論者或咎國藩執法過當，亦頗咎次青在軍偏好文學，奪治兵之日力，有如莊生所譏挾策而亡羊者。久之，中外大臣數薦次青緩急可倚，國藩亦草疏密陳：「李元度下筆千言，兼人之才，臣昔彈劾太嚴，至今内疚，惟朝廷量予褒省。」

當時雖爲吏議所格，天子終右之，起家復任黔南軍事。師比有功，超拜雲南按察使，而是書亦於黔中告成。

聖祖有言，曰：「學貴初有決定不移之志，中有勇猛精進之心，末有堅貞永固之力。」次青提兵四省，屢蹶仍振，所謂貞固者非耶？發憤著書，鴻編立就，亦云勇猛矣。願益以貞固之道持之，尋訪錢氏遺書，參訂修補，矜練歲年，慎褒貶於錙銖，酌群言而取衷，終成聖清鉅典，上躋周家雅頌誓誥之林，不尤足壯矣哉！

重刻茗柯文編序 庚午

武進張大令式曾，將重刻其曾祖王父皋聞先生《茗柯文集》，而以寫本示余，屬爲之序。

蓋文章之變多矣。高才者好異不已，往往造爲瑰瑋奇麗之辭，倣效漢人賦頌，繁聲僻字，號爲復古。曾無才力氣勢以驅使之，有若附贅懸疣，施膠漆於深衣之上，但覺其不類耳。敘述朋舊，狀其事迹，動稱卓絕，若合古來名德至行備於一身。譬之畫師寫真，衆美畢具，偉則偉矣，而於其所圖之人，固不肖也。吾嘗執此以衡近世之文，能免於二者之譏實鮮，蹈之者多矣。

皋聞先生編次七十家賦，評量殿最，不失銖黍。自爲賦亦恢閎絕麗。至其他文，則空明澄澈，不復以博奧自高。平生師友，多超特不世之才，而下筆稱述，適如其量，若帝天神鬼之監臨，褒譏不敢少溢，何其慎歟！

自考據家之道既昌，說經者專宗漢儒，厭薄宋世「義理」、「心性」等語，甚者詆毀洛、閩，披索疵瑕。枝之蒐而忘其本，流之逐而遺其源。臨文則繁徵博引，考一字，辨一物，累數千萬言不能休，名曰「漢學」。前者自矜創獲，後者附和偏詖而不知返，君子病之。先生求陰陽消息於《易》虞氏，求前聖制作於《禮》鄭氏，辨《説文》之諧聲，剖晰毫芒，固亦循漢學之軌轍。而虚衷研究，絶無陵駕先賢之意，萌於至隱，文辭温潤，亦無考證辨駁之風。盡取古人之長，而退然若無一長可恃。意其藴蓄者厚，遏而蔽之，能焉而不伐，斂焉而愈光，殆天下之神勇，古之所謂大雅者歟！

張氏之先，兩世賢母，撫孤課讀。一日不能再食，舉家習爲故常。孝友艱苦，遠近歎慕。自粤賊縱横，東南糜爛，常、潤等郡，室廬蕩然。張氏之窮約，殆有甚於疇昔。書籍刻板，皆摧燒不復可詰矣。余昔讀張氏諸書，既欽其篤行，兹重覽《茗柯文編》，樂其復顯於世也，乃忘其陋而序之。

翰林院侍讀學士丁君墓志銘

君諱善慶，字伊輔，號養齋，丁氏，世居清泉之白沙里。幼孤，從母劉太淑人育於外王父劉文恪公家。自少而好惡欣戚不主於己，惟母志之從，長亦如之，終身亦如之。久處京師，寄籍宛平，由順天府學生中式道光壬午科舉人。明年癸未，成進士，選翰林院庶吉士。散館，授編修。其歷階爲國子監司業、詹事府右中允、左中允、右庶子、翰林院侍講學士。其任職爲國史館總纂、庶常館提調、文淵閣校理、奏辦院事、日講起居注官。其使事爲戊子科貴州鄉試正考官、辛卯科廣東鄉試正考官、乙未科會試同考官、其秋順天鄉試同考官，丙申以後，迭爲廣西學政。

君雖闇然自斂，無所矜異，宣宗嘗從容問：「翰林中孰爲篤學？」曹文正公舉君以對。天子既異之，在廷名卿耆德，亦多稱歎，以爲令僕之器，歲月可冀。君以母老懷思鄉里，歸自廣西，遂解官養親於長沙。早歲事母，執爨必躬，淅米必潔，至是益加謹焉。母或加餐，輒喜述諸人，以爲至幸；或有饋賜，輒豐其好貨，端篋而將之；或體中不適，則憂皇如不終日；或意有不懌，則長跪引咎，既解乃起；或將他適，則先於其所往，百物畢齎，所欲立應。室無纖埃，庭無高語。一身肅戒，舉家兢兢。宦游餘財，爲其弟□□所耗，君則經營置産，以覆弟短而悦母心。舅氏劉若珪謫官遠戍，君又傾其前産以贖舅罪，而慰母於地下。蓋畢生孺慕，自順親外，不知天地更有何事也。

母没數年，而廣西寇賊大起，咸豐二年秋，攻圍長沙。君矢死堅守，寓書其弟曰：「城陷，弟收吾骨於桂樹旁井中矣！」日夜令其子馴巡警周垣，馴以勞致疾。妻蔡氏刲股療之，不愈，遂卒。君乃曰：「兒致身衛國，婦刲肉救夫，吾門之祥也。吾母幸而考終，吾身若家皆可殉難，尚何惜哉！」賊退，則趣治戰船以濟水師，立共武社，使諸生與衆練卒肄習火器。事上議叙，加三品銜。論者謂謹厚如君，乃能臨危應變如是，爲不可測也。同治八年六月十五日卒於家，春秋八十。其年十一月十六日，葬於北關外洪山渡饗堂垸莊山之陽。曾祖某，祖某，父某，皆贈中憲大夫。曾祖妣氏某、祖妣氏某，贈恭人。妣氏劉，累封恭人，晉贈淑人，旌表節孝。❶配陶氏某，配周氏。妾吕氏，生子馴，早卒。乃以弟之子驊爲後。妾廖氏，生子騤。女六人。孫四人：焯、焕、煊、烻，皆驊出，焕復出爲馴後。女孫二人。

君之學，詳於治經，尤嗜《易》、《春秋》，著有《左氏兵論》。主講嶽麓書院二十餘年，以洛、閩正軌陶鑄群弟子，亦頗參陰德感應之説，警發愚蒙。生徒翼翼，無敢軼踰法度，庶幾以身教者。銘曰：

不斫不礱，不揭己以爲崇。公以校士，毅以即戎，勇以辭禄位，而誠以啓群蒙。皆以仁孝爲之本，本立而用自不窮。老成逝矣，康此幽宫。

郭依永墓志銘

依永，名剛基，一名立篪，姓郭氏。吾友筠仙中丞嵩燾之子，而國藩之第四女婿也。少而羸弱善病，就學數歲，猶戒其師無過督責。年十四五，筠仙奉命巡撫廣東，依永從親於南海使院，遜志研求，學以大進。其後從親還湘，益有慕乎古人述作之林。自場屋經義，律賦試帖，以至唐人楷法，名家繪畫，皆窺其藩而究其趣，而於古近體詩爲之尤勤。同治七年，以試藝冠其曹，補縣學生員。父兄或詔以專事科舉之業，而於詩姑輟焉，依永以爲志廣塗遠，安能敦敦獨事舉業？退輒矯首長吟，叢稿滿室。有龍光輔樹棠者、老僧東林者，年皆六十，與爲忘年交，時時相從倡和不厭。或騎駿馬，挾一僮，薄暮游古寺，覓句以歸，用是自適。

依永之詩，嵯峨蕭瑟，如秋聲夜起，萬

❶「旌表節孝」，傳忠鈔本作「大學士劉諱權之女也」。

彙傷懷，又如閱盡陵谷千變，了知身世之無足控摶者。長老皆怪名門少年，不應有此，東林亦嘗詰之。依永則自謂：「吾每爲詩，百感中來，不可遏抑。」竟以同治八年十二月四日病卒，年才二十有一。曾祖某，祖某，皆以筠仙貴，誥贈榮禄大夫。曾祖妣氏某，祖妣氏某，妣氏陳，皆誥贈一品夫人。子二：本含、本謀。女生月餘而殤。疾革，援例爲員外郎。同治九年某月某甲子，將以品官禮葬於某縣某山。

嗚呼！衰齡而哭子，仁慧而不壽，皆人世所謂不幸。然聖賢有遭之者矣，豈天之所可否，與人間所稱善惡禍福，其説絶不類邪？抑人事紛紜萬變，造物者都不訾省，一任其殃慶顛倒、漫無區别邪？天人感應之故，自昔久無定論。依永之生，其詩已頗知一得喪、齊彭殤之旨，今其既死，殆將沛然而大覺矣。於是述吾所聞，爲之銘辭，以質幽遐，亦塞筠仙之悲。銘曰：

吾聞君子之畏天命，有如孝子之事庭闈，苟遭禍謫，敬受不疑。恭若申生，順若伯奇。又聞道家之言，與化推移。縱心任運，有若委衣。雖宗旨之各别，要安命而無違。覽依永之詩篇，似多見道之詞。胡含愁而鬱鬱？豈其中有不自持？修德之報或爽，雖神聖不能測其微。主之人者，爲吾能爲，主之天者，吾安敢與知？等死生於晝夜，信長短之有涯。存者抑情而復禮，逝者奠魄而永綏。

金陵楚軍水師昭忠祠記辛未

咸豐九年，今侍郎彭公玉麟建水師昭忠祠於湖口，既刻石叙述戰事，又屬余爲之記。維時湖口以下，長江千里，皆賊地也。其明年，金陵官軍潰敗，蘇、浙淪陷，國藩奉命總制兩江，乃議設淮揚水師一軍，以黃君翼升統之。又二年，議設太湖水師一軍，以李君朝斌統之。厥後，兩君者皆沿江遵海以達於蘇、松、常州諸内河，而上游吴、楚之交，惟彭公與總督楊公岳斌之師羅列如故。咸豐十一年，克復安慶。同治元年，下蕪湖金柱關及東西梁山。二年，克九洑洲。三年，遂克金陵。而蘇州省會及所屬郡縣，以次廓清，水師皆有力焉。余憫死事者之多，於是又奏建昭忠祠於金陵，以妥將士之靈。

蓋自湖口而下，賊中無復大隊炮船與我角逐水上，然我衆臨敵授命者，往往不絶。若乃高城巨壘，千炮狙伏，陸軍進攻，水師和之，一堞未攀，骈尸山積。或連朝環擊，卒不能下。或創殘滿目，僅收一栅。甚者如九洑洲之役，攻剿三四日，凋耗二千人，唱凱於公庭，飲泣於私舍。又或支河小港，扼守要隘，賊以短兵槍彈，迫我舟師。前者屢僵，後者堅拒，終不得少移尺寸。又或倉卒赴援，内洋行師，如福山之役，輕舟顛簸於海濤颶風之中，須臾沈溺以數百計，此皆耳目昭著。其餘邂逅捐軀，夷傷而不振者，不可勝數也。

今東南大定，已逾五年，長江別立經制水師，將士新故更代，優游無事，欲問數年前戰爭之迹，已罕能言其狀者，況更溯十載以前？若楊公之縱橫江上，出入鋒鏑，以摧方張之寇，彭公之芒鞵徒步，以赴江西之急，又孰能道其彷彿？安樂之時，不復好聞危苦之言，人情大抵然與？

君子之存心也，不敢造次忘艱苦之境，尤不敢狃於所習，自謂無虞。禮俗政教，邦有常典，前賢猶因時適變，不相沿襲，況乎用兵之道，隨地形賊勢而變焉者也？豈有可泥之法，不敝之制？今之水師，蓋因粤賊之勢，立一時之法，幸底於成耳。異日時易勢殊，寇亂或興，若必狃於前事，謂可平粤賊者，即可概平天下無窮之變，此非智者所敢任也。惟夫忠臣謀國，百折不回，勇士赴敵，視死如歸，斯則常勝之理，萬古不變耳。其他器械財用，選卒校技，凡可得而變革者，正賴後賢相時制宜，因應無方，彌縫前世之失，俾日新而月盛。又烏取夫顓己守常，姝姝焉自悦其故迹，終古而不化哉！

今朝廷開方略之館，戰功將著於信史，不復備述，粗述殉難者之慘，使來者怵然起敬，又因推論兵家之變化無常，用破吾黨自是之見，庶久而知所儆畏云。

大界墓表

王考府君以道光二十九年十月四日棄養，倏歷二十三年。當初葬時，吾父以書抵京師，命國藩爲文，紀述先德，揭諸墓道。國藩竊觀王考府君威儀言論，實有雄偉非常之概，而終老山林，曾無奇遇重事一發其意。其型於家、式於鄉邑者，又率依乎中道，無峻絶可驚之行。獨其生平雅言，有足垂訓來葉者，敢敬述一二，以示後昆。

府君之言曰：「吾少耽游惰，往還湘潭市肆，與裘馬少年相逐。或日高酣寢，長老有譏以浮薄、將覆其家者。余聞而立起自責，貨馬徒行。自是終身未明而起。余年三十五，始講求農事。居枕高嵋山下，壠峻如梯，田小如瓦。吾鑿石決壤，開十數畛而通爲一，然後耕夫易於從事。吾昕宵行水，聽蟲鳥鳴聲以知節候，觀露上禾顛以爲樂。種蔬半畦，晨而耘，吾任之，夕而糞，庸保任之。入而飼豕，出而養魚，彼此雜職之。凡菜茹手植而手擷者，其味彌甘，凡物親歷艱苦而得者，食之彌安也。吾宗自元、明居衡陽之廟山，久無祠宇。吾謀之宗族諸老，建立祠堂，歲以十月致祭。自國初遷居湘鄉，至吾曾祖元吉公，基業始宏。吾又謀之宗族，别立祀典，歲以三月致祭。世人禮神徼福，求諸幽遐，吾以爲神之陟降，莫親於祖考，故獨隆於生我一本之祀，而他祀姑闕焉。後世雖貧，禮不可隳，子孫雖愚，家祭不可簡也。吾早歲失學，壯而引爲深恥。既令子孫出就名師，又好賓接文士，候望音塵。常願通材宿儒，接迹吾門，此心乃快。其次老成端士，敬禮不怠，其下汎應群倫。至於巫醫僧徒、堪輿星命之流，吾屏斥之惟恐不遠。舊姻窮乏，遇之惟恐不隆。識者觀一門賓客之雅正疏數，而卜家之興敗，理無爽者。鄉黨戚好，吉則賀，喪則弔，有疾則問，人道之常也，吾必踐焉，必躬焉。財不足以及物，吾以力助焉。鄰里訟爭，吾嘗居間以解兩家之紛，其尤無狀者，厲辭詰責，勢若霆摧，而理如的破，悍夫往往神沮。或具尊酒，通殷勤，一笑散去。君子居下則排一方之難，在上則息萬物之囂，其道一耳。津梁道塗廢壞不治者，孤嫠衰疾無告者，量吾力之所能，隨時圖之，不無小補。若必待富而後謀，則天下終無可成之事。」蓋府君平昔所恒言者如此，國藩既稔聞之，吾父暨叔父又傳述而告誡數數矣。

府君諱玉屏，號星岡，聲如洪鐘，見者憚懾。而温良博愛，物無不盡之情。其卒也，遠近感唏，或涕泣不能自休。配我祖妣王太夫人，孝恭雍穆，娣姒欽其所爲。自酒漿、縫紉以至禮賓承祭，經紀百端，曲有儀法。虔事夫子，卑詘已甚，時逢愠怒，則竦息減食，甘受折辱，以回眷睞。年逾七十，猶檢校内政，絲粟不遺。其於子婦孫曾，群從外姻，童幼僕嫗，皆思有惠逮之。權量多寡，物薄而意長，閱時而再施。太夫人道光二十六年九月十八日卒，春秋八十，葬於木兜沖。其後三年而府君卒，春秋七十有六，葬於八斗沖，遷太夫人之柩祔焉。其後十年，爲咸豐九年己未十二月，均改葬於大界。

府君之先，六世祖曰孟學，初遷湘鄉者也。曾祖曰元吉，別立祀典者也。祖曰輔臣，考曰竟希。曾祖妣氏曰劉，祖妣氏曰蔣，曰劉，妣氏曰彭。以國藩忝竊禄位，府君初貤封中憲大夫，後累贈爲光禄大夫、大學士、兩江總督。祖妣初封恭人，後累贈爲一品夫人。聖朝推恩，追而上之，竟希公累贈光禄大夫，妣彭氏亦贈一品夫人。府君生吾父兄弟三人，仲父上台早卒，季父驥雲無子，以吾弟國華爲嗣。孫五人，軍興以來，惟國潢治團練於鄉，四人者，皆託身兵間，國華、貞幹没於軍，國藩與國荃，遂以微功列封疆而膺高爵。而高年及見吾祖者，咸謂吾兄弟威重智略，不逮府君遠甚也，其風采亦可想已。曾孫七人，玄孫七人。凡兹安居足食，列於顯榮者，繄維祖德是賴。於是叙其大致，表於斯阡，令後嗣無忘彝訓，亦使過者考求事實，知有衆徵，無虚美云。

台洲墓表

嗚呼！惟我先考、先妣既改葬於台洲之十三年，小子國藩始克表於墓道。

先考府君諱麟書，號竹亭，平生困苦於學，課徒傳業者蓋二十有餘年。國藩愚陋，自八歲侍府君於家塾，晨夕講授，指畫耳提，不達則再詔之，已而三覆之。或攜諸途，呼諸枕，重叩其所宿惑者，必通徹乃已。其視他學僮亦然，其後教諸少子亦然。嘗曰：「吾固鈍拙，訓告若輩鈍者，不以爲煩苦也。」府君既累困於學政之試，厥後挈國藩以就試，父子徒步橐筆以干有司，又久不遇。至道光十二年，始得補縣學生員，府君於是年四十有三，應小試者十七役矣。吾曾氏由衡陽至湘鄉，五六百載曾無人與於科目秀才之列，至是乃若創獲，何其難也。

自國初徙湘鄉，累世力農，至我王考星岡府君，乃大以不學爲恥，講求禮制，賓接文士，教督我考府君，窮年磨厲，期於有成。王考氣象尊嚴，凛然難犯。其責府君也尤峻，往往稠人廣坐，壯聲呵斥，或有所不快於他人，亦痛繩長子，竟日嗃嗃，詰數愆尤。間作激宕之辭，以爲「豈少我邪」。舉家聳懼，府君則起敬起孝，屏氣負牆，踧踖徐進，愉色如初。王考暮年大病，痿痹瘖啞，起居造次必依府君，暫離則不怡，有請則如響。然後知夙昔之備責府君，蓋望之厚而愛之篤，特非衆人所能喻耳。

咸豐二年，粤賊竄湘，攻圍長沙。府君率鄉人修治團練，戒子弟講陣法，習技擊。未幾，國藩奔母喪回籍，奉命督辦湖南團練。明年，又奉命治舟師，援剿湖北。府君僻在窮鄉，志存軍國，初令季子國葆募勇討賊，既又令三子國華、四子國荃募勇，北征鄂，東征豫章，粗有成效，而府君遽以咸豐七年二月四日棄養。閲一年，而國華殉難於三河，又四年，而國葆病殁於金陵。朝廷褒恤，并予美謚。而國藩與國荃遂克復安慶、江寧兩省，雖事有天幸，然亦賴先人之教，盡驅諸子執戈赴敵之所致也。

初，國藩以道光間官京師，恭遇覃恩，封王考暨府君皆爲中憲大夫，祖妣暨先母皆爲恭人。逮咸豐間，四遇覃恩，又得封贈三代，皆爲光禄大夫，妣皆一品夫人。今上嗣位，四遇覃恩，又以戰績，兄弟謬膺封爵，於是曾祖府君儒勝、王考府君玉屏暨府君皆封爲大學士、兩江總督、一等侯爵，曾祖妣氏彭、祖妣氏王、先妣氏江，仍封一品夫人。嗚呼，叨榮至矣！

江太夫人爲湘鄉處士沛霖公女，來嬪曾門，事舅姑四十餘年，饎爨必躬，在視必恪。賓祭之儀，百方檢飭。有子男五人，女四人。尺布寸縷，皆一手拮据，或以人衆家貧爲慮，太夫人曰：「某業讀，某業耕，某業工賈，吾勞於内，諸兒勞於外，豈憂貧哉？」每好作自强之言，亦或諧語以解劬苦。咸豐二年六月十二日疾卒，九月二十二日葬於下要里宅後。府君以七年閏五月初三日葬於周璧沖，至九年八月某日并改葬於台洲之貓面腦。府君有弟二人，仲曰上台，年二十有四而没。府君視病年餘，營治醫藥，旁皇達旦。季曰驥雲，推甘讓善，老而彌恭。無子，以國華爲之嗣，後府君三年而没。女四人，其二先卒，其二繼逝。諸子今存者，惟國藩與國潢、國荃三人，諸孫七人，曾孫七人。於是略述梗概，以著先人懿德，垂蔭無窮，而小子才薄能鮮，忝竊高位，兢兢焉惟不克負荷是懼云。

湖南文徵序

吾友湘潭羅君研生，以所編篹《湖南文徵》百九十卷示余，而屬爲序其端。國藩陋甚，齒又益衰，奚足以語文事？

竊聞古之文，初無所謂「法」也。《易》、《書》、《詩》、《儀禮》、《春秋》諸經，其體勢聲色，曾無一字相襲。即周、秦諸子，亦各自成體。持此衡彼，畫然若金玉與卉木之不同類，是烏有所謂「法」者？後人本不能文，强取古人所造而摹擬之，於是有「合」有「離」，而「法」、「不法」名焉。若其不俟摹擬，人心各具自然之文，約有二端，曰理，曰情。二者人人之所固有，就吾所知之理，而筆諸書而傳諸世，稱吾愛惡悲愉之情，而綴辭以達之，若剖肺肝而陳簡策，斯皆自然之文。性情敦厚者，類能爲之，而淺深工拙，則相去十百千萬而未始有極。自群經而外，百家著述，率有偏勝。以理勝者，多闡幽造極之語，而其弊或激宕失中。以情勝者，多悱惻感人之言，而其弊常豐縟而寡實。自東漢至隋，文人秀士，大抵義不孤行，辭多儷語，即議大政，考大禮，亦每綴以排比之句，間以婀娜之聲，歷唐代而不改。雖韓、李鋭志復古，而不能革舉世駢體之風。此皆習於情韻者類也。宋興既久，歐陽、曾、王之徒，❶崇奉韓公，以爲不遷之宗，適會其時大儒迭起，相與上探鄒、魯，研討微言，群士慕效，類皆法韓氏之氣體，以闡

❶「歐陽」，傳忠鈔本作「歐蘇」。

明性道。自元、明至聖朝康、雍之間，風會略同，非是不足與於斯文之末，此皆習於義理者類也。乾隆以來，鴻生碩彦稍厭舊聞，別啓涂軌，遠搜漢儒之學，因有所謂考據之文。一字之音訓，一物之制度，辨論動至數千言。曩所稱義理之文淡遠簡樸者，或屏棄之，以爲空疏不足道，此又習俗趨嚮之一變已。

湖南之爲邦，北枕大江，南薄五嶺，西接黔、蜀，群苗所萃，蓋亦山國荒僻之亞。然周之末，屈原出於其間，《離騷》諸篇，爲後世言情韻者所祖。逮乎宋世，周子復生於斯，作《太極圖説》、《通書》，爲後世言義理者所祖。兩賢者，皆前無師承，創立高文，上與《詩經》、《周易》同風，下而百代逸才舉莫能越其範圍，而況湖、湘後進沾被流風者乎？ 茲編所録，精於理者蓋十之六，善言情者約十之四，而駢體亦頗有甄采，不言法而法未始或紊。惟考據之文蒐集極少，前哲之倡導不宏，後世之欣慕亦寡。研生之學，稽《説文》以究達詁，箋《禹貢》以晰地志，固亦深明考據家之説，而論文但崇體要，不尚繁稱博引。取其長而不溺其偏，其猶君子慎於擇術之道歟？

羅君伯宜墓志銘

君諱萱，字伯宜，湘潭羅氏。處士某某之孫，吾友候選内閣中書汝懷研生甫之子也。少而穎特，旁通飫聞，庭訓多所開解。

咸豐四年，國藩率師自岳州逐賊東下，强挈君以俱東。是歲克武昌，破田家鎮，攻九江，舟師不利於湖口。明年，國藩至南昌，重立水軍，進屯南康，視陸師於湖口，弔忠武公塔齊布於潯陽。君展轉相從，跬步必偕。余或口占書疏，君輒操筆寫録，或危急之際，君甘心同命，而外則美言相温。諸將或輕重不得，輒爲之通懷，使各當其意以去。又明年，群寇環集江西，陷没五十餘城，諸軍多壞散，乃授卒三千人，令君領之赴敵。初戰建昌，繼攻撫州，既又會搗瑞州。君之躬臨行陣，自此始也。其後，湖南援師四至，江西稍稍解嚴。君以久役，請急還湘，國藩亦以咸豐七年丁憂去職。

君既暫脱兵間，則假館以課學僮，製造詩詞以酬勝侣，作蠅頭細字以與古人校離合於豪芒，負篋走場屋以競得失於有司，漠然若不知有世變者。未幾，駱文忠公秉章檄辦湘潭團練，劉總兵培元招至鼎澧，又招至衢州，與謀軍事。君稍規大計，不肯久留。自浙西旋，省余於安慶，又省其從兄逢元於當塗軍次，亦不欲久居。會所親黎福疇没於涇縣，君遂護其喪及其孤嫠以歸。

同治二年，廣東巡撫郭公嵩燾招君至粤，屬以創立水師，君又遜謝而歸。每歸，從事文藝，與諸生比肩就秋試如初。久之，佐某君治威信軍，又自領一隊，曰威震軍，防禦粤賊，事定散去。蓋自是君亦倦游，不復有意於兵事矣。

七年冬，記名按察使黄君潤昌征苗貴州，要君偕行，君慨然曰：「是足與有爲。吾所敬也，吾不可以已。」八年正月至黔，師比有功，遂克鎮遠府衛兩城。道員鄧君子垣、提督榮君維善兩軍來會，迭克關寨。欲遂由施秉以達於黄平，氣鋭甚。師至小甕谷隴，以道隘箐深，爲賊所困，君與文武將領十八人者皆死，三月二十二日也。嗚呼！君之於戎事，亟就之，亟去之，天於君之勳名，若成之，若吝之，乃卒不得一當，而委骨於荒徼絶壑之中，果何爲邪？儻所謂命焉者非邪？

事聞，諭旨照按察使陣亡例賜恤，贈太常寺卿銜，世襲雲騎尉恩騎尉罔替。君幼有夙慧，二歲能識「風」、「翦」兩字，自真草法書、古文詩辭以至科舉之業，俱有義法。既入學，爲優行生。從軍累歲，叙功至同知直隸州加知府銜。其論吏治軍政，皆貫徹古誼，而不戾於時。向使得守一官，統一軍，與當世之成名者校，何渠不如邪？然終不得藉手以一伸其志，此君子有陶鑄人才之責者之咎，國藩所以内疚而尤惜之也。銘曰：

孰推焉而屢起？孰尼焉而屢止？孰予以飛躍之資，而不假以升斗之水？出躍馬而横戈，入稽經而諏史。亦何慊乎時賢？胡亨於彼而屯於此？終效命於蠻陬，長賫志其何已？蓋憐才者之悲，而竊位者之耻！

江甯府學記

同治四年，今相國合肥李公鴻章改建江甯府學，作孔子廟於冶城山，正殿門廡，規制粗備。六年，國藩重至金陵，明年，菏澤馬公新貽繼督兩江，賡續成之。鑿泮池，建崇聖祠、尊經閣及學官之廨宇，八年七月工竣。董其役者，爲候補道桂嵩慶暨知縣廖綸、參將葉圻。既敕既周，初終無懈。

冶城山顛，楊吴、宋、元皆爲道觀，明曰朝天宫，蓋道士祀老子之所也。道家者流，其初但尚清静無爲，其後乃稱上通天帝。自漢初不能革秦時諸畤，而渭陽五帝之廟，甘泉泰一之壇，帝皆親往郊見。由是，聖王祀天之大典，不掌於天子之祠官，而方士奪而領之。道家稱天，侵亂禮經，實始於此。其他鍊丹燒汞，采藥飛昇，符籙禁呪，徵召百神，捕使鬼物諸異術，大率依託天帝。故其徒所居之宫，名曰「朝天」，亦猶稱「上清」、「紫極」之類也。

嘉慶、道光中，宫觀猶盛，黄冠數百人，連房櫛比，鼓舞甿庶。咸豐三年，粵賊洪秀全等盜據金陵，竊泰西諸國緒餘，燔燒諸廟，群祀在典與不在典，一切毁棄，獨有事於其所謂「天」者，每食必祝。道士及浮屠弟子，并見摧滅。金陵文物之邦，淪爲豺豕窟宅，三綱九法，掃地盡矣。原夫方士稱天以侵禮官，乃老子所不及料，迨粵賊稱天以恫群神而毒四海，則又道士輩所不及料也。聖皇震怒，分遣將帥，誅殛凶渠，削平諸路，而金陵亦以時戡定。乃得就道家舊區，廓起宏規，崇祀至聖暨先賢先儒。將欲黜邪慝而反經，果操何道哉？夫亦曰隆禮而已矣。

先王之制禮也，人人納於軌範之中。自其弱齒，已立制防，灑掃沃盥有常儀，羹食肴蔌有定位，緌纓紳佩有恒度。既長，則教之冠禮，以責成人之道，教之昏禮，以明厚别之義，教之喪祭，以篤終而報本。其出而應世，則有士相見以講讓，朝覲以勸忠。其在職，則有三物以興賢，八政以防淫。其深遠者，則教之樂舞，以養和順之氣，備文武之容；教之《大學》，以達於本末終始之序，治國平天下之術；教之《中庸》，以盡性而達天。故其材之成，則足以輔世長民，其次亦循循繩矩。三代之士，無或敢遁於奇邪者。人無不出於學，學無不衷於禮也。

老子之初，固亦精於《禮經》。孔子告曾子、子夏，述老聃言禮之説至矣。其後惡末世之苛細，逐華而悖本，斫自然之和，於是矯枉過正，至譏禮者忠信之薄而亂之首，蓋亦有所激而云然耳。聖人非不知浮文末節無當於精義，特以禮之本於太一，起於微眇者，不能盡人而語之，則莫若就民生日用之常事爲之制，修焉而爲教，習焉而成俗。俗之既成，則聖人雖没，而魯中諸儒，猶肄鄉飲、大射禮於冢旁，至數百年不絶，又烏有窈冥誕妄之説淆亂民聽者乎？

吾觀江甯士大夫，材智雖有短長，而皆不屑詭隨以徇物。其於清静無爲之旨，帝天禱祀之事，固已峻拒而不惑。孟子言：無禮無學，賊民斯興。今兵革已息，學校新立，更相與講明此義，上以佐聖朝匡直之教，下以闢異端而迪吉士，蓋廩廩乎企嚮聖賢之域，豈僅人文彬蔚，鳴盛東南已哉？

甯津龐君墓志銘

君姓龐氏，諱朋，字君錫，以字行，更字百朋。先世有自昌黎遷河間之甯津者，遂爲甯津縣人。大考復還，考自誠，皆以君子際雲貴，誥贈通奉大夫。祖妣孫氏，妣李氏，皆贈夫人。

君少而篤行劬學，事父母，存得其歡心，殁能盡禮。有兄四人，以父命析居。君所應得資産，皆擇取劣下者，又稍稍推其所有，以全友愛。讀群經及諸子書，能得要領，手録口誦，鍥鏤疲糺而自勉不衰。尤耆宋儒程子、朱子之説，顧躬行何如，不爲空論。屢試輒黜，最後儀徵吴文節公視學直隸，乃識君，以爲績學之士，擢置上第，補邑增生。君既不屑爲速化之術，不得以其所學襮之於世，則擇後生儁穎有志之材，鍛厲而淬濯之，範成其器。出君門下者，率有聞於鄉里，而君之子秉彝訓，被知於有司，通籍而仕者二人。

當咸豐癸丑之歲，粤匪渡河北竄，畿輔被擾。運河以西，郡縣騷動，咸欲團結鄉勇，各固境圉。君建議阻運河而守，可省勁兵數萬。籌畫垂定，會鄰邑爽約，計以不行。然甯津終得保全者，資君所訓練鄉兵萬人之力。由是遠近人知君不獨學優行高，又有應變戡亂之略也。際雲仕京師，仕熱河，數迎養。君耽於田園之樂，到官所未幾，輒復旋里。年七十有六，以咸豐九年己未三月初五日卒於家。同治九年庚午，誥贈通奉大夫，如其子際雲官。

娶同邑宋氏，專静煦愿，天性儉勤。事舅姑，事夫，里之人稱曰賢婦。教成其子，服官中外，所在著績，人曰太夫人之誨實然，稱爲賢母。以子際雲貴，累封夫人。就養揚州，逾月終於揚州公廨，實同治九年十一月初八日，壽九十。距通奉公卒時，十有一年矣。子三人：際韶，力耕不仕。際咸，舉人，官户部主事。際雲，由翰林改官刑部，以軍功洊擢江南鹽巡道，權兩淮都轉鹽運使司。女子二人，適楊惠琇、李萬倉。孫二人：作森、澤鑾。孫女十八，嫁者七人。

先是，江蘇巡撫丁公之母某太夫人將以九十生日稱觴，先一日而卒。際雲在揚州，亦將以十月十四日肆筵娱賓，❶爲母宋太夫人壽，而太夫人先六日卒。江南之人，

❶「十月」，誤，當作「十一月」，上文已稱「十一月」，且有作者上奏之《龎際雲丁憂片》可證。

皆謂兩太夫人德稱其福，而微以不得旅進祝嘏爲歉。夫壽至九十，有賢子孫，此人間所不多覯，兩太夫人可以無憾，豈藉一二日之宴樂以爲榮觀哉？獨國藩重奉朝命，蒞兩江，疏陳衰年多疾，不任艱劇，不宜久點高位。既不得請，則私恃友朋之同官江南者，匡余之不逮而共底於治。今丁、龐二君先後以母憂去職，或南逾嶺嶠，或北歸燕薊，於余心不能無離别之愴爾。

際雲於咸豐丁未考覺羅官學教習，❶庚戌考國子監學正，余皆閱取其文，故執摯於余。又館余家，教余子者數年，同官江南亦數年，爲余言通奉公、太夫人之德甚悉。將以明年扶柩還里，豫來乞銘。銘曰：

通奉之阡，祔者夫人。孝視其事親，共視其事舅，行視其身，學視其所尊。慈惠感人，視諸其鄰。種德斂福，視其子孫。其永不朽，視兹銘文。

遵義黎君墓志銘

君諱愷，字雨耕，晚自號石頭山人，遵義黎氏。曾祖國柄，祖正訓，廩貢生。考安理，舉人，山東長山縣知縣。長山君二子，長曰恂，字雪樓，雲南大姚縣知縣，君其次也。雪樓厚重寡言，氣蓋一世，君則倜儻通易，周覽群書，兄弟間自爲師友。長山君少遭不造，備歷艱險，既見二子之成，乃大歡慰。二子翼翼趨承，食必佐餕，饋必奉槃，應唯猶嬰兒也。

嘉慶十八年，逆賊林清等倡亂，内煽京師，外起滑縣，河南北、山東、直隸震動。時

❶「咸豐」，當爲「道光」，咸豐無丁未年。

長山君仕山東，雪樓侍於官所，譌言四起。或告於貴州曰：「長山破矣！縣令殉城死矣！雪樓殉父矣！親屬都無存者，僅存兩孺子，漂轉吴、楚間去矣！」君於時奉母楊太宜人在家，聞則北望號痛，請於母，刻日戒途，赴山東之難。至長山，則闔門故無恙，傳者妄也。由是遠近以孝歸之。君曰：「父兄得全，幸也！庸有稱乎？」雪樓之自桐鄉以憂歸也，家居十五六年，君晨夕造請，進止雍雍，語或不合，亦敬應之而徐理之，終無所忤。雪樓嘗病喉痹，絶言與食，君午夜禱於宗祏，泣曰：「我不及兄，兄不可死！必死者，請以我代！」喉亦旋愈。其敬嫂也，如嚴其兄，其訓群從，如教其子。蓋歷久而不改，至其終身，亦卒不少懈。

居京師，有友曾某之喪，新尸獰厲，雖其兄亦畏惡不敢近，君就舉而斂之，必恪必躬，見者感歎。

君少而善病，長山君雅不欲强之學。而博涉多通，窺見百家要指，以縣學生中式道光乙酉科舉人，十五年乙未，大挑二等，補貴陽府開州訓導。二十二年十二月辛卯，以疾卒官，春秋五十有五。卒之日，囊無十金之蓄。士無識不識，莫不惜君之位不稱其德，又不獲耆壽以昌其教澤也，嗛焉若有憾於天地。至其孝友篤行，饜於人人之心者，則誠服而更無遺憾。然則君之自省與後之論世者，亦可以無憾已。君配張氏，妾吴氏、劉氏。子四人：庶燾，咸豐辛亥科舉人；庶蕃，壬子科舉人，候選知州；庶昌，以諸生獻策闕廷，天子褒嘉，特授知縣、候補直隸州知州；庶誠。女五人，皆適士族。孫四人。孫女五人。咸豐七年四月，葬君於河西小青棡林。其後閱十五年，庶昌乞余追爲之銘。銘曰：

賢聖盛業，豈貴高名？其道甚邇，事親從兄。穆穆碩儒，黔南之特。韜斂英奇，以修内則。聞變趨庭，萬里戴星。禱疾身代，感徹百靈。胡誠不格？何施不普？化彼梟狼，澤以甘雨。生徒濟濟，飭爾五常。白華孔絜，馨我膠庠。亦有賢嗣，文行並卓。埋石兹丘，永貞喬嶽。

海甯州訓導錢君墓表

君諱泰吉，字輔宜，號警石，先世本何氏，明洪武中，有依海鹽錢翁鞠育者，遂承錢姓。厥後徙居嘉興，代有聞人，至文端公而益大。文端公諱陳群，以侍郎予告，特加刑部尚書，晉贈太傅，君曾祖也。祖汝懿，早卒。本生祖汝恭，安慶府同知。父復，大興縣知縣。

君少而苦學，潛心孤往，從兄曰儀吉者，字衎石，博通群籍，早有高名。君事之師友之間，兄弟常以純儒相勉。蓋自弱冠後，遠近已盛稱「嘉興錢氏二石」云。衎石以翰林改官户部，擢御史，給事中。久處京師，其後客游廣東、汴梁。君則以廩貢爲海甯州訓導者近三十年，與給諫君離多合少，而書問叢沓，咨詢學術，動逾數千言。自周、秦諸子，馬、班群史，許、鄭詁訓，杜、馬典章，洛、閩之淵源，唐、宋名賢之詩古文辭，以及目録校讐，金石書畫，方志雜説，一孔半枝，無所不詢，蓋亦無所不辨。或獻一疑，而詰難十返，或尚論前哲，評騭時流，雜以嘲詼鄙諺，窮極理趣。故二石家書，蔚然天下之至文也。給諫晚而搜刻經説，刊正譌謬。君自中年即好校古書，假人善本及先輩評點之册，寫而注之眉端。如《史記》、前後《漢書》、《晉書》、《集韻》、《元文類》、《禮記集説》等編，皆勘校數周。一字之舛，旁求衆證，嘗著《曝書雜記》以發其凡。

嘉慶中，海内猶尚考據之説，尊漢而黜宋，先博覽而後躬行。獨桐城姚氏鼐恪守程、朱，孤行不惑，宗主義理，不薄考據，而二石風指，乃與姚氏相近。其論文亦頗法姚氏，嘗稱以爲「字體故訓者，漢儒之小學也，曲禮少儀者，宋儒之小學也。二者皆扶植基本，而宋重明倫，於道爲尤尊」。兄弟相與修飭人紀，誦述先德，給諫輯《廬江錢氏藝文略》，君則賡《清芬世守録》，皆表一門之懿行，以播芳馨而詒典則。先是，文端公嘗進呈其母畫册，高宗賜題十詩，發還原册，并書「清芬世守」四字。逮文端公致仕還鄉，高宗寄賜册卷詩篇，累數千首。君賡輯此録，具載君臣賡和，曠古無倫，又紀錢氏十餘世翰墨及名公巨儒題咏，上以著祖宗文獻之盛，下以勗後人孝友於弗替。其叙軼事，述彝訓，懇懇乎懼來葉之遺墮。有味哉其言之也！

咸豐庚申、辛酉之際，粤賊縱横浙中，君展轉播遷，最後由江西以達安慶，國藩乃獲與相見。以飄泊兵間，偷得骨肉完聚也，則爲之破顔一喜。語及世事滄桑，丘墓成毁不可知，則又盡焉以悲。其明歲，同治二年十一月廿日，卒於安慶旅舍。將殁，猶以先世文字之責未能及身整理爲恨，足以知其志之所存已。君配胡氏，誥封恭人。子二：長炳森，道光甲辰舉人，出爲冢兄學源後，前卒。次應溥，以拔貢官吏部主事，軍機處行走，加四品卿銜。君以子貴，累封朝議大夫。女六人，孫七人，孫女三人。

君所著，又有《學職禾人考》、《海昌備志》、《甘泉鄉人稿》。亂後板燬，僅有存者。古今才智之士，常思大有爲於世，其立言常雄駿自喜。若文章不求雄駿，而但求平澹，德業不求施於世，而但求善於一身一家，此殆非智者愉快事也。具無所不能之才，斂之又斂，彌晦焉而彌愉快，則其自得於中者，必大矣！夫自得之學，惟君其庶幾哉！

書何母陳恭人事 壬申正月

恭人陳氏，道州何文安公之第三子婦，吾友子敬同年紹祺之配也。文安公家訓謹嚴，内外執業，各有常程，箕帚槃盂，皆有定位。閨門之内，肅若朝廷。廖夫人刻勵儉勤，終身不御紈綺，恒豆之奉，榖薄等於寒門。凡醯醢菹脯、酒餌漿醴之屬，皆率婦輩躬自治之，手營而口授，不徵諸市，不假諸僕婦。然諸婦或出外州華族，往往不中程度，獨陳恭人道州舊姻，椎髻布裙，爲之益勤，其德益善，舅姑亦益愉懌，以謂巨室而不失儒士之風，即家之祥也。

道光二十三年，子敬以舉人就職知縣，援例選雲南廣通縣，旋改江蘇同知。又以知府調歸浙江，補台州府，保升道員，署糧儲道。咸豐十年二月，粤賊入浙，圍杭州。子敬時方奉使至江蘇，眷屬寓清泰門。先是，恭人生子輒不育，有女子子三人。子敬既以仲兄子慶治爲嗣，諸妾又生子慶銈、慶熙、慶全。城破，恭人乃屬家人而詔之曰：「主人遠出，吾遭此變，何氏名門，男女長幼，義不可爲賊辱。」遂先縛二子，沉於池，外孫女二歲，扼吭斃之。旋引一繩，與外姻朱孺人同時自經。無幾何，援兵四至，賊衆驚遁。老僕柳春自外歸，見慶治腦後被斫六創，其妻邢氏被割兩耳，而皆未死，諸妾避入民舍得免，所沉二子，慶銈、慶熙者，池中水淺，亦俱無恙。兩自經者，朱孺人氣絶，而恭人解救得生。蓋縊二時許而不殊，自言有兩紅燈前導，忽見天日而醒，略無所苦。由是遠近歎異。或曰恭人半生長齋，誦經禮佛，兹其效也。或曰孝友之門，禍將攖而常解，堅確之德，遻物不慴。莊生所謂骨節與人同，而犯害與人異，其神全也。

杭州寇退，子敬返自江蘇。外而征繕以佐軍府，内而補苴以甯穉弱，旦而劬，宵而不休，夏而疾，秋而不瘳。於是引病投劾，挈家還湘，卜居於長沙之東鄉。蓺稻而豢魚，善鄰而訓子。恭人亦菲食敝衣，相與拮据，以保遲暮。子敬既逝，恭人則兼綜内外，賓祭之供，耕讀之業，囊篋錙銖之故，造次紛乘而不眩，齒逾七十而不知疲。鄉之人以是服其恪也。同治十年九月，無疾而終，去杭州城陷之時，十有二年矣。

軍興以來，横死者多矣。臨難而幸脱者，亦恒有之。獨何氏一門，慷慨就義而俱獲生全，陳恭人事尤近於神異。恭人之夫之兄子貞先生告余以狀，因爲述其梗概，其他懿行，不備論云。

劉忠壯公墓志銘

君諱松山，字壽卿。少而沈雄豁達，通曉家人生事，親長稱譽，以謂足昌吾門。咸豐壬子、癸丑之間，粵賊度嶺北犯，圍長沙，陷武昌。吾邑二三賢俊，召募丁壯，激揚家聲，毅然有討賊之志。君實隸王壯武公鑫部下，號曰「老湘營」，轉戰湖南北、江西諸省，歷有名績。王公既歿，則從張忠毅公運蘭，戰於江西饒、信諸郡，追餘寇於閩邊，別擊逆黨於廣東、廣西。才望日彰，超越輩流矣。

咸豐十年，余檄老湘軍及鮑超之師防剿宣、歙，攻牢保危，蹀血二年，始克徽州、甯國兩府。張忠毅以疾歸里，君乃與易紫橋分領老湘營之半，自持樞柄，堅守甯國、涇縣等城，屢却巨敵，以底於江、浙大定。

同治四年，國藩奉命攻討捻賊。捻賊者，始於安徽、河南，而蔓延於秦、楚、燕、齊者也。其叛亂稍後於粵匪，而梟悍略同。其步隊少於粵匪，而驍騎逾萬，剽疾過之。湘中士卒，慣戰江濱，未習車騎馱運之勞，不樂北征。獎之而不勸，痛之而不服，君獨感奮請前。部卒不願北渡者，殺數人而事定。師至臨淮，易紫橋病歸……定安謹按：公此文係壬申歲正月作，屬稿僅三百餘字，病發輟筆，距易簀時僅數日耳。文雖未完，不敢輕廢，謹依元稿録出，以見珍重手澤之意。

補　遺❶

季仙九師五十壽序

粵以庚子之年，建寅之月，我仙九夫子大人奉命視學浙江。門弟子等攜侯芭之酒，薦顯父之蒲，恭餞於國門之外。清風在道，輿從無譁。擊節而歌，林木鏗其振韻；刺船一去，海濤起而移情。是歲九月，爲夫子五秩壽辰。乃復謀郵陳皇邸，遥慶龐褫，以祝史之徽言，希君子之善禱。奚斯頌魯，麥丘祝齊，斯事雖細，不可闕也。獨是二首六身，乃藝林之陳語；交梨火棗，亦仙界之浮詞。使徒侈説長生，掞張繁祉，比附陀移之國，揣侔兜率之天，文勝則史，不其諛矣。若第羨聲華之盛，誇遭遇之隆，則無雙之譽，久齊聲於許慎；稽古之力，宜蔑視夫桓榮。中朝大官，咸詢以今事古事；海内英彦，早仰爲經師人師。覶縷稱揚，抑又贅矣。夫葆真純固，當推其致此之由；美意延年，要識其本原之量。毋諛毋贅，請得而言。

今夫連抱之材，經雪虐風饕而成用；步光之劍，因千辟萬灌而神。從古至今，偉人畸士，莫不劬勞撼頓，忍性動心，何者？精神以磨煉而强，智慮以艱危而邃。夫子承廉吏之門風，屬紹庭之多故。楊太尉代傳清德，朱仲卿家靡餘財。昔橋蔭之尚依，已罍空之欲恥。既而槐花强踏，桂樹初攀，跋

❶ 以下四篇均據光緒本補。

浪南圖，出門西笑。陸生遠適，鴻鵠之品望斯高；伯樂難逢，驊騮之霜蹄屢蹶。由是以吴中才士，爲國子先生。黄甲看人，青氈作客，守生涯於粗繒大布，嘗世味於朝虀暮鹽。開篋而觀，殘稿多於敝服；借車而出，飛埃盛於同雲。蓋至壬辰年以第三人及第，而前此之抑塞屈蟠，非一日矣。然且不概於心，彌貞於道。刀無厚而善藏，玉有輝而待賈。此我夫子之歷練也。

若夫雙騶稱娱，四牡駪征，采東岱之琳民，傳南宫之衣鉢，藥籠儲於江右，竹箭采於會稽。英蕩持衡，旋回舞袖。斯固時人所震蕩，今昔所同矜也。而夫子匔匔如畏，毣毣殫思；巨眼澄空，初心辛苦。魚龍夜冷，燒銀燭以照遺珠；桃李春開，灑金壺而濡甘露。其於外也，砥節首公，樹聲示肅。潁川文學，能爲執俎之容；魯國諸生，半在門牆之内。修明雅術，實竭勤勞。今春去浙之前二日，猶指鬢髮示國藩曰：「昔校士臨淄，猷爲靡鹽。既勤三載，遂見二毛。異時歸自浙東，此毿毿者殆浩然矣。」鞅掌獨賢，周詩有《北山》之什；苞苴不竭，漢使無南越之裝。此我夫子之靖共也。

聖朝廷試詞臣，數年一舉。夫子再登上考，洊陟崇階。蘇頲爲文，書史防其脱腕；相如作賦，天子幸其同時。中外人士，亦既傾風而仰鏡，企采而翹華矣。而乃進思退思，大讓小讓，下問不恥，多聞闕疑。懼書馬之訛，慎霓雌之辯。早朝罷則陳書偏覽，夜漏深而吟事方酣。一字未安，較錙銖於同輩；片長必獎，假毛羽於後生。推之石奮家風，過路馬而必軾；晏嬰儉德，衣狐裘而累年。此我夫子之敬慎也。

昔者崔邠側帽，潘岳舉輿，母養之隆，

稱爲盛事。彼皆鄰於寵飾，未必篤於屬離，我夫子行不違仁，恩能錫類。感枯魚之銜索，咏有獺之在河。陟岵載瞻萬里，而白雲無極；循陔言采三春，而愛日常暉。曩者瞻依，今茲孺慕。殊恩既被，令問斯皇。朱壽昌五十之年，效萊子而添彩戲；衛尚書八座之母，有中丞以問起居。敦牟卮匜，龍爲炙而玉爲酒；婉星卿月，前有輝而後有光。猶復喜懼交深，形聲密察。幾同厠牏之親滌，無改菽水之昔歡。此我夫子之孝思也。

夫瑞玉常堅，蘊蓄者久也；户樞不敝，勤動者恒也。慎戒必恭，聖有謨訓；大德必得，古有明徵。準斯四者，可以言壽矣。

國藩醉翁門下之人，補闕春官之士。良苗不實，有負烟鋤；庸櫟非材，曾經月斧。金丹許換，共絳帳以聆音；玉署叨陪，乃霓裳之同詠。遥想錦樹山高之地，黄花酒熟之天，籌添望海之樓，弧設重雲之會。官吏黎收而拜，門人緺屬而來。習瓠葉者五百人，祝靈椿以八千歲。何其盛也！繫匏有職，負笈難從。徒瓦奏而桴宣，莫奉觴而僎爵。區區此志，能不懷哉！道阻且長，溯洄在西湖之水；光遠有耀，茀蔚瞻南極之星。鋪張洪算，盻飾龐祺，知有能者，匪所詳矣。

雲槳山人詩序 代季師作

自韓愈氏有言，「歡愉之詞難工，窮苦之音易好」，歐陽公效之，亦稱「詩必窮而後工」，後之論者，大率祖述其説，以謂宫音和温，難於聳聽，商音淒厲，易以感人。故盛世之巨公，其詩歌往往不及衰世之孤臣逐客，而廟堂卿相，例不能與窮巷憔悴專一之士角文藝之短長。數十年來，人人相與持是説而不變，所從來久已。

芝昌嘗究觀詩教之終始，竊獨以爲未必然也。鄭氏所撰《三百篇譜》，大氐成周盛時賢人有位之作爲多。東遷以降，王迹既熄，詩亦替矣。西漢蘇、李，東漢班、張，號爲能詩，亦當兩京全盛之日。李唐之世，詞人百輩，累迹而興。然世所稱爲四唐者，雖愚者亦知有初、盛而貶中、晚。蓋聲音之道，與政相通。國家鼎隆之日，太和充塞，庶物恬愉，故文人之氣盈而聲亦上騰。反是，則其氣歉而聲亦從而下殺。達者之氣盈矣，而志能斂而之内，則其聲可以薄無際而感鬼神。窮者之氣既歉，而志不克劃然而自申，則甕牖窮老而不得一篇之工，亦常有之。然則謂盛世之詩不敵衰季，卿相不敵窮巷之士，是二者，殆皆未爲篤論已。

吾師長白宫保相國，光輔聖主二十餘年，智深而量遠，果決而閒定。暇日以所爲詩二册見示，芝昌受而讀之。簡肅清夷，不名一能。篇帙不繁，而行役之作，扈從之章，生平政績，略備於斯，抑有詩史之遺意。其於六朝、唐、宋諸家，若合衆金以融一冶，而鑄爲重器。觀者但知器之良，而忘其所采誰氏之金也。於時皇清承平已二百祀，重熙累洽，遐邇禔安。跂行喙息之倫，莫不茹仁踐義，時會可謂極隆，而吾師入總百揆，出領三輔，門生故吏，吐哺延接，天憲出内，曹司百事，手批口答，日以百計。而乃從容揮斥，時從事於吟咏，若行所無事者。才分之優絀，什百千萬，如此其遠也。觀吾師所際之時，與夫詩之所詣，而後知曩之宗韓、歐之説者，亦所謂察其一，未睹其二者哉！

讀既竟，因附陳微義，識於簡端，用質知言者焉。道光二十有七年九月某日，門人季芝昌謹序。

錢選制藝序

乘椎輪於金根玉輅之旁，夫人以爲陋矣。服草衣卉服於衮冕黼裳之朝，夫人以爲悖矣。甚哉，時之不可已也！泥橇而山樏，夏葛而冬裘，適時則貴，失時則捐。昔馮唐終身不遇，而曰：「文帝好老，而臣尚少，武帝好少，而臣已老。」豈曰非材？如不遇時何！矧夫習制藝以弋取科名，而有不附聲比貌，求合時宜者乎？雖然，趨時之道，豈一端哉？天下之事，其始蓋有一二巧者標新領異，以駴群聽。其次則能者慕效之，又其次則拙者剽竊之。慕而效之，是謂風氣，剽而竊之，是謂流弊。不數十年，而昔之新且異者將厭棄矣，則又有巧者移易之。又數十年，而亦厭棄矣。人情賤同而思異，物窮則變，自古然也。故善趨時者貴先時，不貴後時。場屋之文，何獨不然？

國家以制藝取士，二百年來，爲體屢遷。乾隆、嘉慶之際，學者研練經義，負聲振采，醲鬱葩華。道光初年，稍患文勝，詞豐而義寡，梔蠟其外而塗泥其中者，往往而有。於是有志者慨然思以易之，刊其支蔓，矯以清真。當其始出，若撥霧而見山，厭肥膩而飲太羹也。而今已二十年矣。諺曰：「城中好高髻，四方高一尺。城中好廣眉，四方成半額。」自往者標爲清真之目，近乃頗事佻巧，拋棄詩書。或一挑半剔以爲顯，排句叠調以爲勁。抑之無實，揚之無聲。

所謂歷久而厭棄者，其不然乎？所謂物窮則變者，其將在兹乎？善趨時者，當以此時振翱翔之骨，發鏗訇之響，熔經史而鑄偉詞。揆以好異之人情，驗以將變之風氣，吾知必有合也。

僕不敏，嘗欲采近科墨，匯爲一帙，以爲趨時者先聲之導。人事滋劇，卒鮮休暇。同年錢君崙仙頃出兹編見示，揀新汰弊，先得我心。苟有能者慕效，則風氣從此移易。錢君其巧者與？抑吾又有説焉。風氣者，必變者也，而規矩者，不變者也。今夫斫木爲輿，軫方以象地，蓋圓以象天，可規可萬，可水可縣，可量可權，而後出而合轍。深衣之制，袂圓以應規，曲袷如矩以應方，兼以應直應平，而後非奇邪之服。制藝之有規矩，先輩蓋詳言之。錢君此選，奇正濃淡，不名一能，要其引繩削墨，其有悖於前人之程式者鮮矣。苟舍是而別求先時之巧，是猶行遠者有説輻之占，制錦者之不得要領也。將可乎哉？

補侍講缺呈請謝恩狀 癸卯八月初四日

新補翰林院侍講、充四川正考官曾國藩爲呈請代奏恭謝天恩事：八月初三日接到知會，轉准吏部咨稱，七月十五日奉旨：「曾國藩准其補授翰林院侍講。」欽此。竊國藩楚省菲材，山鄉下士，西清待漏，慙四術之多疏；東觀校書，尤三長之有忝。本年三月初十日，廷試翰詹，猥以蕪詞，上邀藻鑑，列置優等，授翰林院侍講。沐殊寵之逾恒，俾遷階以不次。旋於六月二十二日，奉命充四川鄉試正考官。温綸再捧，寸衷之惶悚彌深；使節初持，萬里而馳驅未已。迺復荷高深之寵，俾真居侍從之班。愧屢沐夫鴻施，曾無墜露輕塵之報；惟勉勤乎蛾術，益凜臨深履薄之思。所有國藩感激下忱，理合呈請代奏，叩謝天恩。謹呈。

籀廎述林

〔清〕孫詒讓 撰
陳絜 校點

目録

籀廎述林卷八……二四二

籀廎述林卷九……二六四

校點説明

孫詒讓(一八四八—一九〇八),字仲容,號籀廎,浙江瑞安人,晚清著名經學家、古文字學家。同治六年(一八六七)中浙江丁卯科鄉試,其後屢試禮部而不售,遂絶意場屋,一心著述。父衣言,道光三十年(一八五〇)進士,歷官安慶知府、安徽按察使、湖北布政使、江寧布政使等顯職,雅好墳籍,於故里建玉海樓,以藏平生所聚,子弟肄業其中。仲容早年侍親官署,得交儀徵劉恭甫(壽曾)、寶應劉叔俛(恭冕)、德清戴子高(望)、寶應成芙卿(蓉鏡)、海寧唐端甫(仁壽)、獨山莫子偲(友芝)、甘泉梅延祖(毓)等通學方聞之士,相與切劘經義,鑽研學術,又深得德清俞蔭甫(樾)、南皮張孝達(之洞)等大儒名流賞識點撥,所獲良多。光緒五年(一八七九)秋,孫衣言以太僕寺卿致仕,仲容隨父歸里,遂埋首於玉海樓,效前人三年不窺園故事,唯經術撰作是念。晚歲則深以海疆多故、世變日亟爲憾,乃奮然入世,議時政,倡新學,組鄉團,營實業,興辦學堂,獎掖人才,建言踐行,以補時弊。光緒三十四年五月病卒於家,享年六十有一。

仲容治學,直承乾嘉段、王諸巨擘,以校讎、文字、訓詁爲根柢,博覽群籍,師古而不師今。嘗自謂其治學門徑曰:「少耽文史,恣意流覽。久之,則知凡治古學,師今人不如師古人。故自出家塾,未嘗師事人。蓋以四部古籍具在,善學者自能得師。」

仲容年方十三,便嘗試撰述,有《廣韻姓氏刊誤》一卷存焉。一生著述宏富,今傳世者達二十餘種,遍及經、子、文字、訓詁、校勘、目録、方志之學,其屬草未竟者,尚不與焉。《周禮正義》、《墨子閒詁》與《札迻》三種,爲仲容經學、子學與訓詁方面扛鼎之作,最受後人推崇。尤其是《周禮正義》八十六卷，歷時三十餘年始成，乃瘁盡心力之巨著，仲容以此贏得「清代學術殿軍」之盛譽。他如《古籀拾遺》、《古籀餘論》、《契文舉例》、《名原》等，則集中體現仲容在甲骨、金文學上的成就，其系統運用偏旁部首分析以考釋甲金疑難文字之方法，對後之學者影響至深至巨，於促使商周古文字學步入科學之正軌，與有力焉。而撰成於光緒三十一年的《契文舉例》二卷，乃我國首部甲骨學之專著，於甲骨學與殷商史這一新研究領域之開闢，有發凡起例、篳路藍縷之功。章太炎嘗盛稱仲容之學：「三百年絶等雙矣！」斯言即或不中，恐亦不遠。

《籀廎述林》十卷，收録仲容生前説經、釋字、考古、論學、序跋之文百五十餘篇。持論謹嚴，考證精妙，仲容學術之全貌，藉此可窺一斑。若《禮記鄭注攷》、《白虎通義攷》、《温州經籍志敘例》諸篇，體大思精，爲用益宏。又如《徹法攷》、《邶鄘衛攷》、《唐杜氏攷》、《聘禮記異讀攷》、《加席重席説》、《臺下説》、《石染草染鄭義述》、《官人解》、《詩彤弓篇義》、《喪大記虞筐義》、《蕭同叔子義》、《左傳齊新舊量義》、《紹我周王見休義》、《釋翼》、《釋棐》諸文，於經注文字及先秦名物制度多有發明，足以祛後人讀經之惑。他如《毛公鼎釋文》、《克鼎釋文》、《郘鐘拓本跋》、《周麥鼎考》、《籀文車字説》、《與王子莊論叚借書》、《與海昌唐端夫文學仁壽論説文書》等字學考説之文，即便以今日之學術眼光加以審視，亦甚稱精彩，頗有可觀。張舜徽先生有曰：「詒讓文不苟作，幾乎篇篇可傳。」庶幾乎近是。

《籀廎述林》一書由孫氏家人於民國五年（一九一六）刊印，即今所謂「玉海樓本」或「家刻本」者。時距仲容謝世，已整整八年矣。是書非出仲容生前手定，編次寫校均極爲草率，墨丁闕字竟達數百處之多，而尤以金石考釋類爲甚，致使相關文字竟無有可通讀者，故所傳不遠。今當整理之際，補苴闕文乃成重點。《籀廎述林》行於世者僅此一種，校勘只能是他校爲主，即儘量找出此前已經發表之文字，及仲容當年所據之原始材料，尤其是金文資料，一一覈實。而添補闕文之原則爲：其確鑿無疑者，逕補字於空闕之處，並出校記交代所補理由；尚有疑問者，則以校記形式指出所闕或爲何字。文中其他改動，除避諱字、異體字及版刻混用字而外，並出校記説明。又刊本原無目録，今據書中篇次，新編目録，置於卷端。

尚須申明的是，著手校點此書之始，由雪克教授整理的中華本尚未出版，待相關工作接近尾聲，適逢中華本問世，而其依據則爲外人甚難寓目的、現藏浙江大學圖書館的三種稿本及仲容哲嗣孫孟晉先生之校本，頗有參考價值，故於最後又對中華本中的校勘成果作了有選擇的吸收。對雪克先生所付出的辛勤勞動，於此深表謝忱。

校點者 陳 絜

籀廎述林卷一

瑞安孫詒讓

徹法攷

「徹」爲有周一代税斂之正法，而其名不見於《周禮》。其見於《論語》、《孟子》者，與夏「貢」、殷「助」三法並舉，是必周損益二代，特爲此制，與「貢」、「助」不同，故得專是名。且既爲當代之正法，則必通行於畿内、邦國，凡税斂悉取正於是，皆可知也。而漢以來，説經者咸不能塙指其制。鄭君注《攷工記·匠人》，引《論語》、《孟子》諸文而釋之曰：「周制：畿内用夏之貢法，税夫，無公田。邦國用殷之助法，制公田，不税夫。周之畿内，税有輕重。諸侯謂之徹者，通其率，以什一爲正。」其注《論語》亦云：「什一而税，謂之徹。徹，通也，爲天下之通法。」義雖與《周禮》注小異，而其詁「徹」爲「通」則同。《後漢書》陸康云：「徹者，通也。法度可通萬世而行也。」❶與鄭《論語》注説略同。趙岐《孟子》注則云：「民耕百畝者，徹取十畝以爲賦。徹者，徹取物也。」《王制》孔疏引劉熙、皇侃説同。隋唐義疏家所述，率皆不出此數説。於其法制之詳，殊異於「貢」、「助」者，未有能質言之者也。

今諦審鄭詁「徹」爲「通」，蓋以「貢」什一，「助」九一，通二法以爲率，故云「通其率，以什一爲正」，是謂兼用「貢」、「助」之舊法，而無所損益也。且謂其法行於邦國，而

❶「法度」上，《後漢書》有「言」字。

畿内則不用，是又不得爲天下之通法矣。夫孟子綜論「貢」、「助」、「徹」三法，而以爲莫善於「助」，莫不善於「貢」，明「徹」之爲法，必善於「貢」而不及「助」，則其立法之大要，與行法之細目，必較然别異，非徒沿夏、殷舊制可知。況以一代税法之正，乃不行於王畿，而唯行於邦國，其義亦有難通者，非所敢信也。至趙、劉訓「徹」爲「取」，則望文生訓，其義尤廣，無由推其法數。且「貢」、「助」亦何非取於民，而「徹」乃獨專此名乎！然則「徹」之爲法，其授田之通率，與定賦之等衰，將於何徵之與？曰「徹」之名，雖不見於《周禮》，而其法仍當於《周禮》徵之。蓋《周禮》爲周政法之總會，「徹」既爲周税法之正，則《周禮》一經，凡税斂之法雖不言「徹」，而實則皆「徹」法之凡目條例也。綜而論之，《大司徒》、《遂人》三等授田，上地夫百畝，中地二百畝，下地三百畝，即《孟子》所謂「百畝而徹」也，與「貢」五十、「助」七十爲畝法小異，不足深論。其定賦之法，與「貢」、「助」不同者則有二。《司稼》云：「巡野觀稼，以年之上下出斂法。」此以年之豐凶爲税法之差也。《載師》云：「凡任地，近郊十一，遠郊二十而三，甸、稍、縣、都皆無過十二。」尚有園廛、漆林之征，非田税之正，今不論。此以地之遠近爲税法之差也。蓋無論井田與不井之田，皆以此二法通計之，以校其贏朒而爲斂法，是謂之「徹」。徹之云者，通乎年之上下、地之遠近，以爲斂法。鄭訓爲「通」，説自不誤。而以爲通「貢」、「助」，則尚未得其義耳。

若然，周之「徹」法，或有溢於什一之率乎？曰：非也。蓋三代之税法不同，要皆以什一爲正。然有有常率之什一，有無常率之什一。夏「貢」之什一，有常率者也。周「徹」與殷「助」之什一，無常率者也。《司稼》斂法，其等數經無見文，今以年上下出斂法之文諦玩之，其上者必有所增，下者必有所減，而中歲則依正法，可推而知也。攷《漢書・食貨志》引魏李悝說，百畝之收，平歲百五十石，而以上孰、中孰、下孰、小饑、中饑、大饑，各依倍半之率，爲其所收損益之等。至其共稅，則以平歲什一之稅十五石爲正法。此與夏之「貢」法略同。殷「助」則履其公田十畝所收而盡取之，是不必定以十五石，而其率大略亦不相遠。周「徹」則當以歲之上下、地之遠近消息之，而孰之與饑，其增減之較不翅倍蓰，加以近郊以至都鄙，其增減之較殆不翅十倍矣。

今姑依李悝說而以《司稼》、《載師》二經參定其稅法之差。如平稅百畝之收百五十石，則近郊稅十五石，遠郊二十二石五斗，甸、稍、縣、都三十石；上孰收六百石，則近郊稅六十石，遠郊九十石，甸、稍、縣、都約百二十石；中孰收四百五十石，則近郊稅四十五石，遠郊六十七石五斗，甸、稍、縣、都約九十石；下孰收三百石，則近郊稅三十石，遠郊四十五石，甸、稍、縣、都約六十石。其凶荒，則亦以三等遞減。如小饑收百石，則近郊稅十石，遠郊十五石，甸、稍、縣、都約二十石；中饑收七十石，則近郊稅七石，遠郊十石五斗，甸、稍、縣、都約十四石；大饑收三十石，則近郊稅三石，遠郊四石五斗，甸、稍、縣、都約六石。此其大較也。然鄭釋《司稼》「以年上下出斂法」云：❶「豐年從正，凶荒則損。」是謂饑歲稅以率減，而孰歲

❶「年」下，《周禮》有「之」字。

則無所增。其説亦可通。但以「助」法論之，公田十畝，上孰收六十石，皆納之公，而鄭説「徹」法上孰從正，止税十五石，是爲四十而取一，輕於「助」三倍矣。況據《穀梁》莊二十八年傳云：❶「古者税什一，豐年補敗。」是豐年必有增加之證。鄭説雖足備一義，究不若豐凶咸依率增減之爲允也。若然，❷「徹」法之税斂，《司稼》差以年，或平、或孰、或饑，約有七等，《載師》差以地，曰近郊，曰遠郊，曰甸、稍、縣、都，復有三等，以三乘七，爲二十一等，上孰之歲贏於大饑者約二十倍，❸然此猶上地百畝之税也。中地則二百畝而斂以此數，下地則三百畝而斂以此數。更通區以三等，則爲六十三等。而大饑近郊下地之税，較之上孰都鄙上地之税，乃至百二十分之一，其斂法之無定如是，則「徹」之迥異於「貢」、「助」者可知矣。蓋「徹」法税夫無公田，則與「助」異，而與「貢」同。但「貢」法所税之數有定，歲無論豐歉，地無論遠近，必以此爲常額，自非大荒弛征，所斂必盈此數，龍子所謂「貢者校數歲之中以爲常」者是也。若「徹」法則税無常額，恒以年與地參相校，爲斂弛之衰，龍子以有常爲「貢」之不善，明「徹」爲無常之善法矣。然周「徹」法雖無常，而大較總不違什一之率，故《論語》注亦以「什一而税」爲釋。而有若勸魯行「徹」，哀公荅以「二，吾猶不足」，明「徹」之率，雖閒有出於什一之外者，然終校什二爲少也。若然，「徹」之法既無溢於什一，孟子何以善「助」

❶「莊二十八年」，原作「宣十五畝」，據《穀梁傳》改。

❷「然」，原作「依」，據中華本所引稿本改。

❸「二」，原作「四」，據中華本所引稿本及文後所附《徹法田賦十一等衰表》改。

而不及「徹」乎？曰：《載師》之法，以地遠近爲差，自近郊外皆略贏於什一，而《司稼》之法，以年上下爲差，其數又難以豫定，其輕重之數，饑與孰既相去數十倍，而一以司稼之巡視爲準，所任或不得其人，則豐年容有隱匿之患，凶歲又或有掊克之憂，則不及「助」法之公私殊區、界域明白之善耳。

若然，鄭《匠人》注以《論語》證「徹」之行於邦國，而謂畿内用法之「貢」法：❶稅夫，無公田。又引《孟子》證邦國有公田，不稅夫。其說亦有當乎？曰：鄭謂畿内無公田，是也。然《司稼》、《載師》之法，即畿内稅斂之法也。其法無與夏「貢」同者，則周畿内田制乃「徹」法之無公田，非「貢」法之無公田也。周邦國固行「徹」法，而「徹」法本無公田，故《孟子》云「唯助爲有公田」，明非惟「貢」無是，即「徹」亦無是也。鄭既以周邦國爲行「徹」法，而又云有公田，不適自相違伐邪？況「徹」法既掌於司稼、載師，内自近郊至五百里畺地，外則邦國九服，當無不以是爲稅斂之通制，斷無畿内不用而唯用之邦國者，是可不必辯也。蓋畿内有鄉遂、溝洫、都鄙、井田之異，而皆無公田，邦國亦然，故《孟子》說有野九一、國中什一之異，明「徹」法通於天下，無畿内、邦國之異。其爲無公田亦同也。然則《大田》之詩何以有公田乎？曰：是殷法之留遺於周者也。蓋武王、周公疆理天下物土之宜，因民之所貫利，而曲爲之制，自有不能盡更其故法者，斯固不可以一率論也。況「助」本殷之正法，而《夏小正》云「初服于公田」，是夏時已有公田，爲「助」法之權

❶ 上「法」字，中華本作「夏」。

輿。「徹」爲周之正法，而《篤公劉》亦云「徹田爲糧」，鄭箋釋爲什一之稅，是亦「徹」法之權輿。蓋公劉當夏之末造，雖未有《司稼》、《載師》之法，而其肇端實在彼時。逮文、武、周公，更斟酌損益之，而其法大備耳。

知「助」法之不必始於殷，則可知「徹」法亦不必始於周。而周雖行「徹」，不妨兼存「助」法，亦無足異矣。九服之大，疆索不同，周承二代，而「貢」、「助」兩法容有沿襲而未能盡革者。先王以俗教安，不欲强更其區畛，故周詩有「公田」之文，非謂周邦國盡爲公田也。至孟子勸滕行「助」法，則因戰國之初，并「徹」法亦失其本制，暴君汚吏，横征無藝，故欲復古「助」法以拯其弊，非謂邦國本行「助」法，亦非謂「徹」法有公田。否則，孟子明以公田屬之「助」，何嘗以此爲「徹」之本法哉？蓋「徹」法之名，箸於《論語》、《孟子》，而其條目實備存於《周禮》，自鄭、趙諸經師未能發明斯義，後儒遂瞀然莫辨。近惟姚氏秋農、徐氏新田，始據《司稼》之文，以明「徹」之異於「貢」、「助」者，在視年上下爲斂法，爲能以周經證周法。惜於《載師》相地衺征之法，咸未能甄舉，則仍知其一而未知其二也。況姚氏又謂以公田分授八夫，合百一十畝通計之而取其什一，則與劉、趙所謂「百畝之耕徹取十畝」者大同小異，不知周「徹」法有井田無公田也。徐氏又謂「徹」與「貢」同法，「徹」無公田，於私田之中十取其一，「徹」者通也，言無公私之別，則用鄭義而小變之。不知「徹」者，通於年之上下、地之遠近，非僅取無公私之別也。若是，諸義皆未能究其詳實。此外衆説，大都馮肊推測，全無根據，

徹法田賦什一等衰表

	上孰	中孰	下孰	平歲	小饑	中饑	大饑
上地畝收	六百石	四百五十石	三百石	百五十石	百石	七十石	三十石
近郊賦	六十石	四十五石	三十石	十五石	十石	七石	三石
遠郊	九十石	六十七石五斗	四十五石	二十二石五斗	十五石	十石五斗	四石五斗
甸稍縣都	百二十石	九十石	六十石	三十石	二十石	十四石	六石
中地畝收	三百石	二百二十五石	百五十石	七十五石	五十石	三十五石	十五石
近郊	三十石	二十二石五斗	十五石	七石五斗	五石	三石五斗	一石五斗
遠郊	四十五石	三十三石七斗五升	二十二石五斗	十一石二斗五升	七石五斗	五石二斗五升	二石二斗五升
甸稍縣都	六十石	四十五石	三十石	十五石	十石	七石	三石
下地畝收	二百石	百五十石	百石	五十石	三十三石三斗三升	二十二石三斗三升	十石
近郊	二十石	十五石	十石	五石	三石三斗三升三合强	二石三斗三升三合强	一石
遠郊	三十石	二十二石五斗	十五石	七石五斗	五石	三石五斗	一石五斗
甸稍縣都	四十石	三十石	二十石	十石	六石六斗六升六合强	四石六斗六升六合强	二石

殆無足論。今謹據《司稼》、《載師》兩職文，以求「徹」之本制，而後有周一代稅法之異於夏、殷者，可略得其辜較，而《論語》、《孟子》之義亦昭然若揭矣！

邶鄘衛攷

《詩》三衛之分國，沿於三監。其原流分合，略具於《周書》。史遷既失紀其事，而漢晉《詩》、《書》大師亦未能究其詳實，此不可不攷也。《周書·作雒》云：「武王克殷，乃立王子禄父，俾守商祀。建管叔於東，建蔡叔、霍叔於殷，俾監殷臣。」孔晁注云禄父「封以鄁」。又云：「東謂衛。殷，鄘，（盧本「鄘」上增一「鄁」字，非其舊也。）霍叔相禄父。」依孔說，管叔所治者爲衛，即在殷都之東；武庚封殷，霍叔相之，二人同治鄁；蔡叔又別治鄘。此三人所治，皆殷之故都也。若然，三監實分統三衛之地。《周書》就方域約略區之爲二：曰殷，曰東。而詳舉其爲監之人則又有四：曰武庚，曰管叔，曰蔡叔，爲正監；霍叔相武庚，別爲副監。故《作雒》於殷監兼舉蔡叔、霍叔，而《大匡》則云：「管叔、蔡叔，臮殷之監。」（此依宋本高似孫《史略》所引校定，今本挩譌不可讀。）明三監有管叔、蔡叔，而殷則武庚與霍叔共治之，故不質指其人也。

漢人說三監者亦有二說。《漢書·地理志》則以武庚、管叔、蔡叔爲三監，蓋以霍叔爲武庚相，不別治，故不數。而鄭君《詩》箋復以管叔、蔡叔、霍叔爲三監，皇甫謐《帝王世紀》說同，則因武庚爲殷後，而霍叔爲相，實以監殷，故去武庚而數霍叔。此皆因《周書》作監者實四人，數有羨溢，故諸儒遂各以意爲去取。其說雖不同，要與《周書》

文固無牾矣。王文簡《經義述聞》欲去蔡叔，而以武庚、管叔、霍叔爲三監，蓋爲俗本《大匡》所誤，古亦無是説，不足據也。武庚之亂，三衛皆畔，周公平亂，以其地封康叔。《作雒》云：「俾康叔宇于殷，俾中旄父宇于東。」孔云：「康叔代霍叔，中旄代管叔。」是康叔所治者，武庚、霍叔之故地，《書》所謂「殷」，孔所謂「鄁」。中旄所治者，管叔之故地，《書》所謂「東」，孔所謂「衛」也。中旄，古書别無所見，孔亦無釋，今以聲類求之，乃知其即康叔之子康伯也。《史記·衛世家》云：「康叔卒，子康伯代立。」不箸其名。杜氏《春秋釋例·世族譜》及《史記》索隱引《世本》，並云「名髦」，今本「髦」譌「髡」，梁玉繩據杜《譜》校正，是也。宋忠謂即《左》昭十二年傳之王孫牟，司馬貞亦謂「牟」、「髦」聲相近。今按「旄」與「髦」爲同聲叚借字，「中旄父」亦即王孫牟也。蓋周公以武庚故地封康叔，實盡得三衛全境。以其地閎廣難治，故依其舊壤，仍區殷、東爲二，以其子弟别治之，如晉文侯弟成師别治曲沃，東周惠公子班别治鞏爲西周君之比。是中旄宇東雖專治其邑，而仍屬於其父，則與三監分屬微異。逮康叔卒，康伯嗣立，而東遂不復置君，故采詩者於三衛不復析别。是三衛始則三監鼎峙，中則殷、東雖分二宇而實統於一屬，終乃夷東爲邑而與殷并合爲一，其事可推跡而得也。

然自漢以來，儒者於三衛分合之故，咸莫能稽覈，故鄭君《詩譜》謂成王殺武庚，伐三監，更於此三國建諸侯，以殷餘民封康叔於衛，使爲之長，後世子孫稍并彼二國。《書》疏引鄭《書》注同。不知康叔初封時已以子弟治二國，不待後世始兼并也。《漢志》則云：「三監叛，周公誅之，盡以其地封弟康叔」，❶「遷邶、鄘之民於雒邑」。《詩・豳風》孔疏云：「如《志》所言，則康叔初即兼彼二國，非子孫矣。服虔依以爲説。」據孔推班、服義，雖知康叔已兼三衛，非其子孫，而亦未能實證其事，則皆由不知中旄之即康伯，故不能得其詳也。

至三監分治三衛，説者復多舛異。《漢志》云：「邶，以封紂子武庚；庸，管叔尹之；衛，蔡叔尹之。以監殷民，謂之三監。」鄭《詩譜》則云：「自紂城而北謂之邶，❷《説文》邑部云：「邶，故商邑，朝歌以北。」《續漢書・郡國志》云：「朝歌北有邶國。」南謂之鄘，東謂之衛。」《史記》正義引《帝王世紀》則云：「自殷都以東爲衛，管叔監之。殷都以西爲鄘，蔡叔監之。殷都以北爲邶，霍叔監之。」依班説，則邶、衛爲舊殷，而庸在其東，中旄所治者即庸也。依鄭、皇甫、孔説，則在東者爲衛，而殷爲邶、庸，中旄所治者即衛也。二説不同，竊疑班説近是。蓋中旄别封於庸，因以爲稱。猶康叔初封康，亦即以爲稱。康伯即庸伯也。「庸」、「康」聲類同，古多通用，史籍譌掍，遂并康叔、康伯爲一。實則康叔之「康」當讀如字，而康伯之「康」自當作「庸」，二字本異，後人不察，謂其父子不嫌同稱，遂不能析别。鄭《書》注以「康」爲謚號，馬融、王肅、僞孔安國則以「康」爲畿内國名。並詳《詩》、《書》疏。儻依鄭説爲謚號，則父子不宜同謚。依馬、王、孔説爲畿内國，則是康叔初封之采邑，逮封衛以後，已易其舊國，何得其子仍繫此爲稱？二説於康伯

❶ 「盡」，原脱，據《漢書・地理志》補。
❷ 「城」，原脱，據鄭氏《詩譜》補。

殆皆不可通。孔沖遠推僞孔意，則謂康伯爲號謚，康叔之「康」猶爲國，而號謚不見，亦强爲分别，以圓其説，非塙詁也。今以《周書》、《世本》、《漢志》諸文參互校覈，知康叔初封固已奄有三衛，而中旄父爲康伯，實即庸伯，蓋别治庸以屬衛。如是，則周公經理舊殷之政略，及三衛先後分合之情事，皆顯較可得其蹤跡，或足爲治經攷史者釋一大疑乎！

唐杜氏攷

《左》襄二十四年傳：「范宣子曰：『昔匄之祖，自虞以上爲陶唐氏，在夏爲御龍氏，在商爲豕韋氏，在周爲唐杜氏。』」杜預注：「唐、杜，二國名。殷末豕韋國於唐，周成王滅唐，遷之於杜，爲杜伯。」「杜，今京兆杜縣」。賈逵注《國語》則云：「武王封堯後爲唐、杜二國。」見孔疏。隋劉炫主賈説，故規杜云：「杜於昭元年注云：『唐人，若劉累之等。累遷魯縣，此在大夏。』昭元年傳「遷實沈於大夏，主參，唐人是因」注。即如彼言，則居唐之人非累之裔，此語似尚未達杜恉。此注何云『豕韋國於唐』也？又據何文，知初封於唐、後封於杜乎？」「唐非豕韋之胤，杜亦未必是後，安知唐滅遷於杜也？」以上皆疏引《規過》文。亭林顧氏《左傳杜解補正》又申杜，引《竹書紀年》「成王八年冬十月，王師滅唐，遷其民於杜」，以爲之證。今攷二説，皆未爲得也。蓋如杜説，則劉累子孫既居魯縣，又别居大夏。魯縣之裔後代豕韋，大夏之裔即爲唐，唐爲成王所滅，乃遷於杜。是則唐與杜各自爲國，咸非魯縣之胄，即不得云「豕韋國於唐」。杜兩注義，實自相牾，故光伯規以

「唐非豕韋之胤」。孔疏曲圓其説，以「劉累之等」即謂累之子孫，蓋欲明大夏之唐即魯縣之裔所遷。然玩「累遷魯縣，此居大夏」之文，彼此對舉，杜實非謂遷魯縣之子孫復遷大夏，孔説非杜意也。至杜謂周成王滅唐遷杜，則《逸周書·王會》篇云：成周之會，「唐叔、荀叔、周公在左，太公望在右」，「堂下之右，唐公、虞公南面立焉」。孔晁注云，「唐、荀，國名。皆周成王弟」，「唐、虞二公，堯舜後也」。攷堯後之唐公，即《樂記》所謂「封帝堯之後於薊」者，與大夏、杜縣咸不相涉。劉累雖亦堯後，乃其枝裔，而武王所封者，則其適胄，累後非即唐公也。依《王會》説，是成王所滅者，又非彼唐公，叔虞既與唐公並列於會，則非滅堯後之唐以封。義據炳然，不可掍也。《紀年》雖出汲冢古文，而今所傳者乃明人掇拾僞本，此文未見唐以前人徵引，殆不足據。且廑云「遷其民」，與杜説亦微不同，此蓋作僞者采杜説以補《紀年》，而讀之不審，又失杜意。顧氏乃援《紀年》以證杜説，不亦疏乎！實則杜雖親見《竹書》，而此義自本韋昭《國語》注，《晉語》注云：「周，武王之世。唐、杜，二國名。豕韋自商之末，改國於唐。周成王之世滅唐，遷唐於杜。」韋則又因昭元年《傳》「成王滅唐」之文，而遷就其説。韋生吴末，豈得謂亦見《竹書》乎！至如賈説「武王封堯後於唐」者，即隱據《王會》之唐公。二國並封，於理雖可通，然既分二國，則唐自爲唐，杜自爲杜。宣子爲杜伯之後，自述家世，但數杜氏足矣，何必更援唐耶？今以《左傳》、《周書》諸文參互校繹，迺知成王所滅以封叔虞者，自爲晉陽之唐。劉累之後所封者，自爲杜縣之唐杜。竊意「杜」本「唐」之别名，若「楚」之亦言「荆」也，絫言之，楚曰「荆楚」，故唐亦曰「唐杜」。

是說也，與賈、韋、杜、劉皆不合，而余讀《史記》則得一塙證焉。《秦本紀》云，寧公二年，「遣兵伐蕩社」。三年，與亳戰，亳王奔戎，遂滅蕩社。徐廣云：「蕩，音湯。社，一作『杜』。」《史》之「蕩杜」蓋即「唐杜」也。「庚」聲與「昜」聲古音同部，《白虎通義·號》篇：「唐，蕩蕩也。」《說文》：「啺，古文唐，从口、昜。」故「唐杜」通作「蕩杜」。「杜」與「社」同从「土」得聲，故又作「蕩社」也。而說《史記》者，❶因與「亳」連文之故，遂謂「蕩」當音「湯」。司馬貞《索隱》云：「西戎之君號曰亳王，蓋成湯之胤。徐廣云一作『湯杜』，言湯邑在杜縣之界，故曰湯杜。」殊不知此「亳」與湯都無涉，湯都在偃師尸鄉，見《漢書·地理志》。孫氏星衍《尚書古今文注疏》云：『亳』者，『薄』叚借字。《史記·秦本紀》『寧公三年與亳王戰』，《正義》引《括地志》在三原始平之界，案在今陝西，非湯亳都也。」乃與唐杜接壤之國。《說文》高部：「亳，京兆杜陵亭也。」漢之杜陵即晉之杜縣也。「遂」者，因事之辭，蓋亳與湯杜同壤，秦初伐湯杜未克，次年伐亳勝之，遂因此兵威，乘勢滅湯杜，非亳即湯杜也。《封禪書》云，「於社亳有三社主之祠」，「社」，《漢書·郊祀志》作「杜」，「三」作「五」。案：此「杜亳」亦因二國接壤，故連言。「社主，故周之右將軍」。顔師古《漢·郊祀志》注引《墨子》，謂「杜主」即杜伯。《漢·地理志》亦云，京兆尹杜陵，「故杜伯國」，「有周右將軍杜主祠四所」。是漢杜陵即杜伯國，亳與蕩杜同在杜陵，可證「蕩杜」即「唐杜」矣。

❶「史」，原作「東」，據上下文文義及中華本所引稿本改。

或曰《晉語》訾祏曰：「昔隰叔子違周難於晉國，生子輿，爲理。」《竹書紀年》：「宣王四十三年，王殺大夫杜伯，其子隰叔奔晉。」下距秦寧公二年當魯隱公八年。凡七十三年，何得其時尚有唐杜？則疑宣王殺杜伯，不必即絕其祀，或別立支庶爲唐杜君。抑朱衣射鄗之後，周人知杜伯無罪，立隰叔兄弟之在他國者，以續其祀，使鬼不爲厲，皆未可知。要知「唐杜」即「蕩杜」，其在杜陵，今陝西西安府咸寧縣，即漢杜陵。非二國，可無疑也。

聘禮記異讀攷

《聘禮》致禮于客，車米、禾各有等數。《記》釋其義云：「十斗曰斛，十六斗曰藪，十藪曰秉。」鄭注云，「秉十六斛」，「今文『藪』爲『逾』」。《玉篇》匚部：「匬，余主切，器受十六斗。」疑別本作「匬」。又云：「二百四十斗。」注云：「謂一車之米，秉有五藪。」秉百六十斗，加五藪八十斗，通二百四十斗也。又云：「四秉曰筥，十筥曰稯，十稯曰秅，四百秉爲一秅。」注云，「此秉謂刈禾盈把之秉也；明與上「米秉十六斛」異。筥，穧名也」，「一車之禾三秅，爲千二百秉、三百筥、三十稯也，古文『稯』作『緵』」。

依鄭注，此《記》當分爲三節：以斛、藪、秉三句爲一節，此爲車米數量之名；「二百四十斗」句自爲一節，則一車米之總數也，與上「十藪」、下「四秉」並不相關；秉、筥、稯、秅四句又爲一節，則別爲車禾數量之名，「秉」爲刈禾盈把，與上文「米秉」名同而數量復異。此鄭讀鄭義也。此外，異讀異義見漢魏古書者有四，則咸合三節爲一，而上下分并，錯互不同。雖皆不及鄭義之精當，要亦古禮家之佚詁，學者所當知也。今略攷之。

一作「十斗曰斛。❶十六斗曰庾。「藪」作「庾」，《論語·雍也》包咸注、《史記》集解引賈逵、《國語·周語》韋注引唐固、《左傳》昭二十六年杜注説並同，「庾」、「斞」同，亦即「逾」之借字。十庾曰秉，一百六十斗；「二百」作「一百」，「四十」作「六十」，以爲上「一秉」之總數，依韋説，似如是。或可讀爲「六百四十斗」，則爲下「四秉」之總數，義亦得通，且惟改「二」爲「六」，破字亦較少也。四秉曰筥；十筥曰稯」。《國語·魯語》韋注云：「《聘禮》曰：『十六斗曰庾；《周禮·陶人》賈疏云：「《聘禮記》注云：『今文藪爲逾，逾即庾也。』」又引《小爾雅》「二釜有半謂之庾」。今本《小爾雅·廣量》亦作「藪」。十庾曰秉，秉一百六十斗也；四秉曰筥；六百四十斗。十筥曰稯，稯六百四十斛也。』」秅數韋未釋，依積數計之，則六千四百斛也。但經文「三秅」爲車禾之數，禾不可以斛計，不知韋作何解也。韋所據本，「藪」作「庾」，「二百四十斗」蓋作「一百六十斗」，爲釋上「十藪曰秉」之數。而下文「四秉曰筥」三句，亦爲米之積數，與鄭説異，與許君《異義》説略同，而文數則亦迥異也。

一作「六斗曰斛，「十」作「六」。十六斗曰庾，十庾曰秉」。「藪」作「庾」，與韋同。《太平御覽》八百三十引《風俗通》云：「斛者，甬也。甬六斗，《説文》云：「桶，木方受六斗。」庾二斛四斗，「二」，宋本作「三」，誤。以六斗之斛計之，「二斛四斗」即十六斗也。秉二十六斛四斗。」宋本捝「四斗」二字。案二十六斛四斗，通一百六十斗也。以下《御覽》未引，疑亦以「二百四十斗」爲「一百六十斗」，與韋讀同。今本《風俗通》殘缺無此文，《御覽》所引亦未全，「秉」、「筥」、「稯」諸義異同，無可攷

❶「斛」，原作「解」，據上下文義改。

矣。若依韋、許義推之，則應説「筥當爲百五斛六斗，稯千五十六斛，秅一萬五百六十斛」也。

一作「十斗曰斛；此句《説文》未引，以《異義》説「稯，禾二百四十斛」推之，許君釋「斛」當無異説。六斗曰庾；無「十」字，「籔」亦作「庾」。十庾曰秉，六十斗。二百四十斤；「斤」、「斗」篆文相近，此以爲米、芻、禾一秉之重數。四秉曰筥；二百四十斗。十筥曰稯；二百四十斛。十稯曰秅」。二千四百斛。《説文》禾部「秅」字注云：「《周禮》曰：『二百四十斤爲秉，四秉曰筥，十筥曰稯，十稯曰秅，四百秉爲一秅。』」《國語・魯語》「先王制土，其歲收，井出稯禾、秉芻、缶米，不是過也」。《載師》疏引《五經異義》云：「有軍旅之歲，一井九夫百畮之賦，出禾二百四十斛，芻秉二百四十觔，釜米十六斗。」孔顨軒謂許本《國語》「田一井，出稯禾、秉芻、缶米」，以秉芻爲二百四十斤，合於《説文》以稯禾爲二百四十斛，是以「秉」爲「六斛」矣。似今文唯作「六斗曰逾」，而無「十」字。「逾」即「庾」也，六斗爲庾，十庾爲秉，秉六斛二百四十斤也；四十秉爲稯，稯二百四十斛九千六百斤也。《禮學卮言》。孔説深得許恉。蓋許破「十六斗曰籔」爲「六斗曰庾」，又破「二百四十斗」之「斗」爲「斤」，爲米、芻、禾一秉輕重之通數，米以六斛爲二百四十斤，禾、芻則亦以二百四十斤爲一秉，而不論斛量。則亦并三節爲一，無米禾之異。依其説，則秅禾爲九萬六千斤，三秅積二十八萬八千斤，非一車所能載，於《禮經》之義無當也。

一作「十鍾曰斞，十斞曰秉」。「十六斗」作「十鍾」，「籔」作「斞」。《説文》斗部云：「斞，量名。」《廣雅・釋器》云：「釜十曰鍾，釜六斗四升，鍾六十四斗。鍾十曰斞，六十四斛。斞十曰秉，六百四十斛。秉四曰筥，二千五百六十斛。筥十曰稯，二萬五千六百斛。稷十曰秅。」二十五萬六千斛。依張説，則三節亦當并爲一，但「二百四十斗」句不知當作何解。而一秉爲六百四十斛，「筥」、「稯」以下依文數遞增，其積數尤鉅，於經義更無當矣。

以上四家之説，校文則有「籔」、「逾」、「庾」、「斞」及「斗」、「斤」之差異，陳數則有「十斗」、「十六斗」、「六斗」及「二百四十斗」、「一百六十斗」、❶「二百四十斤」之舛互，審義則有「籔」、「秉」、「米」、「禾」之分合，大小衰等相校遠甚，咸與鄭注殊異。韋、許二家，固明援《禮經》。應、張雖不主詁《禮》，而推其根氏，亦復無二。賈、胡兩疏，咸不能綜述，信爲疏闕。故爲甄緝箸之，覬與鄭義相參證爾。

禮記鄭注攷上

漢儒經詁，今存者六家，《書》孔安國傳僞託不數。唯鄭君三《禮》注最爲完蒨。而於《周禮》校古書，《儀禮》疊古今文，尤極詳覈。唯《禮記》注於《記》文異同多不箸，而注義亦閒有疏牾。今就覽涉所及，略爲舉證數事，以補陸氏《釋文》、孔氏《正義》之遺闕。

有經本用正字而鄭本從後出增偁之字者。《曲禮》：「介者不拜，爲其拜而蓌拜。」注云：「蓌則失容節，蓌猶詐也。」《釋文》云：「蓌，詐也，挫也。盧本作『蹲』。」是盧植注本不作「蓌」字。攷《公羊》僖三十三年

❶ 「六十」，原倒乙，據上下文義乙正。

何注云：❶「介冑不拜，爲其拜如蹲。」何説隱據《禮記》，與盧本正合。臧琳謂「而」、「如」通，《曲禮》「蹲」下不當有「拜」字，今本誤衍，是也。今撿「蓌」字不見於《説文》，疑許君據《禮》古文亦不作「蓌」，至徐鉉新附始收「夎」字。《玉篇》夊部作「夎」，云：「子對、子卧二切，拜失容也。又詐也。亦作『蓌』。《禮記》云：『無蓌拜。』」約《曲禮》文，似亦有誤。《左氏》成十六年傳又云：「潘尪之黨與養由基蹲甲而射之，徹七札焉。」杜注云：「蹲，聚。」《左傳》「蹲甲」義，亦足爲盧本《曲禮》添一左證。《説文》足部云：「蹲，踞也。」《廣韻》二十三魂：「蹲，坐也。」蓋拜則身屈曲，甲亦屈曲而相迫笮，「詐」、「笮」聲類同，孔疏云：「言著鎧而拜，彩儀不足，似詐也。」誤。此與蹲踞時身上下句曲、要閒若挫折同。潘黨等以甲摺疊七札而射之，其上下札亦若挫折屈曲相迫笮，故謂之「蹲」，亦即「蓌」也。甲札挫折相迫笮，則成聚疊，故杜訓「蹲」爲「聚」，亦其引申之義。然則《曲禮》此文，「蹲」、「蓌」義雖並通，而「蓌」字晚出，究不及「蹲」之古。況以《公羊》注及《左傳》校之，則盧本符譣尤多，似較鄭本爲長也。

又有經疑用正字而鄭以借字釋之者。《曲禮》六工，「曰土工、金工、石工、木工、獸工、草工，典制六材」，注云：「此殷時制也，周則皆屬司空。土工，陶瓬也；金工，築、冶、鳧、栗、段、桃也；石工，玉人、磬人也；木工，輪、輿、弓、廬、匠、車、梓也；獸工，函、鮑、韗、韋、裘也。唯草工職亡，蓋謂作萑葦之器。」今攷此六工，與《攷工記》「攻木」、「攻金」、「攻皮」、「刮摩」、「搏埴」五工

❶「三十三」，原作「三十二」，據《春秋公羊傳注疏》改。

略同，唯彼有設色之工，此無之而別有草工。鄭以爲「作萑葦之器」，竊謂萑葦之用甚少，且木工亦足以苞之，似不宜別專立一官。攷《説文》艸部云：「草，草斗，櫟實也。」是「草」爲櫟實正字，其物可染皁，疑染人亦可謂之「草工」，即是設色之工。若然，則六工與《考工》正同，《左傳》昭十七年杜注及孔疏引賈逵説，少昊以「五雉爲五工正」，亦有設色之工，但無刮摩之工，則以石工可附於土工也。古制相沿，亦可互證。或得備一義與！

有經疑用借義而注以正字釋之者。《玉藻》「君占體、大夫占色、史定墨、卜人定龜」，注云「定龜所當用」，❶攷《周禮·占人》云：「君占體，大夫占色，史占墨，卜人占坼。」二文略同，彼「占坼」與此「定龜」事相當，彼此互證。竊疑此「龜」當讀爲「鳩」，《莊子·逍遥遊》篇云：「宋人有爲不龜手之藥者。」《釋文》引向秀云：「龜，坼也。」是「龜」、「坼」義同。鄭讀如字，訓爲「定龜所當用」，則與《周禮》不相合矣。

又有經字誤而鄭校易未允者。《檀弓》「齊穀王姬之喪」，注云：「『穀』當爲『告』，聲之誤也。王姬，周女，齊襄公之夫人。」攷此篇云公儀仲子之喪、司寇惠子之喪、將軍文子之喪、孟獻子之喪、晉獻公之喪、滕成公之喪，文例恒見，皆無云「告」者，鄭讀於義未塙。竊疑「穀」當爲「聲」之譌。春秋時，諸侯夫人多別爲作謚。如《左》隱元年傳魯惠公夫人聲子，又襄十九年傳齊侯娶于魯曰顔懿姬，其姪鬷聲姬，皆以「聲」爲謚，此「聲」亦王姬

❶「定龜所當用」，蓋爲約引之辭，今《禮記注疏》（清嘉慶二十年江西南昌府學刻本。後同，不再出校。）作「謂靈射之屬所當用者」。

之謚也。「聲」漢隸或作「殸」，與「殼」相似。六朝俗書「穀」字又有作「槃」者，與「聲」尤易相淆掍。此字鄭作注時已誤，故不得其解矣。

有經字不誤而鄭誤破之者。《玉藻》云：「唯君有黼裘以誓省，大裘非古也。」鄭云：「省，當爲『獮』。『獮』，秋田也。國君有黼裘誓獮田之禮。」❶今攷「誓省」即誓命之事，不必破爲獮也。❷《大傳》云：「大夫士有大事，省於其君，干祫及其高祖。」注云：「大事，寇戎之事也。省，善也，善於其君，謂免於大難也。干，猶空也，空祫，謂無廟，祫祭之於壇墠。」《周禮·典命》：「凡諸侯之適子誓於天子。」《大戴禮記·朝事》篇「誓」作「省」，此云「省於其君」，與彼「省於天子」義正同。蓋謂大夫士有功於國，得誓命於君，故特賜以殷祭也。「干祫」即《周禮》「閒祀」之義。「干」、「閒」聲近字通。《聘禮記》：「凡庭實隨入，左先，皮馬相閒可也。」注云：「古文『閒』作『干』。」是其證也。《周禮·司尊彝》：「凡四時之閒祀、追享、朝享。」注：「鄭司農云：『追享、朝享謂禘祫也。在四時之閒，故曰閒祀。』」即其義。鄭詁「干」爲「空」，義亦未安。若然，《玉藻》「誓省」之「省」，亦當與《大傳》、《朝事》義同。《典命》曰「誓」，《大傳》、《朝事》曰「省」，二字兼舉之則曰「誓省」，義實不異。若如鄭説讀爲「獮」，則《典命》、《朝事》諸文不可通矣。《郊特牲》云：「卜之日，王立于澤，親聽誓命。」「誓命」亦猶「誓省」。陳祥道《禮書》謂《玉藻》「省」如字讀，「誓省」謂祭祀服之以聽誓命、省牲鑊。惠士奇、戴震、孔廣森、宋綿初説同。其説似較鄭爲長而未盡也。蓋「誓」、「省」事相因，凡因祭發誓命事，及命諸侯卿大夫，策命亦多在祭時。

❶ 「誓」，原脱，據《禮記注疏》補。
❷ 「獮」，原作「省」，據上下文義改。

同謂之「誓」，而君親視其事，則亦同謂之「省」，猶祭祀視牲與視朝同謂之「視」也。王策命諸侯、世子及卿大夫於廟，皆親視其事，故亦謂之「省」，不必「省牲鑊」而後謂之「省」矣。

又有經文譌互而鄭注未及攷正者。《雜記》：「公襲：卷衣一，玄端一，朝服一，素積一，纁裳一，爵弁一，❶玄冕一，褒衣一。」孔疏云：「公襲以上服最在内者，公身貴，故以上服親身，欲尊顯加賜，故褒最外而細服居中也。❷子羔賤，故卑服親身也。」又云：「纁裳一者，賀云：冕服之裳也。亦可鷩毳任取中閒一服也。」以上並孔疏文。今攷喪禮通例，襲服皆以褻衣卑服在内，此「卷衣」即袞冕服，乃冕服之最尊者，反在玄端之内，既非其次，且褒衣在玄冕之上，亦晐有袞衣，則又有重複之嫌，於義復難通也。「纁裳」，賀瑒以爲冕服，則亦與玄冕無别，且列於皮弁、爵弁兩服之閒，尤非其次。攷《士冠》陳衣，爵弁、皮弁服之後，次以玄端服。《士喪》陳襲衣，則爵弁、皮弁服之後，次以褖衣，彼疏謂「褖衣當玄端」，竊謂以子羔襲服有素端復有褖衣推之，則禮殺者有褖衣即無玄端，禮隆者或玄端、褖衣不嫌兩有。疑此「卷衣」當爲「兑衣」，「兑」與「卷」形近而誤。「兑衣」即「税衣」之省，《雜記》：「夫人復，税衣、揄狄。」「税衣」即「褖衣」。亦即褖衣。此文在玄端之下，子羔之襲褖衣與素端相次，其敘亦正同。至「纁裳」則當爲韋弁服，故次於爵弁而加於皮弁。《詩》：「朱芾斯皇。」箋云：「天子韋弁服，朱衣裳。」孔

❶ 「一」，《禮記注疏》作「二」。

❷ 「褒最外」，《禮記注疏》作「褒衣最外」。

疏引定本作「朱衣纁裳」是也。❶鄭不知「卷」爲字誤，又未明釋纁裳之義，故賀、孔諸儒並不得其解矣。又《喪大記》「夫人弔於大夫士」章：「夫人視世子而踊。」注云：「視世子而踊，世子從夫人，夫人以爲節也。世子之從夫人，位如祝從君也。」攷此章經、注並難通。上文「大夫士既殯而君往」，云：「君稱言，視祝而踊。」注云：「祝相君之禮，當節之也。」以相比例，則視而踊者，必相禮之人。世子之相夫人，於禮經無見文。后弔諸臣之妻，世子必從，亦無見文。且夫人之有世子與否，未可豫定。世子或幼，則又未必能相禮。儻無世子，或有世子而幼，將無所視而踊矣。況世子之與祝，貴賤不倫，即令有世子而長能相禮，以儲副之重而猥令雜廁於婦、寺之閒，以共擯詔之役，於禮意亦殊未協。此皆有難通者。竊謂此「世子」實當爲「世婦」，《周禮·春官·世婦》宮卿云：「詔王后之禮事。」又云：「王后有摔事于婦人，則詔相。」然則后夫人有禮事，則世婦詔相，正其專職，與「王弔則祝相禮」，此「祝」即喪祝，《周禮·喪祝》云：「王弔則與巫前。」禮例相同，足以明之。此二文，注咸無釋，疑鄭本已如此，蓋其誤久矣。

禮記鄭注攷下

《禮記》鄭注，今世所存宋撫州公庫本爲最善，陽城張氏景刊行世，顧千里作《攷異》，阮文達作《校勘記》，皆據以爲正本。然此注隋唐以來已有錯互，顧、阮諸家未能

❶「定」字或誤。據孔疏，定本並無「纁」字，而《釋文》所引或本適作「朱衣纁裳」。

盡正也。

《内則》：「妻將生子，及月辰，居側室。」鄭注云：「側室，謂夾之室，次燕寢也。」杜佑《通典》引《内則》注，惠棟校宋本《禮記注疏》，並作「謂夫之室」。孔疏云：「夫正寢之室在前，燕寢在後，側室又次燕寢。在燕寢之旁，故謂之側室。」則孔所據本似亦作「夫之室」。諦繹鄭意，蓋欲見側室非妻所居之燕寢，故以「夫之室」別白之，其義似校今本爲長。惠、顧、阮三家，亦並從之。然攷《大戴禮記·保傅》篇「七月而就宴室」，盧注云：「宴室，郟室，次宴寢也，「郟」「夾」、「宴」「燕」字並通。「次」下「宴」字，今本譌作「室」，从丁杰校正。亦曰側室。自王后以下，有子，月震，女史皆以金環止御。」「月震」本《毛詩·彤管》傳文，丁杰校改「辰」，未塙。又《諸侯釁廟》篇，注亦云：「郟室，門郟之室。」盧説似正本《内則》注義。若然，則北朝本已與今本同，不作「夫之室」。蓋南北禮家所傳不同，盧、孔各據所見爲釋也。依孔本，則側室謂夫之別室；依盧本，則側室謂夾燕寢兩旁之室。二義並通，未能定其孰是也。

《樂記》説古樂云：「大章，章之也。」注云「堯樂名也」，「《周禮》闕之，或作大卷」。又云：「咸池備矣。」注云「黄帝所作樂名也，堯增脩而用之」，「《周禮》曰大咸」。孔疏引熊氏云：「知大卷當大章者，案《周禮》曰『雲門大卷』，大卷在咸池之上，此大章在咸池之上，故知大卷當大章。知周別爲黄帝樂名雲門者，以此《樂記》唯云『咸池、大章』，無雲門之名。《周禮》雲門在六代樂之首，故知別爲黄帝立雲門之名也。至於大卷之上加雲門者，以黄帝之樂，堯增脩者既謂之咸池，不增脩者別名大卷，明周爲黄帝於不增脩之樂别更立名，故知於大卷之上别加雲門，是雲門、大卷一也。」「知黄帝之樂堯增脩曰咸池者，以《禮樂志》云黄帝曰咸池，今《周禮》大咸在雲門之下、大韶之上，當堯之代，故知堯增脩曰咸池」也。審校孔意，即用熊説，大恉因《周禮》。《大司樂》六樂云「雲門、大卷、大咸、大磬、大夏、大濩、大武」，鄭注云「黄帝曰雲門、大卷」，「大咸、咸池，堯樂也」。彼無大章，有大卷，而以「大咸」爲「咸池」，屬之堯樂，兩經義不同。故謂大卷、咸池皆本黄帝樂，堯用大卷，改名「大章」而不脩，脩咸池而不改名。周人以未脩之大卷歸之黄帝，而復其故名。又加以「雲門」之稱，以已脩之咸池專屬之堯。而别謂之「大咸」。《大司樂》賈疏説亦同。此義疏家展轉推演，欲以彌《樂記》與《周禮》之舛迕，其心亦良苦矣。今攷唐初本，此經注蓋多不同。諦審注意，於大章云「《周禮》闕之」，則鄭直謂《周禮》無此樂，並不以此當彼大卷可知。其下又云「或作大卷」者，乃後人所增，非鄭注之舊。據孔疏云云《周禮》闕者，言《周禮》無大章，故云闕之。此本云「《周禮》大章曰大卷」，言此大章當《周禮》之大卷也。蓋孔所見别本《樂記》，注「《周禮》闕之」四字，作「《周禮》大章曰大卷」，孔兼存異本，故兩爲之釋，是孔本亦本無「或作大卷」四字也。《禮記釋文》於咸池注「《周禮》曰大咸」下云：「一本作大卷。『卷』音『權』。」此復一别本。次句注「《周禮》曰大咸」作「《周禮》曰大卷」，迺别以「咸池」爲「大卷」，與孔所見别本以「大章」爲「大卷」者又異。蓋陸本《樂記》前注中亦無「或作大卷」四字，故於次句注「大咸」下，始據别本見「大卷」之名，并爲發音。

若如今本「大卷」已見「大章」注中，則宜發音於前。今既不然，足證其本亦無此四字矣。至孔引熊氏云「知大卷當大章者」，乃熊氏發問而自申之。下云「知周別爲黄帝樂名雲門者」，又云「知於大卷之上加雲門者」，文例正同，並非鄭注本有此義也。竊謂《大司樂》大卷與此大章本不相涉，鄭此注亦止謂堯脩咸池，本無堯改大卷爲大章之説，六朝義疏家欲强爲傅合，乃以大卷當大章，而有脩改之説。繳繞紛互，殊非鄭恉。後人讀經注者，不能質定其是非，遂以義疏家斡旋之語羼入注中，故陸、孔同時而所見本互異。賈公彦所見本則已竄入四字，與今本同。蓋皆誤本，不足依據。此二注文並錯異，而其流傳咸遠有耑緒，與俗本沿譌不同者，學者精攷其異同之迹，而不必以肊説曲爲彌縫，斯爲善治經者矣。

又《曲禮》：「童子不衣裘裳。」注云：「裘大温，消陰氣，使不堪苦，不衣裘裳，便易。」孔疏云：「又應給役，若著裳則不便，故並不著也。」今攷此注「不衣裘裳」，當作「不衣裳」，蓋鄭以「裘大温」云云專釋「不衣裘」之義，又以「便易」專釋「不衣裳」之義，二語不相兼也。孔釋注亦惟云若著裳則不便，不兼及裘。可證今本衍「裘」字，則不可通。此則宋以來版本之誤。全書類此者，當復不少，未及悉校也。偶讀張氏景宋本，拉雜記之，以質世之治鄭學者。

聖證論王鄭論昏期異同攷

康成詮釋諸經，漢魏之際盛行一時，群儒望風景附，咸名鄭學。惟王子雍以通才閎覽，起與爲難，乃至僞託《家語》，以爲左證，故有《聖證論》之作。蓋欲以難鄭樹職志，遂不憚妄託聖言，其忮盭亦甚矣。以司馬氏外戚之重，故其學盛行於晉初。然鄭里再傳弟子馬昭之徒，猶堅守師法，援經發難。治王學者孔晁輩，又難馬申王。張融復參合鄭、王，折衷其説以爲評。雖是丹非素，不免黨伐，而矛盾相持，各有義據，不可誣也。《聖證論》唐以後久佚，經疏援引，零章斷句，無由攷其義恉。惟《周禮·媒氏》疏載王肅難鄭君昏期之説甚詳，并備引馬昭、孔晁、張融等論難之語，猶足見《聖證論》舊本梗概。但仲春昏期王、鄭之論，《通典》所引馬昭申鄭有三難，孔晁申王有二荅，各依馬難爲對。賈疏檃栝其語，合馬氏三難爲一，復深没其名。孔氏二荅又止載其一，文句亦多貿亂譌舛，讀者卒不得其耑緒。然賈所引張融評，又校君卿所引爲完，臧玉林《經義雜記》略爲校正而未盡也。今備録賈、杜兩書，以著諸儒論難之略，更爲補正譌捝，以詒治經者。近馬國翰輯《聖證論》本尤疏舛，今置不論。

賈疏引王肅曰：「《周官》云：『令男三十而娶，女二十而嫁。』謂男女之限嫁娶不得過此也。三十之男，二十之女，不待禮而行之，所奔者不禁。娶何三十之限？前賢有言：『丈夫二十不敢不有室，女子十五不敢不有其家。』《家語》：『魯哀公問於孔子：臧曰：「見《本命》篇。」男子十六精通，女子十四而化，是則可以生民矣。聞臧曰：「《家語》作『而』。」禮男三十而有室，女二十而有夫，豈不晚哉？孔子曰：夫禮言其極，亦不是過。臧曰：「《家語》作『不是過也』。」男子二十而冠，有爲人父之端。女子十五許嫁，有適人之道。於此以往，則自昏矣。』然則三十之男、二十之女中春之月者，❶所謂言其極法耳。」

《通典・嘉禮》「男女婚嫁年紀議」云：「鄭玄據《周禮》、《春秋》、《穀梁》、逸禮《本命》篇等，男必三十而娶，女必十五乃嫁。王肅據《孔子家語》、《服經》等，以爲男十六可娶，女十四可以嫁，三十、二十言其極耳。又按《家語》魯哀公問於孔子曰：『男子年十六而精通，女子十四而化育，是則可生人矣。而禮男必三十而室，女必二十而嫁，豈不晚哉？』孔子曰：『夫禮言其極耳，不是過也。男二十而冠，有爲人父之端。女十五許嫁，有適人之道。』又曰：『孔子年十九而娶於宋之亓官氏。』按：「亓」當作「并」。又曰：『孔子年七十三而終。伯魚年五十，先孔子而卒。』而《服經》有爲夫姊之長殤。據此，王、鄭之説義並未明。」案：杜氏此條，悉櫽栝《聖證論》語。據此，則肅難鄭尚有「孔子十九而娶」及「伯魚五十，先孔子卒」二證，賈疏所引不備也。

昭曰：「《禮記・本命》曰：臧曰：「見《大戴禮記》。」『中古臧曰：「舊脱『古』字，據《大戴禮記》補。」男三十而娶，女二十而嫁，合於中節。臧曰：「今《大戴禮記》作『合於五也，中節也』。盧注『合於五十』，此蓋略引。」大古男五十而有室，女三十而嫁。』臧曰：「《大戴禮記》下有『備於三五，合於八也』。」《尚書大傳》曰：『孔子曰：男三十而娶，女二十而嫁，通於織紝紡績之事，黼黻文章之美。不若是，則上無以孝於舅姑，而下無以事夫養子。』《穀梁傳》曰：『男子二十而冠，冠而列丈夫，三十而娶。』臧曰：「見文十二年。」尹更始云：臧曰：「西漢説《穀梁》者，字翁君，汝南邵陵人，議郎諫大夫。」『男三十而娶。女十五許

❶「中春」，原作「中秋」。按本節所論乃「中春婚期」，而中華本所引稿本亦作「中春」，故改之。

嫁，笄；二十而嫁。』《曲禮》：『三十曰壯，有室。』盧氏云：『三十盛壯，可以娶女。』案：此盧子榦《禮記注》語。《内則》：『三十而有室，始理男事。女子十五笄，二十而嫁，有故，則二十三而嫁。』經有『夫姊之長殤』，臧鏞堂曰：「舊誤作『夫婦』，玆從《通典·嘉禮四》所引校正。」阮元曰：「按《喪服經》緦麻章有『爲夫之姑姊妹之長殤』，引之者謂三十而娶，則不當有姊也。」舊説三十而娶，而有夫姊長殤者何？關盛衰。一説關畏猒溺而殤之。盧氏以爲衰世之禮也。」臧曰：「蓋本馬季長關盛衰説。」詒讓案：此馬昭難肅据《喪服》「夫姊之長殤」定嫁娶期也。

張融從鄭及諸家説。又《春秋外傳》：「越王句踐蕃育人民，以速報吳。故男二十而娶，女子十七而嫁。」臧曰：「《國語·越語上》：『女子十七不嫁，其父母有罪。丈夫二十不娶，其父母有罪。』」如是，足明正禮，男不二十娶、女不十七嫁可知也。案：此張融評語。

王肅《論》云：「吾幼爲鄭學之時，爲謬言尋其義，乃知古人可以於冬。孫志祖曰：「《御覽》五百四十一婚姻類引《聖證論》云：『嫁娶古人皆以秋冬。』此文有脱誤。」詒讓案：杜臺卿《玉燭寶典》二引《聖證論》云：「鄭氏以二月爲嫁娶之時，謬也。詳尋其時，古人皆以秋冬。」末句與《御覽》同，「於」即「秋」字之誤。自馬氏以來，乃因《周官》而有臧云：「疑『言』。」二月。《詩·東門之楊》『其葉牂牂』，案：《御覽》引「詩」上有「毛」字。毛傳曰：案：《御覽》引作「毛萇傳曰」。『男女失時，不逮秋冬』。案：《玉燭寶典》、《御覽》引下並有「也」字。『三星，參也，十月臧曰：「案：毛傳本云『在天，謂始見東方也』，無『十月』二字。《正義》引王肅云：『謂十月也。』然則此『十月』二字即王肅所加。」而見東方時，可以嫁娶。』」臧曰：「此《綢繆》篇『綢繆束薪，三星在天』傳。」又云：「時尚暇務，須合昏因。案：据《通典》，當作「三時務業，因向休息而合婚姻」。萬物閉藏於冬，而用生育之時。臧曰：「《家語》云：『群生閉藏乎陰，而爲化育之始。』此疑當作『而爲生育之始』。」娶妻入室，長養之，毋亦不失也。孫卿曰：臧曰：「見《荀子·大略》篇。」『霜降逆女，冰泮殺止。』臧曰：「《荀子》云：『冰泮殺内，十日一御。』楊注：『内謂妾御，十日一御，即殺内之義。』此作『殺止』，恐因下引《韓詩傳》而誤。」詒讓案：《玉燭寶典》引亦作「止」。董仲舒曰：『聖人以男女陰陽其道同類，天道向秋冬而陰氣來，向春夏而陰氣去，故古人霜降而逆女，冰泮而殺止，與陰俱近，與陽遠也。』案：此段各書並未引，今據《玉燭寶典》引補。董子語見《春秋繁露·循天之道》篇。《詩》曰：『將子無怒，秋以爲期。』《韓詩傳》亦曰：『古者霜降逆女，冰泮殺止。士如歸妻，迨冰未泮。』爲此驗也。而玄云『歸，使之來歸於己』，謂請期時來歸之，言非請期之名也。或曰：親迎用昏，而曰旭日始旦，何用哉？臧曰：「此肅設爲問難，以申己説。」《詩》以鳴雁之時納采，以昏臧曰：「舊作『感』，今改。」時而親迎。而《周官》中春令會男女之無夫家者，於是時也，案：此字據《玉燭寶典》增。奔者不禁。則昏姻之期盡此月矣，故急期會也。案：「盡此月矣」，賈引作「非此日也」，又刪「故急期會也」五字，今據《玉燭寶典》補正。《孔子家語》曰：『霜降而婦功成，嫁娶者行焉。冰泮而農業臧曰：「《東門之楊》正義同引作『農業』，與『婦功』相對。今《家語》作『農桑』。注云：『正月農事起，蠶者采桑。』與《通典》引同。起，昏禮殺於此。』又曰：『冬合男女，春班爵位也。』」臧曰：「舊作『秋班時位』，誤也。《家語》作『春頒爵位』，《東門之楊》正義所引同，今据改。《禮記·禮運》本作『合男女，頒爵位』，『冬』、『春』二字是肅所加以難鄭者。」

《通典·嘉禮》「嫁娶時月議」曰：❶

❶「曰」，中華本所引稿本作「云」。

「按鄭玄嫁娶必以中春之月，王肅以爲秋冬嫁娶之時也，仲春期盡之時矣。孫卿云：『霜降迎女，冰泮殺止。』《孔子家語》云：『群生閉藏於陰而育之始，故聖人因時以合偶男女，窮天數。霜降而婦功成，嫁娶者行焉。冰泮而農桑起，婚禮殺於此焉。』又云：『冬合男女，春班爵位。』皆謂順也。」

《詩》曰：臧曰：「以下皆馬昭難肅之辭。」詒讓案：據《通典》，此爲馬昭弟二難，在《商頌》《月令》一難及孔晁弟一答之後，此失其次。「曰」，《通典》作「云」。「有女懷春，吉士誘之。」臧曰：「《野有死麕》。」「春日遲遲，女心傷悲。」臧曰：「《七月》。」詒讓案：據《通典》，此下尚有「嘒彼小星，三五在東」之語。「綢繆束芻，三星在隅。」臧曰：「《綢繆》。」「我行其野，蔽芾其樗。」臧曰：「《我行其野》。」「倉庚于飛，熠熠其羽。」臧曰：「《東山》。」詒讓案：据《通典》，當有「凡此皆興於仲春嫁娶之候」十一字。

《詩·殷頌》曰：「天命玄鳥，降而生商。」臧曰：「《玄鳥》。」《月令》：「仲春玄鳥至之日，以大牢祠于高禖，天子親往。玄鳥生乳之月，以爲嫁娶之候，天子重之而祀焉。」凡此，皆與仲春嫁娶爲候者也。案：据《通典》，此爲馬昭弟一難，在弟二難之前。「殷頌」前當有「周禮仲春令會男女」八字，此下又有孔晁答馬申王語，賈疏亦佚之。

《夏小正》曰：臧曰：「疑衍。」「二月，冠子、嫁女、娶妻臧曰：「今《夏小正》無『嫁女』，『娶妻』作『娶婦』。」之時。」「秋以爲期」，臧曰：「《氓》。」此淫奔之詩。惠棟校本作「時」。案：《通典》此亦馬昭弟三難，無《夏小正》一證。

《夏小正》曰：「二月，綏多士女。」臧曰：「《夏小正》作『女士』。」交昏於仲春。《易·泰卦》六五：「帝乙歸妹，以祉元吉。」鄭說六舊作

「之」，臧曰當作「六」。案：《通典》「鄭説」作「舊説」，「之」正作「六」，今校正。五爻，辰在卯，春爲陽中，萬物以生。生育者，嫁娶之貴。臧曰：「疑。」仲春之月，嫁娶男女之禮，福禄大吉。《易》之《咸卦》柔上剛下，二氣感應以相與，皆説男下女。《召南·草蟲》之詩，夫人待禮隨從，臧曰：「卿大夫之妻待禮而行，隨從君子。」在塗見采鼈者，以詩自興。又云「士如歸妻，迨冰未泮」。舊説臧云：「『舊』作『詩』，今改。」云士如歸妻，我尚及冰未泮臧云：「『泮』字舊無，今補。」定納。其篇義云：臧云：「『篇義』謂《詩序》。」「嫁娶以春，陽氣始生萬物。」嫁娶亦爲生類，故《管子》篇《時令》云：「春以合男女。」臧曰：「當作『《時令》篇云』，今《管子》闕。」詒讓案：今《管子·幼官》篇云：「春十二清明始卯，合男女。」疑即此文。融謹案：《春秋》魯送夫人「送」當作「逆」，《通典》作「迎」。嫁女，❶四時通用，無譏文。然則孔子制素王之法以遺後世，男女以及時盛年爲得，不限以日月。《家語》限以冬，不附於《春秋》之正經。如是，則非孔子之言嫁娶也。以仲春著在《詩》、《易》、《夏小正》之文，且仲春爲有期之言，秋、冬、春三時嫁娶，臧曰：「當作『無仲春爲期盡之言，又春秋四時嫁娶』。」何自違也臧曰：「『也』字當在『之語』下。」《家語》冬合男女窮天數之語？《詩》、《易》、《禮》傳所載，《咸》、《泰》、《歸妹》之卦，《國風·行露》、臧曰：「箋曰：『道中始有露。』謂二月嫁娶時也。」《綢繆》臧曰：「箋云：『三星，心星也。有尊卑、夫婦、父子之象，又爲二月之合宿，故嫁娶者以爲候焉。昏而火星不見，❷嫁娶之時也。今我束薪於野，乃見其在天，則三月之末四月之中見於東方矣。故云不得其時。』」「有女懷春」、臧曰：「箋云：『有貞女思仲春以禮與男

❶「魯送夫人嫁女」，「送」字原脱，據注文補。

❷「火」，原作「見」，據鄭箋改。

會。』」「倉庚于飛，燿燿其羽」、臧曰：「箋云：『倉庚仲春而鳴，嫁娶之候也。』」「春日遲遲，樂與公子同歸」臧曰：「箋云：『春，女感陽氣而思男，所以悲。悲則始有與公子同歸之志，欲嫁焉。』」之歌，《小雅》「我行其野，蔽芾其樗」臧曰：「箋云：『樗之蔽芾始生，謂仲春之時，嫁娶之月。』」之歎，此春娶之證也。禮諸侯越國娶女，仲春及冰未散請期，乃足容往反也。秋如期往，淫奔之女不能待年，故設秋迎之期。《摽有梅》之詩，殷紂暴亂，娶失其盛時之年，習亂思治，故戒臧曰：「當作『嘉』。」文王，能使男女得及其時。臧曰：「箋云：『梅實尚餘七未落，喻始衰也。謂年二十春盛而不嫁，至夏則衰。』」陳、晉棄周禮，爲國亂悲傷，故刺昏姻不及仲春。臧曰：「《詩序》：『《東門之楊》，刺時也，昏姻失時，男女多違。親迎，女猶有不至者也。』箋云：『楊葉牂牂，三月中也。興者喻時晚也，失仲春之月。』又《唐風序》：『《綢繆》，刺晉亂也。國亂則昏姻不得其時焉。』」❶詒讓案：此條並張融評語。

玄説云「嫁娶以仲春」，既有群證，故孔晁曰「有女懷春」。毛云「春不暇待秋」，「春日遲遲，女心傷悲」，謂蠶事始起，感事而悲。「蔽芾其樗」，喻遇惡夫，「燿燿其羽」，喻嫁娶之盛飾，「三星在隅」，孟冬之月，參見東方，舉正昏以刺時。此雖用毛義，未若鄭玄用仲春爲正禮爲密也。案：据《通典》，此爲孔晁弟二荅，在馬昭弟二難後。

《通典》「嫁娶時月議」注引馬昭非肅曰：「《周禮》仲春令會男女，《殷頌》『天命玄鳥，降而生商』，《月令》『仲春玄鳥至之日，祀於高禖，玄鳥乎乳之月，以爲嫁娶之候。』」

又引孔晁荅曰：「《周官》云：『凡娶

❶「亂」，原作「語」，據《毛詩注疏》改。

判妻入子者，皆書之。』此謂霜降之候，冰泮之時，正以禮婚者也。次言『仲春令會男女，奔者不禁』，此婚期盡，不待備禮。『玄鳥至，祀高禖』，求男之象，非嫁娶之候。」

又引昭又難曰：「《詩》云『有女懷春，吉士誘之』，『春日遲遲，女心傷悲』，『嘒彼小星，三五在東』，『綢繆束芻，三星在隅』，『我行其野，蔽芾其樗』，『倉庚于飛，熠燿其羽』，凡此，皆興於仲春嫁娶之候。」

又引晁曰：「『有女懷春』，謂女無禮，過時故思。『春日遲遲』，蠶桑始起，女心悲矣。『嘒彼小星』，喻妾侍從夫人。『蔽芾其樗』，喻行遇惡人。『熠燿其羽』，喻嫁娶盛飾。皆非仲春嫁娶之候，玄據期盡之教以爲正婚，則奔者不禁，過於是月。」

又引昭又曰：「肅引經『秋以爲期』，此乃淫奔之詩矣。」

又引張融曰：「《易·泰卦》六五『帝乙歸妹，以祉元吉』，舊説六五爻，辰在卯，春爲陽中，萬物生育，嫁娶大吉也。《春秋》魯迎夫人，四時通用，《家語》限以冬，不符《春秋》，非孔子言也。三代嫁娶，以仲春爲期盡之言，且婚姻而合德天地，配陰陽會通之數，合於春女樂與公子同歸之志，符於《南山》、《採薇》之歌，協於《我行》蔽芾之歎，同於《行露》厭浥之節，驗於《夏小正》『綏多士女』之制，不殊《咸》、《泰》之卦，暢於《周禮》仲春之令矣。」

大夫葬用輴異讀攷

《喪大記》云：「君葬用輴。」又云：「大夫葬用輴。」鄭注云：「大夫廢輴，此言『輴』，非也。『輴』皆當爲『載以輇車』之『輇』，聲之誤也。」陸氏《釋文》云：「『輴』，依注音『輇』，市專反。王勑倫反。」依陸氏說，王肅讀此經「輴」不破字，則「大夫葬用輴」句不知其說云何。攷《荀子·禮論》篇云：「輿藏而馬反，告不用也。」❶楊倞注云：「輿，謂輁軸也，國君謂之輴。」引此經爲證，則亦讀「輴」如字，謂諸侯葬時、窆時載柩於輴也。又引「大夫葬用輴」作「夫人葬用輴」，蓋即因其與「大夫廢輴」之文相妨，故破「大夫」爲「夫人」。此必唐以前之舊說亦從輴不破字，與鄭不同，或即用王肅義乎！但又破「大夫」爲「夫人」，則又與陸不同。以下云「士葬用國車」推之，則上文實當作「大夫」，鄭讀自不可易。楊說殊不塙，以其爲唐以前異讀，聊復記之。

子莫學說攷

《孟子·告子》篇以子莫執中，與楊、墨同論，則子莫必戰國時聞人碩士，能以學說自名其家。然自來無有能知其人者。趙岐注則云：「子莫，魯之賢人也，其性中和專一者也。」其說殊無義。據余博徵之先秦諸子遺說，而以聲義推合之，竊意其即魏公子牟也。「牟」、「莫」聲類同，《方言》云：「侔莫，强也。北燕之外郊，凡勞而相勉，若言

❶「告」，原作「示」，據《荀子》改。

努力者謂之『侔莫』。」是「牟」、「侔」與「莫」一聲之轉，疑「子莫」即「子牟」之異文。抑或牟字子莫，要近是一人矣。《荀子·非十二子》篇云：「縱情性，安恣睢，禽獸之行，不足以合文通治，然而其持之有故，其言之成理，足以欺惑愚衆，是它囂、魏牟也。」《韓詩外傳》亦有此文，惟「它」作「范」。 楊倞注云：「魏牟，魏公子，封于中山。《漢書·藝文志》道家有《公子牟》四篇，班固曰：『先莊子，《莊子》稱之。』今《莊子》有公子牟稱莊子之言以折公孫龍，據即與莊子同時也。又《列子》稱公子牟解公孫龍之言。公孫龍，平原君之客，而張湛以爲魏文侯子，據年代，非也。《說苑》曰：『公子牟東行，穰侯送之。』未知何者爲定也。」以上並楊氏說。 今攷《列子》以子牟爲魏之賢公子，又嘗封於中山，然非文侯子，張湛說不足據，楊倞糾之，是也。其言行，自荀卿書外，又見《戰國策·趙策》、《列子·仲尼》篇、《莊子·秋水》、《讓王》篇、《吕氏春秋·開春·審爲》篇，《淮南子·道應》篇甚詳，雖未明楬執中之義，然《漢志》列其書於道家，《莊子》載其與公孫龍相難，《列子》又有中公孫龍之説，則其學説當在道家、名家之閒，無所偏主。荀子謂其「縱情性，安恣睢」，至斥爲「禽獸之行」，殆樂生玩世，純任自然而放浪形骸，若子桑伯子之羸處，所謂同人道於禽獸者，蓋已開魏晉王、何、嵇、阮之先。❶ 其持論調和聏合，不拘一隅，故於爲我、兼愛兩無所取。而孟子又謂其「執中無權」，明與儒家「時中」之道亦舛馳不合。 西漢時，其書尚存四篇，「執中」之説容有見於其中者。 自東漢

❶ 「嵇」，原作「稽」，今據文義改，「嵇」乃嵇康之省辭。

以後，其書亡佚，梁《七録》已不箸録。趙邠卿迺肊定爲魯人，説固未足馮。而劉熙、綦毋邃諸儒詁《孟子》者，亦皆未有所見。要孟子以子莫與楊、墨鼎足而三，而荀子論十二子又首舉子牟，「其持之有故，言之成理」者，殆亦戰國時一巨子與！

籀廎述林卷二

瑞安孫詒讓

加席重席説

《禮經》陳設筵席之法有二，有加席，鄭《周禮》注所謂「藉之曰席」，凡席皆在筵上。有重席，鄭所謂「鋪陳曰筵」，散文「筵」、「席」通。各自爲等數，不相遣雜。故《司几筵》説加席者不涉重席，《禮器》説重席者亦不涉加席。而説禮者不能研覈，輒肊爲牽傅，强合二者爲一，遂如治絲而棼矣。今爲别白之。

曰：凡異席而增益設之者，爲加席。《司几筵》云：「凡大朝覲、大饗射、封國命諸侯，王位設莞筵紛純，加繅席畫純，加次席黼純。祀先王昨席，亦如之。」此三種席有二加也。「諸侯祭祀，席蒲筵繢純，加莞席紛純。昨席莞筵紛純，加繅席畫純。筵國賓於牖前，亦如之。」此二種席有一加也。又云：「甸役則設熊席。凡喪事，設葦席。其柏席用萑，黼純。」此一種席無加也。《禮·公食大夫》經「宰夫設筵加席」，《記》云：「司宫具几與蒲筵常，緇帛純。加萑席尋，玄帛純。」又云：「上大夫蒲筵，加萑席，其純皆如下大夫純。」此亦二種席一加也。《鄉飲酒禮》：「賓若有遵者諸公、大夫，席于賓東。鄭注：「『諸公』，大國之孤。」大夫有諸公，則辭加席。」《鄉射禮》「大夫辭加席」同。《燕禮》：「司宫筵賓于户西，東上，無加席也」，「小臣設公席于阼階上，西鄉，設加席」，「若有諸公，席于阼階西，北面東上，無加席」。《大射儀》：「小臣設公席于阼階上，西鄉。司宫設賓席于户西，南面，有加席。」又「諸公無加席」，與《燕禮》同。此有加席者爲二種席，無加席者皆止一種席也。凡此皆加席之見於經者也。

凡同席而重絫設之者，爲重席。《禮器》云：「天子之席五重，諸侯三重，大夫再重。」《郊特牲》云：❶「大饗，君三重席而酢焉。」亦謂諸侯也。《書·顧命》云：「牖閒南嚮，敷重篾席，黼純」，「西序東嚮，敷重底席，綴純」，「東序西嚮，敷重豐席，畫純」，「西夾南嚮，敷重筍席，玄紛純」。亦謂王禮五重也。《鄉飲酒禮》：遵者「席于賓東，公三重，大夫再重」。《燕禮》：主人獻卿，「司宫兼卷重席，設于賓左，東上」，「卿辭重席」。《大射儀》同。《曲禮》亦云：「客徹重席，主人固辭。」此謂孤卿三重，大夫以下再重也。凡此，皆重席之見於經者也。

凡加席，自一加至再加爲最隆，無三加以上。重席者，自再重以上至五重爲最隆，一席則不成重，故經無一重之名。下鋪之筵有重無加，上藉之席有加無重，生人之席有不加無不重，不重者，《禮器》所謂「鬼神之祭單席」是也。經典凡生人席有加者，其最下之筵皆重席，不待言也。若然，天子席五重。《司几筵》設莞筵加繅席，又加次席者，蓋初設莞筵五重，後加繅席，再加次席，皆不重，一正二加，凡七席也。《顧命》重篾席、底席、豐席、筍席，皆以一席五重設之，而上則無加席也。天子卧席，當亦兩種席一加，故《詩·小雅·斯干》云「下莞上簟」，

❶「郊特牲云」，原作「又云」，據《禮記》改。

蓋下鋪莞筵五重，上加簟席不重，❶凡六席也。《周禮·玉府》：「掌王衽席。」鄭司農注云：「衽席，單席也。」賈疏謂單席即簟席，是也。凡在上之加席皆不重，故云單席。此可證單席非無加之謂也。《斯干》孔疏謂天子以下至士卧席同，然則卧席下莞席，蓋諸侯亦三重，大夫、士亦再重，上簟席尊卑並同。諸侯席三重，《司几筵》祭祀設蒲筵加莞席，❷昨席莞筵加繅席，初設蒲筵、莞筵皆三重，後加莞席、繅席皆不重，一正一加，凡四席也。《燕禮》公席有加席，與昨席同。其甸役熊席，喪事葦席、萑席，爲鬼神設，則皆無加，亦不重。《禮記》「大饗君酢席三重」者，此謂諸侯饗賓亦莞筵三重也。卿大夫席再重，孤卿殊異之，或三重。《公食大夫禮》蒲筵加萑席，初設蒲筵再重，後加萑席不重，一正一加，凡三席也。《鄉飲酒》、《鄉射》、《燕禮》、《大射儀》卿大夫席並同。《鄉飲酒禮》「公席三重」者，公即大國之孤。《公食記》注云：「孤爲賓，則莞筵紛純，加繅席畫純也。」然則孤席亦初設莞筵三重，後加繅席不重，一正一加，凡四席也。若鬼神之單席，則不重。《司几筵》「諸侯祭祀，席蒲筵，加莞席」，此爲生人設者，有加席，又有重席。爲鬼神設者，則唯有加席，無重席。單席者，不重之名，不害其上之有加也。若然，生人席無貴賤，皆無不重。是《禮器》大夫再重爲最少之數，命士以下不可復減，金誠齋謂《禮器》不言士之席，以士止一席，❸不可言重，故略之。誤。所謂禮窮則同也。《少牢》、《特牲饋食禮》爲侯國大夫士祭禮，其設席不箸重數，亦無加文，蓋亦當再重而不

❶「上」，原作「土」，據上下文義及中華本所引稿本改。
❷「几」，原作「凡」，據《周禮·春官》改。
❸「止」，原作「正」，據上下文義及中華本所引稿本改。

加。賈公彦誤以加席爲即重數，遂謂彼禮唯一重席。不知「一重」即是不重之單席，生人席無是法也。是故《禮經》通例各依爵次爲重席之數，而禮隆則有加，禮殺則無，故《燕禮》賓及諸公皆無加席。鄭注云：「無加席，燕私禮，屈也。」《燕禮》以大夫爲賓，諸公亦孤卿也。無加席者，筵上無所加，非無重之謂也。重席爲禮之正，加席則爲禮之盛，故不敢當盛禮，則有辭加席者。如《鄉飲酒禮》遵席，大夫「有諸公，則辭加席，委于席端，公即大國之孤。主人不徹。無諸公，則大夫辭加席，主人對，不去加席」。《鄉射禮》同。辭加席者，辭筵上之席，而非辭其下之重筵也。重席雖爲正禮，若有所謙，則亦有辭之者。如《鄉飲酒禮》遵席，公三重，公升禮，「辭一席，使一人去之」。注云：「辭一席，謙自同於大夫。」《燕禮》「卿辭重席，司宫徹之」，《大射儀》同。注以爲辟君。案：此疑亦謙自同於大夫。辭重席者，辭其在下筵之重數，而非辭其上之加席也。且於同席多重中辭去其一，辭重席者又非唯藉單席也。凡辭重席者，必三重以上。《鄉飲酒》之公席本有三重，辭一席者，於三重席中去其一重，尚有再重在。大夫止再重，若使徹去一席，則成單席矣。故公辭重席，大夫則不辭重席而辭加席。注云：「加席，上席也。」明所辭者上之加席，其下重筵固不辭也。以此證之《燕禮》經，❶大夫爲賓，及諸公皆無加席，則卿亦無加席可知。而司宫猶爲卿設重席，以《鄉飲酒》諸公例之，《燕禮》及《大射》之卿疑亦三重席，故辭重席即徹之。若止再重，是不可徹，則亦不當辭矣。注云

❶「經」，原作「輕」，據上下文義及中華本所引稿本改。

「辟君」，疑因君席亦三重，但上有加耳。卿雖無加，而猶不敢同君三重席，故辭即徹之。依《禮器》説，三重爲諸侯之正法，則孤卿疑當同大夫再重。今殊異孤卿，特盛其禮，亦爲設三重，故有辭徹之法。若正禮，則不必辭，亦不可徹也。若然，諸侯正法三重，殊異之，或上公亦可增爲四五重，但經無見文耳。於此可證加席隆於重席。故加席初設時或即無之，重席則必待其辭乃徹也。鄭《燕禮》注説卿辭重席云：「重席，重蒲筵，緇布純也」，「重席雖非加，猶爲其重累，去之辟君也」。其分别重席、加席甚明。而釋《鄉飲酒》不去加席云：「大夫席再重。」又釋《鄉射禮》不去加席云：「不去者，大夫再重席，正也。賓一重席。」凡再重止是二席，再降即不重矣，不可言一重。是又以有加席爲再重，無加席爲一重。其説遊移不定，義疏家不復能辨，遂牽合《玉藻》天子、諸侯、大夫重席之數，以釋《禮經》之加席。如《司几筵》王席下五重筵，上二加，凡七席。其祭祀爲神設席，下莞筵，亦不重，則止三席。然與諸侯席三重實不同。而《禮器》孔疏引熊安生説，以《司几筵》王席一正二加即爲三重，謂彼祭祀專據時祭，故止三重；《禮器》天子五重爲指大祫，其禘祭則四重。又《司几筵》諸侯祭祀及昨席皆下三重，筵上一加，凡四席，與《禮器》諸侯三重及君三重席之文不相硋也。而熊氏亦謂彼蒲筵、莞席即爲二重，爲時祭及禘祭席，其大祫，則諸侯當如《禮器》所云三重席，諸公當四重席。此諸公爲五等爵之首，與《禮經》諸公爲孤異。賈公彥、孔穎達皆從之。依其説，則天子三席，諸侯二席，禮咸非盛。既乖五重三重之文，神席則天子一正二加，諸侯一正一加，加亦爲重，又違單席之義。進退失據，其義明矣。

而孔氏又據熊義以釋《顧命》四重席，謂依《司几筵》三重席，篾席下當有繅席，與莞筵二重，其底席、豐席、筍席亦然，但不能定其爲何席。不知王席當五重，《顧命》四坐分陳四席，並爲五重席，其上則無加席也。凡此諸義，皆由不知加席專指上席而言，不係乎下筵之重與否，重席又專指下筵而言，亦不係乎上席之有加無加，加與重各自爲等數，强合爲一，必不相協，削趾適屨，舛迕彌甚。

六朝義疏家惟皇侃釋《禮器》「君三重席」云：「三重者，有四席，謂鋪莞筵三，上加繅席一。」據《司几筵》「諸侯昨席」文，皇説見《禮器》疏。其説最精析。近代經儒則張稷若亦知加席重席有異席同席之别，而未能大鬯其義。此外諸家各以意爲之説，繳繞糾互，皆不能得其要領。如陳祥道説《司几筵》王席則謂所加次席繅席皆重，與下莞筵而五，諸侯繅席亦重，與下蒲筵而三，以傅合《禮器》之文。是謂有重席無重筵，正與《禮經》相迕。近金誠齋又謂《禮器》天子席五重，諸侯席三重，即《司几筵》之五種席三種席。是以一種爲一重，不知《周禮》王五席諸侯三席不同時並用，且又何以處《顧命》之四席乎！今謹據《司几筵》加席、《禮器》重席，而以《禮經》疏通證明之，俾知加數與重數兩不相涉，亦兩不相硋，而後《禮經》筵席之等例，斠然可説矣。

臺下説

《春秋》文公十八年經：「春王二月丁丑，公薨于臺下。」《穀梁傳》云：「臺下，非正也。」諸家傳注皆不言「臺下」爲何地，以諸侯門制攷之，「臺」當即門臺，「臺下」蓋即路門之塾也。《禮器》云：「天子、諸侯臺門。」又曰：「家不臺門。」注云：「闍者謂之臺。」孔疏云：「兩邊築闍爲基，基上起屋曰臺門。」定二年經：❶「夏五月，雉門及兩觀災。」❷而昭二十五年《公羊傳》載子家羈之言，以設兩觀爲僭天子。何休注云：「天子、諸侯臺門，天子外闕兩觀，諸侯内闕一觀。」蓋諸侯三門，兩邊皆築臺起屋，惟雉門在三門之中，築土特高，爲一觀。觀亦謂之闕，《穀梁》桓三年傳所謂「闕門」是也。魯雉門復僭天子禮，爲雙闕，經所謂「兩觀」是也。内而路門，外而庫門，則皆爲臺而不爲闕，《禮記》所謂「臺門」是也。《左》定三年傳云：「邾子在門臺，臨廷。」《説文》云：「廷，朝中也。」經典凡言「廷」者，皆指路門外治朝之廷，其路門内内朝之位，則謂之「庭」，兩字殊別。邾子登路門之臺，故適外臨治朝之廷也。又《公羊》宣六年説晉靈公「使諸大夫皆内朝，❸然後處乎臺上，引彈而彈之」，「内朝」即路寢庭之朝。凡常朝皆於治朝，不於内朝，則不必入路門。靈公特使諸大夫入内朝，則必由路門而入，故得於門臺之上彈之。《公羊》之「臺上」即路門之上，明經之「臺下」即路門之下，二文互證，其義昭然。凡門内外皆有左右塾，塾當門臺之旁，而門臺之屋高出兩塾之上，故「塾」亦通謂之「臺下」。文公薨於臺下者，蓋適居路門内之塾也。

凡諸侯燕居在小寢，齋及聽政則居路

❶「二」，原作「五」，據《春秋》改。
❷「雉門及兩觀災」，原作「雉門災及兩觀」，據《春秋》乙正。
❸「六」，原作「三」，據《春秋公羊傳》改。

寢。疾病必齋，故亦居路寢。莊公三十二年「八月癸亥，公薨于路寢」，《穀梁傳》云「寢疾居正寢，正也。以齋終也」是也。然則文公之居臺下者何？蓋以閏月也。《經》書「二月丁丑」，杜預《長厤》是年二月甲寅朔，則「丁丑」爲二十四日。近羅士琳《春秋朔閏異同》以《開元占經》「古六厤」及《漢志》「三統厤」攷之，是年惟「顓頊厤」與杜同。殷、魯厤則二月丁卯朔，「丁丑」爲二十三日；黄帝、夏、周「三統厤」則二月無丁丑。汪曰楨《古今長術》推「周厤」，❶是年閏正月甲寅朔，丁丑爲閏月之二十四日。二月癸未朔，無丁丑。六憲舛異，無由定《經》之必用何厤。然居臺下爲閏月之禮，則固墧鑿無疑也。《周禮·大史》云：「閏月詔王居門終月。」鄭注云：「門，謂路寢門也。」《玉藻》注亦説天子每月聽朔於明堂，反居路寢；閏月則聽朔於明堂門中，還處路寢門終月。以此推之，諸侯無明堂，常時當聽朔於廟而反居路寢，閏月當聽朔於廟門而亦反居路寢之門。齋居與聽政之居同，蓋亦常月於路寢，閏月於路寢之門。門基不可居，惟兩塾可居，則齋居必於門塾可知。文公蓋猶循是禮，其得疾適當閏正月，故不居路寢而居臺下，因遂薨於是。否則，依正禮固當於路寢，叚令即安，則亦當於小寢。而乃别居臺下，使非適直閏月，必不如是矣。然則以《周禮》、「周厤」合證之，公薨實以閏月丁丑。而《經》書二月者，或沿舊史駁文，或傳《春秋》者以顓頊、殷、魯厤追改之。《春秋》經傳月日舛誤不可枚舉，固不足異也。

❶「汪」，原作「注」，今逕改。

夫閏月居門，人君之正禮。文公齋終得正，與僖公薨於路寢正同。知「臺下」之爲門塾，則知文公之尚守周禮。知居臺下即閏月居門之制，則知魯之本用「周厤」，而「魯厤」爲秦漢疇人假託之本。此二千年不傳之經義也，乃三傳以來，尟有能發明之者。惟《穀梁》以「非正」發傳，此與莊三十二年傳「寢疾居正寢，正也」文義相應。蓋「正」與「常」義本相成，臺下非公常居之所，惟閏月乃居之。「非正」猶「非常」云爾，非斥其不當居此也。而范武子諸儒不達斯義，以《經》不書「閏」，遂不復深求其故，但見其不居路寢，即以「非正」爲譏辭。蓋漢晉大師已不復能辨矣。今參互校覈，知文以「正終」實與《周禮》、「周厤」冥符無閒，或亦《春秋》家一異聞乎！

石染草染鄭義述

《古禮經》冠服以色辨等，淺深、正閒、衰次秩然。而同色又以石染、草染爲尊卑、隆殺之别。鄭君《周禮》、《論語》注所論甚詳，此亦治雜服者所宜辨也。

《周禮》：「染人掌染絲帛。凡染，夏纁玄，秋染夏。」「鍾氏染羽，以朱湛、丹秫，三月而熾之。三入爲纁，五入爲緅，七入爲緇」。《爾雅·釋器》云：「一染謂之縓，再染謂之赬，三染謂之纁。」又鄭注《鍾氏》以玄爲六入，此皆石染也。鄭注《染人》云：「玄、纁者，天地之色，以爲祭服，石染當及盛暑熱潤始湛研之，三月而后可用。」此明石染之色尊，故祭服必用之也。又注《論語·鄉黨》云：「紺、緅，石染。」此明紺、緅與祭服玄、纁色相近，同爲石染，亦尊之，不可褻用也。石染者，研石湛熾之以染，黃、赤之屬用丹，青之屬用青，故《周禮・職金》所掌有丹、青。鄭注云：「青，空青也。」《説文》云：「丹，巴越之赤石也。」丹即丹沙，與空青同爲染石。染黑則用涅。《淮南子・俶真訓》云「以涅染緇則黑於涅」高注云：「涅，礬石也。」《染人》賈疏引《淮南書》「緇」作「紺」，蓋所據本異。是也。《書・梓材》云「丹雘」，《釋文》引馬融云：「雘，善丹也。」《山海經》又有「青雘」、「白雘」、「黑雘」，蓋皆染石之屬也。

其用草木葉實以染者，則謂之草染，故《論語》鄭注云：「紅紫，草染。」《周禮・掌染草》云：「掌以春秋斂染草之物，以權量受之，以待時而頒之。」注云：「染草，茅蒐、橐蘆、豕首、紫茢之屬。」而《地官敘官》注又云：「染草，藍、蒨、象斗之屬。」此並草染之所用也。以染色言之，茅蒐所以染蒨，《説文》：「韎，茅蒐染韋也。一入曰韎。」「茜，茅蒐也。」茅蒐、茹藘可以染絳。《爾雅・釋草》：「茹藘，茅蒐。」郭注云：「今之蒨也。可以染絳。」《士冠禮》注云：❶「今齊人名蒨爲韎。」《國語・晉語》韋注云：「茅蒐，今絳草也。急疾呼茅蒐成韎也。」橐蘆所以染黃，《大觀本草》陳藏器云：「黃櫨堪染黃。」蓋即是木。豕首與藍所以染青藍，《説文》：「藍，染青草也。」《月令》：「仲夏，毋艾藍以染。」《爾雅・釋草》云：「茢薽，豕首。」郭注云：「《本草》曰：『彘蘆，一名蟾蠩蘭。』今江東呼豨首。」《本草經》云：「天名精，一名蝦蟇藍，一名豕首。」案：豕首蓋藍之別種。紫茢所以染紫，「紫茢」即「茈莀」之借字。《爾雅・釋草》：「藐，茈草。」郭注云：「可以染紫，一名茈莀。」《本草經》云：「紫草，陶弘景注云：『今染紫者。』」蓋即紫茢也。又別有莀草，可以染流黃，又可以染緑。《説文》云：「莀，艸也。可以染流黃。」《續漢・輿服志》劉注引徐廣云：「莀，草名也，以染似緑。又云似紫。又通作盭。」《漢書・

❶「注」，原作「記」，據《儀禮注疏》及中華本所引稿本改。

百官公卿表》盭綬注：「晉灼云：『盭，草名也。出琅邪平昌縣，似艾，可染緑，因以爲綬名。』」《急就篇》顔師古注云：「綟，蒼艾色也。東海有草，其名曰⿱艹戾，以染此色，因名綟云。」案：此⿱艹戾並與茈茢似小異。象斗所以染皁，《説文》：「草斗，櫟實也。一曰象斗子。」陸璣《毛詩草木疏》云：「徐州人謂櫟爲杼，其子爲皁。或言皁斗。其殼爲汁，可以染皁。或言橡斗。」賈疏云：「象斗染黑。」是皆所謂草染也。《釋草》郭注及《本草》所説草木可染者甚多，不可枚舉，今姑就鄭説約攷之。

然則，縓也赬也纁也絳也朱也赤也緅也紺也青也玄也緇也，此諸色之等，皆石染也。韎也蒨也紫也皁也藍也，此諸色之等，皆草染也。石染之色尊，以爲祭服。如五冕用玄，爵弁用緅，其服皆用玄、纁。玄冠服用玄及緇，皆用石染。唯韋弁服用韎，韋爲弁，且以爲衣裳，獨爲草染，故爲戎服，不用以祭祀。其他褻服及純緣之屬，則多用草染。其等差至嚴，不容掍也。是故《論語》云：「君子不以紺緅飾，紅紫不以爲褻服。」鄭注云：「紺、緅、紫，玄之類也。紅，纁之類也。玄、纁所以爲祭服，等其類也。紺緅石染，不可爲衣飾。紅紫草染，不可爲褻服而已。」此分别石染、草染甚明。蓋以紺緅本用石染，可用爲祭服，與玄相類，故不可輕用爲衣飾、純緣之等。若紅紫則本用草染，其色既卑，以其近於石染之纁，不用爲私褻之服，明可用爲衣飾。若然，紺緅既不可用爲衣飾，則褻服之不可用更不必論矣！鄭君之指，大較如是。

自今本皇侃《論語義疏》引鄭注，譌紺緅「石染」爲「木染」，❶於是石染、草染之外又增一木染。不知紺用涅染，唐本《淮南書》有

❶「爲」，原作「與」，據上下文義及中華本所引稿本改。

明文。緅又爲《鍾氏》石染之五入，其不得爲木染，皆彰灼無疑。凡用木葉實以染，古通謂之「草染」，故《周禮·掌染草》止云「斂染草」，不云「木」，明草可晐木也。鄭釋染草所説「橐蘆」、「象斗」，皆出於木，而與「茅蒐」諸草物錯舉，是鄭亦謂染草内兼有木也。若然，周經漢注皆不分草木，皇疏爲傳寫之誤無疑。唯杜氏《玉燭寶典》引《論語》注正作「紺緅石染」，可據以校正。而乾嘉經儒治鄭學者，皆未見《寶典》，不悟皇疏文有譌互，遂以木染與草染穿穴辯論，❶全失鄭恉，而《論語》之義亦因而不明，此不可不辯也。

釋周成王元年正月朔日廟祭補正鄭君書注詩箋義

周宗廟内祭，備於《周禮·大宗伯》。六享皆祭以首時，薦以仲月，而禘祫殷祭行於其閒，故《司尊彝》謂之「四時閒祀」。蓋聖人制禮，斟酌於疏數之中者，意至精密，其非時告祭，則又隨事特舉，不可豫定，要亦必因其時地肅雝將事。苟其繁數太過，而不顧其力有不逮，時有不給，揆之聖人敬事追孝之恉，必不如是矣。周成王元年正月，於夏正爲仲冬，本非時享之月。而鄭君説是月朔日廟祭見於《書》注《詩》箋者，有正祭一、告祭三。崇朝之閒大祀疊舉，重復繁瀆，義頗難通。謹條舉而詳論之。

《書·雒誥》云：「歳文王騂牛一，武王騂牛一。王命作册逸祝册，惟告周公其

❶ 「木染」，原作「天木」，據中華本所引稿本改。

後。」孔疏引鄭注云：❶歲，成王元年正月朔日也。以朝享之後，用二特牛祫祭文王、武王於文王廟，使史逸讀所作册祝之書告神；以周公其宜立於後者，謂將封伯禽也；是非時而特假祖廟，故文武各特牛也。蓋依鄭《論語》、《周禮》注義，凡月朔，天子皆先以特牛告朔於明堂。既告而反，則依時享正禮，偏祭群廟，謂之「朝享」，故《司尊彝》注「朝享」謂「朝受正於廟」，是皆每月朔之常禮。但鄭謂用太牢則不用特牛，明用特牛於文武爲周公立後之告祭，則是日特舉之刱典於祭後行之者也。而《詩》箋則是日又有告即位之大祭。《詩·周頌》敘云：「《烈文》，成王即政，諸侯助祭也。」鄭箋云：「新王即政，必以朝享之禮祭於祖考，告嗣位也。」《詩》疏謂《烈文》言即政助祭是王自祭廟，告己嗣位，《雒誥》祭文武是告封周公，二禮必不得同。當是先以朝享之禮偏祭群廟，告己嗣位。於祭之末，即敕戒諸侯，事訖，乃更以禮祫祭文武於文王廟，以告封周公也。諦審孔義，蓋謂是日先有朝享之祭，祭後又别依此禮祭告即位。朝享之祭止祭五廟，孔及《周禮》賈疏並據《祭法》以朝享爲即月祭，二祧無月祭，是止及五廟也。告即位則偏及七廟，即位告祭爲非常大典，二祧宜亦在告祭之列。其祭自在朝享之後。更端重舉，不徒與告立周公後事義迴異也。若然，依鄭、孔義，是日蓋用特牛告祭明堂者一，文王廟者一，太牢朝祭五廟者一，告祭七廟者一，綜其辜較，一日之閒凡四有事於祭，而周歷群廟則

❶「引」，疑爲「申」或他字之誤。案：「歲成王元年正月朔日也」云云七十一字，乃概括孔疏而成，並非鄭注之文。

前五後七，加以明堂及文王廟，通凡十有四舉矣。至於禮樂之縟節，則又不勝僂指數。蓋朝享大祭備九獻，始朝五廟爲獻者已四十有五舉，繼告七廟，則爲獻者又六十有三舉，是皆王親涖事，不得攝代。而加爵旅酬，王所不與者，尚不在此數。其樂，則依鄭君《大司樂》注説，大祭必備六舞，王亦親在舞位，大磬九變，大夏、大武皆六變。大夏六成見《周書·世俘》篇，大武六成見《樂記》。雲門、大咸、大濩無明文，然至少亦必不下六變，通約計之，每祭樂舞至少亦有三十九變。是祭五廟者樂已百九十五變，祭七廟者樂又二百七十三變，而每祭又各有金奏、升歌、下管、閒歌、合樂諸節，王所不與者亦尚不在此數，其禮節、樂節之繁如是。然則，鄭君之説其是非姑不必論，即依其説推其情事，已有不能無疑者。夫周以夜半爲朔，見《尚書大傳》、《白虎通義》。則王於是日夜半即當至南郊明堂行告朔禮，又聽群臣讀朔。政事畢，乃反，則以太牢九獻偏祭五廟，是爲朝廟。繼復依此禮更偏祭七廟，告即位。禮成，又以特牛祭文武於文王廟，告立周公後。以上諸祭通畢，而後王始就燕。郊廟之往反周歷，蓋已不堪其勞。加以縟儀廣樂次第畢舉，崇朝竭蹶。苟求蕆事，既乖誠敬之道，而黽勉奔赴，曾無休息，亦殆非有血氣者所能勝也。倘必示以整暇，從容成禮，則雖竟日逮夜，亦必不遑給。此其義必有所不安矣。《禮器》説子路與季氏祭，室事交乎户，堂事交乎階，質明而始行事，晏朝而退。夫季氏侯國大夫，止三廟，猶逮夕乃畢事，況以王祭七廟，禮節之緐，相去倍蓰，其不及事可知。

然則鄭釋《書》、《詩》之義果盡不足馮乎？則又非也。夫告朔也，朝廟也，皆有周一代之通禮，❶每月所恒舉者也。告即位，告立周公後，爲非常之大典，於義尤不容闕。鄭所舉四大節，皆無可疑。惟其禮樂節次，則鄭、孔義有不可承用者。蓋依鄭義，告朔以特牛，其禮甚簡。而朝廟則用太牢，禮視時享，是朝廟禮大，告朔禮小矣。然《春秋》文六年經：❷「閏月不告朔，猶朝于廟。」《公羊傳》云：猶，有可止之辭。是必告朔禮大，朝廟禮小。文公廢其大而行其小，故《經》書「猶」以示譏，而《公羊》以爲可止。若云朝廟即朝享，備有祼獻諸節，直與正祭無異，則禮實盛於告朔遠甚，何得《經》箸「猶朝」之文、《傳》發可止之譏乎？略本金鶚説。蓋《周禮》朝享，依鄭司農實當爲大祫，而朝廟必非即朝享，其禮當視告朔尤殺，宜用薦禮。凡薦不用成牲，亦無迎尸、祼獻之節，故節次簡略。雖比月頻舉，亦不嫌其太數。鄭《司尊彝》注説，非篤論也。至《詩》箋謂「新王即政，必以朝享之禮祭於祖考，告嗣位」，此爲即位告廟大典。鄭謂用盛禮，説本不誤，然止可云以時享之禮，不當云朝享也。但以祼獻盛禮而同日兩次疊舉，禮太繁數，鄭君不宜懵然不省。況《禮經》通例重可晐輕，故《毛詩·魯頌·閟宫》傳説諸侯夏禘則不礿，秋禘則不嘗。彼以殷祭而廢時祭，一月之閒尚不重舉，「祭不欲數」，其義昭然。竊疑鄭意或謂即因朝朔而祭五廟，兼告即位。禮有相苞，本不謂其更端重舉。惟二祧爲朝朔所不及，則特舉此祭。故《詩》箋云「以朝享之

❶ 「代」，原作「伐」，據中華本所引稿本改。

❷ 「文六」，原作「二」，稿本改作「七」，亦誤。據《春秋》補改。

禮祭告祖考」，亦似謂朝朔與告即位止一次舉祭，不分兩事，特孔氏不能發明其指耳。若如今攷定朝廟用薦禮，與朝享、時享不同，則其禮尤輕，無關要典。是日既有告即位之盛禮，則此更在可省之科。舉重略輕，不嫌疏簡。如是，則是日王既告朔，反而祭廟，實止一次。以朝朔兼告即位，雖復徧及群廟，且用太牢，備九獻，要與平時廟享大祭略同。惟五廟之外又及二祧，略有增益耳。

至於樂節，則考之《明堂位》、《祭統》，魯用王禮，大禘止備大武、大夏二樂，足證王禮亦無徧舉六舞之理。樂及徧舞，乃王子頽之宣侈，安可據以爲廟祭之正法邪！然則告即位與朝朔不分兩祭，既無重復繁瀆之嫌，而告立周公後則又止用特牛，且文武袷祭，亦不分告，則窮日之力自不慮其不逮不給。如是，則《書》、《詩》之義，庶乎其可通爾。蓋必知朝朔之非朝享，而後《春秋》經傳與《周禮》義乃不相迕，而知廟祭之禮舉重可以晐輕，斯鄭《詩》箋以朝享禮告即位，可決其不必重舉九獻之盛禮，唯因鄭誤混朝享、朝朔爲一，而《詩》箋以朝享禮告即位，是否即以此兼晐朝朔，又未明著其説，義疏家隨文詁釋，不能申正，遂使大祭盛儀并萃一日，繁數勞勮，殆不可堪。上推禮意，下揆人情，皆不無疐礙。近陳氏《毛詩傳疏》不從鄭義，而謂《雒誥》特牛祭文武即兼告即位，則以改元受命之盛典而乃唯告文武，竟不及太祖及太王、王季廟，且不用太牢，而唯用特牲，於禮太簡褻，必不可通。今綜合鄭義，參酌折衷，以求其至當，學者可無疑矣。

詩彤弓篇義

《小雅・彤弓》首章云：「鍾鼓既設，一朝饗之。」次章云：「一朝右之。」三章云：「一朝醻之。」毛傳云：「右，勸也」，「醻，報也」。鄭箋云：「右之者，主人獻之，賓受爵，奠于薦右，既祭俎，乃席末坐，卒爵之謂也。」陳碩父疏云：「《楚茨》傳『侑，勸也』，『右』、『侑』聲通，『侑』本字，假借作『右』，又作『宥』。」胡墨莊《後箋》云：「上言鍾鼓既設，則『右』、『醻』明是饗時之事，『右之』、『醻之』，當主侑幣、酬幣爲義。《左傳》莊十八年虢公、晉侯朝王，王饗醴，命之宥，皆賜玉五瑴、馬三匹；僖二十五年晉侯朝王，王饗醴，命之宥；僖二十八年晉侯獻楚俘于王，王饗醴，命晉侯宥。是則饗禮本有侑幣。」今攷《聘禮》云：「若不親食，使大夫各以其爵朝服致之侑幣，致饗以酬幣。」《公食大夫禮》：「公受宰夫束帛以侑。」是則饗禮有酬幣，無侑幣。胡以「右」爲侑幣，與饗禮不合，非也。胡說本何楷《世本古義》，但何謂饗兼食禮，有醻幣，又有侑幣。胡則謂饗禮自有侑幣，非兼食禮。二說小異。《左傳》莊十八年虢公、晉侯朝王，王饗醴，命之宥。又僖二十五年、二十八年皆有命宥之文。杜注並訓爲「既饗，以幣帛侑助」。孔疏亦並以「酬幣」爲釋。王文簡據《公食大夫禮》、《聘禮》斥其誤，而據《爾雅》云「酬、酢、侑，報也」，謂「侑」與「酬」、「酢」同義，「命之侑」者，即命虢公、晉侯與王相酬酢。《經義述聞》。僖二十五年《傳》文，《國語・晉語》載其事，作「王饗禮，命公胙宥」。王氏亦云「胙」即「酢」之借字，蓋如賓酢主人之禮以勸侑於王，故謂之「酢宥」。同上。

王釋《左傳》、《國語》之「酢宥」致塙，此「右」即《左傳》之「宥」，亦即《國語》之「胙宥」，蓋非侑幣，而即報飲之「酢」也。首章「饗之」即獻，次章「右之」即酢，合之三章云「醻之」，正是獻、酢、酬之禮。猶《瓠葉》云「君子有酒，❶酌言嘗之」，次章云「酌言獻之」，三章云「酌言酢之」，傳云：「酢，報也。」四章云「酌言醻之」。傳云：「醻，道飲也。」彼詩初言獻，中言酢，卒言酬，有獻有酢有酬，正是備一獻之禮。故《左傳》趙武賦《瓠葉》，穆叔知其請用一獻之禮也。此詩與彼詩差次正同，惟以「酢」爲「右」，文小異耳。其不言「嘗之」者，以嘗爲主人饌具之事，在饗前，非待賓之禮也。饗有侑酢者，即《秋官·大行人》云「上公，王禮再祼而酢，饗禮九獻；侯伯，王禮壹祼而酢，饗禮七獻」也。若子男，則王禮壹祼不酢，饗禮五獻。有獻而無酢，不得言「右之」矣。此箋云飲酒之禮，主人獻賓，賓酢主人，主人又飲而酌賓，謂之醻。孔疏引王肅，以「醻」爲「醻功」，尤誤。然則首章「饗」即謂主人獻賓，次章「右」即謂賓酢主人，三章「醻」即謂主人醻賓。以《詩》、《禮》互證，差次甚明。鄭訓爲「奠于薦右」，孔疏遂謂右勸醻報皆不施於飲酒，陳、胡皆知此詩「右」即「侑」、「宥」之叚借，不知其即酢宥之節，皆其疏也。

公羊去樂卒事義

《公羊》昭十五年：「二月癸酉，有事于武宮。籥入，叔弓卒。去樂，卒事。」《傳》云：「其言去樂卒事何？禮也。君有事于

❶「瓠」，原作「匏」，據《詩經》改。

廟，聞大夫之喪，去樂，卒事。大夫聞君之喪，攝主而往。大夫聞大夫之喪，尸事畢而往。」何注「去樂卒事」云：「畢竟祭事。」今攷《檀弓》鄭注云：「君聞大夫之喪，去樂，卒事而往，未襲也。其已襲，則止巫去桃茢。」彼注似即本《公羊》。竊疑鄭所見本「去樂卒事」下亦有「而往」二字，與下「攝主而往」、「尸事畢而往」文例正同。依何氏解詁，則君祭日聞大夫之喪，無弔事，直卒祭事，如常日不往也。鄭注《周禮》、《禮記》，引《公羊》往往與何本不同，豈嚴、顏家法之異乎！

詩不殄不瑕義

《大雅·思齊》篇云：「肆戎疾不殄，烈假不瑕。」毛傳云：「肆，故今也。戎，大也。故今大疾害人者，不絶之而自絶也。烈，業；假，大也。」鄭箋云：「厲、假，皆病也。瑕，已也。文王於辟廱德如此，故大疾害人者，不絶之而自絶，爲厲假之行者，不已之而自已，言化之深也。」此章鄭義較毛爲長，而訓「瑕」爲「已」，尚未盡得其義。此「戎」、「厲」並當訓爲大疾，「假」、「殄」、「瑕」並當爲疵病，但其語略有輕重之别。其意若曰凡爲汝大病者，皆不足爲病；爲汝大疵者，皆不足爲疵也。二句語意略同，猶《書·康誥》云「用康乃心，顧乃德，遠乃猷，裕乃以。民寧，不汝瑕殄」。此云「不殄」、「不瑕」，猶言「不汝瑕殄」也。「瑕」與「疵」義同。《左傳》僖七年云：❶「不女瑕疵。」杜注云：「不

❶「七」，原作「十」，據《春秋左氏傳》及中華本所引稿本改。

以女爲罪釁。」實則「瑕」即「疵」，與《詩》、《書》辭異而義亦略同。《周禮・稻人》鄭注云：「殄，病也。」《國語・魯語》云：「固民之殄病是待。」毛訓「殄」爲「絶」，鄭從之，又訓「瑕」爲「已」。《書》孔傳釋「不女瑕殄」云：「則我不汝罪過，不絶亡汝。」並不得其義。今以二文互證，則昭如發蒙矣。

毛詩魯頌駉傳諸侯馬種物義

《魯頌・駉》：「薄言駉者，有驈有皇，有驪有黄。」傳云：「諸侯六閑，馬四種，有良馬，有戎馬，有田馬，有駑馬。」孔疏據鄭君《周禮・校人》注義申毛，謂毛以「齊馬」爲「良馬」、「道馬」爲「戎馬」。陳碩甫《疏》則云：「傳文馬四種有『良馬』，『良馬』當作『種馬』，疑涉上『良馬』致誤。《周禮・校人》掌王馬之政，辨六馬之屬，種馬一物，戎馬一物，齊馬一物，道馬一物，田馬一物，駑馬一物；邦國六閑，馬四種，此傳所準也。《周禮》六種，以種、戎、齊、道、田五者爲良馬，其一爲駑馬；四種則以種、戎、田三者爲良馬，其一爲駑馬。不得以種馬獨擅良馬之稱矣。」

今攷《周禮・校人》辨六馬之屬，種馬一物，戎馬一物，齊馬一物，道馬一物，田馬一物，駑馬一物；邦國六閑，馬四種。鄭注云：「諸侯有齊馬、道馬、田馬、駑馬。」彼注蓋因六馬之次，種、戎最在前，故謂諸侯唯有齊馬、道馬，無戎馬。與毛異。審毛意，蓋以馬質掌賈馬，馬量三物，一曰戎馬，二曰田馬，三曰駑馬，三馬皆買之民間，非國廄所生，鄭注亦云，此三馬，買以給官府之使，無種也。故以充諸侯之馬。但其所謂良馬者，不知正指何馬。依《校人》經義，則良馬本通晐種、戎、齊、道、田五馬，毛既别數戎、田，而種馬又諸侯所不得乘，則良馬内無種、戎、田三馬可知。竊疑毛所謂良馬者，殆兼指齊、道二馬也。蓋齊馬爲金路所乘，道馬爲象路所乘。據《巾車》「金路同姓以封」、「象路異姓以封」之文，諸侯同姓乘金路者，既當有齊馬，則不得有道馬。異姓乘象路者，當有道馬，又不得有齊馬。以其齊、道不定，故渾舉之曰「良馬」。此毛依《周禮》爲釋，不質指齊、道之意也。《校人》六馬，❶文有先後，本非尊卑之次，戎馬本革路所駕。《巾車》革路封四衛，在異姓象路之下，則戎馬不得在道馬之上可知。况五等侯國皆有軍制，則不得無戎馬。鄭義自難通。孔疏謂毛以齊馬爲良馬、道馬爲戎馬，名實尤貿亂，必非毛義。陳氏謂良馬當爲種馬，然種馬爲王乘玉路所駕，非諸侯所得乘，其説亦必不可通也。

今文禮記依銛義

《既夕記》説明器之弓云：「有柲，設依撻焉。」注云：「柲，弓檠也。依，纏弦也。撻，弣側矢道也。皆以韋爲之。今文『撻』爲『銛』。」賈疏云：「言依者，謂以韋依纏其弦，即今時弓彄是也。云撻弣側矢道者，所以撻矢令出。」賈唯釋「依」、「撻」之義，于今文「依銛」則絶無疏釋。

攷「銛」即「銽」之隸變，故劉昌宗音「括」，陸德明音「息廉反」，則是誤仞爲从「舌」之「銛」，殊謬。今文説蓋以「依銛」爲「檃栝」之借字，《説文》「栝」从木昏聲，與从舌聲之

❶「六」，原作「云」，據中華本所引稿本改。

「栝」異。隸書譌捏，并爲一形。「依」、「檃」字通。《書·無逸》「則知小民之依」，猶《國語·周語》云「勤恤民隱」，孫星衍說。《白虎通義·衣裳》篇云：「衣者，隱也。」「依」、「衣」與「檃」、「隱」並一聲之轉。「桰」、「銽」聲類亦同。《說文》木部云「檃，桰也」、「桰，檃也」，二字列「榜」、「檠」之後，「檠」即「柲」也。蓋與柲同爲正弓弩之器。《大戴禮記·衛將軍文子》篇：「自設於隱栝之中。」「隱栝」即「檃栝」也。《尚書大傳》：「子贛曰：『檃栝之旁多曲木。』」《荀子·大略》篇云：「大山之木，示諸檃栝。」又《性惡》篇云：「枸木必待檃栝烝矯然後直。」何休《公羊傳》序云：「檃栝使就繩墨。」「栝」字或作「括」。《尚書·盤庚》：「尚皆隱哉。」僞孔安國傳云：「相隱括，共爲善政。」《漢書·刑法志》：「隱之以勢。」臣瓚注云：「秦政急峻，隱括其民於隘狹之法。」皆其義也。若然，今文記義亦自可通。鄭君以其不及古文之長，故不從，而箸其異文于注。陸音既不識「銛」字，賈疏復懵然莫辨，近儒徐新田、胡墨莊諸家釋古今文者，亦咸不能補正，故宜究其義，俾治禮學者有攷焉。

申喪服注旁尊降義

《喪服》「齊衰不杖期」章，注謂降有四品，其「尊降」、「厭降」、「出降」三品，並據傳義，無竢申證，惟「旁尊降」傳無正文，說者多不得其恉，遂滋疑啎，此不可以不辯也。

按《喪服》本章「世父母叔父母」條傳云：「然則昆弟之子何以亦期也？❶旁尊

❶「亦」，原作「不」，據《儀禮·喪服》改。

也。不足以加尊焉，故報之也。」鄭「旁尊降」之目，蓋隱据彼文。世父、叔父，於昆弟之子雖尊，而非父子，不足以其正尊加於昆弟之子，❶故謂之旁尊。公於昆弟，分則君臣，親則昆弟。君之於臣，爲正統之尊，足以加之。然泛臣無降法，而公之昆弟有降法，則其所以降者，不繫於爲公之臣，而繫於爲公之昆弟。繫乎昆弟，則與正尊之所加者，固區以別矣，故謂之「旁尊降」。此與世父、叔父之爲旁尊，其義一也。蓋公與大夫之降，其尊爲己所自有，則謂之以「尊降」；公子、大夫之子，從君父而降，爲正尊所厭，則謂之「厭降」；公之昆弟、從昆弟之爲君者而降，非正尊之所厭，則謂之「旁尊降」。旁尊者，別乎正尊之言也。正尊者，足以加尊者也。足以加尊，斯可以言「厭」。旁尊者，不足以加尊者也。不足以加尊，斯不可以言「厭」，則不得不別爲之名曰「旁尊降」。故「小功」章「大夫之子、公之昆弟爲從父昆弟、庶孫、姑、姊妹、女子子適士者」，賈疏以大夫之子爲「厭降」，公之昆弟爲「旁尊降」，明大夫之子爲正尊之所加則爲「厭降」，公之昆弟非正尊之所加則爲「旁尊降」。疏義蓋深得鄭恉。至賈釋「旁尊降」謂公之昆弟有兩義，既以「旁尊降」，又爲「餘尊厭」，此據「大功」章「公之庶昆弟爲母、妻昆弟」傳文，實即「四品」中之「厭降」也。然鄭於「厭降」中止數公子而不及公之昆弟者，蓋「餘尊厭」繫乎先公，不繫乎今公。繫乎今公，則爲昆弟；繫乎先公，則爲子。先公之子，猶然公子也。則鄭於「厭降」止舉公子，固足以晐之矣。閻伯詩乃欲

❶「正尊」，原作「尊正」，據文義乙正。

於「厭降」之外更增「餘尊厭降」，不知鄭説精密，本無賸義也。

官人義

周時王國、侯國治事之人，其等有四：曰卿，曰大夫，曰士，曰庶人在官者，此四者，皆有秩于國者也。卿、大夫、士，《周官》及諸經詳載之。庶人在官者，見於《孟子》及《王制》。鄭君以爲《周官》府史之屬，官長所辟除，不命于天子、國君者是也。因其在官，故謂之「官」。《周官·載師》「官田」注：「官田，庶人在官者，其家所受田也。」《呂氏春秋·愛士》篇「陽城胥渠，處廣門之官，夜款門而謁」，高注「官，小臣」是也。亦謂之「官人」。《荀子·榮辱》篇云：「志行修，臨官治，上則能順上，下則能保其職，是士大夫之所以取田邑也。循法則、度量、刑辟、圖籍，不知其義，謹守其數，慎不敢損益，父子相傳，以持王公，是故三代雖亡，治法猶存，是官人百吏之所以取禄秩也。孝弟原慤，軥録疾力，以敦比其事業而不敢怠傲，是庶人之所以取煖衣飽食，長生久視，以免於刑戮也。」又《王霸》篇云：「若夫貫日而治平，權物而稱用，則是官人、使吏之事也。」楊注：「官人，列官之人也。」又《彊國》篇云：「士大夫益爵，官人益秩，庶人益禄。」楊注：「官人，群吏也。」據《荀子》諸文，則「官人」在士大夫下，廑高於庶人一等，且與「使吏」同偁，是「官人」即庶人在官者無疑矣。或謂「庶人益禄」乃是庶人在官者，不知此乃《周官》工、賈、奚、隸之屬，又下府史、胥徒一等者也。

禮古文經《聘禮》「官人布幕于寢門外」，鄭從今文作「管」，注：「管，古文作官。」《記》「管人爲客三日具沐，五日具浴」，《士喪禮》「管人汲不脱繘，屈之」，《聘禮記》及《士喪禮》注不云「古文作官」，以前注推之，疑古文亦當作「官」。《穆天子傳》「官人陳牲」，又云「官人膳鹿，獻之」，《汲冢竹書》皆古文，故與《禮古經》合。此二書所謂「官人」，與荀卿書同，亦泛指衆小臣，無專官，亦無專職，故凡布幕、具沐浴、汲水、陳牲、膳鹿諸勞辱事，無不役之也。蓋「官」本爲官府百吏之大名，故《説文》𠂤部「官，❶吏事君也」。其上者卿大夫，謂之「官正」。故《國語・周語》云「官正莅事，上卿監之」，《楚語》云「天子之貴也，唯其以公侯爲官正」是也。其次士爲「官師」。《賈子・階級》篇云：「古者聖王，制爲列等，内有公、卿、大夫、士，外有公、侯、伯、子、男，然後有官師、小吏，施及庶人。」是「官師」爲上、中、下士之稱。《左》襄十四年傳：「官師相規。」杜注：「官師，大夫。」又十五年傳：「官師從單靖公逆王后于齊。」注云：「官師，劉夏也。」孔疏引《釋例》，以劉夏爲元士、中士。《祭法》「官師一廟」，注云：「官師，中士、下士也。」《國語・楚語》：「位宁有官師之典。」❷韋注云：「師，長也。」《國語・吴語》：「行頭皆官師。」韋注云：「三君皆云：『官師，大夫也。』「三君」謂賈逵、虞翻、唐固。昭謂下言『十行一嬖大夫』，此一行，宜爲士。《周禮》：『百人爲卒，卒長皆上士。』」鄭、韋説與《賈子》合，足正三君及杜説之誤。蓋自「官師」以上，皆有爵於朝，《左》襄二十五年傳所謂「百官之正長、師旅」是也。其下者爲庶人，在官則無爵而受職役，其秩卑而員衆，故稱「官人」

❶「𠂤」，原作「宀」，據《説文》改。

❷「宁」，原作「中」，據《國語・楚語上》改。

以通包之。以其爲在官之庶人，别於「官正」、「官師」，或特爲制字，則謂之「倌」。《説文》云「倌，小臣也。从人，官聲。《詩》曰『命彼倌人』」是也。毛公、鄭君皆不知「倌人」、「官人」異文而同義，於是隨文立訓。《詩》有「夙駕」之文，傳遂云：「倌人，主駕者。」《聘禮》「官人布幕」，今文藉「管」爲之，注即謂「管猶館也，館人謂掌次舍帷幕者」。「館人」見《左》昭元年傳，杜注：「館人，守舍人。」與「官人」異。具沐浴在客館，則又云「掌客館者」。或又因「官」之爲「管」，則又以掌管鑰之義傅合之。見《喪大記》釋文。疏釋家又踵其誤，而求其官以實之。賈氏《禮》疏遂謂天官有掌舍、掌次、幕人等，館人即掌舍，諸侯兼官，故掌次舍帷幕。近儒胡氏匡衷《儀禮釋官》亦沿其説，不知《穆天子傳》亦有「官人」，非徒侯國官名也。《説文》「倌」訓「小臣」，其説與毛異而最精塙。段氏注乃云小臣蓋《周禮》「小臣，上士四人」，大僕之佐。胡氏承珙《毛詩後箋》亦主其説。不知許所謂「小臣」，乃泛指臣之小者，猶「閹」下曰「豎也」，「騶」下曰「廄御也」之例，並非實指其官。且《周官》「小臣」無掌駕之文，《鄘風》「命彼倌人」，不過因君出，則小臣當從，故偶及之，非必命主駕也。儻「倌人」果爲《周官》「小臣」，則「小臣」即是官名，又何爲别制「倌」字以名之乎！此皆由不知「倌人」即「官人」，「官人」即庶人在官之偁，本無專職，故望文生義而卒不可通也。《荀子·君子》篇：「天子口能言，待官人然後詔。」此「官人」，蓋百官府長屬之通偁，與他篇小異，楊注云：「官人，掌喉舌之官也。」尤非。

樂記五色義

《樂記》：「五色成文而不亂，八風從律而不姦。」鄭注云：「五色，五行也。」孔疏引崔氏云：「五色者，五行之音，謂宫、商、角、徵、羽之聲，和合成文而不亂也。」今攷五行與聲樂義甚遠，注説固難通。崔以五行之音强申其義，然五音不當云「五色」，其説究未可馮。孔從之，非也。諦審此二句文義，「五色」當屬目治，與「八風」屬耳治相儷。「成文不亂」，亦正冢色言之，與上文「聲成文謂之音」不同。竊謂樂舞有用旌旗表行列者，此「五色」蓋謂五方旗識。《左傳》襄十年「宋公享晉侯，❶請以桑林舞師，題以旌夏」，杜注云：「旌夏，大旌也。題，識也。以大旌表識其行列。」此大舞以旌旗表位之證。「五色」即《周禮·司常》「九旗」之五正旗。大常黄，大旂青，大旗白，大旟赤，大旐黑，各分配方色。依金氏《禮箋》説，鄭《司常》注説誤。亦即《曲禮》左青龍，右白虎，前朱雀，後玄武，與招摇在上合而爲五也。亦金氏申崔靈恩説。以其備方色，故經典或謂之「五色」。《大戴禮記·虞戴德》篇云：「天子以歲二月，爲壇于東郊，建五色，設五兵，具五味，❷陳六律，品奏五聲。諸侯教士執弓挾矢，履物以射。」「五色」即五旗，與《樂記》義正同，非泛指采色也。又《大戴禮·誥志》篇云，孟春「于時鷄三號，❸卒明，載於青色」。「青色」即東方龍旂，故云「載」，亦即《月令》「春

❶「襄」，原作「哀」，據《左傳》改。
❷「味」，原作「昧」，據《大戴禮記》改。
❸「號」，原作「嗚」，據《大戴禮記》改。

載青旂」也。鄭《巾車》、《司常》注謂九旗之帛皆用絳，而以大赤、大白別爲旜，故不知旗有五色，遂不得其解矣。依《大戴》説，知古行大典禮，亦多建五方旗，不徒樂舞。《曾子問》云：「如諸侯皆在而日食，則從天子救日，各以其方色與其兵。」注云：「方色者，東方衣青，南方衣赤，西方衣白，北方衣黑。」今攷彼「方色」亦謂五方之旗，注以「方色」爲衣色，非也。「方色」與「兵」，即謂五旗、五兵，故《穀梁》莊二十五年傳云：❶「天子救日，置五麾，陳五兵、五鼓；諸侯置三麾，陳三兵、三鼓。」楊疏引麋信云：「各以方色之旌置之五處，『五麾』即『五旗』。」此亦説救日之禮，與《曾子問》説正同。救日建方色之旗，陳五方之兵，亦即《虞戴德》之「建五色」、「設五兵」也。蓋諸侯各依其國所處方位，建其方色之旗，以自表異。如東方諸侯則建青旂、南方諸侯則建赤旟是也。若如鄭説以爲衣色，則冕、弁、冠諸服各有定色，五等諸侯救日，服無見文，若祭服當服冕服、玄衣、纁裳，齊服則玄冕、玄裳，遇災則素服，皆不得隨方色爲變異，於禮例殆不可通。《淮南子·時則訓》有五時衣采及兵之説，鄭似隱據彼文，然與古禮無會，不足據以釋經。《管子·幼官》篇云：「東方旗物尚青，兵尚矛；南方旗物尚赤，兵尚戟；西方旗物尚白，兵尚劒；北方旗物尚黑，兵尚脅盾。」《漢書·祭祀志》劉注引《皇覽》逸禮説，四時迎氣，旗旄與兵亦各從方色，足徵古行禮多以方色之旗物配五兵，與《曾子問》亦可互證。通校大小戴《記》，「五色」之爲五旗，證諭塙鑿，足知以「方色」表旗物爲古恒語，故經典

❶「莊」，原作「僖」，據《穀梁傳》改。

咸不云旗而經稱色，而鄭、崔、孔諸儒以「五色」爲五行之音，或以爲五方之服，其誤亦不辯而自明矣。

喪大記虞筐義

《喪大記》云：「君裹椁，虞筐」，「士不虞筐」。鄭注云：「『虞筐』之文未聞也。」孔疏謂盧植有説而未引。今攷「筐」即《士虞禮》之「篚」也。《士虞》經云：「苴，刌茅長五寸，束之，實于篚。」《周禮・司巫》注引作「筐」。又云：「祝迎尸，一人衰絰奉篚，哭從尸。」《釋文》：「『篚』本亦作『筐』。」是「筐」、「篚」同物。又云：「從者錯篚于尸左席上。」注云：「篚猶吉祭之有肵俎。」蓋吉祭有肵俎，以盛尸祭，虞則易之以篚，盛苴及隋祭。虞筐，即謂此也。若然，士虞有筐。而云「不虞筐」者，少牢、特牲肵俎，主人親設之，士虞則虞筐，從者設之，其禮視吉祭肵俎爲殺。然則大夫以上，虞筐殆亦主人親設之，可互推也。蓋《士虞》經雖無「虞筐」正文，而「奉篚」、「錯篚」諸文，即其證驗，謹據以補盧、鄭之義。

公羊昧雉義

《公羊》襄二十七年傳云：「公子鱄挈其妻子而去之。將濟于河，攜其妻子而與之盟，曰：『苟有履衛地、食衛粟者，昧雉彼視。』」何注云：「昧，割也。時割雉以爲盟。」今攷《曲禮》孔疏引《五經異義》盟牲所用，許慎據《韓詩》云：「天子、諸侯以牛、豕，大夫以犬，庶人以鷄。」又曰：「《毛詩》説君以豕，臣以犬，民以鷄。」是盟用牛、羊、豕、犬、鷄。《史記·平原君傳》説毛遂與楚盟，又用鷄、狗、馬血，是六牲可通用，然未有用雉者。且雉不生得，割之無從得血，則又不可以盟。竊疑此「雉」即謂鷄也。

蓋六畜之初，本皆爲野。鳥獸歷久豢養馴擾而成家畜，如鵝與鴈、鶩與鳧同類。而《爾雅·釋鳥》云：「舒鴈，鵝。舒鳧，鶩。」經典亦多單稱鵝、鶩爲「鴈」、「鳧」，皆以家野通稱不别。若然，鵝、鶩可稱鴈、鳧，則鷄、雉同類，亦可互稱矣。凡經典以鷄爲雉者甚多，今略徵之。如《易·鼎》九三爻辭云：「雉膏不食。」野雉無膏，非膳羞所恒用，「雉膏」定是鷄膏。《周禮·庖人》鄭注云「膏，腥鷄膏」是也。《爾雅·釋鳥》云：「雉之暮子爲鷚。」郭注云：「晚生者，今呼少鷄爲鷚。」雉不卵育於家，何用辨其子之早晚！諦繹郭注，亦正據鷄子言之。晉時方言猶不違雅訓也。《史記·龜策傳》説宋元王釁龜事，云：「乃刑白雉，及與驪羊，以血灌龜于壇中央。」「白雉」亦當是白鷄。若野雉之白者，古以爲瑞物，絶不可得，且不生獲，亦無血可釁，足明其非矣。以相參證，其義可知。蓋鵝、鶩、鷄之初本通名「鴈」、「鳧」、「雉」，後世家畜漸蕃，失其野性，而文字言語孳乳寖多，❶始别有「鵝」、「鶩」、「鷄」之名。然舊名沿襲尚存，不甚分别。但以「鵝」、「鶩」爲「鴈」、「鳧」，古書常見，獨以「鷄」爲「雉」，所見較少，箋詁家率習焉不察。古言茫昧，抑亦釋名辨物者所當知也。

---

❶「寖」，原作「寑」，今據書中用字習慣改。

蕭同叔子義

《左氏》成二年傳稱齊頃公之母云「蕭同叔子」，杜注云：「同叔，蕭君之字，齊侯外祖父。子，女也。」《公羊》作「蕭同姪子」，何注云：「蕭同，國名。姪子者，蕭同君姪娣之子嫁與齊，生頃公。」《穀梁》作「蕭同姪子之母」，范注云：「齊侯與姪子同母異父昆弟。」《穀梁》此説，與《左氏》、《公羊》、《史記》並異。鍾文烝以「之母」二字爲衍文，是也。《史記·齊世家》作「蕭桐叔子」，《晉世家》作「蕭桐姪子」，「蕭同」即「蕭桐」，依何説，自是國名，爲宋之附庸。《左傳》莊十二年有蕭叔大心，❶即蕭同君。《史記·殷本紀》索隱引《世本》，子姓有蕭氏。《廣韻》三「蕭」注引《風俗通》，謂宋樂叔以討南宮萬、立御説之功，受封于蕭。《唐書·世系表》則謂宋戴公生衎，字樂父，裔孫大心，封蕭。《通志·氏族略》本《文選》沈約《齊安陸王碑》李注，説古蕭國爲宋所并，微子之支孫大心食采于蕭。諸説不同，而皆爲子姓之枝別，則其君固與宋同姓。

古女字皆繫姓爲稱，則「叔子」蓋齊侯母字，「子」即宋姓，「叔」其行弟，猶言「叔姬」、「叔姜」爾。《公》、《穀》「姪子」亦謂蕭同君之姪，或頃公自有適母，而叔子爲姪娣，皆未可知。要「子」爲姓，固與《左氏》同也。何、范諸説並以「子」爲女子，殆失之不攷。杜征南誤以「蕭同叔」爲字，孔撝約又謂「蕭同姪子」謂蕭同叔之姪女，忽子忽姪，尤不辭矣。

❶「二」，原作「三」，據《左傳》改。

左傳窒皇義

《左傳》宣十四年楚圍宋，❶《傳》説楚莊王云：「屨及於窒皇，劍及於寢門之外。」杜注云：「窒皇，寢門闕。」今攷「窒皇」爲門闕，於古别無所見。凡侯國闕在雉門，《春秋經》「雉門及兩觀災」是也，❷與内朝之庭相去絶遠。至寢門則止爲臺門，不聞有闕也。攷《吕氏春秋·行論》篇，亦載此事，作「履及諸庭，劍及諸門」，則「窒皇」必寢門内庭中地。若門闕，則在門外，不得爲庭矣。

竊疑「窒皇」即路寢庭左右闈門之屏也。《管子·中匡》篇「管仲反入，❸倍屏而位，《國語·吴語》：「越王入命夫人，王背屏。」公不與言；少進中庭，公不與言；少進傳堂，公曰」云云，是路寢庭中有屏。《荀子·大略》篇「諸侯内屏」，《曲禮》孔疏：「諸侯内屏在路門内。」《周書·皇門》篇云：「周公格于左閎門。」孔注云：「路寢左門曰皇門，皇音皇也。」案：此文難通，疑當作「亦曰皇門，閎音近皇也」，今本有捝誤。《爾雅·釋宫》云「宫中之門謂之闈」，「衖門謂之閎」，通言之，闈門亦曰閎門。《左傳》成十七年：「齊慶克與婦人蒙衣乘輦而入于閎。」又曰皇門其制雖殺於路門，蓋亦有屏以别内外。「窒皇」即皇門内屏，「窒皇」者，謂窒塞皇門也。《毛詩·豳風·七月》傳云：「窒，塞也。」《論語·八佾》篇「邦君樹塞門」，《集解》鄭注謂「樹」即「屏」，是路門之屏謂之「樹」，有塞門之義，故皇門之屏亦謂之「窒皇」，足相比例矣。《吕氏春秋》高

❶「宣」，原作「文」，據《左傳》改。
❷「雉門及兩觀災」，原倒作「雉門災及兩觀」，據《春秋》乙正。
❸「中」，原作「小」，據《管子》改。

注引作「絰皇」，莊十九年《傳》：「楚人葬鬻拳於絰皇。」杜注云：「絰皇，冢前闕。」「絰」、「窒」字亦通，疑亦墓門内當屏之地，與此可互證。

左傳齊新舊量義

昭三年《左傳》晏子曰：「齊舊四量，豆、區、釜、鍾，四升爲豆，各自其四，以登于釜，釜十則鍾。陳氏三量，皆登一焉，鍾乃大矣。」杜注云：「四豆爲區，區斗六升；四區爲釜，釜六斗四升；十釜爲鍾，鍾六斛四斗。登，加也。謂加舊量之一也。以五升爲豆，四豆爲區，四區爲釜，則區二斗，釜八斗，鍾八斛。」《釋文》本或作「五豆爲區，五區爲釜」者，謂加舊豆、區爲五，亦與杜注相會，非於五升之豆又五五而加矣。

今攷陳氏新量之釜，蓋十斗非八斗也。依《傳》文，當以四升爲豆，不加；而加五豆爲區，則二斗；五區爲釜，則一斛；積至鍾則十斛。所謂三量皆登一者，謂四量唯豆不加，故登者止三量，而鍾亦即在三量之中也。「區」字亦作「鏂」，《管子·輕重丁》篇云：「今齊西之粟，釜百泉，則鏂二十也。齊東之粟，釜十泉，則鏂二泉也。」又《海王》篇云：「鹽百升而成釜。」「釜」、「釜」字同，是正以五區爲釜，而釜百升，即一斛，亦正以五豆之區，更五加之，乃得有此數。蓋《管子》書多春秋後人增修，故正用陳氏新量，足爲《左傳》增一左證。若如杜説，則三量各依舊法，而唯加豆爲五升，以爲根數。實則四量皆加，不得云「三量」，顯違《傳》義。且依其率加之，是釜止八斗，不得有一斛，與《管子》亦不合矣。如陸説，則五豆爲區，固用四升之豆而五之爲二斗，而五區爲釜，乃仍用四豆之區而五之，則亦止八斗，故云亦與杜注相會。然於文義殊迂曲，杜意固未必然也。

籀廎述林卷三

瑞安孫詒讓

斫斸謂之定義

《爾雅・釋器》：「斫斸謂之定。」有鉏、斤兩義。郭璞注云：「鋤屬。」《釋文》載或本「斸」作「欘」，又引李巡云：「斫斸，鋤也。定，鋤別名。」《御覽》引舍人注同。《廣雅・釋器》云：「槈謂之定。」亦同李、郭義。《說文》斤部「斫」、「斸」下並云「斫也」，「斫，擊也」，不辨何器。而木部有「欘」字，云：「斫也。齊謂之鎡錤。一曰斤柄性自曲者。」依許說，則「欘」、「斸」二字音義本同。「欘」字說解以斫爲鎡錤，明斤部「斫」、「斸」訓「斫」，即專用「欘」字前一義也。《考工記・車人》說車工之度云：「半矩謂之宣，一宣有半謂之欘，一欘有半謂之柯，一柯有半謂之磬折。」鄭注云：「欘，斲斤柄。」引《爾雅》作「句欘」。鄭司農云：「《蒼頡篇》有柯欘。」據李、郭義，則「斫斸」爲鉏；據鄭義，則「句欘」爲斤柄。據許說，則「欘」本含兩義：前一義爲斫土之鎡錤，亦即鉏，故《廣雅・釋器》云：「鎡錤、鋸，鉏也。」許義即李、郭諸說所本。後一義爲斫木斤柄，即鄭說所本也。《管子・小匡》篇又云：「惡金以鑄斤、釜、鉏、夷、鋸、欘。」《國語・齊語》作「鉏、夷、斤、欘」，無「釜」、「鋸」二字，與《管子》文異。尹知章注云：「鋸、欘，钁類。」攷《說文》金部云：「钁，大鉏也。」則尹以「鋸」、「欘」亦爲鉏屬。《墨子・備城門》篇有「居屬」，與「築壘」同舉，「壘」與《孟子》「虆梩」字同。則亦鉏钁之類，足證尹說。蓋「屬」與「欘」、「斸」同字，而「鋸」、「居」與「斪」、「句」則取義迥異，其岐牾之故，莫能詳也。攷《車人》「宣」、「欘」、「柯」、「磬折」四者，程易田謂即形學三角斂侈之度。❶審繹《記》義，蓋以欘柄本直，其首箸金，則横出而成曲度，故《記》人叚以別倨句形體，蓋古國工審曲面勢之精義也。

今以割圜四象限求之，矩爲一象限，九十度。宣半矩，則四十五度也。欘一宣有半，則六十七度二分度之一也。竊謂《攷工》凡云「倨句」，即曲角侈弇之差。意者「鉏」、「斤」二器同有「欘」稱，而其箸金於柄，則倨句不同。倨者爲鉏柄箸金之度，故謂之「居屬」、「鋸欘」，明鉏爲欘之倨者。「居」、「鋸」皆「倨」之借字也。句者爲斤柄箸金之度，故謂之「句欘」、「斪斸」，明斤爲欘之句者。《爾雅釋文》載或本「斪」又作「拘」，《廣韻》四「覺」引《爾雅》亦作「拘欘」。「斪」、「拘」亦即「句」之借字也。以《車人》一宣有半之欘推之，自六十七度二分度之一而侈之，以至百零一度四分度之一，而成柯之倨句，則凡侈於宣而弇於柯者，皆欘倨句之度也。今申欘以爲柯，其較凡三十三度四分度之三，折取其半爲中數，則八十三度，以内爲欘之句度，斤柄之度準之，以外爲欘之倨度，鉏柄之度準之。蓋「句欘」、「居欘」之名義既定，而斤與鉏倨句之形亦約略可推，知《爾雅》之義當從鄭爲正。李、郭諸說，與句欘實不相當也。若然，「欘斸」爲斫器之大名，「倨句」則曲度之通語，斤柄之曲度微弇，字當爲「句欘」，後人因其爲斤，變「欘」

❶「田」，中華本所引孫延釗校本作「疇」。

爲「斸」，又并增「句」爲「斪」，此孳乳而寖多，「句」、「斪」非斤柄之專名也。鉏柄之曲度微侈，字當爲「倨欘」，「倨」省而爲「居」，後人因其箸金，增「金」爲「鋸」，❶遂與「槍唐」之名掍淆。《説文》金部：「鋸，槍唐也。」即今木工所用之鋸。 此叚借以爲用，「居」、「鋸」亦非鉏柄之本名也。蓋「倨」、「句」對文幖識，不能孤立爲名。而「欘」名通於鉏斤，必加以「倨」、「句」乃足以示别異，故許書「欘」字必兼舉兩訓，而《廣雅》詁「鋸」爲「鉏」，爲失其義。唯《説文》訓「欘」爲「斤柄性自曲」，則亦不可通。夫斤柄本直，以首箸金，乃得有侈弇，安取本性自曲！且木性自曲，亦自中他用，不必專爲斤柄，何必特爲制名乎！段氏注云：「謂斫木之斤及斫田之器，其木首接金者生而内句，不叚揉治。」❷段内句之説既難通，又牽入田器，尤非許意。 竊意《説文》舊本當云「斤柄句曲者」，許蓋即據「句欘」爲訓，與先鄭引《蒼頡篇》義同。今本因「句」與「自」形近而譌，後人又增「性」字以成其誤，遂不可理董耳。知「欘」、「斸」同爲斫器，以倨句形度異名，而後《爾雅》、《考工》及《管》、《墨》諸書之本義，許、鄭、李、郭諸儒之異論，皆可塙定其是非，此亦釋名辨物之助也。

爾雅匡名補義

近代《爾雅》之學，以邵、郝兩疏爲耑椒。而攷正文字，則歸安嚴氏《匡名》致爲精審。三家駿靳並行，觀古辨言，殆無賸義矣。曩校讀斯經，藉資研覈，偶得數事，爲

❶「金」，原作「居」，據上下文義改。

❷「揉」，段氏《説文解字注》作「煣」。

嚴書所遺闕，聊復記之。

《釋詁》：「矢、雉、引、延、順、薦、劉、繹、尸、旅，陳也。」《釋文》「矢」作「戻」，云：「本作矢。」嚴云：「戻，俗字。自石經以後諸本無作戻者。」今攷「戻」當作「吴」。《説文》匕部：「𠤤，未定也。从匕，吴聲。吴，古文矢字。」矢部無此重文。許書不云「吴」从何形。其上从ㄋ，似「匕」之反文。經本或作此字，後人不識，傳寫誤爲从尸，遂成「戻」字。然則「戻」爲「吴」之變，乃隸古之譌。嚴以爲俗字，殆未究其本。至《爾雅》舊本，究當以「矢」爲正，故《廣雅·釋詁》云「戻，陳也」，字與陸本同誤。但張書大例，凡《爾雅》元文所有者，咸不重出。今本閒有重複者，皆傳寫之譌。足證漢魏舊本經文不作此字，宜唐石經之不從陸也。

《釋山》：「山大而高，崧。」郭注云：「今中嶽嵩高山蓋依此名。」經注「崧」、「嵩」互異，《釋文》「崧」又作「嵩」。嚴引盧紹弓云：「崧、嵩二字，《説文》所無。韋昭《國語》注云：『古通用崇字。』」攷「嵩」字見漢碑者凡七，劉寬後碑、尉氏令鄭季宣碑陰、魯峻碑陰、韓勑碑、桐相廟碑、三公山碑、唐扶頌。則雖《説文》所無，而其字實古於「崧」。《爾雅》元文當本作「嵩」，與注同。《釋文》及唐石經作「崧」者，後人所改。邢疏引李巡云：「高大曰嵩。」《詩·崧嵩》孔疏引作「崧」，蓋依《詩》文改。是漢時本作「嵩」也。《通典》一百四云：「東晉康帝諱岳，太學言被尚書符解列尊，下疑挩名字。舊是五山之大名。按《釋山》篇『山大而高，嵩』，今取諱宜曰『嵩』。」此尤晉時本作「嵩」之塙證。郭注自是古本，今經文皆改爲「崧」，郭注以中嶽之名僅得不改，當據以訂正。

《釋艸》：「虋，赤苗。」❶注云：「今之赤粱粟。」❷又：「芑，白苗。」注云：「今之白粱粟，皆好穀。」攷《説文》艸部：「虋，赤苗，嘉穀。」「芑，白苗，❸嘉穀。」《詩·大雅·生民》：「惟穈惟芑。」「穈」與「虋」同。毛傳亦用《爾雅》。此皆以爲穀名。惟《太平御覽》百卉部引舍人注云：「別米赤白苗也，是伯夷所食首陽草也。」《齊民要術》二止引下句，「伯夷」下有「叔齊」二字。此注前後義異。前一義云「別米赤白苗」，與毛、許、郭諸家説正同。後一義云「伯夷所食首陽山草」，則以爲草名。蓋舍人所見本，「虋」或作「薇」，注中兼載異文，故別附此説，以備一義。「虋」、「薇」聲類相近，故通用。《周禮·天官·大府》、❹《春官·鬯人》、《雞人》注並云：「釁，讀爲徽。」是其例也。此漢注異文之一。邵、郝兩疏並不憭，遂譏其謬説，非也。

《釋獸》「蜼，卬鼻而長尾」，「時善乘領」。此當合爲一節。次句注云：「好登山峰。」則郭意「時」、「是」義同。「時善乘領」，即謂蜼之爲獸，是善登山領。俗作「嶺」，同。此與上文「猱蝯善援」、「貜父善顧」，及後文「騉蹏趼，善陞甗」、「騉駼枝蹏趼，善陞甗」，皆論獸之性習，文例正同。自邢疏以下，並分爲二節，則似以「時」爲獸名，非是。嚴氏亦未訂正。謹附識之，以遺讀此經者。

❶「苗」，原作「苖」，據《爾雅》、《説文解字》等改。下諸「苗」字同，不再出校。
❷「粱」，原作「梁」，據《爾雅注疏》改。
❸「白」上，原衍一「白」字，據《説文解字》刪。
❹「大」，原作「天」，據《周禮》改。

爾雅時善乘領義

《釋獸》：「蜼，卬鼻而長尾，時善乘領。」注云：「好登山峰。」邢疏云：「好登山峰之一獸。」審玩邢義，似以「時」爲獸名，與蜼別。今攷此當冡上「蜼」爲文，邵同邢義，郝亦別爲一條而無釋。「時」、「是」義同。❶言此蜼之爲獸，是善登山領也。《釋獸》一篇，凡言善者，皆謂獸之性質所能。如上文云：「猶，如麂，善登木。」又云：「猱蝯善援」，「貜父善顧」。又《釋畜》云：「騉蹄趼，善陞甗」，「騉駼枝蹄趼，❷善陞甗」。文例並與此正同。「乘領」與「登木」、「陞甗」，義亦不異。郭以其義易明，故注中不箸「時」字詁釋。邢疏未審，迺以「時」別爲善乘領之一獸，非徒於古無徵，即以《爾雅》文義校之，亦必不可通。其疏舛殊甚，而邵、郝諸家咸無匡正，何也？

紹我周王見休義

《孟子·滕文公下》篇云：「有攸不惟臣，東征，綏厥士女，匪厥玄黃，紹我周王見休，惟臣附于大邑周。」趙岐注以爲《尚書》逸篇，《説文》匚部引作「《逸周書》」，而《書》孔疏載鄭《禹貢》注，引此「篚厥玄黃」二語，謂出《胤征》，所未詳也。趙氏釋之云：「願見周王，望見休善，使我得附就大邑周家也。」《爾雅·釋詁》：「顯、昭、覲、釗、覿，見也。」郭璞注引逸《書》曰：「釗我周王。」即本《孟子》趙注義，而以「紹」爲「釗」，字小

❶「時是義同」，據文義，當屬正文。

❷「趼」，原脱，據《爾雅》補。

異。是皆詁「紹」爲「見」，而以「見休」爲望見周王之休善也。《禹貢》鄭注引「紹」作「昭」，義疑亦與趙同。《書》僞古文則增改此文，竄入《武成》，而亦以「紹」爲「昭」。「見休」二句則作「天休震動，用附我大邑周」，僞傳釋云：「明我周王除害，天之美應，震動民心，故用依附我。」則又訓「昭」爲「明」，而改「見休」爲「天休」，以爲「天之美應」，文義絶異。綜校諸義，趙釋「紹」爲「見」，雖可通，而讀「見休」屬下句，則未安。僞《書》説以「見休」二字自爲天之美應，與上下文絶不相屬，皆非《孟子》述《書》義也。

今攷「紹」、「昭」、「釗」並聲近叚借字。《釋詁》云：「詔、相、亮、左、右、相，導也。」「詔」與「紹」、「昭」聲類亦同，此「紹」亦當訓爲「相」、「導」，其讀當以「紹我周王見休」六字爲句，謂衆士女來相導周王，而顯其休喜也。請即《周書》爲舉一證。《君奭》云：「乃時昭文王迪見冒。」馬融本「冒」作「勖」，云「勉也」。王文簡云：「『昭』當讀爲《釋詁》『詔、亮、左、右』之『詔』，猶云『涼彼武王迪用』也，『見』猶『顯』也，言左右文王，用顯懋勉也。」僞孔傳讀「乃惟時昭文王」句，「迪見冒聞于上帝」句，漢人舊讀已然，皆非。其説致塙。依彼讀，則《君奭》文與此正可互證。此云「紹我周王」，猶彼云「昭文王」；云「見休」，猶彼云「迪見勖」；此「見休」爲顯休喜，即主東國士女而言，猶《君奭》「見勖」爲顯懋勉，亦主虢叔等五人言。其文例、詁釋並略同也。《君奭》又云：「惟兹四人，昭武王惟冒。」《文侯之命》亦云：「亦惟先正，克左右昭事厥辟。」又云：「汝克昭汝顯祖。」❶又云：

❶ 下「汝」字，《尚書》作「乃」。

「用會紹乃辟。」並可證「紹」、「昭」之義。知《孟子》所述墉是逸《書》，文義大致符合。

而近時所出宗周鐘銘，紀王伐服子事，云：「𠬝䜌凶遺閒來迂邵王，南尸、通夷。❶東尸具見，廿有六邦。」彼正是征伐有功、藩國來歸之事，「邵王」與「紹我周王」之「紹」，聲義亦正同。周代彝器古文義證尤顯較，足見僞孔訓「明」之非。至僞古文《書》失其句讀，妄肆增竄，其疏謬尤不足辯。然自僞書羼入《武成》，後儒奉爲古經，遂不敢輕破，故朱、蔡諸儒咸沿襲，莫能刊正矣。

國語九畡義

《鄭語》：「故王者居九畡之田，收經入以食兆民。」韋注云：「九畡，九州之極數也。」《楚語》曰：「天子之田九畡，以食兆民。王取經入焉，以食萬官。」韋於《楚語》注云：「九畡，九州之内有畡數也。」宏嗣之意，蓋以「九畡之田」爲通九州言之，故上文云：「合十數以訓百體，出千品，具萬方，計億事，材兆物，收經入，行姟極。」《楚語》亦云：「百姓、千品、萬官、億醜、兆民、經入、畡數以奉之。」韋從賈、虞宋庠本作「唐」。説，皆以萬億曰兆、萬萬兆曰畡。北宋明道本正如是，宋庠校本則改爲「十億曰兆，萬萬曰姟」，兩文不同。近代治《國語》者，如龔氏麗正、董氏增齡、汪氏遠孫，咸未能疏證其義。

攷甄鸞《五經筭術》、徐岳《數術紀遺》，並云：「黄帝爲法，數有十等。及其用也，乃有三焉。」十等者，謂億、兆、京、垓、秭、

❶ 「通夷」，原倒乙，今據文義乙正。

壤、溝、澗、正、載也。三等者，謂上、中、下也。其下數者，十十變之，若言十萬曰億，十億曰兆，十兆曰京也。中數者，萬萬變之，若言萬萬曰億，萬萬億曰兆，萬萬兆曰京也。上數者，數窮則變，若言萬萬曰億，萬億曰兆，萬兆曰京也。而《一切經音義》引《筭經》，則以中數爲上數，上數爲中數，其等互易，數則大同。《王制》正義則以十萬曰億爲小數，萬萬曰億爲大數。賈、虞、韋即從大數爲説。宋庠改從小數，非也。

今校《國語》上文，並十數遞乘，則自當以十萬曰億、十億曰兆、十兆曰經、十經曰垓計之。故《御覽》七百五十引《風俗通》云：「十十謂之百，十百謂之千，十千謂之萬，十萬謂之億，十億謂之兆，十兆謂之經，十經謂之垓，十垓謂之秭，十秭謂之選，十選謂之載，十載謂之極。」是「經」即算術之「京」，《廣韻》「秭」注：「《風俗通》兆生京。」則仍作「京」，與《御覽》異。「晐」、「姟」即「垓」。《説文》土部引《國語》，亦作「垓」，應説自是《國語》塙詁。若如賈、唐、韋説，則以萬萬曰億爲起數，故「姟」得積成萬萬兆，實非《國語》義也。若然，「晐」、「姟」並當依下數爲萬萬，「九晐」者，爲田九萬萬畝也。周王畿千里，爲地百同。依《周禮・大司徒》鄭注，百里爲一同，積萬井九萬夫。以一夫百畝計之，一同凡九百萬畝，百同積九萬萬畝。是一同即九兆之田，十同即九經之田，百同即九晐之田。《王制》云：「方百里者爲田九十億畝，方千里者爲田九萬億畝。」亦正以下數言之，與《國語》可互證也。

蓋三代聖王建侯樹屏，各專其國，食其田。王所自食，不出畿服千里之外。九晐之田，自專據邦畿言之。而「經入」亦即「京入」，謂畿内什一之賦，故云「食兆民、萬官」，不得廣及九州也。賈、唐、韋不從下數而從中數，遂以「九晐」爲九州之極數，不知周九州六服與王畿凡七千里，積四千九百萬里。九服除「夷」、「鎮」、「藩」三服不數，故《周禮・職方氏》云：「九州之外謂之蕃國。」即通九州計之，與九萬萬兆之數亦必不合。若如宋庠校本從下數計之，雖合於《國語》之義，然韋既云「九州極數」，則又必不止九萬萬畝，其誤明矣。

釋翼

訓故者，即古之言語。其略具於《爾雅》，而散見於《詩》、《書》。然以字義求之，其爲本訓者至少，而以聲義叚借引申，則十得其八九。蓋古言古義展轉孳益，《爾雅》固不能盡載也。

《釋詁》云：「翼，敬也。」《釋訓》云：「翼翼，恭也。」「翼」本訓鳥翅，此訓敬訓恭者，蓋「趩」之叚借字。《論語・鄉黨》篇：「趨進翼如也。」《説文》走部作「趩」，是其本字。「趩」本爲拱翼之容，引申爲恭敬，因之所尊敬之人亦得稱「翼」。此其義見於《詩》、《書》，而《爾雅》不詳，漢以來詁經者，咸莫能稽覈，蓋古言廢失而古書之誤解者多矣。《詩・大雅・文王有聲》篇云：「詒厥孫謀，以燕翼子。」「翼子」者，猶言子之尊貴者，與「胄子」、「元子」義蓋相近。上句言詒其謀猷於孫，下句言以安爾之尊貴之子，義正相承貫也。而毛傳云：「燕，安；翼，敬也。」鄭箋云：「孫，順也。故傳其所以順天下之謀，以安其敬事之子孫。」《禮記・表記》亦引此詩，鄭注云：「乃遺其後世之子孫以善謀，以安翼其子也。」鄭《禮》注與《詩》箋義小異，而訓

「翼」爲「敬」略同。《表記》孔疏謂鄭訓「翼」爲「助」，未塙。今玩《詩》辭，自以「翼子」別於衆子孫，毛本《雅》訓，以爲「安敬」，鄭又云「敬事之子孫」，於文義似皆迂曲，不如訓爲「尊貴子」之協也。

「翼子」爲尊貴之子，故又借以爲兄長之稱。《書·大誥》云：「爾庶邦君，越庶士御事，罔不反曰：『艱大，民不静。亦惟在王宫邦君室，越予小子考翼，不可征。』」僞孔傳訓「考」爲「成」，訓「翼」爲「敬」，云「敬成周道」，語既傎到，又與上下文義並不相貫。諦審《書》義，此二句蔡仲默謂指管蔡言之，其説最塙。大恉謂邦君、庶士等，咸謂與殷民爲不静者，乃惟在王家及邦君家與我之父兄，此等皆親貴，故不可遽征伐之也。蓋《釋親》云：「父爲考。」因之諸從父亦得謂之「考」。「翼」本尊敬之稱，因之兄長亦謂之「翼」。其義例本同也。況「考翼」爲父兄，《大誥》下文又有明證。彼文云：「若考作室，既厎法，厥子乃弗肯堂，矧肯構。厥父菑，厥子乃弗肯播，矧肯穫。厥考翼其肯曰：『予有後，弗棄。』」基此，「考翼」即父兄，對上「厥考」、「厥子」及下「予有後」爲文。「考」既指父言之，則「翼」爲兄長，其義昭然。故下文又云：「若兄考乃有友伐厥子，民養其勸弗救。」亦以「兄考」對「厥子」言，「兄考」即「考翼」，文偶變易，兩文對勘，尤明辯晳矣。而鄭《書》注訓爲其父敬事之人，僞孔又云「其父敬事創業，而子不能繼成其功」，皆於文義爲不順。王文簡《經義述聞》知其難通，遂疑此「翼」字涉上文而衍，皆非也。

且「翼」之爲兄長，以聲義求之，又得一比例焉。《釋親》云：「女子同出，謂先生爲姒，後生爲娣。」又云：「長婦謂稚婦爲娣婦，娣婦謂長婦爲姒婦。」《喪服傳》云：「娣姒婦者，弟長也。」蓋即以「弟長」釋「娣姒」。男子之以「翼」爲長爲兄，亦猶女子之以「姒」爲長也。「姒」、「翼」古音相近，故《春秋經》「定姒」，《公》、《穀》作「定弋」，「弋」、「翼」音同字通。《書·多士》：「非我小國敢弋殷命。」《釋文》及孔疏引馬、鄭、王本並作「翼」，是其證也。蓋「翼」訓尊貴，又叚以偁兄長，《詩》、《書》之義可以互證。而説經者徒拘守《爾雅》翼敬之訓，不能通其引申之義，故咸不得其恉。謹表出之，或足裨《雅》訓之遺闕乎！

釋棐

《説文》木部云：「棐，輔也。」此「棐」之正義。輔者，榜也。以木爲之匡，矯弓弩使不弧刺者。《説文》「榜」字注云：「所以輔弓弩。」《廣雅》：「榜，輔也。」《衆經音義》：「榜，弓輔也。」《鹽鐵論》：「若檃栝輔檠之正弧刺也。」並其義。「輔」亦爲車輔，即車箱也。《方言》：「箱謂之輫。」《廣雅》：「輫，箱也。」《説文》有「輩」字，無「輫」字，古亦當以「棐」爲之。許以「輔」訓「棐」，蓋謂「棐」、「輔」同物。《荀子·性惡》篇：「繁弱、鉅黍，古之良弓也，然不得棐檄則不能自正。」楊注：「棑檄，輔正弓弩之器。」《管子·輕重甲》：「十鈞之弩，不得棐檄，不能自正。」「棑」、「輩」並即「棐」之變體。皆足證許義。其引伸之義則爲俌，即輔弼之正字，經傳多借「輔」爲之。見《爾雅·釋詁》。漢以後説《尚書》者習用之，而不知《書》義與《雅》訓固絶不相當也。

蓋「棐」字之見于《書》者凡十有一，據今文二十八篇言之，僞古文不論。皆當爲「匪」之借字，其義爲非，爲不，爲不可，爲未及。《大誥》云：「天棐忱辭。」「棐忱」，班固《幽通賦》用作「匪諶」，顔注引《大誥》亦作「諶」，又云「棐」讀與「匪」同。其義猶《詩·蕩》云「天生烝民，其命匪諶」。《説文》「忱」字注引《詩》，「諶」作「忱」，《韓詩外傳》作「訦」。「忱」義爲誠，本《説文》。《韓詩》作「訦」，義爲信，見《方言》、《説文》。誠猶信也。「天棐忱辭」，言天命不可信也。辭，語助，猶《詩·大明》云「天難諶斯」。下云：「其考我民。」又云：「天亦惟用勤毖我民。」曰「考」曰「勤毖」，善惡對舉，皆申明「棐忱」之義。下又云：「越天棐忱，爾時罔敢易法。」亦言惟天命不可信，爾則無敢更易法度也。《漢書·孔光傳》對日食事，引《書》作「天棐諶辭」，而説之云：「言有誠道，天輔之也。」《王莽傳》載莽所作《大誥》，亦以「輔誠」代「棐忱」。是西漢時《尚書》古今文師説已誤。

又《康誥》云：「敬哉！天畏棐忱，民情大可見。」此戒康叔之辭，亦言天威不可信，此猶言無常，與《大誥》語氣小別。而人情則可見。「棐」與「可」反正相對。若如僞傳訓爲「輔誠」，則文義不相屬矣。

《酒誥》云：「我西土棐徂，邦君、御事、小子，尚克用文王教，不腆于酒。」「棐」亦當讀爲「匪」，「徂」當讀爲「且」。《詩·周頌·載芟》云：「匪且有且，匪今斯今。」毛傳云：「且，此也。」此「棐徂」即「匪且」，其義亦爲非此，與《詩》同。言我周西土非自此始君臣皆尚能用文王教命，不敢厚用酒。故下文即繼之云：「故我至于今，克受殷之命。」曰「棐徂」，又曰「至于今」，猶《詩》「匪且」、「匪今」，兩語義正相承貫。僞傳釋「棐徂」爲「輔訓往日」，屬下「邦君、御事、小子」爲句，則失其句讀，且亦不成文義矣。又云：

「自成湯咸至于帝乙，成王畏相。惟御事厥棐有恭，不敢自暇自逸。」「棐」亦讀爲「匪」，「恭」讀爲「共給」之「共」。《詩·小雅·巧言》云：「匪其止共，維王之卭。」鄭箋釋爲不共其職事。此「棐有恭」與《詩》「匪共」，意異而義正同，❶言御事之臣即在休假之時，非有當共給之職事，亦不敢自暇逸也。僞孔釋爲輔佐君有恭敬之德，於義亦迂曲。

《雒誥》云：「乃惟孺子頒，朕不暇聽，朕教汝于棐民彝，汝乃是不蘉，乃時惟不永哉。」❷「棐」亦當讀爲「匪」，「棐民彝」猶《吕刑》之「率乂于民棐彝」，❸云「棐民彝」，到文耳，言我戒汝以小民不法之事。汝若不勉，則其國不得長保也。僞孔讀「聽朕教汝于民棐彝」句，訓爲聽我教汝于輔民之常而用之，則與上下文義並鉏鋙不合。又云：「公功棐迪，篤罔不若時。」此「棐」亦讀爲「匪」，當讀「公功棐迪」句。《牧誓》云：「昏棄厥遺王父母弟不迪。」《康誥》亦云：「矧今民罔迪不適，不迪則罔政在厥邦。」「棐迪」猶言「不迪」、「罔迪」也。《詩·大雅·桑柔》：「維此良人，弗求弗迪。」毛傳：「迪，進也。」「迪」从「由」聲，古與「猷」字通。《爾雅·釋詁》：「迪，道也。」《釋宮》云：「猷，道也。」《爾雅·釋言》云：「猷，圖也。」「公功棐迪」，言周公之功我未及圖之，信無不如是也。《左》僖二十八年傳云：「勞之不圖，報於何有？」篤，猶言信。詳後。僞傳釋爲公之功輔道我已厚，是屬下「篤」字爲句，則於文詰屈難通矣。

《君奭》云：「若天棐忱，我亦不敢知曰

❶「意」，疑爲「字」字之誤。

❷「時惟」，原作「惟是」，據《尚書》改。

❸「乂」，原作「又」，據《尚書》改。

其終出於不祥。」「棐忱」亦與下文云「天不可信」義同，此言若天之不可信，亦不敢謂其必崇降不祥。「終」爲「崇」，據馬融本。上文云：「我有周既受，我不敢知曰厥基永孚于休。」曰「休」曰「不祥」，亦善惡對舉，與《大誥》字訓、文例並同。若釋爲輔誠，則下復慮其降不祥，文義亦不相屬矣。又「匪忱」與「難諶」意義略同，故下云「不知天命不易，天難諶，乃其墜命」。「天難諶」，《王莽傳》群臣奏引作「天應棐諶」，蓋古今文之異。此作「難諶」者，彼作「棐諶」，則今本《尚書》所云「棐忱」者，漢時傳本或當有作「難諶」者，未可知也。又云：「篤棐時二人，我式克至于今日休。」此與《雒誥》「篤罔不若時」義略同。「篤」猶「信」也，《爾雅·釋詁》：「篤，固也，厚也。」固、厚引申之爲誠信，猶《釋詁》「亶」訓「信」，亦訓「厚」也。此周公對召公言之謂信，非止是二人也。上文云：「在時二人，天休茲至。惟時二人，弗戡。」此即承彼而申言「弗戡」之義。僞孔乃釋爲厚輔文武之道，則於周召相勖語氣全不相蒙矣。

《吕刑》云：「明明棐常，鰥寡無蓋。」「棐常」，《墨子·尚賢中》引作「不常」。「常」，法也。《周書·小開》篇亦云：「明明非常。」言顓頊命重黎明察不法，使鰥寡無所害也。「蓋」訓「害」，本阮元說。下又云：「故乃明于刑之中，率乂于民棐彝。」❶「棐彝」猶「棐常」，亦言不法，言明于刑罰之中道，用治民之不法也。《康誥》云：「勿用非謀非彝。」《酒誥》云：「誕惟厥縱淫佚于非彝。」《召誥》云：「其惟王勿以小民淫用非彝。」《周書·皇門》篇云：「至于厥後嗣，弗見先

❶「乂」，原作「又」，據《尚書》改。

王之明刑，惟時乃胥學于非夷。」❶「棐彝」、「非彝」、「非夷」，字異義並同。《康誥》、《酒誥》、《召誥》作「非」，❷其義易明，故釋者不誤。此與《雒誥》字皆作「棐」，僞傳遂皆釋爲輔常，不知輔民、常民、輔常並於文不順也。

凡《尚書》「匪」、「非」字，今文疑皆作「棐」，其義易明者。漢時□□□□校改爲「匪」、❸「非」，故今《書》「匪」、「非」、「棐」錯出。如《禹貢》凡「厥篚」字，《漢書·地理志》皆作「棐」，則爲匡匪之叚字，「篚」即「匪」之俗。義與今《書》諸「棐」字異，而其以「棐」爲「匪」亦同。又《漢書·燕王旦傳》策文云：❹「母作棐德。」❺《史記·三王世家》「棐」作「俷」。❻案：《集解》徐廣曰：❼「一作『菲』。」此亦用《盤庚》之「予亦不敢動用非德」也。

《尚書》自經秦火，文字展轉譌互，殆不可讀。非以前後復重之文互相推校，無由得其塙詁。「棐」、「匪」通叚，本經左諭甚多。而西漢以來，王莽擬《大誥》及馬、鄭、僞孔諸家傳注，徒知《爾雅》棐俌之訓，執一而不能通其異。自宋朱子、蔡仲默，及近代段氏若膺、孫氏淵如、莊氏葆琛，始於《大誥》、《康誥》、《吕刑》略正舊讀，而未能盡究其義。至於《酒誥》、《雒誥》、《君奭》諸篇，指意略涉隱奥，則猶多沿襲傳義，無所匡正。今爲綜校全經，宣究其説，俾□《書》義

❶「胥」，原爲墨丁，據《逸周書》補。
❷「召」，原爲墨丁，據上文《召誥》云云之辭補。
❸「時」下，原爲四字位置之墨丁，中華本作「師讀或」。
❹「文」，原作「又」，據《漢書》改。
❺「作」，原脱，據《漢書》補。
❻「三」，原爲墨丁，據《史記》補。
❼「集」，原脱，據《史記》三家注補。

《雅》訓不能强合，❶用祛經儒墨守舊故之蔽焉。

釋疇

《説文》白部云：「𣈢，詞也。从白，𠃧聲。𠃧與疇同。虞書：『帝曰𣈢咨。』」段若膺謂當作「誰詞」，其説近是。而口部又有「𠷎」字，云：「誰也。从口、𠃧，又聲。𠃧，古文疇。」又田部云：「𤰝，耕治之田也。」「𠃧」，「𤰝」或省，今隸變爲「疇」。其見於《經典釋文》者字作「𠷎」，蓋「𣈢」、「𠷎」二字之省變。今經典通作「疇」，故《爾雅·釋詁》云：「疇、孰，誰也。」其正義見於《尚書》者，《堯典》：「帝曰疇咨，若時登庸。」又曰：「疇咨，若予采。」舜曰：「疇若予工。」又曰：「疇若予上下草木鳥獸。」二語僞孔本並改入《舜典》。僞孔傳並訓「疇」爲「誰」，是也。

誰者，衆多相對，無適指目之辭，❷故引申爲同輩儕耦之稱。其字又與「讎」通，故《堯典》：❸「舜曰：咨！四岳，有能奮庸熙帝之載，使宅百揆，亮采惠疇。」僞孔亦入《舜典》。此「亮采」言助成衆事，「惠疇」言順於百官，即同官相人偶之辭，與「讎」、「匹」義近，而與前後「疇咨」、「疇若」諸文不同。迺孔傳亦以本義訓之，曰「信立其功，順其事者誰乎」，則失其義矣。又《酒誥》曰：「矧惟若疇，圻父薄違，農父若保，宏父定辟。」此章當依蘇軾、蔡沈讀，以「矧惟若疇」句。

❶「俾」下墨丁，中華本作「知」。
❷「之」，原作留白，據文義補。
❸「典」，原作留白，據《尚書》及文義補。

蓋「若疇」統下三官言之。「圻父薄違」句，言司馬典兵，「薄」疑讀爲「搏」，謂搏擊回衺。「農父若保」句，司徒典教，掌保安民。「宏父定辟」句，司空典事，掌定法也。而鄭康成《詩・小雅・圻父》箋引《書》讀「若𠷎圻父」句，鄭《書》注亦云：「順壽萬民之圻父。圻父，謂司馬主封畿之事。」《詩・小雅》孔疏。孔傳云：「圻父司馬，農父司徒，身事且宜敬慎，況所順疇咨之司馬乎！況能迫迴萬民之司徒乎！言任大。宏，大也。宏父司空，當順安之。司徒、司馬、司空，列國諸侯三卿，慎擇其人而任之，則君道定。」此皆失其句讀。而孔訓「若疇」爲所順疇咨，尤爲不辭。不知「疇」猶「讎」也，「若疇」者，謂司馬、司徒、司空三卿爲汝諸侯之讎匹。猶《召誥》云「予小臣敢以王之讎民、百君子，越友民。」彼《釋文》云：「『讎』字或作『酬』。」「酬」、「醻」字同，並與「疇」通。《酒誥》「若疇」即《召誥》之「讎民」，其上文「大史友、内史友」即《召誥》之「友民」，二文相應也。

《詩》箋、《釋文》又云：「『𠷎』，此古『疇』字，本或作『壽』。」字亦通。若然，以三卿爲壽，亦即所謂「三壽」。《詩・魯頌・閟宮》云：「三壽作朋。」毛傳云：「壽，考也。」鄭箋則云：「三壽，三卿也。」張平子《東京賦》：「送迎拜乎三壽。」薛綜注云：「三壽，三老也。」三卿不必皆老壽，毛、張蓋望文爲訓，以「三壽」爲尊稱，猶云「三老」、「五更」爾。依《周誥》義，三卿爵尊，得與君爲匹，謂之「讎」，大史、内史，中下大夫，止爲君之友。是「疇」、「讎」與「友」，雖同取儕輩之稱，而「疇」、「讎」當略尊尚於「友」，則於壽老尊稱義，亦得相通。實則《詩》、《書》之

「壽」，本「疇」之借字，猶言司馬、司徒、司空三貴卿爲公之讎匹。故《詩・周南》云：「赳赳武夫，公侯好仇。」「好仇」即「好匹」，「仇」、「讎」通言，猶《書》云「讎民」也。王侯以貴卿爲疇，公、卿、大夫亦各以同官爲疇，故《書》云「惠疇」。《史記・天官書》「疇人、子弟分散」，亦言史官僚屬分散。「疇人」爲同官，別於「子弟」爲私屬也。「疇」爲讎匹，則又有相爲等類之義，故《洪範》曰「九疇」，鄭注云「大法九類」，見《史記集解》，僞孔同。斯皆𠷎、誰展轉引申之義也。

釋纚

纚爲古首服之一，周時男女長幼通箸之。漢時男子冠亦有纚，其材同，其箸以承冠，亦同。而其形法則迴異。周時之纚，用以韜髮。《士冠》經云：「緇纚廣終幅，長六尺。」鄭注云：「纚，今之幘梁也。終，充也。纚一幅，長六尺，足以韜髮而結之矣。」案：「結」即「紒」之借字，鄭言此者，明先用纚收髮而韜之，而後屈曲繞之成紒，故賈疏云「韜髮結之，韜訖乃爲紒」是也。《内則》子事父母，亦先櫛縰笄總而後冠，「縰」、「纚」字同。孔疏引盧植云：「縰，所以裹髻承冠，以全幅疊而用之。」孔又云：「箸縰既畢，以笄插之。櫛訖加縰，縰訖加笄，笄訖加總，作紒既成，横施笄以爲固。又裂繒圍繞紒本，而垂其餘以爲飾，是爲總。然後箸冠。」孔説尤析。蓋古人不露髮，而冠梁止廣二寸，不足以覆之，故必先用緇纚韜髮，而後箸冠。《士冠禮》：「贊者奠纚，而後設纚，賓正纚，乃加冠，三加皆然。」是每冠皆更設纚也。唯喪禮男子括髮，女子髽，乃不箸纚而露紒。吉時無露髮，明無不箸纚矣。

漢時冠梁變而漸廣，有屋，有裙，既盡蒙其首，則不慮其露髮，故不必用繒韜髮，而别以幘冒髮承冠以代纚。其材亦以緇繒爲之，故幘梁得冒稱纚，《士冠》鄭注即舉漢時語以相比況。其後因幘梁稱纚，又通之於冠梁，故冠幘梁通有纚稱。《周禮·弁師》注亦云：「冠縰，即指冠梁也。」《漢書·元帝紀》顔注引李斐云：「齊國舊有三服之官，春獻冠幘纚，爲首服。」「冠幘纚」，即謂織成冠幘梁之材。故《説文》云：「纚，冠織也。」「織」者，凡繒帛不須翦裁而成者之名，所謂織成也。《宋書》引徐爰云：「古者有冠無幘，冠下有纚，以繒爲之。後世施幘於冠，因裁纚爲帽。」徐説纚、幘流變，最爲詳析。顔師古《急就篇》注謂幘常在冠下，或單箸之。以此推之，知古以纚承冠，必先箸纚而後加冠，不冠者則唯箸笄纚。漢以後以幘承冠，亦先箸幘而後加冠，不冠者則唯箸幘。其用略同。

然周纚用整幅之繒韜髮爲紒，而不屬於冠。其廣二尺四寸，依《周禮·内宰》賈疏引鄭《志》及《禮記·王制》孔疏説，帛幅廣如是。《漢書·食貨志》説布帛幅曰廣二尺二寸，與鄭義異。長六尺，而不冒首。漢纚用織成繒材，爲冠幘梁，梁即屬於冠幘，其廣袤不過數寸，而全冒首，其物既别。又古先設纚而後爲紒，漢時則先成紒而後箸幘，其事亦不同。但以語言嬗易，合并不别，故鄭以幘梁況《士冠》之纚，實非《禮經》「纚」字之本義也。至於古繒帛一端長二丈，纚之長止六尺，則必翦裁乃成。漢纚爲冠幘梁，廣袤止數寸，即就此度織成繒材。許君所謂「冠織」，亦專就漢制言之。古纚不屬於冠，又非織成，許詁與

《禮經》之纚，尤絶不相當也。周、漢首服名制遷易，各有原流，賈、孔義疏訓釋纚制大致不誤，而未能深究。周漢名實異同之詳，學者易滋牽掍，謹綜緝經詁，箸其流變，俾治雜服者有所攷焉。

釋踖

《曲禮》「毋踖席」，鄭注未釋。「踖」字之義，孔疏云：「踖，猶躐也。陸《釋文》訓同。席既地鋪，當有上下。將就坐，當從下而升，當己位上，不發初從上。從上爲躐席也。」引《玉藻》云：「登席不由前，爲躐席。」孔唯以《玉藻》儗其義，而於「踖」字本訓則未之及。又引熊氏之踖席爲逆席，❶亦非「踖」字訓義。今攷《說文》足部云：「踖，長脛行也。」與《曲禮》義亦不相應。竊疑「踖」當爲「躇」之叚借。《說文》辵部云：「辵，乍行乍止也。讀若《春秋傳》曰『辵階而走』。」今本《公羊》宣六年傳「辵」作「躇」，何休注云：❷「躇，猶超遽不暇以次。」《公食大夫禮》鄭注云：「不拾級而下曰辵。」蓋升降席與升降階同，皆有常次。若不依常次，凌躐上下，則同謂之躇。字借作「踖」者，形聲並相邇。孔以「躐」釋「踖」，❸義通而字實迴異矣。《說文》無「躐」字，當爲辵部「邋」之異文。

釋由申玉篇義

《說文》「苗」、「迪」、「㣾」、「䛻」、「冑」、

❶「熊」，原作「庾」，據《禮記註疏》改。「熊氏」即指熊安生。

❷「休」，原作「本」，據文義改。

❸「踖」，原作「躇」，據文義及中華本所引稿本改。

「笛」、「柚」、「邮」、「甹」、「宙」、「胄」、「韋」、重文。「舳」、「岫」、「窗」、重文。「鼬」、「怞」、「油」、「妯」、「紬」、「軸」、「甹」、❶「袖」、「褎」重文。「抽」、「擂」重文。「德」、「娉」、「梬」、「俜」、「騁」、「聘」、「娉」卅有一文，並以「由」爲形聲，而正文無「由」字。顧氏《玉篇》始補録「由」字，隸於用部，而不詳其形聲所從。唐宋以後，異説蠭起，殆近十家。李陽冰則以爲即與「缶」字同。❷見《説文繫傳·疑義》。徐鍇則以爲《説文》「甹」字，注云：「《商書》：『若顛木之有甹枿。』古文言『由枿』，蓋古文省『马』，而後人因省之，通用爲『因由』等字。」《繫傳》無此説，見徐鉉《説文》注。近段氏若膺則以爲「繇」之古文，云「或當从田，有路可入」，引《韓詩》「横由其畝」傳「東西曰横，南北曰由」證之。《説文注》。江氏子屏則以爲許書奪「由」字，❸「由」爲「甲」之倒文，同倒「子」爲「云」之例。❹《易·彖傳》「百果艸木皆甲坼」，《三統麻》「出甲於甲」，「甲」皆「由」之誤。《隸經文》。鈕氏非石則以爲訓鬼頭之「由」形最相近。《説文注訂》。鄭氏子尹則以爲《説文》从大从十之「夲」即「由」本字，以十合書於内，即成「由」。且云「夲」讀若「滔」，「滔」从「舀」聲，古「舀」正同「由」。《論語》「滔滔」，鄭本作「悠悠」，《詩》「滔滔」叶「由」、「求」，「左旋右抽」，《説文》引作「搯」，皆一聲之轉。《説文逸字》。以上諸家，或主重文，或云奪字，或謂異文，異説蠭起，幾於聚訟。覈以六書義例，則皆不可通。

如李氏之説，則古籍絶無「由」、「缶」通

❶「甹」，原作「甹」，與前文「甹」字重出，今據《説文》改。

❷「與」字，原無，據文義補。

❸「由」，原作「田」，據文義改。

❹「云」，原爲墨丁，今據文義補。

用之迹，若徒以形近者而合之，則與「由」形近之字衆矣，豈獨一「缶」字乎！ 徐説以爲「甹」之古文，于理最近，故戴氏仲達、《六書故》。 嚴氏鐵橋、《説文聲類》、《説文校議》。 姚氏秋農、《説文聲系》。 桂氏未谷、《説文義證》。 苗氏仙麓、《説文聲讀表》。 王氏貫山、《説文句讀》。 朱氏豐芑，《説文通訓定聲》。 並襲其説。 然《玉篇》部分多遵《説文》，《字林》亦以「由」隸用部，而马部「甹」下不言古文作「由」，足證六朝以前本《説文》「甹」下本無「由」篆。 且徐以「由」象枝條華圅之形，則于形實不相似。 嚴氏又謂重文之見於説解者，則許書録重文衆矣，「由」爲聲母之字，反不録其文，而附見于説解乎？ 朱氏則謂从「果」省「木」，萌芽於果實中人也，上出者，芽蘖初抽之象，《説文》「甹」下奪古文。 則殊不知「甹」爲木生條，不必出於果實中人也。 如段氏説，則《釋文》引《韓詩》作「東西耕曰横，南北耕曰由」，本謂伐土，非田上路，段誤據玄應《衆經音義》所引奪兩「耕」字，遂爲田有路可入之説，實非古訓也。 説本鄭子尹。 如江説，則倒「甲」之字古所未見，且改經傳「甲坼」、「出甲」之字以爲「由」，尤爲肊説。 如鈕説，則不惟「由」、「甶」二字音讀懸殊，而「甶」爲鬼頭，于「由」義尤遠。 如鄭説，則以十合書于大内，説本迂曲，且古从「夲」、从「皋」諧聲之字，皆無寫作「由」者。 是數説者，於形義皆無所合。 竊謂字書自《説文》、《字林》外，以顧氏書較爲近古，今以其部分諦審之，竊疑「由」即「用」之異文，非古别有「由」字也。 請先證之以其形。

「用」之爲文，从卜、从中，增其上之横畫，以屬于左，彝器文「用」、「周」諸字多如此。 而微殺其下之從畫，使不外出，則成「由」字。 且古「中」字固不作「用」，而作篆者變其體，諧其聲，以爲「用」，則變「用」爲「由」之例也。古金款識無「由」字，其從「由」爲形者若「甹」字，《鐘鼎款識》聘鐘作「[illegible]」，❶《積古齋鐘鼎款識》甹父盉作「[illegible]」，❷原釋爲「册考」二字，目爲「册父考盉」，誤。近濰縣陳氏所臧毛公㾆鼎「諤」字作「[illegible]」，❸三器同一「甹」字，而或从「[illegible]」，❹或从「[illegible]」，❺是「由」、「用」之形可互通矣。又「甫」字从「用」爲形，其孳生字爲專、爲鎛、爲博。《鐘鼎款識》董武鐘「鎛」字作「[illegible]」，楚良臣余義鐘「鎛」字作「[illegible]」，❻合肥劉氏所臧號季子伯盤「博」字作「[illegible]」，❼並變「用」爲「[illegible]」，❽曶鼎「専」字作□，❾上形亦近「由」篆。是「由」、「用」形變之譣也。

請更證之以其聲。古音「用」入東鐘江部，「由」入尤幽部，而聲相轉。于文，「周」从「口」、「用」，「用」亦聲，説本宋氏保《諧聲補逸》。而「周」與「由」同部，故《詩·車攻》、《楚辭·離騷》、東方朔《七諫》並以「調」、「同」爲均，阮氏《鐘鼎款識》散氏盤以「用」爲「周」，號季子伯盤以「用」爲「琱」，古金文多省形存聲，亦可證「周」从「用」聲也。《韓詩》「横由其畝」，即《毛詩·南山》之「横從其畝」，「由」即「用」字，「從」、

❶「[illegible]」，原爲留白，據聘鐘銘文補。

❷「[illegible]」，原爲留白，據甹父盉銘文補。

❸「[illegible]」，原爲留白，據毛公鼎銘文補。

❹「[illegible]」，原爲留白，據上下文義補。

❺「[illegible]」，原爲留白，據文義補。

❻「[illegible]」，原爲留白，據余義鐘銘文補。

❼「[illegible]」，原爲留白，據號季子伯盤銘文補。

❽「[illegible]」，原爲留白，據文義補。

❾「□」，原爲空白。按曶鼎銘文並無「専」字，據《古籀餘論》卷二「曶鼎」條文字，仲容讀「[illegible]」爲「叀」，故疑「専」爲「叀」字之訛。「□」似亦可補爲[illegible]。又「[illegible]」字今多隸定作「疐」，其下从止不从方。

「用」同部，故得藉「由」爲之。古帝祝融氏，武梁祠畫象作「祝誦」，《素問・移精氣》篇「祝由」，全元起曰：「祝由，南方神。」「誦」諧「甬」聲，「甬」又諧「用」聲，故得與「由」通用，是「由」、「用」聲轉之諭也。

請更證之以其義。經傳中「用」、「由」二字互訓者，更僕難數。古人名字相配，仲由字子路。《孟子》「介然用之而成路」，言「用」猶言「由」也。《禮運》「故兵用是作，而謀由是起」，「用是作」與「由是起」語同。是「由」、「用」義同之諭也。

竊謂自古籀遞變，一字分爲數形，而孳生之字又各從之爲形聲，以《說文》五百四十部言之，❶如白自、人儿、首頁𦣻、❷大亣之類，皆本一字，而各爲建首，曼根歧榦，僢而同氏。「由」、「用」之變，蓋亦猶此，展轉傳習，遂或昧爲一字，於是並音讀而變之。《說文》舊本當有其說，自迻寫失捝，後世治小學者，遂各爲一說，不可殫究。顧希馮雖知以「由」字隸用部，而其書婁經刪改，不復辨「用」、「由」同字異形之本。幸金刻所存偏旁及古籀通藉之字，博稽精覈，猶可得其蹤迹。故特爲疏釋，以補小學之缺。雖近巧說衺辭，皷墨守之義，然猶瘉李少温諸人牽引不相涉之字以比傅之也。

籀文車字說

《說文》車部「車」籀文作「𨏥」，从二車、二戈，於形聲皆無所取，且與輚車字掍。

❶「五」，原作「六」，今據文義改。

❷「𦣻」，原作「百」，與前舉「首」、「頁」不類，《說文》云：「𦣻，頭也，象形。」據改。

而二徐以來，未有知其誤者。近珍蓺莊氏、毌山王氏，始據金文「車」字作「□」以正之，其説塙矣。今攷金文「車」本象駟馬車之全形，其義至精，不徒可正《説文》之譌，且可攷正古駟馬車制，■略釋之。❶

蓋金文「車」字，如吴彝、毛公鼎、不嬰敦並作「□」，薛尚功《鐘鼎款識》亦有此字，而傳橅失其本形，故並據今所見金文拓本論之。諦審其形，左兩□象兩輪。旁兩畫象轂耑之鍵，而軸貫之。其中畫特長夾于兩輪與軸午交者，輈也。輈曲爲梁形，前出而連於衡，故右爲□形。長畫與輈午交者，衡也。兩旁短畫下岐如半月者，軏與軶也。蓋衡縛於輈，軏縛於衡，而軶又縛於軏。故《詩·秦風·小戎》云：「五楘梁輈。」毛傳云：「五，五束也。楘，歷録也。梁輈，輈上句衡也。一輈五束，束有歷録。」《説文》：「楘，車歷録，束交也。」段依《韻會》改「交」爲「文」，亦通。又革部云：「鞻，❷車衡三束也。曲轅鞻縛，直轅暈縛。」蓋五束即鞻縛之制。束有五者，衡與輈相交處爲一束，兩軏與衡相交處爲二束，軶與軏相箸處又爲二束。因輈與衡，衡與軏、軶皆異材，而任力甚劇，必以革交互束縛之，乃可以爲固。是五束者，縛於衡者三，而縛於軶者各一。故《説文》詁「鞻」爲「車衡三束」，專據縛於衡之束言之，三束實■晐於五束之中也。❸依《考工記·輈人》説，輈與衡之周徑皆甚小，不過四寸，其設軏、軶，若穿其中以相貫，則失其力，故不穿其木而以革交午縛之以爲固。《論語》：「大車無輗，

❶「略」上墨丁，中華本作「今」。
❷「鞻」，原作「鞻」，據《説文》改。下同。
❸「實」下墨丁，中華本作「即」。

小車無軏。」《説文》：「軏，轅耑持衡者。」《論語》鄭注云：「輗，穿轅端著之。軏，因轅端著之。」武后臣軌注引。鄭以「因」對「穿」爲文，明其不穿，而惟縛之以相連，其文意較然甚明。而五絫之用，主以固衡軶亦可知矣。

又攷此字，見於金文拓本又有於兩□閒爲一「□」，略帶方形，以象輈持軫形者，如盂鼎作「□」是也。又旅車卣器作「□」，❶蓋作「□」，❷則又象輈踵及後軫形。「□」爲旅字之半。❸舊釋此爲「旅車」二字，今審似即一字，从㫃从車，旅之別體也。又父乙尊作「□」，吴大澂《説文古籀補》。則又象梁輈上出，於形尤析。又父甲車彝車作「□」，❹則中爲方形以象軫軓，而兩軸耑又爲重轄，衡兩耑則曲而上出，或衡木實有如是制者。又象兩轡同繫於軾，即《説文》所謂「軜，驂馬内轡繫軾前者」是也。又中叔尊作「□」，❺亦象此形。

此三器形致繁縟，而所象亦尤備。以此諸文證小車梁輈五縛皆在衡軶，尤爲顯較。

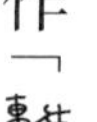

而鄭仲師注《輈人》乃云：「駟車之轅率尺許一縛。」近儒多舉《詩》之「五絫」以申證其義。若然，則五縛皆著於軓前，輈閒特綴此以爲文飾，而與衡軶絶不相涉，則與轢縛之制不合。且軓前十尺之輈，揉一木以爲之，匀滑夷漫，絶無圻堮，本不藉五束以爲文飾。即假使革束止爲文飾，亦何必限以五而絶不可增減邪！

❶ 「□」，原爲墨丁，據冈卣（即「旅車卣」）銘文補。
❷ 「□」，原爲墨丁，據冈卣銘文補。
❸ 「□」，原爲墨丁，據冈卣銘文補。
❹ 「□」，原爲墨丁，據《攈古録金文》卷一之三父甲車彝銘文補。
❺ 「□」，原爲墨丁，據仲□尊補。

余前著《周禮正義》，於先鄭説未及分別，兹因籀文「車」字象形，悟衡軶之制，而五椉之説始昭然若揭，故詳説之，以補禮疏之闕焉。

頃見湯陰羑里出土古龜甲文，亦有「車」字作「」，❶與金文同。唯中畫上下分岐，不相聯毌，則栔刻偶錯異耳。龜甲文多象形，又有且甲、大戊諸偁號，近人定爲商時物，則較金文尤古，蓋在史籀之前。竊疑黄帝時車制已詳葡，象其形而制字，倉、沮初文本已如是作，而《籀篇》因之，作「車」者轉繫後來省變。許書古文出於掇拾，吉金、龜甲多未出土，故未能得其根氐也。又以龜甲文與父甲車彝證之，知此字本爲上輈下輪，象車平列之形。金文從衡傳易，多爲左輪右輈者，亦其變體爾。

羅昭諫江東外紀辯

《江東外紀拾殘》一卷，余友泰順林亨甫縣丞用霖所刊。序稱：「咸豐丁巳，於遂昌逆旅見北宋本羅隱《江東外紀》。首有崇寧癸未婺人張某刊書序，謂原書凡六卷。」林所見者殘缺，廑餘半册。又蠹蝕過半，乃録其完者十則刊之。其書世不經見，初出時，人或詫爲祕笈。六合徐太守鼒爲作敘，亦頗推重之。以余攷之，蓋温處閒人所僞作也。請立八證以明之。

范坰、林禹《吴越備史·昭諫本傳》云：「所箸《江南甲乙集》、「江」，成化《杭州府志》作「湘」。《淮海寓言》及《讒書後集》，《崇文總

❶「」，原爲墨丁，據《鐵雲藏龜》一一四頁相關卜辭補。

目》、《十國春秋》並作《江東後集》。並行於世。吴任臣《十國春秋·昭諫傳》載所箸，於《備史》所紀外，又增《吴越掌記集》三卷、《湘南應用》三卷、《靈壁子兩同書》十篇，皆不言有所謂《外紀》者。其可疑一也。

宋《崇文總目》所收五代人書最該博，載昭諫箸作多至十種，較《十國春秋》多《啟事》一卷、《吴越應用》一卷，又《賦》一卷、《集》二十卷，在《甲乙集》外。獨無《外紀》。然張序謂此書流落人閒百八十餘年，幾於泯没，則宋初此書未登祕府，亦事所或有。至鼂子止生，當南宋之初，其《昭德讀書志》編於紹興中。若此書崇寧中有刊本，子止豈得不見？而衢本《讀書志》亦未箸録。下至陳氏《書録解題》、鄭氏《通志·藝文略》、尤氏《遂初堂書目》、馬氏《經籍考》、元人《宋史·藝文志》、楊氏明《文淵閣書目》，及明以來諸家書目，皆無箸録。其可疑二也。

書中弟二則云：「予小時舉進士，西上，道過淮安。」攷《唐地理志》，無淮安。《宋地理志》楚州下云：「紹定元年，升山陽縣爲淮安軍。端平元年，改軍爲淮安州。」即今之淮安府也。昭諫生於唐季，安得豫稱宋地名！其可疑三也。

二則又述所遇治《易》陳姓之言曰：「圖書爲羲、文畫卦之大原。圖静，得八卦；書動，得九位。」又曰：「六十四卦在先天之圖爲體，七十二候在後天之書爲用。」案河洛圖書漢唐傳《易》經師所未見，宋人所傳者，出自陳摶。至先天、後天之圖，則又邵子所作，相傳得自方士。要皆唐以上所未有。黄梨洲《易學象數論》、黄晦木《圖書辯惑》、胡朏明《易圖明辨》、惠仲孺《易説》、惠定宇《易漢學》、朱錫鬯《經義攷》，辯諸圖至詳。昭諫時，術數家安得見之而以爲説！至所稱「治《易》陳姓」，又似隱指圖南。不知圖南入宋尚在，昭諫卒於梁初，校其年齒，遠不相及，安得昭諫少時即與相遇！其可疑四也。

弟四則稱，楊相涉之降梁也，其子凝式泣諫，不聽，遂佯狂不仕。攷《五代史・唐六臣傳》，載凝式歷事梁、唐、晉、漢、周，官至太子太保，則凝式非不仕梁者矣。此條徐序中已論及之。其可疑五也。

弟六則記奉命訪吴諫議畦事，云「以戊子二月」。以史考之，當爲唐明宗天成三年，即吴越寶正三年也。攷《吴越備史》云：「開平三年十一月乙酉，發運使羅隱卒，《十國春秋・武肅世家》天寶二年同。年七十七。」然則寶正三年，昭諫卒已十九年矣。且所載日名二月有「甲戌」。攷《五代史・司天考》，「天成三年二月丁丑朔，日有食之」。則「甲戌」爲正月二十八日，二月不得有「甲戌」也。其可疑六也。

弟八則云：「龍德中，明州貢一介物。」攷「龍德」爲梁末帝年號，其元年即吴越天寶十四年。夫梁爲唐賊，昭諫嘗勸武肅討之，必不用其正朔。況龍德紀元上距開平三年已十三年，則又昭諫所不及見也。其可疑七也。

弟九則云：「梁王將軍彦章不獲於上，彦章死而梁遂亡。」攷《五代史》，彦章死以龍德三年十月，距昭諫卒十五年矣。其可疑八也。

凡此八證，悉有依據，其爲好事者嫁名依託，蓋無疑矣。伏讀《四庫全書總目》，史部傳記類有羅《江東外紀》三卷，國朝閔元衢撰其書，余未之見。據《提要》所稱，蓋詮次江東逸事，若年譜、別傳之類。作僞者豈聞閔書之名，妄意爲昭諫佚作，而造此以實之歟！又此書所載吴諫議畦，即泰順人，事跡雖見於府縣志，然大抵根據家譜。攷之於史，並無影響，唐季諸家書亦無載及者。而《外紀》殘帙，乃於十則之中適有其事，且序稱蠹蝕殆盡，而此十則乃首尾完善，無一字奪落，則其贋託之迹，固亦不待八證而明也。唐餘佚史，流傳者希，好事者喜爲收拾，且其中有吾温遺事，他日必有誤信其書，而據以補史志之闕者，余故疏通證明之，以質世之鑒别古書者。亨甫爲余父執林太沖學博鶚子，恭承家學，推擅文筆。曩嘗舉此數事質之，亦不能答也。竊疑此書即亨甫少年戲作，英雄欺人，不暇詳攷史籍，故留此罅隙，特不肯自名其僞耳。今亨甫物故已十餘年，檢匧中，得此辯，存之以附諍友之義，俾後人無摭此爲亨甫詬病也。

續明鬼篇下

《易·繫》之言曰：「精氣爲物，遊魂爲變，是故知鬼神之情狀」。鄭康成謂「精氣爲神，遊魂爲鬼」。自泰西物質之學大明，而《易》之義迺益徵於實。蓋凡宇宙之閒，所謂有者，必依質以立。有物則有質，未有無質而能成其爲有者也。經典之論鬼神，其爲有也，昭昭乎若楬日月，而未有質言其物者，《易》始質而名之，曰「精氣」，曰「遊魂」，則必非虚幻杳茫而强謂之有，明矣。

夫宰較萬物之質，爲吾人官骸所能辨者，其等有三：曰定，曰流，曰氣。凡動植有生之物，皆在定質之限，而兼食流質，以成形色。若夫麗地之恒氣，人則日呼吸于其中，而輕微浮遊，不可範制，不能獨立而爲生理。然而有重量，有體積，可以權衡表儀，按率而求也。劇寒重壓，則諸氣咸可化爲流、定二質，視之而可見，撫之而有觸。蓋雖至散而尚有質之可名，是固在有之域。而鬼神則不見不聞，有也而幾淪于無，則與夫麗地之恒氣異矣。蓋所謂「精氣者，玄之又玄」。泰西人謂之「以太」，其重量、體積，絶無可求，然其爲氣，彌滿周浹，無乎不有，則亦一實質也。其聚而發生光力，爲人所能見者，則有電，故電爲無重流質。近有哀克司照物電光者，藉真空晶球以發電成光，其照無所不徹。然所謂空球者，亦止抽吸恒氣，使不爲霧障爾。至極散之以太，則非機管所能抽吸，固自充塞於球閒，實非真空也。使果并以太而無之，則球將破裂，不能存立，而光電亦無由傳達矣。自此光發明，而論者知其所傳之散氣，非尋常氣質所能包，則謂其於定、流、氣之外，當別爲弟四質，蓋尤微渺而疏散矣。實則天爲積氣無量，世界皆微氣所充周。自日系以暨恒星、星氣之外，麗地之恒氣有盡，而彌天之微氣則無盡。充溢瀰漫，入乎標忽之中，包乎太虚之表。其爲氣也，希夷淡遠，茫無畔際，殆非徒弟四質也。意此微氣者，其疏密精粗糅雜和劑，或者尚有無數之差別，但非吾人血肉、官骸、積驗所能窮，不若恒氣之有淡、輕、炭、養、緑、弗等可化分而得也。是氣也，其質點咸終古無滅，而聚散則至不常。生物得之，以爲性識。死而未遽散者，則爲精氣，爲遊魂。要之，微氣之動以機，生與死無二。原始要終，則死之有鬼神，可由生理比例以推也。

動物之孳，積淡、輕、養諸氣質及燐、鐵、矽諸定質以生，而其知覺運動，實皆微氣所爲，鬱積藴育，以成萬形。原生微蟲有所謂呵米蛕者，渾沌如浮漚，無支骸官體也。性識忽動，則其塊然之身隨處能自伸爲假足，可以游行攫食生人之血。輪有白者，與彼蟲略同，是即微氣發見之耑也。逮夫生理勃盛，庶類蕃孳，由單簡而進於複雜，於是鑿渾成別，立假爲常，而體隨識達。舉凡四肢九竅，無不根乎性識，以自暢其發生之用。自原蟲而遞嬗益進，以至於爲人，等差種別巧厤，不能計要，皆微氣所凝注而成也。蓋含生之倫，莫不秉此。微氣散焉則不覺，聚而凝焉則純一充周，具大神力，所謂電也。人之生也，自爲微生物。而挾電以動，入於胚胎，即含微氣以成生理。既生之後，血肉增長，吸引粗質以附益之，而微氣亦隨其性識所攝，聚而益精，是爲生有之身。蓋知覺運動專恃此氣，爲之主宰，其盛而專者，則化爲人電。《素問》説邃古醫家，即有祝由之方，今之巫師，猶傳習之，爲呪術。而佛氏密宗，則大闡瑜伽神祕之説。泰西景教之興，耶穌亦以術爲人瘵病。希臘曼司莫立士姆及漢坡諾忒斯没諸書，研究精神學，今歐羅巴人傳其術，能以人身之電氣使人孰睡，及見異物殊狀，或知彼心所念，及豫識未來事，可以接神。此諸術者，咸主薫脩持鍊，以充人電之用，則尤此微氣之神妙有迹可徵者也。逮其死也，血肉之粗質忽焉以化，而此微氣電質，則亦離其恒幹而遊乎太空。其翕合以爲身者，形驟化而神未散。佛家謂之中陰身。蓋既與生理離而爲二，則凡所爲腦囟之記憶，五官四肢之運動食息，一切知能，皆消滅無餘。而此獨存之微氣，流行無碍，無乎不之。則其特別之神通，又或緣此而生。故神之德盛，則有所謂六通變化，無所不能，若佛書説跋難陀龍無耳而聽，河揶律陀無目而見，舜若多神無身而觸。蓋不藉腦囟而爲知識記憶，不假耳目而爲見聞，無手足而能飛行無迹。其爲神者，奇妙不可測，而鬼則不盡有是也。古之聖人，通乎死生之説，而能知幽明之故，迺較然別白之，曰精氣，曰遊魂。而佛氏則以其前已出乎死有之身，後又未入乎生有之身，迺統而名之曰中陰身。其與《易》家物變之説，名異而實一也。

夫同是微氣也，而何以有精氣、遊魂之別？蓋萬物質氣之公例，有聚則無不散。生則是氣聚，而爲性識，爲人靈。死而是氣將散未散，而現爲中陰身，則亦未嘗不聚也。而久之，亦必終歸於散。其或聚而久不散者，則又視乎其生之攝受與脩持以爲準。故人有生，則同有是氣也。而其結集，有純有雜，有强有弱。純而强者，死則能摶合，久而不散。雜而弱者，死則雖暫現，而終必散。而或返之太空，或隨業輪轉，而仍爲生物。所謂精氣爲物者，即其摶合而不散者也。其所謂遊魂爲變者，即其暫現而終散者也。故純而强者，其先必有凝固專一之理，而後可以離形而獨立。其後也，必有附益而輔助之者，而後能歷久而尚存。所謂凝固專一，即歷劫畢生，薰脩持鍊之充足於已而然。所謂附益輔助者，則視乎其感應於他者而然也。故夫聖神賢達，其先也，神識朗徹，體性堅定，有專精之德業，有卓立之精神。則其死也，中陰身必强而不遽散。此凝固專一之説也。而其功德之桄被，聲名之洋溢，畏神服教者之久遠，則又足起後民之尊親愛敬，相與發明而傳述之。又有孝子慈孫之思慕，繼志述事，以奉祭祀，則其皆以生人精神志氣之誠，貢獻而附益之。性海貫徹，有感斯通，咸足與其中陰身相附麗。故佛家論鬼神，謂能人作彼受，即此理也。夫然所謂中陰身者，既秉純粹强固之精氣以現，復得後世附益者之衆，此之所消益之於彼，雖生理已息，而攝聚無已，遂能歷久而常存。其靈爽式憑，若隱若顯，恒在人耳目之間。若古之聖賢，堯舜周孔之倫，以逮身毒之釋迦文，歐羅巴之耶穌，固自有永存不滅之神。即降而論之，名儒奇俠，有獨到之學行氣節，其生爲人所尊信，死爲世所悲閔，則亦或憑藉微氣，靈響屑然，不隨流而遽化。此皆所謂精氣爲物也。彼夫妄庸人者，其生也，神識怐瞀，紛然於利禄之爲，死則神魂飛蕩，泛乎若無所薄，聚散升沉，不能自主，故中陰身暫現即化。其暫現也，人感之而爲焄蒿悽愴。其化也，隨業流轉，四生六道，而又爲生有之身矣。所謂遊魂爲變者也。

故中陰身者，雖無生理，而既秉此精氣遊魂以爲身，則其氣精粗强弱，亦必有劑量分率之等，非偶集而幻化也。其乘氣之身，或常聚而不散，或久聚而終散，或暫現而即散，其久暫盈虧之數，各有所自致，若與生理之强弱壽夭相準。若然，是氣也，其聚，則於大空之中收攝微氣以爲身，及其散也，則皆反乎其本，仍彌滿於太空。要皆實有其物。但以生人知覺所及，雖睿聖大知，亦皆有所限，故無由實見此微氣遊魂之物。而要其非無質而虚立，則固塙然不誣也。是故微氣之在，生而爲性識，死而爲中陰身者，萬有别異。至其入乎性海，則普遍周洽，同歸於一原。猶之大海之水，或酌之杯斝，或盛以壺罍，或以調和酒醴，或以澣濯垢穢。其容受不同，其給用不同，皆暫時變易。而究其歸宿，反之大海，則仍爲水，無所別異。此又儒家萬物一體之説，生與死無異者也。

知鬼神之爲微氣所聚，則知其爲真實之質。知微氣之有所聚而必散，而其永久不散者，必有特異之能，要其非幻化則同也。夫日月之光，遇地氣而成暈珥。光景蔽鬲，則成視差，而爲薄蝕。雨氣對日，光綫遇折而現七色，則有虹蜺。海氣下攝到景，則爲海市。此咸衆著於常人耳目之閒，而皆幻也，非實也。若鬼神則不見不聞，而實有精氣遊魂聚散之理，則固實也，非幻也。但以虛空微渺，迹象曠絶，而流俗淺人憑肊窺測，莫能究其原理，或信之太過而崇闡巫風，或疑之太過而昌言神滅，衆論舛馳，殆皆未窺其本矣。

籀廎述林卷四

瑞安孫詒讓

白虎通義攷上

建初白虎觀議五經同異，東京之大典也。范氏《後漢書》載其事頗詳，而史臣撰集之書，則文三見而各異。《肅宗紀》云：「建初四年冬十一月，下太常、將、大夫、博士、議郎、郎官及諸生、諸儒，會白虎觀，講議五經同異。使五官中郎將魏應承制問，侍中淳于恭奏，帝親稱制臨決，如孝宣甘露石渠故事，作《白虎議奏》。」《班固傳》云：「遷玄武司馬，天子會諸儒講論五經，作《白虎通德論》，令固撰集其事。」《儒林傳》云：「建初中，大會諸儒於白虎觀，❶考詳同異，連月迺罷。肅宗親臨稱制，如石渠故事。顧命史臣，箸爲《通義》。」其不同如是。袁宏《後漢紀》云：「建初四年秋，詔諸儒會白虎觀，議五經同異，曰《白虎通》。」《太平御覽》六百一引邱悦《三國典略》云：「祖珽等上言，漢時諸儒集論經傳，奏之白虎閣，因名《白虎通》。」則皆謂《通義》即《議奏》。故章懷太子注《後漢書》，《白虎議奏》亦云「今《白虎通》」。蓋六朝、唐人之説皆如是也。近儒陽湖莊氏述祖作《白虎通義攷》，則據《蔡中郎集》巴郡太守謝版云「詔書前後賜《禮經素字》、《尚書章句》、《白虎議奏》，合成二百一十二卷」，謂《禮古經》五十六卷，

❶ 「儒」，原作「侯」，據《後漢書·儒林傳》改。

今《禮》十七卷，《尚書章句》歐陽、大小夏侯三家多者不過三十一卷，二書卷不盈百，則《議奏》無慮百餘篇，非今之《通義》明矣。又：駁章懷《後漢書》注，云：「按《儒林傳》云：『命史臣箸爲《通義》。』即今《白虎通義》也。《議奏》隋唐時已亡佚，注以爲今《白虎通》，非是。」則又謂《議奏》與《通義》本屬兩書，特同出於白虎觀耳。

今攷《議奏》、《通義》卷數多寡懸殊，莊氏謂非一書，其説是矣。至謂《議奏》之外別有《通義》，則范史於《本紀》不云《通義》，《儒林傳敘》不云《議奏》，不宜疏漏若是。袁宏、李賢皆得見《東觀漢記》及袁山松《後漢書·蓺文志》，倘《通義》、《議奏》灼爲兩帙，亦不應不攷，以致誤合也。竊謂建初之制，祖述甘露；《議奏》之作，亦襲《石渠》。《白虎議奏》雖佚，其卷帙、體例，要可以《石渠議奏》推也。《漢書·蓺文志》：「《書》九家，内《議奏》四十二篇。本注：「宣帝時《石渠論》。」《禮》十三家，内《議奏》三十八篇。本注：「《石渠》。」《春秋》二十三家，内《議奏》三十九篇。《論語》十二家，内《議奏》十八篇。《孝經》十三家，内《五經雜議》十八篇。」以上本注並云：「《石渠論》。」共五部百五十五篇。蓋石渠舊例有專論一經之書，有雜論五經之書，合則爲一帙，分則爲數家。《禮》、《春秋》、《論語》議奏，專論一經者也。其書晉以後獨禮家三十八篇存，《五代志》謂之《石渠禮論》。據杜佑《通典》所引，蓋備載戴聖、聞人通漢、蕭望之等論難及宣帝制詔，其體與《白虎通義》絶異。《五經雜議》，雜論五經者也。《唐書·經籍志》有劉向《五經雜義》七卷，王應麟《玉海》、朱彝尊《經義攷》並以爲即《石渠五經雜議》。蓋《漢志》

載劉向所敘六十七篇，内無説經之書，而石渠論經，劉向校定，或録其奏於篇首，故誤題其名也。其書未見援引，體例無可攷。以意推之，似繫橥括經義，標舉閎旨，不與《禮論》載問答者同，隋、唐《志》又有《五經通義》、《五經要義》二書，亦題劉向撰。諸經義疏及唐宋類書所引二書逸文甚多，體例與《白虎通義》正同，疑即《石渠五經雜議》流傳之别本。故分箸之目不曰「議奏」，而曰「雜議」。《通典》引《石渠禮議》：「甘露三年三月，黄門侍郎臨奏：『經曰：鄉射合樂，大射不樂，❶何也？』」蓋諸經之稱「議奏」者，以此「五經雜議」標目，無「奏」字則體例微異可知。然此自謂其子目之異。若其全書，必統題「石渠議奏」也。若使亦如《禮論》之例，則一展卷，焯知爲石渠舊帙，何至誤題都水耶！白虎講論，既依石渠故事，則其議奏必亦有專論一經與雜論五經之别。今所傳《通義》，蓋《白虎議奏》内之五經雜議也。諸經議奏既各有專書，雜議之編意在綜括群經，提挈綱領，故不以經爲類，而别立篇目，且文義精簡，無問荅及稱制臨決之語，與專論一經之議奏，體例迴别。其書在漢代統於《議奏》，本爲一書。《蔡中郎集》所舉者，尚其全帙，故亦如《石渠議奏》有百餘卷。晉宋以後，《議奏》全帙漸至散佚，而《通義》一編析出别行，廑存於世，展轉傳迻，忘其本始，於是存其「白虎」之名，味其雜議之實。或以《通義》該《議奏》，或以《議奏》疑《通義》，皆攷之不審，故舛誤互見矣。

且既知《通義》爲《議奏》之一種，則知范史《帝紀》與《班固傳》本無違異。蓋諸經議奏纂自諸儒，《通義》一編，專屬班氏。《紀》載寫定之總名，《傳》詳撰集之分帙，則

❶「樂」，原脱，據《通典》卷七十七補。

一曰《議奏》，一曰《通德論》，固各有當也。惟《儒林傳序》不舉《議奏》而舉《通義》，則未免疏舛。意者《白虎議奏》蔚宗已不得見其全，而亦以《通義》當《議奏》，沿袁宏等之誤説。紀傳多襲舊史之文，故未違其實。序論則范氏自作，故遂失其真耳。夫《議奏》之作，本效《石渠》之所有，《通義》一編，亦非增《石渠》之所無。古籍雖亡，固有可推繹而得者，世之究心録略者，當不以余説爲臆斷也。

白虎通義攷下

《白虎通義》之名，見於《後漢書》者三：曰「議奏」，曰「通德論」，曰「通義」。晉宋以後群書援引，及隋、唐《經籍志》並曰「白虎通」。《新唐書・藝文志》曰「白虎通義」，《宋史・藝文志》及宋人書目並曰「白虎通德論」。其流傳之本則宋小字本，據盧校本。元大德十卷本，及明諸刻本，並題「白虎通德論」。乾隆《四庫全書》本，依《後漢書・儒林傳》及唐《藝文志》，改題「白虎通義」。後盧氏文弨校刻於杭州，又依《隋志》改題「白虎通」，卷首載海寧周氏廣業之論，曰：「《班固傳》所稱『白虎通德論』，與《白虎通》異名，而章懷無注，宋《崇文總目》始用爲標題。偏攷晉宋迄唐諸史志傳，及釋經、集類之書，援引不下數百條，皆曰「白虎通」。竊意『通』『德』二字本不連讀，乃是《白虎通》之外別有《德論》，非一書也。李善《文選》注引班固《功德論》曰：『朱軒之使鳳，舉於龍堆之表。』是論不見全文，豈范氏所指即此而脱『功』字歟！且古人講解經義，並謂之『通』，是書列隋《經籍志》，亦曰《白虎通》。唯《儒林傳》嘗言著爲《通義》，故孔穎達《左傳》隱五年正義有云，漢群儒作《白虎觀通義》。雖名『通義』，義不通也。宋儒《孝經》、《爾雅》等疏亦有引作『白虎通義』者，而『白虎通德論』之名，自《崇文》後，元明刊本率以標題，殆失之不考。」以上皆周氏語。

今攷《功德論》與虎觀無涉，范氏雖有疏舛，必不至牽合如是。隋唐史志所載書名，不無割截。如《説文解字》止曰《説文》之類，不一而足。至經疏、類書援引古籍，務省繁文，尤多删字。且如應仲遠《風俗通義》，史志及唐宋人援引，亦多稱《風俗通》。而《自序》固云「通義」，且釋之曰：「通於流俗之過謬，而事該之於義理。」如周氏説，亦將□爲《風俗通》歟！❶ 竊嘗以「白虎通義」、「白虎通德論」、「白虎通」三名詳攷之，而知「通義」爲建初之原名，「通德論」爲六朝人之□題，❷「白虎通」爲援引之省字也。蓋《通義》本放《石渠五經雜議》而作，以其不主一經，則曰「雜」，以其可貫群經，則曰「通」，字雖異而旨則同也。「義」之與「議」，本可通用，《石渠雜議》，《唐志》爲《雜義》，亦其證矣。由「通義」而省其文則曰「通」，如漢洼丹作《易通論》，世號「洼君通」之例。蓋流俗傳述，喜從簡易，故《南齊書·禮志》載魏繆襲奏及袁宏《漢紀》，雖章奏、史册，亦狃於所習，並從省字，不獨箸録援引不備載原名也。至「通德論」之名，自屬後人增改。疑初改「通義」爲「通論」，若「石渠禮議」之改爲「石渠禮論」，後又增一「德」字，

❶「爲」上所脱之字，疑爲「改」字或「目」字。
❷「之」下所脱之字，或爲「改」。

范蔚宗所見即已如此，故以入《班固傳》也。劉勰《文心雕龍・論説篇》云：「石渠論蓺，白虎通講，述聖通經，今本「述」上衍「聚」字，「聖」下衍「言」字，此依《御覽》引删。論家之正軌也。」可證六朝時本已有「通德論」之題，非蔚宗之誤改，亦不自宋《崇文總目》始矣。唐宋時，《通義》與《通德論》兩本並行，故《左傳》、《爾雅》、《孝經》疏，及《後漢・儒林傳》注，並有「通義」之稱。而王伯厚《困學紀聞》亦云：「今本《通義》十卷。」元明以後，題「通義」者不可復得，而世閒刊本遂皆題「通德論」矣。

後有校刊是書者，從《四庫》本題「白虎通義」可也。或沿宋元明舊本，題「白虎通德論」亦可也。至盧刊校讐精審，未嘗不爲善本，而改「白虎通義」爲「白虎通」，則盡失六朝以來舊本面目。以云復古，不適以亡古邪！

衛宏詔定古文官書攷

《隋書・經籍志》：「《古文官書》一卷，後漢議郎衛敬仲撰。」《舊唐書・經籍志》亦載衛宏詔定《古文官書》一卷。唐人書屢見援引，或作「古文字書」，或作「古文尚書」，或作「古文奇字」，皆「古文官書」之譌也。段氏若膺《古文尚書撰異》有《衛宏官書攷》一篇，謂《後漢書・衛宏傳》所不載，疑南北朝人依託爲之。竊謂詔定古文，儒林盛事，使此書果出衛氏，范史不宜無載，段氏疑之是也。然後人僞作古籍，亦必依附故實，以售其欺。今衛氏既無詔定之事，而贋託者忽有「官書」之題，事既無徵，名尤不類，作僞者雖至愚，必不出此矣。以意推之，疑《官書》之題衛宏，乃流傳之誤，非由贋託。

撰此書者，非漢之衛宏，蓋晉之衛恒也。

何以言之？《晉書·衛恒傳》載所作《四體書勢》，其敘古文云：「漢武時，魯恭王壞孔子宅，得《尚書》、《春秋》、《論語》、《孝經》，時人以不復知有古文，謂之科斗書。漢世祕藏，希得見之。魏初傳古文者，出於邯鄲淳。恒祖敬侯寫淳《尚書》，後以示淳，而淳不別。至正始中，立三字石經，轉失淳法，因科斗之名，遂效其形。太康元年，汲縣人盜發魏襄王冢，得策書十餘萬言。按敬侯所書，猶有髣髴。古書亦有數種，其一卷論楚事者，最爲工妙，恒竊悦之，故竭愚思以贊其美。」是恒好古文之證也。唐張懷瓘《書斷》亦云：「衛恒，字巨山，善古文。得汲冢古文，論楚事者最妙，嘗玩之，作《四體書勢》。」又云：「古文章艸入妙。」是衛氏精究古文，本於家學，其自作，亦入妙品。又嘗爲祕書監，得見晉祕府所藏《汲冢竹書》，《古文官書》疑即録汲冢古文以備小學一家耳。竹書得於太康元年，曾詔和嶠、荀勖等以隸書寫定，故有「詔定古文官書」之名也。郭忠恕《汗簡·略敘》載：「衛（下缺一字。）説科斗者，（當作「書」。）漢代祕藏，希得見之。魏初傳古文者，出於邯鄲淳。淳祖敬（當作「恒祖敬侯」。）寫（下缺一字，當是「淳」字。）《尚書》，後以示淳，不別。至正始中，立三字石經，（下缺二字，當是「轉失」二字。）淳（下缺一字。案：當缺「法因」二字。）科斗之名，遂效其形。」案郭書卷首所列書目七十一家，內有衛宏《字説》，即《古文官書》也。《略敘》所引「衛□説」，必衛宏《字説》之語，今本譌缺，誤空一字爾。（下別引《四體書勢》語，不云衛恒説。）檢覈其文，與《四體書勢》全同。然則《古文官書》之出衛恒，此其碻證矣。

至「衛恒」之所以譌爲「衛宏」者，由「恒」譌爲「弘」、「弘」復譌爲「宏」也。「宏」、「弘」一聲孳生之字，古音與「恒」同部。陸法言以來，乃分「宏」入耕韵，「弘」、「恒」入登韵。實則六朝人讀此三字，亦不甚殊異，故古籍往往互譌。若《尚書大傳》以「恒山」爲「弘山」，元魏避諱，以「宏農」爲「恒農」之類，悉因聲轉互相通叚。衛書展轉傳譌，❶良由于此。北宋以後，原書既亡，更無從得其蹤跡，幸《汗簡》引其佚文，可藉以攷正。而傳本挩誤，至不可讀。覽者亦漫以殘缺，置之不省，雖以段氏之精審，亦不能知，不可慨乎！

唐静海軍攷

王光藴《萬厤温州府志》云：「肅宗乾元元年，復爲温州，以前天寶元年改温州爲永嘉郡，此時乃復温州舊名。屬浙江東道，特建静海軍使，并統台、明州。晉高祖天福四年，建温州爲静海軍節度使。」攷宋樂史、王溥、歐陽脩、歐陽忞諸人亦云，晉天福四年，温州建静海軍節度，而絶不及唐時建静海軍使事。惟祝穆《方輿勝覽》云，❷唐高宗分括州，置温州，復建静海軍使。又陳耆卿《嘉定赤城志》云，乾元元年，置浙江東道節度使，領台、越等八州；又建靖海軍使，統台及餘州。其所載與《萬厤温州志》略同。「静」、「靖」音義相近，古多互易。然則唐之有静海軍使，宋代地志家固有其説，《萬厤温州志》多本宋曹叔遠《永嘉譜》，其所載蓋遠有

❶「傳」，原脱，據中華本所引稿本補。
❷「祝穆」，原倒乙，今逕乙正。

端緒，非妄説也。

何以明之？范坰、林禹等《吴越備史·朱褒傳》云：「褒，永嘉人也。兄誕，始爲本州通事官屬。寇亂，兄弟皆聚兵禦，以功遂攝司馬。及副使胡燔卒，乃自據焉。尋以同姓，結援於梁太祖，❶奏授本州刺史，❷充静海軍使。」攷《唐書·百官志》云：「諸軍各置使一人，五千人以上有副使一人。」又云：「刺史領使，則置副使。」今《備史》載朱誕未據州以前，有副使胡燔，則其時已以温州刺史領静海軍使矣。又《備史》載後唐同光三年，制授錢元球充静海軍節度使，此當云「静海軍使」，乃云「節度使」者，蓋《備史》刊本之誤。天福八年，和凝撰《錢文穆王神道碑》，云：「長子弘僎，温州静海軍使，其事蓋在天福四年已前。」碑版文字，明焯可據，知未建静海軍節度使之前，已有静海軍使。然則建節度始於天福四年，建静海軍不始於天福四年明矣。檢《唐書·地理志》，❸「越州」下注有義勝軍，有静海軍，寶應元年置。大厤二年廢静海軍，元和六年廢義勝軍，中和二年復置義勝軍，「中和二年」，《方鎮表》作「中和三年」。《表》又光啓三年改爲威勝軍，《志》亦失載。乾寧三年曰鎮東。《方鎮表》止載中和三年升浙江東道觀察使爲義勝軍節度使，失載寶應元年置義勝軍，及元和六年廢義勝軍事。光啓三年改義勝軍節度爲威勝軍節度，乾寧三年改威勝軍爲鎮東節度，而絶不及静海軍之置廢。蓋「義勝」、「鎮東」爲統轄浙東節度軍之號，其治在越州。

❶「援」，原作「授」，據《四部叢刊續編》景清鈔本《吴越備史》改。

❷「史」，原作「使」，據《吴越備史》改。

❸「唐書」，原倒乙，今逕乙正。

「静海」爲温、台、明三州軍使之號，其治在温州。修《地理志》者不能分析，故并附注浙東觀察使所治越州之下。《方鎮表》於軍使廢置例不備書，故詳義勝而略静海。然則《唐志》之「静海軍」即《萬厤温州志》之「静海軍」也。至静海軍之建，《唐志》云寶應元年，《赤城志》及《温州志》並云乾元元年，兩文差互。攷寶應元年距乾元元年止四年，地志家蓋因乾元元年復温州而牽連及静海軍使之建，實則當以史志爲正也。

又陳文節《止齋集·跋雲山壽昌院石帖公據後》載唐中和二年牒，有寧海軍使杜某繫銜。攷《新唐書》及《吴越備史》，朱褒以中和元年據温州，至天復二年卒。据《備史》。然則朱氏據州者逾二十年，以事勢揆之，其閒不得別有寧海軍使杜某者，其違異之故，誠所未詳矣。

艮齋浪語集敘 代家大人作

南北宋閒，吾鄉學派，元豐九先生昌之，鄭專文、薛右史賡之。專文之學，出于周博士行已，接鄉先生之傳，右史之學，出于胡文定公。師法雖不同，而導原伊雒，流派則一，故其學類皆通經學古，可施于世用。永嘉經制之儒，所以能綜經義治事之全者，諸先生爲之導也。專文之學，没而無傳。右史之學，傳于其子艮齋先生。益稽覈攷索，以求制作之原，甄綜道執，究極微眇，遂卓然自爲一家。其没也，止齋陳先生實傳其學，其爲先生行狀有曰：「公涖事惟謹，宅心惟平。其燕私，坐必危然，立必嶷然。其寡欲，信于家，行推于鄉，正直聞世，而居無以逾衆人。自六經之外，歷代史、天官、地理、兵刑、農末，至于隱書、小說，靡不搜研采獲。尤邃于古封建、井田、鄉遂、司馬之制，務通于今。」止齋之言如此，於虖，可不謂盛歟！自止齋没，而先生之緒絶而弗續。元明以來，晦蝕益甚。遺書雖流傳未絶，儒者幾不能舉其凡目。舊學衰息，甚可痛也。

我朝勃興，文治之盛超邁前古。于是姚江黄氏、甬上全氏，修定宋元兩朝學案，始表章吾鄉學術，列爲五派，而以先生及止齋爲永嘉諸儒之宗。然先生遺書存于世者，自《書古文訓》外，更無梓本，故綴學之士猶不能研索綜貫，以探經制之精。先生之學，明而未融，此非儒者之不幸歟！

乾嘉以來，鉅儒輩出。而性理經術，各守其家法，不相叚借。漢宋之閒，蓋斷斷如也。某曩在京師，與方聞之士論當時門户之弊，常以爲欲綜漢宋之長而通其區畛者，莫如以永嘉之學。嘗欲勼集鄉先哲遺文，廣爲傳播，以昌厥緒，而未逮也。既而東南大亂，承學之士日即于蕪陋，而達官貴人有以武功起家者，遂奮其私臆之論，以爲勝朝流寇之禍，萌櫱于姚江，道咸以來粤匪之亂，由于乾嘉之經學。鄉曲之士，眩惑其說，莫知所適從。今相國合肥李公有憂之，以爲此邪詖之説而荒蔑之原也。思欲刊布儒先遺書，以救其敝。某頃官江東，牋牘之暇，輒以先生遺集爲請。相國覽而善之，遂捐奉屬桂薌亭觀察刊之金陵書局，而以其版歸某，使浙中學士大夫得讀先生之遺集，而世之有志于永嘉之學者，亦有所津逮。則相國是舉也，實古今學術升降之樞鎋，豈徒吾鄉先哲之幸哉！

是集宋寶慶閒先生從孫師旦始編定刊

行于世，明以來印本殆絶。今所據以校刊者，錢唐丁大令丙所藏明鈔殘本，及朱宗丞學勤所臧舊鈔本也。刊既成，謹述先生學業傳授之略，與相國嘉惠來學之意，以詔讀者。同治壬申十二月。

六秝甄敚敘

黄帝、顓頊、夏、殷、周、魯六家秝術，❶漢時掌於史官，民閒亦有傳之者。劉向傳《洪範》，作《五紀論》，頗箸其說。向子歆集《七略》，亦載古秝，總四家八十二卷。演撰權輿，葡於是矣。向又謂黄帝麻有四法，顓頊、夏、殷並有二術。漢末宋仲子亦集七麻，以攷春秋朔蝕。七麻者，蓋六家之外，兼及《三統》。而所校夏、周兩麻，又各有二家。是其時諸秝皆完具，且復有別本可資校覈也。然古術章蔀疏闊，才舉大耑，日蝕、歲差缺焉未具。加以疇人、算士妒異黨同，略涉舊文，便相呰毁。是以祖沖之排之於前，僧一行詆之於後。羲堯遺典，❷幾爲䠶的，良足悕已。

南北之亂，典籍灰夷，六家之文，益多㪚佚。故魏李業興稱殷麻甲寅，黄帝辛卯，徒有積元而術數亡缺，修之各爲一卷。然唐修《隋志》，辨章經籍，并録亡書，六家之目，固已無載，李氏所補，亦復闕如。至於唐宋而後，議麻之士雖有援據，蓋由展轉徵引，非見本書。然其遺文，迺時時見於它籍。如李淳風注《五經算術》，詳推周麻至

❶「魯」，原脱，據《漢書・律曆志》，古六曆有魯曆，故補之。

❷「堯」，原作「撓」，今逕改。

朔；瞿曇悉達《開元占經》，備列六家歲元。斯皆碻然可徵，賢於求野。它如諸史厤志，及天官占驗之書，所載亦頗具較略。爰博爲鉤核，甄其佚文，別録四分，用相昚補，爲《厤經》一卷。熹平論元，大明改法，群議取證，多及六家。開元《大衍》，攷述尤賾。或仰測天行，遠符古象。或別演新術，獲諭舊編。今並疏通證明，課其離合，益以它書，爲《厤議》一卷。昔史遷《年表》，斷自共和，三五步驟，元紀茫昧。若廑憑積年，則上推易舛。輒放周厤譜諜，漢厤世經，自黃帝初元，還於秦亡，列其年歲同異，爲《厤譜》一卷。斗憲隃失，枚見舊典。如《淮南書》之顓頊術，《易緯》之殷術，《周髀》之周術，並法數詳碻，足爲左諭。亦刪綴其文，略爲校覈，爲《厤徵》一卷。漢唐治厤之家，率有立成，法實相乘，數究於九，御率治分，實便布策。❶復放嘉定錢氏《三統術鈐》，別演《四分術鈐》一卷。總題曰《六秝甄散》。

近代通人，如宣城梅氏，元和李氏，陽湖董氏，皆治古厤，並以六術久亡，未能補述。惟金山顧氏《六秝通攷》，甄綜略具，而未能詳備。今之所集，雖復疏略，而梗概犕具，推課無難，用以存敬，授之初軌。其於太初乾象，蓋亦大輅之椎輪，增冰之積水也。光緒初元，歲在旃蒙大淵獻，壯月朔日，瑞安孫詒讓。

周禮正義敘

粤昔周公，纘文武之志，光輔成王。宅中作雒，爰述官政，以垂成憲。有周一代之

❶「便」，原作「使」，據中華本所引稿本改。

典，炳然大備。然非徒周一代之典也。蓋自黄帝、顓頊以來，紀於民事以命官，更歷八代，斟汋損益，因襲積絫，以集於文武。其經世大法，咸稡於是。故雖古籍陯佚，百不存一，而其政典沿革，猶約略可攷。如《虞書》羲和四子，爲六官之權輿；《甘誓》六卿，爲夏法；《曲禮》六大、五官，鄭君以爲殷制；咸與此經多相符會，是職名之本於古也。至其閎章縟典，并苞遠古，則如五禮、六樂、三兆、三易之屬，咸肇耑於五帝，而放於二王。以逮職方、州服，兼綜四朝，大史歲年，通晐三統。若斯之類，不可殫舉。蓋鴻荒以降，文明日啓，其爲治，靡不始於麤觕，而漸進於精詳。

此經上承百王，集其善而革其弊，蓋尤其精詳之至者，故其治，躋於純太平之域。作者之聖，述者之明，蟠際天地，經緯萬端。究其條緒，咸有原本。❶是豈皆周公所肊定而手剏之哉？其閎意眇恉，通關常變，権其大較，要不越政教二科。政則自典法刑禮諸大端外，凡王后世子燕游羞服之細，嬪御閹閽之昵，咸隸於治官。宮府一體，天子不以自私也。而若國危、國遷、立君等非常大故，無不曲爲之制，豫爲之防，三詢之朝，自卿大夫以逮萬民，咸造在王庭，與決大議。又有匡人、撢人、大小行人、掌交之屬，巡行邦國，通上下之志。而小行人獻五物之書，王以周知天下之故。大司寇、大僕樹肺石，建路鼓，以達窮遽。誦訓、土訓，夾王車，道圖志，以詔觀事辨物。所以宣上德而通下情者，無所不至。君民上下之閒，若會

❶「咸」，原作「成」，據孫詒讓《周禮正義》（民國刻本）卷首敘文改。

四枝百衇而達於囟，無或雝閡而弗啚也。其爲教，則國有大學、小學，自王世子、公卿、大夫、士之子，臬夫邦國所貢、鄉遂所進賢能之士，咸造焉。旁及宿衛士庶子、六軍之士，亦皆輩作輩學，以德行道藝相切劘。鄉遂則有鄉學，六州學三十，黨學百有五十，遂之屬別如鄉。蓋郊甸之内，距王城不過二百里，其爲學，辜較已三百里七十有奇，而郊里及甸公邑之學，尚不與此數。推之鄁、縣、畺之公邑、采邑，遠極於畿外邦國，其學蓋十百倍蓰於是。無慮大數九州之内，意當有學數萬。信乎教典之詳，殆莫能尚矣！其政教之備如是，故以四海之大，無不受職之民，無不造學之士。不學而無職者，則有罷民之刑。賢秀挾其才能，愚賤貢其忱悃，咸得以自通於上，於以致純太平之治，❶豈偶然哉！

此經在西周盛時，蓋百官府咸分秉其官法以爲司存，而大宰執其總會，司會、天府、大史臧其副貳。成康既没，昭夷失德，陵遲以極於幽厲之亂。平之東遷，而周公之大經良法，蕩滅殆盡。然其典册散在官府者，世或猶尊守勿替。雖更七雄去籍之後，而齊威王將司馬穰苴，尚推明《司馬法》爲兵家職志，魏文侯樂人竇公，猶褎《大司樂》一經於兵火喪亂之餘。它如朝事之義，大行之贊，述於大小戴《記》，《職方》之篇，列於《周書》者，咸其枝流之未盡澌滅者也。其全書經秦火而幾亡。漢興景武之閒，五篇之經復出於河閒，而旋入於祕府，西京禮家大師，多未之見。至劉歆、杜子春，始通其章句，著之竹帛，三鄭、賈、馬諸儒，賡續

❶「於」，《周禮正義》卷首敘文無此字。

詮釋，其學大興。而儒者以其古文晚出，猶疑信參半。今文經師何休、臨碩之倫，相與擯斥之。唐趙匡、陸淳以逮宋元諸儒，呰議之者尤衆。或謂戰國瀆亂不經之書，或謂莽、歆所增傅，其論大都違舭不經。學者率知其謬，而其抵巇索痏至今未已者，則以巧辭衺説附託者之爲經累也。

蓋秦漢以後，聖哲之緒曠絶不續，此經雖存，莫能通之於治。劉歆、蘇綽託之以左王氏、宇文氏之篡，而卒以踣其祚。李林甫託之以修《六典》而唐亂，王安石託之以行新法而宋亦亂。彼以其詭譎之心，刻覈之政，偷效於旦夕，校利於黍秒，而謬託於古經以自文，上以誣其君，下以敓天下之口，不探其本而飾其末，其僥倖一試，不旋踵而潰敗不可振，不其宜哉！而懲之者遂以爲此經詬病，即一二閎攬之士，亦疑古之政教不可施於今。是皆膠柱鍥舟之見也。

夫古今者，積世積年而成之者也。日月與行星相攝相繞，天地之運猶是也。圓顱而方趾，横目而直榦，人之性猶是也。所異者，其治之迹與禮俗之習已耳。故畫井而居，乘車而戰，裂壤而封建，計夫而授田，今之勢必不能行也，而古人行之。祭則坐孫而拜獻之，以爲王父尸，昏則以姪娣媵而從姑姊，坐則席地，行則立乘，今之情必不能安也，而古人安之。凡此皆迹也，習也。沿襲之久而無害，則相與遵循之，久而有所不安，則相與變革之，無勿可也。且古人之迹與習，亦有至今不變者。日月與地行同度則相掩蝕，地氣之烝盪則爲風雨，人之所稔知也。而薄蝕則拜跪而救之，湛旱則號呼而祈之，古人以爲文，至今無改也。柷敔拊搏，無當於鏗鎗之均，血腥全烝，無當於飲食之道，而今之大祀，猶沿而不廢。然則古人之迹與習，不必皆協於事理之實，而於人無所厭惡，則亦相與守其故常，千百歲而無變。彼夫政教之閎意眇恉，固將貫百王而不敝，而豈有古今之異哉！今泰西之强國，其爲治，非嘗稽覈於周公、成王之典法也。而其所爲政教者，務博議而廣學，以臮通道路，嚴追胥，化土物卝之屬，咸與此經冥符而遥契。蓋政教修明，則以致富强，若操左契、固寰宇之通理，放之四海而皆準者。此又古政教必可行於今者之明效大驗也。

詒讓自勝衣就傅，先大僕君即授以此經，而以鄭注簡奥，賈疏疏略，未能盡通也。既長，略窺漢儒治經家法，乃以《爾雅》、《說文》正其詁訓，以《禮經》、大小戴《記》證其制度。研撢絫載，於經注微義略有所寤。竊思我朝經術昌明，諸經咸有新疏，斯經不宜獨闕，遂博采漢唐宋以來迄於乾嘉諸經儒舊詁，參互證繹，以發鄭注之淵奥，裨賈疏之遺闕。艸剏於同治之季年，始爲長編數十巨册。綴輯未竟，而舉主南皮張尚書議集刊國朝經疏，來徵此書。乃隱栝鰓理，寫成一秩以就正。然疏牾甚衆，又多冣録近儒異義，辯論滋緐，私心未惬也。繼復更張義例，剟緐補闕，廿年以來，稿艸屢易，最後迻録爲此本。其於古義古制，疏通證明，校之舊疏，爲略詳矣。至於周公致太平之迹，宋元諸儒所論多閎侈，而駢拇枝指，未盡楬其精要。顧惟秉資疏闇，素乏經世之用，豈能有所發明！而亦非箋詁所能鉤稽而揚榷也。故略引其耑，而不敢馳騁其說，覬學者深思而自得之。

中年早衰，傫然孤露，意思零落，得一

遺十。復以海疆多故，世變日亟，睠懷時局，撫卷增喟。私念今之大患在於政教未修，而上下之情暌閡不能相通。故民寙而失職，則治生之計陋隘，而譎觚干紀者衆。士不知學，則無以應事偶變，效忠厲節，而世常有乏才之憾。夫舍政教而議富强，是猶泛絶潢斷港而蘄至於海也。然則處今日而論治，宜莫若求其道於此經。而承學之士，顧徒奉周經漢注爲攷證之淵棷，幾何而不以爲已陳之芻狗乎！既寫定，輒略刺舉其可剴今而振敝一二犖犖大者，用示櫫楬，俾知爲治之迹，古今不相襲，而政教則固百世以俟聖人而不惑者。世之君子，有能通天人之故，明治亂之原者，儻取此經而宣究其説，由古義古制，以通政教之閎意眇恉，理董而講貫之，别爲專書，發揮旁通，以俟後聖。而或以不佞此書，爲之擁篲先導，則私心所企望而旦莫遇之者與！光緒二十有五年八月。

大戴禮記斠補敘

《禮大戴記》，漢時與《小戴》同立學官，義恉閎邃，符契無閒。而《小戴》誦習二千年，昭然如揭日月。《太傅禮》迺殘帙僅存，不絶若綫，綴學者幾不能舉其篇目，何其隱顯之殊絶與！綜而論之，二君咸冣集古記，捃采極博。《大戴》雖殘闕，而先秦遺籍猶多存者。如《三朝記》爲洙泗微言，《曾子》十篇義尤純粹，與子思《中庸》、公孫尼子《坊記》《緇衣》相儗。而《天圓》、《易本命》諸篇，究極天人，致爲精眇。近儒多援四角不揜之難以證地圓，余謂《小正》實有夏遺典，所出最古，其「三月參則伏」傳云：

「星無時而不見，我有不見之時，故云伏。」其於地圓之理，蓋尤明辨晳矣。

二《記》原流，劉氏《七略》、班氏《儒林傳》所論略備，原其師授，咸本高堂生。而魏張稚讓《進廣雅表》説《爾雅》云：「爰暨帝劉，魯人叔孫通撰置《禮記》，文不違古。」然則漢初撰集《禮記》，稷嗣實爲首出導師，而高堂、后蒼，咸在其后，故《大戴》舊本亦兼述《雅》訓，《白虎通義》引《禮親屬記》，即其遺文。是則《大戴》師承既遠，綜覽尤博，斯其左證矣。自馬、鄭詁禮，唯釋《小戴》，隋唐義疏家復專宗北海，八十五篇之《記》，遂無完書。今所存三十九篇爲十三卷者，不宷始於何時。東原戴氏據隋《經籍志》謂《小戴》删《大戴》爲四十六篇，與今《大戴》闕篇適合，證隋時傳本已如是。然《經典釋文·敘録》引晉陳邵《周禮論序》，先發此論，陳《序》謂《小戴》删《大戴》爲四十九篇者，并《月令》、《明堂位》、《樂記》三篇計之也。《隋志》則以三篇爲馬融所補，故止四十六篇。然《隋志》似即本陳説，陸氏所引，或有删潤矣。雖復謬悠，❶然可證彼時所傳已與今同。若然，此《記》完本殆亡於永嘉之亂乎！唐人所引，有《王度記》諸篇，蓋從魏晉古書捃拾得之。孔巽軒、孫頤谷並謂唐本篇數增多於今，未塙。唐以後，盧注亦闕大半，宋時雖偁「十四經」，而自傅崧卿、楊簡、王應麟諸家外，津逮殊尠。近代通人，始多治此學，而孔氏《補注》最爲善本。余昔嘗就孔本挈讀，又嘗得寶應劉楚楨年丈寶楠所録乾嘉經儒舊斠，多孫淵如、丁小雅、嚴九能、許周生諸家手記，又有趙雩門所斠殘宋槧異文，與孔書小殊，並録於册耑，臧庋廿年，未遑理董也。

❶「雖」，原脱，據中華本所引稿本補。

己亥冬，既寫定《周書斠補》，復取《大戴》斠本，別付寫官，以劉録舊斠傳鈔甚稀，慮其零落，并删定箸之。

猶憶同治癸酉侍先太僕君在江寧時，余方艸刱《周禮疏》，而楚楨丈子叔俛孝廉恭冕，適在書局刊補《論語正義》，亦甫成，時相過從，商榷經義。偶出《大戴》斠本示余，手録歸之。叔俛喜曰：「此本世無副迻，唯嘗寫寄績谿胡子繼教授培系。今子又録之，大江以南，遂有三本，可不至湮隊矣。」又云：「胡君爲《大戴義疏》，方綴緝長編，甚富。儻竟其業，諸家精論，必苞綜無遺，它日當與《周禮疏》並行，但恐其書猝不易成耳。」未幾，余從先君子至皖，而胡君適爲太平教授，曾一通問，未得讀其所箸書也。比余歸里，不數年，聞劉、胡兩君相繼物故，嗣胡君族子練谿太守元潔守温州，余從問君遺箸，略述一二。而詢以《大戴禮疏》，則殊不憭，殆未必成也。子勝斐然，中道廢輟，劉君之語，不幸中矣。今者甄録諸家舊斠，亦以荅劉君相示之意，而深惜胡疏之不得觀其成。舊學日稀，大業未究，迻寫之餘，所謂撫卷增喟者也。至此册識誤匡違，米鹽淩雜，聊爲治此經者識小之助，於《禮》經大義，概乎其未有聞。竊念海内閎達，儻有踵胡君而爲義疏者，或有取於是。沖遠之博采皇、熊，撝約之兼徵盧、戴，是則不佞所睎望於方來爾。光緒廿五年十二月。

余同年生鄞董沛覺軒，前亦有纂《大戴禮》疏之議，其綴緝在胡君之後。頃聞覺軒歿已數年，其書蓋亦未成也。籀廎又記。

周書斠補敘

《周書》七十一篇，《七略》始箸録。自《左傳》以逮墨、商、韓、呂諸子，咸有誦述。雖雜以陰符，閒傷詭駮，然古事古義，多足資攷證，信先秦雅記壁經之枝別也。隋、唐《志》繫之汲冢，致爲疏舛。《晉書》記荀勖、束晳所校汲冢古文，篇目雖有「周書」，與此實不相涉。今汲縣《晉石刻大公吕望表》引竹書《周志》「文王夢天帝服玄禳，以立于令狐之津」云云，迺真汲冢所得《周書》，以七十一篇《書》校之，文例殊異，斯其符譣矣。

此書舊多闕誤，近代盧氏紹弓校本，朱氏亮甫《集訓》，芟斸蓁薉，世推爲善册。余嘗以高續古《史略》、黄東發《日鈔》勘之，知宋時傳本，實較今爲善。世所傳録惠氏定宇校本，略記宋槧異文，雖多互譌，猶可推故書轍迹。盧本亦據惠校，顧采之未盡，朱本於盧校之善者，復不盡從之，而所補闕文，多采丁宗洛《管箋》，則又大都馮肊增羼，絶無義據。蓋此書流傳二千餘年，不知幾更迻寫。俗陋書史，率付之不校。即校矣，而求專家通學如盧、朱者，固百不一遘。今讀《酆謀》、今本並誤「謀」。《商誓》、《作雒》諸篇，則盧、朱兩校，亦皆不能無妄改之失。然則此書之創痏眯目，斷跀不屬，寧足異乎！

余昔讀此書，頗涉讎勘，略有發正，輒付掌録，覬以思誤之適，自資省覽，不足爲盧、朱兩家拾遺補闕也。至近代治此書者，如王氏褱祖《讀書雜志》、洪氏筠軒《讀書叢録》、二書朱校亦采之，然未盡也。莊氏葆琛《尚書記》、此書逞肊增竄，難以依據，然亦閒有塙當者。何氏頤船《王會箋釋》、俞丈蔭父《群經平議》，其所理董，亦多精塙。既學者所習見，則固不煩捃録矣。光緒丙申七月。

古籀拾遺敘

攷讀金文之學，蓋萌柢于秦漢之際。《禮記》皆先秦故書，而《祭統》述孔悝鼎銘，此以金文證經之始。漢許君作《説文》，據郡國山川所出鼎彝銘款，以修古文，此以金文説字之始。誠以制器爲銘，九能之選，詞誼瑋奥，同符經埶。至其文字，則又上原《倉》、《籀》，旁通《雅》故，博稽精斠，爲益無方。然則宋元以後，「冣録」、「款識」之書，雖復小學枝流，抑亦秦漢經師之家法與！宋人所録金文，其書存者有吕大臨、王楚、王俅、王厚之諸家，而以薛尚功《鐘鼎款識》爲尤備。然薛氏之指，在于鑒別書法，蓋猶未刊集帖之陋，故其書摩勒頗精，而平釋多繆，以商周遺文，而迺與晉唐隸艸絜其甲乙，其於證經説字之學，庸有當乎？

我朝乾嘉以來，經術道盛。修學之儒，孯斠篆籀，輒取證于金文。儀徵阮文達公，遂集諸家拓本，賡續薛書。南海吴中丞榮光，箸《筠清館金石録》，亦以金文五卷冠首。阮氏所録既富，又萃一時之方聞邃學，以辯證其文字，故其攷釋精塙，率可依據。吴書釋文，蓋龔禮部自珍所餥定，自負其學爲能冥合《倉》、《籀》之指，而鑿空貤繆，幾乎陽承慶、李陽仌之説。然其孤文瓻誼，偶窺扃窔，亦閒合于證經説字，終非薛氏所能及也。

詒讓束髮受經，略識故訓。嘗慨獷秦燔書，別刱小篆，倉沮舊文，寖用湮廢。漢人掇拾散亡，僅通四五，壁經復出，罕傳師讀。新莽居攝，甄豐校文，書崇奇字而黜大篆。甄豐所定六書：一古文；二奇字；三篆文，即小篆；四左書；五繆篆；六鳥蟲書。而無大篆，是其證也。建武中興，《史籀》十五篇書缺有閒。魏《正始石經》，或依科斗之形以造古文。晉人校汲冢書以隸古定，多怪詭不合六書。蓋古文廢于秦，籀缺于漢，至魏晉而益散。❶學者欲窺三代遺迹，舍金文奚取哉！

端居諷字，頗涉薛、阮、吴三家之書，讀之展卷思誤，❷每滋疑滯。閒用字書及它刻互相斠覈，略有所寤，輒依高郵王氏《漢隸拾遺》例，爲發疑正讀，成書三卷。自惟末學膚受，不足以通古籀之原，竊欲剌剟殘瓶，少坿證經説字之學。至於意必之論，刊除未盡，且僅據傳摩，罕斠墨本，點畫漫缺，或滋妄説。世有好古文字如張敞、顔游秦者，儻能理而董之矣！同治十一年余月。

古籀餘論後敘

甄録金文之書，自錢唐薛氏書外，近代唯儀徵阮氏、南海吴氏最爲精富。倉籀遺跡，粲然可尋，固縣諸日月而不刊者也。余前箸《拾遺》，於三家書略有補正。近又得海豐吴子苾侍郎《攟古録金文》九卷，搜録尤閎博。新出諸器，大半箸録，釋文亦殊精審。儀徵、南海，信堪鼎足。攬涉之餘，閒獲新義，又有足正余舊説之疏繆者，并録爲二卷。蓋非第偶存札樸，抑亦自資砭砦矣。

猶憶同治閒，余侍親江東，時海内方翹

❶「至」，刊本《古籀拾遺》卷首敘文作「逮」。

❷「讀之」，刊本《古籀拾遺》卷首敘文無此二字。

望中興，而東南通學，猶承乾嘉大師緒論，以稽古爲職志。余壯年氣盛，嘗乘扁舟，溯江至京口，登金山，訪遂啟諆大鼎不得，迺至焦山海雲堂觀無叀鼎，手拓數十紙以歸。時德清戴子高茂才，亦客秣陵，與余有同耆，朝夕過從。余輒出所得漢陽葉氏舊藏金文拓本二百種，同讀之。君亦出舊藏季娟鼎，相與摩挲椎拓，竟日不倦。時余書方挩稿，而戴君得羸病甚劇，然猶力疾，手録余說於《積古齋款識》册耑。又嘗屬余爲毛公鼎釋文，其歿前數日，猶迻福，不遺一字。蓋余治此學，唯君知之最早，亦愛之獨深。子雲奇字，見之伯松，歐公《集古》，每咨貢父，不是過也。

繼余以資郎留滯春明，時吴縣潘文勤公臧彝器最盛，與濰縣陳壽卿編修埒。而宗室盛伯熙、福山王文敏兩祭酒，❶元和江建霞、陽湖費峐裒兩編修，同邑黄仲弢學士，皆爲玆學。每有雅集，輒出所藏金文，辨證難字。適文勤得克鼎，文字奇瑰，屬王、江諸君爲正其讀，攷跋纍纍，莊成巨册。公以示余，俾別擇其是非。余輒舉鼎中「擾遠能執」一語，證以《詩》、《書》，謂以「擾」爲「柔」、「執」爲「邇」，爲聲近叚借。仲弢見之，則爲舉《尚書》「執祖」即「禰祖」，以證其義，文勤亦以爲致塙。此鼎吴氏未箸録，文勤所臧器殆八百餘種，如齊侯鎛鐘等，❷皆吴氏所未見也。京雒緇塵，萃此古懽，致足樂也。未幾，余省親南旋，而文勤治振畿輔，官事倥偬，猶馳書以新得井人殘鐘拓本寄示，屬爲攷釋。比余荅書未及達，而文勤遽薨逝。余亦自

❶「敏」，原作「介」，王懿榮謚文敏，據改。

❷「等」，原爲墨丁，據刊本《古籀餘論》卷首後敘補。

是不復至都，意興銷落，此事幾輟。

今檢吴氏此録，則季娟鼎、毛公鼎、井人鐘諸器，咸入橅録，而戴、潘、盛、江諸賢，墓已宿草。永念疇昔，幾同隔世。邇年斆門課子，舊友雲散，唯峐褏收羅彝器，時以拓本寄贈。其所得師奎父鼎、❶趩尊、師趛鼎、冘卣、戈叔朕鼎，❷亦多足校正吴録。峐褏所臧，余嘗見者五十餘器，如斁狄鐘、師龢父敦、趞曹鼎、❸無斁鼎、❹乙亥方鼎，❺皆吴氏所未見也。然余年逾五十，多病早衰，目力囟力咸遠不逮昔矣。

大氏余治此學逾卅年，所覯拓墨亦絫千種，恒耽玩篆埶，審校奇字，每覃思竟日，輒萬慮俱忘，眇思獨契，如對古人。不意過眼雲煙，倏成陳迹。迄今世變彌亟，❻風尚日新，古文字例，殆成廢絀。敝帚自珍，輒用内恧。然泰西學埶大昌，其所傳埃及巴比倫象形鐵𢧟古字，遠不及中土篆籀之精妙。彼土學者捃拾於冢塔土甓之餘，猶攷讀皮儲，珍逾球璧。而我國學子，略涉譯册輒鄙棄古籀如弁髦。政教之不競，學術亦隨之，斯固相因之理乎！然周孔之教，儻永垂於天壤，則倉籀遺文，必有愛護於不隊者。

此册既寫定，將寄質峐褏、仲弢兩君，相與商榷定之。而附識弱冠以來攷攬所逮，皋師友存亡并離之跡，綴之卷尾，以志今昔之感。古學將湮，前塵如夢，余又何能無概於心哉！光緒癸卯六月，籀廎居

❶「奎」，原爲墨丁，據刊本《古籀餘論》卷首後敘補。
❷「戈叔」，原爲墨丁，據刊本《古籀餘論》卷首後敘補。
❸「趞」，原爲墨丁，據刊本《古籀餘論》卷首後敘補。
❹「斁」，原爲墨丁，據刊本《古籀餘論》卷首後敘補。
❺「乙」，原作「也」，據刊本《古籀餘論》卷首後敘改。
❻「迄」，刊本《古籀餘論》卷首後敘無此字。

士書。

九旗古義述敘

古王者建國，必改正朔，易服色，殊徽號，異器械，以變民視。故賓祭、師田、修禮、敷政，咸以旗章爲尤重。肇自虞夏，爰迄有周，三統循環，五德更王。於是有五旗，以上法天官，下應方色，章物燦然。義咸有所取，非苟爲別異也。《周禮・司常》掌九旗之名物，而《巾車》陳路建五正旗，其文制昭晳，不可增省。先秦、西漢儒家大師，如子夏、叔孫通、梁文之修《爾雅》，毛公之傳《詩》，尚能識其大略。東漢以後，說經者寖失其義，以汝南許君、北海鄭君之精博，尚不無舛牾。如許釋旃、勿二文，❶皆未得其本制。而鄭以旜、物、旞、旌各別爲旗，皆無畫章。又以旜爲即大赤，與大白、大麾應三代正色，亦皆別爲旗，《爾雅》之旐、旆，則爲喪旌，咸不在九旗之數。而旗識古義，沈霾千載矣。自是以降，劉成國、孫叔然、郭景純，以臮賈、孔義疏，率敷闡鄭詁，無所匡益。而《司常》大閱、《大司馬》治兵，旗物錯文互見，鄭君不得其說，則歸諸常變空實之異，禮堂弟子如趙商輩已疑之。宋元迄今，說禮者閒持異論，然皆未能有所發明。

余前箸《周禮疏》，深善檠齋金氏《禮箋》說，知大赤即鳥旗，大白即熊旗，大麾即龜旐，合之大常、大旂，而方色大備。又攷正旞旌爲諸旗之通制，其說皆致塙。顧於旜、物、旐、旆，猶沿襲舊釋，而於《司常》旗物，則以爲賓祭、陳路建旗之法，與《大司

❶「文」，原作「丈」，今據文義改。

馬》四時大閱治兵之禮異。近儒懋堂段氏、墨莊胡氏，皆宗其說。余初亦無以易之，竊念師田之建旗，所以表事章信，叚令如鄭君及金氏說，應時更建，變易無方，則是適以滋惑，於理難通。況諦審《司常》建旗一經，明冠以「及國之大閱，贊司馬，頒旗物」云云，文義本相承貫，而金氏鋠析章句，以「王建大常」以下爲更端別起，不冡「大閱」爲文，其說尤牽强。揆之私心，終未能釋然也。積疑匈肊，於今廿年。

庚子之夏，畿輔告警，鑾輿西狩。余里亦伏莽竊發，邑城戒嚴。索居無憀，憂憤怫鬱，輒耤溫習經疏以自遣。偶紬《司常》、《大司馬》經注尋繹之，綜覽舊詁，疑牾益甚。迺取《詩》、《禮》、《爾雅》諸經與九旗相涉之文，悉心校覈。竊疑《詩·干旄》明箸旄旟，則是鳥旟，注旄不涉通帛，而毛傳則云大夫之旜，此案之鄭義，必不可通者也。《鄉射禮記》說國君獲旌于竟則龍旜，既爲通帛，何因復有龍章？此案之鄭義，亦必不可通者也。《爾雅》之釋「旐」云「緇廣充幅」，而繼之以旆。《士喪禮》不命之士銘旌以緇，爲正幅而䞓末。「末」今文又爲「旆」，䞓末既有旆文，則緇正必儗旐制，此與《雅》訓適合。而案之鄭義，亦必不可通者也。因其參互之迹，以尋其閒罅。覃思絫日，始較然得其䚡理。迺知周之旗物名九而正唯五，五旗之外，更無它旗。所謂旜物者，猶國徽之有正有鑲，實爲諸旗之通制。旜純而尊，物駁而卑。王侯孤卿尊，則建旜，大夫士卑，則建物，而自命士以上，斿皆依命數。唯不命之士無物，則叚旐物而小變之，去其斿而屬以旆。此其辜較也。若然，旜物與旞旌，不過就五正旗而別異之，耤縿斿之通雜，注羽之全析，以別嫌辨等爾。金氏既得之於旞旌，而仍失之於旜物，則其疏也。執是例以求之，則知《司常》、《大司馬》兩經，文小異而義大同。《司常》曰：「孤卿建旜，大夫士建物。」而《大司馬》統晐之曰：「百官載旟。」則知孤卿所建者，爲旟之旜，大夫士所建者，爲旟之物也。《司常》曰：「帥都建旗。」而《大司馬》分楬之曰：「帥都載旜，鄉家載物。」則知軍帥大小都所建者爲旗之旜，家邑所建者爲旗之物。而「鄉」復即《司常》之「州里」，則知其所建者，又爲旟之物也。更以是推之《詩》、《禮》、《爾雅》，則亦無不可通。《干旄》之旟，毛傳以爲大夫之旜，即《司常》之孤卿建旜。上大夫即卿。《鄉射記》國君龍旜，即《司常》之諸侯建旂。蓋孤卿所建之旜即旟，而諸侯所建之旂皆旜也。《爾雅》旐、旆，即雜帛爲物之別制，故《士喪》儗之，以爲無物者之銘旌，則知緇、䞓異色，亦即雜帛之塙詁矣。

蓋諸經之不可理董者，以是求之，而弇然若引弦以知矩。益信古經文例縵密，非綜校互勘，未易通其條貫也。既檃栝其略箸之疏，而以二千年承譌之舊義，非反覆辨證，無以釋學者之疑。故別述是册，以究其說。首舉《司常》、《大司馬》九旗五正，以箸其等例，而旁及《爾雅》常旐、《鄉射》獲旜、《士喪》銘旌諸文，以廣其義證。其它名制，無關恉要，或舊釋已詳，咸不箸於篇。世變紛亟，舊學榛蕪，獨裒遺經，無從質定。安得精孯禮學如金氏者，與之榷斯義之是非哉！光緒辛丑孟陬。

籀廎述林卷五

瑞安孫詒讓

尚書駢枝敘

自文字肇興，而邃古語言得箸於竹帛。絫字而成語，絫語而成辭，馳騁其辭，錯綜連屬以成文。文辭與語言，固相傳以立者也。語言，則童蒙簡而成人緐，惷愚樸而智慧文，野鄙質而都邑雅。夫文辭亦然，有常也，有雅也，或簡而徑，或緐而曲，不可以一端盡也。故常語恒畸於質，期於辭約恉明而已。雅辭則詭名奧誼，不越厥宗。❶其體遂判然若溝畛之不可復合矣。

古記言之經，莫尚於《書》。自夫三科文立，辭體攸殊，唐虞典謨，簡而易通，商周命誥，緐而難讀，是豈如後世楊雄、樊宗師之倫，故爲艱深以難學子哉！亦其辭有雅質，則區以別耳。《大戴禮記·保傅》篇不云乎，「天子荅遠方諸侯，不知文雅之辭，少師之任也」。古者史佚職之。而《禮聘記》又云：「辭無常，孫而説。辭多則史，少則不達。辭苟足以達，義之至也。」然則文雅之辭，義至而無弗達，雖古之良史，猶或難之，而可以晚近淺俗之辭例求之乎！《論語》云：「子所雅言，《詩》、《書》、執禮，皆雅言也。」《禮三朝記》、《小辨》篇孔子曰：「爾雅以觀於古，足以辨言矣。」是知雅言主文，

❶「不越厥宗」，刊本《尚書駢枝》卷首敘文作「必式古訓而偁先民」。

不可以通於俗；雅訓觀古，不可以概於今。故《春秋元命苞》説子夏問孔子作《春秋》，不以初哉首基爲紀何。蓋《春秋經》則云：「元年春王正月。」此記事徵實之辭也。《書·康誥》則云：「惟三月哉生魄，周公初基作新大邑于東國洛。」此記言文雅之辭也。《釋詁》之篇，託始于初哉首基，所以綜雅辭而明其義也。惟《詩》亦然。《國風》，方語也，故易通；《雅》、《頌》，雅辭也，則難讀。故命誥之辭，與《雅》、《頌》多同。《大誥》云「天棐忱辭」，文致奥衍。證以《蕩》云「天生烝民，其命匪諶」，《大明》云「天難諶斯」，則昭若發蒙矣。《康誥》云「汝惟小子，乃服惟宏」，恉亦簡晦。證以《民勞》云「戎雖小子，而式宏大」，則弇若合符矣。《大雅·思齊》云：「肆戎疾不殄，烈假不瑕。」毛、鄭皆未得其義。證以《康誥》云「不汝瑕殄」，則奂然冰釋矣。若兹之類，殆不可以僂指數。然則文言雅辭，非淹貫故訓，不能通其讀，而況以晚近淺俗之辭强爲詮釋，其詰籀爲病，不亦宜與！

《書》自經秦火，簡札殽亂。今古文諸大師之所傳，漢博士之所讀，所謂隸古定者，或以私肊更易，展轉傳授，舛啎益孳。漆書古文，蓋多叚藉。如「非」、「匪」率爲「棐」，今多作正字，其偶存者，則皆誤釋爲輔者也。「文」多作「忞」，古文箸「心」於「文」中，今所傳鍾鼎款識咸如是。今絶無「忞」字，而有譌作「寍」者，則因釋爲安而存其形似也。其它文字殊異復數百科，《書》之譌易無完札，固不待八戹而然矣。《書》有八戹，❶見段氏《撰異敘》。乾嘉經儒治《尚書》者，如王西莊、段

❶「八」，段氏《尚書撰異敘》作「七」。

若膺、孫淵如、莊葆琛諸家，多精通《雅》詁，而王文簡《述聞》、《釋詞》，釋古文辭尤爲究極敚眇。

余少治《書》，於商周命誥，輒苦其不能盡通。逮依段、王義例以正其讀，則大致文從字順，乃知昔之增益傎到以爲釋，而綴緐晦澀仍不可解者，皆不通雅辭之蔽也。頃理董舊册，摭蒙所私定與昔儒殊異者，得七十餘事，别寫存之。而約舉古文辭之要略，以示家塾子弟，俾知雅辭達詁自有焯然之通例，可藉文字句讀，以進求古經之大義，儻有所津逮尔。

名原敘

汝南許君云：「倉頡之初作書，蓋依類象形，故謂之文。其後形聲相益，即謂之字。」是文字之初，固以象形爲本，無形可象，則指事爲之。遝後孳乳寖多，而六書大備。今《説文》九千文，則以秦篆爲正，其所録古文，蓋捃拾漆書、經典，及鼎彝窾識爲之，籀文則出於《史篇》，要皆周以後文字也。倉、沮舊文，雖雜厠其閒，而亘復識别。況自黄帝以迄於秦，更厤八代，積年數千，王者之興，必有所因，於故名，亦必有所作於新名，新故相襲，變易孳益，巧厤不能計，又孰從而稽覈之乎！自宋以來，彝器文閒出，攷釋家或據以補正許書之譌闕。邇年又有龜甲文出土，尤簡渻奇詭。閒有原始象形字，或定爲商時契刻，閒與籀文同，或本商前舊文，而《籀篇》因襲之。然亦三代瑑迹爾。余少耆讀金文，近又獲見龜甲文，咸有譔録。每惜倉、沮舊文不可復覩，竊思以商周文字展轉變易之迹，上推書契之初軌，沈思博覽，時獲塙證，冣栝論之。

書絜初興，形必至簡。還其後品物衆而情僞滋，簡將不周於用，則增益分析而漸緐。其最後文極而敝，苟趣急就，則彌務省多，故復減損而反諸簡。其更迭嬗易之爲，率本於自然。而或厭同耆異，或襲非成是，積久承用，皆爲科律，故厤年益遠，則譌變益衆。而李斯之作小篆，廢古籀，尤爲文字之大戹。蓋秦漢閒，諸儒傳讀經典，已不能精究古文。如古多叚「忞」爲「文」，與「寍」形近，金文「文」多作「」，❶與「寍」作「」絶相似。❷而《書·大誥》曰「寍考」、❸「寍王」、「前寍人」、「寍武」，則皆「文」之譌也。❹古文有「䵼市」，即《禮》之「爵韠」，又有「䊷」字，當爲爵帛本字，而《毛詩·絲衣》曰「載弁俅俅」，「載」則「䵼」、「䊷」之叚也。「庸」古文作「𩫖」，與「敦」偏旁相涉，而《左傳》説成王賜魯「土田倍敦」，「倍敦」則「附庸」之譌也。《書》、《詩》傳自伏生、毛公，《左氏春秋》上於張蒼，大毛公當六國時，前於李斯，伏固秦博士，張則柱下史，咸逮見李斯者。三君所傳，尚不無舛駁，斯之學識，度未能遠過三君，而迺奮肊制作，徇俗蔑古，其違失倉、史之指，寍足責邪！

通校古文、大小篆，大氐象形字，與畫繢通，隨體詰詘，譌變最多。指事字次之。會意、形聲字則子母相檢，沿譌頗尟。而與轉注相互轉注從徐鍇説。爲例，又至廣博。其字或秦篆所不具，或許氏偶失之，故不勝枚

❶「」，原爲留白，據《名原》卷首敘録補。

❷「」，原爲留白，據《名原》卷首敘録補。

❸「考」，原作「攷」，據《尚書》改。

❹「也」下，《名原》卷首敘録有「略本吴清卿説」雙行小注六字。

舉。而叚借依聲託事，則尤茫無涯涘矣。古文叚借至多，玆不遑論。今略摭金文、多據原器拓本。未見拓本，則以阮元、吴榮光、吴式芬三家橅本左之。宋薛尚功、王俅諸家所橅多誤，不足依據，唯今拓本所無之字，略有援證，餘悉不馮也。龜甲文，據丹徒劉氏橅本。與《説文》古籀互相勘校，❶楬其岐異，以箸省變之原。而會冣比屬，以尋古文、大小篆沿革之大例。約舉耑較，不能備也。

世變方亟，玆學幾絶。所覬金石瑑刻，日出不窮，倉、沮舊迹，儻重見於人閒，後之治古文奇字者，執吾説以求之，其於造作書契之恉，或得冥符於萬一爾。光緒乙巳十一月。

栔文舉例敘

文字之興，原始于書契。「契」之正字爲「栔」，許君訓爲「刻」，蓋鍥刻竹木以箸法數，斯謂之「栔」。「契」者，其同聲叚借字也。《周禮・小宰》八成聽取予以書契，乃契券之一種，與《易》書契小異。《詩・大雅・緜》云：「爰始爰謀，爰契我龜。」毛公訓「契」爲「開」，「開」、「刻」義同，是知栔刻又有施之龜甲者。《周禮・菙氏》：「掌共燋契，以待卜事。」又云：「遂吹其焌契，以授卜師。」杜子春云：「契，謂契龜之鑿也。」亦舉《緜》詩以證義。鄭君則謂「契」即《士喪禮》之楚焞，所用灼龜也。綜斠杜、❷鄭之義，知開龜有

❶「與」上，《名原》卷首敘録有大字「石鼓文」，下小注「據拓本及重橅天乙閣北宋拓本」，又下大字「貴州紅巖古刻」，又小注「據橅本。此蓋古苗民遺跡，篆形奇譎難識，與古文字例不甚符合。鄒叔勣以爲殷高宗伐鬼方紀功石刻，肊説不足據也」等共六十八字。

❷「斠」，原作「覯」，據刊本《栔文舉例》卷首敘文改。

金契，有木契，杜據金契用以鑽鑿，鄭據木契用以然灼，二者蓋同名異物。金契即刻書之刀鑿，將卜，開甲俾易兆，卜竟，紀事以徵吉，殆皆有栔刻之事。《詩》、《禮》所述，義據焯然。商周以降，文字緐孳，竹帛漆墨，日趨簡易，而栔刻之文，猶承用不廢。漢承秦燔之後，所存古文舊籍，如淹中古經，西州膌簡，皆漆書也。《汲冢竹書》出晉太康初，亦復如是。然則栔刻文字自漢時已罕覯，迄今數千年，人間殆絶矣。

邇年河南湯陰古羑里城，掊土得古龜甲甚夥，率有文字。丹徒劉君鐵雲，集得五千版，甄其略明晳者千版，依西法拓印，始傳於世。劉君定爲殷人刀筆書，余謂《考工記》築氏爲削，鄭君訓爲書刀，刀筆書，即栔刻文字也。甲文既出於刀筆，故庯峭古勁，觚折渾成，怳若讀古史手札。唯瑑畫纖細，拓墨漫漶，既不易辨仞，甲片又率爛闕，文義斷續不屬，劉本無釋文，苦不能卒讀也。

蒙治古文大篆之學四十年，所見彝器款識逾二千種，大氐皆出周以後。賞鑒家所櫫楬爲商器者，率肊定不能塙信，每憾未獲見真商時文字。頃始得此册，不意衰年睹兹奇迹，愛翫不已。輒窮兩月力校讀之，以前後復緟者參互寀繹，迺略通其文。字大致與金文相近，篆畫尤簡渻，形聲多不具，又象形字頗多，不能盡識。所偁人名號未有謚法，而多以甲乙爲紀。皆在周以前之證。羑里於殷屬王畿，於周爲衛地。據《周書·世俘》篇，殷時已有衛國，故甲文亦有「商」、「周」、「衛」諸文。以相推論，知必出於商周之間，劉君所定爲不誣。至其以「𢀈」爲「子」、以「𦀚」爲「係」，閒涉籀文，或疑其出周宣以後，斯則不然。夫《史籀》十五篇，不必皆其自作，猶之許書九千字，雖爲秦篆，而承用倉、沮舊文者十幾七八，斯固不足以獻疑爾。甲文多紀卜事，一甲或數段，從横反正，迻遣糾互無定例，蓋卜官子弟應時記識，以備官成，本無雅辭奥義。要遠古契刻遺文，耤存辜較，朽骼畸零，更三四千年竟未漫滅，爲足寶耳。

今就所通者，略事甄述，用補有商一代書名之佚，兼以尋究倉後籀前文字流變之迹，其所不知，蓋闕如也。抑余更有舉證者。《尚書・洪範》，原本雒書，漢劉子駿、班孟堅舊説，咸謂「初一曰五行」至「畏用六極」六十五字，爲雒水所出龜書，禹得之以爲九疇。馬、鄭所論略同。後儒疑信參半，遂滋異議。顧彪、劉焯、劉炫、孔穎達之倫，雖依用劉、班，猶致疑於字數繇簡之閒。今所見龜文殘版徑一二寸者，刻字輒數十計，元龜全甲尺二寸，必可容百名以上。以相推例，雒水龜書，殆亦猶是。蓋本邃古之遺文，賢達寶傳，刻箸龜甲，用代簡畢，大禹浮雒，適爾得之。要其事實不過如此。自緯候詭託，以爲神龜負書，文瑑天成，後儒矜飾符瑞，遂若天璽神讖，祥符天書，同兹誣誕。實則契龜削甲，古所恒覯，不足異也。此似足證經義，輒附記之，以諗學者。光緒甲辰十一月，籀廎居士書。

周禮政要敘

中國變法之議，權輿於甲午，而極盛於戊戌，蓋詭變而中阻。政法未更，而中西新故之辯，舛馳異趣，已不勝其譁聒。夫政之至精者，必協於群理之公，而通於萬事之變。一切弗講，而徒以中西新故畫區畛以自隘，吾知其懵然一無所識也。中國開化四千年，而文明之盛，莫尚於周。故《周禮》一經，政法之精詳，與今泰東西諸國所以致富强者，若合符契。然則華盛頓、拿坡崙、盧梭、斯密亞丹之倫所經營而講貫，今人所指爲西政之最新者，吾二十年前之舊政，已發其端。吾政教不修，失其故步，而薦紳先生咸茫昧而莫知其原，是亦綴學者之恥也。辛丑夏，天子眷念時艱，重議更法。友人以余嘗治《周禮》，屬捃摭其與西政合者，甄緝之，以備財擇。此非欲標楬古經，以自張其虚憍，而飾其窳敗也。夫亦明中西新故之無異軌，俾迂固之士廢然自反，無所騰其喙焉尔。

書凡二卷，都四十篇，雖疏漏尚衆，而大致略具。漢儒不云乎，「爲治不在多言，顧力行何如耳」。誠更張今法，集我群力，而行之不疑，則此四十篇者，以致富强而有餘。其不能也，則雖人懷鼂、賈之策，户誦杜、馬之書，其於淪胥之痛，庸有救於豪標乎。嗚呼！❶世之論治者，可以鑒矣。光緒壬寅四月，籀廎居士書。

墨子閒詁敘

《漢志》墨子書七十一篇，❷今存者五十三篇。《魯問》篇墨子之語魏越云：「國家昏亂，則語之尚賢、尚同；國家貧，則語之節用、節葬；國家憙音湛湎，則語之非樂、非命；國家淫僻無禮，則語之尊天、事鬼；

❶「嗚」，原作「鳴」，逕改。後同此者，不一一出校。

❷「一」，原作「二」，據《漢書·藝文志》、《墨子閒詁》自序改。

國家務奪侵淩，則語之兼愛、非攻。」今書雖殘缺，然自《尚賢》至《非命》三十篇，所論略備，足以盡其指要矣。《經》、《説》上下篇，與莊周書所述惠施之論及公孫龍書相出入，似原出墨子，而諸鉅子以其説綴益之。《備城門》以下十餘篇，則又禽滑釐所受兵家之遺法，於墨學爲別傳。惟《脩身》、《親士》諸篇，誼正而文靡，校之它篇殊不類。《當染》篇又頗涉晚周之事，非墨子所得聞，疑皆後人以儒言緣飾之，非其本書也。

墨子之生，蓋稍後於七十子，不得見孔子，然亦甚老壽。故前得與魯陽文子、公輸般相問荅，而晚及見田齊太公和，又逮聞齊康公興樂，及楚吴起之亂。身丁戰國之初，感悕於獷暴淫侈之政，故其言諄復深切，務陳古以剴今，亦喜稱道《詩》、《書》，及孔子所不脩百國《春秋》。惟於禮，則右夏左周，欲變文而反之質。樂則竟屏絶之。此其與儒家四術、六蓺必不合者耳。至其接世務爲和同，而自處絶艱苦，持之太過，或流於偏激，而非儒尤爲乖盭。然周季道術分裂，諸子舛馳。荀卿爲齊魯大師，而其書《非十二子》篇，於游、夏、孟子諸大賢，皆深相排笮。洙泗齗齗，儒家已然，墨儒異方，跬武千里，其相非寧足異乎？綜覽厥書，釋其純駁，甄其純實可取者，蓋十六七。其用心篤厚，勇於振世救敝，殆非韓、吕諸子之倫比也。莊周《天下》篇之論墨氏曰：「不侈於後世，不靡於萬物，不暉於數度，以繩墨自矯，而備世之急。」又曰：「墨子真天下之好也，將求之不得也，雖枯槁不舍也，才士也夫。」斯殆持平之論與！墨子既不合於儒術，孟、荀、董無心、孔子魚之倫，咸排詰之。漢晉以降，其學幾絶，而書僅存。然治之者殊尠，故挩誤尤不可校。而古字古言轉多，沿襲未改，非精究形聲通叚之原，無由通其讀也。舊有孟勝、樂臺注，今久不傳。近代鎮洋畢尚書沅始爲之注，藤縣蘇孝廉時學復刊其誤，刜通涂徑，多所諟正。

余昔事讎覽，旁摭衆家，擇善而從。於畢本外，又獲見明吴寛寫本、黄丕烈所景鈔者，今臧杭州丁氏，缺前五卷，大致與道臧本同。顧千里校道臧本，臧本明正統十年刊，畢本亦據彼校定，而不無舛譌。顧校又有季本傳録，或作李本，未知孰是。明槧諸本，大氐皆祖臧本，畢注略具，今並不復詳校。又嘗得倭寶麻間放刻明茅坤本，并爲六卷，而篇數尚完具，册耑附校異文，閒有可采。惜所見本殘缺，僅存後數卷。用相勘覈，别爲寫定。復以王觀察念孫尚書引之父子、洪州倅頤煊及年丈俞編修樾、亡友戴茂才望所校，參綜攷讀。竊謂《非儒》以前諸篇，誼恉詳焯，畢、王諸家，校訓略備，然亦不無遺失。《經》、《説》、兵法諸篇，文尤奧衍淩雜，檢攬舊校，疑滯殊衆。覃覈有年，用思略盡，謹依經誼字例爲之詮釋。至於訂補《經》、《説》上下篇旁行句讀，正兵法諸篇之譌文錯簡，尤私心所竊自喜，以爲不謬者，輒就畢本更爲增定，用遺來學。昔許叔重注淮南王書，題曰《鴻烈閒詁》，據宋槧本《淮南子》及晁公武《讀書志》。閒者，發其疑牾；詁者，正其訓釋。今於字誼多遵許學，故遂用題署，亦以兩漢經儒本説經家法箋釋諸子，固後學所睎慕而不能逮者也。

《墨子》書舊多古字，許君《説文》舉其「羛」、「繃」二文，今本並改易不見，則其爲後人所竄定者，殆不知凡幾。蓋先秦諸子之譌舛不可讀，未有甚於此書者。今謹依《爾雅》、《説文》，正其訓故，古文篆隸，校其文字。若《尚同》篇引「術令」，即《書・説命》之佚文。魏晉人作僞《古文尚書》，不知「術」爲「説」之叚字，遂摭其文，竄入《大禹謨》矣。《兼愛》篇「注召之邸，虖池之瀆」，「召之邸」即孫炎本《爾雅・釋地》之「昭餘氐」，亦即《周禮・職方氏》之「昭餘祁」，今本「召」譌爲「后」，其義不可解，畢氏遂失其句讀矣。《非攻》篇之「不著何」，即《周書・王會》之「不屠何」，畢氏不憭，依俗本改爲「中山」，遂與《墨子》舊文不合矣。《明鬼》篇「迓無罪人乎道路術徑」，「迓」即《孟子》「禦人於國門之外」之「禦」，《非樂》篇「折壤坦」，「折」即《周禮》「硩蔟氏」之「硩」，今本「迓」譌爲「退」，「折」譌爲「拆」，畢、蘇諸家，各以意校改，遂重悂貤繆，不可究詰矣。《耕柱》篇「夏后啟使𦬵蔪雉已，❶卜於白若之龜」，「𦬵」即「嗌」之籒文，亦即伯益，與《漢書》述《尚書》古文伯益字正合，今本「𦬵蔪雉已」譌作「翁難雉乙」，又挩「雉」字，遂以「翁難乙」爲人姓名矣。《非攻下》篇説禹攻有苗，有神人面鳥身，奉珪以侍，此與秦穆公所見句芒同。「奉珪」者，東方之玉，與《禮經》「祀方明，東方以珪」之義合。而今本「奉珪」誤作「若瑾」，其義遂不可通矣。若此之類，輒罄蠡管，證厥違迕。它若《經説》篇之「蠙」爲「蚼」、「虎」爲「霍」，兵法諸篇之「幎」爲「順」又爲「類」、「芒」爲「芸」、「桴」爲「杯」，其岐互尤不易理董。覃思十年，略通其誼，凡所發正，咸具於注。凡譌挩之文，舊校精塙者，徑據補正，以資省覽。其以愚意訂定者，則箸其説於注，不敢專輒增改，以昭詳慎。世有

❶「耕柱」，原作「公孟」，據《墨子》改。

成學治古文者，儻更宣究其恉，俾二千年古子薆然復其舊觀，斯亦達士之所樂聞與。校寫既竟，復記於後。

墨子後語小敘

墨子之學，亡於秦季，故墨子遺事，在西漢時已莫得其詳。太史公述其父談論六家之恉，尊儒而宗道，墨蓋非其所憙。故《史記》攟采極博，於先秦諸子，自儒家外，老、莊、韓、吕、蘇、張、孫、吳之倫，皆論列言行爲傳，唯於墨子，則僅於《孟荀傳》末附綴姓名，尚不能質定其時代，遑論行事。然則，非徒世代緜邈，舊聞散佚，而《墨子》七十一篇其時具存，史公實未嘗詳事校覈，亦其疏也。今去史公又幾二千年，周秦故書雅記，百無一存，而七十一篇亦復書闕有閒，徵討之難，不翅倍蓰。然就今存《墨子》書五十三篇鉤攷之，尚可得其較略。蓋生於魯而仕宋，其平生足跡所及，則嘗北之齊，西使衛，又屢游楚，前至郢，後客魯陽，復欲適越而未果。《文子》書偁墨子無煖席，《自然》篇。又見《淮南子·脩務訓》。班固亦云「墨突不黔」，《文選·答賓戲》。又趙岐《孟子章指》云：「墨突不及汙。」斯其譣矣。至其止魯陽文君之攻鄭，絀公輸般以存宋，而辭楚、越書社之封，蓋其犖犖大者。勞身苦志以振世之急，權略足以持危應變，而脱屣利禄不以累其心。所學尤該綜道蓺，洞究象數之𢼸。其於戰國諸子，有吳起、商君之才，而濟以仁厚，節操似魯連，而質實亦過之，彼韓、吕、蘇、張輩復安足算哉！謹甄討群書，次弟其先後，略攷始末，以裨史遷之闕。俾學者知墨家持論雖閒涉偏駮，而墨子立身應世具有本末，自非孟、荀大儒不宜輕相排笮。彼竊耳食之論以爲詬病者，其亦可以少息乎！墨子傳略弟一。

史遷云：「墨翟，或曰並孔子時，或曰在其後。」《史記·孟荀傳》。劉向云：「在七十子之後。」《史記》索隱引《别録》。班固云：「在孔子後。」《漢書·藝文志》，蓋本劉歆《七略》。張衡云：「當子思時。」《後漢書》本傳注引《衡集·論圖緯虚妄疏》云：「公輸班與墨翟並當子思時，出仲尼後。」衆説舛啎，無可質定。近代治墨子書者，畢沅以爲六國時人，至周末猶存，既失之太後。汪中沿宋鮑彪之説，鮑説見《戰國策·宋策》注。謂仕宋得當景公世，又失之太前。宋景公卒於魯哀公二十六年，見《左傳》。《史記·六國年表》書景公卒於貞王十八年，即魯悼公十七年，遂減昭公之年以益景公，與《左氏》不合，不可从也。據本書及《新序》，墨子嘗見田齊太公和，有問答語。田和元年上距宋景公卒年凡八十三年，即令墨子之仕適當景公卒年，年才弱冠，亦必逾百歲前後，方能相及，其可信乎？殆皆不攷之過。竊以今五十三篇之書推校之，墨子前及與公輸般、魯陽文子相問答，見《貴義》、《魯問》、《公輸》諸篇。而後及見齊太公和，見《魯問》篇。田和爲諸侯在安王十六年。與齊康公興樂，見《非樂上》篇。康公卒於安王二十三年。楚吴起之死，見《親士》篇，在安王二十一年。上距孔子之卒敬王四十一年。幾及百年，則墨子之後孔子蓋信。宷覈前後，約略計之，墨子當與子思並時，而生年尚在其後，子思生於魯哀公二年，周敬王二十七年也。下及事魯穆公，年已八十餘，不能至安王也。《史記·孔子世家》謂子思年止六十二，則不得及穆公。近代譜諜書或謂子思年百餘歲者，並不足據。當生於周定王之初年，而卒於安王之季，蓋八九十歲，亦壽考矣。其仕宋，蓋當昭公之世。鄒陽書云：「宋信子罕之計，而囚墨翟。」《史記》本傳。其事他書不經見。秦漢諸子多言子罕逐君，高誘則云子罕殺昭公，《吕氏春秋・召類》篇注。又韓子説皇喜殺宋君，《内儲説上》。❶子罕與喜當即一人。竊疑昭公實被放弑，而史失載。墨子之囚，殆即昭之末年事與！先秦遺聞，百不存一。儒家惟孔子生卒年月明箸於《春秋》經傳，尚不無差異。七十子之年，孔壁古文《弟子籍》所傳者，亦不能備。外此，則孟、荀諸賢皆不能質言其年壽，元人所傳孟子生卒年月，肊撰不足據。豈徒墨子然哉！今取定王元年迄安王二十六年，凡九十有三年，表其年數，而以五十三篇書關涉諸國及古書説墨子佚事附箸之。《史記・六國年表》魯哀悼、宋景昭年與《左傳》不合，今從《左傳》。本書《貴義》篇墨子嘗使衛，年代無攷，他無與衛事相涉者。又墨子當春秋後，《非攻下》篇、《節葬下》篇並以齊、晉、楚、越爲四大國，時燕、秦尚未大興，墨子亦未至彼國，今並不列於表。雖不能詳塙，猶瘉於馮虚肊測舛繆不驗者爾。墨子年表弟二。

吕不韋曰：「孔、墨徒屬彌衆，弟子彌豐，充滿天下。」《尊師》篇。又曰：「孔、墨之後學，顯榮於天下者衆矣，不可勝數。」《當染》篇。蓋墨學之昌，幾埒洙泗，斯亦盛矣！《公輸》篇墨子之説楚王，曰「臣之弟子禽滑釐等三百人」，《淮南王書》亦謂墨子服役者百八十人，「服役」即徒屬，《韓非子・五蠹》篇云：「仲尼爲服役者七十人。」即指七十子而言。皆可使赴火蹈刃，死不旋踵。《新語・思務》篇云：「墨子之門多勇士。」而荆吴起之亂，墨者鉅子孟勝以死爲陽城君守，弟子死者百八十五人。則不韋所述，信不誣也。獷秦隱儒，墨學亦微。至西漢，儒復興而墨竟絶。墨子既蒙世大詬，

❶「儲」，原作「篇」，據《韓非子》改。

而徒屬名籍亦莫能紀述，惟本書及先秦諸子略紀其一二。今勼集之，凡得墨子弟子十五人，附存三人。再傳弟子三人，三傳弟子一人，治墨術而不詳其傳授系次者十三人，雜家四人，大都不逾三十餘人。傳記所載，盡於此矣。彼勤生薄死以赴天下之急，而姓名澌滅與艸本同盡者，殆不知凡幾。嗚呼悕已！墨學傳授攷弟三。

墨子之學微矣！七國時，學者以孔、墨並偁，孔子言滿天下，而墨子則遺文佚事，自七十一篇外，所見殊尟，非徒以其爲儒者所擯絀也。其爲道，瘠薄而寡澤，言之垂於世者，質而不華，務申其意而不馳騁其辭，故莊周謂其道大觳，使人憂，使人悲，其行難爲。而楚王之問田鳩，亦病其言多而不辯。田鳩荅以墨子之説，傳先王之道，論聖人之言，若辯其辭，則恐人懷其文，忘其用。《韓非子·外儲説左上》。❶ 蓋孟、荀之議未興，世之好文者固已弗心慊矣。秦漢諸子，若呂不韋、淮南王書，所采摭至博，至其援舉墨子之言，亦多本書所已見，絶無異聞。然孔子遺書，自六藝外，緯候之誣，《家語》、《孔叢》之僞，《集語》之雜，真贋糅莒，不易別擇。而墨氏之言行，以誦述者少，轉無叚託傅益之弊，則其僅存者雖不多，或尚碻然可信與！今采本書之外，秦漢舊籍所紀墨子言論行事，無論與本書異同，咸爲甄緝。或一事而數書並見，亦悉附載之，以資讐勘。而七十一篇佚文，則畢氏所述略備，固不勞綴録也。墨子緒聞弟四。

春秋之後，道術紛岐，倡異説以名家者十餘，然惟儒、墨爲最盛，其相非亦最甚。

❶「左上」，原倒乙，據《韓非子》篇名改。

墨書既非儒，儒家亦闢楊、墨。楊氏晚出，復擯儒、墨而兼非之。然信從其學者少，固不能與墨抗行也。莊周曰：「兩怒必多溢惡之言。」《人閒世》篇。況夫樹一義以爲橥楬，而欲以易舉世之論，沿襲增益，務以相勝，則不得其平，豈非勢之所必至乎？今觀墨之非儒，固多誣妄，其於孔子，亦何傷於日月？而墨氏兼愛，固諄諄以孝慈爲本，其書具在，可以勘驗。班固論墨家亦云：「以孝視天下，是以尚同。」而孟子斥之，至同之無父之科，則亦少過矣。自漢以後，治教嫥一，學者咸崇孔、孟，而墨氏大絀。然講學家剽竊孟、荀之論，以自矜飾標識。綴文之士，習聞儒言而莫之究察，其於墨也，多望而非之，以迄於今。學者童丱治舉業，至於皓首，習斥楊、墨爲異端，而未有讀其書，深究其本者，是曖昧之說也，安足與論道術流别哉！今集七國以逮於漢諸子之言涉墨氏者，而殿以唐昌黎韓子讀《墨子》之篇，條别其說，不加平議。雖復申駁雜陳，然否錯出，然視夫望而非之者，固較然其不同也。至後世文士臮講學家之論，則不復甄録。世之君子，有秉心敬恕、精究古今學業純駁之故者，讀墨氏之遺書，而以此篇證其離合，必有以持其是非之平矣。秦漢諸子及史傳涉儒、墨者甚夥，華文氾論，無所發明。及荀、韓諸子，難《節葬》、《兼愛》之論，而未明斥墨子者，今並不録。墨學通論弟五。

劉歆《七略》諸子十家，墨爲弟六。《漢志》箸録六家，自墨子書外，史佚遠在周初，爲墨學所從出。史佚書漢以後不傳，近馬國翰輯本一卷，僅録《左傳》、《周書》所載史佚語及遺事數條，無由定其爲二篇之佚文，今不録。胡非、隋巢二子，皆墨子弟子。田俅與秦惠王同時，似亦逮見墨子者。我子則六國時爲墨學者，我子書漢以後不傳，古書亦絶無援引者。時代或稍後與？田俅書惟阮孝緒《七録》尚箸録，唐初已亡。見《隋志》。《隋・經籍志》、《唐・經籍》、《蓺文志》及梁庾仲容《子鈔》、見《意林》及高似孫《子略》。馬總《意林》，僅録胡非、隨巢二家，餘並不存，而別增纏子一家，則即《漢志》儒家董無心之書也，至宋《崇文總目》而盡亡。惟《纏子》爲《董子》，宋時尚在，《崇文目》及《宋史・蓺文志》並入儒家。使非墨子本書具存，則九流幾絶其一，甚足悕也。田俅以下四家之書，近世有馬國翰校輯本，田俅、隨巢書別有仁和勞格輯本，不及馬本之詳。檢覈群書，不無遺闕。今略爲校補，都爲一篇。孤文碎語，不足以攷其閎恉。然田俅盛陳符瑞，非墨氏徵實之學，❶與其自對楚王以文害用之論，亦復乖牾，或出依託。隨巢、胡非，則多主於明鬼、非鬭，與七十一篇之恉若合符契。而隨巢之説兼愛，曰「有疏而無絶，有後而無遺」，則尤純篤無疵。是知愛無差等之論，蓋墨家傳述之末失。後人抵巇蹈瑕，遂爲射者之的，其本意固不如是也。採而録之，以見先秦墨家沿流之論，或亦網羅放失者所不廢乎？

墨家諸子鉤沈弟六。

札迻敘❷

詒讓少受性迂拙，於世事無所解，顧唯嗜讀古書。咸豐丙辰、丁巳閒，年八九歲，侍家大人於京師澄褒園時，甫受四子書，略識文義。皮閣有明人所刻《漢魏叢書》，愛其多古册，輒竊覯之。雖不能解，然瀏覽篇

❶ 「學」，原爲留白，據刊本《墨子後語》補。

❷ 「敘」，原無，據文例補。

目，自以爲樂也。年十六七，讀江子屏《漢學師承記》及阮文達公所集刊《經解》，始窺國朝通儒治經史小學家法。❶既又隨家大人官江東，適當東南巨寇蕩平，故家祕臧多散出，閒收得之，亦絫數萬卷。每得一佳本，晨夕目誦，遇有鉤棘難通者，疑啎絫積，輒鬱轖不怡。或窮思博討，不見耑倪，偶涉它編，迺獲塙證，曠然昭寤，宿疑冰釋，則又欣然獨笑。若陟窮山，榛莽霾塞，忽覯𢼸徑，遂達康莊。邢子才云：「日思誤書，更是一適。」斯語亮已！

卅年以來，凡所采獲，❷咸綴識簡耑，或別紙識録，朱墨戢孴，紛如落葉。既又治《周禮》及墨翟書，爲之疏詁，稽覽群籍，多相通貫，應時楡記，所積益衆。中年早衰，意興零落，惟此讀書結習猶復，展卷忘倦，綴艸雜還，殆盈匧衍矣！竊謂校書如讐，例肇西漢，都水《別録》，閒舉譌文，若以「立」爲「齊」、以「肖」爲「趙」之類，蓋後世校字之權輿也。晉唐之世，束晳、王劭、顏師古之倫，皆箸書匡正群書違繆，經疏史注，咸資援證。近代鉅儒，脩學好古，校刊舊籍，率有記述，而王懷祖觀察及子伯申尚書、盧紹弓學士、孫淵如觀察、顧澗薲文學、洪筠軒州倅、嚴鐵橋文學、顧尚之明經及年丈俞蔭甫編修，所論箸尤衆。風尚大昌，覃及異域。若安井衡、蒲阪圓所箋校，雖疏淺，亦資攷證。綜論厥善，大氐以舊刊精校爲據依，而究其𢼸指，通其大例，精思博攷，不參成見。其諟正文字譌舛，或求之於本書，或旁證之它籍及援引之類書，而以聲類

❶「窺」，原脱，據刊本《札迻》卷首敘文補。
❷「所」下，原衍一「以」字，據刊本《札迻》卷首敘文删。

通轉爲之鈐鍵，故能發疑正讀，奄若合符。及其蔽也，則或穿穴形聲，捃摭新異，馮肊改易，以是爲非。乾嘉大師，唯王氏父子郅爲精博，凡舉一義，皆塙鑿不刊。其餘諸家，得失閒出，然其稽覈異同，啟發隱滯，咸足餉遺來學，沾溉不窮。我朝樸學超軼唐宋，斯其一耑與！

詒讓學識疏譾，於乾嘉諸先生無能爲役。然深善王觀察《讀書雜志》及盧學士《群書拾補》，伏案孯誦，恒用檢覈。閒竊取其義法以治古書，亦略有所寤。嘗謂秦漢文籍，誼恉奧博，字例文例，多與後世殊異。如荀卿書之「案」，墨翟書之「唯」、「毋」，公孫龍書之「正舉」、「狂舉」，❶淮南王書之以「士」爲「武」，劉向書之以「能」爲「而」，驟讀之，幾不能通其語。復以竹帛梨棗，鈔刊婁易，則有三代文字之通叚，有秦漢篆隸之變遷，有魏晉真艸之棍淆，有六朝唐人俗書之流失，有宋元明校槧之羼改，逵徑百出，多岐亡羊，非覃思精勘，深究本原，未易得其正也。

今春多暇，檢理匧臧，自以卅年覽涉所得，不欲棄置，輒取秦漢以還齊梁故書雅記，都七十餘家，丹鉛所識，按册迻録，申證厥誼。閒依盧氏《拾補》例，坿識舊本異文，以備甄攷。漢唐舊注，及近儒校釋，或有回穴，亦坿糾正。寫成十有二卷。其群經、三史、《説文》之類，義證閎博，別有箸録，以竢續訂。册中所録，❷雖復簡絲數米，或涉瑣屑，於作述閎恉，未窺百一。然匡違茵佚，

❶ 「公孫龍書之正舉狂舉」，刊本《札迻》卷首敘文作「晏子書以敚爲對」。
❷ 「册中所録」，刊本《札迻》卷首敘文作「凡所考論」。

必有義據，無以孤證肊説貿亂古書之真，則私心所遵循而不敢越者。儻埘王、盧諸書之後，以禆補遺闕，或有所取爾。編寫既竟，謹舉漢唐以來校讎家之例，論厥要略，覬與學者共商榷焉。光緒十有九年十一月。

易簡方敘

宋永嘉王德膚《易簡方》一卷，見陳氏《直齋書録》、馬氏《經籍攷》，明以後，自《文淵閣書目》外，絶無箸録，蓋中土久無傳本矣。此本爲倭寬延中刊本，(當中土嘉慶閒。)其㕮咀藥料性治及飲子藥治法後，橅刻舊本木記，有「是春堂注方善本」及「四明楊伯啟刻於純德書堂」等字，而市肆《圓子藥綱目》後，亦有題記，云「所舉局方，多不載方，今並注其下」云云。蓋正文爲德膚元本，而注則重刻者所增益，故書耑有「校正注方真本」之題，大抵皆書肆所爲。所謂楊伯啟者，亦陳芸居、余仁仲之流亞，與册中所載方，皆尋常習用圓劑，今醫家猶傳用之，無異聞新義。以其簡明易檢，故宋時盛行於世，屢經刊校，流播海外，更歷元明，佚而復顯，足以補四庫儲藏之闕，亦藏書家所宜珍祕也。

曩游滬瀆，於書肆購得此本，敬呈先君子。以其爲吾鄉宋元醫家最古之册，驚喜衮日，手跋其後，擬重刊之。而先君子以乙未冬捐館舍，❶詒讓孤露餘生，未遑理董。既釋服，廼檢付梓人，以仰成先志。倭本增注，亦大書，與正文同，今改爲小字，以便省覽，亦

❶「乙未」，中華本所引孫延釗校本作「甲午」。

以其非德膚舊本，不宜淆挸也。倭中所傳，尚有施發《察病指南論》、《續易簡方論》、盧祖常《續易簡方論集》、王暐《續易簡方脈論》，皆吾鄉宋元醫家佚書，俟更訪求，賡續刊之，亦先君子之志也。光緒戊戌孟陬。

古今錢略序 代家大人作

泉幣之興，蓋始于遂古，而漢魏以前，無圖譜之書，其見於史志者，文字形制存其大較而已，不能詳宷也。加以制度屢更，前世舊泉多廢罷鑠鑄，其僅存者，摩鉛翦郭，往往毀于賈豎之手，爲儒者翫覽所不及。故其時通人，訓釋經史，偶涉泉制，率莫能於史志之外有所增益。或疏舛迻易，與史文相迕。如唐固注《國語》，以新莽大泉當周景王大泉，而張晏注《漢志》，據所見金刀疑史文之誤，並爲韋昭、顔師古所糾。則以其時無紀録專書，僅見流傳舊泉，憑以爲説之故也。

泉譜之作，最古者爲劉氏《泉志》，其書出于梁顧烜《譜》前，此書張端本《錢譜》及李佐賢《古泉匯》並不能得其撰人，余謂《隋志》五行類載阮孝緒《七録》亡書之目，有劉潛《泉圖記》三卷，「記」、「志」古通用，疑即此書也。鍾官紀述，此其濫觴。踵而作者，自顧《譜》外，有唐封演、李孝美等數家，今皆不傳。其傳者，惟洪文惠《泉志》爲完帙，然舛謬甚多，不足依據。乾隆閒，官撰錢録，始補正洪《志》之缺誤。風尚既開，海内好事者争購覘奇異，摹拓爲譜。百餘年來，著於録者，無慮數十家，雖其體裁大略相等，❶而蒐訪既勤，所得之泉爲舊録所未

❶「雖」，原作留白，據刊本《古今錢略》序補。

見者，或出于内府儲臧之外。至近時利津李氏《古泉匯》，則甄録之多至五千餘種，而詳富幾無以加矣。然某嘗謂，泉布者，食貨之大經，古之造幣者，輕重相權，務以利用行遠，其爲制必精而不窳，簡一而使民毋疑。及其敝也，子母亡等，法令婁易，幣以壅閼不行，未嘗有利於國，而民已爲重病。然則泉法雖國計之一耑，其因革利病，亦古今得失之林矣。至于先秦古幣，形制奇異，可以沿流溯原，稽泉府之遺軌。而其文字簡古，雖復形聲增省變易無方，要其指歸，咸不悖于倉、籀，與彝器古文合者，蓋十八九，是尤儒者所宜考覈也。顧諸家之譜，多斤斤焉致詳于肉好色澤之閒，而于古今制度，及文字音讀之異，莫能博稽精校，以究其本。宏達之儒，不能無嗛焉。

望江倪迂存先生，爲乾嘉閒名儒，生平精鑒金石，而臧古泉尤富，又得江秋史、瞿木夫、翁宜泉、嚴鐵橋諸老相與商榷，徧得其拓本，加以攷釋，勒成《古今錢略》三十四卷。其書所收，不及李氏《古泉匯》之富，而援據詳博殆過之。卷首備列國朝錢法，於金布令甲綜緝無遺。《厤朝錢制》諸篇，則又博徵前代法制因革，旁及于飛錢、會子之屬。而攷訂文字，多列前人辨證同異，使覽者得以宷其是非，皆足補諸家圖譜之缺略，信不刊之作也。某頃者備藩鄂渚，與先生族子豹岑大守爲同官，得受其書而讀焉。竊愛其義例精善，足備政書之一家，非徒以賞鑒古器爲譜録之學，與鄙人素所論者，奄若合符。至其攷釋古金，如以齊刀「造邦」字爲「遲鄲」，古幣「甘丹」字爲「甘井」，與鄙見微有不同。而《坿録》一卷，舊聞瑣語，捊集過繁，駢拇枝指，尤不適于用。然其閎義眇旨，爲他譜所不逮者，固覽者所宜知也。故遂楬之卷首，使後之嗜古者有所擇焉。光緒丁丑正月書。

咸豐以來將帥别傳敘

光緒丙申，朝廷以屬藩之亂，與倭搆兵。款議既成，中國士大夫以國威未振，時變日亟，瞿然有人才衰乏之憂。而老友朱君中我，箸《咸豐以來將帥傳》適成，比丁酉刊版既竟，以書寄示。詒讓受而讀之，喟然曰：洪楊之亂，糜爛幾徧寰宇。卒能戡定，劭開中興，雖仰藉文宗憂勤之心，穆宗神武之略，抑亦忠勤蔚興師武臣力之效與！夫粤寇萌枿於道光之季，疆臣姑息，藴鬱潰決，遂釀爲大亂。梟其竄湘鄂，截江東下，所至無完城。遂迺南據江東，北窺畿輔。撚回諸匪，抵巇踵發，蹂躪徧十八行省，天下大勢幾殆。自胡文忠公建節鄂中，始陳布方略，調護諸將，屹成荆襄巨鎮。曾文正公以儒臣首刱湘軍，❶激厲忠義，知人善任，莫府既開，魁傑雲集，疆閫名臣，多出其閒。川淮諸將，投袂繼起，威略遐布，遂殱巨憝。迄乎劉壯肅之平撚匪，岑襄勤之剿滇回，左文襄、劉襄勤之定西域，國家威棱，西憺葱嶺，南極滇池，將才之盛，方之漢衛霍、唐郭李，殆遠過之矣。

詒讓昔讀文正《原才》之論，謂人才之蔚盛，由於一二人心之所向。而所爲《金陵楚軍昭忠祠記》，則又極論用兵貴因時適變，無不敝之法，可狃之見，唯忠臣謀國，百折不回，勇士赴敵，視死如歸，爲常勝之理，

❶「文正」，原作留白，據刊本《中興將帥别傳》序補。

萬古不變。至哉論乎！所謂百世以俟聖人而不惑者與！今讀朱君此編所箸録者，亡慮數百人，或裒瑰奇卓絶之志，而中道一蹶，隕元絶脰，不竟厥功。或李蔡中下之材，馮藉時會，光列勛籍，膺五等之寵。成敗榮菀之故，誠不可以概論。蓋天實爲之，非人之所能爲也。要忠藎之臣，竭其艱貞之力以相與，楮持戹運，志氣摶壹，天必從之。斯則塙然可信，與文正之論，若合符契者爾。朱君嘗從文正戎幙講學，甚悉於戲下，材官健兒，多相狎習，常從詢兵閒事，輒得其詳。故此傳紀述特翔實，兩朝勛臣事蹟略備，下逮偏裨，外附客將，捊録無所遺。又閒及軼聞雜事，以見偉人奇俠精神志趣所流露，則奄有史公《李將軍傳》之奇矣。所綴論述，簡而篤，嚴而不劌，信乎良史之才，非與夫攷饕瑣屑者較其長短也。

先太僕君爲文正門下士，文正之視師安慶，嘗與聞營務，於咸同名臣，多爲雅故。而粵亂初興，家中父學士君方視學粵西，以巡撫某公諱寇，密疏首發其事。桂林之圍，親在城中，幾瀕於危。裊歸，又奉朝命治團於鄉，值浙東西淪陷，鄉里墟燼，詒讓甫成童，展轉兵亂閒，僅以獲全。故於東南軍事，聞見頗悉，以朱君所紀覈之，家世舊聞，致多符合，益知君書之可以傳信而不疑也。抑又聞之咸豐之季，寇亂方亟，大軍屢挫。自僧忠親王以逮塔、羅、江、李諸名將之殉節，皆一時慘變，往往九重霣涕，率土痛心。而終以胡、曾兩公力維危局，❶朝野繫望，若隱有所倚恃，雖聞敗而不驚。今距兩公之

❶「危」字，原作留白，據刊本《中興將帥別傳》序補。

没不逾三十年，而强敵環伺，❶兵氣不揚，時局之艱危，迺遠過於曩昔。丙申之役，湘淮雄師麏集陪京，以重臣失機，威望驟損。雖議款息兵，而海内事勢若泛蓬梗於大海，茫乎不知其所濟。豈人才之極盛而必衰，天運之固然與！ 無亦如文正所譏，尸高明之位者，不能以己之所向陶鑄一世，而猥以無才厚誣天下乎？ 斯尤詒讓所爲讀朱君之書而拊膺扼掔，憤懣不能自已者矣。

中西普通書目表敘

光緒戊戌秋，朝廷始更科舉法，以策論易《四書》文，將以通識時務厲天下士。於是鄉曲俗儒昔所挾爲祕册者，一切舉廢，則相與索諸市，求所謂時務書者，顧問以篇目某，某則瞪眙不能應。 黠估或示以斷爛朝報，輒大喜，急持去。噫！ 講時務而求之書册，所得幾何？ 乃并所謂書册者，亦不能舉其名。科舉之陋，至是其爲世所詬病，不其宜乎！

余友黄君愚初，自滬瀆歸，出新刊《中西普通書目表》見示，曰：「吾憫夫俗儒之陋，將以是道之涂徑。雖自愧簡淺，要得吾書以索之市，可以略識所從事爾。」蓋君書兼綜中西，無所偏主，故以「普通」爲名。中書多取之南皮尚書《書目答問》，西書多取之新會梁氏《西書表》。芟其不甚急，而益以新出之書，所列不必求備。閒附平議，亦略楬一耑，不必盡其恉要。然以是餉科舉之士，則爲已侈矣。君行甚急，不及與細商榷。喜俗子之有所津逮，而慮夫通博之士

❶「伺」，原作「向」，據刊本《中興將帥别傳》序改。

執校讎、目録家誼例，斠其離合也，輒爲綜述大意，箸之書耑。

沈儷崑富强芻議敘

自嘉道以來，泰西汽船之利，横軼太平洋，歐美諸强國，輻湊環集，而中外華洋之限，決撤無復藩閾。時適踵我雍乾極盛之後，朝野承平，法度疏闊，財計内匱，兵備外弛。逮庚子海上兵事起，而世變益亟。天子宵旰憂勤，嘆籌海之無術。而一二賢達之士，扚度於彼我長短之閒，亦皇然憂其不逮，往往憤時慮變，奮筆抗議，論治之篇，□録相望。❶ 余疏陋，不獲盡見。其嘗覽涉者，如安吴包氏、邵陽魏氏、善化孫氏、吴縣馮氏諸家之書，其尤箸者也。魏、馮之書，恢奇閎深，善言外交，多采摭西政之善，欲以更張今法。包、孫則精治内政，於河漕鹽諸大端，校覈致詳，而包氏又推本於農桑，不爲過高之論。四家指趣不盡同，而要多精實，可見諸施行。其意所獨至，或不免畸於一隅。且其書最先出，則後之事變奇詭，蕃頤日出，不窮於慮，或有所不周，亦其勢然也。至甲午黄海抎師，遼、膠繼失，❷外患既日棘，戊戌更化，海内望治。而廷議未協，黨論又興。於是新舊之辯，譁然百出，賢者扼掔攘臂，悲憤鬱激，其論或流於虚憍偏宕，不必盡適於用。而庸猥剽竊者，亦希附景光，乘隙而閒出，紛然淆亂，不可理董，來日方長，吾未知其所極也。

無錫沈儷崑内翰，爲筱筠觀察哲嗣，於

❶「録」上留白，據中華本爲「箸」字。
❷「失」，原作「夫」，據上下文義改。

學無所不窺，尤究心經世大業。既恭承庭誥，復多與賢士大夫平議商榷，遂博稽五洲各國盛衰强弱之原，而甄采其精要以自鏡。又雅練習國家掌故，於今日沿流文敝之失，咸精究而質言之。所箸《自强芻議》廿有六篇，每篇各首揭大要，而詳舉其利病爲續議，義或隱晦，復附小注，以發明之。宏綱細目，連類並舉，枝葉扶疏，通貫萬變。如重本根則極陳屯墾之利，開議院則痛砭自由平權之誤解，明經義則申論興中學爲保教之本，蓋欲通中西之郵，折新舊之衷，平實精塙，非章句小儒所能窺也。

嗚呼！百年以來，魁儒志士不忍夫淪胥之痛，所爲發策陳書强聒而不舍者，豈欲託之空言，以箸述相矜尚哉！夫亦謂時會之窮而必變，將求得當以一試也。然而或舉世傳誦而不得用，或偶用而不克竟其緒，則天實尸之，非人之所能爲也。昔漢賈生建强榦弱枝之議，不用於文帝而景帝用之，以削諸侯王之權。董子建崇儒廣學之議，於武帝初亦未遽用，後卒用之，以開昭宣之治。今世魏、馮諸家之書，其初出也，舉世方弇聰蔽明，守一而不變，於非常異義，驚詫若不欲聞，而迄今數十年，事勢顯白，政法屢更，迺或與彼書闇合，則亦略用其一二矣。若良醫然，精思博攷以處方，不能期人之必信，而既當於病，則必收其效，固可券也。

今天子方將懲前毖後，更法自强。儷崑以盛年清望，❶崇晉監司，行將渥膺簡眷，爲國宣勞，盡舉平日所論箸者，以仰贊中興之盛，則雖内治外交機要繁會，而此廿六篇

❶「儷」，原作「醴」，據張憲文《孫詒讓遺文輯存》所録《沈儷崑富强芻議敘》改。下同，不再出校。

者，不假他求，固已裒然其有餘矣。余少耽雅詁，矻矻治經生之業，中年以後，悕念時艱，始稍涉論治之書，雖稟資闇弱，不足以窺其精眇，而每覯時賢精論，輒復欽喜玩繹，冀以自藥頑鈍。今讀儷崑之書，尤幸夙疑昭寤，曠若發蒙。而其他所論箸若《各國屬地攷》、《各國錢幣權量攷》，與此書彙編爲《練青軒類稿》者，無慮數十卷，或攷辯詳博，足備時需。然則述造之盛，方將遠轢賈、董，豈徒與魏、包、孫、馮諸賢較其甲乙哉！

瑞安新開學計館敘

光緒乙未，東事甫定，中國賢士大夫始矗然有國威未振之懼，於是京都及南洋皆有强學書局之舉。而瑞安同人亦議於邑城卓忠毅公祠，開學計館，以教邑之子弟。皆以甄綜術藝，培養人材，導厥涂徹，以應時需，意甚盛也。夫時局之艱難，外變之環伺而沓至，斯天爲之也。然人材之衰薾，學藝之不講，朝野之閒岌焉有不可終日之慮，則人事或不能無過矣。瑞安褊小，介浙閩之閒，僻處海濱，於天下形勢不足爲重輕。然儲材興學，以待國家之用，而出其緒餘，以澤鄉里，則凡踐土食毛者，皆與有責焉，固不容以僻遠而自廢也。

學計館之開，專治算學，以爲致用之本。蓋古者小學六藝之一端，而造乎其微，則步天測地，制器治兵，厥用不窮。今西人所爲挾其長以雄視五州者，蓋不外是。吾鄉自宋元迄有明，□忠毅精通麻算，❶而未有傳書。道咸而後，几山項先生、菊潭陳先

❶「忠」上闕文，或爲「唯」字。

生，始孳治宣城梅氏之書，以通中西之要。邇來潁偉之士，又廣涉代、微積之學，以究其精眇，蓋彬彬盛矣。設館以教，❶俾後生小子有所津逮，以啟發其智慧，群萃以廣其益，積久而通於神，則魁傑雄卓之材，或出於其閒。盡人以勝天，而不以惰窳隳其志氣，斯固賢士大夫之所樂也。至於中材，謹士志域，凡近理財習藝以自殖其身家，則小試小效，固亦若操左契，斯又無竢於揚搉已。丙申三月。

冒巢民先生年譜序

家史之有年譜，猶國史之有年表也。桓君山謂太史公《三代世表》實效周譜，彭城《史通》亦謂表譜相因而作，然則表之與譜，固同原而異流與。然唐以前，國史有世表，有年表，而家史則有世譜，無年譜。先秦傳記之傳於今者，若《晏子春秋》之類，冣録言行，蔚成巨編，而未有分年排次，故讀其書者，多不得其先後，閒有一二可攷者，亦多歧啎，莫能論定，則以無編年之例故也。自北宋人以陶杜之詩，韓柳之文，按年爲譜，後賢踵作，綴緝事迹以爲書者日多，於是編年之例通於傳記，年經月緯，始末昭焯，此唐以前家史所未有也。蓋名賢魁士，一生從事於學問論譔之閒，其道德文章，既與年俱進，而生平遭際之隆污夷險，又各隨所遇而不同，非有譜以精攷其年，無由得其詳實。即一二瑣屑軼事，亦其精神所流露。國史家傳所不及詳者，皆可摭拾入之年譜。凡史傳碑狀紀述舛午不可治者，得年譜以

❶「館」，原作留白，據文義補。

理董之，而弇然如引繩以知矩也。

余治《禮經》，嘗疑鄭君《禮》注與《詩》箋説多駁異，讀山陽丁氏《鄭君年譜》，乃知其箋《毛詩》在中平以後，而《禮》注先行，所據者三家《詩》也。又嘗疑陽明、朱子晚年定論之不足信，讀白田王氏《朱子年譜》，綜攷論學之年月，及朱陸往來商榷之蹤跡，而後較然得其移易坿會之誣。然則年譜之作雖肇於宋，而實足補古家史之遺闕，爲論世知人之耑椒，不信然與！

如皋冒巢民先生，在明季以風節文章負海内重望，主持文柄，與復、幾二社抗行，身丁九戹，排擊奸佞。南都防亂之揭，名震一時。滄桑以後，邈然高蹈，不應鴻博之薦。其志節既爲勝國遺老之後勁，而詞藻之美，箸述之富，於康熙詞科諸君，亦足相輝映。以遺書傳播甚少，無由綜緝，未得登國史文苑之傳，高文亮節，鬱而未彰。其族遠孫鶴亭孝廉，始捊集其遺文，及地志、家諜，緝成《年譜》一卷，誦芬述德，其事甚盛，非徒以鉤稽排比爲傳記家言也。

詒讓曩嘗攬涉國初遺聞，於巢民先生最所欽服，而恨未見其傳書，不及攷其事迹之詳。去冬，鶴亭就婚瑞安，出所箸譜見眎，乃得饜平生晞慕之志，竊用自幸。鶴亭以妙年舉鄉薦，所學甚富，所箸文奄有陽湖、宜興之長，尤工爲詞，夢囱、白石可與其論。它日所造，殆未可量，而斯譜尤其矜慎之作。余所見名賢年譜，幾及百家，若竹汀錢氏三洪、王、陸諸譜之簡要，石洲張氏顧、閻兩譜之詳核，其尤箸者。而鶴亭斯册，酌乎詳略之中，足以兼綜錢、張之長。世有精於史例者，當自知之，固無俟余之揚榷矣。

光緒丙申孟陬敘。

籀廎述林卷六

開禧德安守城録後序

瑞安孫詒讓

宋南渡後，扼江淮以爲國，荆、鄂據上游形勝，實爲重鎮，邊釁一啟，則被兵最先。其時疆吏以守禦箸績者，幕僚子弟往往紀録其事，輯爲專書。今所存者，若湯璹《建炎德安守禦録》，則記陳規守德安事，趙萬年《開禧襄陽守城録》，則記趙淳守襄陽事是也。與趙同時，有永嘉王忠敏公允初者，通判德安，實繼陳規之後，以守城著名。陳氏之守德安，被圍最久者六十五日，趙氏守襄陽，被圍亦止九十日，至忠敏守德安，則被圍至百有八日，且其時郡守李師尹懦不解事，宣撫使所遣援兵，率觀望不前，百計支拒，卒完其城，功視陳、趙尤偉。其子提刑致遠，亦有《守城録》之作，顧世罕傳帙，故《宋史》遂不爲忠敏立傳，又并守城事，屬之李師尹，則元時修史諸臣之疏也。湯《録》自明以來，屢經傳刻，乾隆閒進儲四庫，仰邀高宗御題，宸翰炳然，昭垂册府。趙《録》雖不顯，近時亦有梓本。獨王書久無箸録，編素黤黯，幾於隃失。同治丁卯冬，家大人始從忠敏裔孫仲蘭孝廉許，得此録寫本，乃其族纂修譜諜時迻謄，福帙猶宋本之舊。乃與中父各鈔一册弆之。復因原鈔繕録未精，文褫句揃，不可卒讀，乃命詒讓悉心讎正，訂其踳誤。疑不能明者，則闕之。至書中所紀事實，雖斠之史文，不無梫溢，然旁稽群籍，則左譣憭如。如《録》載開禧二年十一月五日壬午，金人至棗陽；十二日己丑破隨州；十七日甲午至德安。與《宋史》所載十一月辛巳破棗陽，壬午破隨州，十二月戊申圍德安，日名雖異，而趙《録》亦載十一月五日金人犯棗陽，正與此合，足徵其爲實録。它如載金人至棗陽，宿將馬拱、趙《録》作「珙」。張虎、韓源死之，應山戍軍雍政、馬謹，以救拱等敗死，惟政潰圍僅免。其事史所不載，而趙《録》亦詳紀之。又載教授陳之經與監税蔣梓告急行在，葉忠定《水心集·陳朝請謙墓誌》，亦有德安教授陳之經見韓侂胄慟哭陳州無援兵事，彼此鉤覈，可以互證。然則此書所紀雖一人一時之事，而爲讀《宋史》者拾遺補闕，其足與湯、趙二《録》並傳，固無疑也。

壬申十月，家大人以此書開彫於金陵，殺青既竟，乃命詒讓坿識其源流，并箸其足與它書相參證者，綴諸簡末。世有綜緝録略如鼂昭德、陳直齋其人者，庶毋以晚出之書疑其誣僞爾。

集韻攷正跋

《集韻》雖修于宋人，而故書雅記所載奇字異音，甄采致備，較之《廣韻》，增字至二萬七千有奇，自李登《聲類》以來，音韻書之晐博，無有及之者。且其時唐以前古籍存者尚衆，其所徵引若呂忱《字林》、蕭該《漢書音義》之屬，今並亡失，采輯家多據以鉤沈補逸，誠韻譜之總匯也。

顧其書，元明之際不甚顯，亭林顧氏作《音論》，遂疑其不存。康熙閒，朱檢討彝尊始從汲古毛氏得景宋本，屬曹通政寅刊于揚州，其本彫鋟頗精，而讎校殊略，文字譌互，寖失本真，治小學者弗心慊也。

乾嘉以來，經學大師皆精孯倉雅，其于此書，率多綜涉。以詒讓所聞，則有余仲林蕭客、段若膺玉裁、鈕非石樹玉、嚴厚民杰、陳碩甫奂、汪小米遠孫、陳頌南慶鏞諸校本，無慮十餘家。顧世多不傳其傳者，又皆展轉迻録，未有成書。且諸家所校，大都馮據宋槧，稽譔同異于丁叔雅諸人，修定之當否，及所根據之舊籍，未能盡取而覆案之也。

吾邑雪齋方先生，博綜群籍，研精覃思，儲藏數萬卷，皆手自點勘，而於《集韻》致力尤深，既録得段、嚴、汪、陳四家校本，又以《經典釋文》、《方言》、《説文》、《廣雅》諸書悉心對覈，察異形于點畫，辨殊讀于翻紐，條舉件系，成《攷正》十卷。蓋非徒刊補曹本之譌奪，寔能舉景祐修定之誤，一一理董之，是非讀《集韻》者之快事哉！

詒讓束髮受書，略窺治經識字之涂徑。竊聞吾鄉修學之儒，自家敬軒編修外，無及先生者，徒以白首校官，名位不顯身後，子姓孤微，遺書不守，楙失者不可勝數。嘗見邑中李氏所臧《東萊讀詩記》，胡氏所臧《困學紀聞》，皆先生校本，旁行斜上，丹黄爛然。又見海昌蔣氏《斠補隅録》，知先生嘗校王定保《唐摭言》，其所攷證，多精塙絶倫。此書手稿本，先生没後亦楙出，爲先舅祖項几山訓導傳霖所得，幸未隃隊。家中父從項氏寫得福本，而詒讓又于林子琳丈彬許，得先生所箸《韓昌黎集箋正》，平議精宷，迥出方崧卿、陳景雲諸書之上。深幸先生遺箸後先踵出，不可不爲傳播，遂請家大人先以此書刊之鄂中。而工匠拙劣，所刻不能精善，修改數四，乃始成書。項氏所弆手稿，閒有剌舉元文而缺其校語者，殆尚未爲定本。今輒就管窺所及，略爲補注。詒讓檢覈之餘，閒有條記。又嘗得錢唐羅鏡泉以智校本，及長洲馬遠林釗景宋本校勘記，其所得有出先生此書之外者，行將續輯之，以竟先生之緒焉。光緒己卯二月朏，後學孫詒讓記。

沈丹曾東遊日記跋

光緒己亥秋，日本大治兵於其國之欐木，歐美各國觀戰者四集。而閩沈丹曾觀察，以蜀帥奎公檄往，四閱月始歸，記其所見，爲書一卷。於兵事外，旁及工蓺、商務，而於學校尤詳。蓋觀察以喬木世臣，負經世之學，故此行於宷敵自鏡之道，尤所致意，而以興學與强兵理相通貫，則其義尤閎深，非一曲之士所能識也。

詒讓不習兵事，而少治《周官》經。嘗謂周之六軍，出於六鄉七萬五千家，遠郊之內，地不逾四同，而立鄉學六，州學三十有五，黨學百有五十，國學、郊學尚不與焉。其學制之詳如是，斯非學校與軍制相輔之義證乎？孔子曰：「以不教民戰，是謂棄之。」「教之」云者，納之學校，而以德行道蓺督課之，非徒習擊刺進退已也。百年以來，西國驟强，日本亦奮於東，其學堂之盛，與兵力之强，適相應。而我國以不識字之將，率頑獷窳拙之兵以應之，宜其不相當也。自甲午款議成後，深識之士始知興學爲自强之基，中外學堂林立。而論者不察，猶或斥爲西法、新法，不知以學校治軍，本於《周禮》，固中國二千年前之古法也。余讀觀察此書既終卷，輒揭其微恉，而摭周軍制、學制，以證明之，冀爲討論國聞之助，豈弟侈遊覽之奇哉！　庚子五月。

書説文玉部後

許君此部，説瑞玉名義咸本《禮經》，於《周禮·大宗伯》、《典瑞》、《玉人》六玉、六瑞之等，捃摭無遺，惟「琥」、「瓏」二文，相連説解，特爲詭異。「琥」注云：「發兵瑞玉也，爲虎文。」又「瓏」注云：「禱旱玉也，爲龍文。」則三禮經注，咸無是義。琥爲《大宗伯》禮天覲禮方明六玉之一，非發兵所用。聶崇義《三禮圖》引鄭康成《禮圖》云：「白琥爲伏虎形。」孔顨軒謂當爲琮之半，琮圓有觚棱，故半之爲琥，有如伏虎形。其説最塙。則是形類虎，而實非爲虎文也。至瓏爲龍文，則絕無徵驗。近代治許學段、嚴諸家，未有能通其説者。

偶讀《御覽》珍寶部引《呂氏春秋》云：「戰鬭用琥。」與發兵瑞玉義似相近。又云：「成功用璋，大喪用琮。」檢今本《呂覽》，悉無此文。繼攷段成式《酉陽雜俎》，云：「安平用璧，興事用圭，成功用璋，邊戍用珩，（當爲六玉之「璜」，「璜」、「珩」聲相近。）戰鬭用璩，（當作「琥」。）城圍用環，災亂用雋，（疑「瓗」之誤。）大旱用龍，（當作「瓏」。）大喪用琮。」其文較詳，而不箸所出書，殆全本《呂覽》也。其璋、琮二句，與《御覽》引呂書亦正同。以二書互證，知許書「琥」、「瓏」二字，自據《呂覽》佚文爲釋，琥爲虎文，則瓏爲龍文，義正相儷。此疑亦漢人説《呂覽》佚義在高誘前者，九玉蓋據六國時制，與《禮經》瑞玉自不相應也。許書根據博奧，自九經外，先秦諸子，靡不甄綜，今本《吕覽》殘缺，既無「九玉」之文，《御覽》所引，又止三玉，唯賴段少卿所述，存其較略。足見古書亡佚，非博稽精勘，未易究其根氐也。

書顔師古漢書敘録後

小顔注《漢書》，常引鄧展説。《敘録》云：「鄧展，南陽人。魏建安中，建安，漢獻帝紀元。以展事曹氏，故繫之魏。爲奮威將軍，封高樂鄉矦。」然《三國志·魏志》無展傳，惟裴氏《文帝紀》注引《典論》，帝自敘云：「嘗與平虜將軍劉勳、奮威將軍鄧展等共飲，宿聞展善有手臂，曉五兵。」又稱：「其能空手入白刃。」蓋即此人。而《魏武帝紀》注引《魏書》，建安十八年，操辭九錫時，上書勸進者有奮威將軍樂鄉矦劉展，疑亦高樂鄉矦鄧展之誤。是展事曹氏，以功封鄉矦，其與魏文又爲霸府交遊，既侍文燕之席，復與推戴之班，蓋以武人而擅漢聖者。建安多才，展亦其一矣。

嘉靖本周禮鄭注跋

《周禮》單注本傳於世者，以明嘉靖放宋刊本爲最佳，阮文達謂其依北宋本。今以傳校諸南宋本勘之，固皆出其下。然明刊原本，於「桓」字閒沿宋諱闕筆，則其底本雖出宋槧，亦必在欽宗以後，或南渡後覆刊北宋本與？然今不可攷矣。明印本流傳頗尟，黄蕘圃嘗據以重刊。然以衆宋本參互校定，❶與景寫覆刊寔不同也。

❶「本」，原作「木」，據文義改。

讓卅年前侍先君子江寧巡道署，時仁和邵子進大令需次治城，亦同寓官齋，出所臧明刊原本見示，蓋海昌陳仲魚舊弆本，而子進尊人位西世丈收得之者，册耑有丈題字，亦推爲佳册。時余方艸剏《周禮正義》長編，以黄校本盛行於世，未遑叚校也。既先君子移官皖鄂，讓皆侍行，比重至江寧，則子進已物故，其家旋杭。余頻年治《周禮》，每見阮氏校勘記所舉嘉靖本異文，校以黄本或不合，竊滋疑滯，而無從究其根柢，輒心念邵臧本不置。逮光緒癸卯，聞子進令子伯絅已捷南宫，入詞館，馳書賀之，并乞叚明刊《周禮》。未幾，伯絅以臧本寄至，則書册完善，與前在江寧時所見無異，竊歎伯絅之能珍護手澤爲不可及。而余以衰老餘年，得重見此本，校其同異，亦殊非意念所及矣。

黄刻後附札記，自箸其義例云：「於經注訛舛之字，悉校宋刻正之。至於嘉靖本之獨勝於各本者，其佳處不敢以他本易之。」又云：「此刻係校宋本，故改字特多，然必注明以何本改定，非妄作也。」所論亦自矜慎然。以明槧原本對校，其言殊不售也。蓋原刊經文大致依開成石經，譌挩頗尟。今檢黄本，如《追師》經「爲副編次」，「次」譌作「取」；《大司徒》經「阜蕃」，「蕃」譌作「藩」；《遂師》經「抱磿」，「磿」譌从「广」，《墓大夫》經「居其中之室以守之」，「以」譌作「而」；《射人》經「其摯」，「摯」譌从「執」；注譌同。《大司寇》經「凡萬民之有罪過而未麗於灋，而害於州里者」，上「於」字譌作「于」；經例用古字，宜作「于」，而此經則各本皆作「於」，不作「于」，蓋其譌已久。且黄本下「於」字仍依原本作「於」，則上「于」字，非依字例校改明矣。《掌囚》

經「適市」，「市」譌作「士」；《弓人》經「斲摯必中」，「摯」譌作「摯」，皆原本不譌而黄本轉譌者。注中譌字，尤不可枚舉。如《小宰》注「要會謂計冣之簿書」，「謂」譌作「諸」；《庖人》注「禽獻」，「獻」譌作「獸」；《醫師》注「身傷曰瘍」，「傷」譌作「瘍」；《大司徒》注「通財」，「財」譌作「材」；《載師》注「在野則曰草茅之臣」，「茅」譌作「莽」；《司門》注「死國事者之父母也」，挩「者」字，而「止客以俟逆」，「逆」譌作「迎」；《委人》注「凡疏材」，「疏」譌作「斂」；《職喪》注「含襚」，「襚」譌作「隧」；《詛祝》注「使祝爲載書」，「書」譌作「辭」；《小史》注「欲誅於祝史」，「誅」譌作「誄」；《司弓矢》注「弱弩發疾也」，「疾」譌作「矢」；《大司寇》注「尌之外朝門左」，「尌」譌作「樹」；《士師》注「舒民心也」，「舒」譌作「紓」；《大行人》注「以所貴寶爲摯」，❶「摯」譌作「贄」；《陶人》注「轂受三斗」，「受」譌作「實」；《匠人》注「正門」譌作「正朝」，「杜子春云」，「杜」譌作「鄭」；《弓人》注「栗讀爲榛栗之栗」，首「栗」字譌作「㮚」，「㮚」、「栗」古今字，注例用今字，當作「栗」。原本及宋以來各本皆不譌，而黄本獨譌。又如《瘍醫》注「丹沙」，宋明各本皆作「砂」，俗字也，惟嘉靖本作「沙」，爲近古，此正所謂獨勝於各本者，而黄本轉改從俗，斯尤傎矣。

又有明刊譌而黄本失校者。如《天府》注「司禄，文昌第六星」，「文昌」譌作「文星」；《伊耆氏》注「當以王命受杖」者，「受」譌作「授」；《弓人》注「邪行絶理」者，重「絶理」二字，黄本並沿襲，未及改正。又如《大

❶「爲摯」之上原衍一「爲」字，今逕删之。

司徒》注「核物，梅李屬」，各本並作「李梅」；《小宗伯》注「鄭司農立讀爲位」，各本「立」上並有「云」字；❶《家人》注「大夫士以咸」，各本並無「士」字；《喪祝》注「防爲執披」，各本「爲」並作「謂」，以上諸條，阮記亦失載。若此諸條，義雖可通，而與舊本迥異，黄本札記亦絶無楬箸，皆其疏也。至《經》多古字，注例多用今字，宋以來版本多誤改，段懋堂、臧拜經首發明兹例，黄氏重校，亦特致意於此。如「于」「於」、「聯」「連」、「袤」「邪」諸字，黄多改注從今字是也。然或改或否，不能斠若畫一。又有明刻與字例符合而黄本反不從之者，「于」、「於」二字錯互尤多，又《經》注「脩」、「修」錯出，皆當作「脩」，黄本亦多譌，今不備舉。莫能宷其意恉所在，豈刊成後黄氏不及覆審，故多留此罅隙邪？

余箸疏義，於鄭注咸依嘉靖本爲正，然鄉者僅據黄校本，而略以阮記及他宋槧補正其挩譌，今以明刊詳校，迺知黄本之不盡足據。蕘圃校讎之學，得之段懋堂、顧澗薲，所刊書最爲世所珍，而迺疏牾如是，信乎校書之難也。今春多暇，竭兩旬力校竟，歸之伯絅，因略記其舛互諸條，以識黄本之誤，藉以自釋疑眩。且俾後之校讀此經者，得有所別擇，知明刻實原出北宋精槧，而黄校是非錯出，殊失嘉靖之舊，勿徒震其寫刻之精，遽奉爲佳本，斯爲善讀經者爾。

禮記子本疏義殘本跋

群經義疏之學，權輿於六朝。唐貞觀

❶ 「字」下，中華本所引稿本及孫延釗校本有「《委人》注『共兵器』，『共』，各本並作『其』」十二字。

群儒，根據舊疏，綴集删定，以應勅旨，而遽尸其大名。實則平議之精審，援證之奥博，皆由於作奏之葛龔爾。六朝舊帙存者，惟皇侃《論語義疏》猶完具，而徐彦《公羊疏》，或謂即徐遵明，則苦無塙證，此外咸湮滅不傳。是書爲日本國島田翰所得殘本，僅存弟五十九卷《喪服小記》半篇，疏中有「灼案」云云，島田氏據《陳書·儒林傳》定爲鄭灼鈔皇侃《疏》爲之。《隋志》所載之皇氏《禮記義疏》有二部，其九十九卷者即此本，藤原氏《日本國見在書目》著録稱《禮記子本義疏》百卷，爲并目録數之，其攷證頗詳塙。《隋志》不箸灼名，而《陳書》灼本傳亦不箸此書，「子本」之名，他書未見，疑即灼所題，以別於皇《疏》原本者，「子本」猶別本云爾。大抵六朝經儒，❶喜爲鈔集義疏之學，故隋、唐《志》箸録一經，有多至數十家者，或不箸姓名，或一人之書而有數帙，職是故也。灼爲皇氏弟子，❷此本即全録師説，其所增補及駁正他説者，皆箸名以別之，則知凡不箸名者，皆皇義也，此實遠勝唐人之乾没舊疏。其所援引馬融、王肅、劉智、蔡謨、庾蔚之、賀瑒、崔靈恩佚説甚多，尤足寶貴。唐脩三禮疏義，孔氏《禮記》最爲詳博，即以皇氏及熊安生兩家爲藍本。以此卷校之，剽襲之跡昭然，足以發沖遠之覆矣。其「税服」疏義引《左氏》僖三十三年傳「無禮則脱服」，本作「兑」，注云：「兑，不慮也。」與杜本作「脱」異。今孔疏不載，近人采輯《左傳》賈、服解詁者，皆未見此條，亦可據以校文補闕，蓋不徒禮服古義藉存

❶「抵」，原作「抵」，今逕改。
❷「子」，原作「了」，今逕改。

一二已也。

薛尚功鐘鼎款識跋

今本薛書二十卷，晁昭德《讀書志》及《宋史・藝文志》箸録並同，而《直齋書録解題》及吾邱子行《學古編》則云十卷。紀文達疑當時原有二本，今攷之，殊不然也。蓋此書在宋時自薛氏手寫本外，止有石本法帖，無版刻本。曾宏父《石刻鋪敘》載法帖本刊於定江公庫者，正是二十卷，而吾氏所見十卷本亦云刻於江州，定江即江州，同出一地，其非二本，殆無疑義。

檢手蹟本册首元人題字云：「予讀薛尚功集古金石文字，歎其博。及見謝長源所收尚功寫本，乃知今石刻僅得其半，而寫本字畫爲精。」末題「至正元年後五月廿二日，靈武幹王倫徒克莊在武林驛。」以此題推之，蓋定江石本南宋中葉已缺其半，陳直齋所見，即不全本，實無二刻也。余嘗以曾氏所記定江本，校今版本及舊景鈔手蹟本，惟石本題「法帖」，而手蹟本則無此二字。其目次首尾悉同，惟弟十九卷今本以注水匜殿末，❶而曾載石本目，匜在洗上律管下。今攷律管與匜，同爲始建國元年正月癸酉朔日造，二器自宜相次，似當以曾所記爲優也。定江元石，元以後久佚，舊拓亦絶不易覯。而手蹟本明時尚存，朱謀垔據以重刊，嘉慶閒，阮文達以朱本刊於杭州，序稱「家有宋時石刻鈔本」，蓋兼以法帖本校定者。

余少嗜古文大篆，年十七八，得杭州本讀之，即愛翫不釋。嘗取《攷古》、《博古》兩

❶「卷」，原作「篇」，據中華本所引稿本改。

圖，及王復齋《款識》、王俅《集古録》，校諸《款識》，最後得舊景鈔手蹟本，以相參校，則手蹟本多與《攷古》諸圖合。杭本譌誤甚多，釋文亦有舛互。如應侯敦「應」誤爲「雍」，張仲簠與復齋所引異，皆手蹟本不誤而杭本反誤者，則阮校未爲精審也。手蹟本册耑所摹宋元明人題字十則，咸翰墨精雅，足攷此書原流。朱謀垔本亦有之，其弟二則云：「嘉熙三年冬十有一月望後十一日，❶外孫朝請郎新知臨江軍事，楊伯嵒拜觀於廿四叔外翁書室。」後繼以周草窗跋，云：「後二十年，弁陽周密得之外舅泳齋書房。」「伯嵒」即撰《九經補韻》者，「泳齋」亦即伯嵒別號，見《草窗雲煙過眼録》。若然，宋時手蹟本曾臧楊泳齋家，後歸草窗，而泳齋亦得之外翁某家。三易主，而皆以外家相傳授，亦儲臧家嘉話。餘如柯丹邱、張天雨諸題皆佳，而杭州本盡删削不存，亦殊可惜。後有重刊者，當補摹之也。

余昔嘗欲綜合諸本，重爲校定。曩張歗山先生爲余言，松江某氏有宋拓石刻本尚完具，惜不得叚校。附記之，以竢它日儻得，慰此宏願爾。

日本刊孝經鄭注跋

右《孝經鄭注》一册，日本寬政六年刊本。寬政爲彼國孝格天皇紀元，六年甲寅，當中土乾隆五十八年。册末有岡田挺之跋，云：「《群書治要》所載經文不全者，據注疏本補之。」今檢《治要》卷九《孝經》下所

❶ 下「一」字，原爲留白，據《金文文獻集成》本《歷代鐘鼎彝器款識》卷端題識補。

載注勘之，悉同。其《治要》所未引者，此本皆有經無注，則挺之依注疏本補茵之者，于注文固無所沾益也。《治要》所鈔諸經，其注皆不箸撰人，疑即魏鄭公隱括舊注爲之。如《周易》多取王注，《尚書》多取僞孔傳，《左傳》多取杜氏《集解》是也。《孝經注》與近人所輯鄭注佚文多舛啎，以元疏、陸音所引孔安國、馬融、王肅、韋昭、殷仲文、謝萬、劉瓛諸説校之，亦並不合，竟不知據於何本。挺之於鄭學，蓋未能深究奥窔，故於元、陸諸家所引鄭本異文佚義，皆絶無甄采，僅從《治要》鈔出爲此本，竟署爲鄭注，固肊定無左驗。臨海洪氏《孝經補證》，遽奉爲真鄭義，疏矣！然此注雖不出康成，要是魏鄭公前舊詁，故《治要》得采之，非貞觀以後人作也。此本流傳入中國時，《治要》全本尚未顯於世，故阮文達《孝經校勘記敘》遂斥爲日本人僞撰，不知舊跋明云出《治要》，固未嘗深没其根氏也。

丁卯八月秋試畢，於吴山書肆偶見此册，雖無裨攷覽，以其爲海外舊帙，以百泉收得之，因識其後。

翟氏籀史跋

此書世所傳者，止上卷，其下卷，有録無書。王復齋《鐘鼎款識》「周師旦鼎」云：「翟耆年伯壽《籀史》作『大姒鼎』，窾文四十一字。」又「弡仲簠」云：「『鏖』，翟乙穴反；『鋭』，翟作『鋭』，充仲反；『鑪』，翟徒兮反；『畀』，歐、翟作『萬』。」今本並無之，當在所缺下卷内矣。此書援據詳博，足資攷證。若周穆王東巡題名，及徐鉉古鉦銘，皆金石家所未及，而流傳梓本，譌文殊夥。「古鉦銘」下云：「石刻之首題曰𠖠吝篆。」「𠖠」字見《説文》古部，❶即古文「古」字也。「彣」在《説文》爲「吝」字古文，❷此當藉爲「文」字。絳州龍興宫唐李訓等立大道天尊象碑云：「餘魂休喘，情不逮彣。」亦以「彣」爲「文」，即此所本也。「𠖠」字亦見此碑。近時昭文張氏、金山錢氏諸刊本，「𠖠」字舛誤，幾不可辨。古文放失，此等字寫官既不能知其點畫，而校書者又漫以不識置之，宋以來字書，往往有之，不獨此書也。

隸續跋

今本《隸續》弟二十卷有盤洲跋，云：「《隸釋》有《續》二十一卷。」不云有碑式、碑圖，此淳熙庚子初刻《隸續》跋也。《盤洲集》別載淳熙辛丑所作《隸釋》跋，稱「合《隸續》」，編刻之爲九十四卷」，則有圖式八卷在内，而不復有《釋》、《續》之分矣。今所傳泰定本，乃後人集諸殘本編之，蓋雜有前後兩刻之文，故書名仍前刻，而有碑圖、碑式。其卷二所載公乘伯喬殘題名，一行曰「廣都公乘伯喬」，一行曰「曹守長郫審叔雍」者，即卷十四高联石室六題名内弟三、弟四兩行，特以「曹」爲「昌」、以「雍」爲「惟」，釋文小異爾。此必合編前後兩刻，其緟文之芟削未盡者。婁彦發《漢隸字原》卷首所載碑目敘次，悉循洪《釋》，惟此條作「永元」十六字，與今本《隸續》不合，足證今本此卷爲前刻殘帙，婁所據者後刻合編之本，已削去此碑，以「永元」十六字補其空矣。翁氏《兩漢

❶「古」，原作「口」，據《説文》改。
❷「吝」，原作「彣」，據《説文》改。

金石記》坿《洪書目次考》，於「永元」十六字，乃以婁氏改補續增爲疑，記中載趙晉齋所藏宋拓公乘伯喬題名，亦但知其爲《隸續》卷二所載，而不知其即高联石室六題名之殘拓，則但見《隸續》前已箸録，不復細檢後數卷，故不能得其參差異同之故也。

隸續弟二跋

文惠諸跋，攷證史事殊淹博。《通鑑》胡景參注引《隸釋》，攷正兩漢《志》會稽東部、南部都尉治地舛牾，論尤詳覈，爲唐、宋輿地書所未及。檢今本《隸釋》無此文，《隸續》弟十三卷末豫州刺史路君二闕跋云：「東部説在前卷。」當即指此條。而前十二卷亦無其説，蓋今本《隸續》乃元人掇拾殘本，重編爲之。以《漢隸字原》所載洪《續》舊本碑目覈之，闕弟四卷武君闕銘、韓勑孔林別碑兩側題名、功曹史殘畫像、雍邱令殘畫像、成王周公畫像、會稽東部都尉路君闕、頻陽令宋君殘碑，凡七碑。然則景參所引，即路君闕跋佚文無疑也。然路君闕婁氏云永平八年立，❶則又即豫州刺史闕之一。蓋此闕洪氏元書本先後重出，書中若郭旻碑前後兩見，即其例也。覃谿《兩漢金石記》，嘗據陳思《寶刻叢編》補《隸續》缺卷跋十餘則，而未及此。

偶讀《通鑑》注得此條，雖景參不無删潤，而大致尚完具，漫□録汪氏刊本册後，❷以詒後之校補洪氏書者。其訂定漢東部都尉治回浦、章安，論致精塙。温州即漢東部

❶「立」，原作「止」，據中華本所引稿本改。

❷「漫」下留白，中華本作「附」。

屬境，此於吾鄉輿地沿革，尤足資攷證，爲録出之，亦冀常得自省覽也。

《通鑑·漢紀五十四》胡注，引洪氏《隸釋》據西漢《志》曰：「會稽西部都尉，治錢唐。南部都尉，治回浦。李宗諤《圖經》曰：『文帝時，以山陰爲都尉治。元狩中，徙治錢唐，爲西部。元鼎中，又立東部都尉，治冶。光武改回浦爲章安，以治二東候官。』」❶《吴孫亮傳》曰：「五鳳中，以會稽東部爲臨海郡。」《孫休傳》：「永安中，以會稽南部爲建安郡。」沈約《宋志》曰：「東陽太守，本會稽西部都尉。」又曰：「臨海太守，本會稽東部都尉。」前漢都尉治鄞，後漢分會稽爲吴郡，疑是都尉徙治章安。《續漢志》：「章安故冶，光武更名。」《晉太康記》：「本鄞縣南之回浦鄉，章帝立。」未詳孰是。又曰：「司馬彪云，章安是故冶。」然則臨海亦冶地也。張勃《吴録》曰：「是句踐冶鑄之所，後分爲會稽東、南二部都尉，東部臨海是也，南部建安是也。」杜佑《通典》曰：「後漢改冶縣爲候官都尉，後分冶縣爲會稽東、南二都尉，今福州是南部，台州是東部。」又曰：「二漢會稽西部都尉理婺州。」數説異同，各有脱誤，嘗參訂之。自秦置會稽郡，其治在今吴門，至順帝分置吴郡，而會稽徙郡於山陰，以浙江爲兩郡之境，故錢唐在西漢時屬會稽，所以爲西部治所。及會稽移於浙東，則西部亦移於婺女。回浦後改章安，乃會稽之東部，今台州蓋其地。治縣則是南部，在吴屬建安郡，至唐遂

❶「二」，《通鑑》胡注作「立」。

爲福州。《太康記》嘗云：「回浦本鄞之南鄉。」❶或云東部治鄞，因致休文之疑。然鄞及回浦，皆西漢縣名，謂西漢割鄞而置縣，或未可知。至章帝時，回浦已非鄉矣，《太康》所紀亦誤也。前《志》注會稽之冶縣云：「本閩越地。」案：此顔注，非班《志》本注。《續志》曰：「章安故冶，閩越地。光武更名。」因脱其中數字，❷故劉昭補注惑於《太康記》，❸而休文復不能剖判也。當云「章安，故回浦，章帝更名。東候官，故冶，閩越地，光武更名」，於文乃足。此郡之末，有「東部候國」四字，却是衍文，「侯」與「候」相近，而南部所治，故文有錯亂。班史注「回浦」爲「南部」，司馬彪謂章安是故冶，張勃謂「分治」爲東、南二都尉，杜佑謂二漢西部皆在婺女，《圖經》以冶爲東部，皆誤也。

寙横詩質跋

右《五言律詩》一卷，周季貺先生之所箸也。先君以道光庚戌成進士，與祥符周叔澐先生爲同歲，又同入史館，春明文讌，往還最密。先生昆弟五人，咸以高文邃學，名重一時。而季弟季貺先生，學尤淹洽，喜收臧異書，箸録數萬卷，多宋元舊槧，及乾嘉諸老精校善本，三榮郡齋，不是過也。先君曩官江東，季貺先生亦需次閩中，時馳書從先生借鈔祕籍，輒録副見寄，手自理董，丹黄雜遝，精審絶倫。詒讓嘗與校讀，每伏

❶「在吴」至「回浦」十九字，原脱，據《資治通鑑》胡注及中華本所引稿本補。
❷「字」，原作「句」，據《通鑑》胡注改。
❸「故」，原脱，據《通鑑》胡注補。

案欽誦，以爲抱經、蕘圃未能專美。既而同歲老友譚君仲脩復爲誦先生所作詩詞，尤多造微之作，則又竊歎先生述造之富，非徒爲校讎略録之學也。比先君以太僕引疾歸里十餘年，季眖先生亦解組歸寓吴門，書牘疏闊，久不相聞。光緒乙未冬，先生外孫冒鶴亭孝廉來瑞安，得從問先生起居，出示先生手定《五言律詩》五十餘篇。蓋先生少年時箸集甚富，晚年手自删簡，又質之仲脩，相與商榷，僅存此一卷。高眇之致，寓諸平易，嶔奇之懷，返之沖澹。杼山長老有云：「清景當中，天地秋色。」可與論先生之詩矣。

詒讓少時，先君嘗授詩法。稍長，治經史小學，此事遂廢。閒有所作，神思蹇轖，不能申其恉。每念袁簡齋砭肸如先生語，輒用内愧。今讀先生兹集，託興孤邁，妙造自然，益復爽然自失。夫商彝周鼎，范製簡樸，而非巧治所能放造，此豈涂澤雕繪者所能窺其萬一乎！獨恨先君於前年冬弃養，與季眖先生卅載神交，未得一見兹集，此尤孤露餘生所爲展卷而泫然霣涕者已。

書宋史葉適傳後

《宋史·儒林傳》，永嘉諸儒，與者六人，而《葉水心傳》載其贊趙忠定立寧宗及制置江淮守禦事尤詳，然於其學術大端，略不之及，惟云「雅以經濟自負」而已，殊爲疏略。且所敘官閥，亦有奪有誤。今謹采諸書攷正之。

《傳》云：「光宗嗣位，由祕書郎出知蘄州，入爲尚書，左選郎官。」案《中興館閣續録》祕書郎題名，葉適淳熙十六年五月除，是月爲湖北參議官。《水心集・蘄州到任謝表》亦云：「始參戎幕，無寂可書，驟借專城，以恩被録。」然則水心實由祕書郎出爲湖北參議，由參議改知蘄州也。本集又有《除淮西提舉謝表》，云：「臣暫領蘄陽，未彰善效，弗諳淮土，早動鄉情。」是知蘄州後復有淮西提舉之除。《集》有《淮西論鐵錢五事狀》，當在其時，而史皆不書，是誤奪矣。《傳》於遷左選郎官後，即接敘水心贊光宗内禪事，云：「孝宗崩，光宗不能執喪，嘉王即皇帝位，遷國子司業。」蓋謂遷司業在紹熙五年七月寧宗即位後。今攷吴子良《荊溪林下偶談》云：「紹熙末年，光廟不過重華宫，諫者盈廷，中外洶洶。未幾，壽皇大漸，諸公計無所出。水心時爲司業，御史黄公度使其壻太學生王棐仲温密問水心曰：『今若更不成服，何如？』水心曰：『如此，卻是獨夫也。』」❶仲温歸，以告黄公，黄公大悟，而内禪之。議起於此矣。」吴爲水心弟子，所記當得其實。史謂寧宗即位後方遷司業，誤也。

錢曉徵《宋史考異》嘗以本傳詳載光宗内禪事，謂修史者采誌狀之文，不免誇飾。然趙忠定定策，水心贊助之力爲多，載之本傳，自宜詳悉。而觀此奪誤諸處，可知修史者雜采他書，並非根據誌狀，故疏舛若是矣。

書顧長康列女傳圖後

儀徵阮氏景刊宋建安余仁仲本《附圖列女傳》，首題晉大司馬參軍顧凱之圖畫。

❶「獨」，原作留白，據中華本所引稿本補。

顧千里校刻《列女傳》，因王回序有「好事爲之圖」之語，疑爲宋人所僞託。江鄭堂則云：「嘗見趙文敏臨顧長康《列女傳仁智圖》，其畫象佩服與此同。」阮文達亦云：「嘗見内府唐宋人臨長康《列女圖》，與此悉同，而微有減小。」竊謂顧圖真跡，宋時尚存，箸録《宣和畫譜》，則此圖流傳橅繪遠有端緒，必非余仁仲所能假託。頃檢吕與叔《攷古圖》卷八「琫珌」下畫一人佩劒而立，❶引李氏《録》云：「觀顧長康所畫《列女圖》，楚武王所佩刀如是。」以校余本卷二楚武鄧曼傳圖所畫，形制正合。李伯時蓋親見長康圖者，其所摹校之趙摹尤爲塙鑿。晉宋丹青名蹟，今希覯如星鳳，而此圖全袟猶首尾完具，雖復麻沙棗木傳刻，而虎賁中郎典型具在，劇可寶貴。故拈出之，以證江、阮賞鑒之不謬焉。

書洪氏泉志後

洪氏此志所載古泉，皆以梁顧烜《泉譜》爲祖本，而卷六「兩銖錢」引顧烜曰：「劉氏《錢志》所載，奇異希有，原始未聞。」是劉《志》又在顧書之前，爲祖本之尤古者。而洪《志》不詳劉氏爲何人，近代泉譜家亦未有能攷其書之原委者。

余謂隋《經籍志》子部五行類《相馬經》下注「梁有劉潛《泉圖記》三卷，亡」，「泉」即「錢」字，「記」、「志」古通，劉氏《錢志》必即《泉圖記》也。「梁有」者，謂阮孝緒《七録》有此書，隋時已亡。以《隋志》義例論之，此書當入史部譜系類，與顧烜《錢譜》相屬。

❶「頃」，原作「項」，據上下文義改。

而入五行類者，因《七録》部分與《隋志》四部不同，故牽連附注，每多舛牾。劉書既亡，脩史者不辨其書爲《泉譜》，因循阮《録》舊弟，坿見於《相馬經》之下，故自來攷古家未有稽討及之者。劉潛字孝儀，以字行，爲劉孝綽弟三弟，《梁書》及《南史》並有傳，唯載有《文集》二十卷，而不及《泉圖記》，可據《隋志》以補其闕。孝儀與顧烜同時，而其書蓋先出，故顧氏得據以箸録矣。

書大戴禮易本命篇盧注後

盧僕射注，援證古籍殊晐博，此篇云：「齕吞者八竅而卵生，咀嚾舊本譌「嚾」，從王石臞校正。者九竅而胎生。」注引《異物志》云：「貍十有一種，囊貍卵生也。」此獸古書皆未見，近見泰西動物學書，記奧大利亞洲有獸名哈利麼格拉者，似彙，生殖器與肛門同一穴，與鳥同，牝者遇生殖期，腹部生皮囊，容卵其中而孵化。而英人李提摩太《地球養民關繫》謂奧洲有奇獸名莫雅累馬他者，便溺如禽，無乳，胸前有袋，乳自袋上毛孔流於袋。疑同物而異名也。此獸介於鳥獸之閒，蓋獸類之至賤者，近是囊貍矣。奧洲又有鴨觜獺，亦八竅卵生，但無袋耳。而有袋之獸，又有更格盧及袋鼠，亦曰囊鼠，諸種奧洲及南亞墨利加洲咸有之，但唯有囊而非八竅卵生，與前兩獸小異而大體略同。泰西儒者以天演論地學，謂上古生物嬗化，自鳥而獸，故獸屬最古者，或八竅卵生，及袋獸之等類，亦最古。中古魚子石層初見鳥獸之迹，即有其殭骼。今他洲皆無，惟奧、墨兩洲新闢，始有之，乃其類種絶滅之僅存者。據《異物志》，似亞洲古亦有此等獸，今年久無復遺育。《異物志》書又久佚，非見盧君此注，幾不復知有是物矣。中土人民繁育，蹏远屏迹，自五洲通譯以來，所紀異獸奇魚，如《山海經》犰狳、文鰩之屬，彼土悉實有其物，而華人不復識其名，囊貍亦其一也。謹表出之，以告世之爲莊武博物之學者。

書華陽國志序志篇後

常《志》敘述華贍，無後世地志附會緣飾之習，然亦有沿襲鄉曲傳聞，未盡翔實者。如此篇云，「孔子述而不作，信而好古，竊比於我老彭。則彭祖本生蜀，爲殷太史」云云，攷《論語》鄭注，以「老彭」爲老聃、彭祖，包咸則據《大戴禮·虞戴德》篇，以「老彭」爲商賢大夫，惟高誘注《呂覽》，以「老彭」爲即彭祖，常說與《呂覽》注正同，雖不甚塙，要亦漢儒舊義也。其以彭祖爲蜀人者，本志《蜀志》云：「武陽縣有王橋、彭祖祠。」劉昭《續漢·郡國志》注「犍爲郡武陽」下引《益州記》，亦云「縣有彭祖冢，上有彭祖祠」，此蓋附會祠冢，鄉壁虛造之說。其云爲殷太史者，亦無見文。惟《莊子音義》引《世本》，說彭祖在商爲守藏史，又即老子，其說甚誕。❶據《帝繫》，❷彭祖爲陸終弟三子，《史記索隱》引《世本》及韋昭《鄭語》注，並謂彭祖封大彭，即彭城，則在今江蘇徐州府銅山縣境，無緣遠産蜀中。常氏誤采之，斯亦文人嗜奇之敝與。

❶「誕」，原爲留白，據中華本所引稿本補。
❷「據」，原爲留白，據中華本所引稿本補。

牟子理惑論書後

《牟子》三十七篇，唐宋以後，世無單行本。近世毗陵孫氏始從釋氏《弘明集》鈔出刊行，首尾尚完具可讀。其首自敘云，「先是，牟子將母避世交阯，被州牧優文，處士辟之。牧弟爲豫章太守，爲中郎將笮融所殺。時牧遣騎都尉劉彦將兵赴之，乃請牟子之零陵、桂陽，假涂通路」云云，攷《吴志・劉繇傳》載笮融至豫章，殺太守朱皓，而《士燮傳》載交州刺史朱符爲夷賊所殺，其時代適相值。繼符領交州者，爲張津、賴恭、步騭、戴良，無朱姓者，則此所謂州牧者，即朱符，所謂牧弟爲豫章太守者，即朱皓也。笮融始末，陳《志》坿見《劉繇傳》，而不詳其官閥。據裴氏《孫討逆傳》注引《江表傳》，知其嘗爲下邳相，皆不云爲中郎將。朱符、朱皓事，陳《志》所紀尤疏略，据此書，知其爲兄弟，此亦爲陳《志》裴注作補正者所當知也。

《理惑論》雖多牽綴經典，闡揚象教，于儒術不無離合，要其文字耑疋，援證奥博，非《辨正》、《破邪》諸論所能及。其弟八篇云：「孔子反頨。」《説文》：「頨，頭妍也。从頁，翩省聲，讀若翩。」徐楚金《繫傳》云：「書傳多言孔子反宇，作此頨字。」《廣韻》「頨」字注亦云「孔子頭也」，楚金所謂書傳，不宷何書。而今所見漢晉以前舊籍述聖表者，多言「反宇」，或言「反圩」，《論衡・骨相》篇云「反羽」，則「頨」之壞字，惟此書正作「頨」字，足證徐義。若然「頨」與「宇」、「羽」互通，則正當从羽聲，與《説文》聲讀迥異也。又論中難疑答問多引《老子》，而末篇云：「所理止于三十七條，兼法老氏《道經》三十七篇。」今世所傳河上公注本《老子》，分八十一章，晉王弼注本、唐傅玄校本悉同，而《漢書·蓺文志》載《老子》有傅氏《經説》三十七篇，彼此互證，知漢人所見《老子》，固分三十七章，今河上注不爾，足明其爲僞本矣。

此書塵霾梵夾，爲儒者流覽所不及，故唐以前史注、類書援引甚尠，孫氏始表章之，而未暇爲之攷斠文字。❶長夏多暇，偶得鄂中新刊本，撿平津舊刻讎覈一過，記憶所及，輒牽連書之，俾世人知兩京遺笈雖佛道家言，猶足資攷證也。

書洪筠軒校正竹書紀年後

《汲冢紀年》舊本佚於宋時，今所傳乃明人掇拾爲之。近臨海洪氏校本，略復舊觀，然遺漏亦尚不少。甚矣，校書之難也。

偶讀陸氏《春秋啖趙集傳纂例·趙氏損益義》篇，引趙匡説云：「彭城劉惠卿著書云，《紀年》序諸侯列會，皆舉其謚，知是後人追修，非當世正史也。至如「齊人殲于遂」、「鄭棄其師」，皆夫子褒貶之意，而《竹書》之文亦然。其書鄭殺其君某，因釋曰是子亹，楚囊瓦奔鄭，因曰是子常，率多此類。別有《師春》一卷，全録《左氏傳》卜筮事，無一字之異，故知此書按《春秋》經傳而爲之也。」案《新唐書·劉貺傳》亦載其略，「師春」今本《纂例》誤作「春秋」，據本傳校正。劉之此論當矣。且經書「紀子伯、莒子盟于密」，《左氏》經改爲

❶「斠」，原作「覯」，據文義改。中華本所引孫延釗校本亦同。

「紀子帛」，《傳》釋云「魯故也」，以爲是紀大夫裂繻之字，緣爲魯結好，故褒而書字，同之内大夫，序在莒子上。此則魯國褒貶之意，而《竹書》自是晉史，亦依此文而書，何哉？此最明驗。其中有「鄭莊公殺公子圣」、原注：「《春秋》作『段』。」「魯桓公、❶紀侯、莒子盟于區蛇」如此等數事，又與《公羊》同。其稱「今王」者，魏惠成王也，此則魏惠成王時，史官約諸家書追修此紀，理甚明矣。觀其記，多詭異鄙淺，殊無條例，不足憑據而定邪正也。劉、趙兩君，論《紀年》甚詳，所舉七事，今本並無。洪校亦僅據惠卿本傳補齊人殲于遂、鄭棄其師二事，而趙伯循所舉三事，亦復闕如。殆偶有不照乎！劉、趙兩君親見《紀年》舊本，足徵唐中葉尚有流傳，所論亦殊允當，非徒足補洪校之遺闕也。

題盧校越絶書 附攷定内經八篇目録

右《越絶書》，盧紹弓學士所校，余從德清戴君子高叚録之，蓋以明吴琯《古今逸史》本校張佳胤刻本，又取《史記》、《續漢志》注及唐宋類書徵引之文勘今本之奪誤，其舉正多精審。如《荆平王内傳》漁者歌曰：「日炤炤，今本作「昭昭」，此據《御覽》五十一引改。侵以施。」紹弓校云：「『侵』與『浸』同，『施』音『移』，《史記・賈誼傳》『庚子日施兮』，《索隱》云：『施猶西斜也。』似本此。」《外傳・春申君》篇末，即封春申於吴下，今本舛誤不可讀，紹弓據吴師道《楚策補注》所引，改正三十字。若此之類，並左證較

❶「桓」，原作留白，據《公羊傳》補。

然，足可依據。卷末自跋謂《本事》篇以越爲何不第一而卒本吴太伯爲問，其末篇《敘外傳記》篇。又云：「始於《太伯》，次《荆平》，次《吴人》，次《計倪》，次《請糴》，次《九術》，次《兵法》，終於《陳恒》。是皆以《太伯》爲第一，《吴地》首稱太伯，當即此篇。然今本次在弟三，其下次序皆不相應，疑其爲後人所貿亂。」此跋亦見《抱經堂集》九卷。其説亦致塙。

今攷《文獻通攷·經籍攷》二十二引《崇文總目》云：「《越絶書》舊有《内紀》八，《外傳》十七，今文題闕舛，纔《通攷》本作「載」，誤。今據《玉海》四十一引改。二十篇。」今本有《内經》二，《内傳》四，《外傳》十三，而無所謂「内紀」者，與《總目》所記不合，竊疑「紀」乃「經」字之誤。《敘外傳記》所謂始《太伯》而終《陳恒》者，即《内經》八篇之目，古實無所謂「内傳」，盧君未考《崇文總目》，故未能得其要領也。今本惟《計倪》、《九術》兩篇尚稱「内經」，《荆平王》、《吴人》、《請糴》、《陳成恒》四篇，則改「經」作「傳」，《吴地記》一篇，則并改爲「外傳」矣。至《兵法》一篇，今已亡失，李善《文選注》三十五引《越絶書·伍子胥水戰兵法内經》曰：「大翼一艘，長十丈；中翼一艘，長九丈六尺；小翼一艘，長九丈。」《御覽》三百一十五引作「《越絶書·伍子胥水戰法》」，其文較此尤詳。正其佚文，而并引《内經》篇目，可藉見唐本舊式矣。今據《敘外傳記》所敘篇目次弟，合以《崇文總目》所紀舊本「内經」篇數，别爲《越絶内經目録》如左，《外傳》十七篇舊敘無説，今亦不論也。

《吴太伯内經》弟一《敘外傳記》：「始於《太伯》，仁賢，明大吴也。」今本作「《外傳記·吴地傳》弟三」，此依盧氏攷定。

《荆平王内經》弟二《敘外傳記》：「仁能生勇，故次以《荆平》也，勇子胥，忠正信智以明也。」今本作「《荆平王内傳》弟二」。

《吴人内經》弟三《敘外傳記》：「智能生詐，故次以《吴人》也，善其務救蔡，勇其伐荆。」今本作「《吴内傳》弟四」。

《計倪内經》弟四《敘外傳記》：「其范蠡行爲持危救傾也，莫如循道順天，富邦安民，故次《計倪》。」今本作「《計倪内經》弟五」。

《請糴内經》弟五《敘外傳記》：「富邦安民，故於自守易以取，故次《請糴》也，一其愚，故乖其政也。」今本作「《請糴内傳》弟六」。

《九術内經》弟六《敘外傳記》：「請粟者，求其福禄必可獲，故次以《九術》，順天心，終和親，即知其情。」今本作「《内經九術》弟十四」。

《伍子胥水戰兵法内經》弟七《敘外傳記》：「策於廊廟，以知彊弱時至，伐必可克，故次《兵法》，凶器也，動作不當，天與其殃。知此上事，乃可用兵。」今本亡此篇，今從《文選注》三十五補目，舊本或當省題「兵法内經」。

《陳恒内經》弟八《敘外傳記》：「《易》之卜將，《春秋》無將，子謀父，臣殺主，天地所不容，載惡之甚深，故終於《陳恒》也。」今本作「《内傳陳成恒》弟九」。

書舊唐書禮儀志李敬貞議後

方諸取明水於月，説始於《周禮·秋官》司烜氏、《考工記》攻金之工兩職，然兩經止云「鑒」，鄭注乃云：「鑒，鏡屬，取水者，世謂之方諸。」蓋本《淮南子·天文訓》及《萬畢術》，固西漢古義也，但其器古説多殊異。高誘《淮南》注云：「方諸，陰燧大蛤也。熟摩令熱，月盛時以向月，下則水生，以銅盤受之，下水數滴。先師説然也。」高氏《淮南》之學，《自敘》稱受之盧植，則此稱師説，或亦盧所傳與？慧苑《華嚴經音義》引許注則云：「方諸，五石之精，作圓器似杯坛，向月則得水也。」《太平御覽》天部又引許注云：「諸，珠也；方，石也。以銅盤受之，下水數升。」許君二説不同，與高説亦復舛異。依盧、高及許君後一説，似方諸别爲一物，鑒即銅盤，乃受水之器，非所以得水也。《御覽》又引《萬畢術》注云：「方諸，形若杯，無耳，以五石合冶。❶以十二月壬子夜半作之以承水，即來。」此與許前説略同。依鄭君之義，方諸即鑒，亦即取水之器，即以銅爲之，則不得如高、許二説。蓋漢時已無定説，故其駁異如此。

李敬貞議力駁鄭義，謂：「今司宰有陽燧，形如圓鏡以取明火。陰鑑形如方鏡，以取明水。但比年祠祭，皆用陽燧取火，應時，得以陰鑑取水。未有得者，《周禮》金錫相半，自是造陽燧法。鄭玄錯解，以爲陰鑒之制，依古取明水法，合用方諸，用大蛤也。」又稱曾八九月中取蛤一尺二寸者，依法試之，自人定至夜半，得水四五斗。蓋李氏主盧、高大蛤取水之説，證以目譣，自足馮信。然《司烜氏》明以夫遂與鑒並舉，《考工》説鑒、燧同劑，亦與彼文正相應。鄭君依經作訓，固不得以後世法難之矣。

今依光學通理論之。日光熱至盛，傳射復速，窐鏡回光，其光綫聚於弧心，以艾承之則然。陽燧取火，理自不誣。而月則映日成光，本非水體。水爲輕、養兩氣合成，流質亦非光綫之所能傳，縱以窐鏡對月聚光，而安所求水？陰鑒得水，理實難通。竊疑明水自是露氣所成，秋月澄霽，地氣蒸

❶「合冶」，原作「合作冶」，據《太平御覽》删改。

潤，遇冷降而成露，以杯盤承之，即可得水。漢武承露盤，蓋用兹法。大蛤得水，其事雖小異，理亦同也。古人測天未精，於質氣之學亦未造微，遂謂可取水於月，以配明火。禮家沿襲不察，奉爲成法，實則明水與月絶不相涉。李敬貞雖知陰鑒之不可用以取水，而仍信大蛤能於月中得水，則猶未窺其本也。至唐譯《楞嚴經》佛告阿難説，西域幻師以方諸承月取水，方諸爲珠，有盤承之，此與許君後一説略同，蓋身毒古亦有此術，而唐世譯經者以漢語「方諸」傅合之。以珠映月，亦無得水之理，其得水實以銅盤耳，故佛亦難以水非從月降。異域幻術，與中土古説，其皮傅失實，若冥符遥契，惜不遇李敬貞，一發其覆也。

籀廎述林卷七

瑞安孫詒讓

毛公鼎釋文癸卯重定

王若。曰：「父厝！《説文》厂部無此字，𠂢部：「厝，不能言也。从𠂢，音聲。」以「瘖」作「雁」例之，當即「瘖」之省。徐同栢以爲古文「歆」字，非。不丕。顯文武，《書·文侯之命》：「丕顯文武，克慎明德。」皇天弘猒乃德，薛《款識》齊侯鎛鐘：「余弘猒乃心。」徐云：「《書·洛誥》：『萬年猒于乃德。』馬云：『猒，飫也。』」配我有周，謂文武德能配天。雁𤻵。❶徐、吴讀爲「膺」。案：《説文》：「瘖，鳥也。从隹，瘖省聲。或从人，人亦聲。」此作「□」，省𠂢爲厂。鈔本薛《款識》雁侯敦「雁」作「□」，❷與此同。杭州刻本釋文誤爲「雍」，吴《録》應公鼎「雁」亦作「□」。❸又攷薛《款識》齊侯鎛鐘「女應鬲公家」，「應」作「□」；❹「應卹余于盟卹」，「應」作「□」，❺並从十。苗夔《説文聲訂》欲改《説文》「从隹，瘖省聲。或从人，人亦聲」爲「从隹、𠂢，儋省聲」，云：「儋省聲，臏人，籀文不省，必作𪇴也。」案：金文「膾」字偏旁有「□」、「□」、「□」諸形，❻此鼎「㑒」字亦作「□」，❼則凡金文「雁」字之从十从□者，❽殆皆从「㑒」省聲。今本《説文》「雁」字注，譌挩不可讀，瘖、人兩聲亦並與古音不合，

❶「𤻵」下，原有一墨丁，據《古籀拾遺》卷末所附《毛公鼎釋文》（以下簡稱《初釋》）删。

❷「□」，原爲墨丁，據應公簋銘文拓本補。

❸「□」，原爲墨丁，據應侯鼎銘文拓本補。

❹「□」，原爲墨丁，據叔尸鐘（即舊所謂齊侯鎛鐘）銘文摹本補。

❺「□」，原爲墨丁，據叔尸鐘銘文摹本補。

❻「□、□、□」，原爲墨丁，據《初釋》補。

❼「□」，原爲墨丁，據吴式芬《攈古録金文》毛公鼎銘文摹本（以下簡稱「吴摹」）補。

❽「□」，原爲墨丁，據《初釋》補。

正當據金文以正之耳。受大命。《逸周書·克殷》篇「應受大命」。衒率。[illegible]，❶薛《款識》師訇敦「率以乃友，干以王身」，❷「率」作「[illegible]」，❸吴《録》師寰敦「今余肇命女率齊師」，❹「率」作「[illegible]」，❺與此略同。褱懷。[illegible]，❻徐云：「率循懷柔。」不廷方，徐云：「《詩·韓奕》『榦不廷方』，傳：『廷，直也。』」亡不閈徐云：「與干城同義。」于文武耿光。徐云：「《書·立政》『以覲文王之耿光』。」唯天庸徐云：「字作[illegible]，下同。號季子白盤作[illegible]，❼字形小異。」案：徐説是也。號盤「庸武于戎工」，與此字同，特此迻[illegible]于[illegible]上耳。❽《説文》从用从庚，此上从爿者，疑爿、庚聲近，故變庚爲爿。下从[illegible]者，疑「由」之省。古文「由」、「用」古字同，余别有説。阮《款識》召伯虎敦「爲伯父庸父」，「庸」作「[illegible]」，❾則似从兩「由」字傎到之。天乙閣宋拓《石鼓文》已鼓「䅲棤庸鳴」，「庸」作「[illegible]」，❿與召伯虎敦微異。集乃命，亦唯先正，徐云：「《書·文侯之命》：『惟時上帝，集厥命于文王，亦惟先正，克左右昭事厥辟。』鄭云：『先正，先臣。謂公卿大夫。』」□篆作「[illegible]」，下半泐，上半似器字，然於義不合。徐釋爲「罢」，吴式芬釋爲「襄」。案：吴釋近是。《説文》吅部：「⿱吅殳，籀文作[illegible]。」與此相近。⿱吅殳、襄聲同，此疑借爲贊襄之襄。克鼎有[illegible]字，或亦釋爲襄。辥乃辟，辥字金文常見，皆輔翼、正治之意，疑與嬖通。《説文》辟部：「嬖，治也。」古音與辟同部。[illegible]此字銘文作[illegible]，从収，从古文昏省聲，《説

❶「[illegible]」，原爲墨丁，據吴摹補。

❷「干以王身」，據銘文，「干」下之字作「[illegible]」，即「䔡」或「吾」字，讀作「禦」，《初釋》無釋，今「以」字疑緣上「率以乃友」之「以」而誤。

❸「[illegible]」，原爲墨丁，據師詢簋銘文摹本補。案：舊所謂「師訇敦」者，今習稱「師詢簋」。

❹「寰」，原作「遽」，案「今余肇命女率齊師」之辭出自師寰簋，與師遽簋無涉，故作是改動。

❺「[illegible]」，原爲墨丁，據師寰簋銘文拓本補。

❻「[illegible]」，原爲墨丁，據吴摹補。

❼「[illegible]」，原爲墨丁，據《初釋》及號季子白盤銘文拓本補。

❽「迻[illegible]于[illegible]上耳」，「[illegible]」、「[illegible]」二構原爲墨丁，據《初釋》補。

❾「[illegible]」，原爲墨丁，據《初釋》及六年琱生簋銘文拓本補。

❿「[illegible]」，原爲墨丁，據《初釋》及《石鼓文》補。

文》所無。此當即搚之異文。《説文》手部：「搚，撫也。一曰摹也。」《廣雅・釋詁》：「搚，順也。」又昏或訓勉，于義亦通，詳後。《攈古録》彔伯戎敦「譎乃且考，有搚于周邦」，「搚」作「⬚」，❶與此正同。薛《款識》師毀敦「乃祖考有婚于我家」，「婚」作「⬚」，❷並即此字。薛書傳摹失其真耳。《攈古録》又有單伯鐘，亦云：「搚堇大命。」其「搚」字作「⬚」，❸與此正同。又陳侯敦「朝昏諸侯」，「昏」作「⬚」，❹此舁字上半即从彼省。後有兩婚字，从女、从古文昏、从耳，此不从女、耳，而从収，諸形可互證，詳後。徐釋爲「登」，吴釋爲「勞」，並非。堇勤。大命。《祭統》孔悝鼎銘：「勤大命。」繇銘作⬚。《説文》右从希，即聿字。《説文》聿部「聿，从又持巾」是也。又：「肄，習也。从聿，⬚聲。」又⬚部：「⬚，❺古文䌛。《虞書》曰：『䌛類于上帝。』」繇、䌛字通。皇天亡哭，徐、吴並讀爲斁。《詩・周南・葛覃》「服之無斁」，毛傳云：「斁，厭也。」徐云：「字作⬚，見《博古圖》疑生豆。」臨保我有周，師餢敦：「□皇帝亡旲，臨保我乃周。」與此文同。「皇」上一字，薛摹作⬚而未釋，當即䌛字之譌。「皇帝」即皇天。「旲」薛摹作⬚，❻與此⬚字相似，❼以字形審之，必非旲字。竊疑即《説文》亣部之臭字，臭「古文以爲澤字」，徐讀爲「斁」，是也。「乃周」亦當從此鼎作「有周」，彼文以「又」爲「有」，剥蝕作⺄，故薛誤釋爲乃也。不丕。巩鞏。❽《詩・大雅》毛傳云：「鞏，固也。」徐讀爲「恐」，非。先王配命。《詩・大雅・文王》「永言配命」，毛傳云：「配天命。」臤徐讀爲「愍」，是也。案《説文》心部：「愍，痛也。从心，敃聲。」攴部：❾「敃，彊也。从攴，民聲。」此从又者，从攴省也。「愍天」即「旻天」，《五經異義》古《尚書》説仁覆愍下則稱「旻天」，《爾雅・釋天》「秋爲旻天」，郭注：「旻，猶愍也，愍萬物彫落。」是其證。天疾畏，吴釋爲

❶「⬚」，原爲墨丁，據彔伯𢦔簋銘文拓本補。

❷「⬚」，原爲墨丁，據《初釋》及師𩛥簋銘文摹本補。

❸「⬚」，原爲墨丁，據單伯鐘銘文拓本補。

❹「⬚」，原爲墨丁，據陳侯因資敦銘文補。

❺「⬚」，原作「䌛」，據《初釋》及《説文》改。

❻「⬚」，原爲墨丁，據《初釋》及薛氏《款識》補。

❼「⬚」，原爲墨丁，據吴摹補。

❽「鞏」下，原有一墨丁，今逕删之。

❾「攴」，原作「支」，據《説文》改。

「疾畏」。銘文作[illegible]，字从矢从大，字書未見。攷《説文》疒部：「疾，从疒，矢聲。」此疑从「尣虒」之「尣」，「尣」爲「尪」之古文，與「疒」同，有疾病之義，此當爲「疾」之異文。「畏」古與「威」通，吴釋與《詩》云「旻天疾威」亦正合，然薛《款識》師𩠐敦：「王曰：師𩠐，哀哉！今日天央畏，降喪首」，「央畏」二字作「[illegible]」，❶與此正同。薛釋爲「央俾」。案齊侯鎛鐘「毌央毌已」，❷「央」亦作「[illegible]」，❸則薛讀可通。但「央」字不當从矢，未詳何義耳。「俾」字金文屢見，其字皆藉「卑」爲之，無作此形者，當從吴釋爲「畏」。《説文》：「畏，惡也。从由，虎省。鬼頭而虎爪，可畏也。」齊侯鎛鐘「女小心畏忌」，「畏」作「[illegible]」，❹則此爲「畏」字無疑。下「王畏」，「畏」字作「[illegible]」，❺亦與此同。若依薛釋爲「央」，則當讀爲「殃威」，亦猶言疾威也。徐讀爲「爽俾」，殊繆。司伞余。小子，二字合文。弗彶邦庯，似言弗及成邦國之功。徐讀「弗彶」句，云「猶云予則罔克」，亦通。害徐讀爲「曷」。吉徐云：「善也。」翻嗣。〓三方，言何以吉嗣先王治四方。翻下有重文，徐云「翻〓」讀爲「嗣治」，亦通。大從半泐，徐闕。此從吴釋。不静。烏虖！趯吴讀爲「趯」，是也。《説文》走部有趯字，云：「走顧貌，❻从走，瞿聲。」此即趯之省，其義當爲懼。徐釋爲「趯」，非。伞小子，二字合文。家徐、吴釋並同。篆文作[illegible]者，下偶連合。此鼎「豩」字、「弓」字皆从○，與此正同。或疑當爲「圂」，讀爲溷亂之「溷」。然金文从□之字若圖、國、圃、因諸文，上皆正平，不作○，恐不合也。湛銘文作[illegible]。《説文》甚古文作[illegible]，此从其形。湛言湛溺也。❼于囍，猶下文云「圅于囏」。永巩此當從徐讀爲「恐」，與前義異。吴大澂釋爲「奉」，非。先王。」猶下文云「 作先王悳」。

❶ 「[illegible]」，原爲墨丁，據《初釋》及師詢簋銘文摹本補。
❷ 「毌央毌已」，二「毌」字原均作「毌」，據叔尸鐘銘文摹本改。
❸ 「[illegible]」，原爲墨丁，據叔尸鐘銘文摹本補。
❹ 「[illegible]」，原爲墨丁，據叔尸鐘銘文摹本補。
❺ 「[illegible]」，原爲墨丁，據吴摹補。
❻ 「貌」，原脱，據《説文》補。
❼ 「也」，原爲墨丁，據文義補。

〓曰：❶「父㫚！字半泐，徐作「今」，近是。余唯肇巠經。巠，徐云：「理也。」先王命，❷〓女汝。辪我邦我家晉盦云：「保辪王國。」又云：「㭘辪爾家。」克鼎云：「諫辪王家。」義並與此同。内外，❸惷吴讀爲「惷」，是也。《説文》心部：「惷，愚也。从心，春聲。」此从春省聲，疑亦謹慎之意。于大小二字合文。政，猶下文云「小大猷」。⿰口甹徐作甹，云：「从二由，見《博古圖》甹鐘，今從吴釋。」案：此當爲「⿰言甹」字之古文。《説文》彳部⿰彳⿰言甹从⿰言甹聲，而言部無⿰言甹字，蓋誤挩也。⿰言甹从言，此从口者，小篆从言之字，古文多从口，《説文》謀古文作，❹謨古文作暮，信古文作㐰，是其例也。右作，❺知爲「甹」字者，薛《款識》聘鐘「聘」字作「」，❻从二由。此从二用，亦「由」、「用」同字之證。阮《款識》册父考盉、《攈古録》册考盉銘首爲，❼亦即「甹」字，阮、吴誤釋爲「册考」二字。⿰言甹字義無攷，此云「⿰口甹朕位」，疑與「甹」通，《説文》血部：「甹，定息也。从血，甹省聲。讀若亭。」言定朕位也。朕立，位。虢許《説文》虎部：「虢，《易》：『履虎尾虢虢。』恐懼也。」言部：「許，聽言也。」此不知作何解。二上。二下。❽二字合文作三，與三字不同。徐讀爲虢〓許〓，❾誤。若否，此當讀「虢許上下若否」句，《詩·大雅·烝民》：「邦國若否，仲山甫明之。」徐云：「若，順。順否，猶臧否。」雩吴讀爲「粵」，下同。三方，疑猶《詩·周頌·桓》「于以四方」。死金文皆以「死」爲「尸」，見阮《款識》追敦。母毋。瞳。徐、吴讀爲「動」。案：依徐、吴讀，當如《左》宣十一年傳謂「陳人無動」，《詩·商頌·長發》「不震不動」，鄭箋云：「不可驚憚也。」

❶「〓曰」，重文符「〓」原爲墨丁，據吴摹補。案：此處重文符所重者爲上句之「王」字。
❷「余」，原作「今」，據《初釋》及吴摹改。
❸「〓女」，重文符「〓」原爲墨丁，據吴摹補。案：此處重文符所重者爲上句之「命」字。
❹「」，原爲墨丁，據《説文》補。
❺「」，原爲墨丁，據《初釋》補。
❻「」，原爲墨丁，據聘鐘銘文摹本補。
❼「」，原爲墨丁，據《初釋》補。
❽「下」下，原有一墨丁，據《初釋》删。
❾「虢〓許〓」，兩重文符原均作「二」，據徐同栢《從古堂款識學》毛公鼎條改。

又疑當讀爲「憧」，《説文》心部：「憧，心不定也。」亦擾亂之意。 仐一人二字合文。 才在。 立，位。 弘唯乃昏，暫。 仐非高徐、吳釋爲「享」。 徐云：「字作亯，見《石鼓文》。」案：《石鼓》癸鼓有此字，舊釋爲「高」，未塙。此當爲「𩫏」字，《説文》：「𩫏，度也，民所度居也。从回，象城𩫏之重，兩亭相對也。或但从口。」 又有。 𡣍。《説文》女部：「𡣍，❶籀文婚。」此鼎此字兩見，一作□，❷一作□，❸與《説文》並小異，然以下「轗」字證之，其爲「婚」字無疑。 徐讀爲「般」，云「字作媻」，非。 吳釋爲「昬」，近是。今案：此字形聲雖不可攷，然下从女，必籀文本形。《説文》所載𡣍字，上半涉𠭊字而誤，❹下半涉夓字而誤。 此上从夲，下从女，右旁又箸耳形者，《説文》耳部「聞」字古文从昏作䎽，此疑即从䎽省。 薛《款識》窖磬「婚于百口」，「婚」字作「□」，❺《攷古圖》作「□」，❻與此略同。 又薛《款識》龍敦有□字，❼亦與此同。 其文曰：「毋敢有弗𡣍。」「𡣍」讀爲「般庚不昏作勞」之「昏」。 薛綜《西京賦》注：「昏，勉也。」薛釋爲「敬」，非也。 又案：吳《録》殳季良壺「昏媾」字作「□」，❽吳釋爲「媵」，誤。《攈古録》多父盤「昏媾」字作「□」，❾並與此同，而形較此尤繁，皆一字也。

「余非高又昏」者，《大戴禮記·文王官人》篇云：「好臨人以色，高人以氣。」言余非以有勤勞而高人也。 高與驕，亦聲近義略同。 女母毋。 敢妄寍，薛《款識》晉姜鼎「余不叚妄寍」，與此同。「妄寍」當讀爲「荒寍」，詳《古籀拾遺》。 虔殈夕䖵惠。 我一人。二字合文。《爾雅·釋詁》：「惠，順也。」 䧹雝。❿ 下从攴者，虢季子伯盤「經維三方」，「維」亦作「縒」，此爲雝和之義。 下文「雝建」，字爲雝塞義，不从攴，與此小異。 徐讀爲「擁」，亦通。 我邦徐云：「半旁蝕。」 小大二字合文。 猷師訇敦：「命女惠

❶「𡣍」，原爲墨丁，據《説文》補。
❷「□」，原爲墨丁，據吳摹補。
❸「□」，原爲墨丁，據吳摹補。
❹「𠭊」，原爲墨丁，據《初釋》補。
❺「□」，原爲墨丁，據薛氏《款識》窖磬銘文摹本補。
❻「□」，原爲墨丁，據呂氏《考古圖》遟磬銘文摹本補。
❼「□」，原爲墨丁，據蔡簋（即龍敦）銘文摹本補。
❽「□」，原爲墨丁，據殳季良壺銘文拓本補。
❾「□」，原爲墨丁，據叔多父盤銘文拓本補。
❿「雝」下，原有一墨丁，據《初釋》刪之。

鼄我邦小大猷。」《文侯之命》：「越小大謀猷，罔不率從。」**母**毌。**折**。《説文》艸部：「斦，斷也。从斤斷艸，譚長説。□，籀文斦，从艸在仌中，仌寒故斦。□，❶篆文斦，从手。」此銘作「□」者，❷吴《録》叔家父簠「悊德不亡」，「悊」作「□」，❸从□爲聲，❹與此同。「毋折」蓋猶言毋害。**威**緘。❺《歗堂集古録》公緘鼎「緘」字作「□」，❻此即緘字之省。緘从言者，古文言、口二形多互通，薛《款識》摹其文作□，❼則失其形矣。緘與咸通，此屬下「告余先王若德」爲句，《書·立政》云：「咸告孺子王矣。」**告仐先王若德**，《書·康誥》云：「宏于天若德。」孔傳云：「順德。」**用卬**仰。❽篆作□，似「印」字。阮《款識》曾伯霥簠有□，❾與此同。吴式芬釋爲「卬」，張開福、徐同栢釋爲「抑」，❿此鼎徐釋爲「仰」，二吴同，蓋謂即「卬」字，於義爲長。但《説文》匕部：「卬，从匕、卪。」此文左實从爪，與匕不同。或當叚「印」爲「卬」，然古音又不相近，不能定也。**邵**昭。**皇天**，《爾雅·釋詁》云：「詔、相、助，勴也。」詔、邵聲類同，古通用。謂仰助天布治，猶《書·大誥》云「紹天明」，《孟子·梁惠王》篇引《書》云「惟曰其助上帝」矣。**䌮**吴釋爲「纘」。徐釋爲「紹」，云：「見《石鼓文》，又見薛氏《款識》邠敦、厖敦及牧敦、訇敦。」案：吴、徐釋並未塙。薛尚功釋爲「疃」。考陳侯因資敦「邵練高祖」，「練」作「□」，⓫吴大澂謂即「䌮」，其字从糸，疑即《説文》糸部之「緟」字。蓋从糸、从疃省，古東、重、童聲類同，金文鐘、鍾字亦多从東，是其例也。䍃、糸金文亦多互用，若齊侯壺「䌮」字亦从糸是也。䌮或讀爲「董」，亦通。**𥨍**篆作□，當是从宀、从豚，《説文》無此字。後又作□，又似从广，古文宀、广兩形多互通。徐釋爲「𥨍」，謂即「䆩」字，古文造字。吴釋同，

❶ 「□」、「□」二字原均作他構，據《説文》改。
❷ 「□」，原作他構，據《初釋》及吴摹改。
❸ 「□」，原爲墨丁，據叔家父簠銘文拓本補。
❹ 「□」，原爲墨丁，據文義補。
❺ 「緘」，其下原有一墨丁，據《初釋》删之。
❻ 「□」，原爲墨丁，據《嘯堂》鼄公緘鼎銘文摹本補。
❼ 「□」，原爲墨丁，據薛氏《款識》公緘鼎銘文摹本補。
❽ 「仰」下，原有一墨丁，據文義删之。
❾ 「□」，原爲墨丁，據阮氏《款識》曾伯霥簠銘文摹本補。
❿ 「栢」，原爲墨丁，今爲補之。
⓫ 「□」，原爲墨丁，據陳侯因資敦銘文拓本補。

並未塙。叔向敦亦有此二字，吴釋亦同。其字作，形甚明析，惟从〇則似口，未詳，要非𦥑字無疑。此或「遯」之異文，當爲「循」之叚字，盾聲、遯聲古多通用。《禮記・曲禮》「豚曰腯肥」，《釋文》：「腯，本或作豚。」是其例。「緟循」言申緟循順也。大命，康能三或，國。❶齊侯鎛鐘：「公曰：『及女康能乃九事。』」《書・舜典》：「柔遠能邇。」《易・屯》彖傳鄭注云：「能，猶安也。」俗讀爲「欲」。我弗乍作。先王𢡘。」吴釋爲「悳」，是也。徐釋爲「慎」，吴大澂釋爲「顛」，並非。銘文作，❷右从𩠐，即籀文頁字，《説文》頁部「顔」、「頮」二字，籀文並从𩠐。左从心省。《説文》心部：「悳，愁也。从心，从頁。」《繫傳》及《六書故》引蜀本並作「頁聲」是也。《説文》頁部：「頁，頭也。从百，从儿。❸古文𩑋首如此。」《六書故》云：「李陽冰音首。」王念孫云：「頁即首字，不知何故轉爲胡結切。《説文》悳部从頁聲。」案：悳从頁聲，故師訇敦云：「降喪首。」首與𩠐同，亦當讀爲「悳」，言降喪悳也。

王曰：「父厝！雩之庚，謂于是衆庚。出入叓使。□、徐、吴讀爲「事」，亦通。❹于外，尃命尃政，《説文》寸部：「尃，布也。」《商頌・玄鳥》：「敷政優優。」徐云：「《詩・烝民》：『明命使賦，賦政于外。』傳：『賦，布也。』敷與賦同義。」埶執。❺徐云：「讀爲藝。藝，極也。」案：徐讀是也。昭十三年《左傳》「貢之無藝」，杜注云：「藝，法制。」小大二字合文。楚賫，賦。❻「楚賦」義難通，「楚」疑與「胥」通，「楚」、「胥」並从「疋」得聲。《困學紀聞》引《尚書大傳》云：「古者十稅一，多于十稅一謂之大桀、小桀，少于十稅一謂之大貉、小貉。王者十一而稅，而頌聲作矣。故《書》曰：『越惟有胥賦小大多正。』」今《書・多方》「胥賦」作「胥伯」，文義並異。依伏傳則「胥賦」之「賦」爲賦稅，「胥」疑當讀爲「糈」。《説文》米部云：「糈，糧也。」「小大胥賦」與《書》云「胥賦」、又云「小大多正」文義相類。❼「埶小大胥賦」，謂小大賦稅當以常法制

❶「國」下，原有一墨丁，據《初釋》删之。
❷「」，原爲墨丁，據《初釋》及吴摹補。
❸「儿」，原作「几」，據《説文》改。
❹「通」下，原有「二」字，據文義删。
❺「執」下，原有一墨丁，據文義删。
❻「賦」下，原有一墨丁，據文義删。
❼「小大」，原倒乙，據文義乙正。

之也。或云「胥」當讀爲《周禮·小司徒》「追胥」之「胥」，「胥賦」謂軍賦，起徒役，追胥之事，亦通。「賦」，吴大澂釋爲「資」，誤。無唯正憂，徐釋爲「嫛」，非，吴釋爲「昬」，是也。此與前「有憂」字同，亦當爲「婚」。《書·無逸》「以庶邦惟正之共」，《後漢·郅惲傳》引「惟正」作「唯政」，王引之云：「正，當讀爲政。共，奉也。奉行政事。」案：此「唯正」與《書》「惟正」義同。昏亦勉也，言不唯政事是勉。弘其唯王智。「弘」亦語詞，此對上云「弘唯乃智」爲文，言其貢諛唯以王爲智。迺唯是喪我或，國。❶此戒之之辭。厤自今出入尃命于外，乃非先告父＝厝＝舍命，❷《説文》手部：「捨，釋也。」此「舍」即「捨」之借字。《詩·鄭風·羔裘》「舍命不渝」，鄭箋云：「舍猶處也，處命不變。」此「舍命」蒙上「尃命」言，則與《詩》義不同。蓋言以王命施之於外，與「施舍」之「舍」義略同。母毋。又有。敢憃尃命于外。」

王曰：「父厝！今余唯𩃬讀爲「緟」。徐釋爲「紹」，吴釋爲「纘」，並非。先王命，此亦申命之義。《攈古録》善鼎云：「今余唯肇𩃬先王命。」薛《款識》龍敦、邾敦、師𥫱敦並云：「今余惟𩃬亯乃命」，❸「𩃬亯」當讀爲「緟庸」。薛以「庸」爲「京」，非是。＝女汝。□摹本「命」字下似有兩重文，《攈古録》無。亟讀爲「極」，正治之意。一方，宖《説文》無此字，徐讀爲「宏」。案：《説文》宀部有「弦」字，訓屋響。吴大澂謂此與彼同，而讀爲「宏」，其説近是。此義與「弘」亦相近，後又叚爲「鞃」字。然此鼎上文自有三「弘」字，則此與彼義蓋微異。❹吴式芬釋爲「弖」，从□，未塙。彔伯戒敦「惠[illegible]天命」，「[illegible]」吴式芬亦釋爲「宏」，與此略同。我邦我家，母毋。顀《説文》頁部：「顀，出頟也。从頁，隹聲。」于政，勿雝建徐、吴釋爲「逮」，吴大澂釋爲「建」，篆文右从隶，❺與後「畫」字上半形同，則是从聿也。疑釋「建」近是。但「建」从廴，此

❶「國」下，原有一墨丁，據文義删。

❷「乃非先告父＝厝＝舍命」，當讀爲「乃非先告父厝，父厝舍命」。

❸「𩃬」，原作「𩃬」，據蔡簋諸器銘文及正文「今余唯𩃬」與注文「𩃬亯」之文改。

❹「異」，原爲墨丁，據文義補。

❺「隶」，原爲墨丁，據吴摹「逮」字補。

从辵者，古文之變也。其讀當爲「楗」。《説文》木部：「楗，歫門也。」言雝遏楗塞。芡庹。人徐云：「字半蝕。」❶□，篆文作「[illegible]」，疑「寅」之壞字。頌敦「寅」作「[illegible]」，又頌鼎作「[illegible]」，並與此相近。徐釋爲「眚」，吴釋爲「賚」，並非。「勿雝建庹人寅」，言勿雝塞衆人積貯以自利也。母毋。敢龏《説文》収部：「龏，慤也。」此當讀爲「共」。橐〓，《説文》：「橐，囊張大皃。从橐省，匋省聲。」此省爲[illegible]，❷與阮《款識》散氏盤「[illegible]」字同。❸下有重文，未詳。徐讀爲「共包」，云：「共，供給。包，苞苴。」迺敄徐釋爲「敕」，非。吴釋爲「敄」，是也。王宜人甗「無敄」，「敄」字作[illegible]，❹與此正同。敄从攴矛聲，此左从「[illegible]」，❺即古文「矛」字。矛爲刺兵，故作是形，小篆變作[illegible]，失其形矣。「敄」、「務」聲類同，《爾雅·釋詁》：「務，侮也。」《詩·小雅·常棣》「外禦其務」，毛傳同。《左》僖廿四年傳引《詩》，「務」作「侮」。㒼鰥。❻《説文》欠部「歠」字从此。寡，此承上「毋敢」爲文，《書·康誥》云：「不敢侮鰥寡。」譱效乃双友。❼薛《款識》寅簋亦云：「善效乃友，大辟勿事。」徐云：「即大史友、❽内史友之友。」正。友正，謂同官僚友及正長也。母毋。敢□徐釋爲「湎」，吴釋爲「湛」。案：《説文》：「湎，沈于酒也。」引《書·酒誥》「罔敢湎于酒」。徐説與《書》合，吴大澂釋同。但篆右从「[illegible]」，徐云象頭角豐滿形，則肊説不足據。吴釋「湛」，尤非。㳅《説文》皃部：「皃，从儿、白，象人面形。」❾「㒵，皃也。从皃，象形」，重文或作「弁」，籀文作「𡭗」。注：「从収，上象形。」此疑即从㒵、从水，與从面聲意並相近。或謂此字疑當从由从又，阮《款識》張仲簠云：「弜中叀壽。」「叀」作

❶「蝕」下，原有「三」字，據上下文義及徐氏《從古堂款識學》删。

❷「[illegible]」，原爲墨丁，據吴摹補。

❸「[illegible]」，原爲墨丁，據阮氏《款識》散氏盤銘文摹本補。

❹「[illegible]」，原爲墨丁，據作册般甗銘文拓本補。

❺「[illegible]」，原爲墨丁，據吴摹「[illegible]」字補。

❻「鰥」下，原有一墨丁，據《初釋》删之。

❼「友」下，原有一墨丁，據《初釋》删之。

❽「大史友」，原作「大史史友」，據徐氏《從古堂款識學》及吴式芬《攈古録金文》所附徐氏釋文删一「史」字。

❾「從儿白象人面形」，「儿」字原作「几」，「人」字原脱，據《説文》改補。

「叀」。《攈古録》史酉敦亦有「叀」字，❶作「叀」，❷上並从「由」。❸此上从「由」，❹與「由」略同，❺下似从「又」，疑「収」之省也。段校《説文》収部：「叀，舉也。从収，由聲。」引《春秋傳》「楚人叀之」，今《左》宣十二年傳作「惎」。又引杜林以爲「麒麟」字。又糸部云：「綦，帛蒼艾色也。从糸，叀聲。」引《詩》「縞衣綦巾」，今《詩・鄭風・出其東門》作「綦巾」。又云：「一曰不借綦。」《周禮・弁師》鄭注作「薄借綦」，徐鉉補重文「綦」，是叀、綦字同也。此从水、从叀，《説文》所無，疑亦與「綦」同。《荀子・王霸》篇楊倞注云：「綦，極也。」「⿰氵叀于酒」亦猶云極于酒也，於義亦通。于酉。酒。女母毋。敢豙讀爲「隊」。徐釋爲「爰」，非。才在。乃服，《爾雅・釋詁》：「服，事也。」言不敢隊其職事。竆徐云：「字作匑、从匔、豕，讀如溷。」案：此作，與前略同，疑亦當爲「竆」，讀爲「循」，循亦順也。夙夕猶上文云「虔夙夕」。敬徐云：「字半蝕。」念徐云：「《逸周書・作雒》亦云『敬念』。」王畏威。□、徐作「俾」，非。不睗。《説文》目部云：「睗，目疾視也。」此當爲「易」之叚字。「畏」讀爲「威」。言度念王威不易也。女汝。母毋。弗帥用先王乍作。朙井，荆。□、徐讀爲「型」，非。俗讀爲「欲」。女汝。弗以乃辟圅吴讀爲「臽」。案：「圅」、「臽」古通，師㝨敦「谷女弗以乃辟于囏」，❻與此文正同，「」字薛無釋。❼「谷」亦當讀爲「欲」。此「圅」徐釋爲「匋」，讀爲「向」，非。《攈古録》不期敦亦云：「女休弗以我車圅于囏。」于囏。」《逸周書・祭公》篇：「我惟不以我辟險于難。」文與此相似。

王曰：「父厝！巳徐云：「語辭。」曰汲徐、吴讀爲「及」。丝兹。卿事徐云：「讀如士。」寮、大史寮卿士寮、大史寮，猶《酒誥》云大史友、内史友。于父即尹。徐、吴讀爲「君」。徐云：「即，就也。」案：「即尹」似言就官。命女𢻫此字薛《款識》齊侯鎛鐘、微欒

❶「史」，《攈古録金文》作「師」。
❷「叀」，原爲墨丁，據師酉簋銘文摹本補。
❸「由」，原爲墨丁，據文義補。
❹「由」，原爲墨丁，據文義補。
❺「由」，原爲墨丁，據文義補。
❻「」，原爲墨丁，據薛氏《款識》補。
❼「」，原爲墨丁，據薛氏《款識》補。

鼎、穆公鼎、龍敦、邾敦、師𣪘敦並有此字，微欒鼎及師𣪘敦亦並與「𤔲」字連文，薛並釋爲「繼」，吴釋从之，殊不塙。薛書傳摹舛誤，形聲不可辨。此文从并从女甚明，❶女上似从□，又似从丮，餘未能定也。惟吴縣潘氏所藏克鼎有此字，作[glyph]，❷較此尤明析。諦審之，當是从并从女，疑即《説文》女部之「姘」字。《説文》「并」在从部，上从从，下从幵。此上作𠦃者，❸變从爲北。下作并者，亦幵之變，猶荆、刑通用之例。此借爲「拼」字，《爾雅·釋詁》云：「拼，使也。」凡金文云「姘𤔲」者，皆使治之謂。此云「命女姘𤔲公族」者，謂命毛公使治公族以下諸人也。徐釋爲「晙」，尤誤。𤔲治，公族，雩「雩」與「越」通，《廣雅·釋詁》：「越，與也。」下同。參有𤔲、司。❹徐云：「三卿之偁。」小子、二字合文，《周禮·夏官》有小子。師氏、《周禮·地官》有師氏。虎臣，即《夏官》虎賁氏。雩朕褻吏。此並蒙上「𤔲」爲文，言自公族及參卿以下至褻吏，並得治之也。「吏」，徐讀爲「事」，云：「暬御，執王事者。」吴同，亦通。以乃族干吾徐云：「讀如扞禦。《詩·兔罝》傳：『干，扞也。』御，古文作敔，此作吾，敔之省。」吴同。王身。半泐。徐釋爲「爲」，非。師𩛥敦：「率以乃友，干□王身。」文與此略同。干下有[glyph]字，❺與此吾字亦相似，❻薛無釋，此可以補之。❼取賷薛《款識》𢧵敦「取[glyph]五寽」，❽《攈古録》揚敦云「取[glyph]五寽」，❾與此文並略同，其字从辵，較此尤備，疑當爲「遺」之異文，从歸省聲。饋、歸古字亦通用，故遺或从帚，蓋遺以金也。薛釋爲「債」，徐釋爲「賦」，吴釋爲「貝」，揚敦同，並非。卅寽。鋝。❿吴釋爲「爰」，亦通。易錫。女汝。𩰫𠧟一卣，卣。⓫

❶「并」，原作「井」，據文義改。
❷「[glyph]」，原爲墨丁，據克鼎銘文拓本補。
❸「𠦃」，原爲墨丁，據文義補。
❹「司」下，原有一墨丁，今逕删。
❺「[glyph]」，原作他構，據《初釋》改。
❻「吾」，原作他構，據《初釋》改。
❼「師𩛥敦」至「此可以補之」凡三十六字，疑爲「干吾」之注文而誤入「王身」注文者。
❽「[glyph]」，原爲墨丁，據𢧵簋銘文補。
❾「[glyph]」，原爲墨丁，據揚簋銘文補。
❿「鋝」下，原爲墨丁，今逕删之。
⓫「卣」下，原爲墨丁，今逕删之。

徐云：「《詩·旱麓》傳：『九命然後錫秬鬯、圭瓚。』」鄺《説文》無此字。徐讀爲「瑒」，吴釋爲「獻」，皆不塙。以文義推之，疑當从虜、从卩，或「獻圭」之異文。《説文》玉部「瓛，桓圭，公所執」是也。从卩者，瑞、卩義同也。圭鬲寶，薛《款識》敔敦：「鳌敔圭鬲幣貝五十朋。」朱市它徐釋爲「玄」，吴釋爲「蔥」，並非。案：阮《款識》宗周鐘「倉■■它■■」，❶「它」作「□」，❷與此作「□」正同。❸黄，克鼎云「草它」，「它」當爲「袉」之省，《士昏禮》：「爵弁服，纁裳緇袉。」注云：「袉，謂緣。」它黄，謂冕服以黄爲緣也。徐讀如「衡紞」之「衡」，非。玉環、玉□，篆作「□」，❹徐釋爲「□」而讀爲「玦」，吴釋同，並不塙。細審左形，是重「余」字。《説文》八部：❺「㭒，二余也，讀與余同。」以聲類求之，當爲「荼」之異文。「玉荼」，玉笏也。《荀子·大略》篇云：「諸侯御荼。」楊倞注云：「荼，古舒字，玉之上圓下方者也。」「□」蓋諸侯玉笏之正字，猶天子玉笏謂之珽也。金輚《説文》：「輚，籒文車。」此銘作「□」，❻微異，下「較」、「轘」二字並从此。彔伯戒敦云「金車」，《周禮·巾車》：「金路，同姓以封。」□徐釋爲「乘」，吴釋爲「幩」，寅簋有「□□」二字，薛釋爲「華軒」，阮《款識》吴彝有「□□」二字，❼阮釋爲「桒蓁」，此銘作「□」，❽與寅簋、吴彝同，以字形考之，塙是「桒」字，薛、徐釋非也。阮釋謂「桒」通「賁」，金路而以賁車之索約之。案：阮《款識》叔夜鼎、鏲鼎「鏲」字作「□」，❾偏旁正與此同。《説文》食部：「鏲，或作饙。」是「桒」、「賁」聲類同，字可互通。《説文》貝部又云：「賁，飾也。」義本《毛詩·小雅·白駒》傳。鄭箋云：「賁，赤黄白色也。」《説苑·反質》篇：「孔子曰：『賁，亦正色也。』」京房《易》傳云：「五色不成謂之賁，文采雜也。」此借「□」爲「賁」，亦當爲文飾，阮釋得之。吴釋爲「幩」，亦通。《詩·衛風·碩人》「朱幩鑣鑣」，毛傳云：「幩，飾也。」

❶ 「倉■■它■■」，兩重文符原均作「二」，據㝬鐘銘文改。

❷ 「□」，原爲墨丁，據㝬鐘銘文補。

❸ 「□」，原爲墨丁，據吴摹補。

❹ 「□」，原爲墨丁，據吴摹補。

❺ 「八」，原作「人」，據《説文》改。

❻ 「□」，原爲墨丁，據《初釋》及吴摹補。

❼ 「□」，原作「□」，據《初釋》及阮氏《款識》吴彝銘文摹本改。

❽ 「□」，原作「二」，據《初釋》及吴摹改。

❾ 「□」，原爲墨丁，據阮氏《款識》叔夜鼎銘文摹本補。

人君以朱纏鑣扇汗，且以爲節。鑣鑣，盛貌。」《説文》巾部：「幩，馬纏鑣扇汗也。」依毛義，「幩」爲車飾之通名，「朱幩」乃爲鑣飾朱。許以幩爲鑣，似失本恉。此云「桒緐較」，吴彝、彔伯戒敦又云「㯱穹」，並叚「㯱」爲「賁」，「幩」亦即飾也。但阮氏牽傅「賁車」爲説，則不塙。又吴彝「[glyph]」字，❶與此「[glyph]」字同，❷其字當釋爲「較」。寅簋「[glyph]」字，❸吕氏《攷古圖》作「[glyph]」，❹其爲「較」字亦無可疑者，薛釋爲「軒」，阮釋爲「車」，並誤。緐《説文》糸部「緐」爲捕鳥覆車，此當爲幬飾之義，與《説文》義異。吴釋爲「辟」，亦非。轙、較。❺此「賁緐較」爲一物，蓋言以雜色幬飾之較。《説文》：「較，車輢上曲鉤也。」❻寅簋、吴彝云「桒較」，此鼎云「桒緐較」，彔伯戒敦云「㯱鬲轂」，吴釋爲「賁幬較」，文義並略同。朱□此字作「[glyph]」，不可識，疑爲「遻」字。吴《録》周鄂侯敦「鄂」作「[glyph]」，❼吴釋云：「[glyph]即噩字，❽通作鄂。」此下从止者，辵之省。「朱鄂」即「朱鞹」，咢聲、𦎧聲古音同部。牧敦、寅簋、吴彝並作「朱虢」，阮釋謂「朱虢」即「朱鞹」，「鞹」、「虢」二字古通用。此藉「遻」爲「鞹」，猶彼藉「虢」爲「鞹」也。徐、吴並釋爲「器」，非。穹字已見上，舊釋爲「冋」，未塙。徐讀爲「鞃」，是也。《詩·韓奕》「鞹鞃淺幭」，毛傳云：「鞹，革也。鞃，軾中也。」《説文》革部：「鞃，車軾中靶也，讀若穹。」案：此「冋」字或即「穹」之異文，「朱遻穹」亦言以朱鞹飾鞃也。牧敦「朱虢」下有「[glyph]」字，❾寅簋「朱虢」下有「[glyph]」，❿《攷古圖》作「[glyph]」，⓫當即此「[glyph]」字，⓬傳摹之誤，薛、吕並釋爲「𠧪」。此方言車上之物，不當有𠧪，薛、吕説並誤。吴彝亦云「桒穹朱虢[glyph]」，阮釋「穹」爲「桊」，誤。彔伯戒敦亦云「㯱[glyph]朱虢[glyph]。」□，此字不可識，彔伯戒敦「朱虢」下有

❶「[glyph]」，原爲墨丁，據《初釋》補。
❷「[glyph]」，原爲墨丁，據《初釋》補。
❸「[glyph]」，原爲墨丁，據《初釋》及薛氏《款識》寅簋銘文補。
❹「[glyph]」，原爲墨丁，據《初釋》及吕氏《攷古圖》寅簋銘文補。
❺「較」下，原有一墨丁，今逕刪。
❻「上」，原脱，據《説文》補。
❼「[glyph]」，原爲墨丁，據《初釋》補。
❽「[glyph]」，原爲墨丁，據《初釋》補。
❾「[glyph]」，原爲墨丁，據牧簋銘文補。
❿「[glyph]」，原爲墨丁，據薛氏《款識》寅簋銘文補。
⓫「[glyph]」，原爲墨丁，據吕氏《攷古圖》寅簋銘文補。
⓬「[glyph]」，原脱，據《初釋》及吴摹補。

「〓」字，牧敦「朱虢宆」下有「〓」字，❶寅簋「朱虢宆」下有「〓」字，❷吴彝「朱虢」下有「〓」字，並與此相似。薛釋爲「靳」，古無其字。徐釋爲「幭」，云：「从衣析聲。𠆢其象也。」吴釋此爲「襡」，吴彝爲「旂」。並不塙。攷此字金文屢見，篆形大致略同，惟吴彝作「〓」，从斤、从衣、从𠆢形最簡，竊謂通校諸器，皆與「鞃」連文，此鼎亦以「朱遝鞃〓」四字句，必與鞃同類之物。此文从斳，左形似桼，又似木，攷古文「斦」、「折」二字形近可通，❸阮《款識》格伯簋「乃賓卅田則析」，❹「析」即「折」，亦即「誓」之省也。此「〓」疑即「鏨」之異文。《説文》金部云：「鏨，車樘結也。❺从金，斦聲。讀若誓。」攷「車樘」《釋名·釋車》作「棠」，云：「棠，蹀也。在車兩旁蹀幰，使不得進卻也。」《廣雅·釋器》云：「幨謂之幰。」是車樘所以楮車之□蔽。❻鏨爲車樘結，或即幨幰之屬，與鞃同爲車前及兩旁革飾，蓋皆以朱鞹爲之，故連類舉之。省金而从「𠆢」者，象蒙裹之形。又从「衣」者，幨、幰並衣蔽之義。或从二木，或又作朿者，並木桼之變形也。又《攈古録》格仲尊有「〓」字，吴闕釋，似亦是此字，唯从「斤」从「木」从「𠆢」而省「衣」，彼文从「木」甚明，亦可互證也。虎冟此字牧敦、寅簋、吴彝及吴《録》韓侯伯晨鼎、《攈古録》彔伯戎敦並有之，薛、二吴釋爲「冕」，阮釋爲「冟」、讀爲「虎韔」之「韔」，徐、吴釋此鼎同，孫氏《續古文苑》録吴彝釋爲「良」。案：諸釋並未當，唯阮釋爲「冟」得之，然亦非「韔」字，當讀爲「禖」。《説文》皀部：「冟，飯剛柔不調相著。从皀，冖聲。讀若適。」「冟」、「冥」並从冖聲，得相通借也。《巾車》作「禖」，鄭司農訓爲覆笭。「虎禖」即《詩·韓奕》之「淺幭」。毛傳：「淺，虎皮淺毛也。幭，覆式也。」韓、毛同爲周同姓國，故亦得乘金路而虎幎矣。《儀禮·既夕》注：古文「幦」爲「幂」。「幦」正字，「禖」、「幂」假借字。熏徐釋爲「練」。吴釋爲「熏」，是也，今从之。牧敦字作「〓」，❼寅

❶ 「〓」，原爲墨丁，據牧簋銘文補。

❷ 「〓」，原爲墨丁，據薛氏《款識》寅簋銘文補。

❸ 「折」，疑爲「析」字之誤。

❹ 「格」，原爲墨丁，據阮氏《款識》補。

❺ 「結」，原爲墨丁，據《説文》補。

❻ 「楮車之□蔽」，案：此處疑有誤。《周禮·巾車》有木車蒲蔽、素車棼蔽、藻車藻蔽、駹車雚蔽、漆車藩蔽之辭，唯無楮車之説。

❼ 「〓」，原爲墨丁，據《初釋》及牧簋銘文補。

簋字作「[glyph]」，❶吴彝字作「[glyph]」，❷並與「裹」字連文。此作「[glyph]」，❸與彼略同。薛釋爲「練」，阮釋爲「柬」，並非。唯《攷古圖》牧敦下釋爲「熏」，最塙。寅簋、吴彝下半泐，故似「柬」字。「熏」讀爲「纁」。**裹**，蓋以纁帛爲覆笭之裹。徐云虎韔裹，非。**右□**，篆作「[glyph]」，徐釋爲「巨」，云：「右巨，良弓名。」吴釋爲「戹」。彔伯戒敦有「金[glyph]」，❹吴又釋爲「巨」。兩釋不同。今案：此上下文並紀車制，不當及弓。徐據阮《款識》「巨末」以釋此，尤牽强。吴釋爲「戹」，蓋謂即衡閒之軶。吴大澂釋爲「厄」，謂即《詩·韓奕》之「金厄」。今攷二吴説咸有根據，「戹」、「厄」與此形並相近，但《大雅》之「厄」乃「戹」之隸變，「戹」又「軶」之借字，與《説文》卪部之「厄」字別，此當以釋「戹」爲長。彔伯敦「金戹」，義與《韓奕》文正合，唯此文云「右戹」，則與車制敳牾。凡乘車常制咸有左右兩軶，以扼兩服馬之頸，不得偏舉右軶而不及左。其小車駕一馬者，或止有一軶，則又當居輈前正中，不得左右。且一軶乃賤者所乘，亦非金路之制，二吴説于此文有不可通者。疑「右」乃冶鑄之誤也。又以篆形及車制參互校覈，頗疑此當爲「耴」之異文。《説文》耳部：「耴，耳垂也。从耳，乚下垂，象形。《春秋傳》曰：『秦公子耴者，其耳垂也，故以爲名。』」又車部云：「輒，車兩輢也」，「⿰車反，車耳反出」。案：「輒」即車耳在輢較上反出，以金爲之飾。《漢書》應劭注謂漢制二千石車耳雙朱，其次乃偏朱其左。竊疑此「[glyph]」字即「耴」字。彔伯敦云「金耴」者，以金飾車耳也。此云「右耴」者，疑周制車耴亦或左右異飾，如漢制偏朱左⿰車反者，未可定也。此於右字略可通，姑存以備一義。**畫**，篆作「[glyph]」，从周者，古文之變體。徐釋爲「彫」，下同，並非是。**⿰車尃**、《説文》革部：「⿰車尃，車下索也。」《釋名》云：「縛在車下，與輿相連縛也。」**畫輚⿰車憂**，徐釋爲「車鞶」二字，云樊纓，大誤。案：彔伯戒敦作「畫[glyph]」，❺吴釋爲「⿰車憂」，是也。《説文》車部：「⿰車憂，車伏兔下革也。从車，憂聲。憂，古婚字，讀若閔。」此銘作

❶ 「[glyph]」，原爲墨丁，據寅簋銘文補。
❷ 「[glyph]」，原爲墨丁，據《初釋》及吴彝銘文補。
❸ 「[glyph]」，原爲墨丁，據《初釋》及吴驀補。
❹ 「[glyph]」，原爲墨丁，據彔伯戒簋銘文補。
❺ 「[glyph]」，原爲墨丁，據彔伯戒簋銘文補。上「畫」字爲「畫」字之誤。

「[glyph]」，❶从籀文「車」，「[glyph]」从「女」，與上同。寅簋亦有此字，《攷古圖》誤摹爲[glyph]，❷薛《款識》誤摹爲[glyph]，❸釋爲「輂鬰」二字，其義殊不可解，非此鼎幾不知金文有「[glyph]」字矣。**金甬**、徐讀爲「釭」，云：「《說文》：『釭，車轂中鐵也。』❹甬乃鐘柄，釭形似之，故假甬爲釭。」案：徐說未知是否，吳彝亦有此文。**造衡**，即《詩》之「錯衡」。徐云：「錯字作造，本这造字，假爲錯。」**金踵**，「踵」見《考工記·輈人》，徐云：「輈之末所以納後軫者。」是也。**金豙**徐云：「假豙爲柅。柅，止車物。」案：徐說未塙。此「金豙」當爲「轙」之叚借字，《說文》車部：「轙，車衡載轡者。从車，義聲。」與「豙」聲近，故借「豙」爲「轙」，亦以金飾之也。**朿∫**徐釋爲「棨」，云：「从朿，从∫。∫，句衡之象。」其説殊鑿。吳釋爲「勅」。案：「勅」，俗字，《説文》所無，吳説亦未合。攷此字从朿、从∫，《説文》厂部：❺「厂，抴也。」𠬪部「争」亦从𠬪、厂。❻金文「静」字偏旁多作「[glyph]」，❼則此字右亦从厂也。❽以形義求之，疑「敇」之異文。「勅」即「敇」之俗。《説文》：「敇，戒也。从攴，朿聲。」从「厂」與从「攴」義相近，故變从之。其義則又當爲「飭」之借字，《説文》力部：「飭，致臤也。从人、力，食聲。❾讀若敇。」是「飭」、「敇」音同字通。此以「敇[glyph]金」三字連讀，言車上材飭治致工皆金涂之，乃總舉之詞，故列於「簟笰」之上矣。**[glyph]**《説文》無此字。徐讀爲「棨韉」，於形義並不類。竊謂「[glyph]金」當謂涂金，與《考工記·匠人》「白盛」之「盛」同。阮《款識》散氏盤有□字，❿亦與此「[glyph]」字同。**金**，「敇盛金」謂車上諸材皆涂金爲飾，若《續漢書·輿服志》所謂「金涂五末」是也。上文歷舉車材「金甬」之等，此又總括之，《周禮·巾車》「金路，同姓以封」，此鼎所紀並金路之

❶「[glyph]」，原爲墨丁，據《初釋》及吳摹補。

❷「[glyph]」，原爲墨丁，據《初釋》補。

❸「[glyph]」，原爲墨丁，據《初釋》補。

❹「中」，原作「口」，據《説文》改。

❺「厂」，原作「厂」，據《説文》改。

❻上「𠬪」字，原作「爪」，「厂」字原作「厂」，均據《説文》改。

❼「[glyph]」，原爲墨丁，據金文「静」字補。

❽「厂」，原作「厂」，據文義改。

❾「食」，原脱，據《説文》補。

❿案：阮氏《款識》散氏盤銘文摹本有一「[glyph]」字，或即孫氏所謂與「[glyph]」相同之字。

制也。**簋**徐、吴並釋爲「簟」，❶是也。《説文》「簟」从竹、覃聲，此从㿽者，「簟」之異文，疑从「鹽」省聲，與《説文》「覃从𪏽、鹹省聲」意同。徐云：「从皿者，皿以覆器，簟亦覆也。」非是。**弻**，此假「弻」爲「茀」也。《説文》：「弻，輔也，重也。从弜，㐁聲。」此从「因」者，「因」之省。《説文》夕部：「㑍，古文夙，从人、㐁。宿从此。」阮《款識》豐姞敦「用宿夜享孝于諛公于窒叔」，❷「宿」作「㝛」，❸亦从「因」省，是其證也。徐云：「茀作弻者，古文弻或作䨓。又輔弻之弻亦作佛。」**魚葡**，讀爲「犕」。徐云：「《説文》引《易》曰：『犕牛乘馬。』葡即犕省。」案：徐説是也。《史記·鄭世家》：「周襄王使伯犕請滑。」《左氏》作「伯服」。古「服」、「犕」通用。**馬三匹**，二字合文。徐釋爲「三匹」，云：「《書·文侯之命》『馬四匹』，傳：『四匹曰乘。』」吴釋爲「四匹」。吴大澂亦云：「凡馬一匹謂之匹，上加三畫即四匹矣。」案：二吴説是也，今從之。❹**攸**鋚。**勒**，**金**，篆从「口」从「𡿺」省。《説文》囟部：❺「𡿺，毛𡿺也。」又髟部：「鬣，髮鬣鬣也。」口部無「𠻬」字，此疑「𡿺」、「鬣」之異文。自「攸勒」以下並紀馬飾，「金鬣」即「金㚇」，所謂馬冠，箸鬣耑，故謂之「金鬣」矣。徐釋爲「䚋」，云：「字作唃，从口，角聲。」吴从之，䚋並非是。**金雁**，膺，❻《毛詩·秦風·小戎》傳云：「膺，馬帶也。」徐云鏤膺。**朱旂二**徐、吴並釋爲「上」，誤。**鈴**。鈴。❼《爾雅·釋天》云：「有鈴曰旂。」《説文》：「旂有衆鈴，以令衆也。」**賜女**汝。**丝**兹。**㑋**，《説文》無「㑋」字而有「㑋」聲，蓋傳寫捝之。此讀爲「倂」。《説文》：「倂，送也。」言賜女之臣僕也。徐釋爲「朕」，云：「字半蝕。」吴釋爲「絲弁」，並非。**用歲**讀爲「戉」。徐、吴讀爲「戉」，非。**用政**。」讀爲「征」。

毛公㕟徐云：「《左》僖二十四年傳：『毛，文之昭也。』《竹書紀年》康王十二年有毛懿公，當即毛公㕟謚。」**對珃**䚕。**天子皇**徐云：「大也。」**休**，**用乍**作。**隮**

❶「釋」，原爲墨丁，據文義補。
❷「夜」，原作「夕」，據豐姞簋銘文改。
❸「㝛」，原爲墨丁，據豐姞簋銘文補。
❹「之」下，原有一「二」字，今逕删。
❺「囟」，原作「匈」，據《説文》改。
❻「膺」下，原有一墨丁，今逕删之。
❼「鈴」下，原有一墨丁，今逕删之。

尊。鼎，子〓孫〓永寶用。

右濰縣陳氏所藏周毛公鼎，銘卅二行四百九十七字。吉金款識自齊侯鎛鐘外，如近人所得曶鼎、散氏盤，其文之繇，未有及此者。德清戴君子高偶得桐城吴氏摹本，使余讀之，因匃集《説文》古籀及薛、阮、吴諸家所録金文，攷定其文字，而闕其不可知者。銘文前後當分四段讀之，前三段皆述王錫毛伯之命，末一段則紀所賜車馬及毛公作鼎以答王休之事也。其文奇詭，詰屈似盤誥，所用通藉之字多足與經傳相證。如以「臤天」爲「旻天」，則知古《尚書》説仁慜覆下之訓，聲義一冊。以「魚葡」爲「魚服」，則知《説文》引孟氏《易》「犕牛乘馬」爲真古文故書也。餘如以「卿事」爲「卿士」，以「遣衡」爲「錯衡」，並合《雅》詁，信非後人所能僞爲矣。又《説文》女部載籀文「婚」字作「㛰」，車部「𨍭」字从之以爲聲，近代偁學之儒，犂究鄦書無牘義，而于此字未有能言其形義者，今此鼎有「㛰」字二、「𨍭」字一，雖偏旁不盡可辨，而下从「女」與篆文同，則固塙然無可疑者。許書「㛰」字乃涉「夒」、「𡟰」二字而誤，故巾部「幔」字則直改从「𡟰」，與聲類不合矣。此依段氏校正。又革部「靷」籀文作「𩌦」，段玉裁謂从「𠬪」从「吅」。今案疑亦从「婚」，古文傳寫譌失，遂成「𡟰」形，「引」聲、「昏」聲亦相近也。昔北宋人録金文，蓋嘗有此二字，而吕大臨、王黼、薛尚功諸人，並誤以它字釋之。至於𨍭字，更鉳析其文，使不復可識别。曩余作《古籀拾遺》，于薛書頗有辨正，而于此二字，則目眩思窮，莫能通其讀。今見此鼎，乃怳然得其致誤之由，其愉快爲何如也！同治壬申十月記。

舊作釋文，録坿《古籒拾遺》册末刊之。後得吴子苾侍郎式芬《攈古録金文》，所釋略有異同，又載徐籒莊明經同栢釋文甚詳，有足補正余釋之闕誤者。謹捃采其精塙者，更以金文字例，博稽精校，重定爲此篇。距前攷釋時已廿有七年矣。再四推校，大致完具可誦讀。銘文不箸年月，以文義推之，疑昭王、穆王時器，要是西周遺文，耑懿純雅，蓋《文侯之命》之亞也。古文大篆之學，放失千餘年，藉金文略存大較。蒙治此學，自謂用心致悉，昔初見摹本，頗據以糾正薛、阮、吴諸家所釋金文之誤。今重檢斠，則余舊釋罅漏固甚衆，而徐明經、吴侍郎所釋，亦不能無誤。甚矣！識字之難也。光緒癸卯二月又記。

克鼎釋文 鼎臧吴縣潘氏

克曰：穆〓朕文且祖。師雩父，它施。𣪕攘。乃心，盄靜于猷，盄淑。悊乃德。[illegible]克龏保乃辟[illegible]，❶李釋爲「龏」，近是。王，諫辥辟。王家，叀惠。于萬□，⿸匚夒擾。遠能[illegible]，暬。[illegible]克□于皇天，⿰王單單。于上下，□屯純。亡敃，愍。易錫。贅賚。無彊，□李釋爲「永」，今譒宷，❷似「御」字。念于乃孫辟天子，天子朙德，❸顯顯。考于申，神。巠念乃聽聖。保且師雩父，龢克王服，出內王命，多易寶休。不丕。顯天子，天子其萬年無彊，保辥周邦，⿰田允畯。尹

❶ 「[illegible]」，原作留白，據大克鼎銘文原拓補。

❷ 「譒」，疑爲「諦」字之訛。

❸ 「天子天子」，原作「天〓子〓」，爲便於標點，故改。下同。

三國。

王才在。宗周，旦，王各格。穆廟，即立。位。䜌鍾。季右譱膳。夫克，入門，立中廷，北鄉。王乎評。尹氏册令命。譱夫克。王若曰：「克！昔余既令女出内朕令，今余隹䜌稟庸。乃令，易女𣪘黼。市、黻。❶寅簋作「父市」，與此略同。參綃。冋、絅。蒀草。它，袉。易女田于埜，易女田于溭，易女井家𦥺于眈，畯。以乃臣妾。易女田于康，易女田于匽，易女田于陣原，易女田于寒山。易女史、小臣、霝伶。鼓鍾。易女井徵𦥺人姘，拼。易女井人□□彔。字書無此字，或謂「朝」之變體，近是。从「旦」者，與「鼂」同意。从「東」者，古書多以「東西」爲「朝夕」，是其義也。敬夙夜用事，勿灋廢。朕令。」克拜䭫首，敢對揚天子不顯魯休，用作朕文且師雩父寶𪔂彝。克其萬年無彊，子二孫二永寶用。

此鼎「[illegible]」字兩見，亦見毛公鼎，其文曰：「赤市[illegible]黄。」舊釋爲「蔥」之象形字，以其與《玉藻》「三命赤韍、蔥衡」文巧合也。又見宗周鍾，其文曰：「倉二[illegible]二。」費峐褒吉士釋爲「蔥」而讀爲「鍃」，以其與《説文》「鍃」字説解「鎗鍃」文亦巧合也。然金文奇古，不能據孤文決定，必綜合諸器，參互斠覈，而後可議其是非。周鍾「倉二[illegible]二」，薛《款識》䜌磬作「鎗二[illegible]二」，其字从「金」、「它」聲，字畫明晳。又曩公匜云「它二巸二」，齊姜匜云「沱二巸二」，馮氏《金索》徐王子鍾亦有「韹二巸二」之文，知匜銘「它二」、「沱二」即鍾銘之「它二」、「鉈二」也。其字作「[illegible]」、作「[illegible]」，亦塙是「它」、「沱」字。彼此互證，阮釋周鍾爲「它」，不可易也。

❶「黻」下，原有一墨丁，今逕删之。

薛釋䆕磬爲「鉈」，不誤。而釋兩匜爲「越」，則繆。「[古文]」，李仲約詹事釋爲「毀」，甚塙。「它毀乃心」者，「它」當讀爲「施」，古「它」聲、「也」聲字多互通。《詩》「何人斯，我心易也」，《釋文》引《韓詩》「易」作「施」，云「善也」。「毀」讀爲《書》「允恭克攘」之「攘」，❶言師𩁹父之心易善而抑攘也。《詩·君子偕老》「委二佗二」，毛傳訓爲德平易，《釋文》「佗」亦作「它」，與此義亦相通。「緐克龏保乃辟□王，句。諫辥王家句。」，《周禮·司諫》鄭注：「諫，猶正也。」「諫辥」猶言正治。齊侯鎛鍾云：「德諫罰朕庶民，❷左右毋諱。」義亦同此。李、費並讀「諫」屬上句，失之。「□屯亡敃」，與虢叔大林鍾「𣅀屯亡敃」文同，可以據補，「敃」當从江建霞吉士讀爲「愍」。毛公鼎「愍天」，字正如此作。《爾雅·釋詁》：「愍，亂也。」言其純一而不亂也。「緐克王服」，「緐」與彔康鍾、叔丁寶林鍾同，❸塙是「龢」之異文，其義當如《月令》「命相布德和令」之「和」。「王服」猶《祭統》云「祖服」、「考服」，鄭注：「服，事也。」王弗卿户部據《周禮》「大僕掌正王之服位，出入王之大命」，證師𩁹父爲大僕，「王服」即王之衣服。然克爲膳夫，本不掌王命，後文亦有「出内朕令」之文，復何説邪？「遠」上一字，舊並闕釋，今諦宷是「[古文]」字。秦盄和鍾云：「[古文]燮百邦。」晉姜鼎云：「用康[古文]妥褱遠埶君子。」此字正與彼二器同，筆畫微有漫缺耳。薛釋彼爲「西夏」二字合文，於義

❶「允恭克攘」，《尚書》作「允恭克讓」。

❷「德」上，原衍一「用」字，據叔尸鐘与叔尸鎛銘文删之。

❸二「緐」字，原均爲墨丁，據大克鼎銘文拓本補。

難通。竊謂此當爲「擾」之異文，右形从「夒」省，左从「卤」者，「卤」、「擾」古音同部也。「𤕌」當讀爲「朁」，《國語·楚語》韋注云：「朁，近也。」「擾遠能朁」，猶《詩》、《書》言「柔遠能邇」，「柔」、「擾」聲近字通，《史記》「擾而毅」，徐廣云：「擾，一作柔字。」❶「朁」、「邇」同義，言其安遠而善近也。依《詩·民勞》傳箋義。「能」訓「善」，用王引之説。秦鍾云「擾燮百邦」，言安和諸邦國也；晉鼎云「康擾妥褱遠𤕌君子」，言安綏遠近君子也。彼鼎「𤕌」字漫闕，而右从「丮」、左从「木」猶可見，薛釋爲「廷」，繆。此鼎右變从「犬」形，兩文互斠，其爲一字明矣。「𤕌」，俗作「藝」。《書·立政》「埶人表臣」，「埶人」亦謂邇臣，與「表臣」爲遠正相對。又通作「勢」。《逸周書·皇門》篇：「乃維其有大門、宗子、勢臣，罔不茂揚肅德。」「勢臣」亦謂邇臣。僞孔傳釋「藝人表臣」爲以道藝爲表榦之臣，孔晁釋「勢臣」爲顯仕，咸失其義。「𩕊」字鼎亦兩見。「𩕊季」爲人名，無義可推。「𩕊𩫏」金文婁見，薛釋爲「疃京」，固非。李釋「𩫏」爲「庸」，甚塙。而釋「𩕊」爲「申」，則與上文「𩒱孝于申」字不合，不足馮。攷此字亦見陳侯因資敦，其字作「紳」，則直是「緟」字。金文从「重」、从「童」字，或變爲「東」，若後文「鍾」字亦从「東」是也。變「糸」爲「𢆶」，又增「田」者，皆緐縟文。《説文》：「緟，增益也。」經典皆叚「重」爲之。「緟庸乃命」，即緟復申命之意。「參冋」當从黄仲弢編修讀爲「縿絅」，師酉敦有「中䌰」，亦即此字。《玉藻》：「禪爲絅中。」「絅」者，即中衣之禪者也。阮釋爲「中䌰」，誤。「縿絅」者，「縿」即

❶ 「字」下，原有一墨丁，今逕删之。

「縿」之省，實當讀爲「綃」。《檀弓》：「縿幕，魯也。」注：「縿，縑也。縿讀如綃。」「縿」、「綃」一聲之轉。《郊特牲》：❶「君子狐青裘豹褎，❷玄綃衣以裼之。」注云：「綃，綺屬也。染之以玄，於狐青裘相宜。」❸「縿絅」亦即以綃爲襌中衣，與師酉敦「中絅」義同，蓋冡裘者謂之「裼衣」，冡他衣者謂之「中衣」，其實一也。此依《聘禮》賈疏及江永、凌廷堪説。《玉藻》孔疏引皇侃説，謂中衣在裘葛之内，與裼衣在裘葛外者别，失之。「冋」字又别見邾敦，云「冋齊黃」，宂彝、師奎父鼎云「冋黃」，亦即《玉藻》所云「狐裘黃衣以裼之」者，文偶到耳。「中絅」者，見中衣之爲襌，言其無裏也。「綃絅」者，見中衣之用綃，言其質也。「絅黃」者，見韋弁服中衣之用黃，言其色也。三器各偏舉一耑，義並通矣。玄綃衣爲冕服及爵弁服之裼衣，黃衣爲韋弁服之裼衣。金榜、張惠言説，甚塙。玉[redacted]。❹「[illegible]」字王正孺編修謂即《石鼓》之「[illegible]」字，是也，此即籀文「草」字。師雩父爲共王時人，克蓋其遠孫，當在宣王以後，故得用籀文。「[illegible]」字又見《石鼓》，蓋亦籀文也。《説文》「[illegible]」爲大篆，从茻五十三文之一，此鼎及《石鼓》省「[illegible]」爲「[illegible]」、爲「[illegible]」，❺實一字也。隸變爲「草」，《周禮》叚「早」爲之，俗又作「皁」。《説文》「[illegible]」訓「草斗，櫟實。一曰象斗子」，陸璣《詩》疏謂「可以染皁」。「草它」者，「它」當讀爲「袉」，「袉」隸變作「袘」。《士

❶ 「郊特牲」，據《禮記》，當爲「玉藻」之誤。
❷ 「豹褎」，原脱，據《禮記》補。
❸ 「相宜」，原作「宜也」，據《禮記注疏》改。
❹ 「玉」下墨丁，中華本據鈔本補「藻注疏説並失其義」八字，似可依從。
❺ 「[illegible]」、「[illegible]」二字，原爲墨丁，據大克鼎、石鼓文拓本補。

昏禮》「主人爵弁服，纁裳、緇袘。」❶注：「袘，謂緣，以緇緣裳。」此「萛它」即爵弁服之「緇袘」也，蓋以涅染黑則謂之緇，以草斗染黑則謂之草。其色正同，故古書「緇」、「草」亦或互稱。《廣雅・釋器》云：「緇謂之皁。」《史記・秦本紀》之「皁斿」，即九旗之「緇旐」，《爾雅・釋天》「緇廣充幅、長尋曰旐」。是其證。凡冕弁服皆用石染，不用艸染，石染、艸染義見鄭《周禮・染人》、《論語・鄉黨》注。則爵弁服之袘當以緇爲正。此云「萛它」，實則緇也。毛公鼎之「它黃」，亦到文。蓋冕服之裳，以黃爲袘，與爵弁服緇袘異。若釋爲蔥衡，則古無草蔥之佩，不能通於此鼎矣。《周禮》膳夫爲上士，《大宗伯》注謂天子上士三命，《禮經》侯國士禮皆以爵弁爲上服，然天子元士宜得服玄冕，故《禮器》說冕旒有「十二」之文，《司服》士之服自「皮弁」以下家上「公侯」爲文，自專屬侯國之制。此依孔廣森、金鶚說，鄭《周禮》注說誤。克爲天子元士，本得服玄冕，若以恩寵加命，則又得服絺冕。《王制》「三公一命卷，若有加，則賜也。」是禮有加命之法。此錫黼黻者，冕服也；「絺冕」之章有黼，「玄冕」之章有黻。又錫「萛袘」者，爵弁服也；「縿絅」則冕服、爵弁服通有之。然則克由三命加一命，錫服自絺冕以下。「緟庸」亦即增加之義。金文與《禮經》弇若合符，信足寶已。「霝鼓鍾」，「霝」字與鄭井叔鍾字略同，李讀爲「伶」，亦塙。《周禮・小胥》士本有特縣之樂，「伶鼓鍾」即樂工，猶《論語》稱播鼗武、擊磬襄。《鄉射禮》：「主人獻，工、大師則爲之洗。」鄭注

❶「緇」，原作「纁」，據《儀禮》改。

云：「君賜大夫樂，從之，以其人謂之大師。」此伶即從樂之工也。「□」字薛書婁見，皆傳橅舛互，不可辨識。薛釋爲「繼」，尤不類。毛公鼎有此字，亦有缺畫，惟此鼎最爲完皙。以形聲求之，似當爲「姘」字，左从「□」者，即古文「幷」之變體。《説文》：「幷，从从，幵聲。一曰从持二爲幷。」此變「从」爲「□」者，「从」爲二人相聽，「北」爲二人相背，義相反而實相成。「井」、「幵」二形古文多互易，《説文》或説「从持二」，似亦當爲「□」形，與此从井正相近。段據《韻會》增爲「从持二干」，未允。「姘」，《説文》訓「除」，爲其本義，金文蓋藉爲《爾雅·釋詁》「拼、抨，使也」之「拼」，亦即《書·洛誥》「伻來」之「伻」，鄭《書》注亦訓「伻」爲「使」，古井聲、平聲，字多通用。此「人姘」謂役使之人徒也。師毀敦云：「姘嗣我西偏東偏。」言使治東西二偏也。微欒鼎云：「姘嗣九服。」言使治九服也。毛公鼎亦以「姘嗣」連文。穆公鼎云「姘命」，齊侯鎛鍾云「姘命于外内之事」，「姘命」猶言使令也。通斠諸器，可得其塙詁矣。此銘錫㪇市、參同、茸它，皆紀衣服之賜；易田于埜以下，皆紀土田之賜；易史、小臣以下，皆紀臣徒之賜，條理秩然不相韏。舊釋舛互閒出，殆未深究其文例乎！

鄭盦宫保以此鼎精拓本見詒，復示諸家釋文，命更宷繹。謹摭《禮經》、雅故，略爲疏證，虘學思聞，百無一是，迻録奉質，覬理而董之焉。光緒庚寅三月跋。

郘鐘拓本跋

此鐘近時出土，潘文勤得其七，此二器爲趛齊編修所得，形制特小。銘文爲均語，瑰雅可誦。首以亥、子爲均，中以武、鋁、𩏂、虡、鼓，且爲均，末以壽、寶爲均，皆與古均符勰。篆文纖細，不逾二分，精妙絶倫，金文所僅見也。

「郘」，疑即吕侯國本字，經典作「吕」，用耤字也。「郘」下一字从「黑」，上半模黏，不可辨，諦宷似是「黛」字。《説文》黑部：「黬，雖晳而黑也。从黑，箴聲。古人名黬字晳。」「黛」疑「黬」之省，「黬」即曾點之「點」，古字通用。「郘黛」，即郘君之名也。「罼」，「𣪠」之異文，亦見鼄公𠌶、鼄公牼二鐘。又薛氏《款識》齊侯鎛鐘有「𡓳公」，此「罼公」疑與彼同，吴愙齋撫部釋爲「戴」，非也。「大鐘八肆，其竈四𩏂」者，《周禮·小胥》云：「凡樂縣，鐘磬半爲堵，全爲肆。」鄭注云：「鍾磬編縣之，二八十六枚而在一虡，謂之堵。鍾一堵，磬一堵，謂之肆。」「竈」、「竈」同，《説文》穴部：「竈，炊竈也。从穴，鼀省聲。」重文「竈」，或不省，此作「竈」，又从「穴」省也，其讀當爲「簉」。《周禮·大祝》「六祈」二曰造，注云：「故書『造』作『竈』。」杜子春讀「竈」爲「造次」之「造」，是「竈」、「造」聲近字通。《左傳》昭十一年杜注云：「簉，副倅也。」謂所鑄鐘正縣八肆百廿八枚，又別以四堵六十四枚爲副簉也。「喬喬其龍」，「喬」讀爲「蹻」，《詩·大雅·崧高》：「四牡蹻蹻。」毛傳云：「蹻蹻，牡皃。」「壽」，愙齋讀爲「醻」，下二字愙齋釋爲「鬯爵」，與上句文義不相屬。諦繹此銘「作爲余鐘」以下八句，皆説樂縣，無緣忽又獻皾𠴨爵之事。禮酌𠴨用圭瓚、璋瓚，復不用爵，且段氏《音均表》「𣪘」在弟二部，此「武」、「鋁」諸字則皆在弟五部，以均校之，亦殊不勰，足證其誤。今審「□」从「囟」从「□」，當爲「思」字。陳侯午錞「忘」字作「□」，此下从「□」，即「心」之省也。「□」从「虍」从「□」，❶當即「虡」字。《説文》虍部：「虡，鐘鼓之柎也，飾爲猛獸。从虍、異，象形其下足。」「形」依小徐本增，「其」疑當作「丌」。篆文作「虡」。此下作「□」，正象猛獸四足之形。凡許書云象某形者，皆不成字，今二徐本作「異」，迺後人誤改，非其舊也。段《校異》改「畀」，亦未是。「既壽思虡」者，「壽」讀爲「疇」，《爾雅·釋詁》：「疇，類也。」「思」，語詞，猶《詩·魯頌·駉》云：「思馬斯作。」謂縣鐘之虡既以類相從陳列之。上云「蹻蹻其龍」，亦誇虡飾之盛，《明堂位》所謂夏后氏之龍簨虡，《考工記·梓人》説鐘虡云：「必深其爪，出其目，作其鱗之。」而「蹻蹻」即狀其壯猛之容也。「大鐘既□」，「□」即「縣」字，❷阮《款識》有縣伯彝，「縣」舊釋「梢」，誤。「縣」字作「□」，與此正同，唯左右形互易耳。左蓋从「幺」从「縣」，即《説文》「縣」字説解所謂「从系持県」者，从「木」者，與「梟」同意，古「梟」、「県」字通，「県」爲到首，縣伯彝作「□」甚明，舊誤仞到首爲横目，故阮遂釋爲「梢」，古無此字，不足據也。此鐘「県」形有刓闕，其一略明析者，❸又爲後人誤剔，失其本形，王廉生祭酒遂誤仞爲「𩣡」字矣。「玉鐻」，蓋謂特

❶ 「□」，原爲墨丁，據邵鐘銘文拓本補。
❷ 二「□」，原爲墨丁，據邵鐘銘文拓本補。
❸ 「析」，原作「折」，今逕改。

磬，亦即《咎繇謨》之「鳴球」。《説文》無「鎯」字，而《爾雅·釋樂》云：「大磬謂之馨。」「鎯」、「馨」蓋聲近字通。《漢武帝内傳》有所謂「璈」者，《説文》、《玉篇》皆不載，似亦即「鎯」字之流變。「喬」、「鄡」、「敖」聲類咸相邇，《内傳》爲葛洪所叚託，晉宋俗書或亦有所承受，不盡屬鄉壁虚造與。

乙亥方鼎拓本跋

右方鼎銘云：「乙亥，王誎才𩰫師，王鄉酉，尹尤𩣯逸隹各，商貝，用乍父丁彝，隹王正井方鬲。」凡廿有九字，文尚完具可誦釋。

首云「王誎」，篆文作「」，右从「」者，「言」之省。𩰫尊「𩰫」作「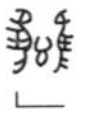」，❶「言」亦作「」，此與彼同。盂鼎云：「敏誎罰訟。」「誎」字與此同，唯作「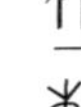」小異。❷《説文》言部：「誎，餔旋促也。」義頗難通。又辵部「速，古文作警」，此與鼎文，疑皆「警」之省，當讀爲「速」，訓爲「召」，「王速」，謂王以命召之而行饗酒之禮也。云「才𩰫師」者，「才」讀爲「在」，金文恒見。「𩰫」作「」，瑑畫微有漫闕，此當爲「能」之異文，宗周鐘作「」，❸虢尗旅鐘作「」，❹𢧢狄鐘作「」，❺並與此略同。鐘文「能」並讀爲「態」，此「𩰫師」則當爲地名。凡王所在，則尊之云「某京」、「某師」，猶《書》稱「雒邑」爲「雒師」也。但能地無攷，或當讀爲「台」，猶

❶「」，原爲墨丁，據𩰫尊銘文拓本補。
❷「」，原爲墨丁，據大盂鼎銘文拓本補。
❸「」，原爲墨丁，據宗周鐘銘文拓本補。
❹「」，原爲墨丁，據虢叔旅鐘銘文拓本補。
❺「」，原爲墨丁，據𢧢狄鐘銘文拓本補。

《史記・天官書》「三台」爲「三能」，「能師」疑即部地也。「鄉酉」讀爲「饗酒」，亦金文恒例。「尤」作「□」者，辛子彝云：「辛子，槃守官，才在。小圃，王□商賞。槃貝，用乍父乙彝。」彼「□」徐籀莊釋爲「尤」，此文與彼同，唯反正小異，其讀當爲「宥」。「⿰果果」作「□」，从二「□」，疑即「果」之古文。《說文》無「⿰果果」字，木部：「果，木實也。从木，象果形在木之上。」此作「□」，上即象果形，下則从木省，古文多重絫文，如从「五」者或作「□」，从貝者或作「賏」是也，此「⿰果果」亦即「果」字，當讀爲「祼」。陳侯因資敦「者諸。侯祼薦」，❶「祼」作「□」，❷蓋从「果」、从「盥」省，「果」作「□」形，❸正與此合。「祼」諧「果」聲，古或省作「果」。《周禮・大宗伯》「載果」，鄭注云：「果讀爲祼。」是其例也。此文承上「王饗酒」，故云「尹尤祼」，蓋王行饗禮，而尹氏則掌酢宥祼鬯之事。「逸隹各」者，「隹各」即「唯格」之省，亦金文恒例。「逸」作「□」，从「□」者，當即「兔」字，凡古文「□」、「鹿」諸文，多从橫目，故「兔」亦如是作。「□」即「辵」形，吴清卿中丞釋「⿰果果逸」爲「橐還」，殊無義據。此文云「尹尤祼」，又云「逸隹各」，「逸」疑即「尹逸」，逸爲内史，古書及金文多偁内史爲「尹氏」，若然，「尹尤祼」「尹」即「逸」也。此蓋其所作器。下文云「商貝，用作父丁彝」者，與辛子彝文例同。「商」與「賞」同，逸受賞於王，因爲其祖若父作祭器。逸當周初，其祖父尚在商代，故得以日名爲偁，其情事可推也。

❶ 「祼薦」，原倒乙，據陳侯因資敦銘文拓本乙正。
❷ 「□」，原爲墨丁，據陳侯因資敦銘文拓本補。
❸ 「□」，原爲墨丁，據文意補。

「隹王正」猶云「王正月」，紀作器之時。「井」讀爲「型」。「鬲」作「[illegible]」，見鬲彝、鬲爵、鬲甗及父辛鬲、❶魚父丁觶。「方鬲」即「方鼎」，《説文》鬲部以鬲爲鼎屬，象腹交文三足。《爾雅·釋器》云：「鼎，款足者謂之鬲。」是鬲、鼎古通偁不別，故此方鼎四足亦得偁「鬲」。「井方鬲」蓋謂以型范鑄此方鼎也。

史逸爲周文武時賢史，世爲尹氏。《周書·克殷》謂之「尹逸」，而《世俘》、《禮記·曾子問》、僖十五年《左傳》、《國語·周語》「逸」並作「佚」，據此鼎，知「逸」爲正字，故《書·雒誥》亦偁「逸作册」，明「佚」爲叚借字。《大戴禮·保傅》以佚與太公、周公、召公爲「四聖」。遺器流傳數千年，巋然具存，劇可寶貴。陽湖費君峐懷得之，拓以示余，因爲據其文字審定之。如此，亦攷釋家所樂聞也。

周虢季子白盤拓本跋

此盤舊臧毘陵徐氏，兵後爲達官某所得，今在廬州合肥。此紙儀徵劉副貢壽曾所詒，猶初出土時拓本也。

平定張石州孝廉，以四分周術推盤銘「十二年正月初吉丁亥」爲周宣王十二年正月三日，副貢之弟貴曾，以三統術推之，亦與張推四分術同。嘉興錢衎石《給諫紀事稿》有此盤跋，據《毛詩》傳「初吉」爲朔日，謂當以月朔丁亥求其年。然王文簡《經義述聞》，詳辨月朔不得稱吉，謂日之善者即謂之吉日，其在月之上旬者謂之初

❶「鬲甗」上，原衍「鬲」字，今删。

吉，斥毛傳及《論語》孔注、《周官》鄭注、《國語》韋注之非。余謂古書「初吉」有二義：一爲月朔，毛、鄭所説是也；一爲節氣之始，《國語·周語》云：「先立春九日，大史告稷曰：『自今至于初吉，陽氣俱烝，土膏其動。』稷以告王曰：『距今九日，土其俱動。』」是其義也。張氏推此盤銘「正月初吉」不在月朔，或當爲立春日，抑或如王説，泛指正月上旬，皆未可知。錢氏墨守《毛詩》説以獻疑，固矣！盤銘又云：「王各周廟宣𢊁，爰卿。」「卿」讀爲「慶」。《祭統》孔悝鼎銘作「率慶士」，以「慶」爲「卿」，此銘以「卿」爲「慶」，其例正同。或釋爲「鄉」，非也。錢氏謂「宣榭」自取美名，不必如《公羊》解詁宣王宮之説，以證宣王時不嫌有宣榭。余謂《説文》釋「宣」字義云：「天子宣室也。」《淮南王書》云：「武王破紂，殺之宣室。」褚少孫補《大史公書》亦云：「武王圍紂象廊，自殺宣室。」是以「宣」名宮室，固其本義，周之有宣𢊁，猶殷之有宣室耳。漢亦有宣室，《三輔黄圖》亦援《淮南書》爲説。《公羊傳》云：「宣謝者何？古無「榭」字，故耤「謝」爲之。宣宮之謝也。何言乎成周宣謝災？樂器臧焉爾。」《公羊》所謂宣宮者亦謂宮名，猶云「酆宮」、「祇宮」、「昭宮」，非先王廟堂，故樂器得臧之。此銘「宣𢊁」與「周廟」連文，則「宣𢊁」當亦在廟中，但非正廟耳。而何劭公乃云：「宣宮周宣王之廟也，至此不毀者，有中興之功。」不知周自后稷廟及文武世室外，無不毀之廟，宣王雖中興，擬之文武，功德已不侔，廟安得獨不毀乎？

余既以拓本付莊池，更録張、錢兩跋以便省覽，復推其未及之論，疏通證明之，俾儒者知吉金文字多符契經訓，信足寶也。

焉逢掩茂正月初吉丙午記。

周遺小子敦拓本跋❶

古經典國名字例，正叚遣出，故其見於金文者多殊異，如「邾」作「鼄」，「唐」作「鶍」，「燕」作「匽」，「召」作「罶」，「畢」作「𡏳」，「玁狁」作「厰允」、亦作「厰埶」，皆古字書、地志所未聞。此敦云：「乍𩛥男王姬𩛥彝。」「𩛥」字尤奇詭，亦國名也。阮文達釋「𩛥」爲「招」，蓋誤謂與召伯虎敦之「罶」同字，實則二字，絶不相似，不可并爲一也。「𩛥」字又見父癸角及父丁甗，彼二器文皆从「泉」，又皆云「才𩛥」，「才」即「在」之省，依義亦當爲地名。余前釋爲《説文》邑部「啚」之異文，而據《左傳》「甘讒」與《尚書》「甘扈」同地，定「啚」爲「扈」之正字，雖肊說，而於形聲皆頗相似。唯「啚」字省「口」而从「酉」，角、甗又咸从「酉」、从「泉」，不審何義。攷《書·甘誓》「大戰于甘」即甘水，《水經·渭水》篇云「甘水出南山甘谷，北逕甘亭西。在水東鄠縣，昔夏啟伐有扈，作誓于是亭」是也。竊疑甘水味甘宜酒，故古「啚」从「酉」、❷「泉」，「酉泉」殆即「酒泉」也。又《説文》巾部云：「古者少康作箕帚、秫酒。」少康，杜康也，葬長垣。又酉部云：「古者儀狄作酒醪，禹嘗之而善，遂疏儀狄。杜康作秫酒。」竊疑杜康亦夏初人，因儀狄酒醪之法而作秫酒，其人名少康而居杜，與夏王少康異。杜在漢杜陵，與甘扈在鄠地相近。或杜康居杜，即因甘水而作酒。古事

❶「遺」，原作「遣」，據刊本《古籀拾遺》「遺小子敦」條釋讀改。

❷「𩛥」上，原有一墨丁，今刪。

茫昧，無可質證，而遺文閒出，有足資推迹者，或可存備一義也。

又攷昭元年《左傳》曰：「夏有觀扈。」《國語·楚語》士亹曰：「啟有五觀。」韋昭注云：「五觀，啟子太康昆弟也，觀洛汭之地。《書》序曰：『太康失國，昆弟五人須于洛汭。』傳曰：『夏有觀扈。』」韋意蓋以「五觀」即太康之弟五人，而「觀」即《左傳》之「觀」、「五」與「扈」則不相涉，牽連引之，蓋韋意士亹所舉止有「觀」而無「扈」也。余竊謂「五」爲「䱷」、「吾」之聲母，《國語》之「五」即「䱷」之省，「五觀」實「䱷觀」，亦即「觀扈」，自是二國，内外傳文義實同。至《書》之「五子」，自爲太康之弟五人，與《國語》之「五」不相涉。内外傳之「觀」，即《汲冢紀年》之王季子武觀，與《書》序「洛汭」又不相涉。自《漢書·古今人表》及王符《潛夫論》，因《國語》「五觀」與《書》「五子」文偶同，乃并爲一談，韋昭、杜預及孔穎達等，皆沿其説，近儒又以《紀年》之「武觀」爲「五觀」。不知昆弟五人同封于觀於理難通，武觀既云「季子」，止是一人，又不得兼五，其説皆齟齬不合。依今攷定，「五觀」之「五」爲「䱷」，亦即「扈」，而「五子」自爲五人，「武觀」或爲五人之一，「五」與「武」亦非一字。如是，則《書》與《春秋》内外傳各自爲義，兩不相硋，以較舊解之展轉糾互，不猶瘉乎？至扈本夏同姓國，高誘《淮南子》注又以爲啟之庶兄，故士亹屬之於啟。抑或啟伐有扈，❶誅其君，别以封子弟，皆不可知。要「甘扈」之「扈」，正字當作「䱷」，或增益而从「酉」、从「泉」，或省作「五」，又以聲近作

❶「伐」，原作「代」，據文義改。

「扈」、形近作「譢」，皆通借字也。《國語》之「五」，當爲國名，非五子，亦非武觀，金文「[illegible]」、「[illegible]」諸文，或即其左證與。

周唐中多壺拓本跋

右周壺，款識六字，云：「鬺中多作醴壺。」舊未有箸録，近時始出土，今歸費趛齋編修。文雖不多，而篆勢圓潤，非秦漢以後物也。「鬺」字奇詭，《説文》以來字書並未見，近吳窓齋撫部《説文古籀補》定爲「韓」字，又據《史記・韓世家》及《戰國策》「韓公仲朋」「朋」亦作「侈」，謂「鬺中多」即「韓仲侈」。然《説文》「韓」从「韋」、「倝」聲，與此全不相應，吳説未足據也。今檢晉公盦有「晉公曰：我皇祖唐公，受大命，左右武王」之語，其「唐」字作「[illegible]」，此據吳子苾閣學《攈古録》，吳釋爲「唐」，甚塙。吳荷屋撫部《筠清館金石録》亦載此盦，而所橅字形多闕誤，❶釋「鬺」爲「郕」，尤謬。左形與此「鬺」字形聲從横小異，❷而大致略同，右旁瑑畫殘闕，似是从「邑」。古文國、地，字多增「邑」，此「鬺」雖不从「邑」，要是一字。晉祖唐叔，彼盦曰「皇祖䣈公」，自是唐公無疑。兩文葢皆諧「昜」聲，古音與「唐」同部，故《説文》口部：「唐，古文作啺，从口、昜，昜亦聲也。」薛氏《鐘鼎款識》齊侯鎛鐘説商湯云「虩虩成唐」，彼以「唐」爲「湯」，亦「唐」、「昜」聲近相通之證。然則此壺「鬺中多」亦即「唐仲多」也。唯「鬺」字左从「[illegible]」，不能塙知其从何形。攷《説文》角部「觴」籀文作「[illegible]」，云「或从鬳省」，此疑即

❶「橅」，原作「撫」，據文意改，下同。

❷「聲」，疑爲衍字。

段「鶹」爲「唐」，「杳」即「𠙻」之省變。若然，此字實从「𠧟」省、「昜」聲。但左形「杳」下尚有筆畫，吴愙齋橅作「□」，則以爲从「夊」，即以又持𠧟也。今諦審拓本，略有摩泐，似本从「又」，即者。如陳侯因資敦「昏」字作「□」，此左上从「杳」，正同。彼「杳」下从「乜」者，疑从字省，❶即「昏」字之半也。《説文》日部「昏」字無古文，而女部「婚」重文有「𡟌」字，云籀文婚如此。車部又云「𡟌，古婚字」，其上从「夲」，亦與此合，下从「夊」形，則與吴橅亦似相應。然許書𡟌字譌互，無聲義可説。金文「婚」字，則殳季良壺「婚覯」字作「□」、❷多父盤「婚冓」字作「□」、毛公鼎作「□」、盂鼎作「□」、薛氏《款識》𠗊磬、龍敦亦有此二字，而筆畫傳橅多誤，今不復校。彔伯敦作「□」，別有「□」字，《説文》無「□」字，疑即「捪」之異文。毛公鼎作「□」、單伯鐘作「□」、彔伯敦作「□」，又有「□」字，毛公鼎作「□」，又有「□」字，《説文》亦未收，疑「□」之異文，猶「肳」、「脗」同字也。盂鼎殘字作「□」，其偏旁並可與此參證。合校諸文，並奇異緐縟，以意推之，古文「婚」字蓋从「□」、从「女」、从「耳」會意，疑取昏禮合巹之義。毛鼎「□」字上「夲」下「収」，❸中箸「□」形，即「豆」之省，彔敦變作「□」，似亦其流變，可爲从「巹」省之證。多父盤則似从「乜」，與齊侯敦「□」相近，並「氏」之省，晉盦弟二「□」字殘畫亦類此。殳季良壺从「□」者似从「又」，❹即「𠧟」下之「又」，此壺「杳」下似亦从「□」，吴誤仞爲「夊」。殳壺

❶「从」下疑有脱文，據文意或奪「氏」字。

❷「季」，原作「仲」，據該器銘文原拓改。

❸「収」，原作「奴」，據文義改。

❹「季」，原作「仲」，據該器銘文原拓改。

右復箸「」者，金文「耳」字多如此作，即「取」之省，毛鼎、彔敦、盂鼎亦有此形。綜校諸「婚」字，大氐从「娶」、从「⿰⿸㚔⿴口爻攴」省。諸器遣異，互有省變，要其从「㚔」則同，足證古文「婚」、「⿰⿸㚔⿴口爻攴」二字上形略同。此壺「⿰⿸⿱㚔厂又昜」字即从古文「⿰⿸㚔⿴口爻攴」省。《説文》「憂」字傳寫失真，其上半形尚不甚相遠，下半則似涉「夓」字而誤，其「巳」、「止」、「夂」三形，聲義皆無可傳。以金文校之，从「巳」者即「耳」之誤，从「止」者即「又」之誤，中从「」者或又即「豆」省之形誤，下从「夂」者又「女」之誤。由是可以見古文「⿰⿸㚔⿴口爻攴」上半之正形，並籍此可定古文「婚」之爲从「⿰⿸㚔⿴口爻攴」省。許書古籀文舛異百出，非金文固無从訂之矣。

至周時有三唐國，一爲唐叔虞，其後爲晉。一爲堯後，《周書·王會》説墠上云「唐叔、荀叔、周公在左」，又云「堂下之右唐公、虞公南面立焉」，孔鼂注云：「唐、虞二公，堯、舜後也。」是周初唐叔與唐公同列於會。又有近楚之唐國，《左》宣十二年傳「唐惠侯」是也。凡三代國邑名字，經典正叚錯出，往往舛互，三唐國未必正字果同，或唐叔之「唐」當以「⿰⿸⿱㚔厂又昜」爲正體，亦未可定。而仲多之「唐」，爲國爲氏，尤無可稽覈，要與「韓」皆不相涉。「醴壺」蓋盛醴之壺，《周禮·天官·酒正》五齊皆醴，❶與三酒異，而《司尊彝》六齊盛用彝，❷别有壺、尊以盛酒。此或因以壺盛醴，與壺、尊所用不同，故特别異之曰「醴壺」與。

❶「五」，原作「六」，據《周禮·酒正》改。
❷「六齊」，據《周禮·司尊彝》注疏，「六」似爲「五」之誤。

周師龢父敦拓本跋

右敦器文百卅八，又重文三；蓋文百廿一，又重文三。惟器文首行多「師龢父攸嫠叔」下五字摩滅。云云十一字，餘大致略同。審校文義，實師嫠因受王册命而作祭器以紀之，「嫠叔」當即師嫠也。

其册命之辭云：「王若蓋無。曰：師嫠！才在。昔蓋無。先王小學，女敏可吏。使。既令女更乃且祖。考嗣小輔。二字蓋無。今余隹唯。𩐤緟。𩫏庸。❶乃令，令女嗣乃且舊官小輔，❷罙蓋無。鼓鍾，易錫。女叔淑。市金蓋作「令」，疑笵鑄之誤。黄、赤舄、攸勒，❸用事。敬夙夜勿灋廢。朕令。」以命辭覈之，師嫠蓋嗣其祖父，世爲王官。云「在昔先王小學，女敏可吏」者，依《王制·内則》説，周制「王大子八歲入小學，國之子弟亦造焉」，故《周禮·大宗伯》鄭注云「王之故舊、朋友爲世子時共在學者」是也。若然，師嫠蓋亦故舊之臣，嘗與先王同在小學者。「吏」讀爲「使」，「女敏可使」，乃述先王嘉寵師嫠語，謂其敏於才而可任使。《詩·小雅·雨無正》曰：「云不可使，得罪于天子。亦云可使，怨及朋友。」孔疏義「可使」、「不可使」皆主天子論臣言之，此語與彼正同。彼詩承上文云「維曰于仕，孔棘且殆」，若云「不可使」，則爲天子所棄黜，云「可使」，又爲朋友所嫉怨，皆深憂仕途之險巇。此敦「可使」則嘉許之詞，故既命以官爵云「令女嗣小

❶「庸」，據後之釋文，此或為「就」字之譌。

❷「令」下，原作重文符「二」，爲便於標點，故改。

❸「攸」，當爲「攸」字之譌。

輔」，❶又云「罘鼓鍾」，似是以小輔而兼爲鍾師者，師嫠殆世爲樂官乎！但「小輔」不見於《周禮》，不知何官。吴窓齋撫部謂即「小傅」之借字，攷《大戴禮・保傅》篇有「少傅」，《周禮》亦無之，吴説未審塙否。「龤𩫏」金文恒見，薛尚功釋爲「曈京」。今攷「龤」當爲「緟」之緐縟文，陳侯因資敦有「練」字，可證。「𩫏」疑古文「就」之省，《説文》京部：「就，高也。籀文作「𡰪」。此似从「京」、从「亯」省，❷與彼略同。「緟就」蓋重復申成之意。金文通以「叔」爲「淑」，「叔市」猶《詩・大雅・韓奕》云「淑旂」，毛傳云：「淑，善也。」「金黄」亦即蒙「叔市」言之，謂錫以善市，其色則金黄，即「赤市」也。據《玉藻》，凡再命以上，皆得服赤芾，《詩・小雅・車攻》云：「赤芾金舄。」毛傳云：「諸侯赤芾。」鄭箋云：「金舄，黄朱色也。」又《斯干》云：「朱芾斯皇。」箋云：「芾者，天子純朱，諸侯黄朱。」是《詩》「金舄」即「赤舄」，箋詳言之，則云「黄朱」，金文如師艅敦、寰盤、師酉敦、頌鼎皆云「赤市朱黄」，「朱黄」即赤色，此云「金黄」，亦猶彼云「朱黄」也。凡舄、市言金皆爲采色，不關鏤飾。而《車攻》孔疏乃謂「金舄，加金爲飾」，此可以證其誤矣。

聞此敦有兩器，同時出土，文並略同。此爲趛齋太史所臧，其別器今不知歸何所，惜不得拓本，一校其同異也。

❶「既」，原作「即」，據上下文義改。

❷「省」字疑衍。

周麥鼎攷

右方鼎銘文廿又八，又重文一，鼎爲井侯臣麥所作。「井」，周畿内國名，金文婁見，或釋爲「邢」，《説文》：「周公子所封。」或釋爲「郉」，❶《説文》：「鄭地。」鄦瀚據《穆天子傳》有「井利」，謂當讀如字，其説近是。

銘首云：「隹十又一月，井侯延嗝玗麥，❷麥易赤金，❸用作鼎。」「延」借爲「延」，❹聲近字通。「嗝」字金文罕見，右旁从「鬲」，作「〓」，❺《説文》：「鬲，象腹交文三足。」而此改爲从「羊」，形聲皆絶異。金文「鬲」字常見，皆不作此形。盂鼎殘字「鬲」作「〓」，與此「嗝」字偏旁正同。楙氏盤有「嚻」字，作「〓」，亦疑即此字。从「口」从「吅」，形緐簡小別爾。此字《説文》未收，《説文》鬲部有「鬻」字，云：「炊气皃，从鬲，嚻聲。」「嗝」、「嚻」或皆「鬻」之省，但「鬻」字經典未見，義亦難通耳。《玉篇》口部始有之，而訓爲「雉鳴」，則於此誼無取。攷「鬲」、「歷」古音同部，故《説文》「鬲」漢令作「厤」，从「厤」聲。金文疑借「鬲」爲「歷」。《説文》：「歷，傳也。」《爾雅·釋詁》：「歷，相也。」此「鬲」亦取傳告相導之義，故其字从「口」。云「延嗝」者，《覲禮》云：「擯者延之曰升。」鄭注云：「從後詔曰延。延，進也。」金文大保敦「王降延令玗大保」，㝬父鼎作「延令」，此「延嗝」似亦謂延進傳相而賞賜之，與「延令」義相邇。

❶「郉」，原作「郉」，據《説文解字》改。
❷「延」，據拓本及作者本意，當爲「㢟」字譌。
❸「麥」，原作重文符「二」，爲便於標點，故改。
❹上「延」字，疑當作「㢟」。
❺「〓」，原爲墨丁，據該器銘文拓本補。

盂鼎殘字云「鬲賓王乎評。鬲」，又云「王各廟鬲王邦賓延王令商盂」云云，彼鼎曰「延曰鬲」，亦即此鼎「延嗝」之誼證與。「弙」字作「□」，金文亦常見，舊並釋爲「刊」，近陳編修介祺釋爲「于」。宷校字形，塙是从「于」，非从「干」，陳説近是。竊謂此即《説文》弓部之「弙」字。鄦解云：「滿弓有所鄉也。」在金文叚爲「于」字，於聲義並可通。「麥」爲作器者之名，❶其字作「□」。❷余初疑爲「彖」或「录」字，諦宷乃知其爲「麥」字。《説文》麥部：「麥，从來有穗者，从夊。」此上半从「□」，❸即「來」字，見于趞鼎、伯雝父敦及石鼓者，字並作「□」，❹此與彼略同。下半从「□」，❺即「夊」也。銘又云「用從井侯征事」者，「征」、「行」誼同，史穴簠云：「史穴乍旅匡，從王征行。」文例正合。「征事」，即行事也。云「用鄉多□友」者，❻「鄉」即「饗」之省，「□」字上从古文「旅」，❼《説文》白部云：「者，从白，□聲。□，古文旅。」下从「土」，當爲「堵」之省，其讀當爲「諸」。□盤有「□木」，❽「□」字偏旁與此正同，❾舊皆釋爲「杜」字，以此鼎校之，彼「□」字當爲「楮」，❿蓋古文「者」多作「□」也。⓫「用饗多諸友」，猶《詩・六月》云「飲御諸友」，金文䜴

---

❶「麥」，原爲墨丁，據上下文義補。

❷「□」，原爲墨丁，據該器銘文拓本補。

❸「□」，原爲墨丁，據上下文義補。

❹「□」，原爲墨丁，據伯雝父簋銘文拓本補。

❺「□」，原爲墨丁，據上下文義補。

❻「□」，原爲墨丁，「友」字原作「有」，據該器銘文拓本補改。

❼「□」，原爲墨丁，據上下文義補。

❽「□」，原爲墨丁，據散氏盤銘文拓本補。

❾「□」，原爲墨丁，據上下文義補。

❿「□」，原爲墨丁，據上下文義補。

⓫「□」，原爲墨丁，據上下文義補。

中簠云「諸友飲食具飽」，彼「諸」字作「[illegible]」者，❶亦以「者」爲「諸」，但不从「土」耳。近時新出金文如趞曹鼎云「用乍寶鼎，用鄉朋友」，先獸鼎又云「用朝夕鄉乃多朋友」，蓋古賓祭禮並重饗飲朋友，固制器勒銘之常語矣。

光緒丙申三月，㝵此鼎於永嘉，宷拓其文，尚完晳可誦，唯此數事略涉隱詭，輒爲發疑正讀，冀得自省覽焉。

此鼎篆體峭勁，橫畫發端率用方筆，而標特纖鋭，斜曲處又善爲波折之勢，與吴縣潘尚書所藏盂鼎似同出一原。昔魏晉人僞託孔安國《尚書敘》，謂壁中古文爲科斗形，王隱《晉書》亦謂《汲冢竹書》字頭麤尾細，俗名科斗文。竊訝自宋迄今，所出彝器不可枚舉，獨罕見有如孔、王所云者，今以此鼎及盂鼎校之，或即所謂頭麤尾細之遺象乎。又《説文》「隹」字云象形，而篆文則與鳥形殊不相似，唯此鼎首「隹」字乃真象鳥喙、首、腹、翼、足、尾之形，尤彝器文所尟見，竊意倉、沮制字之初本如是作，後世整齊變易之，遂失其初恉，猶「馬」之古文本作「[illegible]」，後整齊之迺成「[illegible]」字也。若此之類，劇可寶貴。丙申四月，手拓一本，寄黄君中弢。中弢精鑒絶倫，而又妙擅篆勢，輒復舉此奉質，不知以爲何如也。

周要君盂攷

右周盂銘曰：「隹正月初吉，要君白□

❶ 「[illegible]」，原作「[illegible]」，據弭中簠（即弡中簠）銘文改。

自作𩟄盂，❶用旜釁壽無彊，子=孫=永寶是尚。」凡文廿有五，❷又重文二。韓非書《外儲説》：「孔子曰：爲人君者猶盂也，民猶水也，盂方水方，盂圓水圓。」則古盂有方、圓二形，此盂與《博古圖》季姜盂形制略同，皆圓盂也。盂兩耳，有珥，徧體爲蟠夔、雷回文，糾互迱遭，文閒又綴小乳以千百計，與《博古圖》所載七星洗相類，文飾工縟，足徵冶鑄之妙矣。

器爲要君所作，篆作「⿱囟女」者，❸即「要」之異文。《説文》臼部：「，身中也，象人要自臼之形。从臼，交省聲。古文作⿱𦥔女。」蓋「要」字篆文以象形而兼諧交聲。古文作「⿱𦥔女」，則从「女」、从「𦥔」省，既非身中之形，又無「交」省之聲，於六書當爲會意，然其義殊不可說。「𦥔」本从「𦥑」、「囟」聲，此又變「囟」从「卤」，《筠清館金石録》伯要敦「要」字作「」，中亦从「卤」，與此同。「卤」與「要」古音同部。若然，古又疑本从「卤」聲。今本《説文》傳寫譌作「囟」，金文可據以校正。唯古文「要」从「臼」，伯要敦同此，又省从「彐」，雖展轉減省，要於形義固無盭也。「要」蓋古國名之不見於經史者。「白□」即要君之字，下一字右旁似从「旨」，《積古齋鐘鼎款識》齊侯甗「旨」字作「」，此與彼正相近。左半不能定其所从之形。「⿰奉食盂」者，金文多云「𩟄鼎」、「𩟄匜」、「𩟄敦」、「𩟄盤」，此云「𩟄盂」，義並同。「⿰奉食」即「𩟄」之反形，《説文》食部云：「𩟄，滫飯也。」又皿部云：「盂，飯器也。」小徐本則作「飲器」。

❶ 「白」下留白，據文意當補「⿱囟女」字。

❷ 「凡文廿有五」，案要君盂銘文並無「永」字，故實際字數爲二十四字。

❸ 「⿱囟女」，據原篆及作者本意，當隸定作从卤之「⿱卤女」。

《既夕禮》「兩敦兩杅」，❶鄭注云：「杅盛湯漿。」「杅」、「盂」同，蓋「盂」可以盛飯，亦可盛飲。《既夕》注據盛飲言之，此云「餴盂」，則據盛飯言之。然則飯器、飲器義固兩通也。銘末以「彊」、「尚」協韻，與《鐘鼎款識》召仲考壺、《積古款識》史賓鉼文例亦同。

光緒丙子，家大人以鄂藩入覲，詒讓侍行，得此於河南項城道次，因審定其文字之異者，以資攷覽。其它省叚之字，金文恒見者，不復箸也。

漢衛鼎攷

東漢衛鼎，同治甲子秋得於淮瀕，以建初慮俿銅尺度之，器高五寸八分，口徑七寸二分，兩耳高二寸五分，三足高三寸六分。惟蓋已失去，度不可考。腹有棱，純素無文。

器鑿篆書大字十三，❷曰：「衛鼎，容一斗二升，重十斤厺兩。」大字旁又鑿小字三，曰：「乁百亣。」攷《漢書·恩澤侯表》，周子南君元鼎四年十一月封，初元五年五月更封爲周承休侯，綏和元年進爵爲公，元始四年爲鄭公，王莽篡位爲章牟公，建武二年五月更爲周承休侯。《後書·帝紀》《續書·百官志》並作「公」。五年侯武嗣，十三年更爲衛公。《後漢書·世祖紀》建武十三年二月袁宏《後漢紀》「二月」作「五月」。庚午，以周承休公姬常惠棟《補注》云當作「姬武」。爲衛公，《續漢書·百官志》衛公建武二年封周後姬常爲周承休公，十四當作「十三」。年改常此字亦誤。爲衛

❶「禮」，原作「注」，據下引文爲《既夕禮》經文改。

❷「三」，當改作「二」。

公，以爲漢賓，在三公上。《郡國志》「兖州東郡」衛公國本觀，光武更名。此鼎蓋建武初衛國始建時所鑄祭器，旁三小字則當時鑄造之數。神明之胄，克承享祀，誠可嘉也。《説文》「衞」从「韋」、「帀」、从「行」，唐元度《九經字樣》以爲隸省作「衞」，然今世所傳秦衛字瓦已有媘「丰」者，此款亦同。秦漢人作篆，亦喜媘筆，不徒隸也。「韋」上从「二」者，《説文》韋部：「古文韋作[illegible]。」❶此作「韋」，即古文韋之變。兩漢金石文字雖多省變，猶可攷見古籀遺意，此類是矣。「杢」字不可識，❷以文義攷之，當即「坴」字。數目字大寫，昉于兩京。如王莽侯鉦銘「桼」字、李翕夫人銘「[illegible]」字，並已如此。其「六」字大書作「陸」者，始見於唐汝州開元寺貞和尚塔銘，而石刻《五經文字》、《九經字樣》，則所記字數「六」字無不作「陸」，湖南祁陽唐袁滋所書元次山㢈廎銘「六」字作「[illegible]」，❸則以「圥」爲之。此銘蓋以「坴」爲「六」，猶之唐宋人以「漆」、「柒」爲「七」，漢魏人止用「桼」、「[illegible]」也。「坴」本从「土」、「圥」聲，此下从「二」者，刻者偶省一筆，如「憲」字中从「丰」，漢隸多省爲「憲」从「土」，而夏承碑「憲」字獨作「[illegible]」，「土」亦省一筆，與此正相類矣。

此銘大小廑十有六名，❹而「杢」字與「衞」字之「韋」上从「二」，並奇古希見，爲商周金文及兩京石墨所無，亦足爲小學家廣異聞也。

❶「[illegible]」，原爲墨丁，據《説文解字》補。
❷「杢」，原作留白，據上下文義補。
❸「[illegible]」，原作留白，據《八瓊室金石補正》所收《㢈廎銘》補。
❹「六」，疑爲「五」之訛。

周大泉寶貨攷

《國語·周語》「景王鑄大泉」，《漢書·食貨志》謂其文曰「寶貨」，鄭康成注《周禮·外府》，韋昭注《國語》，並從其説。唯唐固謂文曰「大泉五十」，則誤以新莽大泉爲周泉，韋弘嗣已不從之矣。洪遵《泉志》及近代錢譜，咸據《漢志》箸録，然洪《志》本顧烜《錢譜》，於古泉多按文作圖，肊造難信。後世錢譜又多沿洪書，不必真見其泉，殆未足馮也。故近人宜泉翁氏、竹朋李氏諸譜，窮搜先秦圜泉甚多，獨無寶貨，而别有圜泉，文云「〓〓」者，咸謂即寶貨。今攷以「化」爲「貨」，聲類可通，而以「〓」爲「寶」，則無形聲可説。且金文「寶」字恒見，絶無作此形者。諦宷其文，實當爲「嗌」字。《説文》口部：「嗌，咽也。籀文作〓，上象口，下象頸脈理」是也。經典或叚爲「益」字，故《漢書·百官公卿表》述《書》「益作朕虞」，「益」字作「〓」，顏師古注云：「〓，古益字。」蓋《書》隸古定以「嗌」爲「益」也。此泉諸家所得又有於「〓」下箸「二」、「三」等字者，其「〓」字則皆同，是當讀爲「益化」，非「寶貨」也。若然，或景王大泉本曰「益化」，而《漢志》誤以「益」爲「寶」。抑或景王所作寶貨今已亡佚不傳，而今所存益化，自是周時侯國所鑄，與景王大泉無涉。二者未能決定，要益化非即寶貨則固無疑也。先秦圜法流傳絶尠，漢儒詁經修史率未見古泉，而譜録家又務按目求泉，不甚精究其文字，故不能辨其異同。謹攷正之，以彌《國語》、《漢志》之闕牾，并以匡顧、洪以來承譌之説焉。

魏鄴宮殘專拓本跋

右興和斷專，同邑薛茂才遇辰所臧，以拓本詒予。專之面已琢爲研，其背與側皆有文。側爲隸書五，曰「大魏興和二」，以下專斷，「二」字似「元」字上半。背爲篆書三行，凡十二字。與王氏《金石萃編》、馮氏《金索》所摹秦十二字瓦曰「維天降靈，延元萬年，天下康寧」者正同。十二字瓦，申氏涵真閣《秦漢瓦當圖説》云：「土人得之阿房宮故基。」故程氏敦、《秦漢瓦當文字》。王蘭泉、《金石萃編》。孫淵如、《寰宇訪碑銘》。陳仲魚《綴文》。皆定爲秦瓦，然皆以意度之，無焯然徵諭。實則此瓦文如「靈」中从「四」、「寧」内箸「凷」，並奇詭不合六書，與泰山、嶧山、琅邪臺刻石及權量銘殊不類，必非秦物。盧紹弓《抱經堂文集》。定爲漢物，或近之耳。此專爲東魏興和間所造，文亦與彼瓦同者，當由摶埴工匠依放舊制爲之。否則，拓跋自永熙西鶩，東朝版宇不及關中，倘彼瓦與此專同出一時，安得於阿房故基出土邪？《魏書·孝静帝紀》云「興和元年冬十一月癸亥，以新宮成，大赦天下」，改元二年春正月「丁丑，徙御新宮」。興和紀元雖在新宮已成之後，然宮掖閎崇，或徙御之後未息將作，專文語涉頌禱，非臣民之家所宜有。薛君云此專爲燕人某所詒，其爲新宮殘甓殆無疑也。又元納新《河朔訪古記》云：「臨漳縣鄴鎮東南二里，古鄴都北城。東魏都此，今爲河南彰德府臨漳縣。古專大方可四尺，其上有盤花鳥獸之紋，又有『千秋』及『萬歲』之字，其紀年非天保即興和。又有筒瓦者，其花紋年號興專無異。」據此，知鄴城官甓並有銘識。此專

與納新所見元號符合，不足爲魏宫遺甓之塙證。❶

無惠鼎拓本跋

鼎銘紀册令無惠曰「官司空、段「工」爲之。❷ 王遉側虎臣」，《説文》辵部無「遉」字，疑「貞」之異文。「遉側」猶之先後、左右，「虎臣」即《周禮·虎賁氏》「掌先後王而趨以卒伍」，又其屬旅賁氏，掌執戈盾，夾王車而趨，左八人，右八人，故云「遉側」，明在王之先後左右也。《詩·大雅·蕩》云：「不明爾德，以無背無側。」毛傳云：「背無臣，側無人也。」竊謂《詩》「背」謂在王之後，猶《緜》傳云「予曰有先後」也，「側」謂在王之旁，猶左右也。此銘「遉」當訓「正」，《爾雅·釋詁》云：「貞，正也。」謂正在王前，猶《撢人》之「正王面」，與「背」義相反而文例同。《詩》舉背以晐前，銘舉遉以晐後，皆撮舉一隅。《毛詩》未别白釋之，《漢書·五行志》引傳作「亡背亡仄」，小顔注遂誤釋爲「逆背傾仄」，失之遠矣。

❶ 「證」下，中華本有「乎」字。

❷ 「工」，原作「紅」，據無叀鼎銘文拓本改。

籀廎述林卷八

瑞安孫詒讓

秦權拓本跋

度、量、權三者，爲世程品，其用至重，而古今流變乖異亦特甚。余曩據《漢志》劉歆銅斛以證嘉量，據漢長安慮俿銅尺以校周尺，雖數度小差，而形法大致相近。惟權則周經、《漢志》文制不同，莫能稽覈也。《考工記·玉人》云：「駔琮五寸，宗后以爲權；駔琮七寸，鼻寸有半寸，天子以爲權。」鄭君云：「駔，讀爲組，以組繫之，因名焉。」此周權以玉爲琮，爲后王之專制，蓋不通於臣民。公私恒用，當以銅爲之，要其爲琮形，必斠若畫一爾。《漢律志》説五權則云「圜而環之，令之肉倍好」者，周旋無端，終而復始，無窮已也。孟康云：「謂爲錘之形如環也。」漢權以銅爲環，與周琮異制，然《爾疋》云：「肉倍好謂之璧，肉好若一謂之環。」班云：「圜而環之，則肉好宜若一。」又云：「肉倍好。」則是璧非環，兩文復自相牾，豈以環璧皆圜而有好，與周旋無端之義咸得相傅偶未别白歟？至今權皆有鈕以縣，《玉人》王琮有鼻，后琮當亦然。《説文》「鈕」訓「印鼻」，是鼻即鈕也。而《漢志》五權不云有鼻，亦無以定之。蓋周漢權制舛牾難合，非見古權，固無由校論理董之矣。

辛丑臘月，❶長白午橋尚書以所臧秦權

❶「辛丑臘月」，中華本所引稿本作「頃者」。

精拓手跋其後，介黄君仲弢寄貽。尋校粲日，則積疑爲之涣然。蓋秦權下圓帀如環，肉好亦正若一，合於《雅》訓，是知《漢志》云「圓環」是也，而云「令肉倍好」，則爲未宷。上耑有鈕，隆起高數寸，則即《玉人》所謂「鼻」，明秦漢環權必皆有鈕以貫組，《漢志》蓋文偶不具。往者讀史，妄意環權或即以好代鈕，亦自可縣。今見此拓，迺知肊揣必不如目驗也。仲弢又出别拓見示，形制較小，上有「大騩」兩篆，甚奇，其邊爲觚棱，不正圓，亦尚書所臧者。竊謂此即放周琮權之遺象。凡琮之恒制爲鈍角而八觚，故《大宗伯》鄭注云：「琮八方，象地。」洪文惠《隸圖》，橅漢碑陰畫琮有爲五角、十角形者，雖制有增損，要其不爲正圓之形則同，今大騩權亦爲八觚形，足相參證。綜約論之，古權初制蓋八觚以象琮，流傳既久，漸刓觚爲圓，遂成環形。觚方環圓，二制秦時蓋通行於世，而鈕鼻繫組，則相承無異。權制之流變，小異大同，各有本始，蹤跡顯較可推校也。

聞尚書所得秦權甚夥，而此權制特大，手跋定爲五權之石權，精鑒至論，前無古人。至於觚圓鈞石，燦然畢萃，尤爲集古，勝緣遐睠，海天爲之神往。昔荀勖、何承天、朱昇、蘇頌輩校定律度，並博求古器，資爲程法。今尚書以閎達忠亮，膺岳牧之寄，當光佐天子，更法自强，紹開中興。儻將攷協權衡，用昭示萬國，❶甄古作範，固知不藉它求矣。壬寅孟陬書。

❶「昭」，原作「照」，據中華本所引稿本改。

秦大騩權拓本跋

秦權量自隋唐以來閒有流傳，咸珍爲瓌寶。近長白匋齊尚書端方所藏，有秦權七，秦量一，箸録之富，遠轢宣和御府，他勿論已。七權其六皆圜如環，余以漢《律麻志》所說攷之，其肉好略同，惟此大騩權爲八觚，形獨爲瓌異。按《考工記·玉人》云：「駔琮五寸，宗后以爲權；駔琮七寸，鼻寸有半寸，天子以爲權。」鄭君《大宗伯》注說「琮八方象地」，然則周權恒制必八觚如琮矣。以此推之，秦時權制蓋有兩品，觚權沿晚周之故範，圜權爲《漢志》之權輿，其流變各有本始，非苟爲佹異也。抑鄭君之釋琮也，不詳其好之有無。梁崔靈恩《三禮義宗》，隋潘徽《江都集禮》，並據《白虎通》說，定爲有好。而聶崇義《三禮圖》，則據阮諶《禮圖》說云無好，近儒戴氏東原、段氏若膺、黃氏元同皆從其說。余謂許君釋琮形如車釭，釭爲車轂穿，沓軸函其中，琮形似之，則固有好矣。今此權中有好，亦周琮之遺象。然則周駔琮可證此權之八觚，而此權又可證周琮之有好。但依《白虎通》說琮云方外圓中，證以許君車釭之訓，則琮好必圓。此權好亦八觚，與表同，則小有變易耳。秦權文字奇古，昔顏黃門、小司馬咸據以證史，而不知其符契經義婐頤如是，信可寶貴。尚書頃又以拓本介仲弢見示，屬爲審定，謹拉雜書此奉質，倘搖而董之也。

「大騩」兩篆，文在權上與鈕相接處，夾鈕左右分列，字大約五分許。攷「大騩」爲古地名，《漢書·地理志》河南郡密有大騩山，潩水所出。《說文》水部「潩」

字注作「大隗山」,《海經·中山經》有騩山,亦即此也。《元和郡縣志》亦云:「大騩山在河南府密縣東南五十里,本具茨山,黄帝見大隗於具茨,故亦曰大騩。」若然,大騩之地,蓋因山爲名,此權即其地所鑄,故勒篆於其上。今代所傳秦權量紀地名者,僅見此品,奇異希覯,不徒以八觚見珍也。癸卯七夕,檢匋齋尚書所贈拓本,并附記之。

新始建國銅鏡拓本跋

右新莽宜子孫竟,祥符周季況太守星貽得於閩中。太守歸老吴門,以付其外孫如臯冒鶴亭孝廉廣生,余前廿年於亡友戴君子高許嘗見拓本,獨山莫先生子偲爲跋尾,所箸《金石經眼録》亦載之,子高物故,拓本不審歸何人。今鶴亭以手拓本寄贈,恍如見故人矣。余舊藏漢竟拓本近百種,皆無紀元,此竟獨年號明晳,文既古雅,篆勢尤奇崛,信可愛玩。莫先生所釋頗疏,鶴亭既諟正之,余復爲補釋數字,略可誦説。

文曰:「唯始建國二年新家尊,詔書□下大多恩,賈人事市不財嗇田,更作辟廱治校官,五穀成孰天下安,有知之士得蒙恩,宜官秩,葆子孫。」又鈕閒曰:「宜子孫。」大凡五十四字。「詔書」下一字莫釋爲「敦」,鶴亭釋爲「赦」,諦審字形似「效」字,然文義仍未愜,姑闕之。「賈人事市不財嗇田」,莫釋爲「賈人事禾丁貳嗇田」,鶴亭釋爲「價事利市躬嗇田」,以字形審之,「賈人」當依莫釋,「禾」當爲「市」,「丁貳」當爲「不財」,「財」即「才」之叚借字,此八字句,言爲賈人者則從事於市,其不才爲農者,則治嗇於田，「市」與「田」，「不財」與下「有知」，文並相對也。「畬」字又疑當爲「菑」，漢隸「菑」字多變作「畱」，此下作「畓」，與彼相近。《齊民要術》引崔寔《四民月令》云：「雨水中急，菑强土黑壚之田。」「菑田」、「畬田」，義皆可通，未能決定也。「更作辟廱治校官」，「辟」莫釋爲「符」，誤。鶴亭正之，極塙。「廱」，舊並釋爲「應」，以篆文偏旁審之，「雁」中箸「吕」，塙是「廱」字。漢隸「廱」字多作「雍」，即其流變。下似从「心」者，疑「邑」下「卪」形之變，要皆增羨之筆。古竟文往往增渻任意，不能盡以六書之誼繩之。而此竟文又通體糾屈詭異，甄豐六體五曰繆篆，或其象類與？「校官」舊釋爲「百官」，亦誤。《漢書·王莽傳》「元始四年，莽奏起明堂、辟雍、靈臺，爲學者築舍萬區」，即「更作辟廱治校官」之事也。「宜官秩」，「秩」莫釋爲「黻」，鶴亭正之，亦塙。「葆子」下，鶴亭釋有重文，今諦審，雖似有筆畫，而實非重文。鈕閒「宜子孫」，「子」下亦有羨畫，可證。此語竟銘恒見，皆無重文，有之則爲綴複。此竟首句九字，第三句八字，修短無定例，則末句固不必定爲七字矣。

管見所及，漫書之以復鶴亭，并以質季況先生，幸理董其然不也。猶憶同治季年，余與莫、戴兩君，同客江寧，莫先生於讓爲父執，嘗得侍燕譚，而子高與余同爲金石篆籀之學，蹤跡尤密。始以此竟拓本見示，詫其奇古而未及悉心審校，雲煙過眼，忽忽二紀。兩君宰木已拱，而余幸從鶴亭重覯此拓，得相與精釋其文字。惜不令兩君見之，俾同此愉快也。

阮摹天乙閣宋拓石鼓文跋

弟一鼓「遯敺其□」，「其」下一字，薛尚功、鄭樵並釋爲「孫」，施宿、潘迪釋爲「時」，王氏《萃編》從薛、鄭作「孫」，張氏《石鼓文釋存》亦謂「按天乙閣本，『孫』字爲近」。其實非也。此字當從明趙古則釋爲「特」，此本雖重摹，而泐痕中「特」字猶隱隱可辨，蓋其摹勒之精如此。今世拓本，此字雖甚剥蝕，然「寺」下「寸」形，及「牛」字下半，亦尚可推測。《説文》牛部「特」字注：「朴特，牛父也。」「朴」當爲「樸」，蓋藉木素之「樸」爲牡牛之名，與木皮之「朴」音同，故轉寫爲「朴」。《玉篇》牛部别有「𤛗」字，訓特牛，則又依「樸」字增易爲之，然可證《説文》「朴特」字當作「樸」也。此鼓云：「遯敺其特，其來趩趩。」後又云：「遯敺其樸，其來遺遺。」「特」、「樸」義同，分用以諧均。近儒陽湖孫氏、武進莊氏，並祖馬定國説，以鼓爲後周物，則此文疑即本《説文》「特」字訓矣。「樸特」本爲牛父，此叚爲牡獸之偁。古訓湮隊，非鼓文有此二字，則《説文》「特」字注義，幾不可知。而讀者不審，繆誤相踵，段氏《説文注》遂據南宋人《楚辭補注》誤引之文，删「樸牛父也」爲「特牛也」，不亦疏乎？

《爾雅·釋獸》：「豕生三，豵；二，師；一，特。」《周禮·大司馬》鄭司農注：「一歲爲豵，二歲爲豝，三歲爲特，四歲爲肩，五歲爲慎。」《詩·伐檀》：「有縣特兮。」毛傳亦云：「獸三歲曰特。」《廣雅·釋獸》作「四歲」。 此鼓後文云：「射其猏蜀。」「猏」即獸四歲之「肩」，則「特」或用獸三歲義，然「樸」即「朴特」之「樸」固無可疑也。

書南昌府學本漢石經殘字後

漢《熹平石經》，自黄長睿、洪文惠箸録以來，治經者孯校無賸義，惟《論語》碑末校盇、毛、包、周有無不同之説。有「蓋肆乎其肆也」六字，自來攷釋《石經》者，皆莫詳其義，今諦審之，當即《顔淵》篇「哀公問於有若」章之異文。蓋「蓋肆乎」即「盇徹乎」之異文，「其肆也」即「如之何其徹也」末三字之異文。《石經》凡校異文，皆撮舉數字，不録全句。如「求善賈而沽諸」，「沽」《魯論》作「賈」，《石經》校語止舉「賈諸」二字，是其例也。「蓋」本從「盇」得聲，「肆」、「徹」古音亦相近，段氏《六書音均表》「徹」字在十二部，「肆」字在十五部，《弟子職》「徹」與「祭」韻，「祭」亦在十五部，是其證。並得通叚。《小爾雅・廣言》云：「肆，緩也。」此「肆」亦勸其緩征賦，即《周禮・大司徒》十二荒政之薄征也。《鹽鐵論・取下》篇云：「樂歲不盜，年饑則肆。」桓次公正本《論語》此文，足爲塙證。《石經》所記諸家有無不同之説，例先舉《魯論》正文，而後箸盇、毛、包、周諸本之異。此條校語雖殘缺不可攷，而其「肆也」下缺一字，下尚存一「周」字，當即「包周」之「周」，然則「蓋肆乎其肆也」乃《魯論》正本，何本作「盇徹乎其徹也」者，乃張禹以諸家別本校定，不知其爲齊爲古也。至《隸釋》所存漢《石經》校語凡三事，雖非全文，而敘次猶舊。此條在「賈諸賈之哉」條後，而在「於蕭牆之内」條前，與經文先後敘次亦正符合。此真西漢舊本。然非《石經》殘字尚存，幾不知《魯論》有此異文，而桓次公「年饑則肆」之語，亦無由究其原本矣。惜自宋元以逮近代，《石經》之考，殆逾十家，而於此條，咸莫能辨證。余友寶應劉君叔俛，補其父楚楨年丈《論語正義》，遂疑其爲逸文，實非也。同治庚午辛未閒，余在江寧，曾舉此義以告，叔俛亦深以爲然，因其書已刊成，未及追改。而叔俛遽卒，今附記於此，蓋不勝今昔之感矣。

書徐鼎臣臨秦碣石頌後

右徐鼎臣《臨秦碣石頌》，王撫軍紹蘭嘗以家臧真蹟，屬錢氏泳摹刻于焦山，近常熟楊觀察沂孫又以孔氏昭孔雙鉤本鋟木傳之，遂盛行于世。此本即楊君持贈家大人者。是頌宋以來金石家未有箸録者，頌文凡百有十字，以斠《史記·秦始皇本紀》所載，文幾倍之。如首有「皇帝建國，德平諸侯，初平泰壹，卅有二年，⿰車巛登碣石，照臨四極，從臣群作，上頌高號，爰念休烈，戎臣奮威」十句，末又有二世詔書，及李斯、馮去疾奏七十九字，與泰山、嶧山、琅邪臺諸刻同。《本紀》則惟有「皇帝建國」以下三句，然不在首，而在第三韻「恩肥土域」後。又「建國」作「奮威」，「初平泰壹」作「初一泰平」，餘則並無之。其《本紀》所有而字異者，如「遂興師旅」下，此無「誅戮無道」四字；「爲逆滅息」，「爲」此作「大」；「武殄暴逆」，「逆」此作「强」；「庶心咸服」，「服」此作「㞋」；「墮壞城郭」，「墮」此作「陊」；「黎首無繇」，「黎」此作「黔」，「無」此作「无」；「女修其業」，「修」此作「脩」；「群臣誦烈」，「烈」此作「略」；「垂著儀矩」，「著」此作「箸」，「矩」

此作「巨」。又「賞乃牛馬，恩肥土域」兩句，此上下互易，並與大史公所見不同。又《説文》又部「乁，秦刻石及如此」，此頌仍作「及」，與《説文》不合。❶然鄭文寶所摹嶧山碑已如此，鄭本亦出徐摹，阮文達《兩浙金石志》疑爲鼎臣所改，未知其審也。

考始皇巡行天下，刻石者凡六，今惟琅邪臺原石尚存。泰山殘石，乾隆間爲火所焚，今所存者止十字。之罘石刻，宋時歐陽永叔、趙德甫、王象之、陳思諸人皆見之，今則莫知其存否。嶧山、會稽兩石久佚，然世閒尚有重摹本。蓋以上五石雖存佚顯晦不同，而後人皆嘗得其搨本。至碣石則不然，禹貢舊蹟，自六朝時已不可攷，故酈道元《水經·河水注》謂：「漢司空王横言：❷『往者，天嘗連雨，東北風，海水溢西南，出侵數百里。』張折云：『碣石在海中，蓋淪於海水也。』昔燕齊遼曠，分置營州，今城届海濱，海水北侵，城垂淪者半。王横之言，❸信而有徵，碣石入海，非無證矣。」據此，是納河故壤早淪東勃，而嬴氏遺刻乃巍然獨在人世，趙宋時猶得傳其搨本，此事之所必無者。況此本載鼎臣自跋，稱端拱元年奉敕臨，則此書在宋時當臧御府，而《宣和書譜》載鼎臣篆書七種，亦無是頌。然則王、楊諸家，紛紛傳刻，其果可信耶？

漢司隸校尉楊淮表紀跋

《表》所述楊伯邳歷官始末甚詳，多《華

❶「與」，原爲墨丁，據文義補。

❷「漢司空王横」，《四部叢刊》本《水經注》作「漢司空掾王璜」。

❸「横」，《四部叢刊》本《水經注》作「璜」。

陽國志・犍爲士女》篇所未及，可互相校補。至其從弟潁伯，則常《志》并無其名，虛藉此存其梗概，尤可寶也。《表》云伯邳三爲尚書，常《志》止云入爲尚書，不云三任。攷《御覽》職官部引《益部耆舊傳》云：「太尉李固薦楊淮累世服事臺閣，即閑練舊典，且有榦用，宜在機密。特拜尚書。固薨，免官。尚書令陳蕃表行狀，復徵爲尚書。」此伯邳再爲尚書之事。其三爲尚書，則《御覽》所引《耆舊傳》亦無其文，不知在何時矣。《表》末云：「黄門同郡卞玉，字子珪，以熹平二年二月廿二日謁歸過此，追述勒銘，故財表紀。」「財」即「財」之變體，李翕《西狹頌》「財容車騎」，「財」字作「貯」，與此略同。漢隸書「才」字亦多作「木」，《戚伯著碑》、《史晨饗孔廟後碑》及《西狹頌》，「才」字並如此作。「財」者，較略不詳備之詞，《隸釋・濟陰太守脩堯廟碑》云：「財紀祖禰所出。」俗本《隸釋》「財」作「財」，誤。今據影宋鈔本，與《漢隸字源》十六咍合。義與此同。翁覃溪謂「財」與「纔」、「裁」通用，是也，而訓爲「始」，則仍失其義。伯邳以累世忠貞，爲李子堅、陳仲舉所薦，又嘗劾治梁冀叔執金吾忠及冀婦家子孫訓不法事，蓋亦忠鯁清亮之士。熹平元二，正黨禁最厲之時，閹豎橫恣，英賢駢首，寃酷之氣晦蝕三光，卞玉以黄門謁歸，獨能修同郡之敬，爲伯邳表述，蓋猶中官之賢者，亦吕彊、李巡之流亞與。

漢仙人唐公房碑跋

此碑近世拓本剥泐殊甚，不惟視《隸釋》所載十缺五六，即以翁、王諸家所摹覈之，亦模黏如隔重霧，更數百年，恐益不可辨矣。唐君，成固人，《漢書・地理志》成固屬漢中郡。碑云：「王莽居攝二年，君爲郡吏。」即爲漢中郡吏也。又云：「是時府在西成，去家七百餘里，休謁往來，轉景即至，闔郡驚焉。白之府君，徙爲御史。」「府」謂郡府，「府君」即太守也。「西成」蓋即漢中屬縣之西城，西漢時，漢中郡治在焉，故《地理志》漢中十二縣以西城爲首。《續漢書·郡國志》漢中九縣則首南鄭，而西城改弟三，蓋後漢時漢中郡治南鄭，與前漢異。碑云「是時府在西成」，明刻碑時府不在彼也。唐君家在成固，既爲郡吏，則當在郡府，故云「去家七百餘里」，碑文義甚明。《集古録》約舉此文，作「府君去家七百餘里」，蓋以意删改，微失其本旨。朱氏文藻校《隸釋》，乃欲以歐校洪，疑《隸釋》訛「君」爲「在」，而衍「西成」二字，所謂以不狂爲狂也。碑又云：「昔喬、松、崔、白，皆一身得道，而公房舉家俱濟，盛矣。」諦審石本，「崔」實當爲「崖」，左波雖翹，然旁出而尚帶直下之勢，其非「崔」字無疑。「喬松崖白」謂王喬、赤松、洪崖、浮丘伯，「白」即「伯」字省文。自劉球誤仞爲「崔」字，摹入《隸韻》十五灰「崔」字下，洪文惠以來，釋此碑者並沿其謬。《列仙傳》有崔文子，無冲舉飛昇之迹，漢唐文士紀述神仙，亦無以崔、白並舉者，足知其非矣。

漢衛尉卿衡方碑跋

碑云：「詔選賢良，招先逸民，君務在寬。失順其文，舉已從政者，退就勑巾。」翁、王兩家所釋如此。此謂詔舉賢良，務求隱逸之士，方失順詔文，乃舉已仕者，因此罷黜。盧紹弓跋釋「寬」爲「寮」，「失」爲「英」，以

「君務在寮英順其文舉」爲句，謂時詔書選賢良務先逸民，而衡君欲舉其寮之賢者，又欲順詔書之文，故下云「已從政者退就勑巾」，蓋令其棄官而就舉也。其説既迂曲不可通，又失其句讀。「退就勑巾」，乃指衡君，何得轉屬舉者邪？「勑巾」當爲「飾巾」之借字，「勑」、「飾」通借，見《吕覽·貴公》注。《後漢書·陳寔傳》何進、袁隗遣人敦寔，欲特表以不次之位，寔謝曰：「寔久絶人事，飾巾待終而已。」又《趙咨傳》：「咨少孤，有孝行。太尉楊賜特辟，使飾巾出入，請與講議。」注：「以幅巾爲首飾，不加冠冕。」《釋名》謂士冠、庶人巾，「退就勑巾」，蓋免爲庶人也。

漢三公山神碑跋

元氏三公山有漢碑三，惟此碑見於《隸釋》。然元明以來，久無箸録，至道光丁酉，沈兵備濤始訪得之，載所箸《常山貞石志》，碑久湮而復顯，椎拓者少，故不甚刓剥。以洪文惠所録校之，十尚存八九，可寶也。碑有云「上應□首」，「首」上一字右从「斤」，洪釋爲「祈」，沈闕之。案：「祈首」無義，今諦審石本，乃是「魁」字，即「魁」之變體，《楊孟文頌》及《劉君殘碑》、《魏大饗記》，「魁」字皆如是作。漢隸書「斗」皆作「斤」，即許君《説文敘》所述俗説「人持十爲斗」者。而凡从「斤」之字，則絶無从「十」者，是漢人書「斗」、「斤」雖相類而卻有區別。今審此碑，「魁」字左旁稍模黏，而右旁之「斤」从「十」甚明，洪、沈兩家所摹並誤仞爲从「斤」之字，蓋未及細審也。此冢上文云「北嶽」，而云「上應魁首」，蓋謂斗魁。《天官書》云：「平旦建者魁。魁，海岱以東北也。」《開元占經・石氏中官占》引《洛書》云：「北斗第一至第四爲魁。」又引陸績《渾圖》云：「魁第三星，主冀州。」又引皇甫謐云：「斗魁二曰璇宮，鎮星主之，冀州屬焉。」是並北嶽上應斗魁之事。又云：「犧用握尺，□□兮。」《禮器》孔疏引《禮稽命徵》云：「社稷牛角握，五岳四瀆角尺。」《公羊》僖三十一年何注説同，此正用其文，第二句「兮」上似是「角全」二字。又「鼎足而□」，缺文當是「處」字；「倉府既盈」，「府」當是「廩」字；「攘去寇殉」，「寇」疑是「四」字。沈兵備所釋甚精審，多足匡補洪釋，惟此數事，尚未攷正，故爲補釋之。

漢武班碑跋

此碑殘缺殊甚，據《集古録》，則歐公所見已如此，今距北宋又數百年，日事氈蠟，宜其不易辨識也。碑載武君卒年，據洪《釋》，是永嘉元年，范書《沖帝紀》有此紀元。然史繩祖《學齋佔畢》據邛州所出公乘校官掾王幽題名石刻書「永熹元年」，謂今本范書《本紀》「永嘉」爲字誤，何義門又據《左雄傳》以證其説。然則漢本無「永嘉」元號，今拓本「永」下一字極模黏，蓋亦當作「永熹」。盤洲叟以爲，「永嘉」者習憶范書誤本，遂不復諦寀耳。劉球、婁機書麻韻，並引此碑「嘉」字，然據洪《釋》，則碑中尚有「帝庸嘉之」之語，是此碑自別有明塙之「嘉」字，不必宋時拓本「永嘉」元號果明析可摹也。

漢郃陽令曹全碑跋

碑紀曹君治郃陽事，云：「君乃閔縉紳

之徒不濟，開南寺門，承望華嶽，鄉明而治，庶使學者李儒、欒規、程寅等各獲人爵之報。」李儒等三人，蓋皆邑人以徵舉得官者，碑陰載出泉人亦有「徵博士李儒文優五百」是也。攷袁宏《後漢紀・獻帝紀》云：「初平三年，李傕舉博士李儒爲侍中。詔曰：『儒前爲弘農王郎中令，迫殺我兄，誠宜加罪。』辭曰：『董卓所爲，非儒本意，不可罰無辜也。』」曹碑立於中平二年，以時代案之，李傕所舉當即文優。若然，文優前黨董卓，後復附李傕，其人殊不足取。而碑乃盛揚詡之，以爲曹君貢諛。蓋流俗陋儒所爲，污此貞石矣。

吴九真太守谷朗碑跋

曹魏時，始置州郡大小中正，以銓定九品。晉宋以後，悉承其制，而吴、蜀兩國於史無徵，惟《三國志・吴・潘濬傳》注引《襄陽記》云：「襄陽習温爲荆州大公平，大公平今之州都。」此句疑裴氏注中之注。「州中正」，晉宋時俗稱「州都」，「大公平」之名，他書不經見，故特釋之。杜君卿據此謂魏之「大中正」在吴爲「大公平」，然則吴雖置此官，固無「中正」之名矣。而此碑云「除郎中尚書令史、郡中正」，又似吴時並不以「中正」爲「大公平」者。石刻明塙，必無差誤，而與習氏所紀違啎，誠不可解。或「州都」稱「大公平」，而「郡中正」名仍不改乎？自陳承祚書無志、表之作，吴、蜀典章零落頗多，安得巨碣完文如此碑者數通，一一爲補證邪？

吴禪國山碑跋

此碑爲蘇建篆書，然多與六書違迕。❶如「理」作「理」，「鄂」作「鄂」，「淵」作「淵」，「殅」作「夙」，「德」作「德」，「璆」作「璆」，「畢」作「畢」，及「鳳」「舄」下作四點之類，知三國時人已不甚究小學也。惟「授」、「受」二字作「授」、「受」，則足證許君從「舟」省之説。漢隸亦多如此作，今《説文》乃不爾。「捧受祗」疑後人因隸省一筆追改篆文矣。「捧受祗」下一字，以拓本審之，乃「慫」字，吴槎客碑攷引《荆谿外紀》，釋爲「悚」，合於許讀舊本。《雲麓漫鈔》摹作「忍」，則筆畫小誤。吴攷及翁覃谿、王述庵並作「筵」，字乃大謬。碑又云：「大賢司馬徽虞翻《推步圖緯》。」仲翔孫權時徙交州，卒。此碑立于天璽元年，時代相距甚近，已有「大賢」之目，知仲翔《易》學，身後即盛行也。同治甲戌十二月，偶檢匧中弆本，校讀一過，遂拉雜記之。

晉太公吕望表跋

此碑自晉及今，幾二千年，尚不甚刓剥。魏穆子容重刻本，删其頌詞，文句亦多譌舛，如以「策」爲「築」，以「書」爲「盡」，非以晉石原本校讀，幾不解其爲何語，何其艸艸也！《晉書·束皙傳》載汲郡發冢得竹書事，不云其臧以何年。此表首引竹書而云「書臧之年當秦坑儒之前八十六歲」，杜預《春秋後序》及《史記索隱》並云「《紀年》

❶「與」，原爲墨丁，據中華本所引稿本補。

終魏哀王二十年」，臧書當又在其後，秦坑儒在始皇三十五年，上溯魏哀王二十年，正得八十七歲。此表約略定之，謂當臧于其後一年，故八十六歲爾。又引《周志》云：「文王夢天帝服玄襛以立于令狐之津。」令狐在春秋爲晉地，見僖二十四年、文七年、成十一年《左氏傳》，杜預謂在河東。《水經・涑水注》云：「又西徑猗氏縣故城北。」又引闞駰云：「令狐即猗氏也。」今山西蒲州府猗氏縣西十五里有令狐城，❶即其地。然則令狐之津即涑水矣。

北齊西門豹祠堂碑跋

西門君治鄴之政，《國策》及先秦諸子所紀最衆，惜散見群籍，未有裒集爲作傳者。此碑前半臚述循蹟，采摭殊詳博，惟以儷文隸事，意多隱晦。又石本零落，文句斷續，不能暢讀。武虛谷、王蘭泉兩家，未遑諦覈，缺誤頗多，今依舊拓本審定補釋之。

碑云：「□拒比周治申嚴察璽還□瘖主輨亡而警吏。」「拒比周」及「還璽」、「瘖主」，並用《韓子・外儲説》語，「輨亡」、「警吏」，亦即《韓子・内儲説》所云「西門豹爲鄴令，佯亡其車轄」事。「輨」、「轄」皆車轂耑銅材。《説文》車部云：「轄，鍵也。」又云：「輨，轂耑錔也。」此用《韓子》語作「輨」，疑北朝本固如是矣。諦審或即「轄」字，俟更求精拓定之。又云：「□班既別□彩自□。」「班」上一字左从「馬」，右缺不可辨，疑是「驪」字，「彩」上一字右从「夫」，疑是「玦」字。《魏策》載西門豹爲鄴令，魏文侯云：

❶「令」，原爲墨丁，據《讀史方輿紀要》補。

「夫物多相類而非也。幽莠之幼也似禾，驪牛之黄也似虎，白骨疑象，武夫類玉，此皆似是而非也。」此文蓋隱栝其語。又云：「不省書□積倉府戎車北首侵□南口。」「侵」下一字左旁从「土」，似用《淮南·人閒訓》北擊燕反侵地事。又弟□行殘文中有「襄王」二字，上下文並缺，疑用《吕覽·樂成》篇魏襄王與群臣飲酒，王爲群臣祝曰：「皆如西門豹之爲人臣。」此類皆綴緝舊文，塙有根據，固非率爾操觚者。其簪筆聽神及沈巫老事，詳《史記》，則人所易知也。此碑金石家皆以其殘缺，不甚留意審校。今爲攷補四十餘字，其綜涉淹洽，已斐然可見，惜不能得其全文也。

附補正碑文校王氏《萃編》本，凡王本譌缺者，以方匡識之。

□虞傳[夏]　[好]古之業　[輨]亡而警

吏[馬]班既別❶　侵[土]南□佩[韋]臨事

民吏不敢[而]欺□巫老[沈]姦於波浪

灾沴[之]禱仍[纏]　翦兇族於黎[丘]□□

[長]於華□　一[開]□社再祠絶[廟]　萬

[方]□□　椒□[如]□　天□□□龍□淵

納[元]黎於□□　神居獨[邃]　[灰]燼樂

反❷　鱗[甲]五[照]　蓂[秀]而　司州□

[宗]師　入當[樞]　□□□俗[政]□[勉][農]

忻殫鼓[舞]　□徒[私]禮　[翼][世]謀居

[容]象□[肅]　河浮圖[籍]　咸秩報[功]

連率依風毛畢均美[衛]□[兼][雄][謂][神]

---

❶ 「別」下，據跋文，當有「[夫]彩自□」四字。

❷ 「反」下，中華本所引孫延釗校本有「□邕[迎]神」一句。

碑陰補字尤多，今不備録。

周保定四年聖母寺四面造象跋

此碑記文淺俗，所列造象人姓名多詭異，蓋北朝喪亂，關中諸郡異族雜處，此碑即俚俗羌虜所爲，不盡通儒義也。其複姓有姓「甪井」者七人，「甪」字古字書所無，以字形審之，當即「罕」之變體，漢隸「罕」字多作「甪」，此尚存其遺意。《廣韻》上聲二十三旱「罕」字注云：❶「羌複姓有罕井氏。」是其證也。蘭泉《萃編》乃釋爲「南井」，殊誤。碑又有「昨和」、「鉗耳」、「屈男」、「同琋」、「荔非」、「彌姐」，並羌複姓，亦見《廣韻》。《北史·蕭琮傳》載琮嫁從父妹于鉗耳氏，楊素曰：「公帝王之族，何乃適妹鉗耳氏？鉗氏，羌也。」是「鉗耳」爲羌族，史有明文。王跋謂其無攷，亦誤。又「邑子輔國將軍中散金曹從事郡主薄地連敦」，「地連」亦虜複姓，見《廣韻》去聲六「至」，蘭泉歷舉希姓而不及此，蓋誤以爲姓「地」也。又有「王鍾馗」，「馗」即「馗」之變體，亭林《日知録》舉《北史》「喬鍾馗」、「宫鍾馗」，證古人以「鍾馗」命名，取「終葵」之義。此則碑版文字尤明焯可依據，足爲亭林增一證矣。

唐房玄齡碑跋

此碑在趙德甫時已云磨滅斷續不可攷，今所存字益漫漶。予得舊拓本，較爲清析，偶以王氏《萃編》所收本校讀，補正逾百字，可寶也。

❶「旱」，原作「早」，據《廣韻》改。

碑首述其籍貫云「清河鄃縣人」，《萃編》缺「清河鄃縣」四字。《新唐書・地理志》：「貝州清河郡夏津，故鄃，天寶元年更名。」兩《唐書》本傳並云「齊州臨淄人」，與碑異。攷玄齡父彦謙碑亦云「清河人」，則史誤矣。碑載玄齡祖熊「歷清河、廣川」，《萃編》缺「河廣川」三字。以下文缺，房彦謙碑亦載父伯熊，辟開府行參軍，仍行本州清河、廣川二郡太守事，此碑與彼合，惟「伯熊」此碑作「熊」，《舊書》本傳亦同，蓋偶省「伯」字。至本傳載熊官州主簿，則與兩碑並不合，當據碑以正之。又碑云：「今上升儲，道光守器，長琴振響，方嗣虞風，仙管流聲，且揚姬化。」此言高宗爲太子時事。《山海經・大荒西經》云：「祝融生太子，長琴是處榣山，始作樂風。」此正用其故實，「仙管流聲」，❶則用周太子晉事。《萃編》誤「長琴」爲「長奉」，又缺「振響」二字，下「管」字及「且」、「姬」二字亦缺，其文義遂不可解。又新舊《書》本傳並云玄齡封邢國公，此碑亦同，而《萃編》「邢」獨作「邘」，尤誤。蓋蘭泉藏本摹拓未精，故所載缺誤較多也。

唐明徵君碑跋

右唐高宗御製明徵君碑，上元三年刻石，今在上元攝山棲霞寺。碑載明僧紹及法師僧辯于棲霞山，建寺刻象，未成而卒，僧紹子仲璋，與沙門法度終成之，其事頗詳。攷梁釋慧皎《高僧傳・義解門》有「釋法度，黃龍人，少出家。遊學北土，備綜衆經，而專以苦節成務。宋末遊于京，師高士齊郡明僧紹。紹抗迹人外，隱居瑯琊之攝

❶「仙」，原作「姬」，據前文改。

山，挹度清真，待以師友之敬。及亡，捨所居爲棲霞精舍，請度居之」，與此碑合。又《經師門》有「釋僧辯，姓吴，建康人。止安樂寺，以齊永明十一年卒」，其名與此碑所述僧辯同。惟諦宷此碑，僧辯之卒當在明僧紹前，而碑及《南齊書·僧紹傳》並云「僧紹永明二年卒」，《高僧傳》之僧辯既卒于永明十一年，則在僧紹後，與此碑殊不合，疑非一人也。正臣書其結銜爲「朝議郎，行左金吾衛長史，侍相王書」，攷《唐書》無正臣傳，惟《新書·高氏世系表》載其官爲襄州刺史。予家臧文瀾閣傳寫本高氏《三宴詩集》三卷，即正臣與陳子昂、周彦暉、長孫正隱等唱和詩也，卷末附《正臣小傳》，當是宋人所作。《提要》載此書爲北宋本。略云：「正臣，廣平人，官至衛尉卿。寓居洛陽，善詠，好客，一時名士多所交接。習右軍書，睿宗愛其筆，金陵棲霞寺有其所書明徵君之碑。」其云「官至衛尉卿」，與《世系表》不合。張懷瓘《書斷》亦云：「高正臣，廣平人，官至衛尉少卿。習右軍法，元宗甚愛其書。自任潤州、湖州，筋骨漸備。任申、邵等州，體法又變。」其云「官至衛尉少卿」，與《小傳》略異，然亦不云嘗爲襄州刺史。《表》固多謬舛，不若《小傳》、《書斷》之足據也。

今陝西醴泉昭陵杜君綽碑，立于龍朔三年，亦正臣所書，結銜稱「殷王府下缺八字。文館高正臣書」，又陳思《寶刻叢編》京兆府下載正臣所書夏州都督姜協碑，乾封二年立，結銜稱「豫王府屬直宏文館」。攷《唐書》本紀，睿宗以龍朔二年生，其年封殷王，乾封元年徙封冀王，上元二年徙封相王。此碑之立，在寫杜君綽碑後十四年，亦稱「侍相王書」，則正臣爲睿宗潛邸屬官者，殆逾十載。《小傳》所謂「睿宗賞其筆」者，此其左證矣。又黄伯思《東觀餘論》記劉燾言，「金陵有唐高正臣書，本埋没圃中，其父宜翁令人發出立之，其字畫殊有虞、褚灋也」，宋無名氏《寶刻類編》載正臣所書碑凡三，其二皆在京兆，在昇州者惟此碑，則此碑殆即埋没圃中而劉宜翁發出立之者。此本雖新搨，首尾尚無剥蝕，其字畫遒逸，劉燾所謂有「虞褚灋」者，非溢美也。

唐揭先塋記跋

少温此記，字體多與鄦書違盭，畢氏《關中金石記》及錢氏《金石文跋尾》言之詳矣，然尚有未盡者。如「枝」本从「攴」，而此誤从「文」，《經典釋文條例》以用「攴」代「文」，爲兩失，不謂少温精究小學，亦有此誤。「鑿」上本从「丵」，而此誤作「芉」，「新」本从「亲」，而此省从「亲」，「成」内本从「丁」，而此變从「丂」，並不合六書。至「單」《説文》从「甲」、「吅」聲，而此作「單」，❶則《嶧山刻石》已如此，非由少温肊造也。碑爲北宋人重刻，今又泐失十餘字。「迺虔卜郜城左時□右」，「虔」、「時」二字見吳氏《金石存》，王氏《金石萃編》此二字失摹，《釋文》亦闕之，今世所傳拓本「虔」字下半與「時」字上半均尚可辨，王氏蓋偶未諦審也。《元和郡縣志》京兆武功縣「三時原在縣西南二十里，高五十丈，西入扶風縣界。又故斄城一名武功，城在縣西南二十二里，宋氏《長安志》作「二十里」。古郜國也」。據此，則三時原與郜城地相近，「時」下一字當爲「原」字無疑矣。

❶「單」，原作「單」，據《關中金石記》改。

宋刻曹娥碑跋

右蔡卞重書曹娥碑，元祐八年刻石，以《絳帖》所摹右軍書本及《古文苑·會稽掇英集録》本校之，無大異同。惟以中郎碑陰題字著碑文之前，殊乖體例。又以「元嘉」爲「永嘉」，則巨謬也。又碑云「迎伍君」，「伍君」即子胥，《漢書·古今人表》「五參」、「五員」，字並作「五」，蓋古文《左氏》傳本如此。此碑故書亦作「五」，而蔡書易之。又晉以前無「花」字，此碑辭云「何悵花落，飄零早分」，「花」故書本作「華」，亦蔡氏所易，皆不講小學之過。娥爲巫家子，故碑載：「娥父盱能撫節安歌，婆娑樂神。漢安二年五月，迎五君，逆濤而上，爲水所淹。」以「婆娑」爲巫祝歌舞，實本《詩·陳風》齊、魯、韓三家義。《爾雅·釋言》亦釋「婆娑」爲舞，《漢書·地理志》云：「陳婦人尊貴，好祭祀用巫，故其俗好巫鬼。《陳詩》云：『坎其擊鼓，宛丘之下，無冬無夏，植其鷺羽。』又曰：『東門之枌，宛丘之栩，子仲之子，婆娑其下。』此其風也。」《潛夫論·浮侈》篇云：「《詩》刺『不績其麻，市也婆娑』，今多不修中饋，休其蠶織，而起學巫祝鼓舞事神，以欺誣細民，熒惑百姓。」並其證也。范書《列女傳》乃謂「盱於縣江泝濤迎婆娑神，溺死」。則似誤以「婆娑」爲神名。蓋六朝時毛學盛行，三家之義儒者多不習，故不知「婆娑」之古訓，遂不達度碑屬文之恉。蔚宗史才，方軌遷、固，迺有此謬，良足弞矣。

籀廎述林卷九

瑞安孫詒讓

記舊本穆天子傳目録

舊鈔本《穆天子傳》卷首荀勖敘前，有結銜五行：

侍中中書監光禄大夫濟北侯臣勖，

領中書令議郎上蔡伯臣嶠言部，

祕書主書令史譴勳給，「譴勳」似是令史姓名，然必有譌字。「勳」字書所無，疑當爲「勷」之誤。

祕書校書中郎張宙，

郎中傅瓚，校古文《穆天子傳》已記，疑當作「訖」，謹並第録。

明以來，刊本無此五行，惟舊鈔本有之。蓋猶西晉時校上之舊。漢劉向校定古書，目録皆屬於敘後，故司馬貞《史記索隱》引《穆天子傳》目録云：「傅瓚爲校書郎，與荀勖同校《穆天子傳》。」宋本高續古《史略》亦云：「郎中傅瓚，❶即師古注《漢書》所引臣瓚者也。」皆即指此敘首五行也。臣勖者，荀勖；臣嶠者，和嶠。孔穎達《左傳後敘》疏引王隱《晉書·束皙傳》云：「汲郡初得此書，表臧祕府，詔荀勖、和嶠，以隸字寫之。」新《晉書》束皙、和嶠傳並不云嶠與荀勖校竹書。此敘蓋勖、嶠二人同進，故稱臣而不箸姓。吴琯《古今逸史》，及近時洪筠軒校本所載敘，並止題「荀勖撰」，誤也。第四行「祕書校書」四字，統下傅瓚一行，張宙結銜稱「中

❶「傳」，原作「傅」，據《史略》改。

郎」，當爲「郎中」之誤，蓋張、傅二人同爲祕書校書郎中也。李林甫《唐六典》「祕書郎」注：「《晉起居注》云：『武帝遣祕書，圖書分爲甲乙景丁四部，使祕書郎中四人各掌一焉。』」《晉書》云：「左太沖爲《三都賦》，自以所見不博，求爲祕書郎中。」此所引乃十八家《晉書》，新《晉書·左思傳》則删去「中」字矣。宋氏除「中」字，據李説則晉曰「祕書郎中」，宋曰「祕書郎」，《索隱》引作「校書郎」者，娋文。新《晉書·職官志》祕書監屬官有丞有郎，則誤依劉宋官名除「中」字，非晉制也。此五行不徒可證《索隱》，并可證史文之誤，舊本書之可貴如此。

記印度麻

英吉利人傅蘭雅譯《化學衛生論》，紀五洲各種人所用醉藥，若酒烟之類甚悉，印度麻其一也。謂此麻土名巴撒拉斯，昔之撒剌森人，與今亞剌伯、土耳其、敘利亞人，多用之以助淫樂，古希臘詩家和馬之請已説採此草樂授人飲，❶可以消憂，其源流甚古。今回部人則燃火吸其菸，❷不僅爲飲料也。

攷元初西域人阿拉哀丁、阿塔蔑里克、志費尼箸書，紀元憲宗時滅木剌夷部事，稱其人善以麻葉醉人使迷，名其葉曰「哈施設」。又載北宋時其部酋多蓄刺客，集童子之悍者，諭以謨罕默德所云天堂福地之樂，既而醉以異釀，載入別舍，恣其所欲，以爲即天堂福地，身死魂升，於彼得受此樂，故

❶「請」，疑爲「詩」字之訛。
❷「回」，原作「四」，據上下文義改。

人皆樂爲效死。前使德國大臣洪侍郎鈞譯，其略如此。元劉郁《西使記》亦略紀木乃奚事，同以此證之。「哈施設」與「巴撒拉斯」音相近，蓋即印度麻也。木剌夷奉伊思馬哀耳教，亦祖謨罕默德，爲回教之别派。其部人居裏海東南諸山，與回部及突厥正相近，故今猶沿其遺俗。其强盛當北宋中葉，其時已盛行此麻，用以釀酒。今木剌夷種人久滅於元，而此俗猶相沿不絶。傅氏所記醉藥若高卡葉、罌粟之類，率起於晚近，而此麻獨見於希臘古詩，「哈施設」之名獨見於北宋時西域史諜，❶蓋異域醉藥之傳於前代者，此爲最古矣。傅氏紀此麻性質最詳，而不及「哈施設」之名，且不詳木剌夷部人之舊俗，附記之，以備攷西域風土者之助焉。

校正李文公集五木經

樗蒲五木玄白判，自注：「樗蒲，古戲其投有五，合其五投，並上玄下白，故曰玄白判。」厥二作雉，自注：「雉，鳥也。取二投於白，上刻爲鳥。」案此謂於五白上刻其二爲鳥，空其三不刻也。《集韻》六「至」云：「[扌屖]，樗蒲采名，通作『雉』。」蓋即「雉」之俗。背雉作牛。案：謂其刻爲鳥二投，背上並刻爲牛也。此亦於五黑上刻其二爲牛，空其三不刻。王采四：盧，白，雉，牛。自注：「王，貴也。」案：「牛」當爲「犢」，此涉上文而誤。甿采六：開，塞，塔，秃，撅，搡。自注：「甿，賤也。」全爲王，駁爲甿。皆玄曰盧，厥筴十六；皆白曰白，厥筴八；案：此王采不宜反少於開、塞，以敘次推之，

❶「獨」，中華本據文義改作「又」。

疑當作「十五」。雉二玄三曰雉，厥筴十四；牛三案：當作「二」。白三曰犢，厥筴十。案：疑當作「十三」。雉一牛二案：當爲「一」。白三曰開，厥筴十二；案「牛一」或爲「玄一」，亦屬此采。雉如開，厥餘皆玄曰塞，自注：如開各一。案：「雉」或爲「白」，亦屬此采。又注云「各一」，「各」疑當爲「亦」，若作「各」，則經「雉」下當有「牛」字，如開者言「雉牛亦各一」，如上也，但易「三白」爲「三玄」耳。厥筴十一；雉白各二玄一曰塔，厥筴五；案：「玄一」或爲「牛一」，亦屬此采。牛玄各二白一曰秃，厥筴四；案「白一」或爲「雉一」，亦屬此采。白三玄二曰撅，厥筴三；案：凡雉二白一牛一玄一，或雉二白一玄二，或雉一白二牛二，或雉一白二玄二，或雉一白二牛一玄一，或白一雉二牛二，或白三牛一玄一，皆屬此采。白二玄三曰〔扌梟〕，厥筴二。案：凡牛二玄一雉一白一，或牛二玄一白二，或牛一玄二雉二，或牛一玄二白二，或牛一玄二雉一白一，或玄一牛二雉二，或玄三雉一白一，皆屬此采。

右唐李翺《五木經》文百卌五，本注文卅四，見《李文公集》卷十八，明人叢書有別刻本，即從集鈔出，非別有單行本也。經注譌奪不相應，嘗見校宋本已如是，蓋讀者以其近戲，不甚究心也。今以意略爲勘正。所載樗蒲投采貴賤甚詳，足見古博戲之遺法。經列王采四，一盧，二白，三雉，四牛。攷《晉書·劉毅傳》：「毅於東府聚樗蒲，一判應至數百萬。餘人並黑犢以還，唯劉裕及毅在後。毅次擲得雉，大喜，褰衣繞牀，叫謂同坐曰：『非不能盧，不事此耳。』裕惡之，因挼五木，久之，曰：『老兄試爲卿答。』既而四子俱黑，其一子轉躍未定，裕厲聲喝之，即成盧焉。」以此經考之，劉裕擲得盧，王采第一，劉毅擲得雉，王采第三，但劉毅云：「非不能盧，不事此耳！」審其語氣，似雉之上貴采唯有盧，故毅以此自矜。竊疑彼所謂「雉」，即此「五白」，實爲王采第二，晉唐語異，「白」與「雉」或互易耳。又「餘人黑犢以還」，「犢」即王采第四，惟無所謂「黑」者，「黑」疑即甿采第二之「塞」，或第四之「秃」，蓋樗蒲采自盧爲五玄外，惟塞爲三玄一牛一雉，秃爲二玄二牛一白，（「牛」亦黑色。）黑最多，故亦謂之「黑」與？五木猶今之投子，（「投」，俗作「骰」。）但古刻木爲之，其二黑爲雉，二白爲牛，空其三不刻，今刻骨爲之，而以一至六紀數。又古貴盧，今貴紅，其制絶異耳。博戲權輿烏曹，遠在周秦以前。唐時所傳樗蒲，猶近古習之，韓門高弟，亦復爲此雅戲。今古法久亡，問以盧雉貴賤，類莫能辨識，唯藉此篇，猶見其大較，故爲正其譌字，聊爲耆古者塵羹土飯之戲爾。

記元管軍上百户銅印

壽州官舍，掘地得殘骸，旁有古銅印一。蓋前代官吏之死於兵者，藁葬于此，印其所殉也。知州施照之幼子得之，以爲珍玩。同治甲子春，家大人攝分巡盧、鳳，以襄喬撫軍營務，暫駐壽州。余隨侍官齋，介友人易得之。印文爲蒙古字七，印背鑱漢文十六，右曰「管軍上百户之印」，左曰「大德元年中書禮部造」。攷《元史·百官志上》：「百户所百户二員，蒙古一員，漢人一員，俱六品銀牌。」即此官也。其曰「管軍」者，《元志》載諸路萬户、府上萬户、管軍七千之上，遞減至下千户，管軍三百之上，而不載上百户管軍之數，蓋當在三百以下矣。《元志》又云：「禮部鑄印局掌凡刻印、銷印之事。」故此亦云「中書禮部造」也。馮氏《金索》載元萬户印，寒公萬户之印，及益都管軍千户建字號之印，並漢篆。此獨用蒙古字，推測其故，疑上百户二員，蒙古與漢人並用，印亦有蒙古字及漢文之異與？

《元史》蕪陋，不載鑄印法式，此足以補其闕，故備記之。

記彝器款識黼黻文

《書・咎繇謨》十二章，《周禮》畫繢五章，咸有黼黻，故《爾雅・釋言》云：❶「黼、黻，彰也。」又《釋器》云：「斧謂之黼。」郭注云：「黼文如斧，黻文如兩已相背。」《書・益稷》僞孔傳云：❷「黼若斧形也，黻爲兩已相背。」邢疏引孫炎《爾雅注》亦云：❸「黼文如斧形，蓋半白半黑，似斧刃白而身黑。黻謂刺繡，❹爲己字相背，以青黑線繡。❺」三説略同，蓋起於魏晉之世。而《漢書・韋賢傳》顔注則云：「紱畫爲亞文，亞，古弗字也。」其説與古不同。阮文達《鐘鼎款識》據顔説謂「亞」當爲「亞」，云古畫黻作「亞」形，明兩弓相背，非兩己相背也。兩弓相背，義取于物，與斧同類。「兩己」之「己」何物邪？得非兩弓相沿之誤與？《漢書注》語必有師傳，非師古所創。近陳恭甫、郝蘭皋並從之，其説甚塙。

蓋金文凡作「亞」字者，即古之黻文。所謂兩弓相背者，筆畫相連，從衡屈曲，象

❶「言」，原作「詁」，據《爾雅》改。
❷「益」，原作「禹」，據《尚書》改。
❸「邢」，原作「孔」，《爾雅》為邢昺疏證，故改。
❹「黻」，原作「黼」，據《爾雅注疏》改。
❺「以青黑線」，依今《爾雅注疏》，當在「黻謂」之下。

弓體之往來，非真畫爲弓形也。以此推之，古文章以黼黻爲最重。金文「亞」形甚多，不宜唯有黻而無黼。竊謂金文有爲「非」形者，宋人皆釋爲「析」字，其文亦恒見，殆即黼文也。何以言之？凡斧皆一刃，旁出而爲銎，以著柯。今古銅斧有存者，尚可見其大略。詳程瑶田《通蓺録》。蓋畫斧之形本爲「十」，今所見虢季子白盤「戉」字作「戉」，斧、戉形略相類。篆文約略寫之，則爲「H」，或趨便省之，則爲「ㄐ」，更省之則爲「丅」。是其曲畫上下出者即刃也，直畫旁豎者即柯也。「工」者上下各一斧，同柯連理。合「工」爲「非」，則成四斧，猶之「亞」字左右二弓直形相背，上下兩「工」横弓形亦相背。然則「亞」雖云兩弓，而從衡通其僢而同氏，亦可謂之四弓，是「非」爲四斧，「亞」爲四弓，其比例正同也。且古尊彝盤盂之屬，外容突爲華紋，亦多爲「非」、「亞」兩形詰屈蟠互，迻錯滿體。今人謂之蟠螭、雲回形，諦審之，内皆函無數「非」、「亞」文，足徵諸章中此爲最重，而其用亦尤廣至冕服九章。今所見金文或爲山文、龍文、藻文，宗彝文與服章大略相同，則「非」、「亞」之即爲「黼」、「黻」，亦可互證。後人不寤，乃以「亞」爲「亞」、以「非」爲「析」，於形義咸無所取。惟阮氏知「亞」爲兩弓形，深得黻之象義，而尚未知「非」之即爲兩斧形。謹據金文比例推定之，世有治古文篆籀之學者，或當以爲不繆乎？

記漢趙緁伃印繆篆

右漢緁伃妾趙玉印，汳宋時王詵始得之，定爲趙飛燕物。元時曾弆顧阿瑛金粟山房，明嘉靖閒入嚴分宜家，後迭臧項子京天籟閣、錫山華氏真賞齋、李日華六研齋。國朝乾隆閒，爲錢塘何夢華文學所得，後歸仁和龔定菴禮部、道州何子貞編修，今臧南海潘氏海山仙館，其源流最古。此本即夢華手拓以詒青田端木太鶴舍人者，有舍人手跋并録櫝閒李日華題識附於後。余頃從舍人家購得之，何拓渠眉明嫿，舍人書亦絶遒雅，良足寶翫。

攷「緁伃」，《説文》人部作「倢伃」，《漢書・外戚傳》作「婕妤」，此印「倢」作「緁」，爲同聲叚借，「伃」則用正字，舍人跋作「緁妤」，蓋偶筆誤。印文篆勢絶奇，瑑畫閒多增羨鉤析，蟠遣詰屈，不主故常。「緁」右旁「疌」从「屮」，爲左右互相拘絞形。「妾」中从「干」，亦如是作。「伃」左旁「人」外綴鈕鼻形二，而內爲絲文褱纏之者三，右旁「予」內上耑亦爲鈕鼻形一。而「趙」字右从「𧺆」，今易「夭」爲「女」；右从「肖」，綴鈕鼻形二；又於「止」、「肖」二形閒鏤小空如鳥首者三，而鐵其標以象喙，尤爲詭異。校之周秦彝器及兩京鏡洗諸文，咸無此體，斯亦奇矣。攷《漢書・藝文志》及許君《説文敘》，紀秦書八體，五曰摹印，而亡新甄豐校定六書，則弟五爲繆篆，班、許並謂「所以摹印」，明秦之摹印亦即用繆篆。段若膺謂「繆」當讀「綢繆」之「繆」，是秦漢璽印文字當自爲一體，謂之繆篆者，取其緐縟糾屈，以檢奸僞而輔信，用義固各有當也。然漢尉律亦試八體，而今世所存漢印甚多，文率簡省樸拙。即周秦古璽，文多作「鉩」，或作「𡊄」，或又省作「尒」。閒有存者，雖與古文微異，要亦甚簡易，絶無爲繆篆者。唯此印文特緐詭，深合綢繆之義。而「趙」作鳥形，則又兼秦八體之蟲書，亡新六書所謂鳥蟲書者。宋薛尚功所摹秦璽文亦蟠屈爲蟲鳥形，蓋繆篆體勢本如是。秦璽始皇所制，極刮摩追琢之精，固宜用摹印正體。此雖私印，然宫闈珍祕，必尚方巧匠所爲，亦當不違尉律。至漢時公私印章，則鑄冶緐夥，率出流俗，書史捨難趣便，應時取辦，自不遑以綢繆爲工，無足異也。

彝器古文率多簡約，而王楚、薛尚功所摹商鐘，及今所見吴季子之子逞銅劒文，亦有類此者。竊意繆篆實權輿於三代，或尚《周官》掌節符璽之遺型，而李斯、程邈諸人損益用之，其書亦自有義例，非苟爲增益點畫，以示别異者。故秦八體既垂令甲，兩漢學僮猶相傳習。世代緜遠，舊文亡佚，八體署書、殳書之等，今遂不復見。唯摹印繆篆藉此印及秦璽存其辜較，固足珍爾。至王晉卿屬之飛燕，近人又或疑爲鉤弋，咸肊定無徵。而文士耆奇佞古，輒相附和，遽以絶代茖華，矜慕芳豔。豈知其文字之實爲繆篆之嫡傳，固不藉鉤弋、飛燕爲珍重乎！

劉恭甫墓表

群經義疏之學，莫盛於六朝，皇、熊、沈、劉之倫，著録緐夥。至唐孔沖遠修訂《五經正義》，賈、元、徐、楊諸家賡續有作，遂徧諸經。百川洄注，瀦爲淵海，信經學之極軌也。南宋以後，説經者好逞臆説，以奪舊詁，義疏之學瓛然中絶者，逾五百年。及聖清御宇，經術大昌，於是鴻達之儒，復理兹學，諸經新疏，更迭而出。或更張舊釋，補闕匡違，若邵氏、郝氏之《爾雅》，焦氏之《孟子》，胡氏之《儀禮》，陳氏之《毛詩》，劉氏之《論語》，陳氏之《公羊》是也。或甄撰佚詁，宣究微學，若孫氏之《尚書》是也。或最栝古義，疏注兼修，若惠氏之《周易》、江氏之《尚書》是也。諸家之書，例精而義博，往往出皇、孔、賈、元諸舊疏之上。蓋貞觀修書，多沿南學，牽於時制，別擇未精。《易》則宗輔嗣而祧鄭、虞，《左氏》則尊征南而擯賈、服，《尚書》則崇信枚、姚，使伏、孔今古文之學并亡，厥咎郅鉅。加以義尚墨守，例不破注，遇有舛互，曲爲彌縫。沖遠五經，各尊其注，兩不相謀，遂成違伐。若斯之類，尤未先愜。❶而近儒新疏，則扶微攟佚，必以漢詁爲宗，且義證宏通，注有回穴，輒爲理董。斯皆非六朝、唐人所能及。叔明疏陋，邵武誣僞，尤不足論。然則言經學者，莫盛於義疏，爲義疏者，尤莫善於乾嘉諸儒，後有作者，莫能尚已！

嘉慶之季，爲義疏之學者，又有劉先生孟瞻治《春秋左氏傳》，謂鄭、賈、服三君古義，久爲杜氏所晦蝕，孔疏不能辨也，乃鉤稽三君佚注，精校詳釋，依孫氏《尚書疏》例，爲《左氏疏證》。凡杜、孔所排擊者，糾正之，乾没者，表箸之。草創四十年，《長編》裒然。《疏證》則僅寫定一卷，而先生遽卒。其子伯山先生繼其業，亦未究而卒。伯山先生長子恭甫知縣，紹明家學，志尚閎遠，念三世之學未有成書，創立程限，鋭志孯纂，屬稿至襄公四年，而恭甫又卒。千秋大業，虧於一簣，斯尤學人所爲絫欷而不釋者已。

恭甫名壽曾，世爲揚州儀徵人。曾祖

❶「先」，中華本所引稿本作「久」。然據文義，或為「允」字之譌。

錫瑜，國子監生。祖文淇，優貢生，候選訓導，即孟瞻先生。父毓崧，優貢生，薦舉八旂官學教習，即伯山先生。配李宜人，子一師蒼。恭甫少穎，特工文章，長承庭誥，遂通許、鄭之學。資材開敏，行誼純篤，事繼母黄以孝聞；姑適田嫠而貧，歿，爲經紀其喪，又謀所以恤其孤。皆人所難能者。湘鄉曾文正公開府江寧，重其學行，延入書局，所校刊書史多精善。同治甲子，光緒丙子，兩充江南鄉試副榜貢生，既不得第，乃以佐戎幕保舉知縣，加同知銜，非其志也。體素充實，既顓精《左》疏，而兼治局書校讎文字之役，❶精力耗損，猶不自已。光緒辛巳秋，❷由江寧返揚州，遘微疾，竟卒，年止四十有五。謂非經生之戹運與！

同治中，詒讓侍親江寧，始得識恭甫。於時大江南北方聞之士，總萃於是。寶應劉君叔俛，方繼成其父楚楨先生《論語正義》，甘泉梅君延祖，治《穀梁》亦爲義疏，而恭甫治《左氏》爲尤精。詒讓佝瞀不學，幸獲從諸君子之後，亦復希光企景，儗重疏《周官》，以拾賈氏之遺闕。閒有疑滯，輒相與商榷，必得當乃已。曾不數年，蹤跡四散。詒讓既南歸，叔俛主講鄂中，其書甫刻成而卒，梅君書僅成《長編》數卷，亦卒。二君之亡，恭甫輒馳書相告，愴師友之彫謝，怵大業之難成，若有不能釋然者。其卒之前兩月，猶詒書詢笠轂疑義，詒讓爲據《考工》輪轂度數，考定其説以復之。恭甫得之，則大喜，報書謂編《左疏》已至襄公，而以早成《周官疏》爲勉。方歎恭甫勤敏，其

❶「局書」，似當乙正爲「書局」。

❷「辛巳」，中華本所引稿本作「壬午」。

書旦暮且有定本，自顧庸窳，《六官疏》未及半，深恐不能速成，以副良友之望。而孰知恭甫之遽止於斯乎！

恭甫所著書，自《左疏》外，有《傳雅堂集》若干卷，又著《昏禮重别論駁議》，則因伯山先生之緒論而申證之者。其在書局，分校《南北史》，則有校義集平之作。在江寧從李大理聯琇遊，則有臨川答問之作。論文好包氏《文譜》，又爲之類釋，書率精博可傳。其它分纂，地志尤夥，以非其學業之大者，故不復論。獨論其《左疏》，以見三世經業垂成而不克者爲可惜也。

筭策櫝銘

緊古造文，筭維弄竹，一握六觚，代遠悠繆。宣城休寧，甄微廣學，作兹籌策。斡數之軸，從衡參午，乘除盈朒，明示以沶，用昭佝瞀，常弄不誤。洨長所勖，九章四元，庶究蓺隩。

又：

九九之策，數究天地。三統四分，惟古憲是肄。

銅矩銘

涅銅爲矩，其方周尺三寸六分，其方以其一爲之厚。陽爲《周髀》積矩、句股、徑隅之數，五五二十有五。陰爲圓規，其徑三寸，其圍九寸四分弱，祖沖之密率之數也。依圜徑求周密率，圜徑一，周三一四一五九二七，此徑三寸，周當爲九寸四分二釐四豪七杪七忽有奇，釐豪以下差數微眇，不能鏤刻，故略之。交午畫之，達於四維，以識《考工》倨句宣、欘柯、磬折之形。孫卿書曰：「五寸之矩，盡天下之方。」茲矩不及五寸，而方圓形埒之數備焉。於以制器明象，稽覈經義，厥用甚宏，乃繫之銘以頌之。

商高之經，首明積矩，旁要互乘，開方五五。右方矩。

圓出於方，雜而不越。徑圍互求，密率可絜。弦觚參五，倨句磬折。右圓規。

四代尺銘

布指知寸，布手知尺。積爲尋丈用無斁，持■《周髀》疑渙釋。❶右周尺。

惟漢之尺，今不及咫。元延建初，厥制無佹。右漢慮俿尺。

李從胡橫，絫黍紛訛。記此程品，用攷厥差。右宋三司布帛尺。

惟正度衷于聖，用攷工永作程。右工部營造尺。

研銘三首

江寧玄武湖濱出古甓，旁文六，曰：「富且貴，至萬世。」耑文二，曰：「富貴。」篆法方雅，蓋漢物也。友人以一甴爲贈，迺使工琢爲研，而爲之銘：

富貴浮雲，孰云萬世。惟聖垂經，億載不敝。

富貴殘專研銘研爲三角形，圓其中爲研凹。

句股弦，中容圜。甓雖缺，用則全。用

❶「持」下墨丁，中華本作「斠」。

布算，求天元。

瀏陽菊花石，湘中奇産也。曩讀譚瀏陽《菊花石研銘》七章，文采煒若，秋褎淒然，龔生玉碎，心竊悕之。光緒癸卯閏月，湘鄉劉吉園總戎祥勝，以所藏研一方見詒，秋英五朵，宛如寫生，宜乎昔賢之愛玩不置也。奇石一拳，傳書千古，夷惠異趣，何閒曩哲。因反譚君銘，意爲豪語以自遣。張老善頌，竊比瑤英之長芳；揚子反騷，兼幸茖蘇之有託爾。

海枯石爛華不朽，秋英的皪散敳鞋，與我作研勝鼇臼。禮堂寫定長壽考，揮拓日精發墨守。

商周金文拓本題詞

光緒初元，余得漢陽葉氏金文拓本二百種，有龔定菴禮部攷釋題字，信足寶也。因檢匧中藏拓本二百餘種益之，莊成四巨册，因題百廿八字於册首。❶

六籍秦灰，吉金不汩。倉簡籀緐，粲乎瑑畫。蘄壽綽綰，偁伐蔑厤。義禪汶帹，祕甄王薛。幼習奇觚，長窺寶鬲。目誦手橅，思誤爲適。氈蠟傳迻，莊池什襲。匪云玩物，良慙探賾。

謝奧宋謝天申先生贊

宋謝闍門天申先生，爲程門高弟，事略見朱子《伊洛淵原録》及黃南雷《宋元學案》。先生舊居瑞安二十四都謝奧，迄今苗裔蕃盛，猶能守其祠墓，蓋其遺澤遠

❶「百廿八字」，案所録題詞僅六十四字。

矣。光緒戊戌，其裔孫錫佩屬爲贊，將以刊其墓隧，敬書四十八字，用識景行之忱焉。

緊維先生，邁德元豐。道南承統，伊雒是宗。指撢誠敬，經闡學庸。周許同調，楊尹齊踪。《𡿺原》箸録，考亭折衷。穹碑幽隧，永式高風。

永嘉郡記集本敘

《永嘉郡記》者，劉宋鄭緝之之所撰也。時則距太寧郡府之開，未盈百祀，紬永初山川之記，奄稡廿州。鄭君以澹雅之才，斐然有作，吾鄉圖牒，斯其權輿。雖復陸、任地理之鈔佚而無攷，隋、唐經籍之志闕而未録，然而劉玄靖之箋《世説》，徵系諜于琅邪，賈高陽之輯《農術》，紀箟筍于竹箭，諏古辨物，咸資取證。是則南北之際，傳播殊廣，凡在閎達，靡不綜涉，故知援據之夥頤由于紀述之𡿺雅矣。天水以後，傳帙既亡，地學之儒，甄録尚衆，或偁「永嘉地記」，或偁「永嘉記」，「記」亦作「志」，斯並文偶媘易，誼相通叚，楬署任情，討覈匪要。其「栝林水」一條，樂史所引，又題「謝靈運永嘉記」，尋檢它書，悉無茲目。今案謝公以景平踐阼，永嘉作守，覽陟無閒，文藻斯盛。赤石翫勝，帆海標其高詠，地肺撢幽，名山箸其遊志。若此遺文，每同斯記，則宜黄所述不爲無徵。或二君並時，各垂纂製，或三寫成誤，繆題甲乙，未可知也。

鄭君述造頗多，而名德弗曜。沈書、李史，姓字蓋闕，惟《隋志》有《孝子傳》十卷，《唐志》作《孝子傳讚》。云「宋員外郎鄭緝之撰」，官秩所至，略可攷見。《唐志》又載其《東陽記》一卷，然則其爲二郡作記，或由游宦所至，抑即箸籍在兹，編素俄空，尤難肊定已。今讀其書，敘載翔實，雖復㭊佚之餘，劣存百一，而肇典午之渡江，還彭城之膺籙，舊聞隊記，猶見崒較，揚摧□善，❶可得而言。

原蠶之禁，箸于《周官》，荐再之訓，徵諸《爾雅》，自舍人述注，沾二虫之形，丁度撰韻，叚蛇醫之字，異文寖孳，左譣蓋寡。而此記永嘉八蠶，厥有蚖珍。岐海方言，既遠符于經誼，逌人代語，復廣證于字書，其善一也。樂成故縣，肇建金行，劉昫《唐書》，別爲「城」字，曩讀李、李吉甫《元和郡縣圖志》舊寫本及孫氏星衍校刊本並作「城」，聚珍板本則已改作「成」矣。樂樂史《太平寰宇記》。輿地之帙，杜、杜佑《通典·州郡門》。馬馬端臨《通攷·輿地攷》。通類之書，昌黎、路應之碑，襄陽、永嘉之什，並相符合。輒有然疑，而此記佚文亦多同劉氏。斯知「成」、「城」兩通，未容專固。例之寃句侯國，不能執太史而斥班書。朐忍縣名，固難信徐鉉而疑闕記。寧康方州之籍，雖云無徵，開運詔定之編，蓋知非誤。孤文未蝕，足讎舊史，其善二也。

甌維古國，因水箸偁，商漚、周歐，主名無改。而桑、酈古笈，未詳漸水之東，黄、齊今經，靡究漢亭之蹟，緜古茫昧，津逮罕聞，里俗承譌，采聲罔實，遂以栝谿之支委，淆甌江之專名。亦若漢經大別，繆仞□□之山，❷泲絶河東，猥引贊皇之水，沿流忘原，誤莫甚焉。此記則云：「甌水出永寧山，行三十餘里，去郡城五里入江。」觴原既顯，流別斯分，砭俗匡違，厥益郅鉅，其善三也。

❶「摧」下留白，中華本所引稿本作「厥」。
❷「仞」下二留白，中華本所引稿本作「翼際」。

雁蕩靈嶽，雄峙南戒。斤竹越嶺，蓋知康樂之已窺，玉清伐材，迺騰沈括之妄説。而囿儒耳學，競相附和，即有疑難，未得折衷。此記有云：「樂城縣三京亭，是送行人之所。」❶其地即今之照膽谿是也。斯則軷道所出，無殊九達之馗，神秀蚤彰，迺在六朝以上。夢谿之疑，不言可喻。其善四也。

至于里聚廢遷，陵谷迻改，誦訓失官，履絢無紀。嶃岑千里，終迷西隗之峰，神岦九回，久沈硯谿之石。多藉玆編，略識名阯。徒以楲見群籍，艱于㝵覽，俗記剽寫，譌奪百耑。國朝姚安陶珽，蓋嘗略采一二，羼箸《説郛》，此非陶宗儀元本，余于同年生黄巖王君蜺處見汲古閣寫本《説郛》七十卷，乃未經增改者，内無《永嘉郡記》，則爲陶珽所增無疑。其所輯，膠膠數條，既不晐葡，又不注出處，譌奪甚多，今亦不復葡校。既未富于鉤甄，亦□詳于萌柢，❷偶涉攷覽，輒爲歎息。爰竭謏聞，重爲茵輯，目誦所及，攟摭略葡，錐指有得，申證頗衆，所采之書，以宋元以前爲斷，至明以後書，惟據顧祖禹《讀史方輿紀要》録「帆游山」一條，以它書别無所見。宛谿精博，必有依據。且王象之《輿地紀勝》其時尚有完本，宛谿所引，或出彼書也。至于郡縣地志及流俗類書，展轉裨販，悉不足憑，文句異同，亦不復校。凡五十餘條，定箸爲一卷，放《東陽記》也。

吾郡文獻宋膠，圖記悠繆。詒讓嘗事孯校，刊厥舛牾，覬得舊經，用資參檢。而宋元諸志陯隊，遂等于邱墳。齊梁以前，闇曶迺同于巢燧，補闕拾遺，僅此朔臏，瓴壁零璣，彌足珍貴。屠維大荒，校集粗竟，臧匧十載，重爲理董，聊付殺青，貽之方來，庶幾神帆仙石，勼絶代之殊聞，蠣嶼魚倉，葡

❶「是」下，中華本所引孫延釗校本有「祖」字。
❷「亦」下留白，中華本作「罔」字，可從。

職方之典録云爾。

光緒四年，歲陽在箸雍，陰在攝提格，厲皋之月，望日甲子，瑞安孫詒讓書於江寧之瞻園。

温州經籍志敘例

郡邑之志經籍者，蓋土訓之駢枝，書録之流裔也。《關東風俗》之傳，墳籍成篇。北周宋孝王《關東風俗傳》有《墳籍志》，見劉知幾《史通·書志》篇。嘉泰會稽之志，遺書有録。方志書目，此其蘿蘥，元明舊記，多沿兹作。厥後撰箸漸緐，紀載難悉，遂掰專志，别帙單行。簿録之體，不淆釋地徵文之例，斯爲宏焉。地志書目别爲專書，不知始于何時。黄虞稷《千頃堂書目》十，有祁承㸁《兩浙箸作攷》四十六卷、曹學佺《蜀中箸作記》十卷。周天錫《慎江文徵》三十八，載明永嘉姜準亦有《東嘉書目攷》，諸書均不傳，無由知其體例。洪亮吉《更生齋甲集》三，有邢澍全《秦執文録敘》，偁其書仿歷史《執文志》而參以《經義攷》之例，今亦未見其書。温州自唐以來，魁儒瑋學，纂述斐然。而圖經所載，廑具書名，不詳崖略。疏扇踳謬，孳討靡資。❶惟《嘉慶平陽縣志》、《道光樂清縣志》經籍一門，略存敘跋，湯成烈《咸豐永嘉縣志稿》，體裁淵雅，其《執文録》全用朱氏《經義攷》之例，❷然所紀者止于一縣，且永嘉諸儒遺書，湯多未見，故亦未能詳蒐。今特爲補輯，勒成斯編。❸觕存辜較，兼拾闕遺。匪敢謂梓桑文籍盡蒐于斯，然唐宋而後，嘉道以前，凡人尚存者，箸述不收，謹遵《四庫總目》例也。耳目所及者，亦略具矣。

中壘校書，是有《别録》，釋名辨類，厥

❶「靡」，原作「靡」，據刊本《温州經籍志》改。

❷「攷」，原作留白，據刊本《温州經籍志》補。

❸「勒」，原作留白，據刊本《温州經籍志》補。

體綦詳。後世公私書録，率有解題，自汲宋之《崇文》，逮熙朝之《四庫》，目誦所及，殆數十家，大都緐簡攸殊，而軌轍不異。至於篇題之下，昚迻敘跋，目録之外，采證群書，《通攷》經籍一門，實剏兹例。朱氏《經義攷》，祖述馬書，益恢郛郭。觀其擇撢群埶，研覈臧否，信校讎之總匯，攷鏡之淵椒也。此書之作意，存晐荀故，輒遠軌鄱陽，近宗季水，庶廣甄録，用備攷稽。

劉《略》班《埶》，類分以六。厥後荀勖剏四部之名，王儉樹七志之目，分別部居，雜而不越。勝朝地志所紀埶文，多以人次，此例亦不知昉于何書，宋高似孫《剡録》載戴、阮、王、謝四家箸述，各以族姓相次，又與此不同。義類紛舛，實乖史裁。蓋經埶異軌，史子殊原，不有區分，曷資參證。故此編分類，一遵四部。至于子目分合，古録多殊，惟乾隆《四庫總目》辨析最精，配隸尤當。今之編纂，實奉爲圭臬焉。《總目》所分子目，其書或温州箸述所無者，則依孫星衍《廉石居臧書記》例，標曰「某類無」。

目録之別存佚，自唐釋智昇《開元釋教録》始也。朱氏沿厥舊規，增成四目。存佚之外，有曰闕者，篇簡俄空，世無完帙也。有曰未見者，弆臧未絶，購覛則難也。四者昈分，實便檢斠。然存闕並憑目譣，不慮譌踳，惟未見與佚雖箸有無，足爲左契，而時代遷易，未可刻舟。朱書之例，原始明代，迄于國初，志録所收，若偶未見，並不注佚。今去朱氏幾二百年，上溯勝朝，尤爲遼邈，豈無瑋篇珍帙，晦而復顯，昔難尋購，今則通行？而隱祕之書，湮没已久，傳播殆絶，無事存疑。故此編未見之書，所據臧目，斷自昭代，❶明人所紀，並入佚科。凡明時有刊本者，雖國朝諸目未經箸録，亦注「未見」。又黄氏《千頃堂書目》所收明人書至博，然多存虚目，不必真有臧本，故雖時代匪遥，其不詳卷帙者，並注曰「佚」。更有書匪目覩而傳帙塙存者，如《四庫全書》庋儲，天府釋、道兩家，各有專臧，釋書據雍正中臧經館所刊《龍臧彙記》，道書據明《白雲霽道臧目録》，詳注。不必經覽，即定爲存。分別觀之，是在鴻博。

網羅放失，有異鑒臧，❷書不盡存，目宜徵實。唐修《五代經籍志》，坿注亡書，悉據梁有。「梁有」者，阮孝緒《七録》所有也。朱氏《經義攷》所紀卷數，多援史志，實事求是，此爲精例。是編廣意蒐尋，必求審諦。凡隱篇祕笈久無傳本者，苟箸在前録，悉注行閒，書目所無，別據它書録入者，亦注所出之書。其據《萬厤温州府志》、《雍正浙江通志》及近時府縣志録者，見《明志》則不注近志，見《通志》則不注府縣志，以省緐冗。書名卷帙，校覈異同，並放此。用楬采摭之本原，且證踰佚之時代。其見存舊帙，紀述稠疊，博引緐偁，有類旒綴然。如經籍、埶文，史家專志，鼂、陳、鄭、馬儲臧古目，以及乾隆四庫提全書之綱要，晉江、千頃稡五史之闕文，《千頃堂書目》原本實《明史·埶文志》稿，見朱彝尊《明詩綜》八十九及盧文弨《抱經堂文集》七，其所載書，較官撰《明史》更爲精博。至每類後所附宋、遼、金、元人書，則又以補四史之闕略，故雖出近代，實目録家要帙也。並鈐鍵埶林，津逮文苑。凡卷帙異同，流傳廣狹，是實足徵，不宜從略。故今凡遇此諸目所收，無論存亡，並爲詳注也。《宋志》所無者，取倪燦《補志》，《元史》無埶文志，亦取錢大昕《補志》。趙希弁《讀書附志》本附鼂《志》之後，今亦與鼂《志》一律録入。

❶「自」，原作「目」，據刊本《温州經籍志》改。

❷「鑒」，原作「覽」，據刊本《温州經籍志》改。

古書流傳寖遠，遞更鈔梓，名淆于婁刻，卷異于重編，苟不辨其原流，將至展卷茫昧。此志于見存之書，標題卷數悉遵舊本。其有新刊重定，篇第差互，則附注下方，使先後昭晰，優劣粲然。至于亡編逸籍，敘録多嶅，媘易分并，尤難鉤核。今則據舊目以溯厥初，證群籍以廣其異。名期從朔，卷必徵全，附斠駮文，用資攷覈。

彭城《史通》，首論限斷。地志書目，蓋亦宜然。世俗崇飾人文，恒多叚借。總其凡冣，厥有二耑，一曰僑寄，一曰依託。蓋郡邑之人，遷徙無常，父子之閒，籍貫頓異。如不有畛域，則一卷之中，人殊燕越，體例蕪雜，不足取信。此編所收文籍，區別特嚴。大抵自内出者，録父而删子，如經部録葉味道《儀禮解》，而子部不録葉采《近思録注》之類。以父尚温産，子則異籍也。自外入者，録子而缺父，如集部録徐璣《二薇亭詩》，而經部不録徐定《春秋解》之類。以子已土箸，父猶寓公也。至如僞作新編，嫁名前哲，孯究既難，采録宜審。今凡遇鈔迻舊籍，塙有主名，如鄭景望《蒙齋筆談》即鈔葉夢得《巖下放言》僞作之類。並搜厥根荄，概從芟發。其有書非襲舊，人實傳疑，如《周禮詳説》題王十朋之類。則姑爲綴録，以竢參定。凡此諸類，舊存今削者，更加疏證，別爲辨誤。庶知刊劖有由，異于逞肊棄取。其郡縣志未載而它書誤題温州人者，亦附辨之，恐後人不攷，誤據以補入也。

敘跋之文，雅俗雜糅。宋元古帙，傳播浸希，自非繆悠，悉付掌録。明氏以來，略區存汰，大氐原流綜悉，有資攷校，義旨閎眇，足共誦覽，凡此二者，並爲攟采。或有晉士剿剽，雅馴既少，書林衒鬻，題綴猥多，則廑存凡目，用歸簡要。張氏《臧書志》于習見之書序跋，皆廑存目，今略放其例。若編帙既亡，孤文廑在，則縱有疵纇，不廢迻謄。復以馬、朱兩《攷》，凡録舊文，不詳典據，沾婼塗竄，每異本書，偶涉讐勘，輒滋棼牾。今亦依張《志》之例，凡舊編具在者，並迻寫元文，不削一字，年月繫銜，亦仍其舊。凡敘跋文字從他書采入者，並依朱《考》，於文首楬著某某敘跋，其據本書甄録者，既備載全文，則姓名已具，故不復冠以某某敘跋之類，亦張氏《臧書志》例也。其有名作孤行，楙徵它籍者，則葡楬根柢，並箸卷篇，庶使覽者得以討原，不難覆檢。至于辨證之語，刺剟叢殘，實難稽覈，朱《考》概標其曰，尤爲疏略，今則直冠書名，用懲肊造。謝啟昆《小學攷》已有此例，特此書名之下兼及卷數，與彼小異耳。有刪無改，亦殊專輒。

禄利興而經義濫，風俗敝而小説滋。剬緝埶文，別裁宜審。而《千頃書目》坿制舉于總集，《百川書志》入傳奇于別史，榛楛勿翦，宏達所嗤。此編蒐羅務廣，甄擇特嚴。凡此兩門，雖古帙流傳，輒從刪汰，若高明《琵琶記》、項喬《義則》、劉康祉《四書孤嶼草》之類，今並不收。庶使野言佹説不淆文史。至于譜諜一類，古志例收。然隋唐以前，崇尚氏族，斜上旁行，悉登官簿。自譜學陊廢，私書緐雜，前刱後修，此分彼合，篇帙日增，不可殫究，故《四庫總目》不立此目，分韻編姓，帙坿類書。舊志于家諜，閒登一二，今並削之。

詔定官書，雜成衆手，史志所箸撰人，或惟主監修，或廑題經進，理無專屬，達例未聞，況復斷地爲書，方隅攸限。凡在兹科，宜從蓋闕。至於游宦名賢，實多載述。如緝之《郡記》，開編譜之閎規，子温《橘録》，萃永嘉之珍産，攷徵所藉，捊輯須詳。然主客之閒，當有畛域，而温州舊志，並與本郡箸述相厠，尤爲無例。今别録爲外編一卷，以爲蒐討舊聞之助。

兩漢經儒，學有命氏，劉、班所載，師法焯然。朱《攷》凡所標楬，以氏繫名，例雖刱立，意則同貫。此編所紀，不盡詁經之書，竊取敬鄉之義，故所稱述，並沿朱例。至朱《攷》薈稡群書，雖區世代，然不標明，易滋淆舛。今各加識别，俾尋覽憭如。一代之人，或有先後，則並據科第生卒之年，略爲排比。《千頃堂書目》别集一類，悉以科第先後分别箸録，然鄉解與會試，錯出無緒，遂多緟復。今悉依舉人題名爲次，庶可較若畫一。至《雍正通志》及萬厤、乾隆二《府志》，選舉一門，科榜先後，每多乖異，則並依《萬厤府志》爲正。諸貢及無科第者，並約其時代，坿於其後。其有義士逸民，身遘易姓，苟節崇肥遯，則仍係故朝，若宋林景熙、元朱希晦之類。謹遵《四庫總目》例也。至于姓氏久湮，事實不箸者，則坿一代之末，用竢攷定，再爲敘次。

寫録之次，馬、朱互異。貴與殫心舊録，故敘跋繫晁、陳之後。錫鬯博綜佚聞，則傳狀冠志目之前。凡此科條，未爲允協。今之寫定，輒爲更張。大抵每書之下，敘跋爲首，目録次之，評議之語又其次也。其有遺事叢談，略綴一二。苟地志已具，則無貴緐徵。凡通志、府縣志有傳者，並不復詳其事蹟。至于申證精奥，規檢譌誤，一得之愚，不敢自祕，殿于末簡，以質大雅。

己巳之夏，屬稿伊始，寒暑再更，條緒觕立，凡爲卷三十有三，外編二卷，辨誤一卷坿焉。箸于録者一千三百餘家，所目見者十一而已。自知徒殫勼集之勤，未窺述作之指，紕繆奪扇，懼弗克免，用竢方聞，理而董之。

師奎父鼎拓本跋

此鼎二吴並箸録，「奎」、「⿹𢦏韋」兩文，字書咸未見，吴荷屋釋「奎」爲古文「寶」字之省，其説無徵，殆不足據。今攷曶鼎「井叔易曶赤金⿱林奎」，「⿱林奎」字从「林」、❶从「大」、从「玉」，阮文達釋爲「璑」。此「奎」字从「大」、从「玉」，疑即「⿱林王」之省，亦「璑」字也。《説文》玉部：「璑，三采玉也。从玉，無聲。」林部：「橆，豐也。从林、𡘋。𡘋，或説規模字，从大、卌，數之積也。林者，木之多也。」曶鼎「⿰王橆」作「⿱林王」者，省「卌」而从「大」、从「林」，此作「奎」者，又省「⿱林卌」而唯从「大」，展轉省減，幾不辨其聲母，猶多父盤以「攴」爲「般」，盂鼎以「芍」爲「敬」也。古从「無」聲之字，與大義多同，《爾雅·釋詁》：「撫，大也。」經典亦多通用。如《公食大夫禮》「庶羞皆有大」，鄭注云：「大以肥美者特爲臠，所以祭也。魚或謂之膴。膴，大也。《有司徹》云：『侑主人皆一魚，加膴，祭于其上。』」《周禮·腊人》注亦謂膴、大二者同是也。又禮有大尊，亦曰甒，故《燕禮》云：「君尊瓦大。」《禮器》則云：「君尊瓦甒。」是魚肉大臠之「膴」、瓦尊之「甒」，並通謂之「大」，則璑玉或亦得稱大玉，故此以「璑」爲「奎」，足相參證也。

「⿹𢦏韋」字金文屢見，如宂彝、宂卣、趩尊、趞曹鼎皆有「⿹𢦏韋市」之文。阮文達云：「⿹𢦏韋即韋之繁文。」許印林則謂當是「韍」字，其説皆不塙。依字从「韋」、「𢦏」聲，以聲類推

❶ 兩「⿱林奎」字，原作留白，據曶鼎銘文補。

之，當與「纔」相近。《説文》糸部：「纔，帛雀頭色。从糸，毚聲。」「𢧵」、「纔」聲義略同，猶經典通以「纔」爲「才」也。「𢦏」从「才」聲。「纔」，《禮經》作「爵」，《士冠禮》「玄端爵韠」，注云：「士皆爵韋爲韠。」引《玉藻》曰：「韠，君朱，大夫素，士爵韋。」此云「𢧵市」，即《禮經》之「爵韠」也。《詩・周頌・絲衣》：「𢧵弁俅俅。」汪容甫謂「𢧵弁」即「爵弁」，説亦可與此互證。蓋帛織絲爲之，其字宜从「糸」，故爵色帛謂之「纔」。市制韋爲之，其字宜从「韋」，故爵色韋謂之「𢧵」。二義古各有正字，分別較然。漢以後，「纔」、「𢧵」咸廢不用，字書遂不見「𢧵」字，經典率用「爵」爲帛、韋之通名，而正字遂爲借字所奪。金文雖多奇詭，若以形聲字例悉心推校，尚可得其梗概，大抵如是矣。

康侯鼎拓本跋

右康侯鼎，銘六字，吴荷屋《筠清館金石録》、吴子苾《攈古録》並箸録。第三字爲康侯之名，❶荷屋釋爲「手」，子苾釋爲「丯」，吴清卿釋爲「封」，以爲即康未器。今諦審之，實當爲「毛」字。《説文》毛部：「，❷眉髮之屬及獸毛也，象形。」篆文衺曲，此文變爲直下，其瑑畫同也。師遽敦旄示「旄」字作「」，❸偏旁「毛」亦作「」，❹可與此互證。「康侯毛」即康未子康伯也。《史記・衛世家》不詳康伯之名，杜預《春秋

❶ 「」，原作留白，據康侯鼎銘文補。

❷ 「」，原作留白，據《説文》補。

❸ 「」，原作留白，據師遽簋銘文補。

❹ 「」，原作留白，據師遽簋銘文「旄」字字形補。

世族譜》及《史記》索隱引《世本》並作「康伯髦」，余前據《周書·作雒》「命康叔宇于殷，中旄父宇于東」，知中旄父即康伯髦，今此鼎又作「毛」，「毛」、「髦」聲類並同，古多通叚，此鼎篆文明析，當爲正字矣。「康叔」之「康」，鄭康成《書》注以爲謚號，馬融、王肅、孔安國並以爲畿内國名，孔穎達《書》疏則謂「康叔」爲國名，「康伯」爲謚號，此鼎可證其誤。然以《作雒》及此鼎互證之，疑康叔初封康侯，後封衛，爲衛侯，而以康侯封中旄，雖宇東，猶兼其故封不改，故此鼎猶偁「康侯」。

余曩校《周書》，疑「康伯宇東」即三衛之庸，謂「康伯」或當爲「庸伯」。今見此鼎，乃知前説殊未審，故詳論之，以識吾誤云爾。

籀廎述林卷十

與黃巖王子莊同年棻論書大麓義書

瑞安孫詒讓

子莊先生同年侍史：

客冬曾於定夫妹壻函內坿頁一書，未蒙賜答，無任惶悚。然高山之卬，無日不在九峰之下也。前在都門，偶論及大箸《大麓解》，表楬王枚，排斥馬鄭。以啚見覈之，似爲智者千慮之一失，故敢輒獻其疑，而尊意不以爲然。寓中無書，不能疏通證明，以戥其說。南歸後，重檢各書，細爲尋繹，其惑滋甚。不敢久蓄其疑，故再爲執事陳之。

蓋尊解之可疑者有二。一則以西漢古文、今文兩家相同之說，專屬之今文，而以王莽以後今文家之僞說爲古文也。一則疑「入山林而風雨不迷」不足以爲聖人，遂不惜棄西漢古今文相同之古訓，而從亡新之僞說也。何以言之？西漢時，傳古文《書》者，並祖臨淮太守安國。史遷從安國問故，《史記》所載《尚書》，雖不盡古文說，而《堯典》、《禹貢》、《洪範》、《金縢》諸篇，則皆古文說，《漢書·儒林傳》所言篇目彰較，可案驗也。《史記·五帝本紀》既以「大麓」爲「山林」，是西漢初古文家無「大録」之訓矣。東京而後，馬鄭並治古文，而《釋文》引兩君佚注，並云「山足」，是東漢後古文家亦無「大録」之訓矣。王肅僞作孔傳，始以「大録」羼入古文說，而不知其與《史記》戥盭也。且高誘注《淮南王書》，其說「入于大麓」，亦同《史記》，《泰族訓》注。誘淮南之學，受之盧侍中植。見《淮南子注自敘》。盧則與鄭君同事馬季長者，古訓相傳，遠有耑緒，尤可證《釋文》所載「山足」之訓爲不誣也。至于「大録」之義，西京諸儒所未言，尋厥耑題，當在王莽擅權以後，段氏《撰異》引《于定國傳》「上報定國曰：萬方之事，大録于君」，其說在莽前，然詔文未引《尚書》，無由知其即爲「大麓」之訓，未足爲西漢今文家已有訓「麓」爲「録」之證也。一見于張竦之奏，再見于王莽之詔，三見于桓譚《新論》，譚嘗仕莽，爲班符命，見《前書・莽傳》及《後書》譚本傳。此必其時曲學阿世之徒，造此說以諛莽者，故競相引用，覬傅經義以文其姦言。而乾嘉諸儒，若江鱷濤《集注音疏》、孫季逑《古今文注疏》、段若膺《撰異》、王鳳喈《後案》，並誤信爲真今文說，則甚矣邪說之惑人也。然如尊解之以「大録」爲古文說，則又江、孫、段、王諸君所未有。夫今文《尚書》之學，本于伏生，「大麓之野」，《大傳》兩見，豈得以與伏傳相剌謬之說指爲真今文說乎？惟道光中黟俞君正燮始毅然決「大録」之訓，爲王莽之餘論，見俞所箸《癸巳類稿》。晉宋以來重悂貤繆之說，經其糾摘，灼然如晦之復明。鄙人又以王仲任之言證之，而知其論爲不刊也。《論衡・正說篇》云：「說《尚書》曰『四門穆穆，入于大麓，烈風雷雨不迷』，言『大麓』，三公之位也，居一公之位，大總録三公之事，❶衆多並吉，若疾風大雨。此王所述舊說。夫聖人才高，未必相知也。」「堯聞舜賢，四岳舉之，其心知其賢而未必知其能，❷故言『我其試哉』，試之于職，妻以二女。」

❶「三」，《諸子集成》本《論衡》作「二」。
❷「其心」，《諸子集成》本《論衡》無「其」字。

「復令人庶之野，而觀其聖德，❶逢疾風雷雨，❷終不迷惑。堯乃知其聖，授以天下。夫文言『觀試』，觀試其才也。説家以爲譬喻增飾，使事失正是，誠而不存。曲折失意，使僞説傳而不絶。」以上並王氏辨正之語。是「大録」之爲僞説，仲任固知之故其書《吉驗》、《亂龍》兩篇並云「大麓之野」，明不用「大録」之説。矣。

且「大麓」之爲山林，固墝有其地也。司馬彪《續漢書·郡國志》曰：「鉅鹿，故大鹿，有大陸澤。」「鹿」，「麓」之省，亦見《魏公卿上尊號奏》及受禪碑。《太平御覽》百六十一引《十三州志》曰：「鉅鹿，唐時大麓之地。《尚書》堯試舜百揆，納于大麓，麓則林之大者。堯之禪舜，欲使天下皆知，故合群臣與百姓，納之大麓之野，然後授受，以明己禪。」樂史《太平寰宇記》引略同。酈道元《水經注》十：「衡水，又北經鉅鹿縣故城東。❸應劭曰：『鹿者，❹林之大者也。』《尚書》曰：『堯將禪舜，納之大麓之野，烈風雷雨不迷。致之以昭華之玉，而縣取目焉。』」《御覽》五十三引《隋圖經》曰：❺「大陸，大鹿，大阿，疑當作「廣阿」，高誘注《吕覽》「鉅鹿」曰：「廣阿，澤也。」《爾雅·釋地》：「晉有大陸。」❻孫炎、郭璞並云「今鉅鹿北廣阿澤是也」，亦譌「阿」爲「河」。即一澤而異名，《尚書》云『納于大麓』是也。」樂史《太平寰宇記》五十九曰：「鉅鹿縣，本唐堯大麓之地，禹爲大陸之野。」廣阿澤一名大陸，一名鉅鹿，一名大鹿，是數説也，覈以文字聲義，最爲符合。蓋「鉅」、「大」詁釋本同，「麓」、「鹿」偏旁略

❶「聖德」，《諸子集成》本《論衡》無「德」字。
❷「疾風雷雨」，《諸子集成》本《論衡》作「烈風疾雨」。
❸「北」，原脱，據《水經注》補。
❹「者」，原脱，據《水經注》補。
❺「五十三」，據《太平御覽》當改作「七十二」。
❻「有」，原作「之」，據《爾雅》改。

省。且商有鹿臺之泉，周有鉅鹿之藪，夏后作貢，「陸」、「麓」偶殊，嬴秦置郡，偁名不易，是則「鉅鹿」之爲「大麓」，真三代以前相傳之古義，遠出伏、孔之前，而與伏、孔符合。宋羅長源亦主其説，非無見也。至顔之推《家訓》云：「栢人城東北有一孤山，古書無載者，闞駰《十三州志》以爲舜納于大麓即謂此山，今其上猶有堯祠焉，世俗或呼爲宣務山。」是説與《御覽》所引《十三州志》不同，以顔氏所述覈之，則宣務乃部婁小山，不足以當「大麓」之偁，疑闞氏偶存俗説，不若「鉅鹿」之塙。而王氏《後案》乃據此以爲「大麓」地名之證，則誤矣。

至于尊解之必以「大録」爲古文説者，徒以鄭君《大傳》注「麓，山足也」之後坿綴「大録」之訓，遂不復深攷，據以爲説。不知鄭注《尚書》，本無「録」訓，其注《大傳》，不過以東漢時今文家相傳有此説，故坿録之，以廣異義、存師法也。使果以「大録」爲正訓，則何不于《書》注出之哉？前此面陳，曾論及此。而執事則謂今所見馬鄭《書》注出于後人掇拾，非其完帙，安知高密舊本不坿「大録」之訓！是尤不然。何則？陸氏《釋文》明云：「麓，王云録也，馬鄭云山足也。」以「山足」之義，別于王肅之訓「録」。又孔沖遠引鄭《書序》「歷試諸難」注，亦云「入麓伐木」。則鄭君《書》注，必無「大録」之訓蓋可知矣。至于尊箸疑「烈風雷雨不迷」不足以爲聖人，是又膠滯恒情，横滋辯難。曩讀劉子玄《疑經》、《惑古》諸篇，頗病其蹈此失。通人之蔽，竊不欲賢者效之也。

詒讓于經詁至疏淺，偶讀大箸，于心有不安，不勝其疑懣，恃愛陳之，未審尊見以爲然否？有鴻便尚希惠我一言，以開茅塞，幸勿因其妄而置之也。詒讓謹上。

記瑞平化學學堂緣起

《周禮・地官・草人》掌土化之法，以物地相其宜而爲之種，此植物之化學也。《墨子》及《淮南王書》有鼃鶉之論，《莊周書》有斯彌食醯之説，此動物之化學也。《周禮・大宗伯》云：「以天産作陰德，以地産作陽德。」而繼之曰：「合天地之化，百物之産。」鄭君謂「天産」、「地産」，即動物、植物。然則萬物之蕃變興衰，莫大於化，自周公以逮秦漢諸子，其知之矣。

我地球爲八行星之一，自地以至恒星天而外，達於星氣之表，其廣遠不可紀也。而大氣充乎其閒，其微點所積，爲諸氣質及一切金石礦質，其胚珠所孳，爲動植諸物。原質之可測而知者，舊六十有四，今增爲七十有奇，各以其愛力相攝相輔，錯綜凝聚，以長萬物。亦各以其害力相勝相賊，虧蝕分散，以消萬物。其變化離合之迹，不可思議，而咸有一定之性情比例，分别部居，雜而不越。氣質、流質、定質，日迭消長於天地之閒，而此七十有奇之原質，未始有毫秒之損益也。噫！是非吾身有生之原，而萬物蕃變興衰之精理，範圍天地而不過者乎！

人爲動物無量數之一，資水氣動植以爲飲食，資金石礦土以爲材用，日呼吸於諸氣之海，身受其變化而不知其故。自舊學亡失，古經所謂天地之化者，莫能闡其義詁。儒者高談陰陽性命之理，既淪於虚無，而方士神仙家言又刱爲黄白鉛汞之論，尤矯誣不經。農工商之儔，則又大都拘守故常，閒知其一二粗迹，而未能洞究其原。蓋中土此學之不講，二千年於兹矣。泰西之學，由藝以通於道，而化學尤爲專家盛業，究極微眇，彌綸大用，批窾導郤，左右逢原，漸濡增積，其學大昌，遂視爲生人日用之常。蓋彼土不獨有專家學會，而童子勝衣就傅，師即以此爲教，下逮農工細民，莫不略聞體質化分之説者。而中土老師宿儒，問以原質，乃懵然莫能舉其物，是非吾黨之大耻歟！

自道光中海禁大開，東西洋大國以十數，皆挾其富强，以淩迫我。海内賢達，扼捥時難，日籌所以自强，而卒無一效。蓋學藝不興，則士陋而無術，農勞而寡穫，工窳而不精，商拙而失贏。夫挾愚拙以與智巧者角其勢，必不相當。斯固宇宙之恒理也。

邇來中土士大夫，始知自强之原，莫先於興學，内而京師大學堂，外而各行省公私學堂林立，無不以化學爲首務。而温州獨未有興者，斯不可謂非闕典也。不佞曩與同志撢研西藝，流覽新譯各書，深知斯學之體精而用博，而苦無堂舍以資其聚習，無器質以閎其考驗，故略涉其藩而未能深窺其奥窔。爰與平陽楊君愚廣、吴君霽菴、同邑金君遯菴籌議，集資千金，於郡城開設學堂，廣購書器，與夫金石藥劑，萃□郡之學人志士，❶相與切磋，講貫於其中，將博考精研，以通其理而達其用，而後起之俊傑。有志於斯學者，亦有所津逮。俾此學大興於吾鄉，則儒者通此可以博物窮理而爲達士，農工商通此可以一藝百穫而倍蓰其奇贏，推之治兵、教農、明醫、辨礦，神而明之，其

❶「萃」下留白，中華本作「一」，可從。

益無方。然則兹堂之興，其刱始甚難，而其收效則至博，可豫卜也。不佞等既深幸斯舉之略具梗概，謹述其緣起，以質同人。凡吾鄉上而賢有司，爰暨開敏通博之士，儻以斯舉爲不謬，或能惠賜教誨以廣其益，佽助以擴其規，將見魁才輩出，新法日孳，民開厥智，地效其寶，其於國家富强大計，或足爲撮壤涓流之助，斯亦大雅閎達所樂觀厥成者歟！光緒祝犂大淵獻二月。

誥授武顯將軍福建福甯鎮總兵陳公事狀

公諱步雲，字錫鏕，別號錦堂。世居瑞安城東清泉鄉篔簹村，至公始遷邑之城南鋪司街。曾祖順卿，縣學生員。祖迪生，國子監生。父國柱。並以公貴，贈武顯將軍。

公生七歲，而父贈武顯公卒，母木太夫人撫之成立。及長，容止偉然，異於恒人。家故儒族，自贈公卒後，貧無儋石儲，乃棄而學賈，非所好也。顧好習拳勇，投石超距，以藝雄其曹伍。邑東南廂多惡少年，群行横恣，爲鄉里患，莫敢誰何。公心不憙也，遇諸塗，必痛折之，不少假。諸少年怒，聚謀，將辱公。公與角，輒挫其衆，皆悚息遁去，由是以勇名於邑。年二十一，入瑞安營左標，爲守兵，隨副將巡海，獲劇盜，以功拔補右營，外委升鎮標，左營把總，右營千總，鎮海營守備，定海左營遊擊，鎮海參將，福建閩安協副將，授定海鎮總兵，調廣東瓊州鎮、浙江温州鎮、福建福甯鎮，歷署温州中營守備，黄巖左營遊擊，玉環乍浦參將，福建金門、海壇二鎮總兵護理，黄巖鎮總兵。

自乾隆季年，閩賊李發枝引安南艇匪，

擾閩、粵、浙洋面，沿海奸民，蠭起附之，分爲二幫，在閩者爲水澳幫，在浙者爲鳳尾幫，而蔡牽、朱濆從横海上，勢尤張甚。於是當事始議整飭水師，百計剿捕。然水戰與陸異，以十丈之艦，與寇馳逐於大海之中，風波險詭，眴息異形，雖有健者，多慫慄眩惑，失其故步，自非深習水戰、魁偉非常之士，莫能盡其技也。公勇敢多智略，自入行伍，即隸水師，於海上風水沙綫及海防利害，尤諳習，而善撫士卒，得其死力。自起行閒，以至專閫，敭歷七鎮，咸在海疆。所至威信風行，千里肅謐。大府倚以治盜，前後所獲盜及船械，不可勝計，而功尤偉者，莫如沈蔡牽。當壯烈伯李長庚之亡也，牽幾滅而復振，朝廷以壯烈部將邱良功爲浙江提督，王得禄爲福建提督，分領其兵，而嚴旨飭閩、浙督撫，俾會師剿賊。嘉慶十四年八月，牽犯浙洋，方連檣集漁山、黑水、大洋，時公以把總隨王提督領舟師追剿，及之，而邱提督亦以閩師來會，牽聯巨艇數百，爲楕陳以拒官軍，中樓船大倍常制，上懸五色幟，則牽之坐船也。王提督命公駕船以卒四十衝其前，公遂命捩拕徑向牽坐船。戲下卒有難色，斬其一以徇，衆懼不敢遠。既迫，而我船小，賊舟俯瞰，勢不相當，公與殊死戰，相持未決。會兩提督亦引舟至，賊回顧聳懼，公急燃火罐投牽舟，舟火發，賊衆驚擾。公乘閒以長孑鉤其舷，率數卒躍而登，持短兵與搏，擒其僞將陳昤、劉水，斬其衆殆盡。欻一女子由覆版中持兩刃而上，公迎擊，猝以矛剚其胸，遂溺於海，蓋牽之妻也。時船被焚危没，而牽猶踞柁樓，以利刃自衛。公顧欲擊之，忽聞隔船疾呼曰：「賊舟已與水平，陳將官猶不捨邪？」視之，則邱提督也。然提督船與牽船相距猶數丈，勢無由登，乃命放長緶水中，公援以上。比公登，而牽船没矣。是役也，公身受重傷三十有四創。及罷戰，兩提督皆來慰視，嘉嘆再三。總督上其功曰：「把總陳步雲，首先過船，獨力攻沈蔡牽正身盜船，功最。」得旨優敘，并荷銀牌、玉扳指之賜。及道光十年，公以閩安副將，入覲宣宗，召對圓明園，猶問曰：「汝即昔年隨邱、王二提督攻沈蔡牽之陳步雲邪？」垂詢前後，戰功甚悉。比歸，未及兩月，遂有定海總兵之擢。蓋其藎勞偉勳，仰邀眷顧者如此。

公之由定海移瓊州也，總督孫文靖公深惜其去，具疏奏留。朝廷以瓊州重鎮，宜得賢將填撫，不許。既至鎮，窮邊孤島，水土瘴惡，群黎錯處其閒。黎有熟有生，生黎尤悍鷙，喜爲亂，州縣數被其害。公至，以諸營所用火器皆窳拙不任用，捐奉改制，選精卒訓練之，豫爲之備。黎震慴，咸受約束，讫公之去州，無黎患。及移攝金門，盜艘三百餘出没境内，敓略無虚月。公至，募水勇，督將弁嚴治之。不逾月，芟薙無遺踪。

公既以海戰立奇功，然性廉，謹身爲闔帥，家無餘資。又素伉直，遇意所不可，不爲大府挫。顧好儒者，遇賢士，輒折節與交，若不知其爲貴人也。其爲黄巖遊擊也，總督董公教增，以朱、蔡蕩平，海疆安謐，議裁減水師、艇船，以節糜費。公入謁，即力陳其不可，曰：「海戰所恃以制盜者莫如船。舊制師船形制卑窳，不任剿賊。自故壯烈伯李公議制艇船，其制高大堅致，配兵多而載械備，其利十倍於同安、夾板、快駒諸船。今一概裁之，則緝匪無具。海濱伏莽復發，額設師船不能敵，非計也。」董公瞿然曰：「吾問諸水師員弁，皆迎意隨答，無有陳其不可者。微□言，❶吾幾誤。」遂寢其議。同邑舉人鮑君作雨，篤學士也，公在定海，延之幕中，戎政機要，必咨而後行。嘗以定海爲浙洋要地，縣故舟山，孤懸海外，額設鎮兵二千五百餘人，分守口汛，及配游哨戰艦者過半，城内守兵不過千人，不足以資守禦，宜廣訓募，助以團練，以厚其力。又以衢山自國初以來，久爲棄地，今海禁久開，内地生齒之繁十倍國初，貧民渡海私墾，官輒封禁。然私墾終不能絶，徒資吏胥婪索，加以諸方雜處，蓄爲奸藪。不若蠲禁，恣其墾種，設官收賦，稽詰保甲清釐賦，則使奸無所容，而民得安其業。數年之後，必爲沃土。又以海疆要務莫先於衛商弭盜，與鮑君商榷，各爲議上於當事。格於例，不得行。蓋其沈謀遠略，雖儒吏有不逮者。斯又當於古名將求之矣。

公之調福甯也，年已六十有七，春秋既高，會左足傷發，乃奏請開缺回籍。後數年，西夷搆釁，海疆多事，天子方側席以求將才，而公則已老矣。然夷艘犯浙，果先陷定海，而衢山私墾，後卒弛禁，咸如公言。

公卒於道光庚戌，年七十有七。子禹蓮議敘國子監典簿，孫保隆縣學生員。

詒讓自少竊聞，嘉慶閒戡定海寇，一時名將多浙産，而朱、蔡之滅，吾邑許提督松年與公，功最偉。許提督之平朱濆，姚按察瑩及邵員外懿辰紀述略具。而公之沈蔡牽，世或未知其詳，詒讓從保隆讀公手録

❶「微」下留白，中華本作「君」。

《年譜》，始得其梗概。謹剌其犖犖大者□□狀，❶以爲國史要刪。其他緝捕勞績，在公爲不□□，❷不復著也。

與南海桂孝廉文燦書

晧亭先生侍史：

客秋文旆過此，餉聆清誨。契闊以後，無任欽遲。前月接誦手教，敬審校讎精博，纂述鴻富，至爲忻慰。承惠先集并大箸《詩禮異義》一册，伏案循誦，傾犕尤深。詒讓前讀《鄭志》，知鄭君先注三禮，後箋《毛詩》，訓釋異同，不復追改。每惜仲達作疏，不能證明其義。今讀尊箸，塞榼斠異，昭若發蒙，誠有功經學之書也。竊謂《詩》箋之作，在高密爲晚年定論，其所發正，校《禮》注爲尤精。尊書折衷是正，申箋者居其大半，最爲精審。然内有駁箋申注者數條，以啚見求之，似亦當以箋説爲是。即如第一條《關雎》「君子好逑」，箋云：「怨偶曰仇，謂和好衆妾之怨者。」尊攷謂《禮記·緇衣》引《詩》「逑」作「仇」，注訓爲「匹」，《禮》注爲長，而《詩》箋爲短。案《兔罝》「赳赳武夫，公侯好仇」，箋亦云「怨耦曰仇。此兔罝之人，敵國有來侵伐者，可使和好之。」《兔罝》之「好仇」，即《關雎》之「好逑」，尊攷據《釋文》定《關雎》亦當作「仇」，是也。此姑就今本言之。則箋説自不可議。不然，則《兔罝》之武夫何以爲公侯之好匹哉？陳氏《毛詩疏》據《國語》、《漢書》、《文選》定《兔罝》之「好仇」亦當訓「好匹」，其説甚辯。啚見終不謂然。又尊書援據奥博，多

❶「者」下留白，中華本作「爲事」，可從。

❷「不」下留白，中華本作「足書」，可從。

淺學所未窺，若「新廟奕奕」條，謂劉昭治《魯詩》。檢《梁書》本傳，無此語。隋《經籍志》謂《魯詩》亡於西晉，《隋書》別載《石經魯詩》六卷，則指漢熹平石經，《魯詩》經文無傳説。劉氏必不能見，尊書所云豈別有所據乎？又「壹發五豝」條，謂《鄭志》引《周史・王會》云：「備者，取其一發五豝，言多賢也。」案《鄭志》此條見《詩正義》者，「周史」上尚有「白虎黑文」四字，詳繹其義，當以「白虎黑文」爲《王會》所云，「備者」以下，乃鄭君自説《禮記》「樂官備也」之義，與《王會》無涉。今本《周書・王會》有「般吾白虎」之文，「白虎」下捝「黑文」二字。而無「樂官備」之説，是其塙證也。尊書以「備者」以下爲鄭引《王會》之文，亦似失檢。凡此諸條，皆小小疵纇，于宏旨無害。辱承雅忌，故妄陳之。未知卓見以爲然否？詒讓頓首。

與王子莊論叚借書

子莊仁兄同年撰席：

去春在敝里奉复一書，倞達籤掌。嗣以銜恤鶬廬，楄翰屏絶，未得續貢音問。私衷馳卬，良不可任。四月閒，接誦況畢，深荷注存，并示大箸《六書解》一秩，伏案諷味，欽慰何似。六書之説，自汳宋以來，異論蠭起。淺學雜涉，益滋瞀惑。乾嘉諸老詮校許書，所釋略備，而得失互陳，未能衷定。得尊解別白而理董之，衍毌山指事之條，闡湘鄉轉注之論，平議精宷，信不刊之作也。惟叚借一門，所論與前賢特異，詒讓再四籀繹，竊有不敢信者三，請爲執事陳之。

許《敘》之言叚借，曰：「本無其字，依

聲託事，令、長是也。」蓋謂世所謂縣令、邑長者，本無正字，特依其聲類，借訓發號之「令」、訓久遠之「長」以爲名。自二徐以來，迄于近世江、段諸家，曾無異説。而執事以爲不然，謂許所舉「令長」二字，當爲「令長」之誤，「令」从反「及」，「長」从到「亡」，所謂「本無其字」也。「長」从到「亡」得聲，所謂「依聲」即諧聲也。「令」从反「及」爲義，所謂「託事」即指事也。夫反「及」、到「亡」以爲「本無其字」，則信然矣。至于「依聲託事」，細宷許《敘》語氣，本自相冊成文，蓋謂依其聲而託之以事也。若如尊説，「令」从反「及」、「長」从到「亡」，乃叚「及」、「亡」之形，反到之以明事，則許《敘》宜云「依形託事」，何得謂之「依聲」乎？若云「長」諧「亡」聲，即爲「依聲」，「令」从到「及」，即爲「託事」，無論其與許書語氣不合。夫「依」者，憑藉之詞，「託」者，岃寄之義，曰「依聲」則非諧聲，曰「託事」則非指事，詁訓本殊，不宜并爲一論。且使即如尊説，謂「依聲」即爲諧聲，「託事」即爲指事，而執事所定叚借四目，依聲、託事之外，尚有託形、託意之科，則叚借又兼有象形、會意矣。乃許《敘》止舉聲事二耑，不又轉成遺漏乎？其不敢信一也。

《晉書·衛恒傳》載恒作《四體書勢敘》，所述六書之義，即檃括許《敘》爲文，其於叚借一條，亦舉「令」、「長」爲證，又釋其義曰：「叚借者，數言同字，其聲雖異，文意一也。」叚借本取聲近，衛氏乃謂聲異者，蓋因後世一字數音，強生分別，若「邑長」之「長」與本義有平仄之殊，故爲此説，實非許意。惟可證「令長」之必不爲「令長」耳。是知巨山所見許書，亦本作「令長」。若「令」本爲「令」，則何得云數言「同字聲異文一」耶？夫西晉之世去漢未遠，在衛氏箸書之時，溯許沖受詔之歲，校其厤年，未逾二百，不宜其時許書傳本已多譌互。其不敢信二也。

漢氏巨師，許、鄭並尊。高密注經，於同時箸述罕所徵引，而於《說文》，獨援舉二事，《周禮·考工記》注引「鍰，鋝也」，《禮記·雜記》注引「有輻曰輪，無輻曰輇」。則知其於此書特垂研覽。然則叚借之義，許《敘》之外，鄭君之說足爲左證。陸氏《經典釋文·敘録》引鄭康成曰：「其始書之也，倉卒無其字，或以音類比方，叚借爲之，趣於近之而已。」據此，則鄭君之說叚借，亦與衛、徐、江、段諸家無異。而謂許必不然，其不敢信三也。

夫執事之論叚借，決其必不如舊說者。不過，以班《志》謂六書皆爲造字之本，若如舊說，則叚借于六書中獨爲文字之用，似不得爲本，故毅然更張其說，以求符合。不知六書雖分體用，而爲造字之本則一。蓋天下之事無窮，造字之初，苟無叚借一例，則將逐事而爲之字，❶而字有不可勝造之數，此必窮之勢也，故依聲而託以事焉。視之不必是其本字也，而言之則其聲也，聞之足以相喻，用之可以不盡。是叚借者所以救造字之窮而通其變。即以爲造字之本，亦奚不可乎？詒讓知識譾劣，於小學略涉唐涂，墨守舊義，未有新得。竊謂治經說字，當深懲破字之習，即執事之繩段氏，論亦如此。而尊箸于許《敘》六書所舉十二字之中，已不免有所改易。其他抨擊汝南，更定字例，殆非一耑。尤而效之，更非鄙人之所喻也。故不勝疑懣，輒陳之左右，以竢采

❶「逐」，原作「遂」，今逕改之。

擇。其餘小小疑牾，已識于册耑，不復詳及。

兹坿曉芙兄回浙應試之便，繳上大箸一册，并奉近刻《集韻攷正》、《陳止齋集》各一部，聊供清覽，伏希詧存。秋暑方盛，諸惟爲道珍攝，臨穎神馳，不盡百一。

與梅延祖論穀梁義書

昨晤恭甫同年，知賡述家業，纂《穀梁義疏》，方爲《長編》甚富。客歲曾寫得卓人先生《公羊義疏》，而恭甫爲《左傳疏證》，已撰至成公，今執事又斐然有作，他日寫定，與陳、劉兩《疏》鼎足而三，信曠代盛業也。讓幼耆《左氏》，於《穀梁》則肄業及之，才通句讀而已。頃始得鍾氏《補注》，又叚得柳氏《大義述》，略事研校。鍾書平議精當，足與羿軒《公羊通義》並傳，惟援證略病氾濫。柳氏致力甚勤，而識鑒疏固，其書義例蕪雜，駢枝爲累，殊未饜所聞也。然不佞恒苦范注簡奧，楊疏殊略，今得兩家之書以輔之，於膚學不無開益，然究未能精通其義藴。迺恭甫傳述尊指，辱承垂問殷奉，自愧荒陋，無以應命，惟就前校讀楊疏時册端所記肊説六條，❶勉録奉質，或可附綴《長編》之末，聊備財擇耳。

莊二十二年

「肆大眚」，❷《傳》：「爲嫌天子之葬也。」注云：「文姜罪應誅絶，誅絶之罪不葬。❸若不赦除衆惡而書『葬』者，嫌天子許之。明須赦而後得葬。」案：此注義難通。

❶「六」，中華本所引稿本作「七」。

❷「眚」，原作「青」，據《穀梁傳》改。

❸「誅絶」，原脱，據《穀梁傳注疏》補。

諸侯葬母、夫人，未聞有請命於天子者。此魯葬文姜，何與天子許不許乎？疑「天子」直是「夫人」之誤。賈逵説《左氏》云：「文姜有罪，故赦而後葬，以説臣子也。魯大赦國中罪過，欲令文姜之過因是得除，以葬文姜。」賈景伯説即本此傳，似所見本即作「夫人之葬」。

「陳人殺其公子禦寇」，傳云：「言公子而不言大夫，公子未命爲大夫也。其曰公子，何也？公子之重視大夫，命以執公子。」注云：「視比大夫。句。既命，得執公子之禮，一本『大夫命，以視公子』。」案：此注本云「以命執公子」，「以」與「已」通，「已命」與「未命」文相對言，公子貴重，雖未命，禮秩得視大夫。其已命者，則自執公子之禮，與卿同，不止視大夫也。據《周禮·典命》經注「諸侯適子已命於天子者，得視國君，禮唯下其君一等。未誓，則視上卿之禮。」若然，公子降於世子，已命於君，視卿禮，未命，則視大夫，禮其等衰，大略如是。范云「既命」，似所見本未誤。今本「以」、「命」二字文到，則與注亦不相應矣。別本以「命」屬「大夫」，則尤誤。

僖十九年

「梁亡，自亡也。湎於酒，淫於色，心昏耳目塞，上無正長之治，大臣背叛，民爲寇盜。梁亡，自亡也，如加力役焉，湎不足道也。」范注云：「如使伐之而滅亡，則淫湎不足記也。」案：此注難通。《傳》舉梁之惡，「湎於酒」以下凡六事，不宜此唯及湎酒一事。疑「湎」當爲「緬」，「緬」猶輕也，微也，言梁之滅，雖或加師役，《左傳》秦得之。而其事甚易，其用力輕，不足道也。莊三年「葬桓王」，《傳》云：「改葬之禮緦舉下緬也。」

注引江熙云：「舉五服之下，以喪緬藐遠也。」《國語》韋注云：「緬，猶邈也。」彼「緬」亦輕微之義，此與彼義略同。范釋爲言舉下緬上，與江異，以江爲長，韓愈、鍾文烝並從江義。傳寫作「湎」者，涉上「湎於酒」而誤耳，范所見本已誤。

僖二十八年

「公子買戍衛，不卒戍，刺之」，《傳》云：「先名後刺，殺有罪也。公子啟曰不卒戍者，可以卒也。可以卒而不卒，譏在公子也，刺之可也。」范注云：「公子啟，魯大夫。」疏云：「舊解云公子啟即公子偃啟，書日者，啟無罪」，「今觀上下文勢，理恐不然」，猶「襄二十三年《傳》引蘧伯玉曰耳。」案：疏引舊解所據本「曰」蓋作「日」，然與文勢不合，楊駁之是也。但范注亦未塙，「不卒戍」以下，乃論書法之語，則未必是魯大夫，蓋戰國時儒家、諸子之論。竊疑此當作「公肩子」，見《春秋繁露·俞序》篇，即孔子弟子公肩定。或當作「公扈子」，見《公羊》昭三十一年傳、《說苑·建本》篇，蓋鄒人。「肩」、「扈」與「啟」，古文作「启」。❶形並相近，今本又到其文，遂不可攷耳。

成十七年

《經》：「壬申，公孫嬰齊卒于貍蜃。」案：「蜃」，《公羊》作「軫」，彼《釋文》云：「『軫』，《左氏》作『脤』，《穀梁》作『蜃』。」徐彥疏云：「正本作貍辰字。」徐所稱正本，不知何本。「貍辰」之字，與《釋文》異，則疑隋以前舊本，陸德明所未見也。攷杜佑《通典》六十八，載後漢孔融《上三府所辟稱故吏事》曰：「昔公孫嬰齊卒于貍蜃，時未入

❶ 「古文作『启』」，原作大字，據文義，當為自注文字竄入正文，故逕改之。

國，魯公以大夫之禮加焉。《傳》曰：『吾固許之，反爲大夫。』」文舉所引《傳》，正繫《公羊傳》文，則於《經》不宜轉從《穀梁》。竊意漢本公羊《經》當同《穀梁》作「蜃」，徐疏所稱正本作「辰」者，當是「蜃」之壞字，今《公羊》作「軫」，乃流傳之別本耳。此可爲穀梁《經》增一左證，故附識之。徐彥《公羊疏》，王鳴盛、洪頤煊皆以爲六朝時人，故所見正本猶與文舉所引相近，陸氏《釋文》作于陳隋閒，則已不見作「蜃」之本矣。

定九年

「得寶玉、大弓」，《傳》：「惡得之，得之堤下。」鍾云：「《玉篇》引劉兆注曰：『堤緣邊也。』」案：上文云：「其不地，何也？」則「堤下」當爲魯城外地名，其地蓋有大堤，陽虎過之，而棄弓、玉於其下也。《公羊》僖三十二年傳説季友酖叔牙云：「飲之巫傫氏，至於王堤而死堤下。」疑即「王堤」之下矣。

哀十四年

「春，西狩獲麟。引取之也。狩地不地，不狩也。非狩而曰狩，❶大獲麟，故大其適也。」范注云：「言引取之，解《經》言『獲』也。《傳例》曰：『諸獲者，皆不與也。』故今言『獲麟』，❷自爲孔子來魯，引而取之，亦不與魯之辭也。」鍾云：「麟瑞，爲夫子脩《春秋》至，非爲魯至。今言魯獲麟，則是《經》之文辭引而歸之於魯，以爲魯取之。」案：「引取」之言以穽獲掎引而得之也。《論衡·指瑞》篇云：「《春秋》曰：『西狩，獲死麟。』」《公羊》何休注亦云：「時得麟而死。」《左傳》孔疏引《家語》亦云：「獲麟折其前左足。」是其義也。《説文》手部云：「掎，偏

❶「曰」，原無，據《穀梁傳》補。
❷「故」，原無，據《穀梁傳注疏》補。

引也。」《周禮·翨氏》掌「攻猛鳥，各以其物爲媒而掎之」，鄭注釋爲「掎其脚」，折前左足即偏引之義，言麟足被引，自陷穽，獲而死，則非狩所獲。而書「狩」者，因其瑞獸張大之也。諸説以「引取」爲論書法，並誤。

右七事，並因舊注疏義有未安，鍾、柳諸家亦未舉正，輒就蠡管，略爲補訂，不敢自以爲是也。惟大雅閎達，理而董之，幸甚幸甚。

梅君爲江都梅蘊生先生哲嗣，世治《穀梁》學。光緒初，余侍先太僕在江寧，梅君介同歲生儀徵劉君恭甫，以《穀梁》義下問，迺刺此七事質之。未及寄而梅君遽卒，輟置匧中。頃偶檢得，輒録存之，以示不負亡友之意。他日儻有續成梅君書者，或有取於此爾。癸卯五月記。

與劉叔俛論論語義書

昨日下稷，辱惠顧，敬聆緒論。以前舉質「哀公問有若」章《漢石經》異文，猥荷不棄芻蕘，以爲致壔。仰見虚衷下問之盛，曷任欽佩！邇來校讀尊疏，又得賸義數事，謹再質之執事，未敢自以爲是也。

《爲政》篇「大車無輗，小車無軏」，《集解》包曰：「大車，牛車。輗者，轅端横木，以縛軛。小車，駟馬車。軏者，轅端上曲鉤衡。」尊疏據臣軌注引鄭注云：「大車，柏車；小車，羊車。」蒙案此經，包、鄭注義迴異。《周禮·車人》賈疏亦云：「按此羊車較長七尺，下柏車較長六尺，則羊車大矣。而《論語》謂大車爲柏車，小車爲羊車，以柏車皆説轂、輻、牙，羊車不言，惟言較而已。

是知柏車較雖短，轂、輻、牙則長，羊車較雖長，轂、輻、牙則小，故得小車之名也。」賈説即本鄭注，然此大車、小車自以包説爲是。《車人》三車同駕牛，而羊車大柏車小。鄭以此大車爲柏車，小車爲羊車，其説難通。蓋三車之次，惟大車最大，羊車、柏車次之。今釋大車，乃遺最大之大車，而取其次之柏車，已不相當。況《車人》於羊車止箸較長之度，其轂、輻、牙諸度並無文，蓋當與柏車同。互相推校，羊車自大於柏車。賈强爲之説，殊不可通。又「輗」、「軏」並持衡之木，以牛車、馬車異名。若小車爲羊車，則仍是牛車，其持衡者仍當爲「輗」，不當别云「軏」，鄭注之誤明矣！

《八佾》篇：「子貢欲去告朔之餼羊。」《集解》：「鄭曰：『牲生曰餼。禮，人君每月告朔於廟，有祭，謂之朝享。魯自文公始不視朔，子貢見其禮廢，故欲去其羊。』」蒙案此引鄭注未全，《詩·周頌·我將》疏引鄭《論語》注云：「諸侯告朔以羊，則天子特牛焉。」此正釋告朔餼羊之義。而朝享之祭，則因告朔牽連及之，經實無是也。何氏不審，乃引其餘義而删其正解，殆誤以祭廟朝享與告朔爲一事也。攷《玉藻》孔疏云：「天子告朔以特牛，諸侯告朔以羊，其朝享各依四時常禮，故用大牢。故《司尊彝》朝享之祭用虎彝、蜼彝、大尊、山尊之等，是其别也。」孔氏此釋最析。蓋鄭意告朔天子於明堂，諸侯於大祖廟，其禮略，用特牲。朝朔祭五廟，禮詳，用大牢。二事同日行之，而隆殺迥異。《論語》所云，自指告朔言之，「餼羊」即「特羊」也。鄭注於「廟有祭」謂之「朝享」云云，則當用大牢，不得用特羊。何删「諸侯告朔以羊」二句，則似餼羊用以朝享，朝朔即是告朔，直掍二禮爲一矣。皇氏《義疏》述鄭義云：「告朔之祭，《周禮》謂之朝享。」亦與何同誤。不知告朔不得云「祭」，廟祭爲朝朔，又不得爲告朔也。

《雍也》篇：「子曰：『不有祝鮀之佞，而有宋朝之美。難乎免於今之世矣。』」《集解》孔曰：「佞，口才也。祝鮀，衛大夫子魚也，時世貴之。宋朝，宋之美人而善淫言。當如祝鮀之佞，而反如宋朝之美，難乎免於今之世害也。」蒙案此章之義，孔注大致不誤，惟釋「有」字未明。諦審經義，「有」當爲親愛人才之意。《左》昭二十年傳：「是不有寡君也。」杜注云：「有，相親有也。」《書・秦誓》云：「番番良士，旅力既愆，我尚有之。」又云：「惟截截善諞言，俾君子易辭，我皇多有之。」義並略同。子意祝鮀擅口才，尚有用於世，如臯鼬之盟，能據禮以爭是也。譏世人乃不愛祝鮀，而唯愛宋朝之美，所親失當，宜其不能免於世害也。蓋古人多以佞爲材，不盡以爲惡德，若以「不才」爲「不佞」，《説文》人部云：「佞，巧讇高材也。」故子於祝鮀亦有治宗廟之褒。後儒不知此義，意子以佞與美同斥，而此章之義不可通，展轉牽傅，遂滋曲説矣。

《鄉黨》篇：「吉月必朝服而朝。」《集解》孔曰：「吉月，月朔也。」蒙案月朔謂之「吉日」，義見《毛詩》傳。然此云「吉月」，究與「吉日」不同，孔説非也。此「吉月」實當分爲二事，「月」謂朔日，爲一月之始，猶一歲之始謂之歲也。《書・洛誥》疏引鄭注云：「歲，成王元年正月朔日也。」「吉」則爲一時節氣之始，《國語・周語》云：「先立春九日，大史告稷曰：『自今至於初吉，陽氣俱烝，土膏其動。』稷以告王曰：『距今九日，土其俱動。』」是以立春日爲「初吉」也。韋以月吉日解之，非是。此「吉」與「月」相對，謂若四立二至之日，亦當服朝服而朝，與月朔同。若止是月朔，則當云「月吉」，不當云「吉月」矣。

《陽貨》篇：「惡紫之奪朱也。」蒙案審繹「奪朱」之文，彼時必實有易朱用紫之事，非徒尚紫而已也。春秋時人蓋凡服色之用朱者，並改而爲紫。《玉藻》：「玄冠、朱組纓，天子之冠也。緇布冠、繢緌，諸侯之冠也。玄冠、丹組纓，諸侯之齊冠也。玄冠、紫緌，自魯桓公始也。」蓋凡纓與緌同色，魯桓公易丹組纓爲紫，丹即朱也。鄭注：「蓋僭宋王者之後服也。緌當用繢。」似非是。又古韋弁服韎衣裳，韎與朱色亦同。《左傳》哀十七年：「衛渾良夫紫衣狐裘。」杜注：「紫衣，君服。」服引賈逵同。此即《玉藻》「大夫士狐裘黄衣以裼之」者。梁玉繩《左通補釋》說。《詩・羔羊》疏説韋弁服韎韋衣用黄衣狐裘，若然，渾良夫其衣韋弁服而易衣爲紫與！又《韓非子・外儲説左上》篇云：「齊桓公好服紫衣。」蓋亦韋弁服朱與黄色相近，故皆以紫易之。依韓子說，竊疑《玉藻》「魯桓公」即「齊桓公」之誤也。

以上五事，皆前賢所未及，或足仰裨尊箸之萬一，惟理董而折衷之。此外如《里仁》篇：「德不孤必有鄰。」皇疏：「一曰鄰報也。」蒙案皇引別說，古書罕見，惟《文選・李少卿答蘇武書》云：「陵雖孤恩，漢亦負德。」李善注云：「言陵無功以報漢，爲孤恩。」「《論語》曰：『德不孤，必有鄰。』」崇賢說似與皇疏別義同。《泰伯》篇：「《關雎》之亂。」《集解》鄭注：「魯大師摯識《關雎》之聲，而首理其亂。」蒙案《晉書・司馬彪傳》云：「《春秋》不修，則仲尼理之。《關睢》既亂，則師摯修之。前哲豈好煩哉？蓋不得已故也。」紹統此説，正用鄭義，可爲左證。《子罕》篇：「且予縱不得大葬，予死於道路乎。」《集解》：「大葬，君臣禮葬。」蒙案何説，肊定無徵，攷《周書·大聚》篇云：「立職喪以卹死，立大葬以正同。」此「大葬」義疑與彼同。❶ 蓋周時命士以上，喪葬皆公有司助治其事，《周禮·職喪》與《士喪》、《既夕》兩篇可證也。此皆瑣屑義證，并附陳之，以備財擇。尊疏體大思精，遠軼皇、邢，匆遽未遑盡讀，竢更孯繹。儻有所窺，當續録奉質也。惟鑒不宣。

與海昌唐端夫文學仁壽論説文書

端夫先生書侍：

前侂望江倪大令奉寄一書，並子高所校《荀子》四册，度已達左右。昨誦教畢，敬審箸福無量，至爲欣慰。承示《賈子》倫猥之義，精塙不刊，欽佩何似！詒讓近校《墨子》，於畢、蘇諸家外，頗有所寤。又經《經説下》篇，以旁行讀之，亦略得其䚡理，惜猝未易寫定爾。又近讀《説文》，以段氏《注》與嚴氏《校議》、王氏《句讀》參綜校覈，亦略有管窺，謹剌舉一二奉質。

如示部：「禳，磔禳，祀除癘殃也。」段校改「癘」爲「厲」，云：「厲殃，謂厲鬼凶害。各本作『癘』，誤。」今案：舊本不誤。《周禮·女祝》云：「掌以時招梗禬禳之事，以除疾殃。」許疑即本彼文，「除癘殃」猶云「除疾殃」，不必依段校作「厲殃」也。鳥部：「鴇，鴇鳥也。肉出尺胾。」今案：「肉出尺

❶「大」，原作「天」，據《逸周書》改。

胾」説謁舛難通，宋校文義，疑當作「肉中炙胾」。鴇鳥可供膳羞，見《内則》，《詩·陳風·墓門》孔疏引陸璣《艸木疏》説鴞云：「其肉甚美，可爲羹臛，又可爲炙。」《周禮·射鳥氏》「掌射鳥」，鄭注云：「鳥謂中膳羞者，鳥、雁、鴇、鴞之屬。」是鄭以鴇與鴞同爲中膳羞之鳥，故許云「肉中炙胾」，猶陸元恪説鴞可爲羹臛炙矣。肉部：「臑，臂羊矢也。」段校改作「臂羊豕曰臑」，注云：「《鄉射禮》音義引《字林》『臂，羊豕也』，《禮記》音義引《説文》『臂，羊犬也』，皆不可通，今正。」今案：宋本文固不可通，段校亦未允，此實當作「臂美肉也」。《淮南子·詮言訓》許注云：「臑，前肩之美也。」「臂美肉」猶云「前肩之美」，以許義證許書，此注之誤焯然無疑。蓋「羊」即「美」之壞字，「矢」則「肉」之謁，隋唐人俗書「肉」作「宍」，與「矢」、「犬」形並相近，傳寫舛易，校者不宋，又以「矢」、「豕」音近，誤改爲「豕」，遂益不可究詰矣。《經典釋文》引許、吕書，並後人誤改，不足據。亯部：「𦎫，孰也。❶一曰鬻也。」今案：「𦎫」不得訓「鬻」，疑「鬻」字當作「鬻」。《周禮·内饔》注云：❷「亨，煮也。」「鬻」、「煮」古今字，許意古書「𦎫」、「孰」、「亯」三字互通，故别出此訓。攷丮部云：「䎎，食飪也。从丮、𦎫。《易》曰：『孰飪。』」今《易·鼎》象傳云：❸「以木巽火，亯飪也。」是「亯」、「孰」二字相通，故許於「𦎫」下附綴亯煮之訓矣。《周禮·司裘》注以「𦎫」爲射埻，「埻」本義與「埻」同字，亦「𦎫」、

❶「孰」，原作「就」，據《説文解字》改。

❷「内」，原作「外」，據《周禮注疏》改。

❸「象」，原作「象」，據《周易》改。

「埶」相通之例也。木部：「核，蠻夷以木皮爲匧，狀如籢尊之形也。」今案：此義古書未見，竹部：「籢，鏡籢也。」與酒尊絶不同，此「尊」疑當爲「籫」。竹部：「籫，竹器也。讀若纂。」其字與「籢」正相次，經典通作「篹」，《士冠禮》作「匴」，鄭注云：「匴，今之冠箱也。」古文『匴』爲『篹』。」宋本又作「纂」，冠箱與鏡籢形相近，故許兼舉以況木匧也。「篹」隸書與「尊」相似，許書説解中往往有俗別字，皆傳寫相沿之誤，此注蓋本作「籢籫」，或改爲「籢篹」，於義尚合，三寫成「尊」，遂不可通矣。 䣈部：「鄉，國離邑。民所封鄉也，」「封圻之内六鄉，六卿治之」。今案：「封鄉」義難通，疑當作「對鄉」。《釋名·釋州國》云：「鄉，向也，衆人所向也。」即用許義。「封」、「對」字形相似，又涉下「封圻」而誤。「鄉」、「向」同，許、劉以「向」釋「鄉」，皆依聲爲訓。 人部：「僂，尫也」，「周公韤僂，或言背僂」。段云：「韤者，足衣。韤僂者，由足背高隆然如背之僂也。未聞出何書。」今案：「韤」當爲「末」之叚字，《素問·通天》篇：「䐃然末僂。」《莊子·外物》篇云：「末僂而後耳。」《釋文》引李云：「又謂背膂也。」《淮南子·墬形訓》：「其人末僂修頸。」高注云：「末，猶脊也。」是「末僂」即背僂。《白虎通義·聖人》篇云：「周公背僂。」即所謂「周公韤僂」也。段望文生訓，未得其義。 魚部：「魿，蟲連行紆行者。」今案：魿之爲蟲，經典無見。文「連行紆行」，見《考工記·梓人》，鄭注云：「連行，魚屬；紆行，蛇屬。」但一蟲不得兼兩行，竊疑許意以「魿」爲水蟲之通名，似當爲「鱗」之別體。殆《周禮》故書「鱗」字或有如此作者，而許收之邪？ 斗部：「料，量物分半也。」❶段云：「《漢書》：『士卒食半菽。』孟康曰：『半，五斗器名也。』王劭曰：『言半，量器名，容半升也。』今按：❷『半』即『𣁄』也，《廣韻》𣁄注五升，然則孟康語『升』誤『斗』，王劭語『斗』誤『升』，當改正。《集韻》云：『一曰升五十謂之𣁄。』當有誤。」今案：「𣁄」蓋爲半量，「升」、「斗」、「斛」大小通稱。王云「半升」，《廣韻》云「五升」，即半斗。孟云「五斗」，即半斛也。《集韻》「五十升」與孟説「五斗」同。三義咸不誤，段獨斥孟、王説，殊未宷矣。車部：「輜，輧車前，衣車後也。」段校依《左傳》孔疏、《文選》注，改爲「輜輧，衣車也。輧，車前衣也。車後爲輜。」案：此不當改。漢時有輜車、輧車、衣車，三者制蓋略相類，故下文云：「輧，輜車也。」段校改「輜輧也」，亦非。《後漢書·梁冀傳》李注引《蒼頡篇》又云：「輧，衣車也。」《釋名·釋車》云：「輜、輧之形同，有邸曰輜，無邸曰輧。」《宋書·禮志》引《字林》云：「輧車有衣蔽，無後轅。其有後轅者，謂之輜。」明其形大同，惟以前後衣蔽及開户爲別異。蓋輜車後面開户，《周禮·巾車》鄭注云「輜車後户」是也。輧車則四面有衣蔽，故《釋名》云：「輧車，輧，屏也，四面屏蔽，婦人所乘牛車也。」是前後皆不開户矣。若衣車則後有衣蔽，而前開户，可以啟閉，與輜車正相反，故《釋名》云：「衣車前户，所以載衣服之車也。」若然，輜車前有衣蔽，有似輧車，而後有開户，又似衣車，故許云「輧車前，衣車後」也。段氏不解，乃妄爲竄易，失之遠矣。酉部：「醢，泛齊行酒

❶「分」，原作「方」，據《説文解字》改。
❷「今」，原脱，據《説文解字注》補。

也。」今案：「行酒」段無説，其義當爲薄酒。《九章算術・盈不足》篇：「醇酒一斗，錢五十；行酒一斗，錢一十。」「醓」疑即《内則》之「濫」也。

以上諸條，或足補茵舊校之闕，惟執事審定之，幸甚。

與梁卓如論墨子書

前讀大箸《變法平議》，於中國貧弱窳敗之故，洞究原本。俾圜顱方趾之倫，昭然發其蒙蔀。微管之望，中外翹印，深以未得奉手承教爲憾。頃奉誦惠畢，猥以前呈拙箸《墨詁》，厚荷藻飾，有逾涯分，伸紙⿰詈几繹，尤增愧悚。讓少溺於章句之學，於世事無所解。曩讀墨子書，深愛其撢精道術，操行艱苦，以佛氏等慈之指，綜西士通蓺之學，九流匯海，斯爲巨派。徒以非儒之論，蒙世大詬，心竊悕之。肄校廿年，略識指要，遂就畢本，補綴成注。然《經説》諸篇，閎義眇恉，所未窺者尚多。嘗謂墨經楬舉精理，引而不發，爲周名家言之宗。竊疑其必有微言大例，如歐士論理家雅里大得勒之演繹法，培根之歸納法，及佛氏之因明論者。惜今書譌闕，不能盡得其條理。而惠施、公孫龍竊其緒餘，迺流於儇詭口給，遂別成流派，非墨子之本意也。

拙箸印成後，閒用近譯西書覆事審校，似有足相證明者。如《經上》篇云：「佊有以相攖，有不相攖也。」此疑即《幾何原本》所云：「兩直綫於同面行，至無窮，不相離亦不相遠，而不得相遇，爲平行綫。」「有以相攖」即不相離不相遠之意，「有不相攖」即不得相遇之意，此殆亦形學之精理矣。又如《經説上》云「無久之不止，有久之不止」二語，似即力學永静永動之理，而與奈端「静者不自動，動者不自止」之例，亦復冥契。又如《經下》云：「火不熱。」似亦熱學之濫觴。蓋熱無盡畛，以西人寒暑表測之，光熱相生，大抵不逾二百度，已足成燄。而近日化電諸家所能成之熱，已有增至三四千度者。新法日孳，熱度所至，亦復無竟，則一星之然，不翅冰畛矣。而説迺以目見火不見熱爲釋，則義殊淺隘也。若此諸義，蓄之匈臆者匪一，因於西書所見甚少，其算例精緐者，復苦不能盡解，媿未洞窺宧奧，又慮近於皮傅，未敢箸之於篇。以執事孯綜中西，當代魁士，又夙服膺墨學，輒剌一二奉質，覬博一弞耳。總之，經《經説》上下及大小《取》六篇，文義既苦奥衍，章句又復褫貿，昔賢率以不可讀置之。叒山刊誤，致力甚勤，而於此六篇，竟不箸一字。專門之學，尚復如是，何論其它！唯貴鄉先達蘭浦、特夫兩先生，始用天、算、光、重諸學，發揮其恉，惜所論不多。又兩君未遘精校之本，故不無望文生訓之失。蓋此學晐舉中西，郵徹曠絶，幾於九譯迺通，宜學者之罕能津逮也。近欲博訪通人，更爲《墨詁》補義，儻得執事賡續陳、鄒兩先生之緒論，宣究其説，以餉學子，斯亦曠代盛業，非第不佞所爲望塵擁篲，翹盼無已者也。

承詢學約，迺前年倭議初成，普天憤懣之時，讓適以銜恤家居，每與同人論及時局，憂悶填匈，輒妄有綴述，聊作豪語，以强自慰藉。大恉不出尊箸説群之意，而未能精達事理，揆之時勢，萬不能行。平生雅不喜虚憍之論，不意褎抱鬱激，竟身自蹈之。及讀鴻議，迺知富强之原，在於興學，其事深遠，非一蹴所能幾。深悔前説之孟浪，已拉雜摧燒之矣。鄉亦未敢以示人，不審道希學士，何從得之，猥荷垂詢，彌切汗顔。此外閒有匃緝，大抵芻狗已陳，屠龍無用，不足印塵閎覽。兹勉檢舊刻兩種，奉呈大教。瑣屑校讎，無益時需，儻足共覆醬瓿耳。

與友人論金文書

承示金文拓本，皆精，足資攷證。有肊見兩事，於古書奇字略有所痞，但苦少左證，不敢自信，敬以質之左右。

嫿妊壺，阮氏《積古齋》箸録，「嫿」字右實从「疊」，古字書所無。《説文》唯有「疊」字，隷晶部，引楊雄説，以爲「古理官決罪，三日得其宜，乃行之。从晶、宜。亡新以从三日大盛，改爲三田」。楊説甚迂曲，幾乎廷尉説律，以字斷法矣。今宷校此偏旁，「疊」字乃不从「宜」而从「且」，與許説「宜，从宀之下、一之上，多省聲」者不合，則从宜疑秦漢人所改易，楊説與古文絶不相應。「晶」作「○○○」者，與《説文》「曐」古文作「曐」、「曑」或作「曑」同意，許説「星」字，引「一曰象形，从○。古○復注中，故與日同」，是三「○」本象星，後乃加注成「日」，是「○○○」象實較「晶」爲古，其與「決罪三日」之義尤不相謀矣。至俗書之以三日爲三田，乃因漢隷从「晶」之字多誤爲「厽」，如「曑」之作「參」是也。《玉篇》：「厽，《尚書》以爲『參』字。」《書·西伯戡黎》：「乃罪多參，在上釋之。」馬融云：「參字累在上。」即誤以「晶」爲「厽」，又誤以「絫」、「纍」爲一也。而「厽」與「畾」又復相掍，《説文》無「畾」字而有「畾」聲，與「厽」聲類異部。如「絫」、「纍」之互譌是也。

「疊」之从三「田」，蓋亦蒙彼而變，未必果亡新甄邯等所爲爾。❶ 抑不佞更有鑿空皮傅之説。攷《大戴禮記・帝繫》，説黄帝娶于西陵氏之子，謂之嫘祖氏，産青陽及昌意。「嫘」，《史記・五帝本紀》説同，《國語・晉語》韋昭注引《帝繫》作「纍」，《漢書・古今人表》作「絫」，司馬貞《史記索隱》引《帝王世紀》作「累」，即「絫」之俗。張守節《史記正義》又作「傫」，《山海經・海内經》又作「雷」，「嫘」字亦《説文》所無。竊意黄帝妃名或本作「女⿰女疊」，後人不識此字，誤分爲二，以三日爲「纍」、「絫」，以「且」爲「祖」，展轉譌變，遂至忘其本始。此雖馮肊推測，荒遠無徵，然古書類是者甚多，固未敢決其必無。要古文自有从「晶」、从「且」之字，其與小篆「疊」字形義必不能强合。子雲好奇字而未必見金文，或不無鄉壁虚造之説乎！

無⿰氵⿱鹵皿戈文曰：「亡⿰氵⿱鹵皿右。」「亡」、「無」古字通，「亡⿰氵⿱鹵皿」疑即「無鹽」，周時爲齊邑，此戈即其地所鑄。「右」者，右軍所用。程氏《通藝録》載古戈有曰「高陽左」者，是其例也。但「鹽」字作「⿰氵⿱鹵皿」，古字書未見。《説文》「鹽」从「鹵」、「監」聲，此篆从「鹵」，當即「鹵」字。然增「水」形而省「監」聲之「卧」，於字例究難通。豈因海鹽、盬鹽皆煮水所成，故从水，而「⿱鹵皿」下當爲「血」，或即「監」之省邪？竊見濰縣陳氏毛公鼎「簟笰」字作「⿱竹⿱鹵皿弼」，「⿱竹⿱鹵皿」从「竹」、从「⿱鹵皿」，與此戈「⿰氵⿱鹵皿」字偏旁正相類，其以「鹵」爲「鹵」亦同。依《説文》，「⿱鹵㫗，長味也。从㫗，鹹省聲」，而依鼎文，「簟」字古文「⿱鹵㫗」，字或从「鹵」、从「皿」，則固不从「㫗」矣。以此證之，疑戈文

❶「邯」，疑爲「豐」字之誤。

「瀘」即「潭」之古文。檢段氏《六書音均表》，「覃」在七部，「鹽」在八部，音本相近，古韻二部多相出入，以「潭」爲「鹽」，於叚借之例亦自得通。因思《説文》「覃」下有古文作「□」，下从「□」，不能成字，竊疑或即「皿」之誤。此戈「瀘」下从「□」，其左右旁出之筆微刓缺，便成「□」形，與「□」極相似，或許君見其時郡國所出鐘鼎，从「覃」之字有如是作者，而傳寫誤以「皿」爲「□」，遂無義可説。以毛鼎及此戈證之，似亦尚可推測，非鄉壁虛造比也。許書古籒文不免傳譌。如「䢅」下从「彖」而譌作「彔」。車之籒文左象一軸貫兩輪，右象一輈持衡又箸兩軶之形，而譌作二「車」二「戈」。此類甚多，固當據金文以正之矣。

右二義皆掤獲肊定，不佞亦自病其耆奇弔詭，古藉閒闕，無可質證。以執事精鑒，聊獻之，以博一笑爾。

與友人論動物學書

動物之學，爲博物之一科，中國古無傳書。《爾雅》蟲、魚、鳥、獸、畜五篇，唯釋名物，罕詳體性。《毛詩》陸疏，恉在詁經，遺略實衆。陸佃、鄭樵之倫，摭拾浮淺，同諸自鄶。西歐此學，箸録殊夥。自布拉默特人蝯以下，逮於動植，不分微生、原蟲，靡不包綜，信專家之盛業。惜西人於中國古籍匙能淹貫，不能稽覈同異耳。

不佞譾陋，閒就譯册，研涉一二，嘗取其説與中籍互相推校，頗多符合。如西士區世界人類爲六等，咸以膚色別之，而形體則大同。中土經籍所紀則有鄋瞞、長狄、僬僥小人，春秋以後，種類殆絶。而今南亞墨利加洲極南、阿根庭國屬地巴他峩尼土人極長大，竊疑彼洲西北端與亞細亞洲僅隔一白令海峽，距離不遠。相傳古亞洲人有自海峽渡海而至墨洲者，今墨西哥、祕魯、智利尚有其遺跡。然則巴他峩尼之土人，豈即汪芒之遺胄，爲華人所擯逐而易種於彼者與？僬僥小人，《山海經·大荒南經》、《海外南經》兩紀之，《淮南·墜形》篇及韋昭《國語》注並謂西南方，《説文》則云南方，《後漢書》安帝永和元年，❶永昌徼外僬僥種夷貢獻内屬，是漢時西南徼外尚有此種。《史記》正義引《括地志》又云：「小人國在大秦南。」漢唐之大秦，即羅馬，今爲意大利國都，則遠在歐洲矣。近居北極冰區之弗幾安種族，人多短小，亦或其遺胄。而德意志治人類學者薩敗亞斯氏，謂太古時歐洲某部爲矮小人種，嘗於布賴司諾地中發見小人遺骼。又有巴斯羅紀瑞西小人，格脱們紀沙克諾麥小人，其長皆不過一米突有奇。以中度校之，與《魯語》孔子説「僬僥長三尺」之文頗合。《説文》及《淮南》高注説並同。又謂希賴西亞有小人種，當西秝一千年時尚存，則與唐魏王泰時約略相值，《括地志》所云，■西書足相參證矣。❷

至古鳥獸蟲魚種類，今既多絶滅，古籍所紀尤疏略，非徒《山海經》、《周書·王會》所説珍禽異獸，荒遠難信，即《爾雅》所云比肩民、比翼鳥之等，咸不爲典要。而《詩》、《禮》所云螟蛉果蠃、腐草爲螢，以逮鷹鳩爵蛤之變化，稽覈物性，亦殊爲疏闊。然如《山海經》「犰狳」即南亞墨利加所産阿馬底

❶「永和」，據《後漢書》當作「永初」。
❷「西」上墨丁，中華本作「與」，可從。

羅,「文鰩」即印度海所産之飛魚。《王會》「息慎大麈」,即今吉林所産四不象。今中西學人咸能質言之,是皆實有其物,則固不能盡斥爲誣也。又今澳大利亞洲多八竅有袋之獸,似即《大戴禮記·本命》篇注引《異物志》所云「囊貍卵生」者,今其種中土久絶,無復知其名矣。又西人推動物遞嬗之跡,謂鳥爲爬蟲所化,近美國掘地得化石,鳥形而有蛇尾,謂之始祖鳥。攷《玉篇》鳥部:「鷂鳩,鳥喙蛇尾。」或即始祖鳥之遺。鄒叔勣《讀書雜識》謂今首望山中有蛇尾雀,大如鳩,尾如蛇,長尺餘。則始祖鳥或絶滅於彼,而轉存於中土,未可定也。

又西人治地質學者,於地中恒得古大象之骨,牙長丈餘。近俄羅斯里那河於永冰内得大象,自鼻至尾長十七尺,高約九尺,牙長九尺七寸。《説文》象部云:「豫,象之大者。」若然,倉史作書時,中土自多大象,故特爲製字。西人所得,殆即所謂「豫」乎? 又中土古有蜮,《詩》、《春秋》皆詳言之,《説文》虫部及《左傳》孔疏引《洪範五行傳》説其形,並云「似鼈三足,以气射害人。」今水蟲絶不聞有以气害人者,而印度有電魚,形如木勺,能發電傷人物,竊疑古蜮即電魚,射人之气即電耳,而謂爲含沙射影,則不經之論也。其形如木勺有尾,説者不宷,遂謂「似鼈三足」。《抱朴子·登陟》篇説蜮如鳴蜩,口中有物,如角弩。當是别種,與劉、許所説異也。今動物學書説諸蟲獸有足者,無多少皆以偶數,絶無三足者。而《爾雅》有鼈三足能、龜三足賁,殆皆傳之失實矣。《爾雅·釋獸》「豶有力」,郭注云:「出西海大秦國。有養者,似狗多力,獷惡。」《唐書·拂菻傳》亦謂有此獸,「拂菻」即東羅馬國。攷今西國有畜海乙那者，似狗而性凶惡，疑即所謂「贙」也。又《釋畜》馬屬「騉駼，枝蹄趼」，郭注：「騉駼，亦似馬而牛蹄。」《釋文》引舍人云：「枝蹄者，枝足也。」西士論動物進化之理，謂馬祖曰巴利阿利巴者，趾骨有三，與今馬一趾異。而馬爾西地質學書，紀美國古地層中常掘得四趾、三趾之馬，謂馬趾自四漸減而爲一，爲古今之進化。然則「枝蹄」殆即馬之三趾者。又西士謂太古羊骨有四爪，今亦止一，《釋獸》「闕洩多狃」，❶注引舊説云：「脚饒指而不能舉。」其物或亦即馬羊多趾爪之類與？他如北海冰地多白狐，即《爾雅》之「貔，白狐」。地中海有劍刀魚，觜有利劍，長可十有五尺，即《尚書大傳》之北海魚劍、鄭注「魚兵如劍」者。若此之倫，尤不可殫數也。至於中國四靈麟、鳳、龍三者，後世幾絶迹，西儒多不信，然檢動物書，説新幾尼亞島有霧鳥，其羽毛華美氄縟，西人謂之埃田園中之緑鳥，或謂即鳳鳥。龍則歐洲所出，地中殭石白堊紀中有所謂蒼龍、蟒形龍者，其類甚衆。又有飛鼉者，近人或謂即龍，亦略相近。而麟似即麇鹿之別種，天壤閒亦容有其物。唯西人以阿非利加所産長頸鹿西名知兒拉夫者當之，殆不足信。而中土所傳雲龍風虎，休徵瑞應，則挨之科學，萬不能通。今日物理既大明，固不必曲徇古人耳。

執事閎覽博物，冠軼倫輩，豹鼠之辨，方軌乎終軍，駁馬能名，靡讓於貢父，輒就筦窺瑣屑奉質，或不訶其傅會乎！

❶「獸」，原作「畜」，據《爾雅》改。

左盦集

〔民國〕劉師培　撰
陳　絜　校點

目録

校點説明

劉師培（一八八四—一九一九），字申叔，又名光漢，别號左盦。光緒二十八年（一九〇二）舉人，爲清代經學大家江蘇儀徵劉文淇之曾孫。早年積極從事反清排滿活動，在上海主持《警鐘報》，針砭時事，倡導革命，先後加入中國教育學會、光復會、同盟會等組織，並參與萬福華行刺王之春行動，爲激進的革命黨人。後因與章太炎等失和，轉投端方、閻錫山、袁世凱等權貴，思想蜕變。一九一七年受蔡元培之邀，出任北京大學中國文學門教授。一九一九年一月，與黄侃、朱希祖、馬敘倫、梁漱溟等成立國故月刊社，成爲國粹派的重要代表人物。是年十一月二十日，因肺結核病逝於北京，享年三十有六。

申叔幼承家學，博聞强識，於經史子集無所不窺，爲清末民初著名學者，在國學上與章太炎並稱，當時有「二叔」之目（太炎字枚叔）。一生著述宏富，有《劉申叔遺書》凡七十四種數百萬言遺世。

《左盦集》八卷，乃劉師培手訂的唯一一部個人文集。所録文字，多爲先前刊發於《國粹學報》諸文之改作，涉及經史子集各部之考證與校勘整理，其學可謂博綜通觀，尤於先秦兩漢經史諸子之學多存精義。如《詩》分四家始於西漢之説，《禮記·王制》作於漢文帝時之論，《明堂月令》即《周書·月令解》之析，孔子祖述《春秋》之辨，《春秋》三傳成書先後之考，《左傳》之學行於西漢之證，均考辨詳博，持説公允，至今仍有其重要的學術參考價值。他如《義士解》、《釋氏》、《文獻解》、《漢初典制多采古文經考》、《轉注説》、《字義起於字音説》、《古韻同部之字義多相近説》、《字詮自序》、《文史通義言公篇書後》、《古籍多虚數説》諸文，不刊之論，多所存焉。另若《老子斠補自序》、《老子韻表

自序》、《老子韻表自序》諸文，於今人整理各新出簡帛《老子》，亦多有助益。

《左盦集》一書，最初於宣統二年（一九一〇，或説光緒季年）在江寧刊刻，當時並無目次、卷數、頁碼，今所見之雙行註文亦未及填補，所闕文字多施以墨丁，蓋爲未定之本。初刊本罕有傳世，其書板亦於嗣後遭毁。民國十七年（一九二八），北平隆福寺街之脩綆堂書店借得江寧初刻本，補以目次、卷數、頁碼與註文，重爲刊印。今習見者，多爲脩綆堂重刻本。民國二十五年，寧武南桂馨、吴興錢玄同、桂林鄭裕孚等，收集劉師培各類已刊未刊文字七十四種，整理彙編成《劉申叔遺書》數百卷。《遺書》所收之《左盦集》（以下簡稱「遺書本」），以脩綆堂重刻本爲底本，用初刻本加以覆案而刊行。儘管遺書本對脩綆堂重刻本中的訛誤多有改正，但亦有當改而未改者，如卷一《司馬遷述周易考》「周本紀」誤作「周世家」、《明堂月令即周書月令解説》所引「周官」訛作「周公」，卷二《左氏學行於西漢考》所引「漢五行傳」乃「漢五行志」之誤，卷三《釋儒》所引「左傳哀公十七年」當作「二十一年」，而遺書本均沿其誤；其他不當改而誤改者，或當改而改並轉生新訛者，亦時有所見。

此次校點，以脩綆堂重刻本爲底本，遺書本爲校本。凡校本是而底本非者，出校説明。對於避諱字、缺筆字、異體字與版刻習見易混字，一般作逕改處理。劉氏撰文廣徵博引而疏於校對，集中書名、篇目、卷次、内容之訛隨處可見。故此，對氏著所引四部尤其是經史類重要典籍，一般均重核原書。

需要指出的是，劉氏撰作雅好使用唐宋類書，但其版本與今所習見者多有不同。例如其所用《北堂書鈔》乃粤東孔氏刊本（見本集卷二《國語賈注補輯自序》、卷七《白虎通義斠補自序》諸文），文字内容與《四庫全書》本等今日之通行本出入頗大。其他像《白孔六帖》、《初學記》、《藝文類聚》、《太平御覽》等，亦基本如此。例如，劉氏在《明堂月令即周書月令解説》一文中提到，《初學記》卷二十八、《太平御覽》卷九百六十七、九百七十三、九百七十五均曾引《周書》「夏食鬱律」一節，但經核查四庫本《初學記》、《太平御覽》發現，僅《御覽》卷九百六十七有相關引語，曰：「《周禮》曰夏食鬱律桃李杏梅。」實與劉氏所謂之《周書》無涉。又如，劉氏在《釋名書後》中又講：《釋山》「石格也」，《初學記》卷五引作「石硌硌也」；《釋綵帛》「如冰淩之理也」，《類聚》八十一（案：「八十一」實爲「八十五」之訛）引「如」作「似」。但今四庫本《初學記》引作「石硌也」，《類聚》則作「似冰紋之理也」，亦與劉氏所見不同。再如劉氏於《列仙傳斠補自序》中説，《白帖》卷五嘗引衛升卿之事，但遍查今本《白孔六帖》，並無相關文字。諸如此類的問題舉不勝舉。有鑒於此，類書資料的核對，除篇名、卷次等明顯錯訛外，其他文字内容上的差異一般一仍其舊，不加改動。也希望讀者在閲讀時於相關文章要多加留意，轉引則須慎之又慎。

再則，劉氏的治學態度也多少有些問題，好用二手資料並隱匿真實來源。例如，他所援引的金文資料基本出自吴大澂《説文古籀補》，但其行文往往是某器作某、某器銘云如何如何。其他碑刻資料的使用也有類似的問題。這給整理工作帶來了諸多麻煩，改與不改，出校與否，均頗費思量。此也是需要作出特别申明的。

校點者　陳　絜

左盦集敘

有清中葉，淮海之間多以經學世其家者，近世則漸微，惟儀徵劉氏代有傳人。予少從馮金壇師游，時稱及劉氏家學相承之美。越十有餘年，劉君師培之名顯於大江南北，惜未得接其人讀其書也。所著《左盦集》，光緒季年刊於江寧，板已不存，學者往往求而弗獲。都中書肆集資重梓。其文原原本本，殫見洽聞，異乎空疏淺薄者。劉氏家學淵源於兹可見。原刊無目次、卷數、葉數，亦未填注，蓋非定本。其最精湛之文，在光緒以後，此集所未有。今遺稿不知存佚，薈萃以成全帙，殆必有踵爲之者歟！

戊辰夏五銅山張伯英書。

左盦集卷一

揚子劉師培

連山歸藏考

《連山》、《歸藏》，近儒考釋略備。惟《漢書・古今人表》於少典、方雷氏之間有列山、歸臧二氏。「列」、「連」聲轉，「臧」爲「藏」省，則連山、歸藏爲人名，值羲農、黄帝之間，所作占法，因以爲名。杜子春謂「《連山》宓戲，《歸藏》黄帝」，蓋以此二《易》始於宓戲、黄帝時耳，非謂宓戲、黄帝所自作也。皇甫謐《帝王世紀》以《連山》爲炎帝，别爲一説，不與班、杜同。此邃古之《連山》、《歸藏》也。鄭君《易贊》謂「夏曰《連山》，殷曰《歸藏》」，蓋夏用列山氏占法，商用歸藏氏占法，非《連山》作於夏、《歸藏》作於殷也。《鄭志》謂「《連山》、《歸藏》，近師皆以爲夏、殷」，蓋近師指施用之朝言，子春就造作之始言也。

周人引《連山》、《歸藏》，舍《禮運》所稱坤乾外，於古籍鮮明文。而《北堂書鈔》卷九十五引桓譚《新論》云：「《厲山》藏於蘭臺，《歸藏》藏於太卜。」《太平御覽》卷六百〇八引《新論》云：❶「《連山》八萬言，《歸藏》四千三百言。」似漢世此書猶存。孫氏《周禮正義》疑《漢志》偶失著録。今案《漢志・術數略》蓍龜類載《夏龜》二十六卷，《南龜書》二十八卷。「南」、「商」形近，「南」

❶「卷六百〇八」，原作「卷百八十」，據《太平御覽》改。

疑「商」之訛。此即桓氏所謂《連山》、《歸藏》也。《隋志》謂《歸藏》漢初已亡。蓋《連山》、《歸藏》至漢已佚，惟夏、殷占法猶存，因以「連山」、「歸藏」之名被之耳。鄭君《禮運》注所稱「殷陰陽之書，存者有《歸藏》」，亦指桓氏所稱者言也。漢代以後，二書猶存。《帝王世紀》引《連山》云：「禹娶塗山之子，名曰攸女，生余。」《玉海》三十一引。《水經・淮水》注引《連山易》云：「有崇伯鯀，伏於羽山之野。」蓋均桓氏所稱之《連山》，惜所引僅隻詞，末由考其繇文耳。惟《歸藏》著於《七録》，《隋志》有十三卷，晉太尉參軍薛貞注。《隋志》言：「漢初已亡。晉《中經》有之，惟載卜筮，不似聖人之旨。以本卦尚存，故取冠於周《易》之首。」《唐書・藝文志》同。宋《崇文總目》、《中興書目》均云：「存《初經》、《齊母》、《本著》三篇。」《文獻通考》引《崇文總目》云：「今但存《初經》、《齊母》、《本著》三篇，文多闕亂，不可訓釋。」《玉海・藝文》類引《中興書目》同。近朱氏竹垞《經義考》詳輯佚文，嗣馬氏《玉函山房》、嚴氏《全上古三代文》均有輯本。彙觀其語，半屬繇詞，與《隋志》所稱「僅載卜筮」合。此又《歸藏》即《漢志》「商龜書」之證也。特唐代以前諸書所引，均十三篇之文；宋人所引，則《初經》、《齊母》、《本著》三篇，其有出於三篇外者，則由他籍所引轉録者也。雖非殷《易》之舊文，然均龜書之佚語。惟桓氏所稱《連山》，至隋已亡。

《北史・劉炫傳》言：「炫僞造書百餘卷，題爲『連山易』、『魯史記』等，録上送官。」而《唐書・藝文志》亦載：「《連山》十卷，司馬膺注。」今觀《史記・夏本紀》索隱引《連山易》有「鯀封於崇」一語，李淳風《乙巳占》所引又有「姮娥筮於有黄」事，悉本張衡《靈憲》，蓋即炫本。則炫書雜採古籍而成。黄佐《六藝流别》及羅泌《路史》所引《連山》，别有爻詞、象詞，亦均炫書，非桓氏所稱之書也。故《崇文總目》諸書均無其目。蓋僞，爲宋人所共悉，與《歸藏》流傳有自者不同。惟宋代以後，桓氏所稱之《歸藏》、劉炫僞造之《連山》，悉歸亡佚，而明人之僞《三墳》興矣。

易繫詞多有所本説

漢儒列《易繫詞》于《十翼》，以爲孔子作，或稱爲《大傳》，前儒久有定論。惟《繫詞》之文，雖成于孔子，其説均有所承。《説苑・君道》篇引泄冶之言曰：「《易》曰：『夫君子居其室，出其言善，則千里之外應之，況其邇者乎！居其室，出其言不善，則千里之外違之，況其邇者乎！言出乎身，加乎民；行發乎邇，見乎遠。言行，君子之樞機。樞機之發，榮辱之祖也。言行，君子之所以動天地，可不慎乎！天地動而萬物變化。』」案：泄冶所引，惟末句爲今《易》所無，餘均載于《繫詞上》篇。王伯厚《困學紀聞》謂泄冶在夫子前，而引《易大傳》文，疑《説苑》所記爲非。不知孔子《十翼》之文多有所承。如《乾・文言》釋「元亨利貞」，與穆姜所言悉符。穆姜所言，蓋係《易》學相傳之誼，孔子作《文言》取之，則《繫詞》之中亦多舊誼。「君子居室」數言，必係周代説《易》者所傳，故泄冶引其文，孔子採其説，不得以《説苑》爲誣也。昔惠氏定宇謂《論語》多述前言，以證「述而不作」之義。今觀泄冶所引，則惠氏之説益信也。

司馬遷述周易考

西漢《易》學本於田何。《漢書・儒林傳》言，田何「授東武王同子中、雒陽周王孫、丁寬、齊服生，皆著《易傳》數篇。同授淄川楊何」，又謂丁寬「事何，至雒陽，復從周王孫受古義」。是王同之《易》僅授楊何，雖與丁寬同出田何，然厥後施、孟、梁丘三家，均承丁寬弟子田王孫之傳，而王同之學遂絶。惟《儒林傳》又言，梁丘賀「從大中大夫京房受《易》」。房者，淄川楊何弟子也。房出爲齊郡太守，賀更事田王孫。宣帝時，聞京房爲《易》明，求其門人，得賀」，是梁丘之學，兼由京房溯王同、楊何之傳，然亦與丁寬相雜。時傳楊何《易》學者，又有司馬談。《史記・太史公自序》言「談爲太史公，受《易》於楊何」，是談與京房同師。談子爲遷，則《史記》述《易》之詞，必爲王同、楊何故誼。考《史記・仲尼弟子列傳》云：❶「商瞿，魯人，字子木。孔子傳《易》於瞿，瞿傳楚人馯臂子弘，弘傳江東人矯子庸疵，疵傳燕人周子家豎，豎傳淳于人光子乘羽，羽傳齊人田子莊何，何傳東武人王子中同，同傳菑川人楊何。」❷《儒林傳》云：「自魯商瞿受《易》孔子，孔子卒，商瞿傳《易》。六世，至齊人田何，字子莊，而漢興。田何傳東武人王同子仲，子仲傳菑川人楊何。何以《易》元光元年徵，官至中大夫；齊人即墨成以《易》至城陽相；廣川人孟但以《易》爲太子門大夫；魯人周霸、莒人衡胡、臨菑人主父

❶「仲尼弟子列傳」，原作「孔子弟子傳」，據《史記》改。

❷「菑」，原作「淄」，據《史記》改。

偃，皆以《易》至二千石。然要言《易》者本於楊何之家。」此史公敘《易》學之傳授也。僅言田何授王同而不及丁寬諸人，又僅言王同授楊何而弗及京房諸人，復言言《易》者本楊何，則史公言《易》，傳父談之學，由楊何上溯王同之傳，與丁寬所傳稍別。或謂本于「楊何」當作「田何」。不知班據施、孟、梁丘三家之説，馬承楊説，師承不同。

今考《太史公自序》云：「余聞之先人曰：『伏羲至純厚，作《易》八卦。』」《周本紀》云：❶「西伯囚羑里，蓋演《易》之八卦爲六十四卦。」《太史公自序》曰：「西伯拘羑里，演《周易》。」是談、遷均以八卦爲伏羲作，重卦爲文王作。據《日者傳》引司馬季主言，則六爻必文王所作。又考《孔子世家》云：「孔子晚而喜《易》，《序》、《正義》云：「《序卦》也。」《彖》、《繫》、《象》、《説卦》、《文言》。讀《易》，韋編三絶。曰：『假我數年，若是，我于《易》則彬彬矣。』」是遷以《彖傳》、《象傳》、《繫辭》、《文言》、《説卦》、《序卦》均爲孔子作也。不言《雜卦傳》者，或楊何所傳之本與施、孟、梁丘不同，合《雜卦》于《説卦傳》；或上下經而外，僅分《序》、《彖》、《繫》、《象》、《説卦》、《文言》爲六卷，其次與《史記》所序同，與施、孟、梁丘十二卷之本不合，不得執班《志》所載篇目相附合也。又《史記》釋《易》之文亦多古誼。如《屈原傳》引《易》曰：「井渫不食，爲我心惻，可以汲。王明，並受其福：王之不明，豈足福哉！」「泄」、「渫」古通，「以」、「用」互訓，此承上文楚懷言，謂王以不明喪福也，則「並受其福」亦指王言。《太史公自序》云：「故《易》曰：『失之豪釐，

❶「周本紀」，原作「周世家」，據《史記》改。

差以千里。』故曰：臣弑君，子弑父，非一旦一夕之故也，其漸久矣。」「失之豪釐」二語，見于《易緯通卦驗》，《坤靈圖》同。而賈誼《新書》《胎教》篇。及《漢書·東方朔傳》均引爲《易》文，或楊何所傳之本有此二語；「臣弑君」以下，亦「坤」《文言》之詞；「其漸久矣」，《易》作「其所由來者漸矣」，引經之省文也。「旦」字作「朝」，則以訓故代本字。據《史記》上文言「弑君亡國皆由失其本」，「本」即《易》之所謂「積善」也，則「弑君亡國」即《易》之所謂「殃」，言殃由積而成也。以《易》文互相訓釋，略與費氏家法符，疑皆楊何説《易》之例。其有稿本父談之説者，如談《論六家要指》，首引《大傳》「同歸殊途，一致百慮」語，以明「子曰：六藝於治一也」；《高祖功臣侯年表》亦云：「居今之世，未必盡同，帝王者各殊禮而異務，要以成功爲統紀。」《龜策傳》言夏、殷、周卜筮法，謂「大小先後，各有所尚。要其歸等耳」；又曰：「化分爲百室，道散而無垠，故推歸之至微。要潔於精神也。」❶亦均「同歸殊塗，一致百慮」之旨也。又談《論六家要指》曰：「嘗竊觀陰陽之説，大祥而衆忌諱，使人拘而多所畏。」又以陰陽、四時、八位、十二度、二十四節各有教令爲未必然。《史記》論卜筮諸術，均遵其誼。如《日者傳序》曰：「王者之興，何嘗不以卜筮決于天命哉！」❷《龜策傳序》曰：「王者決定諸疑，參以卜筮，斷以蓍龜。」又言「君子謂夫輕卜筮、無神明者，悖；背人道、信禎祥者，鬼神不得其正」，蓋史遷説《易》不譏卜筮之誣，亦不拘墟于卜筮，與術數家言迥別，然均上

❶「精神」，原作「精術」，據《史記·龜策列傳》改。
❷「天命」，原作「大命」，據《史記·日者列傳》改。

承父談之傳，而楊氏説《易》之家法亦於此可睹矣。又《史記·外戚世家》曰：「《易》基乾坤。」《田敬仲完世家贊》曰：「蓋孔子晚而喜《易》。《易》之爲術，幽明遠矣！非通人達才，孰能注意焉！」《滑稽傳序》引孔子語曰：「《易》以神化。」《太史公自序》曰：「《易》以道化。」又曰：「《易》著天地、陰陽、四時、五行，故長於變。」案：《周易》不言五行。此言「《易》著五行」，或楊氏説《易》已以五行之説相參，故史遷本之爲説。若「《易》長於變」，則以「易」爲「變易」之誼，蓋指窮變通久、變動不居諸説言。疑均王同《易》傳之誼，由楊何以授司馬談，故史遷著之史册。若《律書》以律曆通五行、八正之氣，並論陰陽盛衰；《天官書》言天運之變，旁及天人相與之故，或亦楊氏所傳。

自是以外，有可證古《易》異字者。如《天官書》云：「仰則觀象于天，俯則法類于地。」足證楊本「取法」作「法類」。又云：「是以孔子論六經，紀異而説不書。至天道命，不傳；傳其人，不待告；告非其人，雖言不著。」足證楊本「苟非」作「告非」。《伯夷列傳》云：「同明相照，同類相求。」足證楊本「同氣」作「同類」。又如《楚元王世家贊》言「國之將亡，賢人隱」，此即「天地閉，賢人隱」之義也；《留侯世家贊》言「學者多言無鬼神，然言有物」，此即「精氣爲物」之義也；《伯夷列傳》言「天道無親，常與善人」，斯語據後漢郎顗所引，碻屬古《易》佚文，此均史遷諳明《周易》之徵。若夫《春申君列傳》載歇上秦王書，引《易》「狐涉水，濡其尾」二語，「汔濟」作「涉水」，或係黄歇所據之本，或係史遷所改易，均難臆測。又《蔡澤傳》載澤言，亦引「亢龍有悔」。然據《太史公自序》謂「先人有言：『孔子卒後至於今五百年，有能紹明世，正《易》傳，繼《春秋》，本《詩》、《書》、《禮》、樂之際，意在斯乎！意在斯乎！』小子何敢讓焉。」則史遷曾以甄明《易》義爲己任，惜所傳之止于斯也。

中古文考

仁和龔氏定盦作《説中古文》，❶謂班《志》所言中古文《尚書》，亦百兩之流。或並無此書，爲劉歆所僞。並歷引十二證以證中古文不足信。其説不然。中古文者，即安國所獻古文《尚書》也。《漢書·劉歆傳》云：「及魯恭王壞孔子宅，欲以爲宫，而得古文于壞壁之中。《逸禮》有三十九，《書》十六篇。天漢之後，孔安國獻之，遭巫蠱倉卒之難，未及施行。」《藝文志》云：「古文《尚書》出孔子壁中，孔安國悉得其書，以考二十九篇，得多十六篇。安國獻之，遭巫蠱事，未立于學官。」❷是安國得古文《尚書》後，曾獻漢廷，書藏秘府，故號「中古文」。此即班《志》所列《尚書》古文經四十六卷也。又《漢書·儒林傳》云：「孔氏有古文《尚書》，授都尉朝。而司馬遷亦從安國問故，故遷書多古文説。都尉朝授庸生，庸生授清河胡常，常授徐敖，敖授王璜、塗惲，惲授河南桑欽。」《後漢書·儒林傳》云：「孔僖，魯國人，自安國以下，世傳古文《尚書》。」蓋安國于古文《尚書》既以壁書故簡獻秘府，壁書故簡即中古文。復録副本爲二：一以授徒，數傳而至塗惲、桑欽；一藏于家，數傳而至孔僖。班《志》言「劉向以中古文

❶「定盦」，原作「定安」，今逕改。

❷「學官」，原作「學宫」，據遺書本及《漢書·藝文志》改。

校歐陽、大小夏侯三家經文」，此以古文校今文也；《儒林傳》言「向以中書即中古文。校百兩篇」，此以真古文證僞古文也。蓋安國未獻古文前，中秘無古文《尚書》；既獻以後，始有之。觀劉歆言「安國獻古文」，又言「藏于秘府，伏而未發。成帝乃陳發秘藏，校理舊文」，❶則劉向所見之中古文，即安國所獻之本。彼龔氏所列十二疑，不擊而自破矣。

蓋自龔氏不信中古文，其後説《尚書》者，始以古文《尚書》爲劉歆所僞。即東漢古文《尚書》，亦以爲出于杜林僞託。今考《後漢書·儒林傳》言：「林于西州得漆書古文《尚書》一卷，衛弘、徐巡傳之，于是古文復顯。」又鄭康成《書贊》謂：「《書》初出屋壁，皆周時象形文字，今所謂科斗書。」案：「漆書」，即科斗文，《晉·束皙傳》：「汲郡得漆書，皆科斗文。」此其證。《尚書》惟孔壁之文用科斗，則林之所得，即係壁中之《書》。蓋安國以漆書原簡獻秘府，名「中古文」，後承大亂，秘書星散，故杜林得之西州，非漆書出僞託也。又《賈逵傳》言：「父徽，受古文《尚書》于塗惲，逵傳父業。」《儒林傳》又言：「扶風杜林傳古文《尚書》，同郡賈逵作訓，馬融作傳，鄭玄注解。」是賈逵承父徽之傳，又得杜林漆書之本。蓋安國獻漢之《書》，塗惲傳徽之説，均爲賈逵所傳，則東漢古文《尚書》乃合中古文及民間古文爲一者也，若《易》有中古文與費氏同。或係魯壁及河間所得，獻之秘府，爲《漢書》所缺記，亦非劉歆所僞也。

❶「舊文」，原作「秘文」，據《漢書》改。

宋于庭樸學齋文録書後

宋氏于庭作《擬太常博士答劉歆書》，謂「《尚書》二十八篇，帝王之事已備。孔子雖爲百篇之《序》，或虛存其目，或並合其文，條列明白。子夏之言《書》有七觀，莫逾於此。近聞多得十六篇，亦微文碎辭而已。」案：西漢博士以《尚書》二十八篇爲備，宋氏知其説不可通，故創爲斯説。今考「念兹在兹」二言，爲《虞書》佚語，孔子兩引其文；《左傳》襄十三年及哀六年。「惟彼陶唐」一節，爲《夏書》佚文，孔子亟稱其語；《左傳》哀六年。又堯、舜執中之訓、商王告天之詞，均以佚《書》載《論語》；推之荀引《禹謨》、孟引《泰誓》，則二十八篇之外，多爲儒家所取，不得以帝王之事具備於二十八篇中也。宋氏又謂「孔子序《書》，以存百篇之號；録二十八篇，以明删《書》之旨」，《與王伯申學士書》。此言尤謬。伏生所傳，本係百篇。《史記·儒林傳》言：「伏生求其書，亡數十篇，獨得二十九篇。」《法言》亦曰：「若《書》之不備者過半矣，而習者不知。」又曰：「昔之説《書》者序以百。」均其明徵。使伏生僅傳二十八篇，則《大傳》何以引《九共》？而秦火以後若婁敬、董仲舒何以又均引《太誓》乎？則伏生所傳之《書》，不以二十八篇爲限，奚得以百篇爲虛存之目、十六篇爲微文碎辭乎！

堯典欽明文思光被四表古文説考

《書·堯典》云：「欽明文思安安，允恭克讓，光被四表。」《大戴·五帝德》篇記孔子答宰我問帝堯曰：「其仁如天，其知如神，就之如日，望之如雲，富而不驕，貴而不豫，《家語》作「能降」。黄黼黻衣，丹車白馬。」《史記·五帝紀》本之，惟「不豫」作「不舒」、「黄黼黻衣」作「黄收純衣」、「丹」作「彤」、「白」上有「乘」字。考遷書《堯紀》，均述《堯典》。此獨舍《堯典》，用《大戴》，則以《五帝德》篇所述即《堯典》舊誼，乃《尚書》古文説也。

蓋《史記》「其仁如天」四語，即分釋「欽明文思」：以「欽」爲「寬和」之誼，《詩》「鼓鐘欽欽」，毛傳云：「言使人樂進也。」陳疏引《鳧鷖》傳「欣欣然樂」以證「欣」、「欽」聲轉。故曰「其仁如天」；以「明」爲「明察」，故曰「其知如神」；以「文」爲「焕乎文章」之「文」，故曰「就之如日」；以「思」爲「思念」之「思」，言堯爲天下所懷歸，故曰「望之如雲」。至「貴而不驕」二語，則「允恭克讓」之確詁。「黄收」以下，又詮釋「光被四表」之詞，黄、純、《索隱》云：「讀曰緇。」彤、白，爲四色之名，「光」蓋「光華」之「光」，言帝堯車服應四方之色也。《禮·月令》言「天子乘輅、駕馬、載旗、衣衣，均應五方之色。」《漢書·魏相傳》引漢初蕭何等議云：「春夏秋冬，天子所服當法天地之數。」均天子所服應方色之徵，蓋與「易服色」同爲一朝鉅典也。後世且然，矧于唐帝。《虞書》言「五彩章施五色」，與此誼互明。史公知之，故特於《堯紀》之中備存《堯典》古文之誼。《漢書》言「遷説《堯典》用古文」，蓋指此言。

若馬融釋「欽明文思」，以「威儀表備」爲「欽」、「昭臨四方」爲「明」、「經緯天地」爲「文」、「道德純備」爲「思」。鄭君釋「明」、釋「文」與馬説同，又以「敬事節用」爲「欽」、

「慮深通敏」爲「思」，而「光被四表」注則謂「堯德光耀及四海之外」。蓋馬、鄭之説均雜采今古文。如馬以「道德純備」爲「思」，與鄭注《考靈耀》文「塞」合，則以今文「寋」義訓「思」。鄭以「慮深通敏」爲「思」、以「光」爲「光耀」，與今文讀「思」爲「寋」、以「光」爲「横」説別，或係古文別説，惟「明」字、「文」字二訓略近史遷。至於解釋「欽」字，馬、鄭之義均與下「允恭」複，鄭解「思」字又與「明」複，均出史遷之下。是知遷述《尚書》，均援古説；馬、鄭雖述古文，已稍雜今文歧誼。而段氏《撰異》轉指史遷所述爲今文，毋亦傅合之詞與！

義士釋

《禮記·曲禮》篇云：「禮不下庶人。」蓋古代知禮之人始克躋位，故「義」、「儀」、「獻」、「賢」四文互相通叚。《説文》「儀」字下云：「度也。」「義」字下云：「己之威儀也。」又《周官·典命》「五儀」鄭云：「古者書『儀』但爲『義』。」是「禮儀」、「威儀」之字古文作「義」不作「儀」，如《禮記·樂記》、《周官·肆師》之「禮儀」，故書作「義」是也。《國語·周語》云：「義，文之制也。」賈誼《新書·道德説》曰：「有義，德之美也。」「義」指禮儀、威儀言，乃禮之發見於外者也。若「儀」訓爲「度」，由「有儀可象」之義引伸，與訓爲「準」、《周語》「儀之于民」注。「法」《周語》「百官軌儀」注。同。故禮現于外爲「義」，以禮爲天下範則謂之「儀」，「義」爲古文，「儀」爲後起之字，然二字之中均含秉禮之義。

古代禮行于上，非秉禮之人不克躬操

國政，故尊卑之位、上下之序，悉以知禮不知禮而區。《左傳》成十三年載劉子之言曰：「是故君子盡禮。」何休《公羊解詁》曰：「古者王公之子孫，不能屬于禮義，則歸之庶人。」故秉禮之人即稱爲「義」。或假爲「儀」，「儀」與「獻」通，王念孫《讀漢書雜志》云：「古聲『儀』與『獻』通。」故又假「儀」爲「獻」。《虞書・益稷》篇曰：「萬邦黎獻，共惟帝臣。」「黎獻」者，別乎「黎民」之稱也。就其冥瞑無知者言之，則曰「黎民」；《呂刑》「苗民」，鄭注曰：「苗民，謂九黎之君也。民者冥也，言未見仁道。」又賈誼《新書・大政》篇云：「民爲言萌也，萌之言盲也。」是「民」爲冥瞑無知之稱。就其秉行禮儀者言之，則曰「黎獻」，「黎民」、「黎獻」亦以知禮不知禮而區。「獻」或作「儀」，漢《斥彰長田君碑》曰：「安惠黎儀。」《泰山都尉孔宙碑》曰：「黎儀以康。」《堂邑令費鳳碑》曰：「黎儀瘁傷。」「黎儀」即「黎獻」。雖以「黎」爲「衆」稍昧於《虞書》本誼，然足證今文《尚書》本作「黎儀」。「黎儀」克以知禮進身，故《虞書》又言「惟帝時舉」。至于後世，知禮儀者必在位，故有位之人，或稱爲「儀」，或稱爲「獻」。《周書・大誥》篇曰：「民獻有十夫。」伏生《大傳》作「民儀有十夫」。《前漢書・翟方進傳》載王莽作《大誥》，曰：「宗室之儁有四百人，民獻儀九萬夫。」孟康曰：「民之表儀，謂賢者。」王引之曰：「正文本作『民儀九萬夫』，今本『儀』上有『獻』字者，後人據古本《大誥》加之也。」見《讀書雜志》中。又曰：「亦惟宗室之俊、民之表儀，迪知上帝命。」以「民之表儀」詮「儀」字，已與「儀」字本誼相違。「民儀」者，乃民之知禮而在位者也。近儒據《爾雅》、《廣雅》之文，以「聖」訓「獻」、以「賢」訓「儀」，均非「儀」、「獻」之本義也。

又《酒誥》篇曰：「予惟曰汝，劼毖殷獻臣。」近儒孫星衍、江聲均訓「獻」爲「賢」、以「獻臣」爲「賢聖臣」。案《酒誥》此文，嚴戒殷臣之溺酒，必不旌以賢聖之稱。則「獻臣」者，即昔日有位于朝之臣，亦即世族之諳悉典章、國故者也。又《多方》篇曰：「惟天不畀純，乃惟以爾多方之義民，不克永於多享。惟夏之恭多士，大不克明保享于民，乃胥惟虐于民。」江聲以「義民」爲「儀型于民之人」。案：江説非是。「義民」即「獻民」，乃知禮之民也；「恭多士」者，現時在位供職之人也；「民」者，在下之民也。此言知禮之民不克竟其用，（享，用也。）而在位供職之人又不克推顯其用于民，惟以虐民爲事，所以慨知禮者之不用也。古代以知禮者爲賢，故「儀」兼「賢」訓。又《立政》篇云：「謀面，用丕訓德，則乃宅人，茲乃三宅無義民。」王念孫曰：「『義』與『俄』通，邪也，言三宅皆無傾衺之民。義與《吕刑》篇『鴟義姦宄』之『義』同。」（《經義述聞》引。）江聲曰：「『面』猶『向』也；『丕』讀曰『不』；『訓』，『順』也；『義』讀爲『儀』。此言若惑亂其謀，向用不順之德居其人于位，如此，則三宅之官無以義型于民矣。」案：江説近是，惟解「義民」則非。此與《多方》之文互證，「三宅無義民」，言知禮之民不見用，即彼篇「義民不克永于多享」也；下文言「桀德惟乃弗作往任，是惟暴德罔後」，即彼篇「惟夏之恭多士，胥虐于民」也，兩篇之誼均指夏末用人言。惟江氏謂「三宅之官無以義型于民」，當易爲「三宅之官悉屏知禮義之民」，則與《多方》篇相合矣。若王氏讀「義」爲「俄」，即使可以解《立政》，決不克以解《多方》。即《吕刑》「鴟義」，馬注訓「鴟」

爲「輕」,《潛夫論·述赦》篇引作「消義」,則「鴟義」猶言「滅義」,與「敗度」、「敗禮」例同,即《詩·相鼠》篇所謂「無儀」也,此乃《吕刑》古訓,不必易「義」爲「俄」。

又考《左傳》桓二年云:「武王克商,遷九鼎于洛邑,義士猶或非之。」杜預以「義士」爲夷、齊之屬,蓋本《史記·伯夷傳》。傳載伯夷叩馬諫武王,左右欲兵之,太公曰:「此義人也。」故杜以夷、齊之屬相釋。特《左傳》之「義士」,無論指夷、齊之屬與否,均指知禮之人言,猶言「知禮者猶或非之」也,故上文所言均援禮制。即《史記》之「義人」,亦以夷、齊秉禮以争,所言中禮,故太公以是相稱。至宋陳亮等以「義士」即「多士」,由周而言則爲頑民,由殷而言則爲義士,惠棟《九經古義》從之。然古代之「義」指禮而言。即假「義」爲「誼」,亦指正己言,未有以忠節勇俠爲義者也。又《佚周書·商誓解》曰:「爾百姓獻民。」《度邑解》曰:「乃厥獻民,徵主九牧之師,見王于殷郊。」《作雒解》曰:「俘殷獻民,遷于九畢。」孔晁注曰:「獻民,士大夫也。」其説近是,惟必待引伸。蓋「獻民」即「儀民」,乃殷之故家世族也。殷之于臣,「世選爾勞」,見《盤庚》篇。故入仕者均故族。而古代之禮,又僅達于卿士大夫,故有「獻民」之稱。周遷獻民于九畢,猶劉敬語高祖「遷齊、楚大姓于長安」也,此與《多士》篇所言互證。周公遷殷頑于洛,所言「多士」,亦即指「獻民」言。即《左傳》定四年所謂以殷民分賜魯、衛者,亦即殷代之獻民也。明于斯誼,則「儀民」、「義士」之誼,均可援此而明矣。

試更即漢碑考之。《蔡湛碑陰》以「議民」與「賤民」並列,蓋「議」通作「儀」,《易繫詞》「議之而後言」，猶言「儀之而後言」也。「儀民」爲世族知禮者之稱，故與「賤民」區別，乃沿「黎獻」、「民儀」、「義士」、「獻民」之故稱者也。若《郃陽令曹全碑陰》有「義士」，《劉政侯褒臧就邳博成陽靈臺碑陰》有「義民」，《陳産魯峻碑》有「義士」袁强，「義民」、「義士」，均與「議民」不同，蓋俗以好善爲好義，積久相沿，稱急公赴難者爲「義」，並稱抗節敢死者爲「義」。由是，「義民」、「義士」之稱，與忠烈無別，不惟非「義」字之本訓，抑且失「誼」字之本訓矣。故即「義」字本訓詮明之。

佚周書補釋自序

《法言》有言：「《書》之不備者過半矣！而習者不知夫《書》之不備。」奚惟古文《尚書》然哉？《周書》七十一篇，昔在周世，蓋與《尚書》百篇並列。春秋之際，學士大夫競相習誦。下逮管、墨、商、吕之書，各有稱述，均曰《周書》，儕之誓、誥，意靡軒輊；惟宣尼删《書》，屏遺弗加録。秦、漢傳經之士，均上溯七十子之傳，由是七十一篇絶無師説，爲漢儒所弗治，蓋與古文《尚書》不備者等矣。惟史遷擷以入史，鄭君用以證經，如《周官·職方氏》「兖州其民二男二女」，鄭謂當作「三女」，蓋即據《職方解》。許君援以説字，古字古誼，資斯闓闉。嗣孔晁作注，按文生訓，瞑于詁故。隋、唐而降，轉相迻録，校讐罕達才，脱字易文，篇必數見；淺識之士，復儕諸汲冢古文，與《竹書紀年》並黜。惟王應麟補注《王會解》，克于孔注多匡補。近儒元和惠氏士奇作《禮説》，始援以説經。嗣嘉善謝氏墉刊餘姚盧氏文弨抱經堂校本，萃合舊刊，參互考驗，旁采惠棟、沈彤、趙曦明、段玉裁、二梁玉繩、履繩之説，雖義多闡發，然説間膠執，或改移喪真。盧氏而降，則高郵王氏念孫作《雜志》，子引之之説亦載入。臨海洪氏頤煊作《叢録》，其於盧校，咸足諍違補缺，王説尤精審。別有江都陳氏逢衡作《補注》，嘉定朱氏右曾作《集訓校釋》，陳侈虛言，旁雜無緦理，朱書稍中繩，然恒依文繹意，鮮所疹發，遠出德清俞氏樾《平議》下。武進莊氏述祖《尚書記》，穿穴淩雜，創獲亦時有。光澤何氏秋濤《王會篇箋釋》，精于考地説物，説贍而旨約。此近儒治此書者之大略也。

師培幼治此書，旁考近儒之説，間有撰述，未遑寫定。近讀瑞安孫氏詒讓《周書斠補》，每下一義，旁推交通，百思而莫易，《嘗麥》諸篇，詮釋尤晣，雖王氏《雜志》，尚或莫逮。因發笥出舊説，以與孫書互勘，同於孫説者十之二，如《大明武解》「外權」當作「外灌」，《小明武解》「參呼」當作「噪呼」，《程典解》「土勸」當作「土觀」，《酆保解》「蟜萌」當作「僑氓」，《大匡解》「背黨」當作「比黨」，《武儆解》「金枝郊寶」當作「金版郊室」，《器服解》「丸弁焚」當作「瓦登槃」是也。始異孫説、改從孫説者十之三，如《大匡解》「管叔自作殷之監」，昔疑「自作」爲「聚」字之訛，解爲「會合殷監」。嗣覩孫改「自作」爲「臬」，遂宗其説。並從芟刈；於説之間可存者，略加編次。孔注而外，上采惠、盧、謝、洪、二王、陳、朱、俞、莊之説，迄孫説而止。凡所引前人説，均作「某云」。惟二惠、二王增名以爲別；於盧、陳、朱、孫所引之説，則以「某曰」別之。《王會解》一篇，則兼采王氏《補注》及何氏《箋釋》，以資印證。成書二卷，顔曰「補釋」。若「五官」、「三監」、「五服」、「濮路」諸考，則別著爲篇，不附本書。因思前儒治此書者侈言考史，於典制則弗詳。然成周開國之初，設官分職，較之《周官禮》所載，不盡從同，欲稽同異，惟恃此編。疏通而證明之，或亦後儒之責歟！

詩分四家説

《詩》分四家，始於西漢。綜觀序説，誼似互歧。然古人於詩，自作者爲「作」，諷詠前人之詩亦爲「作」，故《左傳》召穆公「糾合宗族而作詩」，「作」義同「賡」，與「寺人孟子作爲此詩」之「作」不同也。自作者爲「賦」，諷詠前人之詩亦爲「賦」，故《左傳》記鄭七子賦詩，「賦」亦同「賡」，與「鄭人爲之賦《清人》」之「賦」不同也。四家詩序，記載互殊。蓋一指作詩之人，以溯其源；一指賡詩之人，以明其用。如《關雎》美后妃之德，作于文王時，《毛》與《齊》、《韓》同，《齊》義見匡衡疏，《韓》義見《外傳》。而《魯詩》復言畢公作，蓋詩爲文王之時所成，而畢公復誦其辭耳。《商頌》爲正考父作，見于《毛詩》、《國語》，而《韓詩》復以《那》爲美襄公，蓋詩本考父所作，而襄之臣復誦其辭耳。凡四家詩序互殊，均同斯例。若夫説《詩》不同，則《左傳》云「賦《詩》斷章」，《孟子》言「説《詩》不以文害辭，不以辭害志」，足證古人説《詩》，恒假古詩寓己意，不必滯本詩之文，亦不必拘墟本詩之旨，故説《詩》之語各區。孔子以《詩》施教，大抵作詩之人與賡詩之人並舉。惟竹帛所著，僅限經文，致立説易區派別。然合觀四家之序，若《韓》以《常棣》爲燕兄弟之詩，《伐木》爲文王敬故之詩，《賓之初筵》爲衛武悔過之詩，《抑》爲衛武刺王室以自戒之詩，《雲漢》爲宣王遭亂之詩，均與

《毛》合。《齊詩》説《伐檀》，謂刺賢者不遇明王；見張揖《文選》注，揖習《齊詩》。《魯詩》述《載馳》，以爲許穆夫人作，亦與《毛》符，則四家同出一源。蔡邕治《魯詩》，而《獨斷》所引《周頌序》均同于《毛》，亦其證也。

竊疑子夏傳《詩》，所聞最博，所傳之説亦最多，凡作詩之人、賡詩之事，兼收並采。觀《毛詩大序》爲子夏所作，而《唐書》亦載「《韓詩》卜商序」，則《大序》爲四家所同，子夏之時，四家之説實同列一書。觀荀卿于《毛詩》《魯詩》爲先師、兼通《韓詩》之説，則荀卿之世，四家之《詩》仍未分立。嗣由荀卿弟子所記各偏，各本所記相教授，由是《詩》誼由合而分，非孔子删《詩》時即區四派也。

廣釋頌

周代以樂舞祀鬼神，具見《周官·大司樂》，即鐘師所掌「九夏」，舍王夏、納夏、章夏、頌夏、驁夏外，均用於助祭之辰。❶夏、頌均爲樂舞。《詩大序》云：「頌者，美盛德之形容，以其成功告於神明者也。」由上語觀之，則頌詩可備樂舞之用；由下語觀之，則頌詩兼備祀神之用。蓋上古之時，最崇祀典，尊祖敬宗，必溯往跡。觀《周頌》三十一篇所載之詩，上自郊、社、明堂，下至籍田、祈穀，旁及岳、瀆、星、辰之祀，悉與祭禮相關，《魯頌》、《商頌》，莫不皆然。則頌爲

❶「頌夏」，疑爲「祴夏」之誤。按《周禮·鐘師》「九夏」之中無頌夏之名，且祴夏不用於助祭之辰，故疑。

祭禮樂章，兼爲歌舞相兼之樂，故《周頌》之詩專主形容。《維清》者，象舞也；《酌》、《桓》、《賚》、《般》者，大武之舞也；象、武二詩，均陳武王伐紂之功，蓋詩之有頌，所以形容古人之往跡而記之者也。頌列爲舞，所以本歌詩所言之事而演之者也。「頌」即「形容」之「容」。近儒阮雲台作《釋頌》，謂「頌」與「樣」同，其説至確。惟「頌」訓爲「容」，由於頌備樂舞；古以舞樂降神，故三《頌》均多祀神之作，此則阮氏所未晰也。又《佚周書·世俘解》云：「武王克殷，謁祀，籥人奏崇禹生開，三終。」此亦樂舞形古事者。然奏者必以籥人，且奏于克殷謁祀之日，亦頌以成功告神明之旁證也，故即阮説以補之。

韓詩外傳書後

《韓詩外傳》趙校本，其所訂正，迥出周氏注本上。如卷六「知其石也」下，有「因復射之」至「而金」十六字，周本均脱，今考《書鈔》、一百六十。《類聚》、六。《御覽》五十一。所引，均有此文。《書鈔》無「金」字，《類聚》、《御覽》「躍」作「摧」，無「熊渠」以下之文。卷三「楯折爲三」，❶趙據《御覽》改「楯」爲「軛」，今考《書鈔》一百四十一，軛部。所引，亦作「軛」。卷六「夜行寢石」，趙據《新序》，於「行」下補「見」字，今考《書鈔》一百六十。所引，亦有「見」字。卷九「安往而不得貧賤乎」，趙據《御覽》，於「得」下增「吾」字，今考《書鈔》所引，

❶「楯」，原作「揗」，據《韓詩外傳》改。

百卅六。亦有「吾」字。卷十「遇神淵」，趙據《御覽》，改「遇」爲「過」，今考《書鈔》所引，一百五十三。亦作「過」。則趙改舊本非臆説矣。惟所改或未盡。如卷一「坐置之沙上」，《書鈔》所引一百五十九。上有「跪」字。卷二「自拘於廷」，《書鈔》所引五十三。下有「尉」字。廷尉爲官名。卷五「其惟文王乎」，《書鈔》一百零九。引「乎」作「也」，上有「音」字。《初學記》十所引「乎」上亦有「之間」二字。此均今本脱文也。卷一「至於阿谷之隧」，《書鈔》、百五十九。《御覽》七十四。均引「隧」作「陽」。❶卷二「聽微決疑」，《書鈔》五十三。引「微」作「獄」。卷十「菑丘訢」及「三蛟一龍」，《書鈔》一百五十三。引「菑」作「蕃」，引「一」作「三」。此均今本訛文也。又卷一「聰者自聞，明者自見」，《説苑》《雜言》篇。作「耳聞目見」。「而好干上」，《説苑》同。作「上忤其君」。卷二「授綬」，《意林》引《呂氏春秋》作「援」。疑「授」爲「援」之誤，兩「自」字爲「耳」「目」之誤，「干」爲「午」之脱，因書之以補趙校之缺。

周禮行人諸職隸秋官説

《周禮》「大行人」以下十一職，並掌四方賓客及使令事，同屬「秋官」。近孫氏《正義》謂「司寇佐王刑邦國，詰四方」，故以義類屬之。其説非是。「行人」爲掌使之官。古文「使」與「吏」同，《周夷敦》「王吏小臣守」，即「王使小臣守」也。《説文》云：「吏，治人者也。」賈子《新書·大政》篇云：「吏之謂言理也。」《漢書·王莽傳》云：「夫吏

❶ 案：四庫本《御覽》卷七十四亦作「阿谷之隧」。

者，理也。」是「吏」與「理」同。古代「理」即法官，唐、虞曰「士」，夏曰「大理」，鄭君《禮記・月令》注。《管子・法法》篇作「皋陶爲李」，是「吏」、「士」、「李」、「理」均以同部之字互名，《説文》：「士，事也。」古「事」字蓋與「使」、「吏」同，如《小子師敦》「饗事」即「享使」是也。而「行人」之官亦有「行理」、「行李」之稱。蓋古代之使爲出疆莅訟之官，與刑官合一，曰「吏」、曰「理」、曰「李」，均在内之稱；曰「使」、曰「行理」、曰「行李」，均出境之稱。《山海經》言巴人請訟於孟涂，《史記》言召公巡行聽獄棠樹下，亦使臣察獄之徵。使臣所職，蓋與周代「訝士」往四方成獄職掌相同，❶故周以賓禮及使命掌於「行人」，然職屬「秋官」，仍符命使最初之意。故宣究其義，以俟考職官者采焉。

禮記注疏校勘記書後

《檀弓下》「子思之母死於衛」，鄭注云：「嫁母也，姓庶氏。」又云：「庶氏之母死而哭於孔氏之廟乎？」鄭注云：「嫁母與廟絶族。」今案：經文「庶氏之母」當作「庶氏之女」，「母」涉注文「嫁母」而訛。《急就篇》卷一「庶霸遂」，顔注曰：「庶氏之先，本出衛之公族，以非正嫡，遂號庶氏。《禮記》曰：『子思之母死於衛，庶氏之女也。』」則唐初之本，經文作「女」不作「母」。蓋庶爲子思之母所自出，非再嫁於庶氏也。誤「女」爲「母」，始於《開成石經》。然鄭樵《通志・氏族略》卷五「庶氏」注云：「子思之出

❶ 「訝士」，原作「迓士」，據《周禮》「訝士，掌四方之獄訟」改。

母庶氏。」王應麟《姓氏急就篇》庶類别注云：「庶氏，衛公族，以非正嫡號庶氏。《禮記》子思之母，庶氏之女也。」仍沿顔説，或宋本之中亦有作「女」不作「母」者，然足證撫州諸刻之誤矣。

王制篇集證自序

《禮記正義》引盧植説云：「漢孝文皇帝令博士諸生作此《王制》之書。」考《史記・封禪書》云：「文帝召魯人公孫臣，拜爲博士，與諸生草改曆服色事。明年，使博士諸生刺六經作《王制》，謀議巡守、封禪事。」《漢書・郊祀志》同。此《王制》作于漢文時之證。又考趙岐《孟子題詞》言漢文之時，「《孟子》、《爾雅》皆立博士」，而《王制》一篇多掇《孟子》、《爾雅》説，書爲漢文博士所輯，碻然可徵。況巡狩之事所言特詳，與《史記》謀議巡狩、封禪合；周尺、東田又係漢制，則《禮記》之《王制》即文帝時所作《王制》也。鄭君《三禮目録》云：「名曰《王制》者，以其記先王班爵、祭祀、養老之法度，此於《别録》屬制度。」《鄭志》「答臨碩問」云：「孟子當赧王之際，《王制》之作復在其後。」《駁五經異義》云：「《周禮》是周公之制，《王制》是孔子之後大賢所記先王之事。」是《王制》作于漢文時，鄭君雖未明言，然一云出孟子之後，一云是孔子之後大賢所記，亦未嘗定指爲周人作也，不得據鄭説以非盧説。

近儒孫志祖、臧庸均宗鄭難盧。孫之言曰：「文帝《王制》非《禮記・王制》，盧以書名偶同牽合之。」臧之言曰：「劉向《别録》云『文帝時所造』，書有《本制》、《兵制》、

《服制》篇，《禮記・王制》無言服制、兵制者，則非漢文書審矣。」不知《兵制》、《服制》本別自爲篇，特《本制》存而彼篇亡耳。且盧氏爲漢人，奚至誤解漢事？孫、臧所言，非篤論也。

蓋《王制》一書爲漢文博士所輯，各出師説，彙爲一編。故一篇之中，有古文説，有今文説，不拘于一經之言也；所記之制，有虞、夏制，有殷制，有周制，不拘于一代之禮也。不拘于一經之言，故《史記》言其剌六經而成；不拘于一代之禮，故鄭君以爲所記乃先王之事。是則《王制》一篇與《白虎通德論》例同，乃雜采衆家之説、歷代之制而成者也。當西漢之初，叔孫通之流，皆傳古文以昭荀卿之傳；及伏生、韓嬰、轅固之學盛于燕、齊，而今文之學起。文帝之時，諸經咸立博士，古文、今文説靡軒輊，故《王制》一篇兼采今古文説。如首章言「王者制禄爵，公、侯、伯、子、男凡五等」，以天子非爵，與《公羊》制爵三等、今《易》天子爲爵稱殊。又言「諸侯之上大夫卿、下大夫、上士、中士、下士凡五等」，與《公羊》上士、下士制殊。若夫「分天下爲左右，曰二伯」，鄭注以爲即周、召分陝事。又言「冢宰制國用」，宰官至周始尊，惟《周官》以理財屬太宰，足徵《王制》兼采周制，惟周制與古並舉，故鄭注《王制》必證某爲殷禮、某爲虞、夏禮，在當時均有所承；其注《周官經》，亦兼引《王制》，正以《王制》之中亦有周禮。是則考《王制》者當首知語本某書，爲某家之説，繼當知此制屬某代，然後其説可通。若僅以一家之言、一代之制目之，失其旨矣。

近人解《王制》者，其誤有二：一以《王

制》爲孔子改制之書，或以爲合于《穀梁》，或以爲合于《公羊》。不知《王制》所采不僅今文，所采今文不僅《公》、《穀》，謂之偶取《公》、《穀》則可，謂之悉符《公》、《穀》則不可。一以群經非古籍，均依《王制》而作。不知此乃《王制》依群經而作也，若謂群經依《王制》作，則執流爲源。不揣固陋，作《王制集證》，首定某制本某經，以證所采非一家之言；繼定某制屬某代，以證所輯非一代之制。其所不知則姑從缺，是亦祖述盧氏之義耳。

王制有後儒竄易之文考

《左傳》隱元年云：「天子七月而葬，諸侯五月，大夫三月，士踰月。」《荀子・禮論篇》言「葬期」，謂「天子七月，諸侯五月，大夫三月」，此指大夫以上言；又言「故雖備家，殯久不過七十日，速不損五十日」，❶此指士言，即申《左傳》「士踰月」之義，言久者不得至三月，速者亦必踰月也。荀子傳《左氏》，故銓説「葬期」均謂士與大夫異禮。又《漢書・韋玄成傳》：「太保王舜、中壘校尉劉歆議曰：『《禮記・王制》及《春秋穀梁》，天子七廟，諸侯五，大夫三，士二。天子七日而殯，七月而葬；諸侯五日而殯，五月而葬。此喪事尊卑之序也，與廟制相應。』」❷考王、劉言廟制應葬期，本於《王制》、《穀梁》，則士立二廟、葬期亦僅踰月，與大夫三廟、葬期三月者不同。《王制》所言固同《左傳》，乃今本之《王制》則曰「大夫士庶人三

❶「損」，原作「踰」，據《荀子・禮論篇》改。

❷「廟制」，《漢書・韋玄成傳》作「廟數」。

日而殯，三月而葬」，士庶人亦三月而葬，則葬期與廟制不符。蓋此非故本《王制》之文，乃今文家所竄易，以證《左傳》與《王制》異詞，故舜、歆所舉與今本《王制》誼殊。要之「士三月而葬」今文之説，「踰月而葬」古文《左氏》及《王制》、《穀梁》説。後儒妄更《王制》以合今文，何、鄭二君不察其僞，何以《左氏》爲短，鄭以士殯葬數往月往日，蓋均拘《王制》僞文立説矣。夫《王制》既有僞竄之詞，則今文之書或恒類是，蓋不僅齊、韓之《詩》采雜説已也，僞書之罪不始王肅矣。

明堂月令即周書月令解説

「月令」有三，即周月令、秦月令、漢月令是也。周之月令即《周書·月令解》，秦之月令即《吕氏春秋·十二紀》及《淮南·時則訓》，漢之月令即《小戴》鄭注所引「今《月令》」，前、後《漢書》所稱《月令》亦漢月令，説見許宗彦《鑑止水齋集》。三者不同。《禮記》疏引鄭君《三禮目録》，以《小戴·月令》采自《吕氏春秋·十二紀》，非周公所作，此不易之説也。魯恭言「《月令》周世所造，所據皆夏時」，《後漢書》本傳。此指周月令言。《周書》序曰：「周公制十二月賦政之法，作《月令》。」以今考之，《月令解》雖不傳，然前儒所稱《明堂月令》，即周月令也。

《漢書·藝文志》禮類有《明堂陰陽》三十二篇，《史記·三王世家》索隱引《明堂月令》云：「季夏月，可以封諸侯、立大官也。」今此事於《小戴》屬孟秋。又《明堂月令》或稱《王居明堂禮》，《小戴·月令》篇鄭注引《王居明堂禮》云：「孟冬之月，命農畢積聚，繫收牛馬。」今此事於《小戴》屬仲冬，蓋周以子月建正，秦以亥月建正。《呂氏春秋・序意》篇云：「維秦八年，歲在涒灘，秋，甲子朔。」顧觀光以古曆推之，知用顓頊術，此呂書用秦正之證。周之六月，於秦爲七月；周之十月，於秦爲十一月。周月令雖用夏時，然頒政布令或從其所建之正，故與秦正差一月，此《明堂月令》即周月令之確徵也。由是而推，則古籍所引《明堂月令》，《漢書・魏相傳》述「五帝」一則，《後漢書・蔡邕傳》述「迎五帝」一則，應劭《風俗通・祀典》篇引「祀竈」一則，《禮記正義》引許君《五經異義》述「明堂制」一則，稱爲《明堂月令書》，説與他節僅稱《月令》者殊。又《説文》「骴」字、「薙」字、「乳」字、「儀」字、「舫」字、「虹」字、「蠲」字、「霥」字、「酎」字注各引一則，《禮記・祭法》鄭注引「五帝」一則，韋昭《國語・周語》注引「日夜分」一則，《晉書・傅玄傳》述「帝籍制」皆是也。以及《小戴・月令》鄭注所引《王居明堂禮》，仲春引「禮之禖下」一則，季春引「出疫」一則，仲秋引「磔攘」及「庶民入室」二則，季秋引「除道致梁」一則，季冬引「爲酒」一則，均是也。《唐會要》引顏師古《明堂議》，於鄭注所引《王居明堂》篇謂「均合《月令》之文」，則鄭君以《明堂月令》注秦月令，亦以其文互相證明耳。均《周書・月令解》之佚文。其與《小戴・月令》記候差符者，則以《月令解》用夏時，秦用顓頊曆，與夏正同以立春起算，證見俞理初《月令非周書説》，不具引。惟俞言周月令當用周正，非是。故周、秦月令同以日起營室建始。蔡邕《月令論》曰：「成法具備，各從時月，藏之明堂，所以示承祖考神明，不敢泄瀆之義，故以『明堂』冠『月令』。」又曰：「文義所説，博衍深遠，宜爲周公所作也。官號、職司與周公合，❶《周書》七十二篇，而《月令》第五十三。」此文《説郛》及《蔡集》均以「月令」篇名標題，然考《續漢書・律曆志》注「顓頊曆」

❶「周公」，當爲「周官」之訛。參下文可知也。

云云一節，即此篇之文稱爲《蔡邕命論》，「命」即「月令」之訛，知此文以「月令論」標題也。又《説郛》所載《明堂論》，《蔡集》以「明堂月令論」標題，今觀《續漢書・祭祀志》注作《明堂論》，蓋邕文有《明堂論》、《月令論》各自爲篇，後儒誤改《明堂論》爲《明堂月令論》，近儒均沿其誤。此亦《明堂月令》即《周書》之證。

考漢人引周月令，其有稱《周書》者惟《論語》馬注引「更火」一條。然《明堂月令》佚於隋代以前，故牛弘言未見。《周書・月令》至宋猶存，載於《崇文總目》，故晉代以降，其引「周月令」者，均據《周書》，不稱《明堂月令》。劉逵《蜀都賦》注引「反乃執爵」一則，稱爲「周月令」，與《小戴》略同。又《初學記》引「禾麥居東方」、二十七，又《御覽》八百三十七引同。「夏食鬱律」二十八，又《御覽》九百六十七、九百七十三、九百七十五引同。二節，《御覽》引「春爲牝陣」一節，❶三百一。《書》疏引「三日曰朏」一語，即《漢書》之「月采」。或稱《周書》，或稱《周書・月令》，疑《月令解》於分月記候外，兼有總記之詞。而「中央土」之名，則與「季夏」互稱，故有「夏季取桑柘之火」及「夏季圓陣」之文。而蔡邕引《明堂月令》亦言「天子以四立」及「季夏之節迎帝也」，此均周月令殊於秦月令之徵。蔡氏《月令論》以《明堂月令》同《周書》，爲呂書所本，非謂《小戴・月令》亦《周書》也。鄭君以《小戴・月令》非周公所作，非謂周無月令也。觀蔡言「官號、職司與《周官》合」，鄭言「官名、時事多不合周法」，明係蔡、鄭所據不同，蔡指《明堂月令》言，鄭指《小戴・月令》言也。惟蔡作《月令章句》及《月令問答》，仍以秦月令之文爲據。《問答》言「旁貫五

❶「爲」，原脱，據《太平御覽》補。

注」，使所據非《小戴》，則舊註安有五家？王隱《晉書》謂張載弟杭依蔡邕注《明堂月令》，蓋邕無《明堂月令注》，張杭依《明堂論》、《月令論》諸文之旨以爲之注，惜其書不傳。 若鄭君《三禮目録》又言「《月令》於《別録》屬《明堂陰陽記》」，或向於秦人月令亦附入《明堂陰陽》中，故鄭君著其説。然前儒所引《明堂月令》均非秦月令，自牛弘不見《明堂月令》，又不知《明堂月令》即《周書》，爲蔡、鄭作調人，近儒盧紹弓遂以《吕紀》補《周書》，孫、俞二家又各執一詞，似均未足爲定論也。

腐草爲蠲説

《説文》引《明堂月令》云：「腐艸爲蠲。」此《月令》之舊文也。蓋《月令》、《周書》、《吕氏春秋》及《淮南》均當作「蠲」，《説文》所引，乃其正文。今《禮記·月令》篇及《周書·時訓解》俱作「螢」，《周書》或本作「蛙」，《淮南·時則訓》作「蚈」，《吕氏春秋·季夏紀》作「螢蚈」，畢氏校本作「蚈」，《玉燭寶典》、《北户録》引《周書》均作「蛙」。推其歧異之由，則「蚈」即「馬蚿」，一名「馬蠲」，即《爾雅·釋蟲》之「馬蝬」也。古代「蠲」音近「圭」，如《詩·小雅》「吉圭爲饎」，《周禮》注作「蠲」，是故以「蛙」字況「蠲」音，後人遂據況音之字，易「蠲」爲「蛙」。又「圭」聲、「冋」聲互相通轉，《説文》云：「烓，圭聲，讀若冋。」而「熒」亦或從「冋」聲，《六書故》引《説文》云：「熒，一説冋聲。」故古人又以「熒」音況「蠲」音，「螢」、「熒」同字，嗣遂易「蠲」爲「螢」，實則「螢」、「蛙」均非正字也。東漢之時，舍許君外，已鮮知《月令》古本作「蠲」，故《吕覽》高注雖以「馬蚿」釋「蚈」，復有「一曰螢火」之文，鄭注《月令》，遂以「飛蟲螢火」爲訓，蔡邕《章句》本亦作「螢」，《正義》引。惟《淮南》許注訓「蚈」爲「馬蠸」，「蠸」、「蚈」音近。高注訓爲「馬蚿」。近朱右曾《佚周書集訓校釋》改「螢」爲「蠲」，合于故誼。若夫以「馬蠲」釋「螢」，則失之愈遠矣。又案：《易緯通卦驗》下卷云：「腐艸爲嗌。」《玉燭寶典》引同。杜氏《注釋》云：「似『蠲』別體。」張惠言《易緯略義》亦以「嗌」爲「蠲」誤。其説均是。又《通卦驗》鄭注云：「舊説腐艸爲鳴。」《寶典》引作「蝎」，「鳴」、「蝎」二字均即《爾雅》「蛝馬蝬」之「蛝」，蓋「蠲」之作「蛝」，猶之《呂覽》、《淮南》作「蚈」也，足證「蠲」即「馬蝬」確爲故誼。

成均釋

古崇聲教，《書·禹貢》言「聲教訖於四海」是也，故五帝之學名「成均」，案：鄭君《禮注》云：「董仲舒説謂五帝名大學曰成均。」孔穎達曰：「虞庠爲舜學，則成均爲五帝學。」蓋「成均」爲五帝之學，有虞之學襲用其名，非舜學只名「虞庠」，不名「成均」也。「均」即「韻」字古文。古代教民，口耳相傳；而以聲感人，莫善于樂。觀舜使后夔典樂，復命后夔教胄子，則樂官即師。《虞書》所謂「詩言志，歌永言，聲依永，律和聲」，皆古代施教之成法也。周代樂官名太師，或即因是得名。又商代大學曰瞽宗，周以瞽宗祀樂祖，蓋瞽以誦詩，《左傳》襄十四年。詩以入樂，故瞽矇皆列樂官，則學名瞽宗亦以樂教民之碻證。周名大學爲辟雍，「雍」訓爲「和」，鄭君説。隱寓和聲之義，而和聲必用樂章。觀《周禮》「大司樂掌成均之法」，以教「合國之子弟」，❶並以樂德、樂舞、樂語教國子，而春誦夏絃，詔于太師，《文王世子》

❶「子弟」，原作「弟子」，據《周禮·大司樂》乙正。

篇。四術、四教掌于樂正，《王制》篇。則周代立學，亦以樂官施教。又案：《文王世子》篇云：「春夏教干戈，秋冬教羽籥，皆於東序。」則三代之學，樂歌與樂舞並崇。又《内則》所言「十有三年學樂、誦《詩》、舞《勺》，成童舞《象》」，亦其證也。蓋六藝之中樂教特崇矣。

求古録禮説五官考書後

臨海金氏《求古録禮説・五官考》，謂五官象五行，上自太皞諸帝，下至於殷，皆爲五官，別設官以掌天事。綜貫前制，條理明遭。惟謂太皞設五官，則潛襲服虔之誤。

考五行基於軒轅，伏羲作《易》，蓋以兩儀、四象標其數。《周易・繫辭》虞注曰：「四象，四時也。」説必有本，即《禮運》所謂「分而爲陰陽，轉而爲四時」也。《論語摘輔相》言伏羲六佐，陶潛《聖賢群輔録》引。疑亦古説，蓋法兩儀、四象之數以立官也。《左傳》昭十七年：「太皞氏以龍紀，炎帝氏以火紀。」服注均以春夏秋冬四官及中官釋之，似未盡然。觀《國語・楚語》言天、地、神、民、物類之官，是爲五官，各司其序；《史記・曆書》引其語，係於黄帝建立五行後，是五官之制由于取法五行。黄帝以前無五行，即無五官之制。《周書・嘗麥解》云：「乃命少昊清即「青陽」。司馬當作「嗣爲」。鳥師，以正五帝之官。」此黄帝立五官之確徵也。故少昊以下，迄于夏，《國語・周語》言先王世，后稷以服事虞、夏。鄭君《月令》注云：「夏之士曰大理。」《詩》疏引王肅注云：「相土爲夏司馬。」《史記索隱》引宋衷《世本注》云：「冥爲夏司空。」《通典・職官一》云：「徵爲夏司徒。」其説蓋均有本，是夏以后稷、司馬、司空、司徒、大理爲五官。殷，均承其制，非惟法軒轅之官制已也。即五行之説，亦法軒轅。《書·洪範》言「錫禹九疇，初一曰五行」，《甘誓》言「有扈威侮五行」，而《洪範》又陳於箕子，則古建五官，均由崇尚五行而起。

周代初業，臣服於殷，亦守殷制，如《周書·成開解》所謂「文考躬修五典：言父典祭祀，即秩宗。顯父登德，即司徒。正父登過，即司寇。機父登失，「機」同「圻」，即司馬。□父□□」疑司空。是也。《大明武解》「順天行五官」，已爲金氏所引。惟金謂「天子五官」，《立政》言文王有司徒、司馬、司空，蓋侯降爲三。不知此指三公言。然文王演《易》，爲武王、周公所承，《荀子·成相篇》曰：「文、武之道同伏戲」，既以治《易》法伏羲，故定殷以後，即法兩儀、四象之數以立官，此六官之制所由起也。五行之説後於伏羲，故古《易》不言。周法《易》義立六官，故五行之説不爲周廷所取。《周書·時訓解》以令記時、不數中央土，並其徵也。東周之世，列國之臣固有明五官之制以闡五行之説者，具見于《管》、《管子·五行》篇、《幼官》篇、《問》篇、《揆度》篇均言五行之制，其所謂「官都」，「都」即司徒也。《墨》、《墨子·節葬》篇云：「五官六府。」《經下》云：「五行無常勝。」諸書。惟孔子從周，訂《周易》以作《十翼》，故五行之言屏卻弗道。若夫删《書》存《甘誓》、《洪範》，特以存往事耳。《荀子·非十二子篇》言「子思、孟子，按往舊造説，謂之五行」，蓋子思作《中庸》，首言「天命之謂性」，鄭注以「木勝則仁」諸語釋之，或即子思説五行舊誼，荀以兹爲孔門所弗言，故以「造説」相譏。漢儒趙賓、孟喜謂陰陽氣無箕子陰陽者，《易》學也。箕子者，陳五行之人也，趙以《周易》不著五行，故以述箕子爲疑，此蓋相承之古説也。

斯誼既昭，則知以五行説周制，均屬穿

穴之詞；以五行説經，尤乖孔門師法；若夫以五行詮《易》義，則失之愈遠矣。故書之以補金説之缺。

格物解

《禮記·大學》篇「致知在格物」，鄭注云：「格，來也。物，猶事也。其知於善深則來善物，其知於惡深則來惡物，言事緣人所好來也。」孔疏云：「格，來也。❶言若能學習，招致所知；已有所知，則能在於來物。若知善深則來善物，知惡深則來惡物。」案：鄭説近確，惟孔疏所申語焉弗詳。

夫「格」字訓「來」，見于《爾雅·釋言》；「格物」之「物」，兼一切事物言。蓋知識之充由於以身接物，《大學》此言，不過言擴充知識在於引致事物、日與相接耳。《易經·繫辭上》曰：「寂然不動，感而遂通天下之故。」又曰：「无有遠近幽深，遂知來物。」蓋「寂然不動」指未感事物之時，言「感」即「感物」之「感」；「通天下之故」即致知也；「遂知來物」，「來物」即「格物」之確詁，猶言引致事物也。又《禮記·樂記》篇云：「人生而靜，天之性也。感于物而動，性之欲也。物至自知，然後好惡形焉。」又云：「物之感人無窮，而人之好惡無節，則是物至而人化物也。」蓋知物之能，人所共具，然非事物至于前則知不呈。「人生而靜」與《易》之「寂然不動」同，「物至自知」亦「致知在格物」之碻詁，「至」即「來」也。又「心既知物」，即能辨區善惡，知善則心有所

---

❶ 案：今本《大學》疏文「格來也」三字在下文「招致所知」之下。

好，知惡則心有所憎，故曰「好惡以形」，此即鄭注知善知惡所由本也。

若夫「物至而人化于物」，由于知格物而忘誠意，致爲外物所誘。《大學》一篇屢言「慎好惡」，所以正其失也。又《荀子·正名篇》云：「心有徵知。徵知則緣耳而知聲可也，緣目以知形可也，然而徵知必將天官之當簿其類而後可也。」楊注云：「徵，召也。言心能召萬物而知之。」案：「簿」當作「薄」，引伸則爲迫近之義；「當」訓爲「對」，「當簿」之義與以身接物同；「徵知」即來物，知聲知形，亦係致知之一端。又《荀子》有《解蔽篇》，於觀物之法詮說甚詳，而終歸之於物至而應，均《大學》古誼之僅存者也。惟鄭注謂「知善則來善物，知惡則來惡物」，係倒解《大學》之文。《大學》此言先格物而後致知，言物至而後心有所知也。若如鄭說，則是先致知而後格物矣。至宋氏翔鳳以《禮運》感召物祥爲解，然感召物祥係治平以後事，非致知以前事也。李翺《復性書》曰：「物者，萬物也；格者，來至也。物至之時，其心昭昭焉。而不應于物者，是致知也。是知之致也。」說亦近是。惟「不應于物」爲不詞。若朱子以「物」爲事物之理，訓「格」爲「至」，謂窮至事物之理，欲其極處，無弗到。然「格」可訓「至」，不可假「至」爲「致」，以引伸爲窮理。至于後世，遂以「即物窮理」爲「格致」，以迄于今，相沿未革。此名之亟宜首正者也。

左盦集卷一終

左盦集卷二

揚子劉師培

古春秋記事成法考

古代史官所記，其書均以「春秋」名，《墨子》佚文言「吾見百國春秋」，《隋書·李德林傳》引。《管子·山數》篇言「春秋記成敗」，《國語·楚語》言「教以春秋」，《晉語》言「羊舌肸明於春秋」，《國策·周策》言「春秋記臣弑君以百數」，均其徵也。故韓宣觀書魯太史，見《魯春秋》。古春秋記事成法今不可考，惟《墨子·明鬼》篇所述有周、燕、齊、宋各春秋，於杜伯、莊子儀諸事，爰始要終、本末悉昭，則記事以詳爲尚矣。孔子所修魯史以「春秋」名，則記事之法必符史官所記。故以經教授雖資口述，然經文而外，恒有附記之文。丘明作《傳》，即本於斯。如晉侯圍原示信事，見於《左傳》僖二十五年，《韓非子·外儲説左》篇甄引其文，謂「孔子聞而記之」，則丘明所述本於孔子所記，故記事貴詳，上符古春秋成法。近世之儒，轉以「其文則史」疑《左傳》，殆昧於「春秋」之例矣。

孔子作春秋説

《孟子·滕文公》篇云：「孔子懼，作《春秋》。」後儒據之，遂謂《春秋》皆孔子所作。然「作」兼二義，或訓爲「始」，或訓爲「爲」。訓「始」見《説文》，即「創作」之「作」，乃《樂記》所謂「作者之謂聖也」；訓「爲」見《爾雅》，與「創作」之「作」不同。《書》言「汝作司徒」，言以契爲司徒，非司徒之官始於契；《論語》言「始作翕如」，《左傳》言「金奏作於下」，則奏樂亦言「作樂」，與「作樂崇德」之「作」殊；《左傳》言召穆糾合宗族於成周，而作詩曰「棠棣之華，鄂不韡韡」，則歌詩亦言「作詩」，與「寺人孟子，作爲此詩」之「作」殊。❶ 蓋創作謂之「作」，因前人之意而爲亦謂之「作」，如耕稼既作於神農，而《世本》又言「咎陶作耒耜」；車始於舜，而《世本》復言「奚仲作車」；皮弁起於古，而《世本》又言「魯昭公作皮弁」。雖作器與作書不同，然足證因前人之意而爲亦謂之「作」。孟子言「孔子作《春秋》」，即言孔子因古史以爲《春秋》也，《史記·孔子世家》曰：「因史記作《春秋》。」故又言「其事則齊桓、晉文，其文則史」。至於「《詩》亡然後《春秋》作」，則「作」爲「始」義，與「作《春秋》」之「作」殊，言《春秋》所記之事始于東周也。況《春秋》爲魯史舊文，非惟《左傳》著其説也。《公羊》莊八年以未修之《春秋》證已修之《春秋》，又昭十二年，「伯于陽」《傳》云：「伯于陽者何？公子陽生也。子曰：『我乃知之矣。』在側者曰：『子苟知之，何以不革？』曰：『如爾所不知何？』」穀梁「梁亡」《傳》引孔子曰：「我無加損焉，正名而已矣。」則《春秋》説有所因，三傳並持此説。

乃漢儒不信三傳，專信緯書，《春秋握誠圖》言「孔子作《春秋》」，《春秋元命苞》及《演孔圖》言「丘作《春秋》」，漢儒用以説經。如董仲舒言：「孔子作《春秋》，先正王而係萬事。」《鹽鐵論》云：「孔子退而修王道，作《春秋》。」《説苑》曰：「於是退作《春秋》，明素王之道。」《論衡》云：「至周之時，人民久薄，故孔子作《春秋》。」漢儒

❶「寺」，原作「侍」，據《詩經》改。

立說大抵若此。遂謂孔子稱王、制法之義均見《春秋》。不知《春秋》一書，實無制法、稱王之誼。《史記·太史公自序》云：「仲尼悼禮廢樂崩，追修經術，❶以達王道，匡亂世，反之於正，見其文辭，爲天下制儀法，垂六藝之統紀於後世。」又云：「孔子之時，上無明君，下不得任用，故作《春秋》，垂空文以斷禮義，當一王之法。」所謂「爲天下制儀法」、「當一王之法」者，即《孟子》「有王者起，必來取法」之義也。賈誼《新書·道德說》云：「《春秋》者，守往事之合德之理與不有缺文。合，而紀其成敗，以爲來世師法。」則《史記》「爲天下制儀法」二節，即賈生所謂「爲來世師法」，非董子以「春秋當新王」之說也。又《十二諸侯年表序》記孔子「次《春秋》」也，謂：「約其文辭，❷去其煩重，以制義法，王道備，人事浹，七十子之徒口受其傳指，爲有所刺譏褒諱挹損之文辭不可以書見也。」夫所謂「義法」者，即「刺譏褒諱挹損之文」，亦即《公羊傳》所謂「竊取之辭」，亦即《自序》所謂「貶天子，退諸侯，討大夫，以達王事」也。觀孔子言「吾因行事而加吾王心」，孟子言「《春秋》，天子之事」，莊子言「《春秋》，經世先王之志」，王即天子，皆指先王言，謂《春秋》一書，援古制以匡今失，能得先王制法之心也。惟所言皆先王之制，故所舉之事均用史册舊文而加以褒貶。若謂《春秋》有改周受命之制，則《莊子》言「《春秋》道名分」，《禮記》以屬詞比事爲《春秋》之教，《史記》論「孔子作《春秋》」，又謂「欲載空言，不如見之行事之深

❶「術」，原作「述」，據遺書本及《史記·太史公自序》改。
❷「文辭」，《史記·十二諸侯年表》作「辭文」。

切著明」，是《春秋》一書，所道者，名分，而所重者，事也。今也舍事而言義言制，則是孔子託空言而犯名分矣，豈不誣哉！

若《淮南子》言「殷變夏，周變殷，春秋變周，三代之禮不同，何古之從」，此「春秋」指東周之世，非指孔子所編之書言，春秋之時，各國多更周制耳。《説苑》引孔子「夏道不亡，商德不作。商德不亡，周德不作。周德不亡，《春秋》不作」，雖與《淮南》不同，亦以「春秋」爲書，然特謂《春秋》所記始東周耳。況《淮南・汜論》之言「《詩》《春秋》也」，謂儒者循之以教導於世，則《春秋》上有所循，《淮南》亦有明文也。彼據緯書爲説者，奚得謂持之有故乎！

孔子訂六經，述而不作，具見于《史記・孔子世家》。《世家》記孔子編《書》，謂「上紀唐、虞之際，下至秦穆，編次其事」，則孔子於《書》僅施編次之功；其記孔子删《詩》正樂也，謂「孔子言：『吾自衛反魯，然後樂正，《雅》、《頌》各得其所。』古者詩三千餘篇，及至孔子，去其重，取可施於禮義三百五篇，孔子皆絃歌之，以求合《韶》《武》《雅》《頌》之音」，是孔子於《詩》有取舍而無增益；其記孔子訂《禮》也，謂：「觀殷、夏所損益，曰：『後雖百世可知也，其一文一質。周監二代，郁郁乎文哉。吾從周。』」是孔子所從爲周禮而旁溯夏、殷；其記孔子贊《易》也，謂：「孔子晚而喜《易》，《序》、《彖》、《繫》、《象》、《説卦》、《文言》。讀《易》，韋編三絶。」是《十翼》雖孔子所作，亦係詮釋古《易》之詞；其記孔子修《春秋》也，謂「因史記作《春秋》」，而《十二諸侯年表》又言「論史記舊文」，則《春秋》實援古史而成，均孔子不作六經之證也。又記。

春秋三傳先後考

《春秋》一書，有義有事。孔子所記，雖非僅限於經文，教授之際，恒資口述，即《史記・十二諸侯年表序》所謂「七十子之徒口受其傳」也。《年表序》又言：「左丘明懼弟子人人異端，各安其意，失其真，故因孔子史記，具論其語。」是丘明之世，説《春秋》者已各殊，因所聞不同，或以臆解測經。丘明作《傳》，誌事特詳，即《漢書・藝文志》所謂「丘明論本事以作《傳》」也。惟《漢志》又言「隱其書不宣」，致孔子門人不克盡睹《左氏傳》，或稍聞丘明之説，或於丘明所記外復有所稽，與《左傳》或同或異，而《公》、《穀》諸家以起。《漢書・劉歆傳》謂「歆以《公羊》、《穀梁》在七十子後」，《藝文志》言「末世口説盛行，故有《公羊》、《穀梁》、《鄒》、《夾》之傳」，此二傳後於《左傳》之證。桓譚《新論》曰：「《左氏》傳世後百餘年，魯穀梁赤爲《春秋》，殘略多所遺失；又有齊人公羊高，緣《經》作《傳》，彌離其本事矣。」《御覽》六百十引。鄭君《釋廢疾》曰：「穀梁近孔子，公羊正當六國之亡。」《禮記・王制》疏引。此《公羊》後於《穀梁》之證。

蓋《左傳》之書公、穀二家均未睹，其同於《左傳》者，則所據書同，或略聞丘明之説也。故二傳之中，如《公羊》「五始」義，夙爲《左傳》所具；「譏二名」例，《左傳》指更名言；「譏世卿」義，《左傳》只指世位言，亦爲《左傳》所有，惟《公羊》得之口述，解釋遂歧。自斯而外，有稍聞《左傳》之説昧其詳者。如「崔氏出奔」，《穀梁》言「舉族而出」；「崔杼弒君」，《穀梁》言「莊公失言，淫於崔氏」；「大夫、宗婦覿用幣」，《公羊》言「當用棗栗腶脩」，即本《左傳》「御孫說」是也。有稍聞《左傳》之說而致訛者。如「蔡侯朱奔楚」，《左傳》有「立東國」之文，《穀梁》稍聞其說，遂改「朱」爲「東」，謂「即東國」；「齊仲孫來」，《左傳》所記有「不去慶父」諸言，《公》、《穀》稍聞其說，又以本經有「仲孫蔑」諸文，遂以「仲孫」爲「慶父」是也。此均二傳晚出之徵。

觀《左傳》記事無蓋詞，《穀梁》於「郭公」諸條始著蓋詞，《公羊》所著則以十餘計。蓋詞而外，《公》、《穀》兼用或詞。《公羊》所云「其諸」與「或」者同，亦有直言無聞者。又「宣夫人」、「公子喜時」諸條，《左傳》所載至詳，《公羊》則均言未知。宣二年勇士，《左傳》明言「靈輒」，《公羊》則言「勇士某」，此即劉歆所謂「傳聞與親見不同」也。故公羊作《傳》，僅著所知，不以傳言爲得實；若於《左》、《穀》之說，有所聞，則亦並陳其說。《穀梁》於《左傳》亦然。如二年「葬桓王」，《穀梁》云：「改葬也。或曰郤尸以求諸侯。」所云「郤尸」，即《左傳》「緩葬」說。僖三十三年「敗秦師」，《穀梁》云：「先軫。」《公羊》則云：「先軫也。或曰襄公親之。」蓋稍聞《左傳》「子墨衰絰」說，故隱著其詞。此均《公》、《穀》習聞《左傳》說之證也。又成元年「王師敗績於茅戎」，二傳作「貿」。《左傳》言「敗績於徐吾氏」，《穀梁》言「晉敗之」，《公羊》則云：「蓋晉敗之。或云貿戎敗之。」一本《穀梁》，一本《左傳》，於所聞《穀梁》說，亦著蓋詞，則《穀梁》後於《左傳》，《公羊》後於《穀梁》，復何疑乎？《穀梁》所引有《尸子》、《沈子》說，《公羊》則稱

「子沈子」，亦其徵也。《公羊》後於《穀梁》，故隱三年「何危耳」節、莊十年「其不曰何以始乎此」節、隱十年「因誰之力」節、僖十七年「爲桓公諱」節、襄二十九年「何賢乎季子」節、昭九年「曷謂存陳」節，均用《穀梁》説而增詮釋，此因《穀梁》所已言而補其義也。又「用致夫人」，《穀梁》云：「立妾之詞。」此指成風言，《公羊》誤解其義，遂變其説，曰：「蓋脇乎齊女之先至者。」「蔡人殺陳佗」，《穀梁》言「淫獵於蔡」，《公羊》舍「獵」字，遂變其説，言「外淫」，均《公羊》曾習聞《穀梁》緒論之證也。故「立晉」、「鮑卒」、「紀伯姬」、「戍陳」諸條，亦較《穀梁》爲詳。惟《釋文·敘録》言《穀梁》後於《公羊》，陳蘭甫《東塾讀書記》本之，謂：「莊二年伐於餘丘、文十二年子叔姬卒，《穀梁》有『其一曰』、『其一傳曰』之文，均本《公羊》。宣十五年『蝝生』，《穀梁》言『非税畝之災』，即駁《公羊》。」不知《穀梁》所謂「非災」，即本《左傳》「幸之也」爲説；《公羊》言「應是有天災」，適與《穀梁》相反。且《穀梁》各傳屢著「非正也」之文；「公孫敖不至而復」，《傳》亦云「非復也」，均非駁《公羊》，則此亦非駁公羊矣。至所引「一曰」之文，或係傳《穀梁》者所增，或係《鄒》、《夾》諸傳有是説，與《公羊》同，非《穀梁》後於《公羊》也。

夫二傳之文雖係晚出，然「所俠」、「叔術」諸條，足補《左傳》所缺；即有與《左傳》殊説者，亦足徵傳聞之異。故周季、漢初之儒，凡治《春秋》，均三傳並治。非惟荀卿之書可徵也，卿傳《左傳》見劉向《別録》，《觀致士篇》「賞僭不濫」節，全本《傳》文；《禮論篇》「天子之喪」節，本於《左傳》葬期説；《君子篇》「天子無客禮」，本於「凡自周無出」；《王霸篇》「公侯失禮則幽」，本於「諸侯相執稱人」，均《左傳》義也。卿通《穀梁》，見惠棟《九經古義》；卿通《公羊》，見汪中《述學·荀卿子通論》。又《王制篇》言「齊桓劫於莊公」及「周公述職」，亦本《公羊》。則兼通三傳甚明。故《大略篇》説賻賵贈襚，三傳之説均同。觀陸賈《新語·道基》篇明引《穀梁傳》，而《輔政》、《無爲》、《至德》、《懷慮》、《明誡》諸篇，均述《公羊》誼，爲《繁露》所本；若《辨惑》一篇，甄引孔子論嘉樂諸言，則又悉本《左傳》。毛公説《詩》，亦三傳互引。足證三傳同説《春秋》，故前儒治經，左右采獲，不囿於一家之言。及景、武之際，董生所明惟在《公羊》，由是執《公羊》而抑《左》、《穀》，儒生傳《左》、《穀》者，遂各持一傳之義，以相抗衡，遠乖孔子作經之心，近違荀氏傳經之例，然《公羊》大師不得不尸其咎矣。

左氏不傳春秋辨

自漢博士謂《左氏》不傳《春秋》，近世治《春秋》者重燃其焰。今考周季之書，所述《春秋》均指《左氏》。《韓詩外傳》載《荀子謝春申君書》，引子圍、崔杼弑君事，稱爲「《春秋》之記」；《國策》十七作「《春秋》戒之曰」。《韓非子·姦劫弑臣》篇述此二事，亦稱爲《春秋》之記，一也。《國策》二十四記「魏説趙王」，引晉人伐虢取虞事，又言《春秋》書之以罪虞公，即本《左氏》罪虞之誼，二也。《國策》十七記虞卿謂春申君曰：「《春秋》於安思危。」即本《左傳》「居安思危」語，三也。《呂氏春秋·求人》篇曰：「觀於《春秋》，自魯隱公以至哀公十有二世，其所以得之，所以失之，其術一也。」又曰：「虞用宮之奇、吳用伍子胥之言，此二國者，雖至於今存可也。」案：子胥諫吳王，其語惟詳於《左氏》，四也。是則戰國儒生均以《左傳》即《春秋》，斯時《公》、《穀》未興，《春秋》之名僅該《左氏》。漢臣不察，轉以《左氏》不傳《春秋》，不亦惑歟！近人劉申受之儔，均以《左傳》書法、凡例及「君子曰」以下增於劉歆，今觀《國策》言罪虞，則書法、凡例均《左傳》舊文。又《韓非子·外儲説》述「高渠彌弑君」事，語同《左傳》；復言「君子曰：昭公知所惡」。則「君子曰」以下非歆所益。此均劉氏等所未考也。

周季諸子述左傳考

昔在周季，吴子、荀子均爲《左傳》先師，故語多述《傳》。然戰國諸子所述之事，不必盡與《傳》符。其有本《傳》爲說及與《傳》說互明者，恒足證今本文字之訛，並足徵後儒訓詞之誤。

如文元年「以宮甲圍成王」，《韓非子》《内儲說下六微》。述其事，作「於是乃起宿營之甲」，「營」與「環」同，「宿營之甲」即《左傳》下文之「環列」，蓋商臣從潘崇謀，以宿營之甲助其篡，故以環列之尹畀崇。《傳》作「宮甲」，「宮」蓋「營」之訛文也。僖五年「脣亡齒寒」，《吕氏春秋・權勳》篇述其語，作「脣竭齒寒」，《莊子・胠篋》篇同；《國策・韓策》作「脣揭」，高注云：「揭猶反。」蓋「揭」訓「高舉」，脣揭則齒靡所蔽，故曰「齒寒」。《傳》作「脣亡」，「亡」乃「揭」之壞字也。吕書高注亦訓爲「亡」，疑出後人所改，今本高注非故書也。僖廿四年「其後，予從翟君以田渭濱，汝爲惠公來求殺予」，《韓非子》《難三》篇。作「攻之惠竇」。案：重耳奔翟，翟界晉邊，距渭至遥，奚有君畋渭濱之事？蓋「渭」、「惠」音同通用，「濱」爲「竇」訛，「竇」訛爲「賓」，因改爲「濱」。爲翟境地名。此均足證今本訛文者也。是猶昭三年「國之諸市」，《晏子春秋》作「國都之市」。「諸」、「都」古通，「之諸」二字即「都之」二字之倒文也。又昭二十年「鄭國多盜，取人於萑苻之澤」，《韓非子》《内儲說上七術》。作「鄭少年相率爲盜，處於藿澤」。唐石經未改本作「藿」。則「取人」即「聚人」，故曰「相率爲盜」。宣二年「華元殺羊食士，其御羊斟不與」，《吕氏春秋》《察微》篇。作「羊斟御，明日將戰，華元殺羊饗士，羊斟不與焉」。則「羊斟」爲人姓名，近儒錢氏以「斟」爲「斟酌」之「斟」，「羊」爲名，非。故曰「羊斟御」。宣二年「舍於翳桑」，《吕氏春秋》《報更》篇。作「見骫桑之下有餓人」，則「翳桑」非地名。近儒王氏、江氏均以「翳桑」爲地名。僖二十三年「大司馬固諫」，《韓非子》《外儲説左上》。作「右司馬購强趨而諫」，則「固」爲人名，「固」即「購强」，「强」、「固」義近，其名、字正相應。非司馬即子魚。顧氏以司馬即子魚。昭二十六年「諸侯釋位，以間王政」，《魯連子》《史記索隱》引。作「共伯名和。王奔於彘，諸侯奉和以行天子事」，則「諸侯」即共和，非指周、召。此足闡《傳》文故誼者也。是猶宣十四年「屨及絰皇」，《吕氏春秋》作「庭則皇」，即堂皇。昭七年「好以大屈」，《魯連子》作「大屈之弓」，則「大屈」爲弓名也。

自是而外，有足爲《傳》文注詞者。如襄廿五年「公登臺而請」，《韓非子》《姦劫弑臣》篇。作「入室請，與之分國」；本荀子《答春申書》。宣十四年「鄙我也」，《吕氏春秋》《行論》篇。作「是以宋爲野鄙也」；襄七年「爲臣而君」，《韓非子》《難四》篇。作「臣而不後於君」；從藏本。昭廿七年「吾無以酬之」，《吕氏春秋》《慎行覽》。作「我且何以給待之」是也。有足考《傳》文異字者。如昭五年「吴蹶由」，《韓非子》《説林》篇。作「蹶融」；宣二年「使鉏麑賊之」，《吕氏春秋》《過理論》。作「沮麛」；僖二十七年「蒐於被廬」，《韓非子》《外儲説右》。作「圃陸」；昭四年「任之會」，《韓非子》《十過》篇。作「有戎」是也。

欲考《左傳》故文舊誼，不得不取資於斯。蓋漢人述《傳》，或逞臆詞，惟周季學士大夫，時與春秋相接近，前儒謂子可證經，此之謂矣。

左氏學行於西漢考

《漢·藝文志》云：「《春秋》古經十二篇，經十一卷，《左氏傳》三十卷。」「古經」者，左氏經也。「經」者，公、穀經也。別言《左氏傳》者，西漢《左氏傳》與經別行也。

左氏經傳，得之漢初。自張蒼受業荀卿，《左傳正義》引劉向《别録》敘《左氏》傳授云：「荀卿授張蒼。」傳左氏學，漢興，獻《春秋左氏傳》，《説文敘》云：「北平侯張蒼獻《春秋左氏傳》。」《春秋》該古經言，蓋所獻不僅傳文。段若膺謂「北平亦獻經，《漢志》所列即本北平所獻」是也。此西漢秘府有《春秋》古經及《左傳》之始，蓋在高帝之時。段若膺謂「蒼獻書當在除挾書禁後」，不知蒼當高帝之世已爲御史大夫，以大臣獻書不必限於書禁之開否也。觀《新語》進於高帝時，此其徵矣。故高祖之詔引其文，《韓王信傳》上賜信書曰：「專死不勇，專生不任。」即本哀十六年《傳》語。叔孫通之倫並采其説以制禮，如《五經異義》引通所定「日祭」及「納妃」禮，均從《左氏》是也。通所據蓋即北平之本。或通爲秦博士，夙見其書。又《御覽》五百廿九引《漢舊儀》云：「祠五祀，謂五行：金木水火土也。木正曰勾芒，火正曰祝融，金正曰蓐收，水正曰玄冥，土正曰后土。」而《漢書·高紀》又言高帝設秦、晉巫，均本《左傳》。下迨文帝詔書，如《文紀》二年日食求賢詔載「天生民，爲之置君」二語是也。武帝制令，《史記·三王世家》載大司馬去病等疏，❶引制曰：「康叔親屬有十而獨尊者，褒有德也。」此本《左氏》定四年傳。哀帝封册，《王嘉傳》載封董賢詔，引晉文憚子玉事。咸述其文，漢廷有司亦持以議禮。如《漢書·郊祀志》述群臣議尊寶鼎，言「禹收九牧之金，鑄九鼎，象九州」，又言「夏德衰，鼎遷於殷；殷德衰，鼎遷於周」，即本宣三年《傳》語。又《三輔皇圖》載武帝時許褒等議明堂有

❶「三王世家」，原作「三皇世家」，據《史記》改。

「以昭令德」及「茅屋越席」之語，均本桓二年《傳》。此即張蒼所獻之書，亦即劉歆所謂「《左氏春秋》，丘明所修，皆古文舊書，多者二十餘通，藏於秘府，伏而未發」者也。及成帝之世，陳發秘藏以考學官所傳經，即以古文《春秋》校《公羊》經。以上均據劉歆《讓太常博士書》。欲立三傳博士。胥君安以《左傳》不祖聖人相駁，見《華陽國志·士女傳》。然成封孔子後，仍推跡古文，以《左氏》相明。見《梅福傳》。此均歆、莽以前《左傳》行於漢廷之徵也。其行于民間者，則張蒼既獻其書，復作《曆》、《譜》、《五德》，《史記·十二諸侯年表》序云：「漢相張蒼，《曆》、《譜》、《五德》。」「曆」即下文「曆人取其年月」之「曆」，「譜」即下文「譜牒獨記世謚」之「譜」，亦即上文所謂「予讀《牒記》」及「稽其《曆》、《譜》、《牒》終始五德之傳」也。蓋「曆」、「譜」二者，蒼均有書，或兼詳《左傳》年月及世謚，惜不可考。又作《張氏微》十篇，《漢志》列之《左氏微》後。以授賈誼；《漢書·儒林傳》言北平侯張蒼、梁太傅賈誼皆修《春秋左氏》説。《釋文·敘録》云：「蒼授賈誼。」語必有本。誼作《左氏傳訓故》，見《漢書·儒林傳》。遺説具見賈子《新書》；如《淮難》篇述白公事，《審微》篇述晉文請隧、于奚賞邑事，❶《禮》篇述「父慈子孝」節，《容經》述「明君在上」節，《禮容語下》記叔孫聘宋事，《胎教》篇述晉厲、齊簡遇弒事，均合《左傳》。至于「四國有葉」、「叔帶即伯鬬」，尤足補《左傳》之缺。賈氏世傳其業，《釋文·敘録》言誼傳至其孫嘉，《史記·賈生傳》亦曰：「孫嘉，最好學，世其家。」即世傳《左氏》學也。誼兼授貫公。《漢書·儒林傳》言「誼授趙人貫公」，❷《釋文·敘録》則言「嘉傳趙人貫公」，「嘉」蓋「他」字之訛。此古文經傳傳於民間者，蓋與秘府所藏相合。

及魯恭王壞孔子宅，得《春秋》古經，《説

❶ 「晉文請隧」，原作「晉文請襚」，據《新書》改。

❷ 「授」，原作「受」，據《漢書·儒林傳》改。

文序》云：「壁中書者，魯恭王壞孔子宅而得《禮》記、《尚書》、《春秋》、《論語》、《孝經》。」所言「春秋」，蓋指古經及傳言，及《漢書・景十三王傳》所謂「恭王于壁中得古文經傳也」，段若膺曰：「《春秋》蓋謂古文經是也。」惟所得兼有《傳》。並得《春秋左氏傳》。《論衡・案書》篇曰：「《春秋左氏傳》者，蓋出孔子壁中。孝武皇帝時，魯共王壞孔子教授堂以爲宮，得《春秋》三十篇，《左氏傳》也。」此其證。《論衡》不言得古經，略也。蓋未獻秘府，劉歆《讓太常博士書》述孔壁得逸《禮》、逸《書》，安國獻之，未及施行事，下言《春秋》古文藏於秘府事。則安國所獻古文無《春秋》經傳，蓋以北平久獻斯書也。《漢書・儒林》不言孔壁得《左氏》，即由安國未獻之故。爲安國輩所藏，故孔臧亦見其文。《孔叢子・連叢上》引孔臧《鴞賦》云：「覽考經書，在德爲祥，❶棄常爲妖。」又云：「禍福無門，惟人所求。」均《左氏》誼。嗣司馬遷爲太史令，紬史記金匱石室之藏，《史記・太史公自序》。讀《春秋》古文，《史記・吳太伯世家》贊。又與嘉通書，從安國問故，《漢書・儒林傳》僅言遷從安國問古文《尚書》，略也。故《史記》述《左傳》特詳。蓋秘府所藏之書，賈、孔所傳之説，惟史遷克以兼通也。又河間獻王好古學，亦立《左氏春秋》博士，見《漢書・景十三王傳》，又《禮記正義》引《七略》云：「《樂記》三十三篇，《季札》第十八。」而《漢志》亦言「河間作《樂記》」，則此篇即據《左傳》采入，亦獻王明《左氏》之徵。又考《左傳正義》云：「漢武帝時，河間獻《左氏》及《周官》。」案：《正義》此節之文均本《漢書》，此事於《漢書》無徵，疑「獻」即「獻王」之「獻」，下脱「王」字，「王」下復有脱文。蓋漢廷既得古文經及《左氏傳》，無俟河間之再獻也。博士即貫公。《漢書・儒林傳》。則河間所興之《左氏》，亦屬賈誼之傳。厥後賈嘉傳子捐之，《漢書・捐之傳》載其《請罷珠崖議》云：「及其衰也，南征不復；齊桓捄其難，孔子宣其文。」此捐之通《左傳》之徵。貫公傳子長卿，長卿授清河張禹，説爲蕭望之所善。蕭説載

❶「祥」，原作「常」，據《孔叢子・連叢子上》改。

《漢書》本傳，大抵本《公羊》。《儒林傳》又言望之善《穀梁》，然考《通典》八十九引《石渠議》蕭對「父卒、母嫁，❶爲之何服」以「子有貶母之義」，與《左傳》先儒論絶文姜合。又本傳所載「雨雹對」，與《五行志》引劉向述《左傳》雹義合。此望之通《左氏》之證。 **禹傳尹更始，尹通《穀梁》，又受《左氏傳》，取其變理合者爲《章句》，**見《漢・儒林傳》。考更始説久失傳，惟《穀梁章句》至唐猶存，《文選・魏都賦》注引「天子以千里爲寰」一條，即本《左傳》「天子一圻」爲説，知尹説《穀梁》多用《左傳》。又楊《疏》所引有「所者俠之氏」一條，意尹説《左傳》亦以「俠卒」之「俠」爲氏所也。 **以傳子咸，**《漢書・劉歆傳》言：「咸以能治《左氏》，與歆共校經傳。」又《藝文志》數術類本咸所修，其論雜占云：「《春秋》之説妖曰：人之所忌，其氣炎而取之，妖由人興也。人失常則妖興，人無釁焉，妖不自作。」此咸述《左傳》之證。 **並傳翟方進、**《漢書》本傳云：「方進雖受《穀梁》，然好《左氏傳》、天文、星曆。」今考本傳所載引季孫語，均本《左傳》。 **胡常、房鳳。**《儒林傳》言鳳與王龔、劉歆三人皆侍中，歆白《左氏春秋》可立，哀帝納之，以問諸儒，皆不對。歆於是數見丞相孔光，爲言《左氏》以求助。光卒不肯，惟鳳、龔許。 **方進授田終術，常授賈護，護授陳欽，**《五經異義》所引有陳欽《春秋説》。 **欽授賈嚴、王莽。**《翟義傳》載莽詔引「築京觀」事，《莽傳》載莽疏引「塗山之會，執玉帛者萬國」，又云：「《春秋》隱公不書即位，攝也。」均莽述《左傳》之詞。 **由更始以下，大抵以《左氏》通《穀梁》，**故咸、鳳、方進均爲《穀梁》先師。方進述尊上公爲宰，莽引「天子之宰通於四海」，又引「下辛卜郊」，均本《穀梁》，則以《穀梁》與《左氏》並崇。**與公羊家言相遠。 長卿又以學授張敞，**《釋文・敘録》云「長卿傳京兆尹張敞」，説必有本。《敞傳》言「敞治《春秋》」，即治《左氏傳》也。本傳引敞上封事曰：「臣聞公子季友有功於魯，大夫趙衰有功於晉，大夫田完有功於齊，皆疇其官邑，延及子孫。終後田氏篡齊，趙氏分晉，季氏顓魯，故仲尼作《春秋》，迹盛衰，譏世卿最

❶ 「石渠議」，原作「石渠禮論」，據遺書本及《通典》改。

甚。」❶「譏世卿」雖爲《公羊》説，然封事所引均本《左傳》，蓋《左氏》亦譏世卿，特不譏世禄，僅譏世位。見《五經異義》。敞譏霍氏世位，非譏霍氏世禄也。敞傳子吉。敞女爲杜鄴母，鄴從吉學，得其家書，恒引《左傳》之説。《杜鄴傳》云：「其母張敞女，鄴壯，從敞子吉學問，得其家書。」《鄴傳》又言：「元壽元年正月朔，傅晏、丁明臨拜日食，鄴曰：『皇甫雖盛，三桓雖隆，魯爲作三軍，無以甚此。』」又引叔段、惠后事，此鄴述《左傳》之徵。竦爲敞孫，從學於吉，亦通《左氏》。《漢書·王莽傳》載竦爲陳崇艸奏稱莽功德，所述「包胥辭賞」、「成王封魯」及「晉侯以樂賜魏絳」事，悉本《左傳》。自敞以下，大抵以《左氏》通《公羊》，如《敞傳》所載「論伯姬」事，《鄴傳》所載「論秦伯」及「不書紀侯之母」事，均本《公羊》，此其證也。不雜《穀梁》之説。此民間左氏學之區派別者也，然均由長卿上溯張、賈。

至劉歆典校秘書，見古文《春秋左氏傳》，又從咸、方進質問大義，引傳文解經，轉相發明，而章句義理以備，蓋以秘藏經傳爲主，而兼通張、賈以下相傳之大誼者也。其遺説具見《漢書》諸志，旁見《莽傳》、《韋玄成傳》。凡《釋例》、《正義》所引劉説，其與賈、許、潁並言者，均歆説之佚文。其單詞隻義，復散見《七略》、如《初學記》廿一所引「論書四時」。《鐘律書》，見《隋書·牛弘傳》。不惟《遂初賦》所述已也。

然漢儒通《左氏》者，別有劉公子、見《漢書·儒林傳》。張霸、《論衡·佚文》篇云：「東海張霸，通《左氏春秋》，案百篇序，以《左氏》詁故，造作百兩篇。」《漢書·儒林傳》亦言「采《左氏傳》、《書序》，爲作首尾，凡百二篇」。劉向《書鈔》九十八引桓譚《新論》曰：「劉子政、子駿、伯玉三人，尤珍重《左氏》，教子孫，下至婦女，無不讀誦。」又《論衡·案書》篇云：「劉子政玩弄《左氏》，童僕婦女皆呻吟之。」故《漢·五行志》所載向説，❷多詮釋

❶「甚」，原作「盛」，據《漢書》本傳改。

❷「志」，原作「傳」，據《漢書》改。

《左傳》之詞，如「龍鬬淯淵」、「蛇出泉宮」諸條是也。若《新序》、《説苑》、《列女傳》三書，所載《左氏》誼至爲衆多。諸人，惟授受不克考。若夫研治群籍、兼通《左氏》，漢初則陸賈、《新語》之説多本《公》、《穀》，然《辨惑》篇載孔子「嘉樂不野合」二語，均本《左傳》，則賈兼通三傳。毛公、《詩》毛傳中若《旱麓》、《天作》、《葛覃》、《皇華》、《新臺》諸篇，均引《左傳》，蓋亦受自荀卿者。賈山，賈山《至言》所述古制，悉本襄十四年《傳》文，蓋山爲魏博士弟子賈祛後，❶故親見其書。中葉則劉安、《淮南子》述《左傳》最詳，如《精神訓》所述「華周卻賂」、「子罕辭玉」事，《道應訓》所述「白公焚庫」、「僖負覊禮重耳」及「晉文伐原」事，《氾論訓》所述「弦高犒師」事，《説山訓》所述「裨諶能謀」事，《修務訓》所述「申胥乞師」事，《人間訓》所述「楚莊封陳」、「郈氏介鷄」、❷「穆伯攻鼓」、「無極進讒」、「諸御鞅諫君」事，均與《左傳》合。其以訓故之字代本字者，咸足闡《左氏》古誼。舍人、《左傳正義》引《爾雅·釋鳥》「九扈」舍人注，即本《左傳》扈民無淫爲説，乃賈説《左傳》所本。路温舒，《漢書·温舒傳》言温舒受《春秋》，通大義；而所上《尚德緩刑疏》，引齊桓、晉文所由興，又引「山藪藏疾」數言，均本《左傳》，則温舒治《春秋》蓋兼通《公羊》、《左氏》，故又言「大一統，慎始之義也」。季葉則谷永、《五行志》引谷永曰：「昔虢公爲無道，有神降曰：賜爾土田。」又《陳湯傳》載永上書訟陳湯，曰：「臣聞楚有子玉得臣，文公爲之仄席而作。」均本《左傳》。揚雄、《漢書·雄傳》謂「雄以箴莫大於虞箴，作州箴」，則雄見《左氏》甚明。故《方言三》引「蓽路」二語，明標《左傳》；《宗正卿箴》引「有仍二女」事，《太常箴》引「夔子不祀」事，《博士箴》引「原伯魯」事，均本《左傳》。李弘。抄本《華陽國志·士女志·弘傳》引弘對太守謂：「石碏殺厚，《春秋》譏焉。」則親見《左傳》甚明。賈山以上，或親見周、秦故書者也；劉安以下，蓋

❶「賈祛」，今本《漢書·賈山傳》作「賈袪」。王先謙《漢書補注》曰：「官本『袪』作『祛』，《通志·賈山傳》作『祛』。」

❷「郈氏介鷄」，原作「季氏芥鷄」，據遺書本及《淮南子》改。

習聞張、賈緒論，或克覩秘藏者也。若鄒陽、《漢書・陽傳》載陽上梁孝王書引「晉文親讐」、「齊桓用仇」事。東方朔、《楚詞・七歎・沈江》篇述「驪姬、申生」諸事。褚先生、《史記・三代世表》有「晉獻滅霍」語。李陵、詩有「鍾子歌南音」句。杜欽、《漢書・欽傳》載欽引「申生」事；又《馮奉世傳》載欽奏記王鳳引《傳》文「賞疑從予，罰疑從去」語，疑述襄廿六年《傳》義。王褒如《文選》所載《聖主得賢臣頌》引齊桓書管鮑隰寧、晉文用咎犯趙衰是也。❶之流，蓋亦親見《左氏傳》，故咸有述《傳》之詞。即今文大師，亦於《左傳》多甄引，如伏生、《路史・國名紀八》引《大傳》曰：「圻者，天子之境也。諸侯曰境。天子游不出封圻，諸侯非朝聘不出境。」與《左傳》「天子非展義不巡狩」諸例合。又《輔行記四》引《大傳》曰：「凡宗廟有先王之主曰都，無曰邑。」悉本《左傳》。韓嬰、如《韓詩外傳》卷三「大水」條、卷四載《孫卿答春申書》，均本《左傳》。又卷七「晉文勝楚」、「衛侯好鶴」、「蒯芮死齊」事，卷八「伯宗問山崩」事，均與《左傳》所記互相發明。董仲舒、如《繁露・王道篇》「恩衛葆」即用《左氏經》「歸衛俘」説，見俞曲園《諸子平議》。又《漢書・五行志》謂「隱五年秋螟」，董仲舒、劉向以爲「公觀漁於棠，貪利之應」，亦本《左傳》臧僖伯語。主父偃、《漢書・偃傳》載偃引「天子春蒐、秋獮，諸侯春振旅、秋治兵」事，亦述隱五年《傳》文。眭弘、《漢書・弘傳》載弘疏稱「漢爲堯後」，則弘亦窺覩《左氏》之書。嚴彭祖、《左傳正義》引沈氏説：《嚴氏春秋》引《觀周篇》云「孔子將修《春秋》，與左丘明乘如周，觀書於周史，歸而修《春秋》，丘明爲之《傳》」，共爲表裏。此彭祖崇《左氏》之徵。又《隋書・經籍志》載彭祖《春秋左氏圖》十卷，《唐志》作七卷，此彭祖兼治《左氏》之證。焦延壽、如《易林》「乾」、「需」諸卦述「棠姜」事，「坤」卦述「龍鬬時門」事，「需」卦述「楚靈身死」事，「需」、「離」卦述「晉求秦醫」事，「訟」及「小畜」、「豫」述「子鉏獲麟」事，「小畜」述「虢公出奔」事，「泰」及「未濟」述「元凱」事，「隨」卦述「驪姬進讒」事，「臨」卦述「蔡女蕩舟」事，「睽」卦述「唐叔

❶「如文選所載」云云，今檢《文選》，事在王褒《四子講德論》，「書」、「用」二字皆作「有」。

封晉」事，均采《左傳》。京房、如「賓起見雄鷄斷尾」事、「宋女子生毛」事，均僅見《左傳》，而京房《易傳》均述之，見《漢書・五行志》，則房兼治《左傳》矣。翼奉、《漢書・奉傳》載奉言「《春秋》忌子卯」，本昭九年《傳》。龔勝、《朱博傳》載龔勝等言「《春秋》之義，姦以事君，常刑不舍」；❶又引「叔孫僑如譖囚季孫」事，謂「《春秋》重而書之」。則以《左氏》爲《春秋》。師丹《丹傳》載丹上書引「天威不違顔咫尺」。是也。及成、哀以降，若王龔、王舜、《漢書・韋玄成傳》載歆、舜廟制議多引《左傳》；又《莽傳》載舜等奏言《春秋》列功德之義，「太上有立德，其次有立功，其次有立言」，與《左傳》同。崔發、《莽傳》載發言《周禮》及《春秋左氏》「國有大災，則哭以厭之」。均通《左傳》，則染濡莽、歆之論。《莽傳》又言群臣奏言「成王廣封周公庶子，六子皆有茅土」，亦本《左傳》。故歆等欲立《左氏》，雖爲哀帝博士所格，迄平帝之世，遂立學官。❷時爲博士者蓋金子嚴，《東觀記》言「鄭興師博士金子嚴」即此人。而桓譚、杜林、賈徽、孔奮之徒，通習《左氏》經傳，均當西漢季年，遂啟東漢古文之學。

由是而觀，則《左氏》之學漢初、漢季再顯漢廷，文、景以降，哀、平以前，雖伏而未發，然民間傳習未嘗一日絶。則所謂《左氏》不傳《春秋》者，僅漢季博士之偏詞耳，奚足辯哉！

春秋名字解詁書後

高郵王先生伯申作《春秋名字解詁》，得一百五十五條。近德清俞氏、長沙胡氏匡缺補遺，咸有撰著。予治《左氏》書，亦略

❶「姦以事君，常刑不舍」，原作「姦臣事君，有常不舍」，據《漢書》改。

❷「官」，原作「宦」，據遺書本改。

詮數則，以補三家之缺。魯公子買，字子叢，「買」當作「櫝」，櫝爲木名，《爾雅》有「叢木」。楚公子貞，字子囊，「囊」通作「襄」，「襄」義近「貞」。伍員，字子胥，「胥」爲「胥徒」之「胥」，「員」者衆也。《廣雅》。宋樂筏，字子潞，「筏」讀爲「茷」，❶水中津筏也；「潞」，晉水名。祁奚，字黄羊，《莊子》有「羊奚」，係菜名也。衛公孫牟，字子之，「牟」，大麥也，「之」爲秀茁之義。見《説文》。淳于光羽，字子乘，「羽」，羽葆車也，「乘」爲車乘。秦子蒲，名蔑，「蔑」讀爲「篾」；「蒲」，苹席也。見《尚書・康王之誥》馬注及《説文》。以上八條，均王、俞、胡三氏所未言。蓋王、俞以改字訛，胡以不改字致誤，穿穴比傅，其失蓋均。然王書填密嚴栗，匪俞、胡所克逮也。

史記述左傳考自序

《太史公自序》言「年十歲，誦古文」，又言「爲太史令，紬史記、金匱、石室之書」。「古文」者，即古文《尚書》、《左氏》、《國語》之屬也；「金匱」、「石室」者，漢代秘書所藏之所也。漢代秘府有北平所獻《春秋左氏傳》，及景、武之際，古文《春秋》經傳獲于孔壁，興於河間，此皆史公所克睹者也，故史公作《史記》，均據《春秋》古經及《左傳》。又，當此之時，賈嘉爲賈誼孫，世傳左氏學，《史記》曰：「嘉世其家。」即世傳左氏學也。而史公與之通書；孔安國爲孔子之裔，躬藏孔氏古文，而史公從之問故。故《左氏》古誼恒載

❶「筏」，原作「茷」，據遺書本改。

《史記》，蓋均賈、孔二子之緒言也。

或謂史公之世，《公羊》之學盛行，而《自序》又引董生説，則史公所據之《春秋》，當屬公羊。然《十二諸侯年表序》云：「孔子明王道，干七十餘君，莫能用。故西觀周室，論史記舊文，興于魯而次《春秋》，上記隱，下至哀之獲麟，約其辭文，去其煩重，以制王法。王道備，人事浹，七十子之徒口受其傳指，爲有所刺譏褒諱挹損之文詞，不可以書見也。魯君子左丘明，懼弟子人人異端，各安其意，失其真，故因孔子史記具論其語，成《左氏春秋》。」是史公以《左傳》爲《春秋》嫡傳也。所謂「因孔子史記」者，即孔子所論史記舊文，蓋孔子據史記舊文而爲經，丘明即存史記舊文以爲傳。《三代世表》云：「孔子因史文次《春秋》，正時月日，蓋其詳哉。」《孔子世家》曰：「因史記作《春秋》，上至隱公，下迄哀公十四年，十二公。據魯，親周，故殷，非公羊家「王魯」、「新周」、「故宋」之説也。約其文詞而指博。」此均《春秋》因舊史之證，亦《左傳》採集舊史之徵，蓋左氏以舊史之詳補《春秋》之約也。此史公考訂《左傳》之詞。又《五帝本紀贊》云：「予觀《春秋》、《國語》，其發明五帝德、帝繫姓章矣。顧第弗深考，其所表見皆不虛。」《十二諸侯年表序》云：「譜十二諸侯，自共和訖孔子，表見《春秋》、《國語》，學者所譏盛衰大指著于篇，爲成學治古文者要删焉。」《吴太伯世家贊》云：「余讀《春秋》古文，乃知春秋之虞與荆蠻勾吴兄弟也。」則史公親見《左傳》，夫何疑乎！

《漢書・遷傳》贊文曰：「司馬遷據《左氏》、《國語》，采《世本》、《戰國策》，述楚、漢春秋，接其後事，訖于天漢。」是班氏明言

《史記》據《左傳》也。若《史記》之于《公羊》，雖述董生之言，然《儒林傳》、《董仲舒傳》云：「廣川人，治《春秋》。」又曰：「漢興至于五世之間，惟董仲舒名爲明于《春秋》，其傳公羊氏也。」是史公僅以《公羊》爲《春秋》別派，不以《春秋》即《公羊》。其曰「名爲明于《春秋》」者，猶言世俗以爲明《春秋》，疑蓋之詞，溢于言表。《十二諸侯年表序》云：「上大夫董仲舒推《春秋》義，頗著文焉。」「頗」爲稍略之詞，是史公以仲舒述《春秋》于義未盡，安得謂史公説本仲舒？又安得謂史公以《公羊》爲《春秋》哉？故知史公作書，折衷《左氏》；丘明緒説，賴以僅存，西漢張、賈而外，説左之書莫古於《史記》。

師培治《左氏》久，因依《傳》文之序，取《史記》述《傳》文者，條比其文，排次衆説，成《史記述左傳考》若干卷，以存西漢古文之説。若夫引後儒述《傳》之詞，執爲《左傳》最先之誼，轉以史公所載與《傳》互違，此則昧本之學矣。近儒梁玉繩諸氏，恒蹈此失，非師培之所敢循也。

王魯新周辨

公羊家言，有「王魯、新周、故宋、黜杞」之説，始於《繁露》。然考《史記·孔子世家》，云：「孔子因史記作《春秋》，據魯，親周，故殷。」《索隱》云：「言夫子修《春秋》以魯爲主，故云『據魯』。」據此，則「王魯」乃「主魯」之訛。「主」、「據」音義略同，故史公以「據」代「主」，即《史表》所謂「興於魯而次《春秋》」也。西漢初年，訛「主」爲「王」，猶周、秦故籍「王」、「主」互訛也。如《國策·楚策二》「王墳墓」，今本及鮑本均作「主」是也。董生據之，遂有「託王於魯」之説。果如其説，則《公羊》於「魯作三軍，僭諸公」又何以譏其僭禮乎？觀《公羊》引子家子言，斥魯昭僭用天子禮，則不以王禮許魯甚明。若夫「親周」之誼，《索隱》云：「時周雖危而親周王者，以見天下之有宗主也。」蓋周爲天子，又於魯爲宗國，故施親親之誼。《公羊》宣十六年成周宣榭災傳云：「外災不書，此何以書？新周也。」「新」字亦當作「親」，蓋「外災不書」，因周與魯爲最親，故特書其災。「親」、「新」均從「亲」聲，故「親」訛爲「新」。亦猶宋人改《大學》「親民」爲「新」。漢儒緣詞生訓，遂有「新周」之説。幸史公親見故書，著之史册，足證董生之謬。使漢儒詮明其誼，奚至横生歧説哉？

左傳隱元年百雉説

《左氏》隱元年傳：「都城過百雉，國之害也。」賈注云：「雉，長三丈。」見孔疏。服注同。《周禮·典命》賈疏引。《公羊》定十二年傳：「雉者何？五板而堵，五堵而雉，百雉而城。」《解詁》云：「百尺曰板，堵方四十尺，雉二百尺，百雉二萬尺。凡周十一里三十三步二尺。」二説不同。《左傳》隱元年《正義》引《五經異義》云：「《戴禮》及《韓詩》説，八尺爲板，五板爲堵，五堵爲雉，《公羊》定十二年疏所引訛「五堵」爲「一堵」，大非。板廣二尺，積高五板爲一丈，此指高言。五堵爲雉，雉此「雉」字確係「堵」字之訛，前人均未校正。長四丈。古《周禮》及《左氏》説，一丈爲板，板廣二尺，五板爲堵，一堵之牆長丈、高丈，三堵爲雉，一雉之牆長三丈、高一丈。」是《公羊》之説同於《戴禮》、《韓詩》，以二十丈爲一雉，百雉計二千丈，綜計城之四隅言。《左氏》之説同於《周禮》，以三丈爲一雉，百雉計三百丈，僅指城之一隅言。二説不同。鄭君《駁異義》既主「雉長三丈」説，見《詩·鴻雁正義》引。惟鄭君生東漢，説或不足折《公羊》。今考《戰國策·趙策二》引馬服君對田單云：「且古者四海之内分爲萬國，城雖大無過三百丈。」與《左傳》「不過百雉」説互符。《傳》言都城過百雉爲害，此言大城不過三百丈，則「三丈爲雉」之説信矣。夫馬服爲戰國時人，引援古制遠出鄭君之前，則今文所舉非古制矣。蓋今文説禮制不盡於古有徵，兹之所舉，僅其一端已耳。

又案：鄭君《駁異義》以伯城方五里、積千五百步，此據《詩》疏引。《周禮》賈疏則誤引。是公城方七里，侯、伯五里，子、男三里也。《周禮·典命》注又謂「公城蓋方九里，侯、伯七里，子、男五里」，注《坊記》同。二説不同。以馬服之言證之，則城方三百丈指大國言。以六尺爲步，三百步爲里計之，當以公城方七里爲確。鄭解《典命》，以經文既有以九以七以五爲節語，遂疑都城方里亦當以是爲節，非定詁也。蓋城方七里積二千一百步，爲丈一千二百六十，每隅積五百二十五步，爲丈三百一十五；以三丈爲雉計之，大國之雉一百零五，次國七十五，小國四十五。其曰「百雉」、「三百丈」者，均舉成數言也。《大傳》「百里之國，城方九里」，蓋今文別説，與何休説又不合。休言公、侯城周十一里三十三步二尺，非謂大國方九里也。

釋氏

《左傳》隱八年云：「胙之土而命之氏。」是「氏」即所居之土，無土則無氏。《國語·周語》言：「禹平水土，皇天嘉之，祚之天下，賜姓曰姒，氏曰有夏。胙四岳國，命爲侯伯，賜姓曰姜，氏曰有吕。」所云賜氏姓，猶《禹貢》所言「錫土姓」。「氏」以所居之土爲名，猶言國以夏名、國以吕名也。「吕」即《春秋》「申吕」之「吕」。《國語》下文言「亡其姓氏」，《左傳》襄十一年。言「墜姓亡氏」，蓋土失則氏亡，惟有土者斯有氏。由是而推，則古帝所標之氏，若盤古、燧人、大庭、有巢、祝融、女媧、伏羲、神農、金天、高陽、高辛之屬，氏即國號；有熊、陶唐、有虞，又均所居之土；即共工、防風，蓋亦諸侯有國者之稱，未有無土而可稱爲氏者也。《書·舜典》孔疏云：「顓頊以來地爲國號。而舜有天下，號曰有虞氏，是地名也。」此其確證。若以字、以謚、以官爲氏，則周代侯國之制耳。《説文》「氏」字與「姓氏」之義靡涉，段注謂「姓氏之字當作『是』」，今觀《説文》訓「是」爲「直」，「是」與「此」、「斯」、「兹」諸文同，均爲實指之詞。「氏姓」之「氏」與「是」同字，「是」從日、正，《説文》「正」字下云：「二從，一以止。」❶「止」字下云：「下基也。」疑「是」兼從「止」得義，與「丌」爲古「其」字，義與「基」通同例，所以表其必有所在也。

❶ 「一從一以止」，上「一」與「從」誤倒，據《説文》，當作「從一，一以止」。

國語賈注補輯自序

近人輯《國語》賈注者，以歷城馬氏、甘泉黃氏爲較備。嗣錢塘汪氏撰《國語三君注輯存》，雖捊集不僅賈注，然別白精審，恒出馬、黃二家右。惟慧琳《一切經音義》，汪未克睹。夫《音義》所引賈注約六百則，説爲他籍所未引亦不下三百則，所引之文均標「賈逵注《國語》」，或曰「賈注《國語》」，或曰「賈逵《國語》注」。有引《國語》而並引賈注者，如卷四引「醉而怒，醒而喜」，賈注云「醉除爲醒」，卷八引「偃五刀」，賈注「刀劍矛戟矢之屬，是五也」，卷二十引「親戚饗宴」，賈注「不脱屨升堂曰宴」是也。惟以僅引注文爲恒例。有僅引賈本異字而弗引注文者，如卷六、卷七十引賈逵注《國語》「纔」並爲「財」字，二十一引賈注《國語》「⿰阝辟」字作「埤」是也。有僅標「《國語》」及「《國語》云」而亦爲賈注者，如卷一引《國語》「遂，信也，從也」，《選》注引「遂，從也」，作「賈逵曰」，則此確爲賈注。有可由本書所引證明者，如卷二十四引「《國語》云『該，備也』」，卷三十、三十九、四十九均引爲「賈注」，卷二十九引「《國語》『叡，明也』」，卷五十一、六十六均引爲「賈注」是也。亦有僅標「《國語》」，莫克定其果屬賈注者，如卷二引「《國語》『慧，智也』」，卷二十七引「《國語》謂勸教之」，卷四引「《國語》云『爰居，海鳥也。漢元帝時，瑯琊有大鳥如馬駒，時人謂之爰居』」是也。有僅標「賈逵曰」而亦爲《語》注者，如卷五引「賈逵曰『眩，惑也』」，卷二、卷二十三、三十九、四十五、五十三、六十九、七十五、八十八、九十五均引爲「《國語》注」；卷二十四引「賈逵云『以刀有所鋸斷也』」，卷七則先引《國語》、後引賈注此文；又卷八十七引「賈逵云『非先王之法曰撟』」，卷一、卷二十一均引作「《國語》注」，此均確爲《國語》注者。若卷七十七引「賈逵云『叫，呼也』」，此或《左傳》賈注之文，非必《國語》注也。有同一注文而數引者，如卷十一、卷十七、二十九、三十、三十二、三十九、四十、四十一、四十二、四十四、四十七、五十一、六十二、

六十三、六十四、六十六、六十七、六十八、八十九均引「羸，病也」，卷七、卷十五、三十、三十九、五十一、六十二、六十三、六十六、六十七均引「誑，惑」是也。有併兩注之文合引者。如卷七十六引「阜，厚也，長也」，訓「厚」爲《周語》「所阜財用」注，訓「長」爲《魯語》「助生阜也」注；卷四十六引「祚，禄也；又位也，報也」，訓「禄」爲《周語》「天之所祚」注，訓「位」爲《晉語》「天祚將在五族」注是也。彙而觀之，有足證《集解》襲用賈注而不著所本者，如《周語集解》「給，足也」，卷四十一引賈注同；「濟，成也」，卷一、卷七及三十二、五十七、七十七引賈注同；「静，潔也」，九十六引賈注同；《晉語集解》「竄，隱也」，卷十一及十八、六十四引賈注同；「秉，執也」，卷十七及二十九、六十四、八十九引賈注同；「蓺，極也」，卷七引賈注同是也。此均足證韋説之所出。有足證賈注與他注互有同異者，如二十一引「憤，盛也」，與《舊音》所引孔晁注同；又卷十、卷十八、二十九引「沃，美也」，與《史記集解》引「唐固有溉曰沃」稍殊是也。有足證賈本異於韋本者，如卷三十、卷四十五均引「燿，明也」，則《周語》「耀德」賈本作「燿」；四十六引「媮，苟且也」，則《周語》「守固不偷」賈本作「媮」；五十三引「懱，猶滅也」，則《周語》「蔑棄五則」賈本作「懱」；四十六引「愞，下也」，則《魯語》「不懦」賈本作「愞」是也。又有明引《國語》而確爲賈本者。❶ 如卷四十六、卷七十、卷七十二引《周語》「天地之所祚」，下引賈注，是賈本「所」上有「之」字；卷十一引《齊語》「疲士疲女」，下引賈注，卷四、卷八、卷十三、卷十六引賈注並作「疲，勞也」，是賈本「罷」作「疲」；十六引《魯語》「計成而後動」，下引賈注，是賈本「行」作「動」；五十四、八十引《晉語》「勠力一心」，下引賈注，則賈本「戮」作「勠」；五十一引《楚語》「大能掉小也」，下引賈注，則賈本「小」下有「也」字；四十六引《吴語》「驟救傾危以時」，下引賈注，則賈本有「危」字；卷四十三引《越語》「嬴縮轉訛」，下引賈注，則賈本「化」作「訛」是也。有足證賈注别本異文者，如卷十三、卷五十四引「邀，求也」，九十五又引「徼，求也」，則《周語》「徼徼」賈注有作「徼」、作「邀」二本；四十一引「爍，銷也」，八十五又引「鑠，

❶「又有」云云十二字，疑爲正文而誤入注。

消金也」，則《周語》「鑠金」賈注有作「鑠」、作「爍」二本；卷二十、二十三、二十四、四十、六十三、七十引「擐衣甲也」，四十八、六十八又引「攢衣甲也」，則《吴語》「擐甲」賈注有作「攢」、作「擐」二本；十五、二十三引「偶，對也」，十九又引「耦，對也」，則《越語》「乃必有偶」，賈注有作「偶」、作「耦」二本是也。有足證他籍節引注文者，如《選》注引「耀，明也」，卷十四所引則作「燿，示也，明也」；《華嚴經音義》引「鮮，寡也」，卷二十一所引則作「鮮，寡也，寡猶薄也」；《選》注引「涸，竭也」，卷十一所引則作「涸，竭，竭亦涸也」，二十九所引又有「涸，盡也」之文；《選》注引「綴，連也」，卷十所引則作「綴，連也，續也」；《衆經音義》引「縮，退也」，三十六、四十四、五十二所引則作「縮，盡也，退也」；以上所舉，或係賈注分釋兩語，《音義》引而合之，與「祚」、「阜」同例。有足證前籍節引者。❶ 如《選》注引「旌，表也」，五十七所引下有「取其標幟」四字，《選》注引「釁，兆也」，八十二所引下有「言有禍兆也」五字；《衆經音義》引「霸，把也，言把持諸侯之權也」，八十五所引「也」上有「行方伯之職」五字；《選》注引「鸑鷟，鳳之别名也」，八十一所引「鳳」上有「神鳥也」三字是也。有合他籍所引乃成全文者。❷ 如《論語》皇疏引「十六斗曰庾」，九十九所引又有「大曰倉，小曰庾」之文；《舊音》引「跛，蹇也」，十六、三十一、七十六所引又有「跛，行不正也」之文；《選》注引「權，秉也」，卷六所引有「執勢謂之權」五字，十七所引又有「權，平也」之文；《選》注引「暇，閒也」，卷三、卷四、卷五所引又有「暇，安也」之文是也。有足證他籍所引有脱字者。❸ 如《華嚴經音義》引「遽，疾也」，七十五引「疾」作「速疾」；《衆經音義》引「捃，拾穗也」，八十引「穗」作「禾穗」；《後漢書》注引「折其鋒曰挫」，六十引「鋒」作「鋒鋭」是也。有足勘他籍所引文字訛誤者，如《衆經音義》引「肴，葅也」，十三、十九、二十七、三十三、三十七、六十四引「葅」作「俎」，則「葅」爲「俎」之誤。有足證他籍所引舊注非賈注者。如《魯語》「中刑用刀鋸」，《周禮》疏引《國語》注「用刀以劓之，鋸以笮之」，今觀卷七引賈注云：「以刀有所鋸斷，謂大辟、宫、劓、刖等刑是也。」則彼非賈注矣。惟《音義》卷

❶ 「有足」云云八字，疑爲正文而誤入注。
❷ 「有合」云云十一字，疑爲正文而誤入注。
❸ 「有足」云云十一字，疑爲正文而誤入注。

帙浩繁，研尋匪易。

昔伯兄張侯先生致力《國語》，欲集賈注爲一編，未成而歿。師培思承兄志，頻年流離，未遑編録。及旅金陵，蟄居多暇，爰仿汪書之例，輯《音義》所引各注文，附掇《國語》本文之下，如二十九引「纂，集也」，知爲《周語》「纂修其德」注；八十、八十八引「箴，教也」，知爲《周語》「師箴」注；卷二、卷六、卷十一、三十二、三十五、四十二均引「險，危也」，知爲《周語》「險而不懟」注；七十八引「佚，亦淫也」，知爲《周語》「淫佚」注；卷三及卷三十九引「度，揆也」，知爲《周語》「度衷」注；卷六引「遷，易也」，知爲《齊語》「不見異物而遷」注；四十六、四十八、七十八並引「沮，非也」，知爲《晉語》「衆孰沮之」注；卷八及十二引「辱，恥也」，知爲《晉語》「辱也」注是也。又如二十二引「珍，寶也」，爲《魯語》「珍玉」注；二十二引「珍，美也」，則爲《楚語》「珍異」注；十一及二十三引「填，加也」，爲《晉語》「既填其亹」注，與《吴語》「填之以土」注文别，均分列注文，使之不相雜侗。誤者正其訛字，如卷十一引「重昏曰媒」，「媒」爲「媾」之誤；十六引「憹，來也」，「來」爲「末」之訛；三十二引「肴，俎豆也」，「豆」爲衍文；八十七引「黷，媾也」，「媾」爲「媟」之訛；八十八引「鶡，亦名鴈」，「鴈」爲「鳫」之訛；卷九十二引「露，蓋也」，「蓋」爲「蓋」之訛是也。疑者别著按詞，如卷四十五引：「軍，猶屯也；從車，勹聲。旅，軍五百人也；從㫃。以旅相俱也，故從㫃。」六十一引：「該，從言；有作垓，非也。」六十六引：「霖，滯雨也；從雨，霖聲。」似非賈注，存以俟考。成《國語賈注補輯》一卷。慧琳《音義》而外，有爲希麟《續音義》所引者，卷一六則，卷二三則，卷三五則，卷五五則，卷六一則，計二十則。亦按文附列；有《書鈔》所引不誤而汪氏據誤本摘録者，汪引《書鈔》蓋據朱竹垞舊藏本，然遠遜孔刊。以孔刊勘之，《周語》「班三之」及「帥音官」各注訛脱數十字，《吴語》「出火竈」注亦脱引數語，均當據孔刊補正。又《周語》「民之蓄息」注，注據陳禹謨本增「蓄息也」三字，亦當據孔刊删省。惟孔刊《書鈔·禮儀部》引《齊語》注「上下主天神也，言群臣也」，亦有訛脱。亦據孔刊訂正，附綴卷末。若夫《國語》異文，慧琳《音義》及他籍所引恒出汪氏《考異》外，别次爲《考異補》，擴而充之，以成《集釋》。雖有志未逮，然海内達儒從事斯業以補董疏，固師培之所深冀也。

左盦集卷二終

左盦集卷三

揚子劉師培

劉氏論語正義左丘明姓氏駁義

《論語·公冶長》篇「左丘明恥之」，即劉歆所謂「丘明好惡與聖人同」也。孔注云：「左丘明，魯太史。」本班《志》爲説，未爲失也。惟丘明姓氏，説者各殊。《左傳》孔疏云：「丘明爲傳，以其姓左，故號爲『左氏傳』。」朱彝尊《經義考》云：「左丘爲複姓，單稱左者，疑孔門避諱。」劉寶楠《論語正義》則曰：「左丘是兩字氏，明其名也。」其説均非。惟俞正燮《癸巳類稿·左丘明子孫姓氏論》云：「《廣韻》十八尤『丘』字注引《風俗通》云：『魯左丘明之後，丘明子孫爲丘姓。』義最古無疑。丘明傳《春秋》而曰《左氏傳》者，以爲左史官言之。」其説最長。今考《大戴禮·盛德》篇云：「内史、太史，左右手也。」盧注云：「太史爲左史，内史爲右史。」是「左史」即「太史」也，丘明爲魯太史，故以左氏爲稱。丘明以左史傳《春秋》，與《玉藻》「左史記動」合，則《漢志》、《申鑒》、《六藝論》作「右史記動」，均傳聞之異矣。又《元和姓纂》「左」字注云：「臨淄有左丘明後。《急就篇》『左地餘』句顔注云：『魯太史後，遂爲姓。』則丘明之後亦有以官爲氏者，惟不得以左爲丘明之姓，更不得以左丘爲複姓耳。」劉説非也。若唐、宋鄙儒以《論語》「左丘明」與作《傳》之人爲二，或以作《國語》者氏左丘、作《左傳》者其氏左氏，尤不足據依者也。

文獻解

《論語・八佾》篇云：「子曰：夏禮吾能言之，杞不足徵也。殷禮吾能言之，宋不足徵也。文獻不足故也。」鄭注：「獻，賢也。」又云：「以此二國之君文章、賢才不足故也。」其説似非。「儀」、「獻」古通，故《虞書》「黎獻」，❶漢碑作「黎儀」，《周書》「民獻」，《大傳》作「民儀」，是「文獻」即「文儀」也。書之所載謂之文，即古人所謂典章制度也；身之所習謂之儀，即古人所謂動作威儀之則也。

「儀」字古文作「義」，《周禮・肆師》故書「治其禮義」，《典命》「掌諸侯之五義」，❷均即「儀」也。《禮記・中庸》「禮儀三百，威儀三千」，《周禮・司徒》故書「以儀辨等」，❸以及「威儀」二字見周書、周詩者，亦即「文儀」之「儀」。《左傳》襄公三十一年備載北宮文子論威儀，又謂「有儀而可象謂之儀」，是「儀」字之誼與「容止」同。禮之揖讓、周旋、進退、屈伸，樂之有舞，詩之有頌，均該於儀。不惟今文《禮十七篇》爲周代之儀也，即《禮記・文王世子》《内則》所記，凡屬于學禮、學樂舞者，亦即周代之儀。《史記》言「孔子適宋，與弟子習禮大樹下」，習禮者，即習儀也。一代有一代之禮，即有一代之儀，身之所習，躬之所行，莫非儀也。若

❶「黎獻」，原作「儀獻」，據《尚書・益稷》改。

❷「禮義」，原作「禮儀」。《周禮・肆師》作「禮儀」，注云「故書儀爲義」。今劉氏所引乃故書，故改。

❸「故書以儀辨等」，「儀」乃「義」字之誤，《周禮・大司徒》鄭注云「故書儀或爲義」。或「故書」二字爲衍文。

夫有條目可稽，有定例可循，則謂之文，如象魏所懸、太史所掌、内史所柄是也。「儀」之於「文」，對文則異，散文則通。《周語》「義，文之制也」，《禮記・禮器》篇「義理，禮之文也」，「義」即「儀」字，以「文」該「儀」，所謂散文則通也；《樂記》所謂「禮樂之文」，「文」亦該「儀」而言。《論語》「文獻」並言，則見於典册者爲文，見於習行者爲儀，所謂對文則異也。《詩・大雅・蕩》篇云：「雖無老成人，尚有典刑。」「典」即《論語》之「文」，「刑」即《論語》之「獻」。孔子言夏、殷「文獻不足」，謂夏、殷簡册不備，而夏、殷之禮又鮮有習行之人也。《史記》「魯諸儒講禮鄉飲、大射於孔子冢」，又言「漢興，徐生善爲容」，是秦、漢學者仍習行周代禮儀，則周代之時，杞、宋二國亦必習行夏、殷之禮儀，惟禮儀不備，故孔子惜其不足徵。

若鄭注訓「獻」爲「賢才」，則因三代「禮不下庶人」，習禮之人必係故族，古以知禮不知禮判賢愚，故以知禮者爲賢，實僅「獻」字引伸之誼。後世以降，凡書之詳列鄉邦人物者，均曰「獻徵」，若兼載詩文人物，則曰「文獻録」，不惟昧於「獻」字之本誼，即古代之文章，亦兼該典制言，非僅指文詞，蓋誤承鄭氏之説者也。而馬端臨作《通考》，亦以「文獻」爲名，以臣僚奏章、諸儒評論爲「獻」，則又歧中之歧矣。

孟子兼通古今文考

近儒孔氏廣森以孟子論「什一而籍」、論「効死勿去」、論「以小事大」，其義均符《公羊》。實則孟子兼通《左氏》。觀孟子言「仕者世禄」，與《左氏》「卿大夫世禄」義合，未嘗用《公羊》「譏世卿」之説也；言「公侯伯各一位，子男同一位，合天子爲五等」，未嘗用《公羊》「伯子男合爲一等」之説也。又趙岐注《孟子》云：「孟仲子，孟子之仲昆弟，學於孟子。」而毛公《維天之命》、《閟宮》傳兩引孟仲子説。又《釋文·敘録》引徐整説，謂「子夏以《詩》授高行子」，「高行子」蓋即高子，《孟子·告子》篇既記高子説《詩》之詞，而《緇衣》小序、《小弁》毛傳均用高子説，則《毛詩》古誼恒詳于孟子之書，故孟子所言，如虞舜大孝、太王遷邠、仕者世禄，以及引「從事獨賢」、論盛德不爲衆、引「泄泄猶沓沓」，均爲《毛傳》所取資。此孟子通《毛詩》之證。及觀《韓詩外傳》引高子問《載馳》之詩於孟子，孟子曰「有衛女之志則可，無衛女之志則怠」，是孟子兼通《韓詩》。由是而言，則漢代以前，《春秋》、《詩經》同爲一家之學，無古文今文之别，非惟可徵之荀卿書也，徵之《孟子》，其誼益昭矣。

釋誼

古「仁義」之字均作「誼」，與「禮義」之「義」别。「義」混於「儀」，始更「誼」爲「義」。《説文》云：「誼，宜也。」《禮記·中庸》篇云：「義者，宜也。」《祭義》云：「義者，宜此者也。」「義」訓爲「宜」，所該雖博，然《春秋繁露·仁義法》篇曰：「《春秋》之道，以義正我，故義之謂言我也。義之法在正我，不在正人。」又曰：「義者，宜在我者也。且在我而後可稱義也。」則「義」字之訓，專屬正身。古人訓「義」爲「宜」，即董子所謂「宜在我」也，「宜在我者」，猶言勿爲所不當爲也。

《論語》言「君子義以爲質」，《易・文言》傳曰：「義以方外。」「方外」與「砥礪」、「廉隅」同，即《樂記》所謂「義以正之」也。《禮記・表記》曰：「義者，天下之制也。」「制」即「裁制」之「制」，與「正身」之「義」互明，故孔子、孟子及《繁露》均「義利」並言。蓋律己而無損於人，是之謂義；不知律己而損人，是之謂利。其意亦由正我而推。後世混「義」爲「仁」，乃有「義民」、「義俠」之稱，有利於人，亦標爲「義」，失古人「仁義」並列之旨矣。

釋理

《説文》云：「理，治也。」段氏訓「理」爲「剖析」，又援戴氏《孟子字義疏證》説以闡其誼。今考《禮記・樂記》鄭注云：「理，分也。」蓋「理」與「釐」同，其義取于離析。故事物可以離析者謂之「理」，人心所以離析事物者亦謂之「理」。凡古籍所謂「分理」、「條理」、「文理」、「鰓理」、「腠理」者，均指事物之昭然易別言也。《禮記・禮運》篇以「義理」爲「禮文」，《樂記》言「理發諸外，民莫不承順」，亦指秩然可別言，均爲在物之理。若《周詩・烝民》篇「有物有則」，「則」即在心之理；《孟子》曰：「心之所同然者何也？謂理也，義也。」又曰：「是非之心，智之端也。」均指此言，乃人心恃以離析事物者也。由是而言，物由心別者理也，心能別物者亦理也。宋儒以「理」爲渾全之物，昧於訓「理」爲「分」之旨。戴氏詮「理」，又以「理」爲專屬事物，然物由心知，知物即在心之理。嗣淩、阮諸氏以「禮」該「理」，蓋較戴氏爲尤偏矣。

爾雅蟲名今釋自序

昔宋儒羅願、陸佃，于古籍所詳庶物，咸考厥形狀，證以鄉曲之稱，特昧於音轉，疏于詁故，則其失也。至近儒高郵王氏作《廣雅疏證》，凡艸、卉、竹、木、鳥、獸、蟲、魚之屬，咸購列所居，故詮釋物類，咸憑目驗。即郝氏疏《爾雅》、桂氏疏《説文》，咸以今物證古物，與王例略同。師培幼治小學，知萬物形狀均可于聲音訓故求擬，仿錢氏詁《釋地》以下四篇例，作《爾雅物名今釋》，而《釋蟲》先成，因思物必有名，名各有義，故蟲屬命名之例，約有十二：蚻蠽、蟋蟀、螇螰、蝓蝟，以自鳴之聲名；蛣蟩、蜉蝣、蛈蝪、諸慮、蚇蠖、蒺藜、虰蛵、鼁鼀、蠐螬、果蠃，以形狀名；寒蜩之屬，以所生之時名；齧桑、守瓜、負版，以所具之能名；草螽、土螽、土蠭、木蠭、桑蟲，以所生之地名；蜻蠵、負勞、蚍蜉、白魚，析以色也；毛蠹、長踦，別以體也；王蚁、茅蜩、馬蜩、大蟻、蠛蠓，區以種也；有以音近名者，如蛾羅、强蚚是；有以切語名者，如莫貈即蛑是；有以合音名者，如齧桑即蠰是；有相似之物同名者，如渠略即蛣蜣是。以上諸例，匪惟蟲類然，凡萬物名字歧異，皆可以諸類求之。故今述斯書，首溯得名之旨，次證異稱，繼以今名綴其末，使方俗殊名、古今異語均以聲轉通其郵，此則循王、郝、桂諸家之例者也。引而伸之，是在達者。

注爾雅舍人考

《爾雅》有舍人注，《釋文·敘録》云：

「犍爲文學卒史臣舍人，漢武帝時待詔。」近翁、盧、邵、宋諸氏，據《文選》注引作「郭舍人」，注遂謂即《東方朔傳》「郭舍人」。今考犍爲置郡在建元六年，朔與郭舍人隱語在建元前，故《漢書·朔傳》先敘隱語，次乃記建元三年上出獵事。則舍人仕漢之時，漢無犍爲郡。洪氏筠軒謂「《西京雜記》有郭威，疑即此人」，然亦無明證。臧氏庸堂謂《選》注衍「郭」字，似較翁、洪爲確。又錢氏竹汀云：「《廣韻》有舍姓，或姓舍名人。」其説亦非。竊疑「舍人」乃漢臣之名，考之《漢志》，其所列各書有郎中臣嬰《齊賦》十篇，有待詔臣安、臣未央《術》一篇，又有臣昌市、臣壽、臣説之書，蓋漢代進御之書，均不書姓氏，惟稱臣繫名上，標所歷之官。今世所存宋、元槧本，以及《道藏》各書，凡周、秦古籍，恒列向、歆進書之表，其所標題均曰「某官臣某」，此蓋漢人標題舊式。故劉氏校書，凡著書之人無可徵，亦沿書中所標之題稱爲「某官臣某」；若其無官，則稱「臣某」，《漢志》所列是也。《釋文·敘録》於「臣舍人」三字上繫以「犍爲文學卒史」之官，蓋舍人姓氏無徵，故沿舊册標題之語，著之《敘録》。《漢書》顔注所引臣瓚説，亦同斯例，惟彼遺官名，此列官名耳。互相參驗，斯誼益昭矣。

爾雅逸文考

《爾雅》各篇，固間有殘脱，然唐、宋諸書所引，其有爲今本所無者，不必盡屬佚文。試即邵、嚴所未引者言之。有倒引正文者，如《慧琳音義》二十三引「待，須也」，即《釋詁》「須，待也」之訛；卷十三引「緩，舒也」，即《釋言》「舒，緩也」之訛是也。有引注文爲正文者，如《輔行記》弟六之三引「崖，水濱也」，即係李注「厓，水邊」邢疏引。之異文，弟八之三引「貉，雌者曰貄，今江東呼爲狭狭」，悉本《釋獸》郭注今本郭注「貄」作「[illegible]」，《釋文》云：「或作貄。」是也。有誤他書爲《爾雅》者，如《文選·西京賦》薛注引「熊虎爲旗」，《慧琳音義》六十九引「鏷璞謂之礦」、「鏷」當作「鐵」。六十七引「押，輔也」，《輔行記》弟五之三引「休者，喜也」、下引《廣雅》云「慶也」，所引互訛，當改訂。弟五之四引「堂堂，容也」，均爲《廣雅》之文；首條見《釋天》，弟二條見《釋器》，弟三條見《釋詁一》，弟四條見《釋詁四》，弟五條見《釋訓》。《慧琳音義》十九引「縷謂之緻」，語本《方言》；卷四。《御覽》五十八引「水別流曰派」，語本《說文》《文選·頭陀寺碑》注引。是也。是與唐人誤引《字林》爲《說文》同例。有所引之文不類《爾雅》者，如《慧琳音義》四十二引「蠱，亦毒也」，《輔行記》弟五之四引「八方神爲八靈」是也。惟《慧琳音義》卷一引「蹤，迹也」、卷七引「噉，呑也」，當屬《釋言》之文；《輔行記》弟四之三引「耽，久樂也」，弟七之二又引「酖，久樂也」，「耽」、「酖」通用。當屬《釋訓》篇釋《詩》之詞；《詩·小雅·賓之初筵》云：「子孫其湛。」「湛」即「耽」字，疑《釋訓》曾引是詩，以「久樂」釋「耽」。彼篇鄭箋云「樂之久」，當本《雅》訓，與《釋詁》「妉，樂也」別爲一條，故湛然兩引其文，均有「久」字，且有「耽」、「酖」之異文也。弟五之四引「風動塵起曰埃，烟雲霧起曰靄」，與「陰而風曰翳」之文相屬，當亦《釋天》之佚句。若弟七之三引「殃，肉爛也」，與「殃」訓不合，似當從疑，不必援以補本書也。

爾雅誤字考

近儒考《爾雅》異文者，以嚴氏《匡名》爲至詳。然文字之誤，尚有未檢正者。如《輔行記》弟五之四引《爾雅》「田者，地也」，今《釋言》作「土，田也」，蓋「土田也」三字確爲「田地也」之訛；嚴氏《匡名》謂玄應《音義》引作「田，土也」，此唐本「田」居句首之證。然所引之本「地」已脱形爲「土」，嗣後又互倒其文，遂成「土田也」三字。《輔行記》弟一之三引《爾雅》「東至濮盆」，今《釋地》「盆」作「鉛」，蓋「鉛」即「盆」字之訛；「盆」從「分」聲，即《周禮·考工記》之「妢胡」也。胡承珙以「妢」爲「汝墳」之「墳」；鄒漢勛謂即「鄱陽」之「鄱」，以地産竹箭證之。鄒説近是。蓋古代贛、粵之間，地均名「妢」，《山海經》之「賁隅」亦「妢」音之轉，故《爾雅》「濮」、「盆」並言。若「濮鉛」之名，僅見《廣韻》，於古無徵，蓋古文從「皿」之字，或體恒作「金」，如「鎜」、「盤」是也，「㕣」又「分」訛。《輔行記》所引蓋係未訛之本。原本《玉篇》云部引《爾雅》曰：「藝，静也。」今《釋詁》「静也」條無「藝」字，蓋「蟄」即「葜」字之訛。《説文》「窫，静也。」《爾雅》古本蓋作「窫」，字假爲「葜」，《玉篇》所引是也。「葜」、「蟄」形近，因訛爲「蟄」，《説文》雖訓「蟄」爲「藏」，然與「謚」、「慎」諸義不相近。邵疏釋「静」字條「顗」字云：「或作『窫』。」蓋「窫」即「葜」字未誤之文，嗣移爲「顗」字異文也。王仁俊《學古堂日記》以「葜」本文當作「窫」，是也；以「葜」爲佚字，非也。此均今本《爾雅》之誤字也。又原本《玉篇》言部引《爾雅》曰：「謚，昚也。」今本《爾雅》作「毖、神、溢，慎也」，蓋古本「慎」字作「昚」，「毖」亦作「謚」，「毖」、「謚」音近，故顧氏所據本「毖」字作「謚」。王仁俊謂「謚，昚也」當别一條，非是。「慎」乃後人所改俗字也。《慧琳音義》十二引《爾雅》「西至日所入，爲太濛」，則古本「濛」字作「濛」，王仁俊僅引原本《玉篇》作「濛」，未引此。「蒙」乃後代省形之字也。是則《爾雅》一書，訛文既衆，即古本所用正字，亦恒爲後人所更，不惟「虪」省爲「𧇰」、「涇」改爲「徑」已也。又《輔行記》弟五之四引「謂之突」，今本「突」均作「窔」；《漢書》應邵注亦引作「突」。卷五之四引「陰而風爲翳」，今本「翳」均作「曀」，亦足補《釋文》之缺。惟《慧琳音義》二十六引「蚶、蠃、螔、蝓」與各本作「蚹」不同，其爲别本之故文，仰係抄胥之訛字，不可考矣。

六經殘于秦火考

《韓非子・和氏》篇云：「商君教孝公燔《詩》、《書》而行法令。」是秦代禁學始于商君而成于始皇。《史記・秦始皇本紀》云：「三十四年，丞相臣斯昧死言：『臣請史官非秦紀皆燒之。非博士官所職，天下敢有藏《詩》、《書》、百家語者，悉詣守尉雜燒之。令下三十日不燒，黥爲城旦。所不去者，醫藥、卜筮、種樹之書。若欲有學法令，以吏爲師。』制曰可。」《李斯傳》略同，並謂：「始皇可其議，收去《詩》、《書》、百家之論，以愚百姓。使天下無以古非今。」據《史記》所言，則民間未焚之書，僅醫藥、卜筮、種樹之屬，舍此三類，僅爲博士所藏。故《史記・儒林傳》云：「秦焚《詩》、《書》，六藝從此缺焉。」又曰：「秦焚《詩》、《書》，書散亡亦多。」《六國表》云：「《詩》、《書》所以復見者，多藏人家。」夫六藝既從秦而缺，此《尚書》、《禮經》所由有佚篇也；《書》既從秦而散亡，此《太誓》所由得於河內也；書或藏於民家，此孔壁所由有古經也。賈生

《過秦論》有云「於是廢先王之道，焚百家之言，以愚黔首」，足與《史記》之説互明。且《史記・儒林傳》云：「孝文時，欲求能治《尚書》者，天下無有。」又云：「秦焚書，伏生壁藏之。漢定，伏生求其《書》，亡數十篇，獨得二十九篇。」此《尚書》至秦而缺之證。又曰：「《禮》固自孔子時而其經不具，及至秦時，書散亡益多，於今獨有《士禮》，高堂生能言之。」此《禮經》至秦而缺之證。《六國表》云：「秦既得意，燒天下《詩》、《書》，諸侯史記尤甚，爲其有所刺譏也。」《春秋》亦諸侯史記之一，此《春秋》至秦而晦之證。

或謂六經不亡於秦。所持之説，一爲秦代多儒生，一爲書籍收於蕭何。夫張蒼、叔孫通均於秦代爲職官，秦代《詩》、《書》藏博士，禁民私閲，未嘗禁職官之習也。若陳餘、劉交、申公、伏生、酈食其、陸賈之徒，克通儒學，或係在秦火以前。至《史記・儒林傳》言：「至于始皇，儒術既絀。齊、魯之間，學者獨不廢。高帝圍魯，魯儒尚講誦習禮樂，弦歌之音不絶。」此指儒術言，匪指儒學。學與術不同，學載於書，術寓於器。古代治學，惟讀書憑典册。讀書而外，禮貴講習，詩、樂皆尚弦歌，一則身體力行，一則口耳相傳，均不必憑諸典册。見汪中《講學釋義》。魯中諸儒所講誦，「講」指習禮言，「誦」指弦歌言，故下文又曰：「漢興以後，諸儒乃得講習大射、鄉飲禮。」《孔子世家》云：「魯世世相傳，以歲時奉祠孔子冢。而諸儒亦講禮鄉飲、大射於其所。」則講習禱指習禮言。秦代所焚者，書也；未焚者，器也。書焚，故儒學亦亡；器存，故儒術亦存。觀孔甲抱禮器歸陳涉，《史記》言「漢興，徐生善爲容」，則魯中諸儒所習，不過用禮器而習容儀耳，不得據此爲秦不焚書之證。至於蕭何收書籍，其說亦非。考《史記·蕭何傳》，云：「沛公至咸陽，諸將争走金帛財物之所。何獨收秦丞相、御史律令圖書，藏之。」夫蕭何所藏之圖書，即《張蒼傳》「明習天下圖書計籍」之「圖書」也，「圖」猶《周禮》職方所掌之「圖」，「書」猶《周禮》小行人所獻之「書」。《蕭傳》以「律令」與「圖書」並言，《張傳》以「計籍」與「圖書」並言，則「圖書」即秦代版籍。故漢高得之，因知天下阨塞户口多少强弱之處。若以「圖書」即六藝，則何以刀筆起家，高祖以儒服、儒冠爲禁，又言「居馬上得天下，安用《詩》、《書》」，六藝雖藏秦宫，必不爲漢軍所取。

竊疑漢兵入關，博士所藏之經猶存而未泯，厥後乃亡於項羽之火。《史記》曰：「項羽引兵，西屠咸陽，燒秦宫室，火三月不滅。收其貨寶、婦女而東。」又曰：「項羽見秦宫室皆已燒殘破。」夫宫室既焚，則六經亦燼。是民間所存之經，亡於秦火，而博士所藏，又亡於項羽之火也。《史記·儒林傳》又云：「於是漢興，蕭何次律令，韓信申軍法，張蒼爲章程，叔孫通定朝儀。則文學彬彬進，《詩》、《書》往往間出矣。」是《詩》、《書》之出，後于蕭何次律令。使六藝果獻于何，則漢廷應見六藝全文，何以說《書》猶欲徵伏生，問禮猶欲徵申公乎？由是而言，則六經殘於秦火明矣。

古今文考

漢儒經學，有今古文之殊。蓋獨體曰文，合體曰字，凡班《志》所謂古今文，均指文字言。今文者，經之用漢代通行文字者也；古文者，經之用古代文字者也。就班《志》觀之，則立博士者皆今文，以便民間誦習。如《易》有施、孟、梁丘、京氏學，《書》有夏侯、歐陽學，《詩》有齊、魯、韓三家，《禮》有《禮經》、《禮記》及后蒼、二戴之學，《春秋》有公、穀二家，班《志》皆言：「立學官」，❶故均爲今文。若古文有二，一爲秘府所藏之本，一爲民間私行之本。班《志》言「劉向以中古文《易經》校施、孟、梁丘經，或脱去『無咎』、『悔亡』，惟費氏經與古文同」。古文《尚書》出孔子壁中。武帝末，魯共王壞孔子宅，欲以廣其宫，而得古文《尚書》及《禮記》、《論語》、《孝經》，凡數十篇，皆古字也。孔安國得《書》以考二十九篇，得多十六篇。❷安國獻之，未立學官。❸劉向以中古文校歐陽、大小夏侯三家，脱簡甚多，文字異者七百餘，脱字數十。又謂《禮古經》出魯淹中；《孝經》經文皆同，惟孔子壁中古文爲異。又《志》中所載有《尚書古文經》四十六卷，《禮古經》五十六卷，《春秋古經》十二卷，《論語古》二十一篇，《孝經古孔氏》一篇。其所謂「古」，均指文字言。又《説文序》云：「其偁《易》費舊作「孟」，誤。氏、《書》孔氏、《詩》毛氏、禮《周官》、《春秋》左氏、《論語》、《孝經》，皆古文也。」夫「古文」猶言「古本」，乃經之書以古字者，即魯共所得、張蒼所獻之書。若《五經異義》于博士之經冠以「今」字，以别古文，故有今《易》京、孟説，有今《尚書》夏侯、歐陽説，有今《詩》魯、

❶「官」，原作「宫」，據遺書本及《漢書·藝文志》改。

❷「十六」，原作「六十」，據《漢書·藝文志》乙正。

❸「官」，原作「宫」，據遺書本及《漢書·藝文志》改。

齊、韓説，有今《春秋》公羊、穀梁説，有今戴《禮》説，有今《孝經》、今《論語》説。今學而外，有古《周禮》説，古《尚書》説，古《毛詩》、古《左氏》、古《孝經》説。所言「今説」、「古説」，猶言「今文説」、「古文説」耳。不言「文」者，省辭也，蓋「今文」、「古文」爲漢儒恒言。

《説文序》言「孔子書六經，皆以古文」，則秦代以前，六經均古文，漢代古文經乃經之未易秦文者也。考《史記·秦本紀》云「同一文字」，《説文序》云「秦並天下，罷其不與秦文合者」，《史記·太史公自序》云「秦撥去古文」，蓋秦代書尚同文，古文之字殊于秦，即所謂「不與秦文合」也，故爲秦廷所罷。既去古文，則博士所藏之經必易古文爲秦文，而漢代之文即沿秦文之舊。《藝文志》云：「《蒼頡》七章者，秦丞相李斯所作也。《爰歷》六章者，車府令趙高所作也。《博學》七章者，太史令胡母敬所作也。文字多取《史籀篇》，而篆體復頗異所謂秦篆者也。是時始造隸書矣，❶起於官獄多事，苟趨省易，施之於徒隸也。漢興，閭里書師合《蒼頡》、《爰歷》、《博學》三篇，斷六十字以爲一章，❷凡五十五章，并爲《蒼頡篇》。武帝時，司馬相如作《凡將篇》，無復字；元帝時，黄門令史游作《急就篇》；成帝時，將作大匠李長作《元尚篇》，❸皆《蒼頡》中正字也，《凡將》則頗有出矣。至元始中，徵天下通小學者以百數，各令記字於庭中。揚雄取其有用者以作《訓纂篇》，順續《蒼

❶「造」，原作「建」，據《漢書·藝文志》改。
❷「六十」，原作「十六」，據《漢書·藝文志》乙正。
❸下「作」，原脱，據《漢書·藝文志》補。

頡》，又易《蒼頡》中重復之字，凡八十九章。」審觀此文，則漢字普行民間者，即襲秦書，故漢初經生若伏生、轅、韓之流，均書經文爲漢字，以便誦習。厥後復得古文，乃以民間誦習之經稱爲今文，與古文區異，以表文字之殊。故劉向以古文校今文，以證訛文、脱簡，猶今人據宋、元舊槧以證坊本之訛耳。

《史記》言「總之不離於古文者近是」，《説文序》言「合以古籀」，則以古文係周代故書，足證今書之誤。後儒因所見之文不同，援文生訓，致所解之義歧然。考《五經異義》所載，則今文、古文之學，持説恒同。韓《詩》爵制之説同於《周禮》，一也；古文《尚書》毁廟説同於《公羊》，貢禹説。二也；《左氏》尊二代之説同於魯《詩》、韋玄成説。施氏《易》，三也；《公羊》妾以子貴説同於《左氏》，四也；雨不克葬説亦然，五也；《左氏》赴卒稱名説同於《士虞禮》，六也；《左氏》既殁稱字説同於《穀梁》，七也；古文《尚書》説五臟同於《月令》，八也；《左氏》説麟同於《禮運》，九也。由是而言，則今文、古文之旨不盡互歧。近人廖平乃以今古文同出孔子、有從周改制之區，豈不惑哉！

西漢今文學多采鄒衍説考

五德終始之言，蓋亦古説，與五行相表裏。《漢志》「術數略」五行類論云：「其法亦起五德終始，推其極則無不至。」此其證也。《史記·曆書》云：「蓋黄帝考定星曆，建立五行，起消息，正閏餘。」是五行之言基於黄帝之世，則五德終始説疑亦託始於茲時。

周屏五行弗治，儒家遵之。五行之言，惟齊爲盛，《管子·幼官》篇、《四時》篇、《五行》篇所述是也，故官以五計。如《君臣上》篇云：「五官肅。」又曰：「上有五官。」《五行》篇曰：「然後具五官於六府也。」《問》篇云：「問五官有度數。」均其證。又《内業》諸篇，備言養精之説；《封禪》一篇，復託言物祥可致；《左傳》載齊景問晏子，謂「古者不死，其樂若何」；《晏子春秋·諫篇上》備記景公信楚巫，祠靈山、河伯，禳彗星事，《雜篇下》又述景求益壽，是神仙家言亦以齊邦爲盛，《史記·封禪書》云：「八神將自古而有。或云太公以來作之。」此又齊崇淫祀之徵。然均儒書所勿道也。

自鄒衍治儒術，繼言五德終始，首以斯説淆經。《鹽鐵論·論儒》篇曰：「鄒子以儒術干世主，不用，即以變化始終之論，卒以顯名。」此衍治儒學之徵。《史記·孟荀列傳》記鄒衍云：「乃深觀陰陽消息而作怪迂之變，《終始》、《大聖》之篇十餘萬言。」又云：「先序今以上至黄帝，學者所共術，❶大並世盛衰，因載其機祥度制。」又云：「稱引天地剖判以來，五德轉移，治各有宜，而符應若茲。」是衍書記事始於軒轅，所述五德均以符應爲準。《史記》又載衍論九州語，系以論曰：「然要其歸，必至乎仁義、節儉，君臣、上下、六親之施，始也濫耳。」亦衍説近儒之徵。《漢志》春秋類列《鄒氏傳》十一篇，謂「鄒氏無師」，鄒氏即衍；陰陽家載《鄒子》四十九篇、《鄒子終始》五十六篇，書亦久佚。惟《史記·封禪書》集解引如淳説，云：「今其書有《主運》，五行相次轉用

❶「所」，原脱，據《史記》補。

事，隨方面爲服。」《文選・魏都賦》注引《七略》云：❶「《鄒子》五德終始，從所不勝，木德繼之，金德次之，火德次之，水德次之。」《文選・齊故安陸昭王碑文》注引《鄒子》云：「五德從所不勝。虞土，夏木，殷金，周火。」與嚴安所引「論政教文質」語《漢書・安傳》。大抵相符，即《史記》所謂「五德轉移，治各有宜」也。《周禮・春官・鐘師》疏引《五經異義》云：「謹按：古《山海經》、《鄒子書》云『騶虞，獸』，説與《毛詩》同。」蓋衍書有記載騶虞語，以爲王者符應之徵。《周禮・夏官・司爟》先鄭注引《鄹子》取火説，則又語本《周書》賈疏云：「《鄹子書》出於《周書》。」蓋亦以取火之事曲傳五行，雖其詳不克考，然圖讖之詞、神仙之術，大抵均出於衍書。《史記・三代世表》引《黄帝終始傳》，有「漢興百有餘年」諸語，褚先生補。書雖僞託，然終始之説既本於衍，則衍書必兼論圖讖矣。《藝文類聚》卷九引劉向《別録》述《方士傳》「鄒衍在燕吹律」事，是衍名又列《方士傳》也。《漢書・王吉傳》言「吉能爲《騶氏春秋》」，今考吉諫昌邑王，備述養生之要，謂「體比松喬之壽」，疑亦衍書緒論。又《史記》言「衍説歸於仁義節儉」，而《漢書・吉傳》載吉疏，亦言「當明視天下以儉」，則吉之所述爲衍學矣。此又《鄒氏春秋》即衍書之證。

至於秦代，衍説益昌。《史記・封禪書》云：「自齊威、宣之時，騶子之徒，論著五德終始之運。及秦帝而齊人奏之，故始皇采用之。而宋毋忌、正伯僑、充尚、羡門子高最後，❷皆燕人，爲方僊道，形解銷化，依於鬼神之事。騶衍以陰陽主運顯於諸

❶「注」，原脱，據李注《文選》補。

❷「羡門子高」，《史記・封禪書》作「羡門高」。

侯，而燕、齊海上之方士，傳其術不能通，❶然則怪迂阿諛苟合之徒自此興，不可勝數也。」是衍説采於秦帝，實傳自燕、齊。今考《始皇本紀》，詳言始皇推終始五德傳而求仙言讖之事，亦具見遷《史》。又劉向《列仙傳讚》云：「余嘗得秦大夫阮蒼撰《仙圖》。」是《仙圖》亦作於秦代也。即征伐外域，亦由九州瀛海之説而生。《鹽鐵論·論鄒》篇大夫引鄒衍瀛海九州説云云，又言「故秦欲達九州而方瀛海，牧胡而朝萬國」，此始皇因衍説而拓土疆之證。則秦代所崇，匪儒匪法，實惟衍書。

試更即秦代博士論之。錢塘夏曾佑謂秦博士即方士，今考《始皇本紀》述始皇語，謂「悉召文學、方術士甚衆，欲以興太平。方士欲練以求奇藥」，❷扶蘇言「諸生皆誦法孔子」。所稱「文學」及「諸生」，均即博士之屬，是秦代博士以儒生爲之，《始皇本紀》言：「非博士官所職，敢有藏《詩》、《書》、百家語，悉詣守尉雜燒之。」是《詩》、《書》藏於博士。又《叔孫通傳》載秦博士引「人臣無將」，亦博士通經之證。不惟叔孫通、伏生已也。惟方士所治之事，亦或以博士司之耳。如始皇使博士作僊真人詩，又以夢事問占夢博士是也。其以儒生爲博士者，則以求仙必本於祈神，《封禪書》述公孫卿語，謂「黃帝游山與神會，且戰且學仙。百餘歲，然後得與神通」，則言仙者依於鬼神之事矣，故秦皇及漢武均崇祀神。而祈祀之禮必諮儒生，《封禪書》載始皇徵齊、魯之儒生、博士七十人，至乎泰山下。又言從陰道下，禪於梁父，其禮頗采太祝之祀雍。則秦用儒生由於諮祀禮。儒生因之，遂掇衍書入六藝，上媚時君，以燕、齊爲尤甚。衍學本出於儒，必采儒書附己説。故掇以説經，易相傳合。

西漢之世，今文之學多出自燕、齊，《五

❶「術」，原作「説」，據《史記》改。

❷「欲練以求奇藥」，原作「欲諫以求奇樂」，據《史記》改。

德終始傳》又獻於公孫臣，而漢武求仙亦符秦帝祈祀之儀，多雜六經郊祀說。今文大師若兒寬之流，均以陳瑞制儀進用，故今文經傳於西漢者多符衍說。《漢書・翼奉傳》載奉奏曰：「《易》有陰陽，《詩》有五際，《春秋》有災異，皆列終始推得失。」今觀《蓋寬饒傳》引韓氏《易》曰：「若四時之運，成功者去。」《御覽》七十六引《書大傳》曰：「三王之治，若循環之無端，如水之勝火。」又《風俗通・皇霸》篇引伏生《大傳》曰：「天地之道備，而三五之運興矣。」若《繁露・三代改制質文》篇爲今文《春秋》說，所言尤著。此均由五德終始說而生者也，與嚴安所引衍說至爲符合。若夫侈言災驗，蓋亦衍說，即《史記》所謂「載機祥」及「侈符應」也。雖京房吹律之術，亦或鄒衍所傳。均今文雜采衍說之徵。

又漢代緯書雖與六經相比傳，疑所采亦衍書。漢張衡謂「起於哀、平之際」，非也。尹敏謂「非聖人作」，是也。《史記・孟荀列傳》集解引《別録》曰：「鄒衍之所言，五德終始，天地廣大，盡言天事。」今觀緯書所述，若《易坤靈圖》、《尚書帝命驗》、《尚書中候》、《春秋元命苞》、《春秋命歷序》、《禮斗威儀》，均言五德終始。若《乾坤鑿度》、《尚書考靈曜》、《詩含神霧》、《河圖括地象》、《洛書甄曜度》，則均天地廣大說。俞正燮《癸巳類稿・蓋地海論》謂古緯書所述，多與衍說瀛海九州合。舉證至確，惟不知緯書出於衍，轉以衍說據緯書，失之。其有緯而兼涉于讖者，則所陳均圖籙，兼及符瑞之詞，或與神仙家言相雜伺。許君《說文序》言「俗儒鄙夫又見《倉頡篇》『幼子承詔』，因曰古帝之作也，其辭有神仙之術焉」，亦漢儒以仙書傳古籍之證。雖衍書已亡，莫克悉證緯書所出，然取火之說又見於《禮緯稽驗徵》；孫穀《古微書》引。❶禮疏所引《地統書》、《括地象》，《曲禮》疏。與《史記》所載衍說同，則緯書均衍說。即此可窺，乃漢代今文家又以緯說儷經，斯亦以衍書飾六藝之證也。

惟古文經則不然。《史記·三代世表序》云：「余讀《諜記》，黄帝以來皆有年數。稽其曆、譜、諜，終始五德之傳，古文咸不同，乖異。」此古文不言五德終始之證也。又《十二諸侯年表序》云「儒者斷其義，數家隆於神運」，則書言五德終始者，史公均别之儒家之外。《封禪書》云：「群儒既已不能辨明封禪事，又拘牽《詩》、《書》古文而不能騁。」此古文《詩》、《書》不騁言封禪之證也。故古文大師屏遺讖緯，《隋書·經籍志》曰：「漢世緯書大行，言五經者，皆爲其學。惟孔安國、毛公、王璜之徒獨非之，相承以爲怪妄，故因魯恭王、河間獻王所得古文，參而考之，以成其義。」此即古文《詩》、《書》不言讖緯之證也。故東漢古文家若桓譚、尹敏、鄭興，均非讖緯。不言蓋天，如史公治古文，於《大宛傳贊》曰斥《禹本紀》崑崙説，所稱「《禹本紀》」，疑亦衍書。又俞正燮《蓋地海論》曰：「衍説即古蓋地説。揚雄據渾難蓋，故不信。」所言甚確，蓋雄兼治古文也。且無運曆災祥之説。《史記·十二諸侯年表序》言「張蒼曆譜五德」，雖蒼言五德終始與衍不同，然亦非古文説。若賈誼言改曆，則又悉同公孫臣。蓋張、賈雖治古文經，所言五德則亦頗雜衍説也。揚雄、王充兼治古文，則又詆排衍説。《法言·五百》篇曰：「鄒衍迂而不信。」《論衡·按書》篇曰：「鄒衍之書，瀇洋無涯，其文少驗，多驚耳之言。」若《鹽鐵論·論鄒》篇述文學語云：「鄒衍非聖人，作怪誤惑六國之君，以納其説。」則今文家亦有斥衍者矣。此古文所由得六藝之真，而今文所由失六藝之旨也。今文、古文之軒輊，其在斯乎！

❶「孫穀」，原作「孫殼」，今逕改。

漢初典制多采古文經考

西漢典禮，定於叔孫通。通爲秦博士，所定漢儀，其有散見群書者，均本古文經立說。《五經異義》引《春秋左氏》日祭說，許君申之曰：「今案：叔孫通宗廟有日祭之禮，自古而然矣。」又引《左氏》天子無親迎說，許君申之曰：「謹案：高祖時，皇太子納妃，叔孫通制禮，以爲天子無親迎，從《左氏》說。」此通說之僅存者也。然所定享禮、昏禮，均援《左氏》說。日祭說又本《國語》及《荀子·正論篇》，天子不親迎即《荀子·君子篇》天子無妻說，疑通亦荀門弟子。又《史記·通傳》載通「制朝儀」及「請立原廟」事，今觀所定朝儀，若步卒衛宮之制，與《虎賁》、《諸子》相符，而西鄉、東鄉之儀，又與《司士》所言相類，則均本《周官》。原廟之制，蓋主立廟不限於京師，又即《左傳》「邑有先君之廟曰都」之說也。西漢祖宗廟在郡國者計六十七所，蓋本通說設立。永平四年始罷，蓋用貢禹、韋玄成今文說，以抑古文也。是通爲古文碩師，秦博士引「人臣無將」語，則所治爲今文，惟通明古文說。西漢初業，克本所學、見施行、通經致用，蓋出董生、轅固上矣。又考《左傳》言士會之族處秦爲劉，漢本其說，由是秦、晉之巫列於祠祀官。《周官經》於太府諸官，統於冢宰，漢承其法，由是張蒼以計相居相府。是西漢所行之制恒據古文。《漢書·高紀》以通定禮儀與張蒼定章程並言，蒼爲《左氏》先師，嗣爲漢相，疑漢制合於古文經者，匪出於通即出於蒼。觀二鄭解《周官》，恒引漢制相況，則漢制上法《周官》有明徵矣，故古文之學莫盛於漢初。武帝以降，雖今文代興，然武帝議封禪、屬群儒采望祀射牛事，並及《周官》；《史記・封禪書》。成帝欲封二王后，亦推跡古文，以《左氏》、《穀梁》、《世本》、《禮記》相明，《梅福傳》。則漢制采用古文經不以漢初爲限。後儒徒以王莽法古文，遂以古文爲詬病，或斥爲莽、歆僞託。然上溯漢初之制，則古文之行非始於莽，且行之亦足致太平。彼以莽、歆爲飾奸者，特援成敗立言耳。

書魏默深古微堂集後

邵陽魏氏作《兩漢經師今古文家法考》，謂西漢之學勝于東漢，東漢之學興而西漢博士家法亡。案：漢武立五經博士，武帝以降，博士日增，其立於學官者，❶《易》有施、孟、梁丘、京，《書》有歐陽、大小夏侯，《詩》有齊、魯、韓，《禮》有大小戴、慶氏，《春秋》有《穀梁》及《公羊》嚴、顔二家，凡十七博士。又據《後漢書・儒林傳》，謂光武立五經博士，各以家法教授。《易》有施、孟、梁丘、京氏，《尚書》歐陽、大小夏侯，《詩》齊、魯、韓，舊本下有「毛」字，係衍文。《禮》大小戴，《春秋》嚴、顔，凡十四博士。是東漢所立博士，略與西漢同。考東漢之儒，《易》宗施、孟、梁丘、京，《書》宗歐陽、大小夏侯，《詩》宗三家，《春秋》宗嚴、顔，《禮》宗大小戴，見于范書以十百計，或身列公卿爲帝者師，或施教鄉里弟子千百人。其見于荀悅、謝承之書及漢碑者，尤不勝縷計。則東漢之時，朝野所行均西漢博士之學，亦即西漢今文家法也。魏氏見古文興于東漢，遂以

❶「學官」，原作「學宫」，據遺書本及《漢書・藝文志》改。

博士家法之亡由于古文。不知東漢之時，古文《尚書》、《毛詩》、《左傳》均未立學官，❶僅詔高才生受其學。傳其學者，率身處末僚，其于今文力非均敵。則今文之衰，博士弗能泯其咎。

考《後漢書·徐防傳》引防疏，謂「太學博士弟子皆以意説，❷不守家法，以遵師爲非義，意説爲得理」。又《儒林傳》言安帝覽政，博士倚席不講；又謂本初以後，❸章句漸疏，多以浮華相尚，儒者之風蓋衰；又謂黨人既誅以後，有私行金貨定蘭臺漆書經字以合其私文者。則東漢博士恒自違家法，溺職弄姦，較之劉歆所讓抑又不逮，故西漢家法以亡。特今文既衰，斯古文代之以興耳。乃魏氏之意，則以立博士者皆今文，博士家法亡，故今文亡。不知東漢今文經亦非盡立博士，如《易》之高氏、韓氏，《春秋》之穀梁，《禮》之慶氏是也。是博士家法尚存，今文已多亡佚。蓋漢崇貴顯，若有學無位，其書其説均弗立學官，❹故所排不僅古文，即今文與博士家法殊，亦屏絶不復道，非博士家法足該今文學也。

自魏氏以降，治今文者均以考博士家法爲宗，一若兩漢經學惟博士所傳爲可信。然今文特崇《公羊》，《公羊》之説又特崇何休，夫休學亦非博士家法也。考《漢書·儒林傳》及鄭君《六藝論》，於《公羊》傳授言之至詳，由董生傳嬴公，由嬴公傳眭弘，由眭弘傳嚴彭祖、顔安樂，由是有嚴、顔二家。

❶「學官」，原作「學宮」，據遺書本改。
❷「弟子」，原脱，據遺書本及《後漢書·徐防傳》補。
❸「本初」，原作「太初」，據遺書本及《後漢書·儒林傳》改。
❹「學官」，原作「學宮」，據遺書本改。

是嚴、顔雖分立博士，實均董生嫡傳。若何休之學，據《解詁》序文，則云「用胡母生條例」，而《漢書·儒林傳》則言「胡母生治《公羊春秋》，爲景帝博士，與董仲舒同業，仲舒著書稱其德。年老歸教于齊」，又謂「言《春秋》，於齊則胡母生，於趙則董仲舒」，是胡母生之學，較之董生，業同派異。厥後董學因嚴、顔以傳，胡母生之學則不彰。休學遠紹胡母生，近宗李育。范書于《育》、《休》二傳，一言「習《公羊春秋》」，一言「作《春秋公羊解詁》」，不言所習爲某氏《春秋》，則所傳異於嚴、顔。范書於習《公羊》者，均著明「某某習嚴氏」、「某某習顔氏」，於育、休獨不言。故《解詁》所據，本既殊嚴氏，如石經據嚴氏本，桓二年無「所見異詞」二語，何氏本有之。所持之説，復與顔氏不同，如顔氏以孔子生以後即爲所見世，又有周王爲天囚説，均與《解詁》殊，見惠氏《九經古義》。安得以休學爲博士之學乎！若戴憑《公羊序》及《後漢書·儒林傳》，一以胡母生爲董子師，一以胡母生爲嬴公師，均不足信。休説既殊博士，亦爲治今文者所崇，則是博士所傳以外，未嘗無可治之書。如曰非博士所傳弗可信，則休學亦在所遺。乃近人昧焉弗察，既崇博士家法，復引休爲重，夫亦自歧其説矣，故因辨魏説並及之。

釋儒

「儒」字之名，始於《周官》。《説文》「儒，柔也，術士之稱」者也，説者鮮諳其義。今考《説文》訓「術」字云：「邑中道也。」「邑中」猶言「國中」。意三代授學之區必於都邑，故治學之士必萃邑中，即《小戴·王制》篇所謂「升於司徒」、「升於國學」之士也。儒爲術士之稱，示與野人相區異。古代術士之學，蓋明習六藝以俟進用。《王制》篇言：「樂正順先王《詩》、《書》、《禮》、樂以造士。」《文王世子》篇言：「春誦，夏絃，秋學禮，冬讀書。」《王制》篇又言：「司馬辨論官才，論進士賢者以告王。論定然後官，論官然後爵，位定然後禄。」均其徵也。

降及孔子，以六藝施教，俾爲學者進身之資，其學遂以儒家名。考《左傳》哀公二十一年載齊人責稽首，❶因歌「惟其儒書」。夫稽首之制，著於《禮經》，是周代以禮爲儒書也。《孟子·滕文公》篇引夷子曰：「儒者之道，古之人若保赤子。」夫「若保赤子」言本《周書》，是周代以《書》爲儒道也。儒學既該於六藝，故孔子即以詮明六藝，紹古代術士之傳。《史記》言：「孔子弟子身通六藝者七十二人。」既曰「身通六藝」，則所學與古術士同，故《韓詩外傳》云：「儒之謂言無也，不易之術也。千變萬化，其道不窮，六經是也。」《孔叢子·儒服》篇載子高對平原君問儒名，曰：「取包衆術，兼六藝，動静不失中道。」《淮南子·氾論訓》云：「《詩》、《春秋》，學之美者也。」又曰：「儒者循之以教導於世。」《漢書·董仲舒傳》曰：「臣愚以爲，凡不在六藝之科、孔子之術者，皆絶其術。」《史記·孔子世家》贊曰：「言六藝者，折衷於夫子。」《太史公自序》曰：「夫儒以六藝爲法。」《論衡·問孔》篇曰：「使世無孔子，則七十子之徒今之儒生。」又曰：「儒生持經。」又曰：「五經之儒，抱道隱匿。」鄭君《周禮》注云：「儒有六藝以教民者。」均儒學不外六經之證。

❶「二十一年」，原作「十七年」，據《左傳》改。

又《法言》言「通天地人爲儒」；《風俗通》言「儒者，區也」，言區別古今；《論衡》言「能博學道古謂之上儒」，亦儒貴學古之徵。六經皆古制也。故戰國、秦、漢之儒家，均通經訓。如孟子尤長於《詩》、《書》，荀卿深於《禮》，而劉向《戰國策序》曰：「孟子、荀卿，儒術之士。」又即班《志》觀之，若陸賈、虞卿、賈誼之書，均列儒家，並爲通經之士。而《史記》於傳經之人，別立《儒林傳》，誠以孔子奉六經爲學，學者遵之，不與古術士之學相背也。

古代惟術士以學進身。《荀子·王伯篇》云：「論德使能而官施之者，聖王之道也，儒之所謹守也。」與《王制》辨論官材之說合。《荀子·儒效篇》曰：「大儒者，天子三公也。小儒者，諸侯大夫士也。」則儒以進用爲術，故孔子以不仕無義責丈人，子張之徒且言干祿，蓋默契仕學互訓之旨者也。又《大戴·入官》篇云：「枉而直之，使自得之。優而柔之，使自求之。揆而度之，使自索之。」《鹽鐵論》亦曰：「所以貴儒術者，貴其處謙退讓，以禮下人。」鄭君《三禮目録》曰：「儒之言，優也，柔也。其與人交接，常能優柔。」蓋儒者以柔讓爲德，以待用爲懷，故字從需聲。許君以柔釋儒，即《小戴·儒行》篇所謂「待聘」、「待問」、「待舉」、「待取」也。

要之，儒爲術士，惟通經致用，始被此稱。孔子治經，故以儒家標説。《史記·老子列傳》云：「世之學老子者，則絀儒學。儒學亦絀老子。」《淮南子·齊俗訓》曰：「魯國服儒者之服，行孔子之術。」又《韓非子》言儒之所至者孔丘也，《論衡》言儒之所宗孔子也，《墨子·非儒》篇亦以儒禮與墨禮並言，均世以儒名屬孔門之證。儒家以通經爲本，故以孔子爲宗，然均古代術士之遺教也。考之《王制》，凡修禮、明教諸端，以及率俊選、論秀士，均屬司徒，班《志》以儒家者流出於司徒之官，以班《志》證許説，而誼以互明。由斯而言，則儒家之學，上有所承，舍窮經之彦，孰克侗儒林之列哉！

左盦集卷三終

左盦集卷四

揚子劉師培

轉注説

轉注之説，解者紛如。戴、段以互訓解之，此不易之説，惟以《爾雅·釋詁》爲證，則泛濫而失所厥歸。古代字各有訓，有可以互訓者，有不可互訓者。《釋詁》「始也」、「君也」各節，大抵萃别名之字該以洪名，即以一洪名釋衆别名。如初、哉、首、基，初爲裁衣之始，哉爲艸木之始，（即才。）首爲人體之始，基爲牆始是也。又如君訓足以該公、侯，公、侯之訓不足該君，則不克互訓明矣。《説文》所詮之詁，或如本字之誼僅得其一體，如馬字訓武、訓怒，牛字訓事，是此亦不克互訓者也。若斯之屬，咸與互訓之例别。

《説文序》言「建類一首，同意相受」，《周禮·保氏》正義引作「建類一首，文意相受，左右相注」。「左右相注」即彼此互釋，則轉注當指互訓言，非以轉注該一切訓釋也。其曰「建類一首」者，則許書所謂「轉注」指同部互訓言，不該異部互訓言也，（江氏以「建類一首」爲同在一部之字是也；謂同部之字從部首之字得義，均爲轉注，其説則非。孫氏以同部互訓爲轉注是也；以祥祉福也、福祐也爲例立説，又非説。王氏《釋例》以異部互訓亦爲轉注，失與段同。魏、朱及曾説均未合。）故惟考老爲正例。晉衛恒曰：「轉注，考老是也，以老爲耇考也。」蓋以「老」字之誼與「壽考」之「考」相同，故互相訓釋，此深得許君之旨者也。恒爲晉人，去漢未遠，故所釋未訛。「考」、「老」而外，若艸部「蔆」、「芰」互訓，許君説之曰：「蔆，楚謂之芰，秦謂之薢茩。」由許説觀之，蓋互訓之起，由於義不一字，物不一名。其所以一義數字、一物數名者，則以方俗語殊、各本所稱以造字。許君於「芰」、「蔆」二字既明標其例，則艸部「茅」、「菅」互訓；又「莪」字下云：「蘿蒿屬。」「蘿」字下云：「莪也。」疑當作「莪，蘿也，蒿屬」，亦互訓。言部「諫」、「証」互訓；木部「柟」、「梅」互訓，「極」、「棟」互訓，「梧」、「櫫」互訓，「穀」、「楮」互訓，「棧」、「棚」互訓；穴部「竅」、「空」互訓；人部「何」、「儋」互訓；頁部「顙」、「頟」互訓；火部「爇」、「燒」互訓；心部「懝」、「愚」互訓；魚部「鰼」、「鰌」互訓；系部「纏」、「繞」互訓。或本《爾雅》，或本《方言》，蓋均方俗異稱，致義有二字、物有二名者也。且許書二字互訓，恒係音近之字。如艸部「菲」、「芴」互訓，言部「讙」、「譁」互訓，攴部「改」、「更」互訓，鳥部「鵠」、「鴻」互訓，許以「琟」爲「鴻雁」之「鴻」。入部「入」、「内」互訓，木部「檻」、「櫳」互訓，禾部「稻」、「稌」互訓，頁部「顛」、「頂」互訓，欠部「歋」、「歃」互訓，䖵部「强」、「蚚」互訓，均雙聲也。艸部「蓋」、「苫」互訓，「苗」、「蓨」互訓；走部「趁」、「邅」互訓；口部「吒」、「噴」互訓；言部「譸」、「詶」互訓，「諷」、「誦」互訓；刀部「刑」、「剄」互訓；火部「炙」、「灼」互訓；金部「鏶」、「鍱」互訓，均叠韻也。若艸部「菑」、「葘」互訓，「苿」、「莿」互訓，則又音義均同，僅以省形不省形而區者也。即口部「噓」、「吹」互訓；木部「柱」、「楹」互訓，「柱」、「盈」音近，與「褮」讀若「朱」同例。「櫼」、「楔」互訓，古談部之字多轉入脂部。「柧」、「棱」互訓；櫜部「囊」、「櫜」互訓；金部「錠」、「鐙」互訓；自部「障」、「隔」互訓，亦均古音相近。此轉注之正例也。

正例而外，變例孔多。如山部「崝，嶸也」、「嶸，崝嶸也」，手部「掐，搯掐也」、「搯，掐也」，此轉注之變例一也。艸部「芽，萌芽也」、「芽」字疑衍。「萌，艸芽也」，「蕘，艸薪也」、「薪，蕘也」，木部「榮，桐木也」、「桐，榮也」，「枯，槀也」、「槀，木枯也」，又「科，勺也」，「杓，科柄也」，亦此例。「勺也」當作「杓也」。貝部「贅，以物質錢」、「質，以物相贅」，馬部「驚，馬駭也」、「駭，驚也」，辵部「𨑨，迻也」、或從「彳」，即「徙」字。「迻，遷徙也」，月部「脛，胻也」、「胻，脛耑也」，土部「垣，墻也」、「墻，垣蔽也」，𨸏部「陬，阪隅也」、「隅，陬也」，此轉注之變例二也。木部「根，木株也」、「株，木根也」，「標，木杪末也」、「杪，木標末也」，「橋，水梁也」、「梁，水橋也」，巾部「常，下帬也」、「帬，下常」，絲部「紂，馬緧也」、「緧，馬紂」，此轉注之變例三也。𨸏部「隩，水隈崖也」、「隈，水曲隩也」，亦近此例。艸部「蔣，苽也」、「苽，雕苽或作「菰」，誤。名蔣」，食部「饟，周人謂餉曰饟」、「餉，饟也」，𨸏部「陂，阪也」、「阪，陂者曰阪」，此轉注之變例四也。又玉部「珥，瑱也」、「瑱，以玉充耳也」，亦屬轉注變例。然變例轉注之字，音亦恒近。如「萌」、「芽」、「枯」、「槀」、「驚」、「駭」、「蔣」、「苽」、「陂」、「阪」、「耳」、「瑱」，均屬於雙聲；「崝」、「嶸」、「鞮」、「鞻」、「脛」、「胻」、「陬」、「隅」、「標」、「杪」、「紂」、「緧」、「饟」、「餉」，均屬於疊韻；「𨑨」「迻」、「贅」、「質」之屬，亦復古音相近；故許君作《序》，特舉「考」、「老」疊韻互訓字以爲例也。

特許書轉注雖僅指同部互訓言。然擴而充之，則一義數字、一物數名均近轉注，如「及」「逮」、「邦」「國」之屬，互相訓釋，雖字非同部，其爲轉注則同。又《方言》一書，均係互訓，以數字音同爲尤衆，則以音近之字，古僅一詞，語言遷變，矢口音殊本音，造字雖有數文，故形異義同，音恒相近，《方言》卷一「大」字條標例至詳。即《爾雅》、《小爾雅》諸書所載，其有音近可互相訓釋者，亦均轉注之廣例，特不可援以釋許書耳。

許沖上説文表書後

許沖《上説文表》末言「建光元年九月己亥朔，二十日戊午上」，《校議》云：「當作『九月己卯朔，二十日戊戌上』，此特改字以合建光元年之曆耳。」桂本改「光」爲「元」，未加詮釋。今案：「光」當作「元」，桂本是也。以四分術推之，惟靈帝元年改元建寧，歲在戊申，入庚子蔀二十四年，九月朔日爲己亥，則許沖獻書當在靈帝元年。許君生卒之年雖不克考，然《説文》成書蓋在安帝時，《後序》亦斯時所作。所謂「粤在永元困頓之年，孟陬之月，朔日甲申」者，永元十二年正月朔甲申，與四分曆合，《校議》説是也。桂謂甲申非干支，非是。特就撰書之年月言耳。《後序》言解説凡十三萬三千四百四十一字，沖《表》亦言十三萬三千四百四十一字，則許沖所獻之書，較許君撰作《後序》時未曾增損一字。若《後序》作于永元時，則示部「祜」下「上諱」二字既爲安帝改元後所增，詁字訓詞又從省削，字數安得悉符？故知許書成於安帝世也。沖《表》又云：「慎前以詔書校書東觀，以文字未定，未奏上。」校書在安帝永初四年，而云「文字未定」，此又《説文》成於永初後之確徵也。《後序》所言「永元十二年正月朔」，乃成書以後上溯作書之歲，猶《史記·自序》上溯太初元年也。靈帝元年上距永元十二年，雖歷七十年，然《後漢書·夜郎傳》云：「桓帝時，郡人尹珍自以生於荒裔，不知禮義，乃從汝南許慎、應奉受經書圖緯。」則桓帝之時，許君尚克教授。靈帝元年，許君未卒，夫何疑乎！漢代經師多壽考，許君撰書於永元之朝，或年僅逾冠，迄靈帝元年，壽盈九十。沖《疏》言「今慎已病」，蓋自知不克詣闕，故遣子獻書，則許君之卒亦在靈帝初。若《説文》獻於建光時，下去桓帝即位歷二十七年，許君病於斯時，未必至桓帝時仍克教授也。則「建光」二字確爲刊本之訛。❶然「元」訛爲「光」，唐本已然，張懷瓘《書斷》以許君卒於安帝時，蓋據斯而爲臆説也。

説文巫以舞降神釋

《説文》云：「巫，祝也，女能事無形，以舞降神者。象人兩手舞形，❷與工同意。」是「巫」象舞形。古代之舞，樂舞最先，故樂官與巫聯職。《虞書》言「舜命夔典樂，八音克諧，神人以和」，又夔言「戛擊鳴球，搏拊琴瑟以詠，祖考來格」，又言「簫韶九成，鳳凰來儀」，「簫韶」者，樂舞之一也，則掌樂之官即降神之官。《墨子·非樂》篇引《湯官刑》曰：「其恒舞于宫，是爲巫風。」「恒舞」即樂舞，足證樂舞之職古屬于巫。蓋顓頊以降，絶地天通，樂舞則爲降神之用，成湯恐蹈詛盟之風，故垂爲至戒。此因禁降神而禁樂舞者也。又《山海經》言「大樂之野，夏后啟於此舞九代，左手操翳，右手操環」，又言「夏后開三嬪于天，得九辯與九歌以下，❸此

❶「建光」，原作「延光」，據上下文義改。

❷「手」，今本《説文》作「袞」。

❸「辯」，原作「辨」，據《山海經》改。下「九辯」同。

天穆之野」，「開」即夏啟，「操翳」、「操環」即係樂舞，「九辯」、「九歌」殆亦歌舞相兼之樂，蓋夏啟以舞降神，故有嬪天之説。「嬪」與「賓」同，《墨子》引《佚書·武觀篇》，言「啟乃淫佚康樂」，又言「偷食於野，萬舞翼翼，章聞於天」，《楚詞》言「啟棘賓商，「棘」讀若「亟」，與「敬」同。「商」即「上」也，「賓商」即賓天。九辯、九歌」，蓋均指夏啟以舞降神言。

更即夏事推之。僞《書》言「夏禹舞羽格苗」，其事亦見周、秦諸子。又《韓詩外傳》言「久喻教而有苗服」，《墨子》言「禹親把天之瑞令，以征有苗」，則「舞羽格苗」，「羽」即降神之樂舞。蓋苗俗重祀神，禹託舞樂降神之説，以儆苗民，苗民以服。啟承禹跡，亦崇樂舞，《史記》言「禹之樂聲爲天下所宗」，即指此言。夏代以降，若湯禱桑林，《吕氏春秋》。「桑林」又爲舞名。《淮南》言「桑林生臂手」，高注云：「神名。」蓋「桑林」爲人名，歿祀爲神。降神以舞，故樂舞即名「桑林」。周代大雩用盛樂，《月令》。舞者七十二人，《論衡》。❶亦以舞祀神之證，足證許説之精矣。

釋數

定海黄氏《元同文鈔》有《記用指分數法》一篇，引《公羊傳》「子以其指」爲證。因思先民誌數均以指記，蓋以左手撮右手之指。指止於五，故數亦止於五。《説文》「弌，古文一」、「弍，古文二」、「弎，古文三」、「𦉼，古文四如此」、「×，古文五如

❶ 案：《論衡》無「大雩舞者二十二人」之説。《太平御覽》卷五百二十六引《漢舊儀》，曰：「漢五年脩復周室舊祀，祀后稷於東南，常以八月祭，一太牢，舞者七十二人。」所言與大雩之祭亦似無涉。

此」，自五以上均有古文，自六以下均無古文，則古代以五爲止數，故聲味、色彩均以五計。古代金文六七八九，或以𝍥𝍦𝍧𝍨代之，如莽布是。元人算艸猶沿其法，即一二三四惟四爲籀文倒形。之縱形，仍古代數止於五之遺則也。《說文》「爻」字下云：「交也。象《易》六爻頭交也。」予謂「爻」從兩「×」，即古「五」字，乃《易繫辭》「五位相得，各有合」之義也，故「爻」義訓「交」，與「五」訓「陰陽交午」義合。疑「爻」字之象取於兩×相乘，蓋兩數相乘即生交互旁通之法，此《周易》所由有「爻詞」之名也。

經義述聞五色之名條廣義

古人名物，色同則名同。王氏《經義述聞》「五色之名」條略詮數例，又謂「犂」、「驪」古通，均爲雜文，引犂牛爲證。吾觀《爾雅·釋鳥》，言「鵹黄，楚雀」，又言「倉庚，商庚；倉庚，鵹黄」，《說文》云：「離黄，倉庚也。」「鵹，鵹黄也。一曰楚雀。其色黧黑而黄。」蓋「離黄」即「鵹黄」，以色雜黑黄得名。《方言》作「鸝」，《月令》鄭注作「驪」，亦即「鵹」、「鵹」異文，即今之所謂黄鶯也。又《釋鳥》「皇黄鳥」，郭云：「俗呼黄離留。」案：黄鳥見《詩》，毛傳均釋爲「小鳥」，則黄鳥非鶯。亦名「黄離留」者，蓋亦色雜黑黄之鳥，故稱名同鶯。陸璣以「黄鳥」即「倉庚」，失之。又《釋蟲》「虰蛵，負勞」，郭云：「或曰即蜻蛉，江東呼狐梨。」《方言》注同。《說文》云：「蜻蛉，亦名桑根。」《字林》同。而《列子·天瑞》篇釋文亦以「狐藜」即「蜻蛉」。《古今注》復曰：「蜻蛉小而蜻黄，名胡黎，一名胡離。」蓋蜻蛉色雜黑黄，名「胡離」猶鶯名「黄離」

也，又名「桑根」猶鶩又名「商庚」也，均與犂牛同例。今淮南於蟲屬、獸屬色雜黑黄者，均曰「胡離班」，其遺語也。由是而推，則蜻蛉爲「蝍蛉」，《方言》。鳥背青色爲「䳭鴒」，《詩正義》引陸疏。又名「精列」，《説文》。均以色青得名，故「蜻」、「精」均從「青」。小蟬青色亦名蜻。赤莖小楊爲「檉」，《爾雅》郭注。赤駁蚍蜉爲「虰蟻」，《爾雅》郭注。均以色赤得名，故「聖」、「丁」均與「赬」通。荼爲白色，由是蕫名「荂荼」，《説文繫傳》云：「荼之色白。」檟名「苦荼」，郭注：「似梔子。」而苦菜亦曰「荼」。邵疏云：「葉有白汁。」螟爲青色，由是桑上青蟲爲「螟蛉」，陸璣疏。而苗心小青蟲亦爲「螟」。《齊民要術》。是均物異色同、命名相似之徵也。若夫《釋艸》有「莪蘿」，蒿屬白色。《釋蟲》亦有「蛾羅」，繭中之蟲其色多白。以其同爲白色也；《釋蟲》有「螒天鷄」，赤頭黑身。《釋鳥》亦有「鶾天鷄」，赤羽多采。以其同爲赤色也；《釋艸》有「蚍衃」，荊葵，紫色。《釋蟲》亦有「蚍衃」，大蟻，紫色。以其同爲紫色也。是均王氏所未及，故即其説以補之。

數物同名説

古人名物，凡兩形相似，即施以同一之名。或迻彼物之稱名此物，如梗、劌、棘、茦、刺、壯，均訓爲箴，《廣雅》。而艸木多刺亦有梗、劌、棘、茦、壯、《方言》。刺諸異名是也。故茨名「蒺藜」，蝍蛆亦名「蒺藜」，均《爾雅》。均以多刺得名。蟅蟒名「蚝蛨」，《玉篇》。案：「蟅蟒」即「蚝蛨」倒音之轉，《方言》注訓爲「蝗」。蚣蝑亦名「蚝蛨」，《方言》注。均以善跳得名。亦有字殊而音義不異者。如蘱露名「蔠葵」，菌亦名「中馗」，「蔠葵」、「中馗」均切「錐」，蓋蘩露大莖小葉，菌即地蕈，其形似蓋，均似錐形。髦名「顛蕀」，而小棗亦名「棘」，以上均《爾雅·釋艸》。「蕀」與「棘」同，蓋顛蕀細葉有刺，郭注。其草蔓生，同上。小棗亦多刺叢生，《説文》。是猶實形包裹則「捄」、「莍」互稱，枝榦曲垂則「朻」、「樛」同字也。《方言》以蘆菔爲「菈遝」，而似李之果《説文》又名爲「榙㯓」，疑與斯例相符。

推之蟲魚鳥獸，亦靡不然。蟾諸名「黽」，黽又名「耿」，《爾雅·釋魚》注。而蟆亦名「蟼」，《釋蟲》。「蟼」即「耿猛」轉音，蓋二物雖異，擅跳則均。蟦爲「蠐螬」，蝎爲「蝤蠐」，《爾雅·釋蟲》。又有「蠀螬」諸名，《方言》。而尺蠖亦名「蠀蝛」，《廣雅》。「蠀蝛」即「蠐螬」音轉，蓋三物雖異，蠕動則同。蜣蜋名「蛣蜣」，《爾雅·釋蟲》。又名「渠蜋」，《説文》。而蜉蝣亦名「渠略」，《爾雅·釋蟲》。音均相近，蓋二物均生糞土，同爲黑甲之蟲。推之「鶌鴡」爲鶏，《廣雅》。「鶌鵜」爲野鳧，《方言》。而淘河亦名「鵜」，《爾雅》。則「鵜」爲狀鳥之詞。螌名「天螻」，即今螻蛄，而蠀螬亦名「天螻」，又名「蝗螌」，《方言》。則螌爲狀蟲之詞。此皆數物相似命名則同之徵也。《爾雅·釋艸》以下諸篇，物或殊類同名，亦即斯例。

蓋古人造錫物名，寓義于音，物既相似，則命名不妨同辭。故凡音同而類殊者，其形態必多相似。若即音求義，以窮物名所自起，則古聖正名百物之旨，不難推顯其蘊矣。

釋蒲盧

《爾雅·釋蟲》「果蠃，蒲盧」，郭云：「即細腰蠭也。」《説文》云：「蠕蠃，蒲盧，細腰土蠭也。」《方言》云：「蠭其小者謂之蠮螉。」郭云：「小細腰蜂也。」蓋「蠮螉」象聲，「果蠃」則象形。古於形圓中細之物，均稱爲「蠃」，「果」、「蠃」同音，故「果蠃」聯文，「蒲盧」又「果蠃」轉音也。考《釋艸》云：「果蠃謂之括蔞。」《説文》「苦蔞」名「果蓏」，是艸實形圓細腰者名「果蠃」也，轉音爲「蒲盧」，又爲「胡盧」，而「胡盧」又爲今人稱「瓠」之名，瓠亦形腰中細之物也。❶《釋木》云：「邊要棗。」郭云：「子細腰，今謂之鹿盧棗。」棗以細腰名「鹿盧」，猶蟲因細腰名「蒲盧」也。「鹿」、「盧」二字亦係「蠃」字轉音，蓋形圓中細之物，咸謂「鹿盧」。凡壙中井上繞繩之木，圓而易轉者，古皆謂之「鹿盧」，見《禮記·檀弓》鄭注及《漢書·雋不疑傳》晉灼注。或作「轆轤」。《廣雅》云：「圓轉木也。」因圓而易轉，故字音近「蠃」。又《國語·吳語》云：「其名就蒲盧于東海之濱。」「蒲盧」即螺，而螺亦名「蠃」。《説文》「蟵蠃」下又云：「一曰虒蝓。」「蝸」字下云：「蝸，蠃也。」「螔蝓」即「蝸牛」，見于郭注；「蝸牛」即「小螺」，見于《廣韻》，故亦名曰「蠃」。今人於形圓之物，凡具橫形者，俗稱「圓滾盧」，而形圓中細之物，作植形者，則俗稱「胡盧」，或變稱「忽路」，均「蒲盧」之轉。又淮南稱細腰蜂爲「盧蜂」，「盧」即「蒲盧」之「盧」，亦古音猶存者也。

釋⿰叕出

《方言》、《廣雅》均訓「⿰叕出」爲「短」，《玉篇》謂「吳人呼短物曰⿰叕出」，「⿰叕出」或作「掇」，《莊子》「掇而不跂」，郭注：「短也。」又省形作「叕」，

❶ 「形腰」，疑爲「形圓」之訛。

《淮南子》「愚人之思叕」，高注：「短也。」故從「叕」之字均有短義。若「窡」爲短面，《説文》。「惙」爲短氣貌，《聲類》。顡爲頭短《廣韻》。是也。其轉音則爲「侏儒」，「侏儒」爲短人，與「僥僚」同。故梁上短柱名「掇儒」，《釋名》。或曰「侏儒柱」，《禮記》鄭注。其本名則曰「棳」，《爾雅》。字或作「棁」。《爾雅釋文》。又蜘蛛名「蝃」，《玉篇》。亦曰「蝃蝥」，《爾雅》郭注。又轉音爲「鼄蝥」，又爲「蠾蝓」、「蟵蜍」、《方言》。「蚰蟱」，《本草拾遺》。「蝃」與「䂐」同，「蠾蝓」、「蟵蜍」，亦「侏儒」轉語，蓋蜘蛛形短，故命名與短柱同。又「鵽鳩」亦名「寇雉」，《爾雅》。郭注云：「此鳥脚無後指。」則「鵽」亦以短得名。今俗語稱物之短者曰「短䂐䂐」，其遺語也。又《方言》郭注以「蹶」訓「䂐」，而從「厥」之字義亦訓「短」，若頤短曰「蹷」，《漢書·王莽傳》注。❶ 樹斷爲「厥」，《列子·黃帝》篇注。短木豎於門中爲「橜」，《爾雅》「橜，謂之闑」，《禮記正義》云：「闑，門中央所豎短木也。」獸短前足爲「蟨」《爾雅·釋地》及《説文》，❷又《淮南》作「蹶」。是也，則「蹶」、「䂐」義同。「䂐」又轉音爲「屈」，而「屈」、「屈」二字亦均訓短，《廣雅》。「屈」字又爲無尾之稱。《説文》。推之鳩短尾爲「鶌」，《爾雅》郭注。獸無前足曰「貀」，《爾雅》。山短而高曰「崛」，《説文》。亦其旁徵，不獨「倔」、「䂐」二字《廣雅》連文也。又「蹶」、「屈」之音均近「突」，故鳥鼠同穴，其鳥爲「鵽」，其鼠爲「鼵」，均以短尾得名，《爾雅》郭注。蓋「鼵」、「鵽」二音即「蟵蜍」一音之轉。「突」音「禿」音，又屬雙聲，乃兼具「短」、

❶ 「注」字原脱，「頤短曰蹷」之辭實出自顔注，據補。

❷ 案：今本《爾雅》有「西方有比肩獸，其名謂之蹷」之辭。劉氏殆據《説文》段注而作「蹷」。

「禿」二義者也。若夫魯人稱臧孫爲「侏儒」，漢高稱酈生爲「豎儒」，「豎」亦訓「短」，兼爲賤者之稱，「豎儒」亦「侏儒」音轉。《法言・淵騫》篇答人問要離云：「實蛛蝥之靡也。」「蛛蝥」亦即「侏儒」，均由短人之稱假爲賤稱者，此古人聲轉之精也。

釋羌蠻閩

《説文》訓「羌」爲西戎牧羊人，❶訓「蠻」、「閩」爲它種，此就造字之義言，非就得名之源言也。今考「羌」字之名，由「姜」而起，「姜」爲神農後，四岳之裔皆姓姜。《史記・齊世家》索隱引譙周説，云：「太公姓姜，炎帝之裔，伯夷之後。掌四岳有功，封之於呂。」而《山海經・海内經》亦以氐羌爲伯夷之後，是「羌」與「姜」同。考《左傳》襄十四年戎子駒支對晉人謂「諸戎爲四岳裔胄」，證以下文禦秦事，知「戎」即姜戎，本居瓜州，則「羌」名實出於姜戎，確然可徵。又《潛夫論・志氏姓》篇云：「鄧優，曼姓。」故《左傳》莊四年有「鄧曼」。鄧在今南陽南，「優」即《左傳》桓九年鄧南鄙之「鄾」，詹桓伯以鄧爲南土，與巴、濮、楚並舉，則鄧於周爲南陲。「曼」音轉「蠻」，「蠻」字之名，疑由斯起。《書・禹貢》馬注訓「蠻」爲「慢」，則「蠻」、「曼」古通。《國語・鄭語》云：「芈姓、夔越，不足命也。閩今本作「蠻」。據《周禮・職方氏》鄭注引。芈蠻矣。」則越、閩均從芈姓。越惟勾踐所封爲姒姓，餘均芈姓。見《史記正義》引《輿地志》。「閩」、「芈」雙聲，「閩」即「芈」字轉音。

❶ 案：《説文》云：「羌，西戎，羊穜也。」羌爲牧羊人之説則出自《史記索隱》，爲段氏所引。劉氏殆據段注立論而誤植於《説文》。

蓋古代邊陲之邦，以姓名地，中夏人民本其音以相稱，所謂名從主人也，所造之字，即象斯音，故或與氏姓之字異文。是猶「隤」爲鬼方之姓，陸終娶鬼方號「女嬇氏」，《大戴・帝系》篇。而鬼方之名由「隤」而起也。然漢儒解字，已鮮有明之者也。

化即古爲字説

「爲」、「化」二字，古靡區異，如《爾雅・釋言》「訛，化也」，《方言三》作「譌」，《方言二》作「蔿」是也。古籍互相通叚，如《書・堯典》「南訛」，《史記・五帝本紀》作「譌」，《漢書・王莽傳》作「僞」是也。《禮記・月令》篇二月「鷹化爲鳩」、三月「田鼠化爲鴽」、六月「腐艸爲螢」、九月「爵入大水爲蛤」、十月「雉入大水爲蜃」，《大戴・夏小正》作「正月鷹則爲鳩」、❶「三月田鼠化爲鴽」、「五月鳩爲鷹」、「八月鴽爲鼠」、「九月雀入於海爲蛤」、「十月玄雉入於淮爲蜃」，《周書・時訓解》今本與《月令》同，惟爲螢、爲蛤「爲」上各有「化」字，《吕覽》、《淮南》亦同《月令》。案：「化」、「爲」二字，古籍既通，則「化」字當屬衍文。蓋《月令》、《時訓解》故本均作「鷹爲鳩」，與《夏小正》「鴽爲鼠」、「鳩爲鷹」語同。校者以「化」釋「爲」，或別本易「爲」作「化」，校者並存其字，遂成「鷹化爲鳩」。觀《時訓解》下文云：「鷹不化鳩，寇戎數起。」足證「化」、「爲」二字古非複文。「田鼠化爲鴽」亦然，《時訓解》下文云：「田鼠不化鴽，國多貪殘。」此其證也。《時訓解》「腐艸化爲螢」，《明堂月令》作「腐艸爲蠲」，《玉燭寶

❶「正」，原作「二」，《夏小正》「鷹則爲鳩」在正月，據改。

典》作「腐艸爲蛙」，均無「化」字，則「化」字必後人增入矣。「爲螢」、「爲蛤」當從《月令》，凡《吕覽》、《淮南》各「化」字亦後世所增，蓋據《月令》增入也。然《月令》之誤，自漢已然，觀蔡邕《月令章句》區析「化」、「爲」二字，則其誤不自後世始矣。

古器銘蔑歷釋

阮氏《積古齋鐘鼎彝器款識》云：「古器銘每言『蔑歷』，按其文皆勉力之義，即《爾雅》所謂『蠠没』，後轉爲『密勿』，又轉爲『黽勉』。」近吴氏《説文古籀補》曰：❶「按：古器文『蔑歷』二字有不連屬者，《畢仲孫子敦》『王蔑叚曆』，❷《伯雝父敦》『蔑录曆』，若訓『黽勉』，義不可通。」今按：「蔑歷」之「歷」即今文《盤庚》「優賢揚歷」之「歷」也，《漢咸陽令唐扶頌》曰：「優賢颺歷。」《三國志・管寧傳》曰：「優賢揚歷。」裴注云：「謂揚其所歷試。」《文選・魏都賦》曰：「優賢著於揚歷。」劉淵林注曰：「歷，試也。」則「歷」即所行之事矣。「蔑」與「懋」、「茂」義同，「懋」、「茂」與「勉」、「勖」、「敏」、「勵」諸字互相通轉。見王氏《經義述聞・周書》「惟時怙冒」條，及阮氏《揅經室初集・釋門》。阮以「勉力」相訓，義亦近是，惟與「歷」義靡涉。蓋「蔑」即嘉勞之義，與《卯敦》「余懋⿴囗小先公官」之「懋」略符。❸「蔑歷」者，猶言嘉勞其所歷試

❶「文古」，原誤乙，今徑改。

❷「畢仲孫子敦王蔑叚曆」，「孫子」，原倒作「子孫」，「敦」字原作「鼎」，「曆」字原作「歷」，據《説文古籀補》乙改。

❸「先公官」，原作「先人官」，據《殷周金文集成・卯簋銘文》改。「卯敦」者，即今所謂「卯簋」是也。

也，故古器言「蔑歷」者，必繼言錫物。如《檠彝》銘言：「檠從師淮父戍于古𠂤，蔑歷，錫貝山孚。」❶《邑尊》銘言：「蔑歷，錫馬錫裘。」《邑卣》同。是蓋勞功而後行賞也。若二字不相連屬，則《敔敦》銘云：「王蔑敔歷事。」即嘉勉敔績也，「歷事」並文，尤足徵「歷」即所試之功。《畢仲孫子敦》：❷「王蔑叚歷。」「叚」與「遐」、「胡」義同，《寰鼎》銘云：「敢對揚天子不顯叚休命。」此其例。「叚歷」猶言丕業。《伯雝父敦》及《戎卣》均言「蔑录歷」，以《戎卣》下文「录拜稽首」證之，則「录」亦人名，與《敔敦》例同。至《臤尊》所言「臤蔑歷」，亦與「蔑臤歷」語同。周人語簡，故銘文若斯。阮以「黽勉」相釋，蓋作書之時未睹敔敦諸物，❸故推《釋門》篇之旨，遂解古器也。

釋名書後

《釋名》校本，以畢氏《疏證》本爲善，吴校非其匹也。畢校之長，在於溯唐、宋諸書所引以更明本之失。今即唐人類書考之，知畢氏所引尚有所遺。如《釋天》「列位布散也」，《初學記》卷一。引，上有「言」字；「風汜也」，《書鈔》一百五十一。引「汜」作「泛」；「陰陽不和」，《類聚》卷一。❹引「和」作「合」；「遥相望也」，《類聚》卷二。引作「者也」。《釋山》「石格也」，《初學記》卷五。引

❶「山」，按諸器銘，當爲「卌」字之誤。此實沿襲阮氏《積古齋》之誤釋。
❷「孫子敦」，原作「子孫鼎」，據《説文古籀補》乙改。
❸「敔」，原作「部」，據上下文義改。
❹「卷一」，原作「卷二」，據《藝文類聚》改。

作「石硌硌也」。疑當作「石硌也」，硌硌然，堅捍格也。《釋水》「主承穢濁」，《初學記》卷六。引「承」作「引」。《釋長幼》「故其制字，人傍作山也」，《初學記》二十三。引無「作」字。《釋言》「語以成詞義」，《書鈔》一百。引「詞義」作「義理」。《釋飲食》「遂使阻於寒温之間」，《書鈔》一百四十六。引「遂使」作「更」；「𦢊脝也」，《書鈔》同上。引「脝」作「泥」；「韓鷄」、「韓羊」，《書鈔》一百四十五。❶引「韓」皆作「寒」。引入寒部中。《釋綵帛》「如冰凌之理也」，《類聚》八十五。❷引「如」作「似」。《釋首飾》「又枝也」，《類聚》七十。引「又」作「叉」；案：吴校改作「叉，杈也」，與上「簪」字別爲一條，是也。畢本連上爲條，沿明本之訛。「㕞，帥也」，《書鈔》一百一十六。引作「刷者，率也」；「䞓粉，䞓赤也」，吴本「䞓」作「𧹞」。《書鈔》一百三十六。引作「赭粉，赤粉也」。《釋衣服》「出行著之」，《書鈔》一百三十六。引「出」作「步」；「爲雨明本作「兩」，畢據《御覽》改。足楮以踐泥也」，《書鈔》同上。引作「謂兩足」。《釋宫室》「樓言牖户諸射孔婁婁然也」，歐陽詹《泉州北樓記》《全唐文》五百九十七。引作「樓，瞜也，謂其高明觀遠，瞜瞜然也」。案：詹所引與《釋名》全書例合，必故本。《釋牀》「帳可卷可釋也」，《類聚》六十九。引「釋」作「舒」；「𢅄，兼也」，《書鈔》一百三十二。引作「簾𢅄，𢅄也」。此與「連旅，旅也」同例。《釋書》「契，述事而書之也」，《初學記》二十一。❸引，上有「謂」字；「研墨使和濡」，《初學記》同上。引，上有「可」字。《釋書契》篇「後人因焉」，《書鈔》一

❶「一百四十五」，原作「同上」，據遺書本及《北堂書鈔》改。

❷「五」，原作「一」，據《藝文類聚》改。

❸「二十一」，原作「三十一」，據《初學記》改。

百零二。引作「後人因以爲名焉」。《釋樂器》「俾助鼓節也」,《書鈔》一百二十。引「節」作「聲」;「師涓爲平公鼓焉」,《書鈔》二百十。引「爲」作「與」。《釋兵》「張之穹隆然也」,《初學記》二十二。引「隆」作「崇」;「與弦會也」,《類聚》六十。❶ 引作「與弦相會」;《書鈔》二十二引上有「言」字。「弓矢並建,立於其中也」,《初學記》二十二。引,上有「言」字;「長三尺」,《書鈔》一百二十四。引「尺」作「丈」;「言可以陷破虜敵也」,《書鈔》一百二十一。引作「言可陷虜敵破」;「有精光也」,《初學記》二十二。引,上有「言」字。《釋舟》「江南所名短而廣安,不傾危者也」,《類聚》七十一。引「名」作「爲」;「名」爲「言」之誤,《詩正義》引作「謂」,其證也。「如牢檻也」,《書鈔》一百三十八。引「牢」作「穽」。《釋喪》「制死,澌也」,《初學記》十四。引作「死者,澌也」;「卒,言竟也」,《初學記》同上。引「卒」作「終」;「以珠貝含其口中也」,《書鈔》九十二。引「珠」作「米」。案:作「米」是。《家語·終紀》篇「唅以疏米三貝」,其證也。此均畢氏未及詮引者也。

又畢書末附補遺,甄録佚文數十則。今考《初學記》卷七引「橋,水梁也」,疑亦《釋水》篇脱文;十八引「古者稱師曰先生」,疑亦《釋親屬》篇脱文;十四引「葬下棺曰窆」,《輔行記》引「神盡曰死」,弟一之四。疑亦《釋喪制》篇脱文。《書鈔》一百五十一引「古者夫妻荒年菜食而死,俱化成青絳,故俗呼美人虹」,疑亦《釋天》「又曰美人」下之脱文。《集韻》四十二宕引「潢,染帋也」,《類篇》水部同。疑又《釋書契》篇脱文。若夫《初學記》引《釋兵》「析羽爲旌」下有「注旄

❶「六十」,原作「十六」,據《藝文類聚》乙正。

竿首」四字，二十二。引《釋車》「以制馬也」下有「轡之爲飾，有銜、勒、鑣、羈、韁、鞚之類，以成其用也」十八字，二十二。亦均各篇佚句。嗣有刊正斯書者，均當據以增入也。

書華嚴經音義後

杜牧之集有《敦煌郡僧正慧菀除臨壇大德制》，徐星伯謂即慧苑。今按《音義自序》，云：「苑不涯菲薄，少翫兹經索隱，從師十有九載。」所稱之師，指法藏言。法藏，字賢首，即華嚴藏，《全唐文》九百十四所載有《華嚴經指歸序》諸文，卒於開元二年，年七十八。以是推之，則慧苑亦玄宗時僧也。牧之之世，苑已久歿，「苑」、「菀」又非一字，徐説失之。況唐代僧人有名同而確爲二人者，如玄應作《衆經音義》，據終南山僧所作序，則爲貞觀時人；《法苑珠林》卷一百傳記部載「玄應道世選述」，即此人。《全唐文》九百九十載玄應文有《興國寺故大德上座號憲超塔銘》，銘序言「超以大曆八年得度版」，又言「僧夏五十」，則其文作於長慶二年，乃穆宗時之玄應也。慮後儒重蹈徐氏之失，因附記之。

類篇書後

温公《類篇》，自曹氏楝亭本、姚氏咫進齋本而外，鮮有佳刊，故各部字形之誤，有背於《説文》、如「癕」當從《説文》作「雝」，「黑」字當從《説文》從「囪」，「社」字古文「袿」，當從《説文》作「袿」，「㫃」字古文「敚」，當從《説文》作「㫃」，「悳」字或體「惪」，當從《説文》作「惪」是也。《廣雅》、如肉部「膪」字，當從《廣雅》作「𦢊」，尸部「屎」字，當從《廣雅》作「屐」是也。《玉篇》如邑部「郜」字，當從《玉篇》作「鄱」，「鄚」字，當從《玉篇》作「鄭」是也。者，有背於《廣韻》、如心部「愥」字，當從《廣韻》作「愥」，竹部「篣」字，當從《廣韻》作「篣」，立部「𨁂」字，當從《集韻》作「𨁂」，水部「涿」字，當從《集韻》作「涿」，「湆」字，當從《集韻》作「湆」，心部「愧」字或體「忕」，當從《集韻》作「忕」，㫃部「施」字古文「𠂤」，當從《集韻》作「𠂤」，牛部「抖」字，當從《集韻》作「牞」是也。《集韻》、如金部「鎊」字，當從《集韻》作「鎊」，是也。《韻會》如車部「轢」字或體「轢」，當依《韻會》作「轢」是也。者，均當據彼書訂正。不僅「劉」當作「劉」、❶「覞」當作「覞」、「罢」當作「罢」、「晢」當作「晢」、「䲜」當作「䲜」、「䎩」當作「䎩」已也，即注文之中，亦多誤字。欲正其誤，亦當據《說文》、如目部「䀢」字注引《說文》「目略視也」，「略」當作「財」；黑部「黕」字下引《說文》「滓垢也」，「滓」當作「滓」；骨部「骭」字注引《說文》「體也」，「體」當作「骸」；自部「隰」字注引《說文》「坂下濕也」，「坂」當作「阪」；手部「揗」字注引《說文》「循也」，「循」當作「揗」；西部「醶」字注引《說文》「酢醬也」，當從小徐本作「漿」；手部「抨」字注引《說文》「撣也」，當從大徐本作「撣」；又金部「鍰」字注「錚也」，「錚」當從《說文》作「鋝」；木部「楎」字注「可屈爲杅」者，「杅」當從《說文》作「杅」是也。《廣雅》、如木部「栕」字注「滕屬」，當從《廣雅》作「滕」；又金部「鏅」字注引《博雅》「鋇鋌也」，當作「鋇鋌」；貝部「賭」字注引《博雅》「奕取」，「取」當作「財」是也。《玉篇》、如牛部「犤」字注「牸牛抵也」，「抵」當從《玉篇》作「牴」；足部「蹹」字注「獸走也」，「走」當從《玉篇》作「足」是也。《方言》如舟部「舸」字注引《方言》「南楚江湖謂之舸」，「湖」當作「湘」是也。諸書，旁及《廣韻》、如目部「瞺」字注「眉目開」，當從《廣韻》作「眉目之間」；口部「圛」字注「外雲半有半無」，「外」當從《廣韻》作「升」；髟部「鬆髮皃」，「髮」當從《廣韻》作「髿」；系部「繉」字注「緣色」，「緣」當從《廣韻》作「綠」；竹部「籅箄也」，「箄」當從《廣韻》作「箄」；又蟲部「螟蝦」當從《廣韻》作「螟蝦」是也。《集韻》、如雨部「零」字注「徹濕

❶ 二「劉」字必有一誤。

也」，「徹」當從《集韻》作「澈」；足部「跛」字注「足挑也」，當從《集韻》作「足排之」；疒部「瘭」字注「疸病」，「疸」當從《集韻》作「疽」；土部「埼」字注「磪碕」，當從《集韻》作「礶碕」；木部「棓」字注「大枚」，「枚」當從《集韻》作「杖」，「梳」字注「木種也」，「種」當從《集韻》作「橦」，「橦木梳也」，「梳」當從《集韻》作「梳」；髟部「鬄」字注「髮」也，「髮」當從《集韻》作「髲」；山部「崔」字注「一曰連貌」，「連」當從《集韻》作「速」；肉部「脞」字注「肥也」，「肥」當從《集韻》作「脆」；广部「㢛」字注「兩屋舍」，「舍」當從《集韻》作「合」是也。《韻會》、如土部「增」字注「增贈也」，當從《韻會》作「賸也」；髟部「髟」字注「髟髟」，當從《韻會》作「鬖髟」；心部「惚」字注「悾惚，倏不得志」，「倏」當從《韻會》作「倐」是也。《篇韻》如足部「跧」字注「跧踵」，「踵」當從《篇韻》作「踽」；口部「噫」字注「言不正」，「正」當從《篇韻》作「止」是也。之屬。又不僅「袂燒」誤作「袂襓」、衣部「襓，袂襓，劍衣也」，《禮記·少儀》作「夫襓」。「失色」誤作「朱色」、白部「皫，毛羽朱色不正也」，「朱」《周禮·天官》鄭注作「失」。「謵廖」誤作「謬廖」、广部「廖」，《莊子》有「謬廖」，今《莊子》作「謵廖」，「廫」、「廖」同。「滇沔」誤作「滇污」、水部「滇」字注「滇污，大水貌」。案：《玉篇》「湡大水」，則「滇污」必「滇沔」之誤，「湡」省爲「沔」。「枊」誤作「柳」、木部「櫼，柳也」。案：《文選·景福殿賦》注訓「櫼」爲「枊」。「析」誤爲「折」木部「栗折也」。案：《詩·豳風》鄭箋訓「栗」爲「析」。已也。若是之屬，蓋均刊本之訛。惟「椑」字從「木」，誤入禾部作「稗」，「秏」字從「禾」，誤入耒部作「耗」，又邑部「鄻」、「鄼」，肉部「膪」、「膪」，《廣韻》「膪」亦作「膪」。均誤分兩字，則爲温公之疏。引書之誤，亦難悉舉。如心部「憚」字注引《方言》「齊魯曰憚」，誤「燀」爲「憚」；土部「㙤」字注引《博雅》「益也」，誤以下語之訓爲「㙤」字之訓是也。近嘉興錢氏警石跋此書，謂點畫偶訛，貽誤不小，深冀學者之校刊。蓋姚氏所刊，錢未及睹。然知刊不知校，又姚氏之失也。則詳加審正，以循錢氏之志，亦小學家所當從事歟！

字詮自序

察來之用，首恃藏往。舍睹往軌，奚知來轍？《小戴·禮運》歷舉飲食、宫室諸端，由後溯前，以昭遞嬗。吾謂政俗遷移、禮制損益，夏、殷而上，書缺有間，欲闡厥隱，惟恃文字。察所從之形，一也；窮最先之訓，二也；一字數義，求其引伸、叚借之故，三也。

如洪荒之始，婚禮未嚴，血胤相續，姓咸從母，故軒轅衆子同姓僅二，陸終六子各以姓區，秦祖女修，周立姜嫄廟，聖人無父説由兹生。今考「姓」從女、生，姜、姬、姒、姚，字咸從女，而兹義以昭。古代主器，必以長子，君民同然，是爲宗子，故君必兼。宗族必有長，以長轄族，以君主邦，各有等衰，家國靡殊。今考「宗」訓祖廟義，復訓尊；段説。「君」從「尹」聲，「父」爲家長率教者之稱，「尹」、「父」二文，字咸從又，而斯旨以詮。又如主失其國，其臣再嫁，俘即罪囚，囚以司役，男爲僕圉，女備嬪嬙。今觀「民」、「奴」二字，取象係纍；「婦」訓爲「服」，形象持帚；「辛」爲罪人，職事屋下，《禮》注有言，今之奴婢即古罪人，此其驗矣。古尚戰伐，非兵莫存，君兼任帥，民悉隸軍，戰役若興，以師合衆。今觀「諸侯」之名，義取射侯；卒、正、伯、長，於《王制》爲群后，於《周書》爲軍職；「師」、「旅」二字，咸兼衆訓，「輩」訓發車，「徒」訓步兵，引伸其義，與「群」、「比」同，《易傳》有言，「師者衆也，衆必有比」，此其徵矣。「我」字從「戈」，「躳」或從「弓」，彊弱弛張，取義於弓；「施」字、「旋」字，取義於旗，均古崇兵器之徵。民各有業，因時遞殊，畋牧先興，農功繼起。今觀「一」、「二」、「三」古文字均從「弋」，「物」字從「牛」，「觛」、「觴」、「觶」、「觚」均從「角」，蓋以禽表數，以牲易中，茹飲所餘，備物利用。若「科」、「程」、「秙」、「稱」，文均從「禾」；「秊」爲穀熟，「稘」亦從「禾」，二禾爲「秝」，「厤」從「秝」聲，則均名由農起。《易傳》言「耒耜後於網罟」，亦其證矣。抑又考之，古昭物數，惟手是資。耒製斗斛，以手量物，故「撮」、「抄」諸名，字咸從「手」；「秉」亦從「手」。未製權衡，以手銓物，故「揣」訓爲「量」，從「手」、「耑」聲；未製丈尺，以手度物，故寸、尺、仞、尋，義從手起。古飾五材，木土爲先，石用未宏，代之以木，故楮以石，爲字仍從「木」。金玉未崇，先之以土，故壐以「鉢」、「壐」爲殊形，本文從「土」。金工未興，代之以木，故「鎒」、「釪」、「鉛」、「鎜」於「槈」、「茉」、「檯」、「槃」爲或體。❶此均文字之裨於考史者也。

若夫「畜」爲玄田，「畜」、「蓄」互通，義爲蓄聚。「利」、「和」二字，文悉從「禾」，「積」亦從「禾」。則以貨力爲己，權輿農牧也。「酉」訓繹酒，叚爲豪長之稱，輶軒逌人稱符欽使。「尊」、「爵」二名，均爲酒器，「尊」訓爲「君」，「爵」爲顯號，則以釀酒悦民，民奉爲長也。古人以旌表民，㫃爲旌旗之遊，由是族字從「㫃」，引伸則義爲部屬。以祿代耕，職崇者祿益厚，由是「貴」、「賤」均從「貝」，引伸則義等崇、卑。故《洪範》「五福」不言貴，「六極」不言賤。學以從政，學掌於官，由是「仕」、「學」互訓，「官」、「師」指同。巫以奉神，職

❶「釪」，原作「釫」，據《説文》改。

兼醫卜，由是「醫」或作「毉」，「筮」亦從「巫」。類聚群居，祀同則居邇，由是「社」爲土神，二十五家亦爲「社」。若斯之屬，咸爲詮史之資。

師培幼治許書，援斯例以溯字源，覺政俗、體制諸端其寓於字形、字義中者，恒克昭然。若揭因剌取顯而易宣者，得數十事，名曰《字詮》，以補段、桂諸家之缺。若夫博引今籀以測舊文，言淆雅俗，鮮緦理可尋，背篆籀而援俗書，捨形聲而尊會意，言雖成理，概無取焉。

字義起於字音説上

字義起於字音，楊泉《物理論》述「臤」字，已著其端。迄於宋代，若王觀國、見《學林》。張世南、見《游宧記聞》九。王聖美，[1]見《夢溪筆談》十四引。均標斯旨。嗣趙撝謙所著書，亦以聲爲主。見《麓堂詩話》。近儒錢溉亭氏欲析《説文》系以聲，嗣焦氏説《易》，陳氏、姚氏、朱氏治《説文》，均師其例。黄春谷氏《夢陔堂集》詮發尤詳，謂「同聲之字，僅舉右旁之聲，不必拘左旁之跡，皆可通用」，此匪諸家臆説也。

古無文字，先有語言。造字之次，獨體先而合體後，即《説文序》所謂「其後形聲相益」也。古人觀察事物，以義象區，不以質體别，復援義象製名，故數物義象相同，命名亦同。及本語言製文字，即以名物之音爲字音，故義象既同，所從之聲亦同。所從之聲既同，在偏旁未益以前，僅爲一字，即假所從得聲之字以爲用。試觀殷、周吉金

[1]「王聖美」，原作「王元美」，據《夢溪筆談》改。

所著諸字恒省偏旁，如《郰膚盤》「郰」作「」，《齊侯甒》「俾」作「」，《邾公望鐘》「愷」作「」、「持」作「」，《尹叔敦》「惠」作「」，《散盤》「鍰」作「」，《毛公鼎》「纁」作「」、「犕」作「」、「横」作「」，《盂鼎》「酒」作「」、「經」作「」、「師」作「」、「刑」作「」，《聃敦》「饎」作「」，《静敦》「饗」作「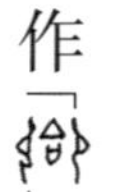」，空首幣「祁」作「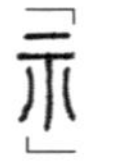」，❶《紀侯鐘》「紀」作「」，《師虎敦》「納」作「」，《頌敦》「姓」作「」、「禄」作「」、「純」作「」，《御尊》「觀」作「」，《頌鼎》「覲」作「」，《郘鐘》「醻」作「」，❷《師寰敦》「俘」作「」，《遲伯鼎》「遲」作「」，《虢季子盤》「蠻」作「」，《夷敦》「使」作「」，《盂爵》「鄧」作「」，《畐父辛爵》「福」作「」，❸《拍盤》「葉」作「」，《兮伯盤》「諸」作「」，《趩尊》「識」作「」，《貉子卣》「對」作「」，《師奎鼎》「絅」作「」，❹《戎都鼎》「都」作「」是也。若夫「祖」字作「且」、「作」字作「」、「惟」字作「隹」、「貨」字作「化」，則爲諸器所同。由是而推，則古字偏旁未增，一字實該數字。故「持」字之義該於「寺」，「用寺」猶之「用持」也；「純」字之義該於「屯」，「用屯」猶之「用純」也；「諸」、「都」二字之義均該於「者」，既可用「者」爲「都」，亦可用「者」爲「諸」也。約舉一隅，他隅可反矣。

即《説文》所載古文，較之籀、篆，恒省

❶「祁」，原作「祈」，《説文古籀補》云：「，古文以爲祁字。示字，空首幣。」劉氏「空首幣」云云之辭殆據吳説，故改。

❷「郘」，原作「邵」，據《説文古籀補》及原器銘文改。

❸「畐父辛」，原作「鬲辛父」，據遺書本及《説文古籀補》改乙。

❹「奎」，原作「奎」，據遺書本及原器銘文改。

所從之形。如「禾」、古文「保」。「丽」、古文「麗」。侌会、古文「霒」。「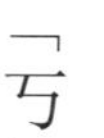」、古文「終」。「求」、古文「裘」。「中」、古文「艸」。「丂」、古文「巧」。「臤」、古文「賢」。「㬎」古文「顯」。是也。又三禮故書、《尚書》、《春秋》各古文，亦多獨體。如古文「位」字作「立」、「國」字作「或」，見於漢儒所述，則以「國」從「或」聲、「位」從「立」聲，古代未造「國」、「位」二字，即假「或」、「立」二字代其用也。古籍「否」或作「不」、「盟」或作「明」、「遜」或作「孫」、「征」或作「正」、「仲」或作「中」，亦與「或」、「立」例符。則古代形聲之字，均無本字，假所從得聲之字以爲用，夫何疑乎！

字義起於字音說中

古代字均獨體，後聖繼作，益以所從之形而合體之字成。然造字之始，既以聲寄義，故兩字所從之聲同，則字義亦同，即匪相同，亦可互用。如《太師虘豆》「邵洛」即「昭格」，《盂鼎》「妹辰」即「昧晨」是也。六藝舊文，周、秦古籍，同聲之字，互相同用。以「佑」代「祐」，以「維」代「惟」，「委佗」猶之「委蛇」，「橫被」猶之「廣被」，均其例也。義爲前儒所已述，兹不贅陳。周、秦以下，文尚駢詞，兩字同聲，其用即同。如「絪緼」見於《周易》，《思玄賦》用之，則爲「烟煴」；「獝狘」見于《禮運》，《江賦》用之，則爲「⿰矞羽⿰戉羽」；「啅嘐」見于《埤蒼》，❶《洞簫賦》用之，則爲「悼憀」，均其證也。又如「窊」、「窳」、「窳」三字，所從聲同，《吳都賦》作「窊」，《江賦》作「窳」，《奏彈王源》則作「窳」，其義一也；「揭」、「嵑」、「竭」三字，均從「曷」

❶「埤蒼」，原作「埤倉」，今逕改。

聲，《東京賦》作「揭」，《海賦》作「竭」，《封燕然山銘》則作「碣」，其義一也，亦其證。此例既明，則知文字之義象均屬於聲，而六書諧聲之字，必兼有義。惟彙舉諧聲之字，以聲爲綱，即所從之聲以窮造字最先之誼，則凡姚、朱諸家所未言，不難悉窺其蘊也。

字義起於字音説下

字義起於字音，非惟古文可證也。試觀古人名物，凡義象相同，所從之聲亦同，則以造字之初，重義略形，故數字同從一聲者即該於所從得聲之字，不必物各一字也。及增益偏旁，物各一字，其義仍寄於字聲，故所從之聲同，則所取之義亦同。如從「叚」、從「幵」、從「勞」、從「戎」、從「京」之字，均有大義；從「叕」、從「屈」之字，均有短義；從「少」、從「令」、從「刀」、從「宛」、從「蔑」之字，均有小義，具見於錢氏《方言疏證》，而王氏《廣雅疏證》詮發尤詳。彙而觀之，則知古人制字，字義即寄於所從之聲，就聲求義，而隱誼畢呈。

如《説文》「禛」字下云：「以真受福也。從示，真聲。」蓋從「真」得義，斯從「真」得聲也；「禷」字下云：❶「以事類祭天神也。從示，類聲。」蓋從「類」得義，斯從「類」得聲也。若是之屬，不勝悉舉。又「祠」字下云：「春祭曰祠。品物少，多文詞舊作「辭」，非是。也。從示，司聲。」蓋從「詞」得義，即從「詞」得聲，從「司」聲者，即從「詞」省聲也。與「叢，聚也。取聲」、「姑，枯也。古聲」同例，亦於《説文》爲數見。則諧聲之字必兼

❶ 「禷」，原作「類」，據遺書本改及《説文解字》。

有義，音義相兼，不必盡屬於形聲兼會意之字矣。

若所從之聲與所取之義不符，則所從得聲之字必與所從得義之字聲近義同。如「神」字下云：「天神，引出萬物者也。從示，申聲。」「申」、「引」音義相同，從「申」得聲猶之從「引」也。「祇」字下云：「地祇，提出萬物者也。從示，氏聲。」「氏」、「提」音義相同，從「氏」得聲猶之從「提」省聲作「是」也。「鬃」字下云：「門内祭，先祖所以旁皇也。從示，彭聲」。「彭」、「旁」音義相同，從「彭」得聲猶之從「旁」也，故或體作「祊」。由是而推，「驚」訓爲「駭」，「警」、「儆」訓爲「戒」，均從「敬」聲，則以「敬」、「亟」雙聲，古文「敬」、「亟」爲一字，具見薛壽《學詁齋集·釋苟篇》。又鐘鼎「敬」均作「亟」，漢瓦「極」或從「敬」。字從「敬」聲猶之從「亟」得聲也。「擪」訓「一指按」，「懕」訓爲「安」，均從「猒」聲，則以「安」、「猒」雙聲，「安」音轉「猒」，從「猒」得聲，仍取「安」義也。「阞」爲地理，從𨸏、力聲，「泐」爲水石之理，「朸」爲木之理，均從「阞」聲，則以「理」、「力」雙聲，「理」音轉「力」，從「力」得聲，仍取「理」義也。「斐」爲分別文，從文、非聲，「𥄏」爲大目，從目、非聲，「腓」爲脛腨，從肉、非聲，則以「非」與「分」、「肥」及「方」均一聲之轉，「裴」從「非」聲猶之從「分」，「𥄏」、「腓」從「非」聲猶之從「肥」、從「旁」也。如「謗」從「旁」聲由於「謗」、「誹」聲轉，特由「非」聲易「旁」聲，猶「訪」從「方」聲，由於「方」、「謀」聲轉，特由「某」聲易「方」聲也。又「方」、「肥」互通，如「肪」字訓「肥」，是「腓」、「肪」取義亦相同。蓋一物數名、一義數字均由轉音而生，故字可通用。《說文》一書，亦恒假轉音之字爲本字，如「𤔌」字下云：「所依據也。」又曰：「讀與隱同。」蓋「依」、

「隱」雙聲，假「隱」爲「依」，故從「依」得義，即從「隱」而得其音讀。「牢」字下云：「從牛，冬省。取其四匌帀也。」蓋「冬」字從「𠔾」，即古「終」字，「終」、「匌」音轉，假又爲「匌」，❶故從「匌」得義，而字從「冬」省。均假轉音之字爲本字者也。即諧聲之字，所從之聲亦不必皆本字。其與訓釋之詞同字者，其本字也；其與訓釋之詞異字而音義相符者，則假用轉音之字、如「訝」，相近也，從言，牙聲，以「卬」與「吾」、「牙」音轉也。「飻」，貪也，從食，殄省聲，以「貪」、「殄」聲轉也。「鬴」，鍑屬，從鬲，甫聲，以「甫」、「復」音轉，猶之「蒲」、「伏」音轉也。「芫」，魚毒也，從艸，元聲，以「芫」、「魚」音轉，猶之「元」、「禺」音轉也，均其例。或同韻之字如「湜」，水清底見也，從水，是聲，則以「底」、「是」音近古通，從「是」與從「底」不殊。也。

近儒於古字音訓之例，詮發至詳，然諧聲之字，音所由起由於所從之聲，則本字與訓詞音近者，由於所從得聲之字與訓詞音近也。古字音近義通，恒相互用，故字從與訓詞音近之字得聲，猶之以訓詞之字爲聲。此則近儒言音訓者所未晰也。即此而類求之，則諧聲之字所從之音不復兼意者鮮矣。

原字音篇上

《中論·貴驗》篇引子思之言曰：「事，自名也；聲，自呼也。」孔氏《尚書疏》曰：「言者，意之聲。」近陳氏《東塾讀書記》申其誼，又引鄒伯奇説，謂聲象乎意，以脣舌口氣象之。其蘊至精。蓋人聲精者爲言，既爲斯意，即象斯意、製斯音，而人意所宣之音，即爲字音之所本。例如喜怒哀樂爲人之情，惟樂無正字，「喜」、「怒」、「哀」三字之音，既象喜怒哀所發之音。古「怒」字之音近

❶ 「又」，疑爲「冬」字之誤。

「武」。愛惡亦然。人當未睹未聞之物猝顯於前，口所發音，多係侈聲，「夥」、「頣」諸音本之；人當事物不能償欲，口所發音，多係斂聲，「鮮」、「細」諸音本之。推之「食」字之音，象啜羹之聲；當音「試」。「吐」字之音，象吐哺之聲；「咳」字之音，驗以喉；「嘔」字之音，驗以口；「兮」字之音，❶驗以鼻；「斥」、「驅」之音，象揮物使退之聲；「止」、「至」之音，象招物使止之聲；「奚」字之音，象意有所否之聲；「思」字之音，象斂齒度物之聲，均其證也。又如「毋」爲禁止詞，「毋」即禁止時所發之音，「莫」、「勿」、「曼」、「靡」、「没」諸音，均其聲轉；「乃」爲稱彼之詞，「乃」即指示時所發之音，「戎」、「汝」、「爾」、「若」諸音，均其聲轉。是則文字之音，即象言語所發之音，而言語之音，又象脣舌口氣所宣之音。凡古字之音，奚可不窮其所始哉！

原字音篇下

古代造字，慮字音展轉失其真讀也，乃以字音象物音。例如「火」字之音爲呼果切，即象風火相薄之聲；「水」字之音爲式軌切，即象急湍相激之聲。蓋水音爲澌澌，「水」字之音象之，今江南「水」讀若「矢」。「雹」從包聲，「瀑」從暴聲，「霰」從散聲，亦猶是也。其有象物類自呼之音者。如《爾雅》以「鳦」爲燕名，《說文》云：「齊、魯謂之乙，取其鳴相呼。」「燕」、「鳦」音近，均象燕音，《莊子》作「鷾鴯」，「鷾」亦「鳦」聲之轉。又《爾雅》「扈鴳」，字或作「鷃」，《左傳》賈注曰：「鷃以聲

❶ 「字」，原作「之」，據遺書本改。

音爲名。」❶昭十七年。《爾雅》「鼀譝詹諸」，字或作「圥」，《説文》云：「其音詹諸。」《廣雅》以「鵻札」爲車槅，《荆楚歲時記》曰：「此鳥春分則鳴，聲如加格。」均字音象物音之徵。因思蟬音近遮，小者音若「都留」，故淮南以「遮留」、「都勞」爲呼，「遮」即《方言》之「蛥」，「都勞」文即《雅》注之「蝭蟧」也。蟋蟀鳴聲若屈，故河北以「屈屈」相呼，「屈」即陸疏「趨織」之「趨」也。則「蛥」字諸音，亦象物音以製。鳩曰「鶻鵃」、蜂曰「蠮螉」、行扈「唶唶」、宵扈「嘖嘖」，均斯例也。又「貓」從「苗」聲，「䧿」從「昔」聲，「鴉」從「牙」聲，「鴿」從「合」聲，「蛙」從「圭」聲，「鷹」從「𤸰」聲，「鴚」、「鵝」從「可」聲、「我」聲，所從之聲，均與物鳴之音相若，「馬」、「牛」、「羊」、「豕」諸字音，亦均類是。惟物音不克自宣，斯以擊物之音相擬，如「鐘」從「童」聲，「柝」從「斥」聲，「板」從「反」聲是也。若「滴」字之音，徵以檐溜下注之音，「湫」字之音，徵以水流之音，亦字音曲象物音者也。夫字音既象物音，字音恒易而物音弗移，則今音異於古音者，驗以物音，可以知驗其遷變矣。

古韻同部之字義多相近説

古代同義之字，不必右旁之聲均同也，字音既近，則取義多符，如阮氏《釋門》、《釋矢》諸篇所述是也。蓋古人名物，以一意一象爲綱，若意象相符，則寄以同一之音。雖審音造字，形不必同，然字形雖殊，聲類同者義必近，試以古韻同部之字言之。如

❶「鶪以聲音爲名」，今本《左傳注疏》作「鶪鶪亦聲音爲名也」。

「之」、「耕」二部之字，其義恒取於挺生；「支」、「脂」二部之字，其義恒取於平陳；「歌」、「魚」二部之字，其義多近於侈張；「侯」、「幽」、「宵」三部之字，其義多符於斂曲。推之「蒸」部之字，象取淩踰；「談」類之字，義鄰隱狹；「真」、「元」之字，象含聯引；其有屬於「陽」、「侵」、「東」三部者，又以美大高明爲義，則同部之字，義恒相符。黄氏春谷欲以曲直通區字類，系之以聲，非無以也。後儒有作，若於古韻各部建一字以爲衆聲之綱，以音近之字爲緯，立爲一表，即音審義，凡字音彼此互同者，其義亦可遞推矣。

新方言序

五方水土，❶有剛柔燥濕之異，宜地勢不同，故語言區別，《管子》、《淮南書》既宣之矣。竊疑草昧初闢，文字未繁，一字僅標以一義，一物僅表以一名。然方言既雜，殊語日滋，或義同而言異，或言一而音殊，乃各本方言，增益新名。或擇他字以爲代，由是一字數義，一物數名，彼此互訓，是曰轉注。兩字轉注，匪惟義符，抑且音近，有雙聲、疊韻以通其閡焉。如「考」、「老」爲疊韻，「改」、「更」爲雙聲。蓋古本一字，音既轉而形亦更，則一義不一字。其有音轉而形不變者，則一字不一音。一義數字，是爲字各異形；一字數音，是爲言各異聲，然皆方言不同之所致也。故雅、南之樂，析於周詩，夏、楚之言，區於荀氏，而風雅之章，被之絃管，亦同字異叶以通其變，如《北山》「濱」與「臣」韻，《召旻》

❶「水土」，原作「水上」，今逕改。

「頻」與「中」韻，「頻」、「濱」古爲一字，而所叶之韻殊，蓋「頻」、「蓬」雙聲，故「頻」字之轉音讀若「蓬」而與「中」叶。《谷風》「求」與「舟」韻，《終南》「裘」與「梅」韻，「求」、「裘」古爲一字，而所叶之韻殊，蓋「裘」、「期」雙聲，故「裘」字之轉音讀若「期」而與「梅」叶。《公劉》「曹」與「牢」韻，《泉水》「漕」與「悠」韻，「漕」從「曹」聲，而所叶之韻殊，蓋「漕」、「綢」雙聲，故「漕」字之轉音讀若「綢」而與「悠」叶。韻部亦有大限，如「舟」在尤幽，「梅」在之咍，尤幽與之咍最近，故「求」字得遷轉其間也；「牢」在宵豪，「悠」在尤幽，宵豪與尤幽最近，故「曹」聲字得遷轉其間也；「臣」在真仙，「中」在東冬，真仙與東冬皆收鼻音，故「濱」字得遷轉其間也。 正音爲雅言之音，轉音爲方俗之音，然節奏轉變，動合自然，必無相隔絶遠妄相牽引者。 近儒顧氏疑轉音即方音，而不知轉音即由正音遞轉。 錢氏謂古人間用雙聲之轉音，不知古人用雙聲之轉音即是用其方音。 惟徵之三百篇，此義始明。 非惟齊、楚之音見於《公羊》、《離騷》而已。

昔周、秦輶軒方行禹甸，采覽異言，以爲奏籍，《爾雅·釋言》蓋本於斯。 爰迄西漢，子雲好深湛之思，掇先代之遺言，驗殊方之絶語，沈志構綴，乃成《方言》，語一而字殊，物同而名别，然字形雖歧，字音匪遠。 子雲以降，載逾千百，語言遷變，罔可詰窮。 惟僻壤遐陬之間，田夫野老宥於鄉音，而語不失方轉，與雅記故書相合。 故其音稍稍異古，亦與古音爲雙聲；雖韻部變遷而不逾其大劑，可以得其會通者往往而有。 通都士大夫間，家人常語類此者亦衆焉。

師培自幼治小學，竊有志於此，以爲淮南之言雖稍歧出，然皆有所承受。 如事逾其期謂之「愒」，而「翫愒」之訓載於《左傳》；身傾於前謂之「磬」，而「磬折」之義著於《禮經》。 觸類引伸，庶幾古義益顯。 壯游四方，獲從賢豪長者游，通言别語，日聞於耳，聽習既久，知古語可以證今言，而今言亦可通古語。 如「鞠」、「窮」雙聲，漢法以辭決罪爲「鞫」，今法以辭定讞爲「供」，「鞫」轉爲「供」，猶之「鞠」轉爲「窮」；「殺」、「劉」互訓，古稱以兵斬人爲「劉」，今秦、晉間亦以斬人爲「溜」，「殺」名爲「溜」，猶之「殺」名爲「劉」。此今言因古語而明者也。吴人以「格」音爲語端，「格」、「句」一聲之轉，故吴曰「句吴」；越人用「阿」音爲發聲，「阿」、「於」古音相近，自漢以前，中原皆無麻部，「於」讀爲「烏」，以之代「阿」。故越曰「於越」；淮、泗之間，列「溜」音於語末，「婁」、「溜」疊韻，故郟曰「郟婁」。今北方語無論實辭、狀辭，其下皆可繫以「兒」音，「兒」今音讀婁支切，則知「郟婁」之語今徧北方矣。此古語因今言而通者也。綜斯二例，亦擬略有撰述，惟梗概粗具，未遑從事於編録。及旅東京，乃睹《新方言》之作，方俗異語，摭拾略備，復以今音證古音，參伍考驗，以窮聲轉之原。讀斯書者，非徒可以詮古訓、達神旨，即噲唯應對之中，亦可名聞而實喻，無復間介之餘。夫言以足志，言通則情達，情達則志同。異日統一民言，以縣群衆，必將有取於斯編矣。

羅尞音轉説

《爾雅·釋鳥》「鵅鶚」，《本草衍義》云：「其卵初生謂之羅鶚。」朱駿聲《説文通訓定聲》云：「羅、鵅一聲之轉。」其説是也，因思古代「尞」音之字後世恒轉爲「羅」音。《方言》卷五云：「箕，陳、魏、宋、楚之間謂之籮。」《字林》云：「籮，竹器也。」《廣雅·釋器》云：「箕，籮也。」「籮」字不見於《説文》，蓋即「簝」字。《説文》「簝」字下云：「宗廟盛肉竹器也。從竹，尞聲。《周禮》供盆簝以待事。」是「簝」爲竹器，轉音爲「籮」，故箕以「籮」名。「籃」、「簍」、「籚」三字，亦「籮」、「簝」之聲轉。又《廣雅·釋蟲》云：「蛌蟧，蛁蟟也。」《方言》十一云：「蚏蟧，或謂之蝭蟧。」蓋「寮」、「勞」古通。「膫」或從「勞」省聲，其例也。今淮南運河以東稱「蟟」曰「則羅」，「則」、「是」亦聲轉。即「蝭蟧」之轉音，其旁證也。若夫「鑼」字之音由「鐃」而轉，亦蕭部之字轉爲「羅」音者，今人稱攪物使亂亦近「羅」音，殆又「撓」音之變歟！

小學叢殘序

昔吾鄉阮文達公輯《經籍纂詁》，於佚書之有輯本者，均加甄録，如《蒼頡篇》據孫本，而《字林》、《埤蒼》、《聲類》、《通俗文》均據任本是也。惜斯時小學之書裒輯尚鮮，故阮書所據，舍《選》注諸書所引外，僅以孫、任之書爲限。嗣海寧陳氏輯《小學拾存》，歷城馬氏、甘泉黄氏所輯佚書，均以小學附經末，於往籍所引古字書，蒐獵廣博，排比成帙。惟所據《玉篇》已非顧書，《北堂書鈔》又屬陳禹謨刊本，於《一切經音義》亦僅窺玄應之編，若慧琳《希麟諸音義》、原本《玉篇》，旁迨《玉燭寶典》之屬，則均諸家所未睹。及同、光之朝，六朝、隋、唐諸佚書得於日本，而舊本《北堂書鈔》復爲南海伍氏所刊，一時淹雅之士，若會稽陶氏輯《淮南》許注、長沙葉氏兼輯《淮南》萬畢術，於日本所存古佚書，均加采擇。近山陽顧君竹侯，亦援任氏輯書之例，成《小學鉤沈續編》。師培於弱冠以前，亦據慧琳《希麟諸音義》補輯《國語》賈注，並采輯劉熙《孟子注》、劉兆《公穀注》、劉瓛《周易注》若干條，以補諸家輯本之缺。

近于旅中，晤清河汪君子旭，出所輯《小學叢殘》相示，所輯諸字書，又均顧書所未及。子旭世承家學，先是，竹侯尊人持白先生以經學教授鄉里，子旭尊人叔度先生從之肄業。而子旭亦從竹侯請業，日以古學相切磋，故不爲俗學所汩。其所撰述，尚有《杖制考》、《玉篇引經異文》諸編。然即所輯之書觀之，於聲音訓詁之學，掇拾叢殘，均孫、任諸家所欲爲而未逮者也，扶植微學，厥功至鉅。抑師培更有進者，則以往昔佚書，舍地志而外，古地志之散佚者，僅經訓堂、平津館、二酉堂諸叢書各裒輯數種，近則《永嘉記》諸書亦有輯本，然未輯之書尚衆，此則必宜補掇者也。近儒裒集燦然具備，古訓佚義由晦而明，則《養詁》一書，必待於賡續。儻以近輯古字書爲主，阮書所已引者，不復甄采。旁及經注、阮書於《易》兼采荀、虞注，於《書》兼采馬、鄭、王注，於《詩》兼采《韓詩》，於《左傳》兼采賈、服注，於《爾雅》兼采舍人、樊光、孫炎注，然所據之書，僅《正義》、《釋文》及余氏《古經解鉤沈》而已。以近儒所輯古注校之，所未引者甚衆。緯書、阮書僅采孫氏《古微書》，今當廣采。子、子書如《尸子》、《尹文子》之屬，子注如《淮南》許注及逢行珪《鬻子》注之屬。史如《漢官解詁》及宋忠諸家《世本》注其最著者。之屬，上采鐘鼎古文，於金文之碻可辨識者，采輯入書，以溯字源。下考古籍別本，阮書於《書》、《詩》各異文搜輯未備，所據《說文》及各子書，亦未取往籍所引考其文字異同，均當苴補。近儒之說其有精碻可據者，廣加甄引，則武進臧氏所謂經典之統宗、詁訓之淵藪者，胥於是乎在！

子旭研精小學，博觀載籍，其亦有志於茲乎！

左盦集卷四終

左盦集卷五

揚子劉師培

史記秦始皇本紀倫侯釋

《史記·秦始皇本紀》有倫侯、建成侯趙亥等四人，《索隱》云：「爵卑列侯，無封邑者。倫，類也，亦列侯之類。」其説甚允。考《説文》云：「倫，輩也。」《儀禮·既夕記》「倫如朝服」，鄭注云：「倫，比也。」蓋同列於侯曰「列」，「列侯」之名出於周之齊諸侯，《管子·事語》篇曰：「故天子之制，壤封千里；齊諸侯，方百里。」此即「列侯」所自始也。《詩·召南》「平王之孫，齊侯之子」，「侯」，承珙亦以爲「齊一之侯」，説殆近是。擬於侯曰「倫」。「倫侯」之「倫」，猶漢之比二千石、後世之儀同三司也。又賈子《新書·制不定》篇云：「特賴其尚幼，倫煨數耳。」此從潭本。明刊各本及盧本均作「偷猥」。唐氏仁壽謂「煨」當作「隈」，即倫侯及隈諸侯，説至精確。蓋隈侯之於列侯，猶古官偏將軍之亞於正衛也，較之倫侯蓋尤卑矣。

讀漢書百官公卿表

東漢之儒，若應劭、胡廣之流，解釋漢官，或僅據時制，或緣詞生訓。顔氏注《漢書·百官公卿表》，雖上徵古誼，然恒以己意相附益。由是，漢廷命官之義益失其傳。如班《書》言「典客，秦官。武帝更名大鴻臚」，應劭以「鴻」爲聲、以「臚」爲傳。今考「臚」與「旅」同，故《周禮·司儀》「旅擯」、

《論語》「旅泰山」，「旅」皆同「臚」，則「臚」、「旅」古通。「旅」蓋「賓旅」之「旅」，「臚」係以「鴻」，蓋取有行列之義，故以斯名易「典客」。又「詹事，掌皇后太子家」，應劭訓「詹」爲「省」。今考「詹」當作「瞻」，《周禮》内宰以下諸官，多言「眡其事」，「眡」與「視」同，即「瞻事」之義，「瞻」省作「詹」。若夫「郎中令」改「光禄勳」，應劭以「光」爲明、以「禄」爲爵、以「勳」爲功，胡廣以「勳」爲閽，光禄主宫門，胡説勝應。蓋「衡」義同「横」，「録」義同「禁」，《小爾雅》：「禁，録也。」均以捍衛爲義。「光禄大夫」亦然。又「執金吾」之名，應劭以「吾」爲禦。然春秋之時，楚、宋已有「御士」，「御」義亦取捍備，爲「執金吾」所本，「執金」者，即《書》之「執鐂」、「執鉞」也。「中大夫」之官起源至古，《左傳》僖十五年言「晉侯許賂中大夫」，則春秋已有此名。此皆解漢官者所未詳也，故略詮其誼，以補諸家釋《漢書》之缺。

錢可廬後漢郡國令長考書後

錢氏《後漢郡國令長考》，例嚴而證未豐。今即群書及漢碑考之，得置令之縣九：曰左馮翊高陵，《華陽國志·梓潼士女志》：「景奇爲高陵令。」萬年，《御覽》二百六十八引《益部耆舊傳》：「羅衡爲萬年令。」曰潁川郡舞陽，《群輔録》：「荀爽弟肅，守舞陽令。」長社，《尹宙碑》云：「守，長社令之元子也。」曰河間國樂城，《御覽》四百七十四引《袁山松書》：「周璆爲樂城令。」《續漢書》作「樂成」。曰瑯琊國開陽，《李孟初神祠碑》云：「令瑯琊開陽。」曰南陽郡鄧，《華陽國志·漢中士女志》：❶「陳順謙適鄧令

❶「志」，原作「傳」，據《華陽國志》乙正。

曹甯。」曰零陵郡零陵，《意林》引應劭《風俗通》：「余爲零陵令。」曰漢中郡成固。《李君通閣道記》云：「换漢中成固令。」置長之縣六：曰魯國卞，《孔廟置守廟百石卒史碑》云：「行長史事，卞守長擅。」曰瑯玡國東安，《通志·氏族略》引《風俗通》：「漢有東安長恒裴。」曰平原郡般，《三國志·吴書·劉繇傳》注引司馬彪書云：「繇祖父爲般長，卒官。」曰南郡華容，《三國志·劉表傳》注引司馬彪《戰略》云：「貝羽爲華容長。」案：華容於《續漢志》爲侯國。曰廣漢郡葭萌，《華陽國志·序志》有葭萌長祝龜。曰太原郡陽曲。《蒼頡碑陰》：「孫羨除太原陽曲長。」並稱令長者一：曰廣陵郡東陽。《御覽》二百六十八引鍾岏《良吏傳》云：「陳登爲東陽令長。」若魏有絳邑長，《三國志·賈逵傳》云：「守絳邑長。」吴有陽安長、劉陽令，《谷朗碑》云：「守陽安長。」又云：「遷長沙劉陽令。」則在三國之時。此均錢書缺載者也。又《書鈔》七十六引司馬彪書：「欒恢除守陽令。」蓋「陽」字上下有脱文。《廣韻》二十四職引《風俗通》云：「漢有山陽令職洪。」「山陽」非縣名，亦他字之訛脱者也。若《嵩岳太室石闕銘》言「陽城□長」、「左馮翊萬年吕長」，《鄭季宣碑》「故方城長毛支」，後漢無此二縣，或「長」爲鄉長、亭長也。

其有舉證未充者。如祝良、《水經·洛水》注及《御覽》二百六十八引《長沙耆舊傳》：「祝良爲洛陽令。」諸於、《廣韻》九魚引《風俗通》：「漢有雒陽令諸於。」任稜、《後漢書·欒恢傳》注引《三輔決録注》云：「王調爲河南尹，坐買洛陽令同郡任稜竹田。」孔翊、《藝文類聚》五十八引《魯國先賢傳》：「孔翊爲洛陽令。」司馬防、《魏志·司馬朗傳》引司馬彪書云：「父防，歷官洛陽令。」吴漢、《書鈔》七十八引司馬彪書：「吴漢爲洛陽令，病卒。」案：此别一吴漢。張濟、《御覽》六百四十四引司馬彪書云：「張濟爲洛陽令。」楊湝，《楊湝碑》云：「遷上蔡雒陽令。」均爲雒陽令；趙玶、《御覽》二百六十八引《益部耆舊傳》：「趙玶除野王令。」羊朞，《華陽國志·序志》：「野王令羊朞。」均爲野王令；柳宗、

《華陽國志・序志》：「美陽令柳宗。」李嵩，《御覽》四百八十一引袁山松書：「李嵩爲美陽令。」均爲美陽令；李孟初、《李孟初神祠碑》碑額題「宛令」。杜安，《後漢書・樂恢傳》注引華嶠書注：「杜安爲宛令。」均爲宛令；吴斌、《風俗通・窮通》篇：「豐令吴斌。」徐崇，《武班碑》：「豐令下邳良成徐崇。」均爲豐令；杜子業、《三國志・魏・杜襲傳》注引司馬彪《九州春秋》：「劉表攻西鄂，西鄂長杜子業帥縣男女，嬰城以守。」堂谿協，堂谿典《崇高廟請雨銘》云：「大君協，爲西鄂長。」《延篤傳》注引《先賢行述》，誤「協」爲「典」。均爲西鄂長；董和、《三國志・董和傳》：「劉璋以爲成都令。」景毅、《華陽國志・梓潼士女志》：「景毅拜成都令。」李福，《華陽國志・梓潼士女志》：「李福，先主初爲成都令。」均爲成都令。推之任梁令者，有鄴風；《廣韻》二十三業引《風俗通》：「漢有梁令鄴風。」任固陵長、原武令者，有李叔堅；《風俗通・怪神》篇：「李叔堅辟太尉掾，固陵長、原武令。」任中牟令者，有池瑗；《廣韻》五支引《風俗通》：「漢有中牟令池瑗。」任緱令者，有趙瑶；《華陽國志・漢中士女志》云：❶「趙瑶爲緱令。」任汲令者，有應郴；《風俗通・怪神》篇：「余之祖父郴爲汲令。」任懷令者，有劉□；《滎□石門碑》：「懷令劉。」任蒲坂令者，有游楚；《三國志・張既傳》注引《三輔决録》注：「游殷子楚，爲蒲阪令。」又案《高士傳》云：「姜岐爲蒲坂令，不就。」任陝令者，有戴幼起；《風俗通・過譽》篇：「戴幼起爲陝令。」任長安令者，有王偉卿；任灞陵令者，有寇祺；《華陽國志・序志》云：「長安令王偉卿。」《梓潼士女志》云：「寇祺爲灞陵令。」任平陵令者，有魯麃；《韓勑造禮器碑》右側：「故平陵令魯麃，恢子。」任茂陵令者，有陽球；《御覽》二百六十八引《益部耆舊傳》注：「球爲茂陵令。」任昆陽令者，有尹宙；《尹宙碑》：「守昆陽令。」任潁陽

❶「士女」，原作「女士」，據《華陽國志》改。

令者，❶有鮑宮；《韓勑造孔廟禮器碑陰》云：「故潁陽令文陽鮑宮元威千。」任潁陰令者，有徐晏；《群輔録》：「潁陰令剛徐晏，字孟平。」任鄢令者，有張遼；《風俗通·怪神》篇：「張遼去鄢令。」任邵陵令者，有鄭渾；《三國志·鄭渾傳》：「太祖召爲邵陵令。」任魯令者有鮑疊，《孔廟置守廟百石卒史碑》：「令鮑疊，字文公。」任鄴令者，有謝著；《風俗通·窮通》篇云：「祝恬過友人鄴令謝著。」又《三國志·賈逵傳》言「逵爲鄴令」，則在魏文即王位後，乃東漢最末之年。任繁陽令者，有楊□；《楊君碑》云：「遷繁陽令。」案：即楊牧少子。任元氏令者，❷有第匡；《祀三公山碑》：「元氏令第匡。」任外黄令者，有集一；《廣韻》二十六緝引《風俗通》：「漢有外黄令集一。」任昌慮長、濮陽令者，有黄浮；《御覽》二百六十八引《汝南先賢傳》：「黄浮除昌慮長、濮陽令。」足證《袁紹傳》「長」爲「令」誤。任博平令者，❸有劉虞；王粲《英雄記》：「劉虞爲博平令。」任嬴長者，有糗宗；《廣韻》四十四有引《風俗通》：「漢有糗宗，爲嬴長。」任昌邑令者，有魏連；《類聚》一百引師覺援《孝子傳》：「魏連，孝和帝時拜昌邑令。」任曲陽令者，有高玩；《御覽》二百六十八引鍾岏《良吏傳》：「高玩除曲陽令。」與《漢紀》作「長」不同。任高唐令者，有周璆；《書鈔》三十六引袁山松書云：「周璆爲高唐令。」《風俗通·十反》篇云：「高唐令樂安、周糾。」《路史·國名記》引《風俗通》作「漢有高唐令用虯」，「璆」、「虯」互通，「用」疑「周」訛，非兩人。任巫令者，有陳華；《御覽》二百六十八引《汝南先賢傳》：「陳華除巫令。」任湞陽長者，有劉陶；《類聚》五十引司馬彪書：「劉陶爲湞陽長。」《御覽》二百六十六引作「劉騊駼」。任勾章長者，有范叔矩；《風俗通·十反》篇：「范滂父，字叔矩，拜中司勾章長。」任剡長者，有賀齊；《三國志·吳·賀齊傳》

❶「者」，原脱，據遺書本補。

❷「任」，原作「在」，據遺書本改。

❸「令」，原脱，據遺書本補。

爲剡長，此漢末時事。任朐忍令者，有李焉；李君通《閬道記》云：「諱焉。」又云：「□巴郡朐忍令。」任廣都長者，有蔣琬，《三國志·蔣琬傳》：「隨先主入蜀，除廣都長。」此仍漢末事。亦均錢書未及旁徵者也。

又李曆爲新城長，錢引范書《郡傳》爲證，今考《華陽國志》作「令」，《漢中士女志》。則范書作「長」爲非。劉平爲全椒令，錢引華嶠書爲證，今考司馬彪書作「長」，《書鈔》七十八引。則華書作「令」爲非。蓋錢書之失在於搜採多遺，則補缺正訛，亦治史者所當從事也。

遼史部族表書後一

《遼史》既列《部族表》，各部之名又分見《百官》、《兵衛》各志，義例至善，惜考史諸家鮮加詮釋。

吾觀遼代部族，恒至元猶存。如《遼史·太祖本紀》九年迭烈部夷離堇、耶律曷魯等率群臣上尊號，《穆宗本紀》十五年敵烈來降，《道宗本紀》咸雍四年置烏古敵烈部都統軍司，《道宗本紀》壽隆元年徙烏古敵烈部於烏納。疑即今之土拉河也。❶《部族表》云：「天贊六年，分迭刺部爲二院。天顯五年，敵烈來貢。」而《兵衛志》衆部族軍有烏古敵烈統軍司，《百官志》所列諸部又有敵烈軍詳穩司，蓋皆《元秘史》之「克烈」也。若《太宗本紀》：「五年，敵烈德來貢。」《百官志》云：「敵烈德國王府，亦曰『敵烈』，❷亦曰『迭

❶ 「疑」，原作「擬」，據遺書本改。

❷ 「烈」下，原衍「亦曰敵烈」四字，據遺書本及中華書局點校本《遼史·百官志》刪。

烈德部』。」蓋「敵烈」一作「敵烈德」，猶《秘史》「克烈」之作「克烈亦惕」也。又《兵衛志》部族軍有「北適烈部」有「迭魯適烈部」。又《道宗紀》壽隆元年斡特剌討梅里吉，《天祚紀》云：「大石西至可敦城，會敵剌王紀剌、達密里、密兒紀諸部。」「密兒紀」即梅里吉，即《元秘史》之「篾爾乞」也；「王紀剌」即《元秘史》之「宏吉剌」也。「敵剌」即「敵列」，「達密里」蓋在塔米爾河旁。《太宗本紀》「六年，西南邊將以轄戛斯國人來」，《穆宗本紀》「二年，回紇及轄戛斯皆遣使來貢」，而《百官志》所列諸部有轄戛斯王府，亦有梅果急部。《營衛志》屬國軍有轄戛斯。「轄戛斯」者，即《唐書》「黠戛斯」，亦《元秘史》之「吉里吉思」也。若《耶律仁傳》所云：「阻卜別部把里斯禿没來救。」「禿没」者，即《秘史》「禿馬」之轉音，是遼時部落恒存於元初，即「蒙古」亦爲遼時舊部。

《唐書》謂「室建河又東經蒙瓦部落」，「蒙瓦」即「蒙古」，爲室韋之一部。《遼史·道宗紀》：「太康十年二月，萌古國遣使來聘；三月，遠萌古國遣使來聘。」《契丹國志》云：「沙漠府鎮撫蒙骨諸軍。」又云：「契丹正北至蒙古里國。」而《遼史·百官志》所列諸部亦有「梅古悉」。殆皆「蒙古」一聲之轉。《蒙韃備録》云：「韃國所鄰，前有糾部，左右有沙陀等部爲患。舊有蒙古斯國。」「蒙古斯」即「梅古悉」。而《契丹國志》又謂「上京北有蒙古山」，則「蒙古」之名碻起于遼。又考《遼史·景宗本紀》有回跋部入貢事，開泰八年、太平八年。《興宗本紀》又有回跋入貢、十八年。及置回跋部詳穩都監十二年。事，《部曲表》同。又《阿古只傳》有回跋城，《百官志》所列諸部有回跋部大王府，

《營衛志》屬國軍亦有回跋，是均「輝發」之轉音。《遼史・太祖本紀》：「三年，西北嗢郎海部進輓車人。」《穆宗本紀》十三年。及《天祚本紀》天慶三年。均有斡朗改國貢物事，《百官志》所列諸部有嗢娘改部、有斡郎改國王府，而《營衛志》屬國軍亦有斡朗改之名，是均「烏梁海」之轉音。《元秘史》作「兀良合」。則遼代各部之名，歷元迄明，存者猶衆，互證博稽，以求其地，庶足補丹徒李氏《遼史地理考》之缺乎！

遼史部族表書後二

遼代部族，或爲舊國，或沿舊國之稱，亦治《部族表》者所當諳也。惜李氏《遼史地理考》於五國部以外率多未詳，試即舊國考之。如《興宗本紀》云：「十七年，婆離八部夷離堇、虎斅等內附。」《道宗本紀》云：「太安十年，❶杇哥奏頗里八部來侵，❷擊破之。」「壽隆元年，頗里八部進馬。」❸《游幸表》云：「統和三年，渡怕里水。」「怕里」即「婆離」、「頗里」，故《百官志》所列諸部有「怕里國王府」，《營衛志》屬國軍亦有「頗里」，又有「博和里國」，均爲一地，《契丹國志》言「東北至破骨魯國」，即「頗和里」之轉音。即《唐書》所謂「絶沃沮千里，至頗黎」也。今爲俄之克薄諾甫克。又《聖宗本紀》統和十年云：「鐵驪來貢。」《道宗紀》云：「清寧八年，鐵驪五國

❶「十年」，原作「七年」，據遺書本及中華書局點校本《遼史》改。

❷「杇哥」，原作「楊哥」，據遺書本及中華書局點校本《遼史》改。

❸「進馬」，遺書本作「進方物」。中華書局點校本《遼史》作「來附，進方物」。

諸長貢方物。」《地理志》云：「鐵利府刺史，故鐵利國地。」又云：「廣州防禦渤海，爲鐵利郡，太祖遷渤海人居之，建鐵利州。」蓋「鐵利」本國名，後爲遼滅，國亡民存，《金史》謂「鐵利烏惹之民，逃而來歸」，即指「鐵驪兀惹」言，「兀惹」見《遼・聖宗紀》，而《聖宗紀》及《地志》均有遷兀惹户于賓州事。《景宗紀》又有兀惹城，❶蓋亦古國滅于遼者。《契丹國志》作「屋惹」，許亢宗《奉使行程録》作「烏舍」。乃唐代鐵勒之別部也。若是之屬，恒宜援據前史以溯其源。

然證古而外，宜施明辨之功。如《太祖紀》二年詔撤剌討烏丸，烏丸爲漢國，遼無烏丸；《景宗紀》開泰二年黨項叛，黨項即西夏，此乃故名，或諸部離析，遺民猶存，故遼時其名尚在也。又如《兵衛志》衆部族軍有隗衍突厥部、奧衍突厥部，《營衛志》屬國軍有突厥部，蓋亦突厥部族之遺。至《營衛志》所載有吐谷渾，有烏孫，皆古亡國於遼、金之先者，或他部荐居其地，亦襲彼名以入貢。若《營衛志》所列屬國軍有大食、波斯諸國，則史臣誇張之詞，非事實矣。

金史地理志書後

《金史・地理志》謂金之京、府、州凡百七十九，縣六百八十三。六百三十二增五十一。今考陳元靚《群書類要》、《事林廣記乙集》，載江南北郡縣各一卷，卷三，卷四。一襲祝穆《方輿勝覽》，一與《金志》略同，惟首列中都路，末附上都路，稱濟南爲總府，均據元初之制；於興定朝所建九公，分注所治府州下，惟遺高陽、平陽。則爲金末之制。若「東京

❶「又有」，原誤倒，今逕予乙正。

路」改稱「遼陽府路」、「北京路」改稱「大定府路」、「鳳翔路」改稱「陝西西路」、「山東東路」改稱「益都路」、《元志》云：「金爲益都路。」則此名係金改。「河北東路」改稱「山東東路」、疑誤。「慶源」「臨洮」二路總稱「熙河路」，與金、元二《地志》所載不盡相符，亦非元初十道之制，蓋元初一時之權制也。元初行省，未建區畫，多沿金舊，亦間有改易。陳書以金代舊疆爲準，復附以元初新制，故於縣名多複出。如懷州、孟州互有王屋縣，衛州、懷州互有獲嘉縣。又豐利、集寧二縣，既爲撫州屬縣，而上都路隆興府所屬，亦有斯名。即浄州、昌州之名，亦互見於西京路、上都路。然京、州、府、軍總計凡二百零七，縣名計六百九十五，有《金志》所載，而此書缺者，如平晉、徐溝、清源、清塞、仵城、宣平、威寧、渥城、平陸、平水、高平、長子、儀城、廣武、篠縣、隴安、臨潼、禹城、石城、玉山、寧塞、三水、甘泉、敷政、門山諸縣是也。州則僅缺興州。若中都路漏鈞州，則係刊書時之脱。注言「中京路十四州」，書僅十三，則有鈞州甚明。惟所缺各縣，或至元代猶存，蓋均金所省併，而《金志》缺書者也。

其足補金、元二《志》之缺者，如河東北路有成州，刺史州。所屬有雲丘一縣；又有皐州，以欒平爲屬邑；今《志》欒平屬平定。來遠州所屬有來遠、永康二縣；平定州有平定城縣；真定府有山公縣；封府有分用縣；大同府有永固縣；❶蘭州有質孤縣；朔州有窟谷縣；崇州有宗下疑誤。縣；建州有建平縣；利州有惠利縣。雖建置之年莫可考，然足證金、元之際路有增置之州，州有增置之縣。又宿州有厥固疑「城固」。縣，靈

❶「有永固縣」，原倒作「永固縣有」，據遺書本乙正。

壁别屬泗州，《金志》屬宿州，《元志》言至元四年前靈壁亦屬宿州。孟州有原鄉縣，濟源别屬懷州，《金志》、《元志》均言屬孟州。惠州有付郭縣，欒陽仍屬大定，《金志》屬惠州，《元志》無。蕩陰隸於林州，《金志》屬彰德，《元志》同。臨晉隸於榮州，金、元《志》屬河中。藁城隸於中山，《金志》屬真定，《元志》惟言太宗二年爲永安州。芮城隸於河中，金、元《志》屬解州。綏德無清澗而有暖泉，金、元《志》均有清澗無暖泉，《金志》暖泉爲寨。義州無同昌《金志》有。而有堯慶，金、元《志》均無。全州無安豐《金志》有。而有静封，金、元《志》均無。臨洮無康樂《金志》有。而有循化，金、元《志》均無。亦均金、元二《志》所缺。若夫莒州有新泰縣，《元志》云：「蒙陰，元初因舊名爲新泰。」耀州有富平縣，《元志》有。葭州有通太、《元志》作「通秦」，「秦」疑「泰」訛。神川、烏龍、吴堡、大禾、即「太和」。彌川、寧河、神木八縣，《金志》均爲堡名，《元志》所載均不同。太谷、祁縣均隸晉州，《金志》屬太原府，《元志》言「祁縣舊隸晉州」，則此爲金制。延津、陽武、原武均隸延州，《金志》前二縣屬開封，[1]原武屬鄭州。《元志》於此三縣下均言「舊隸延州，至元九年州廢，隸開封」，則此爲金制。與《元志》相合。然按之《元志》，或爲金制之舊，此亦《金志》所缺書者也。且陳書於各府州下兼記所屬各鎮之數，校之《金志》，有《志》有而此缺者，如《金史·地理志》所載鎮數，歸德府四，裕州四，陳州二，息州一，宿州八，泗州六，德興府一，雲内州一，東勝州一，渥州一，彰德府五，衛州一，曹州一，勝州一，孟州二，石州四，隩州一，寧化州一，嵐州四，商州二，乾州三，桐州九，棣州九，濮州二，開州一，遼陽府一，義州一，臨洮府一，環州三，綏德州一，陳書均缺載。有《志》詳而此略者，如《地志》所載欒州二鎮，此僅一鎮；許州七，此僅二；亳

[1]「縣」，原作「篇」，據上下文例改。

州五，❶此僅三；鄭州三，此僅一；潁州十一，此僅二；大同三，此僅一；真定府三，此僅一；邢州四，此僅三；磁州八，此僅五；東平十九，此僅十六；徐州五，此僅二；泰安州三，此僅一；德州七，此僅六；晉安府五，此僅一；解州四，此僅三；懷州六，此僅二；澤州二，此僅一；潞州四，此僅二；太原八，此合晉州僅四；祁州四，❷此僅二；平定州三，此僅二；代州十三，此合堅州、臺州僅八；冀州六，此僅三；滄州十一，此僅七；鳳翔府四，此僅二；隴州五，此僅四；益都府七，此僅五；密州七，此僅五；登州二，此僅一；淄州六，此僅四；濟南府二十九，此僅十九；濱州十，此僅八；恩州六，此僅三；興州府三，此僅二，邠州三，此僅二；保安州二，此僅一；原州三，此僅二，均不及《金志》之詳。亦有較《金志》爲詳者。如懿州一鎮，寧州一鎮，交州一鎮，《金志》均缺。又《金志》載金昌府四鎮，此作五；汝州二，此作四；蔡州二，此作三；中山一，此作二；洛州四，此作五；傳州十一，此作十二；莒州二，此作三；耀州二，此作三，沂州三，此作四；寧州五，此作六；寧海二，此作三；蓋州二，此作三；廣寧六，此作七；洮州堡二，此作三，均足補《金志》。欲考訂金、元《地志》，不得不資於陳書。若書多訛字，訛字雖多，然《金志》「順天軍」此作「順太」，「雲川縣」此作「鑾川」，「完州」此作「定州」，「和川縣」此作「和州」，「祈州」此作「忻州」，「將陵縣」此作「漿陵」，「宜豐縣」此作「宜風」，「盤安軍」此作「全安」，「阿干縣」此作「河中」，「宜州縣」此作「宜川」，或不必盡出於誤，存以俟考。則校勘之疏耳。

武王三年二月朔日考

《周書·寶典解》「惟王三祀二月丙辰朔」，錢溉亭《述古録》謂「二月」當作「七月」，非也。今以三統術推之。武王三年即文王受命十二年，入甲申統五百二十年；以章月二百三十五。乘之，得一十二萬二千二

❶「亳州」，原作「毫州」，據《金史》改。

❷「祁州」，原作「祈州」，據《元史》改。

百；如章歲十九。而一，得積月六千四百三十一，閏餘十一；以月法二千三百九十二。乘積月，得一千五百三十八萬二千九百五十二；如日法八十一。而一，得積日一十八萬九千九百一十三，無小餘；以六十去積日，餘十三，爲大餘；命起甲申算外，得丁酉爲正月朔；又置朔策小餘四十三，得丙寅爲二月朔，則「丙辰」爲「丙寅」之訛矣。若如錢説，則是年七月朔爲甲午，非丙辰也。又考《漢書・律曆志》述《世經》云：「《洪範》篇曰：惟十有三祀，王訪於箕子。自文王受命至此十三年。」又曰：「師初發以殷十一月戊子，後三日，得周正月辛卯朔。」是武王四年正月朔，辰在辛卯也。則武王三年正月朔，辰在丁酉，二月朔日確爲丙寅，是歲二月小餘八十六，得丙申爲三月朔。三月小餘四十八，得乙丑爲四月朔。四月小餘九十一，得乙未爲五月朔。五月小餘五十三，得甲子爲六月朔。六月小餘九十六，得甲午爲七月朔。七月小餘五十八，得癸亥爲八月朔。八月小餘一百零一，得癸巳爲九月朔。九月小餘六十三，得壬戌爲十月朔。十月小餘一百零六，得壬辰爲十一月朔。十一月小餘六十八，得辛酉爲十二月朔。十二月小餘一百一十一，得辛卯爲來年正月朔。又何疑乎？又《唐書》引「三年」作「元年」，亦與曆不合。

穆傳補釋自序

《隋書・經籍志》起居注類載《穆天子傳》六卷，注云：「汲冢書，郭璞注。」新、舊《唐書》均同。《晉書・束皙傳》則謂「書本五卷，末卷乃雜書十九篇之一」，蓋五卷爲汲冢舊簡，末卷則校者以雜書併入也。此書雖出西晉初，然地名符於《山海經》，人名若孔牙、耿翛均見《書》序，所載賓祭禮儀器物亦與《周官禮》、《古禮經》符，則非後人贋造之書矣。考穆王賓于西王母，其事具載《列子》，馬遷修史，亦著其文，雖所至之地均今葱嶺絶西，然證以《山海經》諸編，則古賢遺裔，恒宅西陲，西周以前，往來互達，穆王西征，蓋亦率行軒轅、大禹之軌耳，不得泥博望以前西域未通之説也。惟斯書多古文，抄胥復多舛脱，宋晁公武《郡齋讀書志》已謂「轉寫益誤，殆不可讀」，明人所刊，校讎益疏。近人檀萃、徐文靖、陳逢衡均注此書，然均泛亂無條紀，檀本增補字句尤爲蔑古。惟洪翟所校爲差善，孫詒讓《札迻》列校義若干條，亦均精審。師培幼治此書，病昔治此書者率昧考地，因以今地考古名，互相證驗，古義古字，亦稍闡發，成書一卷，顏曰《補釋》，惟書中古字，率多未詳。又卷三「世民之子」，雖復深思，仍昧厥解。世有善思誤書之士，尚其闡此藴義乎！

穆王西征年月考

穆王西征之歲，載於古《竹書紀年》，《穆傳》郭注引作「十七年，西征崑崙丘，見西王母。其年來見，賓於昭宮」。《類聚》七、《御覽》三十八所引略同。《類聚》引作「西王母止之」。又《類聚》九十一引《紀年》云：「穆王十三年，西征。至於青鳥之所憇。」所記之歲復殊。今即《穆傳》所記干支，覈以三統術，當以十三年爲確。考穆王十三年入甲申統六百五十四年。以章月二百三十五。乘之，得十五萬三千六百九十；如章歲十九而一，得積月八千零八十八，閏餘十八；以月法二千三百九十二。乘積月，得一千九百三十四萬六千四百九十六；如日法八十一。而一，得積日二十三萬八千八百四十五，不盡五十一，爲小餘；置積日盈六十。除之，餘四十五，爲大餘；命起甲申算外，得己巳爲正月朔。置大餘四十五、小餘五十一，加一朔策，大餘二十九，小餘四十三。計大餘七十四、六十以上入閏餘。小餘九十四，八十一以上入大餘。得己亥爲二月朔。加一朔策，計大餘四十四、小餘五十六，得戊辰爲閏月朔。是歲，閏在二月者閏餘十八，以十二乘之，得二百一十六；加七者二，盈章中二百二十八而餘二；知閏在大寒後。更以推中節二十四氣之法推之，是年入統六百五十四年，以策餘八千八十乘之，得五百二十八萬四千三百二十；盈統法一千五百三十九而一，得中積日三千四百三十三，不盈者九百三十三，爲中小餘；中積日滿六十去之，得十三，爲中大餘。命起甲申算外，得丁酉爲冬至，即正月二十九日也。大寒在二月二十九日，驚蟄在三月朔。故知閏在二月後。加一朔策，計大餘七十三、閏餘一。小餘九十九，得戊戌爲三月朔。加一朔策，計大餘四十三、小餘六十一，得丁卯爲四月朔。加一朔策，計大餘七十二、閏餘二。小餘一百零四，得丁酉爲五月朔。加一朔策，計大餘四十二、小餘六十六，得丙寅爲六月朔。加一朔策，計大餘七十一、閏餘三。小餘一百零九，得丙申爲七月朔。加一朔策，計大餘四十一、小餘七十一，得乙丑爲八月朔。加一朔策，計大餘七十、閏餘四。小餘一百一十四，得乙未爲九月朔。加一朔策，計大餘四十、小餘七十六，得甲子爲十月朔。加一朔策，計大餘六十九、閏餘五。小餘一百一十九，得甲午爲十一月朔。加一朔策，計大餘三十九、小餘八十一，得甲子爲十二月朔。加一朔策，計大餘六十九、閏餘六。小餘四十三，得癸巳爲來年正月朔。即十四年。由是遞推，則來年四月朔爲壬戌。

試即《穆傳》證之，是年周正較三統術

差二月。《春秋》襄十四年二月乙未朔日食，劉歆以爲前年十二月；莊二十六年十二月日食，劉歆以爲十月；僖五年九月日食，劉歆以爲七月；文十五年六月日食，劉歆以爲四月；宣十年四月日食，劉歆以爲二月，均見《漢書·五行志》。歆用三統術，此其例也。《傳》言「戊寅，天子北征」爲正月十日，即周正三月，「癸未，雨雪」爲十五，「乙酉」爲十七日，「甲午」爲二十六日；「己亥，至於焉居禺知之平」爲二月朔日，即周正四月，閏在是月後。「辛丑」爲三日，「癸酉」係「癸卯」之訛，《説文》「酉」象古文「丣」之形，❶故「卯」訛爲「酉」。 爲五日，「甲辰」爲六日，「丙午」爲八日，「戊寅」係「戊申」之訛，古文「申」或作「[illegible]」、❷寅或作「[illegible]」，二字形近，故「申」訛爲「寅」。 爲十日，「癸丑」爲十五日，「吉日戊午」爲十六日，此足證「吉日」非朔日。「己未」爲二十一日，「乙丑」爲二十七日，「丙寅」爲二十八日；由甲寅至丁巳歷五十日，《傳》均缺書，蓋卷二「封膜晝」以上有缺文。據卷四言，自陽紆至於西夏氏，又至於珠余氏，及河首，由河首襄山以西，始至春山，即此五十日中所經之地也。「丁巳」爲三月二十日，即周正五月，「吉日辛酉」爲二十四日，「癸亥」爲二十六日，「甲子」爲二十七日；❸「季夏丁卯」凡《穆傳》書干支而係以月者，均係朔日。 爲四月朔日，即周正六月，「壬申」爲六日，「己卯」爲十三日，「庚辰」爲十四日，「辛巳」爲十五日，「壬午」爲十六日，「甲申」爲十八日，「辛卯」爲二十五日，「癸巳」爲二十七日；「孟秋丁酉」爲五月朔日，即周正七月，「戊戌」爲二日，「壬寅」爲

❶ 「説文」云云，疑誤。案《説文》「酉」字古文從卯作「丣」，與「卯」之作「[illegible]」、「[illegible]」者字形相近，故此處似當改作「酉之古文作丣，象卯之形」。

❷ 「作」下字疑誤。案《説文籀補》卷十四「申」字條録有一「[illegible]」字，劉氏殆據此立説，然則亦非確詁。

❸ 「甲子」，原作「甲午」，據上下文義改。

六日，「丙午」爲十日，「丁未」爲十一日，「己酉」爲十三日，「庚戌」爲十四日，「癸丑」爲十七日，「丁巳」爲二十一日，「己未」爲二十三日，「癸亥」爲二十七日，「吉日甲子」爲二十八日，「乙丑」爲二十九日。自「丁未」、「己酉」以下所記，均東歸事。惟「孟秋癸巳」、「五日丁酉」確爲來年正月朔及五日，即周正來年三月，此作「孟秋」，疑所記有訛。或穆曾兩至西方，「丁酉」、「己酉」以下所記非本年之事，故《紀年》於十三年記西征，於十七年又記見西王母。惟「孟秋癸巳」、「孟冬壬戌」與十七年曆術亦不合，不可考矣。

戰國策書後

今所傳《戰國策》，自姚本以下，均出曾鞏重校本，佚文脱句，具見吴本所録姚寬序，然未亡之帙，亦與唐人所引時有異同。試即姚本勘之。如《齊策四》：「倚柱彈其劍，歌曰：『長鋏歸來乎！食無魚。』又歌曰：『長鋏歸來乎！出無車。』」《書鈔》一百六所引作「倚柱彈其鋏，（吴氏補云：「『劍』下疑當有『鋏』字。」得《書鈔》所引，可釋吴氏之疑。）而歌曰：『大丈夫歸去來兮！出無車。大丈夫歸去來兮！食無魚。』」此必《國策》原文，今本則後人據《史記》改也。《趙策一》「然願請君之衣而擊之，雖死不恨」，《類聚》三十三所引，於「而擊之」三字下有「以致報仇之意」句，此因傳寫致脱者也。《魏策二》「惠子曰『子必善左右，今夫楊』」云云，《初學記》十八所引無「子必善左右」句，別有「勉哉」二字，蓋「子」字以上原本有「勉哉」之文。《韓策二》「今親不幸」，《類聚》三十三所引易「不幸」二字爲「已亡」，蓋「不幸」以下原本有「已亡」二字，鮑本亦有「而死」二字。亦姚本之脱句也。若夫脱字之失，如《齊策二》「吾能爲之足，未成一，人之蛇成」，「未成」以上當疊「足」字。今觀《類聚》二十五所引作「吾能爲足，爲足未成」，七十三所引作「吾能爲之足，足未成一，人蛇先成」，是「未成」上本有「足」字，「成」上亦當補「先」字矣。《楚策一》「寡人萬歲千秋之後，誰與樂此矣？安陵君泣數行而進」云云，下言「乃封壇爲安陵君」，則「泣」上當有「壇」字。今考《類聚》二十三引作「誰與同樂此矣？安陵君纏泣數行」，「壇」、「纏」字通，則「泣」上本有「壇」字，「樂」上亦當補「同」字矣。又《齊策四》「田單之施」，《類聚》五引作「之厚施」，六十七「厚」又作「惠」，則「施」上有脱字。《趙策一》「而可以報知伯矣」，《類聚》三十三引「而」作「吾」、「可以」下有「下」字，則「報」上有脱字。《韓策一》「夫以韓之勁」，《類聚》二十五引作「韓卒之勁」，❶則「韓」下有脱字。《燕策二》「燕趙久相支」，《類聚》二十五引作「互相交兵」，❷則「交」下有脱字，「久」、「支」亦係訛文。此均姚本之待於斠補者也。又《楚策一》「願得以身試黄泉」，《類聚》二十三所引上有「臣」字；《燕策一》「是棄强仇而厚交也」，《類聚》二十五所引「是」下有「王」字；似亦姚本脱文。其僅脱助詞者，得證尤多。如《齊策二》「臣竊爲公譬」，《類聚》二十五所引下有「之」字；《齊策三》「有土偶人」，《類聚》八十八所引下有「焉」字；《楚策一》「水漿無入口」，《初學記》十七所引「口」上有「於」字；《趙策一》「知伯已死」，《類聚》三十三所引「已」上有「亦」字；《魏策四》「今以臣凶惡」，《類聚》八十四所引「臣」下有「之」字；《燕策三》

❶ 「韓卒之勁」，原倒作「韓之勁卒」，據遺書本及《藝文類聚》乙正。

❷ 「二十五」，原作「三十二」，據遺書本及《藝文類聚》改。

「子腸亦且寸絶」,《類聚》八十四所引「子」下有「之」字,末有「矣」字;《中山策》「何侔名于我」,《類聚》六所引下有「乎」字是也。

脱字而外,字有誤訛,亦可援唐人所引之文互相勘正。如《齊策二》「不弱兵欲攻齊」,又云「官之上非可重也」,又「去身且死,爵且後歸,猶爲蛇足也」,《類聚》二十五引「不弱兵」作「又移師」,九十六、九十八引同。引「官」作「冠」,引「後」作「偃」,《史記》作「奪偃」,亦「寢封」之誼。與《史記・楚世家》合。《中山策》「中山君亡」,又云「君下壺飡餌之」,又云「喟然而仰歎」,《書鈔》一百四十四引「亡」作「走亡」,《類聚》作「亡走」。引「飡」作「飧」,❶引「餌之」作「餔臣父」,《類聚》均同。引「喟然而仰歎」作「喟《類聚》作「慨」。然仰天「而」係「天」字之誤,又倒作「而仰」。嗟」,多與《類聚》合,均較姚本爲長。又《齊策四》「悉來合券」,《書鈔》一百四。引「來」作「集」;《楚策一》「王親引弓而射,壹《類聚》九十五作「應」。發而殪」,《類聚》三十三。引「引」作「扞」;九十五又作「彎」,「扞」、「彎」同。《韓策一》「而秦之求無已」及「而逆無已之求」,《類聚》二十五。引「已」作「厭」,引「逆」作「應」;今本後人據《史記》改。《韓策二》「鼓刀以屠」,《類聚》三十三。引「以屠」作「之屬」;「之屬」與上「之人」對文,今本據《史記》改。均足證姚本之訛。是猶《齊策三》「東郭逡」當從《初學記》廿九。作「⿰夋兔」,《類聚》九十四作「兔」,即「⿰夋兔」字之脱。《燕策一》「築宮而師之」,當從《類聚》六十三。作「館」「館」,古作「官」,因誤爲「宮」。也。若夫《秦策二》「太后救過不贍,何暇乃私魏醜夫乎」,《類聚》三十五。引「贍」作「暇」,引「何暇乃私」作「何

❶「作」,原作「引」,據遺書本改。

得更殉」；《秦策三》「譬若馳韓盧而逐蹇兔」，❶《類聚》廿五。引「馳」作「放」，引「蹇」作「狡」；《齊策三》「蘇秦欲止之」，《類聚》八十六。引「欲止」作「往見」，「今子東國之桃梗也」，《類聚》同上。引「國」作「園」，「天下之疾犬也」，《類聚》九十四。引「疾」作「壯」；《齊策四》「過菑，有老人涉菑」，《類聚》、六十七。《書鈔》一百廿九。引上「菑」均作「魯」，《書鈔》下「菑」字作「淄」，《類聚》仍作「菑」。❷「西有菑邑之虞」，《書鈔》一百九。引「虞」作「封」；《類聚》六十七作「娛」。《楚策一》「入則編席」，《類聚》三十三。引「編」作「侍」，「晝吟宵哭」，《初學記》十七。引「哭」作「泣」；《楚策四》「俯噣白粒」，《類聚》九十二。引「粒」作「粮」，「晝游乎江河」，《類聚》九十。引「河」作「湖」，「聲達於天」，《類聚》九十二。引「達」作「造」；《燕策一》「以爲雖偷充腹」，《類聚》二十五。引「腹」作「腸」；《燕策三》「境吏恐而赦之」，《類聚》八十四。引「赦」作「放」，亦義可兩通，或均宋代以前故本。

姚本而外，雖訛脱滋多，然鮑本及姚校所引別本，亦間與唐人所引合。如《東周策》「少海之上」，鮑本「少」作「沙」，與《初學記》卷八引合；《魏策四》「臣爲王之所得魚也」，鮑本「王」作「臣」，無上「臣」字，與《類聚》三十三所引合；《燕策三》「及子之腸」，姚引別本「及」作「反」，與《類聚》八十四所引合。近儒於文違姚本者，概目爲俗，亦其蔽也。

❶ 「馳」，原作「放」，據遺書本改。

❷ 「菑」，原作「甾」，據《藝文類聚》改。

錢培名越絶書札記書後

錢氏《越絶書札記》，雜舉古籍所引，互勘同異，惟所舉或未周。如《荆平王内傳》「其後荆將伐蔡」，據《類聚》三十三。所引，則「將」下脱「軍」字；《記寶劍》篇「乃令風胡子至吴，見歐冶子、干將」，據《初學記》二十二。所引，引作「於是使之吴，見干將；越見歐冶子」，❶又引作「令之吴越」。則「吴」下脱「越」字；上言「吴有干將，越有歐冶子」，其證也。《記越地》篇「美人宫，周五百六十里」，《類聚》六十二。引「六」作「九」；《記寶劍》篇「江水折揚」，《類聚》六十。引「折」作「抑」；「揚」下又衍「折」字。《枕中》篇「人最爲貴」，與「穀爲貴」對文。《類聚》七十九。引無「最」字，均較今本爲長。《記寶劍》篇「車奔鹿驚」，《初學記》二十九作「奔車驚」，疑當作「鹿奔車驚」。又《記越地》篇「以食士」，錢據《御覽》引，作「食死士」，今觀《類聚》二十九、九十一。❷所引，亦有「死」字，則「死」爲脱文；《記寶劍》篇「文若流水不絶」，錢據《御覽》引，「水」作「而」，今觀《初學記》，二十二。亦引作「而」，則「水」涉上文「流水」而訛。若夫「莋碓山」《記吴地》篇。《書鈔》一百六十。作「雒」；「風胡」、《記寶劍》篇。《初學記》二十二。作「湖」；《書鈔》一百二十二同。❸「歐冶」，同上。《類聚》六十。作「區」；「太阿」，同上。《白帖》十三。作「和」；「即得平吴」，《德序外傳》。《類聚》三十八。「得」作「往」；「由鐘窮隆山」，《記吴地》篇。《書鈔》一百六十。作「吴中穹

❶「子」，原脱，據《初學記》補。

❷「九十一」上原衍正文「初學記」三字，今删。

❸案：今四庫本《北堂書鈔》卷一百二十二提及「風胡子」凡八處，無有作「湖」者。

窿」，孔校據唐《類函》。亦均故本異文。又《書鈔》一百二十一引本書作「越記」，❶則隋、唐之際，書有此稱。是均錢校所未及，因並誌之。

列仙傳斠補自序

劉向《列仙傳》，以王照圓校本爲善，沈濤《十經齋集》有《劉仙傳斠注序》，❷謂「內子墨華主人爲之註釋」，然世鮮傳本，因彙舉古籍所引，互勘同異，成《斠補》一卷。復系之以序，曰：

《隋書·經籍志》載《列仙傳讚》三卷，劉向撰，鬷續，孫綽讚；《列仙傳讚》二卷，劉向撰，晉郭元祖讚。蓋三卷之本別讚於傳，二卷之本合讚於傳。《唐志》、《崇文總目》所著録均係二卷；明人所刊有《秘書二十一種》、《古今佚史》諸本，亦係二卷，有傳無讚；道藏本附讚於傳，蓋均郭本。卷末「讚曰」以下即向《後序》。王敘以讚爲郭作，是也；析讚於傳，又以「讚曰」以下爲郭語，附於各分讚後，非也。孫氏《札迻》已糾其失。傳計七十二人，洪頤煊《列仙傳校正序》誤解《顏氏家訓》文，以爲七十四人。不足辯。至宋猶然。《崇文總目》云：「凡七十二人。」《玉海》藝文類引。《直齋書録解題》同。《館閣書目》則云：「三卷，六十二人。」或即《隋志》三卷本之殘佚者歟？明刊及道藏本均七十人，王校補羨門、劉安，於數已符。即書有缺殘，亦有佚句無佚傳。王據《史記正義》引老萊事附

❶「一百二十一」，原作「一百二十二」，按《北堂書鈔》卷一百二十二無稱「越記者，而卷一百二十一則有「越記」云云，故改。

❷「劉」，疑爲「列」字之訛。

入上卷之末，然前節明見《列女傳》，後節據《類聚》所引亦屬《列女傳》佚文。沈《序》於老萊外又據《太平廣記》所引，謂「當補《趙廓傳》」，不知唐、宋諸書所引，有確爲本書而引爲他書者，如《初學記》二十三引赤松事，《類聚》八十六引師門事，均誤稱《列子》是也。❶或係傳寫之訛。有確非本書而引爲本書者。如《類聚》所引衛靈、六十二。簡狄九十二。事，均爲《列女傳》文；《白帖》所引衛升卿卷五。事、《書鈔》所引劉憑一百零三。事，《御覽》百三十六亦引爲《列仙傳》。均爲葛洪《神仙傳》文；《類聚》所引季仲甫九十二。事，亦與《神仙傳》略同。又《書鈔》所引王方平、一百五十二。王臣、一百三十四。及胡母班一百三十六。事，《御覽》均引爲《列異傳》；三百四十五、七百零七及六百九十七。《御覽》所引朱亥三百六十。事，《類聚》引爲《列士傳》；八十四。《書鈔》又引成武丁一百三十四。事，證以《御覽》，疑出《桂陽列仙傳》。《御覽》二十九所引《桂陽列仙傳》有成武丁事，《書鈔》所引必與彼同條。惟《類聚》引蘇耽、九十五。丁次卿八十二。事，丁次卿賣刀遼東事，《書鈔》一百二十三、《御覽》三百四十五亦引作《列仙傳》，然爲順帝時事。《書鈔》引戴氏女子一百六十。事，《御覽》引莫耶子三百六十五。事，於他籍鮮所徵。然唐、宋之際，《集仙録》、《女仙傳》各書存而未佚，諸書所引或係彼文，《廣記》所引趙廓事，亦猶是也。

又有似各傳佚文而實非者。如王校於《選》注所引西王母事，《書鈔》百五十八引同。疑爲《赤松傳》附記語，沈《序》以爲脱文。然《御

❶「初學記二十三引赤松事類聚八十六引師門事均誤稱列子」，按「二十三」原作「二二」，據《初學記》改，但《初學記》引作劉向《列仙傳》。「類聚」下原衍「八十一初學記」六字，校删。

覽》引爲《集仙録》；六百六十一。於《事類賦》所引老子指李樹事，疑爲《老子傳》脱文，沈《序》據《路史》注引。然其文明見《神仙傳》；於《初學記》所引岱宗石室語，列爲《稷丘傳》佚文，沈《序》云：「未能指爲何篇。」然《書鈔》引爲馬明生一百三十三。事，《御覽》稱爲《列仙真人傳》，三十九。則非本書甚明。若沈《序》據《路史》注所引彭祖事、《廣記》事類賦所引鄭交甫事，定爲《彭祖》及《江妃二女傳》脱文，然一出《神仙傳》，一本《韓詩外傳》。《選》注引。至《路史》注所載黄帝、少昊事，僅云《仙傳》，奚得伺入本書？惟《水經注》所引一節，應劭所引二節，洪《敘》均引。《選》注、赤松事。《路史》注黄帝擇亡日事。所引各一節，沈《序》所舉確爲本書脱文。沈又據《選》注《列子釋文》所引巨鼇事，謂「未能指屬何篇」，然《御覽》卷九百三十二亦引「廬山頂上有湖」二語，疑均非本書所有。

然本書脱文亦匪僅此。如《關尹傳》「先見其炁」下，《白帖》引作「當遇聖人。今作「知有真人」。老子果乘青牛薄板車而過」；卷九。《平當作「卒」。常生傳》「衣帔帶葛」下，《書鈔》引作「後下有脱字。會稽，變姓爲吴市門卒」；六十七。《谿父傳》「昇山入水」下，《類聚》引作「聞往來諸洞中，仙人博賭瓜，❶黄瓜數千頃，令瞑目。以上字有訛脱。乃上方丈山」，八十七。均爲今本所無。又《初學記》二十六引《列仙傳》「安期先生與神女會，圓丘酣玄碧之丹酒」，疑《安期先生傳》脱文。又考《甯封子傳》「而隨煙氣上下」，《初學記》引作「或上或下」；二十三。《安期生傳》「後數年」，《類聚》引作「復千年」七十八。云云；蓋本書脱「千」字，《類聚》脱「數」字。《朱仲傳》「販珠人」，《初學記》引作

❶「賭」，原作「睹」，據《藝文類聚》改。

「會稽市販珠人」；卷十。《修羊公傳》「後置石羊」，《書鈔》引作「置白石羊」；一百三十三。《酒客傳》「當大饑」，《書鈔》引作「大饑餓」；一百五十六。《赤須子傳》「後遂去吴山下十餘年，莫知所之」，《書鈔》引作「後去，止吴山七十餘年，莫知其所至」；二十三。《東方朔傳》「後見於會稽，賣藥五湖」，《白帖》引作「泛於五湖」；卷七。《毛女傳》「字玉姜」，《御覽》引作「字玉，名姜」，三百七十三。「自言秦始皇宫人也」，《白帖》引作「宫人而不老也」；卷五。《負局先生傳》「徇吴中街，磨鏡一錢，因磨之」，《書鈔》引作「循吴市中街，磨一鏡一錢，因磨鏡」云云；一百三十六。《陵陽子明傳》「拜而放之，後得白魚」，《御覽》引作「拜謝《初學記》廿二引亦有「謝」字。放之，後數十年得白魚」，八百三十四。此均句有脱字者也。

脱字而外，有確爲訛字者。如《方回傳》「更以方回掩封其户」，「掩」當從《書鈔》一百三十三。作「印」；王據陳本，非是。《彭祖傳》「彭祖仙室」，「室」當從《類聚》二百五十七窟部。作「窟」；❶《邘子傳》「好放犬」，「放」當從《書鈔》一百五十八。❷作「牧」；《平常生傳》中各「平」字，均當從《書鈔》七十七。作「卒」。標題「平」字後人所加；「大呼言：平常生在此」，「平」亦後人妄加；「但見平」之「平」字，當作「卒」。洪《序》僅舉《搜神記》證，未充。是也。有傳寫互乙者。如《邛疏傳》有「卧石牀枕」，當從《書鈔》一百三十四。作「卧牀石枕」；一百七十作「卧石枕牀」，亦通。

❶ 「彭祖傳」云云，遺書本鄭裕孚校記云：「《類聚》止一百卷，無窟部，卷六十四居處部室類引《列仙傳》曰：『歷陽有彭祖仙室。』考《太平御覽》五十五地部窟類引《列仙傳》曰：『歷陽有彭祖仙窟，請雨輒得也。』」

❷ 「一百」，原脱，據遺書本鄭裕孚校記補。

《修羊公傳》「能何日發語」，當從《書鈔》一百六十。❶作「何日能發語」是也。有倒誤相兼者。如《負局先生傳》「家至户到與藥」，當從《類聚》七十八。作「每列户與藥」是也。有確爲衍文者。如《仇生傳》「至周武王幸其室而祀之」，《類聚》八十八。引無「至」字，「至」即上「室」字訛文；《修羊公傳》「後復去不知所在」，《類聚》六十。引無「復」字，「復」即「後」字訛文；《主柱傳》「長吏知而上山封之」，《書鈔》一百五十九。作「長史知而止封之」，❷「上山」二字均「止」字訛文是也。若斯之屬，咸乖故本。

故今斠斯書，以補闕正訛爲主。凡異字誼可兩通者，咸附著其文。如《吕尚傳》「又已矣」，《類聚》七十八作「可以已矣」；《木羽傳》「遂俱去」，《御覽》三百一作「相隨也」。❸又《甯封傳》「有人過之」，《初學記》廿三「過」作「遇」；《偓佺傳》「逐走馬」，《初學記》廿八作「速如走馬」；《方回傳》「閉之室中」，《書鈔》一百三十一作「宫中」；❹《吕尚傳》「磻溪」，《類聚》七十八、《御覽》八百三十四「磻」作「卞」，《初學記》二十二作「汴」；《葛由傳》「不復還」，《類聚》九十四「復」作「得」；《南丘子胥傳》「人多奇之」，《書鈔》一百十「奇」作「法」；《修羊公傳》「其脇」，《類聚》一百六十作「背」；❺《鉤冀傳》「望氣」，《類聚》六十二作「色」；《園客傳》「而薦之」，《初學記》二十三作「養之」，亦均異文。凡王校引證未備者，亦旁推互闡。如《偓佺傳》「槐山」，王謂當作「⿰禾鬼」，考《御覽》三百六十六正引作「⿰禾鬼」；《務光傳》「蓼水」，王謂《莊子》作

❶「一百」，原脱，據遺書本鄭裕孚校記補。

❷「書鈔」云云，今四庫本《北堂書鈔》卷一百五十九引作「長吏知而上山封之」。

❸《木羽傳》云云，遺書本鄭裕孚校記云：「《御覽》九百二十五《列仙傳》引夜有車馬來，迎之。過呼：『木羽爲我御車。』遂俱去。」

❹「書鈔」云云，今四庫本《書鈔》卷一百三十一引作「室中」，「閉之宫中」者見於《太平御覽》卷六百八十三所引。

❺「一百」，原脱，據遺書本鄭裕孚校記補。

「盧」，考《書鈔》一百六十正引作「瀘」；《稷丘君傳》「泰山」，王引《事類賦》作「華」，考《類聚》四十四亦作「華」，然《白帖》五引入泰山部，則「泰」字非訛；《簫史傳》「一日王謂」，《類聚》作「旦」，考《初學記》十九、《御覽》三百八十一均作「朝」，則「日」字確爲「旦」訛；《修羊公傳》「在華陰山上石室中」，王謂《類聚》「在」作「止」、無「上」字，考《初學記》二十五引作「上華陰山石室中」，❶則「在」「上」均「止」訛；《園客傳》「濟陰人」，王謂《御覽》作「陽」，考《初學記》二十三亦作「陽」；《谿父傳》「鄘人」，王謂《御覽》作「編」，考《類聚》八十七亦作「扁」是也。義有所疑，兼勘他籍，俾唐、宋故本之觀克以稍復。若夫援據古史，以窮傳文所自出，則《阮倉仙圖》自昔已佚，書缺有間，鮮可探討，斯亦考古者之憾矣。

琴操補釋自序

漢蔡邕《琴操》二卷，古鮮刊本，以孫氏平津館校本爲善。蔡氏於經治今文，尤精《魯詩》，其所詮引，多今文《詩》説。以《鹿鳴》作於周大臣，以《伐檀》作於魏女，以《騶虞》作於邵女，蓋均《魯詩》碩師所述。又以《履霜操》作於伯奇，與《韓詩》伯封作《黍離》事迹默符，惟此言「伯奇感吉甫」，則又與韓殊。説《衛女思歸引》，定爲身拘邵宫所作，與《毛詩·泉水》篇義殊，蓋亦三家《詩》所述。若《越裳》、《拘幽》、《文王》、《思士》、《儀鳳》諸操，均爲今文《尚書》説，與《大傳》相出入。文王受命説，則又今文家恒言也。至《金縢操》謂「周公出奔在管、蔡因誅之後」，「風雨之變在公殁後」，與《大傳》今文、《史記》古文合，足破鄭君

❶ 案：今四庫本《初學記》卷二十五無「上華陰山石室中」之文。

說經之謬。又謂《伯姬引》作於魯襄時，則悉采今文《春秋》。其證明經誼，蓋與中壘《列女傳》相若。孫校審正字句同異，說至辨晰。嗣惟孫詒讓《札迻》稍加校釋，顧義多未盡。茲取平津館刊本，略事讎勘，得義若干條，名曰《補釋》。又《御覽》諸書所引《古今樂録》，多同《琴操》，今亦互相校讎，別爲《校義》，以附於《釋補》之後云。戊申正月序。

姒姓釋

《鄭語》敘祝融裔，以「己」爲姓，有昆吾、蘇、顧、温、董。祝融祖高陽，是「己」姓兼出顓頊，與青陽、夷鼓之「巳」姓不同，然均爲辰巳之「巳」，非人己之「己」。夏代亦祖顓頊。夏爲姒姓，姒姓不見《晉語》，疑亦「巳姓」異文。「姒」從「目」聲，古或作「娼」。《漢劉夫人碑》。「巳」、「目」古通。《廣雅》「巳，似也」。《說文》「巳，目也」。又云：「目，用也，從反巳。」故「姒」、「巳」同文。《漢書·人表》顔注以昆吾爲姒姓國，則祝融後裔之「己」古亦作「姒」。竊疑昆吾、顧、温，勤于輔夏，由於世系相同，己、姒二姓由同而分，猶陳、田古通，復分爲陳耳。觀「巳」爲少昊之姓，昧爲少昊裔子，生允格、臺駘，而臺駘之後復有姒國，則「允」、「姒」二字，亦均「巳」字殊文。以彼例此，其證益昭。又杞爲夏裔，「杞」亦「姒」字異文，猶堯爲劉姓，其後封黎也。「杞」即今本《說文》「梠」字，唐本《說文》正作「杞」，此其確證。後人不見從木、從巳之「杞」，乃以枸杞之「杞」況其音，而顓頊後裔之己姓亦有「以」字之音相況者，誤矣。

偃姓即嬴姓説

《漢書·地理志》以皋陶後爲偃姓，曹大家《列女傳》注以伯益爲皋陶子，《潛夫論·志氏姓》篇同。而《史記·秦本紀》則言舜以嬴姓賜伯翳，伯翳即益，蓋「偃」即「嬴」也。考《説文》以嬴爲少皞姓，《史記·秦本紀》索隱又謂秦、趙宜主少昊，《史記》言秦祖顓頊，係以女修母系之故。惟不言益嗣皋陶，則史公之疏。則舜以嬴姓賜益，亦以少皞舊姓賜之耳。皋陶爲益父，故姓與益同。嬴姓轉「偃」，猶舜妹女嫈作「女匽」。《左傳》「敗邾于偃」，《公羊》作「纓」也。《潛夫論·志姓氏》篇謂秦、趙皆嬴姓，及梁、葛、江、黄、徐、莒、蓼、六、英皆皋陶之後，下文所舉偃姓又列六國。《世本》又以六、蓼爲偃姓，《史記·陳杞世家》索隱引。則「嬴」、「偃」同字明矣。《周語》言黄帝之後十二姓，有依姓。「依」、「隱」、「偃」古通，疑即偃姓。又《周書·作雒解》云：「三叔及殷東徐、奄，及熊、盈以略。」朱右曾云：「徐，盈姓國。奄，熊姓國。熊盈爲徐、奄之同姓國。」其説近是，惟考釋則非。「盈」、「嬴」古通。如蔿賈字伯嬴，《吕氏春秋》作「伯盈」，是徐、奄均嬴姓，見於《世本》；《左傳》昭元年《正義》引。❶「熊」者，「盈」字之轉音也。如《左傳》「夫人嬴氏」，《公》、《穀》作「熊」，是則「熊」、「盈」均與「嬴」同，《作雒解》所言「熊盈族十有七國」，即《世本》、《潛夫論》所載嬴姓諸國也；如鍾離之屬是。「嬴」與「盈」、「熊」互通，與「嬴」、「偃」互通同例。抑又考之，徐爲嬴

❶「昭元」，原作「襄二十三」，據遺書本及《春秋左傳正義》改。

姓，而徐有偃王，「偃」亦嬴姓之「嬴」。以嬴姓而號偃王，猶吕尚之稱姜公也。見《佚周書序》，舊誤作「美公」。此亦「偃」、「嬴」互用之證。裴駰《史記集解》不察其旨，以爲「偃王」之號由于有筋而無骨，誤矣！

釋釐姓上

《國語・晉語》稱黄帝之後一曰僖姓。

案：古「僖」字皆作「釐」，如《左傳》周僖王、魯僖公，《史記》作「釐」是。「釐」與「來」同，如《詩》「貽我來牟」，《漢書・劉向傳》作「釐」，《史記・陳杞世家》「郁釐」，譙周云「名鬱來」是。「貍」音近「來」，《史記・封禪書》云：「貍首者，諸侯之不來者。」《儀禮》注同，「不來」合音爲「貍」，此「貍」音近「來」之證。則釐姓即貍姓。《周語》云：「其丹朱之神乎？」又云：「使太宰以祝、史帥貍姓，奉犧牲、粢盛、玉帛往獻焉。」韋云：「貍姓，丹朱之後也。」蓋堯亦黄帝裔孫，其後姓貍，故《晉語》以釐姓祖黄帝。又《左傳》昭二十九年云：「陶唐氏既衰，其後有劉累。劉累之後爲士會。」文十二年《傳》亦曰：「士會歸晉。處秦者爲劉氏。」而漢代眭弘、班彪、班固、賈逵諸人，均以漢爲堯後，是堯後又有劉姓。實則「劉」與「貍」同，如《莊子・天地》篇「執留之狗」，一本作「貍」；漢貙劉之祭即貙貍之祭是也。「劉」、「貍」二字，一聲之轉，猶《詩》「留離之子」，「留離」爲雙聲之名也。雖貍出丹朱，劉出監明，《尚書中候》曰：「監明之子封於劉。」然均係帝堯之後，古字本同，均「釐」字轉音，厥後字有異文，始析「貍」、「劉」爲二姓，《潛夫論》堯後有劉氏、⿰扌黑氏，「⿰扌黑」即「貍」之誤，蓋亦據後世所分以「劉」、「貍」爲二姓。非二姓析自古初也。又《吕氏春秋・慎大覽》云：「封黄帝之後于鑄，封帝堯之後于黎。」《御覽》作「犂」，其文雖與《樂記》殊，然「黎」、「犂」二字均與「釐」同，亦「貍」、「劉」一音之轉，蓋亦堯裔所居之地封之也。或祝、黎均爲堯後所封，《樂記》舉祝，《呂書》舉黎，非《呂書》之誤也。

釋釐姓下

《國語・魯語》以防風氏爲漆姓，《史記・孔子世家》「漆」作「釐」，《索隱》曰：「釐音僖。」王氏《經義述聞》謂「漆」當爲「來」，「來」與「釐」通，故《史記》作「釐」，其説甚允。惟釐姓有二：一爲堯後，即《國語》之「僖」，凡貍姓、劉姓，其轉音也；一則散處南陲，凡九黎、三苗、防風，均同族也。《國語・楚語》言：「少皞之衰，九黎亂德。」韋云：「九黎，黎氏九人。」又言：「其後三苗復九黎之德。」韋云：「三苗，九黎之後也。高辛氏衰，三苗爲亂，行其凶德如九黎之爲也，堯興而誅之。《尚書・呂刑》言蚩尤惟始作亂；又言苗民弗用靈；又言遏絶苗民，無使在下，乃命重黎絶地天通。」❶《釋文》引馬注，以蚩尤爲九黎君名，在少昊之末。此與《史記》之蚩尤別。鄭注亦以苗民爲九黎之君，三生凶惡。則黎即有苗。「釐」、「黎」古通，則黎氏又即釐氏矣。《山海經・大荒北經》云：「顓頊生驩頭，驩頭生苗民，苗民釐姓。」以苗民出顓頊，雖與漢儒三苗祖炎帝之説殊，然足證驩兜、三苗均爲釐姓。「釐」字即「黎」，凡《虞書》所言「黎獻」、「黎民」，均以氏名族，防風亦同。又《左傳》昭四年

❶「絶地天通」，原作「絶帝天通」，據《國語・楚語》韋註改。

「商紂有黎之蒐，東夷畔之」，《姓纂》引《風俗通》以爲九黎後，則東南之夷恒爲黎裔。《春秋》萊國亦東夷國名，「來」、「釐」古通，或亦黎族。此堯姓外之黎姓也，惟出於炎帝，抑係黄帝裔孫顓頊之後，與《國語》僖姓爲一，則不可考矣。

伊尹爲庖説

《史記·殷本紀》言，伊尹名阿衡，欲干湯而無由，乃爲有莘氏媵臣，負鼎俎，以滋味説湯。考《孟子·萬章》篇載章問尹以割烹要湯；《韓非子·説難》篇言伊尹爲庖，《難言》篇又言自執鼎俎爲庖宰；《墨子·尚賢》篇言成湯舉伊尹於庖廚之中；《莊子·庚桑楚》篇言湯以胞人籠伊尹；《魯連子》言伊尹負鼎佩刀干湯；《文子》言伊尹負鼎干湯，均《文選》注引。均伊尹爲庖人之説。又考《墨子·尚同》中篇，云：「伊摯，有莘氏女之媵臣，親爲庖人。」下篇作「伊尹爲莘氏女師僕，使爲庖人」。《列女傳》一《湯妃有㜪傳》云：「媵從伊尹。」均與《史記》爲媵臣説合。及考《吕氏春秋·本味》篇，言「有侁氏女子采桑，得嬰兒于空桑中，其君令烰人養之，命之曰伊尹」，節引。「湯聞伊尹，使人請之有侁氏，有侁氏不可。伊尹亦欲歸湯，湯於是請取婦爲婚。有侁氏喜，以伊尹爲媵女」，又言「湯得伊尹。明日，設朝見之禮，各本誤作「明日設朝而見之」，此從《書鈔》一百四十二引。❶ 説湯以至味」，其所載伊尹語，蓋本古《伊尹書》，故應劭引「箕山之

❶ 案：今四庫本《北堂書鈔》卷一百四十二亦作「明白設朝而見之」。

東」數語，《史記·司馬相如傳》索隱引。均以《伊尹書》爲稱。《説文》引「飯之美者」二語，亦稱「伊尹曰」。

然觀《呂書》所載，則尹有媵女及説湯至味事，無身爲庖人之事也。因思尹爲媵臣，《墨子》稱爲「女師僕」，「女師僕」即阿保。古人訓「保」爲「養」，故養育嬰兒者謂之保，如《列女傳》所載「魯孝義保」是。而女師亦爲保。《列女傳》卷四言「伯姬待保傅」，《後漢書·崔寔傳》注云：「阿保謂傅母。」均即女師之保也。伊尹以媵臣爲女師，故稱保人，嗣稱阿衡。「阿」亦阿保之「阿」，「阿」正字作「娿」，《説文》引杜林説云：「女師也。」尹爲湯相，仍沿「阿保」之稱，故《周書·君奭》篇稱「保衡」。後世因之，遂以「保」爲三公之稱。「保」、「包」二音之字古籍互通，音靡區別。觀「葆」訓「艸盛」，《説文》。「泡」亦訓「盛」；《方言》二。「苞」訓爲「本」，《小爾雅·廣言》。「葆」訓亦同；《廣雅·釋詁二》。「𦉼」或作「罦」，與「保」均從「孚」聲，此其徵矣。古崇口說，「包」、「保」音同，故爲「保」、爲「包」，書無定字。諸子著書，習聞伊尹説湯至味事，遂以「保」以爲庖廚之「庖」，而負鼎執刀之説興。《墨子》、《史記》並載媵女、爲庖二事，亦以「保」、「庖」書無定字，故兩著其詞。若《呂書》「令烰人養之」，「烰」亦「保」字，此即養育嬰兒之保也。「孚」、「保」古通，與《左傳》莊六年「衛俘」、《公》《穀》作「寶」、《繁露》作「葆」者同例。高注以庖人爲訓，則由伊尹爲庖事逸及之，不足信也。循此例而遞推之，則知古説互歧，恒由語憑口説，易由同音之字横生殊解。明於聲轉，則疑義豁通矣。

又案：《鶡冠子·世兵》篇云：「伊尹

酒保。」書雖晚出，然語恒有本。蓋伊尹爲庖，古籍必有作「保」字者。又記。

穆傳耿翛考

《穆傳》卷一云：「天子之御造父，三百耿翛芍及。」郭注云：「下文三百爲御者。造父善御，穆王封之於趙城。餘未聞。」今案：「耿翛」即《尚書》「伯冏」，《書序》云：「穆王命伯冏爲周太僕正，作《冏命》。」此「冏」爲僕官之證。伏生《大傳》、《史記・周本紀》均作「臩」。《說文》云：「臩，驚走也。一曰往來也。從夰，臦聲。」《說文》「臦」字下云：「乖也，讀若誑。」《周書》曰「伯臩」，是「冏」字正文本作「臩」。《尚書釋文》：「冏，一作㷡。」《漢書・古今人表》「伯奰」，顏注：「穆王太僕也。奰音居永反。」「㷡」、「奰」二字，均係「臩」字傳寫之訛，故顏氏音爲居永反，「冏」亦「臩」字同音假用之字也。古籍「景」、「耿」、「光」、「冏」諸字互相通用。《說文》引賈侍中說，謂「冏」讀與「明」同。《蒼頡篇》：「冏，光也。」《廣雅・釋詁四》：「冏，明也。」《說文》「耿」字下引杜林說：「耿，光也。」《廣雅・釋詁四》：「耿，明也。」又《離騷經》「耿吾既得此中正」，王注：「明也。」又「彼堯、舜之耿介兮」，王注：「光也。」「耿」、「炯」通用。《說文》「炯」字下云：「光也。」《蒼頡篇》：「明也。」是「耿」、「冏」二字音近義通。此文假「臩」爲「耿」，猶今本《書序》之假「臩」爲「冏」也。「冏」或作「景」。《通雅》九引唐杜佑省官疏作「伯景」，惟今本《唐書・杜佑傳》亦作「冏方」，所據當係古本。故知「耿翛」即「伯冏」，或「冏」爲姓，「翛」爲名耳。

又卷四「卤卣爲右」，《列子・周穆王》篇作「离商」。《釋文》「离」作「𪗋」，云音

「泰」，篆作「夼」。「𠷎」音「丙」，石經作「凬」。據影宋本。張注云：「上齊下合，此古字，未審。」洪校《穆傳》引孫貽穀說，云：「《雲溪友議》載王起不識《穆王傳》『𪗋』、『𠷎』二字。」今本無「𪗋」字，惟湛注「上齊下合」，頗與「𪗋」字相類，疑《列子》「𠷎」，此「𠷎」皆「𪗋」字之譌。孫詒讓《札迻》云：「『𠷎𠷎』當作『癸冏』，漆書或微有省變。」案：孫説是。「癸冏」亦即「耿儵」，「癸」爲古「泰」字，「冏」即「冏」或體，《列子釋文》音爲「泰丙」，此其確證。蓋「丙」、「畁」古音相近也。「泰」即太僕正之「太」，亦爲大義，「泰冏」與「伯冏」義同，猶大禹亦名伯禹耳。郭注言「餘未聞」，蓋耿即伯冏，晉人已鮮知之矣。

又案：《淮南・原道訓》「昔者馮夷，大丙之御也。」高注：「『丙』或作『白』。」蓋作「白」爲許本，《文選》枚乘《七發》注引許注：「太白，河伯也。」實則高本爲長。「大丙」亦即「伯冏」；「馮夷」也，疑即《穆傳》「伯夭」，伯夭爲馮夷子孫，故襲斯稱。《穆傳》五言「伯夭主車」，故與「大丙」並言。《淮南》下文有「蹈騰山川」諸語，或即穆王西征事也。《覽冥訓》又云：❶「鉗且大丙之御。」與《原道訓》「大丙」同。師培附記。

釋漚國

《佚周書・王會》篇載，伊尹爲四方獻令，于正東有漚及越漚，于正南有甌；又載周成王時甌人以蟬蛇，且歐以文蜃。「甌」、「歐」、「漚」均從「區」聲，古字通用。蓋「歐」

❶「覽冥訓」，原作「冥覽訓」，據《淮南子》乙正。

區三類：有在今浙省東南者，即《山海經》所謂「甌居海中」也，郭注云：「今寧海、永寧縣。」「永寧」即今永嘉，古閩、甌均不與陸連。爲漢初東甌所封，《王會》篇之「越漚」及「甌人」均指此言。有在今閩省北境者，與贛、浙二省接，即《山海經》郭注所謂「西甌」也，郭注云：「閩越即西甌，今建安郡是也。」「建安」今建寧。《王會》篇之「漚」及「且歐」均指此言。若正南之甌，其地尤廣，《史記索隱》引劉氏説，云：「今珠崖儋耳謂之甌人。」《史記・南越傳》云：「其西甌駱之屬。」復言「使桂林監諭甌駱」。《史記正義》引《輿地志》云：「交趾，秦時爲西甌。」《通典》云：「貴州，古西甌地。」則兩粵、安南之境，均有甌人。蓋「甌」從「區」聲，「區」爲踦區藏匿之所，從「區」之字均有「曲」義。故凡山林險阻之地均謂之「甌」。南方多山，故饒林木，古謂之「甌」，因名其人爲「甌人」。《王會》篇有「區陽」，在今貴州，明有鷗陽土司。「區」亦「甌」字異文。又《吴越春秋》、《越絶書》均載干將、歐冶子製劍事，「干將」、「歐冶」雖爲人名，而「干」、「歐」則爲地。《淮南・覽冥訓》云：「區冶生而淳鈎之劍成。」其書又言「歐冶之劍」。「區」、「歐」並與「甌」同，「甌」即甌越之「甌」，爲産劍之地；「歐冶」則爲歐境冶工，故製劍之人、所製之劍均以「歐冶」爲名。是猶「干將」之「干」即干越之「干」也。《後漢書・虞詡傳》「歐刀」，疑得名與劍同。若徒以劍工之名解之，昧其誼矣。

秦四十郡考

《史記・秦本紀》云：「始皇二十六年，分天下爲三十六郡。」《漢書・地理志》詳言各郡國沿革。其非漢置者，或云「秦置」，乃漢因秦郡其名不改者也，如河東、太原、上黨、東郡、潁川、南陽、南郡、九江、鉅鹿、齊郡、瑯琊、會稽、漢中、蜀郡、巴郡、隴西、北地、上郡、雲中、雁門、代郡、上谷、漁陽右北平、遼西、遼東、南海是。❶或云「秦郡」，乃漢因秦郡爲國名者也，如長沙是。或云「故秦某郡」，乃漢因秦郡易以新名者也，如三川、漢爲河南。泗水、漢爲沛。九原、漢爲五原。桂林、漢爲鬱林。象郡、漢爲日南。邯鄲、漢爲趙國。碭郡、漢爲梁。薛郡漢爲魯國。是。錢氏竹汀因之，遂謂秦祇置三十六郡。實則秦郡數達四十，其稱三十六郡者，合鄣、郯、黔中三郡計之，而舍閬中、南海、桂林、象郡四郡也。

考《漢書・地理志》東海郡注引應劭曰：「秦郯郡。」案此郡見于古籍，或作「郯」，或作「東海」，疑在秦名「郯」，楚名「東海」，高祖初年名「郯」，又改名「東海」。考《水經注》云：「郯縣，東海郡治。秦始皇以爲郯郡。」《元和郡縣圖志》卷十一言：「秦分薛郡，置郯。」其説蓋均有本，此在秦名「郯」之徵。《史記・陳涉世家》言淩人秦嘉等圍東海守慶于郯，疑據楚、漢間郡名稱之，蓋雖改東海之名，仍治郯郡。又《絳侯世家》云：「籍死，因東定泗水、東海郡。」斯時當高祖五年，而亦稱東海，此屬楚名「東海」之徵。《高帝紀》六年云：「以郯郡、碭郡、薛郡立弟交爲楚王。」是取楚東海，復改名郯郡也。惟其後仍名東海，故班《志》略之。《續漢書・郡國志》丹陽郡注云：「秦鄣郡。」武陵郡注云：「秦昭王名黔中，高祖五年更名。」《晉書・地理志》建安郡注云：「故秦閬中郡。」是鄣、郯、黔中、閬中確爲秦郡，應劭、劉昭及《晉志》所言足補班《志》之闕。班《志》於丹陽郡下言「故鄣」，於泗水國下言「故東海」，泗水爲東海

❶「漁陽」，原作「南陽」，據《漢書・地理志》改。

郡分置之國，班《志》於東海郡下僅言「高帝置於泗水國」，則言「故東海」以明東海亦爲故郡。此互見之法。東海即郯，既增「故」字以爲別，蓋亦指秦郡言。閬中故地漢未置郡，惟不數黔中，則孟堅之疏。今考《史記·秦本紀》言「昭王三十年，白起取楚巫黔中郡」，《楚世家》同；《後漢書·南蠻傳》及《水經注》均言秦置黔中郡。《東越列傳》言「秦已並天下，以其地爲閩中郡」；則黔中、閩中爲秦郡，《史記》均有明文，特閩中非始皇二十六年所置耳。錢氏謂閩中同後世羈縻之州。然陸梁三郡仍在其西南，置郡亦在其後，何以班《志》稱爲秦置乎？其曰「三十六郡」者，則據秦代初置之郡即二十六年所置。及漢初所得秦郡言。

何以言之？《始皇本紀》言「二十五年，王翦南征百越，置會稽郡」，是斯時祇得會稽，未嘗南得閩中諸郡。《通鑑·秦紀》言「始皇三十三年，發諸嘗逋亡人、贅壻、賈人爲兵，略取南海陸梁地，置桂林、南海、象郡」，是陸梁三郡非置于始皇二十六年。閩中亦然，均弗列三十六郡之數。則三十六郡當合黔中、鄣、郯言，乃始皇二十六年所置之郡也。錢氏云：「前所置三十餘郡，與後所置三郡，統以三十六該之。然漢之百二郡國，不可皆以高帝置該之也。」錢氏知其説不可通，乃謂南海三郡亦二十六年所置，引《尉佗傳》「與越雜處十三年」、《王翦傳》「南征百越」爲證。然《佗傳》所言「十三年」，乃指始皇三十三年至漢高五年言也。《佗傳》云：「高祖已得天下，赦佗不誅。」漢得天下在高祖五年，上溯始皇三十三年，正合十三年之數。蓋佗令龍川，併南海，均在此十三年中也。如謂「十三年」但指爲民雜處，則二世元年佗已爲令，距始皇二十六年尚不足十三年。又嚴安上書云：「秦擊越，尉屠睢敗死，秦乃使尉佗將卒戍越。」則尉佗戍越在擊越敗師之後，非始皇二十六年事也。且《始皇紀》先言降越君、後言置會稽，明會稽即置於越君故地，非始皇二十五年於會稽外更取越地也。談秦謂南征百粵即指會稽，足破錢説。且漢得南海四郡，亦在得諸郡後。高祖之時，南海、桂林、象郡屬尉佗，閩中屬東越。至武帝滅東南二越，始得四郡故壤，故舉秦郡者多舍之。班《志》言「秦本京師爲内史，分天下爲三十六郡」，《説文》亦同。即指始皇二十六年所置郡數言，復於各郡國自注之文漏數黔中諸郡。錢氏因之，遂謂秦無四十郡。其説非也。若劉昭《續志》所稱秦郡，雖增鄣郡、黔中，然不數南海及郯。裴駰《史記集解》及徐堅《初學記》，知别南海、象郡、桂林於三十六郡外，然又數内史據班《志》「本京師爲内史」二語，則三十六郡無内史甚明。而遺郯郡。近儒洪亮吉又數郯而不數鄣。均未足爲定論也。

附秦郡建置沿革考

秦四十郡之名，散見班《志》、《續志》及裴駰《集解》，惟所置之年則弗詳。今旁稽《史記》諸書，以考各郡所置之年及昔屬何國，其有不知則姑從缺。

上郡、惠文王十年魏納。漢中、惠文王十三年取楚地置。蜀郡、惠文王後九年滅蜀置。巴郡、惠文王滅巴置，見《水經注》。河東、昭襄二十一年取魏地置。南郡、昭襄二十九年取楚地置。黔中、昭襄三十年取楚地置。南陽、昭襄三十五年置。上黨、莊襄元年取趙地置。三川、莊襄二年滅周置。❶太原。莊襄四年取趙地置。

右十一郡，皆始皇以前所置。

❶「二年」，遺書本作「元年」。

東郡、始皇五年取魏地置。潁川、始皇十七年取韓地置。邯鄲、《趙世家》言「以其地爲郡」，即此。齊郡、《齊世家》言「滅齊爲郡」。會稽。始皇二十五年降百粵置。

右五郡，皆始皇置。

雁門、九原、雲中、代郡。

右四郡，秦得之趙。

上谷、漁陽、右北平、遼西、遼東。

右五郡，秦得之燕。

九江、鉅鹿、琅琊、隴西、北地、雲中、❶長沙、泗水、碭郡、薛郡、郯郡。此一郡據應劭注。

右十一郡，不詳何年所置。

桂林、象郡、南海、閩中。此據《晉志》。

右四郡，乃秦并天下後所增。

共四十郡。

洮水即沘水考

《史記・高祖本紀》云：「高祖已擊黥布軍會甀，布走，令別將追之。」又云：「漢別將擊布軍洮水南北，皆大破之。追得，斬布鄱陽。」《漢書・本紀》同。《史記・黥布列傳》云：「布與上兵遇蘄西會甀。」又云：「布軍敗走，渡淮。數止戰，不利，與百餘人走江南。」又曰：「鄱陽人殺布茲鄉民田舍。」《漢書・列傳》同。徐廣《史記注》曰：「洮水在江淮間。」案：蘄縣屬漢沛郡，在今安徽宿州南，則甀地亦在宿州西，《史記集解》引韋昭曰：「甀，蘄之鄉名。」蓋斯時布軍已渡淮而北矣。《漢書》言「布軍敗走，渡淮，數止戰，不

❶「雲中」，疑爲「鄣」或「鄣郡」之誤。

利」，即《史記》「漢別將破布軍洮水南北」事，時漢高已反，只別將追布。蓋斯時布軍又渡淮而南，則洮水在江淮之間，乃沘水之誤也。「沘」、「洮」形近，故傳寫致訛。《漢書·地理志》廬江郡灊縣下云：「沘山，沘水所出，北至壽春，入芍陂。」又六國六縣下云：「如谿水首受沘水，東北至壽春入芍陂。」沘水即今霍山之淠河，今淠河出霍山，南北流至六安州入淮。❶古則不然。《水經》云：「沘水過六縣。」注云：「又西北，分爲二水，芍陂出焉。」蓋由今六安州東北流至壽州南境，入芍陂，復由芍陂入淮也，如溪水分自沘水，復同入芍陂。見陳澧《漢書地理志水道圖説》。沘水由霍山東北流，布由蘄西渡淮而南，沘水適當其衝。所謂「破布軍洮水南北」者，蓋布軍由沘水西北轉達沘水東南，漢軍追而破之也。布軍既敗，故與百餘人走江南，斬于鄱陽。漢軍進兵之程，馬、班二史敘述昭明，而《通鑑》敘此戰，謂：「布軍敗走，渡淮。數止戰，不利，與百餘人走江南。」又云：「漢別將擊英布軍洮水南北，皆大破之。」一若洮水之戰在布走江南後，又以《史記》「漢別將破布洮水南北」與《漢書》「布渡淮，止數戰，不利」畫爲兩事，故景參《通鑑》注遂以洮水在江南，引羅含《湘中記》零陵有洮水爲證。不知布死鄱陽，鄱陽西南爲布跡所未經，若謂軍戰湘中，毋亦昧於地勢歟？顧氏千里《思適齋集》有《與鄧溥泉書》，力斥《通鑑》及景説之非，惟洮水所在則缺，故即其説以補之。

❶「南北」，疑爲「東北」之誤。

且末河考

《水經・河水》注所云「且末河，今淪戈壁」，徐星伯《漢西域傳補注》疑即克勒底雅河，其説非是。克勒底雅河在今和闐城東，和闐即漢于鎮。《漢・西域傳》言「且末西通精絶二千里，精絶西通扜彌四百六十里，扜彌西通于闐三百九十里」，是且末西距于闐約二千八百里。《西域傳》又言「且末西北至都護治所二千二百五十八里」，是且末又在烏壘東南。且末國以河得名，則非克勒底雅河明矣。考《隋書・地理志》言：「且末郡置在古且末城，有且末水。」《新唐書・地理志》言：「石城鎮，漢樓蘭國。在蒲昌海南三百里。又西二百里至新城，又西經特勒井。渡且末河五百里至播仙鎮，古且末城也。」是且末河仍在且末國東。《唐書・西域傳》言：「于闐東三百里有建德力河，七百里有精絶國。」建德力河即今克勒底雅河，距且末河至遠。晉高居晦《使于闐記》云：「自仲雲界西始涉鹻磧，無水，掘地得濕沙，人置之胸次以止渴。又西渡陷河，伐檉置冰中乃渡，不然則陷。又西至紺州，于闐所置也。」所渡陷河即古且末河。蓋斯時于闐兼有漢扜彌諸地，東境至廣，故距古且末至邇，非且末河近今和闐城也。今戈壁中有音德圖河，或即且末河故川歟？

方輿勝覽書後

祝穆《方輿勝覽》，蓋於南宋疆域外，兼記北方郡縣，具見於他書所引逸文。《一統志》順天府、南陽府、鳳翔府、汝州、商州所引各一則。《方輿紀要》大名府、西安府各引一則，鳳翔府引二則。今所傳宋刊及抄本，僅據宋制，殆非全書。其自序及吕午序均作於嘉熙三年，故所載州縣沿革以成書之時爲斷。如《宋史》言「寶祐六年，相如縣改屬蓬州」，《宋史》言「自興州來屬」，「興」爲「果」之訛，即順慶府舊名。《勝覽》仍以相如屬順慶；《宋史》言「端平元年，六安爲縣，後復爲軍」，《勝覽》仍以六安隸安豐；《宋史》言「咸淳二年，廣安軍改名寧西」，《勝覽》仍曰廣安；《宋史》言「資興，嘉定二年置。後改興寧」，《勝覽》仍曰資興，均其證也。亦有地名改於嘉熙前，《勝覽》仍沿前制者。如端平元年淮安改軍爲州，《勝覽》仍曰軍；紹定五年瀘州增置納溪縣，《勝覽》缺其名是也。若所載温州、升瑞安府。忠州升咸淳府。升府事均在咸淳改元後，宜州升府，《勝覽》言在咸淳四年。《宋史》言元年，誤。且稱度宗爲「今上」，所標之目亦從所改之府名，均非穆書之舊。考《事文類聚續集》卷六載《穆南溪漳隱記子洙跋》，云「寶祐戊午仲秋上澣孤洙泣涕謹跋」，則寶祐六年穆已即世，此蓋祝洙所增，宋刊所著《洙跋》年月作於咸淳丁未，其證也。

《勝覽》於州郡沿革雖記載弗詳，然所據均時制，恒足正《宋史》之疏。如榮州升爲紹熙府，信陽屬於湖北路，棗陽别升爲軍，《輿地紀勝》同，錢竹汀曾引《紀勝》正《宋史》。其最著也。又《宋史·地理志》載福州十二縣，《勝覽》增福安爲十三；夔州二縣，《勝覽》增雲山爲三；招信軍二縣，《勝覽》增盱眙爲三，《紀勝》以盱眙、招信、天長三縣屬盱眙軍，蓋寧宗之前盱眙縣爲軍治，故軍名盱眙。理宗之時，或以招信縣爲軍治，故軍名招信。然足徵宋有盱眙縣。《史》於招信軍下缺載此縣，疏矣。蓋均南渡後增置之縣而

《宋志》缺載者也。若夫《宋志》吉陽軍所屬有吉陽縣、沅州所屬有渠陽縣、襄陽所屬有鄧城縣、安豐所屬有下蔡縣，《勝覽》均無其名，或理宗之世其縣已廢，《宋志》未著其文也。厥後元人作《混一輿地要覽》，恒本穆書，惟詳略迴殊。又陳元靚《群書類要》、《事林廣記》乙集四載江南郡縣一卷，即抄撮《勝覽》目録而成。惟《勝覽》所載宋官治所，則增「前」字以爲別；於《勝覽》所云「古某州」，或易爲「舊名某州」；於福建路福州下增云「新建行省」，於江南東路建康府下增云「新建東省」，於湖南路潭州下增云「新建南省」，於湖北路江陵府下增云「新建西省」，似據元初之制，與《元史》不合，與宋末文天祥議建之四鎮亦不合。餘則悉與《勝覽》同。惟惠州下脱海豐、河源二縣，昌化軍下脱昌化、感恩二縣，或係鋟梓時之訛脱。即宋季所增軍、州、府、縣，亦弗載列，如淮安别爲軍，增置五河縣，在咸淳時。陳書亦弗載入。蓋誤以《勝覽》所載足該宋季之制也，則宋、元之際誌地之書，並時制且弗詳，安能悉以爲據哉？

劉郁西使記書後

元劉郁《西使記》，收入《圖書集成》，「提要」言郁爲真定人，此考之未審也。顧氏《元詩選·癸丁集》所載有郁詩，傳云：「字里未詳，官監察御史。」自注引《元史·世祖本紀》「中統元年，召真定劉郁」，又引《劉静修集》「劉郁，字仲文，析州蒲陰人」，又引《元遺山集》「渾源劉祁弟郁，字文季」，謂三者俱未云「官御史」。不知真定劉郁與渾源劉郁爲一人，乃從益之子而祁之弟也。《金史·文藝傳》有《從益傳》，元好問《遺山集・通奉趙公碑》云：「女一人，適雲卿之子郁。」「雲卿」即從益，此郁爲從益子之徵也。又《癸巳歲寄中書耶律公書》曰：「渾源劉祁，及其弟郁。」此郁爲祁弟之徵也。趙秉文《滏水集・故葉令劉君遺愛碑》云：「二子，耶既秀而文。」即指祁與郁言。王惲《秋澗集・渾源劉氏世德碑》云：「從益次子文季，亦名士。中統元年，肇建中書省，辟左右司都事，出尹新河，召拜監察御史。」碑言中統元年中書省辟郁，與《世祖紀》中統元年召真定劉郁合，則爲一人無疑，此即官監察御史之郁也。《遺山集・內翰王公墓表》「渾源劉郁文季，當以事如東平」，郝經《陵川集・渾源劉先生哀詞》即祁。亦有「其弟文季」之語，則郁非真定人。或郁曾寄居真定，《元史》遂目爲真定人，而「提要」又沿其誤耳。此記作於中統四年，在郁應召之後，所記國名及道里，李氏《西域圖考校釋》已詳，惟記所稱「昏木輦」即今青吉爾河。又龍骨河及乞則里八寺，徐氏《西域水道記》以爲即烏龍古河及噶勒札爾巴什泊，說至允確，《圖考》所釋均非。若忽章河西南各地，《圖考》所言亦未多洽，以洪氏《元史譯文證補》勘之，其得失固易瞭也。

張德輝邊堠紀行書後

《紀行》作於戊申六月望日，中言「自始至迨歸游於王庭，凡十閱月」。今考德輝應世祖召，《元史》本傳僅言「歲丁未，世祖在潛邸召見」，不言何月，惟元好問《遺山集・奉旨重修真定廟學記》曰：「王以丁未之五月召真定總府參佐張德輝北上。」則應召在五月。故七月下旬至和林，《紀行》言「時七月下旬，穈麥皆槁」，其證也。德輝歸期約在戊申四月下旬，所記有四月九日會牙帳事，亦其證也。本傳言「戊申夏，德輝得告將還」，又言「有頃，奉旨教胄子孛羅」等，及考《廟學記》所述，則德輝南返實由奉命修真定廟學，己酉八月始行落成。記又言「胄子漸禮讓之訓」，或真定廟學兼爲教胄之地。此足補史文之缺矣。又考《大金重修至聖文宣王廟碑》，有張德輝題記，首言「由真定抵東平」，末言「乙卯夏五月二十五日識」，「乙卯」爲元憲宗五年，本傳言「壬子北覲，仍命德輝提調真定學校」，曰「仍命」者，明戊申年已任此職也。據此題記，則乙卯以前德輝均居真定，惟所云「抵東平」，於史無考。本傳言「中統二年，遷東平路宣慰使」，豈即乙卯之事而《元史》誤記歟？又題記言「男復侍行」，則德輝有嗣。是均《元史》所缺，故因讀《紀行》附誌之。

左盦集卷五終

左盦集卷六

揚子劉師培

先府君行略

府君姓劉氏，諱貴曾，字良甫，號少崖，別號抱甕居士。先世自溧水遷揚州，世爲儀徵人。曾祖錫瑜，國學生。祖文淇，優貢生，候選訓導。父毓崧，優貢生，薦舉八旗官學教習。自訓導公以下，學行均載《國史·儒林傳》。教習公生四子，長壽曾，副貢生，同知銜候選知縣，府君其仲也。

府君幼承庭誥，開敏穎達，山陽丁先生晏亟稱之。年十二，粵匪再陷揚州，爲賊所掠，隨徙江南北，牧馬斯薪，歷十有二旬。卒以奇策脱，從間道涉江，且挾一兒跳免。清河吴先生昆田以李安溪脱困相擬，同知公述其事，爲著《餘生紀略》。時舉家避亂，一再遷徙，從南清河達東臺，重以饑饉。府君自傷屯邅，淬厲奮發，晝劬糞掃，夕篝鐙勤讀，兼訓諸弟，佐父兄爲文事。

同治丙寅，以經解、詞賦受知督學和州鮑公源深，入縣學，旋補增廣生員，從教習公居江寧，肄業鍾山、惜陰兩書院，間幕游南昌、六安。歲丁卯，教習公捐館舍，食指日繁，處益困，同知公客兩江書局，府君請謝家事，而自攜家返揚州。歲壬午，同知公即世，衆務挫積，府君侵晨而興，同釐家政。米鹽筐篋淩雜之事，力司其劬。出爲桑梓籌利弊，躬親賓祭慶弔。日昃始返，返則函牘累寸，賓朋弟子列席而俟。夕裁書牘，兼事讐校，漏三下乃休。歷十五年如一日。嘗訓不孝曰：「古語有言：『流水不腐，户樞不蠹。』養身之要，是在勤矣。」凡一再中光緒丙子、己丑省試副貢生，注選直隸州州判，棄不就。謂仕以濟物，❶然束身令甲，不若鄉居易措施也。由是殫精公務，遇地方利害，陳言守令，侃侃無所詘；或就搢紳先生謀，悉中竅要。故團練、濬河諸役，官必諮詢而行。又領郡城嫠婦賑恤事，待賑者千百人，府君按户給發，不假手僕從，孑行衢巷，祁寒酷暑不稍間，雖疾弗休。

戊子季冬，官靳賑款，府君慨然曰：「此貧婦卒歲之資所從出也。吾司其事，奚忽睹其乏？」乃貸資富室，趣官出款以償。若紳議撙節此款，輒正色以爭。時育嬰、施藥、施粥諸局，漸次施設，官延府君董其事，府君以多疾辭，乃舉所知自代，然經營規畫，一出於府君。鄉人感其誠，下逮典商市賈，以情上達，亦重倚府君。歲甲午，典商以官稅驟增，議益民息，府君持不可，乃止。然征商踰額亦白官，抒其困，惟不以私干。非義之財，尤纖芥不苟取，故家無餘財，僅置薄田百畝。又御佃以寬，歲凶則殺其稅。每值歲暮，醵金市米券，察貧户無食者，躬造其室，量口爲施，間佐以白銀。雖自隱姓名，不令受者知，然府君之卒，貧婦多相哭失聲，傭夫乞徒亦或墮淚，其厚德及人有如此。

府君事親以孝，尤篤兄弟之倫。同知公遺二女一子，子名師蒼，方九齡。府君躬自督教，愛逾己子，食必同席，出必與偕，鄉里播爲美談。與人交，規過勸善，委婉周

❶「以」，原作「已」，據遺書本改。

摯。就謀者，必忠告；以事相屬，雖至艱鉅，必要其成；師友戚族窶貧無依，則自舉責相佽助；暇與雅儒耆德相過從，結社會文，久而克敬。蓋諄謹誠慤，天性然也。

平生於學靡不通，尤邃於曆。問業寶應成先生蓉鏡，盡通三統、四分之術。先是，訓導公治《春秋左氏傳》，作《舊注疏證》，成僅一卷。同知公賡之，府君爲之，遂通兩漢古文家法。謂劉歆爲《左氏》先師，以三統説傳，因采其術於經傳二百五十七年中，推其日躔、月離、分至、啟閉及歲星所在，撰《左傳曆譜》，歸安楊先生峴爲作序，惟昭公二年以下屬艸未竣。其撰著大旨，以爲晉灼注《漢書》，謂歆用周正説《左傳》，不知《春秋》用周正，因以夏正三統説之。觀襄公十四年、廿三年二月「日食」，歆均云前年十二月，與經差二月，其明徵也。又服氏作《解誼》，用太極、上元、三統曆，後秦姜岌譏爲以漢曆説《春秋》。不知三統曆術本僖五年至、朔同日爲準，故《漢志》於文元年，襄廿七年、廿八年、三十一年、昭十八年、廿年、三十二年並云「距辛亥若干歲」。時歲差之理未明，歆據《春秋》日躔定漢曆，於漢曆雖稍疏，於《春秋》則至密。服用太極、上元，不爲無譏，非三統曆不可説《春秋》也。復謂嘉定錢氏作《三統術衍》，以「三統」亦名「春秋曆」，然世經既言「春秋曆」，復兩言「三統」、「上元」，則春秋曆非三統，惟所步冬至日辰恒與三統同耳。更推其術治《尚書》，以成先生《尚書曆譜》，歷艸未具，成《尚書曆艸補演》一卷。其旁訂金石文字也，於《虢盤》「正月丁亥」，以三統術推之，定爲三日；於漢《劉平國碑》「永壽四年八月甲戌朔」，以四分術推之，知延熹四年八月朔確爲甲戌。瑞安孫先生詒讓歎爲精審踰錢氏云。

推曆之餘，精熟唐人義疏。先是，訓導公作《左傳舊疏考正》，以沖遠疏經勦襲舊疏，致詞義弗屬。教習公承之，作《周易》、《尚書舊疏考證》，惟《禮記》孔疏未遑從事。府君思竟其志，謂《曲禮》「五官致貢」疏既以「后」以下之官爲「五官」，又以「司徒五官」當之，則前後各爲一說，今乃削前説姓氏，改爲己說，更以己說駁之。又《曲禮》「婦人之摯」節、《檀弓》「絲屨組纓」及「遇諸市朝」句，疏均前後異詞，且唐疏例不破注，而《曲禮》「大饗不問卜」疏議及鄭注「生曰父」節，以鄭説與他説並存，是均六朝舊疏爲孔乾没者也。因條列其説，成《禮記舊疏考正》一卷。又以鍾氏《詩品》前儒鮮加詮釋，乃廣徵善本，互相勘校，惟作注未成。

同知公之歿也，方纂《江都縣續志》，府君踵成之，得以刊佈。又佐纂《揚州府續志》，校刊《儀徵縣志》，以存鄉邦文獻。初嗜沈博絕麗之文，壯歲以後，以考經訂史爲宗。詩法六朝，間事以聲，著《抱甕居士文集》二卷、《外集》二卷、《詩》、《詞》各一卷。其有隨時記録者，則別爲《筆記》二卷。惟學恥爲名，恒語人曰：「平生治學，洎於俗冗，能校理先著行世，於志已足。」然年踰五十，偶得異書，猶點勘不稍輟，精力亦自是少憊矣。

府君早歲强實，長罹多故，遂患濕疾，恒數日不納穀食。歲甲午，疾劇，復瘉。及戊戌正月，舊疾復作，二月中旬，疾勢已解，而病去體羸，日益頓委。至三月三日寅時，就枕而逝。嗚乎痛哉！距生於道光乙巳年二月六日，年僅五十有四。配李宜人，生子一，即不孝師培；女一，適江都附生梅兆祎。謹卜於十二月十日奉柩葬於城西郝家寶塔之原，坿先塋之次。

不孝生晚，於府君學行不獲窺見萬一，然不敢以無實之詞誣我先人。伏惟當代碩儒，哀而賜之傳銘，則世世子孫感且不朽。謹狀。

汪仲伊先生傳

汪先生宗沂，字仲伊，亦號弢廬處士、運鏕子。世居徽州府歙縣之西溪，爲歙縣人。以道光十七年十一月十四日生，早補縣學生員；同治三年，以優行貢太學。光緒二年舉於鄉，六年成進士，籤分山西即用知縣，告病在籍。二十一年，由安徽學政李端遇保舉學行，特旨賞加五品卿銜。以三十二年十月十四日卒，年七十。

先生負稟穎異，生三歲，能誦四子書；四歲，母許太宜人授以《爾雅》、《毛詩》，均寓目成誦；長益嗜學。汪故鉅族，世席豐厚，族衆數百人，建「不疏園」以藏書，即婺源江氏、休寧戴氏讀書所也。先生居園數年，手披口誦，以夜繼晝，嗣從同邑程先生焜游。學甫成而粵亂起，轉徙浙江、江西，飢寒困頓，誦讀不輟，益好經世之學，討治兵、農、禮、樂諸大端，作《禮樂一貫録》。東南亂定，以所作謁湘鄉曾文正公。時文正公督兩江，延任忠義局編纂，因師臨川李大理聯琇。授漢學於先大父，授宋學於桐城方先生宗誠，於九流百家之學，莫不旁推交通，以宣究得失，然所學仍在經。治經大旨，在博徵群籍以存已佚之經，集合衆説之長以釋未佚之經。

其治《周易》也，謂《説卦》三篇今佚其二，古籍引《易》，其有不載今本者，均爲《説卦》逸文，輯《十翼逸文》一卷。又謂王注掃除象數，虞注説取道家，象多臆造，其失也均。因於《集解》所載漢説外，上溯韓嬰、孟喜、周生、蔡景君説，旁及《史記》、《淮南子》、賈、董、揚、劉之書，兼及唐、宋以降諸家《易》注，以己意擇決，輯爲經注，成《周易學統》若干卷，以《十翼逸文》綴其末。

其説《尚書》也，謂梅賾既造僞古文，與今文併合，於今文二十九篇，若《甘誓》、《金縢》、❶《酒誥》、《湯誓》、《微子》、《無逸》之屬，均有竄易，非復伏生所傳之舊。而馬、鄭所注古文，亦非孔壁真簡。乃考定今文，證以漢人所引，以去梅賾所竄易，别《甘誓》、《太誓》於逸篇，曰《今文存真》。别輯古文諸佚語，合以《甘誓》、《太誓》，定爲二十四篇，曰《今古文輯逸》。括爲《尚書合訂》上下卷。

於禮、樂二經，則鉤棘數十年，謂《逸禮》三十九篇均爲周禮，西漢未立博士，其説遂亡。乃綜集經傳諸子注疏言及《逸禮》者，繫以後論，吉禮六、凶禮五、軍禮三、賓禮四、嘉禮一、通言五禮者一，凡廿篇，名曰《逸禮大義論》。又謂聲韻之精必協律吕，樂有宫商角徵羽五音，字有陰陽上去入五聲，與喉舌脣齒牙出音相應，字區五聲，古代已然，樂經蓋以五音分部，以統陰陽上去入五聲。故王應麟《小學紺珠》以五聲分屬五音，等韻家辨别五音，法同於習讀五聲字譜。因以樂音定五音，以五音括五方：元音法旋宫三調之變，併守温字母爲廿一；

❶「金縢」，原作「金滕」，據《尚書》改。

法琴徵之音，定韻部爲十三；法五音之有五降，定音讀爲廿五。又析五音爲七音，益以變宮、變徵，以括廿一字母，而以陰陽上去入五聲經緯之，成《管樂元音譜聲譜》、《漢魏三調樂府詩譜》、《金元十五調南北曲譜》若干卷，括爲《五聲音韻論》一篇。別著《律譜》、《尺譜》及《旋宮四十九調譜》，以明樂律。更推其學以説《詩》，謂古詩之音均可譜，非考古字、循古音，末由便學徒諷習。因審辨音讀，以詩韻協樂律，成《詩説》、《詩經讀本》若干卷。

其説《論語》、《孝經》也，謂《齊論》有《問王》、《知道》二篇，《匡衡傳》《齊論》本於后倉，倉作《曲臺記》，而小戴之中若《聘義》記子貢問玉、《鄉飲酒義》言觀鄉知王道，均述孔子語，則《冠義》以下七篇，或均《齊論》逸文。又漢人引書有僅稱「傳曰」、「記曰」、「孔子曰」者，魏、晉之間有與《魯論》比附併引者，疑亦《齊論》佚語。因輯爲《逸論語》一篇。謂《孝經》傳自曾子，周、秦、兩漢之儒咸述其文，故有逸傳無逸經。今文之本，舍文字形聲而外，亦與古文多同。若隋代以前之孔本，實由王肅僞爲；後世所傳，則經、傳均出依託，且作僞非一本；鄭本亦經真注僞。因仿治《周易》例，萃古今衆説，定爲十八章，輯傳末。仿趙岐注《孟子》例，作爲《章指》。又以宋儒司馬光疑《孟子》説近誣經，條辨其説，作《孟子釋疑》一卷。此先生治經之大略也。

先生幼以孝聞，長侍親病，因研醫術。以張仲景之書汨於王叔和也，輯《傷寒雜病論合編》。又以葬親之故治形家言，病《葬經》、《龍經》無善本，作《葬經校注》、《龍經校注》若干卷。壯喜論兵，以今之《六韜》既非真帙，《武侯陣圖》、《李靖兵法》亦淪佚失傳，因掇刺群籍所引者，輯爲《太公兵法逸文》一卷，《武侯八陣兵法輯略》一卷，《衛公兵法》三卷、《附録》一卷，弁曰《三家兵法》。以曾、胡、左行軍方略具見三公奏疏、文集中，輯爲《三湘兵法》。又以古崇舞劍，法久失傳，因上徵劍制，並及舞容，輯爲《弢廬劍譜》。晚喜道家言，以《老子》雖崇養生，然於用兵治國之經，不違於致用，匪屏仁義禮勿言，作《道德經實注》上下卷。又以《黄庭經》爲《老子》外書，説醫多符《素問》；《周易參同契》爲漢人詮述丹法之書，今所傳非故本，又改五相類爲三相類，與《神仙傳》所云「作五行相類」不符。作《黄庭經注》、《周易參同契五相類經文考》若干卷。

其他輯佚之書，有《何氏姓苑輯本》；纂録之書，有《王顧二子粹言》；校訂之書，有《西漢急就章寫校本》、《弢廬隸譜》。而詞曲歌詩之屬，則有《後縈緹傳奇》、《弢廬詩略》諸編。若《弢廬文稿》，則先生殁後諸弟子所輯者也。

先生雖治經稽古，然志存濟世，恒欲推經術施之用，以所學禮樂兵農之實補濟世變。會試出常熟翁尚書同龢門，尚書謂人曰：「汪某不凡才也。」及合肥李文忠公督直隸，延聘入幕，條陳兵農諸政，併及北土蠶桑之法。以所抱莫克盡展，居五年，遂辭歸。曾主講安慶敬敷、蕪湖中江、本郡紫陽各書院，略仿胡安定分齋制，勗諸生以務實，士多興起。庚子之夏，衢州變作，徽民蠢迪思逞。先生不避艱險，募鄉兵得百人，日居僧寺訓練，儼成一軍。又購浙西桑秧數百株，移植徽、歙，迄今邑人收其利。篤信己學，迄老不衰，謂「舉吾術以措之，太平易致也」。年屆七十，論及世變，聲屈坐人。暇以作隸、舞劍自遣，以里居鮮可語，因薄游江淮。由揚州至江寧，主淮揚海道合肥蒯光典家，因以病歿。

元配王孺人，繼配王宜人、李宜人，均先歿。子五：長福熙，次律本，次行本，次真均，以學行世其家。次孫八，❶曾孫一。

劉師培曰：先生覃研禮經，洞悉樂呂，克秉鄉先生江、戴之傳。若推學於用，則上法顏、李，近與涇縣包氏符。先世父稱之曰：「綜貫六藝，自成一子。」蓋記實也。先生既受經先大父，與先世父、先府君交誼尤稔，恒以事至揚州，師培方垂髫，嗜蓄古泉，因舉莽布諸品相畀。繼謁先生於蕪湖，因備讀所著書，克聞呂律大誼。今徽人宦京師者，將舉先生遺書上之朝，以傳文相屬，因述先生治學之大綱，著於篇。

將渠鉢考

鉢計五字，曰：「。」昔爲吳氏愙齋物，❷載入《古玉圖考》，謂「」字即「將」、「」或「渠」字之省。今歸匋齋師，師作考二篇，歷引《史記》燕臣將渠、《漢志》將鉅子爲證，謂此鉢即燕臣故物。楊氏守敬又謂首字即「厝」字，厝爲燕地。説均精確。

今考燕臣將渠，蓋與《漢志》將鉅子爲同族。知「將鉅」非即「將渠子」者，《漢志》之例，於著書之人爲相者，注文必云「某國相」，今《燕世家》既言燕相將

❶「次」，遺書本無此字。案上文云有子五，此僅列舉四人之名，故疑「次」下有脱文，所脱者乃仲伊季子之名諱。

❷「愙齋」，原作「愙窗」，據遺書本改。

渠，使係一人，《漢志》必標明「燕相也」。「將鉅」乃古代複姓，《燕世家》所言「將渠」，蓋僅舉其姓，猶《韓世家》之稱「公仲」、《孟荀列傳》之稱「長盧」也。《索隱》謂「將渠，人姓名；一云將官、渠名」，説均非是。案：《元和姓纂》卷五有將鉅姓，其言曰：「《漢・藝文志》云：『六國時將鉅彰，著子書五篇。』漢章帝時有謁者將鉅彌。是將鉅之姓，至漢猶存。而《漢志》將鉅子，其名爲彰。」竊疑唐本《漢書》於「將鉅子」注文有「名彰」二字，嗣抄寫遺脱，《姓纂》所引，仍係未脱之文，惜於將鉅氏所從出未克詳言。惟《通志・氏族略》卷四云：「將具氏，姜姓。《英賢傳》齊太公子將具之後。見《國語》。」又云：「將鉅氏，即將具氏之訛也。《漢・藝文志》：『六國時，將具子彰著書五篇。』漢章帝時，中謁者將具彌。」此均本《姓纂》。是鄭以「將鉅」即「將具」，爲齊公族也，既引《英賢傳》爲證，則説必有本。古姓本無定字，隨音而轉，如「鑾」「瞞」、「呂」「甫」、「談」「郯」互通，是「具」、「鉅」音近，「渠」、「鉅」義均訓「大」，「渠」又從「榘」省聲，故二字通用。《荀子・正論篇》云：「是豈鉅知見侮之爲辱哉！」《漢書・孫寶傳》云：「掾部渠有其人乎！」「渠有」之「渠」、「鉅知」之「鉅」，同爲豈義，此古通之證。燕臣將渠，蓋亦齊人仕於燕者。此鉨所稱將渠，以厝爲燕地證之，則確爲燕臣，即《燕世家》所載者也。若「鉨」上之字，吳氏謂與《龍節》「」字相似。今考「」、「」二字，均《毛公鼎》之「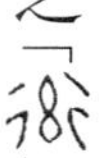」也，「」即《師寰敦》「齊師」之「衛」。此鉨作「」，「」即「」繁形，「」又「」之省形也。意將渠曾爲燕帥，故「衛鉨」二字聯文歟！

漢土圭考

匋齋師所藏東漢土圭，計三行十四字，其文爲：「延熹七年五月九日己□日，入時雨。」今考東漢自章帝元和二年二月，下迄靈帝熹平三年，均用四分曆。延熹七年，歲在甲辰，上距元和二年計七十八年，下距熹平三年計十有一年，其用四分曆甚明。試依術推之。

四分上元，下距延熹七年甲辰，積九千四百四十五歲。以元法四千五百六十。除之，餘三百二十五；以蔀歲七十六。除之，得積蔀四。命甲子一、癸卯二、壬午三、辛酉四，元和二年入辛酉蔀十七年。外得不盈庚子者二十一，減一入算，凡步氣朔術，皆算至所求年前天正冬至而止，故須減一。則爲入庚子蔀第二十年。以章月二百三十五。乘之，得四千七百；以章歲十九。除之，得二百四十七，爲積月不盡七，爲閏餘無閏。閏餘十二以上始有閏。以蔀日二萬七千七百五十九。乘積月，得六百七十八萬六千四百七十三。以蔀月九百四十。除之，得積日七千二百九十四，不盡二十三，爲小餘；積日滿六十去之，餘三十四，爲大餘。以所入庚子蔀名命之，三十四之外得甲戌爲前歲即延熹六年。十一月朔日，即天正朔日。其月小。小餘四百四十一以下，其月小；四百四十一以上，其月大。遞加朔策，大餘二十九，小餘四百九十九，滿九百四十從大餘。得前歲十二月，大餘四，小餘五百二十二，以癸卯爲朔，其月大。是年正月大餘三十三，小餘八十一，以癸酉爲朔，其月小；二月大餘二，小餘五百八十，以壬寅爲朔，其月大；三月大餘三十二，小餘一百三十九，以壬申爲朔，其月小；四月大餘一，小餘六百三十八，以辛丑爲朔，其月大。則五月朔日爲辛未，五月九日當爲己卯。以《嚴舉碑》「延熹七年五月十一日辛巳」證之，其日益合，是此圭「己」下之字確爲「卯」字無疑。

《後漢書・桓帝紀》云：「延熹七年五月己丑，京師雨雹。」「己丑」爲五月十九日，距「己卯」之日僅一旬。是月大餘三十，小餘一百九十七，亦小月也。其曰「入時雨」者，則是年夏至之日也。試以四分曆推節氣之術推之。延熹七年入庚子蔀二十年，以一百六十八乘之，得三千三百六十；以中法三十二除之，得一百五爲中積日，無小餘；中積日滿六十去之，餘四十五，爲中大餘；以所入庚子蔀名命之，四十五之外，得乙酉爲十一月十二日，即前歲冬至之日。欲求次氣，加大餘十五、小餘七，得大餘六十、小餘七。亦以所入庚子蔀名命之，六十之外得庚子，即小寒日，爲六年十一月二十七日。更以六年十一月小、十二月大，七年正月小、二月大、三月小、四月大推之，則大寒當在十二月十一日，雨水當在正月十一日，春分當在二月十日，穀雨當在三月十日，小滿當在四月九日，夏至當在五月九日，故知「入時雨」即夏至日也。足證夏至入時之説起源甚古，《月令》言「大雨時行」，即指此言。此古器有益於稽時者也。

北齊道能造像記拓本跋

北齊道能造像在今定州，俗稱「破山佛像」。正背面各五像，後列九像，有石刻記文，高五尺餘，横約三尺。額計三行，文曰：「大像主臨水垛寺僧比丘道能。」行各四字。下方記文，計八行，記文云：「惟齊武平元年，歲次庚寅，九月辛亥朔二十日，定州中山以上第一行。大北平縣臨水堺寺僧道能，以去武定三年十二月廿八日以上第二行。爲壇，主史。持節督定州諸軍事、驃騎大將軍、定州刺史、本以上第三行。州大都督、第一鎮民酋長、廣平郡開府儀同三司、太宰王以上第四行。庫狄于□，請爲□水石窟寺主□以□似「綜」字。□，長年壽終，自拾以上第五行。衣鉢，敬造阿彌陁像一軀，光扶雜事一丈，上爲以上第六行。皇帝。太宰王庫狄于□□寸。信心壇□□□□造本州之以上第七行。蘋，奉華□舍，俱登正覺。」以上第八行。記一百五十九字。❶ 計後列僧名四行，曰「比丘惠□」，曰「比丘法林」，曰「比丘道朗」，曰「比丘道護」。蓋庫狄于既歿，道能爲之追造此像也。

庫狄于，《北史》、《北齊書》均有傳。傳言：「于從神武起兵，封廣平縣公，尋進郡公，尋轉太保太傅。討高仲密還，爲定州刺史，遷太師。天平初，封章武郡王，轉太宰。薨，謚景烈。」以此記證之，所謂「廣平郡」即封廣平郡公也；所謂「太宰王」即封章武郡王轉太宰也。惟傳僅言于爲刺史，及據此記，則于以刺史兼任大都督，並督定州諸軍事。又于歷驃騎、開府，不見本傳。今考《魏書·後廢帝紀》太昌元年、《孝静紀》元象元年兩言「大都督庫狄于」，又《孝静紀》云：「興和二年，以驃騎大將軍、開府儀同三司庫狄于爲太保。四年，以太保庫狄于爲太傅。武定五年，以開府儀同三司庫狄

❶「記一百五十九字」，遺書本同。按此數與記文實際字數不合。

于爲太師。」《齊書・文宣紀》天保元年，「詔以太師庫狄于爲太宰」，則于歷驃騎、開府二官，於史册有明文。《北史》均同。又考高仲密之畔在武定元年，傳言于討仲密，還爲定州刺史，《魏紀》言武定五年于爲太師，蓋斯時于自定州召還，則武定三年十二月，正于任定州之日也。其曰「第一鎮民酋長」者，「鎮」即「六鎮」之一。傳言于「曾祖越豆眷，魏道武時以功割善無之西臘汗山，❶地方百里以處之。後率部落北遷，因家朔方」，《魏書・官氏志》亦言「庫狄氏改爲狄氏」，則庫狄世爲北方渠率。元魏六鎮因處漢南降民而設，故于爲鎮民酋長。此亦史册所未載也。據《北齊書・孝昭紀》，言皇建元年，以故太宰章武王庫狄于十二人配饗太祖廟庭，則于卒更在皇建前。道能造像在武平十年，時于卒已逾十載，故於于身所歷職官，舍太師、太傅、太保外，詳列靡遺。

若「定州中山北平縣」，亦據齊制。《魏書・地形志》言，定州領郡五，一曰中山，五曰北平。注云：「孝昌中，分中山置，治北平城。」又所屬有北平縣。注云：「二漢、晉屬中山，有北平城、木門城。」是北平於魏爲郡，以北平縣所屬北平城爲治所。《隋書・地理志》言，「博陵郡統十縣，二曰北平」，注云：「舊置北平郡，後齊郡廢。」而《元和郡國志》、《太平寰宇記》均言齊以北平縣屬中山，是北平廢郡爲縣、改屬中山始於北齊。記文所言，均與相符。又汲古閣本《魏書》或誤「于」爲「干」，《北史》各刊本亦或訛

❶「汗山」，遺書本同。中華書局點校本《北齊書》作「汙山」。

「于」爲「干」，惟宋監本《魏書》均作「于」，證以此記，則作「于」益信矣。

魏張佘等造像記跋

《魏張佘等造像記》，文均儷詞。首言：「惟大代熙平元年，太歲在丙申，七月丙寅朔十五日刊記。」「熙平」爲孝明年號，猶稱「大代」，與《高貞碑》、《修華嶽廟碑》、《始平公造像記》同例。中言：「定州中山望都山陽村大像主張佘，諸道俗邑義三十八人等，敬造彌勒石像一區。」考《魏書·地形志》，「望都」屬北平郡，北平郡注云：「孝昌中，分中山置。」則孝昌以前北平爲縣，與望都同屬中山，熙平前於孝昌，故稱「中山望都」。又「邑義」之稱恒見魏、齊石刻，《北齊邑師道略等造神碑尊像記》云：「共邑義三百餘人等。」是其證也。《北齊造丈八大像頌》云：「是以□義一百人等。」「義」上所缺亦係「邑」字。所稱「邑義主」，如《北齊武平造靈塔記》言「今邑義主下缺三字。一百人等」是。或稱「義主」，如《魏張猛龍碑》列義主宋撫民等九人是。則「義」即「義主」省稱。《東魏王雙虎造像記》云：「東阿縣王雙虎法儀五十九人等。」「義」、「儀」古通，「法儀」之名疑同「義主」，不必拘於俠義之解也。末言沙門道念等爲亡父母薦福事，惟文或漫滅，記多古字。如「非言無以存其刑」及「口刑栖神」，假「刑」爲「形」；「揔靈范於玄門」，假「范」爲「範」；「道契二宜」，假「宜」爲「儀」，均與古籍假借例合。若「荒儉」之「荒」作「⿱艹⿱亡木」、「宣武」之「武」作「哉」，則別體矣。

唐太原王公夫人李氏合祔墓誌銘跋

王佺於唐無徵，惟誌文言：「元和十四年二月廿八日，遘疾，終於青州益都縣平昌鄉之旅館。」考「平昌」爲漢縣名，漢平昌有二：一屬平原，一屬瑯琊。屬瑯琊者，《魏·地形志》云：「膠州平昌郡，魏文帝置，後廢。晉惠帝復立。」《晉志》僅有平昌縣，其疏也。《宋書·州郡志》同。惟屬青州。《地形志》又云：「平昌縣，魏初屬平昌郡，延昌中屬高密郡。」《隋書·地理志》郚城縣注云：「舊置平昌郡，後齊廢。」合諸志觀之，平昌兼爲郡、縣之名。《太平寰宇記》謂平昌故城在密州安丘縣南，則在今諸城、安丘間，距益都匪密邇。然考《北齊張景輝造像記》建於天保五年，其文云：「平昌縣人張景輝爲亡父母敬造彌勒佛一軀。」其石出今益都縣，錢氏竹汀題跋云：「在益都縣北三十五里平昌寺。」復證以此誌「益都平昌鄉」之文，疑魏、齊平昌縣曾移治益都附近，非漢縣舊址。《水經·濰水》注云：「又北逕平昌縣故城東。」又云：「浯水又東北逕平昌縣故城北。」此即漢平昌故地。酈元之時，平昌之縣未廢而稱爲「故城」，則北魏平昌非漢故縣。《寰宇記》言「高齊天保七年，廢平昌」，又言「天保七年，移益都縣於齊郡城北門外」，則益都所移或係魏、齊平昌故地，惜於史册無明文耳。蓋魏當宋元嘉北征時將平昌北移。故縣名雖廢，仍以平昌爲鄉名。今之平昌寺，亦沿魏、齊平昌縣之稱者也。

誌文又云：「龜兆於青州益都西北九里堯山東南隅。」考《隋志》益都縣注云：「有堯山。」《水經·濰水》注云：「濁水，東北流逕堯山東。」引《述征記》云：「廣固城北三里，有堯山祠。」《寰宇記》引《三齊志》云：「堯巡狩所登，故以爲名。」又云：「伏琛《齊記》云：此山南有二水，名東、西丹水也。」又引《述征記》云：「太公冢在堯山西。」而《山東通志》亦謂堯山在益都西北八里，以此誌所言之里證之，則今之郡治仍沿唐舊。誌又言「長子叔遇權殯於楊府召伯灣之岸側」，「楊府」即揚州，因揚州曾置都督府，故以「楊府」爲稱；「召伯灣」即今邵伯鎮，而「召伯灣」之名，足補他書之缺。此又吾郡地理賴以詮明者也。

唐洪府君夫人張氏墓誌銘釋

《唐故彭城郡洪府君夫人張氏墓誌銘》，無撰者姓名。光緒二十年三月，揚州舊城濬河，獲此石于務本橋南，先君以二金購得之。洪府君其名不傳，蓋另有銘墓之文。《江都萬夫人墓誌》亦無夫家姓名，與此同例。張氏先世亦無考，僅稱清河郡人，蓋標郡望。夫人之子名抗，亦于《唐書》無徵。惟誌云：「以大中八年歲次甲戌七月二十六日，終于揚州江都縣贊賢里河界之私第。」「大中」，宣宗年號，「八年甲戌」與《唐書》合。「贊賢里」爲地名，據《唐隴西董惟靖墓誌》云：「殞于江都縣贊賢里之寢舍。」《田府君墓誌》云：「告終于江都縣贊賢坊之私第。」又《田君夫人冀氏誌》云：「歿于揚州贊賢坊之私第。」江都梅氏植之《田府君墓誌考釋》云：「唐江都縣城在雷塘之西，今郡城之西北。贊賢坊昔在城中，今在城外。田生普實，見《楊吳天祚二年造象》拓本，其文云：『右街右南巡，贊賢坊市北界。』

考楊吳建都揚州，其『右街右南巡』蓋即金吾城内金吾巡緝之街。兩贊賢坊當是一地。」其説甚碻。此誌「贊賢坊」，亦即「贊賢里」也。據《天祚造象》，則贊賢里有街。據此誌「河界」之文，則里又瀕河。雖其地無考，然其地既屬唐代縣城，必在蜀岡西北。

誌文又云：「安厝江陽縣郡城之東嘉寧鄉五乍村。」據《嘉慶揚州府志》，謂「唐貞觀十八年，長史李藻奏割合瀆渠以東九鄉，設立江陽縣」，考「合瀆渠」在今雷塘西，蓋雷塘東南之地，皆江陽所轄，嘉寧或亦九鄉之一。又《嘉慶揚州府志·冢墓志》云：「江都有宋胡安定配趙夫人墓。」注引舊志云：「在嘉寧鄉。」是宋時猶有此名，明《嘉靖維揚志》則無之矣。《江都縣志》列舊轄二十五鄉，有齊寧、永寧諸名，亦無嘉寧。然證以此誌出土之地，則現今府城西北當爲唐嘉寧鄉。至于「五乍村」之地，則《唐故彭城劉府君墓誌》云：「安厝于江陽縣嘉寧鄉五乍村。」又《夫人誌》文云：「窆于嘉寧鄉五乍村。」並與此誌同。惟《東海徐府君夫人彭城劉氏合祔銘》云：「合祔于楊子縣曲江鄉五乍村。」則此村又屬曲江鄉，與此誌殊。今考《新唐書·地理志》云：「貞觀十八年，析江都，置江陽。」《雍正揚州府志》云：「貞觀十八年，置江陽縣在郭下，與江都分理。」是唐代江都、江陽二縣，同治揚州城。惟觀于李藻所奏割，則江陽所轄，必在唐揚州城以東。又《舊唐書·地理志》云：「揚州大都督府楊子縣，永淳元年分江都縣置。」《康熙江都縣志·山川志》云：「揚子津，即楊子橋，舊楊子縣治也。」《雍正揚州府志》云：「永淳元年，以江都之楊子鎮置楊子縣。」考楊子橋在今府城西南，距郭甚邇。意唐代之時，今揚州府城之西分屬江陽、楊子，即以五乍村爲界，故五乍村北隸嘉寧鄉，南隸曲江鄉。或謂此村初屬楊子，後屬江陽。然考《劉府君墓誌》係元和十八年立，《夫人誌》石係元和元年立，《徐府君夫人合祔銘》係太和八年所立，此誌則大中八年立，元和前于太和，大中後于太和，而元和朝所立之石已稱「江陽縣嘉寧鄉五乍村」，則其說非矣。又唐代江陽縣既爲揚州附郭邑，今郡城在其東南，故曰江陽縣東。至于「郡城」二字，「郡」爲廣陵郡，唐時揚州名曰揚州廣陵郡，見《新唐書》。若五乍村之名，則田氏普實《揚州金石志》以「乍」爲「柞」字省文，其説最確。五柞者，本漢宮之名也。又此誌「備」字作「偹」、「冠」字作「⿱冖衬」、「歸」字作「⿰阜帚」、「第」字作「苐」，均係省文俗體，文亦平劣。惟吾郡地理賴以彰明，故即其文詳釋之。

札樸書後

桂氏《札樸》卷八載唐留後銅印，謂「其文單行，隸體，直書八字，曰：『右策寧州留後朱記。』」其釋「朱記」之詞曰：「唐時印泥非一色，印文曰朱記，以别於他色耳。其印長而不用篆文，蓋非頒於朝，乃自造私記。」今案《全唐文》卷八百五十二，李詳條奏節度刺史州衙前職員事跡云：「節度州只許奏都押衙、都虞候、教練使、客將、孔目官，及有朱衣大將十人。」又考《通鑑》，晉天福三年卷二百八十一。三月，中書舍人李詳上疏，「請自今諸道主兵將校之外，節度州聽奏朱記大將以上十人，他州止聽奏都押牙、都虞候、孔目官，自餘但委本道量遷職名而已」，❶此「朱記」二字見於史册者。「朱記大將」爲官號。印文言「留後朱記」，蓋即朱記大將任留後者。《通鑑》胡注云：「節度州者，節度使所治之州。朱記大將者，不給銅印，給木朱記以爲印信。」據此，則朱記大將印亦非自造。惟胡言印質用木，驗之桂氏所見，則亦有用銅者矣。

雁蕩金石志序

於越以東，古稱澤國。遐稽《山經》，有「甌在海中」一語，《山海經》謂「甌在海中，閩在海中」，是温州及福建全省在古爲兩島，與今臺灣、瓊州同。蓋草昧初闢，地傾東南，島嶼孤懸，環以禆海，宛在中央。望若神山，介絶不鄰，與百閩同。試徵《雅》詁，水中可居者曰洲，此之謂也。故禹奠揚州，教被東海；會稽以南，橇車未經。蓋島夷之區，與陸懸絶。《書》言卉服織貝，殆即甌、閩之民歟！及沙渚淤積，滄海揚塵，東甌片壤，與平陸連。故海蛤輸琛，語詳《王會》。無諸宅國，奄有海邦，鱗介之民，襲以冠裳矣。

甌土多山，首標雁蕩；積水山巔，厥名雁池。蓋往古之初，洪水氾溢，波與峰齊。其在《書》曰：「蕩蕩懷山襄陵。」雁蕩錫名，殆含斯義。及夫洪水勢抑，山露四周，巖石低窪，以瀦蓄水，故山上有澤，象符於咸。彼崑崙之巔，厥有龍池，以此方之，其例一也。夫其因地之險，得勢之峻，東瞷滄瀛，北府天台，子晉之所縱游，昭明於焉勒石。

❶「委」，原脱，據《資治通鑑》補。

唐、宋以還，象教蔚興，梵宇琳宫，高插天表，鬱山海之奇觀，作仙靈之窟宅，風土清嘉，甲於南戒。爰有名賢碩德，墨客騷人，鑿險探幽，登高能賦，咸遺寶刻，用誌弗忘。惜宋、明以前，著録者鮮，惟雁蕩志書，徵材廣博，金石遺文，咸與甄録。然例匪專門，辭多疏缺，學者憾焉。

樂清蔣君，卜宅雁山之麓；所遇殘碑斷碣，捫苔剔蘚，椎搨摩抄，掇拾殘叢，積久成帙。又慮年湮代遠，金銷石泐，湮没良多，墨本流傳，難期久遠，爰以類區别，薈萃成書。意有詮明，咸衷史册，書計二編，顔曰《雁蕩金石志》。此則永嘉文獻賴以有徵，東浙山川因之增色者也。予束髮受書，即慕雁山之美。他日束裝南游，徜徉雁蕩龍湫間，一攬峭壁懸巖之勝，拭李氏之殘碑，辨阮朱之翰墨，穆想鄉先生遺風，兹所著録，咸克一一睹其奇，而寰宇訪碑，此其嚆矢矣。爰書數語，用質蔣君。

原畫

顧亭林《日知録》謂古人圖畫，皆指事爲之；自白描山水之畫興，而古人之意亡。吾觀《左傳》言「夏方有德，遠方圖物，鑄鼎象物」，杜注謂「夏代鑄鼎，圖畫山水奇異之形」，則古人象物作圖，故「圖」、「畫」互訓。《廣雅·釋詁四》：「圖，畫也。」「圖」復訓「象」，《太玄》注。舍模擬物象外，初無所爲空摹也。《虞書》有言，「予欲觀古人之象，日月、星辰、山龍、華蟲作繪」，是圖繪主觀象之徵。《周禮·内宰》「版圖」，❶鄭注云：「王及后、

❶「内宰」，原作「内史」，據遺書本及《周禮》改。

世子之宫中吏官府之形象也。」《家人》「辨其兆域而爲之圖」，鄭注云：「畫其地形及丘隴所處。」《國語·周語》云：「省其典圖刑法。」韋注云：「圖，謂畫物象也。」此亦象物爲圖之證。

觀古代神祠，首崇畫壁。《周禮·春官》云：「凡有神祀者，掌三辰之法，以猶鬼、神、祇之居。」「猶」訓爲「圖」。而下句復言「辨其名物」，則神祠所繪，必有名物可言。東漢王延壽《魯靈光殿賦》云：「上紀開闢，下至後主，❶忠臣孝子，列士貞女，賢愚成敗，罔不畢舉。」❷又謂「伏羲龍身，女媧蛇軀」，皆指神祠畫壁言。又相如《子虛賦》云：「不可勝圖。」注云：「圖謂畫物象也。」《漢韓勑後碑》云：「改畫聖象如古圖。」則象物爲圖，不僅以神祠爲限。《易》言「觀其形容，象其物宜，是故謂之象」，此之謂矣。

後世以降，始蹈空摹之習，是猶古代造字僅象形、指事二端，孳乳相生，乃有會意一體也。又古代詩歌均屬詠事，以聞見所及爲憑，故詞異蹈虛。及莊、老告退，山水方滋，遐想所寄，見聞而外，別有會心。乃流連景光，獨標遠致。詩歌既然，矧於圖畫！奚得以後世之畫律古人乎？

古代之圖，今世鮮傳，其著録於各書者，亦未睹真跡。惟漢人碑石，恒鐫圖象，若射陽石門之碣，武氏祠堂之刻，少室神道之碑是也。然記事圖物，必有故籍可徵。又顧凱之《列女傳圖》，唐、宋人均有臨本，與宋代余氏刊本相同。阮福《重刊余氏本跋》。

❶「下至後主」，胡克家刻本《文選》作「下及三后」。

❷「罔不畢舉」，遺書本作「靡不載敘」，胡克家刻本《文選》亦作「靡不載敘」。

今即阮氏重刊余氏本觀之，凡宫室、器用、車旗、裳服，徵之古制，纖悉靡訛。意唐代以前，畫師均守斯例，不惟凱之《洛神圖》諸幅已也。又觀近今名賢所藏，若唐人所繪《見虜圖》、宋李公麟《蜀川勝概圖》，❶寫物誌地，均符時制。則知寫意空摹之畫，匪古畫之正傳。顧氏謂古畫均指事，其説允矣。

廣群芳譜書後

《廣群芳譜》，用原書例，所據之書，必標所出，兩書互異，必證異同。然原書有不標書名者，如卷十緑豆類載唐公之夔言，必係李氏自述所聞，此變例也。今即所增者考之，如卷六十五柑類有劉瑾《甘樹賦》，列於晉胡濟《黄甘賦》後、宋謝惠連《甘賦》前，則瑾爲晉人，亦未標斯賦所出。七十四槐類載元迺賢《孔林瑞槐歌》並序，「迺賢」爲人名，「元」係代名，本書於所引之書不標朝名，此爲變例，非迺賢氏元也。又書多誤字，如卷八十二竹類載僧贊寧譜䈽竹事，注云：「出襄州卧龍山諸葛亮祠中。長百尺，只稍上有葉，土人作播竿承落。」「承落」二字必係訛文。以是推之，則斯書亟當審校矣。

又按：卷六十一荔枝類載李綱《荔枝賦》，又載其《荔枝後賦》，序云：「宣和己亥歲，余謫官河陽，次沙陽。次年夏，始食荔枝，嘗爲之賦。」則此賦乃宣和庚子所作。而賦中屢言開元重荔枝事，謂「荔枝遇而天下病」，蓋隱諷花石事，是宜詮其微旨者也。因閲斯書並及之。

左盦集卷六終

❶「李公麟」，原作「李公鄰」，今逕改。

左盦集卷七

揚子劉師培

晏子非墨家辨

《晏子》立言之旨，《淮南・要略》所述至詳。其弟八一篇，劉向謂似非晏子言，其識至精。至唐代柳宗元，始謂墨氏之徒所爲，宋代晁氏、馬氏輯書目，均循其說。近孫星衍以無識譏之，其説允矣，然意有未盡。夫墨子之學，出於清廟之守，以敬天明鬼爲宗。其徒纏子、胡非子、隨巢子，書雖不存，然考其佚文，亦均敬天明鬼。惟晏子書則不然，如《諫篇上》諫誅史祝、諫信楚巫、諫祠靈山河伯、諫禳彗星熒惑，《問篇上》諫以祝干福，《雜篇下》言徒祭不可益壽，均異墨氏所言。又《諫篇上》言樂亡而禮從之，禮亡而政從之，亦與《非樂》旨殊。不惟居喪盡禮誌於《雜篇上》，異於墨子短喪也。使其書出於墨氏之徒，則旨與墨殊，必不並存其說，故特辨之。

晏子春秋斠補自序

《晏子春秋》，元本已多譌脱，孫刻略依沈啟南本，又較元本爲遜。以今考之，有佚文，如《書鈔》二十七、三十二引《晏子春秋》，有「知之者昌，不知者亡」二語，各本均脱。有錯簡，如弟七篇「堂上生藜藿」節，當作「七年而家無積，公自治國，權輕諸侯，身弱高、國，燕、魯分争，百姓惛亂」。兼有脱、如弟二篇「明君不屈民財者」數語，合以《治要》所引，當作「明君不屈民財，不窮民力。君屈民財者」云云；弟七篇「公曰勿殺」下，證以《御覽》所引及《說苑・正諫》篇，❶當補「而謝之」三字；卷五「夜移於晏子」，證以《說苑》，「子」下當補「家」字；又弟一篇「今有之家」，「有」下脱「車百乘」三字；弟八篇「善乎晏子之願也。晏子對曰」，「也」下脱「載一願」三字，「吾詳問子何爲對曰」，「對」下脱「晏子對」三字是也。衍、如弟一篇「以隨百官之吏民飢餓窮約而無告，使上淫湎失本而不恤」，「吏」當作「使」，與下對文，「之」爲衍字；弟五篇「此北郭子爲國故死」，「此」字不可通，《吕氏春秋・士節》篇、《說苑・復恩》篇均無「此」字，❷「此」乃「北」字訛文；又弟三篇「問之里人其故」，證以《韓詩外傳》七，「之」爲衍字；弟六篇「而順乎神」，證以《說苑・辨物》篇，「而」爲衍文是也。誤訛如弟四篇「不以衆彊兼人之地」，證以前文「地博不兼小」，則「彊」即「弟」；弟三篇「國有義勞」，證以前文「上羨獲」，「義」當作「羨」；「守則而不虧，立法儀而不犯」，證以後文「守於民財無虧之以利」四語，「則」當作「財」；又弟一篇「故曰送楚巫於東」，「曰」當作「因」；弟三篇「佞不吐愚」，「吐」當作「杜」；弟七篇「貪味」，「味」當作「昧」，即《左傳》文十八年之「貪冒」是也。

之字，而盧、王、俞、黄諸家，或未及審正。因以孫、徐二刻爲主，旁考唐、宋類書所引，兼及明刊各本，凡諸子之文與互同者，亦互相勘正；疑義奧詞，間加發正，如弟二篇「怨者滿朝」及弟三篇「怨業」，各「怨」字均與「菀」同；弟二篇「若其衣服節儉」，「若」當訓「善」；弟六篇「近而結」，「結」當訓「詘」，又本書「傲」恒訓「輕」、「華」均「侈」義是也。成《晏子春秋斠補》二卷。惟弟二篇「謂於民」與「節於身」對言，以弟三篇「民有加利」及「厚民饒下」證之，「謂」疑「譄」誤。《說文》：「譄，加也。」弟四篇「君饗寡君」，誼不可通，疑「饗」爲「貺」、「慶」諸字叚音。亦並存其說，

❶ 「正諫」，原作「辨物」，據《說苑》改。又四庫本《太平御覽》卷九百一十四所引於「公曰勿殺」之下無「而謝之」之文。

❷ 案：今《說苑・復恩》並無「北郭子爲國故死」云云之文。

以俟折衷。其所不知，則從缺如之例云。

晏子春秋篇目考

劉向《晏子敘録》言，「定著八篇，二百一十五章」，《漢志》儒家亦列《晏子》八篇，而《史記·管晏列傳》正義引《七略》則云：「《晏子春秋》七篇。」蓋誤「八」爲「七」，或「七略」爲「七録」之訛。隋、唐《志》皆七卷，蓋合《雜》上、下二篇爲一。《孫序》謂合《雜》上、下二爲一，《音義》謂合兩《外篇》爲一，説互歧。《史記·管晏列傳》索隱云：「今其書有七十篇。」「十」爲衍文。張文虎《札記》引錢泰吉説。則七篇之本，唐所通行。然唐代亦有八卷本，《意林》卷一列《晏子》八卷是也。宋代所行，一爲十二卷本，即《崇文總目》、《直齋書録解題》、《玉海》、《通考》所載是。蓋就七篇之本各析爲二，惟兩《外篇》未析。孫氏星衍謂「二」當作「四」，非也。一爲七卷之本，即《通志·藝文略》所載是。《崇文總目》謂「八篇今亡」，《書録解題》謂「卷數不同，未知果本書」，《玉海》亦以卷多爲疑，蓋八篇之本宋代已亡。元本八卷，《四庫》本亦八卷，《拜經樓藏書題跋記》謂「後人併合以符《漢志》之數」，其説近是。明刻均七卷，蓋亦後人併合以符隋、唐《志》之數也。惟元本及明沈啟南本均二百十五章，與《敘録》符。則篇目併合，各代雖殊，其殘佚之文則鮮顧。

猶有疑者，《史記·管晏列傳》列越石父及御者二事，《贊》言：「既見其著書，欲觀其行事。至其書，世多有之，是以不論。論其軼事。」則越石父及御者二事，均不載本書。今二事列於《雜篇上》，故管同援以疑本書。今考以上二節雖爲《選》注諸書所引，然實非本書之舊，王念孫《雜志》據《治要》於《問篇上》「景公問欲善齊政」章析之爲二，其説是也。又考《雜篇下》「景公以晏子食不足致千金」章，「景公謂晏子曰」下，黄之寀本别爲章，蓋所沿亦故本。故校斯書者當删「越石父」、「御者」二章，析「問善齊政」章、「致千金」章爲二，庶較元本爲長。若謂元本即向本，則《敘録》有章數無章名，且無每篇若干章之文，《崇文總目》又言「八篇，今亡」，則元本各章目，亦係校者所分，不以删易爲嫌也。

老子斠補自序

《老子》傳於今者，文莫古於唐《景龍碑》，傳本亦或爲後人所改。注莫古於王弼。次則《釋文》所詳異字，唐、宋各類書所引異文，亦多故本。如《類聚》三、《書鈔》一百五十四引「如登春臺」，《初學記》二十三引「誰氏之子」，均與各善本合是也。若「自遺其咎」，《治要》作「還自遺咎」，「其死也枯槁」，《類聚》八十八「也」作「曰」，❶亦故本異文。嗣外則《初學記》十七引「虛其心而實其腹」，《類聚》九引「渙若冰將釋」，特損益助詞，非必所據之本然也。又《書鈔》二十七引「治大國」，脱「大」字；卷七引「百姓心」，脱「心」字，則係傳寫之脱，故《初學記》十七、《白帖》三十六、《御覽》七十六所引均有「心」字。至《書鈔》一百四十九引「以爲天下真」，《初學記》六引「江漢所以能爲百谷王」，❷則誤字耳。然王弼以前，本書訛脱已多，弼注又疏於詁，故欲繹舊文故誼，必求諸東周、秦、漢之書。蓋《老子》之文恒爲《莊》、《列》所述，《韓非·解老》《喻老》詮釋尤晰。迄至

❶ 案：今四庫本《類聚》卷八十八所引《老子》亦作「其死也枯槁」。

❷ 「六」，原作「七」，今據四庫本《初學記》改。

西漢，則《淮南》所述爲詳，文子之書又襲《淮南》。其他述《老子》者，於周則《荀》、《吕》、《商》、《墨》，於漢則陸、韓、賈、桓、揚、劉。或明著其文，或述其誼而殊其詞，然所引均故書，所述亦均故誼。

有足證今本脱字者。如「魚不可脱於淵」，證以《喻老》，則「淵」上脱「深」字；「子孫以祭祀不輟」，證以《喻老》，則「以」下脱「其」字，「不」上又脱「世世」二字；「唯施是畏」三語，證以《解老》，則「唯」下脱「貌」字，《廣雅》云：「貌，巧也。」「徑」下又脱「大」字；「大」即迂夸之義。「生之徒」四語，證以《解老》，則「人之生」下脱「生而動」三字，「死地」下脱「皆」字；「十有三」即「九竅」、「四肢」合數。「復衆人之所過」，證以《喻老》，則「復」下脱「歸」字；與「復歸於無物」等同。「故能成器長」，證以《解老》，則「成」上脱「爲」字「成器長」即「大官」。是也。亦有僅脱助字。如「不出户」數語，證以《喻老》，則「户」、「牖」二字上各脱「於」字，「知」、「見」二字上各脱「可以」二字；「可以有國」，證以《解老》，則「可」上脱「則」字；「深根固柢」，證以《解老》，則「深」、「固」下各脱「其」字；「弱之勝强」數語，證以《淮南・道應》，則「剛」、「强」下各脱「也」字，「莫能」當作「而莫之能」；「受國之垢」數語，證以《淮南・道應訓》，則「受」上各脱「能」字是。有足證今本脱句者。如「上禮爲之」數語，證以《解老》，疑上脱「禮以情貌」；「禍兮福之所倚」，證以《解老》，疑下脱「有以成其功」是也。有足證今本訛、脱相兼者。如「貴以賤爲本」，當從《淮南・原道訓》作「貴者必以賤爲號」是也。有足證今本衍文者。如「柔弱勝剛强」，當從《解老》作「損即自卑。弱勝强」是也。有足證今本訛字者。如「少私寡欲」，《解老》以「不思」與「無欲」對言，而《文選》注謝靈運詩注。亦引「私」作「思」，則「私」

爲訛字；「不被甲兵」，《解老》「被」作「備」，即不恃甲兵之用；「以輔萬物之自然」，《喻老》「輔」作「恃」，「恃」蓋「待」字之訛是也。「以其不病」二語，亦當從《喻老》作「以其不病，是以無病」。「若夫措其爪」，《解老》「措」作「錯」；「不可以示人」，《說苑・君道》篇「示」作「借」；「若冰之將釋」，《文子・上仁》篇作「若冰之液」；「爲天下谿」，《淮南・道應》作「以爲天下谿」，又作「其爲天下谿」；「故知足精神、嗇知識」相解，《呂氏春秋・情欲》篇亦引此詞，則事有所節爲嗇；「不善人者」二語，《喻老》以紂索玉版事相詮，《淮南・道應訓》以子發用偷者事相詮，則利而用之謂之資；「則攘臂而扔」，《解老》謂聖人復恭敬盡手足不衰，❶則「扔」即因仍，「攘臂」即行禮；「國之利器」二語，《韓非子・内儲下》篇、《六徵》篇及《喻老》均以「刑賞」釋「利器」，以「見」釋「示」，則此指臣窺人君賞罰言；「推之生而不有」數語，即《呂氏春秋・貴公》篇「生而弗有」諸義也；「辭」字同「始」，畢說是。「故能蔽不新成」，即《文子・上仁》篇「自損蔽，「能」蓋同「耐」。不敢廉成，不敢新鮮」之義也；「卻走馬以糞」，「糞」爲糞田，說見《解老》及《淮南・覽冥訓》；❷「若烹小鮮」，誼取不撓，說見《解老》及《文子・道德》篇。舊說昭垂，義非後起。若「太上下知有之」，《韓非・難三》篇所述，異于《淮南・主術訓》；「失德而後仁」節，《淮南・本經訓》所述又異於《解老》。若斯之屬，亦足證古誼之歧。蓋《老子》漢註今既不傳，欲稽古說，惟資諸子。

❶「聖人」，遺書本同。今本《韓非子・解老》作「君人」。

❷「覽冥訓」，原作「冥覽訓」，據《淮南子》乙正。

諸子而外，則他籍文同《老子》而漢儒作解者，亦足匡王弼諸家之缺。如「芻狗」見於《淮南》，《說山訓》、《齊俗訓》。證以高注，則「束芻爲狗」與「芻靈」同；「載營魄」見於《楚詞》，《遠游》。證以王注，則「載」訓爲抱，「營魄」即靈魂。此亦故訓之可稽者也。

故師培校審斯書，惟徵故誼。及故誼罕徵，始互勘本書以諍註說。如「常無欲」、「常有欲」，以下文「常無欲可名於小」相律，則「無欲」、「有欲」絕句。與「常無爲」、「常無名」、《莊子》「常無有」同。而「貴食母」，以下文「得其母」相例，則「食母」即「得母」。「食」、「德」古恒互訛，如《周書》「王食」，孫氏《斠補》易爲「王德」是。《老子》書又「德」、「得」互用。「侯王無以貴高」，以上文「爲天下貞」相證，則「貴」爲「貞」訛。「高」涉下「高」字衍。「質真若渝」，以上下兩「德」字相較，則「真」亦「德」訛。古「德」字與「真」近。又「寵辱若驚」，「寵」疑訓貴，與「貴大患」對文；「餘食贅行」，「食」疑作「德」，與「行」對文。其所發正約百餘事，按文次列，成《老子斠補》二卷，以補王、洪、俞、孫所未備。若夫宣宄義蘊，❶以經史大誼相闡明；或侈述微言眇義，高下在心，比傅穿泬，窮高遠而乖本真。今輯斯編，概無取焉。

老子韻表自序

近儒治韻學者，詳於經而略於子。然老、莊、管、晏、荀、呂之書，莫不有韻，惟《老子》純屬韻文。所用古韻，非惟足考古本音也，其有符於古合韻者，恒足徵雙聲通轉。如第十六章以「道」協「殆」，則以「道」、「特」

❶「宣宄」不辭，疑爲「宣究」之訛。

雙聲，讀「道」爲「特」，猶《易·恒卦》以「道」協「始」也。第六十七章以「先」協「矣」，則以「先」、「斯」雙聲，讀「先」若「斯」，猶《詩·小雅》「有兔斯首」，「斯」當讀「先」也。第三章以「亂」協「治」，則以「亂」、「力」雙聲，「亂」音轉「力」。第五十三章以「劍」協「綵」，則以「劍」、「紀」雙聲，「劍」音轉「紀」，是猶《說文》「耎」從「而」聲、「獮」從「璽」聲也。第二章以「美」協「善」，則以「善」、「視」雙聲，讀「善」若「視」。第五十六章以「賤」協「貴」，則以「賤」、「才」雙聲，讀「賤」若「才」，是猶《說文》「貫」從「貝」聲、「元」從「兀」聲也。第二十七章以「妙」協「迷」，則以「妙」、「靡」雙聲，讀「妙」若「靡」，猶「蛾眉」、「娥媌」之通轉也。第八章以「争」叶「物」，則以「争」、「脂」雙聲，讀「争」若「脂」，猶《楚詞》以「匹」叶「程」也。古籍音轉之例，得此益章。爰於校勘《老子》之餘，萃上下兩經各韻語，分部別居，輯爲《韻表》。意所甄明，尤詳合韻，俾世之覽者曉然於字音所轉必於本音之字爲雙聲，則群籍協韻之歧，亦可援是遞推矣。

荀子補釋自序

近儒所校子書，莫精於《荀子》；王氏《集解》，又集衆說之成。然疑誼沈匿未發者，仍不下數十百事。如《修身篇》「菑然」，證以《論語》「涅而不淄」，「菑」與「淄」同；《禮論篇》「物取而皆祭之」，證以《禮記》「比時聚物」，「取」與「聚」同；《正名篇》「徑易則不拂」，即《大戴》「徑施則不拂」，「易」與「施」同；《大略篇》「六貳之博」，下言「則天府矣」。即《周禮》六法之貳，「博」爲「簿」省；

《彊國篇》「辭賞也固」與「致命也恭」對文，「固」即《修身篇》「倨固」之「固」；《修身篇》「術順墨」與「禮義」、「倨固」、「執詐」、「精污」並文，「墨」即《禮論》、《樂論篇》「瘠墨」之「墨」；「順」本誤字。「瘠」與古文「慎」字近，因以致訛，後又易「慎」爲「順」。《禮論》以「瘠墨」與「惑賊」並言，「墨」與「賊惑」猶《左傳》「昏墨賊也」。❶ 荀以刻死附生爲「墨」，附生即「貪」，非墨子之「墨」也。《解惑篇》「斯觀」即《墨子》「干莘」之倒音；「干」、「觀」古通，「辛」、「先」、「斯」聲轉。《宥坐篇》「史付」與《左傳》「祝柎」爲一人；《修身篇》「佞兑而不曲」，與「偷儒轉脱」對文。「而不」二字爲「耎」字之訛。前儒所詮，均非碻詁。又考《王制篇》「抃急」，與《左傳》「弁急」同；《修身篇》「倚魁」，與《大戴》「畸鬼」同；《非十二子篇》「肆然」、「肆棣」互通；《樂論篇》「流優」，「優」、「湎」雙聲；《君道篇》「羿不世中」，「中」爲簿籍；《性惡篇》「騹驥」，「騹」爲赤馬；與「槿」爲赤色木同。《解惑篇》「賓孟」與《史記·日者列傳》「賓正」同。此亦前儒未詮之誼。因此次己説，成《補釋》二卷。其有疑義俟決者，如《王霸篇》「朴力寡能」上言「罕舉力役」，疑「能」爲「罷」之脱；《王制篇》同。《議兵篇》「奔命者貢」上言「奔命者不獲」，疑「貢」爲「置」之訛；「置」猶「舍」。《非相篇》「焉廣三寸」，「焉」疑通「咽」；《臣道篇》「定其當而」，「當而」疑作「不」；即「當否」也。《成相篇》「春申道絀」，上承展禽言，疑係「魯申」之誤；《堯問篇》「繒丘封人」，下言「見叔敖」，疑係「寢丘」之叚。亦附存其説，以俟博徵。若夫《毛詩》、《左氏》，荀爲先師，古文家言憑斯可擷誼，爲漢説所自生，

❶ 下「賊惑」疑爲「惑賊」之倒。

亦依文詮釋。引而伸之，觸類而長之，於西漢古文之學，思過半矣！

吕氏春秋斠補自序

《吕氏春秋》，東漢已無善本。高誘序謂「既有脱誤，小儒又以私意改定」，此其徵也。今觀《察微》篇「又反伐郢」，即《左傳》「入郥」事，「郢」蓋「郥」訛，而高已訓爲「楚都」；《知度》篇「以柰何《淮南・主術訓》同。爲寶」，當從《文子・上仁》篇作「禁苛」，而高以「不可柰何」爲訓；《召類》篇「犨於前」，《新序・刺奢》篇作「擁」，則「犨」係「壅」訛，而高已訓「犨」爲「曲」；《審微》篇「君固愁身傷身，以憂之戚，不得也」，《莊子・讓王》篇作「以憂戚弗得也」，則「憂戚」聯文，而高已訓「戚」爲「近」；《權勳》篇「若殘豎子之類」，「若殘」文當互乙，與《知士》篇「剗而類同，而高已訓「殘」爲「餘」；《審分覽》「夫其不明也」，律以上文，「明」當作「静」，而高已按文生訓。是高説之訛，由於所據非善本。

後世以降，則傳寫訛脱，校者復以私意妄更，故有高本不誤而今本誤者。如《仲春紀》「安萌芽」三語、《季春紀》「省婦事」、《仲夏紀》「静事無刑」，據高注所釋，則「養幼少」二語當在「安萌芽」前，「事」當作「使」，「刑」當作「徑」，與《淮南・時則訓》同，今本均後人據《月令》所更。《必己》篇「尊之足常足矣」，《喻老》作「知足之爲足矣」。或因形近，或因義通，或損益助詞，或屬別義，亦古本《老子》之異文也。又如「或不盈」，《淮南・道應訓》作「又」，《墨子》佚文作「有」，「又」、「有」古通，「或」復通「有」。「若可寄天下」，《莊子・在宥》篇作「則」，《淮南・道應訓》作「焉」,「焉」、「則」、「若」義同。亦古本異文。

後世而降,各本互有異同。凡與古籍所引相合者,均屬未改之本。如「輕則失臣」引於《喻老》,「長短相形」引於《淮南・齊俗訓》,則河上本爲長。「故强字之曰道」引於《解老》及《牟子》,「故人無棄人,物無棄物」引於《淮南・道應訓》,則傅本爲長。「功成名遂身退」引於《淮南・道應訓》、《文子・上德》篇,則王本爲短。是則訛、脱之跡,非勘以諸子弗克明。其有闌《老子》古誼者。如「常道」、「常明」,《解老》以「不易」及「有定」訓「常」,《文子・道原》篇引之,與「變」並言,則恒久爲常;「治人事天莫若嗇」,《解老》以「愛則虧」,高以「高位疾顛」爲訓,與「虧」誼不合。蓋《莊子・山木》作「議」,❶本書以「獻」代「議」,誼均訓「傾」。「虧」乃後人所更。《遇合》篇「嫫母執乎黄帝」,高以黄帝説之相釋,與「執」誼不符。蓋《論衡・遇合》篇作「近」,本書作「暬」,「暬」即進御。「執」乃傳寫之訛。《務本》篇「持諫」,高云:「不公正。」則高本作「諛」;《晏子・問下》「持諛巧以正禄」。《開春論》「皆來謂矣」,高云:「謂天子也。」則高本作「謁」。《用衆》篇「辯議不可不爲」,高注「不可」爲聯文,則高本無下「不」字。《義賞》篇「且成而賊民」,蓋承上文「成乎邪」言,在「賞罰」二語上,故高注先述此詞,乃説「慎」字,今本移「賞罰」二語下,則語不相維。《觀世》篇「而佞進」,蓋與「賢者在下」聯詞,在「不得休息」四字前,今本倒移其後,則誼不克通。此均今本乖高本之真者也。

❶「山木」,原作「山本」,據《莊子》改。

有晉本不誤而今本誤者。如《任數》篇「北懷儋耳」，《山海經》注引作「閩」，《大荒西經》。蓋「閩」通作「耴」，別本作「耴」，因訛爲「耽」，與《淮南》同。後人習聞南方有「儋耳」，又易爲「儋」。此今本失晉本之舊者也。有唐本不誤而今本誤者。如《適音》篇「移風平俗」，《治要》引作「風乎俗」；《本位》篇「設朝而見之」，《書鈔》一百四十二。❶引作「設朝見之禮」；❷《諭威》篇「必反諸己」，《治要》引作「必反人情」；《異寶》篇「不以利爲利」，《書鈔》三十八。引作「可謂以不利爲利」；《音律》篇「陰將始刑」，《治要》作「陰氣將刑」；《用衆》篇「不可以爲賢主」，《意林》引「以爲」作「化成」；《任數》篇「已得仲父之後」，《書鈔》引「後」作「教」；❸四十九。《高義》篇「不可謂忠臣」，《書鈔》引「忠臣」作「竭忠」；❹三十七。《古樂》篇「水道壅塞」，《選》注、《舞賦》注。《書鈔》一百七。❺引「水」作「陽」；《去私》篇「腹䵍」，《書鈔》引「䵍」作「鞟」；❻三十七。《侈樂》篇「其生必傷」，《治要》引「生」作「主」；「主」與「民」對。《任數》篇「習者曰」，《書鈔》引「習」作「贊」；❼四十九。《論人》篇「以驗其人」，《治要》引「人」作「仁」；《大樂》篇「狂者非不武」，《治要》引「武」作「舞」；《下賢》篇「帝者天下之適」二語，《書鈔》、卷一。《御覽》七

❶「二」，原脱，據《北堂書鈔》及遺書本補。

❷按：四庫本《北堂書鈔》卷一百四十二作「設朝而見之」。

❸按：四庫本《北堂書鈔》卷四十九作「已得仲父之後」。

❹按：四庫本《北堂書鈔》卷三十七作「忠臣」。

❺按：四庫本《書鈔》卷一百七並無「陽道壅塞」或「水道壅塞」之文。

❻按：四庫本《書鈔》卷三十七作「腹䵍」。

❼按：四庫本《書鈔》卷四十九作「習者曰」。

十七。所引，「之」下均有「所」字；❶《知度》篇「是之謂重塞之主」，《治要》於「重塞」二字，均爲疊詞。此又唐本勝今本者也。

若夫《節士》篇「必見國之侵」，《晏子》《雜上》。作「方即「與」字之訛。見國之必侵」，則故本「必」在「侵」上；《直諫》篇「免衣繦緥」，《説苑》《正諫》篇。作「免於繦緥」，則故本「衣」作「於」；《當染》篇「貪暴可羞人」，故本蓋作「貪暴苛擾人」，與《墨子》同；《所染》篇。❷《先識》篇「是不知所以亡」，故本蓋作「所以存，所以亡」，與《説苑》同；《權謀》篇。《用衆》篇「是教也」，「教」下脱「大辯」二字；《節喪》篇「以生人之心慮」，「以」上脱「非」字；《有始覽》「陰陽材物之形」，「形」上脱「所以」二字；《大樂》篇「凝凓以形」，「凓」爲「寒」之訛；《不廣》篇「草中之戎」，「草」爲「莫」之訛；《當賞》篇「從焉氏塞」，「焉」爲「烏」之訛；《任地》篇「無使之治」，「治」爲「怠」之訛；《審分覽》「堅窮」，「窮」爲「敂」之訛；《情欲》篇「修節」，「修」爲「循」之訛；《先己》篇「大水深淵成」，當作「水淵深大成」，均爲衍字；《慎勢》篇「以宋攻楚」，當作「以宋攻宋」，「楚」爲訛文；《悔過》篇「要門而歸之」，「歸」爲「覽」之脱；《用民》篇「次官也」，「次」爲「羡」之脱；《必己》篇「門閭帷薄聚居，衆無不趨」，「衆」即「聚」字訛文；《辨土》篇「土則蕃轓而不發」，「轓」即「蕃」字訛文；「而」亦「不」之訛。《音律》篇「太簇」、「仲吕」二節互相錯簡；《去尤》篇「翔」、「祥」二字同字異文，據《莊

❶ 按：四庫本《書鈔》卷一作「《文子》曰：『帝者天下之適也。』」

❷ 「所染」，原作「當染」，據《墨子》改。

子・達生》篇兩「巧」字證之。雖致誤之時，今莫克考，然積誤相沿，蓋非一日。故元、明各本，猶校畢刊爲遜。

畢刊既萃衆説而成，嗣治是書復有梁、蔡、陳三氏，王、俞、張、孫亦多勘審，惟補脱正訛，十僅得五。師培孳治粗久，以爲吕氏之書恒與諸子相出入，非互勘諸子，莫克正高注之訛；非旁考唐賢所引，莫由證元、明各刊之失。因以畢刊爲主，校審異同得失，成《吕氏春秋斠補》二卷。高注訓詞章晰，洞達典禮，説或未達，亦匡厥違。如《季夏紀》「涼風始至」，「涼」即《淮南・天文訓》「温涼」之「涼」，義與「温」同；《愼行覽》「以亡其大夫」，「亡」即《左傳》「盟大夫」之「盟」，「亡」、「盟」音轉；《長利》篇「協而耰」，「協」即《莊子・天地》篇之「悒」，「悒」、「協」又訓「和」；《求人》篇「歸已君乎」，「歸已」即《莊子・逍遥游》之「歸休」，「已」爲終詞；《貴性》篇「服是也，辱是也」，「服」、「辱」對文；《上農》篇「是爲厲」，「厲」字絶句；《察微》篇「克夷」，「夷」爲楚邦邊邑；《報更》篇「堪士」，「堪」即「沈伏」之「沈」是也。若夫佚文脱句，散見群籍，亦粗事甄録，别綴卷末。惟《書鈔》一百六所引「歌白狐」事，係《吴越春秋》之誤。《意林》所引，亦恒以注文攙入，今概薙夷，以判僞真。是亦多聞缺疑之義耳。

吕氏春秋高注校義自序

《吕氏春秋》高注，以《治要》所引勘之，得佚注八條。若注有佚句、句有脱字以及文字殊異者，約百餘則。因思高注舊文，唐代以降，删易孔多。有因妄改正文而並改注文者。❶如《論仁》篇「哀之以驗其仁」，注云：「仁人見可哀者，則不忍之也。」後儒妄改爲「其人」，由是注文「仁人」二字亦易爲「人人」；《大樂》篇「狂者非不舞也」，注云：「雖舞不能中節。」後人妄改爲「不武」，由是删易注文，更爲「武者不足畏」。有因删注復加竄易者。如《蕩兵》篇注：「水以療渴，今各本訛爲「湯」。火以熟食，不可乏也。兵以除暴，亦不可偃。」「亦」承上言，後人删「不可乏也」四字，則「亦」字無所承，因改爲「夫何偃也」；《驕恣》篇注：「自謂有過人智，故輕物。物，人也。」以「人」釋「物」，後人删「物人也」三字，則「無輕物」無注文，因於「故」上增「曰」字。有昧注文之例妄更者。如《君守》篇注：「自以其言爲當，是以知其言之當。」此就正文「言之當言」，後人疑「當」爲複文，易「之當」爲「之狂」。《貴因》篇注：「不知其賢而用之，故不治。」此就「用賢不知」言，非言「不用」，後人以上文既言「不知」，遂於「用」上增「不」字。《蕩兵》篇注：「若，順。」後人昧「順」有「若」訓，以「若」爲「如」，遂易爲「若被其化」，與《審分覽》以「縱」原作「紛」。訓「放」、《達鬱》篇以「傲」原作「賤」。訓「簡」者同例。有因傳寫致誤者。如《適音》篇「養孩」，注云：「孩，少。」今則並誤爲「俠」。有因後人據形近之字妄改者。如《功名》篇注：「守，情守也。」後人改「情」爲「清」；《適音》篇注：「事，兵戍事。」後人改「戍」爲「戎」。嗣外則《知度》、《貴直》諸篇，注文訛脱字達廿餘，即句末「者」、「也」諸詞，亦多省節。此均今本之異於唐本者也。夫《治要》所引吕書，十僅

❶「注文」，原作「正文」，據上下文義改。

得一，又於注文多節引，以校元、明各刊本，脱文佚句，篇必數見，則注文久非全帙矣。

蟄居多暇，因掇引《治要》所引殊文，撰爲《校義》。他籍所引，有爲畢校所未載者，亦依次甄録。即高氏序文，亦援《書鈔》九十九。所引，互審同異。雖高注舊本之觀未克悉復，然衡以畢刊，夫亦稍近古矣。

吕氏春秋高注校義後序

予撰《吕氏春秋高注校義》成，繼念注文訛脱有不必證以他籍而明者。《季春紀》「行之是令」，注云：「『行是之令』也，當作『行是月之令』。」《淮南·時則訓》作「行《月令》」，高説本之。今脱「月」字。《盡數》篇「爲張爲疛」，注云：「疛，跳動。皆腹疾。」則「疛」上脱釋「張」之詞。《論人》篇「以自防禦」，❶注云：「防，禦仇也。」蓋正文之「禦」係衍文，高以「禦仇」釋「防」。《勸學》篇「無乃畏也」，注云：「畏猶死也。」蓋「死」上脱「畏」字，當云「畏，句。猶畏死也」。《誣徒》篇「於師愠」，❷注云：「故怨於師。」上云：「愠，怒也。」則「怨」亦當作「怒」。《孟秋紀》「其帝少皞」，注云：「帝嚳之子摯兄也。」當作「黄帝之子摯也」，《淮南·時則訓》注云：「黄帝之子青陽也。」此其徵。今本係淺夫臆改。《論威》篇「過勝」，注云：「過猶取也。」「取」當作「敗」，與「勝」對文。《舉類》篇「難瞻」，注云：「難瞻則恐，恐則失親。」梁氏謂「瞻」當作「贍」，則「恐」亦「怨」字之訛。《愛類》篇「公取之代

❶ 「論人」，原作「先己」，據遺書本鄭裕孚校案及《吕氏春秋》改。

❷ 「誣徒」，原作「尊師」，據遺書本鄭裕孚校案及《吕氏春秋》改。

之，其不與」，注云：「言取石以代子頭，其不與邪？」案：「不與」猶言「否歟」，高蓋以「邪」釋「與」，「邪」上「與」字碻屬後人誤增。若是之屬，非惟背高氏之旨也，即呂書之誼，亦因斯而晦。此亦亟當訂正者也。

韓非子斠補自序

《韓非子》舊無善本。乾道本雖至古，然訛脱已繁。近儒治斯書者，顧、盧而外，有俞樾、張文虎、孫詒讓三家，長沙王氏先慎因之，輯爲《集解》。又日本儒生若物茂卿、蒲阪圓，亦於斯書多詮發，然校審訛脱，説恒未罄。

以今考之，知乾道以降各本，或篇有脱句。如《主道》篇「臣不陳言而不得當」，下脱「不得越官」語；《有度》篇「先王以三者爲不足」，上脱「法數賞罰」語；《忠孝》篇「所謂威者」，下脱「□□而□□」語是也。或句有脱字。如《五蠹》篇「文學者非所用」，與「行仁義者」對文，下文「修行義」當作「行仁義」。下文復言「習文學」，則「文」上脱「習」字；《飾邪》篇「國雖大」，❶與上「國雖小，富」對文，則「大」下脱一字；❷《揚權》篇「權不欲，見素無爲」，「見素」詳《二柄》及《主道》篇，二語並文，則「權」上脱一字是也。又《解老》篇「所以有國之術」，上脱「生於」二字；《五蠹》篇「其有功也」，上脱「以」字。有因脱字而文互訛者。如《説疑》篇「晉伯陽、秦顛頡、衛僑如」下二字，均涉下文衍，律以上文「續牙」諸名，蓋本文脱二字，當作「伯陽秦不虛雒衛」，《風俗

❶ 「飾邪」，原作「南面」，據遺書本鄭裕孚校案及《韓非子》改。

❷ 「大」，原作「小」，據遺書本改。

通》佚文有「雒衛」，即「雒陶」也。「雒」、「誰」形近互訛。❶餘均脱佚，「晉」字、「顛」字亦後人妄增是也。有因後人增字足義而衍者。如《外儲説左上》「怠於行陣」與「惰於田」對文，下文又言「怠於行」，則「陣」爲衍文；《外儲説右》「不加貴於山」與「貴於海」對文，則「加」爲衍文是也。有因二本助字不同，校者併合而衍者。如《存韓》篇「而以與争强」，「與」、「以」用同；《外儲説右》「有漸而以至」，「以」、「而」用同是也。有因形近而衍者。如《亡徵》篇「而争事勢」，「事」即「争」之衍；《南面》篇「兩言始治」，「始」即「治」之衍是也。有涉上下文而衍者。如《解老》篇「立權議之士」，「議」涉上「議於大庭」而衍；《制分》篇「理當從顧作「里」。不得相窺」，「得」涉下「惟恐不得免」而衍是也。有既衍復訛者。如《守道》篇「巨盜貞平」與「大勇愿」對文，上文復以「愿」對「正」，則「平」爲衍文，「貞」亦「正」字異體；《喻老》篇「王子期」又作「王子於期」，《外儲説右》同。蓋「子」訛爲「于」，「于」又訛「於」，後人又於「於期」上增「子」字是也。有因形近而誤者。如《有度》篇「氓社稷」，「氓」即「泯」字；言此乃齊、楚滅人國之事也，《左傳》「不泯其社稷」，是其徵。《安危》篇「殺天子也」，「殺」即「殷」字；宋爲殷後，故襲「殷」稱。猶《晏子春秋·問篇上》「親殷」即親宋也。《難二》篇「而作葬」，「作」疑作「亡」；「亾」、「亡」形近，「亡葬」即上文之「不葬」。《存韓》篇「取韓地而隨之」，「隨」疑作「隳」，「罷於内攻」，「攻」疑作「政」；即征胥。《有度》篇「睢陽之事」，「事」疑作「争」；《亡徵》篇「小民右仗」，「仗」疑作「伎」；《八經》篇「相誨以

❶「誰」，遺書本作「頡」。

和」，「和」疑作「知」是也。有脱書偏旁者。如《初見秦》篇「以此與天下」，證以下文「舉荆」、「舉趙」，則「與」當作「舉」；《功名》篇「結之以成」，證以上文「不足於信」，則「成」當作「誠」；《外儲說右》「知貴不能」，證以下文「歌不中宮徵，不可謂教」，疑「貴」當作「遺」；又《顯學》篇「顯而榮者」，「者」當作「諸」，「諸」與「之」同是也。自是而外，則《初見秦》篇「東服於陳」，當從《史記》作「保」，「保」、「服」字通；《老子》「保此道」，《淮南》作「服」。《外儲說左上》「得衛」，當從《新序》作「温」，《雜事四》。「温」、「衛」聲近；「韋」、「温」、「殷」一聲之轉。《飾令》一篇殘佚孔多，當據《商君書》勘補。此均文字之亟宜校審者也。

若夫詮明故訓，前儒所陳，說或未當，或訓詞缺如。如《難三》篇「典成之吏」，「成」即獄訟之成；《存韓》篇「韓子」，「子」即所伐國之君；見《吕氏春秋·懷寵》篇高注。《有度》篇「闢其佞」，「闢」、「貫」義同；《說疑》篇「外接巷族」，「巷」、「隆」義同；《六反》篇「整穀」，「穀」與「愨」通；即誠愨。《姦劫弑臣》篇「不怨」，「怨」與「菀」通；《說林下》篇「可以得荆」，「得」與「德」同；《八經》篇「詭曰易」，「易」與「施」同，「后妃不疑」，「疑」與「擬」同是也。

師培近治斯書，詳正文字，間申故誼，成《斠補》一卷，以補《集解》所未備。惟《八經》諸篇訛脱之文，審正靡資，前儒所詮，或憑臆定，則日思誤書，不得不期於後之邢邵矣。

鬼谷子書後

秦刊《鬼谷子》，據述古堂抄本，然亦非

完帙。《書鈔》九十九引《鬼谷子》云：「木雖蠹，無風不折；牆雖隙，無雨不壞。牆壞於有隙，木蠹於有節。」今《謀篇》脱上四語，於下語二「有」字復誤爲「其」，觀《意林》所引，亦作「有」，則「其」爲誤字甚明。又《書鈔》一百四十八引《鬼谷子》云：「魯酒薄而邯鄲圍。」❶注曰：「邯鄲屬。」下有脱字。❷此亦今本脱文也。陳本改注《淮南子》、《類函》本改注《莊子》，均因今本脱此文而改引。《謀篇》「載司南之車」，《御覽》所引作「肅慎氏獻白雉」云云，秦校定爲注文，孫詒讓《札迻》復據《事物紀原》所引定爲樂臺注。今考《書鈔》一百四十於引本文外，引本文「載」上有「必」字，❸秦本無。兼引注文「肅慎氏」云云，此爲樂注，疑「邯鄲」條亦樂注。《意林》引楊泉《物理論》云：「指南車，見《周官》，亦見《鬼谷先生》。」則斯書晉已盛行。陶、樂作注，均不必疑其贋也。

黄帝内經素問校義跋

《黄帝内經素問校義》一卷，績溪胡氏澍著。❹訓「時」爲「善」、易「搏」爲「專」，以及「至人」、「名木」二條，均窮探聲音訓故之原。惟原書「不妄作勞」，胡氏據全、楊本易爲「不妄不作」，其誼甚允；復引《徵四失論》「妄言作名」，以證「妄」、「作」對文，「作」義同「詐」，則殊不然。「作」即創始之義，

❶ 按：四庫本《書鈔》卷一百四十八，並無「鬼谷子」云云之文。

❷ 「脱」，原作「挽」，據遺書本改。

❸ 按：四庫本《書鈔》卷一百四十，並無與「載上有必字」相關之内容。

❹ 「績溪」，原作「續溪」，據遺書本改。

「不作」者，與《老子》「不敢居天下先」同。若改「作」爲「詐」，豈「妄言作名」亦可稱「妄言詐名」乎！又原書「若有私意，若已有得」，胡氏謂當作「若私有意」，猶言私有所念，「己」與「私」同，猶言私有所得。案：「若有私意」與《詩》「如有隱憂」例同，「意」與「臆」通，猶後世所謂「竊念默測」也，「若已」字當從趙氏之謙説，訓爲「已然」之「已」，亦不必訓爲「人己」之「己」也。又原書「陰陽者，萬物之能始也」，胡氏以《天元紀大論》之文爲例，易爲「金木者，生成之終始」。案：「能」、「始」二字義亦可通，「能」、「台」古通，如「三能」亦作「三台」是。《漢書·天文志》「三能」，《文選》盧諶詩作「三台」。故《禮記·樂記》正義云：「古以今能字爲三台之字。」疑此文「能」字亦「台」字借文。「胎」從「台」聲，《爾雅》訓「胎」爲「始」，則「台」亦兼有「始」義。「能」、「始」叠詞同訓，與上文「徵兆」同。若夫「虚无之守」，胡氏易「守」爲「宇」。案：「守」字從「宀」，居位曰守，則「守」字引伸亦有「居」義，不必易字而後通。此均胡説之失也。考《内經》一書，多屬偶文韻語，惟明于古音古訓，釐正音讀，斯奥文疑義渙然冰釋。胡氏之書，卷帙雖尠，然後有爲醫經作疏者，必將有取于斯書，則疏理古籍之功曷可少哉！

賈子新書斠補自序

《賈誼書》載《漢志》儒家，計五十八篇，凡誼文載本傳及入《食貨》各志者，均散見五十八篇中。蓋所上之疏、所著之書，恒旨同篇别，離合省併，不必盡同。近劉端臨《漢學拾遺》指爲班氏所删併，似未必然。

考宋代以前所徵引，或曰《賈子新書》，或稱《賈子》，或曰《賈誼書》，均即今本，惟卷目分併不同，具見盧序。俗稱或衹標「新書」，則稱名之訛也。

斯書刊本，以南宋潭本爲善。如《過秦上》篇「雲合而響應」，「而」與下句「而」字對，各本删「而」字。《中》篇「是言取與守不同術」，「是言」即《史記》「此言」，各本作「推是言之」，「守」上有「攻」字，「推」即上「權」字訛文。《下》篇「楚師深入」，與《史記》合，各本「師」作「沛」，然此言周文，非言楚、漢。《藩疆》篇「國北最弱」，各本「北」作「比」。《俗激》篇「乘傳而行諸侯郡」，《漢書》作「郡國」。此之「諸侯」即彼之「國」，與「郡」並文。各本删「郡」字。《瑰瑋》篇「而有布帛之饒」，各本「而」上衍「餘」字。《親疏危亂》篇「與諸公並肩而起」，同《漢書》，他本「公」誤「侯」。《匈奴》篇「連比有數」，「比」猶「頻」，各本作「此」。《傅職》篇「以道之敬」，與《國語》作「臨」合，各本誤「教」。《輔佐》篇「春夏秋冬，馬之倫色」，此即駕驪諸典，各本「馬」作「用」。「無奥宎之位」，❶「宎」見《莊子》，與「安」字同，各本作「剽」。《先醒》篇「辟艸而施教，句。百姓富，民恒一」，各本訛脱，作「治而外施教」。《道術》篇「令名自命，句。物自定」，各本「命」上衍「宣」字。均較他本爲長。盧校雖宗建、潭二本，然恒取資他刊，以己意相損益；義若罕通，則指爲衍羨之文。由是有誤增之失，如《道德説》「鑑者所以能」，❷「能」即古「態」字，言物由鑑而形也。盧于「能」下增「見」字，非。有誤删之失；如《淮難》篇「淮南王入赴」爲句，「千乘之君」爲句，或「赴」下有訛脱，盧乃妄删「入赴」下六字。又有當易而不易，如《益壤》篇「代北邊」二語，當在「而陛下」二語上是。當衍

❶ 「無」上，疑脱「禮篇」二字。

❷ 「道德説」，原作「六術篇」，據《新書》改。

而不衍之失。如《益壤》篇末節，「今所恃者代、淮陽二國耳。皇太子亦恃之」，與前文複，必係前文別本併入者。近儒匡盧失者，惟俞氏《平議》、孫氏《札迻》。嗣外則德清戴氏望、海寧唐氏仁壽、南滙張氏文虎，均有校訂之詞，惟説多亡佚。

師培幼治此書，以爲南宋以前故本今不克睹，爰取唐、宋類書、子抄所引，與各本互勘，知建、潭各本或篇有脱文，如《類聚》卷十一所引，❶有「神農以爲走禽難以久養民，❷乃求可食之物，嘗百艸，察實二字當互乙。鹹苦之味，教民食穀」三十字，《御覽》七十八引同，八百三十七亦引。《書書》卷十亦引「教民食穀」語，❸此蓋《修政語上》篇脱文。《初學記》二十二云：「古天子二十而冠，帶劍；諸侯三十而冠，帶劍；大夫四十而冠，帶劍；隸人不得冠；庶人有事得帶劍，無事不得帶。」注云：「見《賈子》。」二十六所引又有「天子黑方履，諸侯素方履，大夫素圈履」三語，蓋《等齊》諸篇脱文。又《御覽》三百六十八所引有「沸唇投塞垣之下」七字，❹然注云：「匈奴號也。」疑亦《匈奴》篇脱文，然均無碻驗。此佚文莫詳何屬者也。《禮》篇「太公弗與」下，《類聚》四十六所引有「文王曰：『發嗜鮑魚，何爲不與』」十一字，❺《御覽》二百六同。惟「鮑」作「鮀」，注云：「太何反。」❻則所據與《類聚》殊。然《書鈔》三十七亦引作「鮑」。《修

❶「卷十一」，原作「卷八」，據遺書本及《藝文類聚》改。

❷「走禽」，今四庫本《類聚》作「走獸」。

❸「卷十」，原作「卷八」，據《北堂書鈔》改。

❹「三百六十八」，原作「三百七十六」，據《太平御覽》改。又，今四庫本《御覽》所引無「之」字。

❺「四十六」，「六」字原脱，據《藝文類聚》補。「何爲」，原作「何謂」，據《藝文類聚》改。

❻按：四庫本《御覽》所引「鮑」作「鮀」，注文則云「大河反」，與劉氏所據本異。

政語下》篇「聽獄斷治」下，《治要》所引有「刑仁于人者謂之文誅矣，故三文行於政」十六字，下與「立潭本誤作「仁」。於治」二語接。無此數語，則數節文弗一律。此亦各本之脱文也。

至於句有脱字，得證尤多。如《等齊》篇「天下宫門曰司馬」，據《類聚》六十三。所引，則「馬」下有「門」字；《益壤》篇「高皇帝以爲不可」，據《類聚》四十五。所引，則「可」下有「制」字；又上文「功臣」作「有功之臣」。《保傅》篇「習與正人居之，不能毋正也」，潭本脱此五字，據程本。據《意林》所引，則「也」上有「人」字；又下二「齊」字皆作「楚」。《連語》篇「半以爲當罪」二語，據《治要》所引，則「半」上有「群臣」二字；《春秋》篇「故其久病心腹之積皆愈」，據《書鈔》百四十六。所引，❶則「積」下有「疾」字；《禮》篇「不登於俎」，據《御覽》二百六。所引，則「俎」下有「豆」字；《先醒》篇「謂先寤所以存亡者，此先醒也」，據《治要》所引，則「謂」上有「此之」二字，「也」上有「者」字；《修政語下》「夫舍學聖之道」，據《類聚》卷三。❷所引，則「夫」下有「人」字，「聖」下有「王」字；《立後義》篇「而所以有天下者，以爲天下開利除害，以義繼之也」，據《治要》所引，則「有」上有「長」字，「爲」上有「其」字。又下句「隱其惡」上有「以其天下」四字。又《春秋》篇「粃食雁」，《類聚》引作「鳧雁」；八十五。《修政語下》篇「婦爲其衣」，《治要》引作「婦人」。均足補各本之缺。

❶ 按：四庫本《書鈔》無此引文。

❷ 「卷三」，原作「卷一」，據《類聚》改。又四庫本《類聚》所引無「人」字。

自是而外，有足證各本衍文者。如《傳職》篇「教誨諷誦《詩》、《書》、《禮》、樂之不經、不法、不古」，據《類聚》所引，四十六。當作「教誨諷誦《書》、《禮》不經、不法」，餘均衍文；《立後義》篇「故天下皆稱聖帝至治，至秦爲無道」，別本「聖帝」下作「至治其道之下，當天下之散亂」，據《治要》所引，當作「其道之也，當也」，「道」與「導」同，餘均衍文；《先醒》篇「惠然獨先，乃學道理矣」，據《治要》所引，當作「慧然先達於道理矣」，則「獨」、「乃」均衍文，「學」當作「達」；《大政》篇「吏以民爲能不能」，《治要》引作「能否」，則「不」即「否」字，下「能」字係衍文；《修政語下》「唯攻守而勝乎同器」，別本「勝」作「戰」，《治要》引作「攻守、戰守同器」，則中脱「戰」字，而「乎」爲衍文是也。有足證各本訛字者。如《春秋》篇「煦牛而耕」，《類聚》八十五。「煦」作「餉」；《修政語》「不死軍兵之事」，《書鈔》十一。作「兵車」；❶《春秋》篇「小能生大」，《稽瑞》「大」作「巨」；與「下」叶韻。《階級》篇「近於帝上」，《類聚》「上」作「王」；九十五。《修政語下》「則己得其命矣」，《治要》「己」作「民」是也。推之《春秋》篇「皇天無親」，《治要》引作「天道」；《傳職》篇「不知日月之時節」，《書鈔》五十五。引作「不得節」；❷《論誠》篇「惡與偕出，弗與偕反也」，潭本多脱，用程本。《初學記》二十六。❸引「惡」作「思」、「偕反」作「入」；❹亦均故本。

---

❶「十一」，原作「十五」，據《書鈔》改。惟四庫本《書鈔》所引亦作「軍兵」。

❷按：四庫本《書鈔》卷五十五無此引文。

❸「二十六」，原作「三十六」，據《初學記》改。

❹「偕反作入」，案《初學記》引作「思與偕出弗與反也」。

若夫《過秦上》「奮六世」，《御覽》八十六。引「奮」作「纘」；❶《春秋》篇「而易一石秕」，《類聚》八十五。引「易」作「得」；其詞雖別，義得兩通。又《春秋》篇「是夕也」，《治要》作「昔」；《官人》篇「憔悴」，《類聚》四十五。作「愁」；❷《先醒》篇「忳忳」，《治要》引作「忙忙」；《退讓》篇「茆茨」，《治要》引作「蕢茸」，此亦唐、宋各本異文。惟《過秦下》「此言勞民之易爲仁」，《意林》引「仁」作「政」；《春秋》篇「而不知大計」，《類聚》八十五。引「計」作「害」；《道術》篇「各得其當」，《白帖》十三。引「當」作「常」；《修政語上》「憂務故也」，《御覽》八十二。引「故」作「民」；《修政語下》「民積於順」，《治要》引「順」作「財」，「民富且壽」，《書鈔》十五。作「民宜其壽」；《連語》篇「提石之者」，《御覽》三百七十六。作「以石抵之者」，則詞義均別，尚俟折衷。其有字異義同，如《益壤》篇「而虚其國」，《類聚》四十五「虚」作「空」；《春秋》篇「半以爲不當」，《治要》「不當」作「無罪」；《春秋》篇「親民如子」，《治要》「如」作「猶」；《論誠》篇「速以王禮葬我」，《御覽》三百七十五作「人君」是也。或損益助詞如《制不定》篇「故戰涿鹿之野」，❸《書抄》一百十八「戰」下有「於」字；❹《連語》篇「棄之玉門之外」，《御覽》三百七十六無下「之」字；❺《禮》篇「而可以養太子」，《書鈔》三十七無「以」字是也。者，尤不勝縷述。然此猶六朝以下之本耳。

由是上溯，則《周書》、《左傳》、《國語》諸書，爲賈說所本；《大戴》、《漢書》，恒以

❶ 「御覽八十六」，原作「初學記五」，經查《初學記》並無「纘六世之餘烈」之文，而《御覽》卷八十六有「纘六世」云云之辭，故改。

❷ 按：四庫本《類聚》無是引文。

❸ 「涿」，原作「濁」，據《新書》改。

❹ 「一百十八」，原作「一百八十」，據《書鈔》乙正。按四庫本《書鈔》引作「伐之涿鹿之野」。

❺ 按：四庫本《御覽》無是引文。

賈書録入；周、秦、兩漢諸子，又與賈子所言相出入。非互相讐斠，則訛文莫克正，疑義莫克昭。如《耳痺》篇「城郢之門，執高兵，傷五藏之實，毁十龍之鐘」，證以《淮南》《泰族訓》。「燒高府之粟」，又證以《吕覽》《分職》篇。「出高庫之兵」，則「執」當作「爇」，與「燒」同義；「高」下脱「庫之」二字。《勸學》篇「若饑十日而得太牢焉，是達若天地」，證以《文子》《精誠篇》。「勤苦七「十」、「七」古籍互訛。日不食，如享太牢」，又證以《淮南》《修務訓》。「達略天地」，則「若」當作「苦」，「而」與「如」同，「達若」猶言「達略」。《時變》篇「胡以孝弟爲」節及「居官」節，訛脱罕通，然詞爲賈禹疏所本。以《漢書·禹傳》勘之，則「驕恥偏而爲祭尊」，即彼傳「勇猛以臨官，乃驕偏二字見《荀子》。而祭此字仍訛。尊耳」之訛，上脱七字；「隱機盱視而爲天子」，即本傳「目指氣使斯爲賢」，則「天子」乃「夸」字之訛。下之「材士」，《禹傳》作「壯」，當從之。《勸學》篇「榆鋏鈹」四語及「昔者南榮佚」當作「侏」。數語，解者各異，然詞與《淮南》同。以《修務訓》勘之，則「榆鋏鈹」以下，即彼之「揄步下有脱。雜芷若籠蒙目字衍。視治由笑也」；「步陟」二語，即彼之「跋涉山川，冒蒙荆棘」也。又如《先醒》篇「戚然」二語，據《説苑·君道》篇，則「在」上脱「不」字，「錯」當作「惜」；《修政語下》「故是以明上之於君也」，據《説苑·君道》篇，則「故」爲衍文，「上」當作「王」；《大政下》「國之治政」二語，據《周書·殷祝解》，則衍「察理在其」四字；「國」即彼文「諸侯」，「士」字亦疑衍。《容經》篇「爲師之道」節，據《繁露·玉杯》篇，則脱「時早晚」三字；《春秋》篇「而天召以妖」，證以《新序·雜事二》「天以戒寡人」，則「召」當作

「詔」，「我」字衍。「詔」、「戒」義同；《容經》「在小不寶」，證以《淮南・氾論訓》「不塞不窕」，則「寶」當作「窒」，猶《晏子春秋》訛「壞室」爲「懷寶」。「窒」、「塞」義同。推之《大政》篇「使民與」，當從《鬻子》作「興」；《禮容》篇「魂魄已失」，當從《左傳》作「去」；《胎教》篇「荷斗」，當從《大戴》作「倚」；「倚」同「攲」，持去也。《耳痺》篇「衡他本作「銜」。菹」，當從《淮南》《覽冥訓》。作「銜席」；「菹」涉下而誤。《退讓》篇「必誨，莫令人往」，當從《新序》《雜事四》。作「每暮」。至於《傅職》一篇，當以《楚語》刊其訛；如「以輔相之」下脱「誦詩」二字，「制義行」二語所脱尤多，餘則當校以《大戴》。《保傅》一篇，當以《大戴》正其誤；如「天子有過」，「天」作「太」；而「宰收其膳」上有「過書」二字是。餘則當校以《漢書》。《過秦》以下廿餘篇，當援《史記》、《漢書》之文正其衍、如《宗首》篇「此時而乃欲爲治安」，「乃」、「而」義同；《憂民》篇「數十萬之衆聚」，「衆」、「聚」形近，當依《漢書》删「乃」、「聚」二字；《孽産子》篇「繡衣編經，履偏諸緣」，證以《漢書》「繡衣絲履」，則「編」即下「偏」字訛文。脱、如《瑰瑋》篇「蓄積」下，當從《漢書》增「足」字。誤訛如《過秦中》「循行」，「循」當從《史記》作「修」；《階級》篇「禮貌群臣」，「群」當從《漢書》作「大」，「折節致忠」，「折」當從《漢書》作「抗」，「人務高行」，「務」當從《漢書》作「矜」；《俗激》篇「行義非循」，「循」當從《漢書》作「修」；《憂民》篇「天時不雨」，「天」當從《漢書》作「失」是也。又如《無蓄》篇「乃試而圖之」，《漢書》「試」作「駭」，則「試」爲「誡」之誤，「誡」、「駭」古通，此别一例。之字，若《孽産子》篇「民賣産子」，《漢書》作「僮」者，則篇名「産」字亦當改易作「童」。此均盧校所未及也。

然《漢書》所載，亦有誤文。如《階級》篇「主爾忘家」三語，建本「爾」作「醜」，而《漢書》則作「耳」。蓋《漢書》易「醜」爲「恥」，「恥」脱爲「耳」，後人據以改本書，又易「耳」爲「爾」。《宗首》篇「雖堯、舜不能」，《漢書》「能」作「台」。蓋古字「能」作「台」，後人誤更爲「治」。推之《過秦中》「即元元之民」，《史記》誤「即」爲「則」；《保傅》篇「明精「精」當作「竫」。直」，《國語》誤「直」爲「意」，此則本書之長于他籍者也。

師培校勘斯書，歷有年所，互勘之餘，間以己意相發正。有以本篇之文互證者。如《銅布》篇言「雜石鉛鐵」，復言「雜以鉛鐵」，蓋古本均作「㠯」，一易爲「以」，一訛爲「石」；《鑄錢》篇「及石雜銅」，❶亦當作「㠯」。《匈奴》篇言「今天子自爲懷其民」，復言「壞其目」、「壞其口」、「壞其耳」、「壞其復」、「壞其心」，蓋古本均作「懷」，此即「五餌」，亦即下文之「牽引」，當以作「懷」爲正。與《漢書》同，嗣則均易爲「壞」北宋以前已誤，故宋祁以本書之「壞」正《漢書》。惟「懷民」之字存；《階級》篇「不及士大夫」，古無刑不及士之説，證以下文「刑不及君子」，《漢書》作「大夫」，則「士」爲衍文；《容經》篇「姚不惛，卒不忘」，「姚」、「卒」即「猝」。對言，則「姚」當作「佻」；《胎教》篇「威王以齊彊」二語，以簡公爲威王裔，則「王」當作「公」；即齊桓公也，此避宋諱改。《匈奴》篇言「使付酒錢」，又言「皆謀士也」，證以下文「奉酒」及「窺謀」等語，則「錢」乃「琖」字之訛，「謀」爲「諜」字之訛「士」亦衍字。是也。

有以他書相比傅者。如《耳痺》篇「何籠而自投水」三語，據《左傳》「賜以屬鏤」之文，❷「籠」與「屬鏤」音轉，如《方言》「車軥婁」，或謂「簹籠」是。則「籠」即「屬鏤」，「自投」當作「自殺」，言揭劍以自殺也。「水」爲衍文，故下復言

❶「鑄錢」，原作「鑄銅」，據《新書》改。

❷「屬鏤」，原作「屬縷」，據《左傳》改。

「浮江」。「范蠡負石而蹈五湖」，別本均作「負室而歸」，據《史記·范蠡》「裝輕寶珠玉浮海」事，「寶」、「室」形近，與《容經》「室」訛爲「寶」同。則「室」當作「寶」，「負」與「載」同；《匈奴》篇「幸假之但樂」，據《琴操·怨曠思惟歌》「元帝爲匈奴陳倡樂」，則「但」當作「倡」孫氏《札迻》有此説，惟未引《琴操》。是也。

有據字形正其誤字者。如《時變》篇「衣服循也」，「循」當作「修」，「矯誣而家美」，「美」當作「羨」；《權重》篇「未在所制」，「制」當作「刑」，「形」、「刑」古通；如《淮南》「一人之制」，《文子》作「形」是。《淮難》篇「解之金道以爲之神」，「神」當作「紳」，如《呂覽》「尊師羈紳」，「紳」訛爲「神」是。「金」當作「崟」，「崟」、「嚴」古通是也。有據字形定爲衍文者。如《階級》篇「則苟若而可」，「若」即「苟」字之訛；《漢書》同訛。《審徵》篇「啟彊、辟彊，天子之號也」，「啟彊」即「辟彊」之訛；《大政》篇「故政謂此國無君」，「政」即「故」字之訛是也。

有據聲同定爲通叚者。如《孽産子》篇「訿施」，與《左傳》「差池」、《文選》「偨池」同；《容經》「佛然」，與《大戴》「拂然」、《呂覽》「艴然」同；《等齊》篇「撰然」同「選」；《數寧》篇「疑尊」同「擬」；《道術》篇假「譠」爲「怛」；《匈奴》篇「夫或人」即「彼國人」是也。有審文正其衍脱者。如《等齊》篇「御既已齊」，「已」與「既」同，當删「既」字；《淮難》篇「然而淮南王天子之法」，「王」下當補「於」字是也。

若夫詞義幽眇，非釋弗明，亦疏通證明，以更舊説。又《左氏》、《國語》賈所稱引恒爲故誼，如《大都》篇「陳、蔡、葉、不羹」，即《左傳》四國，「蔡」、「葉」形近，故《傳》脱「葉」字；又《審徵》篇「賞于奚以温」，足補《左傳》賞邑之缺是。意有所伸，亦加筆述，萃爲三卷，顔曰《斠補》。因思荀、韓之書，長沙二王已撰《集解》，賈書雖稍後，然洞悉六藝，疏通不誣前制，故言託斯可考《集解》之作。闃然莫聞，則旁掇衆説，以治賈書。文宗潭本，例宗王氏，固師培有志未逮者也。

春秋繁露斠補自序

《繁露》自北宋中葉書已殘佚，樓郁《序》稱「書十卷」，歐陽修《書後》亦謂「纔四十餘篇」，所據疑即郁本。《書後》又謂「館中所見有八十餘篇，民間又獻三十餘篇，數篇在八十篇外」，《崇文總目》亦言「《繁露》八十二篇」。蓋修於館中所見者即《總目》所著之本，校以民間所獻，仍缺數篇，則八十二篇亦非完本矣。宋館閣本亦有缺頁，袁褧《楓窗小牘》卷下言：「家藏《繁露》，缺兩頁，館閣訂本亦復爾爾。後從相國寺資聖門買得抄本，兩頁俱全。」晁公武《郡齋讀書志》亦言八十二篇，則所藏同閣本。至於南宋黄東發《日抄》謂《中興館閣書目》止存十卷、三十七篇，案：南宋《館閣書目》祗言十卷。程大昌《秘書省繁露書後》謂《繁露》十七卷，紹興間董某進，又謂《通典》、《寰宇記》所引多今本所無。則南宋館閣之本二：一爲十卷三十七篇本，一爲十七卷本。胡榘所刊羅氏本亦三十七篇，或即館閣十卷之本，較修所稱四十餘篇復有所缺。然樓鑰謂程引三書之言皆在其中，則三十七篇之本又較十七卷之本不同。嗣樓鑰得潘氏八十二篇本，刊之江西，校以北宋閣本及晁氏藏本，篇目均合。然樓跋已言缺三篇，時別有十八卷寫本，亦缺三篇，見陳氏

《直齋書録解題》。明人所刊均本樓刻，惟復有訛脱。乾隆聚珍版本，據《大典》所存樓本以正明本訛脱。近盧、淩二本，均以聚珍本爲主，惟盧氏校本兼以明蜀本、何本、程本相勘，或以己意相改易。此《繁露》各刊之得失也。

然八十二篇既非完書，況於七十九篇之本。故唐、宋類書所引多《繁露》佚文，如《類聚》六十一所引有「禮天子之宫」四十五字，三十八所引稱「董生書」。有「理者天所爲」五十三字，❶《書鈔》八十亦引「禮人之妨也」十四字，❷《御覽》五百二十三亦引之。《書鈔》十一所引有「仰山」二字，均今本所無。又樓稱「《寰宇記》所引『三皇驅車抵谷口』在胡本中，今本亦無斯語」，則三十七篇之本雖遜今本之全，然彼本所存之語，亦或爲今本所無。若夫脱字訛文，盧、淩所校，俞、孫所糾，亦僅十得四五，故魚魯雜揉，致難卒讀，仍如淩氏所言。

師培校審斯書，以爲宋代以前故本今不克徵，惟唐代類書所引尚足正今本訛脱。如《服制象》篇「蓋玄武者」數語，據《初學記》二十六所引，則「右」字當從别本作「後」，「居首」下脱「者武」二字，❸「威」上「有」字爲衍文；《王道通三》篇「古之造文者」節，據《類聚》十一所引，則「之中」當作「之才」，「王者」下脱「其」字，「連」下衍「其」字，「參」下又衍「通」字；《同類相動》篇「軍之所處以棘楚」，據《類聚》六十九、八十九所引，則「以」上脱「生」字；又「下皆有之」，《類

❶ 按：四庫本《類聚》所引董生書爲四十四字。
❷ 按：四庫本《書鈔》引作「禮者人之防也」。
❸ 按：四庫本《初學記》所引「居首」下無「者」字。

聚》六十九「皆」作「均」。《五行順逆》篇「鳳凰翔」，據《稽瑞》所引，則「鳳」上脱「如」字；「如」即「而」也。《順命》篇「德侔《類聚》作「俟」，誤。天地者」，據《類聚》十一所引，則下脱「稱皇帝」三字；又下文「右」當作「佑」。《王道通三》篇「天仁也」，舊本作「大仁」，考《類聚》十一，引作「王者必法天，以大仁覆育萬物」，則「天」當作「大」；《郊義》篇「王者歲一祭天於郊」，考《書鈔》九十，引作「古者一歲」，則「王」當作「古」。若夫《執贄》篇「羔食其母」，《類聚》九十四「食」作「飲」；《循天之道》篇「焦沙」，《書鈔》一百五十五「沙」作「金」；又《書鈔》八十四引此篇「陰來」作「陰結」、「迎女」作「送女」。亦爲北宋以前故本。唐類書所引有約本書之詞者，如《初學記》三十引「大夫用雁」節是也。有確爲刊本訛字者，如《通國身》篇「爲精」，《類聚》二十「精」作「賢」；《服制象》篇「刀之在右，白虎之象」，《白帖》十三引「右」字、「白」字均作「古」是也。均不得據以改今本。

若唐人所引無徵，則《繁露》一書多本荀卿、管、韓，與淮南、賈、劉之書相出入，參互勘驗，訛脱斯呈。如《玉杯》篇「既美其道」節，證以《賈子・容經》，則此文當作「又慎其齊」，「行」爲衍字；「時早晚」與下二語對文，「省其所爲」二語「爲」當作「省」；因草書形近而訛。「成」、「湛」均「堪」字之訛。蓋「堪」形近「湛」，又正文作「戋」形與「成」近，故一訛爲「成」，一訛爲「湛」。《俞序》篇「論春秋」節及引子夏語，證以《説苑・建本》篇及《韓非子・外儲説右》篇，則「而爲國家賢」，「賢」當作「覽」；即《説苑》所謂「鑑」，故下言「不覽於春秋」。「一朝至耳」，「一」上脱「非」字；彼云：「皆非一日之積也，有漸而以至矣。」「除禍」即除勢滅姦之義。《精華》篇「陰滅陽」，證以《説苑・辨物》篇，則「滅」當作「減」。《治亂五行》篇

「則冬大寒」，證以《淮南・天文訓》，則「寒」當作「雷」。《王道》篇「爾虜焉知」，《新序・義勇》篇作「爾何知」，則「爾虜焉知」爲句。《郊祀》篇「過而不濡」，《荀子・法行篇》作「温潤而澤」，則「過」義同「和」。《郊祭》篇「嘗黍稷」，《説苑・修文》篇言「秋薦黍」，則「稷」爲衍文。《祭義》篇亦舉黍不舉稷。若夫《服制》篇「天子服有文章」節，本於《管子・服制》篇，與《賈子・孽産子》篇相類；《山川頌》「水則源泉混混沄沄」節，出於《荀子・宥坐篇》，爲《説苑・雜言》篇所本。校審訛脱，惟彼足資。

及子書罕徵，始旁徵他籍。如《止雨》篇書十七縣，以《漢書》所載江都國封域證之，則「十」上脱「二」字；《吴王濞傳》言「王五十三城」，《地理志》又言：「江都所封不得吴。」「吴」即會稽，而《漢志》所載會稽屬縣爲數二十六，是江都於吴國五十三縣中舍其二十六縣也，則爲二十七縣甚明。《滅國》篇、《盟會要》篇「弑君三十一」，惟《王道》篇作「三二」。以《公羊》經、傳所書弑君證之，則「一」當作「二」。若是之屬，均以互勘而義昭。互勘而外，間以己意相詮。知本書之文有因形近互訛者，如「空處」與「空虚」互訛，《天辨人在》篇、《天道無二》篇、《陰陽終始》篇、《陽尊陰卑》篇。「休」與「伏」互訛《陰陽位》篇及《天道無二》篇。是也。有因形近致誤者，如《楚莊王》篇「弗修規矩」，「修」當作「循」；《官法象天》篇「修於所故」，亦當作「循」。《官制象天》篇「選而賓之」，「賓」當作「實」；與「名」對文。《天道無二》篇「物而書之」，「物」當作「據」；俗書「據」作「擄」，故訛爲「物」。《保位權》篇「以行賞罰之象」，「行」當作「形」；《如天之爲》篇「除而殺殛者」，「者」當作「諸」是也。有因傳寫致脱者，如《四祭》篇「以奉祀先祖」，證以上文，「祖」下脱「父母」二字；《五行五事》篇「水潤下也」，證以上文，上脱「然後」數字是也。有因形近誤衍者，如《考功名》篇「積聚」之「聚」，即下文「衆」字之衍；故《立元神》篇無「聚」字。《奉本》篇「不能至王」，「至」即「王」字之衍是也。若夫《三代改制》、《質文》篇、《爵國》篇、《五行相生》篇，以本篇之文互律，訛文佚字數以百計，甚至「二良人」訛爲「二卿」、《爵國》篇。「田官司農」訛爲「農之本」，《五行相生》篇。仍襲莫匡，誦習奚資？爰萃輯校義，末附逸文，成書二卷，顏曰《斠補》，閎説詭詞，概屏弗道。蒐儒夸士，以不賢識小相詬病，固所甘也。

法言斠補自序

宋本《法言》，其最著之本三，即治平監本，即本宋庠所藏李注及《音義》本。宋吳本，《音義》稱「俗本」。建寧四注本是也。元代纂圖互注本、明世德堂本，均以温公《集注》爲主，遠則導源建寧本。近江都秦氏影刊治平監本，餘姚盧氏所校本依宋槧正明刊。亦爲嘉定李氏所刊。而德清戴氏望復得影鈔北宋嘉祐本，得於何所不可考。其副本爲予所獲。持與秦、李諸刻互勘，如《學行》篇「無心」作「無止」、《重黎》篇「韋玄」作「韋玄成」，均與天復本合；《重黎》篇「守失其微」作「其徽」，蓋「徽」與「善」同。與《音義》所引或本合；「始六」作「始六世」，漢自高祖至武帝爲六世，始六世之詔，言霍光之治本先皇之詔令以爲基也。與温公所引李本合。若夫《吾子》篇「景差」作「景瑳」、《重黎》篇「欒布不塗」作「不倍」，並足徵所據之古。故治平各本，字或脱訛，均當據斯定正。

由斯上溯，則引於六朝、唐、宋各書者均爲故本。如《淵騫》篇「不屈其意」，舊抄本《華陽國志》引「意」作「志」；《吾子》篇「山嶢之蹊」，《御覽》一百八十四。❶引「嶢」作「徑」；《五百》篇「逆其所順」，《類聚》二十。引「順」作「從」；《寡見》篇「航安則人斯安」，《類聚》七十。引「人」作「民」、引「則」作「而」；《孝至》篇「或問泰和曰：其在唐、虞、成周乎」，《文選》注三十七。引「泰」作「太」、引「乎」作「也」，「也」即古「耶」字。均與各本異文。又《重黎》篇「問《左氏》」，《類聚》五十四。所引下有「傳」字，此各本之脱字也。《學行》篇「吾未見好斧藻其德」，《御覽》一百八十八。所引無「好」字，此各本之衍文也。《淵騫》篇「周之順赧，以成周而西傾」，《書鈔》四十三。引「順」作「從」，則「順」與「自」同；俞正燮謂即慎靚王，非。《問神》篇「天地之爲萬物郭」二語，《書鈔》九十五。引無兩「之」字，上「郭」字亦作「郛」，則兩「郛」字爲對詞，《御覽》六百八所引已作「郭」。是均確爲古本。若夫《吾子》篇「子户乎曰：户哉！户哉」，《御覽》一百八十四。❷引作「子户乎曰：我户哉」；《學行》篇「其樂不可量矣」，《文選》注三十一。引作「其樂可量也」；《寡見》篇「良玉」二語下「何謂也」，《初學記》二十一。引無「謂」字；《五百》篇「知聖而不能用也」，《類聚》二十。引無「也」字，又「上曰知之」，「曰」作「若」。咸足證今本衍脱之文。《意林》所引「厥善」亦同。惟《五百》篇「既望則終魄於東」，《書鈔》一百五十。引作「月之望而魄落於東」，則係點竄本書；《先知》篇「民有三勤」節，《書鈔》七十

❶ 「四」，原脱，據遺書本及《太平御覽》補。
❷ 「四」，原脱，據遺書本及《太平御覽》補。

七。所引亦互易其文；《問神》篇「萬物作類」，注以「各成其類」釋之，《書鈔》一百四十九。所引則以「萬物各成舊訛作「邑」。其類也」爲本書，均不得據爲故本也。自是以外，則各本李注，校以舊籍所引，亦多訛脱。如《學行》篇「懷金」、《孝至》篇「泰和」，據《文選》注所引，注文一脱「金，金印也」四字，三十一引。一脱「天下太和」四字，三十七引。則知北宋嘉祐本已乖故本之真。舍據他籍，訂正奚從？

至於詮釋之詞，則近儒治此書者，盧氏而外有王氏《雜志》、洪氏《叢録》、俞氏《平議》、孫氏《札迻》，均精諳訓故，補正前説。惟微旨奥訓尚俟闡發，爰於校勘之餘，撰爲《補釋》，綜論厥例，析爲九端。有於古本擇所折衷者，如《淵騫》篇宋吴本「巽以揚之」，「巽」係「翼」字訛文，當從李本；《問道》篇李本「請問禮莫知禮」，據下文，「禮」字增入，當從天復本；《修身》篇「糟莩」，當從柳本作「精莩」，「精」、「熒」對文；《寡見》篇「春木之芒」，當從吴本作「芚」，「芚」、「鶉」協韻是也。有以本書彼此互證者，如《問道》篇「他則苓」，「苓」即《吾子》篇「説鈴」之「鈴」是也。有據他書訓故易舊説者，如《學行》篇「分其弓」，「分」當訓「裂」；《問明》篇「舉兹以旃」，「旃」當訓「表」是也。有以同聲之字訓釋者，如《問神》篇「其書譙乎」，「譙」即《樂記》「噍殺」之「噍」；《五百》篇「險而無化」，「險」即《荀子》「檢式」之「檢」；《重黎》篇「可謂伎矣」，「伎」即《史記》「枝梧」之「枝」；《淵騫》篇「叔孫通槧人」，「槧」即《荀子》「漸詐」之「漸」是也。有以音近之字訓釋者，如《問明》篇「匪堯之庭」，證以《考工》鄭注改「飛」爲「匪」，則

「匪」當作「飛」；《五百》篇「闢百聖」，證以《禮記》「闢轂」即「貫轂」，則「闢」當作「貫」；《重黎》篇「肥矣哉」，證以《周易》「肥遯」即「蜚遯」，則「肥」義同「蜚」；指超然高舉言。《重黎》篇「天胙光德而隕明忒」，證以《賈子》以「盲」訓「萌」，則「明」義同「盲」「盲」爲「冥」義。此以「忒」對「德」、以「盲」對「光」。是也。有以聲轉之字訓釋者，如《淵騫》篇「蛛蝥之靡」與「壯士刺客」對文，則「蛛蝥」即「豎儒」，與「棳儒」爲「侏儒」異文同例；《孝至》篇「天地之得」與「斯民之得」、「一人之得」並文，則「得」即「中」字，與《周禮·師氏》故書「中」作「得」同例是也。有確正本字爲訛者，如《問神》篇「不手」，「手」當作「𠂹」，即「垂」字古文；《先知》篇「修之以禮義」，「修」當作「循」，即「順」字異體；《淵騫》篇「忠不足相」，「相」即《說文》「相」字，❶訓爲高貌是也。有改易舊注句讀者，如《序》篇讀「終後誕章乖離」爲句，❷「動不克」爲句是也。有雜引古事相詮證者，如據《三國志》、《秦宓傳》、《華陽國志》以釋李仲元，據《御覽》所引劉向書以證童烏是也。若夫據《法言》所引經文以證家法授，❸據時制以詮立言之旨，意有所會，間著其詞，惟誼爲昔人所陳，則均從略。其所未備，始事引伸。惜侯芭諸家注文，隻詞弗具，莫由上稽漢説，斯可惜耳！

錢校申鑒書後

《申鑒》以錢校爲善，惟未以《意林》所

❶ 「即說文相字」，疑「相」當作「栺」，「栺」字篆體作「栺」，與「相」字相近，手民不識以致訛。

❷ 「終後」，今本《法言》作「然後」。

❸ 「家法授」，疑下脱一「受」字。遺書本補一「之」字。

引互勘。今以《意林》校錢本，如《政體》篇「危國」作「害國」；《時事》篇「書藏」作「書朽」；《俗嫌》篇「學必至聖」四語，作「學聖不至聖，可以盡生；學壽不至壽，可以盡命」；《雜言上》篇「則可有聞」作「則有所聞」，均較錢本爲長。若《政體》篇「五典」作「五經」、「後復申之」作「今又申之」，「謂之申鑒」作「故曰申鑒」，「爲能」、「爲忠」作「作能」、「作忠」，「私政」作「内政」；《雜言下》篇「想伯夷」作「思伯夷」，「省四皓」作「思四皓」，「懷閭室」作「懷安」，三「而知」均作「乃知」、下無「夫」字，「足羞」、「足恥」、「足鄙」以下均無「也」字，❶所據或均故本。惟《政體》篇「争明」作「争盟」，《雜言下》篇「穢志」作「穢妄」，則爲誤字。所引「三曰致武事，四曰禁數赦」二語，與《時事》篇文違，亦爲誤引。又總引《政體》篇上冠「序云」二字，疑「謂之申鑒」上均屬序文，其下始屬《政體》篇。至斯書訛脱，亦有錢氏未及正者。如《政體》篇「其修一也」，「修」當作「循」，「民必交争」，上當叠「掠奪」二字；《時事》篇「而皆自謂古今」下脱「文」字，「昔先師歿而無聞」，「昔」爲衍字；即上「質」字之訛。《俗嫌》篇「則生疾矣」，「則」下當有「不」字是也。又《政體》篇「粤有虎臣」，指董卓言；《俗嫌》篇「羌亥」，「羌」即慶忌、「亥」即朱亥。黄注均誤，錢氏亦未糾，故附記之。

白虎通義佚文考

《白虎通義》佚文，莊氏《斠補》略備。惟原本《北堂書鈔》莊未克睹，今取孔刻《書

❶「以下」，原作「以上」，據《申鑒》改。

鈔》勘之。卷九十引本書云：「祭宗廟所以五月之節者何？尊陽也。五月止卑，在上尊貴，故于是禘之。《春秋》七月禘於太廟，此夏之五月也。」原本「也」下衍「月或」二字，孔刻刪。此亦《宗廟》篇佚文。又卷七十九所引，有「所貢如上之義」六字，蓋《貢士》篇佚文。又莊輯《朝聘》篇「諸侯朝聘」下，據卷八十七所引，有「選鄰國也往朝聘之」八字，下有「問」字。《宗廟》篇「所以象生之居也」下，據卷八十一所引，有「所以屋何？來神備也」八字，上「室」字亦作「屋」。此均《通義》故本也。又卷九十所引「持其統不離間」，陳本脱下三字，莊輯《宗廟》篇遂據《宋書·臧燾傳》補「而不絶」三字。卷八十一引「是以皆得行聘」下無「問之禮也」四字，莊輯《朝聘》篇亦據陳本妄增。非援據舊抄斠訂，奚以復《通義》故文乎？

又案：莊氏於舊籍所引佚文，有莫克定其所屬者，則入《雜事》篇。然《通典》所引「修爲祖神」條，必《五祀》篇脱文。彼篇「以門、户、中霤、竈、井爲五祀，而冬祀行」一語，則著於《月令》。彼篇必援引斯文以廣異説，當有「或曰冬祀行」一節，「行」即祖神。「共工氏」以下，蓋皆彼節之文。若「夏稱后、殷稱人」一節，存於《禮記正義》，則又《號》篇之脱文也。又記。

白虎通義斠補自序

近儒治《白虎通義》者，有盧、莊、陳三氏。師培近讀其書，復博考群籍，勘以元、明諸刊本，成《斠補》一卷。因敘其端曰：

《通義》自大德本以降，久乖故本之真，

其殘佚之文無論矣！文或倖完，亦復艱於習誦。故師培今治斯書，於三氏詮明而外，有據舊籍所引證其脱者。如《謚》篇「文者以一言爲謚」，❶據《書鈔》所引，九十四。下脱「文王、武王是也」一語；《社稷》篇「亡國之社稷」，據《書鈔》所引，八十七。下脱「蓋掩之」三字；《封禪》篇「嘉禾者，大禾也」，據《稽瑞》所引，房户「連潤」語注文。則「連」下脱「潤」字，《御覽》所引「連」下亦有「潤達」二字。「必九尾者何？九妃得其所，子孫繁息也」，據《稽瑞》所引，則「何」下脱「九德也」三字；《禮樂》篇「節文之喜怒」，據《書鈔》八十。所引，則「節文」應作「節民」，上脱「得」字，「瑟者，嗇也，閑也，所以懲忿窒慾，正人之德也」，據《書鈔》所引，一百九。則「瑟」下當有一「也」之文，或「嗇也」諸字後人所加。「德」上亦脱「一」字是也。有互勘他書證其脱者。如《爵》篇「楚勝鄭而不告從，而功之」，以《公羊》「告從不赦不祥」證之，則「不」下脱「有」字、「功」當作「赦」；陳氏亦言「功」當作「赦」。《田獵》篇「去其懷任者也」，❷以《周禮》鄭注「擇取不孕任」證之，則「懷」上當補「不」字是也。❸有勘以本書證其脱者。如《爵》篇「所以令公居百里，侯居七十里，何也」，與下不相屬，疑「何」上脱「周則合侯從公」六字；《宗族》篇「必桑弧者」，下言「相逢接之道」，蓋以「相逢」況「桑蓬」之音，則「弧」下脱「蓬矢」二字下「桑者」亦當作「桑蓬者」。是也。有據舊籍所引證其訛者。如《封公侯》篇「子孫皆無罪囚而絶」，據《書鈔》所引，四十八。

❶「謚篇」，原作「禮樂篇」，據遺書本及《白虎通》改。

❷「田獵篇去其懷任者也」，原作「宗廟篇其懷任者也」，據劉師培《白虎通德論補釋》改、補。

❸「懷」，原作「去」，據劉師培《白虎通德論補釋》改。

「囚」爲「惡」訛；《四時》篇「載成萬物終始言之也」，據《書鈔》所引，一百五十五。「言之」爲「之道」之訛；《嫁娶》篇「婦人因夫而成」，據《書鈔》所引，八十四。「夫」當作「適」；與上「適人」相應。《紼冕》篇「收而達，故前葱」，據《書鈔》所引，一百二十七。「葱」當作「兑」即「鋭」字。是也。有互勘他書以證其訛者。如《嫁娶》篇「女必有黹繡衣若笄之」九字，爲盧本所删，證以《儀禮・昏禮記》，則爲「女必有正焉，若衣若笄」之訛；《五刑》篇「公家不出」，證以《王制》「公家不畜刑人」及「示弗故生」，「出」爲「生」訛；《三教》篇「不教而成」，證以《繁露》「無其質，則質樸不能善」，「而」爲「不」訛；《封公侯》篇「上以收録接下」，證以《孝經援神契》，「收」當作「敬」；《五行》篇「始復諾」，證以《周書・小開》、《寳典解》，「諾」當作「落」是也。有勘以本書證其訛者。如《考黜》篇「雖反無益」，證以《嫁娶》篇「百亦無益」，「反」爲「百」訛；《蓍龜》篇「亦不自專」，證以下文「示不自專」，「亦」爲「示」訛是也。有據本文之旨證其訛者。如《禮樂》篇「謂傾先王之樂，明有法，示正其本」，「傾」當作「順」，「示正」當從吴本作「不忘」；《封公侯》篇「又曰孫首也」，「孫首」即「遜道」之訛，下「庸」字亦當作「慮」是也。有據舊籍所引證其衍者。如《號》篇「與天地通靈」，《書鈔》引作「與元通靈」，十二。則「天」爲「元」訛、「地」爲後人所附益；《紼冕》篇「行以蔽前者，爾有事」，據《書鈔》所引，一百二十八。則「行」當作「所」、「爾」當作「示」、蓋「示」訛爲「尒」，後人更爲「爾」。「者」爲衍文是也。有互勘他書證其衍者。如《爵》篇引《尚書》「侯甸男衛作國伯」，證以《酒誥》，「作」即「衛」、

「伯」兩字之訛；《封公侯》篇「故禮曰公士大夫子子也」，證以《王制》，「大夫」二字均「天」字之訛此當作「公士，天子子也」，「公士」二字，蓋以地則同公，爵則同士，故佚《禮》有此稱，非《儀禮》「公士大夫」之「公士」也。至「天」訛爲「夫」，別本又訛爲「大」，後儒遂以爲用《儀禮》而古義以湮。是也。有據字形證其衍者。如《諫諍》篇「右弼主糾紲」，「糾」、「紲」當衍其一；《性情》篇「無不色青目脤張者」，「脤」、「張」當衍其一是也。

若夫傳寫致訛，非互乙莫克通，亦參勘本篇之文，以通其讀。如《嫁娶》篇「下卿大夫禮也，故《喪服小記》曰」，「禮」字當在「故」下；《喪服》篇「明死復不可見」，當作「明死不可復見」是也。其有後先錯簡，詞義弗屬，亦鉤覈各詞，互相勘合。如《五行》篇「土在中央」節、「水味」節，《三軍》篇「穀梁傳」節，《聖人》篇「禹、湯聖人」節，以及《五經》篇各節是也。又《通義》之文簡質近古，或所用非正字誼，有所伸說亦附著。如《爵》篇「即言王侯」，「即」訓爲「若」；《聖人》篇「是爲滋涼」，「滋涼」即「子諒」；《三正》篇「當因，句。其改之耶」，「因」、「改」對文；《天地》篇「性情生汁中」，「汁」與「協」同；《五刑》篇「不得服」，「服」與「衣」同是也。若夫古文今文之殊，周禮殷禮之別，則陳氏《考訂》博集衆長。惟古文遺誼，或審別未締。匡違正失，說均別見，非《斠補》所具也。

風俗通義書後

近儒治《風俗通義》者，惟盧氏《拾補》考訂較精，嗣惟孫氏《札迻》發正廿六事。今考《皇霸》篇「董其是非，而綜其詳矣」，

「矣」疑「略」訛；「開陰陽布剛」，「剛」下疑脱「柔」字；「納襄冠帶」，似指討子帶言，「冠」爲誤字；「列言於周室」，「言」疑「名」訛。《正失》篇「長萬物之宗」，盧校改爲「宗者，長也，萬物之長」。案：「萬物之宗」，當從《書鈔》作「爲物之始」。九十一。「牧子班録」，「子」爲「守」訛。《十反》篇「弟子使客殺人」，《書鈔》引作「弟子奕」，三十。則今脱「奕」字；「豫章太守」節文多訛脱，《書鈔》作「豫章太守李章舉汝南封新太山日以今本「周」字爲長。爽等爲孝廉，日等未行，章病物故」，七十九。似較今本爲昭。《聲音》篇「樂之統也，與八音並行，然君子所常御者」，盧謂《初學記》引作「君臣以相御」，今考《書鈔》引作「樂之紀也，與八音並行，由君臣之相得」，一百零九。則今本「行」下脱六字。又「秦人鼓之以節歌」，《書鈔》所引下有「象形也」三字；一百十一。「不知誰也」，《書鈔》所引「也」上有「作」字，一百十。均爲今本脱文。《山澤》篇「部者，阜之類也」，《書鈔》引作「培塿者」，一百五十七。此承上文引《左傳》言，似以作「培塿」爲長。蓋盧引《書鈔》，僅據陳本，故所引不能無失也。

六帖書後

歸安陸氏作《宋槧白氏六帖類聚跋》，定帖注爲晁仲衍作。又謂仲衍注《六帖》時，本與原書别行，故曰「後集」，至刊板時，乃合爲一。今即明刊《白孔六帖》本考之，卷四十九「賜婦人門」，《白》所載之目，曰「石帘」，曰「賞延於室」，曰「婦人無爵」，曰「恩自宸極」，均就賜及婦人言；孔所標之目，曰「賜以宫人」，曰「賜美人六人」，曰「玄宗以宫女賜知運等」，曰「賜宫人」，曰「賜女樂一部」，曰「賜宫女二人」，均就賜以婦人言。豈孔據《白書》單行本，未見晁注，以至誤會其意歟？　斯亦陸説之旁證也。

左盦集卷七終

左盦集卷八

文學出於巫祝之官說

揚子劉師培

《說文》「詞」字下云：「多文詞也。」蓋「祠」從「司」聲，兼從「文詞」之「詞」得義。古代祠祀之官，惟祝及巫。《說文》「祝」字下云：「祭主讚詞者。《輔行記》第七之四引作「祭主申讚辭者也」。從示，從儿、口。一曰從兑省。《易》曰：『兑爲口爲巫。』」「巫」字下云：「巫，祝也。」又曰：「𢍏，古文巫如此。」案：古文「巫」字蓋從兩口，即《周易》「兑爲口爲巫」之義。虞翻注《周易·大有》云：「大有，上卦爲兑。兑爲口，口助稱祐。」口助者，祝之職也。」與《說文》祠多文詞之誼互相詮明。蓋古代文詞恒施於祈祀，故巫祝之職文詞特工。今即《周禮》祝官職掌考之，若六祝、六詞之屬，文章各體多出於斯。又頌以成功告神明，銘以功烈揚先祖，亦與祠祀相聯。是則韻語之文雖匪一體，綜其大要，恒由祀禮而生。欲考文章流別者，曷溯源於清廟之守乎？

廣阮氏文言說

阮氏《揅經室集》列文言說，以儷詞韻語爲文言，又徵引六朝文筆之分以成其說。今考《說文》云：「文，錯畫也，象交文。」又云：「彣，㦽也。」《廣雅·釋詁二》云：「文，飾也。」《釋名·釋言語》云：「文者，會集衆采以成錦繡，會集衆字以成詞誼，如文繡也。」是文以藻繢成章爲本訓。《説文》「黻」字下云：「有彣彰也。」蓋「彣彰」即「文章」別體，猶「而」與「耏」同、「丹」與「彤」同也。厥後始區二字，「彣」訓爲「黻」，與「文」訓「錯畫」，其義互明。觀青與赤謂之「文」，經緯天地亦曰「文」，則訓「飾」訓「錯」，義實相兼。故三代之時，凡可觀可象、秩然有章者，咸謂之「文」。就事物言，則典籍爲文，禮法爲文，文字亦爲文。就物象言，則光融爲文，❶華麗者亦爲文。就應對言，則直言爲言，論難爲語，修詞者始爲文。文也者，別乎鄙詞俚語者也。《左傳》曰：「言之無文，行之不遠。」又曰：「非文辭不爲功。」言語既然，則筆之於書，亦必象取錯交，功施藻飾，始克被以文稱。故魏、晉、六朝悉以有韻偶行者爲文，而《昭明文選》亦以沈思翰藻爲文也。兩漢之世，雖或以筆爲文，然均指典册及文字言，非言文體。如《史記・太史公自序》「春秋文成數萬」、「論次其文」，《論衡・超奇》篇「文以萬計」是也，不得據是以非阮説。惟阮於許、張、劉諸故訓，推闡弗詳，故略伸其説，以證文章之必以「彣彰」爲主焉。

文選古字通疏證書後

薛子韵先生作《文選古字通疏證》，明于古字通叚之義。吾觀《選》注通叚之義，厥有四端：一則正文與注本係一字，而有古今體之殊，則曰「某古某字」，或曰「某與某古今字」。一則當時別本異字，義或相

❶「融」下，遺書本有「者」字。

同，則曰「某或爲某字」、「某本作某」。此二端皆係于形。一則聲義俱同，則曰「某與某音義同」。一則字之本義不同，因同一諧聲，遂叚其義，則曰「某與某古字通」。此二端皆係于聲，均六書中假借通例也。蓋李氏受業曹憲，當時小學未衰，於轉注、假借二例，身通其藴，且《蒼》、《雅》諸書並傳于世，故凡云「通叚」，其説均確有所承。惟間有一字而通者數處，亦有僅載某某兩字古通而牽連同類數字者，非比而觀之，則假借之例不著。薛氏之書，間有漏缺，本係未成之帙。然古字同聲通用之例，證以此書而益明，足與王氏《廣雅疏證》媲美矣。

漢書藝文志書後

班《志》敘詩賦爲五種，賦析四類。區析之故，班無明文。校讐之家，亦鮮討論。今觀《主客賦》十二家，皆爲總集，萃衆作爲一編，故姓氏未標。餘均別集，其區爲三類者，蓋屈平以下二十家，均緣情託興之作也，體兼比興，情爲裏而物爲表。陸、賈以下二十一家，均騁詞之作也，聚事徵材，旨詭而詞肆。荀卿以下二十五家，均指物類情之作也，侔色揣稱，品物畢圖，捨文而從質。此古賦區類之大略也。班《志》所析，蓋本二劉。自《昭明文選》析賦、騷爲二體，所選之賦緣題標類，迴非孟堅之旨也。

古文辭辨

近世正名，義湮於古今各撰作，合記事、析理、抒情三體，咸目爲古文辭，不知「辭」義訓「訟」。《説文》辛部云：「辭，訟也，從𤔔。𤔔猶理辜也。𤔔，理也。」又云：「𤔲，籀文辭，從司。」是「辭」指獄訟言，即《禮記・大學》所謂「無情者不能盡其辭」也，故與「辠」、「辜」諸字並列，此「辭」字本義也。又司部云：「詞，意内而言外也，從司，從言。」是「詞章」、「詞藻」諸字皆作「詞」，不作「辭」，又《文選》劉楨賦云：「揚荆陳詞。」注云：「惟、曰、兮、斯之類，皆曰語句詞。」是「詞」又爲語助之稱。近高郵王氏《經傳釋詞・序》亦以語詞爲語助，蓋「詞」爲語助，亦由意内言外之義引伸。古籍均然。秦、漢以降，始誤「詞」爲「辭」。《易繫辭》釋文云：「辭，説也。辭本作詞。」《禮記・曲禮》篇釋文同。《周禮・大行人》云：「協辭命。」鄭注云：「故書作『叶詞命』。」《詩・大雅》云：「辭之輯矣。」《説文》引作「詞」。是「詞」爲古文，「辭」係傳寫妄更之字。其致誤之由，則以「辭」字籀文作「𤔲」，與「詞」同聲，因以相譌。實則字各一義，非古代通用字也。《漢書敘傳》音義云：「詞，古辭字。」此亦古字作「詞」之證。乃習俗相沿，誤「詞」爲「辭」，俗儒不察，遂創爲「古文辭」之名，此則字義不明之咎也。

古用複詞考

古人屬詞，雖以達詞爲主，然句法貴齊。若所宣之藴已罄而詞氣未休，則疊累其意，以複詞足其語。《詩・周頌》「振古如兹」，箋訓「振」爲「古」。旁徵《雅》詁，「振」、「古」誼符。《書・費誓》「徂兹淮夷，徐戎並興」，「徂」蓋讀「且」，《詩・鄭風》「匪我思且」，《釋文》云：「且，音徂。」「且」與「今」通誼，詳《詩》疏。《詩・周頌》「匪且有且，匪今思今」，毛傳：「且，此也。」正義云：「今，謂今時。」則「且」亦今時。今人屬文，古昔、今茲，詞多複舉，實則古有斯例，非昧於詞律者比也。又《書・無佚》云：「不遑暇食。」「遑」與「暇」同。《左傳》昭七年云：「三命滋益恭。」「滋」與「益」同。王延壽《魯靈光殿賦》「誰能剋成乎此勳」，「剋」與「能」同。《後漢書・郭泰傳》「賈子厚誠實凶德」，「實」與「誠」同。以上所舉，均以句法修短既垂定則，及詞浮於意，其意不足以盡詞，即以同義之字並舉齊列。

實詞而外，又有重疊語詞之例。《詩・衛風》「方將萬舞」，箋訓「將」爲「且」，而「方」亦訓「且」，是「方」、「將」重言。《小雅》「侯誰在矣」，「侯」訓爲「乃」，「誰」通作「維」，「維」亦訓「侯」，是「侯」、「誰」重言。《書・立政》「則乃宅人」，「乃」亦「則」也。《康誥》「乃其乂民」，「其」即「乃」也。又「乃」、「其」二字見於《康誥》下文，及《君奭》、《多方》者，均同例。《三國志・吴大帝傳》「暨臻末年」，「暨」爲及詞，「臻」亦及詞。《華覈傳》「軍興以來，已向百歲」，「已」爲往詞，「向」亦往詞。《水經注》「遺文佚句，容或可尋」，「或」爲疑詞，「容」亦疑詞。魏、晉以降，益尚駢詞，語首助詞鮮復單舉。《劉琨答盧諶書》「譬猶疾疢彌年」，「猶」、「譬」均譬辭也。《世説》「既終不受」，與《繁欽牋》「既已不能」同例，「既」、「終」均已詞也。若杜甫之詩，「應」、「合」並言；杜詩：「應合總從龍。」蔣捷之詞，「自」、「從」疊舉，蔣捷《金盞子詞》云：「自從信誤青鸞。」此語首助詞重言之例也。《詩・唐風》「無已太康」，崑山顧氏謂「已」即「太」，《日知録》。是「已」與「太」同。《小雅》「實維伊何」，高郵王氏謂「維」即「伊」，《經傳釋詞》。是「伊」與「維」同。後世文詞亦多此例。《世說》云：「時人即以王理難裴，理還復申。」「還」即訓「復」。見《廣雅》。皮日休詩云：「醉鄉終竟不聞雷。」「竟」即訓「終」。此語中助詞重言之例也。若夫《論語》「比及三年」，「比」、「及」皆及詞。《荀子》「時幾將矣」，「幾」、「將」均近詞。而「比及」、「幾將」均以足四言之語。

前例而外，别有一例。古人實指之詞，應難之語，言之不足，則尚重言。雖僅單義，亦以複詞達之。而所用複詞，大抵義同而字異。然推闡之意，得複詞而益充。特前例主于足句，此則主於足意耳。《書·康誥》「其尚顯聞于天」，「其」亦「尚」也。《左傳》隱三年「其將何辭以對」，「其」亦「將」也。《孟子·滕文公》篇「周公方且膺之」，「方且」猶之「方將」。《孟子·公孫丑》篇「管仲且猶不可召」，「且猶」猶之「方且」。

又「何」、「孰」、「寧」、「安」、「詎」、「遽」、「鉅」、「渠」諸字，義均同「豈」。載籍之中，若《左傳》文十八年「庸」、「何」並言，《曾子制言》篇「庸」、「孰」並言，《莊子·齊物論》篇、《墨子·公孟》篇「庸詎」、「何遽」並言，《荀子·宥坐篇》「庸」、「安」並言，《王制》、《正論》二篇又「豈渠」、「豈鉅」並言，《韓非子·難四》「奚」、「鉅」或作「距」，義同。並言，《國語·吴語》及《吕氏春秋·備具》篇「豈」、「遽」並言，《淮南·人間訓》、《史記·鄭世家》「何」、「遽」並言，《張儀傳》「寧」、「渠」並言，《陸賈傳》「何」、「渠」並言，皇甫謐《三都賦序》「奚」、「遽」並言，❶此均古用複詞之證。略舉其例，他可類求矣。又案：

❶「奚遽並言」，遺書本鄭裕孚校以爲《三都賦序》并無「奚遽」並言之文。

「在」、「於」二字，今人公牘恒疊用之。然考《楚詞》王逸注引《帝繫》曰：「舜葬於九疑之山，在於沅、湘之南。」《文選·封禪文》李注云：「言鄒虞之群，在於苑囿之中。」則「在」、「於」並詞，古有之矣。

文史通義言公篇書後

章學誠《文史通義·言公》篇謂「古人之言，所以爲公，未嘗矜於文詞，私爲己有」，立説至精。夫《論語》立言，恒本古語；大戴集《禮》，半出賈、荀。前人論之已詳。又古器銘文語多相似，起止之詞，述而不作，則又同體之文，沿襲承用，略事竄點，便成新裁。即詩歌之體，亦復旨別語同。觀「柏舟」互見於邶、鄘，「揚水」疊賡於周、鄭，蓋發端之詞，遞沿成語，故不期其符而自符。厥後孟德作歌，或采《鄭風》之語，或斷《小雅》之章，蓋言以明志，義各有當，不必詞盡己出也。

又即漢人之作觀之，「心思不能言，腸中車輪轉」，樂府兩見其詞；「大婦織綺羅，中婦織流黄」，艷詞疊沿其句。此由矢口而成，取習見之詞入己作。若夫漢碑之文，立詞多同，又以文有定製，相沿已久，與鐘鼎銘文同例。後世之文，亦恒類此。如真子飛霜鏡，釋者定爲晉物。其銘詞曰：「陰陽各爲配，日月恒相會；白玉芙蓉匣，翠羽瓊瑤帶。同心人，心相親，照心照膽照千春，鳳凰鴛鏡南風清。」又《廣事類賦·鏡賦》注引《類苑》，謂何都巡出一古鏡，其蔕有銘。今以飛霜鏡銘相校，前缺「陰陽各爲配」二語，末缺「鳳凰」句七字。又江少虞《皇朝事實類苑》謂熙寧末年，南陵耕者破冢，得古圓鑑。背郭有銘，亦與真子飛霜鏡略同。

惟「鳳凰」句移於銘首，易爲「鳳凰雙頭南金裝」。又易「各爲配」爲「合配」，易「恒」爲「兩」，餘均相符。又宋姚寬《西谿叢話》謂何都巡出古鏡，其蔕有銘。今與飛霜真子鏡相較，惟銘末無「鳳凰」七字，銘首另增「對鳳凰舞，鑄黄金蔕」二語。與《類苑》所載者疑同是一物，惟《類苑》未引前四句。此數鏡者，其銘詞均略同。蓋創始作銘之人，學者奉爲研手，句法、音韻俱出自然。傳播既多，摹擬斯衆，或略事損益，或傳寫致訛，此非古人不以雷同爲恥也。古代文有定製，詞有定施，雖沿襲前作，苟詞得其宜，固不啻若自己出也。

又考《事實類苑》記某鏡銘云：「當江寫翠，對酒傳紅。」而《山左金石志》所記古鏡銘，有「當眉寫翠，對臉敷紅」二語，足證古代鏡銘多點竄前人之作。又予所得唐石有《江陽洪夫人墓誌》，其銘文曰：「隴樹風悲，愁雲月苦。一閉泉門，宛然今古。」而揚州所出唐墓石之文，多與彼四語同，或於四語以前另增他句。是古代碑誌之文，亦多沿襲。明于此例，則古代之一文兩見、詞句多同者，不必盡疑其贋。此亦章氏《言公》篇之旨也。

古籍多虚數説一

汪氏《述學・釋三九》篇云：「實數可指，虚數不可執。」今考《楚詞・九歌》，篇計十一而以「九」數標目，則數之不止于九者，亦可以「九」爲數。蓋「九」訓爲「究」，又爲極數，故數指其極均得稱「九」。凡古籍所謂「九攻」、「九守」、「九變」者，亦可以斯例求。三數亦然。《禮記・曲禮》篇「醫不三世」，猶言不數世也；《孟子・萬章》篇「湯三使往聘之」，猶言數聘之也；《後漢書・袁紹傳》「結恨三泉」，注云：「三者，數之小終。」則「三」亦虚數。均可援汪氏説而推矣。

古籍多虚數説二

古人於數之繁者，約之以百，如「百工」、「百物」、「百貨」、「百穀」是。《虞書・堯典》篇「平章百姓」，《荀子・正論篇》「古者天子千官，諸侯百官」，不必泥千百之數也。百不能盡，則推至千、百、億、兆。❶《國語・楚語》云：「百姓、千品、萬民、億醜、兆民，經入姟數以奉之。」《鄭語》云：「先王合十數以訓百體，出千品，具萬方，計億事，材兆物，收經入，行姟極。」是均虚擬之詞。自是以外，則以三數形衆多。於數之尤繁者，則擬以三百、三千，以見其尤多。《詩・曹風》「三百赤芾」，《左傳》僖二十八年「乘軒三百人」，特極言職官之衆耳。《史記》言孔子弟子三千、古詩三千、孟嘗平原春申之客三千、東方朔用三千奏牘，褚先生補。白居易《長恨歌》言後宮佳麗三千人，亦屬表多之詞，非必限于三千之數，亦未必足於三千之數也。故《周書》、《孝經》言五刑之屬三千，《呂氏春秋》引《商書》則言刑三百。舉斯以推，則《禮記・禮器》篇「經禮三百，曲禮三千」、《中庸》篇「曲禮三百，威儀三千」，猶言數百數千耳，不必以三爲限，亦不必詁以「周禮」、「儀禮」也。

又古人于浩繁之數，不能確指其目，則

❶「千百億兆」，「百」字疑當作「萬」。

所舉之數或曰三十六，或曰七十二。三十六天之例與九天同，三十六宮之例與千門萬户同，不必泥定數以求。又《史記·封禪書》載管子對桓公語，謂「古之封禪者七十有二家，夷吾所記者十有二」，夫其詳既不可得聞，則七十二家亦係虚擬。《莊子》載孔子語，謂「以六藝干七十二君」，夫孔子所經之國不過十餘，則七十二君亦虚詞，不必確求其數矣。《詩·召旻》：「闢國百里」、「蹙國百里」，亦不可指實事求。若夫古籍屬詞，恒沿故語所舉之數，互相因襲，官名日益，猶舉百官，邦國日泯，仍標萬國，是則沿用故言因成虚數。衡以前例，蓋稍别矣。

古籍多虚數説三

古人記數，或出以懸擬之詞，不與實符，亦非大與實違。如《書序》、《孟子》皆言「武王伐殷，車三百兩」，而《佚周書·伐殷解》則言「周車三百五十乘」，蓋一爲實數，一爲懸擬之詞。又《孟子》言「由周而來七百有餘歲」，此不足七百者也。趙注溯太王、王季開基，求合《孟子》之言，近儒江永、焦循又强闢劉歆三統曆，均非也。《史記》言「孟子卒後至於今五百年」，此不足五百者也。《滑稽傳》言「優孟後二百餘年，秦有旃施」，此不僅二百餘年者也。《刺客傳》言「專諸刺吳王後七十餘年，晉有豫讓事」，實六十二年。「豫讓刺趙襄後四十餘年，軹有聶政事」，實五十七年。「聶政刺俠累後二百二十年，秦有荆軻事」，徐廣曰：「僅百七十年。」所記均與實違。此則古人屬文多出以想像之詞，不必盡符實數。凡古史紀年互歧者，均可緣此例以解矣。又《孟子》言「君子小人之澤，五世而斬」，亦懸擬之詞。

古籍多虛數説四

古籍記數，恒據成數言。《禮記・明堂位》言：「有虞氏官五十，夏后氏官百，殷二百，周三百。」案：鄭君注《禮記・王制》《昏義》，均以三公、九卿二十七大夫、八十一元士爲夏制，是夏代職官有百二十，「百」舉成數言。殷代下士倍上士，則爲二百一人。周以下士參上士，《繁露》所謂三百六十三人也。「二百」、「三百」均係約舉之詞。鄭以爲舍冬官言，故曰三百。非也。又《周禮・天官・小宰》于天官以下均言其屬六十，實則六官之屬，于六十之數或贏或虧，則「六十」亦約詞，與《論語》「《詩》三百」、「誦《詩》三百」同例。蓋古代書籍主於便記誦，故記數之詞恒舉成數。若强爲之解，徒見其截趾適履耳。孔子弟子七十二人，《孟子》言「七十子」，亦此例也。

古籍多虛數説五

古人屬詞記事，恒視立言之旨爲轉移。語大則更少爲多，語小則易多爲少。如《孟子・滕文公》篇云：「湯以七十里，文王以百里。」又《史記・平原君傳》：「毛遂曰：『遂聞湯以七十里之地王天下，文王以百里之地臣諸侯。』」《荀子・仲尼篇》曰：「文王載百里地而天下一。」《韓詩外傳》載客親春申君，亦曰：「湯以七十里，文王以百里。」顧炎武《日知録》曰：「孟子爲此言以證王之不待大，其實文王之國不止百里。」今考《孟子》言文王之囿，已云「方七十里」，則「百里」、「七十里」不過援封國古制以形其小，猶後世所謂「彈丸」、「赤子」耳。乃焦氏《孟子正義》援「文王由方百里起」之文，遂謂文王初興，其地不過百里。殆古人所謂刻舟求劍者歟！又《晏子春秋·内篇·雜下》云：「炙三弋、五卵、苔菜耳矣。」此不過形容其儉耳，非必弋限以三、卵限于五也。若强附古制，則所失將與焦氏同矣。

古籍多虚數説六

古籍記事，恒記後先之次。若飾詞附會，律以一定之時期，則拘固鮮通。如《史記》言舜所居「一年成聚，二年成邑，三年成都」，此特敘成聚、成邑、成都之後先耳，不必膠執其年也。又孫真人《千金方》述徐之材養胎法，謂婦人受孕，「一月名始胚，《原病論》作「始形」。二月名始膏，三月名始胞，《原病論》作「胎」。四月成血脈，五月成氣，六月成筋，七月成骨，八月成膚革，九月成皮毛，十月五臟俱備」，此特敘血、氣、筋、骨、膚革、皮毛、臟腑生成之次耳，若膠以一定之期，則爲支詞。夫世人固有七月生子者，若如徐氏之説，則膚革、皮毛、臟腑未備矣。

讀全唐詩書後上

《全唐詩》一書，收輯雖富，然卷帙既繁，考覈或未精，故誤收之作甚衆。如唐彦謙十函五。《贈孟德茂》詩自注云：「浩然子。」案：彦謙距浩然百餘年，未必克見浩然之子，則此非彦謙詩。韓偓十函七。《大慶堂贈宴元璫而有詩呈吴越王》，與無名氏十一函八。之作同。案：偓未游吴越，則此非偓詩。下文「又和」、「再和」、「重和」同。薛濤《十離》詩，十一函十。據《唐摭言》，以爲元微之幕客薛書記作，則此非濤詩。張喬以進士隱九華，而喬有《省中偶作》詩，十函一。以馮唐作況，則此非喬作。又如白居易《東城桂》第三首七函五。與《古樂府》同，惟首句「遙知」作「可憐」。不得列入白詩也。歐陽彬詩有「桑柘斜陽裏，兒孫落葉中」句，十一函九。注言「彬有子作《田父》詩」云云，則此係彬子所作。

又全書之中往往一詩兩見。如韓續姬十一函十。《贈別》詩，與韓熙載詩十一函四。同，李適《安樂公主移新宅》詩，二函二。與宗楚客詩一函九。同，杜牧《聞開江相國宋下世》詩，八函八。與許渾作同，八函七。而各篇校詞均脱「一作某詩」語，此書於二詩互見者，如李峰《西河郡太原守張夫人輓歌》，注云：「一作李岑詩。」朱彬《丹陽作》注云：「一作陳存詩。」此三詩則否。則輯者之疏也。若姚合八函三。《使兩浙贈羅隱》詩，首句「平日時風好涕流」。與羅袞作同。十一函四。案：合與隱不同時，隱爲唐末人。《唐摭言》載此詩，又以爲姚洎作，袞爲洎副使，或袞代洎所爲，非合詩也。自此以外，如裴度《涼風亭睡覺》諸詩，五函九。均似丁謂所爲。鍾模《代京妓越賓答徐鉉》詩、十一函六。張喬《楊花落》詩、十函一。孫光憲《采蓮》詩、十一函六。薛濤《寄舊》詩，十一函十。均與他作重出，雖未能定其孰爲誤收，然考覈之疏，即此可見。況唐、宋名家之集，僞作實繁，如李翺《戲贈詩》、皇甫湜《出世篇》，均六函四。均似後人依托。惜輯者鮮知明辨也。

讀全唐詩書後下

《全唐詩》中多載作者自注之詞，亦有以後人之注誤爲自注者。如李紳八函一。《欲到西陵寄王行周》詩云：「西陵沙岸回流急。」注云：「錢王以陵非吉語，改名西興。」案：吴越建邦，紳殁已久。徐鉉十一函五。《送從兄赴臨川幕》云：「金柅亭邊緑樹繁。」注引《方輿勝覽》，此書遠成於鉉後。此均後人所增注也。

若夫輯者注釋之詞，亦多失考。如高宗一函二。之詩，有言太子納妃、太平公主出降者。考太平公主出降在開耀元年，其時之太子乃中宗。注謂太子即弘，然弘納裴妃當咸亨四年，與太平公主出降殊時，則注文似非。又張昭十一函六。有《漢宗廟樂舞辭》，傳言昭爲南漢人。案：詩言「高廟明靈再啟圖，金根玉輅幸神都」，又言「正撫薫琴娱赤子，忽登仙駕泣蒼梧」，明係後漢高祖樂章，非南漢之詩，則傳文亦誤。

即唐人詩序，亦有訛文。如鄭嵎九函十。《津陽門詩序》首句言「開成中」，又言「旅邸主翁年且艾，自言世事明皇，爲嵎道承平故實」，詩言「翁曾豪盛客不見，我自爲君陳昔時。時平親衛號羽林，我纔十五爲孤兒」，注引開元以六軍爲親衛事。又言「湟中土地昔湮没，昨夜收復無瘡痍」，確係宣宗時事。此翁及事明皇，年必百餘，而序言「年且艾」，必序文之訛也。若夫詩題之字，訛者實繁。或係刊本之誤，如殷文至十一函一。《趙侍郎看紅白牡丹因寄楊狀頭贊》詩，「看」上必有脱文；又張説《節義太子楊妃輓歌》，二函四。「節義」者，「節愍」之訛也；雍陶《題寶應縣》，八函六。「寶應」者，「寶雞」之訛也；詩言「渭水梁山鳥卵看」，又言「聞説德宗曾到此」。孫元晏十一函七。《陸統》詩，「陸統」者，「淩統」之訛也。詩有「將軍身殁有孤兒，虎子爲名教讀書」句。其尤甚者，如李群玉九函三。《送秦鍊師歸岑公山》詩，有「北省諫書藏舊艸，南宮郎署握新蘭」句，必係贈諫官遷省郎之作，與鍊師還山靡涉；唐彥謙十函五。《題虔僧》詩，有「也嚬眉黛托腮愁」句，與題不合。此均詩題之誤也。若賈島九函四。《寄柳舍人宗元》詩，注云：「一本無『宗元』二字。」案：子厚未嘗官舍人，當從一本。即詩人小傳中亦有誤字，如「顧雲分修宣、懿、德三朝實録」，十函一。「德」當作「僖」。蕭項「蕭田人」，十一函三。「蕭」當作「浦」。此則刊本之誤，均當亟爲釐正者也。

樊南文集詳註書後

桐鄉馮浩《樊南文集詳註》，於唐代史乘，徵引靡遺，惟樊南《爲安平公謝除兖海觀察使表》注云：❶「白香山詩後集《送兖州崔大夫駙馬赴鎮》：『戚里誇爲賢駙馬，儒家認作好詩人。魯侯不得辜風景，沂水年年有暮春。』按：此詩年時姓地皆可相合，則崔大夫頗疑即是崔戎。但『駙馬』之稱，本集中不一敘及，《舊書》既無可徵，《新書·公主表》亦無此下嫁之主，白公只此一絶，更無他篇取證。」按：馮氏所疑非是。《舊唐書·本紀》「太和八年三月，以崔戎爲兖海觀察使」，沈氏《新唐書方鎮表考證》云：「太和八年，廢沂海節度使爲觀察，使崔戎拜，尋卒。崔杞代。」是崔戎、崔杞均鎮沂海，李集所言乃崔戎也，白集所言乃崔杞也。《新唐書·公主傳》云：「順宗女東陽公主，始封信安郡主，下嫁崔杞。」此杞爲駙馬之證。《新唐書·宰相世系表》云：「崔

❶「注云」，遺書本作「注補云」。

戎字可大，兖海觀察使，安平縣公。杞，駙馬都尉。」此崔戎封安平之證。惟表不載杞鎮沂海，則《新書》之疏。又考《世系表》崔姓世系，則杞、戎同出博陵，杞係二房，戎係大房，皆爲崔懿之後。以行輩推之，戎於杞爲族曾孫。特出鎮沂海，則戎先而杞後。惜乎馮氏未諳也。

元憲集書後

《元憲集》采自《大典》，亦多誤收之作。如卷二有《在海外遇寒食發家書偶成》詩，題係節引。有「三過解澤流，六見槐花黄」句，元憲未嘗謫海外，此誤收者一也。卷二十《深州防禦使駙馬都尉錢景臻男忱可莊宅副使制》，作於神宗朝，時元憲已殁，此誤收者二也。卷三十六《成都府新建漢文翁祠堂碑銘》，《景文集》卷五十七亦有此題，惟「翁」作「公」，無「銘」字。字句略同，據篇中「嘉祐二年，予知益州」語與景文事跡合，亦非元憲之筆，此誤收者三也。若夫字句訛脱、篇必數見，《元憲集》然，《景文集》亦然，如卷八《次江都》詩，詩與題不符，乃並詩、題而訛者。惜無舊刊以正之。

浮溪集書後

《浮溪集》録自《大典》，故多誤收之作。如卷二十一《乞祠與宰相弟二書》，確爲汪應辰作，書言：「目昏，以白湯沃洗，亦復稍明。」又言：「張敬夫、鄭藻除官。」而《文定集》卷十五《與李運使書》亦言「目昏」及「白湯沃洗」事，又言「敬夫中批知袁州，次日除鄭藻儀同」，則二書作於一人，且作於一時。

惟書中所言均係孝宗時事，時藻已久歿，則書中自稱之名，亦係後人妄更。若卷二十九《會於北禪》詩，題中明言「應辰多得字」，此亦當入《文定集》者。卷三十《蜂兒行》、卷三十一《嘲人買妾而病七律二首》，亦非藻詩，與胡宿《文恭集》雜收陶詩者卷一《怨詩初調示龐主簿及鄧治中》，乃淵明舊作。同誤，均重刊斯集者所當芟剟也。

蘇詩合注書後

蘇詩用典平易，《合注》又集衆家大成，然謬誤亦時有。如《己未十月十五日獄中恭聞太皇太后不豫有赦作詩》云：「猶許先生似正言。」山公引《職略》，宋改「拾遺」爲「正言」。案《漢書》載宣帝諭夏侯勝，謂「先生正言，無懲前事」，蘇用斯語，非官名也。卷十九。《以玉帶施元長老長老以衲裙相報次韻二首》云：「病骨難堪玉帶圍。」師注以此詩爲赴杭過潤作，馮氏以「赴杭」二字微誤。案：佛印與坡公問答，屢稱内翰，必蘇由翰林學士出守杭州之日也。今列爲由金陵至泗之詩，考覈已疏，不得以師注爲誤。卷二十四。《復次韻謝趙景貺陳履常見和兼簡歐陽叔弼兄弟》云：「共尋兩歐陽。」查注謂歐陽公四子，發、奕均早卒。馮氏據《宛丘集·和伯墓誌》云：「享年四十六，元祐元年葬文忠之兆，其卒年無考。」案《文忠年譜》，伯和生於康定元年，享年四十六，則卒于元豐八年，非無考也。卷三十四。《贈詩僧道清》云：「爲報韓公莫輕許，從今島可是詩奴。」王注云：「次公曰詩奴，則杜牧作李賀詩集序所謂『奴僕命騷』之意。」案：此用鄭都官「僧是詩家奴」語，王説非是。卷四十五。《王氏生子口號》云：「太白猶逃水仙洞。」查注引《續仙傳》孫真人救龍子事。按此用織女侍兒梁玉清故實，若如查說，則與詩旨相違。卷四十六。又《次韻蔣穎叔錢穆父從駕景靈宮二詩》，查注引《藜藿野人詩話》，謂漢張寬自揚州守召。按：張寬揚州刺史，非廣陵太守。此均亟宜辨證者也。卷三十六。然斯編體大，固非微瑕所克掩，是在審而觀之耳。

許叔重像贊

六書之學，炳若日星。文由字積，經以詁明。洨長之書，功在正名。依形標部，緣首定形。形聲既昭，字義乃呈。字不一義，通叚乃生。立篆爲綱，俗體以更。始一終亥，知化窮冥。

陽明像贊

遐稽古初，孔曰性近。禮亦有言，人生而靜。善惡未生，是曰本性。心兮本虛，與物相印。習染既殊，是非斯定。餘姚性學，千秋定論。良知之說，孟氏所崇。存理遏欲，未發爲中。洗心藏密，患與民同。任情自發，有感遂通。湛然虛明，廓然大公。知行合一，性道事功。

白沙像贊

釋迦貴空，老耽守約。公擷其精，用昌粵學。富貴浮雲，《詩》《書》糟粕。物我相忘，靜中生覺。人亦有言，顏苦孔卓。公曰不然，何思何索？舞雩有歌，簞瓢足樂。

弄月吟風，鳶飛魚躍。陽春有臺，振彼木鐸。如梏釋羈，如絲解縛。遯世無悶，廉頑敦薄。例以堯夫，庶無愧怍。

顔習齋先生像贊

謂先生爲墨學耶，則行不悖儒。謂先生爲道學耶，則言不遵朱。因材施教，師胡安定。敦厚崇禮，似張横渠。合政學爲一源，慨道藝之分途。潛心於兵農禮樂，致用則水火工虞。是將上窺乎三物六藝，與周、孔爲徒。

六儒頌 並序

昔吾鄉汪容甫先生，以東南經學亭林開其先，河洛圖書至胡氏而絀，中西推步至梅氏而精，閻氏力闢古文，惠氏專精漢《易》，至東原集大成，擬作《六儒頌》，未成而歿。夫亭林以濟世之才，抱堅貞之節，説經稽古，亦深寧、東發之儔；定九殫精數學，於觀象授時，厥績良多；東原好學深思，心知其意，而詮明理欲，説軼宋儒，近世經師莫之或先矣。若閻、胡、惠三家，説經雖多創獲，然閻學末流穿鑿疑經，胡學末流言淆雅俗，惠學末流篤信膠古，此則必當審辨者也。爰繼汪先生志，作《六儒頌》。

崑山顧先生亭林

儒林節義，自古分歧。竺生偉人，乃該厥奇。南都淪亡，義旅雲麾。艱貞晦明，税駕焉歸，道爲儒宗。安定、徂徠，言爲世則。水心、止齋，約禮博文。至道以該，起衰濟溺，繼往開來。

德清胡先生東樵

道貫三才，古稱鴻儒。圖陳河洛，言天則誣。志詳郡國，考地則疏。僞學橫昌，孰抉其弊？東樵釋經，超萬軼毛。舍數言理，義經孔昭。執川窮山，禹域非淆。說經硜硜，永樹厥標。

宣城梅先生定九

緬思古初，治曆明時。璣衡測天，羲和是咨。九章絕學，保氏攸司。疇人失官，官學在夷。梅君嗣興，洞明九數。曆正麟經，功窮亥步。椝法大秦，豈曰膠固？啟迪後人，椎輪篳路。

太原閻先生百詩

《尚書》百篇，典謨誓誥。孔壁殘經，古文莫考。云何陋儒，嚮壁虛造？紛然雜淆，僞言破道。閻君英英，證同析異。掃除廓清，功比武事。摘伏發奸，智如獄吏。循軌遵途，淵如西沚。

元和惠先生定宇

漢儒不作，經訓糾紛。俗儒鄙夫，詭更正文。傳聞異詞，孰察本根？旨與昔違，故訓云淪。吳門鴻儒，甄明古誼。校理祕文，改易殊體。掇拾叢殘，同條共理。商歌金石，高風誰嗣？

休寧戴先生東原

宋儒末流，援儒入禪。疇匡厥非，原善一編。執己量物，去私泯偏。理寓欲中，道藴以宣。治經之要，識字爲基。正名辨物，大道乃窺。探賾索隱，廣業甄微。功擬鄭、朱，亦儒亦師。

凌曉樓先生遺像贊

邗水精英，名儒蔚生。疏通知遠，今文孔明。高密禮書，劭公經術。弦誦兩階，書琴一室。功在麟經，比事屬辭。論參虎觀，訂禮質疑。載酒車停，緇衣館適。董子下簾，戴憑奪席。天不假年，暉韜德星。典型云淪，帶草長青。

左盦集卷八終

鳴謝

《儒藏》精華編惠蒙善助，共襄斯文；謹列如左，用伸謝忱。

本焕法師　壹佰萬元

智海企業集團董事長　馮建新先生　壹佰萬元

NE·TIGER時裝有限公司董事長　張志峰先生　壹佰萬元

張貞書女士　壹佰萬元

北京大學《儒藏》編纂與研究中心

本册審稿人　曹光甫　陳　新　劉洪濤

本册責任編委　甘祥滿　沙志利　馬月華

圖書在版編目(CIP)數據

儒藏.精華編.二七九/北京大學《儒藏》編纂與研究中心編.—北京：北京大學出版社，2018.12

ISBN 978-7-301-11997-6

Ⅰ.①儒… Ⅱ.①北… Ⅲ.①儒家 Ⅳ.①B222

中國版本圖書館CIP數據核字（2018）第279691號

書　　名	儒藏（精華編二七九） RUZANG
著作責任者	北京大學《儒藏》編纂與研究中心　編
責任編輯	陳軍燕　王　應　王長民　童　祁　武　芳
標準書號	ISBN 978-7-301-11997-6
出版發行	北京大學出版社
地　　址	北京市海淀區成府路205號　100871
網　　址	http://www.pup.cn　.新浪微博:@北京大學出版社
電子信箱	dianjiwenhua@163.com
電　　話	郵購部010-62752015　發行部010-62750672　編輯部010-62756449
印 刷 者	北京中科印刷有限公司
經 銷 者	新華書店
	787毫米×1092毫米　16開本　83.5印張　837千字
	2018年12月第1版　2018年12月第1次印刷
定　　價	1200.00元

ISBN 978-7-301-11997-6
9 787301 119976 >
定價：1200.00元